Geschichte der deutschen Literatur
von den Anfängen bis zum Beginn der Neuzeit

Herausgegeben von Joachim Heinzle

Band III/2.1

Geschichte der deutschen Literatur
von den Anfängen bis zum Beginn der Neuzeit

Herausgegeben von Joachim Heinzle
unter Mitwirkung von Wolfgang Haubrichs, Johannes Janota, L. Peter Johnson †,
Gisela Vollmann-Profe, Werner Williams-Krapp

Plan des Gesamtwerks:

Band I: Von den Anfängen zum hohen Mittelalter
Teilband I/1: Die Anfänge: Versuche volkssprachiger Schriftlichkeit im frühen Mittelalter
Von Wolfgang Haubrichs
Teilband I/2: Wiederbeginn volkssprachiger Schriftlichkeit im hohen Mittelalter
Von Gisela Vollmann-Profe

Band II: Vom hohen zum späten Mittelalter
Teilband II/1: Die höfische Literatur der Blütezeit
Von L. Peter Johnson †
Teilband II/2: Wandlungen und Neuansätze im 13. Jahrhundert
Von Joachim Heinzle

Band III: Vom späten Mittelalter zum Beginn der Neuzeit
Teilband III/1: Orientierung durch volkssprachige Schriftlichkeit
Von Johannes Janota
Teilband III/2.1 und 2.2: Die Literatur des 15. und frühen 16. Jahrhunderts
Von Werner Williams-Krapp

Geschichte der deutschen Literatur von den Anfängen bis zum Beginn der Neuzeit

Herausgegeben von Joachim Heinzle

Band III: Vom späten Mittelalter zum Beginn der Neuzeit

Teil 2:
Die Literatur
des 15. und frühen 16. Jahrhunderts

Teilband 1:
Modelle literarischer Interessenbildung

von Werner Williams-Krapp

DE GRUYTER

ISBN 978-3-11-163317-6 Gesamtwerk
ISBN 978-3-484-10706-9 Band III/2.1
e-ISBN (PDF) 978-3-11-070337-5
e-ISBN (EPUB) 978-3-11-070356-6

Library of Congress Controll Number: 2020940541

Bibliografische Information der Deutsche Nationalbibliothek
Die Deutsche Nationalbibliothek verzeichnet diese Publikation in der Deutschen Nationalbibliografie; detaillierte bibliografische Daten sind im Internet über http://dnb.ddb.de abrufbar.

© 2024 Walter de Gruyter GmbH, Berlin/Boston
Dieser Band ist text- und seitenidentisch mit der 2020 erschienenen gebundenen Ausgabe.
Umschlagbild: Nürnberger Stadtansicht. Schedel, Hartmann/Wolgemut, Michael/ Pleydenwurff, Wilhelm: Registrum huius operis libri cronicarum cum figuris et ymaginibus ab inicio mundi. Nürnberg 1493, fol. 99v. München, Bayerische Staats- bibliothek, Rar. 287.
Satz/Datenkonvertierung: jürgen ullrich typosatz; Nördlingen

www.degruyter.com

Vorwort

Eine Geschichte der immensen literarischen Produktion des 15. und frühen 16. Jahrhunderts zu verfassen, stellt eine gewaltige Aufgabe dar. Geht man dabei von einem ‚erweiterten Literaturbegriff' aus, wie er in Joachim Heinzles Ansatz für diese Literaturgeschichte grundsätzlich vorgesehen ist (vgl. Bd. II/2, Vorwort), so steht man vor einer Masse an Schrifttum, das bis heute noch nicht annähernd erschlossen ist. Erfreulicherweise bieten die beachtlichen Forschungsfortschritte, die Vielzahl von fundierten Beiträgen in der Neuauflage des ‚Verfasserlexikons' und in den beiden Bänden des ‚Humanismus-Verfasserlexikons' sowie die zahlreichen in den letzten Jahrzehnten entstandenen wissenschaftlichen Arbeiten, die sich mit dem Schrifttum dieser Epoche befassen, nun wesentlich fundiertere Grundlagen, einen breiteren Blick auf die Literatur dieser Zeit zu werfen, als dies noch vor einigen Jahren möglich gewesen wäre. Darüber hinaus hat es mir auch das breite Angebot an digitalisierten Handschriften und Drucken im Netz ermöglicht – vor allem im Bereich des geistlichen Schrifttums –, die bisherige Forschung eigenständig zu überprüfen und zu vertiefen.

In nur sehr begrenztem Umfang kann in dieser Literaturgeschichte auf lateinisches Schrifttum eingegangen werden. Eine eingehendere Berücksichtigung hätte den Rahmen meiner Arbeit bei weitem gesprengt. Aufgrund der Anzahl der hier zu behandelnden Autoren und anonymen Werke sehe ich mich gezwungen, Band III/2 dem der Reihe zugrundeliegenden Muster folgend in zwei Teilbände aufzuteilen. In Teil 1 werden die ‚Modelle literarischer Interessenbildung', im zweiten, bald folgenden Teil 2, ‚Die literarischen Formen' behandelt. Auf den zweiten Teilband wird hier stets mit dem Kürzel ‚vgl. Tl. 2' verwiesen.

Mit Rücksicht auf eine bessere Lesbarkeit des Textes verweise ich auf Handschriften in der Regel nur mit einer Ortsangabe der Bibliothek und der Signatur. Ich verzichte weitgehend auf die Angabe von Bibliotheksnamen. Diese lassen sich im Handschriftenregister (S. 709) leicht ermitteln.

Mehreren Freundinnen und Freunden sowie Kolleginnen und Kollegen, die mich über die Jahre mit Hilfe und Kritik begleitet und einzelne Kapitel gegengelesen haben, schulde ich viel. Besonders Falk Eisermann, Klaus Graf, Siegfried Ringler, Frieder Schanze, Eckehard Simon, Hans-Joachim Ziegeler und vor allem meiner Frau, Ulla Williams, bin ich für ihre sehr hilfreiche wissenschaftliche Unterstützung zu großem Dank verpflichtet. Mein ganz besonderer Dank gilt Jacob Klingner vom De Gruyter Verlag für sein präzises Lektorieren des Bandes und für wichtige inhaltliche Korrekturen. Joachim Heinzle verlor zum Glück nie die Geduld mit mir. Für sein

Verständnis für die lange Wartezeit und seine Durchsicht und Betreuung meines Werks bin ich ihm sehr verbunden. Auch meinen stets hilfsbereiten Mitarbeiterinnen und Hilfskräften an der Universität Augsburg sowie Florian Langhanki für seine Unterstützung bei den Registern danke ich von ganzem Herzen.

Augsburg, im Herbst 2019 W. W.-K.

Inhaltsverzeichnis

Vorwort V

Einleitung: Das 15. und frühe 16. Jahrhundert – eine Zeit des
epochalen Wandels 1

    Medienumbrüche als Voraussetzung für den Literarisierungs-
    prozess 13
    Der Buchdruck 18
    Der Vertrieb der Drucke und seine Folgen für den Büchermarkt ... 30

Modelle literarischer Interessenbildung 37

Literatur in der Stadt: Nürnberg, ‚Literaturhauptstadt des Reichs' 37

    Einführung 37
    Die Literatur der Mittelschicht 48

        Die Dichtung der Nürnberger Handwerker 48
        Hans Rosenplüts kleinepische Werke 49
        Kleinepische Werke und pragmatisches Schrifttum des
        Hans Folz 66
        Reimpaargedichte von weiteren Dichtern aus der Mittel-
        schicht 90
        Das Nürnberger Fastnachtspiel 94
        Der Nürnberger Meistergesang 114
        Historisch-politische Ereignisdichtung der Mittelschicht ... 135

    Literatur von und für die Oberschicht 151

        Nürnberger Chronistik 152
        Pilger- und Reiseberichte 158
        Der Renaissance-Humanismus in Nürnberg 163
        Literatur des Säkularklerus und der Kartäuser 180

Die kirchlichen Reformbestrebungen und die Observanzbewegungen
in den Orden 195

Einführung 195
Die Literatur der observanten Dominikaner und
Dominikanerinnen 206

    Nürnberg.. 215
    Frühes Schrifttum der Nürnberger Dominikaner 215
    Träger der Nürnberger Cura Monialium 242
    Traktate 266
    ‚Hauspredigten' aus dem späten 15. und
    frühen 16. Jahrhundert 276

    Der Südwesten 286
    Das Kloster Schönensteinbach 287
    Das Kloster Unterlinden in Colmar 293
    Das Basler Steinenkloster 294
    Die Straßburger Klöster 306
    Die Freiburger Klöster 315
    Weitere Reformer der Nation Alsatia 315

    Die Reformen in Ulm und in Württemberg 332
    Die Ulmer Dominikaner 332
    Das Kloster Kirchheim unter Teck 345

    Reformen im Bistum Konstanz 347
    Das Katharinenkloster in St. Gallen 347
    Das Kloster Zoffingen in Konstanz 349
    Das Kloster Stetten bei Hechingen 353

    Die Nation Brabantia 355
    Jakob Sprenger in Köln 355
    Legenden dominikanischer Ordensheiliger aus der
    Teutonia 357

    Die Ordensprovinz Saxonia 360

Die volkssprachliche Literatur der reformorientierten
Franziskaner und Klarissen 363

    Das Schrifttum der Observanten 363

    Die Ordensprovinz Argentina 363
    Das Nürnberger Klarissenkloster 365
    Das Bamberger Klarissenkloster 381

Das Münchener Klarissenkloster 382
Das Kloster Söflingen bei Ulm 383
Weitere Schriften franziskanischer Observanten des Südwestens 385
Die Hagiographie franziskanischer Observanten der Provinz Argentina 390

Die Ordensprovinz Colonia 394
Die Provinz Saxonia 396
Das Schrifttum der konventualen Franziskaner 397
Die Ordensprovinz Argentina 397
Die Ordensprovinz Colonia 404

Das volkssprachliche Schrifttum der observanten Benediktiner 404

Literatur im Rahmen der Kastler Reform 406
Literatur im Rahmen der Reform von Fulda 409
Literatur im Rahmen der Melker Reform 411
Das Kloster Melk 411
Das Kloster Tegernsee 420
Das Doppelkloster St. Peter in Salzburg 427
Das Schrifttum des Thomas Finck 429

Literatur im Rahmen der Bursfelder Reform 434
Die Klöster Ebstorf und Lüne 437

Volkssprachliches Schrifttum in Klöstern der reformierten Zisterzienserinnen 440

Die norddeutschen Klöster 440
Das Kloster Wienhausen 440
Das Kloster Wöltingerode 443
Das Kloster Medingen 445
Weitere Werke aus Lüneburger Klöstern 448

Reformen in süddeutschen Zisterzienserinnenklöstern 449
Das Kloster Lichtenthal 449

Die Erneuerungsbewegung der Devotio moderna 457

Die Brüder und Schwestern des Gemeinsamen Lebens und die Windesheimer Reform 457

Die Literatur der Devoten im Norden 459
Frühes Schrifttum 459
Thomas von Kempen 471
Weitere hagiographische Werke 475
Schriften zur asketischen Lebensform 477
Weiteres Schrifttum 480

Die Literatur der Devoten im Süden 484
Das Kloster Rebdorf 484
Weitere süddeutsche Klöster 487

Die Raudnitz-Indersdorfer Observanz 488
Johannes Rothuet und Stephan von Landskron 488
Das Kloster Pillenreuth 492
Das Kloster Inzigkofen 495
Das Kloster Waldsee bei Ravensburg 498
Das Kloster St. Thomas in Leipzig 499

Die Augustinereremiten 503

Der Renaissance-Humanismus im deutschsprachigen
Raum 507

Einführung 507

Conrad Celtis 513
Der Humanismus an deutschen Universitäten 518
Der Humanismus an den Höfen 528
Der Humanismus in den Städten 542
Humanismus in den Klöstern 552

Humanistisches Schrifttum in deutscher Sprache 558

Der Stuttgarter und der Rottenburger Hof 559
Der Heidelberger Hof 572
Der Münchener Hof 577
Der Innsbrucker Hof 583

Deutschsprachige humanistische Literatur in den Städten 584

Der Ulmer Raum 584
Bamberg 598
Würzburg 606

Straßburg	609
Weitere Übersetzungen	640
Abbildungen	nach 645
Literaturhinweise	661
Handschriftenregister	709
Register: Autoren, sonstige historische Personen, Werke	713
Register: Orte und Institutionen	761
Abbildungsverzeichnis	773

Einleitung: Das 15. und frühe 16. Jahrhundert – eine Zeit des epochalen Wandels

Das 15. Jahrhundert war eine Zeit, in der es zu dramatischen Umwälzungen des gesellschaftlichen Gefüges kam, zum Erblühen der Städte mit neuen Wirtschaftsformen und zu einem veränderten Wirtschaftsleben, was vielfach zu einer starken Aufwertung des Bildungswesens führte. Auch die politischen Konstellationen änderten sich in den circa 130 Jahren vor der Reformation entscheidend. Das Feudalwesen befand sich nun im Wandel, der Adel stieß beim Versuch, alte Rechte durchzusetzen, zunehmend auf den Widerstand der Bauern und Bürger. Die Fürsten vermochten zwar zumeist ihre Territorien erfolgreich zu administrieren, indem sie sie mit neuen Verwaltungsstrukturen versahen, zugleich erwiesen sich aber die Kaiser als zu schwach, um ein einiges mächtiges Reich zu konstituieren, was zu einer Art von Konföderation kleiner Staats- und Rechtsgebilde – Territorien und Städte – führte. Zwar hatte der Adel vom Stand her weiterhin die Herrschaft im Reich inne, dies entsprach aber nicht unbedingt den ökonomischen Realitäten. Obwohl die Adligen nach wie vor über ein gewisses Einkommen und Ländereien verfügten, fehlte es ihnen häufig schlichtweg an Geld, da sie sich nur ungenügend auf die neue Geldwirtschaft eingestellt hatten. Zunehmend gerieten die Kaiser und Teile des Adels ohnehin in tiefe Abhängigkeit von städtischen Finanziers, zunächst von jüdischen, später von christlichen Geldverleihern wie etwa dem überaus mächtigen Augsburger Bankier Jakob Fugger.

Die Fürsten residierten nun vor allem in den neuen Machtzentren, den Städten. Das Kriegswesen änderte sich durch den Einsatz moderner Feuerwaffen und berufsmäßiger Söldnerheere, traditionelle Burgen boten keinen ausreichenden Schutz mehr. Die militärische Bedeutung des ‚Rittertums' war nun endgültig vorbei. Gleichzeitig strebten wohlhabende Bürger nach den Insignien der Adelsgesellschaft; sie legten Wert auf vornehme Kleidung, organisierten prächtige Turniere und konsumierten auch die frühere Adelsliteratur.

Die Kirche befand sich ebenfalls in einer Dauerkrise, aus der sie sich durch zwei Konzilien und Reformbewegungen herauszulösen versuchte, allerdings mit nur begrenztem Erfolg, was die selbstbewusster gewordene Laienwelt durchaus mit kritischem Blick verfolgte.

Die für das Erblühen der ‚Moderne' wichtigste Entwicklung war aber das von Johannes Gutenberg um 1450 erfundene Buchdruckverfahren, das eine Medienrevolution auslöste und die im Laufe des 15. Jahrhunderts bereits rasch voranschreitende Literarisierung der Laien entscheidend verstärkte. *Alles volck will in yetziger zit lesen und schriben.* So drückte 1498 ein unbekannter Kleriker seine Verachtung für den rasant voranschreitenden laikalen Literarisierungsprozess aus, der das Bildungsmonopol des Klerus seit über einem Jahrhundert sukzessive und irreversibel aufgebrochen hatte. Es ging dem Anonymus freilich vor allem um das *lesen*, denn ihm und anderen klerikalen Kulturpessimisten schien kein ehernes Bildungsgut mehr vor den neugierigen und inkompetenten Augen der *simplices* sicher zu sein. Sogar die Bibel wurde in deutschen Übersetzungen durch den Buchdruck verbreitet, was in der rigoristischen Gelehrtenwelt einem unvorstellbaren Sündenfall gleichkam. Darauf hob noch 1562 der katholische Theologieprofessor Friedrich Staphylus ab, als er in beißender Diktion eine Entwicklung verdammte, bei der nicht nur die *ungelerten layen*, sondern sogar auch der fürwitzige *unbeschaiden pöfel* sich das Recht auf die eigenständige Lektüre der Bibel und anderes sie geistig Überforderndes anmaßte.

Diese den Klerus verunsichernden Entwicklungen in der Laienbildung waren aber nicht mehr kontrollierbar. Denn bereits zu Beginn des 15. Jahrhunderts hatte sich der radikale Übergang zur schriftlichen Verkehrsform in Rechtspflege, Verwaltung und Wirtschaft vollzogen und sich unter den Laien ein Bewusstsein von den Notwendigkeiten einer Alphabetisierung durchgesetzt. Die urbane Oberschicht erkannte, dass eine schulische Ausbildung für breitere Schichten für die wirtschaftliche Entwicklung in den Städten unabdingbar geworden war. Nun erhielten Kinder von Handwerkern Zugang zu den städtischen und kirchlichen Schulen. Sogar ärmere Handwerker schickten ihre Söhne – wie auch Töchter – zu den Privatschulen der Schreib- und Rechenmeister. Die Bürger nahmen Einfluss auf den Lehrplan der Schulen, indem sie neben dem tradierten lateinischen Unterricht der Sieben Freien Künste auch die Vermittlung von praxisnahem Wissen forderten. In Nürnberg war eine ausreichende Fähigkeit im Lesen, Schreiben und Rechnen in den meisten Berufen Voraussetzung für das Meisterrecht sowie für die Gesellenprüfung. War die Alphabetisierung der Laien ursprünglich vor allem durch merkantile Erwägungen motiviert, so bildete sich in den Städten bald ein starkes Bewusstsein urbanen Bildungsdenkens heraus: Gelehrsamkeit gehörte neben Geburt oder Eigentum zu den wichtigsten Merkmalen der sozialen Stellung, freilich ohne dass die gottgegebenen sozialen Schranken dadurch wirklich gefährdet worden wären. Nicht selten verfügten Stadtbürger über einen breiteren Bildungshorizont als der örtliche Klerus. Die alten, geradezu unantastbaren Gleichungen *litteratus = clericus* und *illitteratus = laicus* verloren zunehmend ihre Gültigkeit.

Auch der private Besitz von Handschriften war nun keine Besonderheit mehr. Waren sie bis etwa in die zweite Hälfte des 14. Jahrhunderts noch ausgesprochene Luxusartikel, die sich nur sehr wenige leisten konnten, so brachte die leichtere Verfügbarkeit des Papiers einen gewaltigen Aufschwung in der Buchherstellung und der damit einhergehenden starken

Einleitung: Das 15. und frühe 16. Jahrhundert – eine Zeit des epochalen Wandels 3

Erweiterung der Rezipientenkreise. Das Einsetzen der Papierproduktion im deutschen Raum brachte eine Entwicklung in Gang, die Handschriften auch für die gut situierte Mittelschicht erschwinglich machte und schließlich sogar die Massenverbreitung durch den Buchdruck ermöglichte.

Wenn hier von der Stadt als zentralem Ort der Literaturproduktion und -rezeption die Rede ist, so bedarf der Begriff Stadt zunächst einer Differenzierung. Denn im 15. Jahrhundert gab es immerhin circa 4000 deutschsprachige Städte. Mit 35–40.000 Einwohnern war Köln die bevölkerungsreichste Stadt des deutschsprachigen Raumes, zu den wenigen Großstädten zählten Nürnberg, Augsburg, Straßburg, Wien, Prag, Lübeck, Magdeburg und Danzig mit 20–30.000 Einwohnern. Weniger als 20.000 Menschen lebten in Mainz und Regensburg, in Bern wohnten im 15. Jahrhundert zum Beispiel nur circa 5000 Personen. Mit etwa 3000 Einwohnern zählte eine Stadt bereits zu den mittleren Kleinstädten. Circa 93% der Städte waren allerdings Klein- oder Zwergstädte.

Literarisches Leben im umfassenden Sinn erblühte vor allem in den größeren oder großen Städten, wo auch die Drucker ihre Betriebe einrichteten und einen lukrativen Markt für ihre Produkte vorfanden. Im 15. Jahrhundert entwickelte sich Nürnberg durch die Vielfalt des dort verfassten und rezipierten Schrifttums und als Vermittlerin für die in andere Städte und Klöster verbreitete Literatur zur ‚Literaturhauptstadt' des Reichs, während sich das etwa gleich große Augsburg ab 1471 als wichtigstes Zentrum für den Druck volkssprachlicher Literatur etablierte. Gegen Ende des Jahrhunderts sollten Straßburg und Basel ebenfalls mit einem besonders regen literarischen Leben folgen. Auf dem Lande dagegen, wo immerhin achtzig Prozent der Gesamtbevölkerung wohnte, bestand die Öffentlichkeit fast ausschließlich aus Analphabeten. Einen Anlass zum Lesen gab es ja kaum, zumal Lesematerial ohnehin nicht zur Verfügung stand. In welchem Umfang auf dem Lande etwa die mündliche Vermittlung von Erzählstoffen stattgefunden haben wird, die über das in der Predigt Angebotene hinausging, lässt sich schwer abschätzen. Immerhin ist belegt, dass die Verkäufer gedruckter Bücher, sog. Buchführer, auch kleinere Städte des Umlands mit der Ware der Offizinen versorgten. Dort machten sie mittels Aushang auf ihre Anwesenheit und Ware aufmerksam.

Lange bevor die Drucker flächendeckende Vertriebswege aufbauten, gab es im 15. Jahrhundert bereits hervorragend funktionierende Netzwerke für die Verbreitung von Literatur. Wie in den Jahrhunderten davor tauschten Mitglieder des Adels nicht nur untereinander, sondern auch mit der örtlichen Oberschicht Bücher aus, in den Städten sorgte ein stetig anwachsendes Heer von Berufsschreibern für Abschriften von in den städtischen Klöstern und Privatbibliotheken greifbaren Schriften. Vor allem vom örtlichen Klerus bezogen Laien die sie interessierenden geistlichen Werke und speisten sie wiederum in den städtischen Literaturkreislauf ein, und zwar auch zu einer Verwendung als Vorlagen für den kommerziellen Buchdruck. Die Orden sorgten maßgeblich für eine beachtliche überregionale Verbreitung von geistlichem Schrifttum.

Den Bildungshungrigen wurde im 15. Jahrhundert eine enorme Vielfalt an vor allem religiöser Literatur in der Volkssprache angeboten. Die eindeutige Vorliebe der Leserschaft für geistliches Schrifttum zeigt sich überdeutlich in den Überlieferungszahlen: Über 80 Prozent und mehr der enormen handschriftlichen Überlieferung des 15. Jahrhunderts besteht aus religiösen Werken im weitesten Sinne. Dies ist nicht, wie bisweilen angenommen, durch die Tatsache bedingt, dass der Löwenanteil unserer Überlieferung aus Klöstern stammt und mithin die wahren Verhältnisse verdeckt. Betrachtet man den Buchbesitz von Laien und zieht die Verlagsangebote der Drucker mit heran, so wird die starke Favorisierung geistlicher Werke klar bestätigt. Werke der ‚weltlichen Literatur' (zu der auch ein Großteil der Fachliteratur zu rechnen ist) machen dagegen nur einen verhältnismäßig kleinen Teil des gesamten Literaturangebots aus, obwohl einige davon zu den innovativsten und künstlerisch bedeutendsten des 15. und frühen 16. Jahrhunderts gehören.

Geistliche Texte waren in ihrer intendierten Funktion als konkrete Lebenshilfen die wahren Bestseller der Zeit. Die allenthalben festzustellende deutliche Ausweitung der Kirchenfrömmigkeit im 15. Jahrhundert, die sich nicht unbedingt an dem in vielerlei Hinsicht problematischen Klerus orientierte, sondern an den von der Kirche angebotenen Heilsmitteln – etwa an der Heiligenverehrung oder am Stiftungs-, Ablass-, und Wallfahrtswesen –, erreichte im 15. Jahrhundert ihren absoluten Höhepunkt. In keinem mittelalterlichen Jahrhundert sind so viele Kirchenbauten errichtet worden wie in diesem, und aus keinem sind so viele kirchliche Einrichtungsstücke erhalten. Es war nicht, wie lange gemeint, eine allgemeine Abwendung der Gläubigen von einer im inakzeptablen Zustand befindlichen Kirche im 15. Jahrhundert, die als Hauptvoraussetzung der Reformation zu sehen wäre, sondern gerade die enorme Intensivierung des Glaubenslebens dieser Zeit, die das Bewusstsein für eklatante Missstände schärfte und Sympathie für Luthers Anliegen aufkommen ließ. Luthers Lehrer und Seelsorger Johann von Staupitz fasste dies 1517 in einer Nürnberger Predigt folgendermaßen zusammen: *und beschicht gar zu vil malen, das undter ainer samaten schauben* (der Samthaube einer vornehmen Bürgersfrau) *mere tugent, beschawlikait und gotswurckung dann unter der kutten* (der Mönche) *ligt.*

Weder scharfe Warnungen vor einer Erosion klerikaler Autorität durch die volkssprachliche Bereitstellung ‚gelehrter Literatur' für semigebildete Laien noch strenge Verbote vermochten an der rasant voranschreitenden Literarisierung der zunehmend alphabetisierten Welt etwas zu ändern. Einen der sonderbarsten Versuche, das klerikale Monopol aufrecht zu erhalten, unternahm der Mainzer Erzbischof Berthold von Henneberg, der am

Einleitung: Das 15. und frühe 16. Jahrhundert – eine Zeit des epochalen Wandels 5

22. März 1485 ein Zensurmandat veröffentlichte, in dem unter Androhung der Exkommunikation allen geistlichen und weltlichen Personen, die unter seiner Hoheit standen oder sich dort aufhielten, verboten wurde, irgendwelche Werke ins Deutsche zu übersetzen, bereits übersetzte Werke zu verbreiten oder zu kaufen, sofern dies nicht von Professoren der Universitäten Mainz und Erfurt geprüft und zugelassen worden sei. Dies wird die um ihre Existenz besorgten Buchdrucker kaum von der Veröffentlichung nicht offiziell approbierter Werke abgehalten haben. Keine einzige von Professoren durchgeführte Überprüfung der schier unüberschaubaren Zahl von bis dahin im Umlauf befindlichen volkssprachlichen religiösen Werken ist nachzuweisen.

Trotz solch rabiater Drohungen entwickelte sich der Buchmarkt relativ frei auf der Grundlage von Angebot und Nachfrage. Kein noch so radikales Verbot vermochte das Eindringen der *ungelerten* in die so lange streng geschützten Reservate der akademischen Welt zu verhindern. Denn ein völlig anders eingestellter und wesentlich einflussreicherer Teil des Klerus, darunter Universitätslehrer, sorgte gleichzeitig durch eigenständige Werke, Übersetzungen und Adaptationen lateinischer Gelehrtenliteratur gerade für das, was die Rigoristen zu verhindern trachteten.

Die sozialgeschichtlichen Voraussetzungen, welche die revolutionäre Dynamik im Literaturbetrieb des 15. Jahrhunderts begünstigten, vorantrieben und prägten, sind in groben Konturen greifbar. Ihre Wurzeln sind in gesellschaftlichen und kirchenpolitischen Entwicklungen des 14. Jahrhunderts und in einer neuen Einstellung zur volkssprachlichen – vor allem geistlichen – Literatur zu finden. Denn schon gegen Ende dieses Jahrhunderts hatte in reformorientierten Kreisen das radikale Umdenken in Bezug auf den Einsatz volkssprachlicher Literatur für die religiöse Bildung und Erbauung der Laien eingesetzt, vor allem als Reaktion auf eine tiefgreifende Krise der Kirche. Diese war nicht erst seit Beginn des abendländischen Schismas in einem erbärmlichen Zustand. Es erhoben zwischen 1378 und 1417 zwei – später sogar drei – Päpste gleichzeitig darauf Anspruch, das legitime Oberhaupt der Kirche zu sein. Die langwierigen Auseinandersetzungen zwischen weltlichen und kirchlichen Machthabern – etwa zwischen Ludwig IV. (der Bayer) und Papst Johannes XXII. –, der moralische Verfall und beklagenswerte Bildungsstand des für die Laienseelsorge zuständigen Klerus, der allgemeine Niedergang des Klosterlebens und anderes mehr sorgten für eine verbreitete Krisenstimmung, die nach entschiedenem Handeln rief.

Als Reaktion auf die Misere der Kirche entstanden sowohl neue Formen der Frömmigkeit als auch Bewegungen, die Kirche und Reich erschüttern sollten. In beiden Fällen gehörte es zu den zentralen Anliegen, die Rolle der Laien innerhalb des religiösen Lebens neu zu definieren bzw. deren Möglichkeiten der Teilhabe am religiösen Bildungsdiskurs auszuweiten. Im niederländischen Raum entstand gegen Ende des 14. Jahrhunderts eine Frömmigkeitsbewegung, die später *Devotio moderna* genannt werden sollte, welche sich unter anderem in zwei wirkmächtigen Zweigen entfaltete: Der erste Zweig war der von semireligiosen Brüdern und Schwestern vom gemeinsamen Leben und diversen Drittordensgemeinden. Der Begründer der Devotio moderna, Geert Groote (1340–1384), vertrat die Auffassung, dass der Klerus und die Orden wegen ihres schlechten Lebenswandels ihr Monopol auf die Laienseelsorge verwirkt hätten. An ihre Stelle sollte die katechetische und erbauliche Privatlektüre treten, selbstverständlich in der Volkssprache. Einer der einflussreichsten Theoretiker der Devotio moderna, Gerard Zerbolt van Zutphen († 1398), plädierte dafür, dass es Laien ermöglicht werden müsste, die wichtigsten Werke der Gelehrtenliteratur, auch die Bibel, in der Volkssprache zu lesen. Das Kopieren von Büchern für die eigene Gemeinde oder als einträgliche Erwerbsquelle galt als ideale fromme Betätigung. Die Devotio moderna wurde mit Hilfe eines umfangreichen Literaturangebots bei der Gestaltung der von ihr propagierten asketischen Lebensform unterstützt. Den anderen Zweig bildete eine monastische Reformbewegung innerhalb des Augustinerchorherren- und -frauenordens, die sog. Windesheimer Kongregation, die sich ebenfalls auf die Konzepte der Devotio moderna bezog.

Während diese Frömmigkeitsbewegung erheblichen Erfolg im west- und norddeutschen Raum erreichte, gelang ihr dies im Süden allerdings nur punktuell. Denn nach wie vor blieb es im 15. Jahrhundert bei einer Aufteilung der Literaturlandschaften: *niderlender unde oberlender seien ungelich an den buochen*, wie das Berthold von Regensburg im 13. Jahrhundert seinen Hörern in Erinnerung rief. Der Austausch von Literatur war nach wie vor gering, institutionelle Verbindungen zwischen Nord und Süd gab es nur in geringem Umfang, trotz des enormen Anwachsens der Literarisierung in den Städten. Lediglich im Bereich der ‚mystischen' Literatur – etwa in den Werken Heinrich Seuses und Jans van Ruusbroec – und des Fachschrifttums gab es bemerkenswerte Ausnahmen.

Während die Devotio moderna trotz ihrer Aufwertung der Laien innerhalb des kirchlichen Lebens nach ihren Anfängen kaum in Widerspruch zur Kirche geriet, hatte sich in England im späten 14. Jahrhundert radikaler Widerstand gegen das Papsttum und zentrale Aspekte der kirchlichen Lehre formiert. John Wyclif (circa 1330–1384), Professor an der Universität Oxford, und seine Anhänger, die sog. Lollarden, forderten eine der Armut verpflichtete Kirche nach apostolischem Vorbild und stellten dabei die gesamte Struktur der kirchlichen Hierarchie in Frage. Gegen den Widerstand des Klerus unterstützte Wyclif eine Übersetzung der Bibel, seiner alleinigen Normquelle, ins Englische. Seine 1412 in London als häretisch deklarierten Lehren fanden im frühen 15. Jahrhundert begeisterte Anhänger an der Universität Prag. Vor allem der Prager Universitätsprofessor und Prediger Jan

Einleitung: Das 15. und frühe 16. Jahrhundert – eine Zeit des epochalen Wandels   7

Hus, der einige Lehrmeinungen Wyclifs übernahm, sollte mit seiner Bewegung Kirche und Reich in der ersten Hälfte des 15. Jahrhunderts gewaltig erschüttern und zu erheblichen kriegerischen Auseinandersetzungen führen. Auch Hus forderte für die Laien eine Übersetzung der Bibel in die Volkssprache. Ähnlich wie Wyclif fand Hus den Zustand der Kirche unerträglich, lehnte mehrere Lehren der Kirche kategorisch ab und trat für eine ‚arme' Kirche ein. In Böhmen wurde in seiner Folge tatsächlich zum ersten Mal demonstriert, wie eine Kirche ohne Papst selbständig existieren und funktionieren konnte.

Diese Beispiele zeigen, dass dort, wo eine Emanzipation der Laien von der absoluten kirchlichen Autorität programmatisch gefordert wurde, dazu in der Regel auch die Forderung gehörte, den Laien jene Wissensbereiche, welche der Klerus stets für eine eigenständige laikale Rezeption als ungeeignet gehalten hatte, durch eine volkssprachliche Aneignung bereitzustellen. Dieses Konzept wurde innerhalb der Devotio moderna im Norden sowie sehr bald von kirchentreuen, eher restaurativ gesinnten Reformkreisen im Süden in die Tat umgesetzt.

Diese Kreise gehörten zu einer mächtigen Bewegung, die bereits im späten 14. Jahrhundert und vor allem in den ersten Dekaden des 15. Jahrhunderts eine entschiedene Erneuerung der Kirche an Haupt und Gliedern (*in capite et membris*) forderte. Auf zwei Konzilien, in Konstanz (1414–1417), wo das Schisma beendet wurde, und in Basel (1431–1449), wurden zwar große Anstrengungen unternommen und revolutionäre Konzepte diskutiert – etwa die empfindliche Beschneidung der päpstlichen Macht durch Konzilien (der sog. Konziliarismus) –, um die Krise der Kirche und die Bedrohungen durch die hussitische Bewegung zu beenden. Sie blieben indes ohne durchschlagenden Erfolg. Bereits vor und während des Konstanzer Konzils hatten aber einige Orden (etwa die Dominikaner, Augustinerchorherren und Benediktiner) weit ausgreifende Reformen in ihren Männer- und Frauenklöstern initiiert, was für die Entstehung und Verbreitung von volkssprachlichem geistlichen Schrifttum – auch außerhalb der Klöster – von außerordentlicher Bedeutung sein sollte. Denn der Aufbau von Bibliotheken, geregelte gemeinsame Lesungen sowie die Ermunterung zur fleißigen Lektüre in der Zelle gehörten zur Programmatik so gut wie aller monastischen Bewegungen, die sich im 15. Jahrhundert für eine strenge Observanz einsetzten. Vom Reformklerus stammt eine bis heute nicht überschaubare literarische Produktion. Dass das Gros der nun verfassten geistlichen Literatur nicht mehr so anspruchsvoll gestaltet wurde wie etwa das mystische Schrifttum des 14. Jahrhunderts, hing mit der intendierten Gebrauchssituation des neuen Schrifttums und einem das Jahrhundert dominierenden neuen theologischen Diskurs zusammen.

Denn aufs engste mit dem kirchenreformerischen Impetus ging eine grundlegende Erneuerung im theologischen Denken einher. Angeregt durch die Lehren des einflussreichsten Theologen des 15. Jahrhunderts, des Kanzlers der Pariser Universität, Jean Gerson, setzte sich auch in den Universitäten des deutschsprachigen Raumes eine neue theologische Richtung durch, die sich ausschließlich der richtigen und vor allem praktischen Gestaltung des christlichen Lebens verpflichtet sah, und zwar unter weitgehender Ablehnung scholastischer Spekulation, d.h. der von der alltäglichen Glaubenspraxis abgehobenen *subtilitates*. Diese neue Theologie, die der Kirchenhistoriker Berndt Hamm als ‚Frömmigkeitstheologie' bezeichnet hat, zielte darauf ab, die Traditionen der ‚hohen' Theologie zum Alltag und zur Lebenspraxis der *simplices* in Beziehung zu setzen und damit den Graben zwischen theologischem Gelehrtenwissen und Seelsorgebedürfnissen zu verkleinern. „Das theologische Wissen und die spirituelle Erfahrung werden im Sinne einer Frömmigkeitsdidaktik auf das Wesentliche hin verdichtet und elementarisiert" (B. Hamm).

Diesem Gedanken folgend, erschien sogar hochgelehrten Universitätsangehörigen die volkssprachliche katechetische und erbauliche Literatur als hervorragende Möglichkeit, das Grundanliegen der Frömmigkeitstheologie umzusetzen. Besonders von der sog. ‚Wiener Schule' – entschieden geprägt von dem 1384 von der Sorbonne an die Wiener Universität berufenen Heinrich von Langenstein – wurden über die Jahre eine Vielzahl von z.T. weit verbreiteten Schriften hervorgebracht. Dazu gehörten sogar Mammutwerke, wie etwa die mehrbändige ‚Katechetische Enzyklopädie' des Ulrich von Pottenstein, der jeden erdenklichen Winkel des menschlichen Handelns ausleuchtete und geradezu jede Lebenssituation im Blick auf ihre evtl. Sündhaftigkeit bewertete. Johannes Bischoff, Wiener Minorit und Hofprediger mit Verbindung zur dortigen Universität, plädierte bereits zu Beginn des 15. Jahrhunderts mit Nachdruck dafür, dass *die frummen layen selber pücher habent*. Wenn die Priester nicht in der Lage seien, als gute und gebildete Seelsorger den Gläubigen zur Seite zu stehen, dann bräuchten die Laien Bücher als Ersatz.

Zugleich warnten Frömmigkeitstheologen – so Nikolaus von Kues – mit deutlichen Worten davor, komplexe Werke wie die Schriften Meister Eckharts an Ungelehrte weiterzuleiten, da Eckharts Werke *multa subtilia et utilia* (viel Scharfsinniges und Nützliches) enthielten. Texte, die für die *simplices* unverständlich seien, solle man aus für *illitterati* zugänglichen Büchersammlungen entfernen, also auch aus den Klöstern. Der berühmte Straßburger Prediger Johannes Geiler von Kaysersberg warnte davor, *dem gemeinen volck ... hohe ding* anzubieten, *die zů subtil seind*. So etwas gehöre *in die schül* (d.h. die Universität), *nitt auff den predig stül*. Der oben erwähnte Promotor der volkssprachlichen Literatur, Gerard Zerbolt, lehnte ebenfalls eine Eckhart-Rezeption durch Laien ab, weil er befürchtete, dass durch Missverständnisse die junge Bewegung der Devotio moderna leicht in den Ruf der Häresie geraten könnte.

Einleitung: Das 15. und frühe 16. Jahrhundert – eine Zeit des epochalen Wandels 9

Das geistliche Schrifttum des 15. Jahrhunderts wollte einerseits Wege zum Heil in einer scheinbar heillosen Welt eröffnen, in der der plötzliche Tod für Jung und Alt eine omnipräsente Bedrohung darstellte, und verfolgte andererseits auch das Ziel, die Laien davon zu überzeugen, dass das Seelenheil nur innerhalb der Kirche, ihres Dogmas und ihrer moralischen Vorgaben zu erreichen war. Gefordert wurde nicht selten ein von rigoroser Strenge geprägtes Leben, dessen Verwirklichung eine Annäherung zwischen monastischen und laikalen Lebensformen bedeutete – eine Art ‚Monastizierung' der Laienwelt, z.B. mit einer immer wieder thematisierten Aufforderung zur Josefsehe. Ohne Frage implizierten diese rigiden Ansprüche an eine laikale Lebensführung auch stets eine Stärkung der Rolle des Klerus, eines der zentralen Anliegen der Reformgesinnten.

Die Auftraggeber und Rezipienten des von der Wiener Universität ausgehenden Schrifttums waren zwar vornehmlich das Habsburger Fürstenhaus und die städtische Elite Wiens, aber die akademischen Verfasser und Übersetzer zielten zweifellos auf ein breiteres Publikum ab. Denn in der durch und durch städtisch geprägten Welt des 15. Jahrhunderts wollte eine Leserschaft bedient werden, die ein ähnlich brennendes Interesse an jener Art von Literatur hatte. Auch wenn das Stadtbürgertum Hauptträger der Literatur in dieser Zeit war, förderte der hohe Adel hier und dort Autoren.

Da in den Städten die Alphabetisierungsquote stetig anwuchs, wurde das Gros der literarischen Produktion immer weniger standesspezifisch. Sogar im Bereich der geistlichen Literatur lasen Adel, Patrizier und bemitteltes Bürgertum – also auch wohlhabendere Handwerker – sowie Nonnen und Laienbrüder im Wesentlichen die gleichen volkssprachlichen Texte. Bezeugt ist zum Beispiel, dass sich Laien Bücher aus den Klöstern ausliehen, so aus der Basler Kartause, oder die Bibliothek im Kloster selbst benutzten, so in der Augsburger Benediktinerabtei St. Ulrich und Afra, wo der rege Benutzerverkehr schließlich den Klosterbetrieb störte. In Nürnberg legte der Rat eine eigene, humanistisch geprägte Bibliothek an.

Um die Mitte des 15. Jahrhunderts fasste der Humanismus auch nördlich der Alpen Fuß, sein Einfluss auf die volkssprachliche Literatur blieb aber begrenzt, weil die anspruchsvolle Literatur dieser Bewegung nur wenig Anklang bei der laikalen Leserschaft fand, die davon zumeist schlichtweg überfordert wurde. Nur in seltenen Fällen erfuhren humanistisch geprägte Schriften eine nennenswerte Verbreitung. Einige Autoren, die zur humanistischen Bewegung neigten, wie etwa Heinrich Steinhöwel und Sebastian Brant, verfassten populäre Werke, die allerdings mit dem üblichen Schrifttum der *humanistae* wenig Ähnlichkeit aufweisen.

Die Werke der weltlichen Literatur, auch und gerade jene, die uns heute so reizvoll erscheinen, fanden dagegen größtenteils nur ein relativ eng begrenztes Publikum. Heinrich Wittenwilers ‚Ring' ist zum Beispiel in einer einzigen Handschrift erhalten und wohl nur für einen lokalen Rezipientenkreis im Konstanzer Raum verfasst worden. Die Lieder Oswalds von Wolkenstein sowie Ulrich Fuetrers strophisches ‚Buch der Abenteuer', für den Wittelsbacher Hof in München gedichtet, zirkulierten handschriftlich im Wesentlichen nur innerhalb engerer familiärer Kreise. Prosahistorien wie etwa Thürings von Ringoltingen ‚Melusine' oder der ‚Hug Schapler' der Elisabeth von Nassau-Saarbrücken erreichten erst über den Buchdruck ein breiteres Publikum. Größere Verbreitung fanden die profane Kleinepik und Reden, und zwar nicht mehr nur hauptsächlich im mündlichen Vortrag oder in den für diese Gattungen charakteristischen Sammelhandschriften, sondern auch über den Druck. So dichtete, druckte und vertrieb der vielseitige Handwerkermeister Hans Folz seine Kurzepik im Heftchenformat in Nürnberg.

Da die aktive Teilnahme am literarischen Leben auch mit einer gewissen innerstädtischen Profilierung über soziale Schichten hinaus einhergehen konnte, versuchten sich immer breitere Kreise als Literaturproduzenten. Vor allem in Nürnberg mit seinem rigiden Zunftverbot organisierten sich Handwerker zu literarischen Gemeinschaften, wie etwa Meistersingerschulen oder Spielgruppen in der Fastnachtzeit. Durch diese ‚Demokratisierung' des literarischen Lebens bildeten sich die wirkmächtigen Orte literarischer Interessenbildung deutlich heraus. Nicht nur an den Adelshöfen und -residenzen, wie etwa in Wien, Heidelberg und München oder am Hofe Maximilians I., in den Patrizierhäusern, Kirchen und Klöstern, sondern auch in den Schulen, Zunfthäusern, Singschulen, Wirts- und Badehäusern sowie auf Marktplätzen wurde Literatur produziert und/oder rezipiert. Laien wirkten zunehmend in den Aufführungen religiöser Spiele mit, die im 15. Jahrhundert immer üppigere Dimensionen annahmen.

Vor allem im 15. Jahrhundert kam es zu einem besonderen Interesse an literarischen Summenbildungen. Nun entstanden Legendare von gigantischem Ausmaß, enzyklopädische Zusammenstellungen von religiösen Lehren und Fachwissen, umfangreiche Kleinepiksammlungen oder Werke wie Ulrich Fuetrers ‚Buch der Abenteuer', in dem der Artusstoff früherer Jahrhunderte zusammengeführt wurde. Zudem wurde eine gewaltige Masse von vor allem geistlichem Schrifttum aus früheren Jahrhunderten rezipiert, wenn auch mitunter in stark redigierter Form, um dem Geschmack und Bildungshorizont der neuen, standesübergreifenden, stark erweiterten Leserschaft entgegenzukommen.

Auch die höfischen und heldenepischen Werke des 12.–14. Jahrhunderts blieben von Interesse. Zum Beispiel erfuhr Wolframs ‚Parzival' sogar eine Druckauflage (Straßburg 1477), ein Heldenbuch mit Dietrichepik, ‚Rosengarten' und ‚Laurin' wurde zwischen 1479–1590 sechs Mal gedruckt. Das ‚Nibelungenlied' ist in acht Handschriften aus dem 15. Jahrhundert und im ‚Ambraser Heldenbuch' im 16. Jahrhundert erhalten. Ein Literaturliebhaber

Einleitung: Das 15. und frühe 16. Jahrhundert – eine Zeit des epochalen Wandels

wie der Münchner Patrizier Jakob Püterich von Reichertshausen strich seine Standeszugehörigkeit heraus, indem er in seinem ‚Ehrenbrief' berichtete, *doch mer die alten puecher zu schätzen als die neuen*. Ein gediegenes Interesse an der alten ‚höfischen' Literatur zu haben – wie überhaupt kunstsinnig zu sein –, galt innerhalb gewisser adliger Kreise als Merkmal eines herausgehobenen, der adligen Selbstvergewisserung dienenden Geschmacks. Das berühmte ‚Ambraser Heldenbuch', von Kaiser Maximilian I. in Auftrag gegeben und zwischen 1504–1516 verfertigt, enthält eine imposante Sammlung von Literatur des 12. und 13. Jahrhunderts. Nur durch Abschriften in dieser Handschrift sind uns Werke wie etwa Hartmanns von Aue ‚Erec' – der ansonsten nur in Fragmenten überliefert ist –, die ‚Kudrun' oder der ‚Moriz von Craûn' überhaupt bekannt. Das Wiedererwachen des Interesses an höfischer Literatur wirkte sich mitunter konkret auf die Gestaltung der adligen Lebensform aus, wofür in diesen Werken reichlich identitätsstiftende Angebote präsentiert wurden. Markgraf Albrecht Achilles von Brandenburg verglich seine Residenz zu Ansbach mit dem Hof des Königs Artus: *... und ist konig Arts hofe hie mit jagen, paysen, hetzen, stechen, rennen und allerlei kurtzweil.*

Zugleich wetterten Autoren geistlicher Werke gegen den Konsum weltlichen ‚Schunds', der die Menschen nur von ihrem Weg zum Heil abbringe. Der Wiener Geistliche Ulrich von Pottenstein beschimpfte die Laien, die sich lieber mit dem *Tytrell* (‚Jüngerer Titurel') oder mit *Dietreichs von Pern vnd der andern rekchen streytpüchern* beschäftigten. Bereits im 14. Jahrhundert kritisierte der Autor des ‚Großen Seelentrosts', eines Werks, das im norddeutschen und durch den Druck auch im süddeutschen Raum große Verbreitung erfuhr, die Lektüre des ‚Parzival', ‚Tristan' und der Abenteuer Dietrichs von Bern. Diese grundsätzliche Kritik fand sogar Eingang in einen deutschen Beichtspiegel des 15. Jahrhunderts. Dort heißt es: *Hastu weltleich daücze oder lateinische püecher gern gehört?* Oder: *Hastu icht gedicht, lieder oder puelbrief geschriben?* Es handelt sich in beiden Fällen also um sündhafte Vergehen, die zu beichten sind.

Die Pflege der in Versen verfassten Großepik blieb indes ein auf kleine elitäre Kreise beschränktes Phänomen, wie z.B. den Wittelsbacher Hof zu München. Darüber hinaus blieb die gebundene Form auf wenige, vor allem primär für die Oralität bestimmte Gattungen beschränkt, die entweder einer literarischen Tradition verpflichtet waren und/oder die Versform favorisierten, weil sie das Memorieren erleichterten, etwa Lied, Spiel, Kurzepik, Spruch, Rede.

Trotz dieser – an sich verhältnismäßig wenigen – Rückgriffe auf ältere Verswerke ist der endgültige Sieg der Prosa als maßgebliche Form im geistlichen wie weltlichen Schrifttum kennzeichnend für die Literatur des 15. Jahrhunderts. Sogar Großformen wie der Roman wurden nun mehrheitlich in Prosa verfasst. Die ‚Prosaauflösung' – die Umgestaltung von

Verstexten des 12. bis 14. Jahrhunderts in schlichte Prosa – erfasste Werke der geistlichen Literatur, vor allem im Bereich der Hagiographie und der Chronistik, sowie höfische Romane wie etwa Eilharts von Oberg ‚Tristrant' und Wirnts von Grafenberg ‚Wigalois'. Die Versform galt schlichtweg als unmodern und als eine unnötige, ja störende Kunstübung bei der Vermittlung epischer Stoffe, ganz zu schweigen von der als Rezeptionsbarriere empfundenen – weil nur noch schwer verständlichen – antiquierten Sprache und Begrifflichkeit der Vorlagen aus dem 12. und 13. Jahrhundert. Die Ablehnung der gebundenen Form bedurfte im 15. Jahrhundert in der Regel keiner Begründung mehr; die früher immer wieder anzutreffende topische Gleichung von Versform und Lügenhaftigkeit – so wurde, was die geistliche Literatur betrifft, bereits im 13. und 14. Jahrhundert immer wieder argumentiert, die Versform lenke von der eigentlichen Botschaft, von der ,inneren Wahrheit' des Erzählten zu stark ab – war für die Wahl der Prosa nicht mehr vonnöten. Die Problematik bei der Vermittlung jahrhundertealter Literatur brachte der anonyme Prosaauflöser des Tristanromans, erschienen 1484 in einem Augsburger Druck, auf den Punkt: *Aber von der leüt wegen die sóllicher gereymter búcher nicht genad haben, auch etlich die die kunst der reymen nit aigentlich versteen kündent, hab jch Vngenannt dise Hystorj in die form gebracht.*

Es versteht sich von selbst, dass in den finalen Bänden einer Geschichte der deutschen Literatur des Mittelalters auf die Frage nach einer Epochengrenze eingegangen werden muss. Von den diversen bisher diskutierten Kriterien einer Abgrenzung halte ich das Aufkommen des Humanismus in der zweiten Hälfte des 15. Jahrhunderts nördlich der Alpen für am wenigsten geeignet. Immer wieder wurde in Schriften der Humanisten die Überlegenheit des Lateins gegenüber der barbarischen Volkssprache thematisiert. Aus der Pflege des ,Neulateins' bezogen die Humanisten ihre Identität. Die Beherrschung der antiken Sprache, die sich vom gebräuchlichen Mittellatein der Kirche und der Diplomatie abgrenzte, war ihr Statussymbol und zugleich das zentrale, mitunter mit bissiger Arroganz formulierte Abgrenzungskriterium zur restlichen Bevölkerung, die von ihnen häufig als *vulgus* (Pöbel) bezeichnet wurde. Aber diese bedeutende Bildungsbewegung war schlichtweg zu elitär und nur in sehr geringem Umfang für die Produktion und Verbreitung volkssprachlicher Literatur von Relevanz, auch wenn eine Vielzahl von Humanisten volkssprachliche Werke – vor allem Übersetzungen antiker und italienischer Vorlagen – verfertigte. Daher erscheint mir der Humanismus in seiner Bedeutung für den allgemeinen v o l k s s p r a c h l i c h e n Literaturbetrieb der Zeit in einigen früheren Literaturgeschichten des 15. und frühen 16. Jahrhunderts stark überbewertet. Bei allem Verschwimmen von früher festgefügten Bildungsunterschieden zwischen Klerus und Laien bleiben doch die Rezipientenkreise für volkssprachliches und lateinisches Schrifttum nach wie vor weitestgehend verschieden. Dieser Befund ändert sich keineswegs in nachmittelalterlicher Zeit.

Als sinnvollstes Kriterium zur Fixierung einer literaturgeschichtlichen Epochengrenze erscheint mir die breite Überlieferung und Rezeption mittelalterlicher Texte, die – legt man die Produktion der Drucker zugrunde – mit dem Aufkommen der Reformation um 1520/21 im Wesentlichen zu Ende gehen. Das skriptographische Zeitalter lag damals bereits seit fast einem halben Jahrhundert in seinen letzten Zügen, das literarische Angebot bestimmten die Offizinen. Zweifellos wurden einzelne ‚mittelalterliche' Werke auch nach 1520/21 gedruckt oder abgeschrieben, aber die Zäsur im Angebot und in der literarischen Interessenbildung ist doch zu eklatant, um die Epochengrenze anhand dieser Ausnahmen grundsätzlich in Frage zu stellen. Das Angebot der Drucker wandte sich im Zuge der Glaubenskämpfe nun aktuelleren Texten zu, die früheren Bestseller wie etwa das Legendar ‚Der Heiligen Leben' versprachen keinen Absatz mehr. In einer Schrift vom Jahre 1535 – ‚Die Lügend von S. Johanne Chrysostomo'– verspottete Martin Luther das frühere Erfolgswerk als papistische Volksverdummung. Auch die aus der gehobenen Mittelschicht stammenden Meistersinger mehrerer Städte verstanden sich nach 1520/21 als entschiedene Verfechter der Reformation, wobei die vorreformatorische Produktion beinahe völlig verdrängt wurde. Die Beispiele lassen sich leicht vermehren. Luthers theologische Anliegen lösten einen gewaltigen neuartigen Diskurs aus, der zu politisch-rechtlichen Veränderungen führte und das Leben breiter Teile der Bevölkerung nachhaltig prägte.

Dass dieser klare Epocheneinschnitt im Bewusstsein des *litteraten* Publikums fest verankert war, zeigt z.B. der Prolog zu einer deutschen Übersetzung der ‚Imitatio Christi' des Thomas von Kempen aus der Mitte des 15. Jahrhunderts, die der protestantische Augsburger Drucker Philipp Ulhart zwischen 1531–1537 fünfmal herausgab. Dort bittet Ulhart die Leser, das *Búchlin* nicht zu *scheühen* oder zu *verachten*, nur weil es in vorreformatorischer Zeit verfasst wurde *vnnd nit aller ding nach vnser yetzleuffigen zeit schmeckt, vnnd doch gleich so wol durchauß von ainem warhafften absterben des alten menschen zeuget, als so man es heüt geschriben hett*. Nichts stehe dort, *derhalben es aynigerlay parthey des glaubens (Gott gebe wie vil deren sein) oder menigklich verwerffen möcht*, es sei ein Werk für die gesamte Christenheit. Nur deshalb verdiene es überhaupt noch, den neuen ‚aufgeklärten' Menschen des Reformationszeitalters zum Kauf angeboten zu werden. Auch diese Ausnahme bestätigt die literaturgeschichtliche Regel.

Medienumbrüche als Voraussetzung für den Literarisierungsprozess

Aus Sicht der Buchproduktion lässt sich das 14. vom 15. Jahrhundert überraschend deutlich abgrenzen. In der zweiten Hälfte des 14. Jahrhunderts sank die Zahl der in diesem Zeitraum hergestellten Handschriften gegenüber der ersten Hälfte dramatisch. Die Gründe sind leicht auszumachen. Zwischen 1347–1352 raffte die Pest einen Großteil der Population des deutschen Raumes – vor allem in den Städten – dahin, in einer Vielzahl von Klöstern verblieb häufig nur noch eine Handvoll Personen, in nicht wenigen Fällen wurden Konvente sogar komplett entvölkert. Der Literaturbetrieb kam in dieser Zeit zwar nicht gänzlich zum Erliegen, aber es bedurfte dreier Generationen, bis die vielzitierte ‚Überlieferungsexplosion' des 15. Jahrhunderts in den 1420er Jahren ihren Anfang nahm.

Von allen Faktoren, welche die ‚Demokratisierung' der Literaturrezeption vorantrieben, ist die bereits angesprochene Ablösung des Pergaments durch das um ein Vielfaches billigere Papier zweifellos der entscheidende. Die Papierherstellungstechnik wurde im zweiten nachchristlichen Jahrhundert in China entwickelt und im 8. Jahrhundert in der arabischen Welt bekannt gemacht. Von dort gelangte sie im 12. Jahrhundert nach Spanien, wo um 1100 eine Papierproduktion belegt ist, und nach Sizilien, woher das älteste europäische auf Papier geschriebene Dokument (v.J. 1109) stammt. Später wurden die Handelsstädte im Norden Italiens zu Zentren der Herstellung, wo nach 1276 die Stadt Fabriano zum Mittelpunkt der europäischen Papierproduktion avancierte. Für den deutschsprachigen Raum blieb Papier bis ins späte 14. Jahrhundert Importware aus Italien. Erst 1390 sah sich ein deutscher Unternehmer dazu veranlasst, mit der Papierherstellung nördlich der Alpen zu beginnen. Lombardische Gesellen aus der italienischen Papierindustrie halfen in diesem Jahr dem Nürnberger Patrizier Ulman Stromer, eine Papiermühle aufzubauen, die von Pächtern betrieben wurde. Um 1450 gab es im deutschen Raum circa zehn, um 1500 – vor allem bedingt durch den Buchdruck – bereits sechzig Papiermühlen.

Papier wurde aus Leinenlumpen hergestellt, die in mit Wasserkraft betriebenen Mühlen – eine Innovation der europäischen Herstellungsweise – zerstampft und mit tierischem Leim verbunden wurden. An dem aus Draht geflochtenen Schöpfsieb konnten Vorrichtungen für die Herstellung von Wasserzeichen angebracht werden, was übrigens der heutigen Forschung recht zuverlässige Möglichkeiten zur Datierung von Codices und Drucken bietet (Abb. 1).

Obwohl einige wenige Papierhandschriften im deutschsprachigen Raum schon im späten 13. Jahrhundert nachweisbar sind, kam der neue Beschreibstoff für deutsche Codices erst um die Mitte des 14. Jahrhunderts, und das auch nur vereinzelt, zum Einsatz. Papier wurde zunächst im Allgemeinen für Verwaltungs- und Wirtschaftsangelegenheiten sowie im juristischen Bereich verwendet. Im 15. Jahrhundert setzte sich Papier als Beschreibstoff von literarischen Handschriften rasch durch. Ohne die Einführung des Papiers wäre es nie zum massenproduzierenden Buchdruck gekommen. Auch wenn Gutenberg einige Exemplare seiner Bibel auf Pergament druckte, seine Innovationen hat er zweifellos für die Produktion von Drucken auf Papier konzipiert, denn alles andere wäre wirtschaftliche Torheit gewesen. Eine Untersuchung zu den Papierpreisen in Basel hat ergeben, dass man, auf das ganze 15. Jahrhundert hin gerechnet, für den Preis einer Pergamenthaut im Schnitt 64 Bogen Papier erwerben konnte. Um 1402 betrug das Verhältnis noch eins zu 30–40, um 1500 bereits eins zu 76–116 Bogen.

Aus den ersten beiden Jahrzehnten des 15. Jahrhunderts sind noch vielfach Pergamenthandschriften überliefert, die die für diesen Beschreibstoff eher angemessenen repräsentativen gotischen Schrifttypen aufweisen. Mit der verstärkten Verwendung des Papiers kamen auch die die Schreibtätigkeit stark beschleunigenden Kursivschriften auf, was die Herstellung von Handschriften um ein Vielfaches verbilligte. Die enorme Kostenreduzierung ermöglichte es zudem, Handschriften zu bebildern, ohne dass der Preis für ein derartiges Prestigeobjekt auch nur annähernd an den Preis einer unbebilderten Pergamenthandschrift herangekommen wäre. Sehr teuer blieb nach wie vor der Preis für das Binden, so dass vielfach Handschriften und Drucke als zusammengeheftete Lagen ohne jeden Schutz oder als sog. Kopert-Handschrift nur mit einem Leder- bzw. einem Pergamentumschlag versehen wurden, was ein Hauptgrund für die vielen Verluste solcher Überlieferungsträger gewesen sein mag.

Ab circa 1420 steigt die Zahl jener Personen, die sich als *schreiber(in)* bezeichnen, wobei das Schreiben von Büchern in der Regel ein Nebenberuf war und sich kaum hauptberufliche ‚Buchschreiber' finden. Vielfach stellten gebildete Patrizier, wohlhabende Bürger und sogar auch weniger Bemittelte ihre Bücher selbst her. Um die Mitte des Jahrhunderts gehörten Schreiber einer vielbeschäftigten Berufsgruppe an. Erst mit der Etablierung des Buchdrucks in fast allen größeren Städten sank die Zahl der hergestellten Handschriften zum Teil dramatisch. Zwar wurden Schreiber noch lange benötigt, aber seit den 1470er Jahren immer weniger als Hersteller von Büchern, und sogar für amtliche Bekanntmachungen, Formulare, Geleitbriefe usw. stellte der Buchdruck bald eine wesentlich kostengünstigere Alternative dar. Die große Zeit der mittelalterlichen Handschriftenanfertigung liegt – jedenfalls was die Quantität betrifft – in den circa fünfzig Jahren ab etwa 1420. Dabei werden schon in dieser Zeit Tendenzen in Richtung Massenanfertigung von Büchern sichtbar.

Ab circa 1418 ist eine Werkstatt zu greifen, in der offenbar die serienmäßige Herstellung von Handschriften durchorganisiert wurde. Die sogenannte ‚Elsässische Werkstatt von 1418' stellte zwischen circa 1415–1425, wohl in Straßburg, zahlreiche mit schlichten kolorierten Federzeichnungen ausgestattete Handschriften her, wobei die Schreiber wahrscheinlich eher im Nebenberuf für einen heute nur schwer zu durchschauenden „Produktionszirkel" (L. Saurma-Jeltsch) arbeiteten. Von den neunzehn erhaltenen Codices überliefert die Mehrzahl Werke, die auch später von der Werkstatt Diebold Laubers im elsässischen Hagenau vertrieben werden sollten: Legenden, Legendare, Erbauungsliteratur sowie höfische Romane und Dietrichepik.

Die Ähnlichkeit zur Lauber-Werkstatt ist vor allem in den Illustrationen nicht zu übersehen. Lauber dürfte sich am Straßburger Vorgänger orientiert und möglicherweise sogar Kräfte von dort übernommen haben. Er selbst war Lehrer, der nebenbei als Stuhlschreiber (Lohn- und Berufsschreiber) arbeitete; in seiner Werkstatt wird er vor allem als Organisator der Herstellung, aber auch als Schreiber tätig gewesen sein. Er dürfte sich im Grunde genommen um so gut wie alles gekümmert haben, angefangen von der Besorgung der Textvorlagen bis hin zum Vertrieb. Die Lauber-Werkstatt, die aus einer festen Gruppe von Schreibern und Malern bestand – bisweilen wurden andere hinzugezogen –, florierte über vierzig Jahre lang (sie existierte nachweislich zwischen circa 1427–1467). Ob sie die ganze Zeit von Lauber selbst oder früher oder später auch von anderen geleitet wurde, ist für das Phänomen Handschriftenherstellung auf Vorrat und mithin für die Geschichte der mittelalterlichen Buchproduktion nicht von entscheidender Bedeutung.

In einer seiner Bücheranzeigen, die er an potentielle Kunden verschickte, beginnt er mit dem Hinweis: *Item zů hagenow py dypold läuber schreyber, lert die kinder* (Abb. 2). Es folgt sodann eine beachtliche Liste von Werken, die fast alle als bebildert (*gemolt*) bezeichnet werden. Über verwandtschaftliche Verbindungen zur Hagenauer Burg wird er wohl Kontakte zu wohlhabenden Kreisen geknüpft haben. In einer seiner Handschriften fasste er sein Angebot zusammen: *Item welcher hande bůcher man gerne hat, groß oder clein, geistlich oder weltlich, hübsch gemolt, die findet man alle by diebolt louber schriber In der burge zů hagenow.* Jedenfalls muss sich für Lauber das finanzielle Risiko, das mit dem bedarfsweckenden Vertriebsverfahren verbunden war, einige Zeit lang gelohnt haben. Ausgeschlossen ist keineswegs, dass er neben den wohl unbebilderten Handschriften auf Vorrat auch Auftragsarbeiten angenommen hat. So dürften die kostenaufwendigen illustrierten Handschriften erst nach einer Bestellung in Angriff genommen worden sein.

Heute sind uns knapp 80 Handschriften aus seiner Werkstatt erhalten geblieben, eine Zahl, die, wenn man die übliche hohe Verlustquote von mittelalterlichen Handschriften in Betracht zieht, eine gewaltige Produktion annehmen lässt. Sogar lateinische Werke, die allerdings entweder nicht überliefert oder noch nicht identifiziert sind, gehörten wohl zum Angebot. Nachweislich bildeten Mitglieder des hohen wie des niederen Adels den Kundenkreis Laubers. Meist waren sie auf irgendeine Weise mit den Höfen der Grafen von Württemberg, der Markgrafen von Baden und der Pfalzgrafen verbunden. So gehörte zum Beispiel Pfalzgraf Ruprecht von Simmern-

Zweibrücken (1420-1478), der seit 1439 Bischof von Straßburg war, zu den Kunden Laubers, ebenso der elsässische Unterlandvogt Rheingraf Johann IV. zu Dhaun und Kyrburg (1422-1476).

Laubers oben zitierte Anzeige verrät Interessantes über die von ihm erwarteten literarischen Vorlieben von Laien, obwohl zu berücksichtigen ist, dass er vornehmlich Werke vertrieb, die sich für eine Bebilderung eigneten und dem Geschmack eines vorwiegend adligen Käuferkreises entgegenkamen. Zwar besteht der Löwenanteil von Laubers Angebot aus Werken der geistlichen Literatur – wie etwa die ‚Elsässische Legenda aurea' (in seinem schriftlichen Angebot an erster Stelle genannt), Historienbibeln oder ‚Die 24 Alten' Ottos von Passau –, dennoch finden sich vielfach auch Werke der höfischen Epik in seiner Liste: etwa Heinrichs von Veldeke ‚Eneasroman', Wolframs von Eschenbach ‚Parzival', Wirnts von Grafenberg ‚Wigalois', Gottfrieds von Straßburg ‚Tristan und Isolde' und der ‚Tristan als Mönch'. Insgesamt wurden über die Jahre circa 45 verschiedene Titel angeboten.

Laubers Produktion bestand fast ausschließlich aus großformatigen Papierhandschriften. Leider sind uns seine Preise nicht bekannt. Er ging offenbar davon aus, dass die potentiellen Kunden nachfragen würden, vermutlich war der genaue Preis Verhandlungssache. Sein Erfolg – und dies gilt in ähnlicher Weise für die illustrierten Drucke – dürfte darauf gegründet gewesen sein, dass bei ihm das Prestigeobjekt illustriertes Buch verhältnismäßig preisgünstig zu erwerben war. Bei den Bildern handelt es sich um eher schlichte, aquarellierte, meist blattgroße Federzeichnungen, die bisweilen überhaupt nicht zum Text passen (Abb. 3), da Bildmuster mitunter falsch verwendet wurden, wie etwa der Bildtypus Hinrichtung eines Heiligen für den Sieg Dietrichs von Bern über einen knieenden, betenden heidnischen Gegner. Die Abschriften waren z.T. unkorrigiert und von Schreibfehlern durchsetzt, die auf Missverständnissen beruhen, die beim Schreiben, evtl. nach Diktat, entstanden sein könnten (etwa in Handschriften der ‚Elsässischen Legenda aurea'). Trotz dieser Mängel sahen die Besitzer von Lauber-Handschriften darin nicht nur erbauliche und unterhaltsame Lektüre, sondern offenbar auch herzeigbare Repräsentationsobjekte, zumal das Interesse an Werken der höfischen Epik in vielen Adelskreisen des 15. Jahrhunderts noch zur standesmäßigen Selbstvergewisserung gehörte. Bezeichnenderweise gehörten Klöster kaum zum heute nachzuweisenden Kundenkreis der Werkstatt.

Über die Jahrzehnte änderte sich die Art und Intensität der Produktion immer wieder. Was die Organisation der Herstellung betrifft, so habe ich in einem Beitrag die These vertreten, dass Lauber unbebilderte Handschriften auch auf Vorrat und die illustrierten erst auf Bestellung hergestellt habe. Dies lässt sich an einem zweibändigen Augsburger Exemplar der ‚Elsässischen Legenda aurea' beobachten, wo der nicht illustrierte Sommerteil des Legendars deutlich älter ist als der bebilderte Winterteil. Nicht von ungefähr wird die Lauber-Werkstatt als Vorbote einer Entwicklung hin zum Buchdruck gesehen. Wenn ein einigermaßen einträgliches Geschäft mit Handschriften auf Vorrat gelingen konnte, so muss die Suche nach einem noch effizienteren Herstellungsverfahren wirtschaftlich vielversprechend gewesen sein.

Illustrierte Handschriften galten in den gehobenen Kreisen eindeutig als vorzeigbare Besitztümer, zumal sie als prestigeträchtige Luxusware das zu bewundernde Vermögen sowie die literarischen Interessen der Auftraggeber vor Augen zu führen vermochten. Besonders aus Wien sind eine Vielzahl von illustrierten Handschriften von beachtlicher Qualität aus der Mitte des 15. Jahrhunderts überliefert, wovon mehrere für den Hof Friedrichs III. verfertigt wurden. In Wien arbeitete auch der bedeutende Regensburger Buchmaler Martinus Opifex, der sich mit einigen anderen mit der Illustrierung prachtvoller Handschriften befasste. Von ihm stammt zum Beispiel eine mit 334 Miniaturen illustrierte prachtvolle Handschrift mit einer anonymen deutschen Troja-Historie. Die in und um Wien hergestellten Codices sind von bedeutend höherem künstlerischen Anspruch als die der beiden elsässischen Werkstätten. Nachweisbar vom Anfang der 1420er Jahre bis um die Mitte des Jahrhunderts ist der besonders für die Chorherren in Klosterneuburg tätige Illuminator Meister Michael, der zusammen mit Martinus Opifex an einigen Handschriften arbeitete, die für Friedrich III. in Auftrag gegeben wurden. Der Schwerpunkt seines Schaffens lag zwar im Wiener Raum, aber er war auch an anderen Orten tätig. Von ihm sind anspruchsvolle Illustrationen in circa 50 Handschriften überliefert, die er für weltliche und geistliche Auftraggeber herstellte. Martinus und Michael arbeiteten auch in Verbindung mit weiteren Buchmalern.

Im Druckzeitalter sollten dann Illustrationen zu einem wichtigen Gestaltungsmerkmal der Ausgaben werden. Besonders volkssprachliche Werke wurden sehr häufig mit Holz- und Metallschnitten als Kaufanreiz ausgestattet. Gerade Bücher mit der Werbung *mit vil schônen figuren* gehörten zu den hochbegehrten Produkten der Offizinen.

Der Buchdruck

Um die Mitte des 15. Jahrhunderts entwickelte der Mainzer Johann Gensfleisch zur Laden, der sich später nach der Mode der Zeit nach dem Hof der Eltern – dem Hof zum Gutenberg – benannte, ein Verfahren zur Vervielfältigung von Schrift, das die Welt grundlegend verändern sollte. Victor Hugo schwärmte sogar vom „größten Ereignis der Weltgeschichte". Innerhalb von fünfzig Jahren beendete der Buchdruck mit ‚beweglichen' Metall-Lettern das skriptographische Zeitalter und schuf die Voraussetzungen für die Entstehung moderner westlicher Gesellschaftsformen, indem er schriftliches

Wissen prinzipiell jedem Menschen zugänglich machte und dessen Vermittlung nicht mehr an Gruppen oder Institutionen gebunden war. Es gibt kaum einen Aspekt der westlichen Kultur, der nicht in irgendeiner Form durch den Druck mit beweglichen Lettern beeinflusst worden wäre.

Der Buchdruck wurde damals als Sensation bewertet, von Nikolaus von Kues gar als *haec sancta ars* („diese heilige Kunst") bezeichnet. Der Ulmer Dominikaner Felix Fabri schrieb, dass keine Kunst auf Erden würdiger, rühmenswerter, nutzbringender oder göttlicher und heiliger sei als der Buchdruck. Es ist auch vielfach von einem göttlichen Geschenk für die Menschheit die Rede: Durch den Druck könne nun das Wort Gottes in alle Welt hinausgetragen werden. Die Erfindung wird sogar als Sieg im kulturellen Wettstreit mit der Romania gepriesen, vor allem mit Italien, dem sich die humanistisch gebildeten Deutschen im Zeitalter der Renaissance zumeist unterlegen fühlten. Jakob Wimpfeling betonte in seiner Lobpreisung des Buchdrucks, dass die Erfindung der *Germania* „dauernden Ruhm" (*laudem sempiternam*) eingebracht habe. Der ‚Erzhumanist' Conrad Celtis schrieb in einer Ode, dass es einem Mainzer zu verdanken sei, dass man die Deutschen nicht mehr wegen ihrer angeblichen geistlosen Untätigkeit schmähen könne.

Wie kam es dazu? Es war bereits die Rede davon, dass die zunehmend größere Verfügbarkeit und die im Verhältnis zum Pergament relativ geringen Kosten von Papier eine Entwicklung in Gang setzten, die ein schnelleres und effizienteres Verfahren zur Buchherstellung ermöglichte. Das Medium Handschrift war zwar durch den wesentlich preiswerteren Beschreibstoff und die Verwendung von Kursivschriften zu einer inzwischen von einer breiteren, allerdings immer noch verhältnismäßig exklusiven Leserschaft leichter erhältlichen Ware geworden, dennoch blieb deren Herstellung aufgrund der teuren, weil zeitaufwendigen, Schreiberentlohnung weiterhin ein Luxusgut. Wenn man die Werkstatt Diebold Laubers als Vorboten des Buchdrucks bewertet, so trifft dies nur auf die rationellere Organisation der Handschriftenherstellung zu, denn Laubers Produkte wurden sicherlich nur für eine sehr wohlhabende Elite hergestellt. Gutenbergs Suche nach einem Verfahren zur Massenproduktion von Büchern war daher die logische Konsequenz einer etwa in den 1420er Jahren sich rasant herausbildenden marktwirtschaftlichen Bedarfsentwicklung.

Ein Verfahren zum Drucken mit beweglichen Lettern aus Ton war indes in China bereits um 1040 durch Bi Scheng entwickelt worden. Auch das Bedrucken von Stoff mit einer hölzernen Matrix wurde in Deutschland lange vor der Entwicklung des Buchdrucks praktiziert. Erst die Produktion von Papier als relativ preisgünstigem Beschreibstoff führte zur Entdeckung und Umsetzung neuer Vervielfältigungsmethoden von Bild und Text. Wohl in den 1420er Jahren entstanden die ersten Holzschnittdrucke, die auch als Einblattdrucke vertrieben und teilweise durch sog. Briefmaler mit Hilfe von

Schablonen koloriert wurden. Bilderbogen und Spielkarten wurden ebenfalls mit diesem Verfahren gedruckt. Bei den frühesten Holzschnittdrucken handelte es sich zunächst um ausschließlich auf die religiöse Praxis bezogene Darstellungen, also zumeist Heiligenbilder oder Szenen aus dem Leben Jesu für die private Andacht. Für eine profitable Vervielfältigung von längeren Texten mit dieser Methode war das Verfahren aber denkbar ungeeignet. Das spiegelverkehrte Herausschneiden von Buchstaben aus Holzblöcken stand vom Herstellungsaufwand bei umfangreicheren Texten in keinem Verhältnis zum möglichen finanziellen Ertrag. Zudem ermöglichte das Verfahren noch keine genormten Buchstaben- und Schriftbilder, Fehler waren nur schwer zu korrigieren. Es bedurfte deshalb einer bahnbrechenden technischen Entwicklung, um das mühsame Kopieren per Hand zu ersetzen.

Bis heute gibt es zum Teil leidenschaftlich geführte Diskussionen um die Person Gutenberg und die Frage, ob er der eigentliche Erfinder des Druckverfahrens mit beweglichen Metalllettern war bzw. für welche technischen Aspekte des Verfahrens er verantwortlich zeichnen dürfe. Auf die diversen Quellen, die der Forschung als dankbare Objekte für die mitunter wildesten Spekulationen dienten, wird noch einzugehen sein. Jedenfalls ermöglicht es eine Reihe von Urkunden aus verschiedenen Städten, eine skizzenhafte Biographie zu entwerfen. Gutenberg stammte aus einem Mainzer Patriziergeschlecht. Geboren wurde er um 1400 und besuchte wohl eine Schule in der Stadt. Er verließ sie wahrscheinlich im Zuge von Streitigkeiten zwischen dem Patriziat und den Zünften, was eine zeitweilige Auswanderung der meisten Patrizier im Jahre 1419 nach sich zog. Fraglich ist nach wie vor, ob er, wie auch andere wohlhabende Söhne der Stadt, an der kurmainzischen Universität Erfurt studierte. 1434 ist er wegen Erbstreitigkeiten in Straßburg nachweisbar, wo er immer wieder in Urkunden Erwähnung findet. Belegt ist zum Beispiel, dass er 1437 einem Straßburger Bürger das Polieren und Schleifen von Edelsteinen beibrachte, was darauf hindeutet, dass er seinen Lebensunterhalt mit der Weitergabe von technischem Spezialwissen verdiente. Als Kenner des für die Erfindung des Buchdrucks essentiellen Metallhandwerks fertigte Gutenberg 1438–1440 in Straßburg als Massenprodukte sog. ‚Pilgerspiegel' an, die für die Heiltumsfahrt zur Zurschaustellung der Aachener Reliquien gedacht waren. Die Wallfahrer trugen die von ihm gefertigten reliefierten Metallrahmen, in denen ein kleiner Spiegel fixiert wurde, am Hut.

Vielleicht begann Gutenberg bereits in dieser Zeit, an der Entwicklung von beweglichen Lettern zu arbeiten. Jedenfalls deutet Vieles darauf hin, dass er lange experimentierte, bis er sein Verfahren zu perfektionieren vermochte. Indessen gibt es keine konkreten Hinweise auf einen Druck vor seiner Rückkehr nach Mainz, die spätestens 1448 erfolgte. Allerdings hält die vom päpstlichen Sekretär Mattia Palmieri fortgeführte, 1483 in Venedig vom Deutschen Erhard Ratdolt gedruckte ‚Chronik' des Eusebius von Cäsa-

Der Buchdruck

rea bereits fest, dass Johann Gutenberg, Patrizier aus Mainz, die geniale Erfindung des Buchdrucks 1440 gemacht habe. Es scheint, als hätten damals zumindest unter den deutschen Druckern dieses Datum und die Person Gutenbergs als Erfinder ihrer Kunst bereits festgestanden.

Dass Gutenberg ab 1448 wieder in Mainz lebte, belegt eine Urkunde, welche angibt, dass er von seinem Vetter ein Darlehen bekam, vermutlich um eine Druckwerkstatt einzurichten. Für den Druck der Bibel bekam er zwischen 1449–1453 vom Mainzer Kaufmann und Geldverleiher Johannes Fust die beachtliche Summe von insgesamt 1600 Gulden zur Errichtung einer Druckerei als Darlehen – so jedenfalls Fusts Sicht der Dinge –, um das monumentale Projekt des Drucks einer lateinischen Bibel zu ermöglichen.

Diesem sog. 42-zeiligen Bibeldruck gingen zweifellos Versuche an kleineren Projekten voraus. Die ältesten datierbaren Drucke sind Ablassbriefe aus den Jahren 1454 und 1455, die sich sicherlich gut verkauften. Es handelt sich dabei um gedruckte Urkundenformulare, bei deren Ausstellung der Name des jeweils Begünstigten und das Datum handschriftlich eingetragen wurden. Nach diesen Kleindrucken bediente Gutenberg vornehmlich die Gelehrtenwelt mit lateinischem Schrifttum. Doch mit dem in seiner Offizin hergestellten volkssprachlichen ‚Türkenkalender' (Ende 1454) wird der Buchdruck erstmals für die politische Publizistik eingesetzt. Dort wird in 188 Versen in Gestalt eines Neumondkalenders zum Kampf gegen die Türken aufgerufen.

Es zeigt sich, dass Gutenberg bis zum Druck der 42-zeiligen Bibel fortdauernd an der Verfeinerung seiner Technik arbeitete. Dazu passt auch eine Bemerkung in der sog. ‚Koelhoffschen Chronik', einer 1499 gedruckten Chronik der Stadt Köln. Demnach wurde der entscheidende Schritt *by den iairen vns heren anno domini MCCCCXL* getan, dann habe man zehn Jahre lang *vndersoicht die kunst ind wat dairzo gehoirt*, bevor man im ‚Goldenen Jahr' 1450 mit dem Druck einer lateinischen Bibel begonnen habe. Gutenberg hat offenbar mit zwei Typensätzen gedruckt: zuerst mit der noch etwas primitiveren sog. Donat-Kalender-Type (benannt nach zwei mit dieser Type gedruckten Werken, darunter die lateinische Grammatik ‚Ars minor' des Aelius Donatus) und dann mit der wesentlich ausgereifteren Type der 42-zeiligen Bibel. Die Bibel wurde zwischen 1452 und 1454 mit bis zu sechs Pressen und etwa 20 Mitarbeitern hergestellt. Im März 1455 berichtet Enea Silvio Piccolomini, dass er im Oktober 1454 auf dem Reichstag in Frankfurt Probeseiten gesehen habe (s.u.). Die Wahl der lateinischen Bibel als erstes ehrgeiziges und zweifellos sehr kostspieliges Projekt sollte wohl das Risiko einer Fehlinvestition ausschließen, zumal hier mit Klöstern, Pfarreien und Universitäten als Abnehmern gerechnet werden durfte.

Gutenbergs Weg zur effizienten Produktion von gedruckten Büchern erforderte eine Reihe von technischen Neuerungen (Abb. 4). Dazu gehörten die Entwicklung eines Verfahrens für die Herstellung der Lettern, der ölhaltigen Druckerfarbe, welche die bis dahin verwendeten, nicht auf Metall haftenden wasserlöslichen Farben ersetzte, der für das Auftragen der Tinte verwendeten Ballen und schließlich noch der Spindelpresse, wie sie in ähnlicher Form von Winzern und Papierherstellern verwendet wurde, mit einer speziellen Einrichtung zum gleichmäßigen Auftrag des Druckbildes. Im wesentlichen blieb Gutenbergs Verfahren bis zur Erfindung des Flachdruckverfahrens durch Alois Senefelder (1797) und zur Entwicklung der eisernen Druckpresse durch den Engländer Charles Stanhope (1800), mit der ein deutlich höherer Druck auf das Papier ausgeübt und eine größere Anzahl von Bögen pro Stunde hergestellt werden konnte, unverändert.

Das Handgießgerät, das man stets als Kernelement der Gutenbergschen Erfindung sah, war, wie es erstmals in den 1470er Jahren in Italien schriftlich beschrieben wurde, eine leicht handhabbare, kleine, zerleg- und verstellbare Gießform, mit der schnell und bequem eine große Zahl gleichartiger Lettern hergestellt werden konnte. Mit einer sogenannten Patrize, dem Stempel oder Prägestock, wurde eine Matrize, die eigentliche Gussform, angefertigt. Die Patrize war ein Stahlstäbchen, in welches das Buchstabenbild in Spiegelschrift erhaben hineingearbeitet wurde, eine Aufgabe, die große Meisterschaft voraussetzte. Die Fertigung von solchen Stempeln war nichts Neues, sie wurden schon länger zum Beispiel von Buchbindern zum Prägen von Leder auf Buchdeckeln, und zwar nicht nur mit Mustern, sondern auch mit Schrift verwendet. Diese Patrize wurde dann in ein Klötzchen aus weichem Metall, wohl aus Kupfer, die sogenannte Matrize, eingeschlagen. Dabei mussten die Patrizen alle gleich tief eingetrieben werden und die gleiche Schriftlinie haben, denn schon die kleinsten Abweichungen hätten wegen der unterschiedlich starken Einfärbung der Typen für ein uneinheitliches Druckbild gesorgt. Sodann wurde heißes Blei, das mit Zinn und Antimon versetzt wurde, um es flüssiger zu machen, in die Matrize eingegossen. Die so erhaltenen Lettern wurden dann nach der Abkühlung einheitlich zurechtgefeilt. Nachdem ein größerer Letternvorrat hergestellt worden war, konnte das Setzen der Seiten beginnen. Das Schriftbild der Drucke Gutenbergs imitierte die in Prachthandschriften verwendete kalligraphisch anspruchsvolle gotische Textura, per Hand wurden farbige Initialen und Rankenwerk sowie Rubrizierung (Rotstrichelung) nachgetragen. Gutenberg druckte auch teilweise auf Pergament, da er offenbar mit zahlungskräftiger Kundschaft rechnete.

Nach der Fertigstellung des Bibeldrucks kam es zu einer gerichtlichen Auseinandersetzung zwischen Gutenberg und Fust um die Rückzahlung des Startkapitals mit Zinsen für *das werck der bucher*, was im Notariatsinstrument des kaiserlichen Notars Ulrich Helmasperger vom 6. November 1455 festgehalten wurde. Gutenberg machte zu seiner Verteidigung geltend, dass die Hälfte der Summe als Geschäftseinlage zu betrachten sei und daher nicht zurückbezahlt werden müsse. Den genauen Ausgang des Verfahrens kennen wir zwar nicht, aber Gutenberg dürfte kaum, wie lange behauptet, den Rest seines Lebens als Mitteloser verbracht haben, denn in geschäftlichen Dingen war er sehr versiert. Dennoch verlor er offenbar durch den Rechtstreit die Bibel-Werkstatt, nur der alte Donat-Kalender-Typensatz blieb vermutlich in seinem Besitz. Circa 1457 druckte er z.B. damit die ‚Sibyllenweissagungen‘ (früher ungenau als ‚Fragment vom Weltgericht‘ bezeichnet). Es handelt sich um den nur als Bruchstück erhaltenen Druck eines deutschen Verswerkes aus der zweiten Hälfte des 14. Jahrhunderts (vgl. Bd. III/1).

Gutenbergs wichtigster und begabtester Mitarbeiter, Peter Schöffer, übernahm nun zusammen mit Fust Gutenbergs Geräte, die beiden gründeten damit eine eigene Druckerei: Schöffer fertigte die Drucke an, Fust vertrieb sie. Schöffer hatte ein Universitätsstudium absolviert und in Paris als Schreiber und Kalligraph für die Sorbonne gearbeitet, Tätigkeiten, die bei der technischen und ästhetischen Gestaltung der Lettern seinerzeit zweifellos von großem Nutzen waren. Dies lässt sich vor allem an dem von Schöffer veranstalteten Druck des ‚Mainzer Psalters‘ von 1457 beobachten, in dem Schöffer die Lombard-Unzialen erstmals farbig – blau und rot – druckte, um die Arbeit des Rubrikators überflüssig zu machen. Es handelt sich eindeutig um einen der satztechnisch aufwendigsten Drucke der frühen Zeit. Schöffer heiratete Fusts Tochter und wurde nach dessen Tod Alleinbesitzer der Offizin. Mehr als 250 Einblattdrucke und Bücher stellte er dort her. Er starb 1503.

Aufgrund des Streits zwischen Papst Pius II. und dem Kaiser Friedrich III. über die Wahl zum Erzbischof von Mainz (Mainzer Stiftsfehde, 1459) kam es zu kriegerischen Auseinandersetzungen, die mit der Besetzung und Plünderung (1462) der sich dem päpstlichen Wunsch widersetzenden Stadt Mainz durch Pius' Favoriten Adolf von Nassau endeten. Vorher waren in Mainz Flugblätter in der Werkstatt von Fust und Schöffer für beide Streitparteien hergestellt und verbreitet worden. Auch hier wurde das neue Medium zum Instrument politischer Agitation.

Zu den von Adolf Vertriebenen dürften Gutenberg und seine Mitarbeiter gehört haben, die nun die Geheimnisse der Druckkunst in andere Städte trugen. Gutenberg verbrachte sein Exil in Eltville am Rhein, wo er den mit ihm weitläufig verwandten Brüdern Heinrich und Nicolaus Bechtermünze beim Aufbau einer Offizin half. Das letzte, was man von Gutenberg erfährt, steht in einem Schreiben des Erzbischofs Adolf vom Januar 1465, in dem Gutenberg wegen seiner Verdienste gewürdigt und zum ‚Hofmann‘ Adolfs in Mainz ernannt wurde. Es handelte sich um den Versuch einer Wiedergutmachung, die mit materiellen Vergünstigungen verbunden war. Gutenberg erhielt ein Hofkleid und jährlich 2180 Liter Korn und 2000 Liter Wein.

Er starb zwischen 1465 und 1468 und wurde in der Mainzer Franziskanerkirche bestattet.

Es hat immer wieder Versuche gegeben, Gutenberg nicht nur als Erfinder des Gießgeräts, sondern sogar des Buchdrucks mit beweglichen Lettern in Frage zu stellen. Allerdings widersprechen diesem Ansinnen einige wichtige Quellen. In einem Brief vom 12. März 1455 berichtet Aeneas Silvius Piccolomini, der spätere Papst Pius II., damals noch Bischof von Siena und Kanzler des deutschen Königs Friedrich III., einem spanischen Kardinal vom Frankfurter Reichstag im Oktober 1454, er habe dort einen „erstaunlichen Mann" (*vir mirabilis*) getroffen – den Namen nennt er leider nicht –, der einige Lagen einer Bibel in sauberer und höchst korrekter Schrift vorgelegt hätte; diese Bibel sei in 158 oder 180 Exemplaren bereits fertig gestellt, vollständige Bibeln hätte er dort jedoch nicht gesehen. Beweiskräftig ist auch ein Mandat des französischen Königs Charles VII., in dem der Stempelschneider der königlichen Münze, Nicolas Jenson, am 4. Oktober 1458 beauftragt wird, in Mainz die Kunst des Druckens auszuforschen, die Johannes Gutenberg erfunden habe. Jenson ist ab 1470 als Drucker in Venedig bezeugt. Eine weitere frühe Nennung Gutenbergs findet sich dann 1470/71 in einem Brief des Guillaume Fichet, in dem er als Erfinder der Druckkunst bezeichnet wird.

Eine Quelle des Dissenses über Gutenbergs Leistung sind Aussagen zur Entstehung des Buchdrucks aus dem letzten Jahrzehnt des 15. Jahrhunderts. Dort wird zum Beispiel Straßburg zum Ort der Erfindung oder zumindest zur Stätte der ersten Versuche erhoben. Auch Gutenbergs Anteil an der Erfindung wird zugunsten anderer geschmälert, und Fust, Schöffer und sogar Jenson werden zu Miterfindern deklariert. Diese späten Quellen gelten aber als unzuverlässig.

Sehr bald erkannten andere, die Gutenbergs zunächst streng geheim gehaltenes Verfahren erlernt hatten, das enorme wirtschaftliche Potential, das in der Veröffentlichung volkssprachlicher Literatur steckte. Die erste Offizin außerhalb der Stadt Mainz wurde um 1460 in Straßburg von Johannes Mentelin eingerichtet. Wo er sein Handwerk gelernt hat, ist unbekannt; es gibt keine Nachweise über eine direkte Verbindung zur Werkstatt Gutenbergs. Auch er bringt als Erstlingswerk eine lateinische Bibel heraus, 1466 folgt sodann der erste Druck einer kompletten deutschen Bibel, auf der weitere dreizehn hochdeutsche und vier niederdeutsche Bibelausgaben vor Luthers Übersetzung basierten. Der Text fußt auf einer um die Mitte des 14. Jahrhunderts wohl in Nürnberg entstandenen Übersetzung. Wolframs von Eschenbach ‚Parzival' und Albrechts ‚Jüngerer Titurel' erschienen 1477 bei Mentelin als die einzigen gedruckten Werke der ‚höfischen Epik'. Nicht Mainz, sondern Straßburg sollte sich vor 1500 zu einem besonders produktiven Ort des Buchdrucks entwickeln. Zwanzig Offizinen nahmen bis zu diesem Jahr hier den Betrieb auf.

Auch in Bamberg wurde der Buchdruck sehr früh eingeführt (1460–61). Hier verfertigte Albrecht Pfister 1461 das erste durchillustrierte deutsche Werk, Ulrich Boners ‚Edelstein‘, wobei es zum Einsatz von 101 Holzschnitten kam. Früher hatte man Pfister den illustrierten Druck von Johannes' von Tepl ‚Der Ackermann aus Böhmen‘ zugewiesen, neue Wasserzeichenanalysen datieren das Papier des Druckes jedoch in die 1470er Jahre, während man annehmen muss, dass Pfister schon 1466 verstorben ist. Jedenfalls fanden sich nach dem Druck des ‚Edelsteins‘ vor allem in den volkssprachlichen Werken häufig auch Illustrationen, die zu einem wichtigen Kaufanreiz wurden. Auf den Titelblättern, die als Blickfang und Werbeinstrument erst durch den Buchdruck entstanden, wurde häufig auf die Anzahl und Qualität der Illustrationen hingewiesen.

Besonders Augsburg entwickelte sich bereits früh zur Hochburg für den Druck deutscher Literatur. Circa 27% aller deutschsprachigen Inkunabeln wurden hier gedruckt. Auch wenn im Vergleich zu Nürnberg in Augsburg weit weniger Literatur verfasst wurde, so verstanden es die dortigen Drucker, mit dem an anderen Orten entstandenen volkssprachlichen Schrifttum glänzend zu verdienen. Einer der Pioniere war Günther Zainer aus Reutlingen, der sein Handwerk wahrscheinlich bei Mentelin in Straßburg erlernt hatte und durch seine Innovationen vor allem der Gestaltung von Drucken volkssprachlicher Werke die maßgebliche Richtung gab. Zainer, dessen erster Augsburger Druck 1468 erschien, spezialisierte sich vor allem auf illustrierte Werke in deutscher Sprache, was er mit der *editio princeps* des zweibändigen Legendars ‚Der Heiligen Leben‘ 1471/72 begann. Mit diesem reich bebilderten Großwerk machte er die Illustrierung in Drucken volkssprachlicher Literatur geradezu zum gestalterischen Standard. Zainer druckte auch Initialen, was zu Auseinandersetzungen mit den Formschneidern und Briefmalern führte, die Zainer verbieten lassen wollten, „auf Holz geschnittenen Anfangsbuchstaben und andere Holzschnitte in [seine] Bücher einzumengen". Es kam schließlich zu einem Vertrag, in dem Zainer den Formschneidern zusicherte, dass sie allein die Gestaltung von Initialen durchführen durften. In Augsburg richtete auch die Benediktinerabtei St. Ulrich und Afra eine Druckerei ein, in der Anton Sorg, ursprünglich ein Brief- und Kartenmaler, zum Drucker ausgebildet wurde. Er entwickelte sich zum produktivsten Augsburger Drucker überhaupt mit circa 180 Ausgaben.

Der hemmungsloseste Nachdrucker der Frühzeit war zweifellos der Augsburger Johann Schönsperger, der in etwa ähnlich viele Druckwerke wie Sorg produzierte. Er vermied wie kein anderer in dieser Zeit das Risiko und legte deshalb vornehmlich nur das auf, was bei seinen Konkurrenten Erfolg gehabt hatte. Ohne Skrupel ließ er Holzschnitte abpausen und nachschneiden, um sie dann spiegelverkehrt in seinen Produkten verwenden zu können. Ein die Bilder entwerfender Künstler war mithin überflüssig. Somit sparte jeder Nachdrucker, von denen es nicht wenige gab, Zeit, Aufwand und Kapital, während die weniger solventen Opfer dieser ‚Kopiertätigkeit' nicht selten in finanzielle Schwierigkeiten gerieten, weil ihre ‚Originale' preislich nicht mehr mit den Kopien zu konkurrieren vermochten. Freilich war es nicht möglich, gegen diese Praxis vorzugehen, da es schließlich noch kein Urheberrecht gab.

Der erste unter den Großunternehmern im Druckgewerbe und einer der ersten, der die wirtschaftlichen Möglichkeiten des Buchdrucks erkannte und Buchdruck, Verlag und Buchhandel in einem Unternehmen betrieb, war der Nürnberger Anton Koberger. Er baute ab 1470 seine Offizin und sein Absatzgebiet kontinuierlich aus. Koberger beschäftigte circa hundert Mitarbeiter, die auf 24 Pressen bis 1500 circa 250 Druckausgaben herstellten. Es handelte sich um zumeist lateinische, in Folioformat gedruckte Werke, die Koberger über Niederlassungen in Venedig, Mailand, Lyon, Breslau, Wien, Passau und Buda/Ofen vertrieb. In Geschäftsbriefen aus den Jahren 1495–1502 ist dokumentiert, wie er in den verschiedensten Klöstern und Städten – etwa Paris, Lyon, Basel und Lübeck – versuchte, Vorlagen für seine Druckwerke zu bekommen. Sein bemerkenswertestes Projekt ist zweifellos die ‚Schedelsche Weltchronik', die zunächst auf Latein, dann in Georg Alts deutscher Übersetzung (beide 1493) erschien. Die beiden Ausgaben enthielten 1809 Holzschnitte von 645 Holzstöcken – es gab zahlreiche Wiederholungen –, die von zwei namhaften Nürnberger Künstlern, Michael Wolgemut und Wilhelm Pleydenwurff, angefertigt wurden (vgl. S. 169). Der Absatz dieses Monumentalwerks wurde indes durch die billigen Nachdrucke aus der Offizin Schönspergers behindert, sodass es für Koberger ein Minusgeschäft blieb, wie aus der erhaltenen Schlussabrechnung von 1509 hervorgeht.

In Deutschland druckten bis zur Jahrhundertwende etwa 300 Offizinen in 62 Städten. Das ‚Zeitalter des Buchdrucks' ist eigentlich aber erst um 1480 einzuläuten, da das Verfahren Gutenbergs sich bis dahin in allen wichtigen wirtschaftlichen und kulturellen Zentren Europas etabliert hatte. Für die Verbreitung von deutscher Literatur ragten vor allem Augsburg, Nürnberg und Straßburg im Süden sowie Köln und Lübeck im Norden heraus. Es kam sogar bald zu einer Überproduktion. Dafür ging die Herstellung von Handschriften nach den 1480er Jahren stark zurück. Es gab – wie z.B. in Augsburg – dann auch offene Auseinandersetzungen zwischen Druckern und Schreibern, die der Abt von St. Ulrich und Afra schlichten musste. Schreiber wurden selbstverständlich nicht schlagartig überflüssig. Nach wie vor florierte ihr Beruf in den Kontoren der Handelsfirmen und in den städtischen und fürstlichen Kanzleien. Zudem verfertigten sie immer noch Handschriften von Werken, für die sich die Offizinen oder Verleger aus den

Der Buchdruck 27

verschiedensten Gründen nicht interessierten. Dabei waren die Drucker früher vielfach selber als Schreiber tätig gewesen. Die Setzer waren jedoch häufig Studierte, da vor allem der Druck lateinischer Werke höhere Ansprüche an die Herstellung stellte.

Bis 1500 – die Zeit der sog. Inkunabeln oder Wiegendrucke – erschienen europaweit in etwa 1120 Offizinen in 260 Orten circa 30.000 verschiedene Druckwerke, aus denen man eine Produktion von insgesamt circa zwanzig Millionen Exemplaren hochgerechnet hat. Die Zahl der Auflagen sagt selbstverständlich viel über den Erfolg oder Misserfolg eines Druckwerks aus. Wurde ein Werk nur einmal aufgelegt, kann man bei der Art und Weise, wie die Drucker ihre Konkurrenten belauerten, um deren Verkaufsschlager schamlos nachzudrucken, häufig von einem Ladenhüter ausgehen. Um Bestseller wie das Legendar ‚Der Heiligen Leben' (41 oberdeutsche und niederdeutsche Ausgaben) entwickelten sich regelrechte Überbietungsschlachten, indem immer wieder um neue Legenden oder immer qualitätvollere Holzschnitte vermehrte Ausgaben angefertigt wurden. In der Geschichte des frühen Buchdrucks sind nicht selten tragische Insolvenzen und die damit verbundenen Veräußerungen von Werkstätten zu konstatieren, wenn in das falsche Werk investiert und mithin die dünne Kapitaldecke überstrapaziert wurde. Es gab nur wenige Drucker, die über ausreichendes Vermögen verfügten, die hohen Investitionskosten in Material und Personal zu tragen und dann auch noch Rückschläge verkraften zu können. Zudem musste ein effizientes Netz des Buchvertriebs dafür sorgen, die Druckerzeugnisse zu verkaufen. Alleine mit dem Abnehmerkreis der Heimatstadt war auf die Dauer kein größeres Geschäft zu machen. Die Bücher mussten regional, überregional und sogar europaweit Abnehmer finden, um Großauflagen von 1000 Exemplaren in möglichst kurzer Zeit abzusetzen. Die kalkulatorischen Risiken und die mit ihnen verbundene Konzentration auf Bestseller führten freilich zu einer starken Einschränkung der großen Literaturvielfalt, die sich im Handschriftenzeitalter ausgeprägt hatte. Zwar wurden durch den Buchdruck weitaus mehr Bücher als früher hergestellt, aber das volkssprachliche Angebot wurde auf ein deutlich kleineres Spektrum des noch im 15. Jahrhundert zur Verfügung stehenden Schrifttums reduziert.

Das Druckgewerbe geriet bald zu einem Geschäft, in dem mit sehr harten Bandagen gekämpft wurde. Einige süddeutsche Drucker wie Peter Schöffer und der Basler Adam Petri gingen sogar so weit, niederdeutsche Drucke herzustellen und sie in norddeutschen Städten abzusetzen. Wie im Falle von ‚Der Heiligen Leben' lieh sich Petri dafür 1511 und 1517 die bedeutenden Holzschnitte aus der 1503 erschienenen Straßburger Ausgabe Johann Grüningers aus, um von der Ausstattung her die vorherigen Lübecker Drucke des Werks klar in den Schatten stellen zu können. Grüninger hatte seinerzeit sogar den inzwischen berühmten Sebastian Brant als fingierten Herausgeber auf sein Titelblatt gesetzt, was Petri ebenfalls übernahm. In umgekehrter Richtung wurde der niederdeutsche ‚Große Seelentrost' (vgl. Bd. III/1) in oberdeutscher Übertragung zweimal von Anton Sorg in Augsburg gedruckt (1478 und 1483).

Für die Verbreitung niederdeutscher Literatur durch den Buchdruck waren die Werkstätten Lübecks von entscheidender Bedeutung. Zu den produktivsten Offizinen des norddeutschen Raums gehörte die Lübecker Mohnkopf-Offizin des Hans van Ghetelen, die zwischen 1487 und 1520 eine Vielzahl lateinischer und niederdeutscher Drucke herstellte. Ghetelen wird 1480 als Grundbesitzer urkundlich erwähnt und ist um 1528 verstorben. Der Name der Mohnkopf-Offizin leitet sich von der Druckermarke ab, die drei Mohnköpfe – die Kapselfrüchte des Mohns – zeigt, was das Wappenzeichen der Familie van Ghetelen war. Der Drucksatz und die Holzschnitte waren von beachtlicher Qualität, im Programm der Offizin sticht vor allem niederdeutsche Literatur mit circa 30 Ausgaben heraus. Bei den Vorlagen für die geistlichen Werke wird eine enge Zusammenarbeit mit den Lübecker Franziskanern vermutet. Neben den religiösen Werken erschienen dort auch ‚Reynecke de vos' sowie eine niederdeutsche Bearbeitung von Sebastian Brants ‚Narrenschiff' (‚Dat narren schyp'). Während die Lübecker Drucker Steffen Arndes und Lucas Brandis um 1500 in finanzielle Schwierigkeiten gerieten, blieben z.B. Bartholomäus Ghotan zwischen 1484 und 1492 sowie die Mohnkopf-Offizin bis 1520 sehr aktiv, obwohl der Buchdruck für den norddeutschen Raum nicht so ertragreich war wie im Süden, was wohl auch zum Teil daher kam, dass die oberdeutschen Drucker mit qualitätvollen niederdeutschen Druckausgaben in den Markt der Kollegen im Norden eindrangen. Zum Beispiel wurde nach dem Basler Druck der niederdeutschen Ausgaben von ‚Der Heiligen Leben' das Werk in Lübeck nie mehr gedruckt.

Zu einer Geschichte des frühen Buchdrucks gehören selbstverständlich auch die Blockbücher, obwohl sie für eine Geschichte der deutschen Literatur im 15. Jahrhundert eher von marginalem Interesse sind. Während man früher davon ausging, dass die Blockbücher als Vorläufer von Gutenbergs Erfindung bereits circa 1420/30 anzusetzen seien, wird heute aufgrund moderner Wasserzeichendatierungen eher angenommen, dass mit ihrer Produktion erst in den 1440er Jahren begonnen wurde. Überwunden ist jedenfalls die Vorstellung, dass die Blockbücher von dem neuen Druckverfahren Gutenbergs abgelöst wurden, denn Blockbücher wurden bis circa 1530 hergestellt und konnten sich offenbar neben dem eigentlichen Buchdruck durchaus behaupten.

Die xylographisch (von griech. *xylon* ‚Holz' und *graphein* ‚schreiben') angefertigten Blätter waren einfach und preiswert in der Produktion. Dabei wurden die Bilder wie auch der Text spiegelverkehrt in einen Holzblock geschnitten. Längere Texte in einem gleichmäßigen Schriftbild zu schneiden war kaum möglich, aber da das Bild auf jeder Seite dominierte, war die Textmenge, die dort untergebracht werden konnte, stark begrenzt. Das finanzielle Risiko beim xylographischen Verfahren war für den Hersteller relativ gering, denn zahlreiche Exemplare ließen sich von einem Holzstock verfertigen, ohne dass man Kosten in Metall für Typenmaterial oder eine Druckerpresse investieren musste. Denn im Gegensatz zum Buchdruck wurde bei den Blockbüchern nur vereinzelt eine Art Druckerpresse verwendet, in der Regel verwendete man das Verfahren des Reiberdrucks. Dabei wurde das angefeuchtete Papierblatt auf einen Holzstock gelegt, auf dessen erhabene Teile Tinte aufgetupft worden war, und mit Hilfe eines Reibers angerieben. Beim Reiber handelte es sich um einen mit Rosshaar gefüllten Lederballen oder steife Bürsten („Bürstenabzug'). Da das angefeuchtete Papier an den Druckstock fest angerieben werden musste und der Text dabei oft durchdrückte, war es nur möglich, eine Seite zu bedrucken. Daher wurden häufig bei der Buchherstellung einfach zwei aufeinanderfolgende bedruckte Blätter zusammengeklebt. Blockbücher wurden überwiegend koloriert. Da der Aufwand zum Schneiden der Textteile besonders hoch war und man zudem kaum flexibel war, da sich der einmal fertiggestellte Holzblock kaum korrigieren ließ, wurden in vielen Exemplaren die Texte handschriftlich nachgetragen statt auf den Druckstock geschnitten (sog. chiroxylographische Methode).

Erhalten sind circa 100 verschiedene Ausgaben von 32 verschiedenen Werken – z.B. der ‚Biblia pauperum', der ‚Apokalypse', der ‚Ars moriendi', der Legende des hl. Meinrad –, also Werke, die ursprünglich bebildert waren oder deren Inhalt gut zu Illustrationen passte. Blockbücher sind erheblich seltener als die Inkunabeln überliefert, die erhaltenen Exemplare gehören zu den hochgeschätzten Raritäten heutiger bibliophiler Sammlungen. Zweifellos muss man von einem wesentlich stärkeren Verschleiß der Heftchen ausgehen als bei gedruckten Büchern mit beweglichen Lettern, die zumeist auch noch einen Einband bekamen.

Die Einblattdrucke, Blockbücher und illustrierten Drucke führen zu einer weiteren außerordentlich wichtigen Entwicklung im Rahmen der Medienrevolution, die nur selten gewürdigt wird: Durch die neuen Drucktechniken kommen nun erstmals auch weniger Begüterte in den persönlichen Besitz von Bildern, was früher einer adligen Oberschicht vorbehalten war. Vor allem Bilder mit religiösem Gehalt, die z.B. für die persönliche Andacht eingesetzt wurden, waren von nicht zu unterschätzender Bedeutung für das religiöse Leben, z.B. besonders für die Förderung von Heiligenkulten. Albrecht Dürer ließ seine Druckgrafiken in ganz Europa verkaufen – ein lukratives Geschäft –, seine Ehefrau und seine Mutter vertrieben sie in Nürnberg und Frankfurt. Auch zur politischen Agitation wurden die preisgünstigen Einblattdrucke vielfach eingesetzt, so etwa um eine Vertreibung der Juden aus Nürnberg zu befördern. Über Einblattdrucke wurden zudem vielfach historisch-politische Ereignisdichtung und Berichte über aktuelle Geschehnisse verbreitet.

Der Vertrieb der Drucke und seine Folgen für den Büchermarkt

Durch die überregionale Verbreitung der volkssprachlichen Druckerzeugnisse kam es auch zu einer verstärkten Normierung der deutschen Schreibsprache. Drucker, die ihre Produkte jenseits der Stadtmauern vertreiben wollten, konnten es sich nicht leisten, in der heimischen Schreibsprache zu drucken, die man vielleicht nicht überall gut verstand. Deswegen wurden für den Druck jedenfalls die groben Regionalismen der handschriftlichen Vorlagen zumeist ausgemerzt, das verschriftlichte Deutsch, das die großen süddeutschen Druckzentren verwendeten, setzte sich immer stärker durch. Da Augsburg führend beim Druck deutscher Werke war und zahlreiche dort erstmals aufgelegte Texte in anderen Städten nachgedruckt wurden, dürfte eine Orientierung der süddeutschen Offizinen an der durchaus zu sprachlichem Ausgleich tendierenden Augsburger Druckersprache stattgefunden haben, eine Ansicht, die sich in der sprachgeschichtlichen Forschung durchgesetzt hat. Jedenfalls preist der bedeutendste Buchhändler Süddeutschlands vor der Reformation, Johann Rynman, die *gůt verstentlich Augspurger sprach, die da vnder andern teütschen zungen gemainiglich für die verstentlichste genommen vnd gehalten wirt*. Auch wenn der in Augsburg ansässige Rynman hier übertrieben hat, wird in dieser Aussage sicherlich ein Kern Wahrheit stecken, zumal er Augsburger Drucke bei seinen weiten Reisen im Sortiment hatte. Dennoch ist zu konstatieren, dass eine gewisse Vereinheitlichung der Sprache durch den Buchdruck relativ langsam vonstattenging, lokale Schreibarten und Regiolekte wurden zum Teil noch lange – wenn auch in leicht modifizierter Form – verwendet. Die Entwicklung einer überregionalen Schreibsprache war bei Auflagen von 100–300 Exemplaren nicht unbedingt erforderlich, sie waren im und um den Herstellungsort absetzbar. Erst mit wesentlich höheren Auflagen – um 1500 sind die ersten Auflagen von 1000 Exemplaren nachgewiesen – entstand auch die Notwendigkeit eines gewissen sprachlichen Ausgleichs.

Im Laufe des 15. und frühen 16. Jahrhunderts kam es zu einem sprachlichen Annäherungsprozess zwischen dem Ostmitteldeutschen und dem Ostoberdeutschen, und bis circa 1520 bildete sich eine „oberdeutsch-augsburgisch geprägte" Schreibsprache heraus, so dass Luther schließlich von **einem** ‚gemeinen Deutsch' sprechen konnte, das in der kaiserlichen und landesfürstlich-sächsischen Kanzlei sowie in den wichtigsten Druckereien des Südens verwendet wurde. Bis 1525 waren immerhin über 900 niederdeutsche Drucke – auch in süddeutschen Offizinen – hergestellt worden, doch durch Luthers Wirkmächtigkeit wandten sich die norddeutschen Drucker nach einem Höhepunkt um die Mitte des 16. Jahrhunderts zunehmend von der niederdeutschen Schreibsprache ab, das Hochdeutsche gewann im Norden die Oberhand, und zwar auch in städtischen Kanzleien.

Der zitierte Buchhändler Rynman dürfte von der sinnvollen Sprachgebung von Druckerzeugnissen viel verstanden haben, denn er war nicht nur als reisender Buchhändler (*bibliopola*) tätig, sondern auch als Verleger – einer, der das Kapital für Druckerzeugnisse bereitstellte, so die ursprüngliche Bedeutung des Begriffs –, der an vielen Orten im deutschsprachigen Raum (Augsburg, Basel, Hagenau, Nürnberg und Straßburg) und in Venedig Offizinen für sich produzieren ließ. Er veranlasste mitunter die Herstellung von niederdeutschen Werken im Süden, denn er war *in vsswendig konnigreichen vnd nationen, auch in Nidern vnd hohen Teutzschen landen* als Händler unterwegs gewesen. Leipzig war nach Augsburg sein zweiter Firmensitz, von wo aus er Handel bis nach Krakau betrieb. Er nannte sich selbst am Schluss seiner Verlagswerke *der teutschen Nation nahmhafftigsten Buchführer und archibibliopola*. Was Rynman verkaufte, besorgte er sich auch auf den Büchermessen von Frankfurt und Leipzig, wo für die Drucker und Verleger der Absatz im Großen vornehmlich ablief.

Der Verkauf der einzelnen Druckerzeugnisse erfolgte auf verschiedene Weise und verhalf vielen Menschen zur Arbeit. Auch wenn Bücher, Flugschriften und Einblattdrucke in den Werkstätten der Drucker, Formschneider und Buchbinder besorgt werden konnten, reichte diese Art des Verkaufs keineswegs aus, um ein volles Lager möglichst schnell zu räumen. Der Vertrieb erfolgte auch auf den Gassen von Haus zu Haus durch Kolporteure, durch Ausrufen auf Marktplätzen, vor den Kirchen sowie in Gasthäusern und in Verkaufslokalen. Günther Zainer bittet in einer gedruckten Anzeige vom Jahre 1477: *Wäre jemand hie, der zu kaufen begehrte ... der komm in des schmidlins huß vff dem crúz zů dem Gunthero, genant Zainer von Reutlingen.* Es handelt sich bei dem genannten Haus um eine Augsburger Gaststätte, die Zainer als Verkaufsstelle gemietet hatte.

Wie die Buchführer auf Reisen ihre Ware anpriesen und verkauften, zeigt eine gedruckte Buchführeranzeige des Augsburger Druckers Anton Sorg vom Jahre 1483 (Abb. 5). Dort heißt es: *Wäre yemants hie der da gůte teutsche bůcher mit dieser geschrift gedruckt kauffen wölte der mag sich fůgen in die herberg als vnden an dieser zetel verzaichnet ist.* Es folgt eine lange Liste der angebotenen Werke. Offenbar wurde die Anzeige an einem stark frequentierten Ort angebracht und ein Wirtshaus als Verkaufslokal in Anspruch genommen. Interessant ist hier der Hinweis auf die benutzte Drucktype, die als Verkaufsargument angeführt ist. Das Angebot bestand zum großen Teil aus geistlicher Literatur, wobei die Liste durch die beiden Teile des recht kostspieligen Legendars ‚Der Heiligen Leben' angeführt wurde. Dennoch ist für jedes Interessengebiet etwas dabei: Rechts-, Geschichts-, Fach-, Reise- und Unterhaltungsliteratur. Eine ähnliche Anzeige hat sich aus Norddeutschland erhalten, die vom Lübecker Drucker Lucas Brandis stammt (undatiert, vielleicht um 1478?): *witlik sy allen luden dat hir sind to kopen desse nagheschreuene boke in dudesch. Js dat ienigen behegelik is desse nageschreuene boke alle edder etlike to kopen de mach kamen in de stede edder herberge hir na gescreuen he schal vinden enen milden verkoper.* Bemerkenswerterweise wurden auf den Anzeigen keine Preise genannt, offenbar waren sie mit dem *milden verkoper* verhandelbar.

Trotz aller Lobpreisungen der Zeit, dass gedruckte Bücher nun den Erwerb von verschriftlichtem Wissen erschwinglicher machten, widersprachen die Preise wohl zunächst noch diesem Wunschdenken. In einem auf Pergament gedruckten Exemplar der Gutenberg-Bibel wird festgehalten, dass beide Bände 100 rheinische Gulden wert seien, wofür man damals bereits ein mittelgroßes Bürgerhaus oder die Verpflegungskosten für einen Handwerker für fünf Jahre bestreiten konnte. Zum Vergleich kostete ein in Mainz 1452/54 entstandener Codex, eine illuminierte und gebundene Bibel im Folioformat, nur 21 rheinische Gulden und 2 Schillinge. Hielten sich die Preise für gedruckte und handschriftlich hergestellte Bücher in den ersten 20 Jahren nach Gutenbergs Erfindung noch in etwa die Waage, so sanken sie zunehmend durch rationellere Verfahren bei der Drucklegung. Ein Exemplar der Mentelin-Bibel wurde 1466 von einem Augsburger Patrizier bereits für ‚nur' 16 Gulden erstanden. Noch deutlicher sanken die Preise in den 1470er Jahren, nachdem die ersten Experimentierjahre endgültig vorbei waren. Eine Bibel, die der Drucker Bernhard Richel 1480 in Basel einem Buchbinder verkaufte, kostete zum Beispiel nur noch sieben Gulden. Im Zeitalter der Reformation waren gedruckte Bücher dann auch für breitere Bevölkerungskreise erschwinglich. So war ein Exemplar von Luthers Übersetzung des Neuen Testament von 1563, eingebunden *in rot leder und mit gold gemacht,* für 1,56 Gulden zu haben, wobei die Hälfte des Kaufpreises auf den luxuriösen Einband entfiel.

Der frühe Buchdruck erforderte nicht nur ein hohes Maß an handwerklicher Geschicklichkeit, sondern auch solide kaufmännische Fähigkeiten sowie ein breites Netzwerk. Die Erfolgsgeschichte Johann Schönspergers beruhte nicht nur auf dem Nachdruck von andernorts hergestellten Druckwerken, sondern auch auf einem eng geflochtenen Augsburger Netz von Buchdruckern, -bindern und -führern, das nicht zuletzt durch Verwandtschaft und Heirat geknüpft wurde. Hans-Jörg Künast rechnet 20 Personen zum Schönsperger-Netz, die sich gegenseitig Typen- und Illustrationsmaterial verliehen sowie die Papierversorgung koordinierten. Schönsperger und die Drucker Johann Bämler, der Schönspergers verwitwete Mutter heiratete, und Anton Sorg, auch wichtiges Mitglied des Netzes, gründeten in Augsburg Papiermühlen. Dennoch sollte Schönspergers Erfolg nicht von Dauer sein. 1507 erlitt er einen Teilkonkurs, von dem er sich nicht mehr erholte. Vermutlich durch Vermittlung des Augsburger Humanisten Konrad Peutinger wurde er 1508 mit einem fixen Jahresgehalt zum Hofbuchdrucker

Kaiser Maximilians I. ernannt, für den er besonders schöne Druckwerke – etwa den ‚Theuerdank' – mit eigener Type, der Fraktur, herstellte.

Die Praxis des Nachdruckens, wie sie etwa Schönsperger pflegte, war für die anderen Offizinen mehr als nur ein Ärgernis. Wurde ein Werk auf den Markt gebracht und hatte es Erfolg, konkurrierte der Erstdrucker womöglich bald mit einer Augsburger Billigkopie. Freilich war Schönsperger keineswegs der einzige, der so agierte – es handelte sich sogar um eine eher übliche Praxis –, aber er war offenbar der Verrufenste, denn die große Wut seiner Kollegen über seinen „gedankenlosen Geiz" ist belegt. Auch die im Druckzeitalter publizierenden Autoren waren nicht von Nachdrucken begeistert, zumal sie sich durch die Veröffentlichung ihrer Werke durch den Buchdruck einen gewissen Verdienst versprachen, der allerdings nicht selten ausschließlich in Freiexemplaren ihrer Werke bestand. Auch Martin Luther wurde noch so entlohnt. Hinzu kam das Ärgernis mit fehlerhaften oder den Text bewusst verändernden Nach- und Raubdrucken. Wenn der Seitenumbruch nicht ganz stimmte, konnte es zu kleineren Texteingriffen kommen, die bei noch lebenden Autoren durchaus zur Verärgerung führen konnten. Sebastian Brant beschwerte sich in der dritten Ausgabe des ‚Narrenschiffs' vehement über unautorisierte, sein Werk verunstaltende Verse (*den synn verlürt man jn der mitten*).

Solche Klagen führten schließlich zu Versuchen, diese Unsitten einzudämmen. Kurz nach der Wende zum 16. Jahrhundert und vor allem in den 1520er Jahren gab es Initiativen, Druckern Privilegien auf die von ihnen erstmals aufgelegten Werke auf begrenzte Zeit – zumeist nicht länger als zehn Jahre – zu verleihen. Verstöße sollten sowohl mit Strafen als auch mit der Konfiszierung des unerlaubten Nachdrucks geahndet werden. Diese Maßnahmen waren allerdings wenig effektiv, weil sie nur für das jeweilige Hoheitsgebiet einer Herrschaft gelten konnten. Hinzu kam die heikle Frage, was denn eigentlich einen Nachdruck ausmache. Man stritt etwa darüber, ob ein Nachdruck in verändertem Format ein eigentlicher Nachdruck sei oder nicht. Es scheint, als ob die Privilegien, die mindestens bis Ende des 16. Jahrhunderts verwendet wurden, letztlich doch sehr wenig auszurichten vermochten. Luther verglich Nachdrucker 1525 mit Straßenräubern und Dieben.

Zwar waren Drucke nun wesentlich preisgünstiger als Handschriften, aber das bestehende soziale Gefälle der Kunden war damit keineswegs beseitigt. Umfangreiche Drucke waren für einen Großteil der Bevölkerung genauso unerschwinglich wie früher die Handschriften, auch wenn der italienische Bischof Giovanni Andreae de Bussi in einem Widmungsbrief an Papst Paul II. davon schwärmte, dass der Kaufpreis von Büchern nun weniger betrage, als gewöhnlich allein das Binden gekostet habe. Dies dürfte einer der Gründe dafür sein, dass die große Masse der frühen Drucke lateinische Werke enthielt, wie sie von kaufkräftigen kirchlichen Institutionen gerne erworben wurden. Im Bereich der volkssprachlichen Literatur versuchte man für jeden Geldbeutel zu produzieren: vom Einblattdruck über Blockbücher, Heftchen mit Schwänken u.ä. bis hin zu kostspieligen Luxusausgaben wie der ebenfalls reich bebilderten deutschsprachigen Version der ‚Schedelschen Weltchronik' (1493).

Der Buchdruck wird indes auch als potentielle Gefahr für die bestehende Ordnung wahrgenommen. Bereits 1475 behandelt der Nürnberger Dichter und Drucker Hans Folz die neue Technik in einem Meisterlied, in dem er den *Juncker Hansen von Gutenberck* preist. Er wolle nichts gegen die neue Kunst vorbringen, denn durch sie werde dem Antichrist Einhalt geboten, dennoch sehe er durchaus die Gefahr einer Verbreitung von Ketzereien und irrigen Meinungen. Der Renaissancepapst Sixtus IV. (1471–84) sah im Buchdruck eine besondere Gefahr für die unerfahrenen „schwachen Frauen" (*mulierculae*), die sich nun die Kenntnis der Heiligen Schrift anmaßten. Das im Einleitungskapitel erwähnte Edikt des Mainzer Erzbischofs von 1485 bezeichnet die grenzenlose Verbreitung von geistlicher Literatur als große Gefahr für die Deutungshoheit des Klerus im Bereich des religiösen Wissens. Die Argumentation des Erzbischofs richtet sich nicht unbedingt gegen jede Art volkssprachlicher Lektüre, sondern in erster Linie gegen die Übersetzung von Werken, die der gelehrten Exegese bedürften, vor allem der Bibel. Wer solle den Laien und Ungelehrten und dem weiblichen Geschlecht (siehe die Bedenken von Sixtus IV.) die Werke der heiligen Wissenschaft auslegen, wenn sie diese in die Hände bekommen und deren wahren Sinn nicht verstehen? Die Sorge um die Verbreitung von theologischen Irrtümern veranlassten Papst Innozenz VIII., 1487 die Bulle ‚Inter multiplices nostrae sollicitudinis curas' zu erlassen, eine Maßnahme zur Präventivzensur, die Papst Alexander VI. mit seiner 1499 erlassenen gleichnamigen Bulle erneuerte. Der Buchdruck wurde dort als potentielle Gefahr für die ganze Christenheit betrachtet, eine Präventivzensur sei dringend erforderlich. Nach Beratungen auf dem Fünften Laterankonzil (1512–1515) erließ Papst Leo X. 1515 die Bulle ‚Inter sollicitudines', in der er zwar die Druckkunst pries, da es nun Menschen möglich sei, mit geringen Kosten in den Besitz vieler Bücher und damit zu breitem Wissen zu gelangen, aber zu bedenken gab, dass nun Bücher, die aus der griechischen, hebräischen, arabischen und chaldäischen Sprache ins Lateinische übersetzt würden, sowie lateinische und volkssprachliche Bücher Glaubensirrtümer und Angriffe auf hochgestellte Personen verbreiteten. Wie seine Vorgänger kündigte er eine strenge Überwachung der Buchdrucker an. Als Strafe sollten die inkriminierten Bücher beschlagnahmt und öffentlich verbrannt sowie den Druckern ein Bußgeld von einhundert Dukaten auferlegt werden. Es bestand zudem die durchaus berechtigte Sorge, dass der standardisierende Buchdruck auch Fehler zu vervielfältigen vermochte. Noch 1485 bat man zum Beispiel Geistliche, sämtliche Exemplare des ‚Regensburger Missale' genauestens zu überprüfen, ob „Buchstaben, Silben, Wörter, Sätze, Punkte, Abschnitte und was sonst noch dazugehört" in allen Einzelheiten miteinander übereinstimmten. Das vorhersehbare positive Ergebnis wurde als Wunder Gottes gewürdigt.

Dass Edikte und Bullen nur geringe Auswirkungen auf den explodierenden Buchmarkt gehabt haben dürften, belegen die vom Klerus eigentlich verbotenen dreizehn Druckausgaben einer deutschen Übersetzung der Bibel. Der Buchdruck war schlichtweg nicht effektiv zu kontrollieren. Dies zeigt sich noch deutlicher in der im 16. Jahrhundert folgenden Zeit der Glaubensauseinandersetzungen. In seiner Schrift ‚An die Rathherren aller Städte deutsches Lands' (1524) proklamierte Martin Luther: *Es ist itzt eyn ander Wellt und gehet anders zu.* Er knüpfte an diese Feststellung ein wegweisendes Bildungsprogramm. Es sei außerordentlich wichtig, dass man in den Städten christliche Schulen *aufrichten und halten* solle, um die Menschen bereits in jungen Jahren an die neuen Bildungsmöglichkeiten – d.h. an die große Auswahl der nunmehr gedruckten Bücher – heranzuführen, so dass sie schließlich in der Lage seien, die Heilige Schrift selbst zu lesen und ihre Botschaft zu verstehen. Dabei plädierte er auch für den Ausbau öffentlicher Bibliotheken.

Es steht außer Frage, dass die schnellen und nachhaltigen Erfolge der Reformation ohne die Erfindung Gutenbergs nicht denkbar sind. Durch die Reformation erfuhr der Buchdruck einen weiteren gewaltigen Schub, da die Auseinandersetzungen im Wesentlichen über gedruckte Medien erfolgten. Luther verließ sich nicht auf den handgeschriebenen Anschlag, der mit der Hoffnung auf eine mündliche Verbreitung von Thesen und deren anschließender Disputation in einem öffentlichen Raum verbunden war, sondern setzte mit großem Erfolg preisgünstige Flugschriften für seine Ziele ein. Die angegriffene katholische Seite sah sich gezwungen, ähnlich vorzugehen.

Im deutschsprachigen Raum versechsfachte sich die Druckproduktion zwischen 1518–1523 gegenüber der Druckproduktion von 1513–1517. War das Verhältnis von lateinischen zu deutschen Drucken um 1500 nach neuen Berechnungen noch etwa fünf zu eins, so hatte sich dieses Verhältnis 1524 bereits drastisch auf drei zu eins geändert. Nach 1521 – im Jahr des Wormser Reichstags und Edikts – wurden dann auch die Neuauflagen vieler ‚mittelalterlicher' geistlicher Bestseller wie ‚Der Heiligen Leben' eingestellt, um sich nun aktuellen Werken des Glaubensstreits zu widmen, zumal die Großdrucker zumeist in Städten produzierten, in denen sich die Reformation durchsetzte. Luthers Streitschrift ‚An den christlichen Adel deutscher Nation' (1520), wurde in einer für den frühen Buchdruck gewaltigen Auflage von 4000 Exemplaren gedruckt und war innerhalb von fünf Tagen ausverkauft, fünfzehn Ausgaben folgten in rascher Abfolge. Luthers Bibelübersetzung erschien bis zu seinem Tode 1546 in insgesamt 380 Teil- und Gesamtausgaben, man schätzt, dass 200.000 Exemplare verkauft wurden.

Vor 1521 waren die großen Verkaufsschlager der Offizinen Schulbücher und die Werke der nun als überholt geltenden geistlichen Literatur gewesen. Mit der Reformation begann ein neues Kapitel in der Literaturgeschichte. Von wenigen Ausnahmen abgesehen – etwa der von Luther geschätzten ‚Theologia deutsch' des Frankfurters und den Schriften des Johannes Tauler sowie dem Predigtwerk Johannes Geilers (vgl. Tl. 2) –, wurden die Standardwerke der vorreformatorischen Zeit, die keinen Erfolg mehr auf dem Markt versprachen, von der Literatur der immer unerbittlicher werdenden Glaubensauseinandersetzungen verdrängt und gerieten größtenteils bald in Vergessenheit. Dennoch galt: Was gelesen wurde, bestimmten die Drucker.

Modelle literarischer Interessenbildung

Literatur in der Stadt: Nürnberg, ‚Literaturhauptstadt des Reichs'

Einführung

Der deutschsprachige Raum war im 15. Jahrhundert bereits eine so gut wie völlig städtisch geprägte Welt. Auch wenn nur circa ein Fünftel der Gesamtbevölkerung in Städten lebte, waren die anderen – auch jene, die im Landgewerbe oder der Landwirtschaft tätig waren – letztlich von den Abnehmern in den städtischen Zentren abhängig. Die seit dem endenden 13. Jahrhundert voranschreitende Verlagerung der literarischen Zentren von den Burgen des Adels in die Städte wird durch einen grundlegenden Strukturwandel in der Gesellschaft bedingt. Der Adel musste sich nun auf die modernen Wirtschaftsformen einstellen. Gleichzeitig wuchsen der Wohlstand und Einfluss des städtischen Bürgertums.

Während des 15. Jahrhunderts entwickelte sich Nürnberg zu einer der bedeutendsten Städte des Reichs. Dafür verantwortlich waren die dort blühende innovative, differenzierte und hochspezialisierte Gewerbeproduktion und Nürnbergs außerordentliche Bedeutung für den Fern- und Transithandel. Die Stadt war das wohl größte Zentrum der Metall- und Waffenproduktion im Reich, um 1400 mit mehr als 40 Gewerben in der Metallverarbeitung. Auch die erste deutsche Papiermühle wurde 1390 von Ulman Stromer an der Pegnitz errichtet. Nürnbergs Vorreiterrolle im Gewerbe setzte voraus, dass alle Erfindungen vom Rat gehütet und bewacht wurden, um die Produktionsmonopole der Stadt zu erhalten. Jedem, der es wagte, solche Geheimnisse nach außen zu verraten, drohten schwere Strafen. So durften Meister, Gesellen und Lehrlinge ohne Erlaubnis des Rats die Stadt nicht verlassen. Die große Erfindungsgabe der Nürnberger Handwerker führte dazu, dass die Reichsstadt mit Recht neben Florenz als „die Wiege der abendländischen Technik" (K. Bosl) gelten darf. Während im 15. Jahrhundert neben der wirtschaftlichen Blüte eine kulturelle Glanzzeit beginnt, erlebt die Stadt in der ersten Hälfte des 16. Jahrhunderts eine beispiellose wissenschaftliche und künstlerische Erfolgsgeschichte und entwickelt sich zu einer der führenden Metropolen Europas.

Nürnbergs außerordentliche Bedeutung für das spätmittelalterliche Reich war bereits durch die Bestimmungen der ‚Goldenen Bulle' von 1356 festgelegt worden, dass der neugewählte deutsche König seinen ersten Reichstag immer in der Stadt abzuhalten habe. Zudem wurden hier die sog. Reichskleinodien ab 1424 aufbewahrt. Der humanistische Astronom und Mathematiker Regiomontanus begründete seinen Umzug nach Nürnberg zum einen mit der einmaligen Qualität der dort hergestellten astronomischen Präzisionsgeräte, zum anderen mit den hervorragenden Möglichkeiten zum Gedankenaustausch mit anderswo lebenden Gelehrten, da durch die große Mobilität der Nürnberger Kaufleute die Stadt zum Mittelpunkt Europas geworden sei.

In Nürnberg lebten um 1430 etwas mehr als 20.000 Menschen – die Stadt zählte neben Augsburg, Köln und Lübeck zu den vier größten Städten des Reichs. Zur Jahrhundertwende hatte sich diese Zahl trotz vieler Pestepidemien, die alle zehn bis zwölf Jahre auftraten, mehr als verdoppelt. Streng beherrscht wurde die Stadt von einer sehr schmalen Oberschicht, dem Patriziat und den sogenannten Ehrbaren. Das Patriziat bestand aus einem kleinen Kreis von reichen Familien, die von Geburt her berechtigt waren, das göttlich legitimierte Stadtregiment zu führen, das heißt, Ratssitze und Ratsämter unter sich zu verteilen. Sie bestimmten die Innen- und Außenpolitik der Stadt, erließen Gesetze und waren alleine für die Gerichtsbarkeit zuständig. Im Laufe der Zeit sonderten sich die Patrizier durch Reichtum, adliges Bewusstsein und Lebensführung (Kleidung, Turniere usw.) von der restlichen Bevölkerung ab. Es gab auch eine feste Kleiderordnung, die die städtische Hierarchie optisch verdeutlichte. Charakteristisch für das Nürnberger Patriziat war eine Verbindung von kaufmännischer Tätigkeit und feudaler Lebensführung. Man pflegte einen adligen Lebensstil, was wiederum den Landadel provozierte. Der Nürnberger Ratskonsulent und Humanist Dr. Christoph Scheurl nennt das Patriziat im Blick auf die römische Sozialverfassung und Magistratur *patricii*, denen alle *gewalt von got* geschenkt worden sei. Dabei handelte es sich bei einem Teil des Patriziats wohl um Nachfahren städtischer, z.T. reichsministerialer Familien, die sich durchaus mit dem benachbarten Adel auf gleicher ständischer Höhe sahen und sogar oftmals durch Konnubium verbunden waren. Innerhalb dieses engen Kreises bildete sich eine noch exklusivere Geschlechterelite heraus, die sich in ihrem Machtgehabe wiederum deutlich abzugrenzen vermochte. In dem sog. ‚Tanzstatut' von 1521, das festlegte, wer zum Tanz auf dem Rathaus zugelassen werden durfte, schloss sich eine oligarchische Gruppe von 42 Familien zu einer festen Kaste zusammen, die bis zum 18. Jahrhundert auf diesen Kreis begrenzt blieb.

Neben dem Patriziat gab es in der Oberschicht die circa 300–400 *erbaren* Familien, die zu den Genannten des Größeren Rats gehören konnten. Vor der Reformation bestand der Größere Rat aus 200–250 Genannten, von denen circa 100 aus dem Kreis der Patrizier stammten. Ihre Zugehörigkeit zur städtischen Elite verdankten die Ehrbaren vor allem ihrem wirtschaftlichen Erfolg. Deshalb handelte es sich vorwiegend um reiche und angesehene Kaufleute, Handwerksmeister, Ärzte, Juristen und Künstler. Albrecht Dürer etwa war ein Ehrbarer, der zudem ehrbar verheiratet war. Zwar hatten sie keinerlei Mitsprache- und Entscheidungsrecht, doch bedeutete es eine erhebliche Steigerung des Ansehens, zum Kreis der Genannten zu gehören. Um zur Elite der Ehrbaren zugerechnet zu werden, war eine tadellose sittlich-christliche Lebensführung Voraussetzung, wozu etwa auch die Bereitschaft zu frommen Stiftungen gehörte. Um 1500 lebten in Nürnberg rund 450 Bürger *in gutem vermugen* oder *mit einer großen narung*. Diejenigen, die gezwungen waren, ein Handwerk auszuüben, das den ganzen Tag ausfüllte, waren von der Ehrbarkeit selbstverständlich ausgeschlossen.

Prägend für die Sozialstruktur der Stadt war die umfangreiche Mittelschicht, bestehend aus wohlhabenden Handwerkern und mittleren Kaufleuten. Durch den wirtschaftlichen Erfolg besaß die Stadt einen großen Bedarf an Arbeitskräften, was zu einer für Nürnberg in vielerlei Hinsichten bereichernden Zuwanderung von Fachkräften führte. So wurde der Panzerhemdmacher und vielseitige Dichter Hans Rosenplüt 1426 Neubürger, und einige der bekanntesten Meistersinger wie etwa der literarisch äußerst produktive Wundarzt und Barbier Hans Folz übersiedelten in die wohlhabende Reichsstadt. Hans Sachs schreibt in seinem 1530 entstandenen ‚Lobspruch auf Nürnberg', dass in Nürnberg *Der meist Theil sich mit Handwerk nährt / Allerlei Handwerk ungenannt / Was je erfunden Menschenhand*. In mehr als der Hälfte aller Nürnberger Haushalte lebten Handwerker.

Durch den Erwerb des Reichsschultheißenamts im Jahre 1385 hatte der städtische Rat die königliche Stadtherrschaft verdrängt und somit weitgehende politische Autonomie erlangt. Während der folgenden Blütezeit musste sich Nürnberg aber immer wieder gegen die Macht- und Territorialansprüche des Landadels wehren, was der Reichsstadt stets gelang. Der militärische Nürnberger Sieg bei Pillenreuth im ersten Markgrafenkrieg 1449/50 gegen Albrecht Achilles von Brandenburg-Ansbach und der 1453 erfolgte Friedensvertrag zwischen der Stadt und dem Markgrafen festigten Nürnbergs Stellung als autonome Reichsstadt in einem weiterhin feindlich gesinnten, adligen Umfeld und führten zur entschiedenen Steigerung einer ohnehin vorhandenen starken städtischen Identität. Dem in Nürnberg gepflegten adelsfeindlichen Diskurs entsprach der städtefeindliche Diskurs an den Adelshöfen – ein Konkurrenzdenken, das Auswirkungen auf das literarische Leben in beiden Milieus haben sollte.

War die hohe Alphabetisierung der Laien in Nürnberg ursprünglich vor allem durch merkantile Erwägungen motiviert, bildete sich dort bald ein starkes Bewusstsein urbanen Bildungsdenkens heraus. Gelehrsamkeit gehörte neben Geburt und Eigentum zu den wichtigen Merkmalen der sozialen Stellung. Dies bedeutete aber keineswegs, dass durch Bildung die gottgegebenen sozialen Schranken zu überwinden gewesen wären. Verhältnismäßig früh erkannte der Rat, dass die Förderung von Bildung und die dafür notwendigen Einrichtungen für die städtische Wirtschaft von großer Bedeutung sein würden. So waren neben der kirchlich getragenen Lateinschule zu St. Egidien drei weitere Schulen in städtischer Trägerschaft, zu allen hatten auch Kinder der Handwerker Zugang. Sogar arme Handwerker schickten ihre Söhne zu den Privatschulen der Schreib- und Rechenmeister und brachten zur *notturfft der lernung* große Opfer. In einer Chronik wird berichtet, dass 1487 *pei vier tausend lerkneblein und maidlein* zu den volkssprachlichen Schulen gegangen seien, was einen Alphabetisierungsgrad von mehr als 30% in der Stadt annehmen lässt. Dabei gingen weitere circa 800 Kinder auf die (mindestens) vier Lateinschulen. Nur dort durften lateinische „Bücher und Schriften" unterrichtet werden, allerdings wurden auch in sog. ‚vermengten Schulen' Anfangsgründe der lateinischen Bildung vermittelt. Dies alles führte dazu, dass auch der Mittelschicht der Zugang zum breiten Angebot volkssprachlicher Literatur, zu den reichen Quellen laikaler Wissensaneignung ermöglicht wurde. Bemerkenswert ist auch die seit 1370 nachweisbare Ratsbibliothek; sie war die älteste städtische Bücherei im deutschen Sprachraum.

Auch wenn es ein mehr oder weniger reges literarisches Leben im Laufe des 15. Jahrhunderts in so gut wie allen größeren deutschen Städten des Reiches gab, entwickelte sich in keiner anderen Stadt eine derartig vielfältige literarische Kultur wie in Nürnberg. So wurde die Stadt im Laufe des Jahrhunderts zur ‚Literaturhauptstadt des Reiches', wie ich sie bezeichnen möchte. Dabei war die Teilnahme am literarischen Leben mit sozialem Status verbunden, Literatur diente als hochanerkanntes Medium sozialer Profilierung und Repräsentation. Mitglieder so gut wie aller wohlhabenden Stände bis hin zu den Handwerkergesellen nahmen am Literaturbetrieb teil, wobei es gerade die Handwerker waren, die sich neben der Nürnberger Geistlichkeit am stärksten daran beteiligten.

Indes gab es durchaus schichtendifferenzierende Indikatoren, die die tatsächliche Stellung der am literarischen Leben Teilhabenden deutlich markierten. Während die Handwerker sich vorwiegend dem Meistergesang, den Fastnachtspielen, von denen mehr als 100 aus dem 15. Jahrhundert gesichert sind, der Kleinepik und den Reden widmeten, pflegte die sich an der adligen Lebensform orientierende Oberschicht Gattungen wie Stadt- und Familienchroniken oder Reise- und Pilgerberichte, die der patrizischen Selbstvergewisserung förderlich waren. Während sich in der Stadtchronistik ein Geschichtsbild im Sinne der Oberschicht verfestigen ließ, wurde in den Reiseberichten eine spezifische Form von Oberschichtenfrömmigkeit literarisch demonstriert, die dem Leser aus der Mittelschicht über gedruckte Ausgaben die Grenzen und Möglichkeiten seines Standes verdeutlichten.

Auch der Buchdruck florierte in Nürnberg. Um 1470 begannen der aus Bamberg zugewanderte Johann Sensenschmidt und der sehr unternehmerisch agierende Anton Koberger mit der Druckproduktion. Koberger wurde als Drucker, Verleger und Buchhändler überregional in mehreren Ländern aktiv, stellte aber gerade deswegen vorwiegend lateinische Drucke her. 1472 richtete Friedrich Creußner eine Offizin ein, gefolgt von dem berühm-

Einleitung 41

ten Astronomen und Mathematiker Johannes Müller aus Königsberg gen. Regiomontanus (1474), der aber nur zwei Jahre im Druckgewerbe tätig war. Der Handwerkerdichter Hans Folz verbreitete seine eigenen Werke zwischen 1479–1488 mit einer bescheidenen Werkstatt, fünf Jahre später gründete Georg Stuchs seine bedeutende Offizin. Drei weitere kleine Betriebe ergänzten das Angebot.

Das Verhältnis der Handwerker zur autokratischen Obrigkeit war indes recht rigide gestaltet. Die Oberschicht war durch den Aufstand von 1348/49, an dem die Handwerker maßgeblich beteiligt waren, schwer traumatisiert. Allerdings partizipierten nicht nur Handwerker – vor allem Metallhandwerker –, sondern auch einige bisher nicht ratsfähige Ehrbare an dem *aufflauff*, und zwar mit dem Ziel, eine stark veränderte Ratsherrschaft einzuführen. Der Aufstand verlief ohne Blutvergießen, und der Aufstandsrat regierte bis 1349. Kaiser Karl IV. bereitete der Sache dann ein Ende, verbot mit einem Erlass die Zünfte und schloss die Handwerkerschaft aus dem Stadtregiment aus. Damit unterschied sich Nürnberg von anderen wirtschaftlich gut entwickelten Städten des Reichs. Obwohl im 15. Jahrhundert acht Handwerker im kleinen Rat vertreten waren, handelte es sich um Mitgliedschaften ohne wirklichen Einfluss auf Entscheidungsprozesse. Zwar könnten diese Handwerker ihre Stimme abgeben, aber genauso gut zu Hause bleiben, schrieb 1516 der Humanist und Nürnberger Rechtskonsulent Christoph Scheurl in seiner Epistel vom Nürnberger Regiment.

Der patrizische Rat dominierte die Sozial- und Wirtschaftspolitik der Stadt mit harter Hand. Da es keine Zünfte gab, bedeutete das auch, dass die Handwerker beim Rat um Meisterrecht und Gewerbebefugnis nachsuchen mussten, womit die Zahl der Handwerksbetriebe genau reguliert sowie die Zahl der Gesellen und Lehrjungen kontrolliert werden konnte. Den Gesellen war es strengstens verboten, sich zu organisieren oder zu versammeln. Darüber hinaus verbot der Rat die in anderen Städten verbreiteten religiösen Bruderschaften, Versammlungen von Handwerkern waren nur unter Anwesenheit eines patrizischen Ratsherrn – eines sog. Rugherrn – erlaubt. Das Rugamt war für Gewerbeaufsicht und -gericht zuständig und bestand aus vier Ratsherren und einem Genannten, dem sog. Pfänder. Es war dem Rat unterstellt und nur für Angelegenheiten des Handwerks zuständig. In der Trinkstube, die den Meistern vorbehalten war, hatte zur Aufsicht ein Vertreter des Rugamts präsent zu sein. Verstöße gegen Ratsbestimmungen konnten Verbannung aus der Stadt bedeuten.

Die Lehrzeit eines Handwerkers begann in der Regel im Alter von 12–15 Jahren und dauerte circa zwei bis drei Jahre. Der Lehrling wohnte im Haus des Meisters und erhielt deswegen keinen Lohn. Abhängig von der Konjunktur- und Personallage dauerte dann die Gesellenzeit weitere zwei bis sechs Jahre. Auch die Gesellen wohnten größtenteils noch beim Meister. Die Meisterprüfung setzte eine Reihe von Aufgaben und Bedingungen voraus. Die nicht heiratsfähigen Gesellen sollten sich z.B. nicht *verunkeuscht* haben. Allerdings zählten sie zu den wichtigsten Kunden der vom Rat geduldeten Prostituierten, denn die ‚Frauenhäuser' waren vor allem für die unverheirateten Gesellen und Knechte gedacht. Der entscheidende Prüfungsteil war die Anfertigung eines Meisterstücks unter Aufsicht eines der geschworenen Meister, der wiederum vom Gesellen bezahlt werden musste. Damit nicht genug. Er musste zum Beispiel den Mitprüfern ein opulentes Mahl ausrichten und für den Erwerb des Meisterrechts eine Gebühr hinterlegen. Dies führte dazu, dass die meisten Handwerker erst nach Jahren einen eigenen Betrieb eröffnen konnten – wenn überhaupt. Der einfachste Weg zur Eigenständigkeit war es, Sohn eines Meisters zu sein oder eine Meistertochter oder -witwe zu heiraten.

Auch unter den Handwerkern bestand eine Rangordnung. So gab es acht Gewerbe, aus denen jene politisch Ohnmächtigen für den Kleinen Rat rekrutiert wurden: Tuchmacher, Lederer, Rotbierbrauer, Bäcker, Kürschner, Metzger, Schneider und Blechschmiede. Sie gehörten selbstverständlich zu den Wohlhabenderen innerhalb ihres Standes, und ihre Ratsfähigkeit erhöhte ihr Sozialprestige. Die Korrumpierung dieser häufig reichen Meister durch die Vergabe statuserhöhender, aber letztlich bedeutungsloser Ämter erlaubte es den Patriziern, die Handwerker auseinanderzudividieren und damit den sozialen und politischen Aufstieg begüterter Meister zu verhindern, der in anderen Städten – etwa Augsburg und Regensburg – gegen Ende des 15. Jahrhunderts gelingen konnte. In deutschen Städten wie Aachen (1427, 1450), Mainz (1444) und Braunschweig (1445) kam es sogar zu ‚Zunftrevolutionen', bei der die wirtschaftlich starken, aber politisch einflusslosen Meister eine klare Machtbeteiligung im Rat errangen. Das wussten die Nürnberger Patrizier geschickt zu verhindern.

In Nürnberg wurde der laikale Anteil an der literarischen Produktion in erheblichem Ausmaß von Handwerkern dominiert. Für z.T. sehr diverse Rezipientenkreise und Rezeptionssituationen verfassten Dichter wie Hans Rosenplüt, Hans Folz und Hans Sachs umfangreiche und zugleich vielseitige Œuvres. Die Entstehung weltlicher Fastnachtspiele dürfte um im frühen 15. Jahrhundert begonnen haben. Auch die über die Stadt hinaus berühmte Meistersingergesellschaft nahm ihren Anfang im ersten Drittel des 15. Jahrhunderts.

Es fragt sich natürlich, warum die Handwerker in wirtschaftlich ähnlich bedeutenden Städten wie Augsburg in weit geringerem Umfang am literarischen Leben teilnahmen, obwohl dort im Wesentlichen vergleichbare Grundstrukturen wie in Nürnberg vorzufinden waren. Die wichtigste Ursache dürfte in den im Vergleich zu den Nürnberger Standesgenossen sehr unterschiedlichen wirtschaftlichen Voraussetzungen gelegen haben. Die Mittelschicht in Augsburg war wesentlich kleiner und im Durchschnitt weniger wohlhabend als die in Nürnberg. In Augsburg stand trotz der erlaubten Zünfte und Bruderschaften die breite Masse der Handwerker, vor allem die Weber, dem Abstieg in die Unterschicht stets bedrohlich nahe. Für diese Handwerker, auch wenn sie lesen und schreiben konnten, dürfte Literatur reiner Luxus gewesen sein. Literatur blieb – sowohl der Handschriftenbesitz als auch die eigene schriftstellerische Betätigung – weitgehend eine Angelegenheit der schmalen Oberschicht, der Augsburgs wirtschaftlicher Aufschwung ohnehin fast ausschließlich zugutekam. Soziale Unzufriedenheit und Unruhen waren in Augsburg häufiger als in Nürnberg, auch antiklerikale Tendenzen machten sich im Gegensatz zur kirchenfrommen fränkischen Reichsstadt unter den Handwerkern breit. Jedenfalls sind Handwerker als Autoren und Rezipienten von volkssprachlicher Literatur dort bei weitem nicht so häufig anzutreffen wie in Nürnberg.

Dennoch war es zweifellos das von der überaus autokratischen Herrschaft des patrizischen Rats maßgeblich geprägte politische Klima der Stadt, das letztlich der spezifischen Eigenart des literarischen Lebens in Nürnberg zugrunde lag. So kam es aufgrund der Furcht vor Unruhen offenbar nie wie in vielen anderen Städten zur Herstellung oder Aufführungen großer geistlicher Spiele außerhalb eines Kirchenraums. Jeder schriftlich verbreitete oder aufgeführte Text war letztlich einer Zensur unterworfen. Besonders bei den Fastnachtspielen, die als besondere Gefahrenquellen galten, forderte der Rat, dass ihm jeder Text vor der Aufführung vorgelegt werde und die verantwortlichen Leiter der Aufführung benannt werden. Eine Maskierung der Spieler war ebenfalls untersagt. Diese strenge Reglementierung durch den Rat dämpfte aber keineswegs den allgemeinen Enthusiasmus für Literatur.

Auch Werke der Nürnberger Offizinen unterlagen der Zensur durch den Rat. Nach einigem Ärger mit *schmälich* Liedern erließen die Stadtoberen 1502 ein Zensurgebot: *Alle puchdrucker zu besenden und in sagen, das sie hinfüro kainerley gedicht oder derselben gleichen drucken, Es sei dann vor dem ratsschreiber presentirt, examinirt und von einem Rat zugelassen.* In verschärfter Form werden 1517 Buchdrucker und Formschneider darauf hingewiesen, dass ihnen eine Bestrafung drohe, wenn sie *einich werck gedicht schriftengeschnitten form oder figuren*, die die Obrigkeit beleidigen könnten, veröffentlichen, ohne sie dem Rat vorher vorgelegt zu haben. Als der Buchdrucker Hieronymus Höltzel 1514 gegen diese Zensurordnung verstieß, wurde er vier Wochen eingesperrt. Derartiges kam aber selten vor, die Drucker waren vorsichtig.

Die strenge Rolle des Rates im Blick auf den Nürnberger Literaturbetrieb dürfte nicht so massiv gewesen sein, wie das bisweilen in der Forschung dargestellt wurde. Überliefert sind, auch aus dem Besitz der Wohlhabenden, äußerst derbe Fastnachtspiele, an deren vom Rat geduldeten Herstellung und Aufführung sich mitunter auch einige *erbaren* beteiligten. Unflätige Schwankmären wurden ebenfalls öffentlich vorgetragen und handschriftlich sowie über die Presse verbreitet. Unter strengster Beobachtung stand vor allem Dichtung, die an der Politik des Rats Kritik übte oder zu üben drohte oder zu Unruhen führen könnte.

Der Rat förderte auch die Herstellung und Verbreitung von Literatur sowie die Aufführung von Fastnachtspielen, die sich für seine politischen Ziele instrumentalisieren ließen, so etwa bei der vom ihm propagierten Vertreibung der Juden, von denen lediglich 12 bis 15 Familien in der Stadt lebten. Seit 1473 suchte der Nürnberger Rat beim Kaiser um Erlaubnis, sie aus der Stadt zu verweisen, was Friedrich III. ablehnte, weil dieser das den Juden abgepresste Schutzgeld (Judenregal) gut gebrauchen konnte. Da die Nürnberger Oberschicht nun aber mit christlichen Geldverleihern Geschäfte machte, benötigte sie die Juden als Geldquelle nicht mehr. Von nun an hatten es die Juden beim Verleih mit den Mittelschichten, Handwerkern und Gewerbetreibenden zu tun, die durch die sozioökonomischen Umwälzungen in der zweiten Hälfte des 15. Jahrhunderts in Bedrängnis geraten waren. Das führte dazu, dass sich der Rat wegen der Verarmung dieser Schichten vor potentiellen sozialen Unruhen fürchtete. Für die missliche Lage von Teilen der Bevölkerung, die Geld von den Juden geliehen hatten, machte der Rat die jüdische Geldleihe verantwortlich, obwohl eher das Aufkommen eines kaum kontrollierten ‚Frühkapitalismus' die Handwerker in die Armut getrieben hatte. Dennoch bewilligte erst Kaiser Maximilian I., für den die Juden als Finanzquelle uninteressant geworden waren, schließlich 1498 deren Vertreibung, die dann im Frühjahr 1499 erfolgte. Als ein Hauptagitator für dieses politische Projekt des Rats tritt besonders der profilierte Dichter und Meistersinger Hans Folz mit Schwankmären und Fastnachtspielen übelster Art hervor. Andere judenfeindliche Werke wurden über den Buchdruck in Umlauf gebracht. Nicht zu unterschätzen ist dabei die gedruckte antijüdische g e i s t - l i c h e Literatur, etwa der Traktat ‚Bewährung, daß die Juden irren' oder die Legende des angeblich 1475 von Juden ermordeten Simon von Trient.

Weil sich die mediävistische Forschung zur Nürnberger Literatur vorwiegend mit den weltlichen Werken und dem Meistersang befasste, wurde einer der für die deutsche Literaturgeschichte folgenreichsten Aspekte der Ratspolitik erst in den letzten Jahrzehnten aufgedeckt. Denn kennzeichnend für Nürnberg im 15. Jahrhundert war eine außerordentliche Frömmigkeit und umfassende Pflege des kirchlichen Lebens, die durch gezielte Maßnahmen des Rats entscheidend gefördert und in gewisser Hinsicht auch für dessen Politik instrumentalisiert wurden. Durch geschickt eingefädelte Kontakte zu Rom war es dem Rat gelungen, die Befugnisse des eigentlich zuständigen Bamberger Bischofs auf ein unvermeidliches Minimum zu reduzieren und geradezu handstreichartig die Kontrolle über den städtischen Säkularklerus sowie über die Klöster der Stadt und des Umlandes zu gewinnen. Im Auftrag des Königs übte der Rat das Schutzrecht über die Dominikanerinnen im Katharinenkloster, die Klarissen sowie das nicht im Untertanenverhältnis zu Nürnberg stehende unweit der Stadt be-

Einleitung

findliche dominikanische Kloster Engelthal aus. Auch die Augustinerchorfrauen in Pillenreuth (südl. von Nürnberg) und die Zisterzienserinnen in Himmelthron (Gründlach) unterstellten sich dem Schutz des Rats. Dabei verstanden die Ratsmitglieder die Frauenklöster als Versorgungsanstalten für die aus gehobenen Verhältnissen stammenden Bürgertöchter der Stadt, Auswärtige hatten keinen Zugang, es sei denn sie waren sehr wohlhabend. Als besonders bedeutsam für die Entstehung von geistlicher Literatur in Nürnberg sollte sich die vom Rat 1396 initiierte Reform des Dominikanerklosters erweisen, das sich rasch zum Zentrum der süddeutschen Observanzbewegung entwickelte und bedeutende Kirchenmänner und Theologen in die Stadt führte. Mindestens 40 Brüder des Konvents sind als Autoren volkssprachlicher Werke bekannt, darunter der (oder die) anonyme(n) Verfasser des verbreitetsten Erzählwerks des späten Mittelalters, des Legendars ‚Der Heiligen Leben', und Johannes Nider, der bedeutende Kirchenpolitiker, Reformer und Gelehrte, der sein weitverbreitetes Werk ‚Die 24 goldenen Harfen' auf Wunsch laikaler Frauen als Nürnberger Prior verfasste.

Das literarische Engagement der Dominikaner war aber keineswegs auf die Frauenklöster beschränkt. Denn die engagierten, gelehrten und teilweise charismatischen Predigerbrüder waren auch die beliebtesten Seelsorger für die frommen Laien Nürnbergs. Der Benediktiner Sigismund Meisterlin preist den Konvent in seiner ‚Nürnberger Chronik' als das erste Nürnberger Kloster, das *hochgelert Person, köstlich prediger des götlichen wortes* und *gar treffenlich doctores* vorweisen könne. Das Ansehen der observanten Prediger in der Bevölkerung zeigt sich an den vielen reichen Stiftungen, mit denen sie von wohlhabenden Laien bedacht wurden. Viele aus der Oberschicht ließen sich in der Predigerkirche bestatten. Die Dominikaner galten offenbar als die integerste Seelsorgeinstanz der Stadt.

Fünf weitere Klöster wurden auf Veranlassung des Rats reformiert: 1418 das benediktinische St. Egidienkloster, 1428 das Dominikanerinnenkloster St. Katharina, das sich wie das Männerkloster zu einem Zentrum der Reform entwickelte und das um 1500 die wohl umfangreichste Sammlung deutscher Handschriften irgendeiner Institution überhaupt besaß, sodann 1447 das Franziskanerkloster, in dem u.a. Stephan Fridolin seine Erfolgswerke verfasste, und 1452 das Klarissenkloster, in dem die aus einem humanistisch geprägten familiären Umfeld stammende und davon inspirierte Caritas Pirckheimer (1467–1532) lange das Amt der Äbtissin innehatte. Zur Reform waren die Klarissen von dem charismatischen franziskanischen Bußprediger Johannes von Capestrano gedrängt worden, der sich auf Wunsch des Rats 1452 drei Wochen lang in Nürnberg aufhielt. Zuletzt wurde 1464 das Augustinereremitenkloster der Observanz angeschlossen, dem später zwischen 1512–1517 der Lehrer und Berater Luthers, Johann von Staupitz (1465–1524), angehören sollte. Begünstigt vom Rat wurden auch die Kartäuser, die offenbar keine Reform benötigten.

Die bedeutenden Familien der Stadt unterstützten diese Klöster, in denen sie ihre Familienmitglieder unterbrachten, in erheblicher Weise, was auch dazu führte, dass dort Bibliotheken von beträchtlichem Umfang entstehen konnten, weil beim Eintritt Bücher mitgebracht wurden bzw. Angehörige ihren Verwandten im Kloster Bücher schenkten. Die Reform wirkte sich wiederum befruchtend auf das in Nürnberg vorhandene Literaturangebot aus, denn über die durch die Observanzbewegungen überregional geknüpften Netzwerke wurden ständig neue Werke in die Stadt eingeführt und auch Laien zur Verfügung gestellt.

Der Humanismus schlug im späten 15. und frühen 16. Jahrhundert in Nürnberg tiefe Wurzeln und prägte die eintretende kulturelle Blüte der Stadt in erheblichem Ausmaß. Obwohl einige Gelehrte aus der Mittelschicht daran partizipierten, waren die Aktivitäten der Humanisten vor allem ein Oberschichtenphänomen. Gerne schickte die Nürnberger Oberschicht ihre Söhne nach Italien, wo man eine hervorragende kaufmännisch-juristische Ausbildung bekommen konnte. Dort lernten die Nürnberger Universitätsstudenten die moderne Bildungsbewegung, den Humanismus, kennen und schätzen. Nach ihrer Rückkehr gehörten die Humanisten in Nürnberg äußerst schmalen Zirkeln an, die von bedeutenden Förderern unterstützt wurden und über die Stadtgrenzen hinweg mit anderen ähnlich gesinnten Kreisen eng verbunden waren. Sie hoben sich in der Stadt und anderswo durch ihre hohe Gelehrsamkeit nicht nur von der Mittelschicht, sondern auch vom überwiegenden Teil des Patriziats ab; schon die dezidierte Hinwendung zum kunstvollen, an antiken Autoren geschulten Latein und Griechisch, was mit einer ebenso dezidierten Missachtung der Volkssprache einherging, ließ eine breitere Teilhabe nicht zu.

Zu Beginn des 16. Jahrhunderts setzte eine wirtschaftliche Krise ein. Eine starke Inflation und die Verarmung größerer Segmente der Handwerkerschaft, die durch kaufmännische ‚Verleger' und reiche Meister zu Stückwerkern degradiert wurden, führte dazu, dass breitere Kreise in die Armut getrieben wurden. Es kam zu einer sozialen Schieflage, die den Rat dazu zwang, die schlimmsten Auswüchse des ausbeuterischen Frühkapitalismus zu bekämpfen, was allerdings kaum Wirkung zeigte. Hans Sachs griff diese Missstände sowie das Los der geknechteten Bauern ab 1524 in seinen Werken auf. Seine Haltung wurde durch die Lehre Luthers inspiriert, seine politische Agitation führte er auf eine christliche Ethik zurück, die für ihn mit einer radikalen religiösen Erneuerung aufs engste verbunden war.

Nürnberg gehörte aufgrund seiner herausragenden wirtschaftlichen und politischen Bedeutung im Reich zu den wichtigsten Städten, die sich für Luthers Reformation entschieden. An die Reformation herangeführt wurde die geistige Elite der Stadt von dem bereits erwähnten Johann von Staupitz. Die Bürgerschaft neigte immer stärker in Richtung einer neuen Kirchlichkeit. Ab 1523 traten Mönche aus den Klöstern aus, Gottesdienste wurden gestört, Religiosen verspottet.

Zwar neigte eine Mehrheit im Rat und vor allem in der Bevölkerung den Lehren Luthers zu, aber der Rat lavierte zunächst, da der Kaiser drohte, dass die Stadt, sofern sie nicht vom Luthertum absehen wollte, alle Privilegien und Freiheiten verlieren würde. Allerdings konnte er sich wegen eines Krieges mit Frankreich (1521–1526) kaum um die Nürnberger Ereignisse kümmern. Als auf dem Nürnberger Reichstag 1522–1523, bei dem u.a. die Beschlussfassung über die Durchführung des Wormser Edikts anstand, der päpstliche Nuntius die Inhaftnahme von vier reformatorisch gesinnten Predigern forderte, widersetzten sich die Ratsherren. Die entscheidenden Figuren bei der Einführung der Reformation in Nürnberg, der lutherische Prediger Andreas Osiander und der Ratsschreiber Lazarus Spengler, organisierten zusammen mit den Handwerkern gemeinsam starken Druck auf den zögerlichen Rat. Um *pluetvergiessen, verderben, unrath und widerspennigkeit* zu vermeiden, veranstaltete der Rat im Frühjahr 1525 ein Religionsgespräch zwischen den verfeindeten Parteien, um über 12 Grundfragen der verschiedenen Richtungen freundlich zu diskutieren. Die Hoffnung des Rats erwies sich aber als naiv, denn das fünftägige Gespräch entwickelte sich erwartungsgemäß zu einer harten Disputation. Die vor dem Rathaus versammelte Menge geriet außer sich. Spengler schrieb: *Als man den ersten tag die verhör fürname, sammelt sich für das rathaus ain merckllich volck, das ende zu sehen, warteten auf die munch, hetten die gern zurissen, schrien etlich, man solt inen die munch zum venster herauswerfen*. Die Mönche konnten nur unter Schutz heil zu ihren Klöstern zurückgelangen.

Ab diesem Zeitpunkt stellte sich der Rat offen auf die Seite der Reformation und gestaltete sukzessive das kirchliche Leben in der Reichsstadt um: die Klöster lösten sich im Laufe des Jahrhunderts alle auf, der Reformklerus ging zum Gebrauch der Volkssprache in der Messe über. Diese historische Wende im religiösen Leben Nürnbergs hatte selbstverständlich auch für das literarische Leben in der Stadt einschneidende Folgen. Die Dichter wandten sich ganz den Auseinandersetzungen um die neue Lehre zu, wie etwa Hans Sachs, der sich in seinen Werken bis zum Beginn der 1530er Jahre fast ausschließlich der Durchsetzung der Reformation widmete. Auch das Schauspiel im Kirchenraum wurde längere Zeit verboten. Der Reformator Andreas Osiander schreibt 1526: *die passionsspil am karfreytag werden nit mer gespilt. Das grab in der kirchen, das gespott mit der urstend* [„Auferstehung"] *Christi nit mer fürgenomen* [„aufgeführt"]. Die Literatur der früheren Zeit wurde nur noch sehr selektiv, die ältere geistliche Literatur vor allem als Objekt des Spottes vermittelt. Für den Humanismus bedeutete die Reformation einen tiefen Einschnitt, wenn auch nicht sein Ende. Die Intellektuellen waren nun vorwiegend mit Glaubensfragen beschäftigt und mussten sich positionieren. Es kam zum deutlichen Bruch im humanistischen Lager.

Die angesprochenen Hauptfelder des literarischen Lebens in Nürnberg fließen gewissermaßen in der Figur Hans Sachs, Handwerker und Absolvent einer Lateinschule, zusammen. Er schöpfte für sein Werk ausgiebig aus dem immensen literarischen Angebot der Stadt: Er verwertete die deutschsprachige geistliche Literatur, der er wahrscheinlich einen Großteil seines theologischen und hagiographischen Wissens verdankte, das Schrifttum des Humanismus und selbstverständlich die im Wesentlichen von seiner eigenen Schicht getragene weltliche Literatur. Sachs, ein glühender Anhänger Luthers, ist ein hervorragendes Beispiel dafür, wie durch die fortschrittliche Einstellung der Machthabenden Nürnbergs zur laikalen Bildung und literarischen Betätigung auch bei Mitgliedern der Mittelschicht eine solide Basis für den Erfolg der Reformation geschaffen wurde. War geistliche Literatur bis ins frühe 15. Jahrhundert hinein noch Exklusivwissen des Klerus gewesen, sollte sich dies danach entscheidend ändern. In den Dekaden vor der Reformation hatte sich ein selbstverständlicher Umgang von Laien mit religiösem Bildungsgut entfaltet, was (nicht nur in Nürnberg) zu einem Bewusstsein laikaler Eigenständigkeit, ja Überlegenheit gegenüber wichtigen Aspekten der kirchlichen Lehre führte. Mithin konnten die Reformatoren auf eine selbstbewusste, gesellschaftlich breite Laienschaft bauen, die auf grundsätzliche Auseinandersetzungen über religiöse Fragen genügend vorbereitet und zu selbständigem Urteil befähigt war.

Um von der Literatur Nürnbergs ein differenziertes Bild zeichnen zu können, soll in diesem Kapitel über die Literatur der Stadt die so umfangreiche Zahl an geistlichen Werken, die fast ausschließlich in den observanten Klöstern der Stadt entstanden sind, im zweiten Kapitel zur Ordensreform eingebunden werden, wo auf sie im größeren Kontext der Reformbewegungen eingegangen werden kann. Allerdings werden im letzten Abschnitt des Nürnberg-Kapitels die wenigen Werke des Säkularklerus und den nicht eine Reform benötigenden Kartäuser behandelt.

Da der Humanismus verhältnismäßig spät nach Nürnberg gelangte und die von Humanisten verfassten Werke sich besonders durch historiographisches Schrifttum auszeichneten, erschien es mir sinnvoller, ein kurzes Kapitel über den Nürnberger Humanismus an ein Kapitel zur Chronistik in der Stadt anzuschließen und dafür nur knapper im letzten Kapitel dieses Bandes – dem zum Renaissance-Humanismus – auf in Nürnberg verfasste humanistische Werke einzugehen.

Die Literatur der Mittelschicht

Die Dichtung der Nürnberger Handwerker

Die außerordentliche Teilnahme von Laien an der Produktion von Literatur in Nürnberg ist für jeden Ort literarischer Interessenbildung im deutschen Mittelalter beispiellos. Dies fußt größtenteils auf der breiten Beteiligung der

Handwerker, die in Anbetracht der geringen gesellschaftlichen Mobilität mit einer Partizipation am Literaturbetrieb die Hoffnung auf eine Statuserhöhung und -abgrenzung innerhalb der Stadt verknüpften. Dabei ragen drei Gestalten mit umfangreichen und vielseitigen Œuvres deutlich heraus: der Harnischmacher Hans Rosenplüt, der Barbier, Wundarzt und Buchdrucker Hans Folz sowie der Schuster Hans Sachs, auf den in diesem Band nur begrenzt eingegangen wird, da sein Hauptwerk in der Zeit nach der Einführung der Reformation in Nürnberg entstand.

Hans Rosenplüts kleinepische Werke

Obwohl Ansätze zu einer Beteiligung von Mitgliedern der städtischen Mittelschicht am Literaturbetrieb bereits im 14. Jahrhundert anzutreffen sind und in der Forschung immer wieder von anzunehmenden Nürnberger Vorläufern die Rede ist, ist Hans Rosenplüt zweifellos der erste Handwerkerdichter der deutschen Literatur, der neben seinem Brotberuf in größerem Umfang Dichtung als gehobene Freizeitbeschäftigung betrieb und die Tradition der vielseitigen und produktiven Dichterdilettanten initiierte, eine Tradition, in die sich in seiner Nachfolge Hans Folz und Hans Sachs einreihten und die sich bis ins 18. Jahrhundert hinein verfolgen lässt. Bemerkenswerterweise schloss sich Rosenplüt – obwohl er auch Lieder verfasste – nie den Meistersingern an, die bereits zu seiner Zeit allem Anschein nach eine Gesellschaft gegründet hatten. Vermutlich wird ihm der streng reglementierte Meistergesang nicht gelegen haben. Jedenfalls bezeichnet er sich immer wieder als *ungelertter ley, kunstloser ley*, ja sogar als *grober bauer*. Der häufige Griff zu diesen Demutstopoi könnte als Hinweis verstanden werden, dass er sich von den Meistersingern und ihrem Anspruch, auch hohe theologische Fragen zu behandeln, distanzieren wollte. Sein Zielpublikum scheint zudem ein wesentlich breiteres gewesen zu sein.

Rosenplüt stammte nicht aus der Reichsstadt, wie übrigens auch eine Reihe anderer Nürnberger Handwerkerdichter, etwa Folz, Fritz Kettner und Lienhard Nunnenbeck. Er könnte indes aus dem nahen fränkischen Umland eingewandert sein. Im Jahre 1426 wird er als *tagwerker* (Tagelöhner) im Handwerk der *sarwürcht* (Panzerhemdmacher) als Neubürger aufgenommen. Dementsprechend dürfte er um die Jahrhundertwende geboren sein. 1427 erwarb er bereits das Meisterrecht. Möglicherweise hat er die dazu notwendigen finanziellen Mittel durch Heirat erlangt, denn *tagwerker* waren sehr schlecht bezahlt. Bis 1449 ist Rosenplüt wahrscheinlich der unteren Mittelschicht zuzuordnen, erst danach lebte er in gesicherten Verhältnissen. Es gehörte nämlich auch zu den Voraussetzungen für das Meisterrecht, *aigen rauch*, d.h. einen eigenen Hausstand, Verheiratung und Werkstatt, vorweisen zu können, da ein Meister eine Ehefrau brauchte, um die im Hause lebenden Gesellen und Lehrlinge zu versorgen. Wo er seine, wenn auch im

Vergleich zu Folz und Sachs eher rudimentäre, aber durchaus vielseitige Schulbildung erwarb, ist ebenfalls nicht bekannt. Sie wird ihm aber in einer Stadt vermittelt worden sein, möglicherweise in Bamberg, denn sein letztes Werk ist ein ‚Lobspruch' auf diese Stadt.

Durch den im 15. Jahrhundert weit verbreiteten Einsatz von Armbrüsten und Schießwaffen war der Bedarf an Kettenhemden, die vor allem Schwerthiebe abwehren konnten, recht gering, so dass Rosenplüt eigentlich in einem allmählich aussterbenden Handwerkszweig tätig war. Wohl deshalb wechselte er spätestens in den 1440er Jahren in das Handwerk der Messinggießer (Rotschmiede), 1444 erscheint er als Geschützfachmann der Stadt (Büchsenmeister) mit mehrjähriger Bestallung. Er nahm in dieser Funktion am Krieg gegen den Markgrafen Albrecht Achilles von Brandenburg-Ansbach (1449/50), Kurfürst von Brandenburg, teil. Aus Rosenplüts Dichtungen geht hervor, dass er z.B. an der Verteidigung von Lichtenau (1449) und an der für die Nürnberger erfolgreichen Schlacht bei Pillenreuth (1450) teilnahm. Als Meister im Rotschmiedehandwerk arbeitete er in einem der angesehensten Berufe der Stadt. Es gehörte zu den sogenannten gesperrten Handwerken, in denen alle darin Tätigen aufgrund der für die Nürnberger Wirtschaft so wichtigen Fertigungsgeheimnisse die Stadt nicht verlassen durften. Als Büchsenmeister dürfte er bis 1460 gedient haben, dem Jahr seines vermutlichen Todes.

Bemerkenswert für Rosenplüt ist die Annahme des Nom de Plume Hans Schnepperer nach 1427. Zwar identifiziert er sich im Schlussvers seiner Dichtungen – abgesehen von den fast ausschließlich anonym überlieferten Fastnachtspielen – in der Regel mit *So hat geticht Hans Rosenplüt*. Allerdings wird diese Signatur in manchen Texten erweitert: *So hat geticht Snepperer Hanns Rosenplüt*, oder in einer ursprünglich nicht zum Text gehörenden Zuweisung: *Hans Rosenplut den man andres nenet hans schneper*. Da beide Namen, *Rosenplüt* und *H. Sneper*, unabhängig voneinander in Nürnberger Archivalien zu finden sind, wobei letzterer sogar häufiger als *Rosenplüt* auftritt, stellte sich früher die Frage, ob es sich dabei nicht doch um zwei Personen handelt. Inzwischen ist man zur Auffassung gekommen, dass der Dichter seinen 1426/27 archivalisch bezeugten Geburtsnamen Rosenplüt aufgab und aufgrund des gewachsenen dichterischen Profils den Künstlernamen Schnepperer (ab 1429 in den Archivalien) annahm. Dieses Phänomen ist keineswegs singulär, mehrfach begegnen uns Dichter mit Übernamen in der Literatur des Mittelalters, wie etwa der Stricker.

Unklar bleibt die Bedeutung von ‚Schnepperer'. Vorgeschlagen wurden „Schwätzer, beredsamer Poet" oder die Berufsbezeichnung „Schnäpper", einer, „der kleine Metallteile herstellt". Am wahrscheinlichsten ist, dass sich Rosenplüt gerne mit dem Ruf des redseligen ‚Unterhalters' – gewissermaßen als Markennamen – identifizierte und daraufhin die literarische Identität auf seine bürgerliche übertrug. Handwerker gab es ja viele, aber nur ganz wenige, die auch die Nürnberger Bevölkerung mit ihren künstlerischen Darbietungen zu begeistern vermochten. Das könnte durchaus ein nachvollziehbarer Grund sein, den Namen zu ändern. Jedenfalls deutet er im Reimpaargedicht ‚Die fünfzehn Klagen' an, dass er vor allem durch seine Vortragstätigkeit etwas hinzuverdiente. Wenn er bereit wäre, mehr schlechte Dichtung (*pös küpfferein müntz*) vorzutragen, sagt er, *So würd ich mer zuhörer gewynnen*.

Rosenplüt bediente sich eines breiten Spektrums literarischer Gattungen. Stilistisch war er durchaus versiert, in seinem Œuvre findet sich die Bandbreite vom primitiv-derben Sprachduktus bis hin zum gepflegten ‚blümenden' Sprachstil. Im Zeitalter der Prosa dichtete er wie nahezu alle Nürnberger Handwerkerdichter fast ausschließlich in der gebundenen Form, wohl weil seine Werke, von wenigen Ausnahmen abgesehen, für den mündlichen Vortrag bestimmt waren. Er verfasste eine Vielzahl von Fastnachtspielen, Reimpaargedichten, Mären, Kleinstformen wie etwa Priameln und Klopfan-Sprüche sowie einige wenige Lieder. Bis heute gibt es noch keine umfassende und genaue Zusammenstellung seines Gesamtwerks, was wohl daran liegt, dass Fastnachtspiele, Mären und Priameln im Allgemeinen anonym überliefert sind und deshalb Rosenplüts Anteil kaum genauer zu klären sein wird. Zudem gibt es von ihm keine Autorsammlungen oder -zusammenstellungen, wie etwa ansatzweise bei Hans Folz und in umfassender Form bei Hans Sachs.

Seit Hanns Fischer hat sich für eine bestimmte, novellistische Gruppe von Verserzählungen, die nicht unumstrittene Bezeichnung ‚M ä r e n' eingebürgert. Trotz mancher Kontroverse im Hinblick auf Begriff und Eigenart der Texte und ihre Verwendung, der bzw. die sich damit verbindet, bleibe ich einstweilen, wenn auch nicht ohne Bedenken, bei den entsprechenden Texten von Rosenplüt, Folz und anderer, auch anonymer Autoren, bei dieser Bezeichnung, ohne damit den Texten einen Sonderstatus, etwa den einer Gattung, zuzuschreiben.

Von seinen kleinen R e i m p a a r g e d i c h t e n sind mindestens 31 Texte verschiedener Gattungen überliefert, wobei Rosenplüt weltliche Themen bevorzugte. Die Gedichte sind mit 42 Handschriften und 15 Drucken verhältnismäßig breit überliefert. Am populärsten war sein ‚Lobspruch auf Nürnberg'.

In seinem Werk thematisierte Rosenplüt vielfach soziale und politische Missstände, sowohl in den Gedichten als auch in den Fastnachtspielen. Hans Folz sollte ihm darin folgen. Mit Spott und Verachtung griff er den krisenhaften Zustand des Reiches auf, verhöhnte das klägliche Versagen von Kaiser und Fürsten in Anbetracht von Bedrohungen durch die Hussiten und die Türken. Den ständigen, das Land verheerenden Einfällen der hochmotivierten, militärisch schlagkräftigen hussitischen Truppen, vor allem in Schlesien, Österreich, Franken, Sachsen und Brandenburg, vermochten die Reichstruppen nichts entgegen zu setzten. Fünf ‚Kreuzzüge' endeten im Desaster.

Zu den historisch-politischen Ereignisdichtungen Rosenplüts gehören die wenigen frühen Werke, die sich sicher datieren lassen, etwa der ‚Spruch auf Böhmen' (1427; Edition Reichel Nr. 17) und die ‚Flucht vor den Hussiten' (1431; Nr. 18), in denen er an den Führungsqualitäten des Adels kein gutes Haar lässt. Im ‚Spruch' geht es um die klägliche Niederlage der Reichstruppen Anfang August 1427 in der Nähe von Tachau (Tachov) an der Mies (Mže), die im Wesentlichen durch die Rivalität der Fürsten untereinander verursacht wurde. Rosenplüts Gedicht erzählt von der panischen Flucht der Reichstruppen, die schließlich mit dem grausamen Niedermetzeln von Tausenden ‚christlicher' Truppen durch die Hussiten ein schreckliches Ende nahm. Der Grund für die Niederlage liegt nach Rosenplüt allein bei den Fürsten, von deren Zwietracht, Habgier und Feigheit er mit beißendem Spott berichtet. *Manig edler furst und kuner rise / ... reiset gein Beheim fur die Mise / Zu sturmen und streiten umb cristenlichen namen.* Nach Rosenplüts Meinung verführte sie der Teufel zum Streit untereinander: *Do kunden si nie kumen uberein.* Sie stritten sogar darüber, welchem Fürsten das *romisch panir*, das der Kardinal von England, Heinrich von Winchester, mitgebracht hatte, übergeben werden sollte: *Also nam die hußenvart ein endt.* Seine Sympathien liegen eindeutig beim tapferen, aber verratenen Fußvolk. Das Heer selbst wollte kämpfen, so der Dichter, und hätte mit besserer Führung durchaus einen Sieg erringen können. Hätte man nur einige Bademägde nach Böhmen geschickt, sogar die hätten die Schlacht gewinnen können. Sein Fazit: *Wann ist das nicht ein große schant, / Das alle fursten zugen awß dem lant, / Ee sie ie kein sloß oder stat gewunnen?* Hier verspottet ein Bürger der Reichsstadt Territorialfürsten, die für die Handelsbeziehungen Nürnbergs durchaus von Bedeutung waren, Rosenplüt konnte aber sicherlich auf ein starkes Misstrauen der Nürnberger Bürger gegen den Adel bauen. Solche Werke gehörten zum adelsfeindlichen Diskurs, der in Nürnberg gepflegt wurde. Hans Folz wird einige Jahrzehnte später Ähnliches von sich geben.

Der ebenfalls gescheiterte fünfte Kreuzzug (1431) wird von Rosenplüt in der ‚Flucht vor den Hussiten' ähnlich behandelt wie der vierte im ‚Spruch'. Nach gescheitertem Versuch der Verständigung ordnete Kaiser Sigismund die Wiederaufnahme des Reichskriegs gegen die Hussiten an. Trotz eines größeren Heeres und verbesserter Ausrüstung flohen die Reichstruppen in der Schlacht bei Taus (Domažlice) erneut panikartig, wobei sie sich gegenseitig behinderten und deswegen dem Feind zu Tausenden zum Opfer fielen. Für Rosenplüt waren wieder einmal die Fürsten und die anderen adligen Anführer für die *lesterlichen schant* verantwortlich. Man hatte großmäulig Kriegshetze betrieben, um dann feige zu flüchten. Er erzählt von einem fliehenden Ritter, der eine Straße hinunter stürmt:

> *Und kam hinab zu dem haufen gerant*
> *Und nam den marggraven bei der hant*
> *Und schrei: „fliehe alles, das do sei,*
> *Dann an unser einen sein mer dann drei!"*
> *Da prachen sie auf und fluhen dahin*
> *Und ließen da alles hinter in,*
> *Das zu roße und fußen was awß den steten.*
> *Das ist das streiten, das sie teten.*

Noch schlimmer als die Feigheit der hohen Herren war für Rosenplüt deren Verhalten gegenüber dem tapferen und kampfbereiten Fußvolk, das der hussitischen Mordlust überlassen wurde:

> *Das fußvolk alles dahinden pleib,*
> *Wann man sie zwischen die wegen treib,*
> *Das sie der veinde da solten peiten*
> *Und meinten nicht anders, dann man wurd streiten,*
> *Und westen nicht, daß die fursten hinfluhen,*
> *Biß das die veinde her auf sie zugen*
> *Und stachen und hieben hinten in sie*

Rosenplüt hatte nicht selbst an den beiden Kreuzzügen teilgenommen, von denen es auch andersklautende Ereignisberichte gibt. Eine objektive Darstellung des Geschehens war zudem keineswegs sein Ziel: Er beabsichtigte politische Agitation.

Eine weitere, 1450 entstandene Fürstenschelte stellt Rosenplüts Gedicht ‚Der Markgrafenkrieg' (Nr. 19) dar, das vom glorreichen Krieg der Stadt Nürnberg gegen den Erzfeind, den Markgrafen Albrecht Achilles, erzählt, an dem Rosenplüt selbst als Büchsenmeister teilnahm. Albrecht war ein ambitionierter Territorialpolitiker, der einen unter seiner Herrschaft stehenden Flächenstaat unter Einbeziehung Nürnbergs anstrebte, aber schließlich scheiterte (dazu S. 136). Rosenplüts 484 Verse umfassendes Gedicht schildert den glorreichen Sieg der Nürnberger in der Schlacht bei Pillenreuth. Mit der Darstellung des Kampfgetümmels reflektiert Rosenplüt die politische Organisationsform des Reiches und das Herrschaftsrecht, das den Nürnbergern von Albrecht Achilles abgesprochen wurde. In dessen Auftrag hatte der Lohndichter Michel Beheim das Stadtbürgertum als ‚eingemauerte Bauern' verspottet: *Es wer ach spoterei, / das pauren in den steten / gewalt auff erden heten / uber dy fursten her.* Der Markgrafenkrieg war ein mehrfach literarisch behandeltes Ereignis, und zwar nicht nur in Nürnberg (vgl. S. 136).

Dagegen bezeichnet Rosenplüt die Fürsten als Wölfe, die über friedliebende Schafe (Reichsstädte) herfielen: *Und doch newer einer von den scha-*

fen (= Nürnberg) *clagt*. Nach einer längeren Aufzählung von Übergriffen der verschiedenen Fürsten auf die *schafe* des Reichs, lobt er das Verdienst Nürnbergs, ein deutliches Zeichen gesetzt zu haben: *Die schaf sein vor den wolfen genesen; / Des haben die von Nuremberg dank*. Er preist den einheitlichen Bürgerwillen, durch den die Ansprüche Albrechts militärisch zurückgeschlagen werden konnten. Auch die hervorragende Organisation bei der Versorgung der Stadt wird von ihm in diesem Sinne gepriesen. Das Handeln der Fürsten wird als Torheit verspottet: *Die weißheit hetten sie nicht von got*. Der sei allerdings auf Nürnbergs Seite gewesen, behauptet Rosenplüt, da die Fürsten gegen dessen Gebote verstoßen hätten.

Im ‚Lied von den Türken' (Nr. 22), das aus 40 fünfzeiligen Strophen besteht, greift er unter Verwendung von zum Teil nur schwer verständlicher Metaphorik Kaiser Friedrich III. an und fordert ihn auf, das Reich gegen die drohende Türkengefahr zu verteidigen.

Rosenplüt hat das Lied, das nur in einer verstümmelten Version überliefert ist, vermutlich bereits 1444 verfasst, um damals den Kaiser in besonders heftiger Form dazu aufzufordern, gegen die Armagnaken – eine französische Söldnerbande – vorzugehen. Friedrich hatte sie nach dem Ende des Hundertjährigen Krieges ins Land geholt, um gegen die Eidgenossen zu kämpfen, danach verbreiteten die Armagnaken als marodierende Horde Angst und Schrecken im Elsass und in der Pfalz. In einer Handschrift steht nämlich statt *Turken* konsequent *jecken* (*arme jecken*). Rosenplüt dürfte das Lied 1458/59 schlichtweg auf die Türken, die 1453 Konstantinopel erobert hatten, umgemünzt haben. In beiden Fassungen geht es aber nicht primär um die jeweiligen Bedrohungen, sondern, wie in den Hussiten-Gedichten, um den Zustand des Reiches. Die Fürsten lagen vielfach nach wie vor im Streit, z.T. im Krieg untereinander, die Gefahr durch Türken oder Armagnaken interessierte sie kaum. Auch Friedrich mit dem polemischen Beinamen ‚Erzschlafmütze des Heiligen Römischen Reiches' war völlig untätig und engagierte sich lieber in einer Auseinandersetzung um seine habsburgischen Erblande. Rosenplüt hoffte aber auf ein Bündnis zwischen Kaiser und Städten, zu denen die Bauern als dritte Kraft hinzukommen sollten. Sie hatten sich im Vorfeld des Bauernkrieges bereits gegen die Ausbeutung durch Fürsten und Adel deutlich bemerkbar gemacht. Rosenplüt plädiert im Lied für das letztlich illusionäre Ziel, alle antipartikularen Kräfte zu einem Bündnis zu bewegen.

Viele Anspielungen des Liedes bleiben im Dunkeln, die durchgehende Verwendung der Vogelmetaphorik erschwert die Deutung zusätzlich. Hier treten der Kaiser als Herr der Adler, die Fürsten als Falken, der Adel als Geier usw. bis hin zum inzwischen mit Papst und Kaiser versöhnten utraquistischen Zweig der Hussiten als Plattengeier auf. Über die Bildlichkeit der Vogelwelt prangert Rosenplüt die gestörte Weltordnung an. Werte und Normen seien verschwunden:

> *Die manheit von den rittern ist geflogen,*
> *Die zucht, die hat sich von frawen gezogen,*
> *Keuscheit von jungkfrawen flewhet,*
> *Die warheit die ist worden krump,*
> *Die gerechtigkeit sich pewget.*

Schließlich greift Rosenplüt auf eschatologische Bilder zurück, indem er – typisch für das 15. Jahrhundert – die Ankunft des Antichrist voraussieht und mit ihm das Ende der Welt. Dennoch ist das Lied im Kern eine Aufforderung an Friedrich, der die Reichsstädte den Territorialfürsten auslieferte, endlich hart durchzugreifen und die Ordnung wiederherzustellen. In ‚Des Türken Fastnachtspiel' (vgl. S. 106) greift Rosenplüt bei seiner Kritik an Friedrich zur Satire. Dort stellt der Türkenkaiser nicht eine Bedrohung für das Christentum dar, sondern wird als Ideal eines Kaisers dargestellt, der sich mit den Städten gegen die territorialen Ansprüche der Fürsten verbündet.

Das erfolgreichste Werk Rosenplüts war mit 21 Handschriften und zwei Drucken, der ‚**Lobspruch auf Nürnberg**' (1447, Nr. 20). Mit diesem 396 Verse umfassenden Werk führt er die Gattung des Städtelobs in die deutsche Literatur ein, in der geradezu katalogartig die Vorzüge und Besonderheiten einer Stadt gepriesen werden. Mit überbordendem Stolz auf seine prosperierende Wahlheimat preist er Nürnberg als die fünftheiligste Stadt nach Jerusalem, Rom, Trier (wegen der dort bestatteten 10.000 Märtyrer) und Köln (wegen Ursula und der 11.000 Jungfrauen). Die besonders intensive Frömmigkeit der Stadt, in der auch *siben closter gereformirt* sind, führt zu diesem Rang. Die *wolgezogene priesterschaft* führt ein strenges Leben, keiner traut sich *uber die snur* [zu] *hawen / Mit spil, mit unfur noch mit frawen.* Selbstverständlich werden der blühende Handel und das bedeutende Handwerk herausgestellt, wie auch Wissenschaft und Kunst. Ebenso selbstverständlich wird der weise Rat gepriesen, der mit dem Zunftverbot und dem Verzicht auf Stadtherren dafür gesorgt hat, dass die Wirtschaft blüht und Ordnung herrscht. Gleich zu Beginn lobt Rosenplüt das vorbildliche Sozialwesen Nürnbergs, was bei ihm, der in seiner Dichtung immer wieder die Lage der Armen und Ausgestoßenen thematisiert, nicht überrascht. Die *gehorsame gemein* wird gut versorgt durch fünf karitative Einrichtungen, Stiftungen für verarmte alte Handwerker, Findlinge, Aussätzige, hilfsbedürftige Jungfrauen und unschuldige Verarmte. Er beschreibt dann *siben cleinot* (Attraktionen), zu denen neben der Stadtumwallung, dem Reichswald, wo sich jeder Bürger mit Holz versorgen darf, einem Steinbruch, dem Kornhaus und der Pegnitz (*Davon die stat gesawbert wird*) auch der Schöne Brunnen und die Reliquiensammlung der Reichskleinodien gehören. Mit besonderem Stolz hebt er als einzigen namentlich genannten Einwohner den blinden Organisten, Lautenisten und Komponisten Konrad

Paumann heraus, der als bedeutendster deutscher Musiker des 15. Jahrhunderts galt und bis 1451 an der Sebalduskirche und anschließend am Münchner Hof tätig war. Von ihm hat Rosenplüt wohl die musiktheoretischen Fachtermini, mit denen er Paumann in 28 Versen preist.

Circa 1459, also kurz vor seinem Tod, verfasste Rosenplüt ein ähnlich strukturiertes Lobgedicht auf seine vermutliche Heimatstadt Bamberg.

Für die Gattungsgenese des Städtelobs ist die zwischen 1424 und 1433 verfasste 164 paargereimte Verse umfassende ‚Sag von Nürnberg' von besonderem Interesse, da hier ein anonymer Fahrender die Stadt und ihre Bürger preist. Wahrscheinlich hat Rosenplüt den Text gekannt und ihn verwendet. Allerdings nimmt der Dichter nicht wie Rosenplüt die gesamte Reichsstadt in den Blick, sondern preist hauptsächlich katalogartig die Reichsreliquien und betont deren universale Bedeutung. 1424 hatte König Sigismund die Reichskleinodien nach Nürnberg überführen lassen. Er sieht dies als Ausweis für den Ruhm der Stadt und für die besonderen Qualitäten der Nürnberger: *Der well lernen zucht und ere, / der sol sich gen Nurnberg keren*. Dann stellt er Nürnberg vor und neben sechs andere bedeutende Städte: Aachen, Köln, Bamberg, Rom, Bethlehem und Jerusalem. Wo auch immer er in der Welt unterwegs sei, lobe er die Nürnberger: *wer das nit tat, war nit weys*. Der Text ist nur in zwei Handschriften überliefert.

In seinem wohl letzten Werk überhaupt thematisiert Rosenplüt erneut die Auseinandersetzungen zwischen Albrecht Achilles und Nürnberg. Die ‚geblümte' Preisrede ‚Auf Herzog Ludwig von Bayern' (1460; Nr. 23) überrascht zunächst, da Rosenplüt hier ein Lob auf Adlige formuliert, die er in früherer Zeit so vehement gescholten hatte.

Der Text steht ganz in der Tradition von Preis- und Ehrenreden im Stil Peter Suchenwirts (vgl. Bd. III/1), indem er mit einer Spaziergangseinleitung und einem Fürstenpreis einsetzt, aber dann zu einer Lobpreisung aller, die am Friedensschluss von 1460 zwischen Albrecht Achilles und Ludwig beigetragen hatten, übergeht. Die beiden waren wegen des Anspruchs auf Donauwörth derart in Konflikt miteinander geraten, dass es 1460 schließlich zu kriegerischen Auseinandersetzungen gekommen war. Auf Vermittlung Nürnbergs kam es am 24. Juni in Roth zu einer Beilegung des Kampfes (die sog. ‚Rother Richtung'). Ludwig wurde ebenfalls von Hans Folz gepriesen, weil er 1453 zwischen der Stadt und Albrecht erfolgreich geschlichtet hatte, selbstverständlich nicht uneigennützig, zumal es ihm damals auch darum ging, Albrechts Expansionsgelüsten Grenzen aufzuzeigen. Das Paradoxe an der Situation war allerdings, dass sich die beiden Adligen eigentlich im Blick auf die Unterwerfung der Städte stets einig waren. Es wäre daher falsch, im Text eine Kehrtwendung Rosenplüts im Blick auf den Adel zu sehen, den er früher als Ursache allen Unheils im Reich gebrandmarkt hatte. Was auf den ersten Blick als panegyrische Rede auf Ludwig erscheint, erweist sich als Lob auf die Friedensbereitschaft der beiden Parteien. Auch Albrecht Achilles wird

Die Literatur der Mittelschicht

für seinen Anteil am Friedensprozess gelobt, allerdings verbunden mit der Bitte an Gott, dass in dessen Herzen *aller sein zorn dorinn erlesch / Und furbaß keinen zorn seinen veinden awßdresch*.

Insgesamt lässt sich sagen, dass es sich trotz des Preisgedichts auf Ludwig bei Rosenplüt sowohl in seinen Zeitgedichten und -liedern als auch in seinen Fastnachtspielen „um eine grundsätzliche und undifferenzierte Adelsfeindschaft handelt" (J. Reichel). Dies äußert sich noch direkter in den Spielen, wo er den räuberischen und kriegerischen Adel schonungslos dem Spott preisgibt. In seinem fünfstrophigen Lied ‚Lerche und Nachtigall' wird der am Hofe gepflegte kunstvolle Gesang (*Die treiben groß geschrei*) mit dem ‚Gesang' der einfachen Bauern verglichen:

> *Das peste gesangk, das ich da weiß,*
> *Das heist gacack ein ei,*
> *Und das die hennen singen in den schewern*
> *Und in dem hawß.*

Immer wieder thematisierte Rosenplüt das beklagenswerte Los derjenigen am Rande der Gesellschaft, ohne dass er jedoch einer grundsätzlichen Änderung der vorherrschenden Verhältnisse das Wort redete. Die Sorge um die wirtschaftlich und sozial Benachteiligten gehört zum unverkennbaren Profil Rosenplüts, denn Folz und Sachs gehörten zu den eher Etablierten Nürnbergs und interessierten sich weniger für soziale Ungerechtigkeiten innerhalb der Stadt. Seine Kritik an gesellschaftlichen Missständen mag mit seiner eigenen prekären Lebenssituation bis 1449, als zeitweiliger Tagelöhner, zu tun gehabt haben. Rosenplüts Einstellung zur Lage der Hilfsbedürftigen, Ausgebeuteten und Ausgegrenzten wird in der Rede ‚Die fünfzehn Klagen' (14a/b), die in zwei Fassungen auf uns gekommen ist, besonders konkret thematisiert. Obwohl der Text ihm von einigen in der Forschung abgesprochen wird, halte ich ihn dennoch für ein Werk Rosenplüts. Neben Klagen von Ehemännern und Ehefrauen über ihre Partner, von Pilgern über Räuber u.a.m. prangert er z.B. das Los der Witwen und Waisen an (*Wann ir ains ain hilf begert, / So seind all herzen außgelert*) sowie die ungleiche Behandlung von Arm und Reich vor Gericht, die Not der Arbeiter, deren Familien wegen zu geringen oder zu spät bezahlten Lohns in Hungersnot geraten, wie auch die erpresserische Haltung der Kaufleute den Handwerkern gegenüber (*er sawg im awß sein plut und sweiß*). Bemerkenswert ist Rosenplüts Verständnis für die Lage der Juden. Man verbietet ihnen, ein Handwerk auszuüben, was ihnen den einzigen übrig gebliebenen Ausweg aus ihrer Misere (*Darmit sy sich wol möchten neren*), mit dem Geldverleih ihren Lebensunterhalt verdienen zu können, verstellt:

> *Si müssen sich gar vil erleiden.*
> *Ir narung thuo man jn abschneiden*
> *Mit ainem gwerb, haiß wuocherei.*
> *Der sei ietz ainem ieden frei.*

Allerdings geht es Rosenplüt hier vor allem um eine Kritik an der *wuocherei*, und nicht primär um ein Verständnis für das Los der Juden.

In Anbetracht von Rosenplüts Einstellung zum Adel verwundert es nicht, dass er in ‚Die fünfzehn Klagen' auch die Lage der Bauern aufgreift. Die Herren beuten sie rücksichtslos aus und fordern sie zum Frondienst an Feiertagen auf. Auf den Kirchgang müssen sie deswegen verzichten und als Lohn erhalten sie lediglich *ein süpplein* vom fürstlichen Verwalter.

In zwei weiteren Reden greift Rosenplüt Gruppen an, die die soziale Ordnung der Stadt stören oder moralische Verfehlungen zu verantworten haben. Gezielt auf das städtische Publikum gerichtet ist die moraldidaktische Rede ‚Die meisterliche Predigt' (Nr. 13). Wie in den meisten von Rosenplüts Mären und Fastnachtspielen beginnt der Text mit der Tacete-Einleitung – *Nu sweigt ein weil und habt ewer ru / Und hort einem alten prediger zu* – was gut zum groben Ton des Textes passt. Der alte Prediger will jene Sünden geißeln, *Die in der werlt sind aufgestanden*. Aufgespießt werden Modegecken, die die städtische Kleiderordnung missachten, Spieler, Säufer, nächtliche Herumtreiber, Ehebrecher, die Dienstmägde mit Geld verführen, Kuppler, denen er wünscht, *Das man sie abzug bloß und nacket / Und iren eilften vinger* (Penis) *abhacket / Und auch die eier, die dabei glonkern*. Schließlich werden diejenigen angeklagt, die während der Messe über das Aussehen der Frauen lästern, und Mägde, die durch den Geschlechtsverkehr mit einem *knaben* glauben, sie hätten dadurch eine ähnliche Stellung im Haus erreicht wie die Hausfrau.

Grob geht es ebenfalls in ‚Die drei Ehefrauen' (Nr. 15) zu, allerdings beginnt der Text mit einem Spaziergang, in dem der Erzähler den Gesang der Vögel mit musikalischen Fachtermini beschreibt, mit denen Rosenplüt auch in einigen anderen Texten aufwartet. In dieser idyllischen Szene belauscht er die Klagen dreier Ehefrauen, deren Gatten zu der im Spätmittelalter beliebten Trias Trinker, Spieler und Ehebrecher gehören. Die Nähe zum fastnächtlichen Reihenspiel – gerade auch im Sprachgebrauch – ist hier unverkennbar.

Ähnlich derb geht es im 19-strophigen Lied ‚Der Bauernkalender' (Nr. 24) im Ton des ‚Jüngeren Hildebrandslieds' zu, in dem Rosenplüt anhand des liturgischen Kalenders mit humorigen Betrachtungen durch das Jahr führt. So ist von körperlichen Funktionen die Rede, vom Fressen und Saufen und selbstverständlich von der Sexualität, von *dienstmeid*, die man *henken* [solle] *an einen nagel* (Penis), */ Der selber gewachßen ist*. Auch hier erinnert Rosenplüts Sprache an die seiner Fastnachtspiele.

Auf Komik wird in drei Erzählungen verzichtet, in denen ähnlich wie beim Teichner (vgl. Bd. III/1) Geistliches und Weltliches vermengt werden. In ‚Der Priester und die Frau' (Nr. 9) geht es nach einer längeren ‚blümenden' Beschreibung der amönen Landschaft bei einem sommerlichen Spaziergang um einen Dialog zwischen einem Priester und einer Frau um den gesellschaftlichen Vorrang, wobei sie sich mit religiös geprägten Argumenten jeweils gegenseitig höher stellen. Am Ende einigen sie sich darauf, dass beide große Wertschätzung verdienen. In ‚Die sechs Ärzte' (Nr. 11) wird als unabdingbare Grundlage für die persönliche Gesundheit der Einsatz von jeweils drei Ärzten für das Leibliche (Koch, Weinschenk, Bader) und für das Geistliche (Prediger, Beichtvater, Christus) gefordert. Rosenplüt breitet diätetische Regeln aus, die auf Leviticus basieren, verbunden mit einer auf Hippokrates und Galen zurückgehenden Temperamentenlehre, und wechselt im zweiten Teil von rein medizinischen Ratschlägen zu geistlichen. In ‚Das Lob der fruchtbaren Frau' (Nr. 10a/b) spielt er geschickt mit Publikumserwartungen. Im ersten Teil des Preisgedichts erweckt er bewusst Assoziationen zur Minnerede: Auf einem Spaziergang in einem idyllischen *anger weit* trifft der Erzähler auf eine wunderschöne Frau, deren Aussehen er in Anlehnung an den Marienpreis beschreibt und deren Wesen er zugleich als Quelle moralischen Verhaltens charakterisiert. Es stellt sich dann aber heraus, dass er eigentlich ein *fruchtpar elich weib* preist, deren Schwangerschaft er mit höchstem Lob bedenkt.

Die Gattung Marienpreis ist auch in zwei Gedichten in Rosenplüts Œuvre vertreten. In ‚Die Turteltaube' und ‚Unser Frauen Schöne' (Nr. 4 u. 5) *blüemt* er durchaus gekonnt (etwa mit Genitivumschreibungen, gesuchten Bildern und Assoziationen). In Letzterem befasst er sich neben einem ausgefeilten Schönheitspreis mit einer theologischen Spekulation über das Verhältnis Marias zur Trinität. Zu seinen wenigen geistlich-didaktischen Reden gehören Texte katechetischer Natur wie etwa ‚Die Beichte' (Nr. 7), in der das Bußsakrament erläutert wird, wobei die Lehre bei 190 Versen freilich auf einer sehr allgemeinen Ebene bleibt. In ‚Die Woche' (Nr. 8) werden vorgeschriebene Andachtsübungen für jeden Wochentag knapp erläutert. Indes sind dezidiert geistlich/theologische Themen eher bei Meistersingern anzutreffen als bei Rosenplüt, was an seinem Bildungsstand und seinem anvisierten, auf weniger gebildete Schichten begrenzten Publikum liegen mag. Während Rosenplüt eine Vielzahl derber Fastnachtspiele verfasste, hielt sich Folz bei dieser die Masse ansprechenden Gattung eher zurück. Beim offenbar immer noch populären Märe, den weltlichen, fiktiven, kurzen Reimpaarerzählungen, setzen aber beide eine lange Erzähltradition fort: Rosenplüt und Folz gehören zu den profiliertesten deutschen Märendichtern des Mittelalters.

Hanns Fischer schreibt Rosenplüt elf ‚Mären' zu, allerdings bleibt auch bei dieser ‚Gattung' unsicher, wie viele tatsächlich von ihm stammen. Wie für die Mären des 15. Jahrhunderts eher typisch, sind die meisten Texte Rosenplüts zwar gewöhnlich etwas obszöner, drastischer und brutaler als die Mären aus dem 13. und der ersten Hälfte des 14. Jahrhunderts, aber es gibt dafür auch Gegenbeispiele, wenn man frühere Behandlungen des gleichen Stoffs mit den Versionen Rosenplüts vergleicht. Ehebruch und sexuelle Abenteuer verschiedenster Art dominieren als Themen, sei es in der Erzählung von der unersättlichen Frau, die den Erzähler zur völligen Erschöpfung treibt und ihm danach eine Narrenkappe schenkt (‚Der Barbier'; Edition H. Fischer Nr. 17a/b), oder in verschiedenen Variationen des beliebten Themas eines von einer gewitzten Frau überlisteten geilen Pfaffen. Dabei greift Rosenplüt auf die ganze Bandbreite des üblichen Märenpersonals zurück: Adlige, Pfaffen, Studenten, Knechte, Bauern sowie deren listige oder naive Frauen und Geliebte. Die Frau ist in nur wenigen Mären Opfer ihrer sexuellen Begierden, ansonsten hintergehen die Ehefrauen mit Erfolg ihre Männer, wie etwa in ‚Der Wettstreit der drei Liebhaber' (Nr. 23).

Nachdem eine Bäuerin gleich drei Verehrer für die Nacht bestellt hat – einen Pfaffen, einen Edelmann und einen Bauern –, beschließen diese eine Wette, wer den Ehemann am listigsten betrügen kann. Der Pfaffe schafft den Beischlaf, indem er den Ehemann um Gewürze bittet und deshalb mit der Frau in der Kemenate allein sein kann. Der Edelmann gibt vor, er habe gewettet, den Bauern und die Bäuerin gleichzeitig hochheben zu können. Als sie beide auf dem Bauch liegen, die Frau rücklings oben, kann sich der Edelmann über dem Rücken des Bauern an der Bäuerin erfreuen. Der Dritte bittet beim Hausherrn um Schutz und Unterkunft, weil er jemanden erschlagen habe. Der Ehemann gibt ihm einen Platz auf einem Trockengestell, von wo aus ihm der freche Gast Schamlosigkeit vorwirft, weil er sehen könne, wie er sich mit seiner Frau vergnüge, noch bevor er mit ihr im Bett sei. Der Ehemann ist sich keiner Schuld bewusst, aber der Gast bleibt so penetrant, bis sie Plätze wechseln. Jetzt muss der Ehemann zuschauen, wie sich der Gast mit seiner Frau vergnügt. Der dreiste Bauer gewinnt die Wette.

In seinen Mären treibt Rosenplüt die Handlung schnell und flüssig voran, rafft Ereignisse in wenigen Verszeilen zusammen und verzichtet auf detaillierte Beschreibungen. Dafür werden Dialoge ausführlicher gestaltet, was wiederum an seine Fastnachtspiele erinnert, mit denen sich die Mären durch seine erfindungsreiche sexuelle Metaphorik verbinden. Stofflich gehen mehrere Mären auf weitverbreitete Schwankstoffe zurück (so auch ‚Der Wettstreit der drei Liebhaber'), vor allem auf solche, die zudem in der Fabliaux-Überlieferung zu finden sind. Wie eine solche Entlehnung im 15. Jahrhundert vor sich gegangen sein könnte, lässt sich schwer rekonstruieren. Eine französische Vorlage muss und wird Rosenplüt nicht vorgelegen haben, denn die Stoffe dürften auch im deutschen Sprachgebiet seit längerem bekannt und mündlich wie schriftlich verbreitet gewesen sein.

Die Literatur der Mittelschicht

In ‚Der fahrende Schüler' (Fischer Nr. 21a/b) rettet ein junger Scholar einen Pfaffen vor der Entdeckung durch den betrogenen Ehemann, indem er ihm rät, sich auszuziehen, sich mit Ruß zu beschmieren und den Teufel zu spielen. Das ist insofern bemerkenswert, als die Frau den um Herberge bittenden Schüler abgewiesen hatte, um mit dem Geistlichen ungestört zu sein. Der gastfreundliche Bauer wird hingegen nicht belohnt, der Scholar informiert ihn nicht über das Verhältnis seiner Frau. Im stofflich sehr ähnlichen, aber drastischeren ‚Der kluge Knecht' des Strickers werden die beiden Ehebrecher entdeckt und schwer bestraft; Rosenplüt bietet also eine mildere Version des Schwanks.

Es ist aber nicht immer der ahnungslose Ehemann, der von seiner gerissenen Frau hinters Licht geführt wird. ‚Die Wolfsgrube' (Fischer, Nr. 22), deren Stoff sich auch in einem lateinischen Gedicht in fünf Distichen und in einem Fabliau findet, erzählt von einem Edelmann, der eine Wolfsgrube ausheben lässt, um seiner ehebrecherischen Frau eine Falle zu stellen. Als Köder bindet er eine Gans an die Falltür, durch die zuerst ein Wolf, dann der Pfaffe, dann die Magd, die für die Herrin nach dem Pfaffen sucht, und schließlich die Herrin selbst gefangen werden. Freunde und Verwandte werden herbeigeholt, um die Schande zu besichtigen. Statt den Pfaffen zu töten, lässt ihn der Herr entmannen. Seine Hoden werden als Warnung um den Hals der untreuen Magd und über das Bett der Frau gehängt. Zwar wird der Pfaffe im lateinischen und französischen Text ebenfalls entmannt, aber das sadistische Schlussmotiv dürfte auf Rosenplüt zurückgehen. Im Epimythion wird die Geschichte als Lehre für alle anständigen Frauen dargestellt, sich vor dem Ehebruch zu hüten.

Rosenplüts ‚Bildschnitzer von Würzburg' (Fischer Nr. 16a/b) hat zwar eine motivische Entsprechung in zwei altfranzösischen Fabliaux, aber der Stoff findet sich auch bereits in ‚Der Herrgottschnitzer' (vgl. Bd. III/ 1). Alle drei Texte stammen aus dem 13. Jahrhundert.

Erzählt wird von einem Würzburger Dompropst, der sich in die Frau eines Bildschnitzers verliebt und ihr anbietet, für eine Liebesnacht zu bezahlen. Das Ehepaar beschließt, den Liebestollen auszunehmen. Nachdem die Frau ihm das Geld abgenommen hat, kommt der Gatte plötzlich dazu. Die Frau heißt den Propst, sich zu entkleiden und als Skulptur im Raum zu verstecken. Der Ehemann gibt vor, eine Figur für einen Kunden auszusuchen, und kommt zum Propst, dessen anstößiges Geschlechtsteil man vor dem Verkauf aber abhacken müsse. Der Propst flieht in Panik und zahlt dem Bildschnitzer schließlich hundert Pfund als ‚Entschädigung', da ihm ja eine kostbare Figur entflohen sei.

In dem Fabliau ‚Le preste crucifcié' wird der Geistliche sogar entmannt, worauf bemerkenswerterweise in beiden deutschen Versionen verzichtet wird, ein Beleg dafür, dass – wie bisweilen behauptet – es auch in Mären des 15. Jahrhunderts nicht immer mit einer Steigerung der Drastik einhergehen muss. Zwar bleibt es ungewiss, ob das Märe Rosenplüt zuzuschreiben ist – der Autor nennt sich nicht –, aber der Überlieferungszusammenhang in der Handschrift Dresden, Msc. M 50, die eine große Anzahl von Werken Rosenplüts enthält, legt eine Zuweisung an ihn sehr nahe.

Nur zwei Mären Rosenplüts behandeln kein sexuelles Thema: ‚Die Disputation' (Fischer Nr. 25) und ‚Der fünfmal getötete Pfarrer' (Nr. 24). Es geht beim ersten um eine Auseinandersetzung zwischen Juden und Christen in einer Stadt *in Niderlant*.

Ähnlich wie in der geistlichen Literatur (etwa in der Tradition der Silvester- oder Katharinenlegende) schlägt der Jude eine Disputation über den Glauben vor, wobei die Gruppe des Verlierers die Stadt zu verlassen habe. Die Juden finden leicht einen gelehrten Rabbi, die Christen müssen sich nach langer Suche auf einen Landstreicher, einen *freiheit*, verlassen. Dieser schlägt vor, statt eines langen Streitgesprächs solle der Streit durch drei Fragen oder durch zeichenhafte Gesten entschieden werden. Sie einigen sich auf Gesten. Jede Geste des Juden wird mit einer Geste des *freiheit* beantwortet, wobei sich der Jude jedes Mal geschlagen gibt. Schließlich müssen die Juden die Stadt verlassen. Der Witz besteht darin, dass der Jude die eigentlich dummen Gesten des *freiheit* theologisch überinterpretiert. Während der Jude mit seiner flach ausgestreckten Hand zeichenhaft das Erbarmen Gottes, das der gesamten Menschheit offensteht, darstellen will, antwortet der Christ mit einer geballten Faust, was der Jude als Zeichen deutet, dass Gottes Barmherzigkeit auch bei Sündern ihre Grenzen haben kann. Eigentlich hatte der *freiheit* gemeint, der Jude wolle ihn mit der flachen Hand ohrfeigen, und drohte ihm deshalb mit der Faust.

Als reine antijüdische Propaganda, wie bei mehreren Werken von Hans Folz, kann der Text aber nicht verstanden werden, denn die Juden werden hier nicht wie dort zum tumben Feindbild stilisiert. Der Rabbi ist immerhin dem in religiösen Dingen völlig ahnungslosen *freiheit* weit überlegen und ihm ausgerechnet durch seine eigene große Deutungskompetenz schließlich unterlegen. Es sei dabei an Rosenplüts eher verständnisvolle Einstellung zur problematischen Situation der Juden erinnert.

Besonders makaber ist Rosenplüts Erzählung ‚Der fünfmal getötete Pfarrer' (Nr. 24), in dem ein Pfarrer durch das Versehen eines Schusters ums Leben kommt. In der Folge glauben vier Paare fälschlicherweise, ihn getötet zu haben und bemühen sich, den Leichnam zu entsorgen. Schließlich wird er an den Altar gestellt, wo eine alte Bäuerin sein Gewand küsst, ihn dabei umreißt und vom Leichnam erschlagen wird. Die zufälligen ‚Morde' folgen alle dem gleichen Muster. Nach jedem vermeintlichen Mord handeln die Frauen entschieden und bringen zusammen mit dem verängstigten Ehemann den Leichnam dorthin, wo er erneut ‚getötet' werden kann. Zwei der Frauen beschimpfen den toten Pfaffen sogar, er habe es nicht anders verdient. Dementsprechend schließt Rosenplüt den Text mit dem Epimythion ab: *Also het der pfaff den tot / genomen nach der weiber ler*. Dies erinnert daran, dass der Pfaffe ursprünglich aufgrund des Rats seiner *kellnerin* ums Leben gekommen war. In fünf Fabliaux aus dem frühen 13. Jahrhundert kommt der Pfaffe bei amourösen Abenteuern ums Leben. Auch in diesem Märe vermag ich jenseits der Freude an grotesker Komik, die in den Fabliaux bereits zu gewärtigen ist, keinen tieferen Sinn zu erkennen; ein Epimythion fehlt.

Um die Rosenplüt attestierte besondere Drastik innerhalb des literarischen Angebots und Schaffens der Reichsstadt besser beurteilen zu können, hilft ein Blick in die Überlieferung seiner Werke. In Nürnberg tritt im 15. Jahrhundert offenbar mit Gattungen wie dem Fastnachtspiel, dem Märe, der obszönen Rede und dem Rätsel eine Hinwendung zum Makabren, zu besonders obszönen Stoffen und einem damit einhergehenden schwarzen Humor zum Vorschein, wie sich dies am Sammelinteresse in der 1483 in Nürnberg entstandenen Handschrift Weimar, cod. Q. 565, besonders eindrücklich belegen lässt. Hier findet sich neben Mären, Reimreden, Priameln und einem Fastnachtspiel Rosenplüts eine Sammlung erotischer und skatologischer Literatur primitivster Prägung mit priapischen Gesprächsszenen, in denen jeweils drei Frauen über die Geschlechtsorgane von Männern und Frauen reflektieren, mit einer Vielzahl obszöner Sprüche und Rätsel sowie – bezeichnenderweise – zwei Rezepten gegen Impotenz. Die meisten Texte dürften Nürnberger Provenienz sein. Ein Beispiel einer solchen obszönen Rede ist etwa:

> *Wenn ein Ffrauen hungert so hart,*
> *So hab ich ein wurst mit einem part;*
> *Damit Ich jr den hunger wol püssen kann,*
> *Will sie sich annders lassen genügen daran.*
> *Ist Sie aber vnmessig*
> *Vnnd vnnter jrem nabell so fressig,*
> *Das sie niemant sath kann machenn,*
> *So kleckt* (genügt) *weder würst noch pachen* (Schinken).

Bei aller literarischen Vielfalt in seinem Œuvre war keine Gattung so eng mit Rosenplüt verknüpft wie die aus der Mündlichkeit heraus entwickelte Priameldichtung. Der Schreiber einer Handschrift mit einer Sammlung von Priameln gab ihr sogar die Überschrift *Etliche geistliche Sneperer* und identifizierte damit die Gattung wie bei Neidhart und Freidank mit dem Dichternamen (vgl. Bd. II/1 und 2). Als „Sonderform der weltlich- (bzw. geistlich-)didaktischen Rede" (H. Fischer) waren Priameln für die Rezitation gedacht und bestanden in der Regel aus zehn bis vierzehn paargereimten Versen. Es handelt sich zumeist um eine Reihe von ursprünglich nicht miteinander in Beziehung stehenden Bildern, Handlungen, Sachen oder Ereignissen, die aufgezählt und häufig auch anaphorisch verknüpft werden, um sie am Schluss einer überraschenden, eine Gemeinsamkeit des Aufgezählten verbindenden Pointe zuzuordnen. Hier sind Rosenplüts beachtliche stilistische Fähigkeiten zu besichtigen, nämlich syntaktische Variationskunst, prägnanter Ausdruck und gelungene Pointen. Ein Beispiel:

> *Wer ab wil leschen der sunne glantz,*
> *Vnd ein geiß will noten, das sie tantz,*
> *Vnd ein stummen wil zwingen, das er hor,*
> *Vnd ein kw will jagen durch ein nadel or,*
> *Vnd geistlich munch wil machen awß schelcken,*
> *Vnd auß einem Esel will mett melcken,*
> *Vnd an ein kethen will pinten ein vist* (Furz):
> *Der erbeyt auch gern, das vnnutz ist.* (Kiepe, S. 2)

Die Gattungsbezeichnung Priamel ist eine Lehnform von lateinisch *præambulum*, also Vorrede, Einleitung oder Hinführung. In der Überlieferung wird dieser Zusammenhang auch bisweilen sichtbar gemacht, zum Beispiel werden in einem Überlieferungsträger die Texte mit *preambel* überschrieben. Neben der Verwendung von Priamel als literarischem Gattungsbegriff bezeichnete es seit dem 15. Jahrhundert zudem ein meist improvisiertes musikalisches Einleitungsstück, das spätere Praeludium. In einem mittelalterlichen lateinisch-deutschen Vokabular heißt es in Bezug auf eine ‚Ordnung des Gerichts': *des ersten macht ein Harfer ein Priamel oder Vorlauf, das er die luit im uff ze merken beweg.* Auch in diesem Sinne wird der Begriff in Dichtungen verwendet. In einem Priamel Rosenplüts kommt aus *vogel snebel* das *allerlieplichst süest preambel*, in einem Meisterlied von Folz verfasst ein unfähiger Sänger *Ein preambel*.

Dass Priamel ursprünglich mit leichter musikalischer Begleitung vorgetragen wurden und hier der Hintergrund für die Namensgebung liegen könnte, ist zwar nicht belegt, aber durchaus denkbar. Priameln wurden allem Anschein nach zumeist als Eröffnungsreden eingesetzt, die der Rezitation umfangreicherer Texte vorangestellt wurden, gewissermaßen um ein Publikum einzustimmen, so auch im Fastnachtspiel. Das belegt die Verwendung des Begriffs durch Hans Sachs; in der Überschrift weist er dem Text seine Funktion zu: *Ein kurz priamel zw einem gaistlichen spruech.* Im Laufe der Zeit wurde der Begriff immer unspezifischer verwendet und sehr flexibel gehandhabt. In der großen um 1490 in Nürnberg geschriebenen ‚Wolfenbütteler Priamelhandschrift', die u.a. 120 mit Rosenplüt in Verbindung gebrachte Priameln enthält, wird der Begriff inflationär verwendet, und zwar für Freidanksprüche, Heiligengebete u.a.m.; für den Schreiber enthält die Handschrift laut Überschrift zu Beginn jedoch nur *gar hubsche priamel.* Offenbar konnten in dieser Zeit alle kurzen nichtnarrativen Texte unter dieser Bezeichnung vereint werden.

Die Nürnberger Priamel werden zusammen mit Fastnachtspielen, Mären, geistlichen und weltlichen Sprüchen, Minnereden u.a.m. in Sammelhandschriften überliefert, die höchstwahrscheinlich alle in der Reichsstadt entstanden sind. Nur die Streuüberlieferung zeugt von einer gewissen Bekanntheit der Gattung außerhalb Nürnbergs. Demnach belegt die Überlieferung, dass das Priamel eine in Nürnberg sich entfaltende Gattung ist – ähnliche Sprüche hat es zwar bereits im 12. Jahrhundert gegeben (Spervogel; vgl. Bd. II/1) –, die nur in begrenztem Umfang über die Stadt hinausgelangte. Welche der in diesen Handschriften überlieferten Priameln im Einzelnen von Rosenplüt stammen, ist nicht sicher zu ermitteln. Jedoch ist aufgrund einer Vielzahl von Texten, die ihm in den Handschriften definitiv zugewiesen werden, sowie des Befundes, dass sein Beiname zum Synonym für die Gattung werden konnte, davon auszugehen, dass der Löwenanteil seiner Feder entstammt. In Hans-Jürgen Kiepes grundlegender Studie zum Priamel werden 140 Texte dem „Werkkomplex ‚Rosenplüt'" zugeordnet.

Rosenplüts Priamel befassen sich im Wesentlichen mit ernster Thematik, nicht einmal ein Drittel lassen sich als humorig bezeichnen. Er entfaltet dort jedenfalls ein breiteres thematisches Spektrum als in seinen Reden. Es geht primär um Lebens-, Stände-, Gesundheits- und Tugendlehren sowie um katechetische Unterweisung. Die Kürze von Priameln erlaubt selbstverständlich nur eine sehr knappe Themenbehandlung. Rosenplüt weitete aber die Möglichkeiten der Gattung aus, indem er mehrere thematisch lockere Priamelzyklen verfasste, vor allem zu geistlichen Themen, wie etwa zur Beichte, Andacht, Seligpreisung sowie zum Glauben und zur Kommunion. Drei Zyklen bestehen aus acht Priameln zu je vierzehn Versen, einer aus vier zu je sechs Versen. Hier ein Beispiel aus einem Zyklus, in dem es um die Fürbitte der Heiligen geht:

> Welcher mensch nit glaubt piß an sein sterben,
> Das die heilgen umb got gnad mügen erwerben
> Eim menschen, der in todsünd fellt
> Und wider nach gotes freuntschaft stellt
> Und die heilgen anruft daz sie got für in piten
> Und in dez namen waz sie haben geliten,
> Das er im wider geb sein huld
> Und im ab tilg seiner sünden schuld:
> Ob daz gepet nit hilflich sei
> Und got der heilgen pet verzei:
> Wer das glaubt, der sünd wider got
> Vil swerer dann prech er die zehn gepot
> Und würd in den siben totsünden funden;
> Das mecht seiner sel nit als vil schedlicher wunden.
> (Euling, S. 509)

Der fünfte Zyklus von acht Priameln zu je zehn Versen widmet sich dem Handwerk. Er zählt die idealen Bedingungen für das Wohlergehen von Schustern, Schneidern, Töpfern, Webern, Schreinern, Goldschmieden, Rotschmieden sowie Bauern auf, besonders im Alter. Der Erfolg eines jeden wird nach dem gleichen Schema präsentiert: Wer hart arbeitet, sein Handwerk beherrscht und nicht faul ist, *Der würd auch pald reich, stürb er nit jung.* Mehrfach beziehen sich Priameln und Reden auf einander. So rafft er im Priamel *Wer am suntag nit frü aufstet* (Euling, S. 526) die in der Rede ‚Die Woche' noch in 254 Versen ausgebreitete Lehre auf vierzehn Versen zusammen.

Indes eignete sich die Gattung auch für humoristische Pointen, womit Rosenplüt wieder in die Nähe der Fastnachtspiele kommt:

>   *Wer ein hennen hat, die nit legt,*
>   *Und ein sweinsmuter, die nimmer junger tregt,*
>   *Und hat ein ungetrewen knecht,*
>   *Der im gar selten arbeit recht,*
>   *Und ein katz, die über jar vecht kein mauß,*
>   *Und ein frawen, die pult* (buhlt) *auß dem hauß,*
>   *Und ein meit, die get mit einem kint:*
>   *Der man hat gar ein pöß haußgesind.* (Euling, S. 555)

Ohne sichere Zuweisung an Rosenplüt sind auch eine Reihe von sog. Klopfan-Sprüchen, gereimten Neujahrswünschen, die mit der Aufforderung *Klopfan!* beginnen. Zwar wird ihm nur ein Text (*Des Snepprers an klopfen*) eindeutig zugeschrieben, aber es ist davon auszugehen, dass mehrere, die im Umfeld anderer Rosenplütscher Dichtungen überliefert sind, ebenfalls von ihm stammen. Auch hier wird in der Forschung von einem Umkreis Rosenplüts gesprochen.

Bis ins frühe 16. Jahrhundert sollten einige Werke Rosenplüts andere Nürnberger Autoren – etwa Kunz Has (vgl. S. 141) – inspirieren.

Kleinepische Werke und pragmatisches Schrifttum des Hans Folz

Hans Folz ist der innovativste Nürnberger Laiendichter vor Hans Sachs (1435/40–1513), der ihn in seiner ‚Schulkunst' (1515) als *durchleuchtig deutsch poet* bezeichnet. Überhaupt war Folz einer der vielseitigsten und produktivsten Dichter des Spätmittelalters. Er stammte nicht aus Nürnberg, sondern wurde in Worms geboren und erwarb nach seiner Gesellenwanderzeit 1459 das Nürnberger Bürgerrecht. Folz war Meister des Barbierhandwerks, der, typisch für diesen Beruf, auch als Wundarzt praktizierte, wobei letzteres in höherem Ansehen stand. Er scheint weit herumgekommen zu sein, u.a. erwähnt er in einem Reimpaarspruch einen Aufenthalt in Spanien. Als ein von seinen Handwerkerkollegen gewählter ‚geschworener

Meister' überwachte er die Einhaltung der Handwerksordnung und war folglich dem sog. Rugamt gegenüber berichtspflichtig. Folz verfügte über eine für seinen Stand bemerkenswerte Bildung, er konnte Latein und war durch seine Kenntnisse im Bereich der akademischen Medizin den meisten seiner Berufskollegen deutlich überlegen. Seine Bildung, die im Kapitel zum Meistersang eingehender behandelt wird, und sein literarisches Können trugen auch dazu bei, dass er sogar von Mitgliedern des Patriziats hoch geschätzt wurde. Er bezeichnete den Ehrbaren Anton Haller, den Schwiegervater des Humanisten Hartmann Schedel, als seinen *besundern guten freunt*. Von ihm bekam er die Vorlage zu einem seiner ersten Fastnachtspiele. Auch zu Schedel selbst, dem Verfasser der buchgeschichtlich bedeutenden ‚Weltchronik', scheint er Verbindungen gehabt zu haben.

Folz, der spätestens in der zweiten Hälfte der 1490er Jahre der oberen Mittelschicht angehörte, war innerhalb von Nürnberg ein solch bekannter Autor, dass er auch Honorare für seine Werke beanspruchen konnte, so etwa für ein Meisterlied. Es ist offensichtlich, dass Literatur für Folz vor allem Mittel und Weg zu höherem gesellschaftlichen Ansehen und einem Zuverdienst war. Dieses Streben regte ihn durchaus auch zu Dichtungen an, die agitatorisch – ob aus Opportunismus, Überzeugung oder beidem – die judenfeindliche Politik des Rats literarisch unterstützten. Vor allem in Folzens Reimpaargedichten, bei denen er sich eines breiten Gattungsspektrums bediente und über deren Echtheit Konsens herrscht, werden Text und die urbane Lebenswirklichkeit eng aufeinander bezogen. Der lehrhafte Duktus, der Folzens ganzes Œuvre mehr oder minder durchzieht, orientiert sich grundsätzlich an einer stadtbürgerlichen Sozialethik, die für ihn und die Nürnberger Handwerker in hohem Maße identitätsstiftend war. Dabei verband er vielfach religiöse Argumentation mit stadtpolitischen Anliegen, stets darauf achtend, die in Nürnberg vorherrschende soziale Ordnung nur im Rahmen der verordneten Begrenzungen anzusprechen. Denn immerhin wurden die meisten Gedichte, anders als die große Masse der für eine elitäre Gruppe hergestellten Meisterlieder, auch von ihm selber gedruckt und in der Stadt massenhaft vertrieben, was bei inhaltlichen Fehlgriffen durchaus zu existenzbedrohenden Sanktionen durch den Rat hätte führen können.

Folz verfasste insgesamt mindestens 90 Meisterlieder, 23 Fastnachtspiele, die er auch aufführen ließ, ferner zwei Prosawerke und 45 Reimpaardichtungen, zu denen 18 Mären, weltlich- und moraldidaktische Reden, Minnereden, Scherzreden, Klopfansprüche, Rätsel, Reimpaarsprüche über historisch-politische Themen gehörten, sowie Fachschrifttum, wie etwa Pestregimen in Vers und Prosa.

Folz ist aus einem weiteren Grund geradezu beispiellos. Er betrieb seit 1479 als erster Dichter überhaupt eine Druckerei, mit der er bis 1488 ausschließlich eigene Werke in der Reichsstadt herstellte und vertrieb. Von 64 bekannten Inkunabeln mit seinen Werken stammen 42 entweder aus seiner Offizin, oder er ist als treibende Kraft für ihre Herstellung durch andere Drucker zu sehen (J. Klingner). Als wohlhabender Handwerker – immerhin vermochte er die Einrichtung einer Offizin zu finanzieren – wird er nicht auf die Schriftstellerei angewiesen gewesen sein. Seine Druckproduktion kann und wird ihm höchstens ein angenehmes Zubrot eingebracht haben, während er seinen Lebensunterhalt vor allem als Wundarzt bestritt. Aufgelegt hat Folz vorwiegend die für die Privatlektüre geeigneten Mären und kleineren Reimpaardichtungen, weniger die für Vortrag oder Aufführung verfassten Meisterlieder, Klopfansprüche und Fastnachtspiele. Es handelt sich also um kleinere Drucke, die mit nur geringem finanziellem Aufwand und Risiko verbunden waren. Weil er neue volkssprachliche Gattungen in den sich umstrukturierenden Buchmarkt einführte und er zu den ersten Autoren gehörte, die durch den Buchdruck für autorisierte Versionen ihrer Werke sorgten, kommt Folz auch in der Geschichte des Buchdrucks als überragendem Modernisierer ein wichtiger Platz zu. Folzens Werke wurden ebenfalls außerhalb Nürnbergs gedruckt: Während er seine Offizin noch betrieb, wurde das ‚Konfektbüchlein' in Bamberg und das ‚Pestregimen in Versen' in Augsburg aufgelegt. Nach Einstellung seines eigenen Betriebs wurde letzteres inner- und außerhalb von Nürnberg in zahlreichen Ausgaben nachgedruckt. Das überregionale Interesse bezog sich offensichtlich auf seine Fachtexte; die Drucke von Mären, Fastnachtspielen usw. blieben auf Nürnberg beschränkt. In einem Meisterlied (Nr. 68) preist er die großartige Erfindung des *Juncker Hansen von Gutenberck*, weist aber auch auf potentielle Gefahren durch den Buchdruck hin.

Die 18 Folz zugerechneten Mären sind allesamt schwankhaft, zwei Texte hat die Forschung zum Grenzbereich der Gattung gerechnet. Die Hälfte der Texte ist nur unikal überliefert, mehrere sind aber als Drucke in seiner Offizin erschienen. Dies trifft auch für die Vielzahl geistlicher Erzählungen sowie für seine weltlichen und geistlichen Reden zu. Einige dieser Werke hat er zweimal gedruckt und beim zweiten Mal gekürzt, wahrscheinlich um mit geändertem Druckformat die Produktionskosten zu senken.

In seinen Mären behandelt Folz vor allem Stoffe, in denen erotische Verwicklungen verschiedenster Art im Mittelpunkt stehen. Indes fehlt in seinen Texten weitgehend die bei Rosenplüt anzutreffende Drastik. Hanns Fischer sieht in Folz den „unrivalisierte[n] Meister des Schelmenstreichthemas ... von dem die besten Gauner-Mären stammen, die das deutsche Mittelalter, abgesehen von dem niederdeutschen ‚Dieb von Brügge', hervorgebracht hat". Zudem erweist er sich als Meister des Wortwitzes. Zum Skurrilsten aus seiner Produktion gehört das um 1488 erstmals gedruckte Märe ‚D i e m i s s v e r s t ä n d l i c h e B e i c h t e' (Edition H. Fischer, Nr. 17), das auf eine lateinische ‚Fabula de confessione' zurückgeht.

Hier hört der Erzähler einer Beichte zu, in der einem schockierten Priester scheinbar sodomitische und inzestuöse Vergehen mitgeteilt werden. Der Beichtende berichtet, er habe sich an einer Vielzahl von Tieren versündigt, seine Mutter geschwängert und seine Magd *tragend* gemacht, die Schwester genotzüchtigt (*genotzert*) und die Tochter entjungfert. Der entsetzte Priester will ihn zur Absolution nach Rom schicken, woraufhin der Schalk seine Beichte erläutert, die auf Doppeldeutigkeiten beruhte. Selbstverständlich habe er keine sodomitischen Handlungen begangen: Als er gesagt habe, er habe dem Hund *sein er* genommen, habe er nur gemeint, dass er das Tier eingesperrt habe, weil es ein von ihm selbst gestohlenes Fleischstück gefressen habe. Ähnlich harmlose Erklärungen folgen. Da er im Mutterleib war, habe er seine Mutter eigentlich *geschwengert*, die Magd sei *tragent* gewesen, weil sie ihn nach der Entbindung gehalten habe, die Schwester habe er genotzüchtigt, indem er sie unter einem Schreiber hervorgezerrt habe, und die Tochter entjungfert, indem er sie verheiratet habe. Auf die Verärgerung des Priesters hin antwortet das *manspild*, er habe diese Beichte so gestaltet, um dem Priester eine Lehre zu erteilen. Denn bereits nach einer halben Beichte reagierten die Priester *mit hageln, pliczen, schaurn und dundern*, hörten nicht weiter zu und würden deshalb ihren Aufgaben in der Seelsorge nicht gerecht. Es folgt eine längere ernste Lehre für die Beichtiger, in der Geduld und Einfühlungsvermögen von Priestern verlangt und in der an die Sünden der Heiligen erinnert wird. Der Text schließt wie fast alle Reimpaardichtungen von Folz, gewissermaßen mit dem als Gütesiegel gemeinten Satz: *Also spricht Hans Folcz barwirer.*

Die Missverständlichkeit und Mehrdeutigkeit von Aussagen, eine von Folz häufig verwendete Form von Komik, stehen auch in ‚Der witzige Landstreicher' (Nr. 16) im Mittelpunkt. Ein sterbender, auf einer Bank liegender Landstreicher antwortet auf die Beichtfragen des Priesters mit dem absichtlichen Wörtlichnehmen von dessen Fragen. Das Ganze ist nach einer kurzen Einführung als stichomythieartiges Geplänkel gestaltet, wobei die Einzelreden wie in Spielen mit *dicit*-Formeln versehen werden; etwa: *Der herr*: „*Kurcz ab, sag mir: wo pistu kranck?*" / *Der freyheit* (Landstreicher): „*Mein herr, allhie auf dieser panck / Pin ich am krencksten, süllt ir glauben.*" Eine kurze Warnung, dass man mit Glaubensangelegenheiten nicht spaßen soll, schließt den Text ab.

In seinem wohl ältesten Märe, ‚Drei törichte Fragen' (Nr. 8a/b), – von Folz 1479 und in einer kürzeren zweiten Fassung 1480/81 gedruckt – zielt er neben leiser Komik eindeutig auf Belehrung.

Dort ist ein Straßburger Bürger auf dem Weg nach Rom, um den weisen Virgilius über die Ursache für sein erstes graues Haar zu befragen. Unterwegs werden ihm zwei weitere Fragen mitgegeben. Einer will wissen, warum sich seine Frau trotz täglicher Züchtigung nicht bessere, ein anderer will darüber Aufklärung, wie seine Frau in seiner Abwesenheit drei Kinder bekommen konnte. Virgilius gibt folgenden Rat: Er soll auf der Heimreise die Frage des Letzteren einem gejagten Hasen stellen, für den anderen einen geprügelten Esel befragen und seine eigene Frage seinem Kleinsten stellen. Die Auflösung: die Frau hat drei Kinder bekommen, weil sie vor den Männern nicht geflohen ist wie der Hase vor den Jagdhunden: die widerspenstige Frau könne genau so wenig gegen ihre Natur ausrichten wie der Esel, und er selbst habe ein graues Haar bekommen, weil er alt werde. Er schämt sich wegen seiner Torheit und reflektiert die Lehren, die aus dem Geschehen zu ziehen sind. Das kurze Epimythion lautet: *O torechts allter, du groß geschlecht, / Üpt euch zu weißheyt, ist mein ler.*

Thematisch geht es in Folzens Mären zumeist um erfolgreiche Betrugshandlungen, wobei verschiedene Aspekte von Torheit vorgeführt werden. Sexuelles Begehren, das die Figuren zu Narren werden lässt, setzt vielfach die Handlung in Gang. In ‚Die halbe Birne' (Nr. 4) gelingt es einem Ritter ohne höfische Erziehung, sich an einer überheblichen Prinzessin zu rächen, die ihn verspottet hatte, weil er an der königlichen Tafel eine geteilte Birne nicht in höfischer Weise essen konnte. Als Narr verkleidet gelangt er ins Gefolge der Prinzessin. Sie veranlasst ihn zum Geschlechtsverkehr, nachdem sie *der manheit worlichs instrument, / das hie gar wol pleipt ungenent* erblickt. Am nächsten Tag bei einem Turnier verspottet sie ihn wieder, worauf er sich als der Liebhaber der vergangenen Nacht zu erkennen gibt. Aus Sorge vor der Blamage willigt sie in die Vermählung ein. Hier greift Folz auf eine Erzählung des 13. Jahrhunderts zurück, deren Verfasser sich als Konrad von Würzburg ausgibt (vgl. Bd. II/2). In ‚Der ausgesperrte Ehemann' (Nr. 7) gelingt es einer ehebrecherischen Frau, ihrem heimkehrenden alkoholisierten Ehemann vorzumachen, er habe sich im Haus geirrt, während sie die ganze Nacht mit ihrem Liebhaber verbringt.

In ‚Drei listige Frauen', das ebenfalls in zwei Versionen vorliegt (Nr. 10a/b), geht es um die Wette dreier Frauen, welche von ihnen ihren Mann am besten übertölpeln kann. Die eine bestreicht ihren Mann mit Ruß und Safran und überzeugt ihn, er sei im Schlaf gestorben, woraufhin sie sich mit dem Knecht vergnügt. Die andere schneidet ihrem Mann eine Tonsur und überzeugt ihn, er sei Priester, der dem ‚toten' Nachbarn die Seelenmesse lesen müsse. Die dritte macht ihrem Mann vor, er sei bekleidet und schickt ihn nackt zur Totenmesse. In der Kirche entdecken die drei, dass sie Narren sind und gehen gemeinsam zum Wein. Wer gewann aber die Wette? Der Erzähler würde der ersten Frau den Sieg zusprechen. Im Epimythion der ersten Version bietet Folz eine Allegorese. Die Frauen bedeuten die drei großen *betriger ... auf erden*: das Fleisch, den Teufel und die Welt. Die drei Männer sind die drei Stände: dem Scheintoten gleichen die Fürsten, die den Türken nicht Einhalt gebieten, dem vermeintlichen Pfarrer gleichen die Geistlichen, die ihr Amt nicht ernst nehmen, und dem Nackten entspricht der *gemein man*, der von Adel und Klerus *so offt erzawset und gezupfft* wird, bis er wie ein gerupftes Huhn oder ein geschorenes Lamm da steht.

Auch wenn es noch einen kleinen Seitenhieb gegen Adel und Klerus gibt, so wirkt die Lehre bei dieser auf witzige Pointen hin ausgerichteten Erzählung doch etwas bemüht. Kritik an der mangelnden Bereitschaft des Adels, gegen die Türken zu kämpfen, hatte in Nürnberg seit Rosenplüt Tradition. Auf die Allegorese verzichtet Folz in der zweiten Version und schließt dort mit dem eher auf die Schwankhandlung ausgerichteten Epimythion, dass Männer, die sich vom Wein übermannen lassen, von den Frauen gerne zu Narren gemacht werden.

In zwei Mären verknüpft Folz sexuelle Komik mit Polemik und Agitation gegen die Juden. Wie in seinen Fastnachtspielen, Reimpaarsprüchen und Meisterliedern setzt er seinen Antijudaismus mit geradezu missionarischem und entgrenztem Eifer literarisch um. Auch in den Mären ist Folzens Judenbild von dumpfer Stereotypie, die Texte selbst bieten aber zumeist nur krasse Popularisierungen des Adversus-Judaeos-Schrifttums dar. In ‚Die Wahrsagebeeren' (Nr. 9a/b), von Folz im ersten Jahr seiner Druckertätigkeit 1479 veröffentlicht, verkauft ein Abenteurer drei reichen Juden Kotkugeln aus seinem Hintern, die beim Verzehr Wahrsagefähigkeiten hervorrufen sollen. Die Juden erhoffen sich, damit den Zeitpunkt der Ankunft ihres Messias voraussagen zu können. Nach Verzehr klagen sie den Händler an, aber der kann sich damit verteidigen, dass er die Beeren im Verkaufsgespräch als Dreck bezeichnet habe und die Juden sie trotzdem kaufen wollten. Im Epimythion wird vor Quacksalbern gewarnt, was aus der Feder eines etablierten Wundarztes nicht überrascht. Auch in der parodistischen Rede ‚Spottrezepte eines griechischen Arztes' (1479) geißelt er die Kurpfuscherei von Betrügern. Selbstverständlich geht es Folz in den ‚Wahrsagebeeren' nicht in erster Linie um medizinischen Pfusch, sondern vor allem um eine Verspottung der Juden, die hier aufgrund ihrer Dummheit die perfekten Opfer für solche Spitzbübereien sind. Die geistige Beschränktheit der Juden – ein Merkmal, das vor dem Hintergrund jüdischer Hochschätzung von Bildung eher dem negativen Wunschdenken der Christen entspringt – führt sie zu dem aus christlicher Sicht lächerlichen Gedanken, der Messias komme noch. Das religiöse Ritual der Juden wird mit *übergrossem gschrey und pit* charakterisiert, wie in den Spielen üblich. Folz legte den Text in einer stark gekürzten Version noch einmal 1485/86 auf, die wiederum um 1520 erneut in Nürnberg gedruckt wurde. Hier verzichtete Folz im Epimythion auf die ausführliche Beschimpfung von Quacksalbern und konzentrierte sich stattdessen auf eine vierzeilige Invektive gröbster Art gegen die Juden:

> *Las wir die juden am pisem* [Bisam] *nagen,*
> *Pis sie all arslöcher lern aus*
> *Mitsampt der spitaler scheißhaus.*
> *Etwen finden sie des drecks mer.*

Der Stoff des Märes geht wohl letztlich auf eine italienische Novelle zurück, aber dort wird populäre Jahrmarktsprognostik persifliert. In der 35. Historie des ‚Dil Ulenspiegel' (vgl. Tl. 2) wird Folzens Text rezipiert, wo Dil in der Rolle des Abenteurers auftritt. Auf eine Judenpolemik wird hier allerdings verzichtet, die Juden gehören wie die Christen eben zu den vielen Opfern des Schalks. Auch der Humanist Heinrich Bebel (vgl. S. 520) griff für seine lateinischen ‚Facetien' (1509/1514) auf Folz zurück und übertraf ihn sogar mit weiteren Vorwürfen gegen die Juden, er wirft ihnen ebenfalls Habgier und exzessiven Reichtum vor.

Ebenfalls 1485/86 erschien ‚Der falsche Messias' (Nr. 12) in Folzens Offizin.

In einer schlesischen Stadt verliebt sich ein Student in ein schönes und lüsternes jüdisches Mädchen, das in einem gegenüberliegenden Haus wohnt. Mit einem von Fenster zu Fenster gelegten Brett gelangt der Student zu ihr und verbringt mehrere Liebesnächte in ihrem Haus. Als sie schwanger wird, greift er zu einer List, indem er ein Rohr in das Schlafzimmer ihrer Eltern einführt und als Bote Gottes verkündet, dass ihre Tochter bald den lange erwarteten Messias gebären werde und deswegen besonders fürsorglich behandelt werden müsse. Die leichtgläubigen Eltern verbreiten die freudige Nachricht in der Synagogengemeinde, das eigentlich liebeshungrige Mädchen wird als eine Art Mariengestalt geradezu fürstlich umhegt. Hier wird der jüdische Ritus erneut als *lang geschrei* beschrieben und ein Loblied mit Hundegebell verglichen:

> Secht, do hub sich ein sulches hewln,
> Darein die hunt begunden pewln (bellen)
> Mit sulchem scheuczlichem gepern,
> Alls ob sie all vol teüfel wern.

Als die Schwangere dann ein Kind ohne *glidelin*, also ein Mädchen, zur Welt bringt, wollen die Juden Mutter und Kind auf geradezu bestialischer Weise töten: *Die hetes gern in stück zurissen / Und mit den zenden gar zupissen.* Allerdings heiratet der Student seine Geliebte, die sich zusammen mit dem Kind taufen lässt. Weil sie reich beschenkt werden, können die beiden ohne Sorgen leben. Die Juden toben. Auf ein Epimythion wird verzichtet.

Die Geschichte geht auf ein Exemplum aus dem für zisterziensische Novizen bestimmten ‚Dialogus miraculorum' (1219–23) des Caesarius von Heisterbach zurück. Dort wird das Mädchen nach der Entbindung von der Judengemeinde gefoltert, sie und ihr Kind werden ermordet. Zwar steht im Exemplum wie bei Folz die Schande der Juden im Mittelpunkt, aber bei Caesarius wird zudem das Vergehen des Verführers kurz thematisiert. Auch wenn bei Caesarius die Juden der Lächerlichkeit preisgegeben werden, so reicht der dort anzutreffende Antijudaismus kaum an die Brutalität von Folzens Mären und Fastnachtspielen heran. Bebel nahm auch diesen Text von Folz in seine ‚Facetien' auf. Er erscheint danach ebenfalls in einer protestantischen Schwanksammlung (ab 1562), wo die Verkommenheit der

Die Literatur der Mittelschicht 73

Juden mit der der Papstkirche in einen Topf geworfen wird. Sogar Grimmelshausen verwertet den Text noch im ‚Wunderbarlichen Vogel-Nest', so wie er im ‚Simplicissimus' bereits Folzens Märe ‚Der Schinkendieb als Teufel' (Nr. 11) rezipiert.

Noch rücksichtsloser attackiert Folz die Juden in seinen Reimpaarsprüchen. Im Jahr der Entstehung der ‚Wahrsagebeeren' (1479) veröffentlichte er ‚Christ und Jude' (Nr. 27), der noch relativ mild ausfällt. Der Text wird angekündigt als *krieg den der dichter dises spruchs gehapt hat wider einen iuden mit dem er wandret* und erweist sich als Umarbeitung des im Fastnachtspiel ‚Kaiser Constantinus und Silvester' zur Aufführung gebrachten Glaubensdisputs (vgl. S. 110). Dort streiten sich der Papst Silvester und ein *rabi* über die Grundlagen des christlichen Glaubens. Der 610 Verse umfassende Dialog, in dem der Jude seine Zweifel in kurzen Fragen oder Einwänden formuliert und der Erzähler darauf ausschweifend antwortet, endet mit der Einsicht des Juden: *Der jud sprach: „nun erleücht uns got / Durch seinen aller heylgsten namen!" / Do antwurt ich begirlich: „amen".*

Verband Folz noch in ‚Christ und Jude' ernst gemeinte Katechese mit antijüdischem Appell, geriet der Reimpaarspruch ‚Jüdischer Wucher' (Nr. 37) v.J. 1491 zu einem gnadenlosen und undifferenzierten Plädoyer für die Vertreibung der unerwünschten Minderheit aus Nürnberg, was acht Jahre später auch geschehen sollte. Weit entfernt von seinen früheren, auch theologisch fundierten Auseinandersetzungen mit dem jüdischen Glauben, attackiert Folz jetzt die Juden mit hasserfüllten Tiraden, bei denen die religiösen Differenzen kaum noch eine Rolle spielen. Nun geht es schlichtweg um die wirtschaftlichen Aktivitäten der Juden, mit denen Folz erbarmungslos ins Gericht geht. Da sie faul seien und *kein hantwürkung thun*, verdienten die Juden ihr Geld mit übermäßigem Wucher und sündigten dabei gegen das zehnte Gebot. Freilich verschweigt Folz, dass sogar ‚Handwerk' wie Geldverleih den Nürnberger Juden eigentlich verboten waren. Durch Wucher versuchten die Juden – geschmäht als *teüfelsrüden* – Macht über die Christen zu erlangen, um dadurch dem Antichrist, dessen Anhänger sie seien, den Weg zu ebnen. Folz bietet dann in knapp hundertdreißig Versen ein vom Nürnberger Rechenmeister Ruprecht Kolperger erstelltes Rechenexempel, in dem demonstriert wird, dass schon ein Kredit über 30 Pfennige – die Summe, die Judas für den Verrat bezahlt wurde –, sich nach zwanzig Jahren durch Zinseszins auf 60.849.403 Pfennige addieren würde. Die Juden sind sogar schlimmer als der Teufel, denn der wolle nur die Seele, *der jüd* dagegen *leib, sel und gut gemein*. Die Untätigkeit und Dummheit des Adels (*Ach got, wie sein die hern so plint*), der den Juden aus fiskalischen Gründen Schutz gewährt, prangert Folz mit beißendem Hohn an: *Seit man die jüden so frey macht, / Spoten sie gar pillich der cristen / Und füln von irem gut ir kisten*. Der Adel müsste bedenken, was die Juden durch Wucher den Untertanen aus der Tasche ziehen. Mit großem Lob preist er den Fürstbischof von Bamberg, Philipp von Henneberg, für sein entschiedenes Handeln, weil er die Juden 1478 aus der Stadt vertrieb:

> *Her Philip pischoff von Bamperg,*
> *Auch hab getan ein götlich werck*
> *Der jüden halb und die vertriben,*
> *Ewig verpant und außgeschriben.*
> *Preis, lob, danck, rum, ewigen lan*
> *Wirt er von aller welt des han*
> *Und dort pei got ewige eer.*

Auch Friedrich der Ältere, Markgraf von Ansbach, gehört zu den Gepriesenen, weil er *das ungezifer* ganz und gar vertrieben habe. Der stark verschuldete Friedrich hatte 1488 mit dem Bischof von Würzburg eine für zwanzig Jahre gültige Vereinbarung getroffen, wonach keine Juden mehr in ihren Fürstentümern geduldet werden sollten. Der Geldverleih wurde ihnen verboten. Anlass für diese Maßnahme war offensichtlich, die angelaufenen Schulden bei den Juden los zu werden, was dann 1489 vertraglich mit ihnen vereinbart wurde. Ob die Ausweisungsmandate überall griffen, ist nicht restlos zu klären. Jedenfalls führte die Vertreibung zu einem Konflikt mit dem Kaiser als oberstem Schutzherrn der Juden. 1511 gewährte Friedrich etlichen Juden ein auf vier Jahre beschränktes Aufenthaltsrecht in einigen fränkischen Städten, wofür sie aber einen Jahreszins zu entrichten hatten. Es ging also bei diesen Vertreibungen wie bei vielen Pogromen in erster Linie um wirtschaftliche Interessen und nicht um religiöse Differenzen, was auch in ‚Jüdischer Wucher' evident wird. Weil die Juden *wy dy hunt saugen und melcken / Der armen cristen plut und schweiß*, sieht sich Folz verpflichtet, deren *unmenschlichen sunt* an die Öffentlichkeit zu bringen.

Folz machte sich politischen Bestrebungen des Rats dienstbar, die in Nürnberg über Jahrzehnte hinweg greifbar sind. Dennoch war das Verhältnis gerade der Patrizier zu den Juden bis zum letzten Viertel des Jahrhunderts nicht unbedingt immer von Feindschaft geprägt, sondern teilweise sogar von einer gewissen Hochschätzung. Zum Beispiel wurden in dieser Zeit mehrere Söhne aus höchsten Patrizierkreisen zu einer mehrtägigen Haft *in ein verspert kamerlin* verurteilt, weil sie *mit den Juden uf einer hochzeit getantzt* hatten. Das deutet darauf hin, dass einige Nürnberger Juden eine nicht unbedeutende gesellschaftliche Stellung innehatten. Vieles deutet darauf hin, dass in der ersten Hälfte des 15. Jahrhunderts die Judenfeindschaft, wenn überhaupt, kaum bemerkbar war. Der Rat lockerte sogar einige alte Restriktionen und nahm die Juden sogar später noch in Schutz, als die in der Stadt hochgeschätzten Dominikaner 1475 die Bevölkerung mit Hasspredigten gegen sie aufhetzten. Die Rechtfertigung dafür, den Juden den Wucher zu erlauben, war von fiskalischer Pragmatik und verquerer Logik geprägt: Da die Stadt von Handel und Gewerbe lebe, benötige man Kapital. Es sei jedenfalls günstiger, bei den einheimischen Juden Geld aufzunehmen als bei den auswärtigen, die höhere Zinsen verlangen. Zwar könnten auch die Christen untereinander wuchern, aber es sei weniger verwerflich, wenn dies die Juden täten, da sie ohnehin für die Hölle bestimmt seien.

Im letzten Viertel des Jahrhunderts wurden die Freiheiten der Juden sukzessiv eingeschränkt. Der Rat hatte bereits 1473 den Kaiser gebeten, sie vertreiben zu dürfen, was er ablehnte, weil er das den Juden abgepresste Schutzgeld gut gebrauchen konnte. Daraufhin verschärfte der Rat die Lebens- und Einkommensbedingungen der rasch verarmenden jüdischen Bevölkerung. In den 1480er-Jahren verschlimmerte sich das Verhältnis der Christen zu den circa 200 Nürnberger Juden deutlich.

Auch von Seiten des Klerus erfolgten immer wieder massive Angriffe auf die Juden. Neben den Hetzpredigten der Dominikaner attackierte der charismatische Franziskaner Johannes von Capestrano, genannt die „Geißel der Hebräer", bei seinem Auftritt 1452, der seinerzeit als eines der bedeutendsten Ereignisse in der Stadtgeschichte gewertet wurde, die Juden mit besonderer Härte. Vor großem Publikum predigte er auf dem Marktplatz auf Latein, was von einem Nürnberger Franziskaner übersetzt wurde. Die Juden wurden gezwungen, sich seine Reden anzuhören. Sie mussten in einer bewachten Umschränkung auf dem Markt vier Monate lang jeweils eineinhalb Stunden den aus Ansprachen und Schmähungen des Johannes zuhören.

Die vom Rat in den 1470er Jahren in die Wege geleiteten Initiativen zur Vertreibung der Juden aus Nürnberg wurden nach Peter Kirchschlags (vgl. S. 278) Agitation 1474 von einem weiteren observanten Dominikaner, dem im süddeutschen Raum agierenden hochgelehrten Petrus Nigri (Schwarz; 1434–1483) erheblich unterstützt. Nigri stammte aus Böhmen, studierte an mehreren Universitäten und wurde danach 1473 Lizentiat der Theologie an der Universität Ingolstadt. Er blieb aber nicht lange dort, sondern konzentrierte sich ab 1474 voll auf die ‚Missionierung' der Juden. In Salamanca hatte er an der jüdischen Schule Hebräisch gelernt und beschäftigte sich danach intensiv mit dem hebräischen Alten Testament. 1474 begab er sich nach Regensburg, wo er sieben dreistündige antijüdische Predigten unter freiem Himmel hielt, in der Absicht die Juden mit seinem besonderen Wissen zu beeindrucken, sie von der Wahrheit des Christentums zu überzeugen und zum Konvertieren zu motivieren. Er bot ihnen eine öffentliche Disputation an, was sie aus Furcht vor den üblen Konsequenzen des Ausgangs einer solch vorhersehbaren Auseinandersetzung ablehnten, woraufhin Nigri sich zum Sieger erklärte. Diese Aufführung wiederholte er 1478 in Nürnberg, wo seine Agitation entscheidend zur antijüdischen Stimmung beitrug. Seine Aktivitäten erstreckten sich auch nach Bamberg sowie möglicherweise nach Frankfurt, Worms und Würzburg. 1481 erteilte ihm der Ordensgeneral die Erlaubnis, Hebräisch zu unterrichten. Er folgte einem Ruf als Rektor des von Dominikanern betreuten Studium generale nach Buda, wo er aber bald nach Amtsantritt starb. Nigri stellte eine lateinische Fassung seiner Regensburger Predigten 1474 in dem ‚Tractatus contra perfidos Iudeos de conditionibus veri Messie' zusammen, den er dem Bischof von Regensburg widmete. Bald danach verfasste er eine um elf Traktate erweiterte durchwegs polemische volkssprachliche Fassung des ‚Tractatus', ‚Der Stern Meschiah', den er mit einer hebräischen Fibel verband. Das Werk wurde 1477 in Esslingen gedruckt.

Indem die Kirche nach und nach das Zinsverbot für Christen aufhob und 1479 den Juden der Wucher verboten wurde, versuchte man ihnen ihre wichtigste Einnahmequelle zu nehmen. Allerdings zeigte dieses Verbot keine große Wirkung. Die 1499 erfolgte Vertreibung der Juden geschah mit Erlaubnis Kaiser Maximilians und wurde damit begründet, dass sie *mannigfaltig böser gefährlicher unnd behänder wucherlicher Händel* in Nürnberg getrieben hätten, so dass ihre Schuldner Ehre und Besitz verloren. Da die großen Geldgeschäfte inzwischen von den Christen getätigt wurden, zogen sich die Juden weitgehend auf die mit Kleinkrediten einhergehende Pfandleihe zurück und kamen dadurch verstärkt mit den Mitgliedern der Mittel- und Unterschicht ins Geschäft, was zu besonderer Judenfeindschaft in diesen Schichten, dem Hauptpublikum von Folzens Werken, führte. Nach ihrer Vertreibung aus Nürnberg zerstreuten sich die nur noch wenigen Judenfamilien an verschiedenen Orten: ein Teil ging nach Frankfurt, der andere ließ sich in der Umgebung von Nürnberg nieder. Für die nächsten 300 Jahre durften die Juden Nürnberg nur bei Tage und nach Entrichtung eines ‚Leibzolls' betreten. Erst 1813 konnten sie sich in Nürnberg wieder niederlassen.

Das Thema der untätigen Fürsten hatte Folz bereits 1479 in einer politisch-didaktischen Rede, einer *teütsch worhaftig poetisch ystori* vom römischen Reich *vnd wie es dar nach in deütsche lant kumen sey* (‚Das römische Reich'; Nr. 39) behandelt.

Bevor er zur Reichsgeschichte kommt, erzählt Folz, wie ihn der süße Vogelgesang weckt und er *durch plüenden awen* einen Spaziergang macht, wo er auf einen alten durchreisenden *persofant* (Unterherold) trifft, der einen Abriss der Weltgeschichte von der Sintflut bis zu den deutschen Fürsten der Gegenwart gibt. Folz breitet auch hier seine Gelehrsamkeit aus, etwa im Bereich der Historiographie und durch Zitieren von Standardwerken der Theologie, wie etwa ‚De civitate dei' des Augustinus. Nach der Abreise des *persofant* beklagt der Erzähler (wie früher auch Rosenplüt), den desolaten Zustand des Reichs *pey unsern zeyten*, dessen Hauptgrund darin liege, dass die Staatsmacht einen Tiefstand erreicht habe und der Adel nicht bereit sei, sich gegen die drohende Türkengefahr zu verbünden. Sarkastisch fügt er hinzu, dass sich der Adel früher zur Verbreitung des Christentums verpflichtet fühlte, heute will er offenbar christliche Länder wieder loswerden. Anders als Rosenplüt, der vor allem die Uneinigkeit der Fürsten geißelte, sieht Folz das Grundübel im Eigennutz des Adels, der in der großen Sünde der *geyczikeit* seinen Ursprung habe. Denn in den Städten beschütze der Adel die Juden, um sich an ihnen zu bereichern, während arme Christen vertrieben würden. Diesen verhängnisvollen Zustand verknüpft Folz mit weiteren fatalen Bedrohungen für das Christentum:

> *Des ist verhengnus got des hern,*
> *Seyt jud und crist, alls ich hör sagen,*
> *Sint über einen leyst geschlagen.*

> *Deshalb mert sich zunegst hiepey*
> *Auff einem teyl die keczerey,*
> *Am andern teyl heyden und Türcken*

Auch Ketzer, Heiden und Türken könnten schließlich auf ähnliche Gedanken kommen wie die Juden: *Ob sie irs gleichen pey uns fünden, / Das geycz mit hochfart sich verpünden.* Zwar greift der Erzähler in seiner düsteren Beschreibung der politischen Zustände vornehmlich die *herren* an, suggeriert aber zugleich, dass ohne die Versuchung durch das Geld der Juden die Lage eine andere sein könnte. Schließlich fleht er Gott an, die Ordnung wiederherzustellen.

Ebenfalls in einer der interessantesten Quellen für spätmittelalterliche Sachkultur und zugleich einem von Folzens populärsten Werken (fünf Auflagen), im eher dem Fachschrifttum zuzuordnenden ‚Hausratbüchlein' (um 1488; Nr. 40), bleibt ein Angriff auf die Juden nicht aus.

Der Text soll dem jungen Handwerker, der an die Gründung eines Hausstandes denkt, als Ratgeber dienen. Hier führt Folz detailliert auf, welche Ausstattung und finanziellen Voraussetzungen vonnöten sind, wenn man heiraten wolle, und warnt vor unüberlegten Schritten. Die Einrichtung, die Folz katalogartig und geradezu erschöpfend aufzählt, gehört in einen mehrzimmerigen arbeitsteiligen Handwerkerhaushalt, in dem auch Knechte und Mägde leben. Nacheinander beschreibt er die Einrichtung einzelner Räume des Hauses: Wohnzimmer, Küche, Speisekammer, Schlafzimmer, Badezimmer und Keller. Den Dachboden übergeht er wie auch Pferdestall und Garten, die nur für die Häuser der Reichen von Belang seien. *Auch was ides hantwerck bedarff, / Sülchs zu erzeln wer mir zu scharff.* Danach wendet sich Folz der Familiengründung zu und geht dabei auf die großen finanziellen und sonstigen Belastungen ein, die durch den Nachwuchs entstehen. Nicht selten müsse sich der Ehemann in der neuen Situation Geld bei den *ungetaufften*, also bei den Juden, leihen. Sie hängen dann mit ihrem Wucher an beiden Händen des Christen und saugen, bis ihm das *plut auß den negeln drüng*. Es fragt sich, ob in einer Bemerkung auch die persönlichen Lebensumstände von Folz gemeint sind und darin einer der Gründe für seinen Judenhass stecken könnte: Er habe drei Jahre hintereinander drei *losungen* (Steuer- und Zinsabgaben) leisten müssen: *Zwo den juden, eine den hern.*

Kulturhistorisch interessant ist dann Folzens Rat, wie der junge Handwerker einer solchen Misere entgehen könne:

> *Dan welch arm gsel stell in die ee,*
> *Mag er, so lerne zuvoran*
> *Schreiben und lesen, wer das kan,*
> *Dem get vil sach dest leichter zu.*
> *Dan lern ein hantwerck, was er thu*

Es zeigt sich in solchen Mahnungen, wie sehr es Folz darum ging, die Handwerker der Stadt auch für die für ihren Lebensunterhalt nun notwendig gewordenen Kulturtechniken zu mobilisieren, sie literaturfähig zu machen. Eine Vielzahl seiner Verswerke, die religiöses Wissen, politische Kommentare und moralische Appelle beinhalten, ist ausdrücklich an diese Schicht gerichtet. Der Erwerb von Bildung ist für Folz ein zentraler Aspekt im sozialen Verteilungsprozess innerhalb der Stadt.

Folz hat neben Schwankmären und weltlichen Reden auch geistliche Reimpaarerzählungen verfasst. 1480 druckte er ‚Adam und Eva' (Nr. 21), das vom Leben der Protoplasten nach der Vertreibung aus dem Paradies erzählt. Dafür benutzte er eine von ihm selbst geschriebene Prosaversion als Hauptquelle. Brian Murdoch sieht in diesem Text eine Übersetzung der ‚Vita Adae et Evae' durch Folz, die er für sich als eine Art erste Einführung in den Stoff herstellte, bevor er sich an die Versifizierung machte. Im Gedicht, das zu seinen umfangreicheren gehört, demonstriert Folz seine souveräne Beherrschung hagiographischer Erzählmuster, Motive und Topoi. Dabei verbindet er die Adams-Vita mit der populären Erzählung vom Kreuzholz, das Seth für seinen sterbenden Vater aus dem Paradies besorgt. Die Quelle der ersten 100 Verse kennen wir nicht. Hier geht Folz sowohl auf den durch die *superbia* verursachten Fall Luzifers als auch auf die Vertreibung der ersten Menschen, die durch eines der Hauptlaster, die Unmäßigkeit (*fraßheyt*; gula), veranlasst wurde, näher ein, wobei die Protoplasten aufgrund ihrer Schwäche, Luzifer indes aus *eygner poszheyt* sündigten. Denn Luzifer kannte bereits den Himmel und hatte deswegen von Gott kein Erbarmen mehr zu erwarten, indes durften Adams Nachfahren, denen der Himmel noch unbekannt war, auf Erlösung hoffen. Über die Kreuzholzerzählung spannt Folz den Bogen zur Erlösungstat. Eine Prophezeiung der Königin von Saba bringt die Juden wieder ins Spiel. Das Kreuzholz würde dazu führen, dass *der jüdisch glaub dadurch sich swacht*. Das Gedicht schließt mit einer Aufforderung zum Gebet.

Dem Bericht ‚Der Pfarrer im Ätna' (Nr. 23) versucht Folz historische Glaubwürdigkeit zu verleihen, indem er in der Überschrift des Druckes (1480/81) das Geschehen ins Jahr 1447 verlegt.

Erzählt wird von einem sizilianischen Pfarrer, den die Knechte eines verfeindeten Bischofs umbringen wollen, indem sie ihn in den Ätna werfen. Da der Pfarrer jedoch die Eucharistie mit sich führt, bleibt er am Leben und gerät im Vulkan in eine wundersame höfische Welt, in der jedoch niemand mit ihm sprechen will. Schließlich kommt er zu einem Bett, worin sich ein Graf mit zwei wunderschönen Frauen vergnügt. Der Pfarrer ist von dieser idyllischen Welt begeistert und möchte bleiben, bis ihm der Graf erzählt, dass alles Erlebte nur eine durch die Eucharistie erzeugte Illusion sei, er sei eigentlich in der Hölle: *Got macht euch sehen, was er wil*. In Form einer ausführlichen Ständekritik wird von den Qualen, die die

Die Literatur der Mittelschicht

Menschen in der Hölle erleiden, erzählt. Bei einer Reihe der Wesen und Gestalten, welche dem Pfarrer dort begegneten, wie etwa den beiden Frauen, handelt es sich eigentlich um grausame Teufel. Der vor kurzem verstorbene Graf gibt an, in der Hölle zu sein, weil er seinem Bruder, dem Bischof, den Mord an dem Pfarrer empfohlen hatte. Der Pfarrer erhält den Auftrag, dem Bischof vom furchtbaren Schicksal seines Bruders zu berichten. Als sich der Pfarrer beim Verlassen des Ätna umdreht, *do pran und flampt als, daz do waß*. Der Bischof wird von ihm bekehrt.

Quelle des Textes ist die 1473 erstmals in Augsburg gedruckte Prosa-Jenseitsreise ‚Das Wunderzeichen in Sizilien', die auf das Jahr 1247 datiert wird und aus einem bisher nicht identifizierten *buch genant speculum mundi* stammen soll. Vermutlich wollte Folz mit einer Umdatierung Aktualität suggerieren und dadurch den Absatz seines Druckes fördern.

Geistliches wird mit Politischem verknüpft im 1483 veröffentlichten antihussitischen Gedicht ‚Judas der Ketzerapostel' (Nr. 22). Der Text trägt eigentlich die Überschrift *Die pehemisch irrung* und wird einem in Nürnberg nicht nachzuweisenden Dr. Günther von Mosbach als Autor zugewiesen. Es bestehen aber keinerlei Zweifel, dass das Gedicht von Folz stammt und aus nicht eindeutig zu klärenden Gründen pseudonymisiert wurde. Während Hanns Fischer vermutet, dass Mosbach Autor der Quelle war, die Folz vorlag, sieht Johannes Janota problematische politische Implikationen des Hussitenthemas, als möglichen Grund für die Autorfiktion. Doch dürfte eine Invektive gegen die Hussiten in Nürnberg kaum eine Gefahr für Folz dargestellt haben, zumal die Feststellung der wahren Identität des Autors in Nürnberg keine besondere Schwierigkeit bereitet haben wird. Zudem verspottete Folz die Hussiten auch in einem Meisterlied. Im circa 1520 erschienenen Nachdruck des Nürnbergers Hans Stuchs ist die Zuweisung an Dr. Mosbach dann getilgt.

Ausgangspunkt der Handlung ist ein Traum, worin dem Erzähler klar wird, *von wannen, wie und wo doch her / Der smelich, schentlich anfang wer / Der phemischen keczrey entsprossen*. Es folgt eine Rekapitulation der Judas-Legende mit dessen Vatermord, Mutterinzest, Verrat und dem durch Verzweiflung ausgelösten Selbstmord. Nach der Himmelfahrt Christi verbreitet sich das Christentum, aber der Teufel sorgt stets für das Aufkommen von Ketzerei. Während die wahren Christen ein Konzil zu deren Bekämpfung einberufen, beschließen die Teufel auf einem eigenen Konzil, Judas aus der Hölle zu befreien und auf die Menschheit loszulassen. Der sorgt dann dafür, dass es zu einem völligen Verfall der Sitten kommt und die Kirche in totale Unordnung gerät. Jeder Ungelehrte darf nun religiöse Schriften verfassen und Predigten halten – *sie geb der heilig geist doch ein* –, auch der Laienkelch ist nicht mehr verboten. Judas lässt die hussitische Ketzerei entstehen, *die den ergsten ungelauben* vertritt und sich nicht dem Papst unterstellt. Folz geht hier auf einige der zentralen Positionen der hussitischen Bewegung ein, wie sie in den sogenannten Prager Artikeln (1420) formuliert wurden, etwa die Predigtfreiheit auch für Laien sowie das Abendmahl in beiderlei Gestalt.

Es fragt sich freilich, warum sich Folz noch 1483 mit den inzwischen gespaltenen und daher geschwächten Hussiten befasste, die seit 1434 keine militärische Gefahr mehr darstellten und deren politischer Einfluss im Wesentlichen auf Böhmen begrenzt war. Von einer kriegerischen Gefahr spricht Folz in diesem Gedicht auch nicht mehr, sondern fokussiert sein Anliegen ausführlich auf die religiösen Aspekte der Bewegung, denn von außen wurde Böhmen trotz allem bis zur Reformation als ketzerisch angesehen. Zum moderaten Flügel der Bewegung, dem Utraquismus, benannt nach dem Empfang des Altarsakraments in beiderlei Gestalt (*sub utraque specie*), bekannten sich in dieser Zeit immerhin 90% der Bevölkerung Böhmens. Zwei Jahre nach Folzens Gedicht kam es 1485 auf dem Landtag von Kuttenberg zu einem innenpolitischen Religionsfrieden, der beinhaltete, dass der Utraquismus und der Katholizismus als gleichberechtigt anzusehen seien. Wie in seinen Werken, in denen er sich in katechetischer Absicht auf theologischer Ebene mit dem jüdischen Glauben auseinandersetzte, offenbart sich auch in diesem Gedicht ein bei Folz tief verwurzeltes Krisenbewusstsein im Blick auf Gefährdungen des Glaubens und der dogmatischen Unfehlbarkeit der Kirche, worauf die Laien unablässig aufmerksam gemacht werden müssten.

Wesentlich umfangreicher als Rosenplüts ‚Die Beichte' (Ausg. J. Reichel, Nr. 7) ist Folzens 1473 verfasster ‚Beichtspiegel' (Nr. 25), den er 1479 als erstes seiner Werke überhaupt druckte. Dem Gedicht geht eine ausführliche Prosaeinleitung voraus, in der Folz darauf hinweist, dass das Werk mit *verstendigen wortenn* geschrieben worden sei, man sich mit Kreide das zu Beichtende anstreichen könne und er die gebundene Form gewählt habe, *wann man vil iunger vngelirniger lewt findet, die solch reim oder vers gerincklicher* (leichter) *auswendig lernen dann sunst, dar durch sie dan yn vnd andern etlichen vngelerten oder einfeltigen nutz sein mugen*. Ob Letzteres ernst gemeint oder eher als vordergründiges Verkaufsargument zu verstehen ist, sei dahingestellt. Der Text ist in 23 kurze *stucken* gegliedert und folgt jedenfalls einer klaren, leicht verständlichen Systematik. In der Tat bietet Folz eine Anleitung zur Gewissenserforschung, die sogar noch handlicher ist als die ungemein populäre, aber anspruchsvollere Beichtbelehrung in Heinrichs von Langenstein ‚Erkenntnis der Sünde'. Sie sollte auch dabei helfen, *vberflussige wort oder peisetz* (Zusätze) bei der Beichte zu vermeiden. Folzens Prägnanz und Sachkenntnis beeindruckte offenbar den berühmten Straßburger Prediger Johannes Geiler derart, dass er das Gedicht 1497 seinen Fastenpredigten zugrunde legte und eine Neuausgabe besorgte. Eine dritte Ausgabe erschien um 1518 in einer Basler Offizin.

Die Literatur der Mittelschicht

Folz verfasste auch eine Reihe von Reimpaarsprüchen, die sich mit spezifischen Fragen der gesellschaftlichen Ordnung befassten. In dem bemerkenswert kritischen ‚Der Arme und der Reiche' (‚Kargenspiegel'; Nr. 26; Abb. 6) griff er erneut zur beliebten didaktischen Form des argumentativen Dialogs. Seine Hauptquelle war der ‚Dialogus divitis et pauperis' des Pseudo-Basilius, von der er eine Abschrift besaß.

Das pointierte Streitgespräch ist wie ‚Der witzige Landstreicher' durch vom Dialogtext abgesetzte *dicit*-Formeln gegliedert. Es geht hier um die Frage, ob es dem Armen oder dem Reichen eher gelingen kann, die ewige Seligkeit zu erreichen. Dabei greift Folz einige sicherlich auch in Nürnberg vorhandene politische und sozioökonomische Interessensgegensätze und Spannungen auf. Der Reiche argumentiert stets aus der Perspektive des defensiven Kapitalisten, der mit hilflosen Rechtfertigungsversuchen harte ökonomische Realitäten mit christlicher Ethik verbinden will, während der souveräne Arme stets klug kontert und sich dabei zumeist auf die auf der Bibel beruhenden Grundsätze des Christentums in Bezug auf Reichtum beruft; so etwa: *Hiepey die wort Cristi auch hör:/ Sagt der nit, das ein nadelör / Ein groß camel ee müg durchschleichen, / Dan in den himel gen ein reichen?* Der Reiche behauptet, dass er ohne sein großes Vermögen keinen Armen zu unterstützen vermöge. Der Arme kontert, dass zwar einige von seinen Wohltaten profitieren, aber Hunderte von Armen nichts erhalten. Zudem sei die Mildtätigkeit des Reichen eher durch den Wunsch nach gesellschaftlicher Anerkennung als durch Barmherzigkeit motiviert. Wie im ‚Beichtspiegel' thematisiert Folz auch die Selbstdarstellung der Reichen in Kirchen. Geißelte er dort im Zusammenhang mit der Frage nach dem richtigen Gebrauch von Reichtum die Anbringung von Totenschilden als Repräsentationsform der Reichen, so werden hier unangemessene Grabstätten sowie gestiftete Bilder kritisiert, in denen dargestellt wird, wie ein Heiliger die Stifterfamilie *peim schopff gen himel zewcht*. Der Arme wendet sich auch gegen die von den Reichen veranlasste Strafverfolgung, bei der angebliche Kriminelle durch Folter dazu gebracht würden, sich selbst zu belasten: *Um unschuld wirt mancher gefangen, / Gestöckt, geplöckt* (in den Stock gelegt), *darzu erhangen*. Das Vererben von Reichtümern wird ebenfalls verurteilt, weil es ein Leben in Todsünde nach sich ziehe: *Das du deinn kindern vil leest hie, / Darumb werden erzogen sie / In Hoffart und in üpikeyt, / In geycz, fras und in unkeuschheyt*. Mit scharfen Worten thematisiert der Arme die Selbstherrlichkeit der Reichen, die aus nichtigen Gründen Kriegszüge veranlassten, deren Leidtragende stets die Armen seien: *Was sint armer, witwen und weisen / Durch neit in kriegen und in reisen* (Kriegszügen) */ Von den mechtigen angfangen / Und an den armen ausgegangen?* Beim Anblick von offensichtlicher Armut nimmt der Reiche stets Selbstverschulden an. Das Gedicht schließt mit der Einsicht des Reichen, dass der Arme, den er nun *vater und pruder meyn* nennt, ihn besiegt hat und fortan sein Lehrer sein soll.

Als Kritik an der Lebensgestaltung der politisch und ökonomisch Mächtigen Nürnbergs konnte dieser Text durchaus verstanden werden, zumal von

Folzens anzunehmendem Zielpublikum in der Mittelschicht. Da die Argumente des Armen aber stets mit christlichen Verhaltensnormen begründet werden, fügt sich die Didaxe nahtlos in die allgemeine kirchliche Lehre ein und dürfte mithin kaum zum Ärger mit der Obrigkeit geführt haben, was beim Patrizierfreund Folz auch kaum anders zu erwarten wäre. Der Nürnberger Humanist und Protestant Pangratz Bernhaubt, gen. Schwenter (vgl. S. 177), ließ den Text 1534 erneut drucken.

Der erzieherische Impetus des Literaten Folz macht sich in drei weltlich-didaktischen Reden, die 1488, im letzten Jahr seines Druckbetriebs, erschienen, besonders bemerkbar. Hier verurteilt Folz Laster, die er als Gefährdungspotentiale für die stadtbürgerliche Ordnung versteht. In ‚Der Buhler' (Nr. 28), einer Art Anti-Minnerede, wird vehement an junge Männer appelliert, den außerehelichen Geschlechtsverkehr zu meiden. Treibe man es mit einer Verheirateten, so mache man die Frau zu einer Ehebrecherin, deren Mann sie nie mehr achten könne. Nähme man dagegen die Tochter, so raube man ihr die Jungfräulichkeit. Die Wahl der Magd, zeige deutlich, dass man letztlich jede Frau *unern* wolle. In ‚Der Spieler' (Nr. 29) warnt Folz vor den Folgen des Glücksspiels und vor Betrügern. Mit besonderer Härte greift er in ‚Der Trinker' (Nr. 30) die rücksichtslosen Säufer an, die ihr Geld verprassen und dadurch ihre Familie in die Verelendung führen (*Verfluchet seyestu, du weinschlauch*). Folz wendet sich dabei direkt an Handwerker, Tagelöhner und sonstige Mitglieder der Unterschicht, die täten, *was yder kan*, also Mitglieder jener Schichten, deren Existenzgrundlagen ohnehin stets gefährdet waren.

Der Säufer trägt sein Geld *zum koch, zum wein, unter die jüden*, die Not zwinge seine Frau, sich mit dem *pfafen* einzulassen, *der ir ein klein zupus* (Zugabe) *det*. Voller Verachtung beschreibt Folz das Leben der Trunkenbolde und verwendet dabei eine unzweideutige Sprache. Der Trinker *farczt, er schnarcht, er scheist, er speyt, / Prunczt in die hosen; wo er leyt, / Do lecken ym die hunt das maul*. Er erzählt dann von einer unangenehmen Begegnung mit einem allzu kräftig urinierenden Trinker in Augsburg. Schließlich nimmt er die Säuferinnen ins Visier, die nicht nur abscheulich aussähen, sondern auch in betrunkenem Zustand einen *panckhart* (Bankert) zustande brächten.

Das Brauchtum von Nürnberg fasst Folz liebevoll-parodistisch in der Rede ‚Praktik' (Nr. 34) in Form einer Prognostik fürs kommende Jahr zusammen.

Beginnend mit Lichtmess im Februar sieht er einen gewaltigen Menschenauflauf voraus, wobei sich die Leute verhielten, als *ob sie ir fünff sin nit heten*. Dabei gehe es wild zu, einige betatschten die Frauen, *wie ein meczlerknecht ein ku / Und eylt vom erst zum pusem zu*, um dann deren *gauckelpüchsen* (Scheide) auf ihre Tauglichkeit zu prüfen usw. Den Höhepunkt stellt dann die Verkleidungslust dar, wobei Männer die Kleider der Frauen und umgekehrt anziehen, auch Laien und Kleriker tauschen ihre Kleider aus *und springen und gumpen* (hüpfen) *als die pöck*. Dann werde *herr Fast* (Fastenzeit) mit seinem großen Heer in die Stadt kommen, das seien die Fische und die fleischlosen Speisen, und der werde fünf Wochen lang herrschen. Es werde ein weiteres Heer folgen, das in der Stadt ein großes Zelt bei der Sebaldskirche aufschlagen und dort die Armen drei Tage lang *auffs köstlichst speysen* werde. Zu erwarten sei dann ein weiteres Heer, das *auch sein zelt auffschlecht* und sich *mit hawen, stechen, schlachen und trennen* in der Stadt ans Werk mache, gemeint ist der große Fleischmarkt am Ende der Fastenzeit. Kurz nach Ostern werde ein Schloss auf dem Marktplatz errichtet, Ordnung geschaffen und strenge Sicherheitsvorkehrungen getroffen.

Es geht um die jährliche vorgeschriebene öffentliche Heiltumsweisung, bei der die Reichskleinodien von einem Holzgerüst aus, dem sog. Heiltumsstuhl, dem Volk gezeigt wurden. Zu diesem Höhepunkt im Nürnberger Jahresablauf reisten auch viele Menschen aus der Umgebung an. Der Brauch wurde nach 1523 im nunmehr protestantischen Nürnberg verboten.

In ‚Die Herkunft der Affen' (Nr. 24) erzählt Folz eine groteske Geschichte, die er mit einer ausgiebigen Didaxe versieht. Während Johannes Janota im Text einen „schwankhaft eingefärbten Bericht" sieht, den er dennoch den geistlichen Erzählungen zurechnet, führt Folz hier nach Klaus Grubmüller das ätiologische Märe als neuen Typ ein. Meines Erachtens steht der Text eher in der Tradition des Bispels, denn der epische Teil umfasst 80, die Auslegung 52 Verse.

Erzählt wird von der Einkehr von Jesus und Petrus bei einem Schmied. Ein armer Bettler kommt vorbei, und Petrus bittet Jesus, ihn von seiner Gebrechlichkeit zu heilen. Jesus wirft das Männlein in die Esse, und ein 24jähriger, wunderschöner Jüngling entsteigt dem Feuer. Der Schmied will dies auch mit seiner alten, lästigen Schwiegermutter vollbringen, was aber völlig misslingt, weil sie dadurch *ains affen gstalt* bekommt. Die Schmiedin und ihre Schwiegertochter, beide schwanger, sind beim Anblick der verunstalteten Alten so entsetzt, dass sie beide Affen zur Welt bringen. Diese werden *von dem volck vertriben / Und seind darnach in wälden pliben*. Folz schließt eine längere, wenn auch teilweise abstruse Lehre an, worin der Schmied als Beispiel für hochmütige Männer gedeutet wird, die meinen, sie könnten alles besser als die anderen. Die Alte, die der Schmied wegen ihres *greinens und zangkens* verjüngen wollte, sei wohl wegen ihrer *kupplerey* und *zauberlist* von Gott so bestraft worden. Die Schwangeren, *die zwu fürwitzen huren bayd*, stünden für Frauen, deren übertriebener Neugierde nur schwer beizukommen sei. Der Text, der nur in einer Augsburger Sammelhandschrift überliefert ist, wurde von Hans Sachs vermutlich als Quelle eines Schwankes verwertet. Von dort gelangte er in die ‚Kinder- und Hausmärchen' der Brüder Grimm.

Griff Folz bereits in seinen Meisterliedern sowie im Gedicht ‚Das römische Reich' auf das Motivinventar der Minnerede zurück (vgl. dazu Bd. III/1), so beschäftigte er sich mit dieser wohl für sein städtisches Zielpublikum weniger interessanten Gattung nur am Rande seines Schaffens. Es verwundert deshalb, dass drei der Folzschen Minnereden in seiner Offizin nachgedruckt wurden. In der vor den Drucken entstandenen Handschrift Weimar, cod. Q. 566, aus Folzens Besitz finden sich vier Minnereden – z.T. von ihm selbst abgeschrieben –, die er teilweise als Quelle für seine Texte benutzte. Mit der Gattung scheint er sich aber nicht wirklich angefreundet zu haben, denn er schafft keine neuen Stoffe auf der Grundlage von deren breiten Motiv- und Themenspektrum, sondern beschränkt sich auf Neubearbeitungen vorhandener und besonders verbreiteter Texte. Dabei verzichtet Folz auf die Form der Personifikationsdichtung und gestaltet vielmehr Gesprächsszenen, die stark an den Duktus seiner Mären erinnern. Für ‚Die Werbung im Stall' (gedruckt 1479–1483; Nr. 15) greift er auf die ‚Grasmetze' Hermanns von Sachsenheim zurück (vgl. Tl. 2), und zwar bis hin zur wörtlichen Übernahme von Textstellen. Dabei wandelt er die von Hermann gestaltete Pastourellensituation in eine Dörperszene um.

Folz erzählt von einer *pulschafft von einer pawrn meyt vnd von einem jungen gesellen*. Es geht demnach nicht mehr um einen beim Liebesakt versagenden betagten Ritter wie in der ‚Grasmetze'; nur an einer Stelle scheint der ursprüngliche Standesunterschied, der in der Vorlage im Mittelpunkt der Komik steht, angedeutet zu werden. Das parodierte ritterliche Werbungsverhalten des *gesellen* wird von der Magd sofort durchschaut. Gegen Ende hin werden Dialog und Handlung immer gröber. Nach der Rauferei mit der sexuell keineswegs unerfahrenen Magd und dem anschließenden Geschlechtsverkehr verlacht sie seine ‚Leistung'. Schließlich sagt der von der Magd beschämte Ich-Erzähler: *Umb kein pawrnmeyt pul ich nit me, / Wie es mir ymmer sünst erge*. Am Schluss wird dementsprechend vor allen *pawrnmeyt* gewarnt, die man *nit kent lang her*. Diese Moral wird nicht ernst gemeint sein.

In ‚Zweierlei Minne' (gedruckt 1483–1488, sowie um 1520, 1521; Nr. 32) verlegt Folz den traditionellen Spaziergang von der amönen Landschaft in die Gassen einer Stadt.

Dort hört der Ich-Erzähler das Gespräch zweier Frauen zu, bei dem es um zwei Haltungen in Sachen Liebe geht: die uneigennützige Minne und die Liebe, die auf materielle Gegenleistung aus ist. Die *frech* will sich kaltherzig an Männern bereichern, während die *still* für eine auf Treue gründende Liebe plädiert, die im Einklang mit der kirchlichen Lehre steht. Sie wird dafür von der *frech* verhöhnt, worauf die *still* sie ans Alter und an die ewigen Qualen erinnert, welche die *frech* durch ihr sündhaftes Verhalten nach dem Tode zu erwarten habe. Die *frech* erinnert indes an all die furchtbaren Ehen, in denen die *jungen weib ... lebendig be-*

graben sind, und beharrt auf ihrer Meinung. Der Ausgang des Gesprächs bleibt allerdings offen. Der Erzähler richtet seine Lehre zum einen an die *jungen gseln*, die er vor weiblicher Falschheit warnt, und zum anderen an *junge dirn*, die ihre Ehre vor *falscher ler* hüten sollen.

Folzens Text steht der Minnerede ‚Wahre und falsche Liebe' sehr nahe (vgl. Tl. 2), jedoch bekennt sich dort der Dichter, höfischen Vorstellungen folgend, zum Schluss nach Abwägung von Lob und Tadel zum treuen Dienst an seiner Geliebten. Auch aus der Minnerede ‚Die Beständige und die Wankelmütige' holt er sich Anleihen (vgl. Tl. 2). Das offene Ende veranlasste Folz offenbar dazu, im Sinne der städtischen Ethik, klar Stellung zu beziehen. Er übergeht die höfische „Sonderethik" von ‚Wahre und falsche Minne' und ersetzt sie durch eine allgemeine Morallehre. „Versteht man das einmal zeichenhaft für neue Tendenzen der städtischen bürgerlichen Literatur, so ist leicht einzusehen, daß eine Gattung, die dergestalt in ihrer Substanz angegriffen wird, allmählich verschwinden muß" (I. Glier).

In ‚D e r T r a u m' (Nr. 31; Klingner/Lieb B252) greift Folz auf die breit überlieferte gleichbetitelte Minnerede zurück, die er in seiner Weimarer Handschrift (cod. Q. 566) aufgezeichnet hatte und die er zehn Jahre später mit großem rhetorischem Aufwand für den Druck mit dem Titel ‚Der neů Gůllden Traum' umarbeitete (gedruckt circa 1483–1488). Die wohl aus der ersten Hälfte des 15. Jahrhunderts stammende Vorlage erzählt von einem Traum, in dem der Ich-Erzähler seine Geliebte nach und nach dazu bringen will, sich auszuziehen und in seine Arme zu begeben. Allerdings wacht er auf, bevor der Wunsch in Erfüllung gehen und mithin der Text ins Obszöne abgleiten kann. Es folgt eine Minneklage, die auf die Klage am Anfang des Texts zurückverweist. Etwas sonderbar wirken in Folzens Bearbeitung die katalogartigen Tiervergleiche, etwa aus dem ‚Physiologus', die er zu Beginn aufbietet, um sein großes Verlangen nach der Geliebten zu schildern. Ihre Schönheit vergleicht er mit der von Isolde und Amelie, Melusine und ihren drei Schwestern sowie von Helena und Lucretia. Sodann bietet er eine sehr detaillierte Schönheitsbeschreibung der Geliebten *von oben an / Pis gar zu iren füssen unden*. Hier ist Minne aber nicht – höfischen Konventionen entsprechend – nur eine Frage von *triuwe* und *êre*, sondern sie wird im Rahmen solider bürgerlicher Ethik mit einem Eheversprechen verknüpft. Folz schließt mit einer Lehre, die nur schwer mit dem vorangegangenen Text in Verbindung zu bringen ist: Die Menschen sollten sich in ihrem Glück keineswegs sicher fühlen. Auch hier nivelliert Folz die höfischen Traditionen der Gattung durch mittelständisches Moralisieren. Den ‚Traum'-Stoff verwertet er ebenfalls in einem Meisterlied im durch Minnethematik geprägten Hofton Brembergers. Wie im Druck der Minnerede betont er, dass die „Gefahr der Hingabe an die weltliche Liebe ... in dem unangemessenen Umgang mit ihrer flüchtigen, vergänglichen Natur" liege (J. Klingner). Ingeborg Glier zählt Folz trotz der geringen Produktion zu den markanten Figuren in der Geschichte der Minnerede, allerdings hauptsächlich, weil er am entschiedensten zu deren Ableben beigetragen habe.

Nach Aufgabe seiner Offizin verfasste Folz 1491 den historischen Ereignisbericht ‚König Maximilian in Nürnberg' (Nr. 38). Er war nicht Augenzeuge und stützte sich offenbar auf eine (bislang unbekannte) gedruckte Quelle – die er *klerer und pas* beschreiben – also überbieten – wollte.

An einem Montag nach dem Johannistag (27. Juni, 1491) veranstaltete der König ein Turnier auf dem Nürnberger Marktplatz, bei dem er in Turnierausrüstung auftrat, begleitet von anderen hohen Adligen. Mancher Herr sei da ziemlich unsanft vom Pferd gestoßen worden, und der Wundarzt Folz belächelt dieses aus seiner Sicht wohl sinnlose Geschehen. So manchem würden *lung, leber und hercz* noch einige Zeit Schwierigkeiten bereiten. Danach seien kleine Leute, in grüne Moosfarbe gekleidet und mit Helmen und Schilden aus Stroh versehen, ohne Sattel reitend, auf den Marktplatz gestürmt, mit Kolbenstangen das ritterliche Turnier parodierend. Am Abend habe im Festsaal des Rathauses ein prächtiges Essen stattgefunden, an dem die städtische Oberschicht teilgenommen habe. Die Kleidung und der Schmuck der Frauen werden beschrieben, auch ein Maskentanz, aufgeführt von sechs böhmischen Herren, habe zur Unterhaltung gehört, ebenso ein Fastnachtspiel. Der Höhepunkt sei dann die *colacion* (Bankett) mit 244 *gericht von höchster zyr* (also süße Speisen), gewesen, die vor allem für die Damen zubereitet worden seien. Ein Lob auf Maximilian schließt den Text ab. Auch hier kann Folz auf eine Spitze gegen die Juden nicht verzichten. Als er Maximilian die Tugenden von großen historischen Gestalten wünscht, bringt er Samsons Stärke ins Spiel, *der mit seinen henden plos / Ein gancz rathaus zubrach / Sich an den jüden rach*.

Zu Folzens vielseitigem Œuvre gehören auch sog. Klopfan-Sprüche (Nr. 36), von denen 17 in Drucken und einige unsichere in Handschriften überliefert sind. Es handelt sich bei den Sprüchen um gereimte Neujahrswünsche verschiedener Länge, die mit der Aufforderung *Klopf an!* beginnen. Die wohl im 15. Jahrhundert in Nürnberg entstandene Gattung gehört zum Brauchtum des Jahreswechsels und ist für die sog. Klopfnächte gedacht – d.h. die drei Adventsdonnerstage –, aber auch Weihnachten wird in einem Text erwähnt. Sie sind sehr allgemein gehalten und dienen als Antwort für diejenigen, die dem Brauch entsprechend nachts an Türen oder Fenstern klopfen (*dw seyst fraw oder man*) und Schlüsse aus dem vom Haus heraus gebotenen Spruch ziehen. Es handelt sich um eine Art Zukunftserforschung, bei der die Anonymität des Anklopfenden der Antwort das Ansehen eines Orakels verlieh. Freilich verraten mehrere Sprüche, dass der oder die Anklopfende bekannt ist und der Text daher als Liebeserklärung, als Belehrung oder Spott- und Scheltrede für eine gewisse Person gedacht ist. Die Sprüche konnten vielleicht auch als Vorlagen für besonders gelungene Reaktionen der Hausbewohner dienen. Es geht also bei Folz vor allem um ein literarisches Spiel mit einem brauchtümlichen Redeschema (A. Holtorf).

Die für Folz gesicherten Klopfansprüche sind in drei Einblattdrucken überliefert, elf sind auf einem Blatt um 1480 in seiner Offizin erschienen, während die beiden anderen Auflagen posthum (1520/30) veröffentlicht wurden. Es sind Sprüche verschiedenster Art; zum Beispiel zärtliche Liebeserklärungen:

> Klopf an, mein trost, mein hercz, mein hort
> Und hör in gut mein freundtlich wort,
> Die ich dir auß sunder lieb mittayl!
> Ich wünsch dir glück, seld, fryd und hayl
> Mer, dan ich selber denn gern het.

Dennoch neigte er eher zur Komik, was, wie so oft bei ihm, mit einer groben Sprache verbunden ist. So beginnt ein Spruch mit *Klopff an, du furwicz arsloch*, ein anderer mit *Klopf an, klopf an, liber sweinsor*. Jedoch will Folz zumeist belehren, auch wenn er dies häufig mit Humor verbindet. Denn auch in den Klopfan-Sprüchen geht es ihm letztlich um die Sicherung eines gesellschaftlichen Konsensmodells mit literarischen Mitteln. In einem Spruch spricht er die *zarten jungen frawen* an, denen er ein tugendhaftes Leben empfiehlt und sie dazu auffordert, ihre Rolle als (zukünftige) Ehefrauen ernst zu nehmen. Dazu gehört auch der Verzicht auf anmaßendes Bildungsstreben: *Hapt mit den gelerten nit vil swacz, / Das man euch nit liderlich schacz*. Hierin trifft sich Folzens Einstellung mit der von Teilen des observanten Nürnberger Klerus, dem allzu ehrgeizige weibliche Bildungsambitionen stets suspekt waren.

Von Folz sollen auch Priameln stammen, deren Zuweisungen an ihn, wie schon bei Rosenplüt, jedoch nicht zu klären sind, da sie in der Regel unsigniert überliefert sind. Im Wolfenbüttler Cod. 2.4 Aug. 2°, der vorwiegend Nürnberger Kleindichtung enthält, findet sich eine Vielzahl von Priameln, unter denen sich laut Überschrift welche vom *Palbirer* (Barbier) befinden sollen. Nur eine ist allerdings signiert. Auch zwei Rätsel hat Folz verfasst. Ein längeres, bei dem es gilt, einen gerechten Richter zu erraten, druckte er 1488. In einem kurzen, nur handschriftlich überlieferten Scherzrätsel lässt der Frageteil an Jesus denken (*Wart es beschniten in der jugent ... Ist um des menschen wiln gestorben*), aber die Lösung ist der zum Zwecke der Mast beschnittene Hahn, der Kapaun.

Überblickt man die Folzsche Produktion an Reimpaargedichten, so zeigt sich, dass sein Umgang mit Gattungstraditionen und -konventionen einerseits durchaus von einem innovativen Impetus, andererseits auch von einem nicht zu übersehenden Drang geprägt ist, sie im Sinne der von ihm propagierten stadtbürgerlichen Ethik einzuebnen. Letzteres konnte in seinem umfang- und facettenreichen literarischen Schaffen zu gnadenlosen Attacken auf Minderheiten und Personen führen, die den vorgegebenen Normen nicht entsprachen. Gerne bediente er in seinen Werken mittelständische Ressentiments, sein jeweiliges Zielpublikum und den potentiellen Absatzmarkt für seine Druckproduktion fest im Auge. Sein dichterisches Talent, von dem er, wie in seinen Meisterliedern besonders sichtbar wird, sehr überzeugt war, brachte ihn mit höheren Kreisen in Verbindung, was offenbar dazu führte, dass er sich weit mehr als nötig mit deren Interessen identifizierte. Dennoch steht Folzens bedeutende dichterische Leistung außer Frage. Er setzte Maßstäbe innerhalb der Nürnberger Literaturszene des 15. Jahrhunderts, an die erst das Schaffen von Hans Sachs wieder heranreichen sollte, der selbst ein großer Verehrer von Folzens Kunst war. Zur Beurteilung von Folzens Wertschätzung, auch außerhalb von Nürnberg, gehören selbstverständlich die zahlreichen, von anderen Offizinen veranstalteten Neuausgaben und Abschriften seiner Werke in und außerhalb der Reichsstadt, die mitunter viele Jahre nach seinem Tode entstanden.

Zur beachtlichen Vielfalt von Folzens Œuvre gehört schließlich auch populärwissenschaftliches Fachschrifttum, das für den häuslichen Gebrauch seines bürgerlichen Adressatenkreises, als leicht verständliche Orientierungshilfen für die allgemeine Gesundheitspflege aber auch für unerfahrene Barbiere und Wundärzte intendiert war. Guten Absatz versprach er sich sicherlich von einem 1482 erstmals gedruckten ‚Pestregimen in Versen' (Nr. 44), das er *zu eren der stat Nürmberck* verfasste. Denn die Pest suchte die Stadt immer wieder heim. Im Stiftungsbrief für ein Nürnberger Pestlazarett im Jahr 1490 heißt es, dass sich die Seuche *gemainklich in zehen oder zwelf Jaren ungeverlich* (ungefähr) *ein mal ereignet in dieser loblichen stat Nurmberg*.

Im Wesentlichen standen die Menschen der Seuche hilflos gegenüber, sie galt im Allgemeinen als eine unabwendbare Strafe Gottes. Anlässlich der Pestepidemie 1483/84 regte der Rat die Abhaltung von Gebeten und Prozessionen an. Auch durch geistliche Stiftungen versuchte man dem Schwarzen Tod zu begegnen. Die Patrizierfamilie Imhoff stiftete z.B. einen Altar für den Pestheiligen Rochus in der Lorenzkirche. Dagegen versuchten die studierten Mediziner wie der Barbier Folz, die viel Erfahrung mit der Epidemie gesammelt hatten, die Bevölkerung dahingehend aufzuklären, in der Pest eine behandelbare Krankheit zu sehen. Der Ulmer Stadtarzt Heinrich Steinhöwel (vgl. S. 584ff.) übersetzte und veröffentlichte 1473 sein ‚Regimen sanitatis', das ausführliche Anweisungen gibt, *wie sich der mensch halten sol czu den zeiten diser grüsenlichen kranckheit*. Wie Ingeborg Spriewald zeigen konnte, legte Folz diese mehrfach gedruckte Schrift seinem Werk zugrunde, das, wie sein ‚Beichtspiegel', in versifizierter Form verfasst wurde, damit es *dest leychter gedacht vnd ausswendig gelernt wird*, und zwar auch durch unerfahrene Wundärzte. Folz gelingt es, die 20 Druckseiten Steinhöwels in 474 Versen zusammenzufassen, wobei es ihm vor allem um Maßnahmen in Pestzeiten geht. Auf Steinhöwels ausgedehnte Diätlehre, die der Vorbeugung gewidmet ist, verzichtete Folz gänzlich.

Im gleichen Jahr veröffentlichte Folz auf Veranlassung seines Freundes, des Ehrbaren Anton Haller, ein ‚Pestregimen in Prosa' (Nr. 45), und zwar für diejenigen, denen *das ungereimt pas gewon ist*. In der Einleitung hebt er deutlich hervor, dass die *pestilencz nicht ein sunderlich plag von got ist*, sondern eine schwere Krankheit. Hier folgt Folz nicht mehr dem ‚Regimen' Steinhöwels, sondern vermittelt im Wesentlichen seine aus der persönlichen Erfahrung gewonnenen Erkenntnisse. Er polemisiert gegen diejenigen, die glauben, gegen die Pest sei die Medizin machtlos, und deswegen auf den Arztbesuch beim Auftreten der Erkrankung glaubten verzichten zu können. Zudem attackiert er wie in seinen Sprüchen die Kurpfuscher, ahnungslose Handwerker sowie alte Weiber und viele andere *lantbescheisser*, bei denen sich naive Menschen in Pestzeiten medizinischen Rat besorgen. Er rät dazu, Menschenansammlungen zu meiden, und zwar auch in den Kirchen, und fasst in 14 Punkten Verhaltensregeln und -maßnahmen bei Ausbruch der Krankheit zusammen.

Die beiden Pestschriften ergänzte Folz mit zwei diätetischen Schriften, dem ‚Konfektbüchlein' (Nr. 41), in dem die heilende Kraft von zwölf Gewürzen vorgestellt wird, und dem ‚Branntweinbüchlein' (Nr. 42), in dem er beschreibt, *wem der geprent wein schad oder nucz sei*. Hier erfährt man die mögliche Verwendung des Branntweins als Konservierungsmittel, als Antiseptikum und, wenn mit Kampfer vermischt, als Mittel gegen Gliederschmerzen. Hinzu kommt ein 739 Verse umfassendes ‚Bäderbüchlein' (Nr. 43), das 1491 bereits nicht mehr in Folzens Offizin erschien. Quelle ist die Abhandlung ‚De balneis naturalibus hic et alibi constitutis' des Zürcher Theologen und Juristen Felix Hemmerli (1388-um 1460), wovon der Nürnberger Humanist Hartmann Schedel, Schwiegersohn von Folzens Freund Anton Haller, eine Abschrift besaß. Ausführlich breitet sich Folz über Thermalheilbäder und ihre Anwendung aus, wie man sich auf eine Badekur vorbereiten soll, wo die Bäder ihren Ursprung haben und wo sie zu finden sind. Zudem empfiehlt er, bei der Rückkehr dem heimischen Arzt ein Geschenk mitzubringen. Schließlich bedauert er die Lage derjenigen, die sich eine Reise nicht leisten können. Bis weit ins 16. Jh. hinein wurde sein Werk rezipiert und sogar in gelehrten Abhandlungen zitiert.

Dass Folz auch ein besonderes Interesse für die Alchimie entwickelte, ist in der Weimarer Handschrift durch das als eigenhändiger Entwurf überlieferte alchimistische Lehrgedicht ‚Der Stein der Weisen' belegt. Das Werk ist offenbar nie über den Status eines Entwurfs hinausgekommen. Es ist in einer schwer leserlichen Konzeptkursive geschrieben; die Durchstreichungen, Besserungen und Ergänzungen erlauben einen geradezu einmaligen Blick in den Schaffensprozess eines spätmittelalterlichen Dichters, der sich bei der Herstellung dieses Werkes sichtlich schwertat. Freilich handelt es sich hier um eine komplizierte Materie. Denn es geht nicht wie in seinen anderen fachliterarischen Schriften um einen nützlichen Ratgeber für eine gesunde Lebensführung oder medizinische Maßnahmen, die bei drohender Erkrankung oder im Krankheitsfall zu ergreifen sind, sondern um naturwissenschaftliche Wissensvermittlung mit geringer praktischer Relevanz. Folz, der offenbar ein gutes Gespür für die Absatzchancen seiner Werke hatte, dürfte bei diesem Text kaum mit größerem Kaufinteresse gerechnet haben. Seine Begeisterung für die Alchimie wird durch die Aufzählung von 28 lateinischen alchimistischen Werken, die er wohl kaum alle besessen haben wird, in der Handschrift belegt.

Zu erwähnen bleibt schließlich ein Prosawerk, der ‚Parodistische Almanach' (Nr. 46), den Folz 1479/80 als Einblattdruck veröffentlichte. Mit höchst absurden, z.T. recht derben Scherzen verspottet er dort die populäre astrologische Prognostik. So beginnt der Text mit folgender Datierung: *Nachdem und man zalt dausent eyer unnd fier hundert pratwürst und achczig pfaffenseidlein* (Hohlmaß für Geistliche) *des aller pesten kniemostes* (Sauerkrauts) *frü zum anbis ist diese zetel gepratizirt* (als astrologische Voraussage hergestellt). Die Sätze bieten zusammenhangslosen Nonsens, die Sprache erinnert bisweilen an die der Fastnachtspiele. So erscheint etwa der erste Neumond *zwo minuten jensits der arskerben*. Abschließend wird verkündet: *Dyse zetel wert ewig.*

Reimpaargedichte von weiteren Dichtern aus der Mittelschicht

Neben Rosenplüt und Folz gab es nur noch wenige näher identifizierbare Dichter von schwankhaften Mären und Reimsprüchen im Nürnberg des 15. und frühen 16. Jahrhunderts.

Auf Nürnberger Herkunft deutet jedenfalls die Sprache des Hans Meißner, des Verfassers des schwankhaften Märes von der ‚Bestraften Kaufmannsfrau', das vermutlich aus der Mitte des 15. Jahrhunderts stammt. Damit wäre Meißner Zeitgenosse Rosenplüts. Am Ende nennt er sich *Hans Meichßner yn der Krynnen*, wobei sich nicht klären lässt, was mit *Krynn*en gemeint sein könnte. Jedenfalls kommt der Name Meißner in Nürnberg häufiger vor. Hanns Fischer geht von einem „kleinbürgerlichen Dilettanten" aus, während Hans-Joachim Ziegeler die Möglichkeit nicht ausschließen will, dass Meißner Mitglied einer einflussreichen Nürnberger Familie war.

Der anspruchslose Text (104 Verse) behandelt eine seltene Variante der erotischen Dreieckserzählung, indem sich der umworbene Liebhaber mit dem Ehemann gegen die verführende Ehefrau verbündet. Während der Ehemann in Venedig war, kamen Ritter zu einem Turnier in die Stadt und *wollten abenteuer treiben / darzu mit schönen weiben*. Die schöne junge Frau lädt einen Ritter zum reichlichen Abendmahl ein und versucht ihn anschließend zu verführen. Der nimmt aber einen Knüppel und *schmirt irn ruck und lende / schinpein, füsse und hende*. Per Zufall trifft der Ritter den Ehemann und erzählt ihm von dem Ereignis. Als der Ehemann nach Hause kommt, sagt die Frau, sie sei *ein stig abgefallen*. Daraufhin lädt der Kaufmann den Ritter ein. Jetzt gibt die Ehefrau alles zu und ist dankbar, dass ihre *ere* durch das Handeln des Ritters gewahrt blieb. Im Epimythion lehrt Meißner: Wenn jeder – *ritter und knecht* – so wie der Ritter handeln würde, *so blib manche frau wol gut / vor sulchen lust und dingen*. Damit zeigt das Märe in der Tendenz gewisse Ähnlichkeiten mit den standeskritisch akzentuierten Ehebruchserzählungen Rosenplüts.

Ebenfalls aus der Mitte des 15. Jahrhunderts stammt das wahrscheinlich in Nürnberg entstandene schwankhafte Märe ‚Die drei Wäscherinnen', das in zwei Fassungen (132 und 96 Verse) überliefert ist. Die jeweilige Textlänge unterscheidet sich vor allem durch den Umfang der Monologe, deren revueartige Aneinanderreihung auch in vielen anderen Mären – etwa im ‚Gespräch dreier Frauen' – und Fastnachtspielen zu finden ist.

Der Erzähler belauscht *in disen sumerlangen tagen* drei Wäscherinnen, die davon erzählen, wie sie ihre Jungfräulichkeit verloren haben. In der längeren Fassung I klagen die Mädchen, von Knechten vergewaltigt worden zu sein. Allerdings scheint dabei durch, dass der Geschlechtsverkehr ihnen doch große Lust bereitet hat. In Fassung II wird der zweiten *meit* von einem *edelman* ihr *maigtum genomen*. Schließlich kommt eine alte Frau zu ihnen und beschreibt eine Salbe, die den Mädchen ihre Jungfräulichkeit wiederherzustellen vermag. Das scherzhafte Rezept enthält viele absurde Zutaten wie etwa Glockenläuten, Nachtigallengesang, Schafsodem und die Weisheit eines Kalbs.

Vielleicht stammt das Märe ‚Ritter Alexander' (259 Verse) ebenfalls aus Nürnberg. Es dürfte wohl in der zweiten Hälfte des 15. Jahrhunderts entstanden sein und ist nur in zwei Drucken von 1490 und 1515 (aus Nürnberg?) überliefert. Hier wird eine Ehebruchsgeschichte mit der treuen Minne der Gattin für den Betrüger verknüpft.

Der französische Ritter Alexander, der bereits mit einer schönen Frau verheiratet ist, hört von einer besonders attraktiven Bürgersfrau in London. Er reist dorthin, die Frau verliebt sich in ihn und es kommt zum Beischlaf. Der von einer Reise zurückkehrende Ehemann entdeckt die beiden und lässt sie in einem Turm einsperren. Als Alexanders Ehefrau davon hört, eilt sie nach London und besticht die Turmwache, um zu ihrem Mann zu gelangen. Sie tauscht mit ihm die Kleider, schneidet ihm Bart und Locken ab und ermöglicht damit seine Flucht. Vor Gericht gibt sie sich dann als Frau zu erkennen und behauptet, sie sei zu ihrer Sicherheit als Mann verkleidet nach London gereist. Als Beweis für ihre Behauptung zeigt sie ihre Brüste, so wie sie das beim Treffen mit der Bürgersfrau getan habe. Nach langem Gespräch seien sie damals beide nebeneinander eingeschlafen. Der betrogene Ehemann entschuldigt sich bei ihr und lädt die ganze Ratsversammlung zu einem Mahl ein. Danach findet die Betrogene ihren dankbaren Mann wieder, der ihr verspricht, *vort nimmermer zu tun wider treu und auch eer*. Der Stoff wurde in abgewandelter Form in einem Lied Martin Maiers verwertet (1507; vgl. Tl. 2).

Nicht genauer datierbar sind vier unpolitische Gedichte Hans Schneiders – auf den auf S. 145 ff. ausführlicher eingegangen wird –, die sich mit der Liebe und Ehe beschäftigen. Wahrscheinlich wurden sie mittels Einblattdruck in Nürnberg vertrieben, allerdings sind sie alle nur in der Handschrift Nürnberg, cod. Merkel 2° 966, überliefert, in der mehrere Texte Schneiders – auch Druckabschriften – enthalten sind.

In der Minnerede ‚Der Traum' (80 Verse Klingner/Lieb B253), schläft der Sprecher, an seine vollkommene Geliebte denkend, nachts ein. Im Traum kommt sie zu ihm, er beschreibt und preist ihre Schönheit. Er wird von seiner Trauer erlöst und es kommt zu Liebkosungen. Während des Liebesspiels erwacht der Sprecher und bittet Gott, ihn wie die bedeutenden Minner Salomon, Absalom, Samson, Adam und Virgilius vor der Trauer zu bewahren, die ihm ohne seine Geliebte droht. Er hofft auf Glück mit der Angebeteten im Sommer. Ähnlichkeiten bestehen zur Minnerede ‚Der Traum' des Hans Folz (vgl. S. 85).

Im ‚Spruch für Braut und Bräutigam' (70 Verse) bringt Schneider eine Ehelehre, in der er zunächst um Inspiration bittet. Der Spruch ist als Vortrag vor einer Hochzeitsgesellschaft konzipiert. Er warnt vor Ehebruch, ermahnt den Bräutigam, wegen der Gesundheit des ungeborenen Kindes seine schwangere Frau niemals zu schlagen. Die Braut soll ihrem Mann ebenfalls treu bleiben.

Der längste Spruch handelt von ‚Drei Männern, die über ihre Frauen klagen' (120 Verse). Das Dichter-Ich ist heimlicher Zeuge vom Jammern dreier Männer über das Verhalten ihrer Frauen: die eine verprasst das Geld ihres Mannes für Modetorheiten; die andere treibt *haimlich bulerey* und beklagt sich bei den Nachbarn wegen der Schläge, die sie von ihrem verärgerten Mann bekommt; der dritte ist mit einer alten Frau verheiratet, die stets das Gegenteil von dem tut, was er will.

Der vierte Text handelt von ‚Treue und Untreue' und ist ein kurzes schwankhaftes Märe (90 Verse). In Brügge nimmt ein Henker einem Dieb die Beute, lässt ihn aber laufen. Der Dieb geht sofort zum Bestohlenen und beschuldigt den Henker als den eigentlichen Dieb. Der Henker wird gefangen genommen und zum Galgen verurteilt. Da das Henkersamt aber jetzt nicht mehr besetzt ist, bietet sich der Dieb, als Bauer verkleidet, als

Henker an. Er gibt sich am Galgen dem Verurteilten zu erkennen, stößt ihn von der Leiter und lässt ihn *sterben als ein dieb*, bevor dieser das Publikum noch über den wahren Sachverhalt aufklären kann.

Aufgrund der Ähnlichkeit des Namens wurde ein Dichter namens (Hans, Johannes?) R o s n e r (Rosener, Rößner) immer wieder mit Hans Rosenplüt gleichgesetzt, zumal er als dessen Zeitgenosse einzuordnen ist und in einer Handschrift ein Gedicht Rosners mit dem Namen Rosenplüts versehen wurde. Inzwischen geht die Forschung aber von einem eigenständigen Dichter Rosner aus, der allerdings in Nürnberg archivalisch nicht nachweisbar ist. Ihm sind drei inhaltlich und stilistisch recht verschiedenartige Gedichte zuzuordnen.

Die Rede ‚D e r E i n s i e d e l‘ (464 Verse), eine politische Zeitklage, weist die meiste Ähnlichkeit mit Rosenplütschen Dichtungen auf.

Ein Erzähler-Ich bietet zu Beginn eine ausführliche topische Spaziergangseinleitung in amöner Landschaft. Dann trifft er auf einen alten Einsiedler, der ihn nach dem Zustand der Welt befragt. Der Erzähler bietet ihm eine Zeit- und Ständeklage, die der Einsiedler geistlich kommentiert. Er verweist dabei immer wieder auf positive Vorbilder aus der Vergangenheit und greift zudem häufig zu Wappenmotiven. Ganz wie bei Rosenplüt wird über das erbärmliche Schicksal der Armen und Unterdrückten geklagt und über die Übeltaten der Ritter geurteilt: *Das recht swert haben sy verloren*. Auch bei den *fürsten vnd alle ir adel* lasse sich deren Schande erkennen.

Anklänge an Hans Schneiders ‚Drei Männer, die über ihre Frauen klagen‘ finden sich in dem Spruch ‚D e r F r a u e n k r i e g‘ (389 Verse), wo ein Erzähler-Ich elf schöne Frauen bei einem Gespräch belauscht. Abwechselnd berichtet die eine, wie sie unter ihrem Gatten leidet, während dann die nächste von ihrem Mann schwärmt, vor allem von dessen Fähigkeiten beim Geschlechtsverkehr. Am Ende bittet die Elfte die Frauen, die Dinge für sich zu behalten: *Wann ain verschwigen eelich weib / Die hatt sogar ain selgen leib*.

Das Gedicht ‚D i e H a n d w e r k e‘ (154 Verse) ist eine Prahlrede, bei der Rosner im ersten Teil die ‚Rede des Meister Irregang‘ (vgl. Bd. III/1) ausgiebig verwertet. Hier verfügt der Redende über praktisch alle handwerklichen Fähigkeiten und zählt sie auf. Es geht dann mit einer triviale Scherz- und Lügenrede weiter, die damit abschließt: *Die lügen sind war und nit ein mer*.

Der hochaktive Briefmaler, Illuminist, Formschneider und Drucker G e o r g G l o c k e n d o n der Ältere († 1514) kam 1484 nach Nürnberg und erhielt das Bürgerrecht. Neben kartographischen Arbeiten, Malereien u.a.m. stellte er eine Vielzahl von bebilderte Einblattdrucken her, die zumeist nicht durch selbst verfasste Verstexte begleitet wurden. Höchstwahrscheinlich von ihm stammt aber das illustrierte Blatt ‚Die Kindsbettkellnerin und Dienstmagd', wo neben einem zweiszenigen Holzschnitt – eine Wochenstube und eine Küche – von einem 66 Reimpaarverse umfassenden Streitgespräch zwischen einer Hebamme und einer Magd berichtet wird, die der Verfasser gehört haben will. Am Ende nennt sich der Drucker *Glogkendon*, was hier als Verfassersignatur gewertet werden kann.

Von einem Niklas Frauenpreis stammt eine 42 Verse umfassende unikal überlieferte Scheltrede gegen übermäßiges Trinken. Es bleibt noch ungeklärt, ob er mit dem Frauenpreis identisch ist, der in den Meistersingerkatalogen eingetragen ist.

Das Nürnberger Fastnachtspiel

Mit Fastnachtspiel sind die zumeist weltlichen Spiele gemeint, die in der Zeit vor und nach dem Sonntag Estomihi (dem siebten Sonntag vor Ostern), dem Fastnachtsonntag, bis zum Aschermittwoch, bisweilen sogar noch bis zum ersten Wochenende in der Fastenzeit, aufgeführt wurden. Fastnachtsmontag und -dienstag waren im Mittelalter die einzigen arbeitsfreien Festtage, die nicht heilige Feiertage waren. Sie waren Tage der Ausgelassenheit und boten eine hervorragende Möglichkeit, um aus dem Alltag herauszutreten und alltägliche Zwänge zu vergessen.

Fastnächtliche Spielaufführungen hat es zwar in vielen Städten gegeben (vgl. Tl. 2), aber nur aus Nürnberg ist ein größeres Corpus erhalten geblieben. Von den Nürnberger Spielen sind 108 oder 109 Texte in 14 Handschriften und 12 frühen Drucken überliefert, wobei in den Handschriften neben den Spielen auch Schwankmären, Reden, Priameln und andere Gattungen mit fast ausschließlich weltlicher Thematik vertreten sind. Allerdings ist kein einziger Text sicher als tatsächliche Vorlage für eine Aufführung erhalten geblieben, sondern nur in für die Privatlektüre gedachten Abschriften. Das heißt, die Schreiber verstanden sich als Vermittler von Leseliteratur und nahmen nur sehr wenig – wenn überhaupt – Rücksicht auf die Konservierung einer evtl. Aufführungspraxis. Überschriften und vor allem ‚Regieanweisungen' sind äußerst uneinheitlich, ja z.T. eindeutig fehlerhaft erhalten, Pro- und Epiloge passen bisweilen nicht zum restlichen Text usw. Wie die ursprünglichen ‚Regieanweisungen' ausgesehen haben mögen, lässt sich anhand dieser Überlieferungslage nicht definitiv sagen, aber aus viel mehr als reinen Sprecherzuweisungen werden sie nicht bestanden haben. Eine ähnliche Überlieferungsproblematik bieten die wenigen zum Druck gekommenen Stücke. So bleibt es offen, welche dieser Texte jemals aufgeführt wurden, und, wenn ja, in welcher tatsächlichen Gestalt. Dieser Befund muss zwar bei den Interpretationen der Spiele stets berücksichtigt werden, dennoch lässt sich bei aller Vorsicht der fastnächtliche

Die Literatur der Mittelschicht

Spielbetrieb aus den überlieferten Texten sowie den Ratsverlässen weitgehend rekonstruieren.

Wann der Spielbetrieb in Nürnberg begann, lässt sich ebenfalls nicht mit Sicherheit sagen. Im Allgemeinen geht man von der Zeit um 1430/40 aus, aber diese Datierung ist reine Vermutung. Nichts spricht gegen einen früheren Zeitraum, im dem mündlich improvisiert wurde oder schriftliche Texte verloren gingen. Die Überlieferung hilft hier nicht weiter, da überhaupt nur wenige Spiele Anhaltspunkte für eine Datierung ihrer Entstehung oder evtl. Aufführung bieten. Der älteste Textzeuge stammt aus der Zeit zwischen 1455–1458 (München, cgm 714; s.u.).

Alle gesellschaftlichen Schichten der Stadt nahmen an den Festivitäten teil, wenn auch zumeist innerhalb ihrer eigenen Kreise. Der Bamberger Chorherr Lorenz Behaim schrieb am 21. Februar 1507 an seinen Freund, den hochgebildeten Patrizier und Humanisten Willibald Pirckheimer, der durchaus das Leben zu genießen wusste, dass dieser sich wohl ziemlich verlustiert habe in der Fastnacht. Hätte er das gewusst, wäre er nach Nürnberg gekommen, um sich mit ihm auszutoben. Der Brief ist nur einer von zahlreichen Belegen, dass sich das wilde Fastnachtstreiben keineswegs auf die mittleren und unteren Schichten beschränkte, wie in der Forschung früher gerne angenommen.

Die durchaus begeisterte Teilhabe der Oberschicht an den allgemeinen Lustbarkeiten wird zudem durch deren Teilnahme an dem in Nürnberg sehr beliebten Schembartlauf bezeugt, der erstmals 1449 erwähnt wird. Chronikalische Quellen berichten, dass die Nürnberger Metzger und Messerschmiede nach dem Aufstand 1348/49 für ihre Treue zum Nürnberger Rat mit dem Privileg belohnt wurden, in der Fastnacht einen vermummten ‚Zämertanz' abzuhalten. Bereits 1397 ist dieser Tanz urkundlich belegt, das Privileg dürfte allerdings eine den Tanz verklärende Erfindung sein. Während die Metzger tanzten, wurden sie von Läufern mit Schembarten, einer Gesichtsmaske, vor der Menge geschützt. Diese bestanden zur Hälfte aus jungen Patriziern und Gesellen *aus der gemein*. Seit 1468 zahlten Jugendliche aus dem Kreis der *erbarn* den Fleischhackern für das Privileg, sich maskieren und mithin in „einer selbstherrlichen Renaissanceprozession" auftreten zu können, „in welcher die kaufmännische Oberschicht ihren materiellen Reichtum zur Schau trägt" (E. Simon). 1539 nutzten konservative Patrizier den Schembartlauf, um Kritik an der Reformation und am in Nürnberg tätigen reformatorischen Prediger Andreas Osiander zum Ausdruck zu bringen, woraufhin Martin Luther die Umzüge als eine besonders unheilige Veranstaltung anprangerte. Danach gab es in Nürnberg keinen Schembartlauf mehr.

Die irrige Vorstellung, dass die oberen Schichten der Stadt das Brauchtum der unteren Schichten nur duldeten und nicht selbst daran partizipierten, prägte lange Zeit die Forschung zum Fastnachtspiel, in dem es in erster

Linie um zumeist derbe Themen ging, vor allem um sexuellen oder fäkalischen Humor und um eine Verkehrung der sozialen und moralischen Ordnung. Handwerkermeister – wie etwa Hans Rosenplüt, Hans Folz oder Hans Sachs – sind als Textverfasser und Spielrottenführer z.T. namentlich bekannt. Geradezu unerschütterlich erschien auch die Annahme, dass nur Handwerksgesellen als Akteure in Frage kamen, zumal in den Ratsverlautbarungen stets von *gesellen* die Rede ist. Diese soziale Gruppe kam erst relativ spät, wenn überhaupt, zur Ehe und habe daher – so die Folgerung der Forschung – in der zum Teil drastischen Obszönität der Spiele einen verbalen Ersatz für den ihnen verbotenen Geschlechtsverkehr gefunden; die Spiele seien „fiktiver Ersatz für die ungehinderte Entfaltung [einer] unterdrückten und dadurch nicht selten verformten Sexualität" gewesen (R. Krohn). Jüngere sozialgeschichtliche Untersuchungen haben aber inzwischen nachgewiesen, dass die Handwerksgesellen alles andere als keusch lebten. Für sie gehörte der Umgang mit den vom Rat geduldeten Prostituierten eher zum Alltag; für die Gesellen und Knechte waren die Frauenhäuser ja gerade gedacht. Der in dieser Frage ebenfalls sehr pragmatische Rat erklärte in seiner 1470 erlassenen ‚Ordnung der gemeinen Weiber in den Frauenhäusern' die Duldung von Bordellen als sinnvoll, um *merers übels in der cristennhait* zu vermeiden, das sehe auch die Kirche so.

Eckehard Simon konnte in seiner grundlegenden Arbeit zum weltlichen Spiel nachweisen, dass jene *jungen gesellen*, die 1475, 1487 und 1488 zur Fastnachtszeit Spiele aufführen wollten, in Ratsverlässen (Ratsbeschlüssen) als *erber* bezeichnet wurden, also aus den ehrbaren Geschlechtern der Stadt stammten. Beispielsweise präsentierten junge Männer aus dieser Schicht 1488 *ein spil mit paurn werck*. Wie es sich auch aus den Besitzereinträgen von weltlichen Sammelhandschriften ablesen lässt, dürfte sich das Interesse an zotiger Literatur kaum auf eine Schicht, geschweige denn auf die unverheirateten Mitglieder dieser Schicht beschränken lassen. Eine der Handschriften mit einem Fastnachtspiel und mehreren Minnereden (München, cgm 439) stammte zum Beispiel aus dem Besitz des Nürnberger Patriziers Anton Haller, des Schwiegervaters des Humanisten Hartmann Schedel. Da aber auch Teile der Oberschicht nachweislich die vom Rat offiziell mit Misstrauen betrachteten Texte selbst verfassten, aufführten und sich dann an ihnen in verschriftlichter Form delektierten, lässt sich mit Fug behaupten, dass die primitiven skatologischen Belustigungen ebenfalls den *erbaren* als Ventil dienten. Diesen Zusammenhang hat die stets argwöhnische Nürnberger Obrigkeit offenbar erkannt und wohl deswegen den Spielbetrieb nicht unterbunden, sondern nur gewisse Grenzen einzuziehen versucht.

Die vitale Nürnberger Spielkultur in der Fastnachtszeit ist ab 1474 durch Ratsverlässe gut dokumentiert (zusammengestellt bei E. Simon). Zweifellos wurden Spiele zur Fastnacht schon vor dem Jahr der ersten Erwähnung

Die Literatur der Mittelschicht

aufgeführt – wahrscheinlich schon in den ersten Dezennien des 15. Jahrhunderts. Möglicherweise sind einige Hefte mit Ratsverlässen verlorengegangen. In anderen Fällen vor 1474 könnte die Formulierung in den Ratsprotokollen auf Spielhandlungen hindeuten, ohne dass dies explizit benannt wird: Zum Beispiel hatte der Rat 1468 eine Verordnung erlassen, die den Feiernden unter Androhung einer hohen Geldstrafe verbot, *solche unzymliche wort und geperde, reymens oder in andere weise* zu gebrauchen. Es handelte sich um eine Reaktion auf das Treiben *etlich[er] personn*, die von Haus zu Haus gegangen waren und *uppiger, unkeuscher und sunst unczymlicher wort und unordelicher geperde sich ... geübet* hatten, daher dürfe in Zukunft *nyemant außgenommen ... sündlich und schentlich* Unfug treiben. Erst nach 1474 erhebt der Rat die ausufernde Frivolität der Spiele explizit zum Gegenstand von Beratungen und Gegenmaßnahmen.

Der z.T. äußerst primitive Humor der meisten Spiele empörte aber nicht nur immer wieder den Nürnberger Rat. Der bedeutende Germanist und Schüler Jakob Grimms, Karl Goedeke, charakterisierte 1859 die Fastnachtspiele folgendermaßen: „Jeder Sprechende ein Schwein, jeder Spruch eine Rohheit, jeder Witz eine Unfläterei." Dieses und ähnliche abschätzige Urteile bestimmten den Umgang der Forschung mit dieser Gattung, von wenigen Ausnahmen abgesehen, bis in die 1960er Jahre hinein. Selbst der erste Herausgeber der Stücke, Adalbert von Keller, dessen Zählung für die meisten Spiele bis heute immer noch maßgeblich ist (i.F. K mit Nummer), hielt eine sittliche Distanzierung für angebracht: „Niemand, der das herz auf dem rechten flecke hat, wird an diesen auswüchsen behagen finden."

Wenn schon in Nürnberg jeder schriftlich verbreitete oder aufgeführte Text vom Rat auf Unbotmäßiges hin beäugt wurde, dann galt das vor allem für die als besondere Gefahrenquelle betrachteten Fastnachtspiele. Die Aufführungen waren *erbercklich, züchtiglich* und *zimlich* zu gestalten. Auch eine Maskierung der Spieler war untersagt, nur Schminke war erlaubt (*sich unter den Augen mit varben bestreichen*). Waffen durften nicht getragen werden. In den Verlässen bitten zumeist Handwerker beim Rat um Erlaubnis für Spielaufführungen, wobei es nicht immer Meister und Gesellen waren, die die Spieltruppe bildeten, sondern auch Lehrlinge (*etliche knappen*), die z.B. 1479 und 1488 vom Rat erlaubte Neidhartspiele aufführten: *Neitharts tanz* bzw. *Neithart spil mit Reymen*. Auch Schüler und Chorknaben des Heilig-Geist-Spitals sowie Gerichtsschreiber gehörten zu den in den Verlässen genannten Zuständigen für Fastnachtspielaufführungen.

Die Gattung Fastnachtspiel selbst entstand keineswegs in Nürnberg. In Anbetracht der vielfältigen Handelsverbindungen der Reichsstadt ist die Wahrscheinlichkeit groß, dass Kaufleute aus anderen Städten Anregungen mitbrachten, Spiele zur Fastnacht aufzuführen. Zudem beschränkten sich die öffentlichen literarischen Darbietungen in der Fastnachtszeit selbstverständlich keineswegs auf die Aufführungen von Spielen. Auch der Vortrag von Liedern, schwankhaften Erzählungen, Reden u.a.m. gehörte zur fastnächtlichen Unterhaltungskultur. Wie es überhaupt zu einer Spielkultur – zu einem weltlichen Theater von Laien für Laien – in der Fastnachtszeit kam, wird sich nicht mehr klären lassen. Anregungen aus dem geistlichen Spiel, vor allem aus den derben Auftritten der dort etablierten Figuren des Salbenkrämers oder der Teufel, ist für Nürnberg kaum anzunehmen, da im 14. und 15. Jahrhundert in der Reichsstadt keine umfangreichen geistlichen Spiele aufgeführt wurden. Höchstwahrscheinlich dürfte die Spielpraxis auf improvisierte Darbietungen von in der Stadt ausgelassenen Umherziehenden zurückzuführen sein. Die verschriftlichten Spiele, die dann auch von anderen mündlichen und schriftlichen Gattungen befruchtet wurden, wären demnach eine spätere Erscheinung. Zu diesen Gattungen wird das Märe gehört haben, bei dem sehr häufig auf *dicit*-Formeln verzichtet wird. Da sie vermutlich „mimisch-monodramatisch", also mit Hilfe von Gestik und einem Wechsel der Stimmlage vorgetragen wurden (H. Fischer), war der Schritt hin zu einer auf mehrere Rollen verteilten Darbietung nicht weit. Auch dürfte das verschriftlichte Fastnachtspiel auf der schon länger etablierten Gattung der Rede aufbauen.

Aufgeführt wurden die Spiele in der Regel durch kleine Gruppen, die mit Texten von circa 200–300 Versen von Haus zu Haus oder durch die Wirtshäuser zogen – eine Praxis, die in Nürnberg erstmals in den Spielen, die man früher allesamt Hans Rosenplüt zuschrieb, anzutreffen ist. Diese sog. Einkehrspiele wurden zumeist abends dargeboten, was aus den Gruß- und Abschiedsversen der Stücke sowie einigen Ratsverlässen hervorgeht. Die kleine Spielergruppe (zumeist etwa 5–15 Darsteller) trat wohl vor einem bereits angeheiterten und daher an längeren Darbietungen eher nicht interessierten Publikum auf. Ihr Auftritt wird deshalb kaum mehr als eine halbe Stunde betragen haben. In der Regel sorgte zu Beginn ein Praecursor (Ein- oder Ausschreier, Exclamator, Herold u.ä.m.) für Aufmerksamkeit, begrüßte den Hausherrn, bat um Ruhe und gab Hinweise auf den Inhalt. Bisweilen wurden auch die Figuren vorgestellt. Hans Folz gibt in seinem Stück ‚Ecclesia und Synagoga' (Ausgabe Przybilski/Greil 81; i.F. PG mit Nr.) einen gewissen Einblick in die Art, wie dann in einer Stube rasch der notwendige Raum für eine Aufführung geschaffen wurde. Der *erst paur* (als Praecursor) betritt den Raum, bittet die Anwesenden aufzuräumen, Kinder und Wiegen zu entfernen sowie bellende Hunde zu verjagen. Polster und Kissen sollten dann von den Bänken entfernt und Stühle und Bänke zusammengerückt werden: *Und, das dest pas wird zugehort / So stet darauf und spitzt die oren.* Die Türen seien sodann zu schließen, es dürfe niemand mehr hereingelassen werden. Schließlich werden alle jene aufgefordert, die mit dem Spielgeschehen nichts zu tun haben, deutlichen Abstand zu halten. Wer die Aufführung durch Geschwätz störe, müsse mit seiner Entfernung aus dem

Raum rechnen. In der Regel schließt der Praecursor das Spiel auch wieder ab, z.B. mit der Bitte um einen Trunk oder eine milde Gabe und einer gespielten Entschuldigung für den derben Humor: *Ir herrn, wir haben grop gespunnen; / Doch seit ir weder munch noch nunnen, / So kunt ir auch wol schimpf* (Spaß) *versten.* (K 29). In den Spielen gab es bisweilen musikalische Begleitung. Nur wenige Requisiten wurden in den Aufführungen eingesetzt, Frauenrollen von verkleideten jungen Männern besetzt. Die Figuren waren in vielen Spielen vor allem an der Kostümierung und durch geschlechtsspezifische Stimme und Gestik erkennbar.

In manchen Spieltexten wird auch deutlich, dass sie vor der besseren Gesellschaft Nürnbergs aufgeführt wurden. Dort wird der *wirt* (der Hausherr) *von hoher art / Und auch sein schone frauen zart* (K 10 und 18) zu Beginn gegrüßt. Es wird angenommen, dass einige Spiele des Hans Folz mit ihren etwas niveauvolleren Themen eher für diese Schicht gedacht waren. Gerade seine Werke mit antijüdischer Tendenz stießen bei den Ehrbaren, die 1498/99 die Juden aus der Stadt vertreiben durften, offenbar auf besonderes Interesse.

In Einzelfällen wurde trotz der kalten Jahreszeit auch im Freien gespielt. Der Stadtbaumeister wurde zum Beispiel 1517 angewiesen, für den (marktfreien) Fastnachtssonntag *vor dem rathaus* eine Bühne aufzubauen, so dass *ain vaßnachtspil* dort aufgeführt werden könne. Für sein antijüdisches Spiel ‚Der Herzog von Burgund' (s.u.) benötigte Folz sicherlich eine größere Bühne. Immerhin kommen dort 29 Sprecherrollen und mehrere Bühneneffekte vor, die sich wohl nur schlecht in einer Stube oder einem Wirtshaus realisieren ließen, so etwa: *Hie get ein trach und speit feur ausz.*

In zwei dokumentierten Fällen wurden Aufführungen, die als *fasnachtspil* bzw. *Ein spil* bezeichnet wurden, auch außerhalb der Fastnachtszeit veranstaltet. Am 27. Juni 1491 führte Folz ein nicht überliefertes Spiel anlässlich eines Reichstagsbesuches des damals noch römischen Königs Maximilian I. vor, das von einem reichen verliebten Greis, *eym jungen weibespild* und einem stattlichen *landsknecht* handelt. Am Schluss verzichtet die junge Frau auf die Verlockungen des Geldes *und lacht den lantsknecht an*. Am 22. August 1474 führten drei Handwerker ein antijüdisches Spiel auf, welches das Streitgespräch zwischen dem Hl. Silvester und den Juden vor dem römischen Kaiser Konstantin und seiner Mutter Helena zum Thema hat (vgl. S. 109). Die drei durften zwar *keyn gelt ... vordern*, aber *Wer in aber mit willen gelt gibt, das mögen sie wol nemen.*

Die in den Stücken mögliche Themenbreite war weitgehend ohne feste Begrenzung, freilich abgesehen von der durch den Rat gesetzten. In formaler Hinsicht sind Fastnachtspiele aufgrund ihres ‚Sitzes im Leben' recht anspruchslos. In einem Meisterlied empfiehlt Hans Folz das Verfassen von *history* und *fastnacht spil* als eine geeignete literarische Übung für Anfänger, was auch offenbar mit seiner eigenen Werkchronologie übereinstimmt.

Hier erhebt sich der stolze Meistersinger und Freund der Ehrbaren über die anderen Meister und ihre *gesellen*, deren derbe Possen nicht mit seinen bisweilen ernsthaften Stücken auf eine Ebene gestellt werden sollten.

Wie in der erzählenden und lehrhaft-satirischen Dichtung der Zeit – d.h. für die nicht zu singende Dichtung – wird auch in den Spielen des 15. Jahrhunderts der Knittelvers (Knittel bedeutete ursprünglich Reim) verwendet, und zwar der freie, bei dem die Zahl der Silben in einer Zeile zwischen sechs und sechzehn schwanken kann. Hans Sachs wird in seinen Spielen dann zum strengen Knittelvers übergehen, mit alternierendem Prinzip und acht Silben bei männlicher und neun bei weiblicher Kadenz.

In Lübeck wurden vorwiegend ernste Stücke in der Fastnachtszeit aufgeführt. Vor diesem Hintergrund wird verständlich, warum das komische ‚Nürnberger (Kleine) Neidhartspiel' mit der Bemerkung eingeleitet wird, dass man jetzt etwas aufführen wolle, *das doch nit zu geistlich wer* (PG 89). Obwohl durchaus auch einige ernsthafte, z.T. sogar geistliche Stücke zu den Nürnberger Fastnachtspielen gehörten – etwa ‚Das salomonische Urteil', in dem die Handlung kaum über die biblische Erzählung hinausgeht –, stellen sie doch die Ausnahme dar.

Im Wesentlichen bestehen die uns überlieferten Spiele aus zwei Grundtypen, zwischen denen sich allerdings verschiedene Gestaltungsmöglichkeiten entfalteten. Der einfachste Typ ist das sog. Reihen- oder Revuespiel. Es handelt sich dabei um die in der Überlieferung am stärksten vertretene Form des Fastnachtspiels im 15. Jahrhundert. In der einfachsten Form des Reihenspiels treten nach der Begrüßung und Vorstellung der Spieler und des Stücks durch einen Praecursor die einzelnen Sprecher als Vertreter bestimmter Gruppen auf und stellen sich und ihre Eigenschaften vor oder berichten von komischen Erlebnissen, ohne sich aufeinander oder eine bestimmte Person in der Gruppe zu beziehen. Die verbindungslosen Einzelvorträge können sehr häufig recht derbe Töne anschlagen:

> *Herr der wirt, ich heiß Molkenslauch*
> *Und hab gar ein hungerigen pauch.*
> *Zwu maß milch und drei pfunt preis*
> *Und ruben und kraut und ander speis,*
> *Des bedarf ich vil zu einem anpiß.* [Frühstück]
> *Darauf so tu ich zehen schiß*
> *Und leg dann hinter die scheuern ein ei,*
> *Damit ich manich hungerige sau erfrei.* [erfreue]
> *Wenn ir das ist am ersten beschert,*
> *Davon sie sich wol einen ganzen tag ernert.* (K 109)

Es treten bevorzugt Bauern, Narren, Sexualprotze oder Vertreter von Ständen oder Berufen auf. Aufgrund des lockereren Rahmens kommt es in der

Regel auch nicht zu einem organischen Abschluss der Stücke; die Reden, die meist von gleicher Länge sind, könnten fortgesetzt oder jeder Zeit abgebrochen werden. Dementsprechend werden sie in den Aufzeichnungen durch *Einer dicit, der ander, der dritt* usw. oder *der erst, der ander narr, gesell* oder *paur* den einzelnen Rednern zugewiesen. Die Namen, die sich die Sprecher geben, sind selbstverständlich grotesk (*Her Nasentropf, Nasenstank*) oder eindeutig (*maidhoffirer*). Ein typisches Reihenspiel ist K 28, wo 15 Bauern sich ihrer außerordentlichen Potenz rühmen. Der *Precursor* spricht sechs, die Bauern je vier Verszeilen; so etwa:

> *So haiß ich mair Leupolt,*
> *Mich han die schon weiber holt.*
> *Ee ich von einer args wolt denken,*
> *Ee wolt ich ir zwei eir fur den ars henken.*

Es gibt auch Reihenspiele mit einer Tendenz zur Verklammerung der Reden, indem sie in lockere Beziehung zueinander gesetzt werden. Entweder wird am Ende eines Vortrags auf die nachfolgende Rede verwiesen, woraufhin der Nächste seinen Vorgänger erwähnt oder auf ihn eingeht, wie etwa in K 9, wo Handwerksburschen wilde Lügengeschichten über ihre Abenteuer in fremden Ländern auftischen und sich gegenseitig zu übertrumpfen versuchen.

Klammer eines Stücks kann auch ein Gegenstand sein, auf den sich die einzelnen Reden dann beziehen. Musterbeispiel ist ‚Das Spiel vom Dreck' von Hans Folz (PG 91).

In der Nürnberger Tuchscherergasse hat ein ungehobelter Bauer einen monströsen Kothaufen, einen *kunter* (Ungetüm), hinterlassen. In dem ungewöhnlich langen Spiel (circa 400 Verse) bittet ein Vertreter der Bürgerschaft mehrere Bauern sowie Ärzte, die Beschaffenheit der Hinterlassenschaft zu beurteilen, und um Rat, was damit geschehen soll. Die Tatsache, dass das Geschehen in die Tuchscherergasse lokalisiert wird, die sich an der Südseite des Rathauses befand, dort wo die Oberschicht Fastnacht feierte, war ein sicherer Lacherfolg. Der Ort des Geschehens wird am Anfang erwähnt und am Ende vom Urheber des *kunters* nochmals thematisiert. Der Fastnachtstanz im Rathaus, wo die *schonsten frauen* hingehen und feine Musik gespielt wird, habe ihn neugierig gemacht, aber die Notdurft ließ ihn alles vergessen, da er nur noch daran gedacht habe, sich zu erleichtern:

> *Und wer begabt mit aller kunst*
> *Und hett auch aller frauen gunst,*
> *Und wer bey allem seitten spil,*
> *Und hett er newr eins pfundß zu vil,*
> *Das abgesessen wer von dem magen –*

Was alle werlt tet singen oder sagen:
Mocht er die nuß nit pald abdrucken,
Sein hochste freud, die ging auf krucken.

In Reihenspielen kann es zu einer Aneinanderreihung von Rätseln, Priameln, Beschimpfungen kommen, oder es kann ein Wettbewerb vorgeführt werden, in dem eine begehrte Dame, Frau Venus, ein Richter, ein Arzt u.a.m. den Sieger zu küren haben. Prügeleien können dann das Stück abschließen. Beispielhaft für diesen Typus ist das Einkehrspiel ‚D e r M o r i s k e n t a n z‘ (K 14), wo sich zehn Buhler (*narren*) um eine Frau (wohl Venus) versammeln, die demjenigen einen Apfel als Preis verspricht, der sich auf der Suche nach Liebe am stärksten erniedrigt habe. Sie alle berichten von ihren Torheiten, wobei der letzte zugibt, in der Hoffnung auf ein Lächeln seiner Dame, von seinem eigenen Kot gekostet zu haben, womit er den Sieg davonträgt. In diesem Stück wird offenbar ein höfischer Preistanz parodiert, der *morisckendancz*, der König Maximilian 1491 vorgeführt wurde, weshalb der Augsburger Sammler Claus Spaun dem Text in seiner 1494 fertiggestellten Handschrift die gleichnamige Überschrift gibt. Den Tanz beschreibt Hans Folz in einer Preisrede auf den bedeutenden Gast folgendermaßen: Um eine schöne Frau, die einen *apfel schön und rot* hält, tanzten sechs stolze, edel ausgestattete *moren*, die *arabisches golts an ringen vnd in oren* trugen, mit grotesken Verrenkungen zur Musik eines *pauckers*, der zugleich auf Pfeife und Trommel spielte. Derjenige, der sich am besten verrenkte, erhielt den Apfel. Die eigentlich lustigen Moriskentänze (Maurentänze) mit seltsamen Luftsprüngen waren im Europa des 15. Jahrhunderts beliebt; in Nürnberg sind sie vielfach bezeugt.

Ein Großteil der Fastnachtspiele verhandelt Themen der städtischen Ordnung. In den Gerichtsspielen, die circa ein Viertel der überlieferten Stücke ausmachen, geht es aber zumeist um sexuelle Vergehen, vor allem um Ehebruch – ein Straftatbestand in Nürnberg –, wobei Männer wie Frauen als Kläger auftreten. Allerdings werden zumeist Männer angeklagt, deren Fehltritte dann breit von Schöffen verhandelt werden. Die äußerst brutalen Strafen – sogar eine Selbstkastration wird verhängt – sorgen für Belustigung. In K 29 verklagt eine Frau ihren Mann, weil der von ihr verlangt, achtzehnmal pro Nacht mit ihr zu schlafen, während ihr fünfzehnmal als ausreichend erscheint. Die entrüsteten Schöffen geben dem Mann allerdings recht. Anregungen für diese Prozessform könnten die Verfasser auch bei den Minnereden und den geistlichen Reden gefunden haben, wo sie als formaler Rahmen beliebt war.

Während über Vorgänge in den Reihenspielen allenfalls von den einzelnen Figuren berichtet wird, so werden sie in den Handlungsspielen ausführlich zur Darstellung gebracht, was eine Überführung von an das Publikum gerichteten Ich-Berichten in Handlung bedeutet. Als Quellen dienten mitunter kurzepische Texte, wie etwa schwankhafte Mären oder heldenepische Stoffe, etwa aus dem Kreis der Dietrich-Epik, so ‚Der Berner und der Wunderer' des Hans Folz (PG 105), das auf den ‚Wunderer' (vgl. Bd. II/ 2) zurückgeht.

Das Stück ‚Domherr und Kupplerin' (K 37), früher irrigerweise Hans Folz zugeschrieben, basiert auf dem Märe ‚Frau Metze' des Armen Konrad (vgl. Bd. III/1). Im Märe wird vom Scheitern eines Rendezvous zwischen einer verheirateten Frau und einem Dompropst erzählt.

Als Ersatz für den Dompropst besorgt eine alte Kupplerin ihr versehentlich den eigenen Ehemann als Liebhaber. Die überraschte Frau rettet sich allerdings listig, indem sie den Mann mit Vorwürfen über seine ehebrecherischen Absichten überhäuft. Das Spiel reduziert die Handlung auf je ein Gespräch der Kupplerin mit einem Bamberger Domherrn und mit der Frau. Die Szene mit dem Gespräch zwischen der Kupplerin und dem Ehemann wird durch Berichte der am Fenster stehenden Magd ersetzt. Die Magd ist es auch, die die Frau vor der Gefahr warnt und ihr den Rat zum Angriff gibt. Die Schuldige ist am Ende die Kupplerin, die von der Magd verprügelt wird. Bevor der Ehemann ihr ebenfalls Gewalt antun kann, fordert *der tumherrn knecht* den *pauker* auf, er solle *ein tanz uns machen, / Damit ein end und pald darvon / Wann wir noch weit haben zu gan*.

Bei Handlungsspielen waren in der verschrifteten Fassung zumeist ‚Regieanweisungen' vonnöten, um den Fortgang des Geschehens verständlich zu machen. So auch in diesem Stück, zu dessen Aufführungspraxis die Überlieferung aufschlussreiche Hinweise bietet. Die Rotte bestand aus fünf Darstellern, wobei der *precursor / auszschreier* auch die Rolle des Knechts übernahm und der *thumherr* die Rolle des Ehemanns. Dessen Verwandlung ging folgendermaßen vor sich: *Thumherr get ausz und tut den langen mantel ab, als sei er der frau man*. Nur die drei Frauenrollen waren einfach besetzt.

Episoden- oder Handlungsspiele sind im 15. Jahrhundert in Nürnberg nach Auskunft der Überlieferung bei weitem nicht so populär gewesen wie die Reihenspiele. Das könnte daran liegen, dass sie von einem angetrunkenen Publikum größere Konzentration verlangten als ein auf schnelle Lacherfolge abzielendes Reihenspiel. Dies sollte sich im 16. Jahrhundert mit den Spielen von Hans Sachs ändern, der sich dezidiert dem Handlungsspiel zuwandte, ohne allerdings gänzlich auf Reihenspiele zu verzichten. Auch wenn es auf den ersten Blick naheliegen könnte, ist keinesfalls von einer linearen Entwicklung vom Reihen- zum Handlungsspiel auszugehen. Das Handlungsspiel ‚Eheliche Verdächtigungen' (K 19) gehört beispielsweise zu den frühesten datierten Stücken überhaupt, während Reihenspiele keineswegs ausstarben. Es dürfte, wie beim geistlichen Spiel, ein Nebeneinander von schlichten und komplexeren Stücken gegeben haben, bei den Fastnachtspielen sogar von Anfang an. Dennoch darf nicht übersehen werden, dass die frühen Spiele vorwiegend Reihenspiele waren, während die späteren Spiele von Hans Folz und Hans Sachs eher zu den Handlungsspielen zählen.

Fastnachtspiele bieten Humor aus männlicher Perspektive, was aber keineswegs bedeutet, dass die Texte allesamt als ausgesprochen misogyn zu werten sind, zumal männliche Figuren gerade im sexuellen Bereich häufig der Lächerlichkeit preisgegeben werden. Eindeutig männlicher Phantasie entstammt die Sprache der Spiele, die im Bereich der sexuellen Bildlichkeit mit wilden, z.T. in ihrer Bedeutung heute nur erahnbaren Wortschöpfungen aufwartet. Inwieweit ein Großteil aus der Alltagssprache stammt, lässt sich nur vermuten, manche Begriffe sind aber bis heute vor allem in Dialekten erhalten geblieben. So wird der Penis als *einliften finger, wasserstange, pruchnagel (pruch* = Hose um Hüfte und Oberschenkel) oder *pruchwurm* bezeichnet, die Vagina als *graben, futterwanne, (fleisch)gaden* oder *geige*, der Geschlechtsverkehr als *fideln, wurst essen, wieslein mähen, nageln* oder *pfeffern*. Dementsprechend werden auch die Namen der Figuren gestaltet: *Molkenslauch, Katzen-* oder *Fotzenstriegel*. Neben dem Sexuellen gehört vor allem die Thematisierung der Vitalsphäre mit entsprechendem, allerdings eher direktem und nicht metaphorischem Wortschatz zum Standardrepertoire der Spiele.

Ein Großteil der Metaphorik stammt aus der Welt der Bauern. Die Bauern waren die beliebtesten Figuren der Spiele, im 15. Jahrhundert sogar noch häufiger auftretend als die Narren, mit denen sie zumeist identisch sind. In den Ratsverlässen ist deshalb häufig von *pauren spil* die Rede. Bauern sind die optimalen Vertreter der Diesseitigkeit, sie sind die hemmungslosen Liebhaber, Faulpelze, ungehobelten Repräsentanten einer niederen, den Handwerkern unterlegenen sozialen Schicht, denen durchaus allerlei Primitivität zuzutrauen ist. Handwerker kommen dagegen als Figuren äußerst selten vor. Dies allerdings als eine reine Verspottung der Bauern zu deuten, wäre sicherlich zu kurz gegriffen. Vielmehr sind diese Figuren in ihrer stereotypen urwüchsigen Triebhaftigkeit idealisierte Gestalten, die in der Lage sind, gesellschaftliche Grenzen ungehemmt zu überschreiten, Grenzen, welche die Mittelschicht eigentlich nicht zu überschreiten wagte.

Wie die Fastnachtspielsammlungen entstanden, lässt sich, zumindest was die Spiele aus der ersten Hälfte des 15. Jahrhunderts betrifft, nur schwer klären. Wo wurden sie gesammelt und aufbewahrt, um dann in umfangreichen Handschriften kopiert zu werden? Gab es eine Art Archiv oder Sammler, die die Produktion eines jeden Jahres abschrieben und als Konvolut an Interessenten weitergaben? Ingeborg Glier wollte davon ausgehen, dass Hans Rosenplüt selbst neben der eigenen Produktion Spiele anderer Autoren zusammentrug und sie auch teilweise redigierte. Letzteres trifft zum

Beispiel wohl für ‚Des Entkrist Vasnacht' (K 68) zu, das zu den wenigen ernsthaften Stücken aus der frühen Zeit gehört. Es handelt sich offenbar um eine Umarbeitung eines ernsten schweizerischen Spiels von circa 1353/54 mit zeitgeschichtlichem Bezug (vgl. Bd. III/1) in ein Fastnachtspiel. Die buntgemischte Sammlung in der ältesten Handschrift, München, cgm 714 (M; 1455–1458), enthält mithin auch Importiertes.

Diese komplizierten Überlieferungsfragen betreffen vor allem jene 55 Spiele, die zur frühesten Nürnberger Fastnachtspieltradition gehören und von der Forschung traditionell Hans Rosenplüt und seiner ‚Schule' zugeschrieben werden. Die Zuweisung ist indes höchst spekulativ, denn obwohl das Inhaltsverzeichnis der Nürnberger Sammelhandschrift M die erst später hinzugefügte Überschrift *Vasnacht Spil Schnepers* (= also Rosenplüts) trägt, ist nur ein einziges Stück, ‚Das Fest des Königs von England' (K 100), tatsächlich mit seinem Namen zu verbinden. Zwanzig weitere Stücke dürften ebenfalls sicher der frühen Tradition zugeordnet werden. Da zum einen, von K 100 abgesehen, alle Stücke gattungstypisch anonym überliefert sind und sich bisher zum anderen bei der formalen Gestaltung, der Stoff- und Themenwahl sowie der stereotypen Sprache kaum stringente Kriterien für eine Zuschreibung der Stücke an Rosenplüt erarbeiten lassen, ist die jüngere Forschung vorsichtiger geworden und spricht, wenn jene 55 Spiele der frühen Spieltradition gemeint sind, nur noch von den ‚Rosenplütschen Fastnachtspielen'. Im ‚Verfasserlexikon' erhalten sie dementsprechend einen von Hans Rosenplüt unabhängigen Artikel. Es wäre freilich konsequenter, auch auf diese Bezeichnung zu verzichten und nur von den „Frühen Nürnberger Fastnachtspielen" zu sprechen, auch wenn unter den Stücken sicherlich zahlreiche, wenn nicht sogar die überwiegende Zahl der Spiele aus Rosenplüts Feder stammen sollte. Als bekannter Literat dürfte Rosenplüt höchstwahrscheinlich einen nicht zu unterschätzenden Einfluss auf andere Spielautoren seiner Zeit gehabt haben, was Autorzuweisungen anonymer Spiele aber noch weiter erschwert.

Rosenplüts ‚Das Fest des Königs von England' (K 100) ist ein typisches Reihenspiel, in dem zu Beginn eine Einladung des Königs an alle, Bürgertum und Adel, ergeht, am Hochzeitsfest seiner Tochter teilzunehmen. Sechs weitere Sprecher beschreiben dann Preise, die König, Königin, Braut und Bräutigam den vier Erfolgreichsten und dem Erfolglosesten in einem Turnier sowie der besten Tänzerin verleihen wollen. Auch wenn bisweilen sexuelle Anspielungen denkbar sind – so ist mehrfach von *stechen* die Rede –, so wären sie von einer derartigen Subtilität, dass sie auch dem damaligen Publikum ein ziemlich hohes Maß an Assoziationsbereitschaft abverlangt haben müssten. Insofern wäre dieses Spiel eher untypisch für die frühe Spieltradition, in der sonst doch eine direkte unmissverständliche Sprache und Bildlichkeit zum Einsatz kommt. So wird zum Beispiel *stechen* in ‚Mönch Berchtolt' (K 66) wesentlich eindeutiger verwendet. Dort spricht die Braut von ihren Erfahrungen mit den *knaben*, die ihr die Knie beim Geschlechtsverkehr *zudrückt* (auseinandergerissen) hätten:

> *Die knie sein mir gehailt vor langer zeit,*
> *Aber das loch ist mir noch vil zu weit,*
> *Darein mich die knechte haben gestochen,*
> *Und haben mirs gar vast zuprochen.*

Die frühen Spiele wenden sich durchaus auch politischen Themen zu. Von Rosenplüt selbst dürfte das am breitesten (in sieben Handschriften) tradierte Fastnachtspiel der älteren Überlieferung stammen, das zeit- und gesellschaftskritische ‚Des Türken Fastnachtspiel' (K 39), in dem ein bemerkenswertes Loblied auf die Liberalität der Bürger angestimmt wird. Wie in seinem ‚Lied von den Türken' (vgl. S. 54) greift Rosenplüt – hier satirisch – die Missstände im Reich und die klägliche Rolle, die der Kaiser dabei spielte, heftig an.

Ausgerechnet der in dieser Zeit so gefürchtete Türkenkaiser, der Erzfeind des Christentums, kommt mit seinen fünf Räten nach Nürnberg (so in den wichtigsten Handschriften) und erklärt sich bereit, Recht und Ordnung im politischen und sozialen Chaos der Zeit wieder herzustellen, ohne dass die Christen zum Islam konvertieren müssten. Er greift also das in dieser Zeit so virulente Thema von einer als dringend notwendig empfundenen Reform von Reich und Kirche auf. Der Türkenkaiser wettert gegen Hoffart, Wucher, Ehebruch, Meineid, Irrglauben, Bestechung, Simonie, neue Zölle und Missachtung des einfachen Volkes. Sein Kommen wird dadurch ermöglicht, dass ausgerechnet die Bürger ihm freies Geleit versprochen haben. Der türkische Herrscher wird daraufhin von Rittern und Adligen, von Abgesandten des Papstes, Kaisers und der Kurfürsten übel beschimpft und ihm werden grausame, wenn auch für Fastnachtspiele typische Strafen angekündigt. Schließlich zieht er erfolglos ab, bedankt sich indes zuerst bei den Bürgern:

> *Ir ersamen weisen burger all,*
> *Wir sein hie gewesen in eim notstall*
> *Und meinn, das unser keiner wer genesen,*
> *Wenn eur geleit nit wer gewesen.*

Sollten sie eines Tages in sein Reich kommen, würden sie sich *sicher und frei* bewegen dürfen. Das Stück wird von einem Herold mit den üblichen Unflätigkeiten beendet.

Das wohl mehrfach aufgeführte Spiel dürfte einige Jahre nach der Einnahme Konstantinopels durch die Türken 1453 entstanden sein – Eckehard Simon plädiert für 1455 –, in einer Zeit, in der zu einem Kreuzzug gegen die

Türken aufgerufen wurde. Selbstverständlich wünscht sich Rosenplüt nicht eine Herrschaft der Türken herbei, sondern greift zu diesem Motiv, um über den Adel und kirchliche Autoritäten bis hin zum Papst satirisch herzuziehen, was in Nürnberg offensichtlich nicht gefährlich war. Im Gegenteil: Die Ratsmitglieder rechneten sich offenbar zu den im Stück gepriesenen *weisen burger*, die sich wie der Türkenkaiser um den Zustand des Reichs Sorgen machen mussten.

Höfische Stoffe wurden vor Hans Sachs offenbar kaum in Spielen verwertet, was wohl auf mangelnden Kenntnissen von Werken aus diesem Bereich bei den Autoren und ihrem Zielpublikum beruhen dürfte. Das in der unikalen Überlieferung auseinandergerissene (Doppel-)Spiel ‚Krone' und ‚Luneten Mantel' (K 80/81) situiert die Handlung zwar am Hofe von König *Arthaus*, aber von der Artuswelt ist hier kaum etwas zu spüren. Die bekannten Rittergestalten fehlen gänzlich. In dieser Artuswelt geht es im wesentlich um eheliche Treueproben, die negativ verlaufen.

Ein Jahr vor dem vermutlichen Tode Rosenplüts i.J. 1460 erwarb Hans Folz das Nürnberger Bürgerrecht. Er ist der erste Fastnachtspieldichter, der sieben seiner Spiele innertextlich signiert, und zwar jeweils im letzten Vers, etwa: *Dütz spricht Hans Foltz der barbierer* (PG 86). Sechzehn weitere Stücke lassen sich ihm aufgrund von Parallelen zu seinen Reimpaarsprüchen mit ziemlicher Sicherheit zuweisen, wobei es in drei Fällen um verschiedene Redaktionen des gleichen Texts geht (siehe PG). Zwei Stücke veröffentlichte er zwischen 1483 und 1488 über seine Presse als Vierblattdrucke mit Titelholzschnitten (PG 96 und 98). Die Aufführungen seiner Stücke hat Folz nachweislich selber betreut und in ihnen wohl auch mitgewirkt. Am 19. Januar 1486 wurde vom Rat ihm *und andern seinen mitverwandten ... vergonnt, ein zimlich vaßnachtspil* aufzuführen, unter der Auflage, dass sie das *zuchtiglich uben und nit gelts darumb nemen*.

Als Dichter mit guten Beziehungen zu den Ehrbaren der Stadt mit ihrem kritischen Auge auf die derben Ausuferungen der Spiele wandte sich Folz in seinen ersten Stücken ernsten Themen zu. Seine Kenntnisse im Bereich der Theologie werden im Blick auf seine Meisterlieder im nächsten Kapitel behandelt, auch in seine Fastnachtspiele fließen sie ein. Sein vermutlich erstes Stück, das Einkehrspiel ‚Ecclesia und Synagoga' (PG 81), dürfte um 1474 entstanden sein. Von dem Ehrbaren Anton Haller erhielt er die Vorlagen, zwei polemische Prosawerke, ‚Pharetra contra iudeos. *Der köcher wider die juden*' des Dominikaners Theobaldus de Saxannia sowie einen weiteren antijüdischen Traktat in Gestalt eines Dialogs. Der populäre, talentierte Folz erschien den oberen Schichten Nürnbergs offenbar als bestens dafür geeignet, um die eher unpolitische Gattung Fastnachtspiel für eine ungemein brutale, ja geradezu abscheuliche antijüdische Agitation instrumentalisieren zu können. In beiden Vorlagenwerken, die zur populären Adversus-Judaeos-Literatur gehören, treten sich die den *illiterati* von Kirchenplastiken, der

Malerei wie auch vom geistlichen Spiel her bekannten allegorischen Gestalten Synagoga und Ecclesia (bzw. *judischeit* und die *cristenheit* o.ä.) gegenüber und disputieren über den Talmud. Selbstverständlich wird dort der Talmud als *irsal*, als lächerlicher Aberglaube, entlarvt. Der Traktat argumentiert mit z.T. krasser Polemik gegen die anthropomorphen Gottesvorstellungen des Talmuds und geht in einem Teil auf christliche Dogmen ein (Jungfräulichkeit Mariens, Erlösung durch den Kreuzestod usw.). Die ersten beiden Figuren in Folzens Spiel sind Bauern, die das Publikum zur Ruhe bringen und zur Aufmerksamkeit auffordern. Ein Hofmeister benennt dann das Thema des Stücks. Es gehe um *das alt gesetz und auch das new*. Die Basis für die Auseinandersetzung bildet aber der Talmud, dessen sechs Ordnungen der Hofmeister durchaus sachkundig zitiert. Hier und in seinen anderen Spielen zeigt Folz beeindruckende Kenntnisse im jüdischen Kult, in einigen Punkten kann er sogar die ‚Pharetra' korrigieren und ergänzen. Er zitiert zudem das jüdische Morgengebet ‚Adon olam' vollständig (in einer Umschrift) und bietet anschließend eine fast fehlerfreie Übersetzung. Es könnte durchaus sein, dass Folz für diese Abschnitte Hilfe eines jüdischen Konvertiten in Anspruch genommen hat.

Zunächst streiten die Juden mit dem als Vertreter der Christen auftretenden Hofmeister, der das Thema des Spiels benennt. Es folgt *der Juden clag*, in der die Juden ihre unerträgliche Lage in der christlichen Welt schildern und ein realistisches Bild ihres harten Daseins bieten:

> *Wir werden verclagt und gefangen,*
> *Gestockt, geplocht, erhenckt, verprent,*
> *Vnd schir jn aller werlt erkent*
> *Fur lotter puben, ketzer hunt,*
> *An das jr vns sunst zeyhen tunt,*
> *Wir nyeßen ewr kinder plut.*

Sie hoffen dennoch auf die Ankunft des Messias. Deshalb fordern sie die Christen zum Disput auf, in dem es nicht zuerst um den christlichen, sondern den jüdischen Glauben gehen soll. Es kommt zu einem heftigen Streit zwischen der *Kirch* und der *Sinagog*, hier als junge Frau bzw. geblendete Alte dargestellt, über den Vorrang der beiden Glaubensrichtungen. Während sich die Frauen beschimpfen, beginnt die ‚gelehrte' Disputation erst anschließend durch die Figuren *Rabi* und *Doctor*. Dabei gelingt es dem *Doctor*, durch das Aufzeigen von Widersprüchen in der Argumentation des *Rabi* den jüdischen Glauben der Lächerlichkeit preiszugeben, und das geradezu naive Gottesbild des *Rabi* durch gelehrte Argumente als Torheit bloßzustellen.

Der *Doctor* kann zeigen, dass die Juden verdientermaßen für die Hölle vorbestimmt sind. Es kommt dann zu einem brisanteren Thema, indem das Verhältnis der Juden zu den Christen und ihrer Kirche in den Mittelpunkt gerückt wird. Das

Publikum erfährt nun, dass der Talmud einen Betrug der Christen zulässt und dort sogar die Tötung der Christen bejaht wird: Gott solle *das gantz schalkhaftig cristen reich* vernichten. Der *Rabi* ist von einem Niedergang des Christentums überzeugt, er deutet selbst einen möglichen Pakt zwischen Juden und den in dieser Zeit höchst bedrohlichen Türken an, suggeriert also, dass sich die üblen Juden mit dem größten Feind der Christenheit verbinden würden. Diese Drohung beunruhigt den *Doctor* nicht weiter, er weist den *Rabi* darauf hin, dass es den Juden in den von Türken eroberten Gebieten noch viel schlimmer gehe als unter den Christen. Schließlich wirft der *Doctor* den Juden Teufelsbuhlschaft vor und beschimpft sie als faul, genusssüchtig und als gesellschaftliche Parasiten, die ihr bequemes Leben auf Kosten der Christen durch Wucher finanzieren. Der Jude gibt auch zu, er könne kein Handwerk lernen, nicht weil ihn jemand daran hindere, sondern weil er wegen der vom *Doctor* aufgezählten Eigenschaften gar nicht dazu fähig sei.

In dem Spiel werden die Juden dem Publikum als widerliche, dumme Gestalten vorgeführt, und zwar nicht vordergründig über eine grobe Verhöhnung, sondern unter dem Vorwand einer theologischen Auseinandersetzung. Am Ende des Stücks steht fest, dass der Talmud ein *schentlich puch* sei. Dadurch liefert Folz seinem Publikum eine scheinbar hochgradigere – weil wissenschaftliche – Legitimation für den Antijudaismus.

Folz war zwar zweifellos der prominenteste Akteur im Dienste der publizistischen Agitation, die zur Vertreibung der Juden in Nürnberg beitrug, dennoch war er wahrlich kein einsamer Rufer. Seine Werke trugen nur bei zu einer auffallenden Häufung von antijüdischem Schrifttum, die in Nürnberg vor allem in den letzten drei Jahrzehnten des 15. Jahrhunderts festzustellen ist. So wurde der Traktat ‚Bewährung, daß die Juden irren', der erste Teil der Exempelsammlung ‚Der Seelen Wurzgarten' (vgl. Tl. 2), als Kleindruck 1473 und 1474 in der Offizin Friedrich Creußners aufgelegt. Hierin wird eine gelehrte Auseinandersetzung mit den Juden geführt, wobei der christliche Autor nur aus solchen Werken zitiert, die sowohl Juden als auch Christen als *bewerte geschrifften* akzeptieren. Creußner sowie Anton Koberger veröffentlichten aber ebenfalls Schrifttum mit stark agitatorischem Charakter, so etwa Drucke, die vom angeblichen Ritualmord des Kindes Simon von Trient durch die Juden berichten und das Leiden des Jungen als Wiederholung der Passio Christi darstellten. Creußner publizierte sowohl den lateinischen Bericht des Arztes Johannes Tiberinus, der das gemarterte Kind auffand, als auch eine deutsche Übersetzung. Ein Einblattdruck mit dem ‚Nürnberger Simon von Trient-Gedicht' ist ebenfalls in der Zeit nach 1475 in Nürnberg erschienen. Auch die ‚Schedelsche Weltchronik' (1493) enthält mehrere extrem judenfeindliche Textstellen und drastische Bilder, etwa vom Ritualmord Simons oder von der Massenverbrennung von Juden und Häretikern.

Am 22. August 1474 genehmigt der Rat drei Handwerkern ein *spiel* aufzuführen, die beabsichtigten, die *historia Constantini und Helene mit der disputa-*

cion Silvestri wieder die jüden zu treiben. Es ist umstritten, ob dieser Eintrag auf Folzens Spiel ‚Kaiser Constantinus und Silvester' (PG 108) gemünzt ist oder auf ein anderes Spiel, das gar einen der dort genannten Handwerker zum Autor hat. Vielleicht gab es von Folz sogar zwei Bearbeitungen. Welches Spiel 1474 genau aufgeführt wurde, ist nicht zu ermitteln.

Das überlieferte Einkehrspiel von Folz ist eigentlich ein als geistliches Legendenspiel getarntes antijüdisches Agitationswerk. Die in der Silvester-Legende vorkommende Disputation, in der Silvester den Glauben gegen heidnische Philosophen und jüdische Schriftgelehrte verteidigt, war das ursprüngliche Vorbild für viele mittelalterliche Judendialoge. Folz griff als Leitfaden für sein Spiel wahrscheinlich auf die Silvesterlegende der ‚Legenda aurea' des Jacobus de Voragine – bzw. auf eine deutsche Version davon – zurück, verschärfte allerdings die Argumentation gegen die Juden durch Zitate aus der Bibel sowie weitere Verdächtigungen und Anklagen. Als Vorbild diente wohl auch das versifizierte ‚Streitgespräch zwischen Christ und Jude', das bereits um 1410 in einer Nürnberger Handschrift nachweisbar ist und höchstwahrscheinlich noch im 14. Jahrhundert verfasst wurde. Es ist in insgesamt sieben Handschriften landschaftlich weit gestreut überliefert.

Auch in diesem Spiel dürfen sich die Juden über weite Strecken selbst denunzieren. Durch den Rückgriff auf den bekannten Heiligen in der Eröffnungsrede des Kaisers gewinnt die Polemik historische Legitimität und mithin gesteigerte theologische Autorität, die der fiktive Rahmen in ‚Ecclesia und Synagoga' nicht zu bieten vermochte. Konstantin berichtet von seiner Heilung vom Aussatz durch Silvester, was ihn zum Übertritt zum Christentum bewegte. Der Heilige war es,

> *Der mich auch jn den glauben hat gelertt.*
> *Dasselb von jm heút wirtt bewertt,*
> *So er die juden wirtt verhoren,*
> *Dann wirt er sie alle jn jr kunst betören.*

Allerdings vertritt anschließend – vertraut man den überlieferten ‚Regieanweisungen' im Leseexemplar – nicht mehr explizit Silvester das Christentum, sondern es treten, wie im ‚Streitgespräch', erneut die Gelehrtenfiguren *rabi* (bzw. *Der Jüd*) und *doctor* (bzw. *Der Crist*), zur Disputation vor Konstantin und Helena auf. Auch das aus der Silvester-Legende stammende Wunder vom wiedererweckten Stier (hier ein wilder *ochs*), das am Ende des Disputs die Macht des christlichen Glaubens überzeugend demonstriert, wird von Folz übernommen, ohne auf Silvester zu verweisen. Zu guter Letzt wird in Abweichung von der Legende über eine Amos-Exegese noch einmal die durch das Handeln der Juden gerechtfertigte Verwerfung des Volkes Israel zur Sprache gebracht. Wurde das Spiel bis zu diesem Punkt in einem vorwiegend ernsten Ton gestaltet, biegt Folz das Stück am Ende zu einer im Fastnachtspiel üblichen derb komischen Prägung um. Ein Jude gleitet in einem *gesang* ins Skatologische ab, und der *Taufschreier* kündigt die Taufe bekehrungswilliger Juden am Schönen Brunnen zu Nürnberg an. Die nächsten beiden Reden stammen von Bauern, die zum Tanz auffordern. In der das Stück abschließenden Rede des Herolds wird dann sogar um Entschuldigung gebeten, dass die Darsteller ein *geistlichs Spiel* aufgeführt hätten: *Aber hillfft vns gott pis jar herwider, / So wöll wir euch ein frolichs machen, / Des jr villeicht pas macht lachen.* Aus diesem Stück hat Folz übrigens auch seinen 1479 gedruckten Spruch ‚Christ und Jude' (s.o.) abgeleitet.

In Folzens drittem antijüdischem Agitationsspiel, ‚Der Herzog von Burgund' (PG 88), das er wohl in den Jahren 1486-93 verfasste, treten ungewöhnlich viele Figuren auf, es handelt sich um insgesamt 29 Sprecherrollen. Wie oben erwähnt, erforderte das Stück eine recht ausgefeilte Bühnentechnik und kann deswegen kaum in einem Innenraum aufgeführt worden sein. In einer dezidiert höfischen Szenerie wird im Spiel eine höchst brutale Auseinandersetzung inszeniert, bei der nicht einmal ansatzweise versucht wird, sich mit Glaubensfragen wie in den früheren Spielen einigermaßen ernsthaft auseinander zu setzen.

Die Prophetin Sibylla kommt an den Hof von Philipp dem Schönen, Herzog von Burgund, *des romischen konigs Maximilian sun*, und warnt die Gesellschaft, dass jüdische Rabbiner verkündeten, ihr Messias sei gekommen, um die Herrschaft über die Welt (*alle konigkreich*) an sich zu reißen. Drei Rabbiner, ein *schallat jud* (fauler, schlechtgekleideter, herumschlendernder Jude) – wohl als Kontrastfigur zum christlichen Herold – und der Messias werden an den Hof bestellt, wobei der Messias, der anschließend in einer Art Disputation mühelos von Sibylla als Betrüger entlarvt wird, in einem Wortspiel zugibt, er sei der *endt der Cristen*, also der Antichrist. Als der Messias weiterhin auf seinem Anspruch beharrt, soll nach seinem Wunsch das Rad der Fortuna entscheiden, wer Recht hat. Aber *des fursten figur stet oben vnd des messias vnden*, was die Rabbiner dazu veranlasst, sich vehement vom Messias zu distanzieren. Der renitente Messias fällt nach einem Wetttrinken gegen Sibylla besoffen zu Boden und stirbt dabei. Die Juden verfluchen ihn, weil er nur Schande über sie gebracht habe. Der Messias wird allerdings von Sibylla wiedererweckt, um eine sich selbst denunzierende Beichte abzulegen, in der er die üblen Vergehen der Juden an den Christen aufzählt, die bis in die Gegenwart den Judenhass gerechtfertigt haben. Auch der Ritualmord an christlichen Kindern wird gebeichtet, womit indirekt an Simon von Trient erinnert wird: *Wie vil der jungen kindelein / Jn abgestolen vnd getot / Vnd mit jrem keuschem plut gerot*. Ein weiterer Vorwurf betrifft jüdische Ärzte, die das Leben christlicher Patienten gefährdet hätten: *Wie vil groß guts jn ab raubt, / Wie vil an irem leben getaubt,* (verdorben) */ Der ertzet wir gewesen sein.*

Dies dürfte für den Wundarzt Folz sicherlich ein wichtiger Vorwurf gewesen sein. Es ist belegt, dass sich Mitglieder der Oberschicht an den Höfen und in den Städten sehr gerne jüdischen Ärzten anvertrauten – was für Folz vielleicht in Nürnberg auch lästige Konkurrenz bedeutete.

Im zweiten Teil des Stücks, das nach dem Muster eines Gerichtsspiels gestaltet ist, werden die Heiden und die Ritter aufgefordert, begleitet vom Spott des Narren und der Närrin, die Strafen für die Juden auszusprechen – nicht nur für den betrügerischen Messias. Das Kauderwelsch der Heiden wird vom Hofmeister übersetzt. Von den Anwesenden werden – größtenteils in skatologischen Fantasien – die widerlichsten Bestrafungen vorgeschlagen: *die zung zum nack auß reyssßen ... jn die mewler scheissen*, ertränken mit *dreck zum koder jn munt* usw. Auch erzwungener Inzest gehört dazu (*Vnd yeden auff sein muter pind*). Schließlich betritt die ‚Judensau' die Bühne, ein im Mittelalter weit verbreitetes Spottbild, und es kommt nun zur schwersten Demütigung: Den Juden wird verordnet, an den Zitzen der Sau zu saugen sowie deren Kot zu fressen. Dabei liegt der Messias unter dem *zagel* (Schwanz), während die Sau defäkiert, Gleichzeitig wird er vom Narren entmannt. Schließlich wird den Juden ihr Besitz genommen und sie werden vertrieben, womit die Gefahr für die höfische Welt gebannt ist. Inszeniert wird hier die „Austreibung der Juden als Fastnachts-Posse" (E. Wenzel). Am Ende des Stücks wird zum Tanz aufgefordert.

Edith Wenzel hat darauf hingewiesen, dass die drei genannten Spiele in engem inhaltlichen Bezug zueinander stehen. Während es in ‚Ecclesia und Synagoga' Folz darum geht, die heiligen Schriften der Juden zu diskreditieren und im ‚Kaiser Constantinus und Silvester' christliche und jüdische Schriftexegese miteinander zu konfrontieren, werden in ‚Die Juden und der Antichrist' die jüdischen Messiasvorstellungen als böser Schwindel vorgeführt, der mit den schlimmsten Strafen für die Juden geahndet werden muss. Die Stücke, zusammen mit den antijüdischen Reimpaarsprüchen und Schwankmären sowie den Meisterliedern, zeichnen eine gut nachzuvollziehende Entwicklung in Folzens politischen Werken nach. Von einer theologisch fundierten antijüdischen Apologetik – obwohl auch diese als Fastnachtsamüsement gedacht ist – steigert er sich in blanken Hass auf die Juden hinein. Ob dies vor allem aus persönlicher religiöser Überzeugung getrieben ist, aus beruflicher Konkurrenzsituation zu jüdischen Ärzten, eigenen Schulden bei den Juden (wie das in einem Reimpaarspruch angedeutet wird; s.o.), oder aus blankem Opportunismus, um sich bei der Nürnberger Oberschicht anzubiedern, muss offen bleiben. Es dürfte sich um eine Kombination solcher Beweggründe handeln.

Folz ist der einzige uns bekannte Nürnberger Fastnachtspielautor, der sich mit seinen Stücken und sonstigen Schriften derart stark in der innenpolitischen Gemengelage innerhalb der Reichsstadt engagiert. Er geht auch sonst neue Wege, indem er sich, wie im Falle des Handlungsspiels ‚**Von König Salomon und Markolf**' (PG 103), um die Umgestaltung literarischer

Die Literatur der Mittelschicht

Vorlagen bemüht, und zwar um den u.a. in Nürnberg 1483/86 (?) und 1487 gedruckten Schwankroman ‚*Frag und antwort künig Salomonis und Marcolfi*' (vgl. Bd. III/1). Den beliebten Stoff vom groben, Unflätigkeiten von sich gebenden Bauern Markolf, der den weisen König Salomon überlistet, gestaltet Folz im ersten Teil weitgehend als stichomythieartigen Disput, bei dem Salomon ernsthafte Fragen stellt und der schlaue Markolf nie um eine komische Antwort mit einem Sprichwort oder in Form eines Sprichworts verlegen ist. Im längeren zweiten Teil geht es dann um den Wert der Frauen und das ambivalente Verhältnis des Frauenhelden Salomon zu ihnen. In dem Folz zugewiesenen Handlungsspiel ‚K a i s e r u n d A b t' mit 13 Sprecherrollen (dazu Praecursor und Ausschreier), mehrfachen Ortswechseln und verschiedenen Requisiten, z.B. Verkleidungen und einen Handkarren, weiß ein als Abt verkleideter schlauer Müller, dem Kaiser schwierige Fragen zu beantworten, wofür er von ihm zum Abt ernannt wird (PG 90). Grundlage des Stücks ist ein bekannter Schwankstoff, der z.B. im ‚Pfaffen Amis' des Strickers und im ‚Dil Ulenspiegel' verarbeitet wird.

Die beiden von Folz wahrscheinlich selbst gedruckten Spiele, ‚W e i b e r n a r r e n v o r V e n u s' (PG 96) und ‚W e i b e r n a r r e n' (PG 98) (beide um 1485), sind wiederum eher herkömmliche Fastnachtspiele. Hier erzählen Liebesnarren von ihrem kläglichen Versagen. In PG 96 geht es um eine Art Beichte von mehreren *pulern* vor Frau Venus über *Wie die sint in ir lieb erdrunken* und *Dadurch ... worden sint zu thoren*. Frau Venus fällt für den gesamten kläglichen Haufen das gleiche Urteil: *das ior zu zihen am narn seyl*. Im Reihenspiel ‚Weibernarren' greift Folz auf das in den Fastnachtspielen beliebte Motiv von Liebesnarren, die aufgrund ihrer Torheit in Fallen getappt sind, welche die von ihnen Angebeteten gestellt haben. Revueartig berichten die Narren von ihren amourösen Pleiten. Textlich verwandt sind diese Stücke auch mit dem nicht von Folz gedruckten Spiel ‚L i e b e s n a r r e n v o r V e n u s' (PG 92). Auf dem Holzschnitt zu PG 96 und 98 buhlen fünf Narren, z.T. mit Eselsohrenkappen, um eine listige Frau.

Nach dem Tod von Folz versiegt zunächst die Fastnachtspielüberlieferung, wobei es sich wohl schlichtweg um eine Überlieferungslücke handelt, denn nachweislich wurden auch in dieser Zeit Spiele vom Rat immer wieder genehmigt. Erst durch Hans Sachs tritt die Gattung 1517 wieder in schriftlicher Fixierung in Erscheinung. In dem 1560 erstellten Generalregister aller seiner bis dahin verfassten Werke führt Sachs 85 Fastnachtspiele auf, wobei nur zwei aus der vorreformatorischen Zeit stammen. Spielaufführungen waren nach Einführung der Reformation eine Zeitlang verboten. Sachs hatte sich ab 1520 mit großem Engagement dem lutherischen Anliegen zugewandt und für die Propagierung der neuen Lehre andere Gattungen als das Fastnachtspiel gewählt. Erst ab 1531 verfasste er wieder Spiele, die meisten seiner Stücke entstanden erst zwischen 1550–1554. Neben den circa 300–400 Verse umfassenden Fastnachtspielen verfasste er wesentlich umfangreichere *tragedi* und *comedi*.

Die zwei vorreformatorischen Spiele von Sachs, ‚*Das hoffgsindt Veneris*‘ (1517) und ‚*Von der eygenschafft der lieb*‘ (1518), sind als lehrhafte Warnungen vor der Gefährlichkeit der Venusliebe konzipiert. Beide Stücke sind Reihenspiele. Erst in seinen späteren Spielen wendet sich Sachs zum geschlossenen Handlungsspiel hin. Im ersten Stück, das den Tannhäuser-Stoff mit 13 mitwirkenden *Person* dramatisiert, kommt der getreue Eckhart aus dem Venusberg, um alle vor den *scharpffen Pfeil* der Venus zu warnen. Es treten nacheinander – angefangen mit dem *Danheuser* (Tannhäuser) – *ritter, doctor, burger, bawer* usw. bis hin zum *Frewlein* auf und werden jeweils nach einer kurzen Warnung Eckharts von einem Pfeil getroffen, worauf sie prompt ihre eigentlichen Lebensziele aufgeben, um sich ganz der Liebe hinzugeben. Schließlich warnt auch Frau Venus die Zuschauer vor ihrer schrecklichen Macht: *Jch kann in nemen sinn vnd witz / Jr vorig frewdt mach ich vhnnitz*. Dann ruft sie zum Tanz auf und führt schließlich ihre neuen Gefangenen in *Fraw Venus Berg*. Bereits hier zeigt sich in Ansätzen, wie Sachs später mit der Tradition der Nürnberger Spiele im Blick auf Thematik und Sprache entschieden brechen wird. Seine Stücke sind dezidiert lehrhaft, die meisten enden mit einer Schlussmoral. Insofern sind sie typisch für das Theater des 16. Jahrhunderts, in dem eine dezidiert pädagogische Ausrichtung der dramatischen Gattungen zur Norm erhoben wurde. Durch Sachs ändert sich der Tenor der Fastnachtspiele und schwankhaften Erzählungen. Sein religiöser Ernst und später seine protestantische Ethik führen dazu, dass der im 15. Jahrhundert noch übliche Sexual- und Fäkalhumor aus der Nürnberger Literatur zwar nicht verschwindet, aber im Blick auf die eher üblichen sexuellen Grobheiten erheblich gedämpft wird.

Auch wenn sich Sachs nach 1518 vorläufig von der Gattung abwandte, wurden in Nürnberg weiter Fastnachtspiele verfasst und aufgeführt. Nürnberg näherte sich allmählich der lutherischen Lehre, dennoch wird in einem Ratsprotokoll vom 14. Februar 1522 ein Fastnachtspiel verboten, *dar innen ein babst in aim Chormantel get*. Der *chormantel* sei dem *Sacristen*, der ihn *dargelihen* hatte, zurückzugeben, verbunden mit einer *strofflich red*. Vermutlich ist das Stück nicht zur Aufführung gekommen. Inwieweit sich in Nürnberg dennoch eine Tradition des Fastnachtspiels als Waffe im konfessionellen Kampf etablierte, entzieht sich unserer Kenntnis.

Der Nürnberger Meistergesang

Die bedeutende Rolle der Laien im Nürnberger Literaturbetrieb wird im Allgemeinen mit den Meistersingern assoziiert. Dazu beigetragen hat zum einen die Wiederentdeckung des hochproduktiven Hans Sachs durch Goethe (‚Hans Sachsens poetische Sendung' [1776]). Goethe würdigte ihn dichterisch und machte seinen Knittelvers zum Hauptvers des ‚Faust'. In der Folge war es vor allem Richard Wagner, der mit den ‚Meistersingern von Nürnberg' – seiner beliebtesten Oper überhaupt – die Nürnberger Dichterdilettanten der Vergessenheit entriss. Sachs wurde im 19. Jahrhundert sogar als bedeutendster Dichter der Reformation geschätzt, weil er durch seine vielseitige Poesie dem Volk die christliche Lehre vermittelte. Als Literat wurde er dennoch kaum ernst genommen.

Zunächst eine Begriffsdifferenzierung: Frieder Schanze unterscheidet in seiner grundlegenden Arbeit zur meisterlichen Liedkunst zwischen den beruflichen, z.T. in festen Dienstverhältnissen an Fürstenhöfen stehenden *meistersinger* wie etwa Muskatblüt und Michel Beheim (vgl. Tl. 2), die diese Bezeichnung auf sich selbst bezogen und damit auf einen wesentlichen Aspekt ihres Selbstverständnisses hinwiesen, und den städtischen ‚Dilettanten' wie etwa Sachs. Erstere bezeichnet Schanze als „meisterliche Berufsdichter", letztere als „Meistersinger", wobei er wiederum differenziert zwischen „Singschulmitgliedern", die also einer festen Institution angehörten, und denjenigen, die vor der Bildung von Singschulen Meisterlieder dichteten. Was aber alle Vertreter der meisterlichen Liedkunst verband, war die über Jahrhunderte hinweg erhalten gebliebene formale, metrisch-musikalische Konvention der gesungenen Spruchstrophe. Sie alle beriefen sich auf die große Tradition der berühmten Sangspruchdichter des 13. bis frühen 14. Jahrhunderts. Die vielfach verehrten ‚Zwölf alten Meister' waren allerdings keine Handwerker gewesen, sondern entweder fahrende Berufsdichter, die vorwiegend an Adelshöfen ihre Kunst pflegten, oder Dichter, die selbst aus dem Adel stammten. Im Sängerkatalog des Lupold Hornburg (vgl. Bd. III/1) wird die Reihe von Walther von der Vogelweide, Neidhart, Wolfram von Eschenbach, Reinmar von Zweter, Konrad von Würzburg, Boppe, Marner, Regenbogen, Friedrich von Sonnenburg, den Ehrenboten, Bruder Wernher und Heinrich von Meißen (Frauenlob) gebildet. In späteren Zusammenstellungen wurden auch einige Namen ausgewechselt. Die Zwölf wurden in ihrer Zeit aufgrund ihrer Gelehrsamkeit und Kunstfertigkeit mit der Verdeutschung des lateinischen akademischen Titels ‚magister' als *meister* bezeichnet. Deren ‚Töne' (oder ‚Weisen') – damit ist die Gesamtheit von metrischem Schema, Reimschema und Melodie gemeint – wurden in unveränderter oder verwandelter Form geradezu kultisch gepflegt, sie galten als verpflichtend und die Tradition als abgeschlossen. Man berief sich auf die Töne der alten Meister als Vorbild oder setzte sich bewusst von ihnen ab.

Über die Entstehung des städtischen Meistergesangs, wo Liedkunst nach festen Regeln in einer mit Statuten versehenen Gemeinschaft ausgeübt wurde, ist nichts bekannt. Im 16. und 17. Jahrhundert wird tradiert, dass der Meistergesang bereits im 14. Jahrhundert in Mainz entstanden sei, wofür es allerdings keine festen Beweise gibt. In einer vermutlich in Augsburg entstandenen Sage vom ‚Ursprung' des Meistergesangs wird dessen Entstehung sogar auf die Zeit Kaiser Ottos I. um 960 vorverlegt, so wichtig schien den Handwerkern ihre Einordnung in eine ruhmreiche Tradition, die zugleich die besondere Geltung ihrer Gemeinschaft nach außen dokumentieren sollte. Horst Brunner vermutet ein Aufkommen des Phänomens im späten 14. oder frühen 15. Jahrhundert. Wirklich greifbar wird der Meistergesang aber erst in der ersten Hälfte des 15. Jahrhunderts in Nürnberg. Es dürfte im 15. und 16. Jahrhundert Meistersingergesellschaften unter anderem in Augsburg, Straßburg, Nördlingen, Freiburg, München, Frankfurt a.M., Ulm und Donauwörth gegeben haben, aber nur die Nürnberger Gesellschaft ist genauer zu fassen. Die Gesellenwanderschaft der Handwerker führte dazu, dass sich das Phänomen dann vor allem im 16. Jahrhundert verbreitete, denn die Gesellschaften waren überall im Wesentlichen ähnlich organisiert und pflegten einen bestens funktionierenden Austausch untereinander. In einigen Städten – so auch in Nürnberg – lebten sie bis ins 18. Jahrhundert fort.

Über die Organisation der Meistersingergesellschaften und die Gestaltung ihrer Auftritte im 15. Jahrhundert gibt es keine Aufzeichnungen, allerdings werden die Verhältnisse nicht sehr von dem verschieden gewesen sein, was uns die diesbezügliche Überlieferung des 16. Jahrhunderts mitteilt. Sicher ist jedenfalls, dass die Meistersinger fast ausschließlich Handwerker aus der Mittelschicht oder der oberen Unterschicht waren – um 1600 gehörten dann auch gelegentlich Geistliche, Lehrer oder Juristen dazu –, die sich zum Zweck des Dichtens und Vortrags von Meisterliedern in ‚Gesellschaften' oder ‚Bruderschaften' zusammenschlossen. Das Verfassen und Vortragen von Liedern waren eine Art gehobene Freizeitbeschäftigung, die mit der Hoffnung auf Prestigegewinn für den Einzelnen innerhalb der städtischen Gesellschaft verbunden war. In Nürnberg bestand die Gesellschaft vor allem aus Schustern und Handwerkern der metallverarbeitenden Berufe, die hier besonders florierten. Vereint waren sie im Glauben, dass die Kunst des Dichtens lehr- und lernbar war, wenn man sich nur – wie im Handwerk – an feste Regeln hielt.

Die von der *singschul* gestellte Aufgabe der Meistersinger bestand darin, ihre neu erfundenen, stets deutschen Texte den tradierten alten oder auch neueren – bisweilen selbsterfundenen – Tönen zu unterlegen. Dabei ist das kleinste Bauelement die Silbe. Geradezu handwerklich pedantisch gingen die Meister vor, so dass Vers und Strophe durch die Silbenzahl und die Reimbindungen bestimmt wurden. Das bedeutet, dass es für die Meistersinger ohne größere Bedeutung war, ob in ihren Versen krasse Tonbeugungen vorkamen, die zu sinnwidrigen Betonungen und zur Betonung von Ableitungs-, Vor- und Endsilben führten. Es entstanden dann solche Zeilen: *Klingént Versén sol mán Skandíren, / Mit dréy Silbén sie thún regíren*. Was beim Lesen oder Vorlesen irritiert, musste im gesungenen Vortrag allerdings keine störende Rolle mehr spielen. Die kürzeste Zeile bestand aus einer Silbe, später wurde die maximale Silbenzahl auf dreizehn festgelegt, weil jede Verszeile in einem Atemzug vorgetragen werden sollte.

Es steht außer Frage, dass die Lieder der Meistersinger, die sie als *Bare* bezeichneten (Singular das *Bar*), in ihrer rigiden schulmäßigen Gestaltung weit entfernt von der Kunst ihrer hehren Vorbilder waren. Die Lieder weisen in der Regel eine ungerade Zahl von Strophen auf, und zwar mindestens drei. Sie halten sich stets an die Kanzonenform, d.h. an die von den alten Sangspruchdichtern hergeleitete dreiteilige, stollige Strophenform, die sich schon bei diesen als verbindlich durchgesetzt hatte. Die beiden ersten Stollen, der Aufgesang, sind musikalisch-metrisch völlig gleich gebaut, der Abgesang weicht metrisch und musikalisch davon ab, wobei die Länge der einzelnen Teile nicht festgelegt war. Allerdings übertraf der Umfang des Abgesangs in der Regel den des einzelnen Stollens. Mitunter gab es Ungetüme von 100 Versen (sog. überlange Töne), allerdings noch nicht im 15. und frühen 16. Jahrhundert. Die Strophenform wurde durch das Reimgefüge (*Gebänd*) und das Metrum (*Gemäß*) bestimmt. *Gebänd* und *Gemäß* bilden das Tonschema, das an eine bestimmte Melodie gebunden ist. Es war üblich, die Töne mit dem Namen des Urhebers und dem Tonnamen zu bezeichnen, der sich entweder auf Inhaltliches bezieht, so etwa Reinmars von Zweter Frau-Ehren-Ton (bei Reinmar kommt häufig ‚Frau Ehre' vor) oder Folzens ‚Passionalton' nach einem der Lieder von Folz zur Passio Christi, oder auf die besondere Länge oder Kürze oder Besonderheiten der Reimgestaltung, etwa Frauenlobs ‚Langer Ton' oder des Marners ‚Kurzer Ton' (vgl. Bd. II/2).

Ein typisches Beispiel für die Gestaltung einer Meisterliedstrophe bietet eine Strophe eines fünfzehnstrophigen Liedes von Hans Folz, ‚Lob der Buchdruckerkunst' (Nr. 68), in Folzens Feielweise, einem relativ kurzen Ton:

Melodie	Silbenzahl		Reim	
	4	*Daz aber sunst*	a	
A	4	*Hie diese kunst*	a	1. Stollen
	7	*Puch drukes sey gewesen*	b	
				Aufgesang
	4	*Auff erden vor,*	c	
A	4	*Glaub ich nit zwor.*	c	2. Stollen
	7	*Wer hat dar von gelesen?*	b	
	8	*Doch west ez kunfftig Got der werd,*	d	
B	8	*Allso ist doch nicht newz auff erd.*	d	Abgesang
	4	*Lob mit begerd*	d	
	7	*Sprecht im in seinen zesen!*	B	

(Dass aber diese Kunst des Buchdrucks schon früher auf Erden gewesen sei, glaube ich nicht. Denn wer hat etwas davon gelesen? Aber der erhabene Gott hat das

Künftige vorausgewusst. Also gibt es doch nichts Neues auf Erden. Singt ihm in seiner Herrlichkeit mit Eifer Lob.)

Die von den Meistersingern benutzten Töne stammen nur selten von den Textautoren selbst, denn diese fühlten sich der Tradition so stark verbunden, dass sie gern auf bereits vorhandene Töne, vor allem die der Alten Meister, zurückgriffen. In den 4000 Meisterliedern des Hans Sachs finden lediglich 275 Töne Verwendung, wovon nur 13 von ihm selbst stammen. Häufig wurden aber den Alten Meistern auch Töne untergeschoben, um ihnen dadurch eine gewisse Autorität zu verleihen.

Hans Folz verspottete in einem Lied talentlose Reimschmiede, die wie in anderen Städten nur die Töne der Alten Meister als legitim gelten lassen wollten. Eine rigide Bindung an die Vorgaben der Alten sei ohnehin lächerlich, zumal niemand deren Töne zuverlässig kenne, auch seien die heutigen Dichter genauso fähig wie die früheren Meister. Folz hingegen wollte sich und die Gesellschaft nicht in ein formales Korsett einschnüren lassen. Dies machte das Verfassen von Meisterliedern freilich zu einer wesentlich anspruchsvolleren Aufgabe, da es zweifellos leichter war, auf der Grundlage alter Töne zu dichten als neue Töne erfinden zu müssen. Der Nürnberger Anspruch, immer neue und komplexere Töne zu entwerfen, führte bei weniger Begabten zu jener eigenartigen Liedproduktion, die dem Meistergesang in späteren Jahren Spott eintrug.

Die Veranstaltungen, auf denen die Lieder vorgetragen wurden, also öffentliche oder interne Konzertveranstaltungen, bezeichneten die Meistersinger als ‚Singschulen'. Die öffentlichen ‚Singschulen' bedurften der Genehmigung des Rats, die internen nicht. In einem Ratsverlass zum 28.7.1503 heißt es: *Den singern des meystergesangs sagen, ohn erlaubnuß kein offene singschul halten.* Die Handwerker unterstanden einer strengen Aufsicht, wie alle Nichtgeistlichen, die in der Reichsstadt literarisch tätig waren. In dem organisatorischen Rahmen einer *singschul* trugen die Meistersinger deutschsprachige Lieder nach komplizierten Kunstregeln vor, die im 16. Jahrhundert in detaillierten Vorschriften und Fehlerlisten, ‚Tabulaturen' genannt, festgehalten und über Jahrhunderte kaum verändert wurden. Beim Vortragen der Lieder überwachten drei oder vier ‚Merker' anhand der Tabulatur Genauigkeit und Qualität des Dargebotenen. Um die Konzentration der Sänger nicht zu stören, saßen die Merker in einer mit schwarzem Tuch verhängten Kabine, dem ‚Gemerk', und notierten die Fehler. Strafmaß oder Strafpunkt war die ‚Silbe', und jeder Verstoß wurde mit 1–4 ‚Silben' geahndet. Wer mehr als sieben ‚Silben' *versungen* hatte, musste aufgeben. Zu den schlimmsten Vergehen gehörten Reimverstöße, denn geschickte Reime machten in hohem Maße die künstlerische Qualität eines Liedes aus. Vergehen, wie etwa zu reimende Verse ungereimt zu lassen oder gleichlautende Wörter im Reim zu verwenden, wurden mit je vier ‚Silben' schwer bestraft. Instrumentalbegleitung war nicht zugelassen, die Melodien waren in der Regel einstimmig. Dabei wurde vor allem auf die korrekte Verwendung des ‚Tons' sowie auf die sprachliche Gestaltung des zumeist anspruchsvollen Inhalts genauestens geachtet. Durch das strenge Reglement hoben sich die Meistersinger absichtsvoll von anderen, in ihren Augen künstlerisch unbedarften Liederdichtern ab. Allerdings haben nicht alle Meistersinger selbst gedichtet, viele trugen die Lieder anderer Meistersinger vor, wobei in reformatorischer Zeit die Lieder von Hans Sachs besonders populär waren.

Einen lebhaften meistersingerlichen Kunstbetrieb in Nürnberg dürfte es spätestens seit den 1430er Jahren gegeben haben. Das in der Forschung immer wieder anzutreffende Missverständnis, dass es sich bei den Meistersingern von Nürnberg auch um zünftige Verbindungen gehandelt habe, geht auf eine Unkenntnis der Tatsache zurück, dass Zünfte in Nürnberg seit 1349 strengstens verboten waren. Die große Zeit des Nürnberger Meistergesangs, der übrigens bis 1778 nachweisbar ist, fällt allerdings in das nachreformatorische 16. Jahrhundert, auf das im Folgenden jedoch nur kurz eingegangen werden kann. Jedenfalls fühlten sich die Meistersinger bis ins 18. Jahrhundert dem aus der mittelalterlichen Tradition überkommenen einstimmigen Lied verpflichtet und verweigerten sich beharrlich der Weiterentwicklung musikalischer Formen, was sicher zum Aussterben des Meistergesangs beitrug.

Aus der ältesten erhaltenen Meistersingerordnung überhaupt, dem *Schuelzettel zv Nürnberg* vom Jahre 1540, geht hervor, dass die zwölf ältesten Singer jeweils den Kern der Nürnberger Meistersingergesellschaft bildeten. Zum Vorstand gehörten die drei gewählten Merker, von denen der jüngste auch das Amt des Schriftführers innehatte, und zwei ebenfalls gewählte Kassierer, die ‚Büchsenmacher'. Am 21. Dezember, dem Thomastag, traf sich die Gesellschaft, die Kassierer legten ihren Rechenschaftsbericht vor, und die Mitglieder entrichteten ihren Jahresbeitrag. Zur Tagesordnung gehörten ebenfalls Neuwahlen und Neuaufnahmen. Öffentliche ‚Singschulen' fanden in reformatorischer Zeit etwa einmal im Monat statt, und zwar nach der Mittagspredigt in Kirchen, die nicht mehr für Gottesdienste verwendet wurden. Der Sieger im Wettbewerb mit anderen Singern nach festgeschriebenen Regeln erhielt einen Preis, den ‚David', eine Silberkette mit Münzen, auf denen der alttestamentarische Psalmist und Patron der Meistersinger abgebildet war. Auch wenn sich die Meistersingergesellschaften in ihrem Selbstverständnis nach 1520 stark veränderten, im Wesentlichen dürften ihre Organisationsform und die Gestaltung ihrer Auftritte zumindest für die zweite Hälfte des 15. Jahrhunderts ähnlich gewesen sein.

Die Lieder, die dem Lob Gottes dienen sollten, behandelten bis zur Reformation immer wieder die gleichen Themen. Sie priesen Maria und die Trinität und besangen die Passio Christi oder die zentralen kirchlichen

Festtage. Es gibt aber auch viele erzählende und moralisierende Lieder, und in manchen Liedern wurde der Meistergesang selbst thematisiert (die sog. ‚Schulkünste'). Der Nürnberger Meistersinger Lienhard Nunnenbeck fasste die Aufgabe der Dichter in seiner ‚S c h u l k u n s t' zusammen:

> *darvmb, ir mercker hoch gemut,*
> *halt das loblich gesang in rechter hut,*
> *darmit mon Got lobet im dran,*
> *auch eret Maria, die fran*
> *vnd als himelisch her gar schon.*

Politische Themen blieben unberücksichtigt, da die Obrigkeit alle literarischen Darbietungen in der Stadt mit Argusaugen überwachte und jederzeit ein Verbot der Meistersinger aussprechen konnte.

Die Liedtexte offenbaren immer wieder eine bemerkenswert breite Bildung unter den Handwerkern, besonders im Bereich der Theologie. Vor allem im Meistergesang sind die Erfolge der Nürnberger Bildungspolitik zu beobachten und die Möglichkeiten, welche die keineswegs erst mit dem Buchdruck einsetzende leichte Verfügbarkeit geistlicher Literatur in der Volkssprache den Laien eröffnete. Bei allen harten, wenn auch zweifellos berechtigten Urteilen, die in der Forschung an den dichterischen Fähigkeiten der Handwerker geäußert wurden (etwa Max Wehrli: „biedermännischer Kunstbetrieb") sind die Lieder der Meistersinger doch hervorragende Indikatoren für ein im späten 15. und frühen 16. Jahrhundert verbreitetes religiöses Grundwissen unter den Laien, das den anhaltenden Erfolg der Reformation in der Reichsstadt ungemein förderte. Ein Großteil der Laien Nürnbergs – und zwar nicht nur die aus der Obrigkeit – war offenbar durchaus in der Lage, die Kontroversen, die den Kern des reformatorischen Diskurses bildeten, nachzuvollziehen. Es überrascht daher kaum, dass die Meistersingergesellschaften in fast allen Städten als entschiedene Verfechter der Reformation in Erscheinung traten. Nach 1520 änderten sich auch die von den Meistersingern behandelten Themen, was in Nürnberg vor allem auf das überragende Vorbild des Hans Sachs zurückzuführen ist. Nun wurde die Bibel in versifizierter Form nacherzählt und ausgelegt – Laien durften und sollten dies nun tun –, Weltliches stellte sich neben Geistliches, auch der Humanismus beeinflusste die Themenwahl, Stoffe der mittelalterlichen und zeitgenössischen Epik wurden verwertet. Jedenfalls entwickelte sich der Meistergesang als Literatur von Laien für Laien zu einem nicht zu unterschätzenden Mittel der protestantischen Bildung. Nach 1520 dominieren protestantische Texte die Überlieferung völlig, ältere Texte werden nicht mehr tradiert. Entgegen früherer Behauptungen hat es übrigens nie ein Druckverbot für Meisterlieder gegeben. Allerdings durften gedruckte Lieder bei Veranstaltungen nicht vorgetragen werden.

In einem 1527 entstandenen Meisterlied gedachte Hans Sachs seiner Nürnberger Vorgänger, *zwölf erwählte[r] Dichter*, die die Nürnberger Schule zur führenden in Deutschland erhoben hätten. Die Zwölfzahl der Sänger soll natürlich bewusst mit der der ‚Alten Meister' korrespondieren. Neben Hans Folz († 1513) nennt er auch die Namen einiger Dichter, die sich archivalisch und durch Liedüberlieferung nachweisen lassen. Aus der frühen Zeit stammen der Söldner Fritz Kettner (zwischen 1392–1430 nachgewiesen) und der Bäckermeister Michel Nachtigall († zwischen 1427–1433), aus späteren Jahren der Spenglermeister Konrad (Kunz) Vogelsang, der Heftelmachermeister Hermann Örtel, Konrad (Kunz) Nachtigall († 1484/85), der Sohn von Michel Nachtigall, der ebenfalls Bäckermeister war, der Nagelschmied Fritz Zorn († 1482), der *briefmaler* Hans Schwarz (um 1500) – von dem nicht nur Töne, sondern auch ein Lied überliefert sind –, der Leineweber und Lehrmeister von Hans Sachs im Meistergesang, Lienhard Nunnenbeck († vor 1527), sowie Sixt Beckmesser, der von Richard Wagner zu Unrecht zum pedantischen Kritikaster gestempelt wurde, der allerdings in Nürnberg archivalisch nicht bezeugt ist.

Überliefert sind die Nürnberger Meisterlieder des 15. und frühen 16. Jahrhunderts in einigen wenigen Sammelhandschriften und Autographen, in Streuüberlieferung und einer Anzahl von Drucken, allesamt ohne Melodien. Die älteste ist die Münchner Handschrift cgm 351 (m), die um 1425 in Nürnberg entstanden ist und in der u.a. die Lieder Fritz Kettners überliefert sind. Weitaus bedeutsamer für die Geschichte des Nürnberger Meistergesangs ist die von Hans Sachs 1517/18 geschriebene Berliner Handschrift mgq 414 (q), in der der junge Sachs auf 469 Blättern 400 Lieder der alten und jungen Meister in 141 Tönen niederschrieb. Er habe sie *zu sam gesamlet ... auss mengem gutten puch*, teilt er dort mit. Mit der Handschrift stellte er sich eine Grundlage für sein eigenes Schaffen zusammen. Der Löwenanteil der Lieder ist leider anonym, und nicht alle Lieder stammen von Nürnberger Meistern, dennoch finden sich hier neben der frühen Sachschen Eigenproduktion Lieder seines Mentors Nunnenbeck und von Michel und Konrad Nachtigall, Sixt Beckmesser, Hans Folz, Fritz Zorn u.a.m. Jedenfalls vermittelt die Sammlung ein hervorragendes Bild von dem, was für den Meistergesang der Reichsstadt als typisch gelten kann. Im Mittelpunkt steht Lehrhaftes mit einem ernsten Bestreben, stets das dogmatisch Richtige zu vermitteln, was deutlich vor Augen führt, dass eine gewisse Gruppe von Laien das Feld der religiösen Didaxe keineswegs mehr nur der Geistlichkeit überließen, sondern fühlten sich durchaus in der Lage, intellektuell und bildungsmäßig mitzuhalten.

Neben den Sammelhandschriften sind auch zwei Teilautographen des Hans Folz überliefert. Die Weimarer Handschrift Q. 566 (X), die aus 17 Faszikeln verschiedener Herkunft und unterschiedlichen Alters besteht, überliefert u.a. die älteste Sammlung Folzscher Meisterlieder – 23 Lieder in 14 Tönen – und Fastnachtspiele, wobei sich die Inhalte der Lieder, von wenigen abgesehen, auf ein relativ enges thematisches Spektrum beschränken: sie sind fast alle religiöser, vor allem mariologischer Natur. Zudem enthält die Handschrift Quellenmaterial für Folzens Werke und Gedichtentwürfe, die er auf Leerseiten eintrug.

Auch die Münchner Handschrift cgm 6353 (M) wurde größtenteils von Folz selbst geschrieben und enthält nur von ihm verfasste Meisterlieder. Bei der Handschrift handelt es sich um eine Reihe von Faszikeln, die er selbst im Laufe der Zeit anfertigte und jeweils eigens signierte. Diese wurden von Jacob Bernhaubt, gen. Schwenter, Kürschner und Genannter des Großen Rats, systematisch gesammelt und von seinem Sohn zu einem Buch vereint. Offenbar fertigte Folz selbst solche Heftchen an oder ließ sie anfertigen und signiert vertreiben. Der Sohn Bernhaubts, Pankratz, notiert in der Handschrift, dass sein Vater seine Freizeit *inn solchem buchle mit singen unnd lesen ... vertriben* habe. Überschrieben sind die Lieder mit dem Hinweis, sie seien *kurtzweilig zu lesen, dem verstendigen aber lieplich zu singen*.

Drei Meisterlieder druckte Folz überdies auf eigener Presse, allesamt mit weltlicher, z.T. schwankhafter Thematik. Darüber hinaus gab es eine Vielzahl weiterer, zwischen 1497–1515 erschienener Meisterlieddrucke, von denen einige in einem Sammelband der Erlanger Universitätsbibliothek vereint sind und mehrere Nürnberger Meisterlieder überliefern.

Der älteste namentlich bekannte Meisterlieddichter Nürnbergs, der auch die Anfänge der Tradition entscheidend prägte, war der *soldner* (im Dienste der Stadt?) F r i t z K e t t n e r . Er wird in Archivalien mehrfach erwähnt, aus denen hervorgeht, dass er nicht aus Nürnberg stammte. Vermutlich wurde er 1365/70 geboren, 1392 ist er erstmals in Nürnberg bezeugt, wo er 1411 das Bürgerrecht erwarb. 1430 war er dort noch wohnhaft. Ihm lassen sich lediglich zwei Lieder zweifelsfrei zuordnen, in denen er sich als Autor nennt, sowie ein weiteres, das mit hoher Wahrscheinlichkeit von ihm verfasst wurde. Im neunstrophigen ‚P r o p h e t e n t a n z ‘ besingt er die 24 Alten, die durch die Erlösungstat Christi in einem *wunecleichen tanz* in den Himmel geführt werden. Es handelt sich aber nicht um die 24 Alten der Apokalypse, sondern um wichtige alttestamentliche Gestalten (vor allem die Propheten), die mehr oder weniger als Teil des *reien* aufgezählt werden. Das Lied endet mit einem Marienlob. Von besonderem Interesse für die Geschichte des Nürnberger Meistergesangs ist das andere Lied Kettners, der ‚G o l d e n e S c h l ü s s e l ‘, da es eindeutig auf ein Lied des Münchner Meisterlieddichters Albrecht Lesch (vgl. Bd. III/1), das ‚Goldene Schloss‘, Bezug nimmt. Auch hier geht es um die Aufzählung von 32 ‚Meistern‘, von Adam über die Erzväter und Propheten bis zu Johannes Baptista. Die Tatsache, dass Kettner auf Leschs Lied anspielt, könnte auf einen Aufenthalt in oder eine Herkunft Kettners aus München hindeuten. Im dritten, vielleicht von Kettner verfassten Lied geht es um ein Lob Gottes. Drei Töne wurden Kettner zugeschrieben, die später immer wieder im Meistergesang Verwendung fanden.

Zur ersten Generation der Nürnberger Meistersinger gehört auch M i c h e l N a c h t i g a l l , der ebenfalls nicht aus Nürnberg stammte und von dem nur ein Kurzer Ton überliefert ist. Er wurde 1414 Bäckermeister und starb zwischen 1427–1433. Sein Sohn Konrad (Kunz) Nachtigall (um 1410–1484/85) war ebenfalls Bäckermeister (seit 1436) und der profilierteste Dichter der zweiten Generation der Nürnberger Meistersinger. Von ihm stammen fünf gesicherte Lieder: drei handeln von Maria, eines bietet einen Dichterkatalog verstorbener Meistersinger, in dem er das musikalische Talent seines Vaters rühmt, und das fünfte ein Lob des Gesangs (‚Schulkunst'). Weitere Lieder, zumeist Marienlieder, sind in insgesamt dreizehn Tönen überliefert, was annehmen lässt, dass mindestens einige davon ihm als Komponisten zuzuschreiben sind. Seine Töne waren sehr beliebt, Hans Sachs legte sie 213 Liedern zugrunde. Von besonderem Interesse ist der Meisterkatalog, in dem Nachtigall in seinem Leidton 80 Namen verstorbener Töneerfinder aufzählt; als den 81. nennt er sich selbst. Es handelt sich um Meister des 12. bis 15. Jahrhunderts, besonders jene, die in Nürnberg als Erfinder von Tönen bekannt waren. Fünf Namen von Nürnberger Meistersingern des 15. Jahrhunderts führt er auf, die Namen von 26 anderen Dichtern sind allerdings aus keiner sonstigen Überlieferung bekannt. Darunter erwähnt er einen Niklas Frauenpreis, von dem jedoch nur eine Scheltrede (42 Verse) erhalten ist, in der er vor zügelloser Trinkerei warnt. Auch Hans Folz wird später einen derartigen Katalog verfassen, allerdings mit nur 65 Namen, von denen drei nicht bei Nachtigall aufscheinen. Möglicherweise griffen beide auf eine gemeinsame Vorlage zurück.

Eindrücklich zeigt sich hier, mit welchem übersteigerten Selbstbewusstsein sich die Nürnberger Meistersinger zu den eigentlichen Bewahrern und Fortsetzern einer ruhmreichen dichterischen Tradition erhoben. Während über *Walther von Vogelweid* nur gesagt wird, *der was kein dore*, wohl weil ein Reim auf *Klinginsore* notwendig war, würdigt Kunz Nachtigall die Nürnberger ausführlicher: *Michel Nachtigalle, / der sein gesank mit musica krönt schone* und *Fricz Kettner hat gesüngen wol*.

Freilich besteht das ganze Lied zum Großteil aus einer ermüdenden, wenn auch für die heutige Forschung aufschlussreichen Aufzählung von Namen, zu denen Nachtigall nur schlichte Floskeln einfielen. In den ersten Zeilen begründet Nachtigall das Lied damit, dass es *Vil mancher* gäbe, *der die meister nit kennet ... die werden euch kurzlich von mir gennenet*. Das Lied dient demnach dem Zweck der Identitätsstiftung der noch jungen Meistersingergemeinschaft und dürfte am ehesten für eine interne *singschul* verfasst worden sein. Allerdings lässt sich für kein einziges Lied des städtischen Meistergesangs aus dem 15. Jahrhundert die Frage nach Ort und Anlass einer Aufführung einigermaßen sicher beantworten.

Aus Nachtigalls Katalog geht hervor, dass ein gewisser Hans Bogner (bezeugt 1441), wie Kettner *soldner*, und der Spenglermeister Konrad Vogelsang (1436–1447 urkundlich erwähnt) zu den verstorbenen Meistern gehörten. Bogner wurde im 17. Jahrhundert zu den zwölf Meistern von Nürnberg, also zu den Begründern des Meistergesangs in der Reichsstadt, gezählt. Von beiden ist nur ein Ton überliefert: Während es sich bei Bogners ‚Steigweise' um einen recht einfachen Ton handelt, bietet Vogelsangs ‚Goldener Ton' eine kompliziert reimende Strophe von 30 Zeilen. Ein anonymes Lied des 15. Jahrhunderts in diesem Ton, ein Maria gewidmetes Weihnachtslied, könnte von Vogelsang stammen. Beliebt wurde der Ton im 16./17. Jahrhundert, als er vor allem für religiöse Lieder Verwendung fand. Zum Beispiel benutzte ihn Hans Sachs für 28 Lieder.

Zu den produktivsten Dichtern der zweiten Generation gehörte auch Fritz Zorn († 1482), der 1442 die Meisterwürde des Naglerhandwerks erwarb. Seinen Lebensabend verbrachte er in der für Handwerker reservierten Mendelschen Zwölf-Brüder-Stiftung, einer karitativen Einrichtung für Handwerker über 50 Jahre, die arbeitsunfähig geworden und in Not geraten waren. Im Hausbuch der Stiftung findet sich ein Portrait von ihm. Hans Sachs rechnet Zorn zu den zwölf Meistern zu Nürnberg an zweiter Stelle und sagt von ihm, er habe *schone bar und liebliche weisen* verfasst. Er muss ein umfangreiches Liedwerk geschaffen haben, wovon allerdings kaum etwas erhalten ist, das man ihm zweifelsfrei zuweisen kann. Ein einziges Lied, eine Ermahnung zur Tugendhaftigkeit, trägt seinen Namen in der Überschrift. Weitere anonym überlieferte Lieder, die in seinen insgesamt fünf Tönen verfasst wurden, können ihm wohl zugeschrieben werden. Zorn wagte sich an hohe theologische Fragen heran und schreckte nicht davor zurück, sich mit komplexer trinitarischer Spekulation zu befassen. Dies erfahren wir aus einem siebenstrophigen Lied von Hans Folz (Edition A. L. Mayer, Nr. 53) zur Trinität. Hierin wird *her Zorn* für seine unorthodoxen Vorstellungen zu diesem Thema abgekanzelt und ihm vorgeworfen, er wolle *diff born* und suche *newen funt*, ohne Argumente *auß hoer lerer munt* einzubringen. Dann wird Folz polemisch: Er wundere sich, woher das komme, das sich die *rohen pauren / so tiff mit der drifallde* (Trinität) / *bekumern dag und nacht*. In der Tat geht es in den anonymen Liedern in den Tönen Zorns immer wieder um das Wesen Gottes oder die Trinität in Form von scholastischen Quaestionen. Folz stellt dann fest, dass die *heilig schriffte* nicht jedem Affen, der ein *ganczer doctor* sein wolle, zugänglich sei, dafür benötige man ein Studium. Der Dichterstreit hielt aber Folz nicht davon ab, Zorn, dessen Töne er gern benutzte, posthum zu loben: Zorn habe auch *über gemein leyische art, / doch mit manchem gezwungen sin* gedichtet.

Unter den Vertretern der dritten Generation der Nürnberger Meistersinger ist Hans Folz selbst der weitaus bedeutendste. Für Jacob Bernhaubt, Besitzer der Folz-Handschrift M, verfasste Folz 1496 ein Meisterlied, das er *auff der singeschul umb ein klainoth* vortrug. Folz notiert: *Ime in grosser gunst und liebe zugestelt, doch umb sein darbezalunng* („sofortige Auszahlung"). Eindeutig Folz zuzuschreiben sind mindestens 90 Meisterlieder. In der Überlieferung werden ihm 17 Töne zugewiesen. Aber nur für 14 dieser Töne hat man auch Lieder von Folz vorliegen. Das bedeutet, dass drei Töne ihm entweder fälschlich zugeschrieben werden, oder dass ein Teil davon verloren ist.

Folzens literarisches Schaffen dürfte höchstwahrscheinlich mit dem Verfassen von Meisterliedern begonnen haben, und zwar bereits in seiner Wormser Zeit. Dies überrascht nicht, da auch Michel Beheim und Hans Sachs bereits in ihrer Lehrzeit in die meisterliche Liedkunst eingeführt wurden. Folz selbst hat sein Liedschaffen thematisch gegliedert: Er könne mit jedem wetteifern, ob *auff geistlich, weltlich oder sittlichen*, also im Bereich der geistlichen, weltlichen oder moralisierenden Lieder. Allerdings machen – keineswegs überraschend – geistliche Lieder, vor allem über Gott bzw. die Trinität und Maria, den Löwenanteil seines Liedschaffens aus.

Für seine Trinitätslieder greift Folz grundsätzlich auf das Athanasianische Glaubensbekenntnis („Symbolum Athanasianum') zurück, in dem die kirchliche Trinitäts- und Inkarnationslehre in vierzig Artikeln/Sätzen präzise zusammengefasst wird. Folz hat es in einem siebenstrophigen Lied wörtlich übersetzt (Nr. 13) und in einem weiteren teilweise paraphrasiert (Nr. 35). Die durchgängige Anlehnung an das Athanasium in seinen Liedern garantiert dogmatische Korrektheit, was vor allem im Streit über die angeblich abstrusen Vorstellungen Fritz Zorns zur Trinität eine wichtige Rolle spielt (Nr. 53). Folz behandelt die Frage nach dem Verhältnis der Personen der Trinität zueinander (Nr. 16) und belegt mit Bibelstellen, dass die Dreifaltigkeit existiert. Zugleich greift er Heiden und Juden an, die dies nicht wahrhaben wollten (Nr. 28). Auf die unter Meistersingern beliebte Frage nach dem Sein Gottes vor der Schöpfung antwortet er in Lied Nr. 70, dass Gott bereits in seiner Schöpfung gewesen sei, bevor er diese schuf. Lied Nr. 17 beginnt Folz mit der Demutsformel *Hie speculir ich thumer ley*, um anschließend Wesen und Eigenschaften der Trinität zum Lobpreis Gottes in sieben Strophen zu thematisieren. Es fällt auf, das Folz auch von Zahlensymbolik Gebrauch macht, vor allem von der heiligen Siebenzahl, auf die man in den geistlichen Liedern immer wieder trifft. Die Inkarnation Christi wird in Lied Nr. 53 allegorisch erläutert: Durch ein *fenster von cristallen* (= Maria) in der Arche Noah (= die Kirche) scheint das Licht (= Christus), wobei es die Farbe des Fensters annimmt: *Allzo Gotz volkomen / In jungfrewlichem schrein / Hot menscheyt an genomen / Auß irem plut so rein*. In einer anschließenden Inkarnationslehre wird *ein roher lei allz ich* von einem Doktor der Theologie und einem weiteren Meister genauer instruiert. In zwei Weihnachtsliedern (Nr. 63/64) greift Folz das Verfahren der typologischen Deutung auf, indem er mehrere Typen des Alten Testaments (Nr. 63) oder Prophezeiungen (Nr. 64) auf die Geburt Christi bezieht.

Der Passion Jesu widmet Folz wenige, dafür aber umfangreiche Lieder. In einem dreiteiligen Zyklus (Nr. 1) wird sie vom letzten Abendmahl bis zur

Auferstehung in insgesamt 17 26-zeiligen Strophen erzählt und gedeutet. Auch hier sind die zwei ersten Bare siebenstrophig. In einem anderen Lied (Nr. 76) wird den *leyen in figür und gleichnüs* die Eucharistie erläutert. In solchen Äußerungen (und in seiner oben referierten Auseinandersetzung mit Fritz Zorn) zeigt Folz, dass er sich selbst im Wesentlichen auf gleicher Bildungsebene mit dem Klerus sieht. Er verfügt über das Wissen und mithin die Legitimierung, komplexe theologische Spekulationen vorzutragen und dabei die ihm durchaus geläufigen Autoritäten zu zitieren (etwa Albertus Magnus). Er sieht sich verpflichtet, die (unbedarften) Laien (*rohen pauren*), die sich anmaßen, auf gleicher Höhe wie er zu argumentieren, in die Schranken zu weisen. Hier offenbart sich ein laikales Selbstbewusstsein, das in früheren Zeiten von der Kirche als häretische Anmaßung verfolgt worden wäre. Es ist ohnehin bemerkenswert, dass der Nürnberger Klerus, der vor allem über die streng reformierten Klöster der Stadt das religiöse Leben Nürnbergs prägte, offenbar kein kritisches Auge auf das Schaffen der Meistersinger warf, sondern dass nur der weltliche Rat dies tat.

Die besondere Rolle Marias im Meistergesang ist ebenfalls bei Folz in Liedern verschiedenster Thematik greifbar. In den Marienliedern geht es vor allem um die Typen Mariengruß und -preis, aber auch kontroverse dogmatische Themen werden von Folz im Rahmen der Texte behandelt, die der Gottesmutter gewidmet sind. Die im 15. Jahrhundert unter Theologen heftig umstrittene Jungfrauengeburt ist Thema von Liedern, in denen Folz Ovid, Adam von St. Victor und Franz von Retz heranzieht. In einem dreiteiligen, siebenstrophigen Zyklus (Nr. 75) werden die Unbefleckte Empfängnis, Marias Keuschheit und die Jungfrauengeburt thematisiert. Das Lied beginnt mit einer Beschimpfung: *Schem dich jüd, heid, türck, machmetist / Der dw gelaübest nicht / Das Got ye was, wirt sein und ist,* bevor Folz zum eigentlichen Thema übergeht. Im zweiten Bar wird Marias Keuschheit durch eine lange Auflistung ihrer Zeugen erwiesen: Aristoteles, Albertus Magnus, Isidor von Sevilla, Petrus Comestor, Alanus ab Insulis, Boethius, die Bibel, die ‚Vitaspatrum‘, Ovid u.a.m. werden aufgeführt, ohne eine dieser Quellen auch nur andeutungsweise direkt zu zitieren. Es gehört zum Wesen des Folzschen Œuvres, dass er sich mit dem Vorzeigen von gelehrtem Wissen, durch Quellenberufungen, Verwertung oder Anzitierung von lateinischen und anspruchsvollen deutschen Quellen (etwa dem Dekalogtraktat Marquards von Lindau [Nr. 8 und 10]) sowie den Einsatz des Lateins profiliert und über seine Zeitgenossen erhebt. Ob Folz tatsächlich die in dem Lied Nr. 75 aufgeführten Autoren und Werke auf deren Verwertbarkeit im Blick auf die mariologische Kontroverse hin studiert hat und ihm mithin ein für einen Laien stupender Bildungshorizont zuzuschreiben ist, lässt sich nur schwer beweisen. Zu den hochgebildeten Humanisten der Reichsstadt – ebenfalls Laien –, die andere Ziele verfolgten und zudem zu einem anderen gesellschaftlichen, eher patrizischen oder patriziernahen Milieu gehörten, gesellte er sich offenbar nicht.

Eines der bemerkenswertesten Folzschen Lieder ist zweifellos das große Streitgespräch zwischen der göttlichen Weisheit und der weltlichen Torheit (Nr. 52), das in 25 16-zeiligen Strophen moralische Fragen thematisiert. Während die Torheit die christliche Tugendlehre und zentrale Grundlagen des christlichen Glaubens in Frage stellt, kontert die Weisheit mit fundierten theologischen Argumenten. Dabei werden auch aktuelle Gefahren für die Kirche von Folz gegeißelt. In der zehnten Strophe erinnert die Torheit daran, dass sogar *gelerte* der *keczerei* verfallen können:

> *Der Wikleff dort in Engellande*
> *Ketzert die cristen.*
> *Johannes Huß die irrung fande*
> *Und hat mit listen*
> *Dar mit gewurczt unter die bemisch krane*
> *Mit hilff dez Rockenzane.*
> *Jörg Heimbach hillt auch ane,*
> *Wie er doctor doctorum sey.*

Es überrascht nicht, dass neben den Professoren Wyclif und Hus im Blick auf die hussitische Gefahr auch Jan von Rokycana († 1471) aufgeführt wird, der den Utraquismus als legitime Landeskonfession in Böhmen durchsetzte und deswegen häufig in Chroniken und Liedern verspottet wurde. Folzens Nürnberger Publikum dürfte durchaus auch der bedeutende Humanist, Jurist und Konziliarist Gregor Heimburg († 1472), auf den noch im Zusammenhang mit dem Nürnberger Humanismus näher eingegangen wird (vgl. S. 166), bestens bekannt gewesen sein. Immerhin häufte dieser im Dienste Nürnbergs ein beträchtliches Vermögen an, geriet aber mit Papst Pius II. in schwere Konflikte und wurde 1460 exkommuniziert. Er war zeitweise wichtiger politischer Berater des böhmischen Königs Georg von Poděbrad, der die Utraquisten – den moderaten Flügel der Hussiten – begünstigte. Folz muss auf diesen Hintergrund nicht mehr explizit verweisen, sondern spottet über Heimburgs angeblich große Gelehrsamkeit. Die ‚Weisheit' sieht in der *hoffart* der Gelehrten die Wurzel des Übels.

Die weltlichen Lieder von Hans Folz, zu denen alle gedruckten Lieder gehören, behandeln im Wesentlichen zwei Themen: Minne und Ehe sowie den Meistergesang. Folz verfasste ein zartes Liebeslied (Nr. 69) und ein traditionelles dreizehnstrophiges Tagelied (Nr. 50). In der Art einer Minnerede ist das Lied Nr. 97 gestaltet, in der nach einem Natureingang eine Begegnung mit der Geliebten in einem Traum geschildert wird. Das Verschwinden der Geliebten führt zur Lehre, dass das Ziel stets der Himmel sein soll, weil die Jugend vergeht. Eine typische Schwankhandlung mit dem *übelen wîp*-Thema findet sich in Lied Nr. 95, wo ein *weib so ungeheur* ihren Mann gnadenlos verprügelt, um die Herrin im Hause zu bleiben. In Lied Nr. 96

wird die Institution der Ehe gepriesen, wobei vor allem die *gute haußfraw* besonders gelobt wird.

Unter den Folzschen Liedern ist vor allem dem Zyklus Nr. 89–94 besondere Beachtung zugekommen, denn hier werden Theorie und Praxis des Meistergesangs thematisiert. In Lied 89 spottet er über schlechte Dichter, die nicht reimen können, zu lange Lieder verfassen und – noch schlimmer – es wagen, von der *gotheyt ercleren* zu wollen. Die Forderung dieser Nichtskönner, dass alle Meistersinger dazu gezwungen werden sollten, nur nach den Tönen der zwölf Alten Meister zu dichten, lehnt Folz vehement ab. Mit seiner Haltung schlägt Folz keine neuen Pflöcke ein, sondern verteidigt nur die bisherige Nürnberger Praxis, eigene Töne erfinden zu dürfen, was ohnehin seit Kettners Zeit gang und gäbe war. In Lied 90 beginnt er mit der Feststellung, dass sich *wegen* der Tönekontroverse *neid und has* unter den häufig auch dünkelhaften Sängern breit gemacht hätten. Ein kunstvolles Lied in einem unbekannten Ton würde abgelehnt, schreibe man den Ton aber Frauenlob zu, dann sei das Lied plötzlich ein großes Kunstwerk. Wer zwar nur dichten könne, aber keine Töne erfinde, sei wie jemand, der an einem Fuß einen Schuh trage und auf dem anderen barfuß ist. Im Nr. 91 setzt er das Thema fort, indem er auf die Inhalte der Lieder eingeht und vor der Gefahr der Häresie warnt, wenn man von hohen Dingen singt, von denen man eigentlich nichts versteht. Solchen Dichtern rät er: *Facht erstlich mit history an / Oder mit andern dingen / Oder mit fastnacht spillen*. Anschließend geht es erneut um eine Überbewertung der Alten Meister. Im nächsten Lied (Nr. 92) wirft er seinen Gegnern vor, über die genaue Zahl der Alten Meister nicht Bescheid zu wissen: Es gebe ja doch mehr, also sei diese Zahl willkürlich. In seinem Lied Nr. 93 preist Folz den *freien maister* Neidhart, der alle anderen Meister überragt habe, weil er jedes seiner Lieder mit einem eigenen Ton versah. Dies ist insofern von besonderem Interesse, als die wichtige Neidhart-Handschrift c in den 1460er Jahren in Nürnberg geschrieben und mit einer Vielzahl von Melodien versehen wurde und Folz vielleicht Kenntnis von dem Codex hatte. Dort spottet er zudem über Dichter, die sich über metrische Ungenauigkeiten aufregen, aber nicht über problematische Inhalte oder falsches Latein. Schließlich bietet er in Lied Nr. 94 den Beweis seiner Behauptungen: Er zählt 65 Namen von Meistersingern auf, verbunden mit der Feststellung, dass die gegenwärtigen Meister größere Kunst produzierten als die Alten: *Die new kunst weit ob schwebet*. Auch die Kirche bestehe nicht auf *zwelff maister*. Kurzum: Folz wehrt sich strikt gegen jede Erstarrung des Meistergesangs. Offenbar war er erfolgreich, wenn man die Weiterentwicklung des Meistergesangs betrachtet.

Die Inkompetenz einiger Meistersinger greift er in einem umfangreichen Zyklus auf, der größtenteils aus dreistrophigen Liedern besteht: der sog. Fürwurf- und Straflied-Reihe Nr. 39–49. Allerdings wird das Thema hier satirisch angegangen: Als sich ein neuer Schüler bei den Meistern einführen will, begeht er sofort einen der schlimmsten Fehler, indem er ein nur sechsstrophiges Lied dichtet (Nr. 39). Er hebt immer wieder seine *grobheit* hervor, da er keine Vorbildung vorweisen könne, er komme ja nur aus einem fränkischen Dorf und nicht aus der großen Stadt. Schließlich besiegt er mit falscher Bescheidenheit und Spott seinen Gegner im Wettstreit, der hier allerdings nicht zu Wort kommt. Dabei macht er sich über die Nürnberger Meistersinger lustig, denn er habe gedacht, *wie der uresprung / Mitt kunst allein zu Nurnberg wer*. Er scherzt also über die egozentrische Verblendung, alle Kunst käme aus Nürnberg.

Auch wenn Folz entgegen früheren Auffassungen den Meistergesang nicht ‚reformiert' hat, setzte er zweifellos neue künstlerische Maßstäbe. Dies gilt für seine Sprache wie für seinen Stil, seine kunstvollen Töne und vor allem für das für einen Laien beachtliche intellektuelle Niveau seiner Texte. Seine Stellung innerhalb der Meistersingergesellschaft muss so herausragend gewesen sein, dass er es sich leisten konnte, sich mit unverhohlener Arroganz über andere Sängerkollegen zu erheben und sie sogar mit Spott zu überhäufen. Diese sollten sich mit ihrer bescheidenen Bildung davor hüten, allzu spekulative Fragen in ihren Liedern aufzugreifen: *Bewar dich vor dem swindel wol ... meid all ho fünd / und tiff abgründ* (Nr. 9). Die Kritik an Dichterkollegen hat zwar eine lange Tradition, und möglicherweise trägt der Wettstreitcharakter der *singschul* zu dieser literarischen Selbstüberhebung bei, dennoch scheint Folzens große Popularität in Nürnberg, die weit über die Meistersingerzirkel hinaus reichte, ihm zu einer derart singulären Rolle im literarischen Leben der Stadt verholfen zu haben, wie sie dann erst wieder Hans Sachs zukam. Dessen Lob für den *durchleuchtig deutsch poet*, das bei keinem anderen der zwölf Nürnberger Meistersinger so glänzend ausfällt wie bei Folz, darf zweifellos als zutreffende literaturgeschichtliche Positionierung des Barbiers aus Worms gelten. Der Sohn Schwenters nennt Folz gar einen *uberkunstlichenn maistersinger*.

Kurz vor dem Tode von Folz siedelte der Schwabe Lienhard Nunnenbeck (aus Ulm oder Augsburg?) nach Nürnberg um. Laut Hans Sachs war Nunnenbeck derjenige, der ihm die Regeln des Meistergesanges beibrachte. Dies müsste vor 1511, also vor der Wanderschaft von Sachs geschehen sein. Nunnenbeck wird 1514 Bürger der Stadt und 1515 zum Webermeister ernannt. Aus einem von Sachs 1527 verfassten Lied geht hervor, dass er damals bereits nicht mehr am Leben war. Von Nunnenbeck stammt ein auf 1518 datierter Spruch, also wird er zwischen 1518 und 1527 gestorben sein. Überliefert sind 46 seiner Meisterlieder in den von Hans Sachs geschriebenen Berliner und Dresdner Handschriften und in einer Handschrift des 17. Jahrhunderts. Sein ‚Trojalied' ist nur durch Druck bezeugt. Mithin sind 47 Meisterlieder Nunnenbecks in 28 verschiedenen Tönen – darunter neun eigenen – und zehn weiteren Tönen überliefert. Er bevorzugte Lieder mit einer Vielzahl von Strophen, auch lange Töne mit z.T. über 30

Versen sind bei ihm nicht ungewöhnlich. Fast alle Lieder Nunnenbecks sind geistlicher Natur. Indes ist kein Lied erhalten geblieben, das durch die Auseinandersetzungen um die Reformation beeinflusst worden wäre. Betrachtet man Nunnenbecks favorisierte Themen und Töne, so scheint es, als habe er sich in die Tradition von Hans Folz stellen wollen. Neben seinen eigenen finden vier Töne von Folz in sieben Liedern Verwendung. In etwa der Hälfte der Lieder werden mariologische Themen behandelt, und wie bei Folz wird die Unbefleckte Empfängnis am häufigsten thematisiert. In weiteren Liedern geht es um die Verkündigung, die Compassio Mariae, den Tod, die Himmelfahrt und Aufnahme Marias im Himmel, Marienlob und die Geburt Jesu. In zwei Liedern geht es um die Passio Christi, in dreien um die Trinität, in je einem um die Eucharistie, die Jungfräulichkeit, den Prolog zum Johannesevangelium und um das Apostolicum. Nunnenbeck ähnelt Folz insofern, als auch er seine Gelehrsamkeit in den Liedern deutlich herausstellt: Er zitiert reichlich auf Latein und beruft sich ausgiebig auf die Schrift und theologische Autoritäten. Immer wieder dienen die Bibel, Augustinus, Ambrosius, Thomas von Aquin, Duns Scotus, Franz von Retz und viele andere mehr als Quellen seiner Argumentation, zudem spielt das Athanasianum in einigen Liedern eine gewichtige Rolle. Auch seine Warnung vor dogmatischen Irrtümern am Ende eines Trinitätsliedes erinnert an Folz: *o mensch, merck eben, / irsall las dein hercz mit nichten peleiden.* Insgesamt sind die seit Folz geltenden künstlerischen Maßstäbe sowie der gehobene Anspruch auf dogmatische Genauigkeit und fundierte theologische Argumentation im Œuvre Nunnenbecks unübersehbar. Er steht eindeutig im langen Schatten von Folz, auch wenn er in Einzelheiten versuchte, sich von ihm abzusetzen.

Nunnenbecks ‚Schulkunst' ist eine Tabulatur in Liedform. In ihr zählt er Regeln und Fehler der Meisterlieder auf und vermittelt dabei Einblicke in die vorreformatorische Praxis der *singschul*. Er verweist z.B. auf den meistersingerlichen Wettstreit, der offensichtlich schon üblich war: *darvmb, ir mercker hoch gemut, / halt das loblich gesang in rechter hut.* In seinem verbreitetsten Werk, dem ab 1510/13 viermal gedruckten ‚Trojalied', erzählt Nunnenbeck in dreizehn Strophen in stark geraffter Form vom Trojanischen Krieg, also *kurtz, begreyffentlich ... wann yeder des endes begert furbaß.* Die Geschichte des Paris steht dabei derart stark im Mittelpunkt, dass nur wenig Raum für die restliche Handlung übrigbleibt. Wie für den Meistergesang üblich, wird das Erzählte moralisch bewertet und mit einer Lehre abgeschlossen. In der 13. Strophe wird *vbermüt* (Vermessenheit) als Ursache des Untergangs von Troja klar herausgestellt: *nun mercket hie, ir fursten, herren stet gemein, / wie vbermüt manchenn inn natt* (Not) */ pringet vnd dazu weybliches pild zware.* Für die Kenntnis der Nürnberger Fastnachtsbräuche liefert der einzige erhaltene Reimpaarspruch Nunnenbecks (1518) eine Reihe interessanter Details. Hier berichtet er, wie die Metzger, die das

Werk wohl in Auftrag gegeben hatten, ihren Zämertanz und Schembartlauf gestalteten, und erzählt die wohl erfundene Geschichte, warum das Recht auf diese Bräuche nur den Metzgern vom Rat zugesprochen wurde (vgl. S. 95).

Nunnenbeck gehörte nicht zu jenen Meistersingern, die dem Meistergesang wesentliche künstlerische Impulse verliehen, sein Œuvre ist wenig originell. Immer wieder versucht er, seine Lieblingsthemen zu variieren, aber an Folz und Sachs reicht seine Kunst nicht heran. Die Tatsache, dass er Sachs die Kunst des Meistergesangs vermittelte, hat diesen dazu gebracht, Nunnenbecks Lieder und Töne in größerer Zahl in seiner eigenen Sammlung aufzubewahren. Der Schüler ging jedoch sehr bald eigene Wege und reifte zur produktivsten und künstlerisch bedeutendsten Gestalt in der Geschichte des Meistergesangs heran.

Hans Sachs, dessen gigantisches Œuvre hier nur bis 1520 gewürdigt werden kann, wurde 1494 in Nürnberg geboren. Sein Vater, der Schneider Jörg Sachs, ist vermutlich aus Zwickau in Sachsen nach Nürnberg zugewandert. Die Eltern waren vermögend genug, um den Sohn vom 7. bis 15. Lebensjahr auf eine der Nürnberger Lateinschulen schicken zu können. Sachs ging danach zwei Jahre in die Lehre bei einem Schuhmachermeister. In diese Zeit fällt auch die Einweisung in den Meistergesang durch Nunnenbeck (*ich het von Lienhardt Nunnenbecken / Erstlich der kunst einen anfang*), aber nicht dieser, sondern Hans Folz sollte sein großes Vorbild werden. Nach Abschluss der Lehrzeit 1511 begab sich Sachs auf die für Gesellen vorgeschriebene Wanderung, die ihn innerhalb von fünf Jahren vornehmlich durch Süddeutschland und Österreich sowie nach Koblenz, Köln und Aachen führte und dort künstlerische Erfahrungen sammeln ließ. Nach eigener Darstellung erfand er in den Jahren vor seiner Rückkehr 1516 nach Nürnberg eigene Töne, in München dichtete er sein erstes Meisterlied und hielt in Frankfurt selbständig eine *singschul* ab. Er heiratete 1519 in Nürnberg, wurde 1520 Meister und machte sich als Schuhmacher selbständig. Er dürfte sein ganzes Leben lang in komfortablen wirtschaftlichen Verhältnissen verbracht haben – er besaß bereits 1522 zwei Häuser –, was ihm in späteren Jahren ermöglichte, sein Handwerk aufgeben zu können und sich ganz der Dichtung zu widmen. Sämtliche Kinder aus der ersten Ehe starben vor ihm wie auch seine erste Frau (1560). Bald danach heiratete er, 65-jährig, ein zweites Mal, eine 27-jährige Witwe, die sechs Kinder mit in die Ehe brachte. Sachs starb 1576 81-jährig. Sein literarisches Schaffen hielt er in seiner 1567 verfassten ‚*Summa all meiner gedicht*' fest, wo er das in der deutschen Literaturgeschichte umfangreichste und stofflich reichhaltigste Œuvre mit großem Stolz aufzählt. Dort finden sich über 4000 Meisterlieder, 130 Komödien und Tragödien, 85 Fastnachtspiele sowie zahlreiche Fabeln, schwankhafte Erzählungen, Streitgespräche und geistliche und weltliche

Spruchdichtungen. Sachs verarbeitete nahezu jeden in Nürnberg greifbaren Stoff und die wichtigsten aktuellen Themen der Zeit. Durch die Akribie, mit der er alles festhielt, können wir uns ein sehr genaues Bild von seinem Schaffensprozess machen.

Sachs war außerordentlich belesen und verfügte über eine umfangreiche Privatbibliothek, die 115 Bände enthielt, wohl ausschließlich mit volkssprachlichen Werken. Zwar habe er in der frühen Jugend *naigung zv wolüest mancherley* verspürt, aber bald erkannt, dass solche *kurczweil ... sünd vnd laster* verursachten, deshalb habe er das Lesen von Büchern vorgezogen:

> *mein kurz weil ist gewesen*
> *Erstlich puecher zv lesen*
> *gaistlich weltlich darpey*
> *Der historien mancherley*
> *Sunderlich der poeten*
> *Die mich hoch frewen deten.*

Seit 1520 war er mit den Lehren Luthers in Berührung gekommen und wurde bald zu dessen eifrigem Anhänger. Bereits 1522 besaß er circa 40 Schriften von Luther und seinen Gefolgsleuten (*sermon und tractetlein*), die ihn stark beeindruckten und für die Reformation gänzlich einnahmen. Während er vor 1520 bereits eine beachtliche Zahl von Werken verfasst hatte, verstummte er bis 1523. Sein erstes Werk nach der dreijährigen Pause war das berühmte Lob auf Luther, die ‚Wittenbergische Nachtigall', die er erst als allegorisches Meisterlied in strophischer Form und dann als wirkmächtiges Spruchgedicht in Reimpaarversen zum Druck gab:

> *Wacht auff, es nahent gen dem Tag*
> *Ich hör singen im grünen Hag*
> *Ain wunnigkliche Nachtigall,*
> *Jr stymm durchklinget Berg vnd Thal.*

Hier wird, in der Gestalt einer antirömischen Satire, Luthers Lehre verkündet. Sachs sah in einem der Zentralgedanken der lutherischen Theologie vom Priestertum der Laien den Auftrag zur religiösen Volksbildung. Sein literarisches Schaffen stand von 1523 bis 1532 fast gänzlich, und danach bis zu seinem Lebensende immerhin noch vorwiegend, im Dienste der Reformation. Luthers Vorbild regte ihn zu Kirchenliedern an, da es für den Gemeindegesang des neuen evangelischen Gottesdienstes an geeigneten deutschen Liedern fehlte. Er veröffentlichte eine Bearbeitung von 13 Psalmen und begann damit, umfangreiche Abschnitte aus dem Alten und Neuen Testament in Meisterlieder zu gießen. Bis zum Ende seines Lebens hatte er große Teile der Bibel in Verse gebracht, begründet damit, dass es jedem

Christen offen stünde, *inn der schrift zuforschen / lesen / schreiben*. Seine und die Lieder anderer lutherisch gesinnter Meistersinger hielten sich eng an den Wortlaut von Luthers Bibelübersetzung und waren am Schluss stets mit einer geistlich-moralischen Auslegung, der sog. Glosse, versehen.

Ein wichtiger Beitrag zum Glaubensstreit waren seine 1524 verfassten und gedruckten ‚Prosadialoge', in denen er vorwiegend die lutherische Ethik verteidigte und sich gegen Eiferer wandte, die im Evangelium eher einen Anlass zum theologischen Streit und nicht einen Aufruf zur wahren christlichen Lebensführung sahen. Überhaupt verzichtete Sachs auf grobe polemische Texte gegen das Papsttum, wie das in dieser aufgewühlten Zeit sonst üblich war. Es sei jedoch darauf hingewiesen, dass Sachs Luthers Positionen keineswegs kritiklos vertreten wollte, sondern sie vor allem auch als Anregung zum Weiterdenken verstand. In nicht wenigen Fällen sieht er theologische Positionen etwas anders als sein großes Vorbild. Für Sachs ist die Nächstenliebe, die aus der Lebendigkeit des Glaubens hervorgeht, von zentraler Bedeutung. So prangert er in eindeutigen Worten die Raffgier der Kaufleute und Unternehmer Nürnbergs an, die für das Elend der Stückwerker und anderer Opfer des Frühkapitalismus verantwortlich seien. Besonders der katholische Klerus wird von ihm als hab- und machtgierig gebrandmarkt. Die Mitglieder der Bettelorden lebten zwar gut von den Gaben der Reichen, pressten aber dennoch aus den ‚armen Christen' das Letzte heraus. Auch das furchtbare Los der Bauern, die unter der Tyrannei der Grund- und Leibherren zu leiden hatten, beklagt er bereits in der ‚Wittenbergischen Nachtigall'. Indes kann er die schrecklichen Auswüchse des Bauernkrieges nicht gutheißen. Denn Sachs will eine ‚friedliche Reformation', d.h. die friedliche Verbreitung des Gotteswortes und eine vollständige Ausrichtung des menschlichen Handelns und Denkens auf die Nächstenliebe. Für die in Bedrängnis geratenen Altgläubigen setzt er sich ebenfalls ein, denn er weiß, dass mit harter Ausgrenzung niemand für die lutherische Sache gewonnen werden kann. Mithin ist Sachs eine beruhigende Stimme in einer aggressiv aufgeladenen Zeit. „Sachs steht für eine Reformation, die alle persönlichen und öffentlichen Lebensbereiche mit dem Geist der Geschwisterlichkeit durchdringen will" (B. Hamm).

Zurück zur vorreformatorischen Zeit. Sachs verfasste laut ‚*Summa*' zwischen 1513–1520 24 Liebeslieder (*puellieder*), die er streng von den Meisterliedern trennte und die vielleicht durch eine Liebesaffäre in München inspiriert wurden, dazu ein geistliches Lied, zwei Fastnachtspiele und vier Spruchgedichte. Außerdem dichtete Sachs insgesamt 50 Meisterlieder, nur neun stammen aus der Zeit vor seiner Rückkehr nach Nürnberg. Bei den Meisterliedern verwendete er bereits sieben eigene Töne. Sein erstes Meisterlied entstand 1514 in München und behandelt die Trinität; hier warnt Sachs eindringlich vor Spekulationen über *den rechten grunt der hohen gepurt der gotheit*. Zwei weitere Lieder haben die Eucharistie bzw. die Compassio Mariae zum Thema. Es folgten zwei Weihnachtslieder und im nächsten Jahr, 1515, ein erstes Lied, das die Kunst des Meistergesangs behandelt, sowie weitere Marienlieder. Jetzt verfasste Sachs seine ersten Spruchgedichte. Nach einer Zwischenstation in Würzburg kam er 1516 nach Frankfurt, wo er in einer von ihm veranstalteten *singschul* ein Tabulaturlied vortrug. Nachdem er im Lied zunächst die Meister, die Singer, die Merker und die Zuhörer begrüßt hat, weist er die Singer auf die möglichen Fehler hin, die es zu vermeiden gilt. Mit insgesamt elf Liedern war das Jahr 1516 das produktivste in Sachsens Jugend. Er führte jetzt auch die Minnethematik ins Meisterlied ein, überhaupt dominieren die weltlichen Themen über die früher vorherrschenden geistlichen. Drei Erzähllieder gehen auf Boccaccio-Novellen zurück.

Gegen Ende 1516 kehrte er nach Nürnberg zurück und führte sich 1517 mit geistlichen Liedern bei den Meistern ein. Es fällt dabei auf, dass er nun die Töne der Nürnberger Meister bevorzugte, etwa Nunnenbecks Schlagweise. Seine Themen sind traditionell: Maria, die Passion, Weihnachten, die Sangeskunst. Auch sein erstes Fastnachtspiel entstand in diesem Jahr. 1518 erfand Sachs wieder eigene Töne und verzichtete zugleich auf die Töne seiner Nürnberger Vorgänger. Erneut griff er geistliche Themen auf, erstmals behandelte er einen hagiographischen Stoff in seinem Lied, das ein Mirakel der in Nürnberg hoch verehrten Katharina von Alexandrien erzählt.

Sachsens wachsende Selbstständigkeit offenbart sich in fünf Liedern, die sich mit der Kunstthematik befassen und auf wachsende Spannungen in der Meistersingergesellschaft eingehen. Er kritisiert – zwar in scherzhaftem Ton – die *dumen mercker*, die akribisch nach kleinen Fehlern suchen, aber die großen, wie etwa Melodieveränderungen und Reimlosigkeit, übersehen.

Von 1519-1520 verfasste Sachs nur wenige, vorwiegend geistliche Lieder. Unter Benutzung von Boccaccios ‚De claris mulieribus' entstand ein Lied, in dem sieben Exempel weiblicher Treue dargestellt werden, was vielleicht mit seiner Eheschließung 1519 in Verbindung stand. Als Sachs 1520 Schuhmachermeister wurde, beschloss er zugleich, den Meistergesang ganz aufzugeben – wegen seiner Hinwendung zur Reformation, vielleicht auch wegen des Streits in der Gesellschaft. Jedenfalls begann er erst 1526 erneut, Meisterlieder zu verfassen, und versuchte offenbar gleichzeitig, eine Nürnberger Singschule zu revitalisieren. Bisher war ‚Singschule' nur als Terminus für eine Veranstaltung – ein Wettsingen – eingeführt, nun wurde sie aber auch Begriff für eine Institution.

Die Krise, die er damals vorfand und die die Meistersingergesellschaft zu sprengen drohte, thematisiert er rückblickend 1527 in einem allegorischen Lied über die Schulkunst. In einem Garten, einem locus amoenus, in dem es viele wunderbare Früchte gibt, bricht ein wildes Tier ein, *das selb verwüst den auserwelten garten*. Der Garten bedeutet *zu Nürmberg die singschul; / die hat geblüt durch zwelf erwelte dichter*. Offensichtlich hatte sich die Problematik seit Folz nicht wesentlich geändert: *Das tier, das diese schul verwüsten tet, / das ist der neit, der in der schul erwachte; / daraus folgt zwietracht und partei.* Das Lied schließt mit einer Mahnung ab, nicht wieder die gleichen Fehler zu begehen. Anders als zu Folzens Zeiten zielt aber Sachs hier eher auf den Streit zwischen Meistern, die eigene Lieder verfassten, und solchen, die lediglich die Werke anderer Meister vortrugen.

Eine Folge der Reformation für die Meistersinger war neben der neuen Aufgabe, reformatorische Programmatik in Dichtung umzusetzen, auch die notwendig gewordene Auseinandersetzung mit der überkommenen Tradition. Luther hatte ja deutlich gemacht, dass aus seiner Sicht die Kirche Jahrhunderte lang die christliche Lehre pervertiert habe, was nun die Meistersinger dazu zwang, den religiösen Gehalt in den Liedern ihrer verehrten Vorgänger zu überprüfen und sich gegebenenfalls davon zu distanzieren. Hans Sachs schreibt diesbezüglich, er habe seine vorreformatorischen geistlichen Lieder *verendert und cristenlich corrigiert.*

Will man Sachs und die Meistersinger mit rein ästhetischen Maßstäben bewerten, so wird das Urteil nicht sonderlich günstig ausfallen. Sachsens „Lebenszweck" sei „triviale Belehrung und Unterhaltung eines eher anspruchslosen Publikums ... nur in einzelnen Ausnahmefällen gewinnt er größere Repräsentanz", meint Max Wehrli. Es ist zudem zu konstatieren, dass Sachs in den vielen Jahren seines literarischen Schaffens nie eine nennenswerte künstlerische Entwicklung durchmachte. Ihm, dem Erzmeistersinger, waren die genaue Einhaltung der äußeren Form, der exakten Umsetzung von Tönen sowie der Stoff weitaus wichtiger als der Ausdrucks- und Sinngehalt der Sprache. Dennoch war Sachs eine der einflussreichsten Stimmen der Reformation, und die Meistersinger waren als Handwerker mit ihrer tiefen Verwurzelung in der urbanen Gesellschaft von immenser Bedeutung für die Durchsetzung und vor allem Etablierung der Reformation in den Städten, denn die Reformation – daran sei erinnert – war ein städtisches Phänomen. Sie bedeutete aber keineswegs nur eine thematische Wende in den Liedern, sondern auch einen „scharfen Traditionsbruch mit gravierenden überlieferungsgeschichtlichen, organisatorischen und bewußtseinsmäßigen Folgen" (F. Schanze). Es zeigt sich, dass auch im Meistergesang das ‚Mittelalter' mit der Reformation ein Ende nahm.

Historisch-politische Ereignisdichtung der Mittelschicht

Auf die historisch-politische Ereignisdichtung von Hans Rosenplüt und Hans Folz wurde in den ihnen gewidmeten Kapiteln eingegangen. Sie waren aber keineswegs die einzigen, die bedeutende aktuelle Vorkommnisse in Nürnberg literarisch aufgriffen und verarbeiteten. Obwohl zumeist Genaueres über den Stand oder Beruf der Dichter, die sich geschichtlich-politischen Themen widmeten, nicht bekannt ist, darf davon ausgegangen werden, dass sie nicht aus der Oberschicht stammten. Dagegen waren Mitglieder der führenden Familien Nürnbergs stärker an der geschichtlich weiter ausgreifenden Stadtchronistik beteiligt.

Bei den politischen Liedern und Sprüchen handelt es sich in der Regel um parteiliche Agitationsliteratur, die vielfach nicht die Faktenkenntnis erweitern. Auch sind sie – ausgenommen die Werke von Rosenplüt und Folz – meist von geringer literarischer Qualität. Das zeigt sich z.B. recht deutlich in den Texten, die sich mit dem ersten Markgrafenkrieg von 1449/50 befassen. In dieser Zeit gab es ebenfalls kriegerische Auseinandersetzungen zwischen Fürsten und den Reichsstädten, die auf verschiedenen Schauplätzen in fast ganz Süddeutschland vom Rhein bis nach Sachsen ausgetragen wurden. Nürnbergs zentrale Beteiligung daran im ersten Markgrafenkrieg war für die Stadt ein Schlüsselereignis. Es ging dabei um schon länger währende Streitigkeiten zwischen dem Markgrafen Albrecht Achilles von Brandenburg-Ansbach und der Reichsstadt. Die nicht durch Verhandlungen zu schlichtenden Feindseligkeiten führten zu kriegerischen Auseinandersetzungen, die zunächst vor allem darin bestanden, die Dörfer des Gegners zu plündern, niederzubrennen und das Vieh wegzutreiben, in der Hoffnung, den Feind damit wirtschaftlich zu schwächen. Ein Jahr lang dauerten diese kriegerischen Untaten, unter denen vor allem die Landbevölkerung zu leiden hatte. Der Höhepunkt des Krieges kam im Juni 1450 mit der schmählichen Niederlage des Markgrafen in der Schlacht beim Kloster Pillenreuth, deren Bedeutung die Nürnberger allerdings überbetonten, denn der Markgraf war danach keineswegs besiegt. Nach einigen weiteren Gefechten gab es im Juni 1450 zunächst eine Art Waffenstillstand, erst 1453 wurde endgültig Frieden geschlossen. Der Markgraf musste seine Eroberungen aufgeben, während die Nürnberger eine einmalige Entschädigung von 25.000 Gulden zu entrichten hatten und zudem versprachen, die Bestimmungen der früheren Verträge einzuhalten.

Der Markgrafenkrieg war sowohl für die Stadt als auch den Adel ein so bedeutendes Ereignis, dass er vor allem in Nürnberg zu einem schriftstellerisch vielfach verarbeiteten Thema wurde. Verloren ist ein Schmähgedicht gegen den Markgrafen, das vermutlich 1449 in Nürnberg entstanden ist. Der Nürnberger Bürger Viechtlin verfasste den Text bereits in der Vorphase des Kriegs und verbreitete ihn in Nürnberg. Das Werk und seine Bekanntheit in der Reichsstadt gehörten zu den Beschwerdepunkten des Markgrafen in der Zeit des letzten Schlichtungsversuchs. Die Nürnberger Gesandten behaupteten, nichts davon zu wissen, und versprachen, der Sache nachzugehen.

Nach der kriegerischen Auseinandersetzung am Pillenreuther Weiher, bei der es auf der Seite des Markgrafen nicht nur zahlreiche Tote und Gefangene gab, sondern auch er selbst nur knapp mit einer Flucht nach Schwabach einer Gefangenschaft entkam, entstanden zwei anonyme Lieder in fünfzeiligen Strophen vom sog. ‚Lindenschmidt'-Typ (vgl. Tl. 2). Beide beschreiben das Ganze aus Sicht der Stadt und stellen Siegesfreude, Verspottung des Markgrafen und den Mut der Bürger ganz in den Mittelpunkt. In dem einen Lied, ‚*Man hat gesagt vnd gesvngen*', beruft sich der Dichter auf *recht* und *heilig reich* und greift zur Fischmetaphorik: Der Markgraf hatte ja höhnisch verkündet, er wolle widerrechtlich im Weiher der Nürnberger fischen, und habe zum Mitmachen und Essen eingeladen. Aber es sollte anders ausgehen: *das sag ich eüch fürware: / von den fyschen mag man wol sagen / über hundert jare*.

Das andere Lied ist in zwei Versionen überliefert, wobei die ältere, ‚*Dor vmb woll wir singen vnd sagen*', in 17 Strophen das Kampfgeschehen und die erbeuteten Banner mit ihren Wappen beschreibt, die die stolzen Nürnberger dann in die Stadt brachten. Der Markgraf habe durch diese deutliche Niederlage seine *ere* verloren. Hätte er die Nürnberger bei seinem Fischzug nicht eingeladen, *er hett sie allein woll gessen*. In der jüngeren fünfzehnstrophigen Version, ‚*Der marggraf macht, das ich von ihm muß singen*', wird das Lied um üblen Spott auf den Markgrafen erweitert. Die Anmaßungen des Albrecht Achilles werden herausgestellt, seine Absicht, den Weiher leerzufischen, als klare Herausforderung zum Kampf bewertet. Sein Vorgehen habe er sich aber schlecht überlegt, den Nürnbergern sei er schließlich nur sehr knapp entkommen: *zu flihen ward er geflißen. / ehe das er hin gen Schwobach kam, / het er in die hosen geschißen*. Wie schlimm die Schlacht für den Markgrafen ausgegangen ist, könne der Dichter selber bezeugen, zumal er ja dabei gewesen sei: Es habe über 600 Tote gegeben. Er, *ein Nürnberg kinde, / sein nahmen thut er sparen*, schenke das Gedicht *all den von Brandenburgk / zue einem guten jahre!*

Historisch-politische Ereignisdichtung zu kriegerischen Auseinandersetzungen zwischen den Städten und den Fürsten hat es auch außerhalb von Nürnberg gegeben. Sie betraf aber nicht in erster Linie den Markgrafenkrieg und wird daher in einem größeren Zusammenhang in Tl. 2 behandelt.

In der zweiten Hälfte des 15. Jahrhunderts befassten sich mehrere von Handwerkern verfasste Lieder mit den häufig gewaltsamen Angriffen aus den Reihen von Mitgliedern des Ritteradels. Solche brutalen Attacken durften z.B. als Fehden durch Absagebriefe angekündigt werden, was noch bis zum ‚Ewigen Landfrieden' von 1495 als rechtmäßig galt: Sah etwa ein freier Mann die Ehre seiner Familie verletzt, so durfte er rechtmäßig zur Rache greifen. Dies ging in der zweiten Hälfte des 15. Jahrhunderts in besonderem Maß zur Plackerei über, wobei ohne Absagebrief, d.h. völlig überraschend Händler oder Städte gewaltsam überfallen und ausgeraubt wurden.

Seit 1465 lag der Bayreuther Hans Schüttensam mit Nürnberg in Fehde, die er mit schlimmen Gewalttaten und der Vernichtung ganzer Dörfer sowie mit dem Niederbrennen von Besitztümern Nürnberger Patrizier austrug. Über die Beendigung dieser Untaten dichtete der Färber Hans Kugler († 1495) als *steter diener* Nürnbergs ein 25 Strophen à 7 Verse umfassendes Lied im sog. Schüttensamenton. Hier werden die Übeltaten Schüttensams als große Unrechtmäßigkeit dargestellt: *der hat die von Nůrnberg oft griffen an, / geraubt und auch geprant*. Die Nürnberger hätten ein hohes Kopfgeld auf ihn ausgesetzt, was dann zum von Kugler durchaus kritisierten Verrat durch seinen eigenen treuelosen Knecht führte:

> *er gab in in den tot,*
> *darvon ward im sein seckel schwär;*
> *sein herz war aller untrew vol*
> *und aller frümkait lär.*

Schüttensam wird 1474 gefangen genommen, gefoltert und zusammen mit zwei Knechten hingerichtet. Überliefert ist das Lied erst in vier Druckausgaben aus der Mitte des 16. Jahrhunderts. Möglicherweise wurden die Nachauflagen durch eine aktuelle Auseinandersetzung veranlasst.

Von Kugler stammt auch ein 154 Zeilen umfassendes z.T. holpriges Lügengedicht, ‚Der Windbeutel‘, im Stil eines Fastnachtsvortrags, in dem er witzige absurde Lügengeschichten aneinanderreiht. Überliefert ist der Text in einem von Hans Folz geschriebenen Sammelcodex.

Zwischen 1498 und 1502 gab es eine aufsehenerregende Fehde, die der aus einem fränkischen Adelsgeschlecht stammende Cunz (Konrad) Schott, der seit 1501 in markgräflichen Diensten war, gegen Nürnberg führte. Er galt als besonders grausam: Er soll sogar einen Nürnberger *ratsfrewnd* gefangen genommen und ihm die rechte Hand Stück für Stück abgehackt haben (so der Chronist Heinrich Deichsler; vgl. S. 157). In dem um 1499 entstandenen anonymen siebenstrophigen, fünfversigen ‚Schmählied auf den Raubritter Cunz Schott‘ wird Schott aus Nürnberger Sicht wegen seiner Gräueltaten als grausamer Übeltäter verdammt: *Der doch nichts tut dann mord und prant; / ich hoff er wer am leib geschant ... ein rad wirt sein kirchhof sein.* Den Dichter wundert es, dass die Patrizier Schott sogar für einen Burggrafen hielten. Das Lied ist unikal in der Handschrift Berlin mgq 495 überliefert. Dietrich Schmidtke vermutet, dass es Ziel des Schmähgedichts war, den wohl aus politischen Rücksichten auf den Markgrafen zögernden Nürnberger Rat zum Handeln gegen Schott anzustacheln.

Zwischen dem Markgrafen Friedrich V. von Brandenburg (1460–1536), dem Sohn des Albrecht Achilles und der Stadt gab es immer wieder Differenzen und Auseinandersetzungen. 1501 kam es zu gewaltsamen Attacken auf einige Nürnberger Streifreiter, wofür die Stadt erfolglos Genugtuung forderte. Dafür unternahmen die Nürnberger zwei kleine Streifzüge auf markgräflichem Gebiet, so am Neujahrsabend 1501 gegen Brunn oder Bösenbrunn bei Emskirchen, östlich von Neustadt an der Aisch. Die Nürnberger unter Führung von Ulman Stromer stürmten mit 1200 Mann das Schloss und brannten es nieder.

Dieses Ereignis wird in einem in 23 ‚Lindenschmidt'-Strophen verfassten Lied von dem nicht näher identifizierbaren Handwerker Hans Peck besungen. Im ersten Schloss, *Puchenkling*, habe man drei Gefangene befreit, dann sei die Eroberung von Brunn gekommen, wo allerdings nur *zweinzig pauren drin* gewesen seien. Nach Nürnberg hätten die Siegreichen *ross und auch vil rind* gebracht. Es folgt im Lied ein hohes Lob auf die Stadt – *arm und reich hastu gespeist* – und den Nürnberger Rat, dem Peck das Lied auch widmet. Nach Nennung seines Namens mahnt er zu Eintracht zwischen dem Rat und der *ganzen gemein* sowie zur Bewahrung der Gerechtigkeit. Verbreitet wurde das Lied in einem Nürnberger Einblattdruck v.J. 1502.

Nürnbergs größte militärische Niederlage war die Schlacht zwischen den städtischen Truppen und einem stark überlegenen Heer des Markgrafen von Brandenburg, angeführt von Kasimir, dem Sohn Friedrichs V., die 1502 während des Kirchweihfests in dem Nürnberger Weiler Affalterbach (bei Feucht) stattfand. Zu diesem für die Stadt so dramatischen Ereignis sind sieben Lieder und Reimpaarsprüche verfasst worden. Von diesen unter dem Titel ‚Kirchweih zu Affalterbach' zusammengefassten Texten ist lediglich der nicht näher identifizierbare Peter Hasenstaud (vermutlich ein Handwerker) als Autor bekannt.

Die Spannungen zwischen Nürnberg und dem Markgrafen sollten zwar 1502 bei Verhandlungen in Erfurt beigelegt werden. Sie bestanden darin, dass die Nürnberger in der eigentlich vom Markgrafen beanspruchten Stadt ein Truppenkontingent stationierten, vorgeblich, um die Wallfahrer zur Kirchweih zu schützen. Der junge Markgraf Kasimir griff überraschend am Kirchweihtag mit einem großen Heer an, was mit einer empfindlichen Niederlage der Nürnberger endete. Der Markgraf machte zwar reiche Beute, erlitt aber ebenfalls Verluste. Zehn Tage später wurde in Erfurt Frieden geschlossen. Mit publizistischen Mitteln wurde der Kampf allerdings fortgeführt, wobei beide Seiten sich als Sieger darstellten und die Gegner als Verursacher des Konflikts schilderten.

Hasenstaud hatte nicht selbst an der Schlacht teilgenommen und bezog sein Wissen offenbar von einem gefangenen Söldner des Markgrafen. Sein Lied schildert die Ereignisse in 51 Fünfzeilerstrophen vom ‚Lindenschmidt'-Typ recht ausführlich sowohl aus Nürnberger als auch aus markgräflicher Sicht, allerdings doch deutlich mit Nürnberger Tendenz. Kriegstreiber sei jedenfalls der Markgraf gewesen, denn:

*Die herrn von Nurmberg sein frum erbar leut,
die furen nit gern krieg oder streit,
got und Christum haben sie drin vor augen;
mit kriegen machen sie nit gern arme leit,
das solt ir mir genzlich glauben.*

Hasenstaud gibt an, das Lied in einem Nürnberger Wirtshaus gesungen zu haben, wo er mit *gut gesellen* gerne guten Wein trinke. Mit einem Scherz über Senfkörner, die er dem Wein zugefügt habe, um den Wirt zu ärgern, beendet er das Lied.

Eindeutig auf Seiten der Nürnberger ist auch eine mehrfach überlieferte Reimpaarrede (200 Verse), die als *geschenk der gemain und rat* gewidmet ist: *die peschutz die heilig trinitat!* Der fränkische Adel wird als hasserfüllter Aggressor beschrieben, der die Nürnberger ohne Kriegserklärung überfallen und deshalb völlig unrechtmäßig Menschen ermordet habe.

Das Lied eines freien Knechts, der angeblich bei der Kirchweih dabei gewesen sei, ist in drei in Vierzeilern verfassten Versionen von unterschiedlicher Länge überliefert. In der Fassung A wird, ähnlich wie in der anonymen Reimpaarrede, aber weniger polemisch, dem Markgrafen schuldhaftes Verhalten vorgeworfen. Die jeweiligen Verluste werden genauer wiedergegeben, dem Nürnberger Hauptmann Ulman Stromer wird die Schuld für die Niederlage zugewiesen. Bäcker (*Beck*) nennt sich der Verfasser von Version C, der das Ganze ‚von Neuem' gedichtet habe. Dabei hat er mehr als die Hälfte der Strophen getilgt, einige umgestellt und die Vierzeilerstrophen zu Achtzeilern umgestaltet.

Von einem Bäckergesellen (*beckenknecht*) – möglicherweise verbirgt sich dahinter Hans Peck – stammt ein Lied mit 16 Fünfzeilerstrophen des ‚Lindenschmidt'-Typs. Wie in Hasenstauds Lied wird behauptet, dass die Nürnberger die eigentlichen Sieger gewesen seien. Die Schlacht wird aber nicht so ausführlich beschrieben, stattdessen wird hauptsächlich der Gegner verspottet. Der Dichter gibt an, nun in Würzburg kühlen Wein zu trinken.

Weniger verbreitet waren Darstellungen der Schlacht aus markgräflicher Perspektive. So bietet das Lied eines freien Landsknechts, ebenfalls des ‚Lindenschmidt'-Typs in 12 Fünfzeilerstrophen, einen knappen recht sachlichen Bericht der Geschehnisse und erwähnt dabei auch die Beute an Kriegsmaterial. Von ähnlicher Gestalt (‚Lindenschmidt'-Typ, 15 Fünfzeilerstrophen), ist das Lied eines Brandenburgers, der kein Augenzeuge war und deshalb das Lied des Landsknechts verwertet. Die Darstellung der Schlacht ist begrenzt auf die Erzählung vom törichten Verhalten Stromers, dem der Dichter Eidbruch aus Feigheit unterstellt, sowie auf den Tod des Nürnberger Fähnrichs.

1502 in Straßburg gedruckt wurde die Reimpaarrede eines Anonymus, der sich in die Rolle eines weisen Narren versetzt. Der Text, der sich deutlich gegen Nürnberg richtet, besteht aus 226 Versen mit einem nachträglichen Anhang von 50 Versen. Es handelt sich um ein Pamphlet, das mit einer Inspirationsbitte und einer kurzen parteiischen Zusammenfassung der Schlacht beginnt. Sodann werden zunächst Stromer – *O Stromer, Stromer, wo hastu / dein sinn zu waschen ton*? – und dann der Nürnberger Rat – *last euch nicht anfechten hochmut und geitigkeit* – schwer beschuldigt: Stromer sei aus Feigheit geflohen, der Rat habe Gefangene brutal ermordet und schwere Übergriffe gegen den Adel verübt. Der Rat verdiene deswegen kopfüber aus dem Rathaus gestürzt zu werden. 1502 gab es einen Nürnberger Ratserlass, die Exemplare des Drucks *verprennen* zu lassen.

Von dem Nürnberger Bürger und Amtmann Kunz Has sind neun Reimsprüche und zwei Lieder überliefert, wobei zwei davon Bearbeitungen von älteren Vorlagen sind. Er dürfte um 1460 geboren sein, bekleidete verschiedene kleinere städtische Ämter, z.B. als geschworener Gegenschreiber (Kontrollbeamter) am Bräuhaus, erhielt ab 1519 ein jährliches Gnadengehalt für seine fast dreißigjährigen der Stadt geleisteten Dienste und starb zwischen 1520 und 1527. Von seinen Schriften wurden sechs gedruckt. Möglicherweise ermöglichte ihm die Verbreitung seiner Schriften über Offizinen der Stadt ein zusätzliches Einkommen wie bei Folz und Hans Schneider (s.o.).

Sein frühestes Werk ist sein zweimal gedruckter ‚Lobspruch auf Nürnberg' von 1490, der in verschiedenen Längen überliefert ist. Er preist dort Rosenplüt als sein Vorbild, der das Regiment, die Stadt und deren Schätze in seinem ‚Lobspruch' von 1447 so mustergültig gepriesen habe, als ob er selbst Ratsmitglied gewesen sei. Dennoch habe Rosenplüt das blühende Wirtschaftsleben der Stadt nicht ausreichend beschrieben, was Has dann durch eine eingehende Auflistung der in Nürnberg hergestellten Waren nachliefert. Den großen Erfolg des städtischen Wohlergehens schreibt er dem klugen Handeln des Rats zu und erwähnt dabei die vom *trefflich regiment* des Rats vorgesehenen Strafen und Bußen bei Betrug sowie die städtischen Qualitätssiegel für viele Waren. Auch wenn es keine Zünfte gebe, *seind alle ding da wol bestelt*. Sodann führt er die ratsfähigen Geschlechter und die aktuellen Handwerkervertreter auf. Er schließt den Text mit einer Fürbitte für den Rat bei der Jungfrau Maria.

Has' populärstes Werk war ‚Von der Welt Lauf' v.J. 1492, das von 1492–1587 an den verschiedensten Orten immer wieder gedruckt und dabei auch immer wieder bearbeitet wurde. In dem 466 Verse umfassenden Gedicht bringt ein *wasser weib* das Sprecher-Ich zunächst in die Tiefe eines Sees zu ihrem prächtigen Palast, wo ihn drei weise Männer über die Zustände der oberen Welt befragen. Er beklagt die Probleme des Handels, die ansteigende Armut, die Münzverschlechterung, den Niedergang der Sitten sowie die Korruption und Bestechlichkeit von Richtern und Anwälten. Die Weisen erklären ihm die Gründe für den Verfall der Welt. Keiner sei mit seinem Stand zufrieden: Die Bauern wollten weg vom Feld und Handwerker oder Kaufleute werden. Als Krämer, Hausierer und Betrüger würden sie die Preise verderben, was zu einer Einebnung der Unterschiede zwischen Dorf und Stadt führe. Solchermaßen belehrt kehrt das Ich wieder in die Oberwelt zurück und verbreitet dort seine neue *weißheit*.

Erneut auf Nürnberg bezogen ist der illustrierte nur 36 Verse umfassende Einblattdruck ‚Die Sondersiechen' v.J. 1493, der nur einmal aufgelegt wurde. Der Text bezieht sich auf das ‚Sondersiechenalmosen', eine Stiftung des Rates, mit deren Hilfe die üblicherweise außerhalb der Mauern lebenden Leprakranken in der Karwoche innerhalb der Stadt gespeist wurden. Auf dem Blatt wird der Umgang mit den Kranken in Bild und Text in fünf Szenen dargestellt und erläutert.

Aus nur 52 Versen besteht der 1494 verfasste ‚Lobspruch auf die Erbauung des Kornhauses', in dem Has die Errichtung dieses Lagers auf der Nürnberger Burg (die heutige Kaiserstallung) preist. Baumeister sei zunächst der Ratsherr Seitz Pfinzing gewesen, nun sei der Patrizier Ulrich Grundherr dafür zuständig. Das Bauwerk sei errichtet worden, um als Lager bei Inflation oder Hungersnöten die Versorgung der Stadt zu sichern.

Im ursprünglich 36 Verse umfassenden Gedicht ‚Vom Schießen zu Landshut' preist Has 1494 erneut Ulrich Grundherr, der als Kopf einer Nürnberger Delegation vom Landshuter Schützenfest eine Uhr mit Viertelstundenschlag mitgebracht habe, die als Modell für die Herstellung einer ähnlichen Uhr in Nürnberg gedient habe. Auch wenn Grundherr, der 1500 starb, einst nicht mehr am Leben sei, werde die Stadt ihn für seine Verdienste in Erinnerung behalten. Beim Gedicht handelt es sich wohl um ein Auftragswerk der Familie Grundherr.

Nach einer mehrjährigen Pause beginnt Has ab 1515 erneut Gedichte zu verfassen. Um diese Zeit entstand die Satire ‚Der falschen Bettler Täuscherei', in der er sich mit Vagabundierenden befasst (338 Verse), deren Betrügereien – das Vortäuschen von Krankheiten und Behinderungen – sowie deren Lügereien er anprangert. Gelobt werden die ehrbaren Armen, die sich für ihren Zustand schämen, weswegen man sich ihrer erbarmen solle. Has' Quelle war der populäre ‚Liber Vagatorum' des Matthias Hütlin (vgl. Tl. 2).

Im Jahre 1515 entstand der ‚Spruch von einem Bäckerknecht' (232 Verse), in dem Has von fünf Morden berichtet, die ein Bäckerknecht aus Habgier an seinem Meister, dessen Familie und Gesinde in Wien verübt habe. Nach der Flucht wird er entdeckt, nach Wien zurückgebracht, gefoltert und hingerichtet. Er bereut jedoch seine furchtbaren Sünden und rettet dadurch seine Seele. Das Werk bereitet überregionale Sensationsnachrichten auf, die für Drucker von wirtschaftlichem Interesse geworden waren, und wurde daher sowohl in Straßburg als auch in Nürnberg aufgelegt.

In seinem in 27 Neunzeilerstrophen und im Ton der ‚Narrenkappen' gestalteten ‚Bauernkalender' (1515/20?) greift Has erneut auf Rosenplüt zurück. Als Vorlage dienen ihm die 19 Achtzeilerstrophen von Rosenplüts *vasznachtlyet, der collender zu Nürnberg genant* einem nach dem liturgischen Kalender gestalteten bäuerlichen Jahresablauf mit besonderer Betonung der Heiligenfeste, wobei es dort weniger um landwirtschaftliche Tätigkeiten als um jahreszeittypische Genüsse und erotische Vergnügungen geht; z.B. bieten sich die Mägde am Dreikönigstag *selber feil*. Has gestaltet die Vorlage sprachlich um und schwächt einige der gröbsten Stellen ab. In den neu hinzugefügten letzten acht Strophen seines Lieds greift Has auf ein weiteres Lied Rosenplüts zurück (Ausg. J. Reichel Nr. 25), wo über das Motiv der Musik ein Ständevergleich zwischen den bäuerlichen und gehobeneren Lebenswelten geboten wird. Während bei den Wohlhabenden in Anspielungen auf den Minnesang die Lerchen- und Nachtigallen singen, gackern bei den Bauern die Hennen, statt Saitenspiel gibt es das Geschrei der Schafe bei der Geburt ihrer Lämmer. Der ‚Bauernkalender' wurde ab circa 1520 dreimal gedruckt und erschien 1536, 1540 und 1573 auch mit Vertonungen.

Politisch wird Has erneut nach 1520 in seinem zehnstrophigen Lied im ‚Schüttensam'-Ton, dem ‚Lied von der Stadt Rothenburg'. Hier berichtet er von der Vertreibung der jüdischen Gemeinde aus der Reichsstadt Rothenburg ob der Tauber, wo die Bevölkerung 1520 die Synagoge überfiel und einen Vertreibungsbeschluss des Rats von 1519 forcierte. Wie in anderen antijüdischen Polemiken der Zeit geißelt Has den Wucher und Betrug der Juden, die so *manchen frummen zuo grund verdorben* hätten. Die Synagoge sei als Marienkapelle geweiht worden, denn Maria sei in Anbetracht der Not ihrer christlichen *kint* auch ein *veint* der Juden. In der Kapelle soll es danach mehrere Wunderheilungen gegeben haben. Das Lied von Has weist bemerkenswerte Ähnlichkeiten mit Berichten über die Vertreibung der Regensburger Juden i.J. 1519 auf. Überliefert ist das Lied in einem mit einem Holzschnitt ausgestatteten Nürnberger Druck um 1520.

Nur unikal in einer in Augsburg geschriebenen Handschrift erhalten ist das 224 Verse umfassende Gedicht ‚Von allerlei Räuberei' (vor 1525), worin Has die Unsitten der Großen der Welt beklagt, die sich in Lobgedichten preisen und andere erniedrigen lassen. Es müsse wieder Zucht und Ordnung hergestellt werden.

Das letzte Werk von Kunz Has dürfte das Gedicht ‚Vom Ehestand' gewesen sein (um 1525). In 358 Versen preist Has zwar das eheliche Leben, klagt aber auch über schlechte Ehen und streitsüchtige Ehepartner. Die Gründe dafür sieht er in den zu frühen Eheschließungen und den allzu raschen Heiratsentscheidungen. Hinzu komme die Armut des Volkes und die inzwischen allzu lockere Moral, in der sogar Ehebruch akzeptiert sei. Ebenfalls geißelt er ausgelassene Hochzeitsfeiern mit *wüsten* Tänzen und *ander vnzucht viel.* Das Gedicht endet mit einem Aufruf zur besonderen Hochachtung der schließlich vor Gott geschlossenen Ehe und zur Verpflichtung auf die Erziehung der Kinder zu rechtschaffenen Menschen.

Ein weiterer Verfasser von Kasualdichtung um die Jahrhundertwende war der Nürnberger Handwerker H e n s e l   L e b e n t e r, der drei Gedichte über Gefängnisaufenthalte in der Stadt verfasste. Von ihm ist nur wenig Genaueres bekannt, auch von seinen Prozessen und Verurteilungen sind keine Dokumente erhalten. Nach einem Ratsverlass von 1530 wurde ein Kandelgießer – also ein Kannengießer, der durch Metallguss Gefäße herstellte – namens Lebenter wegen seines neuen *liedleins* vor dem Rat zur Rede gestellt und dann in Gewahrsam genommen. Ob dieses Lied mit Lebenters Gedicht ‚D i e   L o c h o r d n u n g' identisch ist, scheint jedoch zweifelhaft. Wahrscheinlich dürften Lebenters Gedichte – das gereimte ‚B i t t g e d i c h t   a u s   d e m   G e f ä n g n i s' (*Barmhertziger ewiger guttiger gott*), die Reimrede ‚I m   S c h u l d e n t u r m' (*Schweigt vnnd hort, vernempt mein clag*) sowie die ‚Lochordnung' – alle zwischen 1500 und 1506 entstanden – sein. Der einzige Überlieferungsträger der beiden erstgenannten Texte, die Berliner Handschrift mgq 495 stammt jedenfalls aus dieser Zeit.

Das ‚Bittgedicht' ist ein 148 Verse umfassendes Paradigmengebet, das Lebenter in der Situation seiner realen Gefangenschaft an Gott, Maria und eine Zahl der bedeutendsten Heiligen richtet. In diesem Gebetstypus zählt der Betende eine Reihe von Beispielen göttlicher Hilfe auf, in der Erwartung, dass ihm in gleicher Weise von Gott geholfen werde. Das Gebet lässt zwar nicht erkennen, warum er – *ein armer gefangner man* – überhaupt in Gefangenschaft ist, er deutet aber an, dass dies ungerechterweise geschehen ist. Er fühle sich im Gefängnis von Feinden bedroht und isoliert, weswegen er sich an Maria und an Heilige als Fürsprecher in Gefangenschaft und Notsituationen wende. Er schließt mit der Autornennung: *Hensle Lebenter ist er genandt*.

Im ebenfalls um 1500 entstandenen Gedicht ‚Im Schuldenturm', das aus 100 freien Knittelversen ohne Strophengliederung besteht, erzählt Lebenter vom Grund seines Gefängnisaufenthalts: Er sei vor dem Fünfergericht durch den Verrat eines hinterlistigen Anklägers ohne *zeugk noch frist* wegen Zahlungsversäumnissen verurteilt, in Schuldhaft genommen und sodann in den Schrannenturm gesperrt worden, wo er sich aufgrund seiner Armut wie ein Mitglied eines Bettelordens vorkomme. Er macht aber auch gesellschaftliche Missstände für seine finanzielle Notlage verantwortlich. Denn der in die Freiheit Entlassene gerate durch seinen Ehrverlust und weitere Schulden schnell in eine noch viel prekärere Lage als vorher. Er wird schließlich aus dem *schrannenthuren* mit der Hilfe von *gut frundt vnnd schweger* entlassen. Auch hier nennt sich der Dichter am Textende.

Das dritte Werk Lebenters, die 210 Verse umfassende ‚Lochordnung', ist in 23 Textzeugen überliefert, die bis ins 18. Jahrhundert zu datieren sind.

1535 wurde das Gedicht in Nürnberg gedruckt und mitunter in Chroniken integriert. Es geht hier nicht wie in den beiden anderen Gedichten um eine Klage, die sich auf einen persönlichen Gefängnisaufenthalt bezieht, sondern um eine Darstellung eines gerichtlichen Verfahrens von der Gefangennahme bis zur Bestattung des Hingerichteten. Zusätzlich zur Beschreibung von erschütternden Grausamkeiten in der Haft hebt Lebenter die Gerechtigkeit und Barmherzigkeit des Rats immer wieder hervor. Das Gedicht zeigt ganz im Sinne des Rats – dem das Werk auch gewidmet ist –, was mit einem geschehen kann, wenn man in Nürnberg kriminell tätig wird. Es soll der Abschreckung dienen und nicht etwa unmenschliche Strafmaßnahmen beklagen. Das Werk wird nach Lebenters eigenem Gefängnisaufenthalt im Schuldenturm entstanden sein, Genaueres zur Datierung lässt sich aber nicht ermitteln.

Lebenter wird das Lochgefängnis unter dem Nürnberger Rathaus nicht wie geschildert selbst erlebt haben, sein Wissen stammt wahrscheinlich von kriminellen Gewährsleuten. Zunächst erzählt ein Gefangenen-Ich satirisch von einer turbulenten Verhaftung, sodann wie er als einer der *ungeladen Gest* zum *Wirt* ins Loch gebracht wird, wo ihm nur eine Holzpritsche ohne Bettlaken zur Verfügung steht. Es folgt seine Anklage wegen Diebstahls und Unruhestiftung. Im Loch bekommt er sein Essen in einem Kübel, den er nachts auch für seine Notdurft benutzen muss. Bei der Schilderung des Verhörs erzählt Lebenter plötzlich nicht mehr aus der Perspektive des Gefangenen-Ichs, sondern aus der Sicht von unbeteiligten Augenzeugen, denn über die Befragung und das darauf Folgende könnte ein anschließend hingerichtetes Ich nicht mehr erzählen. Die Qualen der Folterung werden ausgiebig beschrieben. Der Gefangene wird zum Tode verurteilt, der barmherzige Rat gewährt ihm aber die Möglichkeit zur Beichte und letzten Ölung sowie eine mehrtägige Betreuung durch Geistliche – was lobend hervorgehoben wird – und zudem eine Henkersmahlzeit. Der Gefangene wählt statt des Stranges die Enthauptung, eine Entscheidung, die der Rat laut ‚Lochordnung' aufgrund seiner Barmherzigkeit gestattet. Die Exekution wird vor dem Stadttor vollzogen, die Bestattung erfolgt in geweihter Erde. Trotz aller Sarkasmen zu Beginn bietet die ‚Lochordnung' doch einen recht klaren Einblick in die Art, wie in Nürnberg mit Straftätern umgegangen wurde. Darauf geht auch Conrad Celtis in seiner ‚Norimberga' ein, wo er die unangemessene Grausamkeit der Nürnberger Gerichtsbarkeit ablehnt (vgl. S. 177).

Ein in Nürnberg hochaktiver Dichter war der vermutlich aus Augsburg stammende Hans Schneider (um 1450-nach 1513), der als Herold und Spruchdichter seinen Lebensunterhalt offenbar hauptsächlich durch den Druck seiner eigenen Werke verdiente. Von 1488 bis 1501 ist er in Augsburg bezeugt, danach lebte er in Nürnberg, wo er auch das Bürgerrecht erhielt. Indes bekam er zunächst kein Amt in der Reichsstadt, obwohl sich

Maximilian für ihn dort einsetzte. Von 1488 bis 1493 war er dann Herold Herzog Christophs von Bayern und übte diese Aufgabe ebenfalls für Friedrich III. und Maximilian I. aus. Mit Stolz bezeichnete er sich als *der k. majestat sprecher* oder auch *der kuniglich mayestat poet*. Allerdings kam er 1511 in Verdacht, mit seinem *rumoren* im Nürnberger Frauenhaus Diebstahl begangen zu haben. Sein Ansehen in der Stadt konnte er in den letzten Jahren seines Lebens wahrscheinlich nicht mehr herstellen.

Von Schneider sind zweiundzwanzig Reimreden und ein Lied überliefert, bei denen es sich vorwiegend um historisch-politische Ereignisdichtung handelt. In diesen Schriften schildert er die Ereignisse aus dem politischen Blickwinkel seiner Auftraggeber und verbindet dies mit Panegyrik. Gedruckt wurden die meisten seiner Texte als Einblattdrucke, wobei neunzehn der vierundzwanzig Ausgaben aus Nürnberger und Augsburger Offizinen stammen. Sein Stil ist „zuweilen anspruchslos bis zur Geschwätzigkeit, wichtiger als die Form ist ihm die Information" (F. Schanze). Dennoch sind seine Schriften von besonderem Interesse, weil sich an ihnen der Übergang von mündlich kommunizierter Publizistik zur Druckpublizistik um die Jahrhundertwende beispielhaft beobachten lässt. Es ging Schneider darum, über aktuelle Ereignisse möglichst unmittelbar, in unterhaltsamer Versform und in Drucken, die für ein breites städtisches Zielpublikum leicht bezahlbar waren, zu berichten.

Schneiders frühestes Werk ist die wohl 1476 verfasste ‚E r m a h n u n g   w i d e r   d i e   T ü r k e n', die in drei unterschiedlich langen Fassungen überliefert ist und 1488 in Nürnberg und 1500 in Pforzheim gedruckt wurde. Darin geht es in der Hauptsache um eine geradezu endlose Aufzählung derjenigen, die sich an einem Kreuzzug gegen die Türken beteiligen sollten: Papst, Bischöfe, Kaiser, Könige, Fürsten usw. Die wohl ursprüngliche Fassung umfasste 558 Verse, im Druck wurde sie auf 396 Verse gekürzt. Die Warnung vor der Gefahr der osmanischen Expansion gehörte zu den politischen Anliegen, die schon früh in zahllosen stark agitatorischen Schriften durch den Buchdruck verbreitet wurden, so wie etwa bereits 1454 in dem in der Offizin Gutenbergs hergestellten ‚Türkenkalender' (vgl. S. 21).

Weiterhin ungeklärt bleibt die Verfasserschaft der Lehrrede ‚V o m   E i g e n n u t z' (292 Verse), die wie die ‚Ermahnung' nach der Einnahme von Negropont (Euböa) 1470 entstanden sein muss. Heinrich Niewöhner vermutete, dass beide Texte vom selben Verfasser stammen oder jedenfalls eng zusammengehören, denn zwölf Verszeilen sind identisch und enthalten zudem ähnliche Ermahnungen an die Stadt Venedig. Ich neige Niewöhners Ansicht zu, allerdings ohne weitere Argumente beifügen zu können. Geboten werden in ‚Vom Eigennutz' ausführliche Reflexionen und Klagen über den *aigen nutz*, der *uil übels pringt* und auch *die welt bezwingt*. Im letzten Drittel geht es gegen die Gefahren der Hinterlist, etwa für das Recht. Der Verfasser mahnt die Mächtigen am Ende, dieses zu bewahren.

Wie im Falle der Verurteilung und Hinrichtung des Nürnberger Patriziers Nikolaus Muffel (vgl. S. 153) gab es auch um den Fall des Augsburger Bürgermeisters Ulrich Schwarz (vgl. Tl. 2), der nach beträchtlichen Turbulenzen in der Stadt 1478 hingerichtet wurde, großes Aufsehen. In seiner 256 Versen umfassenden Rede, die für den mündlichen Vortrag vorgesehen war und nie gedruckt wurde, schildert Hans Schneider die Missetaten von Schwarz. Seine Art zu regieren habe dazu geführt, dass *die gmain gros schaden nam*, was er auch schließlich unter Folter zugegeben habe. Mit weiteren Urteilen zu den Geschehnissen hält sich Schneider aber zurück.

Anonym überliefert ist der Spruch über König Maximilians Gefangenschaft in Brügge im Jahre 1488 (314/370 Verse), der im selben Jahr in Nürnberg gedruckt wurde. Schneider lobt dort einleitend den Adel und tadelt die Untertanen. Zum Hintergrund: In Brügge hatten sich die Bürger gegen Maximilian aufgelehnt, als dieser die Herrschaft über die Niederlande übernommen hatte und zugleich hohe Steuern erhob. Die Bürger nahmen ihn gefangen. Schließlich rief Friedrich III. die Fürsten zusammen und zog mit ihnen Richtung Norden. Durch die Androhung einer Belagerung erreichte er, dass Maximilian frei gelassen wurde. Schneider gibt sich als Augenzeuge aus, der das kaiserliche Heer an Köln vorbeiziehend gesehen haben will: *Auch ich han gesehen das, / do ich am nechsten zu Kolen was: / ein hübsche schar, davon ich sag*. Er schildert alle Ereignisse von der Gefangennahme Maximilians bis zu seiner Freilassung. Neben Maximilian – *der teuerst fürst ... der mer ie von adel ward geporn / und nimmer mer geboren wirt* – preist Schneider auch die Herzöge Wolfgang (seinen Herrn) und Christoph von Bayern.

1492 greift Schneider das Thema der Osmanengefahr in seinem Spruch über den Aufmarsch des Reichsheers auf dem Lechfeld im Mai 1492 erneut kurz auf (198 Verse). Zwar klagt er zu Beginn darüber, dass niemand mehr die Scheltreden der Herolde hören wolle, er berichtet aber dann vom Hintergrund des Aufmarsches und von der Vermittlerrolle Maximilians. Schneider appelliert an ihn, ein großes Heer zusammenzustellen, und den einen Teil gegen die Türken, den anderen gegen die Franzosen einzusetzen. Am Ende bittet Schneider den König, seinem Dienstherrn Christoph von Bayern beizustehen.

Als Christoph 1493 eine Pilgerfahrt nach Jerusalem unternahm und dort erkrankte und starb, sah sich Schneider veranlasst, in einem Spruch den Verstorbenen zu loben und über die Reise zu berichten (250 Verse). Die Informationen dazu erhielt er von einem Koch, der den Herzog begleitet hatte. Das Gedicht wurde 1494 in Augsburg gedruckt.

Sein wohl letzter in Augsburg entstandener Spruch, der 1500 in Nürnberg gedruckt wurde, handelt vom Augsburger Reichstag vom selben Jahr (250 Verse). Er behauptet, nur wenig vom eigentlichen Geschehen zu wissen, und geht deswegen zu einer allgemeinen Zeitklage über, in der er Kritik an allen Ständen übt, so etwa an den zuchtlosen Doppelsöldnern und an Bürgern, die sich wie Adlige gebärden. Auch hier erfährt der König Lob.

In Nürnberg entstand dann ab 1504 der größte Teil von Hans Schneiders Schriften. Sein Schaffen beginnt mit dem in verschiedenen Fassungen erhaltenen ‚Spruch vom Landshuter Erbfolgekrieg' (zwischen 329 und 370 Verse), in dem es um den Erbschaftsstreit unter den Wittelsbachern geht. In dem Text beschreibt Schneider die Ursachen und den erfolgreichen Kriegsverlauf, bei dem es Maximilian gelang, zusammen mit mehreren Reichsfürsten und mit dem Schwäbischen Bund und Nürnberg, die rechtmäßigen Erben Herzog Georgs von Bayern-Landshut durchzusetzen. Dieser Spruch brachte Schneider allerdings die ersten Schwierigkeiten mit dem Rat ein. Denn er habe ihn *on ains rats wissen* drucken lassen. Seit 1502 mussten alle Reimwerke vor dem Abdruck dem Ratsschreiber *zur Censur* übergeben werden. Obwohl der Spruch nichts Kritisches über Nürnberg enthielt, wurde seine Weiterverbreitung durch die Drucker sofort verboten.

Die Vorgänge um den Erbfolgekrieg wurden in zahlreichen Liedern und Reimpaarsprüchen behandelt und zum größten Teil auch gedruckt. Die meisten dieser größtenteils anonymen Texte vertraten die Sicht der späteren Sieger (vgl. Tl. 2).

Die einzige größere Schlacht des Erbfolgekriegs fand bei Wenzenbach in der Nähe von Regensburg statt. Dort besiegte Maximilian zusammen mit seinen Alliierten ein böhmisches Heer. Dazu verfasste Schneider 1504 einen 1505 in Leipzig gedruckten ‚Spruch von der Böhmenschlacht' (230 Verse). In einem Wechselgespräch des Ich-Erzählers mit einem aus Bayern kommenden fürstlichen Boten wird über die Ursachen und Verlauf des Krieges bis hin zur Böhmenschlacht berichtet. Schneider lobt dabei die sehr humane Nürnberger Kriegsführung:

> *Nürenberg das thet redlich reisen:*
> *an stet und dörfer, merkent eben,*
> *da brant man nit und ließ sie leben*
> *und ire wonung unverkört* (unbeschädigt).

Die Böhmenschlacht ist auch Thema seines ebenfalls 1504 verfassten Liedes, in dem Schneider in verknappter Form die Schlacht darstellt, und zwar in neun Strophen im Hildebrandston. Nur kurz erwähnt er die Vorgeschichte der Schlacht, konzentriert sich vor allem auf den herausragenden Maximilian. Schneider schließt mit der Beteuerung ab, dass er niemanden schelten wolle.

1507 verfasste Schneider einen ‚Spruch zum Lob des Hauses Österreich' (244 Verse), in dem er eine kurze Chronik der Leistungen Kaiser Friedrichs und König Maximilians bietet. Er schließt mit Blick auf den anstehenden Konstanzer Reichstag mit einer Mahnung an die Reichstädte ab, Maximilian gegenüber treu zu bleiben, denn *Got well Maximilian behüeten!*

Im selben Jahr verfasste Schneider einen Spruch über die im Oktober 1507 erfolgte ‚Niederlage der Franzosen bei St. Hubert' in Belgien (190 Verse). Erneut geht es ihm auch um Maximilian, für den er Gottes Segen erfleht.

Schneiders verbreitetstes Werk war der 1509 entstandene, nur 94 Verse umfassende ‚Spruch vom Ungehorsam der Venediger', eine Polemik gegen die Venezianer, die 1509 in der Schlacht bei Agnadello eine schwere Niederlage erlitten hatten. Schneider sagt zu Beginn, Genaueres über die Schlacht wisse er noch nicht. Ihm erschienen offenbar erneut die Schnelligkeit der Nachrichtenvermittlung und der Marktvorteil wichtiger als eine sorgfältige und zeitraubende journalistische Recherche. Wieder verbot der Nürnberger Rat Schneider die Veröffentlichung und dem Drucker den Verkauf des Einblattdrucks, der aber noch im selben Jahr in Augsburger und Münchener Offizinen nachgedruckt wurde.

Um 1509/1510 erschien Schneiders ‚Spruch über die Aufrüstung gegen die Räuberei' (128 Verse) im Druck. Dort erzählt der sich selbst namentlich nennende Schneider einem alten, in Diensten Maximilians stehenden Mann, den er zufällig in Nürnberg getroffen habe, ausführlich vom Aufbruch der Nürnberger Truppen gegen Heinrich von Guttenstein. Dieser hatte die Schwarzenburg (im heutigen Landkreis Cham) als Ausgangspunkt für Raubzüge gegen Nürnberger Bürger benutzt. Zusammen mit dem Schwäbischen Bund bereiteten die Nürnberger 1509 einen Angriff auf die Burg vor, der Konflikt endete schließlich nach Verhandlungen mit dem 1509/10 abgeschlossenen Verkauf von Heinrichs Herrschaft über die Schwarzenburg und andere Schlösser an die Kurpfalz. Schneider berichtet, dass *der vom Gutenstan / Ein solich verschreibung muste than / Nymer mer widers reich zu sein.* Er widmet seinen Spruch *Der Kayserlichen stat zu ern / Zu nurnberg der frummen herrn.*

Vermutlich um 1510 entstand der ‚Spruch von der Stadt Annaberg' (268 Verse) im sächsischen Erzgebirge, wo 1491 reiche Silbererzgänge entdeckt wurden und der Bergbau aufblühte. Schneider besuchte aus Neugierde die Stadt und erzählt vom Bergbau, beschreibt die Kirchen und ihre Heiltümer sowie andere Bauwerke. Um 1510 wurde das Gedicht in Leipzig gedruckt.

1511 verfasste Schneider einen Spruch (112 Verse) über ein massives Erdbeben, das über Monate hinweg besonders in Venedig, Kärnten und Krain große Schäden angerichtet hatte. Der Text ist nur in der zwischen 1524 und 1526 entstandenen Handschrift des Germanischen Nationalmuseums in Nürnberg, Merkel 2° 966, überliefert, in der Abschriften von elf Sprüchen Schneiders enthalten sind.

Aus dem nächsten Jahr stammt der Spruch über die Einnahme des *raubschloß[es]*, der Burg Hohenkrähen im Hegau durch Nürnberger Truppen (158 Verse), deren Auszug Schneider (wie beim Aufmarsch gegen die Schwarzenburg) selbst erlebt haben will. Zu Beginn beklagt er die aktuellen Zustände der Welt, um dann über die Belagerung und Eroberung der Burg zu berichten, wobei er seinen als vorläufig gekennzeichneten Bericht auf einen Augenzeugen stützt:

> *Darumb so will ich sprechen ab,*
> *piß daß ich weiter potschaft hab,*
> *und habs gemacht auf den beschaid,*
> *wie des mir Herman Gropmar sait.*

Erneut ging es Schneider um eine schnellstmögliche Veröffentlichung seines Spruchs in einem Nürnberger Druck von 1512.

1513 erschien Schneiders Spruch von der Eroberung der Raubschlösser vor dem Wald im Dezember 1512 (120 Verse) im Druck. Er richtet das Gedicht an Maximilian, den er von dem Aufblühen der Räuberei im Land informieren will. Er erzählt dann, wie die Nürnberger mit ihren Verbündeten unter Leitung eines kaiserlichen Hauptmanns gegen Plackerer in der Oberpfalz *auß bevelch kaiserlicher majestat* vorgingen. Auch hier weist er auf seinen Mangel an genauen Informationen hin: *Damit so will ich sprechen ab, / seit ich der sachen mangel hab.*

Sein Spruch über den Zunftaufruhr in Köln im Januar 1513 (220 Verse), in dem Schneider sich eindeutig auf der Seite der aufständischen Zünfte gegen das korrupte und zu Frankreich neigende Patriziat Kölns positioniert, veranlasste den Nürnberger Rat, der ja Zünfte nach dem Handwerkeraufstand von 1348/49 in der Stadt rigoros verboten hatte, mit harter Hand gegen Schneider vorzugehen. Der Drucker Wolfgang Huber, der zudem andere verbotene Werke, so etwa 1514 Thomas Murners ‚Geuchmat' (vgl. S. 629) publizierte, hatte den Spruch *mit darin verleibten giftigen mainungen, das zu irrungen der commun und irer untertanen vermutlich raten mag,* wohl trotz Verbots gedruckt und vertrieben. Er wurde zu vier Tagen Gefängnis verurteilt. Am selben Tag erließ der Rat seine erste Zensurordnung für die Stadt. Nach dieser Angelegenheit konnte der inzwischen über 60jährige Schneider keine weitere historisch-politische Ereignisdichtung mehr zum Druck bringen. Dennoch ist keineswegs auszuschließen, dass es weitere Schriften von ihm gegeben haben könnte, zumal mit einer hohen Verlustrate bei Einblattdrucken zu rechnen ist. Zudem hatte er nicht nur historisch-politische Schriften verfasst, sondern zum Beispiel ein 34 Verse umfassendes ‚Pest-Gebet', eine geistliche Rede, in der Schneider die Heiligen Sebastian und Rochus und weitere Heilige um Frist zur Tilgung von Sünden in Pestzeiten bittet. Zu vier weiteren Texten Schneiders vgl. S. 92 ff.

Ebenfalls zur politischen Dichtung Schneiders rechne ich den aus der Mitte des 15. Jahrhunderts stammenden lehrhaften und sozialkritischen Dialog ‚Der wucherische Wechsler' (266 Verse) in Form eines Traums, der anonym in drei Nürnberger Handschriften aus den 1470er Jahren überliefert ist.

In einem Traum erscheint dem als rechtschaffen (*frum*) gekennzeichneten Erzähler-Ich ein Wucherer und Wechsler, der ihn lehren will, wie er *gut vnd er* bekommen könne. Der darauffolgende Dialog wird durch Überschriften markiert: *Der wucherer – Der frum antwort*. Der Wucherer fordert den Erzähler auf, Haus, Hof und Felder zu verkaufen und mit dem Geld zu ihm zu kommen. Der zweifelnde *frum* will aber wissen, was der andere mit dem Geld tun möchte, zumal es ihm eigentlich gut gehe. Der *wucherer* prahlt dann, wie er schon viele um ihren Besitz gebracht habe und damit zu Reichtum gekommen sei. Als er genug Geld hatte, sei er Kaufmann geworden, der Wechselgeschäfte zwischen Frankfurt und Venedig betrieben und dadurch erneut weitere Menschen ins Elend gestürzt habe. Der *frum* mahnt den Schurken energisch, alles zurückzugeben. Er solle an Tod und Jenseits denken. Der Wucherer lehnt eine Rückgabe kategorisch ab, denn sonst wisse *denn nyemant wer ich wer*. Der *frum* wirft ihm vor, schlimmer als der Teufel und Judas zu sein, der die Silberlinge wenigstens im Tempel zurückgegeben habe. Nachdem der zornige *frum* erwacht, ist der *wucherer* verschwunden, vermutlich wurde er vom Teufel mitgenommen (*es fürt yn der tewffel da hin*).

Thematisiert werden in dem Text die Praktiken Fürkauf, Pfandleihe mit Fristsetzung und Bürgschaft, vielleicht auch der sog. Trockenwechsel zur Ausnutzung von Kursdifferenzen. Bemerkenswerterweise entlarvt sich der Übeltäter selbst. Eine Beziehung zur Nürnberger Judenpolemik ist dagegen eher unwahrscheinlich: Der Text und seine Überlieferung nahmen ihren Ausgang vor der Initiative des Nürnberger Rats zur Vertreibung der Juden, auch muss es sich bei dem *wucherer* nicht zwingend um einen Juden handeln, er könnte durchaus ein Mitglied der angesehenen Schicht der Großkaufleute sein.

Literatur von und für die Oberschicht

Wenn auch nicht annähernd literarisch so produktiv wie die Handwerker, verfassten auch Mitglieder der wohlhabenden Oberschicht Werke, die ihrem gesellschaftlichen Status entsprachen. Ihr Schrifttum diente in der Hauptsache der Selbstvergewisserung. Zu diesen Werken gehörten zum Beispiel Familien-, Stadt- und Weltchroniken, Reise- und Pilgerberichte sowie Übersetzungen und weitere Schriften humanistischer Prägung. Auch die Anlage von Privatbibliotheken kam bei den Wohlhabenden in Mode; die imposante Bibliothek des Hartmann Schedel ist hier das beeindruckendste Beispiel, von der sich bis heute über 370 Handschriften und 460 Drucke erhalten haben. Unter diesen Büchern ist auch das ‚Schedelsche Liederbuch', das neben dem ebenfalls in Nürnberg geschriebenen ‚Lochamer-Liederbuch' (zu beiden vgl. Tl. 2) ein beachtliches Interesse der Oberschicht am Zusammenstellen von Musikalischem bezeugt.

Nürnberger Chronistik

In früheren Kapiteln wurden auf die von Autoren aus der Mittelschicht verfassten gereimten Sprüche und Lieder über politisch-historische Ereignisse eingegangen, die vor allem die Stadt betrafen. Zu den zentralen Werken von und für die Nürnberger Oligarchie zählt hingegen die Chronistik in P r o s a , in der bei den Verfassern besonders die Geschichte der eigenen Familie im Mittelpunkt steht, die aber auch Ereignisse behandelt, die für die Stadt und die eigene Schicht von aktuellem und historischem Interesse waren. Verbunden wird dies immer wieder mit der Situierung Nürnbergs in der Heils- und Universalgeschichte sowie der Hervorhebung ihrer Position innerhalb des Reichs.

Am Beginn der Nürnberger städtisch-bürgerlichen Chronistik in der Volkssprache steht das umfangreiche ‚P ü c h e l v o n m e i n g e s l e c h e t u n d v o n a b e n t e w r' des angesehenen Patriziers U l m a n S t r o m e r (1329–1407). Stromer war Gründer der ersten deutschen Papiermühle, seit 1370 leitete er die Stromersche Handelsgesellschaft, seit 1371 gehörte er dem inneren Rat an. Mit den Einträgen in das ‚Püchel' begann er nicht vor 1385, behandelte aber die Zeit von 1349 bis 1401. Er stellt zunächst die Geschichte seiner Familie bis zum Ururgroßvater zusammen, nennt seine Kinder und Enkel und dokumentiert Verwandtschafts- und Heiratsbeziehungen zu anderen Geschlechtern der Stadt. Danach berichtet er von Ereignissen der Stadt- und Reichsgeschichte sowie von wirtschaftlich und rechtlich Interessantem. Dieser politisch-historische Teil sollte zur wichtigen Grundlage für die spätere Nürnberger Chronistik werden, z.B. für die Geschichtskompilation des Heinrich Deichsler (vgl. S. 157). Für Stromer war das Werk eine Sicherung von *memoria*: Er wollte aufzeichnen, welche *erberg lewt* er kannte, denn *ir wirt vil vergessen, die niht geschriben werden*.

Für Stromers ‚Püchel' und andere ähnliche Werke schlägt Joachim Schneider den Typus M e m o r i a l b u c h vor, wozu auch die Aufzeichnungen des Kaufmanns und Humanistenförderers Sebald Schreyer zu rechnen sind (vgl. S. 167). Stromer beginnt mit einer fiktiven Geschichte des Herkommens seiner Familie, um sich damit klar im Rang eines Patriziers zu situieren, und integriert Berichte von seiner Kaufmannstätigkeit sowie von seiner Amtsführung als Pfleger der Sebaldskirche.

Andere Schwerpunkte setzt das ‚Tuchersche Memorialbuch' des Patriziers B e r t h o l d T u c h e r d.Ä. (1386–1454), das sein Neffe E n d r e s II. Tucher (1423–1507) vermutlich nach 1449, gestützt auf die Erinnerungen seines Onkels, niederschrieb. Hier werden knappe Angaben zu engeren Familienangelegenheiten geboten, die mitunter mit Nachrichten aus der Stadt- oder der Reichsgeschichte verknüpft werden. So wird in annalistischer Form von Ereignissen berichtet, die von besonderer Bedeutung für die Stadt waren, etwa vom Hussitenkrieg, dem ersten Markgrafenkrieg, vom Leben des Kaisers, von bedeutenden Baumaßnahmen u.ä.m. Ähnlich gestaltete Memorialbücher gibt es zwar einige, allerdings lassen sich diese eher als Familien- und Geschlechterbücher bezeichnen, die gänzlich dazu dienen, das Wissen um die ständische Einordnung der Familien zu sichern.

Eine Übersetzung der moralphilosophischen Schrift ‚De quattuor virtutibus cardinalibus' des Martin von Braga, die den drei Brüdern Berthold, Hans und Endres II. Tucher gewidmet wurde, könnte Bertholds Sohn, Endres III. verfasst haben (vgl. S. 580).

Ganz in der Nähe einer Autobiographie ist das Gedenkbuch des hochangesehenen Patriziers Nikolaus Muffel (1409/1410–1469), ‚Gedechtnusse und Schriefft'. Muffel gehörte zu den aufsehenerregendsten Mitgliedern des Nürnberger Patriziats, da er 1469 wegen verschiedener Verbrechen angeklagt und schließlich öffentlich als Verbrecher hingerichtet wurde. Er hatte mehrere hohe Ämter inne und war sogar 1452 als Gesandter der Stadt bei der Kaiserkrönung in Rom.

Dort verfasste er eine Beschreibung der Stadt in der Tradition der *Mirabilia Romae*, ‚Von dem Ablass und den heiligen Stätten zu Rom'. Die Schrift – eine Art Pilgerführer – behandelt in drei Hauptabschnitten die sieben Hauptkirchen, die Stationstage römischer Kirchen während der geschlossenen Zeit sowie weitere Kirchen und einige weltliche Bauwerke. Er habe sein vorliegendes Wissen *mit allem vleis von trefflichen leuten wesucht, erforst vnd darnach etlich stuck abgemessen* und es dann verschriftlicht. Bei seinen Beschreibungen fügt er immer wieder als glaubwürdig zu wertendes hagiographisches Erzählgut bei, beschreibt ohne ein Wort des Zweifels die in den Kirchen vorhandenen z.T. höchst abstrusen Heiltümer – darunter die Gesetzestafeln des Moses und die Windeln des Christkinds – sowie eine Vielzahl von Ablassversprechen. Von besonderem Interesse ist seine Beschreibung der alten Peterskirche, die ein halbes Jahrhundert später durch den heutigen Petersdom ersetzt wurde.

Der äußerst erfolgreiche Muffel machte sich jedoch über die Jahre bei seinen Kollegen im Rat sehr unbeliebt und hatte dort regelrechte Feinde. Zwar duldete man über längere Zeit sein arrogantes und z.T. rücksichtsloses Verhalten, aber 1468 wurde ihm vorgeworfen, Gelder veruntreut sowie tausend Gulden gestohlen zu haben, was allerdings zunächst noch keine unmittelbaren Folgen für ihn hatte. Doch 1469 nahm man ihn wegen Geheimnisverrats fest; er habe geheime Informationen an den in der Stadt verhassten Markgrafen Albrecht Achilles von Brandenburg weitergegeben. Muffel wurde intensiv befragt, gefoltert und schließlich hingerichtet. Spätere Chronisten wie Heinrich Deichsler und Christoph Scheurl berichten, dass dieses Vorgehen des Rats in der Stadt nicht gut ankam. So schreibt Deichsler: *die gantz gemain was vast mit im.*

Von einem fahrenden Sänger, der sich Heinz Übertwerch nennt und dem einige Forscher Zugehörigkeit zum markgräflichen Hof attestieren möchten, stammt das 22 Strophen à 9 Verse umfassende ‚Muffellied'. Es stellt das Schicksal – Prozess, Folter und Exekution – des Patriziers als Justizmord seiner von *haß* und *neit* motivierten Ratsgenossen dar. Muffels Hauptfeinde werden namentlich genannt, die Hauptschuld an dem infamen Umgang mit Muffel, zuvor *der aller öberst in der gantzen stat*, wird dessen Amtsnachfolger Jobst Tetzel zugewiesen. Nürnberg habe *sein lob verlorn*, auch weil der Rat nicht auf die Fürbitte der Markgräfin für Muffel gehört habe. Er prophezeit in den letzten Strophen die Rache der Familie Muffel sowie Unheil für Nürnberg.

Gegen Ende Dezember 1468 – also bereits nach der Aufdeckung seiner Diebstähle und nur zwei Monate vor seiner Hinrichtung – verfasste Muffel sein knappes ‚Gedenkbuch', durch dessen Lektüre seine Nachkommen zu ähnlich lobenswerten *guten wercken dester ee gereytzet werden* sollten. Er berichtet vom Besuch König Wenzels bei seinen Großeltern und darüber, dass durch ihn eine Kreuzholzreliquie in den Besitz der Familie gelangte. Er habe, um sein ewiges Heil zu sichern, die frommen Stiftungen, Heiltümer und Ablassschätze der Vorfahren stark erweitert und die Sammlung auf 308 Reliquien vergrößert. All dies gelte es zu erhalten. Dann thematisiert Muffel seinen Stand, sein Herkommen sowie seine zahlreichen Ehren, Ämter und Erfolge – seine Rolle bei der Kaiserkrönung hebt er besonders hervor –, die für den Neid seiner Ratsgenossen verantwortlich gewesen seien. Ähnlich wie Stromer führt er sodann seine vielen Kinder, ihre standesgemäßen Ehepartner sowie seine Enkel auf. Alle sollten nur auf Gott und nicht auf die *vergifften werlt* vertrauen. Abschließend nennt er die Machthabenden im Reich, in der Kirche und in Nürnberg. Er verankert sein Buch damit „in der Stadt-, Zeit- und Weltgeschichte und streicht gleichzeitig seine Rolle in dieser kräftig heraus ... Die historischen Bezüge des Buches werden auf den Politiker Muffel hin funktionalisiert und den didaktischen Zwecken des Buches untergeordnet" (J. Schneider).

Ab den 1420er Jahren entstand eine annalistische Zusammenstellung vermischter Nachrichten aus diversen Themenbereichen des öffentlichen Lebens: die anonyme ‚Chronik aus Kaiser Sigmunds Zeit'. Der bis 1434 reichende erste Teil wurde in größeren Abständen fortgesetzt und ab 1430 kontinuierlich weitergeführt. Im knappen ersten Teil der ‚Chronik' benutzt der Verfasser die sog. ‚Fränkisch-bairischen Annalen', die auch Erhard Wahraus für seine ‚Augsburger Chronik' verwendete (vgl. Tl. 2). Hier gab es drei Nürnberg betreffende Einträge. Eine Fortsetzung der ‚Chronik', die von einem anderen Verfasser stammt, reicht von 1438–1441.

Das Werk beginnt mit dem Jahr 1126 und setzt mit größeren Zeitsprüngen fort, wobei der Verfasser seine Aufzeichnungen weniger als Stromer politisch ausrichtet und dafür innerstädtische Ereignisse mehr in den Mittelpunkt rückt. So werden hier z.B. Gründungs- und Baunachrichten aus dem 14. Jahrhundert aufgelistet. Ab 1420 zeichnet sich das Werk durch genaue umfassende Augenzeugenberichte zur Stadt- und Reichsgeschichte aus, die sich als bemerkenswert präzise erweisen. Die Chronik sollte, auch in Verbund mit Stromers ‚Püchel', mehrmals als Quelle für weitere Nürnbergische Geschichtswerke dienen, so vor allem für die ‚Chronik' Heinrich Deichslers.

Weitere bürgerliche Geschichtsschreibung findet sich in zwei Annalenreihen, den in 18 Handschriften überlieferten anonymen sog. ‚Nürnberger Jahrbüchern des 15. Jahrhunderts', die im 19. Jahrhundert von den damaligen Herausgebern mit den Behelfstiteln ‚Jahrbücher von 1469' und ‚Jahrbücher von 1487' versehen wurden. Die Kompilationen sind von Zirkeln geschichtlich Interessierter in Nürnberg angelegt worden, die offenbar ihre historischen Materialien austauschten, überarbeiteten und stetig ergänzten. Dementsprechend unterscheiden sich die Textzeugen in Gestaltung und Nachrichtenbestand derart voneinander, dass keine Handschrift von einer anderen direkt ableitbar wäre. Beide Jahrbücher verwenden Stromers ‚Püchel' – ohne Verweise auf den Verfasser – und die ‚Chronik aus Kaiser Sigmunds Zeit' als Grundstock, greifen aber auch die Reichs- und Universalchronistik auf.

In den ‚Jahrbüchern von 1469' informieren die verschiedenen Verfasser sowohl über das städtische Leben als auch über entferntere Begebenheiten, so etwa über das Türkenproblem und die schwierige Situation im österreichisch-ungarisch-böhmischen Dreieck. Es wird von besonderen Ereignissen in Nürnberg berichtet, z.B. von Überschwemmungen, Baumaßnahmen, einer Kometenerscheinung, vom Tod der Markgräfin u.a.m.; auch die vollständige Wiedergabe einer Einladung an die Stadt Augsburg zu einem Schützenfest wird beigefügt. Mit persönlichen Meinungen zu den Berichten halten sich die Verfasser zwar zurück, allerdings ist im Falle von Muffels Hinrichtung deutlich von Mitleid und Zweifeln in der Bevölkerung gegenüber der Anklage die Rede. Vermutlich stammen die Verfasser nicht aus dem Kreis der Rats- und Fernhandelsfamilien, obwohl dies nicht auszuschließen ist. Fortgesetzt wurden die ‚Jahrbücher von 1469' bis ins Jahr 1499 im Umkreis der Patrizierfamilie Tucher. Dort werden Angelegenheiten der Familie – wenn auch zurückhaltend – erwähnt, in der

Regel nur bei der Behandlung von Ämtern, die von Familienmitgliedern bekleidet wurden. So finden sich dort Nachrichten über Kaiserbesuche, die auf von Ratsherren verfasste Berichte zurückgehen.

In den ‚Jahrbüchern von 1487' wird überregionalen Nachrichten größere Bedeutung zugemessen als in den ‚Jahrbüchern von 1469'. Trotz einiger gemeinsamer Quellen bestand keine Verbindung zwischen den beiden; es handelt sich eindeutig um einen anderen Kompilatorenkreis. Hier findet sich eine stärkere politische Haltung im Sinne des Rats, so etwa gerade im Falle Muffels, dessen Verrat der Stadt an den Markgrafen wird hier als Tatsache dargestellt (*er sprach, er het sein tot wol verschult.*). Eine erste kompilierende Fassung wurde bereits in den siebziger Jahren angelegt und dann stetig bearbeitet und erweitert. Am Ende der achtziger Jahre kamen unter anderem auch die Materialien aus chronikalischen Quellen und einige weitere Ereignisberichte hinzu. Eine von Joachim Schneider angenomme ‚Bairische Chronik' als Quelle ist nicht nachweisbar. Eingebunden wurden zudem Chroniken aus dem alemannisch-schwäbischen Raum, wie etwa das ‚Königshofen-Register' und die ‚Konstanzer Weltchronik'. Es ist den Kompilatoren im Wesentlichen darum gegangen, die wichtigsten zeitgeschichtlichen Ereignisse mit der Nürnberger Geschichte des 15. Jahrhunderts zu verbinden. Baumaßnahmen u.ä. interessierten kaum. Ausschließlich in Bezug auf die Reichsstadt und ihre Umgebung werden Nachrichten von Fehden, Nürnberger Ablasspredigten, Kaiserbesuchen und Steuerfestsetzungen einbezogen. Rein lokale Ereignisse, wie sie in den ‚Jahrbüchern von 1469' und dann bei Heinrich Deichsler – der Versionen beider Jahrbücher in seine Chronik integrierte – aufgenommen wurden, finden nur selten Erwähnung.

Zwar kam es in Nürnberg nicht zu einer kontinuierlichen offiziösen städtischen Geschichtsschreibung wie etwa in Lübeck, aber immerhin wurden vom Rat memorandenartige Darstellungen in Auftrag gegeben. Der sog. ‚Schürstabsche Kriegsbericht', der zumindest teilweise mit Erhard Schürstab d. J. († 1461) eindeutig zu verbinden ist, handelt vom ersten Markgrafenkrieg von 1449/50 (vgl. S. 136). In ihm sind alle Materialien rund um die Vorbereitungen des Krieges sowie längere Passagen zu den Verhandlungen und Vertragsabschlüssen aufgenommen. In einer zweiten Version wird wie in der politisch-historischen Ereignisdichtung die Schlacht von Pillenreuth zu einem großartigen Ereignis in der Nürnberger Geschichte stilisiert. Es wird satirisch aus der Sicht des Markgrafen erzählt, mit welcher Selbstüberschätzung er sich in der Schlacht lächerlich gemacht habe, so dass ihm am Ende nur die Selbstbezichtigung bleibt: *O du stolzer fürst, wa was nun dein manheit und keckheit hin komen!*

Die anonyme Chronik über die Jahre 1488–1491, ‚Etliche Geschicht', wird jetzt dem aus Nördlingen stammenden städtischen Ratsschreiber Georg Spengler, dem Vater des Lazarus Spengler (vgl.

S. 47), zugeschrieben. Der kurze Text berichtet von der Reichsgeschichte – vor allem von den Schicksalen und Taten Maximilians – aus der Perspektive des Nürnberger Rats. Der Leser wird über das Verhältnis der Stadt zu König und Kaiser, über Reichstage in Nürnberg, auch über die Durchführung besonderer Ablässe und Reliquienweisungen, Turniere und Fehden informiert. Möglicherweise wurde die Chronik von Sigismund Meisterlin angeregt, dessen eigenes Geschichtswerk mit dem 14. Jahrhundert abschließt. Der Text der ‚Etliche Geschicht' wird zumeist mit Meisterlins 1488 vollendeter deutscher Version der ‚Nieronbergensis cronica' gemeinsam überliefert (vgl. S. 167).

Die bei weitem umfassendste Nürnberger Chronik stammt vom Bierbrauer Heinrich Deichsler (1430–1506/07), der mit seinem beachtlichen Vermögen zur oberen Mittelschicht der Stadt gehörte und seit 1486 das Amt des städtischen Bettelvogts – des Aufsehers über das Bettlerwesen – innehatte. Aus eigenem Interesse an Geschichte begann er in den 1460er Jahren stadtgeschichtliche Manuskripte zu sammeln und abzuschreiben. Dies setzte er etwa seit 1470 bis zu seinem Tod fort, und fügte Selbstgehörtes und -erlebtes, Notizenreihen zur Stadtgeschichte, Exzerpte aus z.T. gedruckten Welt- und Regionalchroniken sowie mitunter auch Urkunden, Briefe und Flugblätter aneinander. Auf einige der von ihm aufgenommenen Texte ist bereits oben verwiesen worden. Sein gewaltiges Sammelwerk *auß vil alten puchern* umfasste zum Schluss mehr als 2400 Seiten, womit es zu den umfangreichsten Anhäufungen geschichtlichen Materials eines städtischen Bürgers im 15. Jahrhundert überhaupt gehört.

Auch Deichsler hält sich an eine annalistische, streng chronologische Anordnung des Materials. Trotz der vielen Berichte über Lokales sieht er sich als Weltchronist, sein Sammelwerk setzt mit der biblischen Schöpfungsgeschichte ein: Sein ältester Eintrag ist auf 5199 vor Christi Geburt datiert, als Adam den Tod Abels beweint. Dennoch bietet Deichsler aber in der Hauptsache eine dichte Darstellung des öffentlichen Lebens in Nürnberg. Er notiert Wissenswertes über Fehden und Gewalttaten, Baumaßnahmen, besondere Wetterereignisse, Verbrechen, das Vorgehen der Strafjustiz, Festivitäten und die Besuche bedeutender Gäste in der Stadt. Dabei hält er sich mit wertenden Kommentaren weitgehend zurück. Wie einige seiner Nürnberger Vorgänger fügt Deichsler private Informationen bei, etwa über seine Stellung in der Stadt oder die Hochzeit seiner Tochter mit einem städtischen Kanzleischreiber. Sein besonderes Interesse an juristischen Angelegenheiten könnte mit seinem eigenen Amt als Bettelvogt sowie mit der großen Bedeutung der Strafjustiz in Nürnberg und anderen Städten zusammenhängen.

Nach seinem Tod erwarb die Stadt Deichslers Chronik für die städtische Bibliothek, was eine breitere Überlieferung verhinderte. Eine ähnlich große Vorliebe für Nachrichten über Verbrechen und Gerichtsangelegenheiten wie bei Deichsler findet sich in der im Jahre 1502 einsetzenden Nürnberger Chronik des Pankratz Bernhaubt, gen. Schwenter (vgl. S. 177).

Das Interesse der Nürnberger Oberschicht an Universalchronistik war beachtlich, worauf im Zusammenhang mit dem Nürnberger Humanismus im übernächsten Kapitel näher eingegangen wird. Bereits vor dem Aufblühen des Humanismus in der Stadt verfassten der Stadtschreiber und Diener in der Losungsstube Johannes Platterberger und der Kanzleischreiber Dietrich Truchseß (der 1467 hingerichtet wurde) eine umfangreiche zweibändige volkssprachliche Weltchronik, ‚Excerpta chronicarum‘, die vor allem auf einer Reihe lateinischer Standardwerke beruht. Die Chronik sei in Angriff genommen worden, weil es viele Personen gebe, die sich für *zeytung alter geschicht vnd regirer* sehr interessierten, aber *des in lateinischer sprach vnd schrift nit gnüglich vernemend sind*. Gegliedert ist das 1459 abgeschlossene Werk in die klassischen sechs Weltalter und umfasst sowohl die Heilsgeschichte als auch weitere Ereignisse, die die Weltgeschichte prägten, bis hin zum Tode des deutschen Königs Ruprecht von der Pfalz im Jahre 1410. Die wichtigsten lateinischen *hystorien*, die die beiden Verfasser übersetzten und verbanden, waren dem ‚Speculum historiale‘ des Vinzenz von Beauvais, dem ‚Chronicon pontificum et imperatorum‘ des Dominikaners Martin von Troppau sowie den ‚Flores temporum‘ entnommen. Aber auch weitere lateinische und deutsche Quellen wurden verwertet, so Guidos de Columna ‚Historia destructionis Troiae‘, die Weltchronik Jakob Twingers von Königshofen, die ‚Historia de preliis Alexandri Magni‘ des Archpresbyters Leo von Neapel, Meister Wichwolts Alexanderchronik (vgl. Tl. 2) u.a.m. Einschübe zur Geschichte Nürnbergs werden ebenfalls integriert, die vor allem der ‚Sächsischen Weltchronik‘ und der ‚Chronik‘ Heinrich Taubes von Selbach entnommen sind. Zwar wird berichtet, wie Nürnberg zur Reichsstadt wurde, aber eine Gründungsgeschichte der Stadt fehlt. Damit sollte sich erst die humanistische Geschichtsschreibung befassen.

Die Überlieferung bietet auch bei dieser Chronik verschiedene Fassungen. So ist der zweite Band nur unikal vollständig überliefert, daneben sind einige Kurzfassungen erhalten. Eine davon wurde in der Forschung früher irrtümlicherweise als ‚St. Galler Weltchronik‘ bezeichnet. Die Platterberger-Truchseßsche Weltchronik diente zudem als Teilquelle für Sigismund Meisterlins zweisprachige ‚Nieronbergensis cronica‘ sowie für die umfassende ‚Schedelsche Weltchronik‘.

Pilger- und Reiseberichte

Als dezidierte Literatur der Oberschicht lassen sich die Nürnberger Pilger- und Reiseberichte verstehen, da sich längere Reisen, zumal in fremde Länder, nur die privilegierten Wohlhabenden leisten konnten. Auch hier stehen

Literatur von und für die Oberschicht 159

die Berichte zumeist im Kontext von Hausbüchern oder Dokumentationen der Familiengeschichte. Vertreten im Nürnberger Schrifttum sind vor allem Aufzeichnungen von Reisen in die heiligen Städte Jerusalem, Santiago de Compostela und Rom, die mitunter mit Ablassbestätigungen verbunden sind. Beachtliches gesellschaftliches Ansehen war mit derartigen Reiseunternehmungen verbunden; die Nachahmung adliger Tradition spielte eine wichtige Rolle und gab Anlass zu solchen Unternehmungen. Zwar unternahmen viele Nürnberger Pilgerreisen, aber nur wenige hinterließen Berichte darüber.

Der älteste Bericht über eine Reise nach Jerusalem stammt von dem Nürnberger Patrizier H a n s L o c h n e r, der urkundlich 1423 als Student in Erfurt belegt ist. Er wurde Leibarzt bei Kurfürst Friedrich I. von Brandenburg und reiste 1435 mit dessen Söhnen, den Markgrafen Johann und Albrecht Achilles – von letzterem war im Kapitel zur historisch-politischer Ereignisdichtung mehrfach die Rede –, nach Jerusalem und verfasste darüber im Auftrag seiner Dienstherren seine ‚*Beschreibung des zugß der fart zu dem heiligen grab*'. Lochner war von 1438 bis mindestens 1465 Stadtarzt in Nürnberg, außerdem Leibarzt des Kurfürsten Friedrich II. von Sachsen und des Markgrafen Johann. Diese Tätigkeit veranlasste ihn, eine ganze Reihe medizinischer Texte zu verfassen. Er heiratete die aus dem Nürnberger Patriziat stammende Klara Pirckheimer, aus ihrer Ehe gingen 16 Kinder hervor. Nach Klaras Tod 1467 trat er in das Augustinerchorherrenkloster Neunkirchen am Brand ein, wo er bis zu seinem Tod 1491 lebte.

Lochners sechsteiliges Werk gliedert sich im ersten und letzten Teil in Beschreibungen der Reise von und nach Venedig, im zweiten und vierten Teil erzählt er von der Überfahrt nach und von Jaffa, im dritten von den Besuchen der Heiligen Stätten in Jerusalem, Bethlehem und Jericho, im fünften stellt er die Gefolgschaft der Markgrafen vor. Im Wesentlichen folgt Lochner den Mustern zeitgenössischer Pilgerberichte und bietet zumeist nur Orts-, Zeit- und Entfernungsangaben. Bei den Fahrten durch die Adria und Ägäis fügt er aber bemerkenswerte geo- und topographische Details hinzu. Bei der Beschreibung des Heiligen Landes geht er streng nach Besichtigungsverlauf vor, vermutlich unter Benutzung eines schriftlichen Reiseführers, wie er dort zum Kauf angeboten wurde. Er schmückt den Bericht mit Bibelzitaten aus, um seinen Lesern damit die Heilsgeschichte vor Augen zu führen. Dabei notiert er sämtliche Ablässe, miterlebte Messen und Prozessionen, verzichtet allerdings auf die Schilderung sonstiger Erlebnisse. Als er bereits Witwer und Chorherr war, verfasste er 1480 auf Bitte seines Sohnes, der nach Rom reisen wollte, ein ‚Reisekonsilium', das er in einen deutschen und einen lateinischen Teil gliedert. Im ersten bietet er allgemeine Verhaltensregeln zur Hygiene, Ernährung, Tagesgestaltung und zum Gemütszustand auf Reisen. Hinzu kommt ein Textblock, in dem sechs Heilmittel zur Prophylaxe benannt werden. Der zweite Teil besteht aus zwei Pestregimina, für den Fall, dass der Sohn unterwegs mit Pesterkrankungen konfrontiert sein würde. Seine Rezepte wie generell die Inhalte der gesamten Handschrift sollten streng geheim gehalten werden.

Der Patrizier Jörg Pfinzing (1. Hälfte 15. Jh.) reiste 1424 mit Sigmund Stromer als Ratsemissär nach Ofen, um die Reichsinsignien nach Nürnberg zu überführen. 1436 unternahm er eine Wallfahrt nach Santiago, 1436/37 und 1440 reiste er mit anderen Patriziern nach Jerusalem und verfasste 1445 einen Reisebericht für seine Familie, in dem er die Erfahrungen beider Reisen zusammenzog. Der Bericht bietet eine ausführliche Liste der Etappen, die Pfinzing zum größten Teil direkt aus Lochners' ‚Beschreibung' kopierte, ohne seine Quelle zu nennen. Nach dem Reisebericht fügt er ein Verzeichnis der Heiligen Stätten und der erworbenen Ablässe bei.

In einigen Patrizierfamilien Nürnbergs gehörte die Teilnahme an Pilgerreisen zur Tradition, die über Generationen hinweg in Berichten dokumentiert wurden, die in der Regel nur für die eigene Familie bestimmt waren und daher meist nur unikal oder in wenigen Abschriften überliefert sind. So sind z.B. Berichte über Pilgerreisen der Patrizierfamilie Rieter in Italien, Santiago oder ins Heilige Land vom späten 14. bis ins 17. Jahrhundert erhalten.

Peter Rieter reiste zwischen 1428 und 1450 nach Santiago, Mailand, Jerusalem und Rom, während sein Sohn Sebald d.Ä. zwischen 1450 und 1464 Rom, Santiago, Jerusalem und den Sinai besuchte. Während Rieters und Sebalds d.Ä. Aufzeichnungen nur als Kurztexte erhalten sind, erzählt Sebald d.J. von seiner mit Hans Tucher 1479/80 unternommenen Reise nach Jerusalem und dem Sinai wesentlich ausführlicher. Die Berichte seiner drei Vorfahren stellte Hans Rieter (1564–1626) redigierend in seinem 1594 verfassten ‚Reisebuch' für den familiären Gebrauch zusammen, was auch die gedrängte Knappheit der von ihm übernommenen Texte von Peter und Sebald d.Ä. erklären dürfte. Dagegen kürzt Hans den Bericht Sebalds d.J. weniger – wie ein Vergleich mit der älteren Überlieferung aus dem späten 15. Jahrhundert erweist –, denn dieser bot wesentlich mehr an Information als seine zwei Vorfahren.

Rieters Bericht ist dreigliedrig. Als erstes beschreibt er die gemeinsam mit Tucher unternommene Palästinareise, verbunden mit einem Itinerar der üblichen Kaufmannsrouten nach Jerusalem, wie er sie von einem Juden erfahren habe. Sodann bietet er eine überarbeitete Version des Reiseberichts seines Vaters, einen kurzen Auszug aus der ‚Historia Regum Terrae Sanctae' – einer Geschichte des Heiligen Landes des Oliver von Paderborn aus der Zeit um 1219–1222 –, sowie einen detaillierten Bericht über seine eigene Reise auf den Sinai zum Katharinenkloster, auf der er auch von Dr. Otto Spiegel, Kanzler der Herzöge Ernst und Albrecht von Sachsen, begleitet wurde. Abschließend fügt Rieter eine äußerst informative Zusammenstellung von Wissenswertem zur Reisevorbereitung hinzu, so zu den notwendigen Ausrüstungen, den Lebensmitteln und Hausgeräten, den Transportkosten, Fremdwährungen u.a.m. Als eine Quelle für seinen Bericht diente Rieter ebenfalls ein bereits von seinem Vater erworbener lateinischer Pilgerführer.

Rieters Begleiter, der bedeutende, sehr wohlhabende Patrizier Hans VI. Tucher (1428–1491) gehörte seit 1476 dem Inneren Rat an, war seit 1480 Alter Bürgermeister und bekleidete bis zu seinem Tod mehrere politische Ämter. Auch zur Neugestaltung und zum Ausbau der Ratsbibliothek trug er entscheidend bei. Auf der 49-wöchigen Reise besuchten die beiden Wallfahrer Jerusalem, das Katharinenkloster sowie die ägyptischen Städte Kairo und Alexandria. Aus Jerusalem schickte Tucher einen Brief an seinen Bruder, in dem er ankündigt, einen Bericht über seine Reiseerfahrungen verfassen zu wollen. Nach seiner Rückkehr im April 1480 verwertete er die Aufzeichnungen Rieters ausgiebig, übernahm sie z.T. wörtlich oder gestaltete sie um. In einer weiteren Redaktion integrierte er seine eigenen Erinnerungen sowie fremde Quellen. Damit schuf er ein gut lesbares ‚Pilgerreisebuch', das nachfolgenden Pilgern klare Instruktionen bieten sollte. Da das Werk aber von vornherein für den Buchdruck konzipiert war, sollte es nicht nur zukünftige Reisende, sondern auch ein breiteres wissbegieriges Publikum ansprechen, das sich eine Reise zu den berühmten Wallfahrtsorten finanziell nicht leisten konnte.

Erzählt wird tagebuchartig von der Reise über Venedig, die östliche Adria, Kreta und Jaffa nach Jerusalem. Damit die Lesenden sein Werk nicht als Prahlerei eines Privilegierten betrachten, betont er, dass er die Reise unternommen habe *allein vmb gotes ere vnd meiner sele seligkeit vnd keines rumes, furwiczes* (Wissbegier) *noch ander leichtuertigkeit willen*. Tucher bietet dann ausführliche Beschreibungen der Heiligen Stätten in und um Jerusalem und vergleicht sie dabei teilweise mit Nürnberger Bauwerken. Es folgt der wiederum tagebuchartige Bericht von der Reise zum Katharinenkloster und einem viermonatigen Aufenthalt in Ägypten. Immer wieder erzählt Tucher von spannenden Unternehmungen wie Besuchen von für Christen verbotenen Orten und einer Gefangennahme in Alexandria. Daneben breitet er heilsgeschichtliche, geographische und kulturgeschichtliche Informationen aus, für die er Quellen wie etwa Ludolfs von Sudheim ‚De itinere ad terram sanctam' (vgl. Tl. 2) auswertete. Er fügt sodann eine Beschreibung des Heiligen Grabes, ein Itinerar durch zwei Kaiser- und zwanzig Königreiche der Christenheit, eine Liste von notwendigen, in Venedig zu besorgenden Reisutensilien sowie einen Musterschiffsvertrag bei.

Die Überlieferung von fünf autornahen und zum Teil autographen Handschriften von Tuchers Werk bietet uns einen geradezu einmaligen Einblick in die Prozedur bei der Herstellung eines Druckwerks im 15. Jahrhundert. Vor der Drucklegung lektorierte und glättete der Nürnberger Ratsschreiber Georg Spengler das Werk und bat Tucher bisweilen um verständlichere Formulierungen. Er merkt z.B. an: *Hie ist diß dem gemeynen mann unverstendig.* Auch ein weiterer Korrektor sowie Tucher selbst machten sich vor dem durch Tucher wohl selbst finanzierten Druck durch Johann Schönsperger in Augsburg ans Werk. Allzu persönliche Angaben wurden dabei entfernt. In der Vorlagenhandschrift finden sich Seiten- und Lagenkennzeichnungen, die für Vorausberechnung des Druckumfangs und als Vorgabe für den Setzer eingetragen wurden. Mit Schönspergers Druck von 1482 war Tucher allerdings sehr unzufrieden und ließ das ‚Pilgerreisebuch' im selben Jahr in emendierter Form in Nürnberg nachdrucken (Abb. 7). Es folgten sechs Inkunabelausgaben und weitere Auflagen aus dem 16. und 17. Jahrhundert. Mithin gehört Tuchers Werk zu den größten Erfolgen der Gattung Reisebericht. Es fand auch Verwendung in weiteren Pilgerbüchern, etwa bei Felix Fabri (vgl. S. 339), Konrad Beck und Bernhard von Breidenbach. Der Verfasser des Prosaromans ‚Fortunatus' benutzte Tuchers Reisebericht ebenfalls als Quelle (für alle drei vgl. Tl. 2).

Auf den Bericht über die 1452 mit der Kaiserkrönung verbundene Romreise des 1469 hingerichteten Nikolaus Muffel wurde bereits eingegangen (vgl. S. 153). In der um 1430 aus Augsburg zugewanderten Kaufmannsfamilie Ketzel gab es ebenfalls eine langjährige Tradition der Jerusalemreisen. Von dem in Augsburg ansässigen Martin Ketzel ist auch ein Bericht über seine Reise ins Heilige Land erhalten (vgl. Tl. 2).

Der deutschsprachige Bericht über eine umfänglichere Reise, an der 1465-67 der Nürnberger Patrizier und Altbürgermeister Gabriel Tetzel († 1479) im Gefolge des böhmischen Adligen Leo von Rožmital teilnahm, ist nur unikal überliefert. Rožmital war mit circa 50 Begleitern in diplomatischer Mission für seinen Schwager, den böhmischen König Georg von Poděbrad, zu den Höfen verschiedener westeuropäischer Fürsten unterwegs. Tetzel erzählt von gemeinsamen Erlebnissen und persönlichen Eindrücken von der Reise, die zunächst von Prag aus über Nürnberg, Ansbach, das Rheinland, Brüssel und London führte und anschließend durch Frankreich auf die iberische Halbinsel. Als sie in Santiago ankamen, tobte dort ein innerstädtischer Krieg, dessen Verlauf Tetzel eingehend schildert. Schließlich bekommt die Gruppe die begehrten Jakobus-Reliquien zu sehen. Auch weitere Kirchen und bedeutende Heiltumsstätten werden von Tetzel beschrieben. Die Rückreise nach Prag erfolgte dann über die französische Mittelmeerküste, Norditalien, die kaiserlichen Residenzen Graz und Wiener Neustadt. Tetzels gleichnamiger Vater hatte 1436 an einer Jerusalem-Reise mit Jörg Pfinzing teilgenommen, aber offenbar nichts aufgezeichnet.

Eine Reise nach Santiago unternahm 1494/95 auch der zum Kreis um Hartmann Schedel (vgl. S. 166) gehörende Nürnberger Stadtarzt und Humanist Hieronymus Münzer (um 1437-1508). Nach Jahren des Studiums der Artes in Leipzig studierte er Medizin in Pavia, wo er 1478 promovierte. 1480 erhielt er das Bürgerrecht in Nürnberg. Dort wirkte er ab 1496 auch an der Errichtung der Poetenschule mit. Er gelangte zu Reichtum durch die Herstellung von Medikamenten, was ihm den Ausbau einer stattlichen Privatbibliothek ermöglichte. Bei der Herstellung der ‚Schedelschen Weltchronik' arbeitete er in diversen Bereichen mit.

Münzers Hauptwerk ist sein lateinischer Reisebericht ‚Itinerarium', in dem er von seiner extensiven *peregrinatio* nach Santiago erzählt, die über Frankreich zur iberischen Halbinsel verlief. Er berichtet dabei vom Besuch in mehreren Städten. Das stilistisch elegant gestaltete Werk, das teils in der Tradition des antiken und humanistischen Städtelobs steht, ist eine besondere kulturgeschichtliche Quelle. Münzer beschreibt z.B. das iberische Bildungs- und Rechtssystem sowie Aspekte des dortigen Alltagslebens, etwa Kleider und Musik. Santiago wird von ihm eingehend vorgestellt, so die Lage der Stadt und deren Umgebung, die Klöster und die Kathedrale mit ihren zwölf Chorkapellen sowie die Jakobus-Reliquien. Münzer beklagt das Volksgeschrei in der Kirche, was er als grobe Respektlosigkeit gegenüber dem Apostel bewertet. Während seiner Rückreise besuchte Münzer im Auftrag Maximilians I. auch den Hof Johannes' II. von Portugal. Als Zugabe fügt Münzer dem Portugal-Kapitel einen Entdeckungsbericht Heinrichs des Seefahrers v.J. 1469 bei, der über Fahrten von der Guinea-Küste bis in den Golf von Biafra informiert. Überliefert ist das ‚Itinerarium' nur in einer Abschrift Hartmann Schedels.

Der Renaissance-Humanismus in Nürnberg

Der Renaissance-Humanismus, der als Phänomen sowie in seiner Bedeutung für die deutsche Literatur im letzten Kapitel dieses Bandes ausführlicher vorgestellt wird, erfuhr in Nürnberg –wenn auch erst nach 1495 – eine besondere Blüte. Die beiden in Nürnburg ansässigen Humanisten Johannes Regiomontanus und Johannes Cochläus bezeichneten die Stadt wegen ihrer Pflege humanistischer Ideale als „Zentrum Europas wie Deutschlands" (*centrum Europe simul atque Germanie*), weil es, so Regiomontanus, dort wegen der Mobilität der Kaufleute die besten Voraussetzungen für den Gedankenaustausch mit anderen Gelehrten gab. Dies ist zwar eine starke Übertreibung, aber es war immerhin auf der Nürnberger Burg, wo 1487 der bedeutendste deutsche Humanist und neulateinische Dichter Conrad Celtis von Friedrich III. als erster Deutscher zum *poeta laureatus* gekrönt wurde.

Der deutsche Humanismus entfaltete anfangs vor allem an den Universitäten und Fürstenhöfen seine stärkste Wirkung. Deshalb mag es paradox klingen, dass es sich als besonders günstig für die Entwicklung des Humanismus in der Reichsstadt erweisen sollte, dass Nürnberg (wie ganz Franken) keine Universität besaß. Die jungen Nürnberger mussten zum Studium die Stadt verlassen, sie gingen in Pflegestätten des Humanismus, nach Leipzig, Erfurt, Ingolstadt, Wittenberg, Heidelberg und Tübingen, sowie an die Universitäten Oberitaliens, um sich an deren berühmten juristischen und medizinischen Fakultäten einzuschreiben. Von dort brachten sie die neu gewonnenen humanistischen Bildungsimpulse der *studia humanitatis* in die Heimat mit, die Kunst, Literatur und Wissenschaft beflügelten. Besonders die Erfahrungen, die an italienischen Universitäten gemacht wurden, prägten das Denken der bedeutendsten Nürnberger Humanisten. Aber es waren nicht nur diejenigen, die dem engeren Kreis der *humanistae* zuzurechnen sind, die die neue Bildungsbewegung förderten, sondern auch deren Sympathisanten, die nach Studienaufenthalten in Italien später in hohe städtische Ämter gelangten und sich mit den humanistischen Bildungsidealen identifizierten oder ihnen zumindest wohlwollend gegenüberstanden. Seit etwa 1475 existierte in Nürnberg ein enges humanistisches persönlich-literarisches Kommunikationsnetz unter Italienheimkehrern und Humanistenfreunden. Es wurden vier Lateinschulen und 1496 eine von kirchlichem Einfluss unabhängige Poetenschule gegründet, es gab Gelehrtenzirkel, Mäzene, die Dichtung und Kunst förderten, Offizinen, wie die des Anton Koberger, die auch humanistische Literatur druckten. 1486 wurde im Nürnberger Rathaus eine humanistische Bibliothek eingerichtet. Humanisten wie Celtis kamen aufgrund erhoffter Aufgeschlossenheit gegenüber den humanistischen Bildungsidealen sowie in Erwartung konkreter Förderung immer wieder in die Reichsstadt.

Die Humanisten – äußerst schmale Eliten, die mit regem Briefverkehr über Stadtgrenzen hinweg eng miteinander verbunden waren – hoben sich in Nürnberg durch ihre beachtliche Gelehrsamkeit nicht nur von der Mittelschicht, sondern auch vom überwiegenden Teil des Patriziats und den ehrbaren Familien ab. Denn schon die dezidierte Hinwendung zum kunstvollen, an antiken Autoren geschulten Latein, was teilweise mit einer ebenso dezidierten Missachtung der Volkssprache einherging, ließ eine breitere aktive Teilhabe nicht zu. Die Humanisten schauten mit Verachtung auf die *plebs* herab. Conrad Celtis hielt sie für „unkultiviert und ungebändigt", man könne sie nur durch „Strafen an Leib und Vermögen von Vergehen abhalten".

Die Pflege des Humanismus blieb in der Reichsstadt – auch wenn immer wieder Gelehrte aus der Mittelschicht daran partizipierten – letztlich ein Oberschichtenphänomen. Berndt Hamm spricht von einem Nürnberger „Humanismus der Ehrbarkeit, einem Honoratiorenhumanismus". Auch wenn nicht ebenso von einem Patrizierhumanismus gesprochen werden sollte, so sind es doch patrizische oder patriziernahe Humanisten sowie Mäzene aus dieser Schicht, die in besonderem Maße das Aufblühen dieser elitären Bewegung förderten. Die überwältigende Mehrheit der Humanisten war zudem eingebunden in bedeutende ehrenamtliche und berufliche

Tätigkeiten, sei es als Ratsherren, Rechtsberater, Stadtärzte, Kirchenmeister usw. Ihr Sozialprestige war hoch. Auch mehrere Welt- und Ordenskleriker, die fast ausnahmslos aus der ehrbaren Schicht stammten, gesellten sich dazu. Manche wie der Augustinereremit Andreas Osiander und der Säkularkleriker Johannes Cochläus sollten später prominente Rollen in den Auseinandersetzungen um die Reformation spielen, der eine als führender Reformator der Stadt, der andere als einer der erbittertsten Gegner Luthers. Die begüterten Handwerker, die sich in der Meistersingergesellschaft organisierten, hatten dagegen kaum Verbindungen zu humanistischen Kreisen, zumal sie sich programmatisch an volkssprachlichen Dichtungstraditionen orientierten. Erst Hans Sachs, Absolvent einer Nürnberger Lateinschule, wurde in signifikanter Weise auch vom Bildungsgut des Humanismus geprägt, obwohl er als Handwerker nicht zu den Humanistenzirkeln gehörte.

In Nürnberg lässt sich eine sehr ambivalente oder gar indifferente Haltung der Nichthumanisten im Rat zur Förderung des Humanismus feststellen. Einerseits waren die Mitglieder des Rats bestrebt, durch die Unterstützung konkreter Projekte der Humanisten eine Steigerung des eigenen Sozialprestiges und damit auch des Rufs der Stadt zu bewerkstelligen, etwa durch Stadtchroniken. Andererseits stellte der Humanismus letztlich doch ein geradezu hermetisches Phänomen für die große Mehrheit der weniger Gebildeten im Rat dar. Ein Werk, zu dem die meisten Nürnberger sprachlich keinen Zugang hatten und es daher nicht würdigen konnten, wie etwa die kunstvolle lateinische ‚N o r i m b e r g a‘ des Conrad Celtis, wurde nur schlecht honoriert. Auch einer der ersten Humanisten, die eine Brücke zur Volkssprache zu schlagen versuchten, Niklas von Wyle, der 1447 zum Ratsschreiber berufen wurde, verließ Nürnberg noch im selben Jahr, weil ihm und seiner Familie dort die Lebens- und Arbeitsumstände sowie *die luft nicht bekomen noch zimen wölt*. Ohnehin favorisierten die im Rat sitzenden Kaufleute „anwendbaren Humanismus", also das, was eine praktische Nutzanwendung zur Förderung der städtischen Interessen versprach.

Zu große laikale Gelehrsamkeit war in Nürnberg ohnehin nicht unproblematisch. Beispielsweise war es ab 1454 Mitgliedern der Oberschicht, die einen Doktortitel erworben hatten, verboten, dem Rat anzugehören. Diese Maßnahme sollte eine Aufstiegsdynamik verhindern, in der höhere Bildung das geburtsständische Herrschaftsprinzip hätte aushebeln können. Mehrere promovierte Nürnberger Humanisten verließen ihre Heimatstadt, um anderweitig bessere Entfaltungsmöglichkeiten zu finden.

Die Interessen der in der Stadt verbleibenden ehrbaren Humanisten gingen erwartungsgemäß mit denen des Stadtregiments weitestgehend konform. Beide hatten ein vitales Interesse an einem Gedeihen des städtischen Gemeinschaftslebens, am städtischen Frieden, der Gesittung, der Frömmigkeit, der Kirchenreform und vor allem der Weiterentwicklung der Bildungsinstitutionen. Sie orientierten sich am Tugendkanon der popularisierten Stoa, die „Selbstbeherrschung und Selbstkontrolle, Zügelung der niederen sinnlichen Affekte, Kampf den Leidenschaften, Besonnenheit und Maßhalten in allen Dingen" propagierte, auch wenn einige ihrer wichtigsten Vertreter das Leben durchaus zu genießen wussten. „Die patrizische und am Patriziertum orientierte Oberschicht veränderte und domestizierte den Humanismus, aber umgekehrt veränderte der Humanismus auch den Interessenhorizont der Patrizier" (B. Hamm). Allerdings gingen vor 1495 die wichtigsten Impulse für den Nürnberger Humanismus nicht von Mitgliedern des heimischen Patriziats aus, sondern von auswärtigen Nichtpatriziern wie Gregor Heimburg, Regiomontanus, Sigismund Meisterlin und Celtis. Selbstverständlich handelten und dichteten auch sie im Sinne der Obrigkeit.

Der erste, der einen Hauch von Humanismus in die Stadt brachte, war der aus Schweinfurt stammende Jurist und Diplomat Gregor Heimburg (circa 1400–1472). Er hatte zunächst in Wien studiert und wurde dann an der Universität Padua zum Doktor beider Rechte promoviert. In Italien lernte er die klassische Antike kennen, was seine kunstvollen Schriften und eloquenten Reden prägen sollte. Im Dienst verschiedener Höfe und Städte erreichte er ein hohes Maß an Bekanntheit, von 1435–1461 stand er mit kurzen Unterbrechungen als Konsulent im Dienst der Reichsstadt. Enea Silvio Piccolomini, der spätere Papst Pius II. und bedeutende Initiator der humanistischen Bewegung nördlich der Alpen, war zunächst von Heimburg so sehr beeindruckt, dass er ihm etwas übertrieben schmeichelhaft schrieb: Wie Cicero die Beredsamkeit aus Griechenland nach Rom brachte, so bringe Heimburg sie jetzt nach Deutschland. Anders als so mancher spätere deutsche Humanist war er keineswegs ein Verächter der Volkssprache. Niklas von Wyle schreibt in seinen ‚Translationen', dass Heimburg ihm in seiner Nürnberger Zeit (1447) eine Übersetzungsmethode empfahl, mit der grammatische und syntaktische Strukturen aus dem Lateinischen in das Deutsche übertragen werden konnten (vgl. S. 166). Dennoch trat Heimburg weder als glühender Vertreter des ‚Gesamthumanismus' noch als Literat in Erscheinung, schon gar nicht in deutscher Sprache. Deshalb war auch sein Engagement für die *studia humanitatis* in Nürnberg letztlich von nur geringer Bedeutung. In späteren Jahren geriet er als unerbittlicher Konziliarist in massive Konflikte mit Pius II., der ihn früher so geschätzt hatte, was 1460 zu seiner Exkommunikation führte. Heimburg verließ Nürnberg und trat zunächst in den Dienst von Herzog Sigmund von Tirol, ab 1466 ging er dann als politischer Berater an den Hof des böhmischen ‚Ketzerkönigs' Georg von Poděbrad. Kurz vor seinem Tod erhielt er dann doch noch die Absolution.

Stärkere Wurzeln schlug der Humanismus in den 1480er Jahren in einem Kreis um H a r t m a n n S c h e d e l und S e b a l d S c h r e y e r. Schedel (1440–1514) entstammte einer reichen Nürnberger Kaufmannsfamilie und widmete sich bereits früh der humanistischen Gelehrsamkeit und der Bibliophilie. Nach Erreichen des Magistergrads an der Universität Leipzig und des Doktorgrads der Medizin in Padua (1463–1466) – wohin er dem bedeutenden Humanisten Peter Luder, seinem Lehrer in Leipzig, gefolgt war – praktizierte er zunächst als Arzt in Nördlingen und Amberg, bevor er 1481 Stadtarzt in seiner Heimatstadt wurde, die er dann bis zu seinem Tod nur noch selten verlassen sollte. Er gehörte zu den Ehrbaren und seit 1482 zu den Genannten des Größeren Rates. Aufgrund seines äußerst günstigen finanziellen Hintergrunds war er in der erfreulichen Lage, sich ganz seinen humanistischen Leidenschaften hingeben zu können, so z.B. zur mehrjährigen Arbeit an seiner umfangreichen, 1493 gedruckten lateinischen ‚Weltchronik'(vgl. S. 169). Durch seinen immensen Sammeleifer und eigene Abschriften stellte er eine der imposantesten Privatbibliotheken in dieser Zeit zusammen. Im Jahre 1507 besaß er bereits 667 Bände, und der Bestand sollte weiter wachsen.

Der sehr wohlhabende Kaufmann, Bankier, Kirchenmeister und Nichtpatrizier Schreyer (1446–1520) war ein typischer Vertreter des Humanismus nördlich der Alpen. Ihm ging es vor allem um eine Verschmelzung der christlichen Lehre mit dem neu entdeckten antiken Ideengut, was wiederum einer neuen, aber dennoch eher konservativen Ethik dienen sollte. Ziel dieses Kreises um Schedel und Schreyer war es, eine allgemeine Läuterung der Sitten herbeizuführen und dabei „heidnische und christliche, antike und mittelalterliche Ethik unbekümmert miteinander" zu verknüpfen, „wobei jetzt das eine Element und dann wieder das andere überwiegen konnte" (N. Holzberg). Darüber hinaus befassten sich die Nürnberger Humanisten mit weiteren antiken Wissensgebieten, der Geographie und Kosmographie auf historischer, naturwissenschaftlicher, mathematischer und astronomischer Grundlage.

Die erste humanistische Schrift aus Nürnberg, die im offiziellen Auftrag des Rats entstand, wurde vom Nichtpatrizier Schedel angeregt. Es handelt sich um eine offiziöse Chronik der Reichsstadt, verfasst von dem aus Augsburg stammenden benediktinischen Prediger an der Sebalduskirche S i – g i s m u n d M e i s t e r l i n. Die ‚N i e r o n b e r g e n s i s c r o n i c a' war als zweisprachiges Projekt geplant, was sich bereits im Erstentwurf von 1485 andeutete, in dem schon einzelne Kapitel übersetzt worden waren. 1488 konnte Meisterlin beide Fassungen dem Rat vorlegen. Gegliedert war das Werk in einen geschichtlichen Teil, die ‚Vetus Norinperga', und eine (unvollständig gebliebene) Beschreibung der zeitgenössischen Stadt, die ‚Norinperga moderna'. Die Tatsache, dass Meisterlin gleichzeitig eine deutsche Fassung seiner Chronik herstellte, ist geradezu symptomatisch für die Rezeption humanistischer Werke in Nürnberg, denn die führenden Geschlechter konnten mit den lateinischen Originalen schlichtweg nichts anfangen. Die vielfach angefertigten Übersetzungen sollten aber vom ehrbaren Zielpublikum keinesfalls als Zeichen für deren bildungsmäßige Inferiorität aufgefasst werden. Dafür baute auch Meisterlin den Lateinunkundigen eine hilfreiche Brücke, indem er reichspatriotische Positionen mit einer Verteidigung der Volkssprache verknüpfte. Durch die Einführung des Deutschen als Urkundensprache durch Rudolf von Habsburg sei laut Meisterlin ein wichtiger Schritt in die richtige Richtung getan worden, denn früher hätten die Lateinunkundigen durch ihre Abhängigkeit von Lateinkundigen großen Schaden erlitten. Zudem lobt Meisterlin das Nürnberger Deutsch: *die burger zu Nurenberg ... wurden berüembt in dem reich, daß sie wolredent weren.* Indes vergisst er nicht, jene ungebildeten Lateinkundigen (*gegeneiferer*) zu rügen, die sein lateinisches Werk grundlos angegriffen hatten, nur weil sie seine Anspielungen auf antike Autoren nicht verstanden.

Die Unterschiede zwischen der lateinischen und deutschen Fassung von 1488 zeigen deutlich, dass Meisterlin sie für zwei verschiedene Rezipientenkreise konzipierte. Er dürfte auch an ein Publikum jenseits der alten Familien gedacht haben, allerdings wegen der tendenziösen Darstellung des Aufstands von 1348/49 kaum an die Handwerker. Wenig überraschend ist der Befund, dass die deutsche Fassung, deren Rezeption bemerkenswerterweise erst nach 1526 einsetzt, wesentlich stärker überliefert ist.

Die Grundtendenz von Meisterlins beiden Fassungen ist identisch. Ein Großteil des antiken und modernen humanistischen Bildungsguts, das für die lateinische Fassung geradezu programmatisch ist, ist in der deutschen Fassung erheblich zurückgenommen. Grundsätzlich orientiert sich Meisterlin aber in beiden Fassungen an den Mustern der italienischen humanistischen Historiographie und Chorographie, vor allem an Enea Silvio Piccolomini, Flavio Biondo und Jakob von Bergamo. Nürnberg sollte eine Stadtchronik erhalten, die sich mit denen italienischer Städte vergleichen ließe. Prinzipiell geht es Meisterlin um die Begründung des Tugendkanons der spezifisch reichsstädtischen *erbarkeit vnd arbaitsamkeit* durch die Geschichte der Stadt, wobei er eine tendenziöse Geschichtsfiktion ganz im Sinne der alten Familien konstruiert. Die Nürnberger Geschichte wird mit der des Reichs parallelisiert, um möglichst effektiv den herausragenden Rang der Stadt und ihren Geschlechtern herauszustellen. An Sueton anknüpfend fabuliert Meisterlin, dass Nürnberg eine römische Gründung gewesen sei: Tiberius Nero habe bei einem Kriegszug gegen das abgefallene Illyrien ein Winterlager an einem großen Felsen anlegen lassen, dort, wo später die Nürnberger Burg stehen sollte. Daraus habe sich sukzessive die Stadt entwickelt, was natürlich impliziert, dass Nürnberg wie Köln, Augsburg und Regensburg eine römische Gründung gewesen sei. Dies will Meisterlin mit dem Versuch untermauern, die Etymologie des Stadtnamens mit Nero in Verbindung zu bringen. Ferner berichtet er vom Stadtheiligen Sebald, von einem angeblichen Besuch Karls des Großen, der Gründung des Bamberger Bistums und der Zerstörung Nürnbergs durch Heinrich V.

Der historische Teil schließt mit der Hinrichtung von Jan Hus im Jahre 1415 ab.

Die alten Geschlechter seien stets kaisertreu und mit dem Landadel auf einer Stufe gewesen, erst in jüngster Zeit sei das Kaufmännische bei den Patriziern hinzugekommen. Letztere bezeichnet Meisterlin in der lateinischen Fassung nach der römischen Ämterverfassung als *consules, senatores, proconsules* und *patres*. Die antikisierende lateinische Terminologie wird in der deutschen Fassung teilweise übersetzt (*rat, ratgeben* u.ä.), aber auch in Form von Fremdwörtern eingeführt: *patricius* wird – durchgehend lateinisch dekliniert – z.B. als geburtsständische Eigenschaft übernommen. Für *handwerk* und *handwerker* bietet Meisterlin im Lateinischen dagegen keinen entsprechenden Hauptterminus.

Kernstück seiner Darstellung ist eine mehr als die Hälfte des Textes umfassende Abhandlung über den Aufstand von 1348/49, wofür Meisterlin mit krassen Schilderungen der Ereignisse den äußerst lasterhaften *pöfel* – in der lateinischen Fassung *vulgus* – allein verantwortlich macht und durchgehend moralisch disqualifiziert. Er verschweigt indes die Tatsache, dass damals nachweislich nicht nur Handwerker, sondern auch nichtratsfähige Ehrbare zum Aufstandsrat gehörten. In der lateinischen Fassung konzediert er, dass die Aufständischen die Handwerksordnung des Rats als Zumutung betrachteten und es ihnen um Freiheit und nicht um Aufruhr ging, was er in der deutschen Fassung weglässt. Entschieden lehnt Meisterlin jedes andere denkbare Sozial- und Verfassungsmodell für die Stadt ab.

Das Mäzenatentum des Rats in Bezug auf Unterstützung humanistischer Literatur konzentrierte sich auch nach Meisterlins Werken vor allem auf das Städtelob, das Rosenplüt als Gattung in die deutsche Literatur eingeführt hatte, und die Chronistik, die die Geschichte der Stadt, wenn auch eingebettet in einen größeren Rahmen, aus einer dezidierten Oberschichtenperspektive und ausgehend von deren politischen Interessenlage darzustellen hatte. Die vor allem für ihre hochrepräsentative Druckgestaltung berühmte lateinische ‚Weltchronik' Hartmann Schedels wurde von Sebald Schreyer und dessen nicht akademisch gebildetem Schwager Sebastian Kammermeister als städtisches Prestigeobjekt finanziert, und mit über 1800 Holzschnitten versehen, von Anton Koberger (um 1440–1513) gedruckt (Abb. 8). Die dafür notwendigen 645 Holzstöcke entstanden in der Werkstatt des Malers Michael Wolgemut (1434–1519), Dürers Lehrer, und dessen Schwiegersohn Wilhelm Pleydenwurff. Wie bei Meisterlin gehörte die Herstellung einer deutschen Fassung offenbar zum ursprünglichen Konzept, denn bereits vor der Drucklegung 1493 war vorsorglich eine recht getreue volkssprachliche Übersetzung durch den Losungsschreiber und kaiserlichen Notar Georg Alt fertiggestellt worden. Vor allem wegen des hohen Verkaufspreises des Drucks waren beide Fassungen des Werks dennoch nur einer sehr schmalen Schicht zugänglich. Mit dem Absatz konnten die Investoren nicht zufrieden sein, was allerdings an den wesentlich billigeren Nachdrucken in kleinerem Format und mit nachgeschnittenen Illustrationen durch den Augsburger Konkurrenten Johannes Schönsperger gelegen haben dürfte. Trotz des zähen Absatzes plante Sebald Schreyer eine Überarbeitung der ‚Weltchronik' im Sinne einer humanistischen Modernisierung durch Celtis, dem er dafür 216 rheinische Gulden und *sein herberg und seinen tisch bey mir vmb sust* versprach. Allerdings kam die Revision nie zustande.

Das gigantische Projekt, das einem italienischen Vorbild folgend eine Text-Bild-Einheit in Großformat darstellt, umfasst die Weltgeschichte von der Schöpfung bis ins Jahr 1493, gegliedert in sechs Weltzeitalter, denen ein siebtes, eschatologisches folgt. Eine Beschreibung der europäischen Länder, vornehmlich des ‚In Europam' des Enea Silvio Piccolomini entnommen, schließt das Werk ab. Aus dem Bestand seiner riesigen Bibliothek konnte der im Wesentlichen kompilierende Schedel vor allem aus den wichtigsten Werken der italienischen Historiographie schöpfen: der Weltchronik des Jakob von Bergamo, Flavio Biondos ‚Decades' und Platinas ‚Vitae pontificum', wo er sich die Biographien der Kaiser und Päpste besorgte, sowie in erheblichem Umfang aus den Geschichtswerken des Piccolomini, dessen Darstellung der jüngeren Geschichte – von Karl IV. bis Friedrich III. – er sich zu Nutze machte. Von Piccolomini übernahm er auch die starke geographische Ausrichtung der Chronik. Zahlreiche exkursartig in die Weltgeschichte eingestreute Länder- und vor allem Städtebeschreibungen verleihen dem Werk ab dem zweiten Weltalter seine besondere Prägung, zumal sie aufs engste mit großformatigen Bildern verknüpft werden. „Damit hat sich dem Chronikleser die Stadt als struktur- und zugleich geschichtsbildender Faktor eingeprägt" (H. Kugler). Im Kapitel zu Portugal werden sogar die neuen Entdeckungsreisen erwähnt, etwa die Besiedelung Madeiras auf Betreiben Heinrichs des Seefahrers. Hier nennt Schedel mit Stolz auch den Nürnberger Patrizier Martin Behaim, der als Kartograph, Astronom und Kosmograph an portugiesischen Entdeckungsreisen teilnahm und auf der Grundlage seiner Weltkarten einen ersten Globus herstellte. Beraten wurde Behaim dabei vom Nürnberger Humanisten Hieronymus Münzer (vgl. S. 162) aus dem Schedel-Schreyer-Kreis. Indes reihte sich Schedel ebenfalls in die antijüdische Propagandainitiative des Rats ein: An mehreren Stellen agitiert er gegen die Juden, etwa mit einer ganzseitigen Präsentation zum angeblichen Ritualmord des Simon von Trient. Neben einem großformatigen Holzschnitt wird die unterstellte grausame Mordtat vom Jahre 1475 in einem Begleittext drastisch geschildert. Keine Darstellung eines zeitgeschichtlichen Ereignisses wird in der Chronik in einem vergleichbaren Umfang dargeboten.

Der Übersetzer der ‚Weltchronik', der Losungsschreiber G e o r g A l t, fungierte in finanziellen wie sprachlichen Angelegenheiten als Mittelsmann zwischen den ungelehrten und gelehrten Ehrbaren der Stadt. Deshalb wurde er sowohl mit der Übersetzung von Schedels Chronik als auch mit der der ‚Norimberga' des Conrad Celtis beauftragt. Seine Lateinkenntnisse waren diesen höchst anspruchsvollen Aufgaben nicht immer ganz gewachsen, weshalb er von Celtis verspottet wurde (s.u.). Alt verfasste 1492 als Vorarbeit zu Schedels Chronik zudem eine ‚Descriptio Nuremberge', die er auch übersetzte. In ihr wird die Sage von Nürnbergs Gründung in Anlehnung an Meisterlin erzählt und durch eine Aufzählung von Nürnbergs herausragenden Besonderheiten abgeschlossen. Alt fertigte 1493 wohl im Auftrag des einflussreichen Kanzleischreibers Michael Kramer und des Nürnberger Notars und Prokurators Johann Tuchscherer eine Übersetzung des ‚Processus Sathanae contra genus humanum' des italienischen Rechtsgelehrten Bartoldus de Saxoferrato an, die nur in einem Leipziger Druck erhalten ist. Vor dem Richter Christus tritt hier der Teufel als Ankläger gegen die Menschen auf, die durch Maria als Verteidigerin vertreten werden. Nicht nur wegen der dort bedeutenden Rolle der Gottesmutter und ihrer Verehrung habe er das Werk übersetzt, gibt Alt an, sondern auch wegen seiner *gestalt gerichtlicher vbung*, die für Juristen von Interesse sei.

Trotz der z.T. beißenden Kritik an ihren Lateinkenntnissen waren die semigebildeten städtischen Schreiber mit ihren oft engen Beziehungen zu Mitgliedern des Rats für die Humanisten von nicht geringem Gewicht, wenn es um die Begünstigung humanistischer Projekte ging. Dieses Verhältnis wird in einer 1478 entstandenen Übersetzung von Piccolominis ‚De miseriis curialium' (‚Von Armut, Unruhe und Trübsal der Hofleute'), einer beißenden Satire auf das Hofleben, durch den aus Ulm stammenden Juristen und Berittenen im Dienst der Stadt, Wilhelm von Hirnkofen (gen. Rennewart), angesprochen. Von Hirnkofen widmet sein Werk Alt und den anderen Nürnberger *gericht, losung und Cantzleischribern* des Rats. Einige Schreiber hätten ihn um die Übersetzung der Schrift gebeten, so dass man sie vielleicht auch anderen *zůlieb vnd gefallen* überreichen könne.

Piccolomini beschreibt in seiner Satire den Hof als Ort der Knechtschaft (*curialis servitus*), an dem man sich bedingungslos zu unterwerfen habe. Freundschaften könnten wegen der Konkurrenz und des großen Ehrgeizes der Höflinge dort nicht entstehen, ein selbstbestimmtes Leben sei nicht möglich. Man beschimpfe sich gegenseitig und sei äußerst missgünstig. Zudem kritisiert Piccolomini die ekelerregenden Ess- und Tischsitten zu Hof, wo von Hygiene ohnehin keine Rede sein könne. Auch in den Betten finde sich viel Ungeziefer. Höhere Bildung gelte am Hof als Makel. Es ist anzunehmen, dass ein Großteil der hier ausgebreiteten Kritik auf Piccolominis Beobachtungen aus seiner Zeit am Wiener Hof fußt.

Hirnkofens Übersetzungsstil orientiert sich stark an dem des Niklas von Wyle (vgl. S. 559), dessen Esslinger Drucker, Konrad Fyner, Hirnkofens Übersetzung auch um 1478 herausgab. Dass die Nürnberger Schreiber das Werk Mitgliedern des Patriziats überreichen wollten, liegt nahe, denn beim eher adelsfeindlichen Patriziat wird das Werk aus der Feder eines in der Gelehrtenwelt hochangesehenen späteren Papstes durchaus willkommene Lektüre gewesen sein.

Von Wilhelm von Hirnkofen stammt zudem eine ebenfalls 1478 entstandene Übersetzung einer Kompilation aus Arnalds von Villanova ‚Liber de vinis'. Von 1478 bis 1540 wurde sie 33mal aufgelegt. Der fachliterarische Text des katalanischen Arztes und Theologen, durch Teile des Weintraktats Gottfrieds von Franken erweitert, bietet Anweisungen zur Lagerung und Pflege von Weinen und zu deren medizinischen Anwendungsmöglichkeiten, wenn sie mit Heilkräutern und -wurzeln versetzt werden.

Obwohl durchaus seit circa 1475 eine lebendige Humanistenszene in Nürnberg existierte, führte doch erst die Rückkehr von Willibald Pirckheimer (1470–1530) in seine Heimatstadt 1495 zu einem erheblich gesteigerten Interesse von Mitgliedern der Oberschicht für humanistische Bildungsideale. Der Patrizier Pirckheimer war zweifellos in seiner Vielseitigkeit der bedeutendste Humanist der Reichsstadt und zugleich der einzige von europäischem Rang. Der um ihn versammelte Kreis ist nach 1500 für die Blütezeit des Nürnberger Humanismus verantwortlich. Bereits Willibalds Großvater Hans und sein Vater Johannes, der ihm seine Elementarbildung vermittelte, interessierten sich für die *studia humanitatis*. Willibald studierte Jurisprudenz und Artes an den Universitäten Padua und Pavia und erlernte das klassische Griechisch. Vor Abschluss des Doktorats kehrte er auf Wunsch seines Vaters nach Nürnberg zurück und konnte so fast drei Jahrzehnte lang dem Rat angehören, für den er als juristischer Berater und Gesandter tätig war. Er diente ab 1500 Maximilian I. wie auch später Karl V. als kaiserlicher Rat. Als ‚Schulbeauftragter' des Rats sorgte er für eine humanistische Reform der städtischen Lateinschulen, was ihm erbitterte Gegner im Rat bescherte. Schon sein Vater hatte sich 1496 für die Gründung der von kirchlichem Einfluss unabhängigen Poetenschule eingesetzt. Die Lateinschulmeister sowie die antihumanistisch eingestellten Dominikaner empfanden die Schule allerdings als unangenehme Konkurrenz und erhoben schwere Vorwürfe gegen das Lehrprogramm, was zu erheblichen Auseinandersetzungen mit dem *poeta* der Schule, Heinrich Grieninger, führte (vgl. S. 285). 1509 wurde die Schule geschlossen.

Willibald verfügte über eine umfangreiche Gelehrtenbibliothek, die ihm sein Vater vermacht hatte und die er weiter ausbaute und anderen zur Verfügung stellte. Nach seiner Rückkehr nach Nürnberg knüpfte er Kontakte zu dem Kreis um Hartmann Schedel, der vorwiegend aus Juristen und Medizinern bestand. Von Celtis angeregt und mit Rat und Tat unterstützt, begann sich Pirckheimer ab 1501 stärker autodidaktisch mit altgriechischer Sprache und Literatur zu befassen, was in deutschen Gelehrtenkreisen eine Seltenheit darstellte. Mit großem Fleiß, unter Verwendung einiger weniger Grammatiken und Vokabularien, die er aus Italien bezog, widmete er sich der Aufgabe der Übersetzung von Aristophanes-Komödien, Lukian, Homers ‚Ilias', Aristoteles u.a.m. Es entstanden zunächst „schülerhafte Wort-für-Wort-Übersetzungen ..., die nicht nur sprachlich ungenießbar sind, sondern von grotesken Missverständnissen und groben Fehlern stellenweise wimmeln" (N. Holzberg). Mit großer Hartnäckigkeit perfektionierte Pirckheimer seine Fähigkeiten. Ab 1512 quälte ihn die Gicht, was ihn schließlich 1523 zum Austritt aus dem Rat zwang und ans Haus fesselte. In einer lukianischen Satire ‚Lob der Gicht' bedankt er sich bei Fräulein Podagra (so die lateinische Bezeichnung der Gicht), dass sie ihren Anhänger zum Studium zwinge. Ab 1513 begann er mit einer Plutarch-Übersetzung die gedruckte Veröffentlichung seiner Werke, wobei sein übersetzerisches Können mit der Übersetzung von Lukians ‚De ratione conscribendae historiae' (1515) einen Höhepunkt erreichte. Dort spornt er seine humanistischen Kollegen zum Verfassen großangelegter historischer Werke an und widmet das Ganze Maximilian I., der sich gerade in diesem literarischen Bereich als Förderer auszeichnete.

Hier ist nicht der Ort, sich dem umfangreichen lateinischen Œuvre Pirckheimers zu widmen, von Interesse in diesem Rahmen sind aber seine Übersetzungen aus dem Griechischen und Lateinischen ins Deutsche sowie sein Verhältnis zur Volkssprache überhaupt. Es handelt sich bei seinen volkssprachlichen Werken um Schriften moraldidaktischen Inhalts, die, von einer Ausnahme abgesehen, nicht gedruckt, sondern für nichtlateinkundige Freunde und Verwandte hergestellt wurden. Überliefert sind mehrere Sammelhandschriften von hoher kalligraphischer Dignität mit deutschen Übersetzungen Pirckheimers, die aus dem Besitz patrizischer Familien stammen. Sämtliche deutsche Übersetzungen wurden hingegen zusammen mit einer Teilübersetzung von ‚De bello judaico' des Flavius Josephus durch den Nürnberger Ratsschreiber und bedeutenden Förderer der Reformation Lazarus Spengler (1479–1534) 1606 in Nürnberg unter dem Titel ‚Tugendbüchlein' gedruckt. In den Überschriften zu seinen Übersetzungen betont Pirckheimer immer wieder, dass die *Werke auß kriechischer sprach jn das teutsch gezogen* wurden. Von ihm stammt z.B. eine deutsche Version der ‚Sentenzen' des Neilos und einer Schrift über die acht Geister der Schlechtigkeit des Johannes von Damaskus (‚De sacris jejuniis'). Seine Übersetzung von Pseudo-Isokrates, ‚An Demonikos', blieb die einzige deutsche Übersetzung Pirckheimers, die (wohl ohne sein Wissen) zu Lebzeiten gedruckt wurde (Augsburg 1519). Isokrates' ‚An Nikokles' sowie Plutarchs ‚Wie man von seinen Feinden Nutzen erlangen kann' übersetzte er direkt aus dem Griechischen. Auch volkssprachliche Übersetzungen von Werken Plutarchs, Sallusts und Ciceros gehörten zu seinem Œuvre.

Blieb Pirckheimer bei seinen Übersetzungen ins Lateinische recht eng an seinen griechischen Vorlagen haften, so waren seine Übertragungen ins Deutsche verhältnismäßig frei. In einem Brief an den lateinunkundigen, aber dem Humanismus nahestehenden Freiherrn Johann von Schwarzenberg (vgl. S. 605), Hofmeister des Bamberger Bischofs, erläuterte Pirckheimer seine Theorie des Übersetzens in die Volkssprache. Anders als Niklas von Wyle, der als konsequentester Vertreter der Wort-für-Wort-Übersetzung die deutsche Sprache und die Leser schlichtweg überforderte, schloss sich Pirckheimer den Humanisten Heinrich Steinhöwel und Albrecht von Eyb an, indem er *nit mit zirlichen Sonder gemainen verstendigen wortn* übersetzen will, so dass *ein jglicher* nicht mehr erkennt, dass die Vorlage *jn einer frembden sprach geschriben ist*. Nicht nur mit der Sprache geht er freier um, sondern auch mit jenen ‚heidnischen' Stellen, die er indes für einen nichthumanistischen Leserkreis als ungeeignet betrachtet. Entweder lässt er solche Stellen ganz weg oder transponiert sie in die christliche Vorstellungswelt. Götter werden z.B. schlichtweg übergangen oder die mit ihnen verbundene Handlung christianisiert. Die Bestrafung des Tantalos und die Belohnung des Herakles durch Zeus werden in die Verstoßung der bösen und Erhöhung der guten Engel durch Gott umgestaltet.

Neben dem festen Schedel-Schreyer-Kreis etablierte sich ein Kreis von Gelehrten um Pirckheimer, zu dem z.B. der enge Freund Albrecht Dürer sowie Johannes Cochläus gehörten.

D ü r e r war nicht nur bildender Künstler, sondern auch ein engagierter Vertreter der humanistischen Bildungsbewegung, der literarisch mit starken moralisch-religiösen und mathematischen Interessen in Erscheinung trat. Er wohnte in enger Nachbarschaft zu Pirckheimer, seinem Taufpaten Anton Koberger, seinem Lehrer Michael Wolgemut sowie seinen wichtigsten Auftraggebern aus dem Patriziat, Hans Tucher, Anton Haller und Hieronymus Baumgartner.

Pirckheimer pflegte Kontakte zu vielen Humanisten außerhalb von Nürnberg, etwa zu Erasmus von Rotterdam, dessen ablehnender Haltung zur Reformation er sich anschloss. Conrad Celtis schenkte sowohl Schreyer als auch Pirckheimer seine Gunst, indem er bei beiden Quartier bezog. Celtis führte Pirckheimer in die von ihm 1495 angeregte Heidelberger *sodalitas litteraria Rhenana* ein – Sodalitäten waren lockere Zusammenschlüsse von humanistisch geneigten Gelehrten (vgl. S. 511) –, der Johann von Dalberg, Johannes Reuchlin, Jakob Wimpfeling und Johannes Trithemius angehörten, und lobte ihn in Widmungsvorreden zu zwei seiner Werkausgaben.

Von Pirckheimers elf Geschwistern traten sieben Schwestern in Klöster ein, von denen Caritas, das älteste der Kinder, wegen ihrer außergewöhnlichen, am Humanismus ausgerichteten Bildung zu den bemerkenswertesten Frauengestalten des deutschen Spätmittelalters gehörte (vgl. S. 369). Ihre gelehrte Großtante Katharina unterrichtete sie, bis Caritas als Zwölfjährige dem Nürnberger Klarissenkloster übergeben wurde. Sie verblüffte als Vierzehnjährige den visitierenden Generalvikar der Observanten mit ihren hervorragenden Lateinkenntnissen, als er mit ihr *latein redet vnd [sie] in verstin küntt*. In Humanistenkreisen war sie kurz nach 1500 bereits bekannt, sie stand mit einer Vielzahl gelehrter Korrespondenten in Verbindung. Conrad Celtis machte die klausurierte Nonne mit seinem Lob quasi zu einer öffentlichen Person. In der Vorrede zu seiner Ausgabe der Werke Hrotsvits von Gandersheim pries er ihre Gelehrsamkeit und verfasste 1502 ein neunstrophiges Lobgedicht auf sie, worin er sie zur deutschen Sappho erklärte. Für den durch kulturell und moralisch akzentuierten Patriotismus motivierten Celtis waren Hrotsvit und Caritas (*Virgo Germanae decus omne terrae*) glänzende Beispiele dafür, dass auch nördlich der Alpen ähnliche *puellae eruditae* wie die humanistisch gebildeten Frauen Italiens hervorgebracht worden seien. Nachdem Celtis Caritas eine Ausgabe seiner Werke geschickt hatte, riet sie ihm, statt heidnischer lieber christliche Literatur zu rezipieren und auf die *fabulae* über Diana, Jupiter, Venus und die anderen Verdammten zu verzichten. Der Briefwechsel brach bald ab.

Albrecht Dürer widmete Caritas die Buchausgabe seines ‚Marienlebens'; der Nürnberger Ratskonsulent Christoph Scheurl, Humanist, ehemaliger Professor in Wittenberg und kurfürstlich-sächsischer Rat, pries sie als ebenbürtig mit der berühmten Humanistin Cassandra Federle aus Venedig. Auch in Johannes Butzbachs ‚De illustribus seu studiosis doctisque mulieribus' wurde Caritas beschrieben. Für Erasmus von Rotterdam war sie ein Musterbeispiel für die Bildungsfähigkeit der Frauen. Ihr Bruder Willibald widmete ihr mehrere Übersetzungen. Nach ihrer Wahl zur Äbtissin 1503 blieb Caritas 29 Jahre im Amt. Sie stand im Briefverkehr mit ihrem Bruder, der sie oft am Redefenster des Klosters besuchte. Er schickte ihr auch humanistische Werke, etwa von Erasmus, um den Schwestern, die alle Latein lernen mussten, die Teilnahme am humanistischen Diskurs zu ermöglichen. Caritas war der festen Überzeugung, dass nur durch eine solide Bildung eine tiefe Frömmigkeit entstehen könne. Dass die örtlichen Franziskaner den Nonnen verboten, Latein zu schreiben, hat Caritas offenbar nicht beeindruckt.

Der aus der Nähe von Schweinfurt stammende Celtis hielt sich zwischen 1487 und 1502 immer wieder in der Reichsstadt auf und übte bei seinen Besuchen starken Einfluss auf die dortigen Humanistenkreise. Er war ein gern gesehener Gast bei Pirckheimer wie bei Schreyer, dessen Zimmerwände er mit Versen zu antiken Bildern schmückte. Schreyer beauftragte ihn mit der Überarbeitung der doch noch zu stark im mittelalterlichen Denken verhafteten ‚Schedelschen Weltchronik' (was, wie gesagt, nicht umgesetzt wurde) und mit einer sapphischen Ode auf den Stadtheiligen und Namenspatron Schreyers, den Hl. Sebald. Celtis schließt den Text mit einem Lob auf Nürnberg, das durch seinen Stadtpatron so bedeutend geworden sei, und erfleht anschließend einen Sieg Maximilians über die Türken. Die Ode wurde 1494/95 in Basel gedruckt und auf Betreiben Schreyers in die Liturgie der Sebaldskirche am Vorabend und Tag des Heiligen integriert. Ihre Melodie ist in Mensuralnoten überliefert.

Celtis' Freunde versuchten immer wieder, ihm beim Rat die Stelle eines städtischen Poeten zu beschaffen, allerdings ohne Erfolg. Schreyer veranlasste den Rat, Celtis mit ‚De origine, situ, moribus et institutis Norimbergae libellus' („Über Entstehung, Lage, Erscheinungsbild und Einrichtungen der Stadt Nürnberg") zu beauftragen, einem Werk, das wohl mit dem Auftrag zur Überarbeitung von Schedels ‚Weltchronik' zusammenhing. Es sollte der Beginn einer ‚Germania illustrata', einer enzyklopädischen Kulturgeschichte Deutschlands aus dem Geist der ‚Germania' des Tacitus werden, die alle antiken und jüngeren Vorbilder übertreffen sollte. Mit diesem Projekt sollten auch die italienischen Humanisten widerlegt werden, welche die Deutschen für ein kulturloses, ‚barbarisches' Volk hielten. Eine Beschreibung Nürnbergs als Mittelpunkt der Welt war dafür der selbstverständliche Ausgangspunkt. Celtis überreichte das 16 Kapitel umfassende Werk offenbar 1495 dem Rat. Der bedankte sich unverbindlich und kündigte an, man wolle das Werk auf notwendige Änderungen überprüfen lassen und *zu teutsch lassen bringen*. Dies empfand Celtis als tiefe Beleidigung, zumal als Übersetzer der Losungsschreiber Georg Alt beauftragt wurde, der bereits eine von ihm als ungenügend eingeschätzte Übersetzung der ‚Weltchronik' geliefert hatte. Die Kritik war Alt gegenüber allerdings ungerechtfertigt; zwar hatte er in seiner Übersetzung einen Fehler gemacht, wofür ihn Celtis übel verhöhnte, aber ansonsten war Alts Leistung tadellos. Er sah seine Aufgabe darin, die Chronik an den Bildungshorizont von nicht Nichtlateinkundigen anzupassen. In einem spöttischen Epigramm an den „ungeschickten Übersetzer" offenbart der indignierte Celtis seine Verärgerung und in einer polemischen Ode, die er einem vertraulichen Brief an Schreyer beilegte, verspottete er den ‚Erzhumanisten' Alt sowie den selektiven Geiz des Rats: Die „Grauköpfe" im Rat, die jedem Medikus und Juristen ohne weiteres 100 Gulden und mehr für erwiesene Dienste bezahlten, hätten für seine erhabene Dichtkunst nur eine entwürdigende Summe angekündigt. Darum ging es Celtis im Wesentlichen, auch in seiner Verhöhnung Georg Alts. Er wies das Geld angeblich empört zurück. Erst 1497 versprach der Rat, Celtis eine angemessene Entlohnung zukommen lassen, wenn er sein Werk überarbeite. Schließlich bekam Celtis 20 Gulden für sein umgestaltetes Opus, das 1502 zusammen mit anderen Texten aus seiner Feder gedruckt und bis ins 18. Jahrhundert mehrfach aufgelegt wurde.

Nicht ganz ohne Ironie und leise Kritik beschreibt Celtis die Stadt nach drei zentralen Themen: nach ihrer idealen Lage, nach den in ihr geltenden Sitten sowie nach dem Charakter der Bevölkerung und ihrer Institutionen. Die Nürnberger beschreibt er als umtriebig, intelligent und sehr geschäftstüchtig, ihr Stadtregiment als weise. Selbstverständlich geht es in seinen Betrachtungen nur um Mitglieder der Mittel- und Oberschicht. Die Männer besitzen zwar beachtliche kriegerische Qualitäten, aber die durchaus charmanten Frauen, die sich bestens verstellen können, dominieren zu Hause. Die Frauen erziehen ihre Kinder vorbildlich, verstehen sich zudem auf Handelsgeschäfte, rechnen und musizieren, können nicht nur lesen und schreiben, sondern auch etwas Latein. 4000 Kinder bringen die Nürnbergerinnen jährlich zur Welt. Es geht ein Witz um, dass der Kaiser deswegen den Nürnbergern als Wappen einen Adler mit Frauenkopf gegeben habe. Celtis berichtet ebenfalls von bedenklichen Kleidermoden bei den Männern, die jeden Körperteil erkennen ließen, während der Rat (*optimi viri*) den Frauen sinnvoller Weise strenge Kleidergesetze auferlegt habe. Die Institutionen und Stiftungen der Stadt seien vorbildlich, nur den Rathaussaal und die städtische Bibliothek finde er ungepflegt vor. Dagegen verfügten die Nürnberger über die modernsten Kriegsgeräte. Ein ganzes Kapitel widmet Celtis der äußerst grausamen Gerichtsbarkeit der Stadt. Hier werde niemand zur Bestrafung sanft vergiftet, sondern auf raffinierteste Weise zu Tode gefoltert oder hingerichtet. Kriminelle kämen z.B. auf den Scheiterhaufen mit Schwarzpulver unter den Achseln und an den Geschlechtsteilen oder sie würden in mehreren Schritten gerädert und den Vögeln zum Fraß angeboten. Verbrecherische Frauen würden lebendig begraben. Celtis betont, dass dies keineswegs die erhoffte Abschreckung garantiere, im Gegenteil, es handele sich um traurige Beispiele deutscher Grausamkeit. Die radikale Vertreibung der Juden hält Celtis allerdings für durchaus gerechtfertigt, und zwar nicht nur in Nürnberg.

Ein fester Bewunderer von Celtis und Fortsetzer von dessen humanistischen Bestrebungen war der 1481 als Sohn eines Nürnberger Kürschners geborene Pankratz Bernhaubt, gen. Schwenter (1481–1555). Der spätere Protestant studierte die Artes Liberales an der Universität Heidelberg (1498–1500) und schloss das Studium mit dem Baccalaureus artium ab. Von 1504 bis 1547 stand er ununterbrochen als Inhaber hoher Ämter im Dienste der Stadt. Er war auch mit Hans Folz befreundet, von dessen Reimpaarspruch ‚Der Arme und der Reiche‘ (‚Kargenspiegel‘) er 1534 einen Nachdruck besorgte.

Bernhaubts erstes Werk war eine Kompilation mit dem Schwerpunkt der Verteidigung des humanistischen Poeta-Ideals, die ‚Apologia poetarum‘. In ihr stellt Bernhaubt lateinische Texte vor allem zeitgenössischer

Humanisten in einer höchst repräsentativen Handschrift zusammen, die von ihm selbst geschrieben und vom Künstler Peter Vischer d.J. illustriert wurde. Ebenfalls unikal überliefert ist sein 1515 verfasstes volkssprachliches Bühnenspiel ‚Histori Herculis', das er den drei Vischer-Brüdern widmet. Auch hier steuerte Vischer Illustrationen bei. In einem Widmungsbrief, dessen Formulierungen weitgehend einem Brief Wilhelms von Hirnkofen entnommen sind, geht er auf seine humanistische Kunstauffassung ein. In einer ‚Vorrede von der Tugent' bezeugt er sein humanistisch-ethisches Anliegen, allerdings handelt es sich dabei fast vollständig um eine Übersetzung der ‚Epistola de virtutis laude' des Nürnberger Klerikers und Rektors der Sebalderschule von 1510–1516, Johannes Romming. Das dreiteilige Stück bringt zunächst die Entscheidung des Hercules für die Tugend und gegen das Laster, die ihm in Form von *Wollust* und *Tugent* in einem Traum erscheinen, dann den Sieg des Helden über das Laster, sodann ein Memento mori. Die drei Szenen des Stückes sind eher Folgen redender Einzelfiguren, zumal weder Dialoge noch eine bühnenmäßige Handlung geboten werden. Hier dienten u.a. Sebastian Brants ‚Varia carmina' als Quelle. Als Verfasser einer weiteren Vorlage gibt Bernhaubt einen gekrönten Dichter namens ‚Gregorius Arvianotorfes' aus Speyer an, dessen Werk heute aber verschollen ist.

Von Bernhaubt stammt auch eine mit dem Jahr 1502 einsetzende volkssprachliche Nürnberger Chronik. Eine Reinschrift legte er 1519 an und setzte das Werk ab 1520 bis 1525 und später bis 1529 fort. Einige Berichte von Ereignissen aus früherer Zeit kompilierte er aus verschiedenen Quellen. Wie Heinrich Deichsler interessierte sich Bernhaubt vor allem für Verbrechen und Gerichtsszenen, die etwa die Hälfte seiner Einträge ausmachen. So berichtet er davon, wie eine Diebin lebendig begraben wurde, aber beim Ausgraben durch den Henker noch am Leben gewesen sei. 1509 war Bernhaubt Augenzeuge, wie ein *schoner junger gesell* gefangen genommen, nach Nürnberg gebracht und dort hingerichtet wurde. Auch Schwankhaftes fügt er bei, Gedichte stellt er den beigefügten weltgeschichtlichen Auszügen aus den ‚Croniken' Jakob Twingers und der Stadtchronik Sigismund Meisterlins voran.

Auch in Nürnberg gab es unter den Humanisten eine besondere Verehrung des Kirchenvaters Hieronymus, der als asketischer Büßer sowie als großer eloquenter Gelehrter verehrt wurde. Albrecht Dürer schuf zwischen 1492 bis 1521 elf Darstellungen des Hieronymus, sieben davon allein ab 1511. Dürers bereits erwähnter Nachbar, der Ratsschreiber Lazarus Spengler (1479–1534), eine der entscheidenden Figuren bei der Einführung der Reformation in Nürnberg, übersetzte für Hieronymus Ebner, einen Vertreter des humanistisch gebildeten Patriziats, den ersten der drei sog. ‚Hieronymus-Briefe', ‚De morte Hieronymi' des Pseudo-Eusebius von Cremona.

In diesem gefälschten Eusebius zugeschriebenen Werk aus dem frühen 14. Jahrhundert wird berichtet, wie der Kirchenvater in seiner Todesstunde seine Jünger über das Wesen Gottes und die Heilsnotwendigkeit des Todes unterrichtet. In seiner Widmung an Ebner schreibt Spengler, ihm habe *die lieb vnd hertzlich zunaygung ... zu dem gloriwirdigen grossen heyligen Hieronymo als meinen sonderlich erwelten vmd furgeliebten patron bewegt*, das Werk zu übersetzen. 1514 kommt es, versehen mit einem Titelholzschnitt Dürers (Der hl. Hieronymus in der Felsgrotte), in den Druck. Man kann davon ausgehen, dass Spengler und Dürer in dieser Zeit in engem Kontakt zueinanderstanden. Spengler unterstützte bereits früh Martin Luther und verfasste und veröffentlichte eine Vielzahl von Schriften, mit denen er reformatorisches Gedankengut verbreitete.

In Nürnberg war gegen Ende des 15. Jahrhunderts eine völlige Verschmelzung von Humanismus und Frömmigkeit erreicht. Ab Ende 1516 zeichnete sich dann eine neue Entwicklung in den dortigen Humanistenkreisen ab. Es sammelte sich ein fester Kreis um den Augustinereremiten und Beichtvater Luthers, Johann von Staupitz (1465–1524), der seit diesem Jahr mehrmals die Stadt besuchte und in seinen Predigten mit neuen theologischen Ansätzen, für die die Schriften des Augustinus und nicht Hieronymus die Grundlage bildeten, großen Anklang fand. Zwar sah er sich selbst nicht als Humanisten, er brachte aber der Bewegung viel Verständnis entgegen. Zu dieser 1517 gegründeten ‚Sodalitas Staupitziana' gehörten der Staupitz-Freund Christoph Scheurl, der 1502 zusammen mit Staupitz die Wittenberger Universität aufgebaut hatte, Lazarus Spengler, Albrecht Dürer und zahlreiche Großkaufleute und Politiker. Pirckheimer blieb dem Kreis indes fern. Scheurl berichtet Luther 1517 von der großen Begeisterung der Nürnberger für Staupitz. Doch nicht nur durch Staupitz und Scheurl wurde eine Verbindung zu Luther hergestellt, sondern auch durch Wenzeslaus Linck, einen guten Freund Luthers aus Wittenberg, der von Staupitz nach Nürnberg geholt wurde. Er war ebenfalls einer der maßgeblichen Männer bei der 1525 durchgesetzten Einführung der Reformation in der Reichsstadt und betreute ab diesem Jahr die Sebalduskirche. Es sind diese vielfältigen und intensiven Verbindungen zwischen Mitgliedern der Nürnberger Obrigkeit und den Wittenbergern, die von elementarer Bedeutung für den Erfolg der Reformation in der Stadt waren. Dennoch kann nicht davon die Rede sein, dass der Übergang Nürnbergs zur Reformation nur durch eine geschlossene Obrigkeit bewerkstelligt wurde, denn die konfessionellen Präferenzen verliefen quer durch den Rat und die Kreise der anderen Ehrbaren.

Willibald Pirckheimer unterstützte zunächst das Anliegen Luthers, wandte sich aber unter dem Eindruck der durch die Reformation verursachten Unruhen von der Reformation ab. Neben der von ihm als bedrückend empfundenen allgemeinen Lockerung der Sitten regte ihn in besonderem Maße der harte Umgang des Rats mit den Klöstern auf. Vor allem unterstützte er seine Schwester Caritas bei ihrem Versuch, das Klarissenkloster vor dem Zugriff des Rats zu schützen. Durch die Intervention Philipp Melanchthons konnte erreicht werden, dass die Nonnen bis zu ihrem Tod im Kloster bleiben durften, aber ihnen war verboten, neue Schwestern aufzunehmen. Nach dem Tode von Caritas 1532 wurde Willibalds Tochter Katharina zur letzten Äbtissin gewählt. In den letzten Jahren seines Lebens stellte Pirckheimer seine Publikationen besonders in den Dienst antireformatorischer Polemik und geißelte dabei vor allem die Zügellosigkeit der Zeit, die er durch Schwärmer und Radikale verursacht sah. Er war entsetzt, dass es bei denjenigen, „die sich evangelisch nennen, ... keine Ehrbarkeit und guten Sitten [gebe], sondern nur Trachten nach des Leibes Wollust, nach Ehre, Gut und Geld".

In den 1520er Jahren kam es nicht nur in Nürnberg zu einem Bruch in humanistischen Kreisen. Die Linie verlief auch quer durch die ‚Sodalitas Staupitziana' und teilte die Anhänger eines reformatorisch veränderten Humanismus von denen eines Humanismus, der sich gegen die Reformation wandte. Letztere Humanisten fürchteten besonders den Zusammenbruch der strengen gesellschaftlichen Ordnung. Das ‚gemeine Volk' kannte in ihren Augen *keine Gottesfurcht, Gewissen, Entsetzung der Sünde mehr, nun sei allein den fleischlichen Begierden Raum gegeben, der Bosheit die Türe geöffnet und der Weg gezeigt worden, der maßen, daß ein jeder ohne Scheu und Furcht lieber nehmen als geben will*, so Christoph Schürer d.Ä., Mitglied des Staupitz-Kreises. Der Bauernkrieg war in ihren Augen ein Aufstand des Pöbels mit niedrigsten Beweggründen, die Gnadentheologie der Reformation machte man dafür verantwortlich, dass die lange die Gesellschaft stabilisierende Ethik nun zersetzt wurde.

Literatur des Säkularklerus und der Kartäuser

Das in Nürnberg bei weitem am stärksten produzierte und verbreitete Schrifttum war geistliche Literatur. Deren Verfasser stammten vor allem aus den einflussreichen reformierten Klöstern der Stadt, die sich mit Ausnahme der Kartäuser, die keine Reform benötigten, bis zur Jahrhundertmitte alle zu einer strengen Observanz verpflichtet hatten. Reformiert waren auch die Frauenklöster, wo zwar nur sehr wenig eigenständige Literatur entstand. Durch Teilnahme an der weiträumigen Reform anderer Konvente des eigenen Ordens trugen sie aber in bedeutendem Maße zur Verbreitung von geistlichem Schrifttum in andere Städte und Landschaften bei und versorgten mitunter sogar observante Klöster anderer Orden. Der literarische Beitrag der Nürnberger Ordensangehörigen im Rahmen der Reformbewegungen wird eingehend im folgenden Kapitel behandelt, wo auf deren Bedeutung in einem größeren Kontext auf sinnvoller Weise eingegangen werden kann. So sollen hier nur die Werke jener Verfasser behandelt werden, die dem Säkularklerus oder dem Kartäuserorden angehörten. Sie richteten sich ebenfalls nicht selten an ein Publikum in den reformierten Frauenklöstern der Stadt.

Das Nürnberger Neue Spital (oder Heilig-Geist-Spital), die größte Einrichtung der Stadt, in der heilbare Kranke und Alte versorgt wurden, wurde um die Wende vom 14. bis zum 15. Jahrhundert von dem Säkularkleriker *magister* Nikolaus Humilis betreut. Dort war er Prediger und hatte seit 1385 eine Pfründe am St. Elisabeth-Altar des Spitals; er ist zwischen 1391 und 1417 mit dem Beinamen *Humilis* in Nürnberg häufig bezeugt. 1417 stiftete er dem Spital seine Bibliothek.

Humilis pflegte engen Kontakt mit dem Kastler Reformkloster Reichenbach und verfasste für das Stift einen umfangreichen lateinischen Novizenspiegel, in dem er die Benediktinerregel eingehend kommentiert. Eine sehr kurze volkssprachliche Zusammenfassung des Werks ist in einer Wolfenbütteler Handschrift überliefert. Auch lateinische Jahres- und Adventspredigten sind von ihm in zwei Handschriften aus der Füssener Benediktinerabtei St. Mang erhalten (Ch. Roth) sowie mehrere lateinische Dominikal-, Ferial- und Sanktoralpredigten. Möglicherweise gab es eine Übersetzung der ursprünglich lateinischen Adventspredigten, die in der Handschrift Augsburg, Cod. III.1.2° 29, überliefert sind, da im Bibliothekskatalog des Nürnberger Katharinenklosters der Eintrag zu finden ist: *schön predig die der maister Niklas in dem advent zu dem newen spital gepredigt hat.*

Nikolaus erhielt 1395 ein Schreiben aus Marienwerder, in dem ihn Johannes Marienwerder bat, sich für die Kanonisation der von ihm eng betreuten asketischen Mystikerin Dorothea von Montau (vgl. Bd. III/1) in der einflussreichen Stadt Nürnberg einzusetzen. Die beiden Kleriker kannten sich vermutlich bereits aus gemeinsamen Tagen in der Domschule in Marienwerder oder vom gemeinsamen Studium in Prag: Nikolaus gibt an, er sei *dorothee peichtigers schulgesell* gewesen, in einer Eichstätter Handschrift mit lateinischem Schrifttum schreibt er, dass er aus Polen stamme. Marienwerder schickte Nikolaus Schriften über Dorotheas Leben, die dieser dann zum Teil übersetzte und zugleich überarbeitete. Einige der ihm zugesandten Werke verarbeitete er zunächst zu einem ‚Sendbrief', den er 1395 an das Augustinerchorfrauenkloster Pillenreuth sandte, in dem sich zwölf Töchter der Nürnberger Oberschicht befanden.

Da die Pillenreuther Chorfrauen als Inklusen bezeichnet wurden, sah Nikolaus in seinem unikal überlieferten ‚Sendbrief' – dem ältesten erhaltenen Textzeugen eines volkssprachlichen Dorotheenlebens überhaupt – auch eine gezielte erbauliche Lebenshilfe für die *klausnerin*. Er schreibt, dass Dorotheas Leben für die Chorfrauen zwar vorbildlich sein könne, sie seien aber keineswegs *schuldig*, ihr in ihren grausamen Askeseübungen *nach zu volgen*. Dorothea hatte ja am Ende ihres Lebens ihren Besitz verschenkt und sich als Reklusin in einem Anbau an den Dom von Marienwerder einschließen lassen. Die Quellen des ‚Sendbriefs' sind Marienwerders ‚Epistula prima' und ‚Epistula secunda' (1394/95) sowie die ‚Vita Dorotheae'. Beide ‚Epistulae' waren ursprünglich an den Generalprokurator des Deutschen Ordens in Rom gerichtet mit der Bitte, den Papst zu veranlassen, ein Kanonisationsverfahren zu initiieren. In der Überschrift des ‚Sendbriefs' wird darauf verwiesen, dass sich in Pillenreuth auch ein wohl umfangreiches (heute verschollenes) Leben Dorotheas befunden habe. Vermutlich handelt es sich um die deutsche Vita Marienwerders.

Von Marienwerder erhielt Nikolaus auch dessen ‚Septililium venerabilis dominae Dorotheae', die ‚37 Zeichen der Gottesliebe der Dorothea von Montau', worin in sieben Traktaten die göttlichen Gnadenerweise Dorotheas geschildert werden. Nach 1400 übergab Nikolaus den Pillenreuther Chorfrauen seine Bearbeitung von Traktat I des ‚Septililiums', die später von dort nach Rebdorf und ins Nürnberger Katharinenkloster zur Abschrift weitergeleitet wurde.

Knapp zehn Jahre lang befasste sich Nikolaus mit Kultpropaganda für die Danziger Reklusin, wohl auch innerhalb der Stadt. Die begrenzte Überlieferung der Schriften des Nikolaus zeigt aber, dass es ihm nicht gelang, Marienwerder dabei zu helfen, mit Nürnberger Einfluss die Heiligsprechung Dorotheas voranzubringen. Ähnliche Schriften hatte Marienwerder ebenfalls an Magister Johannes Winkler an der Universität Prag geschickt, wo ebenfalls keine Kanonisationsinitiative entstand. Gedruckt wurde Marienwerders deutsche Vita im Süden nicht, sondern nur 1492 im preußischen Marienburg.

Über die Tätigkeiten und ein weiteres heute nicht mehr erhaltenes Werk des Nikolaus Humilis sollte später der Nürnberger Kartäuser E r h a r t G r o ß in seinem ‚Abcdarius' berichten. Der aus einer bedeutenden Patrizierfamilie der Stadt stammende Groß (geb. um 1390) hatte sich vor seiner Zeit in der Nürnberger Kartause Marienzelle, in der er bis zu seinem Tod i.J. 1449 lebte, an mehreren Orten aufgehalten. Nachdem er in der Erfurter Kartause seine Profess abgelegt und vor seinem Ordenseintritt vielleicht einige Jahre als Student an der dortigen Universität verbracht hatte, wechselte er an die Grande Chartreuse bei Grenoble. Danach wurde er 1425 zum Prior der Kartause Johannesberg bei Freiburg ernannt. Er hatte eine nicht ganz unproblematische Amtszeit, die nur bis 1428 dauerte. Kurz danach ging er nach Straßburg, wo es offenbar ebenfalls zu internen Auseinandersetzungen kam. Das Generalkapitel mahnte ihn 1429, sich entweder mit den anderen Brüdern zu vertragen oder das Ordenshaus zu wechseln. Spätestens um 1431 kehrte Groß nach Nürnberg zurück, da in diesem Jahr die dortige

Kartause gemahnt wurde, ein *breuiarium* zurückzugeben, das *dominus Erhartus* aus Straßburg mitgenommen habe. Groß blieb offenbar den Rest seines Lebens in Nürnberg, wo fast alle seine Werke entstanden sind.

Von ihm sind mehrere volkssprachliche sowie einige lateinische Werke überliefert. Seine älteste in etwa datierbare deutsche Schrift ist der ‚Abcdarius', den er um 1431 fertigstellte. Es handelt sich zudem um sein erstes volkssprachliches Werk, denn er schreibt in der Einführung: *Jch hon noch niemer teütsch geschriben.* Begonnen hatte er es um 1417 in der Zeit des Konstanzer Konzils, also noch vor seinem Ordenseintritt, denn er schreibt im Einleitungskapitel über die Auseinandersetzung um das Verbot des Abendmahls *sub utraque specie* und das Leugnen des Fegfeuers durch die Ketzer, also von Angelegenheiten, die *yczunt czu Costencz in dem concili* verhandelt würden, *anno domini m° cccc xvij, do ich das buch an hüb.* In dem Kapitel verteidigt er den Glauben gegen häretische Bewegungen, sowohl gegen die Hussiten als auch die Anhänger von John Wyclif, die Lollarden (die *wigleffen prister*), und mahnt, die Beschlüsse des Konzils strengstens zu befolgen. Vermutlich war das Einleitungskapitel ursprünglich als anti-hussitischer Traktat konzipiert und wurde 1431 dem erweiterten Werk in leicht redigierter Form vorangestellt. Es eignete sich durchaus noch als Einleitungskapitel für den ‚Abcdarius', zumal 1431 immer noch Krieg gegen die Hussiten herrschte. Der fünfte Kreuzzug endete in diesem Jahr mit der katastrophalen Niederlage eines Kreuzritterheeres bei Taus (Domažlice).

Immer wieder setzte sich Groß in seinen Schriften mit den hussitischen Irrlehren auseinander, so etwa in dem 1434 verfassten lateinischen Traktat ‚Septem psalmi de sacramento eucharistiae', den er dem Nürnberger Stadtgerichtsschreiber Johannes Vorster widmete. Hier thematisiert er eingehend die hussitische Lehre vom Laienkelch sowie die Stellung des Klerus gegenüber den Laien. Auch wenn Groß die Hussiten hier nicht explizit nennt, wird Vorster verstanden haben, worum es in dem Eucharistietraktat ging.

Der wahrscheinlich ursprünglich für die Laienbrüder der Kartause verfasste ‚Abcdarius' ist ein unikal überliefertes Werk. Es gliedert sich nach dem eben besprochenen ausführlichen Einleitungskapitel in 29 nach theologischen Leitbegriffen alphabetisch geordnete Kapitel (etwa: A: *arbeit*, B: *barmherczikait* usw.), deren Hauptteil jeweils aus frömmigkeitstheologisch geprägten Lehren mit einer Vielzahl von Zitaten aus gelehrtem Schrifttum besteht. Vereinzelt fügt Groß Erläuterungen der Ordensregel und des Ordensalltags hinzu. Am Ende jedes Kapitels stehen dann die *gar merkliche ebenpild vnd wunderberk ... von etlichen person vnsers cartheusers orden vnd sant Bernharcz orden.* Seine Hauptquellen sind vor allem die Schriften Bernhards von Clairvaux (oder Pseudo-Bernhard?), die vielfach zitiert werden, die Exempla stammen u.a. aus dem ‚Dialogus miraculorum' des Caesarius von Heisterbach, den ‚Vitaspatrum' sowie den ‚Verba seniorum', zwei Grundlagenwerken der monastischen Lebensform.

Bemerkenswert ist Groß' Interesse für erlebnismystische Ereignisse in Nürnberg, von denen er in mehreren Kapiteln erzählt. Seine Hauptquellen sind Berichte von den supranaturalen Erfahrungen und extrem asketischen Praktiken einer gewissen Uslingerin, die Nikolaus Humilis verfasst und an den Prior von Marienzelle geschickt habe. Nikolaus hatte offensichtlich ähnlich enge seelsorgerliche Beziehungen zu der aus dem Nürnberger Patriziat stammenden Uslingerin gepflegt wie Johannes Marienwerder zu Dorothea von Montau.

Groß erzählt von *czweyen briffen, die er gelesen habe, dye meister Nyclas selig schiket einem prior vnsers ordens, von den genaden, dy der seligen Vslerein got het gethan vnd wye sye mit ym hie gecreüczigt wart.* Die Briefe seien alles, was von den umfassenden Aufzeichnungen ihrer Erlebnisse übrigblieb, den Großteil habe Nikolaus zerstört. *xl sextern* (also etwa 960 Seiten!) *füllt er mit offenbarung, dy ir got der herre het gethan,* wonach ihm dann doch Zweifel gekommen seien: *do vnser herre im nicht merklich wolt czu erkennen geben, do zesnaid ers mit ainer scher ze trümern.* Trotz der Zweifel des Nikolaus übernimmt Groß Erlebnisse der Uslingerin in sein Werk, ohne sie zu hinterfragen oder mit kritischen Anmerkungen zu versehen. Die Bedenken von Nikolaus mussten ja nicht alles in Frage stellen, also konnten Erfahrungen der Uslingerin durchaus in einem lehrhaften Kontext verwertet werden. Groß schien es offenbar auch wichtig, dass die Mystikerin aus Nürnberg kam, denn er stellt sie auf die gleiche Stufe mit der bekannten Adelheid Langmann aus dem Kloster Engelthal (vgl. Bd. III/1): *Also gleicherweiß geschach der wirdigen Nůrembergerinn Langmannin genant.*

Groß erzählt von den Erlebnissen der Uslingerin in verschiedenen Kapiteln des ‚Abcdarius'. Einst sei ihr Jesus erschienen und habe ihr ins Herz getreten, um ihr zu zeigen, wie schwer seine Leiden gewesen seien, woraufhin sie zunächst schwer erkrankt, aber nach einem Eucharistieempfang wieder gesund geworden sei. Sie sei mit Jesus gemeinsam gekreuzigt worden und dann drei Tage lang entrückt in der Marienkapelle des Kartäuserklosters gelegen. Dabei sei Wachs auf ihre Kleider getropft, was sie in ekelerregender Weise beschmutzt habe, so dass *etlich fluchten ir.* Ihr extremes Fasten habe ihr Nikolaus verboten. Auch über eine prophetische Gabe soll sie verfügt haben. Sie wurde indes von den Nürnbergern missachtet und kam *in groz versmehung vncz biß in daz ende.*

Im folgenden Kapitel zur Literatur der Observanzbewegungen wird auf die Initiativen der observanten Nürnberger Dominikaner gegen vorgebliche ‚mystische' Erlebnisse eingegangen. In dem um die Jahrhundertmitte entstandenen ‚Sendbrief vom Betrug teuflischer Erscheinungen' berichtet ein Bruder ausführlicher von einer Witwe aus dem Bamberger Bistum – wozu Nürnberg gehörte –, die *vor vir-czig jaren* angeblich viele supranaturale Erfahrungen erlebt habe und deren Tod an die Schilderung des Ablebens der Uslingerin erinnert: Diese habe *alz große süßikait in dem sacrament vnd in dem leyden vnsers hern vnd het hymelisch gesicht vnd engelisch tröste vnd geköse vnd wye der herr Jhesus ir erschynn mit seinen fünf fließenden wunden. Da nu dy selb person sölt sterben, vnd man hylt sy für heylig, do vil sie in ein große vngedult vnd erzeigt dy mit etlichen zeichen, vnd also verschid sy. Zwar sei sie eine vorbildliche, höchst fromme Person gewesen, aber sie sei geuallen in dy geystlichen hochfart vnd setzet ir getrawen in ir große gute werck.*

Später erfuhr eine *heylige junckfraw vnd ware sponß Cristi* in einer Entrückung von Jesus, dass diese genannte Witwe deswegen sogar auf ewig verdammt sei. Das, was der Dominikaner von ihren mit der Uslingerin geradezu identischen Erlebnissen erzählt, wird als eindeutig vom Teufel inszenierter Betrug entlarvt. Ihr Beichtvater (also Nikolaus) sei ein *heyliger man* gewesen, ein *hochgelerter meister, der alle geschryft wol west vnd erkennet.* Er sei auf die ‚Mystikerin' hereingefallen. Wie das passieren konnte, erklärt Jesus in der Vision: *Daz machet dez pristers einfeltikait, daz er sy ny versucht hat vnd auch ny bewert hat, ob ir geyst vnd geystlich leben vnd sölch gesicht vnd erscheinung weren auß got oder von den pösen geysten.*

Wie wir von Groß erfahren, ist Nikolaus am Ende ja eben nicht unkritisch gewesen, denn er vernichtete die von ihm verfasste Gnadenvita. Jedenfalls hatte die Uslingerin in Nürnberg für derartiges Aufsehen gesorgt, dass man sie um die Jahrhundertmitte noch derart gnadenlos verdammen musste. Es handelt sich bei den Erzählungen von der Uslingerin keineswegs um Ausnahmen im Blick auf Erzählungen von spektakulären Erlebnissen und Mirakulösem. Groß berichtet von weiteren derartigen Erfahrungen in Nürnberg und sogar von Wundern im eigenen Kloster. Er blieb fast ebenso unkritisch im Hinblick auf außergewöhnliche Erlebnisse wie zunächst Nikolaus.

Bald nach dem ‚Abcdarius' verfasste Groß 1432 die ‚Grisardis' und das ‚Nonnenwerk'. Die ‚Grisardis'-*Historie* steht Petrarcas Version von Boccaccios Novelle ‚Griselda' (vgl. S. 386) nahe, doch ist eine konkrete Quelle immer noch nicht eindeutig fassbar. Groß gestaltet die Erzählung gänzlich zu einem novellistischen Exemplum mit geistlich-didaktischer Intention um, den *eleuten und allen menschen zu pesserung.* Bereits in seiner Einleitung verkündet er, dass er den Text, *got zu lobe und eren und zu pesserung den menschen* verfasst habe; im predigthaften Ton mahnt er: *Nu hôr zu man und vornym weip, und lernt beide zucht und tugund.*

Das Werk ist zweigeteilt: In den ersten sechs Kapiteln bietet Groß ein zum Ehetraktat gestaltetes Streitgespräch zwischen einem ungenannten Markgrafen und seinem Ratgeber Marcus über die Vor- und Nachteile einer Eheschließung, wobei der Markgraf als eine Figur dargestellt wird, die geradezu vorbildlich dem zölibatären Ideal verpflichtet ist. Er repräsentiert in den Augen von Groß eine verlorene tugendhaftere Vergangenheit. Der Markgraf möchte in Keuschheit leben. Allerdings – so wendet Marcus ein – gäbe es dann keine legitimen Erben. In dem Disput werden Exempel aus ‚Adversus Iovinianum' des Hieronymus verwertet, die Groß später auch in sein ‚Witwenbuch' einbringt. Von Seiten des Markgrafen kommt misogyne Kritik, in der Frauen schlechte Charaktereigenschaften zugewiesen werden, die zum Scheitern von Ehen führen würden. Marcus weist den Grafen aber überzeugend auf seine Erbschaftsverpflichtungen seinem Volk gegenüber hin.

Im acht Kapitel umfassenden zweiten Teil findet der Markgraf die Schäfertochter Grisardis, mit der er glückliche Jahre verbringt. Das ideale Verhalten des Ehepaares rückt in den Mittelpunkt, wobei die Problematik einer nicht standesgemäßen Verbindung zurücktritt. Stattdessen richtet sich der Fokus auf das vorbildliche, äußerst tugendhafte Verhalten der Ehefrau, die die Standesgrenzen völlig respektiert. Sie bekommen drei Kinder, die Grisardis selbst stillt und betreut, wobei die Muttermilch den vorbildlichen Charakter der Kinder prägt. Dabei wird ebenfalls richtige Kindererziehung thematisiert. Es kommt dann zu einer harten zehnjährigen Prüfungszeit, in der der Markgraf Grisardis verstößt und ihr die Kinder wegnimmt. Er leidet aber ebenfalls sehr an der Trennung. Grisardis bleibt als Dulderin vorbildlich. Zum Schluss erkennt sie ihre Kinder wieder, die Proben hat sie mit christlicher Demut bestanden. Es kommt zur Familienzusammenführung, die vorbildliche Ehe als echte Partnerschaft setzt sich fort.

Dieses Werk über eine beispielhafte Ehe ist in neun Handschriften überliefert. Bemerkenswert ist seine Einfügung in das Legendar ‚Der Heiligen Leben, Redaktion' (vgl. S. 225), wo der Text am 23. Februar integriert wurde. Auch hier ist die ‚Grisardis' *Gar ein schon lußtig jstoria*, die – wie in anderen Handschriften – mit der Versicherung endet, *Das dise history nach disem vorgeschribenn Synne sich also erloffenn hat vnd geschehen ist*. Ihr wird also historische Faktizität attestiert, was der perfekten christlichen Ehe noch größere Vorbildlichkeit verleiht. Albrecht von Eyb verwertete die ‚Grisardis' in seinem ‚Ehebüchlein' bei seiner Erörterung der Vor- und Nachteile der Ehe (vgl. S. 601), indem er auf den ersten Teil der Groß'schen Erzählung zurückgreift und die Argumente zwischen dem Markgrafen und Meister Marcus in seine Ehelehre integriert.

Ebenfalls 1432 verfasste Groß die erste, allerdings sehr freie und den Text bearbeitende Übersetzung des ersten Buchs der ‚Imitatio Christi' des Thomas Hemerken von Kempen, der ‚Admonitiones ad spiritualem vitam utiles' (vgl. S. 472). Die 25 Kapitel der Vorlage gliedert er in 21 eigene Kapitel. In dem Text wird die Quelle an keiner Stelle erwähnt, was allerdings bei ‚Imitatio'-Übersetzungen durchaus üblich ist. In der ältesten Handschrift wurde später der Titel ‚Das Nonnenwerk' eingetragen, obwohl sich die Schrift nicht nur an Nonnen richtet, sondern an alle Klosterleute.

Mit der nachträglichen Benennung des Texts als *Nunnenwerg* – womit wohl ‚Arbeit' für Nonnen im spirituellen Sinne gemeint ist – war vermutlich beabsichtigt, das Autograph als Vorlage für eine speziell auf Klosterschwestern ausgerichtete Lektüre zu bestimmen. In der Nürnberger Handschrift Cod. Cent. VII, 81 steht die wohl originäre Überschrift: *Hie vecht sich an ein anweysung eines seligen geistlichen lebens.* Es ist also anzunehmen, dass Groß als ursprüngliche Adressaten des Werks sowohl die Laienbrüder der Kartause als auch Nürnberger Nonnen im Blick hatte. Wahrscheinlich zielte er auf eine größere Verbreitung seines Traktats ab, die aber wie bei den meisten seiner Werke außerhalb Nürnbergs nicht zustande kam.

1436 übersetzte Groß das ‚Cordiale' des Gerard van Vliederhoven, eine Erbauungsschrift, die sich mit den vier Letzten Dingen befasst (vgl. S. 464). Groß gibt an, er habe das Werk *gewandelt in deutsche zungen in der maynung vnd hoffen, das es mag vil frumen pringen den layen man vnd frawen.* Es ist also ein weiteres an Laien gerichtetes Werk, das allerdings in nur zwei Handschriften überliefert ist. Inwieweit Groß' Werke unter den Laien der Stadt tatsächlich Verbreitung fanden, bleibt ein generelles überlieferungsgeschichtliches Problem für fast alle Genres mittelalterlicher Literatur, denn nur wenige Bestände aus Laienbesitz sind über die Jahrhunderte hinweg erhalten geblieben. Im Blick auf geistliche Literatur ist dies gerade in von der Reformation erfassten Landschaften und Städten wie Nürnberg in besonderem Maße zu konstatieren.

Im selben Jahr verfasste Groß den sog. ‚Geographischen Traktat', von dem in den Handschriften kein Titel, sondern nur eine kurze Beschreibung der Textstruktur angegeben wird. Das Werk ist in drei Teile gegliedert: *von etlichen sachen des hymels, von dem irdisschen paradeiß, vnd von dem gelobten lande vnd Ierusalem.* Mit seiner Kompilation aus verschiedenen antiken, biblischen und zeitgenössischen Quellen – Flavius Josephus, Wilhelm von Auvergne und Albertus Magnus – sowie aus mündlichen Berichten von Augenzeugen, die selbst das Heilige Land durchreist hatten, soll es denen, die nie jemals dort waren, ermöglicht werden, zur Erbauung darüber zu meditieren. Groß gibt an, er habe die Heiligen Stätten, *do ich itzunt von schreib, nicht gesehen mit leiplichen augen.*

Die gelehrten Grundlagen des ersten Teils, der Kosmologie, stammen nach Aussage von Groß von den *weisen* und den *haydenischen maister.* Hier liefert Groß z.B. eine ausführliche Planetenlehre. Nur kurz behandelt er dann im zweiten Teil diverse Aspekte des verlassenen irdischen Paradieses, etwa, was unter den verschiedenen Beschreibungen glaubwürdig sei. Er geht dort auf falsche Vorstellungen des heiligen Ortes ein, nur dem Verstand, der Bibel und der Natur sei diesbezüglich zu trauen. Schließlich bietet er im dritten Teil – dem ausführlichsten – seinen Führer für die geistige Pilgerfahrt. Dort rechnet Groß zunächst die Meilen zwischen Nürnberg und Jerusalem nach – *über land vnd wasser vir hundert vnd xx deutsche meill* –, um dann eine Reise durchs Heilige Land Ort für Ort zu beschreiben, und zwar mit Jerusalem als Mittelpunkt der Welt. Er folgt dabei dem Leben Jesu nach dem zweiten Artikel des Credos: geboren, gelitten, gestorben, aufgefahren. „So wie die geografische Beschreibung auf das Zentrum Jerusalem fokussiert, erhält die zeitliche Achse der Erzählung, die von der Paradiesschilderung bis in die Nürnberger Gegenwart reicht, ihre Mitte von diesen Ereignissen her" (H. Lähnemann).

1440 beendete Groß sein anspruchsvollstes volkssprachliches Werk, die ‚43 Gespräche', das er verfasste, um *mitt seyn průdern von der gŏtlichen vnd menschlichen natawr vnderß* (unseres) *lieben herren ihesu christi* zu sprechen. Es geht ihm also vor allem um eine innermonastische Abhandlung, die er für die Laienbrüder des Klosters verfasste. Das umfangreiche Werk ist nur in einem Autograph aus der Nürnberger Kartause überliefert.

Nach der Vorrede folgen 43 Polyloge, die Groß als Gesprächsrunden der dreizehn Religiosen der Kartause Marienzelle, die er namentlich nennt und die sich tatsächlich auch 1440 dort befanden, mit einem *pruder erhart groß* gestaltet. Groß vermittelt hier gelehrtes theologisches Wissen, indem er, der Heilsgeschichte folgend, dogmatische Fragen erläutert, so etwa die Realpräsenz Christi in der Eucharistie oder dessen Menschwerdung. Er beschreibt die Gespräche als *dyalogum der cartheußer zu nůremberg*, was nach Henrike Lähnemann darauf hindeutet, dass es sich nicht um ein typisches Meister-Jünger-Gespräch, also Unterweisungen, handelt, sondern um „Wissenssicherung". Nicht unproblematisch erscheint Groß die Wahl der Volkssprache für solche *hohe dinck des glaubens*, denn sie stelle zu wenige und nur *grobe* Begrifflichkeit zur Verfügung. Der Leser soll *gůtick* sein, *mit hintterlist die synn der wort ze verstehen*, also, wenn erforderlich, durch eigene Klugheit das Textverständnis für sich zu erhellen. Am unteren Blattrand der Vorrede hat ein späterer Leser Kritik am Vorgehen des Verfassers geübt: *Hoe materi sal man nit verdewschen. Wan di ainfaltigen dy nit moge verstehen. Darvmb, wer ditz puch lisst, Der sal daz recht verstehen on argelisst.* Damit wird verdeutlicht, dass der Text nicht für die gebildeten Kartäuser verfasst wurde, sondern für die *simplices* im Kloster, denen Groß zutraute, sich anspruchsvolles theologisches Wissen erschließen zu können.

1443 verfasste Groß das ‚Laiendoctrinal', eine überarbeitende Prosaübertragung des niederländischen Verswerks ‚Dietsche Doctrinale'. Die Auftraggeber für diese Übersetzung waren die Nürnberger Patrizier Paul Vorchtel und Ortolf Stromer, die an einer Handelsgesellschaft mit Kontakten nach Flandern und Brabant beteiligt waren. Über derartige Verbindungen könnte Groß an Werke der Devotio moderna wie etwa die ‚Imitatio Christi' gelangt sein. Seine Vorlage sei *eyn puch verschriben ze deutsch in brabanter zunge* gewesen. Seine Entscheidung für die Prosaform rechtfertigt

Groß damit, dass die Lehren der Väter nicht durch Reimzwang verfälscht werden dürften. Er wolle *das puch zyhen in eyne gemayne sprach, als wir gewonlich mitenender reden, mit slechten* (verständlichen) *wortten*. Der Reim diene zu *nichtzen ... dan allein, das es an dem klingen antwert*.

Das ‚Dietsche Doctrinale' ist ein 1345 in Antwerpen entstandenes anonym überliefertes Werk, das zwar dem Herzog Johannes III. von Brabant gewidmet ist, aber sich doch darüber hinaus an ein städtisch-aristokratisches Publikum richtet. Quellenmäßig lehnt sich der Verfasser eng an den auch im süddeutschen Raum weit verbreiteten ‚Liber de amore' (1238) des italienischen Juristen Albertanus von Brescia an, er fügt aber auch Eigenständiges bei. Das ‚Dietsche Doctrinale' gliedert sich in drei Bücher und zahlreiche Kapitel: Im ersten Buch geht es um die Gottesliebe, im zweiten um die diversen Aspekte zwischenmenschlicher Beziehungen und den Umgang mit Besitz, im dritten um Tugenden und Laster sowie diverse Formen der Lebensgestaltung. Das Werk orientiert sich zudem an Fragen des urbanen Lebens und ergänzt seine Hauptquelle mit Passagen, die sich eingehend mit den Aufgaben von städtischen Amtsträgern befassen und ihnen Handlungsrichtlinien empfehlen. Der Verstext wurde ohne größere Abweichungen ebenfalls ins Niederdeutsche und Ripuarische ‚umgeschrieben' (‚Der Leyen Doctrinal').

Bei der Übertragung seiner Vorlage weicht Groß makrostrukturell nur wenig vom Aufbau und Inhalt des ‚Dietschen Doctrinales' ab. Ihm gehe es, wie in der Vorrede angekündigt, vor allem um sinngemäße Vollständigkeit. Er reduziert, erweitert und ersetzt, bisweilen kürzt er den Text, fasst einige Kapitel zusammen und übergeht sogar ein Kapitel. Es zeigt sich zudem gegenüber der Vorlage eine leichte Verschiebung von der säkularen Ausrichtung hin zu einer geistlichen Perspektive. Durch „einen veränderten Umgang mit *auctoritates* und ein allgemeineres Publikumskonzept" verfolgt Groß eine Vorstellung von Laienunterweisung, die sich von der seiner Quelle deutlich unterscheidet. So wird die göttliche Liebe von Groß stärker betont als die weltliche sowie der Bezug auf Autoritäten erweitert. Insgesamt ist Groß' Umgang mit dem ‚Dietschen Doctrinale' „ein Versuch, die Ergebnisse theologischer Reflexionen zur Beförderung der frommen Lebensgestaltung des Laien nutzbar zu machen", sein Werk kann „als frömmigkeitstheologische Adaptation einer vorwiegend säkular ausgerichteten Schrift charakterisiert werden" (H. Riedel-Bierschwale).

Das ‚Laiendoctrinal' wurde zum verbreitetsten Werk des Erhart Groß. Zwei Handschriften stammen aus dem Nürnberger Raum – eine davon aus dem Besitz der Auftraggeber. Viermal wurde es zwischen 1473/74 und 1493 gedruckt, je zweimal in Straßburg und in Augsburg; eine Druckabschrift stammt aus dem alemannischen Raum.

Das letzte datierbare volkssprachliche Werk von Groß ist das 1446 abgeschlossene ‚Witwenbuch', das er der mit ihm weitläufig verwandten verwitweten Margret Mendel widmete, die mit dem Nürnberger Patrizier Marquard Mendel († 1438) verheiratet gewesen war. Im dem umfangreichen Werk – *der Mendlen puch* – ist Margret als fiktive Dialogpartnerin die literarische Figur, der Groß ein reichhaltiges Angebot an theologischem Wissen vermittelt, das sich sowohl für Witwen als primäres Zielpublikum sowie für breitere Kreise – also auch für Jungfrauen (Nonnen) und Laien – durchaus eignet. Sein Werk könne *in zukünftigen zeyten in viel erparer iuncfrawen, witwen vnd auch andrer frumen mensche hende* durchaus gelangen. Nebenbei erzählt Groß von der Lebenssituation Margrets als junge Witwe mit mehreren Kindern, die ihn in einem – vermutlich von Groß erfundenen – Brief gebeten habe, sie in ihrem Witwenstand geistlich zu beraten. Die Figur der Margret stellt Fragen und macht eigene Beobachtungen, was mitunter dazu führt, dass der Kartäuser mit gegenteiligen Meinungen konfrontiert wird und „sich zum Beispiel in seinen misogynen Aussagen von seinem Gegenüber korrigieren" lässt (A. Classen).

Nach der Vorrede folgen 38 Gespräche, die den Witwenstand mit seinen spezifischen gesellschaftlichen und religiösen Grundsätzen betreffen; in den Gesprächen 39 bis 55 belehrt er Frauen über eine Vielzahl christlicher Tugenden und Lebensregeln, kehrt allerdings im 54. Gespräch erneut zu Witwenlehren zurück. In den folgenden Dialogen 55 bis 77 verwertetet Groß Exzerpte aus seinen ‚43 Gesprächen' und widmet sich der Heilsgeschichte und der Frömmigkeitspraxis. Im abschließenden 78. Abschnitt fasst er den Inhalt zusammen.

Die umfassende Lehrschrift besteht also aus einer Zusammenstellung von Unterweisungen für Witwen, die Groß mit einer tiefergehenden Anleitung für die christliche Lebensgestaltung verbindet. Ausführlich äußert er sich zunächst zur Jungfräulichkeit und Keuschheit sowie zu den besonderen Gefahren, die gerade junge Witwen bedrohen, zumal sie bereits sexuelle Erfahrungen gehabt haben. Mit Bezug auf den ersten Brief des Paulus an Timotheus erläutert Groß dann die Erwartungen an Witwen mit Kindern und an alte Witwen, die beide unverheiratet bleiben sollten; nur jungen kinderlosen Witwen, sei es gestattet, erneut zu heiraten. Ausführlich geht er auf die von ihm gewünschte Alltagsgestaltung von Witwen ein, die einer asketischen Lebensführung sehr nahekommt.

Betrachtet man aber das gesamte Werk, so ist Groß' Ankündigung, eine Anleitung zu einem Witwenleben geben zu wollen, zwar richtig, „aber um diese Anleitung herauszufiltern, bedarf es eines umständlichen Lektüreverfahrens. Der Leser muß sich die Informationen über den Witwenstand mühsam aus dem ... [143 Blätter] umfassenden Lehrdialog erschließen" (D. Fischer). Auch im ‚Witwenbuch' attackiert Groß die Hussiten. Innerhalb eines dogmatischen Überblicks geht er auf deren Abendmahlslehre ein, die er als *irsal der hussen* verdammt, die wegen ihrer Kleingläubigkeit und geringem Verständnis *vnsynnig* seien.

Britta-Juliane Kruse sieht als Anregung für den Aufbau des ‚Witwenbuchs' das ‚Speculum virginum' (vgl. S. 465), in dem in einem Lehrdialog Nonnen – den Jungfrauen Christi – Anweisungen zu einer Lebensführung in der Nachfolge Christi vermittelt werden. Dort unterrichtet der sich namentlich nennende Presbyter Peregrinus die ebenfalls genannte Nonne Theodora. In beiden Werken entspricht das Verhältnis der Dialogpartner dem eines gebildeten Lehrers und einer fortgeschrittenen Schülerin. Freilich gehören Lehrer-Schüler-Gespräche zu den beliebtesten Formen von Vermittlung geistlicher Lehre im 14. und 15. Jahrhundert.

Als Quellen benutzt Groß die Schriften griechischer Philosophen (Platon, Seneca u.a.) sowie der Kirchenväter und jüngerer Theologen wie Thomas von Aquin. Vor allem referiert Groß eine Exempelreihe aus der in zwei Bücher aufgeteilten Polemik ‚Adversus Iovinianum' des von ihm hochgeschätzten Hieronymus an den Mönch Jovinian, in der die Gleichwertigkeit von Ehe und Ehelosigkeit vertreten wird. Jungfrauen, Verheirate und Witwen seien nach Jovinian nach der Taufe alle vom gleichen Stand; damit wertete er die Askese und Virginität ab. Der Kirchenvater, der durch seine vielen Briefe zu den wichtigsten Vermittlern christlicher Witwenunterweisung gehörte, stellt in dem Werk eine Reihe von vorbildlichen Jungfrauen, Witwen und Matronen vor, die sich mit exemplarischer Askese ausgezeichnet hatten. Wie oben erwähnt, verwertete Groß das Werk auch in seiner ‚Grisardis'.

Im ‚Witwenbuch' wird zudem die Realität des ständisch geprägten Lebens in einer spätmittelalterlichen Stadt thematisiert. Dies führt zu einem wesentlich konkreteren Blick auf das Leben von Witwen, als es die „blaß schematisch wirkenden Anfragen der verwitweten Briefpartnerinnen des Hieronymus taten". Bei Groß wird das Abhängigkeitsgefälle zwischen geistlichem Vater und weltlicher Tochter in ein Gespräch eingebunden, „das den weltlichen Erfahrungsschatz nützt, um das dogmatische Material zur Moral hin zu erweitern. Kloster und Stadt werden verbunden, um die Symbiose von Dogmatik und Ethik glaubwürdig zu gestalten" (H. Lähnemann). Der hohe Anspruch des Werks könnte der Hauptgrund für seine geringe Verbreitung gewesen sein. Es ist unikal überliefert.

Undatiert sind zwei Traktate von Erhart Groß, die als Autographe in einer Mainzer Handschrift (Martinus-Bibl., Hs. 43) aus dem Nürnberger Katharinenkloster überliefert sind. Beide Texte sind ausdrücklich für die Schwestern dieses Konvents verfasst worden. Der erste Traktat ist eine aus 13 Kapiteln bestehende ‚Vaterunserauslegung'. Dort geht es Groß in den ersten fünf Kapiteln zunächst um die Notwendigkeit des Gebets, in den folgenden acht Kapiteln befasst er sich mit gewissen Bitten des Vaterunsers, die er deutet und aus denen er spezifische Anweisungen für das Leben von Klosterfrauen ableitet. Wie im ‚Witwenbuch' antwortet Groß hier auf die angebliche Bitte einer Frau, der Schwester Barbara Rützin, die ihn um eine Auslegung des Paternosters ersucht habe. Sie ist vom Jahr der Reform des Klosters, 1428, bis zu ihrem Tod 1472 dort belegt und war auch als Schreiberin tätig.

Der zweite Text, die ‚Geistliche Lehre', geht zunächst von Hohelied 6,8 aus und umfasst 26 Kapitel. Nach einer kurzen Auslegung des Bibelverses im ersten Kapitel widmet sich Groß in den ersten fünf Kapiteln den Tugenden, die das Leben von Religiosen bestimmen müssten, zumal sie ja für die Laien Vorbilder sein sollten. Sodann befasst er sich eingehend mit der Eucharistie, wobei er sich auch hier wieder mit den Vorstellungen der Hussiten zu diesem Thema auseinandersetzt.

Von Groß gab es ein weiteres Werk, das allerdings verschollen ist. Im ‚Laiendoctrinal' erwähnt er, dass er die ‚Historia ecclesiastica' des Eusebius von Caesarea übersetzt habe. Dies erwähnt er in Bezug auf Kaiser Karl und Roland, die hervorragende Beispiele dafür gewesen seien, wie man im Kampf gegen die Ungläubigen und Ketzer selig werden könne. Auch dort wird sich Groß wahrscheinlich direkt oder indirekt mit dem Thema Hussiten befasst haben.

Neben dem bereits erwähnten Traktat ‚Septem psalmi de sacramento eucharistiae' sind noch drei weitere lateinische Werke von Erhart Groß überliefert. Das eine, ‚De sacramento eucharistiae', ist der einzige seiner Texte, der nicht in einem Autograph vorliegt. Auch hier beschäftigt er sich mit dem für ihn so zentralen Thema. Kurz vor seinem Tod entstanden ein von ihm angefertigter Index über das ‚Decretum Gratiani' und sieben weitere Dekretalensammlungen. Dazu kommt das ‚Decretum metricum', eine versifizierte Abbreviation von Gratians Rechtswerk.

Zu den zwölf Mönchen in Marienzelle, die Groß 1440 in den ‚43 Gesprächen' neben sich aufführt, gehört Nikolaus Ort *de Prussia* († 1466), von dem Übersetzungen und Predigten aus der Mitte des 15. Jahrhunderts überliefert sind. So übertrug er vor 1448 Gebete und die sieben Bußpsalmen. 1452 verfertigte Nikolaus dann noch recht getreue Übersetzungen von vier lateinischen Predigten: eine Allerheiligenpredigt von Pseudo-Beda (Ambrosius Autpertus) sowie drei Kirchweihpredigten von Richard von St. Viktor, Beda und einem unbekannten Autor. Die Adressaten sind unbekannt. Aus dem Jahre 1455 sind zwei von ihm verfasste Lesepredigten erhalten, die von der Einsegnung einer Klosterschwester und vom Aderlass handeln. Dass Nikolaus die Predigten in keinem Frauenkloster tatsächlich gehalten hat – was ja für einen Kartäuser ohnehin sehr ungewöhnlich wäre

–, sondern dass sie zur Tischlesung Verwendung fanden, zeigt die Überschrift zur zweiten Predigt: *Sermon yn aderlassen, wen man frolich ist zu tisch ym rebenter.* Die Sprache der mehrfach überlieferten Texte ist sehr bilderreich und volkstümlich geprägt. Autoritäten werden nicht zitiert. Zum Teil verwendet Nikolaus versifizierte Sprüche, wie etwa: *Es ist kein Geld in der Taschen, es ist kein wein in den flaschen.* Auch Wortspiele gehören dazu, z.B. *edel vnd esellewt.*

Einem anonymen Nürnberger Kartäuser wird eine Übersetzung des ersten Teils der ‚Orationes et meditationes de vita Christi' des Thomas Hemerken von Kempen zugeschrieben (vgl. S. 473). Das umfangreiche Werk ist zunächst in einem Nürnberger Druck von 1496/97 mit dem Titel ‚Der Herzmahner' erschienen und wurde 1586, sprachlich überarbeitet, in Ingolstadt erneut gedruckt. In der Vorrede heißt es, dass das Werk *zu Erst durch eynen andechtigen hochgelerten vatter Cartewser ordens jn latein gemacht* worden sei, *Darnach durch eynen andern vertewscht.* Dem Marienzeller Übersetzer war bekannt, dass seine anonyme Vorlage aus der Basler Kartause kam, und daher nahm er an, dass das Werk von einem dortigen Mitbruder verfasst worden war. Der Titel verweist darauf, dass der in 56 Kapitel gegliederte Text als innige andächtige Ermahnung an das Herz der Leser zu verstehen ist. Das Werk ist ein Gebetszyklus in der Ich-Form, der dazu führen soll, durch eine chronologisch fortschreitende tiefe Betrachtung der Heilsgeschichte (von der Erschaffung und dem *erbermdlichen fal der Menschen* bis zur Grablegung Christi) zu einem gottgefälligen Leben zu gelangen. Nach Christi Begräbnis folgt eine Reihe von nicht Thomas zuzuweisenden Gebeten, die direkt an den Sünder gerichtet sind.

Zu den bedeutendsten Geistlichen Nürnbergs in der ersten Hälfte des 15. Jahrhunderts gehörte Albrecht Fleischmann (1364–1444). Er stammte aus dem oberfränkischen Eggolsheim, studierte ab 1380 in Prag, kam dann über Eichstätt und Schlicht (Diöz. Regensburg) 1393 als Pfarrer an die Nürnberger Sebalduskirche. Über die Jahre wurde er als hoch anerkannter Mann mit einer Vielzahl von geistlichen und weltlichen diplomatischen Anliegen beauftragt, so etwa für den Bamberger Bischof sowie die Könige Ruprecht und Sigismund. Er nahm an den Konzilien in Konstanz und Basel aktiv teil. Noch vor dem Konstanzer Konzil nahm er 1414 in Nürnberg zusammen mit dem Pfarrer von St. Lorenz und einem Kartäuser an einer öffentlichen vierstündigen Disputatio mit Jan Hus teil, bei der Hus beim Publikum unerwarteten Anklang fand. Hus war auf dem Weg nach Konstanz über Nürnberg gereist. In Konstanz nahm Fleischmann dann an Konzilsdisputationen um die *causa fidei* teil. Immer wieder wurde er über die Jahre bei Auseinandersetzungen über die hussitischen Häresien herbeigezogen. 1432/1433 verhandelte er im Auftrag des Nürnberger Rats über die Bedingungen für eine hussitische Gesandtschaft an das Konzil in Basel.

Von Fleischmann ist ein vollständiger Zyklus von volkssprachlichen Sonntagspredigten bezeugt, indes sind nur 14 davon erhalten. Es handelt sich bei deren Überlieferung um Predigtnachschriften, die dem Katharinenkloster von der Laiin Anna Winterin zur Abschrift ausgeliehen worden waren und dann dort bei der klösterlichen Tischlesung Verwendung fanden. Dass es sich um überformte Nachschriften handelt, zeigt sich darin, dass Fleischmann häufig in der dritten Person zitiert wird. Die Predigten sind nach einem festen Schema gestaltet; sie bestehen jeweils aus drei Teilen: einem deutschen Perikopentext, einer Vorrede und der Auslegung der Perikope, die mit moralischen Unterweisungen verbunden wird. Dabei werden die verschiedensten Autoritäten ausgiebig zitiert. Die Texte bauen „nicht auf Lebendigkeit und Variation, um die Aufmerksamkeit des Rezipienten zu wecken und zu binden, sondern auf Wiederholung", was ja ohnehin „ein paränetisches Grundprinzip mittelalterlicher Unterweisungstexte" ist (A. Wrigge / F. Eisermann).

Magister Ulrich Horant war Custos des Heilig-Geist-Spitals zwischen 1442–1461 und hatte enge Verbindungen zu den Kartäusern. Er entlieh von ihnen eine Kopie der ‚Summa theologiae' des Thomas von Aquin auf Lebenszeit. 1450 verfasste er wohl für ein weibliches Klosterpublikum die Mahnschrift ‚Vom geistlichen Menschen', die in acht Handschriften und im Basler Taulerdruck von 1522 überliefert ist. Hier tadelt Horant die Religiosen, die sich mit äußerlichen geistlichen Werken und Übungen zufriedengeben, obwohl es doch vor allem auf die innere Gesinnung ankomme. Es gehe ihm um eine *peßerung* ihres Verhaltens. In zwei Handschriften ist der Traktat zusammen mit der Einsegnungspredigt des Marienzeller Kartäusers Nikolaus Ort (s.o.) überliefert.

Ab dem frühen 15. Jahrhundert sollte Nürnberg zum großen Zentrum für die Observanzbewegungen der beiden Bettelorden im süddeutschen Raum werden. Dementsprechend ist auch eine enorme Zahl an volksprachlicher geistlicher Literatur in der Reichsstadt entstanden und geographisch weit verbreitet worden. Im folgenden Kapitel wird auf diesen äußerst bedeutenden Teil des Nürnberger Schrifttums eingegangen.

Die kirchlichen Reformbestrebungen und die Observanzbewegungen in den Orden

Einführung

Noch heute besitzen wir keinen vollständigen Überblick über die gewaltige Masse an handschriftlich sowie durch den Buchdruck verbreiteter religiöser Literatur, die circa 80% der gesamten volkssprachlichen Überlieferung des 15. Jahrhunderts ausmacht. Ihre überragende Dominanz im literarischen Leben dieser Epoche überrascht keineswegs, denn trotz aller Verwerfungen innerhalb der Kirche war das vorreformatorische Jahrhundert tief religiös. Die Frömmigkeit des 15. Jahrhunderts war geprägt von einem besonderen Bedürfnis der Gläubigen nach Heils- und Erlösungsgewissheit, ja nach Heilsgarantien und, damit einhergehend, nach vertrauenswürdiger und kompetenter Seelsorge. Der Adel und die städtische Obrigkeit, die sich um die Aufrechterhaltung der sozialen Stabilität in ihren Herrschaftsbereichen sorgten, griffen aus diesem Grund mit verschiedenen Maßnahmen in den Bereich des kirchlichen Lebens ein. So wurden in vielen Städten Prädikaturen für Priester gestiftet, die ein Universitätsstudium mit entsprechendem akademischen Titel vorweisen konnten und die verpflichtet wurden, die Bevölkerung regelmäßig in die Grundlagen der christlichen Lebensführung einzuweisen. Als einflussreichstes Medium der Lehre spielte hierfür die Predigt eine entscheidende Rolle. Die Intensivierung des religiösen Lebens schlug sich auch in einer für diese Zeit charakteristischen, nie dagewesenen Blüte der Heiligenverehrung und des Reliquienkults nieder.

Gerade wegen der sich intensivierenden Frömmigkeit unter den Laien und der Allgegenwärtigkeit des Religiösen standen in der breiten Bevölkerung zunehmend die unhaltbaren Zustände in der Kirche unter kritischer Beobachtung. Vor allem in den Städten entwickelte sich eine immer unduldsamere Haltung gegenüber den allzu häufig unqualifizierten und moralisch freizügigen Mitgliedern des Klerus, welche sich mitunter sogar in einem hemmungslosen laikalen Antiklerikalismus entladen konnte. Dieser fand seinen literarischen Niederschlag unter anderem auch in der von Laien verfassten Märendichtung, in Liedern und weltlichen Spielen.

Angesichts der zunehmenden Literarisierung der Laien sahen sich die verantwortungsbewussten und in der Seelsorge stark engagierten Mitglieder des Klerus vor die Aufgabe gestellt, die *illiterati* mit geistlicher Literatur zu versorgen, welche klaren Anweisungscharakter besaß und deutlich formulierte Lebenslehren enthielt. Dieses Schrifttum setzte sich zum einen aus einer enormen Menge neu verfasster Werke zusammen, zum anderen aus einer Auswahl an geeigneten Texten aus dem reichen Fundus vergangener Jahrhunderte. Religiöse Literatur in einem derartigen Umfang den *simplices* zur Verfügung zu stellen, bedeutete eine geradezu revolutionäre Entwicklung im Bereich der allgemeinen Seelsorge. Es ist mithin danach zu fragen, welche Kräfte die Herstellung und Verbreitung von geistlicher Literatur entschieden förderten und welche inner- und außerkirchlichen Umstände diese stupende Dynamik überhaupt in Gang setzten.

Antworten auf diese Fragen vermochte die Forschung der letzten Jahrzehnte zu liefern. Ausgelöst wurde die vielzitierte ‚Literaturexplosion' im Bereich des geistlichen Schrifttums vor allem durch ehrgeizige und weit ausgreifende innerkirchliche Initiativen des 15. Jahrhunderts. Sie hatten das Ziel, eine grundsätzliche Reform der Kirche an Haupt und Gliedern, eine *reformatio generalis in capite et membris*, durchzusetzen. Im lateinischen wie im volkssprachlichen Schrifttum der Zeit – vor allem in Predigten – begegnet man heftigen Klagen über die Verkommenheit der Kirche, massive Bildungsdefizite des Klerus, den Verfall der monastischen Lebensform u.ä.m., stets verbunden mit eindringlichen Forderungen nach durchgreifenden Maßnahmen, diese inakzeptablen Zustände zu beseitigen. Die seit dem ausgehenden 14. Jahrhundert ubiquitären Reformappelle und die daraus resultierenden Initiativen waren allerdings keineswegs nur durch genuine Sorge um den strukturellen und institutionellen Zustand der Kirche motiviert, sondern waren zudem häufig von politischen und finanziellen Interessen geleitet, zumal Reformen in der Regel in enger Kooperation mit der weltlichen Herrschaft erfolgten und vielfach sogar von ihr initiiert wurden.

Die Kirche hatte in der Tat zu Beginn des 15. Jahrhunderts eine Vielzahl schwerwiegender Krisen zu bewältigen, denen sich schließlich die mehrjährigen Konzilien von Konstanz (1414–1418) und Basel (1431–1449) widmeten. Die Kirche war seit 1378 mit dem sie skandalisierenden und paralysierenden Großen Schisma in gewaltige Schwierigkeiten geraten. Diese innerkirchlichen Konflikte, verquickt mit außerkirchlichen Interessen, forcierten Aufspaltungen in getrennte politische Lager und führten häufig sogar zu kriegerischen Auseinandersetzungen. Selbst häretische Bewegungen fanden eine immer größere Akzeptanz und Anhängerschaft. Zwar hatte es im Lauf der Kirchengeschichte bereits des Öfteren erfolglose Rufe nach einer *reformatio* gegeben, aber letztlich machte die Degeneration des Papsttums radikale Maßnahmen zu einer grundsätzlichen Erneuerung unabdingbar. Dass auf den Konzilien eine Besserung der Lage nur bis zu einem gewissen Grad erreicht werden konnte, war in Anbetracht der hochgesteckten Ziele und der vielen divergierenden politischen und sonstigen weltlichen Interessen jedoch unvermeidlich. Ab der zweiten Hälfte des 15. Jahrhunderts sollten dann die Humanisten den Diskurs um den Zustand der Kirche erneut intensivieren.

Einführung

Auf dem Konstanzer Konzil standen drei *causae* zur Beratung an: die Beendigung des Schismas und die Wiederherstellung der Einheit der Kirche (*causa unionis*), eine Reform der gesamten Kirche mit ihren diversen Institutionen (*causa reformationis*) und die Überwindung der bedrohlichen Ausmaße annehmenden häretischen Bewegungen (*causa fidei*). Als Haupterfolg konnte Ende 1417 das Schisma mit den inzwischen drei, von verschiedenen Herrschern unterstützten Päpsten beendet werden. Aufgrund dieser Entwicklungen beanspruchten die beiden Konzilien nun, dass ihnen als Institutionen oberste kirchliche Autorität zukommen sollte, der sich ebenfalls die Päpste beugen müssten. Dieser sog. Konziliarismus, der 1415 im Konstanzer Dekret ‚Haec sancta' die Hoheit des Konzils über das Papsttum festschrieb, wurde erst während des fünften Laterankonzils (1512–1517) wieder komplett rückgängig gemacht.

Der Verlust kirchlicher Einheit hatte seit der Jahrhundertwende die erste konfessionelle Spaltung der westlichen Christenheit befördert. Sie blieb zwar geographisch begrenzt, aber das kurzsichtige Handeln der Konstanzer Konzilsverantwortlichen führte zu Aufständen und später sogar zu langjährigen schweren kriegerischen Auseinandersetzungen. Der an der Prager Universität lehrende Jan Hus (um 1370–1415) hatte die vom Engländer John Wyclif (um 1320–1384) propagierten, von der Kirche als häretisch deklarierten Lehren, welche eine grundsätzliche Neugestaltung der Kirche forderten, weiterentwickelt und diese seit 1402 in eine eigene, in seiner böhmischen Heimat höchst erfolgreiche Ekklesiologie gefasst. Diese war mit scharfer Kritik, vor allem am Amt des Papstes, verbunden. Hus propagierte eine Kirche, die eine hierarchiefreie Gemeinschaft sein sollte, mit Christus als alleinigem Oberhaupt. Obwohl ihm König Sigismund freies Geleit gewährt hatte, wurde Hus 1415 auf dem Konstanzer Konzil als Häretiker verdammt und auf dem Scheiterhaufen exekutiert. Sigismunds Drängen, ihn freizulassen, war ignoriert worden. Hus' Tod bewirkte eine Radikalisierung seiner böhmischen Anhänger und löste die zerstörerischen Hussitenkriege (1419–1434) aus, in denen ganze Landschaften verheert wurden und die dann ins nichtböhmische Reichsgebiet übergriffen. Die hussitischen Vorstellungen fanden Anhänger auch außerhalb von Böhmen. So wurde z.B. der Kaplan Ulrich Grünsleder 1421 auf dem Regensburger Domplatz wie Hus verbrannt, weil er als Gegner der Beschlüsse des Konstanzer Konzils Schriften von Hus übersetzt und verbreitet hatte. Die in Böhmen aktiven Waldenser – eine ebenfalls sich hartnäckig behauptende häretische Bewegung, die es bereits seit dem 12. Jahrhundert gab (vgl. Bd. II/2, S. 62 f.) – hatten zeitweilig versucht, sich mit den Hussiten zu verbrüdern. Erst auf dem Basler Konzil konnte 1433 durch Zugeständnisse in den ‚Prager Kompaktaten' ein Ausgleich zwischen den Vertretern des Basler Konzils und den weniger radikalen Hussiten, den sog. Utraquisten, gefunden werden.

Von einzelnen Konzilsteilnehmern waren sehr weitreichende Reformkonzepte entworfen und verschriftlicht worden. In Basel verfasste 1439 ein Anonymus auf Deutsch die sog. ‚Reformatio Sigismundi', in der mit z.T. revolutionären Forderungen Umrisse einer tiefgreifenden Reform von Kirche und Reich entwickelt werden. Das Geforderte stimmt zum größten Teil mit Forderungen überein, die auch in anderen entschiedenen Reformtexten der Zeit zu finden sind: Die Seelsorge müsse von Priestern, die über eine solide Ausbildung verfügen, verstärkt werden, der Säkularklerus solle vom Zölibat befreit, der Ordensklerus in seinen Wirkmöglichkeiten eingeschränkt werden, geistliche und weltliche Bereiche seien zu trennen und die Kirche habe auf weltliche Herrschaftsrechte zu verzichten. Der kirchliche Besitz sei zu säkularisieren und die bäuerliche Leibeigenschaft zu beseitigen. Das bemerkenswerte Werk wurde als meistverbreitete Reformschrift der Zeit zwischen 1476 und 1522 achtmal gedruckt. Es gibt vor, auf Kaiser Sigismund von Luxemburg zurückzugehen, was die Verwendung der Volkssprache erklären soll, und spiegelt eine tiefe Verdrossenheit wider, die sich eingestellt hatte, weil die dringend notwendigen grundsätzlichen kirchlichen Reformen nicht vorankamen. Der desillusionierte Straßburger Domprediger Johann Geiler von Kaysersberg (vgl. Tl. 2) sah jedenfalls im frühen 16. Jahrhundert keine Hoffnung mehr auf Besserung: *Du sprichst, mag man nit ein gemein reformation machen? Ich sprich nein, es ist auch kein hoffnung, das es besser wird umb die cristenheit.* Jeder Einzelne solle lieber danach streben, *das er gottes gebot halte und thů, das recht sei, damit das er selig werde.*

Zu den zentralen Forderungen der *causa reformationis* gehörte eine Reform des gesamten Ordenswesens. Der beständige Ruf nach ihr war bereits von einflussreichen Kreisen innerhalb und außerhalb der Kirche mit dem ubiquitär behaupteten Niedergang der Klosterkultur begründet worden. Konkrete Forderungen, sowohl die Orden als auch den Säkularklerus zu reformieren, wurden aber schon weit vor der Zeit der Konzilien erhoben, und zwar bereits in den letzten Jahrzehnten des 14. Jahrhunderts.

Was die Orden betraf, so hatte die Beendigung des Schismas zwar dazu geführt, dass mehrere von ihnen nach internen Spannungen wieder zu einer gewissen Beruhigung zurückkehren konnten, indes hatte sich die Problematik der internen Einheit auf eine andere, bereits vor dem Konstanzer Konzil aufgekommene Konfliktfrage verlagert. Es ging um widerstreitende, z.T. sogar grundverschiedene Auffassungen bezüglich der anzustrebenden Obödienzen in den Klöstern. Diese Streitfrage führte in fast allen Orden in unterschiedlicher Intensität zu Spaltungen, auf der einen Seite in rigoros regelgetreue Observanten und auf der anderen in Konventualen, die ihre bisherige Lebensform nicht in gleichem Maße für radikal reformbedürftig hielten. Zwischen *reformati* und *irreformati* war nach Meinung der Obser-

Einführung

vanten, die selbstverständlich die moralische Überlegenheit für sich reklamierten, ein Unterschied wie zwischen Himmel und Hölle. Den Konventualen warf man gerne, meist zu Unrecht, schlimmste Vergehen vor. Bei den Franziskanern war der Riss zwischen den Lagern derart tief, dass bereits 1415 vom Konstanzer Konzil eine klare Trennung beider Gruppen innerhalb des Ordens gestattet wurde. Aber nicht nur die Observanten, sondern auch die Konventualen führten später in der oberdeutschen Ordensprovinz eigene Reforminitiativen durch, um Missstände in ihren Klöstern abzuschaffen. War ein Kloster von Konventualen reformiert worden, so mussten die Gegner der Reform das Haus nicht verlassen; die Observanten dagegen zwangen Widerständige fast immer zum Umzug in nichtreformierte Häuser oder gar zum Austritt aus dem Orden.

Die Observanten bestanden auf einer rigorosen Umsetzung der Reform. Eine Vielzahl der Klöster war vor allem nach den katastrophalen Verheerungen durch die Große Pest in den Jahren 1347–1352 sowie in den vielen kleineren Pestwellen danach zunächst entvölkert worden, oder die Anzahl der Mitglieder hatte sich so stark dezimiert, dass nur noch ein sehr eingeschränktes Ordensleben möglich war. Oft wurde, um die Klöster wieder zu besiedeln, die Anwendung adäquater Aufnahmekriterien vernachlässigt, und so degenerierten die Konvente mehr als zuvor und fungierten vorwiegend als eine Art finanziell gut abgesicherte soziale Versorgungsinstitution wohlhabender Familien, in denen von den Gemeinschaftsmitgliedern nicht zwingend verlangt wurde, innerhalb der Klostermauern auf ein relativ bequemes Leben, frei von Verpflichtungen, verzichten zu müssen. Auch mit dem unbedingten Gehorsam und dem Verbot von Privatbesitz nahm man es nicht so genau. Mit einer solchen Versorgung von ‚überzähligen' Kindern sollte die Weitergabe des Familienbesitzes abgesichert werden, denn Klosterinsassen waren nicht erbberechtigt. Besonders in Deutschland nutzte der Adel diese Möglichkeit, um seine Zweitgeborenen – zumeist bereits im frühen Alter – in Klöstern unterzubringen, und das städtische Patriziat machte es dem Adel nach. Für den Franziskanerkonventualen Thomas Murner (vgl. S. 618) war dies ein beklagenswerter Zustand. Allerdings waren laut Murner die eher unfreiwillig ins Kloster Eingetretenen nicht verantwortlich dafür. Die Schuld sieht Murner ganz bei den wohlhabenden Vätern: Fänden diese keinen passenden Ehemann für ihre Tochter, so müsse *sy clôsterlichen leben*, auch wenn sie sogar lieber unter ihrem Stand heiraten würde, als *das sy wôl zů metten* (der beschwerlichsten, mitternächtlichen Gebetsstunde) ginge. Die aktuelle Praxis führe also dazu, die Funktion der Klöster zu verändern: *die frowen clôster sindt yetz all / Gemeiner edel lüt spittal*. Es waren aber nicht diese Umstände, die der entschlossene Teil des Reformklerus primär zu bekämpfen gedachte; eine gewisse Lockerung des Adelsmonopols war zwar denkbar, doch nicht eine tatsächliche Änderung der standesmäßigen Zusammensetzung des Klosterpersonals. Vielmehr wurde die lasche

Befolgung von Ordensregeln als der grundsätzliche Missstand identifiziert, den es zu beseitigen galt. Mit drastischen Worten brachte dies Johannes Geiler, ein der Observanzbewegung nahestehender Säkularkleriker, auf den Punkt: Väter sollten ihre Töchter lieber in einem Freudenhaus unterbringen statt in einem nichtreformierten Kloster. Als Hure würde ihr dort das sündhafte Leben schneller bewusst und sie würde sich deshalb eher bekehren, als wenn sie Nonne in einem nichtreformierten Kloster wäre; dort würde sie Ähnliches tun wie in einem Bordell, aber trotzdem im Glauben leben, dass alles moralisch korrekt sei. Solche Polemik zeigt, mit welcher Vehemenz die Auseinandersetzungen um die Reform der Orden geführt wurden.

Die Ziele der Observanzbewegungen waren selbstverständlich stets restaurativ. Zentrale Forderung war die rigorose Wiedereinhaltung der Ordensregeln, nicht etwa ein modernisierender Neuentwurf zur Gestaltung der klösterlichen Lebensform. Es sollte ein fundamentales ‚Zurück zu den Anfängen' geben. Gerade wegen der geforderten bedingungslosen Strenge blieben aber größere Reformerfolge in den ersten drei Dekaden des 15. Jahrhunderts aus: Auf Privatbesitz, weiche Kleider und bequeme Betten sollte verzichtet werden, Mahlzeiten sollten nicht mehr so schmackhaft wie früher zubereitet sein, allgemeine Konversationen untereinander wurden weitgehend verboten sowie in den Frauenklöstern fast alle Kontakte zur Außenwelt. Dass solche Vorschriften in den meisten Konventen auf heftigen Widerstand stoßen würden, war absehbar. Frustriert vom mangelnden Erfolg der frühen Observanzbewegung behauptete 1428 einer der bedeutendsten dominikanischen Reformer, Johannes Nider (vgl. S. 242), die kriegerischen Erfolge der Hussiten seien der allgemeinen Reformverweigerung anzulasten: *All laygen rüffent vnd sprechent, daz der Hussen ketzerey uferstanden sig von dem, daz die pfaffheit vnd münch vnd frowen in clöstern nit reformiert sind*. Nider plädierte für die kontinuierliche Durchsetzung von Reformschritten, die er in seinem ‚Formicarius' mit den emsigen Bemühungen von Ameisen vergleicht, die einen riesigen Hügel herstellen. Mit Anstrengungen, die der rastlosen Tätigkeit dieser fleißigen Insekten glichen, könnten allmählich dann die krassen Missstände innerhalb der Kirche beseitigt werden.

Auch nach ersten bedeutenden Erfolgen der Reformer ebbte der Widerstand gegen eine Einführung der strengen Observanz nicht ab, Reformversuche stießen noch das ganze 15. Jahrhundert hindurch auf mehr oder minder starke Gegenwehr. In den ersten Dezennien ging dies bis hin zur gewaltsamen Vertreibung der mitunter zelotischen Reformer. In nicht wenigen Fällen wehrten sich die Schwestern, wie z.B. 1396 beim ersten Reformversuch im dominikanischen Katharinenkloster in Nürnberg, *mit grossen unzüchtigen sytten und unfröwlichen wisen und unperd*, oder sie warfen brennende Kerzen und Steine auf die Vertreter der Reform und zwangen sie damit zum Rückzug. Vielfach gelang die Einführung strenger Maßnahmen erst mit kirchlichen Strafandrohungen oder mit massivem Druck bzw. gar Gewalt von Seiten der weltlichen Mächte. Ohnehin waren es zumeist Letztere, von denen die Entscheidung abhing, ob ein Kloster konventual bleiben oder an die Observanten übergeben werden sollte. Die Mächtigen, die für das reibungslose Funktionieren einer religiösen Fürsorge verantwortlich waren, fürchteten in ihrer Machtstellung geschwächt zu werden, wenn sie ein regelwidriges Klosterleben tolerierten; es lag daher in ihrem eigenen Interesse, der Unzufriedenheit der Bevölkerung angesichts der seelsorglichen Betreuung mit entschiedenen Taten entgegenzuwirken.

Trotz der vielfachen Widerstände kam es so im Lauf des Jahrhunderts zu beachtlichen Erfolgen der Observanten, auch wenn manche Reformvorhaben sich über Jahrzehnte hinzogen oder nach anfänglichem Erfolg versandeten. Wenngleich in nicht wenigen Klöstern Reformen verhindert wurden, indem einflussreiche Geschlechter diese Bemühungen vereitelten, so wie es ihre reformunwilligen Verwandten unter den Konventsangehörigen wünschten, sorgte doch in vielen Städten die Obrigkeit dafür, dass sämtliche Klöster reformiert wurden. In Nürnberg forderte das Patriziat z.B. die lokalen Dominikaner 1428 dazu auf, das Frauenkloster St. Katharina zu reformieren, um die Abwanderung einer reichen Witwe mitsamt Besitz in ein observantes elsässisches Kloster zu verhindern. Entscheidend für die Erfolge der Bewegung waren charismatische und hochengagierte Persönlichkeiten wie Johannes Nider oder der die Massen mitreißende italienische Franziskaner Johannes von Capestrano, der auch in Deutschland vor großem Publikum predigte und bei Reformvorhaben aktiv mitwirkte.

In den Bettelorden kam es zu unterschiedlichen Reformabläufen. Im Franziskanerorden, in welchem die Observantenbewegung bereits 1368 in Italien ihren Anfang genommen hatte, gelangen in der oberdeutschen Provinz erst um die Mitte des 15. Jahrhunderts mehrere Vorhaben, welche zum Teil sogar von Konventualen eingeleitet worden waren. Bei den Klarissen waren, wie anfangs bei den Dominikanerinnen, zunächst keine größeren Erfolge zu verzeichnen. Die Dominikaner, deren Reformbewegung von Katharina von Siena und ihrem Beichtvater Raimund von Capua initiiert wurde, vermochten in einer ersten Phase um die Jahrhundertwende nur einige wenige Männer- und Frauenklöster der strengen Observanz zuzuführen. Es folgten dann knapp drei Dezennien des Stillstands, der erst nach 1426 mit einem Neubeginn und einer klaren Dominanz der Observanten innerhalb des Ordens überwunden werden konnte.

In der dominikanischen Ordensprovinz Teutonia, die sich von Österreich bis zum Elsass und von Franken bis in die Schweiz erstreckte sowie das Rheinland und Brabant mitumfasste, waren Reforminitiativen im Vergleich zu den Aktivitäten in allen anderen Ordensprovinzen die bei weitem erfolgreichsten. Die Teutonia teilte sich auf in vier Nationes: Alsatia (Elsass, Baden, Nordschweiz), Brabantia (Brabant und die Rheinlande), Suevia (Württemberg, Bayerisch-Schwaben und Franken) und Bavaria (Bayern und Österreich). Letztere war wiederum aufgeteilt in eine Portio superioris (Bavaria) und Portio inferioris (Austria). In der Provinz befanden sich immerhin 65 Frauenklöster, von denen bis 1513 circa 30 der strengen Observanz zugeführt werden konnten.

In einer Vielzahl von Konventen beider Bettelorden war die Reform erst dann erfolgreicher, wenn die Ordensoberen den Schwestern eine Observanzprogrammatik angeboten hatten, in der Forderungen der ersten Phase abgeschwächt waren. In der Regel übersiedelten Obere sowie eine gewisse Anzahl von Brüdern oder Schwestern aus reformierten Häusern in die für die Observanz gewonnenen Klöster, um die strenge Regeltreue in die Klostergemeinschaften einzuführen und die harte Disziplin dauerhaft in ihnen zu erhalten. Die Brüder wurden verpflichtet, sich für ihre Aufgaben als Seelsorger fundiertes theologisches Wissen anzueigen. In den Frauenklöstern der Bettelorden dominierte in der zweiten Hälfte des 15. Jahrhunderts schließlich die observante Richtung.

Im Benediktinerorden ging die Reform von einzelnen Klöstern aus, so etwa vom bereits 1380 reformierten oberpfälzischen Kloster Kastl, von wo aus mehrere Abteien des Südens erfasst wurden, sowie von der niederösterreichischen Abtei Melk. Diese pflegte enge Beziehungen zur Wiener Universität, führte ab 1418 die strenge Observanz ein und verzeichnete danach beachtliche Reformerfolge in Männer- und Frauenklöstern in Österreich, Südbayern und im Ostschwäbischen. Ab 1433 wurde sodann die niedersächsische Abtei Bursfelde reformiert und die von dort ausgehende Bewegung sogar zur Kongregation erhoben. Klöster vorwiegend im west- und mitteldeutschen Raum sowie in den heutigen Niederlanden und Belgien und auch in Dänemark schlossen sich ihr an. Inspiriert und geprägt wurde die Bursfelder Reform von der Devotio moderna, der von den Niederlanden ausgehenden Frömmigkeitsbewegung. Im Gegensatz zur Melker Reformgemeinschaft, in der sich die Abteien austauschten und durch Gebetsverbrüderungen verbunden waren, gab es bei der Bursfelder Kongregation eine strenge Organisation mit für die Klöster verbindlichen Verfügungen, deren Durchführung von Visitatoren überprüft wurde.

Gänzlich der Devotio moderna verpflichtet war die Windesheimer Kongregation der Augustinerchorherren und -frauen. Auch wenn die meisten Anhänger der Devotio eigentlich die religiose Lebensform ablehnten, blieb sie für manche dennoch attraktiv. Speziell für diese Gruppe wurde 1387 das Chorherrenstift Windesheim bei Zwolle eingerichtet, das zusammen mit drei weiteren Niederlassungen dann 1395 von Papst Bonifaz IX. als Windesheimer Kongregation bestätigt wurde. Aufgrund ihres beachtlichen Erfolgs beauftragte das Basler Konzil die Windesheimer 1435 mit der Reform der deutschen Augustinerklöster. Um 1500 gehörten schließlich 83 Männer- und 13 Frauenklöster im gesamten niederländischen und deutschen Raum zur Kongregation. Das Klosterleben orientierte sich zwar an der Augustinusregel, aber zusätzlich wurde eine rein kontemplative Lebensgestaltung nach den Lehren der Devotio moderna zur Richtlinie erhoben. Zahlreiche Laien traten den Klöstern mit Gelübde und Gehorsamsversprechen bei, ohne sich allerdings zur traditionellen monastischen Alltagsgestaltung – etwa Chorgebet oder Studium – zu verpflichten. Wie die Laienbrüder in den Klöstern der reformierten Benediktiner verfügten sie im Allgemeinen nicht über Lateinkenntnisse; diesen Umstand hatten beide Orden bei der Ausstattung ihrer Klosterbibliotheken zu berücksichtigen.

Erfolgreich war auch die ursprünglich aus Böhmen stammende Raudnitzer Reform der Augustinerchorherren und -frauen, die seit der ersten Hälfte des 15. Jahrhunderts Niederlassungen und Neugründungen in Österreich, Mähren und Bayern erfasste – mit Ausnahme von bereits der Windesheimer Kongregation angehörigen Stiften wie Rebdorf bei Eichstätt. Der einflussreiche Nikolaus von Kues sorgte dafür, dass die Raudnitzer Statuten ab 1451 für alle Chorherrenstifte dieses Raumes verbindlich wurden.

Nicht ganz so weitreichend wie bei den bisher erwähnten Orden waren die Observanzbestrebungen bei den Mönchen und Nonnen des Zisterzienserordens. Dennoch gelang es auch hier Observanten, z.T. mit Hilfe von Geistlichen anderer Orden, in einzelnen Männer- und Frauenklöstern Reformen durchzuführen. In einigen Konventen im Süden entstanden beachtliche Bibliotheken, so z.B. in den observanten Frauenkonventen Lichtenthal bei Baden-Baden und im schwäbischen Kirchheim am Ries. Auch im norddeutschen Raum wurden Reformen durchgeführt, allerdings sind die Bibliotheksbestände von nur wenigen Klöstern erhalten.

Nur in zwei bedeutenderen Orden wurden keine Reforminitiativen ergriffen, so zum einen von den Kartäusern, über deren Orden es später hieß: *Cartusia numquam reformata, quia numquam deformata* („der Kartäuserorden wurde nie reformiert, da er nie deformiert war"). Ihm traten häufig Nichtlateinkundige bei, was größere Bestände an volkssprachlichen Werken in deutschen Kartäuserbibliotheken deutlich belegen. Einzelne Kartäuser verfassten selbst religiöse Schriften in der Volkssprache und engagierten sich für die Kirchen- und Ordensreform. Ebenfalls nicht reformbedürftig war zum anderen der neu gegründete Birgittenorden mit seinen Doppelklöstern – Mönche und Nonnen wohnten hier unter einem Dach, aber selbstverständlich räumlich voneinander getrennt. Im Norden gab es Niederlassungen bei Xanten, Marienforst bei Bonn, Lübeck, Reval, Stralsund und Danzig; diese Klöster entstanden teilweise früher als jene im Süden. Lange blieb die erste Niederlassung im Süden, das 1438 durch den Eichstätter Bischof geweihte Gnadenberg bei Neumarkt in der Oberpfalz, das einzige Birgittenkloster des *oberlants*. Maria Mai im Ries (Maihingen) und Altomünster folgten erst 1472/73 bzw. 1497.

Gemeinsam ist all diesen Klöstern, dass sie im Zuge der Reform oder unter deren Einfluss neue Bibliotheken auf- bzw. bestehende Bücherbestände beträchtlich ausbauten. Die Forschung hebt zwar durchaus zu Recht hervor, dass eine große Menge an geistlicher Literatur, die im 15. Jahrhundert hier rezipiert wurde, bereits im späten 13. oder im 14. Jahrhundert verfasst worden ist. Allerdings muss diese Feststellung stärker als bislang differenziert bzw. korrigiert werden. Zweifellos erfahren zahlreiche ältere Werke, wie etwa die von Heinrich Seuse und Marquard von Lindau, erst im 15. Jahrhundert ihre enorme Verbreitung. Auch für andere literarische Gattungen früherer Epochen gilt, wie beispielsweise für die höfische und heldenepische Literatur des 12. und 13. Jahrhunderts, dass im 15. Jahrhundert fast alles Interessante noch einmal abgeschrieben oder für den Druck verwertet wird. Indes ist gerade für die geistliche Literatur eine enorme Produktivität in dieser Zeit zu verzeichnen: Der reformaffine Klerus des 15. Jahrhunderts verfasste eine gewaltige, bis heute noch nur schwer schätzbare Zahl an religiösen Werken, die ebenfalls sehr erfolgreich waren. Zudem wurde von ihm z.T. anspruchsvolles lateinisches Schrifttum in beachtlichem Umfang in die Volkssprache übersetzt.

Über die Netzwerke der Observanten wurde Literatur geographisch weit verbreitet und geriet über die Klöster an die Laien in den Städten, wo dann eine große Zahl observanter Literatur gedruckt wurde. Auch das in den Städten bereits vorhandene grundsätzliche Interesse von Laien an geistlicher Literatur wurde durch die Reformbewegungen stimuliert und bereichert. Zahlreiche Untersuchungen haben ergeben, dass ein Werk erst dann in einer gewissen Stadt oder Region laikale Rezipienten fand, nachdem dort ein Kloster reformiert worden war. Eine große Zahl an observantem Schrifttum eignete sich sowohl für religiose als auch laikale Rezipientenkreise.

Aufgrund der extensiven Wiederentdeckung älteren Schrifttums und der gleichzeitigen Neuproduktion geistlicher Literatur lässt sich allerdings in nicht wenigen Fällen nur schwer oder überhaupt nicht entscheiden, aus welcher Zeit ein im 15. Jahrhundert überliefertes Werk tatsächlich stammt. Dies gilt vor allem für jene Texte, die ausschließlich in Handschriften aus diesem Jahrhundert enthalten sind, darunter insbesondere zahlreiche oftmals anonym, zumeist in Prosa verfasste Werke. Dennoch lässt sich anhand verschiedener Charakteristika insgesamt ein recht klares Bild von der Produktion geistlicher Literatur im Zuge der *reformatio* zeichnen.

Die volkssprachlichen geistlichen Schriften des 15. Jahrhunderts bieten selten Verfassernamen; wenn überhaupt, wird dieser nur in den frühesten Textzeugen erwähnt. Für die Rezipienten scheinen ausschließlich der Inhalt und die Gebrauchsfunktion des Textes von Interesse gewesen zu sein, der

Einführung

Name eines ihnen ansonsten nicht bekannten Autors dagegen irrelevant. Mitunter wird allenfalls die Ordenszugehörigkeit des Autors identifiziert oder kann aus spezifischen Textmerkmalen erschlossen werden.

Auch wenn davon ausgegangen werden kann, dass der stark überwiegende Teil der im 15. Jahrhundert entstandenen religiösen Literatur von Klerikern verfasst wurde, die sich in der Reform engagierten, soll in diesem Kapitel nur die nachweislich oder sehr wahrscheinlich im Rahmen der Ordensreform entstandene Literatur behandelt werden, welche sich zudem häufig bekannten Persönlichkeiten zuordnen lässt. Zu religiösen Werken, die mutmaßlich nicht im Kontext der Reform entstanden sind, vgl. das vorangehende Kapitel (S. 180 ff.) und besonders Tl. 2.

Da der größte Teil des in diesem Kapitel behandelten Schrifttums nur wenig erforscht ist und kaum in Editionen vorliegt, können in vielen Fällen nur knappe Angaben zum Inhalt der Texte oder Sammlungen geboten werden. Dennoch ist die Einbringung dieser Werke in den Gesamtzusammenhang der Darstellung von entscheidender Relevanz.

Von zentraler Bedeutung für den beachtlichen Erfolg der geistlichen Literatur bei den *illiterati* war, dass schon seit der Wende vom 14. zum 15. Jahrhundert hochgelehrte und kirchenpolitisch bedeutende sowie reformaffine Mitglieder des Säkular- und Ordensklerus zu den wichtigsten Autoren von volkssprachlichem geistlichen Schrifttum gehörten. Ihre Verfasserschaft war im Süden ebenso wie im Norden entscheidend für die Akzeptanz und Verbreitung der geistlichen Literatur. Die neue Strategie, Literatur als ein besonders effektives Instrument für die religiose wie laikale Selbstpastoration einzusetzen, steht in engem Zusammenhang mit einer grundlegend neuen Richtung in der Theologie, die Berndt Hamm treffend als ‚Frömmigkeitstheologie' bezeichnet hat. Dieser in erster Linie praktisch-seelsorgerisch orientierte Neuansatz wurde vor allem vom äußerst einflussreichen „Kirchenvater des 15. Jahrhunderts" gefördert, dem Kanzler der Pariser Universität, Jean Gerson (1363–1429). Dieser bedeutende Vorkämpfer des konziliaren Gedankens und einer grundlegenden Kirchenreform hatte sich dezidiert von der abstrakten, rein akademischen ‚Kathedertheologie' abgewandt. Sein Anliegen war es, Hochschulwissen für die Bedürfnisse einer frommen Lebensgestaltung aller Gläubigen fruchtbar zu machen und eine genuin pastorale Theologie zu etablieren.

Die von Gerson angeregte Hinwendung der Gelehrtenwelt zur Seelsorge gab Impulse für innovative Entwicklungen, vor allem auch im Bereich des volkssprachlichen Schrifttums. Es wurde zunächst als wichtiges Medium eingesetzt, um den gehobenen, lesefähigen illiteraten Schichten frömmigkeitstheologische Programmatik zu vermitteln. Bis in die renommiertesten theologischen Fakultäten hinein erkannte der Reformklerus, dass angesichts einer stetig zunehmenden Alphabetisierung und zugleich einer drastischen

Verbilligung der Buchherstellung den *simplices* ein attraktives Lektüreangebot unterbreitet werden musste. Diesen Bildungshunger erkannt und daraus klare Konsequenzen gezogen zu haben, gehört zu den folgenreichsten Verdiensten des Reformklerus überhaupt. Auch wenn sich im 15. Jahrhundert immer noch einige wenige Rigoristen zu Wort meldeten und argwöhnisch die Erosion des klerikalen Bildungsmonopols anprangerten, erwies sich doch letztlich jede Anstrengung, das volkssprachliche religiöse Schrifttum zurückzudrängen, als wirklichkeitsfremd. Der rapide voranschreitende Literarisierungsprozess der wissbegierigen *illiterati* war bereits unaufhaltsam und irreversibel geworden.

Ein entscheidender Impuls für die Entstehung frömmigkeitstheologischer Literatur in der Volkssprache ging von der Wiener Universität aus, die 1384 durch Herzog Albrecht III. eine grundlegende Reorganisation erfuhr. Die Hochschule entwickelte sich in kurzer Zeit zum „eigentlichen Zentrum der Umsetzung scholastischer Lehre in Popularunterweisung" (K. Ruh), von hier aus wurde die Reform *in membris et in capite* maßgeblich vorangetrieben. Albrecht berief 1384 den ehemaligen Vizekanzler der Sorbonne, Heinrich Heinbuche von Langenstein (1325–1397), und den ebenfalls in Paris und Prag tätigen Theologen Heinrich Totting von Oyta (um 1330–1397) an die Universität, und mit ihnen erhielt einige Jahre später die theologische Programmatik Gersons Einzug in Wien. Eines ihrer Ziele bestand darin, volkssprachliche Literatur im Dienste einer umfassenden Kirchenreform zu fördern. Deshalb überrascht also nicht, dass mehrere observante Kleriker, die später wirkmächtige volkssprachliche Werke verfassten, in Wien studiert hatten. Gerson gab die Richtung vor. Er hatte z.B. Unterweisungen für das spirituelle Leben einer religiösen Frauengemeinschaft in französischer Sprache verfasst. Die thematische Spannweite dieses Werks reicht von elementarer Katechese bis hin zu Meditationsübungen und Vollkommenheitslehren.

Die Literatur der observanten Dominikaner und Dominikanerinnen

Begonnen hatten die Reformanstrengung der Dominikaner bereits 1388 auf dem Generalkapitel der Dominikaner in Wien, wo der vom Kölner Konvent gekommene Konrad von Preußen höchst dramatisch mit einem Strick um den Hals auftrat und sich bezichtigte, dass er *bis uff die zit sinen halgen* (heiligen) *prediger orden nit gehalten het*. Mit dieser Geste klagte er allerdings nicht nur sich, sondern den gesamten Orden der Missachtung der Regel an. Konrad wurde 1389 das Männerkloster zu Colmar zur Reform übergeben, was in der Stadt begrüßt wurde. Dreißig observante Brüder wurden aus verschiedenen Konventen dorthin entsandt. Unter dem Priorat Konrads *viengent* [sie] *da an so loblichen des ordens observantz mit leben und mit ler* zu verwirklichen.

Als nächstes Männerkloster folgte, wie vom Rat der Stadt gewünscht, der durch Colmarer Brüder reformierte Nürnberger Konvent, der sich ab 1396 zum Zentrum der dominikanischen Observanz in der Ordensprovinz Teutonia entwickeln sollte. Die Rigorosität der ersten Reformer war allerdings der Hauptgrund, warum die vom Ordensgeneral Raimund von Capua (vgl. S. 201) ab 1389 initiierte Observanzbewegung zunächst nur sehr wenig Erfolg hatte. Es kam hinzu, dass auch lokale politische Obrigkeiten, Stadträte, Bischöfe und Landesfürsten, Reformanstrengungen ablehnten, weil sie befürchteten, Kontrolle über die für sie z.T. lukrativen Klöster zu verlieren. Aufgrund der geringen Bereitschaft und Unterstützung, innerhalb des eigenen Ordens, ihre Pläne umzusetzen, blieben die Observanten längere Zeit sogar Außenseiter.

Bei den dominikanischen Schwestern der Teutonia begann die Reform 1397 mit der von Herzog Leopold IV. von Habsburg und seiner Frau Katharina von Burgund veranlassten und durch Schenkungen begünstigten Neubesiedelung des verlassenen Augustinerchorherrnstifts Schönensteinbach bei Gebweiler im Elsass mit dreizehn reformwilligen Schwestern aus Katharinental bei Diessenhofen, Colmar und Schlettstadt. Der Versuch der Brüder in Nürnberg, 1397 das dortige Katharinenkloster zu reformieren, endete dagegen in einem Fiasko. Die Nonnen ließen sich sogar eine Urkunde ausstellen, die die Einführung einer strengeren Disziplin und die Aufgabe ihres persönlichen Besitzes untersagte. Zwischen 1395–1398 scheiterten Reformversuche in weiteren Klöstern kläglich, der Widerstand der Nonnen war schlichtweg zu groß.

Nach dem Tod Raimunds von Capua 1399 bei einer Durchreise in Nürnberg fehlte dann die notwendige charismatische Persönlichkeit, um die Bewegung weiter voranzubringen, so dass im folgenden Vierteljahrhundert nur sehr wenige Erfolge zu verzeichnen waren. Dazu gehörte die Reform des Berner Männerklosters, die auf Wunsch des dortigen Rats unmittelbar nach Abschluss des Konstanzer Konzils 1419 von Nürnberger Brüdern durchgeführt wurde. Bei den Nonnen sorgte die Reform des Colmarer Konvents Unterlinden 1419 für einen kurzen Impuls. Denn 1423 wurden auf Begehren des Basler Rats von Colmar aus das Basler Kloster St. Maria Magdalena an den Steinen (i.F. ‚Steinenkloster') und 1425 mit Unterstützung des Pfalzgrafen Ludwig III. das Kloster Liebenau bei Worms reformiert; acht Gräfinnen verließen daraufhin dieses Kloster.

Mit dem Generalat des Bartholomäus Texery (1426–1449), der eine gemäßigtere Linie verfolgte, waren einer zweiten Reformperiode endlich größere Erfolge beschieden. Eine wichtige Rolle spielte dabei die Reform des Nürnberger Katharinenklosters 1428. Die observanten Brüder der Reichsstadt hatten nach dem ersten Scheitern zwar keine weiteren Initiativen unternommen, aber dennoch das Kloster über dreißig Jahre lang betreut. Zum erneuten Reformversuch kam es erst, als die fromme und sehr vermögende

Witwe Kunigund Schreiberin sich für ein Leben im Kloster entschloss. Da sie beabsichtigte, in ein observantes Dominikanerinnenkloster einzutreten, sah sie sich gezwungen, wie einige andere reiche Nürnbergerinnen vor ihr ins ferne elsässische Schönensteinbach zu ziehen. Der Nürnberger Rat, der die Abwanderung weiteren Kapitals verhindern wollte – es hätten bereits genug *frowen mit grossem gůt* die Stadt verlassen –, forderte nun die Predigerbrüder dazu auf, einen erneuten Versuch der Reformierung des Katharinenklosters zu unternehmen, der dieses Mal unter Leitung des bedeutenden Observanten Johannes Nider und mit Hilfe von *menig geschickter* Nonnen aus Schönensteinbach tatsächlich gelang. Kunigund blieb daraufhin in Nürnberg. Auf Anordnung Texerys sollten die Nonnen, die zunächst erneut Widerstand leisteten, zwar *demůt und gehorsami ... erzaigen, und besunder soltent sy die gemain halten*, aber man hieß sie doch *lassen leben nach yr gewohnhait, flaisch essen, nit vil vasten, uff beten ligen, hemder tragen, und klaider nach yr gewonhait und des glichen*. Die Reform sollte freiwillig erfolgen (so der Dominikanerchronist Johannes Meyer). Von den 32 Schwestern wechselten zwar fünf, die sich nicht der Observanz fügen wollten, mit ihrem Eigentum in das nahegelegene Kloster Engelthal, und drei weitere gingen nach Frauenaurach. Während damals aber immerhin 27 Schwestern unter den neuen Bedingungen im Katharinenkloster blieben, soll sich diese Zahl um die Jahrhundertmitte sogar auf über siebzig erhöht haben.

Die Observanzbewegung setzte sich bei den Dominikanern schließlich in den 1430er Jahren als ordnende Kraft durch und wurde nun auch von der weltlichen Herrschaft bereitwillig unterstützt. In einigen größeren Städten, wie etwa in Augsburg, Freiburg, Konstanz, Straßburg und Trier verweigerte sich allerdings jeweils eine Mehrheit der Brüder standhaft der Reform, während Frauenklöster dort durchaus der Observanz zugeführt werden konnten und weiterhin problemlos von den nichtreformierten Konventualen betreut wurden. In den Männerklöstern aber waren die Gegensätze im Streit um die Frage des gemeinsamen Klosterbesitzes unüberbrückbar, und die beteiligten, durchaus namhaften Seelsorger unter den Konventualen vermochten hier keine Entscheidung zugunsten einer Reform zu erwirken.

Als auf dem Basler Konzil erstmals in der Kirchengeschichte weltlichen Fürsten ein Visitationsrecht über Klöster in ihrem Herrschaftsbereich erteilt worden war, förderte dies den Fortgang der Observanzbewegung. Der hohe Adel bat die observanten Brüder nun zunehmend um Hilfe bei der Wiederherstellung von Ordnung, wie etwa im Pforzheimer Konvent, wo *gar vil wild, můtwilliger frowen ein weltlich offen closter* betrieben haben sollen. Graf Eberhard im Bart setzte sich z.B. in seinem württembergischen Herrschaftsbereich entschieden für die Observanz ein. In den Reichsstädten wurden Reformen wie bei den bereits erwähnten Nürnberger Frauen durch die städtische Obrigkeit veranlasst.

Zur höchsten Blüte gelangte die Observanzbewegung in den 1440er Jahren und setzte sich sodann bis ins frühe 16. Jahrhundert fort. Zahlreiche Männer- und Frauenklöster der Teutonia schlossen sich freiwillig an oder wurden zur Observanz verpflichtet. Mit der Wahl eines prominenten Vertreters der Reform, Jakob Fabri von Stubach (1475–88), zum Provinzial wurde schließlich die ganze Provinz nominell observant – immerhin waren schon 31 Männerklöster reformiert –, während die Konventualen einen eigenen Generalvikar erhielten. Dennoch kam es nach wie vor in einzelnen Klöstern zu entschiedenem Widerstand. Der reiche Frauenkonvent Klingental in Basel beispielsweise hatte sich aus Angst vor einer Reform 1429 sogar dem Augustinerorden zugewandt, wurde aber 1479 wieder dem Predigerorden zugeteilt. Nach harten Auseinandersetzungen, in die Papst Sixtus IV. persönlich involviert war, und mit Unterstützung des Rats wurden die weiterhin renitenten Schwestern erneut zu Augustinerinnen. Die zur Durchführung der Reform dorthin entsandten Dominikanerinnen wurden zunächst ins aufgelöste Augustinerinnenkloster Obersteigen vertrieben und wechselten 1502 ins schwäbische Kloster Stetten (vgl. S. 354).

Im Hinblick auf die Entstehung und Verbreitung deutscher geistlicher Literatur im süddeutschen Raum nehmen die Observanten des Dominikanerordens eine herausragende Stellung ein. Dies liegt vor allem an der großen Zahl der zugehörigen Frauenklöster, welche jene aller anderen Orden deutlich übertrifft. Zudem erkannten die dominikanischen Reformkräfte bereits früh, dass sie auf die stark zunehmende Alphabetisierung der Ordensfrauen reagieren und Einfluss auf deren Lesegewohnheiten nehmen mussten. Zwar waren Frauenklöster schon in der Vergangenheit mit Büchern ausgestattet gewesen, aber dem Lesen war keine so zentrale lebenspraktische Bedeutung zuerkannt worden wie im 15. Jahrhundert. Von Anfang der Reformbewegung an stellten sich die Brüder auf diesen kulturellen Wandel ein, zumal sie in der volkssprachlichen Literatur ein hervorragendes Hilfsmittel für die Durchsetzung ihrer rigorosen Forderungen erkannten. Sowohl in der Schwesterngemeinschaft als auch in der Einsamkeit der Zelle sollte religiöses Schrifttum den harten Alltag erträglicher machen und die Reformierten zum Festhalten an der streng asketischen Lebensform inspirieren. Denn die observanten Dominikanerinnen wurden zunächst zu einem rein kontemplativen Leben angehalten, ohne jeden Kontakt zur Außenwelt und mit nur sehr begrenzter Kommunikation untereinander; das für Frauen vermeintlich typische *swetzen vnd kleffen* sollte durch ein Schweigegebot vollständig unterbunden werden. Täglich waren die sieben Stundengebete zu absolvieren. Wenn sie nicht mit liturgischen oder anderen Pflichten beschäftigt waren, war den Frauen der Aufenthalt in der Zelle vorgeschrieben. Lebenspraktischer Komfort wurde auf ein Minimum beschränkt: karge Mahlzeiten, kein Fleisch, ein Strohsack als Schlafstätte, auch das Material der Ordenstracht sollte nicht bequem sein. Bei den gemeinsamen Mahlzeiten und der spätnachmittäglichen *Collatio* waren Gespräche untereinander verboten, denn dort hatten stets Lesungen stattzufinden, die *lectio communis*, für die in vielen Klöstern mehr oder weniger detaillierte Lectiokataloge mit vorgeschriebenen Tageslesungen angefertigt wurden. In dem von einer dominikanischen Ordensschwester aus dem alemannischen Raum (vielleicht Schönensteinbach) verfassten Brief ‚Vom Schweigen im Kloster', heißt es: *Vnd ob dem tisch lősse ernstlich zu dem lesen von got oder den heilgen, daz du nüt dar zü redest.* Der Verzicht auf Geschwätz sei der erste Schritt zur Aufgabe des Eigenwillens und zur völligen Ergebung in den Willen Gottes. Der dominikanische Ordensgeneral Bartholomäus Texery (1426–1449) legte 1429 in seiner ‚Ordinatio' für das Nürnberger Katharinenkloster fest: *so will ich, daz ir all zeit in dem refenter* (Refektorium, Speisesaal), *wenn man da ysset oder collacion trinckt, ze tysch lest des morgens teütsch vnd ze abend einen teil latein vnd den andren ze teütsch. des geleich sol man auch ze tysch lesen den swestren, die ausser dem refender essen, die all bey ein ander sullen sein.* Auf prägnante Weise wird die wichtige Rolle, welche die religiöse Literatur im Ordensalltag spielen sollte, in der Übertragung von Humberts von Romans ‚Expositio in regulam beati Augustini' (vgl. S. 216) begründet: *Wann die diern gotz soll[en] stetigklich lesen,* denn Lesungen *sind dy waffen, damit dy schwestren den tüfel vertreibent. Das sind die wercktzüg, da mit man ewig selikait erkriegt.* In diesen Metaphern werden mithin die nach Einführung der Observanz stark eingeschränkten Möglichkeiten einer *vita activa* mit dem Lesen geistlicher Literatur kompensiert. Zudem sollte die Lektüre den Schwestern dazu dienen, zu einem tieferen Verständnis des Klosterlebens zu gelangen. So fordert der in der Observanzbewegung stark engagierte Johannes Meyer in seinem ‚Buch der Ämter' (vgl. S. 322), dass bei der Tischlesung auch solche Texte vorgetragen werden, in denen die Bedeutung der lateinischen Messe und des Stundengebets erläutert werden.

Zu den ersten Aufgaben bei der Einführung der strengen Observanz gehörte bei Männern wie bei Frauen die Einrichtung einer umfangreichen Bibliothek. Im Gegensatz dazu sahen sich Klöster, die sich einer Reform verweigerten, wie beispielsweise das Züricher Predigerkloster, „von allen Bestrebungen nach einer Verbesserung der Studien und Bibliotheken abgeschnitten" (M. Wehrli-Johns). Die Aufstockung der Bibliotheken führte zu einer Ausweitung des Angebots. Im Nürnberger Katharinenkloster befanden sich vor der Reform vorwiegend liturgische Werke, einige wenige Lesepredigten, Ordensregeln, Messeauslegungen, Hagiographie, die Werke Seuses u.a.m., deren Abschriften z.T. von den observanten Brüdern der Stadt stammten. Die zur Reform nach Nürnberg gesandten Schwestern aus Schönensteinbach brachten nun sowohl Vorlagen zur Abschrift in die fremde Schriftsprache als auch geübte Schreiberinnen mit ins Katharinenkloster, was die Nürnberger Schwestern dann bei ihren späteren Reformvorhaben ebenfalls taten. So gelangten etwa Marquards von Lindau ‚Dekalogerklärung', ‚Der Auszug der Kinder Israels', ‚Maitagspredigt' und ‚Eucharistietraktat', dazu weiterhin eine ‚Apokalypse'-Übersetzung, eine Historienbibel, eine umfangreiche Legende der Margareta von Antiochien, eine Zehn Gebote-Auslegung für Schwestern u.a.m. nach Nürnberg (*Das gaben uns die swester von Schönensteinpach*).

Der überregionale Austausch von Literatur besaß in der reformerischen Agenda hohe Priorität. Bald etablierte sich ein System für die Ausleihe von Handschriften, so dass intensiv gepflegte, noch heute teilweise gut rekonstruierbare Verbreitungsnetze für Literatur entstanden. Wie diese zu handhaben waren, beschrieb Johannes Meyer folgendermaßen: Beim Verleih müsse sowohl eine Notiz erstellt als auch ein Pfand entrichtet werden. Die allesamt aus wohlhabenden Verhältnissen stammenden Nonnen besaßen durchaus die finanziellen Mittel, um außerhalb der Klostermauern teure Bücher für den eigenen Gebrauch anfertigen zu lassen, auch von den Brüdern. So heißt es im Katalog des Katharinenklosters: *Item ein puch; das helt in im unser regel und constitucion in latein und teütsch nach dem text ... und ist pergamenen. Das puch kauft wir von unsern vetern, den predigern.* Die Nonnen erhielten außerdem viele Handschriften von Brüdern geschenkt; andere Handschriften brachten Nonnen beim Klostereintritt mit, die die Vielfalt des Angebots bereicherten. Zahlreiche Texte wurden dennoch nur innerhalb eines einzigen Klosters, einer Stadt oder eines begrenzten geographischen Raums rezipiert, ihre Überlieferung ist deshalb häufig auf Einzelhandschriften beschränkt.

In einer Vielzahl von Untersuchungen zur Überlieferung volkssprachlicher geistlicher Werke konnte festgestellt werden, dass sich deren Verbreitung entsprechend der zeitlichen Abfolge von Reforminitiativen erklären lässt. Stemmatische Analysen belegen ebenfalls, dass die Überlieferung den Wegen der Reformer folgt. Die reformgesinnten Seelsorger observanter städtischer Konvente sorgten häufig für die Verbreitung geistlicher Literatur unter den dort ansässigen Laien. Auf diese Weise erfuhren bestimmte Werke eine lokale Distribution auch außerhalb der Klöster unter der interessierten städtischen Bevölkerung, und zwar in vielen Städten bereits v o r der Reform der dortigen Frauenklöster. Dies lässt sich exemplarisch besonders gut für Nürnberg beobachten. Darauf soll unten näher eingegangen werden.

Als ein einschlägiges Beispiel für die Verbreitung von älteren Werken durch die Observanzbewegung mag das ‚Büchlein der Ewigen Weisheit' Heinrich Seuses dienen (vgl. Bd. III/1), welches von einflussreichen observanten Geistlichen wie Johannes Nider sehr geschätzt wurde. Von den knapp 350 überlieferten Handschriften stammen nur 29 aus dem 14. Jahrhundert, die Hälfte davon aus dem alemannischen Raum, also aus Seuses Heimat. Von den über 300 Handschriften aus dem 15. Jahrhundert stammen circa 40% der Klosterhandschriften aus reformierten Dominikanerinnenklöstern, circa 20% aus observanten benediktinischen und augustinischen Häusern. Auch in reformierten Klarissen- und Zisterzienserinnenklöstern sowie Kartausen ist das Werk nachgewiesen. Städtische Laien kamen so ebenfalls in den Besitz von Seuses ‚Büchlein'. Dieses Bild stellt sich bei mehreren im 15. Jahrhundert weit verbreiteten Werken in ähnlicher Weise ein.

Dass von den zuständigen Seelsorgern nur solche Literatur für die Nonnen ausgewählt, verfasst bzw. ihnen überlassen wurde, die einer Stabilisierung der Observanz zu dienen vermochte, führte zu einer weitgehenden Standardisierung der Bibliotheksbestände in den Frauenklöstern. Johannes Meyer erstellte sogar eine Bestellliste der Werke, die für die Komplettierung einer Büchersammlung notwendig seien: *ettliche der grösten und der nützlichest bůcher von mir zůsomen gefůgt, uf das ir sy wissen für uwer clôster zů bestellen.* Zum einen sollten Werke zur Verfügung stehen, die für die Strukturierung des klösterlichen Alltags vonnöten waren, etwa für die Tagzeiten oder die gemeinsamen Lesungen, zum anderen solche Schriften, die für *illitterati* geeignetes frömmigkeitstheologisches Grundwissen vermittelten, d.h. vor allem katechetische Traktate und Lesepredigten. Die verschriftlichte Predigt gehörte zu den beliebtesten Gattungen der damaligen geistlichen Literatur überhaupt, und zwar in den verschiedensten Modifikationen hinsichtlich tatsächlicher Predigtsituationen. Dass die Gattung Predigt bei den Dominikanern, also im *ordo fratrum praedicatorum*, besondere Beliebtheit genoss, liegt auf der Hand. Den größten Anteil an Texten, die im Dienste literarischer Pastoration innerhalb der Observanzbewegung standen, bilden dabei die Niederschriften von Predigten, die im eigenen Konvent gehalten und zumeist von den dominikanischen Predigern anschließend in verschriftlichter Form an die Schwestern weitergegeben oder auch von Zuhörerinnen selbst mitgeschrieben wurden. In vielen Fällen ist kaum einmal mit Gewissheit festzustellen, ob ein Text etwa als reiner Lesetext konzipiert ist, als Mitschrift einer gehaltenen Predigt, als autorisierte und vom Prediger kontrollierte Nachschrift (z.B. nach eigener lateinischer Vorlage), als Musterpredigt für andere Prediger u.a. Zudem changiert die Gattungszugehörigkeit vieler Texte in der konkreten Form, in der sie überliefert sind, zwischen Predigt und Traktat.

Dagegen verzichtete man, von wenigen Ausnahmen abgesehen, in reformierten Konventen auf ‚frauenmystische' Werke des 14. Jahrhunderts, da sie in den Augen der Betreuer zu gefährlichen Nachahmungen innerhalb des Konvents führen und mithin Unruhe stiften könnten. Überhaupt wurden supranaturale Erlebnisse von den Observanten vehement diskreditiert und unter den Verdacht gestellt, dass es sich bei ihnen um Teufelswerk handeln könne. Mehrere Schriften, die eine weite Verbreitung erfahren haben, warnen deshalb vor ‚mystischen' Erfahrungen.

In Hinblick auf eine Bibliotheksgeschichte der Observanz kommt dem Nürnberger Katharinenkloster besondere Bedeutung zu. Kein Frauenkloster des deutschen Mittelalters sollte jemals einen derartig reichen Bestand an Handschriften und Drucken sein Eigen nennen wie dieser Konvent. Am Ende des 15. Jahrhunderts besaß das Kloster circa 500–600 Bände. Nürnberger Schwestern wurden zwischen 1436 und 1513 mindestens acht Mal in andere Konvente entsandt, um dort die strenge Observanz einzuführen oder deren Reformprozesse zu unterstützen. Dabei versorgten sie die Schwestern mit Literatur, u.a. mit Dubletten aus der eigenen Bibliothek. Dieser Literaturtransfer wurde in enger Zusammenarbeit mit den überaus aktiven Nürnberger Brüdern organisiert, da die streng klausurierten Nonnen die Handschriftenübergabe (außer bei der persönlichen Entsendung zur Durchführung eines Reformvorhabens) nicht selbst bewerkstelligen konnten. Zusammen mit bereitwilligen Kaufleuten der Stadt sorgten deshalb vor allem die Brüder für den Transport der Bücher zu Klöstern im gesamten süddeutschen Raum. Von diesem nahezu professionell organisierten Literaturverbreitungsnetz profitierten auch observante Klöster anderer Orden, vor allem, wenn sie sich in derselben Stadt oder in der nahen Umgebung befanden. Es lässt sich vielfach nachweisen, dass die Zugehörigkeit zur Observanzbewegung ein wesentlich stärkeres Gefühl der Zusammengehörigkeit erzeugte als die Zugehörigkeit zum eigenen Orden. So tauschten observante Dominikanerinnen, Augustinerinnen, Klarissen, Benediktinerinnen und Zisterzienserinnen nachweislich Literatur untereinander aus. Es kann als gesichert gelten, dass Konvente anderer Orden, die keiner Reform bedurften, etwa Birgitten- und Kartäuserklöster, am Netzwerk beteiligt waren.

Die durch die Reform vorangetriebene Bestandserweiterung und -veränderung der Klosterbibliotheken verdankt sich aber keineswegs nur der jeweils klostereigenen Herstellung von Handschriften, sondern wurde auch durch Schenkungen, Aufträge an lokale Schreiber und Ankauf – gegen Ende des Jahrhunderts vor allem von Drucken – stark befördert. Bei Frauen, die in ein observantes Dominikanerinnenkloster eintreten wollten, war es sogar häufig erwünscht, eine Mindestausstattung an Büchern in den Konvent mitzubringen. Das geht aus einem Brief hervor, den die unbekannte Priorin eines Klosters an eine zukünftige Schwester schrieb: *Du must han 1 Psalter, item 1 Diurnal (für die Horen), 1 Zitbuch, item ein Processional, item ein Exiqual (für Begräbnisse) oder 16 fl. (Gulden) dafür. So will ich sy dir gut bestellen. Es wird dir tröstlich werden, wan du gutte bücher hast.* Viele brachten beim Eintritt ohnehin ihren persönlichen Bücherbesitz mit oder sie bekamen Geld von ihren Eltern, so dass der Konvent sie *versehen* [könne] *mitt bůcher[n]* und anderem. Die Bibliotheken reformierter Klöster bestanden, vorsichtig geschätzt, zu über 80% aus Büchern, die erst nach der jeweiligen Einführung der Observanz im Haus hergestellt wurden oder auf anderen Wegen ins Kloster gelangten.

Es ist daher keineswegs überraschend, dass überlieferte Werke nur selten nichtobservanten Frauenklöstern zugeordnet werden können. Zwar besaßen alle Konvente durchaus einen Grundbestand an Liturgica u.ä.m., der zum Großteil noch aus der Gründungs- und Frühzeit der Klöster stammte, aber es bestand bei den Nichtobservanten zumeist wenig Interesse an der Anschaffung von Literatur; zugleich fehlte zumeist das zur Buchherstellung fähige Personal. Darüber hinaus zeigten Laien offenbar kaum Bereitschaft, nichtobservanten Klöstern Bücher zu schenken. So besaß die Bibliothek des im 14. Jahrhundert für seine berühmten Mystikerinnen bekannten, dann aber reformunwilligen Klosters Engelthal (vgl. Bd. III/1) zur Mitte des 15. Jahrhunderts ebenso viele Handschriften wie das Nürnberger Katharinenkloster vor seiner dreißig Jahre früher erfolgten Reform. Bei den observanten Dominikanerinnen hingegen entstanden nicht nur in den urbanen Klöstern, sondern auch in jenen außerhalb der Städte stattliche Bibliotheken, wie etwa in Altenhohenau (bei Wasserburg), wo im späten 15. Jahrhundert eine Vielzahl lateinischer Codices und Drucke dem volkssprachlichen Bestand hinzugefügt wurde. Gegen Ende des Jahrhunderts erwarben die dortigen Schwestern sogar mehr lateinische als deutsche Bücher. Allerdings sind die Bibliotheksbestände der meisten oberdeutschen Reformklöster über die Jahrhunderte entweder zerstört oder erheblich dezimiert worden. Aus nichtreformierten Klöstern wie z.B. Pettendorf bei Regensburg ist zumeist keine einzige Handschrift erhalten geblieben.

In den observanten Klöstern wurde die Bildung gefördert. Interessierte und begabte Schwestern durften nun intensiver Latein lernen und einige der bislang dem gelehrten Klerus vorbehaltenen Werke studieren. Dieses Angebot wurde von zahlreichen Frauen gerne angenommen. Auch wenn solide Lateinkenntnisse bei den Schwestern sicherlich nicht generell vorauszusetzen sind, waren sie dennoch keine Seltenheit. Als Novizinnen sollten die Mädchen zunächst im Singen und Lesen unterwiesen werden sowie die wichtigsten Teile der lateinischen Liturgie auswendig lernen; auch praktische Kenntnisse zur Herstellung von Handschriften wurden bei entsprechender Eignung vermittelt. Johannes Meyer schreibt in seinem ‚Buch der Ämter' (vgl. S. 322), dass intellektuell fähige Schwestern durchaus in den *freyen künsten*, vor allem *in der künst grammaticka* unterrichtet werden könnten.

Die Ordensoberen wollten dem Wissensdrang der Schwestern keine allzu engen Grenzen setzen, im Gegenteil. Dennoch blieben die Möglichkeiten für die Frauen beschränkt, denn es fehlten in den Klöstern die für ein hohes Bildungsniveau erforderlichen Lehrer ebenso wie der dafür notwendige lateinische Bibliotheksbestand. Für die observanten Brüder war allerdings klar, dass man reformorientierte, intellektuell begabte Frauen nicht von höherer Bildung ausschließen konnte und sollte, zumal sich dies auf die soziale Harmonie in den Klöstern kontraproduktiv hätte auswirken können. Die

'Bildungsrevolution' des 15. Jahrhunderts stellte gängige normative Vorstellungen ohnehin in Frage, was Reformer wie der Ordensgeneral Bartholomäus Texery sehr wohl zur Kenntnis nahmen. Diese aufgeschlossene Haltung kulminierte aber keineswegs darin, dass man observante Nonnen ermutigt hätte, eigene Werke zu verfassen. Zwar übersetzten verschiedene Nonnen lateinische Schriften oder offenbarten in deutschen auch ihre Fähigkeiten im Bereich des gelehrten Schrifttums Werken – etwa die von Heike Uffmann eingehend untersuchten Klosterchroniken –, aber dies waren letztlich nur sehr wenige, bemerkenswerte Ausnahmen; die Abfassung von religiöser Unterweisungsliteratur stand Frauen selbstverständlich nach wie vor nicht zu.

Auch wenn observante Prediger, die volkssprachliche Literatur verfassten, vielfach ihre Standorte wechselten, gliedere ich die folgenden Kapitel im Wesentlichen nach den Orten, an denen Reformen erfolgreich durchgeführt wurden und geistliches Schrifttum entstand.

Nürnberg

Frühes Schrifttum der Nürnberger Dominikaner
Das äußerst umfassende und wirkmächtige volkssprachliche Schrifttum des observanten Zweigs des Predigerordens nimmt seinen Anfang im Nürnberger Predigerkonvent, wo im Zuge der vorgesehenen Reform der Frauenklöster Werke für die Gestaltung des observanten Alltags verfasst und von wo aus zudem geeignete Texte aus dem 14. Jahrhundert gezielt in Umlauf gebracht wurden. Den Brüdern war es ein zentrales Anliegen, schon bald die notwendige Literatur in der Volkssprache zur Verfügung stellen zu können, um sowohl in den bereits observanten als auch in den noch zu reformierenden Frauenklöstern die Motivation der Schwestern zu festigen, die strengen Regeln einzuhalten. Dazu dürfte eine Vielzahl von Gebetstexten gehört haben, deren Herkunft allerdings nur in seltenen Fällen geklärt werden kann. Die Tatsache, dass einige Handschriften, die vor der 1428 erfolgten Reform ins Katharinenkloster gelangten, von den Brüdern selbst verfasste Werke oder Abschriften enthalten, die eine regelkonforme Lebensform propagieren, deutet darauf hin, dass die Nürnberger Prediger sich erhofften, durch Buchgaben an die Schwestern der Stadt deren Bereitwilligkeit zur Observanz trotz ihrer Reformverweigerung zu erhöhen.

Zur gleichen Zeit stellten die Brüder den wohlhabenden Laien Nürnbergs Literatur zur Verfügung und trugen damit der sich rapide entwickelnden Literarisierung einer bemerkenswert breiten Leserschaft Rechnung. Schon im frühen 15. Jahrhundert riefen die Dominikaner in Predigten die Laien dazu auf, geistliche Werke zu lesen, die sie ihnen dann auch zugänglich machten. Ausgehend von ihrer Reformprogrammatik, das

Interesse der *simplices* vor allem auf die Grundlagen des Glaubens zurückzulenken und dabei das Vertrauen in die Institutionen und Gnadenmittel der Kirche zu restituieren, förderten die Prediger gezielt bestimmte Literaturtypen. Aufgrund ihrer einflussreichen Stellung in der Stadt prägten sie nachhaltig das in Nürnberg verfügbare, also offiziell sanktionierte Literaturspektrum. In einigen Schriften versuchten sie zudem, politisch einflussreiche Laien von der grundsätzlichen Notwendigkeit einer Reform der städtischen Klöster zu überzeugen. Die Laien sollten – etwa im Rahmen von katechetischen Traktaten – darüber informiert werden, was eigentlich die Konsequenzen eines geregelten Ordenslebens seien. Sobald die Schriften, die für die *reformatio* als hilfreich angesehen wurden, über die Religiosen der Stadt an die Laien gelangten, stand eine Vielzahl von Berufs- und Gelegenheitsschreibern bereit, die Texte zu vervielfältigen und dem sich bis hin zu den Handwerkern stetig erweiternden Rezipientenkreis zur Verfügung zu stellen. Es überrascht daher nicht, dass eine Vielzahl von Werken, die nach der Reform entstanden, sich sowohl für Nonnen und Laienbrüder als auch für Nichtreligiose eignete. Da vor allem die Dominikaner sehr früh Reformversuche in den Frauenklöstern vorantrieben und zugleich, wie in Nürnberg, sich um die Versorgung der Laien mit geistlichen Werken bemühten, liegt es auf der Hand, dass – klammert man das Schrifttum der sog. ‚Wiener Schule' aus – die meisten zwischen circa 1396 und circa 1430 entstandenen volkssprachlichen geistlichen Schriften von Predigerbrüdern verfasst wurden. Aufgrund der Diversität der Texte gehe ich im Folgenden bei der Vorstellung des observanten Schrifttums im Wesentlichen entstehungschronologisch und nach Verfassern und nicht primär nach Gattungen geordnet vor. Die günstige Überlieferungslage erlaubt uns, die Entstehung und Verbreitung zentraler Texte genau zu beobachten und zu beschreiben.

Für die erste Initiative zur Reform des Katharinenklosters mussten anfänglich vor allem die Ordensregeln und deren Kommentierung verbreitet werden. Aus dem Katharinenkloster stammt der älteste, schon auf 1400 zu datierende Textzeuge einer Übersetzung der für den Predigerorden maßgeblichen Augustinusregel (die *gemain regel*) (vgl. auch Bd. III/1). Ebenfalls dürfte der in elf Handschriften überlieferte ‚Traktat gegen den Eigenbesitz im Kloster', der ein zentrales Thema der dominikanischen Observanz behandelt, aus der Feder eines Nürnberger Predigerbruders stammen. Die Schrift ist eine stark erweiterte Bearbeitung des 13. Kapitels von Humberts von Romans Auslegung der Regel, der ‚Expositio in regulam beati Augustini'. Humbert, von 1254–1263 Generalmeister des Ordens, verfasste mehrere Schriften über die Regulierung des Ordenslebens und die Ordensliturgie, wovon einige bereits im 14. Jahrhundert übersetzt wurden (vgl. Bd. III/1). Der ‚Traktat gegen den Eigenbesitz' ist u.a. in einer nordbairischen Handschrift der späten 1420er

Jahre aus einem Kloster des Predigerordens überliefert, in der die Vorlage der Abschrift auf das Jahr 1409 datiert wird. Eine verbreitete Übertragung von Humberts ‚Epistola de tribus votis substantialibus religionis' (‚Von den drei wesentlichen Räten') widmet sich den der dominikanischen Observanz zugrundezulegenden Tugenden und Eigenschaften; ob sie ebenfalls in Nürnberg entstand, ist ungewiss, jedenfalls stammen vier Handschriften dieses Werks aus dem Katharinenkloster. Eines der frühen Exemplare wurde dem Konvent von einem Nürnberger Ehepaar gestiftet, *also mit der bescheidenheit, daz man es dem convent zu tisch oder zu capitel gancz mit ainander auß lese alle jar zu zwaien maln zum aller minsten. Da zu sol man daz auch ieklicher frawen vnd swester leihent zu lesent oder zu abgeschreiben, welh daß begert.* Unschwer erkennt man in dieser Widmung das Programm der Predigerbrüder. Belegt sind auch Handschriften dieses Textes, welche von Nürnberger Brüdern für Laien verfertigt wurden und sich in deren Privatbesitz befanden.

In mehreren Handschriften, in denen der ‚Traktat gegen Eigenbesitz' enthalten ist, findet sich auch der Traktat ‚Von einem christlichen Leben'. In ihm werden detailliert die katechetischen Grundlehren vermittelt, und zwar im ersten Teil in bemerkenswerter Verbindung mit einem Exkurs über die klösterliche Observanz. An diesem Traktat ist beispielhaft das Engagement eines Geistlichen zu studieren, dem die gesamtkirchliche *reformatio* ein zentrales Anliegen ist. Zu diesem Zweck gibt er eine verständliche Vermittlung von Grundsätzen für ein christliches Leben, und zwar *als vil das aynem slechten* (einfachen), *aynueltigen vnd vngelerten layen zugehört vnd notdurftig ist.* Danach legt der Verfasser dar, welch besondere Leistungen Religiosen zu erbringen haben, denn sie seien *vil mer schuldig zu künnen, zu wissen, zu tun vnd zu halten* als die Laien. Über das vorher von den Laien Geforderte hinaus seien sie *auch schuldig zu halten die råt des ewangelium vnd ir regel vnd ir statut nach dem als sie gelobt vnd verhayssen haben* – und zwar hätten sie gelobt *willige armut ... gehorsamkeit vnd keüschkeit* zu halten, wobei *aller meyst die armut* von Bedeutung sei. Persönlicher Besitz führe dazu, dass der Gehorsam und das Keuschheitsgebot leicht umgangen werden könnten. Es komme bei Geldbesitz u.a. zur *pülerey*, zum *fleyszch fressen ... vnd nit czw bette gehen, als man solt, vnd vil anders dings nit, als die regeln vnd statut sagen vnd meynen.* Jede Schandtat, die Religiosen begingen, leite sich her aus dem *gelt haben vnd prauchen.* Der Verfasser prangert überdies den Missstand unfreiwilliger Klostereintritte an. Es geschehe, dass *payde weib vnd man* zu einem Leben als Religiosen gezwungen würden. Diese Zwangseingewiesenen verfluchten ihre Eltern, weil *si si darein getan vnd gestoßen haben, da si dennoch kynder waren ... vnd diß ding nit verstunden.* Dies sei verwerflich, denn der Klostereintritt sei *nit ein schympf* (Spaß) *noch ein kyndisch spil.* Beklagenswerte Zustände finde man ja häufig, es gebe nur wenige Klöster, *da man ordenleich vnd regenleich leb nur auf das mynst als vil man schuldig ist.* Dort, wo man nicht regelkonform lebe, sei das *böser, verderplicher vnd verdamlicher denn kein weltlicher stat.* Diese Kritik kann auch als indirekter Hinweis darauf verstanden werden, dass die Probleme mit den nichtobservanten Klöstern durch solche unfreiwilligen Ordensleute – für die man ja Verständnis haben könne – verursacht wurden. Letztlich seien die Klosterleute entweder Engel oder Teufel, letztere seien *pöser denn dieb vnd mörder*, das habe ein Lehrer behauptet.

Es folgt eine ausführliche katechetische Unterweisung in die Grundlagen des christlichen Lebens, beginnend mit Erläuterungen zu einzelnen Gebeten und dem Credo, gefolgt von einem Beichtspiegel, in dem u.a. das Thema Reue eine wichtige Rolle spielt. Sodann geht der Verfasser auf die acht Seligkeiten ein, worauf eine kurze Beichtlehre folgt. Manches dabei sind nur Auflistungen, wie etwa der Katalog der Sünden des Herzens, des Mundes, der Tat und der Versäumnis, der dem ‚Compendium theologicae veritatis' (III, c. 30–33) des Dominikaners Hugo Ripelin von Straßburg entnommen wurde (vgl. Bd. III/1). Am Ende schreibt der Verfasser, dass es zwar noch viel zu sagen gebe, aber es sei ihm *zu schwer,* noch Weiteres hinzuzufügen. Das Werk sei als *vermanung* und *warnung* gedacht, um den Leser vor dem *ewigclichen verderben* zu bewahren. Der Traktat ist nicht immer als Einheit überliefert. So wurden z.B. der erste Teil mit dem Schwerpunkt auf dem klösterlichen Leben sowie der zweite, der sich auf die Katechese konzentriert, als jeweils eigenständiger Text abgeschrieben. Genauer untersucht werden müsste noch, ob der Verfasser die ‚Gemahelschaft Christi mit der gläubigen Seele' (vgl. Tl. 2), ein umfangreiches Werk, welches in mehreren Handschriften dem Text von ‚Von einem christlichen Leben" vorausgeht, kannte und auswertete. Thematische und argumentative Übereinstimmungen, vor allem im Blick auf ein strenges Klosterleben, bestehen durchaus.

Aus Nürnberg (vor 1428) stammt auch die älteste Handschrift des ‚Beichttraktats *Es sind vil menschen, den ir peicht wenig oder gar nicht hilft*'; allerdings ist nicht absolut sicher, dass das Werk hier entstanden ist. Bislang sind 25 Handschriften und acht Druckausgaben bekannt. Damit gehört das Werk zu den meist verbreiteten Beichttraktaten des 15. Jahrhunderts überhaupt. In den Vorreden der Drucke, so in der Augsburger Ausgabe von 1483, wird versprochen, in diesem *beychtbůchlein* werde der *schlecht* (einfache) *lay* eingeführt *in die reue der beicht, wie die sein sol, vnd auch, was die beicht, bůß vnd das genůg thůn sei vmb die sünde.* Zunächst werden 16 Voraussetzungen für eine richtige Beichte aufgeführt, die es auswendig zu lernen gelte. Man solle aber nicht gleich *für den priester lauffen, als eyn vnuernüfftig tier*, sondern sich zuerst ein oder zwei Tage bzw. eine Woche oder einen Monat lang überlegen, was man *peichten wölle.* Dann wird der konkrete Ablauf des Beichtvorgangs erläutert, worauf schließlich ein Sündenkatalog folgt, der nahezu wörtlich auf Hugo Ripelin zurückgeht (vgl. Bd. III/1). Es gibt nur leichte Kürzungen im Kapitel über die Hoffart, und während in ‚Von einem christlichen Leben' die sieben Hauptsünden und deren Töchter nur schematisch aufgelistet werden, wird dieser Abschnitt im ‚Beichttraktat' etwas gefälliger in ausführlichen Sätzen gestaltet. In den Drucken folgt dann ein kurzer, nur in zwei Handschriften überlieferter ‚Beichtspiegel *Ich gib mich schuldig*' (siehe E. Weidenhiller).

Zusammen mit ‚Von einem christlichen Leben' sind noch weitere Texte aus dem ersten Jahrzehnt des 15. Jahrhunderts häufig überliefert, die wahrscheinlich im Nürnberger Predigerkloster entstanden sind. In mehreren Handschriften folgt unmittelbar auf ‚Von einem christlichen Leben' die ‚Goldwaage der Stadt Jerusalem'. Das kurze Werk ist in über 30 Handschriften in zwei verschiedenen Fassungen überliefert; in ihm steht das Motiv der Goldwaage allegorisch für eine Sündenwaage, und damit schließt es thematisch deutlich an den vorangehenden Beichttraktat an. Die ‚Goldwaage' ist in vier Teile gegliedert: Im einleitenden Teil geht es um die göttliche Liebe; im zweiten werden die Gewichte der Goldwaage als die 15 Zeichen der göttlichen Liebe ausgelegt (hier durch eine eigene Überschrift angekündigt); im dritten Teil folgen Betrachtungen über das Verhältnis von Werken und Gnade; schließlich werden vier Zeichen der göttlichen Liebe vorgestellt. Die von Bernhard Schnell auf der Grundlage von Egino Weidenhillers Untersuchungen geäußerte Vermutung, das Werk stamme aus dem Kreis der Augustinerchorherren, basiert auf einer nur ausschnitthaften Untersuchung der Überlieferung. Da in der ‚Goldwaage' als einzige Autorität Thomas von Aquin zitiert wird, liegt auch hier eher eine dominikanische Herkunft nahe.

In drei Handschriften aus dem Katharinenkloster sind Übersetzungen von Exzerpten aus dem ‚Malogranatum' überliefert, das früher irrtümlich einem Zisterzienser namens Gallus von Königssaal (Böhmen) zugeschrieben wurde. Tatsächlich aber ist der Autor nicht eindeutig zu identifizieren (nach M. Gerwing evtl. Peter von Zittau). Das Werk, das vor 1350 in Königssaal verfasst wurde und in über 150 lateinischen Handschriften sowie in Drucken überliefert ist, stellt einen fiktiven Dialog zwischen Vater und Sohn dar. Dem Religiosen, für den in diesem Gespräch stellvertretend der Sohn steht, wird mittels der Dreistatuslehre, auf der *via purgativa, illuminativa* und *unitiva*, der Weg zu Gott vorgezeichnet. Eine bisher nicht näher untersuchte, in 13 Handschriften überlieferte ‚Lehre für anfangende, zunehmende und vollkommene Menschen *Es spricht der heilig geist*', die ebenfalls in frühen Nürnberger Codices überliefert ist, enthält ähnliche Aussagen, geht aber vermutlich nicht auf das ‚Malogranatum' zurück.

Der Verdacht liegt nahe, dass ein Nürnberger Dominikaner auch die Fassung Ia einer ‚Historienbibel' (auch ‚Nürnberger Historienbibel' genannt) verfasste. Jedenfalls sind die ältesten Handschriften allesamt aus Nürnberg, drei davon aus dem Katharinenkloster. Die Datierung des sog. Weidener Fragments auf das 3. Viertel des 14. Jahrhunderts durch Astrid Stedje muss jedenfalls revidiert werden, denn dessen Schreiber hat die ‚Historienbibel' im ersten Viertel des 15. Jahrhunderts noch zwei weitere Male abgeschrieben. Wie bei ‚Der Heiligen Leben' (vgl. S. 221) greift der Verfasser auf Verswerke zurück, die er in Prosa auflöst, so etwa die ‚Christherre-Chronik', die ‚Weltchronik' des Rudolf von Ems sowie Stücke aus der ‚Weltchronik' des Jans von Wien (vgl. Bd. II/2). Eine mögliche Zusammenstellung dieser Verschronik liegt in einer heute in Kassel aufbewahrten Handschrift vor, wie sie in ähnlicher Gestaltung dem Nürnberger Prosifizierer als Vorlage hätte dienen können. Zudem werden die ‚Vulgata' und die ‚Historia scholastica' – diese vielleicht in einer deutschen Übersetzung – verwertet.

Gattungsmäßig geht es bei den Historienbibeln um Prosatexte, die in freier Bearbeitung biblische Erzählungen in möglichst vollständiger Gestalt bieten, und zwar verbunden mit apokryphen und profangeschichtlichen Erweiterungen. Diese Texte unkommentiert zur Lektüre an *illiterati* weiterzugeben, galt im 15. Jahrhundert in klerikalen Kreisen als unproblematisch, weil in ihnen letztlich nur historisches Wissen vermittelt wurde. Für diese Gattung erschien eine theologische Deutung nicht notwendig, im Gegensatz zu komplexeren Teilen der Bibel, deren Rezeption etwa im Rahmen der Gattung Lesepredigt eher geeignet war. Die ‚Nürnberger Historienbibel' beschränkt sich als einzige Vertreterin der Gattung auf die historischen Bücher des Alten Testaments und auf Apokryphes. Nach einem Prolog mit einem Gotteslob, der Erzählung vom Sturz Luzifers und einer Engellehre folgen die fünf Bücher Mose, das Buch Josua und die Bücher der Könige. Bemerkenswert ist die Übertragung des Hohen Liedes in Verse: *Dis sint Salomons gedihte von der heydin wegen*. Die ‚Cantica Canticorum' galten ja in den Augen des Klerus als sehr heikel für die unkommentierte Rezeption durch *illiterati*. So sollte durch eine volkssprachliche Umsetzung in Verse verdeutlicht werden, dass „zwischen dem erotischen Literalsinn und der übrigen ‚Wahrheit', die mit der Prosaform unterstrichen wird, unterschieden werden muss" (Ch. Gerhardt).

Die Nürnberger Version Ia war die am meisten verbreitete der neun Historienbibel-Gruppen, die sich landschaftlich ergänzen. Von den 27 Handschriften der Fassung Ia stammt die große Mehrheit der Codices aus dem fränkisch-nordbairischen Raum; überliefert ist auch ein bemerkenswert früher Bamberger Teildruck durch Albrecht Pfister v.J. 1462, die ‚Vier Historien' mit Joseph, Daniel, Judith und Esther. Eine kleinere Gruppe von Handschriften entstand im Südwesten. Es fällt auf, dass eine Vielzahl der Textzeugen aus Laienbesitz stammt, was in diesem Fall gut zum Programm der Nürnberger Prediger passen würde, in den Jahren vor und nach der Reform ihres Konvents die einflussreichen Laien der Stadt mit geeigneter Literatur zu versorgen.

Ihre bedeutsamsten Werke verfassten die Nürnberger Dominikaner aber im Bereich der Hagiographie. So entstand in den ersten Jahren nach der Reform eines der wirkmächtigsten Erzählwerke des deutschen Mittelalters: Bereits um die Jahrhundertwende zum 15. Jahrhundert wurde hier vermutlich ein Legendar verfasst, das, kalendarisch geordnet, möglichst umfassend die *vitae* und *passiones* der wichtigsten Heiligen der Kirche enthielt und das als Grundlage für die dem asketischen Alltag vorgeschriebene *lectio communis* dienen sollte. Das zweibändige Werk, ‚Der Heiligen Leben' (Sommer- und Winterteil), enthält 251 Legenden und übertrifft damit bei weitem den Umfang von Übersetzungen der ‚Legenda aurea' des Jacobus de Voragine, wie etwa die im Südwesten verbreitete ‚Elsässische Legenda aurea' mit ‚nur' 190 Legenden (vgl. Bd. III/1). Für die vorgesehene tägliche *lectio* wurde das inhaltliche Spektrum der ‚Legenda aurea'-Übersetzungen im 15. Jahrhundert vielfach als inadäquat angesehen, zumal nördlich der Alpen das Fehlen von deutschen Heiligen in dem von mediterranen Kultverhältnissen geprägten Urcorpus schon früh als Mangel empfunden wurde. Sowohl der ‚Elsässischen Legenda aurea' als auch der südmittelniederländischen ‚Gulden Legende' (vgl. S. 468), die auch im Norden des deutschsprachigen Raums eine beachtliche Verbreitung fand, wurden zahlreiche Legenden hinzugefügt, die lokale Kultinteressen bedienten. Gerade die Hinzunahme von Heiligen mitteleuropäischer, speziell süddeutscher Provenienz (Sebald, Ulrich, Emmeram, Willibald, Wenzel u.a.m.) ins Urcorpus von ‚Der Heiligen Leben' gehörte zum Erfolgsrezept des Legendars.

Offenbar sollte die Arbeit an dem für illiterate Nonnen vorgesehenen Werk möglichst schnell zum Abschluss kommen; dafür spricht, dass als Hauptquelle für ‚Der Heiligen Leben' nicht lateinische Hagiographie, sondern deutsche Verswerke dienten, die in schlichte Prosa umgestaltet wurden, ein häufig anzutreffendes Verfahren in der Literatur des 15. Jahrhunderts. Das mühsame und zeitraubende Übersetzen lateinischer Hagiographie konnte dadurch weitgehend vermieden werden. So wurden das dritte Buch des ‚Passionals', von dem es ein Exemplar im Katharinenkloster gab, fast gänzlich, und das ‚Buch der Märtyrer' teilweise verwertet, dazu mehrere deutschsprachige Verslegenden aus dem 12. bis 14. Jahrhundert, darunter Hartmanns von Aue ‚Gregorius', Reinbots von Durne ‚Georg', Ebernands von Erfurt ‚Heinrich und Kunigunde' und der ‚Münchner Oswald' (vgl. Bd. II/1 bis III/1). In der Wiedergabe der Inhalte reduzierte man die Legenden auf die reine *summa facti*. So wurde der rein literarische, nirgendwo verehrte Gregorius in den liturgischen Kalender zum 28. November, dem Festtag von eher unbedeutenden Heiligen, integriert. Auch jüngere Verstexte wurden als Vorlagen verwendet, so etwa eine umfangreiche alemannische Dominikus-Legende, und mehrere Prosa-*libelli* von mittelalterlichen Heiligen, beispielsweise von Klara und Agnes von Assisi. Sämtliche Marienlegenden gehen auf das sog. ‚Nürnberger Marienbuch' zurück, ein Prosakompendium aus dem letzten Jahrzehnt des 14. Jahrhunderts (vgl. S. 227). Für die Hieronymus-Legende wurde die Übersetzung der ‚Hieronymus-Briefe' durch Johannes von Neumarkt (vgl. Bd. III/1) verwertet. Vielfach wurden weitere Quellen, vor allem lateinische, herangezogen, um die Prosaauflösungen zu erweitern und zu korrigieren, so etwa die ‚Legenda aurea', die ‚Vitaspatrum' und das ‚Speculum historiale' des Vinzenz von Beauvais, die als Hauptquellen für einzelne Legenden dienten. Der Lesung zu Allerheiligen wurde ein anspruchsvoller Sermo des St. Georgener Predigers zugrunde gelegt (vgl. Bd. III/1).

‚Der Heiligen Leben' entstand in mehreren Etappen. Zunächst wurde offenbar nur eine reine Sammlung von in Prosa aufgelösten Verstexten angefertigt. Dieses nur fragmentarisch erhaltene Werk erhielt von der Hagiographieforschung irreführend den Titel ‚Bamberger Legendar', da in der dortigen Staatsbibliothek die ersten Textzeugen gefunden wurden. Es dürfte einen ersten freigegebenen Entwurf darstellen, der sehr bald in das ehrgeizigere Großlegendar integriert wurde. Das ‚Bamberger Legendar' ist nicht kalendarisch organisiert, sondern gliedert sich entsprechend der verwendeten Quelle in zwei Teile: die Prosaauflösungen aus dem ‚Passional' und aus dem ‚Buch der Märtyrer', auch die Legenden von ‚Gregorius' und ‚Heinrich und Kunigunde' gehörten bereits dazu.

Generell wurden bei der Prosifizierung Teile der Vorlagen, die für den eigentlichen Gang der Handlung von geringer Relevanz sind, übersprungen und die Texte enthistorisiert, indem nebensächliche Orts- und Personennamen übergangen wurden. Der kurze Textumfang und die formal anspruchslose Gestaltung der Legenden erklären sich aus deren intendierter Funktion als Vortragstexte bei Mahlzeiten; der Erzählstil ist dementsprechend schlicht, parataktisch und formelhaft. Das Tischlesungsverzeichnis des Nürnberger Katharinenklosters greift dabei auf die ältesten bekannten Textzeugen von ‚Der Heiligen Leben' zurück, schreibt allerdings nicht den Vortrag der Legende eines oder einer Heiligen für jeden Festtag vor.

In ‚Der Heiligen Leben' wurden Legenden ganz im Sinne der spätmittelalterlichen Heiligenverehrung gestaltet: Zum einen wird eine emotionale Nähe zu den Heiligen erzeugt, indem ihnen attestiert wird, sie stünden den gläubigen Menschen stets für Beistand und Trost zur Seite. Zum anderen übersteigen die beschriebenen Taten der Protagonisten jegliches menschliche Maß; die Heiligen dienen folglich nicht primär, wie von der Theologie eigentlich vorgesehen, als Vorbilder im Glauben, sondern sie werden eher als von der Menschheit entrückte Wundertäter dargestellt, die zwar Gottes Güte und Allmacht vor Augen führen, aber in erster Linie als geradezu autarke übermenschliche Wesen erscheinen. Die Heiligen sollten wohl weniger als Mittler zwischen Mensch und Gott verehrt werden denn als selbständige Instanzen, die eigenmächtig Mirakulöses zu bewirken vermögen und Schutz und Geborgenheit versprechen. Dies hatte zur Folge, dass die Legenden nicht nur in ihrer angezielten Gestaltung das Bedürfnis förderten, die Heiligen auf bestimmte Zuständigkeiten hin zu fixieren, sondern dass sich durch die breite Rezeption des Legendars bei den *illiterati* auch wirkungsvoll das Bild der Heiligen als persönliche Helfer verfestigte. In den häufig umfangreichen und zum Teil äußerst fabulösen Mirakelanhängen wird der „Mechanismus von Bitte und Erhörung" (E. Feistner) vor Augen geführt. Dagegen werden in ‚Der Heiligen Leben' sowohl die theologischen Kommentare aus der ‚Legenda aurea' als auch deren gelegentlich kritische Bemerkungen zum Wahrheitsgehalt einzelner Stoffe stets übergangen.

Eine Fülle inhaltlicher Indizien spricht dafür, dass sowohl das ‚Bamberger Legendar' als auch ‚Der Heiligen Leben' im observanten Nürnberger Dominikanerkloster entstanden sind. Beide Werke enthalten eine besonders umfangreiche Vita des Nürnberger Stadtheiligen Sebald, verbunden mit einem ‚Lob auf Nürnberg', auch prominente Legenden von den wichtigsten Heiligen des Predigerordens, von Dominikus, Petrus von Verona und Thomas von Aquin, sowie von der Patronin des Ordens, Katharina von Alexandrien. Das in über 200 Handschriften überlieferte Werk ist in hervorragender Weise dazu geeignet, das Verbreitungsnetz innerhalb der observanten Ordenshäuser zu rekonstruieren. Es gibt kaum einen Orden, der nicht zu den Besitzern des Legendars zählt. In der Überlieferung besonders stark vertreten sind die reformierten Dominikanerinnenklöster, was annehmen lässt, dass – abgesehen vom Überlieferungsbereich der ‚Elsässischen Legenda aurea' – das Werk in allen observanten Häusern des großen Verbreitungsgebiets vorhanden war. Das Legendar erreichte den österreichischen Raum erst, nachdem das Kloster Tulln bei Wien von Nürnberg aus reformiert worden war. Danach wurde es u.a. in Wiener Schreibstuben vervielfältigt. Einen weiteren Überlieferungsschwerpunkt bilden die reformierten Klöster des Benediktinerordens, und zwar sowohl des weiblichen als auch des männlichen Zweigs. Die Benediktiner wie die Augustinerchorherren hatten im Rahmen ihrer Reform jeweils gemeinsame Tischlesungen für die in der Regel nicht lateinkundigen Konversen (Laienbrüder) eingeführt, was die Einrichtung von Bibliotheksbeständen mit volkssprachlicher Literatur erforderlich machte. Über die observanten Klöster bzw. deren Betreuer gelangte das Werk schließlich an die städtischen Laien und fand unter ihnen starke Verbreitung.

Der große Erfolg des Legendars erregte die Aufmerksamkeit der Drucker; zahlreiche Ausgaben ließen neben der breiten handschriftlichen Distribution ‚Der Heiligen Leben' zum verbreitetsten Erzählwerk des deutschen Mittelalters und zugleich zum erfolgreichsten volkssprachlichen Legendar Europas werden. Ab 1471 wurde das Werk, stets vollständig und ausführlich illustriert, 41mal im hoch- und niederdeutschen Raum gedruckt und im gesamten deutschen Sprachraum vertrieben. Niederdeutsche Ausgaben wurden sogar über die kaufmännischen Verbindungen der Hanse im skandinavischen Bereich verkauft und dort teilweise ins Schwedische und Isländische übersetzt. Es sind für den frühen Buchdruck außergewöhnlich hohe Auflagen belegt, wie etwa die 1000 Exemplare, die die Straßburger Offizin Johann Grüningers 1502 herstellte, was dann zu massiver Konkurrenz unter den Druckern führte. Die Qualität der Holzschnitte verbesserte sich kontinuierlich, und das Textcorpus wuchs mit einer Vielzahl von Legenden an, weshalb auch der verkaufsfördernde Hinweis *mit vil me neu heiligen* nicht fehlen durfte. Zum Teil gestaltete sich der Wettbewerb zwischen den Offizinen so ruinös, dass sich die Drucker genötigt sahen, geschäftliche Absprachen hinsichtlich des Legendars zu treffen. Rechnet man die Gesamtverbreitung in Handschriften sowie in Druckausgaben zusammen, dürften circa 30.000–40.000 Exemplare von ‚Der Heiligen Leben' hergestellt worden sein. Es wurde zum volkssprachlichen hagiographischen Quellenwerk des 15. Jahrhunderts schlechthin und diente als Vorlage für Meisterlieder, andere Legendenkompilationen sowie für das habsburgische Heiligenbuch Jakob Mennels (vgl. Tl. 2). Auch auf die bildende Kunst hatte das Werk großen Einfluss.

Zweifellos spiegelt sich in den hier erwähnten Zahlen die enorme Bedeutung, die der Verehrung der Heiligen im späten Mittelalter zukam. Mit dem Aufkommen der Reformation und einer kritischen Einstellung zur praktizierten Heiligen- und Reliquienverehrung kam die Verbreitung von ‚Der Heiligen Leben' zu einem Ende. Der letzte Druck stammt aus Straßburg und datiert auf 1521. In diesem Jahr, dem Jahr des Wormser Reichstags und Edikts, vollzog sich eine deutliche Wende in der Vermarktung volkssprachlicher Hagiographie. Legenden wurden danach nur noch selten, Legendare überhaupt nicht mehr gedruckt, da sich die Offizinen nun zumeist dem reformatorischen Diskurs zuwandten.

Martin Luther hatte zunächst eine durchaus differenzierte Einstellung zur Hagiographie, die für ihn ohnehin ein nur untergeordnetes Thema darstellte. Er zog daher in den ersten Reformationsjahren nur gegen *unevangelische* Stoffe zu Felde, etwa gegen ein Mirakel, in dem Maria einen Mörder wegen seiner Mariendevotion vor der Hinrichtung rettet. Er bemängelte besonders, *das wir kein legendam sanctorum rein haben*, dass also keine Heiligenbiographien als authentisch anzusehen seien. Im Laufe der Zeit bewertete er aber die Legende generell als ein Mittel papistischer Volksverdummung. Er prägte den Begriff *lügende,* der für die heutige Bedeutung des Wortes Legende im Sinne einer unglaubwürdigen Erzählung verantwortlich ist, und überzog 1535 in einem Pamphlet die katholische Hagiographie mit beißendem Spott. Er führte dort die Legende des Johannes Chrysostomus aus ‚Der Heiligen Leben' als groteskes Beispiel für die übelste Sorte von *lügende* vor. Deren Quelle war vermutlich ein heute verschollenes deutsches Verswerk, das auf die höchst skurrile italienische ‚Istoria di San Giovanni Boccadoro' zurückging. Luther druckte die Legende wörtlich ab und versah sie mit einer Vielzahl spöttischer Randglossen.

In ‚Der Heiligen Leben' wird vom heiligen Kirchenlehrer und Patriarchen von Konstantinopel Johannes Chrysostomus erzählt, der sich für ein abgeschiedenes, äußerst asketisches Leben entschieden hat. Eines Tages wird die schöne Tochter des Kaisers in ihrem Boot von einem starken Wind zu ihm getragen, und nach Versuchen der Enthaltsamkeit lieben sich die beiden schließlich. Da er in der jungen Frau eine Gefahr für seine Seele sieht, führt er sie auf einen Felsen und stößt sie hinab. Er ist um seiner Keuschheit willen zum Mörder geworden. Der Papst verweigert ihm die Absolution. Johannes will aber nicht an Gott verzweifeln und beschließt, zur Buße ein noch rigoroseres asketisches Leben zu führen als vorher. Als der Kaiser den Verwahrlosten, der zunächst mit einem Tier verwechselt wird, zur Taufe seines Kindes an seinen Hof holt, erzählt Johannes von seiner Untat. Man sucht die Gebeine der Tochter, findet aber gänzlich unverändert das unversehrte, von Gott am Leben erhaltene Mädchen.

Begünstigt wurde die Resonanz von Luthers Sichtweise unter den Laien durch die seit dem 15. Jahrhundert wachsende Dominanz des empirischen Wahrheitsverständnisses, an dem gemessen eine Vielzahl von Legenden des Mittelalters leicht ins Lächerliche gezogen werden konnte. Spätere reformatorische Publizisten, etwa Hieronymus Rauscher, entwickelten nach dem Vorbild von Luthers Legendenpolemik eine Art Legendenspottschrift, in der eine größere Zahl von hagiographischen Texten als absurde ‚papistische Lügen' vorgeführt wurde. Dennoch griffen auch die Reformatoren selbst zur verspotteten Gattung, indem sie eigene Legenden von protestantischen Märtyrern veröffentlichten.

Bereits sehr bald nach der Fertigstellung von ‚Der Heiligen Leben' entstand, höchstwahrscheinlich ebenfalls in Nürnberg, ein noch weitaus umfangreicheres Legendar, das in enger Verknüpfung mit einem Martyrologium das gesamte Kirchenjahr mit Legenden versah. Aufgrund des enormen Umfangs – dreibändig mit insgesamt circa 1200 Folioblättern – sollte das Werk, das irreführenderweise ‚Redaktion von Der Heiligen Leben' genannt wird, nur eine sehr geringe Verbreitung erfahren; überliefert sind nur zehn Handschriften, darunter allerdings kein einziges vollständiges dreibändiges Exemplar, und zwei Fragmente. Noch irreführender ist die frühere Bezeichnung ‚Rebdorfer Martyrologium', denn weder das Werk noch eine überlieferte Handschrift stammen ursprünglich aus dem Augustinerchorherrenstift Rebdorf bei Eichstätt. Hauptquelle des Legendars, das pro Tag zumindest eine, mitunter bis zu drei Legenden bietet, war ‚Der Heiligen Leben', das ohne nennenswerte textliche Veränderungen den Grundstock des Legendars bildet. Hinzugefügt wurden über hundert eigenständige Legendenübersetzungen, deren Erzählduktus sich indes nicht an den lateinischen Vorlagen orientiert, sondern an der Textgestaltung der Legenden in der deutschen Hauptquelle. Den Legenden werden jetzt stets Einträge aus dem mittelalterlichen Standardmartyrologium Usuards (9. Jh.) vorangestellt, die knappe Angaben zum Leben und Tod der jeweiligen Tagesheiligen bieten. Für eine Reihe von Heiligen werden zwei Festtage angesetzt; es kommt auch zu Namensverwechselungen.

Dass das Werk für ein Klosterpublikum verfasst wurde, dürfte außer Frage stehen. Martyrologien waren für die tägliche Lesung in der Prim vorgesehen, also wird die ‚Redaktion' für den Gebrauch beim morgendlichen Stundengebet konzipiert worden sein, bei dem im 15. Jahrhundert ausführliche Legendenlesungen durchaus üblich waren. Im Laufe der Überlieferung wurden zunächst Texte zu den beweglichen Festen aus der sog. ‚Harburger Legenda aurea I' (vgl. Tl. 2) sowie eine Weihnachtspredigt hinzugefügt, die teilweise auf die der ‚Schwarzwälder Predigten' (vgl. Bd. II/2) zurückgeht.

In einer zweiten textgeschichtlichen Phase (vor 1447) erfuhr das Mammutwerk eine starke redaktionelle Bearbeitung, was in der Forschung ohne Kenntnis der Gesamtüberlieferung zum Werktitel führte. Der Redaktionstext weicht teilweise so stark von seiner Vorlage ab, dass sich eine Abhängigkeit häufig nicht auf Anhieb erkennen lässt. Das Heiligenbild wird humanisiert und verinnerlicht und die Handlung klarer motiviert; dafür kommt es zu Kürzungen im Mirakelbereich. Neben dieser Anhebung des inhaltlichen und erzählerischen Niveaus wird eine einschneidende stilistische Überarbeitung vorgenommen. Die schlichten Anrufungen um Fürbitte, die die Legenden in ‚Der Heiligen Leben' abschließen, werden zu ausführlicheren Gebeten – *collectae* – ausgestaltet.

In einer dritten Redaktionsphase werden einzelne Legenden aus ‚Der Heiligen Leben durch umfangreichere Versionen ersetzt: so etwa die Elisabeth-Legende durch die auf Dietrich von Apolda zurückgehende Vita (vgl. Bd. III/1), drei Marientexte durch entsprechende Exzerpte aus den ‚24 Alten' Ottos von Passau sowie die ohnehin etwas deplatziert wirkende ‚Sage von Kaiser Heinrich' durch die ‚Grisardis' des Nürnberger Kartäusers Erhart Groß (vgl. S. 185).

Es fragt sich, wo und für wen dieses umfangreichste volkssprachliche Legendar des deutschen Mittelalters hergestellt wurde. Aufgrund der Heraushebung Bamberger Heiliger – Heinrich und Kunigunde mit je zwei Festtagen, Otto von Bamberg mit einer ausführlichen Vita – kann eine Herkunft aus dem Bamberger Bistum als gesichert gelten, wozu freilich auch Nürnberg gehört, das als Entstehungsort sogar sehr wahrscheinlich ist. Denn zum 6. Juni wird von der 1316 erfolgten Translatio der Gebeine des wenig bekannten heiligen Deocar in die Nürnberger Lorenzkirche erzählt. Darüber hinaus wird über die ausführlichen Umbauten, die 1406 in dieser Kirche vorgenommen wurden, genauestens berichtet. Diese Passagen gehen wohl auf urkundliches Material zurück und fallen deshalb völlig aus dem

Rahmen des Legendars. Auch der Festtag Sebalds wird als *ein fest mere denn tzwiualtiglichen* (festum maius duplex) gewürdigt.

Es ist durchaus denkbar, dass auch dieses Legendar im Kreise der Nürnberger Dominikaner entstanden ist. Eine Josephs-Legende aus der ‚Redaktion' findet sich zum Beispiel als Ergänzung in der ältesten Handschrift von ‚Der Heiligen Leben', die mit hoher Wahrscheinlichkeit im Predigerkloster hergestellt wurde. Allerdings ist das riesige Werk im Bibliothekskatalog des Katharinenklosters nicht nachzuweisen. Daher muss dessen genauere Herkunft noch offenbleiben.

Eindeutig aus dominikanischen Kreisen stammt das umfangreiche ‚Nürnberger Marienbuch', das als Hauptquelle für die Marienlegenden von ‚Der Heiligen Leben' diente. Es liegt nahe, für dieses Werk einen ebenfalls aus dem Nürnberger Kloster stammenden Verfasser anzunehmen. Dafür spricht vor allem, dass dort in der unter den Orden heftig umstrittenen Frage nach der Unbefleckten Empfängnis Mariens eindeutig die dominikanische Sicht vertreten wird. Maria sei wie alle Menschen bei der Empfängnis mit der Erbsünde behaftet gewesen, aber im Mutterleib davon befreit worden. Hinzu kommen Mirakel aus den dominikanischen ‚Vitas fratrum' des Gerard von Fracheto. Obwohl die einzige erhaltene Handschrift (wohl vor 1410) aus dem Nürnberger Klarissenkloster stammt, finden sich im Text keinerlei Hinweise für die Autorschaft eines dem franziskanischen oder einem anderen Orden zugehörenden Verfassers.

Das ‚Marienbuch' ist dreiteilig gegliedert. Der erste Teil bietet eine chronologisch gestaltete Vita Marias – das ‚Marienleben *E das himelreich vnd ertreich geschaffen ward*' – anhand einer Vielzahl von lateinischen und volkssprachlichen Quellen, z.B. dem ‚Pseudo-Matthäus-Evangelium' sowie den ‚Revelationes caelestes' Birgittas von Schweden; ebenfalls enthalten sind prosifizierte Textteile aus Bruder Philipps ‚Marienleben' (vgl. Bd. III/1). Eingeflochten werden Predigten zu den Marienfesten, u.a. von Peregrinus von Oppeln, Konrad von Brundelsheim und Bernhard von Clairvaux. Der zweite Teil besteht aus 102 Mirakeln, denen in fünf Kapiteln verschiedene Aspekte der Marienverehrung zugeordnet werden. Auch hier griff der höchstwahrscheinlich dominikanische Autor auf verschiedene Quellen zurück, u.a. auf eine 40 Mirakel enthaltende lateinische Mirakelkompilation dominikanischer Provenienz. Der dritte, mit Abstand kürzeste Teil des ‚Marienbuchs' besteht aus einer anonymen Auslegung des ‚Ave Maria' und einer Deutung des ‚Magnificat' durch Heinrich von St. Gallen sowie aus zwei Sequenzen.

Die Reformer sorgten auch dafür, den observanten Nonnen die Viten und Schriften verehrungswürdiger weiblicher Vorbilder aus der Gegenwart zur Verfügung zu stellen. Die Wahl fiel dabei auf zwei aktuelle ‚Heilige', die ihr Leben der *reformatio* der Kirche im 14. Jahrhundert gewidmet hatten: Birgitta von Schweden und Katharina von Siena. Obwohl deren kultische

Verehrung vom Predigerorden massiv gefördert wurde, stand beider Heiligkeit im 15. Jahrhundert im Mittelpunkt gelehrter Kontroversen. Trotz aller massiven Kritik an weiblichem Streben nach supranaturalen Erfahrungen, wie sie ansonsten durch den Orden verbreitetet wurde, sahen die Ordensoberen in Birgitta und Katharina genuine Heilige. Johannes Meyer benennt die beiden ausdrücklich in seiner Zusammenstellung notwendiger Kriterien für wahre Begnadung und vertritt damit die Haltung des Predigerordens in der Frage, welche Mystikerinnen als verehrungswürdig zu gelten haben: Posthume Mirakel müssen nachgewiesen sein, dies gelte gerade auch für ... *die hailig frow sant Brigitta und sancta Katherina de Senis und ander etlich fründ gottes mer, die alle [hand] diese zaichen an in ... gehebt.*

Birgitta Birgersdotter (1302/03-1373) stammte aus einem führenden schwedischen Adelsgeschlecht, war zunächst verheiratet und gebar acht Kinder. Nach der Rückkehr von Pilgerfahrten überzeugte sie ihren Mann, fortan eine Josefsehe zu führen. Nach dessen Tod änderte sich ihr Leben grundsätzlich. Sie erfuhr wohl 1342 erstmals Offenbarungen, die ihr „als Braut und Sprachrohr Gottes" zu großer öffentlicher Aufmerksamkeit verhalfen. Sie und ihre Beichtväter betrachteten ihre Offenbarungen als wahrhafte Botschaften Gottes, die nicht nur für Birgitta, sondern für alle Christen von Bedeutung sein sollten. Veranlasst durch eine Vision gründete sie einen Orden. Ebenfalls in einer Offenbarung wurde ihr der Auftrag erteilt, nach Rom zu gehen und die verdorbene Menschheit zur Umkehr zu bewegen. Ihre Beichtväter, die sie 1349 nach Rom begleiteten, Prior Peter Olofsson von Alvastra und Magister Peter Olofsson von Skänninge, fixierten auf Latein die von Birgitta mitgeteilten Offenbarungen. In der Folge erhielten diese in der christlichen Literatur der Zeit einen geradezu kanonischen Rang. Birgitta blieb bis zu ihrem Lebensende in Rom, lebte asketisch und übte beachtlichen politischen Einfluss aus, indem sie zusammen mit Kaiser Karl IV. Papst Urban V. bedrängte, aus Avignon zurückzukehren, was er auch 1367 tat. Urban approbierte eine Regel für Birgittas *Ordo sanctissimi Salvatoris*, der sich daraufhin in ganz Europa verbreitete. Birgitta wollte Urban unbedingt in Rom festhalten und prophezeite seinen baldigen Tod, sollte er wieder nach Avignon gehen, was dann tatsächlich 1370 kurz nach seiner Rückkehr dorthin eintraf.

Die Kultförderung durch die Dominikaner führte allerdings nicht dazu, eine heftige Debatte über Birgittas Kanonisation sowie die Bedeutung ihrer ‚Revelationes' zu beenden. Nach ihrem Tode 1373 dauerte es achtzehn Jahre bis zu ihrer Kanonisierung, die 1415 durch Johannes XXIII. und 1419 durch Martin V. erneut bestätigt werden musste. Der Wiener Theologe Heinrich von Langenstein gehörte zu den ersten, der die ‚Revelationes caelestes' – allerdings nur indirekt – kritisierte, indem er auf *scripturae apocryphae* hinwies, die dem Glauben schadeten. Noch drastischer sprach Jean Gerson in seiner Schrift ‚De probatione spirituum' (1415) Frauen überhaupt jedes Recht zur Vermittlung von geistlicher Lehre ab. Auf dem Konstanzer Konzil agitierte er erfolglos gegen die Kanonisierung Birgittas. Obwohl Gerson durchaus zu differenzieren wusste, sollten seine misogynen Äußerungen prägend für die grundsätzliche Kritik werden, die an mystischen Ambitionen von Frauen im 15. Jahrhundert geübt wurde.

Gerade der in der Observanzbewegung engagierte Teil des Predigerordens hatte Birgittas Kult vor allem wegen ihres Engagements für die Reform der Kirche gefördert. Die Birgittenverehrung im Predigerorden hatte ihren Beginn im deutschsprachigen Raum mit der 1397 erfolgten Neugründung des ersten weiblichen Reformkonvents, Schönensteinbach, indem das Kloster im selben Jahr von Papst Bonifaz IX. Birgitta als Patronin erhielt. Sehr bald danach entstand, höchstwahrscheinlich ebenfalls im Nürnberger Predigerkloster, eine für einen Legendarkontext relativ ausführliche Birgitta-Vita, die zu Beginn des 15. Jahrhunderts dem Legendencorpus von ‚Der Heiligen Leben' hinzugefügt wurde. Dass die Legende spätere Zutat zum Legendar ist, zeigt sich am Schluss, wo statt des üblichen kurzen Gebets eine Bitte *für den schreiber* steht, die unverändert in das Legendar übernommen wurde. Jedenfalls führte die beispiellose Popularität des Legendars zu einer außerordentlichen Verbreitung der Birgitta-Vita, die in fast alle vollständig überlieferten Sommerteil-Handschriften und in jede hoch- und niederdeutsche Druckauflage aufgenommen wurde. In der Bibliothek von Schönensteinbach gab es eine Teilübersetzung des 4. Buchs von Birgittas ‚Revelationes caelestes', die vermutlich ein aus dem Ostmitteldeutschen stammender Dominikaner bereits vor 1409 verfasst hatte. In Nürnberger Handschriften aus dem ersten Drittel des 15. Jahrhunderts finden sich mehrere Teilübersetzungen aus den Werken Birgittas – vor allem aus den ‚Revelationes' –, die mit hoher Wahrscheinlichkeit von den örtlichen Predigern verfertigt wurden. Auch eine Übersetzung der Regel des Birgittenordens wurde im Katharinenkloster abgeschrieben.

Die andere wahrhaft vorbildliche und in ihrer Begnadung unerreichbare Mystikerin war die dominikanische Terziarin Katharina von Siena (1347–1380), die zur bekanntesten Heiligengestalt des Predigerordens werden sollte. Ihr Kult überragte im 15. Jahrhundert sogar bei weitem den des Dominikus und den der anderen dominikanischen Heiligen. Für das besondere Interesse an ihrem Kult sorgte ihr Beichtvater, Raimund von Capua, der seine 1395 fertig gestellte ‚Legenda maior' im Blick auf die angestrebte Kanonisation Katharinas gestaltete. Raimund verfolgte in seinem Werk vor allem zwei kirchenpolitische Ziele: Erstens die ihm von Katharina angeblich aufgetragene Ordensreform, die Raimund als Ordensgeneral in der Teutonia persönlich vorantrieb, und zweitens die Legitimierung des Dritten dominikanischen Ordens. Die breiten Schilderungen von Katharinas mystischen Erfahrungen und vor allem die Heraushebung ihrer – bereits im Mittelalter umstrittenen – Stigmatisierung zeigen, dass Raimund bewusst Assoziationen zur Franziskus-Vita zu wecken suchte. Er konstruierte mit seiner Katharinenlegende ein dominikanisches Pendant zum hochverehrten Volksheiligen Franziskus. Wie zuvor Birgitta wurde auch Katharina in der ‚Legenda' zu einem Leitbild der allgemeinen Kirchenreform stilisiert, in ihrem Falle in besonderem Maße für die Reform des Predigerordens. Zudem sollte Katharina für fromme Frauen, sowohl für die religiosen und semireligiosen als auch für die aus dem Laienstand, das Ideal moderner weiblicher Spiritualität vertreten. Obwohl sie erst 1461 kanonisiert wurde, begann ihre Verehrung als Heilige bereits kurz nach ihrem Tod.

Anders als die adlige Birgitta stammte Katharina aus bürgerlichem Hause. Sie, das 23. oder 24. Kind eines Färbers, erlebte mit sechs Jahren ihre erste Vision, trat als junge Frau den dominikanischen Terziarinnen bei, was ihr ermöglichte, weiterhin in ihrem Elternhaus zu leben, und ihr jene Bewegungsfreiheit gab, die ihr die klösterliche Lebensform verboten hätte. Raimund berichtet von einer Stigmatisierung sowie von einer Vielzahl supranaturaler Erfahrungen, u.a. von einer mystischen Hochzeit und einem Herzenstausch mit Jesus. Neben karitativen Tätigkeiten widmete Katharina sich mit großem Eifer der Rückkehr des Papstes aus Avignon und anderen politischen Fragen. Auf Bitten Katharinas (und wohl auch, um die Besitztümer der Kirche in Italien zu sichern) kehrte Gregor XI. tatsächlich aus Avignon zurück. Im daraufhin aufbrechenden Schisma vertrat Katharina entschieden die Position Roms.

Ins Deutsche wie ins Niederländische wurden verschiedene Texte über Katharinas Leben, vor allem Raimunds ‚Legenda maior', mehrfach übersetzt. Die verbreitetste deutsche Version, die den Titel ‚Ein geistlicher Rosengarten' erhielt, dürfte bereits kurz vor oder nach Raimunds Tod 1399 im Nürnberger Dominikanerkloster für zu reformierende Nonnen entstanden sein (Abb. 9). Der Übersetzer stellt Katharinas kontemplative Lebensgestaltung in den Mittelpunkt und erwähnt nur gelegentlich ihr kirchenpolitisches Engagement. Ihre *vita activa* wird zurückgedrängt, eine Schwerpunktsetzung, die durch die Zielgruppe des Werks – observante Nonnen – bedingt ist. Die Überlieferung belegt dann deutlich, welch großes ordensübergreifendes Interesse an der Legende Katharinas bestand, und zwar sowohl bei weiblichen wie männlichen Religiosen verschiedener Orden. Auch wohlhabende fromme Laiinnen besaßen Kopien des ‚Geistlichen Rosengartens'. Es ist sogar belegt, dass das Werk Frauen zum Eintritt in reformierte Klöster bewegte und dass Eltern ihren Töchtern beim Klostereintritt ein Exemplar der Vita schenkten.

Neben dem ‚Geistlichen Rosengarten' sind noch elf weitere Katharinenleben nachweisbar, die vermutlich alle von Dominikanern verfasst wurden, aber nicht alle auf Raimunds ‚Legenda' zurückgehen. Sie sind allesamt nur singulär überliefert, wobei jeweils zwei aus dem bairischen und ostmitteldeutschen sowie fünf aus dem niederdeutschen Raum stammen. Eine besonders frühe moselfränkische Übersetzung der ‚Legenda maior' ist in einer Handschrift v.J. 1415 bezeugt. Auch in niederdeutschen Drucken von ‚Der Heiligen Leben' findet eine kurze Katharinenlegende als Sondergut Aufnahme. Nur ein Übersetzer ist namentlich bekannt, der Leipziger Dominikaner Marcus von Weida (vgl. S. 360).

Indem die Dominikaner Katharina als ihre Musterheilige zu etablieren suchten, wurde sie zugleich zum maßgebenden Beispiel für authentische mystische Spiritualität stilisiert, und zwar ausgerechnet durch die sonst äußerst mystikkritischen Prediger. Denn ihr Lebenswerk galt nie – so die dominikanische Sichtweise – der persönlichen Erhöhung, sondern immer der Beseitigung der Kirchenspaltung sowie der Ordensreform.

Sicher aus dem Nürnberger Dominikanerkloster dürfte ‚Ein botte der götlichen miltekeit' stammen, eine zu Ende des 14. Jahrhunderts angefertigte deutsche Version von Gertruds von Helfta ‚Legatus divinae pietatis' (vgl. Bd. II/2). Gertrud galt, wenn auch inoffiziell, als Heilige, weil das hohe Niveau der von ihr und ihren Helftaer Mitschwestern in lateinischer Sprache verfassten Schriften den Überprüfungen auf dogmatische Irrtümer standhielt. Es dürfte für die Legitimierung Gertruds von zentraler Bedeutung gewesen sein, dass im Vorspruch stehen konnte: *In dem namen des almehtigen gottes so wollen wir sagen, wie dis bůch bewert sů von grossen meistren.* Der vermutlich nürnbergische Prediger erhebt Gertrud jedenfalls zur Heiligen. In einer verkürzten Version wird die Schrift dann als Sondergut in die älteste Sommerteil-Handschrift von ‚Der Heiligen Leben' aufgenommen und erscheint daraufhin in allen sechs Handschriften, die auf diesen – allerdings verschollenen – Textzeugen letztlich zurückgehen.

Es entstanden bereits früh Traktate, die vor supranaturalen Erlebnissen warnten. Höchstwahrscheinlich von einem Nürnberger Dominikaner stammt die erste volkssprachliche Stellungnahme zur Heiligkeit Birgittas. Der Verfasser des anonym überlieferten ‚Sendbriefs zur wahren Heiligkeit Birgittas von Schweden' (vor 1416) setzt die Auserwähltheit Birgittas schlichtweg voraus. Dabei handelt es sich um den ersten deutschen Mahnbrief gegen mystische Bestrebungen, was vor allem in Nürnberg zu einem wichtigen Thema im Schrifttum dominikanischer Observanten werden sollte. Es geht dem Verfasser vor allem darum, wie man mit vermeintlich übernatürlichen Erfahrungen umzugehen habe. Die strengen Kriterien, die man bei der Überprüfung von Birgittas Begnadung zugrunde gelegt hatte, erklärt er für allgemeingültig. Um klare Orientierung zu bieten, führt der Verfasser fünf Prüfsteine für die Echtheit von *gesiht vnd offenparvng* auf. Bei Birgitta sind alle Prüfsteine erfüllt. Grundlegend ist für den Verfasser des ‚Sendbriefs' die absolute Notwendigkeit, sich bei vermeintlichen supranaturalen Erfahrungen an hochqualifizierte Seelsorger zu wenden, was Birgitta selbstverständlich immer tat. Der Sendbrief ist allerdings nur unikal überliefert.

Die Gnadenerfahrungen von wahrhaft heiligen Mystikerinnen sollten observante Nonnen allerdings keineswegs zur Nachahmung motivieren und sie auf ähnliche Erlebnisse hoffen lassen. Ihnen wurde auch davon abgeraten, sich mit *hoher materie* zu beschäftigen, *die sy nit versten*, womit wohl vor allem die komplexen Werke Meister Eckharts gemeint sein dürften. Für klare Verhältnisse in Bezug auf diese Regelung sorgte der erste namentlich bekannte Bruder aus dem Nürnberger Dominikanerkloster, der ein volkssprachliches Werk verfasste, E b e r h a r d M a r d a c h, mit einer Mahnschrift für den weiblichen Zweig seines Ordens. Dass er den 1422 entstandenen und in 23 Handschriften überlieferten ‚S e n d b r i e f v o n w a h r e r A n d a c h t' verfasste, ist indes nur in einem Randeintrag in einer Nürnberger Handschrift bezeugt; in der restlichen Überlieferung wird nur bisweilen darauf verwiesen, dass das Werk von einem Dominikaner stamme. Mardach war zunächst Säkularkleriker, trat aber als engagierter Anhänger der Reformbewegung 1405 ins Nürnberger Predigerkloster ein, amtierte dort von 1425–28 als Prior, erblindete und starb 1428 durch einen Treppensturz.

Der vor allem in reformierten Klöstern verschiedener Orden weit verbreitete ‚Sendbrief' setzt nach dem circa 15 Jahre früher entstandenen ‚Sendbrief zur wahren Heiligkeit Birgittas von Schweden' die literarische Auseinandersetzung der Observanten mit extravaganter weiblicher Spiritualität fort und geht dabei auf aktuelle Fälle in Nürnberg ein, ohne die Personen namentlich zu benennen. Etwa zehn Jahre später wird im ‚Abcdarius' des Nürnberger Kartäusers Erhart Groß (vgl. S. 183) offenbar von denselben Frauen berichtet und zumindest eine von ihnen, eine gewisse Uslingerin aus Nürnberg benannt. Zentrales Thema Mardachs ist die vor allem von der Passionsmeditation ausgehende mögliche Gefahr für das Seelenheil. Ein fehlgeleitetes Sichversenken in die *passio Cristi* könne dazu führen, dass Frauen *verzuckt werden* und dann glaubten, sie hätten visionäre Begegnungen mit heiligen Personen oder gar Jesus gehabt. Auch übermäßiges Fasten führe zu problematischem Verhalten. In der Regel stecke der Teufel hinter den vermeintlichen supranaturalen Erlebnissen. Gerade Religiosen seien aufgrund ihrer *geistlich hohuart oder ... eygen wolgeuallen ir selbs* besonders gefährdet, weil sie *irn orden nach irm vermügen nit redlich noch gentzlich halten*. Der ‚Sendbrief' fand Eingang vor allem in die Bibliotheken observanter Klöster verschiedener Orden, besonders bei Dominikanerinnen, Klarissen und Augustinerchorfrauen und -herren. Auch die Kartäuser mit ihrem besonderen Interesse für mystisches Schrifttum verbreiteten das Werk innerhalb ihres Ordens. Aus dem frühen 16. Jahrhundert stammt eine lateinische Übersetzung des Werks durch den Kartäuser Thilmann Mosenus aus Westerburg im Westerwald (†1543).

Von Mardach dürfte auch eine Übersetzung von Seuses ‚Horologium sapientiae', lib. II,7, die ‚Bruderschaft der ewigen Weisheit', stammen, die vor 1418 entstand. Wie beim ‚Sendbrief' wird er nur in einer Nürnberger Handschrift als Verfasser genannt. Der Text folgt in fast allen sechs überlieferten Handschriften auf Werke Seuses, vor allem auf das ‚Büchlein der Ewigen Weisheit'. Auf sehr dürftigen Hinweisen beruht die Zuweisung des lateinischen ‚Speculum artis bene moriendi' an ihn (vgl. S. 439).

Durchgehend bieten die frühen Schriften der Nürnberger Dominikaner, die ganz auf die weibliche Spiritualität – auch die der Nichtreligiosen – ausgerichtet sind, ein klares Bild von der observanten Programmatik. Einerseits werden Viten und Werke von als tatsächlich heilig befundenen vorbildlichen Mystikerinnen wie Birgitta, Katharina und Gertrud als wertvolle Lektüre für die persönliche Erbauung verbreitet, andererseits wird in verschiedenen Texttypen vor allzu konkreter Nachahmung ‚mystischen' Strebens strengstens gewarnt und konkrete Orientierungshilfe geboten, da egoistische Spiritualität und spektakuläre Selbstüberhebung als ernsthafte Gefahr für die geordnete klösterliche Lebensform dargestellt werden.

Bereits vor der für den Erfolg der Observanzbewegung so entscheidenden Reform des Nürnberger Katharinenklosters 1428 entstand in der Stadt eine Vielzahl anonymer Schriften, vornehmlich Predigten und katechetische Traktate, deren genaue Herkunft bei der heutigen Überlieferungslage nur selten eindeutig zu klären ist. Auch kurze in Nürnberger Handschriften überlieferte Texte zu diversen geistlichen Themen wurden vermutlich in dieser Zeit verfasst. Für eine Herkunft aus dem Predigerkloster spricht, dass die Verbreitung der Texte auf die Reichsstadt und zudem auf das von den Dominikanern betreute, unweit der Stadt gelegene observante Augustinerinnenkloster Pillenreuth begrenzt war, in das hauptsächlich Frauen aus der Nürnberger Oberschicht eintraten. Die Bibliothek des Katharinenklosters enthielt eine Unmenge solcher nicht eindeutig zuweisbaren Anonyma. Zur weiteren Ausstattung der Bibliotheksbestände schenkten mehrere Dominikanerbrüder dem Katharinenkloster nachweislich Handschriften oder liehen sie dorthin zur Abschrift aus. Auch Nürnberger Bürgerinnen und Bürger schenkten den Schwestern Bücher als fromme Gaben. Zweifellos verfügten die Brüder in ihrem eigenen Kloster über eine umfangreiche Sammlung volkssprachlicher Werke, die sie an die Laien der Stadt zur Abschrift weitergaben, wie sich das im Bestand der Bücher und Schriften zeigt, die Novizinnen beim Eintritt ins Kloster mit sich brachten. In Bezug auf die Distributionswege von Literatur im observanten Netzwerk lässt sich in

Nürnberg und über die von dort ausgehenden Überlieferungen jedenfalls ein recht klares Bild zeichnen.

In der aus mehreren Faszikeln bestehenden Dresdener Handschrift Msc. M 244 ist eine Predigtsammlung enthalten, die aus fünf Marien-, einer Advents- und vier Passionspredigten besteht und auch mehrfach überliefert ist. Die zwischen 1405–1415 entstandenen, für ein klösterliches Publikum gestalteten Sermones sind von unterschiedlicher Länge; vermutlich wurden sie von einem Nürnberger Dominikaner verfasst, der auch Augustinerinnen betreute. Die Predigten orientieren sich vor allem an Bernhard von Clairvaux, neben ihm werden nur Augustinus und Hieronymus als Autoritäten zitiert. Von besonderem Interesse ist die erste Predigt zu Mariä Verkündigung, da ihre Salutatio und die Überleitungspartie wörtlich mit dem ebenfalls im nordbairischen (Nürnberger) Raum entstanden Sendbrief ‚Wurzgarten des Herzens' übereinstimmen. Allerdings haben beide Texte inhaltlich nichts miteinander gemein.

In der ausführlichen Predigt mit Ps 34,10 als Thema werden vor allem Adam und Eva typologisch gedeutet: *Vnd hat gesant die erlösung, heut an dem tag, den tod, den daz weip braht in menschlichs gesleht, hat ein weip ... Maria ... vertriben.* Der Text endet mit dem allegorischen ‚Streit der vier Töchter Gottes' unter Berufung auf eine Predigt Bernhards.

Der Sendbrief, der circa 60 Jahre später entstanden sein dürfte, stammt von einer vermutlich religiosen Frau und ist an ihre *lybe tochter* gerichtet. Es geht der Verfasserin um die Vorbereitung des Herzens auf den Empfang Christi, die in Form einer Gartenallegorie vermittelt wird. So gibt es z.B. einen gut schützenden Zaun um den *wurczgarten* des Herzens, durch dessen evtl. Lücken allerlei Sünden (Tiere) eindringen könnten, es geht auch u.a. um die Gartenpflege, schließlich folgen Auslegungen der Pflanzenarten und Blütenblätter. Die *begerung* der Verfasserin ist es, *daz ich dich fast kond rayczen czu gotlicher lieb.* Bemerkenswerterweise erscheint die Salutatio der Marienpredigt erneut wörtlich in einem ostschwäbischen ‚Sendbrief über die Passionsbetrachtung an den einzelnen Wochentagen' aus der ersten Hälfte des 16. Jahrhunderts in dem Augsburger Cod. III.1.4° 36. Auch hier ist keine weitere inhaltliche Verbindung zur Nürnberger Marienpredigt vorhanden.

Auch zu den frühen Werken (vor 1429), die höchstwahrscheinlich von den Nürnberger Predigern verfasst wurden, gehört die ‚Nürnberger emblematische Schifffahrtspredigt', in der es, ausgehend von Mt 9,1 („Jesus stieg in das Boot, fuhr über den See und kam in seine Stadt"), zu einer Auslegung des Schiffes als Buße kommt. Menschliche Bußübungen werden hierbei auf die Betrachtung der *passio Christi* bezogen. Dem Verfasser war das pseudo-augustinische ‚Buch der Liebkosung' in der Übersetzung des Johannes von Neumarkt bekannt (vgl. Bd. III/1). Es handelt sich jedenfalls um eine Lesepredigt, denn zu Beginn ist die Rede davon, *daz ich euch etwaz möchte geschreyben*, wie man mit dem Leiden Christi in der Andacht umzugehen habe.

Der älteste Textzeuge des emblematischen Traktats ‚Eine geistliche Geißel' gehörte ebenfalls zum Besitz von Kunigund Schreiberin (um 1421–23; vgl. S. 208). Die ‚Mystikerin' Katharina Tucher (vgl. Tl. 2), die später als Laienschwester ins Katharinenkloster eintrat und eine Vielzahl von Handschriften mitbrachte, besaß auch ein Exemplar. Obwohl der Text eindeutig an Klosterfrauen gerichtet ist, stammen zwei der drei Nürnberger Textzeugen aus Laienbesitz. Auch hier ist höchstwahrscheinlich ein Nürnberger Prediger als Verfasser anzunehmen.

Zu Beginn steht eine schematische Zeichnung einer Geißel, mit der jeweiligen Bezeichnung der einzelnen Riemen. Der Stab bedeutet die göttliche Liebe, aus der die Nächstenliebe hervorgehen soll. Die Knöpfe an den sechs Riemen bezeichnen Demut, Geduld, Gehorsam, Armut, Mäßigkeit und Keuschheit, also Tugenden, welche die Religiosen besonders pflegen sollen. Weiterhin befinden sich an jedem Knopf drei Spitzen sowie am Stab drei Pfropfen, die ebenfalls allegorisch gedeutet werden. Zu Beginn wird die Geißel als Instrument dargestellt, *da mit sich ain ieglich gaistlich mensch all tag gaiselen sol also ser vnd also fast vnd als lang, piß das das plůt von im gee*. Dies ist aber nicht als Aufforderung zur körperlichen Züchtigung zu verstehen, die ohnehin vom observanten Klerus bei Frauen abgelehnt wurde, sondern es soll „zur Züchtigung des inneren Menschen" dienen. „Sinn der Geißelung ist es, den eigenen Willen von Sünde und Untugend zu befreien" (B. Steinke). So heißt es: *... daz plut bedeut die sünd, vntugent vnd alle vnordenliche pös begerung*. Auch bei diesem Traktat ist eine Verbreitung innerhalb des Observantennetzwerks festzustellen.

Überliefert sind auch eine Reihe von Übersetzungen von Erbauungsschriften, die vor der Reform des Katharinenklosters von Nürnberger Predigern verfasst wurden. Bereits in den ersten Dekaden des 15. Jahrhunderts (vor 1428) entstand eine sehr getreue Übersetzung der ‚Spiritualis philosophia' des Johannes von Kastl (vgl. S. 406), die als ‚Ein nücz und schone ler von der aygen erkantnuß in sieben Handschriften überliefert ist, die, soweit ermittelbar, allesamt aus reformierten Klöstern stammen. Die älteste Handschrift – Nürnberg, Cod. Cod. Cent. VI, 43^h – war im Privatbesitz von Kunigund Schreiberin, deretwegen das Katharinenkloster reformiert wurde. Die Handschrift ist ihr von einem vermutlich Nürnberger dominikanischen *pruder Johans* wohl noch vor ihrem Klostereintritt 1428 geschrieben worden. Im Predigerkloster war jedenfalls eine lateinische Version vorhanden, die als Vorlage gedient haben könnte (Nürnberg, Cod. Cent. IV, 77). Das Werk ist wahrscheinlich durch den Anschluss des Nürnberger Benediktinerklosters an die Kastler Reform i.J. 1418 in die Reichsstadt gelangt.

Der Traktat ist ein für *illiterati* durchaus anspruchsvoller Text. Er will die Leser in 19 Kapiteln mit einer abschließenden *kurczen merckunge* über das zuvor Abgehandelte zu wahrer und demütiger *aygen erkantnuß* hinführen. Selbsterkenntnis ist die *höest kunst*, die schließlich zur Demut führe. Das Irdische, besonders die Sünde, hindere den Menschen daran, zur Einsicht zu gelangen. Um Gott zu erreichen, müsse sich der Mensch von der Welt befreien. In zwölf Kapiteln wird ausführlich die Eitelkeit und Verderbtheit der Welt thematisiert. Allerdings beschränkt sich das Werk nicht auf den *contemptus mundi*: Im letzten Kapitel wird auf die göttliche Gnade verwiesen und bekräftigt, dass der feste Glaube an sie den Sündhaften von der Welt und ihren Versuchungen zu befreien vermöge. Gestützt wird die Argumentation durchgehend mit gelehrten Zitaten, was ein klösterliches Zielpublikum annehmen lässt.

In vier Handschriften folgt auf die Übersetzung der ‚Spiritualis philosophia' eine vollständige Übersetzung der Bulle ‚Transiturus de mundo', mit der Urban IV. 1264 das Fronleichnamsfest einzuführen versuchte. Auch für diesen Text, in dem die besondere Verehrung der Eucharistie päpstlich sanktioniert wurde, dürfte ein Nürnberger Dominikaner als Verfasser anzunehmen sein. Bemerkenswert ist die Bezeichnung der Eucharistie als *letze*, als Abschiedsgeschenk Christi, und zwar ohne Entsprechung in der Vorlage.

Ein weiteres Werk der Nürnberger Dominikaner, das zunächst zum Leseangebot für die Laien der Stadt gehörte, ist eine Übersetzung des pseudoaugustinischen ‚Speculum peccatoris'. Es ist überliefert in einer Abschrift von 1412 aus dem Besitz von Anna Schürstabin, die vier ihrer Töchter in reformierte Klöster gab, dem Katharinenkloster mehrere Bücher schenkte und selbst dort bestattet wurde. Von Nürnberg aus kam die Übersetzung in das observante Dominikanerinnenklöster Altenhohenau. Nach der Weitergabe nach Süden fand das Werk dort sowohl handschriftlich als auch in zwei Augsburger und einer Kölner Druckausgabe (‚Der Menschen Spiegel') von 1472, 1476 und um 1485 eine beachtliche Verbreitung.

Das ‚Speculum peccatoris', das im frühen 14. Jahrhundert entstanden sein dürfte, ist in mindestens 532 Handschriften überliefert und mehrfach übersetzt worden. Es folgt nicht dem für Beichtspiegel üblichen Schema, in dem die einzelnen Verfehlungen nach Maßgabe der Zehn Gebote erläutert werden, sondern es bietet vertiefte Lehren über sündiges und vorbildliches Leben und Verhalten, wobei ein profundes religiöses Grundwissen vorausgesetzt wird. Es gehört zu den zentralen Erbauungsschriften des Mittelalters. In den Handschriften wird es mehreren Verfassern zugeschrieben, neben Augustinus z.B. auch Gregor dem Großen, Johannes Chrysostomus, Bernhard von Clairvaux u.a.m. Ausgehend von Deut 32,29 („Wären sie weise, so würden sie das begreifen, würden das Ende bedenken, das ihnen bevorsteht"), bietet das Werk eine Aneinanderreihung moraltheologischer Regeln. Es werden zunächst die Gefährdungen für das Seelenheil und die möglichen fatalen Folgen geschildert; anschließend wird für ein zurückgezogenes, Gott geweihtes Leben geworben. Der Text ist nicht klar strukturiert und greift die gleichen Themen immer wieder auf; er will die Rezipienten zu einem intensiven Nachdenken über ihre Lebensgestaltung anregen. Als sicherster Weg zum Seelenheil wird ein völlig zurückgezogenes kontemplatives Leben im Kloster empfohlen.

Dieser von mir so benannte ‚Nürnberger Spiegel des Sünders' bietet eine flüssige Übersetzung des ‚Speculum', die sich aber durchaus an mehreren Stellen von der Vorlage entfernt. Im Text werden unpersönliche lateinische Aussagen in Appelle wie *O lieber mensch, dicz merck vnd verste* geändert, sowie eigenständige, z.T. längere Passagen eingefügt, etwa über die negativen Aspekte des menschlichen Wandels. Auch die Wertschätzung weltlicher, rhetorisch geschickt verfasster Werke wird gerügt, wenn sie mit einer Geringachtung der Bibel und christlicher Lehrwerke einherginge. Allerdings seien die Werke der *haidnischen lerrern* nicht grundsätzlich zu verdammen. Insgesamt richtet sich der ‚Spiegel' an gebildete *illiterati*, und zwar sowohl innerhalb als auch außerhalb der Klöster. So wird *frater* (*mi carissime*) mit (*lieber, liebster*) *mensch* übersetzt. Solche Anpassungen der Vorlage haben wohl nicht zuletzt zur Verbreitung durch den Buchdruck beigetragen.

In acht Handschriften ist der ‚Spiegel' mit dem erbaulichen Traktat ‚Von menschlicher Hinfälligkeit' gemeinsam überliefert und z.T. nahezu nahtlos verknüpft oder sogar vermischt. Bereits in der Handschrift von Anna Schürstabin, Nürnberg, Cod. Cent. VI, 82, sind die beiden Texte miteinander verbunden. Gegliedert ist das Werk in fünf thematisch abgeschlossene Abschnitte: 1. das Übel des menschlichen Daseins, 2. Betrachtung des Menschen im Gesamtkontext seiner Herkunft, seiner Tätigkeit und seiner Vergänglichkeit angesichts der Ewigkeit, 3. die Unbeständigkeit und Nichtigkeit weltlicher Weisheit und Größe, 4. die menschliche Hinfälligkeit in Gebetsform aufgegliedert, 5. von vier Toden (Natur, Sünde, Pein, Gnade) mit fünf Weherufen der Verdammten und einer Aufzählung der verschiedenen Todesarten. Als Teilquellen verwertet der höchstwahrscheinlich dominikanische Verfasser ‚De miseria humanae conditionis' von Innozenz III. und die pseudo-bernhardinischen ‚Meditationes de cognitione humanae conditionis'. Da im Abschnitt drei auch Reichtum, Macht und Gelehrsamkeit thematisiert wird, dürfte der Traktat für wohlhabende Laien konzipiert worden sein, was die Provenienzen der frühen Nürnberger Handschriften auch nahelegen. In zwei Textzeugen wird dem Text eine ‚Zeitklage der Christenheit' beigefügt. Mehrfach wird der Traktat im Laufe der Überlieferung redigiert und erweitert, ein Exzerpt wird als Anhang des ‚Spiegels' in die beiden Augsburger Drucke aufgenommen.

Zu den in den ersten zehn Jahren nach der Reform des Predigerklosters angefertigten Übersetzungen gehört eine deutsche Fassung des ‚Dialogus rationis et conscientiae de crebra communione' des Matthäus von Krakau (um 1345–1410), in der es um die damals höchst umstrittene Frage geht, in welcher Häufigkeit die Eucharistie zu empfangen sei

Matthäus studierte in Prag, wurde dort 1384 Professor der Theologie und engagierte sich entschieden für die Reform der Kirche, des Klerus und des Papsttums. Er setzte sich auch für die Kanonisierung Birgittas ein. 1394 wechselte er an die Universität Heidelberg, wo er bis zu seinem Tode blieb. Von ihm ist ein umfangreiches Œuvre überliefert, von dem der ‚Dialogus' v.J. 1389 mit über 250 Handschriften sein bei weitem erfolgreichstes Werk war. Als Reaktion auf den Prager Streit um die von Matthias von Janov geforderte häufige Laienkommunion lässt er in seinem Werk die skrupulöse allegorische Conscientia des sündigen Menschen, die sich wegen Fehlverhaltens vor dem Empfang der Kommunion fürchtet, ein Gespräch mit der Ratio führen. Letztere macht der Bangenden Mut, indem sie sie überzeugt, dass bei wahrhafter Reue Gott stets gnädig sei und daher von ihr verlange, die Eucharistie zu empfangen. Jede Person solle nach eigenverantwortlicher Selbstprüfung entscheiden, wann sie die Eucharistie empfängt, niemand sonst. Matthäus als Kritiker der krisenhaften Kirche wertete die Eucharistie als den „Leim", der diese Institution überhaupt noch zusammenhalte; sie gehöre zum Wichtigsten, was die Würde der Geistlichkeit in den Augen der Laien noch aufrechterhalte. Der 1388/89 entstandene ‚Dialogus' wurde mehrfach übersetzt und in den Werken von Johannes Rothuet von Indersdorf und Bernhard von Waging verwertet (vgl. S. 489, 421).

In der Nürnberger Verdeutschung des ‚Dialogus', dem ‚Zwiegespräch von Vernunft und Gewissen über das Abendmahl', wird die allegorische Ratio durch einen Meister ersetzt. Im Anschluss an die Übersetzung folgt eine kurze Abhandlung über den häufigen Empfang der Eucharistie, die mit einer Äußerung Raimunds von Capua zur *grossen begird, die die heilig katherina* [von Siena] *zu dem sacrament het*, beginnt. Die Diskussion der divergierenden von Raimund, Dionysius Areopagita und Augustinus vertretenen Positionen schließt mit einem Kompromissvorschlag des Thomas von Aquin ab. Für diesen Text steht dominikanische Verfasserschaft außer Frage. Der ‚Dialogus' wird – wohl mit diesem Anhang – auch im *lectio*-Kanon des Katharinenklosters aufgeführt. Allerdings sind nur drei Textzeugen überliefert, zwei davon stammen aus Laienbesitz.

Das Thema Eucharistie sollte noch häufig von Nürnberger Dominikanern behandelt werden. Das populärste Werk über das Altarsakrament war der als Meister-Jünger-Gespräch gestaltete Eucharistietraktat des Franziskaners Marquard von

Lindau, der wie das ‚Buch von den sechs Namen des Fronleichnams' des Mönchs von Heilsbronn, eines Zisterziensers (vgl. Bd. III/1), auch zum lectio-Kanon des Katharinenklosters und anderer reformierter Konvente gehörte. Aufgrund der hussitischen Lehre vom Laienkelch sollte das Thema Eucharistieempfang in der ersten Hälfte des Jahrhunderts besonders virulent bleiben.

Ob die ‚Bairischen Verba seniorum', eine Übersetzung der ‚Adhortationes sanctorum patrum', ebenfalls aus dominikanischen Kreisen stammen, ist zwar ungewiss, doch legen einige Indizien dies nahe. Der älteste Textzeuge ist auf 1409 datiert, das Werk ist auch schon relativ früh in Nürnberg nachweisbar. Der anonyme Übersetzer ist Klosterbruder, der angibt, dass er diese Tätigkeit auf sich genommen habe, weil er sich an der *gemainen hant arbeit* nicht mehr beteiligen könne. Weil die ‚Verba' *für gelerten vnd vngelerten, man vnd frawen, jůngen vnd alten, weltlichen vnd gaistlichen* von großem Nutzen seien, übertrage er das Werk, das die Lehren der überaus vorbildlichen *altuater vnd ainsidel* enthalte, die sich in der Wüste gegen die drei Hauptfeinde – den eigenen Körper, die Welt und den Teufel – erfolgreich durchgesetzt hätten. Offensichtlich ist der Übersetzer auch von dem großen Verehrer der Altväterliteratur, Heinrich Seuse, beeinflusst – er spricht mehrfach in seinem Prolog vom Erreichen der Ewigen Weisheit – und er sieht wie Seuse die Altväter-Spiritualität als Modell für alle Stufen bis hin zur Vollkommenheit. Seine Übersetzertätigkeit beschränkt sich aber nicht auf die ‚Verba', als Anhang fügt er drei weitere Texte hinzu. Zunächst bietet er die Bulle Urbans IV. zur Einführung des Fronleichnamsfests (vgl. S. 236) unter der Überschrift ‚*Von dem heyligen sacrament*'. In einem Prolog gesteht der Übersetzer den heutigen Menschen zu, dass sie die außergewöhnlichen Leistungen der Altväter nicht erbringen könnten, weshalb man die Gnade *nach vnserm vermugen* durch den Empfang der Eucharistie erreichen solle. Die vorbildliche Nachfolge Christi, wie sie die Altväter vorlebten, vollziehe sich durch die Einheit mit Christus im Sakrament. Direkt anschließend und ohne Prolog vertieft der Verfasser das Thema weiter mit einer Teilübersetzung des Eucharistietraktats ‚De corpore domini' des Dominikaners Albertus Magnus. Abschließend, erneut mit einem Prolog versehen, übersetzt er, leicht gekürzt, die angelologischen Teile der Michaelslegende aus der ‚Legenda aurea' des Jacobus de Voragine, worin sich die Erklärung der neun Engelschöre findet, die Beschreibung der Siege über den Teufel und wie sich die Engel für die Menschen einsetzen. Die ‚Bairischen Verba seniorum' waren sehr erfolgreich. Sie sind in 17 Handschriften überliefert – und zwar auch in einer ripuarischen – sowie in einem Einzeldruck und zusammen mit den ‚Alemannischen Vitaspatrum' (vgl. Bd. III/1) in acht weiteren Druckausgaben.

Es ist davon auszugehen, dass den zu reformierenden Nonnen auch Werke bereitgestellt wurden, die ihnen die drohenden Höllenstrafen vor Augen führten, welche eine nichtobservante Lebensführung nach sich ziehen konnte. Für diesen Zweck besonders geeignet erschienen jene aus dem Früh- und Hochmittelalter stammenden Schriften, die von Jenseitsvisionen erzählten. Die im 12. Jahrhundert entstandene ‚Visio Tnugdali' (vgl. Bd. II/1) eines sonst unbekannten Schottenmönchs Bruder Marcus war ursprünglich eine Schrift zur Unterstützung der irischen Kirchenreform und zielte deshalb auf die Moral von Religiosen ab, indem in den jenseitigen Erfahrungen des totgeglaubten Ritters von furchtbaren Strafen für lasterhaftes Verhalten sowie von beträchtlicher Belohnung für regelkonformes Leben erzählt wird. Als der ein sittenloses Leben führende Tnugdalus von seinem Scheintod erwacht, ändert er sofort seine Lebensweise grundsätzlich und berichtet von seinen Erfahrungen im Jenseits, unter anderem vom Schicksal von Geistlichen in Hölle und Himmel. Der Text wurde mehrfach übersetzt.

Die Existenz einer Nürnberger Handschrift aus dem frühen 15. Jahrhundert (1410/11) legt nahe, dass die Übersetzung C der ‚Visio', der ‚Tundalus', von einem dortigen Dominikaner stammt. Ein als Vorlage in Frage kommender lateinischer Textzeuge aus dem 14. Jahrhundert war jedenfalls im Predigerkloster vorhanden. Obwohl bei der Übersetzung an zahlreichen Stellen Kürzungen vorgenommen werden, büßt der Bericht vom Aufenthalt der ehemals leichtlebigen Mönche und Nonnen in der Hölle nichts von der Drastik des Originals ein. Dort verschlingt *ein greulichez grozzes tier*, das von noch *greulicher gestalt* war *denn alle die tier die sie vor ie gesehen heten*, alle, die *gesundet heten mit unkeusch, sunderlich gaistlich clôster leut und ander gaistlich leut*. Damit nicht genug: Die Gefressenen werden wieder *dernewt* (erneuert), so dass sie noch mehr leiden müssen. Sowohl Männer als auch Frauen werden nun geschwängert mit *hellischen tieren*, die sie *tragen mit grozzer pitterkait in irm leib*. Die Geburt dieser grausamen Wesen ist dementsprechend entsetzlich, *grôzzern jamer* habe die Seele des Tundalus nie gesehen. Ein Engel erklärt:

... *ye heiliger und ye gaistlicher die menschen an irm fursacz gewesen sein, ye grozzer pein sie hie leiden mûzzen, wo si sich vergezzen haben* ... *wann disew pein gehôrt an nunnen und mûnch und kor herrn und allen orden, di in der cristenhait sint, die got ligen* [belügen] *in einem gaistlichen schein oder in gaistlichen gewant*.

Als die Seele dann in den Himmel gelangt, gerät sie an Religiosen, die sich in wunderbaren Zelten befinden und herrliche Musik hören. Der Engel erläutert die Idylle:

Diese rue gehort an nunnen und munchen, di irn prelaten freilichen und andekiclichen untertenig gewesen sein, und liber gewesen sein unter irn prelaten den ob in, und den, di irn aigen wiln gelozzen haben und den willen irn prelaten vol pringen, und die sich auch bekummert haben mit hymlissen dingen, und ir czungen habe sie gezwungen nit allain vor poser red, sie hielten sich halt auf an guten worten und an nuzzer red von grozzer genod, die sie het zu irm sweigen ... *Diese munch und nunnen* ... *woren gleich den engeln.*

Deutlich lässt sich in den Erlebnissen des Tundalus die observante Programmatik wiedererkennen. Das dürfte auch der Grund dafür sein, dass das Werk jedes Jahr im Katharinenkloster an Allerseelen vorgelesen werden sollte. Verbreitet wurde diese Übersetzung über das weitgespannte Netzwerk der Reformklöster verschiedener Orden; sie wurde auch für Laien abgeschrieben. Zudem wurde der ‚Tundalus' zweimal in Augsburg gedruckt (1473 und 1476).

Im Nürnberger Codex von 1410/11 sowie in weiteren Handschriften folgte auf den ‚Tundalus' eine Übersetzung der ‚Visio Fursei'-Version aus der ‚Legenda aurea' des Jacobus de Voragine (vgl. Bd. III/1). Der ursprünglich um 656/57 entstandene Bericht erzählt vom irischen Wanderprediger und Klostergründer Furseus, dessen Seele ins Jenseits geführt wird. Zunächst kommt er ins Reich der Engel, doch in einer zweiten Vision wird ihm von Dämonen eine Vielzahl von Verfehlungen vorgeworfen. Drei Schutzengel nehmen seine Verteidigung auf und besiegen schließlich die üblen Ankläger. Nach diesen Erfahrungen verbringt Furseus sein restliches Leben als Wohltäter. Auch hier stehen damit die Verfehlungen eines Geistlichen, seine Gefährdung und seine Rettung durch ein fürderhin frommes Leben im Zentrum der Erzählung.

Ebenfalls vom selben vermutlich dominikanischen Übersetzer dürfte ein dritter sich an die beiden Visionen anschließender Text stammen, eine Übersetzung von Lib. I,37 der ‚Revelationes' Birgittas. Anders als in der originalen Vision spricht hier nicht Maria, sondern der *himlisch vater* mit Birgitta über die furchtbaren Leiden Jesu. Dem Text vorangestellt ist eine nicht aus den ‚Revelationes' stammende Kritik an den heuchlerischen Predigern der Gegenwart. Ihretwegen sei heute das Maß des Leidens, das der Gottessohn unter den gegenwärtigen Christen ertrage, höher, verglichen mit seiner Marter damals am Kreuz. Hier greift sogar Gott höchstpersönlich die verkommene, nicht reformwillige Geistlichkeit direkt an.

Noch ein weiteres Visionswerk dürfte von einem Nürnberger Prediger übersetzt worden sein, und zwar im endenden 14. Jahrhundert. Dieselbe heute in Gotha, Cod. Chart. B 269, aufbewahrte Nürnberger Handschrift, die den ältesten Textzeugen der deutschen Version des ‚Legatus divinae pietatis' der Gertrud von Helfta überliefert, enthält zudem eine Übersetzung der ‚Visio monachi Eyneshamensis'. Wie im ‚Tundalus' und ‚Furseus' geht es um grausame Bestrafungen vorwiegend von Geistlichen in der Unterwelt, die aufgrund ihrer Standesverpflichtungen noch schwerer leiden müssen als die Laien. Erzählt wird von einem jungen Mönch im Kloster

Eynsham bei Oxford, der nach Erwachen aus schwerer Krankheit von seinen Erlebnissen im Jenseits erzählt. Vom hl. Nikolaus wird er zu verschiedenen Straforten geführt, wo ihm die z.T. überaus grausamen Qualen der sündigen Seelen gezeigt werden. Dort trifft er auf Personen, die er früher gekannt hatte. Im Fegefeuer begegnen ihm einige, die schwer bestraft wurden, und andere, deren Strafen milder ausfielen, weil sie in ihrem Leben auch Gutes getan hatten. Vor allem die Bestrafung von Religiosen steht im Mittelpunkt des Berichts: Bischöfe, Prioren, Äbtissinnen, Mönche, Nonnen, die verschiedene ihrer Lebensform widersprechenden Sünden begangen haben. Schließlich gelangt der junge Mönch ins Paradies, wo er unbeschreibliches Glück erlebt. Dort mahnt ihn Nikolaus, stets ein gottgefälliges Leben zu führen. Die ‚Visio' soll auf den Bericht eines Mönchs Eadmundus (Edmund) zurückgehen, der diese Jenseitsfahrt 1196 erlebt haben soll. Die Version der Gothaer Handschrift ist nur in einem einzigen weiteren Textzeugen überliefert, und zwar in einer Handschrift des Katharinenklosters. Es folgen in der Gothaer Handschrift im Anschluss an die ‚Visio' zwei Exempla von Geistlichen, die für ihre Sünden schwer bestraft wurden, aus der ‚S c a l a c o e l i ', der umfangreichen Exempelsammlung des französischen Dominikaners Johannes Gobius († 1350). Auch dieses Werk ist, wie die anderen Texte der Handschrift, als klare Stellungnahme für die Befolgung einer strengen Observanz intendiert.

Es gibt zwei weitere in Nürnberg entstandene Übersetzungen der ‚Visio': Die eine ist nur in einer Handschrift v.J. 1416 aus dem von den Nürnberger Predigern betreuten Pillenreuth überliefert (Dresden, Msc. M 244), die andere, die unikal in einer Handschrift des Katharinenklosters enthalten ist, stammt aus der zweiten Hälfte des 15. Jahrhunderts (Nürnberg, Cod. Cent. VI, 43^b). Es liegt nahe, dass sie beide von Dominikanern der Stadt verfasst wurden.

Träger der Nürnberger Cura Monialium
Waren mit Ausnahme von Eberhard Mardachs ‚Sendbrief' alle bisher besprochenen Werke der Nürnberger Dominikaner vor der Reform des Katharinenklosters anonym überliefert, lassen sich ab der Einführung der Observanz in 1428 vor allem die Verfasser von Einzelpredigten, Predigtsammlungen, Traktaten und Sendbriefen vielfach eindeutig identifizieren. Die über 35 namentlich bekannten Nürnberger Dominikaner, denen im 15. Jahrhundert volkssprachliche Werke zugewiesen werden können, verfassten größtenteils katechetisches und erbauliches Schrifttum, das als Lektüre für die *lectio communis* Verwendung fand und zudem für die Lektüre in der Zelle geeignet war. Im Katharinenkloster entstanden auch zwei mehr oder weniger detaillierte Tischlesungsverzeichnisse.

Derartige Werke finden sich im umfangreichen Œuvre des bereits mehrfach erwähnten J o h a n n e s N i d e r, der bestimmenden Kraft bei der Reform des Katharinenklosters. Nider war eine Art Idealgestalt der neuen, vor allem auf die Praxis ausgerichteten Reformtheologen. Er gehört zu den zentralen Personen der süddeutschen Observanzbewegung, die sich zugleich für eine Reform der Gesamtkirche entschieden einsetzten. In den 1380er Jahren wurde er im allgäuischen Isny geboren und trat 1402 ins observante Colmarer Predigerkloster ein. Es folgte höchstwahrscheinlich ein *studium generale* an der Ordenshochschule in Köln. 1422 ging er als geweihter Priester an die Universität Wien, wo er 1426 zum Magister der Theologie promovierte. Er ließ sich allerdings von der Lehre an der Universität befreien, um sich ganz der Observanzbewegung zu widmen. So ging er 1427 als Nachfolger Eberhard Mardachs im Amt des Priors nach Nürnberg, reformierte dort 1428 das Katharinenkloster, zog aber bereits 1429 mit zwölf Nürnberger Brüdern weiter nach Basel, um im dortigen Dominikanerkloster die strenge Observanz einzuführen. Als Prior von 1429 bis 1434 gelang es ihm, den Konvent zu einem musterhaften Reformzentrum umzugestalten, von dem eine Vielzahl weiterer Reforminitiativen ausging. Als 1431 das Basler Konzil einberufen wurde, beteiligte sich Nider maßgeblich an dessen Organisation und Durchführung. Als Prior eröffnete er das Konzil im Dominikanerkloster mit einer feierlichen Predigt.

Nach der verheerenden Niederlage Friedrichs von Brandenburg durch die Hussiten bei Taus (Domažlice, 1431) – das Heer war zunächst aus Angst vor den Taboriten geflohen und wurde dann in der Oberpfalz niedergemetzelt – beschloss das Konzil, eine diplomatische Lösung für den seit 1420 tobenden, für den deutschen König Sigismund erfolglos verlaufenden Krieg herbeizuführen. Nider hatte einst einen ‚Tractatus contra heresim Hussitarum' (1430/31) verfasst, in dem er die Verurteilung von Hus und Hieronymus von Prag als vernünftige Maßnahmen verteidigte. Er wurde 1431–1432 zu den Hussiten gesandt, was zwar zu einem Treffen der gegnerischen Parteien in Basel führte, allerdings ohne dass es zu einem Friedenschluss kam. Sein ‚Tractatus' erschwerte seine diplomatische Aufgabe erheblich, doch mit sehr konzilianten Briefen an die Böhmen vermochte er deren Unmut zu beschwichtigen. Nider war in der Folge allerdings nicht Mitglied der Konzilsdelegation, die 1433 nach Prag reiste und die erste Befriedung durch den Abschluss der ‚Prager Kompaktaten' zustande brachte. Dieses Abkommen führte allerdings zu Auseinandersetzungen zwischen den hussitischen Utraquisten und dem radikaleren Zweig, den Taboriten, die dann mit dem vernichtenden militärischen Sieg der Utraquisten 1434 endeten. Zuletzt reiste Nider 1434 als Mitglied einer vierten Gesandtschaft nach Regensburg, um an den Verhandlungen zwischen dem jetzt zum Kaiser avancierten Sigismund und den Hussiten teilzunehmen. Die 1436 zustande gekommenen ‚Iglauer Kompaktaten' sollten schließlich zu einer Beendigung der Hussitenkriege führen.

Ab 1434 unterrichtete Nider wieder in Wien, wo er 1436/37 zweimal Dekan der Theologischen Fakultät war. Dennoch unternahm er weiterhin immer wieder Visitationsreisen. 1436 reformierte er zudem von Wien aus zusammen mit Georg Falder (vgl. S. 251) und Nürnberger Brüdern und Schwestern das Doppelkloster in Tulln in der Nähe von Wien. Sodann wirkte er bei der Reform weiterer österreichischer und süddeutscher Männer- und Frauenkonvente mit, zuletzt 1438 im Katharinenkloster in Colmar. Bei einem Aufenthalt in Nürnberg erkrankte er und starb 1438. Er wurde in der Dominikanerkirche neben Raimund von Capua bestattet.

Niders zahlreiche lateinische Schriften richten sich vor allem an seine Mitbrüder, aber auch an den Säkularklerus. Den Seelsorgern will er mit Handbüchern fundierte Unterstützung für ihre Aufgaben bieten, so etwa mit seinem dreiteiligen ‚Manuale confessorum' (vor 1433/45), einer detaillierten Hilfe bei der Beichte, oder mit einer Erläuterung des Dekalogs, dem ‚Praeceptorium divinae legis', das er 1438 auf Wunsch seiner Ordensbrüder verfasste. In ‚De morali lepra' (circa 1430) befasst er sich mit sündhaftem Verhalten und bietet eine für den Reformklerus typische strenge Ehe- und Sexuallehre, die letztlich den Beischlaf auf den ausdrücklichen Kinderwunsch beschränkt. Er beschäftigt sich auch mit der im 15. Jahrhundert häufig thematisierten *scrupulositas*, dem zwanghaft übertriebenen Gewissen einzelner Gläubiger. Hinzu kommen eine Sterbelehre sowie ein Fürstenspiegel, in dem er auch adlige Ordensleute attackiert, die aufgrund ihres Standesdünkels die Observanz verweigern. Der Fleischkonsum in Reformklöstern ist ebenfalls Thema eines Traktats, in dem er auf ein absolutes Verbot besteht, von dem nur Schwerkranke ausgenommen werden. Die christliche Wirtschaftsethik behandelt er im ‚Tractatus de contractibus mercatorum'. Sein ‚De reformatione status coenobitici', das als ein Grundlagenwerk der Ordensreform gesehen werden kann, wurde vom Ordensgeneral Texery in Auftrag gegeben. Hier versucht Nider, die beiden Richtungen im Orden zusammenzuführen, wobei er die Erfolge der Reform hervorhebt. In einer weiteren Schrift, ‚De saecularium religionibus' (1433), vergleicht er die Lebensform von Beginen, Begarden, Terziaren, Reklusen, Konversen und Eremiten mit der des Predigerordens. In ‚De paupertate perfecta saecularium' (1434) kommt er zu dem Schluss, dass ein Leben in freiwilliger Armut statthaft sei, aber nur unter kirchlicher Kontrolle. Zudem sind lateinische Musterpredigten und Briefe von Nider überliefert, bei einer Reihe von Schriften ist die Zuweisung an ihn umstritten.

Sein wichtigstes und zugleich erfolgreichstes lateinisches Werk, das sowohl handschriftlich als auch über den Buchdruck eine beachtliche Verbreitung erreichte, ist der ‚Formicarius' (‚Ameisenhaufen') von 1437/38. In den 60 Kapiteln dieses moraltheologischen Grundlagenwerks, die auf fünf Bücher zu je zwölf Kapiteln aufgeteilt sind, legt Nider je eine Eigenschaft der Ameise allegorisch auf menschliches Verhalten aus (Tätigkeiten, Bewegung, Größe, Farbe usw.). Anknüpfend an Prv 6,6, „Gehe hin zur Ameise, du Fauler, betrachte ihre Wege und lerne Weisheit", galt das arbeitsame Insekt im Mittelalter als Sinnbild für Jungfräulichkeit, Weisheit und Fleiß und als Vorbild für die Gesellschaft, vor allem für die Orden. Auch andere Tiere, Pflanzen und Witterungserscheinungen werden im ‚Formicarius' durchgehend von einem *Theologus* moraltheologisch gedeutet, wobei er Autoritäten zitiert. Ein etwas ahnungsloser Schüler, der die Glaubensträgheit verkörpernde *Piger*, stellt Fragen oder bittet jeweils um Vertiefungen, worauf der *Theologus* mit Belehrungen antwortet, die durch Exempla und scholastische Erläuterungen untermauert werden. Die verschiedenen Positionen werden am Kapitelende durch eine Synthese zusammengeführt.

Um zu zeigen, dass Gott die Kirche nicht verlassen habe, erzählt Nider zunächst von Erfolgen und Misserfolgen bei der Reform der Kirche und der Orden, um dann auf Tugenden und Gnadengaben, Täuschungen durch Irrtum, Heuchelei und Häresie sowie auf die Schwächen der Frauen zu sprechen zu kommen. Er nennt sodann nachzuahmende Vorbilder und geht schließlich auf die Nichtigkeit der irdischen Existenz und den Tod ein. Dies alles verbindet Nider mit Erzählungen von zahlreichen göttlichen Wunderzeichen und Offenbarungen. Dabei greift er auf Ereignisse zurück, von denen ihm berichtet wurde, oder die er selbst beobachtet hat. Das den ‚Formicarius' abschließende fünfte Buch handelt vom Dämonenwesen und von Zauberei, wo Nider auch auf Magdalena Beutlerin eingeht (vgl. Tl. 2), die er als irregeleitet bezeichnet. Später sollte sein Werk im ‚Malleus Maleficarum' (‚Hexenhammer') des Dominikaners Heinrich Kramer (Institoris) Verwendung finden (vgl. S. 355).

Beim ‚Formicarius' handelt es sich zweifellos um eines der wichtigsten und kulturgeschichtlich aufschlussreichsten Werke der geistlichen Literatur in der ersten Hälfte des 15. Jahrhunderts. Johannes Geiler benutzte den ‚Formicarius' und das ‚Praeceptorium' 1508 als Grundlage für 41 Fastenpredigten. Diese Predigtsammlung wurde unter dem Titel ‚Emeis' (Ameise) 1516 erstmals gedruckt, und zwar auf der Grundlage einer Nachschrift des Franziskaners Johannes Pauli (vgl. S. 399).

Nider wünschte sich, dass die Rezeption geeigneter geistlicher Literatur in der Volkssprache zu einer Selbstverständlichkeit würde. Man könne von Laien erwarten, dass sie *predig gern hôrn oder gůtun bůch lesin*. Es sollten aber gut verständliche Werke sein, etwa *die von den zechen gebotten sagend oder des gelich und nicht die spitzigun subtilun bůcher die von sôllicher abgeschaidenhait sagend, das niement also leben mag, vnd von sôllichem hochem ding*. Werke der spekulativen Mystik seien also von den *simplices* zu meiden. Ein Musterbeispiel für Niders Lektüreempfehlungen ist sein volkssprachliches Hauptwerk, ‚Die 24 goldenen Harfen'. Kaum eine erbauliche Schrift eines observanten Dominikaners ist weiter verbreitet. Die ‚Harfen' gehen auf Reihenpredigten zurück, die Nider in Nürnberg vor Laien und Religiosen noch kurz vor der Reform des Katharinenklosters in Nürnberg gehalten hatte. Reihenpredigten waren beim Reformklerus beliebt; sie erlaubten dem Prediger, auch ohne liturgischen Bezug ein kompaktes religiöses Bildungsprogramm auszubreiten, und zwar in einem zumeist engen zeitlichen Rahmen. Die ‚Harfen' müssen auf großen Zuspruch gestoßen sein, denn auf Initiative laikaler Frauen aus der Oberschicht – *durch bete vnd liebe ersamer burgerin* – wurden Niders lateinische Aufzeichnungen oder Predigtkonzepte wohl von ihm selbst übersetzt und dann in der Stadt als erbauliche Traktatsammlung verbreitet.

Das Werk umfasst einen Prolog und 24 als ‚Harfen' bezeichnete Kapitel. Deren Kapitelzahl, Einteilung und Thematik beruhen auf den ‚Collationes patrum' des Johannes Cassian (um 360-um 435), einem Grundlagenwerk der monastischen Lebensform.

Johannes Cassian trat um 382 in Bethlehem in ein Kloster ein, ging aber bereits 385 mit seinem Freund Germanus weiter in die Sketische Wüste, um dort das Leben der Anachoreten kennenzulernen. Sie blieben dort sieben Jahre lang und zogen anschließend für drei Jahre zu den Einsiedlern in die Thebais. Seine Erfahrungen verarbeitete Cassian von 426–429 in den ‚Collationes (Conlationes) patrum', in denen er seine bei Wüstenaufenthalten erworbenen Vorstellungen von asketisch-monastischer Theologie zusammenfasste. In jeder der 24 Collationes tritt einer von 15 Wüstenvätern auf. Sie sind als fingierte Lehrvorträge in Form von Frage-Antwort-Gesprächen gestaltet und orientieren sich damit an den ‚Apophthegmata patrum', die bereits im 14. Jahrhundert ins Deutsche übersetzt wurden, (vgl. Bd. III/1).

Nider will seinem Publikum keineswegs ein Leben als Religiosen oder gar Anachoreten nahelegen, sondern entwirft, von den Lehren der Altväter ausgehend, eine umfassende geistliche Lebenslehre im Sinne der Frömmigkeitstheologie. Er will zeigen, *wie man den aller nehsten weg möchte kümen zu dem ewigen leben*. Dabei behandelt er Themen, die sich ebenfalls in seinen anderen überlieferten Predigten wiederfinden: die Reinheit des Herzens, eine Gebetslehre, ein keusches Leben, die Weisheit, das Wesen der Freundschaft, die Kindererziehung, Aspekte der Dämonologie, die Sakramente, das Sterben, die Hauptsünden u.a.m. Niders besonderes Interesse an den Leben und Lehren der Altväter (‚Vitaspatrum', ‚Verba seniorum' u.a.m.) wurde auch durch seine Verehrung für Heinrich Seuse veranlasst, für den dieser Werkkomplex den *nucleus totius perfectionis* bot. Mit den ‚Harfen' macht Nider das spätantike Werk des Cassian nicht nur für seine Reforminitiativen nutzbar, sondern auch für laikale Kreise, welche er von einer Art moderner ‚Monastizierung der Laienwelt' überzeugen will, die engstens verbunden ist mit einer klaren Hierarchisierung der klerikalen Zuständigkeiten: *Alles das sund an get, das haben die prediger zu urteilen*. Seine Wahl von Kapiteln aus den ‚Collationes' orientiert sich dabei „an der Leitfrage nach dem geistlichen Nutzen und der Relevanz für die alltägliche Glaubens-

und Frömmigkeitspraxis" (St. Abel). Die ‚Harfen' sind in 39 Handschriften oder Textexzerpten sowie sieben Druckausgaben zwischen 1470 und 1505 überliefert. Bemerkenswert ist der Befund, dass Nider als Verfasser nur in Nürnberg bezeugt ist. Außerhalb der Stadt war seine Identität wohl irrelevant, da er offenbar nur in gelehrten Kreisen bekannt war. Im Augsburger Erstdruck wird das Werk sogar einem *doctor brůder hainrichen predigerordens zu Nůremberg* zugewiesen, was in der nächsten Ausgabe dann aber korrigiert wird.

Zwei Handschriften überliefern Niders ‚Große Predigtsammlung', die 27 Einzelpredigten umfasst, darunter umfangreiche Reihenpredigten, Heiligenpredigten sowie eine sechzehnteilige Dekalogpredigt. Die Predigten stammen aus der Zeit des Basler Konzils, also aus den Jahren zwischen 1431 und seinem Tod 1438. Die biblischen Themen, die den meisten Predigten vorangestellt werden, sowie die Heiligenpredigten deuten darauf hin, dass sie im Verlauf des liturgischen Jahrs nacheinander gepredigt wurden. Auch hier bietet Nider ein umfassendes frömmigkeitstheologisches Lehrprogramm. Der Grad der Aufbereitung schwankt erheblich. Es gibt einige Predigten, die nur ein scholastisches Gerüst oder Kurzfassungen von Heiligenleben enthalten, während in anderen Texten umfangreiche Lehren vermittelt werden, die Nider mit Exempla und Predigtmärlein verdeutlicht. Bei den Exempla greift er vorwiegend zur Altväterliteratur. Letztlich bieten die Predigten vertiefende Katechese, etwa eine ausführliche Erläuterung des Dekalogs. Wie in anderen seiner Werke versucht Nider, Ehepaare von der Josefsehe zu überzeugen, wobei er die Jungfräulichkeit höher schätzt als die Ehe. Bei einer Abwägung der Schwere von Sünden bringt er als Beispiel die Unzucht mit einem Priester. Sie sei immerhin eine weniger schwere Sünde als die Unzucht mit einem Bischof. In mehreren Predigten befasst er sich zudem mit den letzten Dingen, dem Jüngsten Gericht und dem Ewigen Leben.

Die ‚Colmarer Predigtsammlung', die elf Predigten von Nider enthält, besteht zumeist aus knappen Zusammenfassungen aus der Perspektive der Adressaten, etwa: *Jn dem hett er gelert ... vnd het geseit*. Die Texte könnten stark verknappte Nachschriften von Ansprachen sein, die Nider in einem Kloster hielt, da eine Vertrautheit mit dem Ordensleben durchscheint, ohne dass spezifische Fragen der klösterlichen Lebensform berührt werden. Sie sollten auch bei der Tischlesung vorgetragen werden. Andererseits könnten diese Elemente durch eine Überarbeitung im monastischen Umfeld bedingt sein, da die Predigten vorwiegend Probleme des laikalen Alltags sowie die damit verbundenen Aufgaben thematisieren, etwa die Pflichten und Nutzen der Erwerbsarbeit oder die Kindererziehung. Eingehend wird in einer Predigt die *vita contemplativa* erläutert. Sie hat allerdings mit einer Hinführung zu einer mystischen Vereinigung nichts zu tun, sondern propagiert eine stetige Steigerung des tugendhaften Verhaltens, wobei den Vollkommenen (mit Paulus) die vollkommene Liebe zugesprochen wird. Abschließend erläutert Nider die zwölf Nutzen der Eucharistie. Es handelt sich hier um ein Konzept von Vollkommenheit, das Nider auch in den ‚Harfen' vertritt, wie die Predigten überhaupt in enger inhaltlicher Beziehung zu Niders volkssprachlichem Hauptwerk stehen. Die ganze Sammlung besteht aus unikal überlieferten Texten, mehrfach überliefert ist nur eine Predigt, in denen der Tabernakel des Alten Testaments ausgelegt wird. In einem separaten Sermo über die Ehe wirbt Nider erneut für Jungfräulichkeit und Keuschheit unter den Laien. Eheleute sollten sich dem Keuschheitsgebot von Religiosen verpflichtet fühlen, ideal seien Paare, die nach der Geburt ihrer Kinder, *mit beyder gemeinen willen mut haben, fürbasz kewsch vnd rein beleiben.*

In einer umfangreichen Sammlung von Kurzpredigten zum Weihnachtszyklus aus dem dominikanischen Steinenkloster in Basel ist eine Predigt Niders enthalten, in der er wie im ‚Formicarius' seine Skepsis gegenüber Wundern und supranaturalen Erfahrungen zum Ausdruck bringt. Weitere unter seinem Namen überlieferte Predigten gehören keiner Reihe an.

Niders deutsche Sendbriefe sind fast ausschließlich an Nonnen gerichtet, nur der ‚Sendbrief an eine Witwe' ist an eine Laiin mit Kind adressiert. Dort ermahnt Nider die Frau, keusch und barmherzig zu sein, ein geistliches Leben zu führen und sich intensiv um ihr Kind zu kümmern. Judith solle ihr Vorbild sein. Seine Sprache ist in den Sendbriefen, der Gattung entsprechend, wesentlich inniger und blumiger als in seinen Predigten. Dabei orientiert er sich besonders stark an Seuses ‚Großem Briefbuch', zu dem „zum Teil auch eine inhaltliche und argumentative Verwandtschaft besteht" (M. Brand). Es geht Nider darum, diejenigen Frauen, die er als Vikar betreute, bei den Reformbestrebungen zu unterstützen. Die Briefe sind an Schwestern in Schönensteinbach, Nürnberg und eine Reihe nicht auszumachender observanter Konvente gerichtet. Auch ein Kreis frommer Jungfrauen in Kempten, die er im ‚Formicarius' erwähnt, kommt als Adressat in Frage.

Die Sendbriefe der Colmarer Sammlung dürften um 1423/24 entstanden sein, als Nider noch Lektor in Wien war. Sie zeugen von einem regen Briefwechsel zwischen ihm und den Nonnen, die er z.T. bereits besucht hatte; in einem Brief kündigt er eine erneute Visite an. Im Allgemeinen bieten die Sendbriefe Unterweisungen für die Einhaltung der strengen Observanz, vor allem für Novizinnen oder gerade eingekleidete Schwestern. Er bezeichnet sich in einem Brief als Fischer und eine gerade geweihte Nonne als einen der *wilden vische, die er... vsz dem bittern vnd versaltzenen mere diszer welt ... gefangen hett.* In diesem und in anderen Sendbriefen geht es ihm besonders um die Keuschheit, da die Liebe zum himmlischen Bräutigam sich gegen die schändliche irdische Liebe durchsetzen müsse. Auch hier werden die Altväter zusammen mit der hl. Agnes von Rom als Vorbilder hervorgehoben. Die Zugehörigkeit zum *blöden* (schwachen) *frôwelichen geslechte* entschuldige keine sündhaften Neigungen, zumal ein Unterschied zwischen Mann und Frau in den Augen Gottes nicht bestehe. Im ‚Sendbrief vom Klosterleben' tadelt Nider die Nonnen eines observanten Klosters, weil sie die Ordensregel nicht genau genug einhalten würden. Er geht auf den Tagesablauf ein, die Einhaltung der Tagzeiten, die Schlafens- und Lesezeiten, verbietet Kontakte zur Welt der Laien und verweist nachdrücklich auf die Einhaltung des strengen Schweigegebots. Auch das Thema Keuschheit darf nicht fehlen.

Zwei ausführliche, mehrfach überlieferte Sendbriefe handeln vom Weihnachtsfest und vom Neuen Jahr. Im ‚Sendbrief über Ct 1,1', der sich auch in Laienbesitz nachweisen lässt, bietet Nider eine streng scholastisch gegliederte Abhandlung über die Eucharistie mit gartenallegorischen Elementen. Da es im Orden verboten sei, das Abendmahl täglich zu empfangen, solle man sich *doch alle tag bereiten sie ze enphahend geistlichen*. Ein wichtiges Zeugnis vom Ablauf einer Klosterreform ist der ‚Reformbrief nach Schönensteinbach', den Nider vor der Reform des Nürnberger Katharinenklosters 1428 an den elsässischen Konvent schickte. Er bittet darin, dass die Nonnen von Schönensteinbach *vns ein solch menige geschickter frowen schiken vnd senden wellent, das wir einen güten grund legen mögen*. Er erinnert an die Verpflichtung, bei weiteren Reformvorhaben mitzuwirken, und an ein Gebot des Dominikus, *daz sie nicht vil pey einander plibent, mer daz sie zerspreyet wurden jn vil kloster vnd die zu gottes dienst czögent*. Die aus Nürnberg in Schönensteinbach aufgenommenen Nonnen könnten doch *auf ein czeyt* zurückkehren in ihre Heimat, um dort bei der Reform des Katharinenklosters mitzuwirken. Wohl wissend, dass der elsässische Konvent durch den Verlust wohlhabender Nonnen wirtschaftliche Nachteile erleiden könnte, verspricht er dem Kloster von Schönensteinbach, dass alle Bücher der Abreisenden dort bleiben dürften. Für ihn stehe die Ehre des Nürnberger Predigerklosters sowie die der Reichsstadt überhaupt auf dem Spiel, sollte die Reform erneut nicht gelingen.

Überliefert sind von Nider zudem Anweisungen zur Andacht während der Mahlzeiten (*ymbis* und *nachtessen*) sowie die ‚Geistliche Gemahelschaft', eine Gebetsanweisung, wie sich geistliche Kinder mit der Ewigen Weisheit vermählen sollten; hier kommt der Einfluss Seuses – Nider nennt ihn *der erst iunger der ewigen wiszhait* – erneut zum Vorschein. Nider legt hier eine allegorische Ausdeutung eines Blumenkranzes zugrunde. Die einzelnen Gebete bildeten den Kranz, den man Christus darbieten solle. Sechs Blumen im Kranz werden auf das Leben und Leiden Christi hin gedeutet, etwa die *rotten röszlin* auf die *passio*.

Von Nider sind weiterhin Gebete überliefert, einige verschollene sind im Bibliothekskatalog des Katharinenklosters bezeugt. Exzerpte aus seiner lateinischen Katharinenpredigt und dem ‚Formicarius' sind ins Niederländische übersetzt worden.

Niders Ansehen als gelehrter Seelsorger inspirierte einen Anonymus dazu, ein kurzes fiktionales ‚Lehrgespräch für eine Novizin' zwischen dem *brediger toctor* Nider und einer *gaistlichen tochter* zu Fragen der Profess zu verfassen, das in einer Handschrift aus dem Chorfrauenstift Inzigkofen überliefert ist. Das Gespräch will die geistliche *scrupulositas* einer ängstlichen Novizin in Bezug auf ihr bald zu leistendes Gelübde beseitigen, was erwartungsgemäß gelingt. Dabei werden die Vorteile einer klösterlichen Lebensform herausgestellt, wobei auch hier die von Nider so häufig behandelte Tugend der Keuschheit thematisiert wird. Die Novizin hat die Profess aufgeschoben, weil sie befürchtet, diesbezüglich noch größere Anfechtungen zu bekommen. ‚Nider' widerlegt zwar diese Befürchtung, konzediert aber, dass man sich auch über einen längeren Zeitraum hinweg Klarheit darüber verschaffen könne, ob man die richtige Entscheidung getroffen habe. Es ist anzunehmen, dass das Werkchen von einem observanten Dominikaner stammt, der in Niders Schriften bewandert war.

Nider gab z.T. den Anstoß, die Altväterliteratur, die zum grundlegenden Schrifttum der monastischen Bewegung gehörte, in den zentralen volkssprachlichen Lektürekanon der observanten Bewegung zu integrieren. Eventuell veranlasste Nider auch, dass die ‚Alemannischen Vitaspatrum' (vgl. Bd. III/1) um 1430 aus dem Südwesten, vermutlich aus Schönensteinbach, nach Nürnberg gelangten. Es kommt im Nürnberger Dominikanerkloster zur sog. ‚Nürnberger Bearbeitung' der Corpus- und Textgestalt der Vorlage, um so die Benutzbarkeit des Werks deutlich zu verbessern. Sprachlich wird das alemannische Werk gründlich modernisiert, das Gesamtcorpus durch Überschriften und Register klarer gegliedert. Im Vitenteil werden zwei umfangreiche Legenden aus ‚Der Heiligen Leben' hinzugefügt, die von Barlaam und Josaphat sowie die von Johannes Chrysostomus, die später von Luther verspottet werden sollte (vgl. S. 225). Beide Viten handeln von Heiligen, die ein ähnliches asketisches Leben führten wie die Altväter. Ergänzt wird der ‚Sprüche der Altväter'-Teil mit einer Auswahl aus den ‚Bairischen Verba seniorum'.

Eine weitere unikal überlieferte Übersetzung von 48 Sprüchen aus den ‚Commonitiones sanctorum patrum' ist in einer Handschrift aus dem observanten mährischen Dominikanerinnenkloster Marienzell in Brno (Brünn) überliefert, in die auch zwölf Exempla aus den ‚Vitas fratrum' Gerards von Fracheto integriert wurden. Für diese ‚Olmützer Verba seniorum' ist von einem observanten Dominikaner als Übersetzer auszugehen.

Es ist belegt, dass Nider in seiner Basler Zeit die Kopie einer deutschen Übersetzung der ‚Collationes patrum' Cassians anfertigen ließ (*ließ schreiben zu Pasel*), die er dem Nürnberger Katharinenkloster schenkte. Von wem die Übersetzung stammt, ist nicht zu klären – jedenfalls stammt sie nicht von Nider selbst –, aber sie ist zweifellos von einem Dominikaner verfasst, denn im Prolog wird auf *Sant Dominicus* als unseren *heiligen vater* verwiesen, *daz er in den Collaciones der veter stetticlichen pflag zu studiren vnd mer dar ynnen ze lesen denn in allen andren puchern*. Niders Geschenk ist zwar verschollen, es existiert aber eine Reihe von Abschriften. Eine vollständige Handschrift aus dem Katharinenkloster und eine aus dem observanten schwäbischen Maria Medingen dürften auf die Vorlage aus Basel zurückgehen; einige andere Handschriften enthalten Teile der Übersetzung. Eingeleitet wird das Werk mit einem Prolog, der dem ‚Harfen'-Prolog Niders sehr ähnelt, aber umfangreicher ist.

Dass der flüssigen Übersetzung der ‚Collationes' kein größerer Erfolg beschieden war, mag mit der Konkurrenz durch die ‚24 goldenen Harfen' zusammenhängen. In letzterem Werk werden Cassians Lehren auf den Alltag eines städtischen Publikums hin gedeutet und sind daher eingängiger als die reine Wiedergabe theologisch anspruchsvoller Unterweisungen aus ferner Vergangenheit, die sich für eine laikale Leserschaft nicht recht eignen. Die ‚Collationes' mögen zwar für gelehrte Rezipientenkreise besonders inspirierend gewesen sein, die sich für eine *reformatio* der Orden stark engagierten, um aber bei *simplices* ähnliche Wirkung zu entfalten, bedurfte es doch eines anderen theologischen Deutungshorizonts. Wohl aus diesem Grund wurden in einigen Handschriften nur einzelne Textstücke aus dem Gesamtwerk tradiert.

Niders Nachfolger als Prior in Nürnberg war der in Traismauer in Niederösterreich geborene G e o r g F a l d e r mit lateinischem Beinamen Pistoris. Er trat den Dominikanern in Wien bei, wo er wie Nider durch den an der Wiener Universität aktiven observanten Dominikaner Franz von Retz (vgl. Tl. 2) stark geprägt wurde. Zwischen 1429 und 1434 war er Prior in Nürnberg und bemühte sich sehr um die Festigung der Reform des Katharinenklosters. 1434 wurde er zusammen mit Brüdern aus Nürnberg und Basel zur Reform des Predigerklosters nach Wien zurückgeholt. Er übernahm dort das Priorat, zugleich übertrug man ihm das in Wien neu eingeführte Amt des Generalvikars, das er bis 1451 innehatte. Er visitierte observante Klöster in Österreich. Zusammen mit Nider reformierte er 1436 das Doppelkloster Tulln und war dort ab 1439 Prior. Zehn Schwestern aus dem Nürnberger Katharinenkloster sorgten sich in Tulln um die strenge Observanz bei den Frauen und brachten einige dafür notwendige Bücher aus Nürnberg mit, so etwa ‚Der Heiligen Leben'. Von 1445–1451 war Falder wieder Prior in Wien, 1452 starb er dort.

An seiner Person lässt sich die frühe observante *cura monialium* in geradezu idealer Weise beobachten. Denn auch nach seinem Weggang aus Nürnberg sorgte er sich um die Schwestern des Katharinenklosters, schickte ihnen Sendbriefe, verfasste eigene Erbauungswerke und versorgte sie wahrscheinlich mit dem ‚Büchlein der Liebhabung Gottes' des in Wien agierenden Thomas Peuntner (vgl. Tl. 2). Nachweislich sind mindestens sieben von ihm geschriebene Handschriften von Tulln nach Nürnberg geschickt worden, von denen vier erhalten sind.

Von Falder dürfte sehr wahrscheinlich die umfangreiche, in 12 Kapitel gegliederte ‚Geistliche Belehrung in Dialogform' stammen, die den Nonnen im Katharinenkloster in einer überlieferten sowie einer verschollenen Handschrift zur Verfügung stand – beide von ihm in Tulln geschrieben. Darin greift er auf eine Vielzahl von Quellen zurück, vor allem auf dominikanische Autoritäten (u.a. Thomas von Aquin, Jacobus de Voragine, Gerard von Fracheto, Heinrich Seuse), aber auch auf Katharina von Gebersweiler, die Verfasserin des lateinischen ‚Unterlindener Schwesternbuchs'(vgl. Bd. III/1). Die Lehre wird vermittelt durch einen Dialog zwischen einem Prediger und einer Magd, die aber doch eher als eine ihren Beichtvater befragende Nonne anzusehen ist. Behandelt werden zunächst die große Macht der Sünde und die absolute Notwendigkeit von Beichte und Buße, um auf dem Weg zur Vollkommenheit voranzukommen. Zwar ist der Weg zur Vollkommenheit zentrales Thema des Dialogs, aber ganz im Sinne des observanten dominikanischen Mystikdiskurses geht es Falder nicht um supranaturale Erlebnisse oder die *unio mystica*. Auch von übertriebener Askese rät er ab. Eingehend behandelt er die Eucharistie sowie das Sterben, mit Schilderungen von Himmel, Fegefeuer und Hölle. Da sich seiner Meinung nach Lehre durch die Erzählung von Exempla besser einpräge als durch die sachlich-nüchterne Darstellung von theologischen Inhalten, greift er häufig zu *exempel, figuren vnd beyspiln*, genauso wie Moses, die Patriarchen, Christus und die Kirchenväter ihre *lere ... gezirt haben*.

In derselben Handschrift der ‚Geistlichen Belehrung' findet sich ein ‚Passionstraktat für Ordensleute', der mit *per manus Georgij Valder* abschließt. Zwar identifiziert sich Falder auch hier nicht als Verfasser der Schrift, aber anhand einiger Ähnlichkeiten zu den ‚Geistlichen Belehrungen' käme er als Autor durchaus in Frage. Der umfangreiche Traktat richtet sich an einen exemplarischen, andächtigen Religiosen, den die Schilderung der Passionsereignisse anhand der *vier ewangelisten mit intrag vnd deutung der lerer* dazu bewegen soll, *sich selber [zu] erkennen*. Vor allem die Kirchenväter gelten als Hauptquellen für die Erläuterungen der biblischen Ereignisse, aber neben anderen Autoritäten wird auch Birgitta von Schweden zitiert (was sie *sach in gesicht*). Gezeigt wird der Weg zur Vollkommenheit, der durch die Überwindung der Sünde beschritten wird. Immerhin habe Christus freiwillig wegen der Sünde der Menschen so schwer gelitten. Betont wird die zentrale Bedeutung von Buße und Beichte. Zudem werden klösterliche Tugenden thematisiert.

In seinen Sendbriefen behandelt Falder Fragen der Alltagspraxis in dem nun observanten Nürnberger Frauenkonvent und bietet klare Lebensregeln sowie Lektüreempfehlungen. Eine strenge Befolgung der Regeln sei ein sicherer Weg zum Seelenheil. Er empfiehlt immer wieder, dass die Schwestern sich weder um nichtobservante Klöster noch um reformunwillige Schwestern im eigenen Haus bemühen sollten. Obwohl er eine strenge Lebensform fordert, warnt er vor übertriebener Askese. Besonderen Wert legt er auf das Chorgebet. Mit seinen Sendbriefen erfülle er seine Pflicht, die er vor Gott eingegangen sei. Die Verantwortung für ihr Seelenheil bedeute für ihn aber eine große Last.

Eindeutig von Falder übersetzt ist die Vita der Margareta von Ungarn des Johannes de Vercellis. Die im Rufe der Heiligkeit stehende Margareta (1242–1270) war Tochter des Königs Bela IV. und Nichte Elisabeths von Thüringen. Sie wurde bereits als Vierjährige in ein Dominikanerinnenkloster gegeben, dann mit zehn ins Kloster auf der heutigen Budapester Margareteninsel. Dort führte sie ein tugendsames und asketisches Leben und wurde nach ihrem Tode bald als Heilige verehrt. Wie Katharina von Siena wurde sie zum idealen Vorbild für observante Nonnen stilisiert. In der Nürnberger Handschrift wird der Text dem *erwirdigen getrewen liben vater vikari Jorg Valder* zugewiesen, der die Vita *mit müe aus latein zu deüczsch pracht hat*. Es wird allerdings konzediert, dass Margareta noch nicht kanonisiert wurde, sie sei noch *nicht erhaben*.

Die Vita der Hl. Margareta von Ungarn wurde im Zuge der Ordensreform insgesamt dreimal übertragen. Eine frühere, auf 1426 datierte alemannische Übersetzung der Margarethenvita könnte vom Dominikaner Konrad Schlatter stammen (vgl. S. 297). Die dritte Version ist ebenfalls in alemannischen Dominikanerkreisen entstanden, sie geht allerdings auf eine Kompilation der Viten des Johannes de Vercellis und des Dominikanergenerals Garinus von Guy l'Evêque zurück. Sie wurde nur einmal als Einzeltext überliefert, ansonsten ist sie den Handschriften des ‚Tösser Schwesternbuchs' aus dem 15. Jahrhundert beigefügt (vgl. Bd. III/1).

Noch nicht geklärt ist, ob Falder Teilübersetzungen der ‚Imitatio Christi' des Thomas von Kempen (vgl. S. 471) – hier Bernhard von Clairvaux zugeschrieben – und der ‚Offenbarungen' der Birgitta von Schweden verfasst hat. Im Bibliothekskatalog des Katharinenklosters wird lediglich gesagt: *vorgeschriben puch hat vns ein teil gegeben Jörg Valner*, womit ein Faszikel mit den beiden Texten gemeint ist. Ähnliches ist bei der von Igna Kramp etwas irreführend benannten ‚Nürnberger Übersetzung' von Humberts von Romans Auslegung der ‚Augustinusregel' (‚Expositio in regulam beati Augustini') zu konstatieren, die in drei Handschriften und zwei Ulmer Inkunabeln überliefert ist. Die Nürnberger Handschrift, die auch die älteste ist, gehört zu den Geschenken von Georg Falder an das Kloster. Kramp hält ihn für den Übersetzer der Auslegung. Ohne explizite Hinweise sind Passagen aus der ‚Expositio in regulam beati Augustini' des Pseudo-Hugo von St. Viktor in die Übersetzung interpoliert. Da eine der beiden anderen Handschriften aus dem von Tulln aus reformierten mährischen Kloster Marienzell in Brno (Brünn) stammt, liegt eine Zuweisung der Übersetzung an Falder nahe. Es würde sich jedenfalls um das einzige Werk von ihm handeln, das auch gedruckt wurde. Inwieweit Übersetzungen eines lateinischen Rituals für Dominikanerinnen sowie weitere Texte in den verschollenen Handschriften von Falder verfertigt wurden, lässt sich nicht mehr entscheiden, da diese lediglich als Schenkungen von *vater Jörg Valdner* bezeichnet werden.

Möglicherweise ebenfalls Falder zuzuweisen sind zwei thematisch eng verwandte Texte zur Eucharistie: die ‚Blume der Seele', und ‚Sprüche der Meister zu Paris und Prag', die in zwei böhmischen Handschriften gemeinsam überliefert sind. In der Einleitung zur ‚Blume der Seele' identifiziert sich der anonyme Verfasser als *ein pruder prediger ordens des chlosters von wienn*, den die *müeter vnd swesternn* eines Dominikanerinnenklosters der *abseruants* sehr darum gebeten hätten, einen Traktat über das *heylig sacrament* zu verfassen. Zwar wiederholt er die Angaben über seine Identität und Herkunft im ‚Sprüche'-Traktat nicht, aber auch hier ist der Text an Schwestern gerichtet, die sich *yn die heylig abseruants geben haben*. Der identische seelsorgerliche Duktus beider Einleitungen legt jedenfalls einen einzigen Verfasser nahe. In beiden Traktaten beruft sich der Bruder auf die Aussagen hochgeschätzter Autoritäten, so in ‚Blume der Seele' auf Thomas von Aquin und Albertus Magnus, im ‚Sprüche'-Traktat auf die *pewärten maister der heyligen geschrifft vnd der geistlichen rechten* zu Paris und Prag. Im ausführlichen, in Einzelkapitel untergliederten sechsteiligen ‚Blume der Seele'-Traktat hebt er sogar dezidiert hervor, nur die Meinungen der Autoritäten zur Eucharistie wiedergegeben zu haben, damit *das puech vnverdächtlich werd allen den die das lesen oder hören lesen*; nichts habe er aus seinen *aygen synnen yn dem tractat geseczt*. Der wesentlich kürzere, ebenfalls sechsteilige ‚Sprüche'-Traktat behandelt zunächst die Frage nach der Häufigkeit des Eucharistieempfangs, wobei der Verfasser für *vil vnd offt enphahen* plädiert, und schließt mit einer Abhandlung über tödliche und lässliche Sünden. Obwohl im Traktat durchgehend eher die traditionellen Kirchenlehrer (Augustinus, Hieronymus, Bernhard u.a.) zitiert werden, plädierten ja in Paris wie in Prag mehrere einflussreiche Gelehrte der Zeit – z.B. Matthäus von Krakau (vgl. S. 238) – dafür, gegenüber Laien und Religiosen eher großzügig zu sein, was den häufigen Empfang der Eucharistie betrifft. Darauf dürfte sich der Titel des Werks beziehen, ohne dass auf die beiden Universitäten und deren Lehrer namentlich verwiesen werden musste.

Auch eine lateinische Legende über Florian von Lorch, einen römischen Verwaltungsbeamten, der 304 wegen seines Glaubens bei Lorch in der Enns ertränkt wurde, ist wahrscheinlich von Falder nach Nürnberg übermittelt worden. In Nürnberg wurde die *passio* dann von einem Dominikaner übersetzt, darauf deutet jedenfalls der Schlusssatz, der in einer Handschrift aus dem von Nürnberger Predigern betreuten Augustinnerinnenkloster Pillenreuth steht: *vnd pit got für den der ez deutsch hat gemacht, ein prediger, vnd dy schreiberin, vnd der vns daz in lateyn von Wyen hat geschickt.* Offensichtlich wollte Falder den in Oberösterreich hochverehrten ‚Wasserheiligen' Florian, der in seiner Jugend ein brennendes Haus durch sein Gebet gerettet haben soll, in Nürnberg bekannt machen und dessen Kult dort etablieren.

Vermutlich auch aus Tulln oder Wien nach Nürnberg gebracht wurde eine Übersetzung der ‚Regula monachorum ad Eustochium' des Pseudo-Hieronymus. Es handelt sich um eine spätmittelalterliche Umgestaltung einer Epistel an die von Hieronymus betreute junge Römerin Eustochium (geboren als Julia von Rom) in eine Klosterregel für Nonnen. Auch eine Regel für Mönche wurde daraus konstruiert und von Papst Martin V. anerkannt. Der angeblich vom Kirchenvater stammende Brief stellt eine Art Handbuch für eine Jungfrau dar, die sich gänzlich dem geistlichen Leben gewidmet hat. Übersetzt wurde die ‚Regula' durch den *Erwirdigen Geystlihen grosgelerten wolgelerrnten herrn herrnn probst zu Tyernstain Sand Augustin orden*, also Johannes von Waidhofen, Propst im Augustinerchorherrenstift in Dürnstein (Niederösterreich) von 1431–1469, der die Arbeit 1456 abschloss. Das Werk befand sich im Besitz der Gertrud Gwichtmacherin, die von 1428–1469 Priorin des Katharinenklosters war. Von dort wurde es zur Abschrift an andere observante Klöster weitergereicht. Das Kapitel von der Befreiung einer Seele aus dem Fegefeuer, das Kurt Ruh für ein mögliches Exzerpt aus Waidhofens Übersetzung hält, dürfte aufgrund der Datierung einiger Textzeugen schon vor 1456 nicht von ihm stammen.

Während des Priorats von Georg Falder verfasste ein gewisser *pruder Gerhart lesmeister* im Nürnberger Predigerkonvent eine Vielzahl von Predigten für das Katharinenkloster. Es handelt sich höchstwahrscheinlich um Gerhard Comitis, der in einem Ablassschreiben von 1431 nach dem Prior und Subprior als Hauptlesemeister des Nürnberger Predigerklosters aufgeführt ist. Aus seinen zahlreichen Schriften lässt sich erschließen, dass er als Seelsorger im Dienste der Observanzbewegung in mindestens drei reformierten Frauenklöstern tätig war: 1425 in Unterlinden in Colmar, 1431 im Nürnberger Katharinenkloster, sodann 1434–1437 in Straßburg in St. Nikolaus in undis sowie an einer der dortigen Stadtkirchen. Ansonsten ist nur wenig über Comitis' Leben bekannt. Jedenfalls scheint seine Gelehrsamkeit viele beeindruckt zu haben. Noch Ende des 15. Jahrhunderts heißt es in einer aus St. Nikolaus stammenden Handschrift: *Vnd in den selben ziten* (des Basler Konzils) *waz ein lesemeister brediger ordens, Gerhardus genannt, zů stroßburg by einem frowen closter der obseruancien bichter* (Beichtvater). *Von dem selben lesemeister ein růff wz, dz sinen glichen jn kunst gỏtlicher geschrifft jn Rinschem strom* (am Rhein) *nit wer, vnd doch vß demůtigkeit wollte er nit doctor werden.* Es lassen sich 57 Predigten von ihm nachweisen, darunter auch verschollene, die im mittelalterlichen Bibliothekskatalog und im Tischlesungsverzeichnis des Katharinenklosters verzeichnet sind.

Das älteste Werk, das Comitis zugeschrieben wird, sind die ,100 Artikel des Leidens Christi', ursprünglich eine Predigt, die 1425 von einer Unterlindener Klosterfrau aufgeschrieben wurde, die sich *ein undanckbaere trege dirnen* und eine *aller vnwirdigeste sünderin* nennt. Allerdings erwähnt sie Comitis nicht als Urheber. Erst in einer Nürnberger Handschrift wird ihm der Text zugewiesen; dort heißt es, der *lesmeister pruder Gerhart* habe dies den *swestern Vnderlinden in ir kirchen* gepredigt, *die auch prediger ordens sind.* Auch hier ist von einer *armen svnderin* die Rede, die die ,Artikel' *an geschriben* habe. Das Werk ist in drei Handschriften überliefert, die jeweils erheblich voneinander abweichende Fassungen enthalten. Dass sie alle auf die ursprüngliche Ansprache zurückgehen, steht fest, denn die 100 Betrachtungspunkte sind in allen drei Fassungen identisch. Die extreme textliche Varianz lässt aber darauf schließen, dass die Unterlindener *swester* eine sehr knappe deutsche Fassung aufschrieb, die dann zur Ausgestaltung, etwa durch Seelsorger, eingeladen hatte. Die ausführlichste Fassung findet sich in einer Handschrift der dem Melker Reformkreis angehörenden Benediktinerabtei Ettal.

Das Konzept, die Leiden Christi in 100 Artikeln zu betrachten, geht wohl auf den dritten und letzten Teil von Heinrich Seuses ,Büchlein der Ewigen Weisheit' zurück, wo *hundert betrachtunge* der Passion, *als man sú alle tag mit andacht sprechen sol ... mit kurzen worten* zusammengefasst werden. Die Rezipienten der ,100 Artikel' des Comitis sollen sich in die *passio Christi* hineinversetzen. Sodann werden die einzelnen Leiden entsprechend den vier Evangelien kurz nacherzählt, knapp kommentiert oder mit einer Lehre versehen. Hinzu kommen noch Stellen aus dem ,Evangelium Nicodemi', auch Autoritäten werden zitiert. Das Ganze endet mit dem Artikel über die Öffnung der Seite Jesu. Von Comitis sind zwei weitere 1425 gehaltene Predigten aus Unterlinden erhalten, die eine zu 1. Cor 13,1 und die andere zu dem Thema, *wie man sich an den herren sol binden mit V banden der lieb.*

Wie eng die Betreuung der Schwestern sein konnte, belegt eine Nürnberger Handschrift (Augsburg, Cod. III.1.8° 16) mit 34 Reihenpredigten, die Comitis vom ersten bis zum fünften Fastensonntag hielt, und zwar *nohet all tag ein predig vncz auf den palmtag.* Zehn davon waren für die Tischlesung im Katharinenkloster vorgesehen. Vier Predigten zur Eucharistie wurden von Comitis ebenfalls in der Fastenzeit auf ausdrücklichen Wunsch der dortigen Schwestern gehalten (*als wir in gepeten haben*). Er deutet hier die Fastenzeit als Zeit der Vorbereitung auf den Empfang der Eucharistie, wozu jeder Christ zu Ostern verpflichtet war. In der ersten Predigt geht er zunächst ausführlich auf die dogmatischen Lehren über die Eucharistie ein, um dann die um 1431 virulente hussitische Forderung nach dem Laienkelch zu diskreditieren: *wann wir sulln das sacrament vnter einer gestalt enpfohen vnd nit vnter zweien als der prister*. Das Thema wird, wenn auch nicht in solch ausführlicher Form, in den anderen Eucharistiepredigten immer wieder aufgegriffen, denn die *hussen* seien Teil der Schar des Antichrist. In der zweiten Predigt, gehalten zu Mariae Verkündigung, behandelt Comitis das Verkündigungsgeschehen anhand der ‚Summa theologica' des Thomas von Aquin. Maria beschreibt er als Prototyp und Vorbild eines würdig Kommunizierenden, bevor er schließlich auf die Abendmahlsgestalten von Brot und Wein eingeht. In der dritten Predigt behandelt er die Würde des Sakraments und dessen fünf Namen: *donum, bona gratia, cibus, communio, sacrificium*. Seine Quellen sind hier erneut Thomas sowie Albertus Magnus. In der vierten Predigt kommt Comitis dann auf die Zielsetzung seiner ersten Predigt zurück, dass das Fasten *vns ... zu dem heiligen wirdigen sacrament* vorbereiten solle. All diese Predigten von Comitis sind durchaus anspruchsvoll, an ihnen wird deutlich, dass er „für eine würdige Kommunion eine theologische Unterweisung, d.h. eine Vermittlung der theologischen Grundwahrheiten ebenso für unabdingbar erachtet wie eine praktische Anleitung zur Kommunion" (A. Willing).

Aus seiner Zeit in Straßburg als Lesemeister im Predigerkloster und Beichtvater der reformierten Dominikanerinnen sind sieben Predigten erhalten. Hier behandelte Comitis 1435 die Themen Gehorsam und Zorn sowie die Frage, unter welchen Umständen ökonomische Transaktionen wie Kauf und Verkauf als Todsünde gelten müssen.

In einem anonymen Text, in dem es um das stark umstrittene Thema geht, *ob die mûter gottes in erbesünden oder on erbesünde empfangen syge*, wird Comitis neben Johannes Zierer (vgl. S. 314) und Johannes Geiler zitiert. Comitis habe sich in einer Straßburger Kirche *an offener kanczel* zu diesem Disput geäußert, das *jeczunt jn dem conscilium zû basel* behandelt werde. Das Konzil erklärte dann 1439, dass Maria von der Erbsünde frei gewesen sei. Während Zierer die dominikanische Position in dieser Frage geschickt vertritt – er erwähnt nirgends die Erbsünde, es habe sich eigentlich um eine geistige Empfängnis gehandelt –, rät Comitis den *schlehten, einvaltigen vngelerten mônschen*, sie sollten *sich nit lossen bekûmern* über die verschiedenen Meinungen zu dieser Frage. Wie Maria empfangen wurde, sei ein Geheimnis, das Gott nicht offenbaren wolle, und es sei keine heilsnotwendige Glaubenssache. Im Anschluss daran wird aber Johannes Geiler zitiert, der 1481 die Unbefleckte Empfängnis als Wahrheit propagierte mit der Begründung, dass das Konzil nicht irre.

In einer aus Schönensteinbach nach Nürnberg gebrachten Handschrift (Nürnberg, Cod. Cent. VII, 34) sind zwei an Schwestern gerichtete Predigten eines Bruders Johannes Eschenbach enthalten. Ein Student dieses Namens ist an der Universität Prag belegt: 1404 Licentiat, Magister in artibus, 1407 Mitglied der Prüfungskommission für das Baccalaureat, danach 1409 in Leipzig als Magister in artibus. Ob es sich bei dieser Person um den Dominikaner Eschenbach handelt, ist noch ungeklärt. Eine der Predigten, die ‚Neun Regeln vom Frieden', unterrichtet die Schwestern darin, durch Demut, Schweigen, Friedfertigkeit und andere Tugenden zu einem friedlichen Zusammenleben in einem observanten Kloster zu kommen. Diese Predigt soll Eschenbach 1426 in Unterlinden gehalten haben.

Eine weitere, auf 1428 datierte Predigt deutet den Geistlichen Fastnachtskrapfen. Ihr Text ist in mehrfacher Überlieferung auch als leicht umgearbeiteter gleichnamiger Kurztraktat, der vermutlich ebenfalls von Eschenbach stammt, in Form eines anonymen Sendbriefs an eine *swester* erhalten. Nur in der Nürnberger Handschrift wird der Text als eine Predigt identifiziert, die Eschenbach um 1428 in Nürnberg gehalten habe. Die allegorische Deutung eines Fastnachtskrapfens ist keineswegs selten, wie einige Predigten aus dem Südwesten, so etwa von Johannes Kreutzer (vgl. S. 315) und Johannes Geiler belegen. Deren Predigten weichen jedoch stärker von der Deutung des Krapfens im Traktat ab, während sich die Fastnachtspredigt Peters von Breslau (vgl. S. 313) recht genau an das Auslegungsmuster des Traktats hält.

Im Traktat und ebenso in Eschenbachs Predigt geht es um *acht ding*, die man zum Krapfenbacken brauche: Mehl, Eier, Wasser, Salz, Gewürzfüllung, Schmalz, Feuer und Pfanne. So bedeute das Mehl ein reines Leben mit einem starken lauteren Gewissen. Die Eier seien das andächtige Gebet, die mit dem Wasser der vollkommenen Reue und dem Salz der Demut zu mischen seien. Die beizufügende Gewürzfüllung bedeute das Leiden Christi. Den fertigen Teig werfe man dann in das *öll siner grundlosen herbarmherzigkait vnd lass in bachen in der wolhitzigen pfannen dines andechtigen herczen*. Der braun gebackene Krapfen sei dann dem *junckher* Jesu, dem *geistlichen gesponz*, zwischen zwei Schüsseln anzubieten, die als der freiwillige Gehorsam und die Begierde nach *aller himlischen ding* zu deuten seien. Sie seien durch das weiße Tuch des Exempels zuzudecken. Sodann wird die *edle rainú sel* beschrieben, die den Krapfen dem *gemahel* überreichen soll, was dann zur Vereinigung mit Christus führt.

Während des Priorats von Falder verfasste der Beichtvater des Katharinenklosters, Heinrich Krauter, drei Traktate für die Nonnen, die als Autographen in zwei in Nürnberg entstandenen Handschriften überliefert sind. Der Verfasser wird nur im Bibliothekskatalog des Klosters identifiziert, bei einem weiteren Werk ist die Verfasserschaft noch nicht geklärt.

Über Krauters Person ist lediglich bekannt, dass er aus einer Nürnberger Patrizierfamilie stammt, die mit seinem Tod 1434 ausstarb. In seinem Passionstraktat ‚Die 133 Artikel vom Leben und Leiden Christi' handeln die ersten 33 Artikel von Christi Leben vor seiner *passio*, also von seiner Geburt bis zum Aufbruch zum Ölberg. Dieser Zusatz macht seinen Traktat umfangreicher als die ‚100 Artikel' von Comitis. In beiden Teilen zitiert Krauter an einigen Stellen den franziskanischen Theologen Nikolaus von Lyra, ansonsten referiert er ausschließlich aus den Evangelien. Der Traktat ist als Autograph überliefert, und zwar als Entwurf mit zahlreichen, vor allem stilistischen Änderungen, die Krauter während des Arbeitsprozesses einfügte. Offensichtlich sollte der Traktat in der dann endgültigen Form für das Katharinenkloster abgeschrieben werden, wozu es offenbar nicht mehr kam. Die Brüder übergaben den Schwestern Krauters Entwurf vermutlich nach dessen Tod. Es ist zwar davon auszugehen, dass auch Krauter mit Heinrich Seuses ‚Hundert Betrachtungen' zur Passion vertraut war, im Blick auf die Ausgestaltung des Traktats ist es aber wahrscheinlicher, dass Krauter das Werk von Comitis – evtl. in dessen lateinischer Predigtvorlage – kannte und eher von ihm, der ja auch sein Mitbruder in Nürnberg war, zu einem eigenständigen Werk angeregt wurde, zumal gestalterisch über die Gliederung in 100 Artikel hinaus deutliche konzeptuelle Ähnlichkeiten zu Comitis bestehen, die nicht auf Seuse zurückzuführen sind. Wie bei Comitis werden von drastischen Beschreibungen des Passionsgeschehens in der Regel kurze Lehren abgeleitet, die zumeist aus einem einzigen Satz bestehen.

In seinem autographisch überlieferten ‚Traktat von den zehn Geboten', der mit ähnlicher fortlaufend redigierender Arbeitsweise in der Handschrift auf die ‚133 Artikel' folgt, bietet Krauter weniger eine Auslegung des Dekalogs als eine Tugendlehre, in der das erste Gebot ausführlich behandelt wird, während die restlichen bis hin zum achten Gebot verhältnismäßig knapp erörtert sind. Der Traktat geht nur bis zum achten Gebot, weil das neunte zusammen mit dem sechsten und das zehnte mit dem siebten Gebot erläutert werden; er richtet sich nicht spezifisch an eine klösterliche Leserschaft, sondern ist auch für einen laikalen Adressatenkreis konzipiert. In einer Handschrift aus der 2. Hälfte des 15. Jahrhunderts aus dem observanten Dominikanerinnenkonvent Altenhohenau ist der Traktat in seiner korrigierten Form überliefert.

Als ebenfalls ungeordnete autographische Schrift für seine *liben kinder* im Katharinenkloster ist Krauters ‚Beichtspiegel' nach zwei Aufstellungen der zehn Gebote und der sieben Hauptsünden gegliedert. In der Einleitung scheint sich Krauter zunächst stark an Thomas Peuntners ‚Beichtbüchlein' (vgl. Tl. 2) zu orientieren, gestaltet dann aber den restlichen Text ganz unabhängig davon. Er erstellt hier ‚Tafeln' mit Beispielen, die für die Beichte hilfreich sein sollen. Als Quelle verwertet er die beiden ersten Teile von Jean Gersons ‚Opus tripartitum', die sich mit dem Dekalog und der Beichte befassen. Schließlich wird Krauter auch eine ‚Betrachtung über die fünf Herzeleiden Mariae' zugeschrieben, obwohl in der Überschrift nur von einem *andechtige[n] vater prediger ordens* die Rede ist. Die Zuweisung des Textes an ihn ist bisher nicht näher begründet worden.

Ob es sich beim Nürnberger K o n r a d W a g n e r (oder Mulner) um einen Dominikaner handelt, ist ungewiss. Sein ‚T r a k t a t v o m s c h a u e n den M e n s c h e n' ist in der von Georg Falder aus Tulln nach Nürnberg geschickten Autograph-Handschrift zwischen dessen beiden eigenen Werken eingeordnet. Hier steht: *Maister Conr. Wagner von Nurenberg schol den gemacht haben*, wobei die Wörter *schol den* und *haben* von Falder später eingefügt wurden. Dass im Traktat keine Autorität des Dominikanerordens zitiert wird, dagegen besonders häufig Bernhard von Clairvaux, könnte als (schwaches) Indiz gegen eine Zugehörigkeit des Autors zum Predigerorden gewertet werden. Im einzigen anderen Textzeugen aus Altenhohenau gilt er dann als sicherer Verfasser des Traktats. Wagner war Doktor der Theologie und 1444 Dekan der Wiener Artistenfakultät. Er starb 1461 in Nürnberg.

Durchgehend spricht Wagner die Leser im Traktat mit *o sel* oder *o du sprechunder mensch* an. Er richtet seine Lehre an Laien, die er anregt, einem Orden beizutreten, *da du macht von den vergangen sünden pußwertigkait gelaisten vnd erwerben genad vnd seligkait*. Dennoch schließt der Traktat keineswegs ein klösterliches Publikum aus, denn es geht grundsätzlich um die innere Einkehr aller Menschen. Das Werk ist in vier Themenkreise gegliedert: der Sündige und seine Erlösung; die Vergänglichkeit von Macht und Reichtum, verbunden mit der Aufforderung zur Umkehr; der Tod mit seinen Folgen: das Jüngste Gericht, die Gräuel der Hölle, die Freuden der ewigen Seligkeit. Verwertet wird dabei ein Passus aus dem Traktat ‚Von menschlicher Hinfälligkeit' (vgl. S. 237), Ähnlichkeiten bestehen auch zum pseudo-augustinischen ‚Speculum peccatoris' (s.o.).

Gerne vermittelten Nürnberger Dominikaner ihre Lehren in dingallegorischen Texten. Überhaupt gibt es eine deutliche „Tendenz zur Visualisierung und leichterer Memorierbarkeit aszetischer Inhalte, vor allem in den emblematischen Traktaten" (B. Steinke) und Predigten. In den Gartenallegorien werden geistliche Inhalte ausgelegt, wobei dem Dingbestand eine Gliederung in Dilatationes zugrunde liegt. Diese Art numerischer Reihungen – etwa die fünf Früchte eines Baumes – wird auch in anderen geistlichen Gattungen verwendet und ist in der spätmittelalterlichen katechetischen und erbaulichen Literatur besonders beliebt. Dietrich Schmidtke stellt in einer Untersuchung von 47 mittelalterlichen Gartenallegorien fest, „dass fast alle namentlich bekannten Autoren von Gartenallegorien in enger Verbindung mit den Reformbewegungen [der Bettelorden] standen". Zwar sind die meisten Gartenallegorien anonym überliefert, aber dort, wo Autornamen bekannt sind, stammen diese vorwiegend von observanten Dominikanern.

Das von Schmidtke ins 15. Jahrhundert datierte ‚Krautgartengedicht' ist aufgrund der Wasserzeichen der es überliefernden Berliner Handschrift mgo 449, die auf 1400 oder früher weisen, eher als Werk aus der zweiten Hälfte des 14. Jahrhunderts zu sehen.

Zu den einflussreichsten dominikanischen Autoren des 15. Jahrhunderts gehört Johannes Herolt (1380/90–1468). Er führte zusammen mit Johannes Nider im Katharinenkloster die Reform ein und ernannte Gertrud Gwichtmacherin zur Priorin. 1436 wurde er Beichtvater der Nürnberger Dominikanerinnen, 1438 Prior des Predigerklosters und 1451 schließlich Generalvikar des Katharinenklosters.

In seinen Schriften nennt sich Herolt selbst stets *Discipulus*. Er verfasste elf lateinische Werke, die zwischen 1416 und 1463 (1467?) entstanden, wobei die ersten zehn überaus reich, nämlich in über 450 Handschriften und 180 Inkunabeln überliefert sind. Noch 1612 wurden seine Schriften gedruckt. Seine Texte waren vornehmlich als Predigthilfen für Priester gedacht und stellen Materialien für ein breites Spektrum von volksnahen Predigtstoffen (*non subtilia, sed simplicia*) bereit: z.B. Exempla, Mirakel, Naturallegoresen und katechetische Unterweisungen. Er bietet wenig Originelles, sondern kompiliert zum größten Teil aus einer Vielzahl theologischer Vorlagen. Nur Weniges davon wurde übersetzt, zehn Marienmirakel wurden z.B. in die Exempelsammlung ‚Der Seelen Wurzgarten' (vgl. Tl. 2) aufgenommen.

Von Herolt stammt der umfangreiche ‚Rosengart', ein Zyklus von Adventspredigten, auf den in der einzigen erhaltenen Handschrift aus dem Katharinenkloster eine Weihnachts- und eine Neujahrspredigt folgen. Die Seele solle sich einen Rosengarten erbauen, damit die Ewige Weisheit darin leben könne. Zu Beginn wird angekündigt, dass zehn Tugenden dingallegorisch erläutert werden: die Gartenmauer (Gottesfurcht), die Tür (Fleiß), das Fundament (Demut), der Rosenstock (Geduld) sowie die sechs Zweige des Rosenstocks (Gehorsam, Sanftmut, Güte, Barmherzigkeit, Freundschaft, Freude). Gerne verwendet Herolt Exempel aus den ‚Vitaspatrum', womit er sich von durchschnittlichen Gartenallegorietexten abhebt. Der ‚Rosengart'-Teil seiner Predigten konnte offenbar in der Adventszeit nicht vollendet werden, denn die Handschrift bietet nur fünf Tugenden, lediglich der erste Rosenstockzweig wird noch behandelt. In der darauffolgenden Weihnachtspredigt greift er seine Predigtdisposition aus dem Zyklus wieder auf, hier wird nun Maria als Trägerin von fünf Tugenden aus dem ‚Rosengart' bezeichnet.

Ein höchstwahrscheinlich für Nonnen bestimmter Sendbrief, ‚Wie man den Baum des Kreuzes pflanzen und pflegen soll', wurde vermutlich im 2. Viertel des 15. Jahrhunderts von einem Nürnberger Dominikaner verfasst. Der in fünf Handschriften überlieferte Text wurde durch Dietrich Schmidtke nach einer heute in Dresden aufbewahrten unvollständigen Handschrift ‚Dresdner Gärtlein' benannt. Es handelt sich um eine Baumallegorie, wobei die Äste, Blätter, Blüten und die Frucht des Baumes des hl. Kreuzes, das letztlich im Herzen eingepflanzt werden soll, ausgedeutet werden.

Eine umfangreiche allegorische Predigt verfasste der Lektor des Nürnberger Predigerklosters Rudolf Goltschlacher, der 1437 eine Wahl zum Prior des Wiener Konvents ablehnen musste, weil sein Heimatkloster offensichtlich Einspruch einlegte. 1449 ist er dann jedoch als Prior in Bern bezeugt. 1451 war er wieder als Lesemeister in Nürnberg tätig und wirkte bei der Reform des Bamberger Klosters mit, dessen Prior er 1451 wurde. Zuletzt ist er 1456 als Prioratsverwalter in Bamberg nachgewiesen. Neben einer unikal überlieferten lateinischen Schrift, die ihm für die Vorbereitung seiner Predigten diente, ist eine deutsche Predigt erhalten, *wie man geistlich vasnacht sol haben*, gehalten (1448?) am Tag von Pauli Bekehrung (25.1.) im von Nürnberger Dominikanern betreuten Augustinerinnenkloster Pillenreuth. Thema der Predigt ist Act 9,6, wo Paulus Gott fragt, was er nach seiner Conversio tun solle. Ausgehend davon, behandelt Goltschlacher *drew stuck*, die wir von Gott begehren sollten. Er leitet dann zu einer kurzen Messallegorie über und von dort – anhand der Herstellung eines Fastnachtskrapfens – zu einer allegorischen Auslegung des Leidens Jesu, die sich allerdings grundlegend von jenen themenverwandten Allegorien unterscheidet, die auf den vermutlich von Johannes Eschenbach verfassten Kurztraktat vom ‚Geistlichen Fastnachtskrapfen' (s.o.) zurückgehen. Anschließend geht es um sechs geistliche Speisen und Getränke (*örten*), sechs geistliche Pfeifer und zweimal zwölf geistliche Sprünge oder Tänze. Die Predigt, die in zwei Handschriften aus den Katharinenklöstern in Nürnberg und St. Gallen überliefert ist, bietet eine breite Palette an katechetischen Unterweisungen und verzichtet dabei gänzlich auf Zitate von Autoritäten. Bibelstellen werden auf Latein wiedergegeben und anschließend übersetzt.

Umstritten ist, ob zwei zusammengehörende Predigten zum ‚Geistlichen Mai', die in der Nürnberger Handschrift auf die Fastnachtspredigt folgen, sowie eine Predigt über 1 Pt 2,21 Goltschlacher zuzuschreiben sind. Gänzlich auszuschließen ist seine Autorschaft sicherlich nicht, zumal auch hier eine Vorliebe für dingallegorische Predigtkonzepte und ein Akzent auf dem Leiden Christi feststellbar ist. Die beiden ersten zum Maianfang vorgetragenen Predigten über dreierlei Gärten haben Is 53,2 zum Thema (*Ascendens virgulta*), wobei *virgulta* (Gebüsch) in der ersten Predigt mit *garte* übersetzt wird und dann in der Bedeutung ‚Garten' Verwendung findet, *darinnen wir teglichen spaciren süllen vnd vns darynnen geistlichen erlüsten vnd ermeien* (den Mai genießen). Die Tatsache, dass in der dritten Predigt zu 1 Pt 2,21 Augustinus *vnser vater* genannt wird, könnte ein Hinweis darauf sein, dass sie ebenfalls in Pillenreuth gehalten worden sein könnte. Ein nach der Augustinusregel lebender Dominikaner hätte den Kirchenvater ohne weiteres so bezeichnen und damit die Gemeinsamkeit mit dem Augustinerorden betonen können. Zusätzlich werden Thomas von Aquin und Humbert von Romans als Autoritäten zitiert. Auch in dieser Predigt ist das Leiden Christi Thema.

Unikal überliefert sind zwei Kirchweihpredigten des J o h a n n e s M ü n n e r s t a d t, der 1425 an der Ordenshochschule in Köln als Baccalaureus und zwischen 1426–27 *Lector sententiarum* war; 1427–30 ist er als *Professor theologiae* und Domprediger in Würzburg und 1438 als Prior des Regensburger Predigerklosters bezeugt. 1440 hielt er sich in Nürnberg auf, wirkte 1447 bei der Ordensreform des Eichstätter Konvents mit und starb 1453 als Prior in Nürnberg. Eine Predigt, die er 1440 im Katharinenkloster hielt, ist in einem eher gelehrten Duktus verfasst. Sie zitiert ausführlich verschiedene Autoritäten, zumeist mit namentlicher Nennung des zitierten Werks, und integriert zusätzliche lateinische Zitate mit anschließender Übersetzung. Seine scholastische Sachlichkeit verlebendigt er mit Exempla und direkten Anreden, wie etwa *o kinder gottes, o gut mensch*. Von Münnerstadt ist auch ein lateinisch-deutsches Glossar überliefert, mit vorwiegend dem ‚Abstractum-Glossar' entnommenen Lemmata und vielfach von diesem abweichenden deutschen Interpretamenten.

In einer Pillenreuther Handschrift ist eine ausführliche Predigt überliefert, in der die Namen Jesus und Maria gedeutet werden. Der Prediger wird schlichtweg H a n s d e r B e k e h r e r genannt. Man dürfte dabei, mit Blick auf die *cura monialium* in Pillenreuth, an einen Dominikaner aus Nürnberg denken, dessen Identität noch zu klären wäre. Jedenfalls fand die Predigt zur Zeit des Basler Konzils statt, denn es wird zweimal darum gebeten, *für dye ganczen streytende kyrchen* zu *byten*, und dazu wird am Schluss der Predigt 100 Tage Ablass durch das *Concilium zu Basel* denjenigen zugesprochen, die fünf Paternoster und Ave Maria für die Kirche beten. Man könnte deshalb versucht sein, in Hans dem Bekehrer Johannes Nider zu sehen, was aber nur Vermutung bleiben muss.

Die Predigt beginnt mit einer Buchstabenauslegung der beiden Namen „Jesus" und „Maria" und gibt dafür als Quelle Bernhard von Clairvaux an, in dessen Werk Gleiches aber nicht zu finden ist. Eventuell wäre die Quelle in denjenigen Werken enthalten, die irrtümlich Bernhard zugeschrieben wurden und die zahlenmäßig die authentischen deutlich übertreffen. Ein derartiger Auslegungsmodus der beiden Namen ist allerdings im Mittelalter häufig anzutreffen. Anschließend werden die von Isaias dem neugeborenen Kind gegebenen Hoheitstitel (Is 9,5) im Hinblick auf Jesus gedeutet; zugleich wird die Buchstabenauslegung der

Beinamen Marias dazu in Beziehung gesetzt. Am Schluss eines jeden Abschnitts soll man zum Dank für die mit den jeweiligen Beinamen verbundenen Gnaden ein Paternoster und ein Ave Maria beten.

Häufig ist es problematisch, die Verfasser von Predigten zu verorten. Als Verfasser von Sermones, die um die Mitte des 15. Jahrhunderts im Katharinenkloster gehalten wurden, werden im Augsburger Codex III.1.8° 4 zwei Prediger genannt, die höchstwahrscheinlich als Nürnberger Dominikaner aus der Mitte des Jahrhunderts zu identifizieren sind. Zum einen geht es um ein Exzerpt aus einer Predigt von einem ansonsten nicht bekannten Johannes Wolfspach über ‚Die zwölf Räte Jesu Christ‘, zum anderen um eine Predigt von *Pater Paulus lesmaister*, vermutlich einem Dominikaner, zum Goldenen Jubeljahr 1450, in der er über Ursprung und Einsetzung der Jubeljahre unterrichtet. Anschließend werden 15 Bedingungen für eine geistliche Pilgerfahrt erläutert, gefolgt von einer umfangreichen allegorischen Deutung vom Bau eines geistlichen Klosters. Diese Herzklosterallegorie geht nicht auf das populäre Werk ‚De claustro animae‘ des Hugo de Folieto zurück wie mehrere deutsche und niederländische Adaptationen, die vorwiegend im 14. Jahrhundert verfasst wurden.

Weiterhin finden sich in dieser Handschrift zwei Predigten vom *lector magister prediger orden* Sebaldus Kupferlein. Da der Name Sebald kaum außerhalb Nürnbergs anzutreffen ist – der Hl. Sebald war Stadtpatron –, dürfte Kupferlein mit ziemlicher Sicherheit von dort stammen. 1457 predigte er über sieben mögliche Anfechtungen sowie zu unbestimmter Zeit über die Frage, wie ein Mensch wissen könne, *ob er den heiligen geist enpfangen hab*.

Von Kupferlein finden sich in den Nürnberger Handschriften Cod. Cent. VII, 20 und Cod. Cent. VII, 39 auch eine *gute nucze vermanung vnd lere*. Ein weiterer Text von Kupferlein findet sich auch im ‚Nürnberger Andachtsbuch‘ (vgl. S. 275).

Schließlich enthält die Augsburger Handschrift einen Nachtrag mit einem sehr kurzen Exzerpt aus einer Predigt eines Konrad von Dettingen (*Conradus von Detingen leßmeister*), die er 1468 gehalten habe. Da die meisten der Texte der Handschrift von Dominikanern stammen, ist davon auszugehen, dass eine größere Anzahl der anonymen, zumeist kurzen und bisher noch nicht untersuchten Schriften wahrscheinlich ebenfalls von Nürnberger Predigern stammen.

Auch nach der Einführung der Observanz im Katharinenkloster verfassten die Nürnberger Dominikaner weiterhin hagiographische Texte. Obwohl in ‚Der Heiligen Leben‘ eine umfängliche Legende der Ordenspatronin und neben Maria beliebtesten mittelalterlichen Heiligen, Katharina von Alexandrien, enthalten war, verfasste ein Nürnberger Prediger um die

Mitte des 15. Jahrhunderts für das Katharinenkloster die umfangreichste deutsche Katharinenlegende des Mittelalters, die aber nur in vier Handschriften überliefert ist. Auf eine Entstehung dieser Legende im Nürnberger Dominikanerkloster weist der Befund, dass die älteste Handschrift aus dem Katharinenkloster stammt (1443). Es handelt sich um ein Kompilat aus der ‚Heiligen Leben'-Legende und einer aus der 1. Hälfte des 15. Jahrhunderts stammenden lateinischen Quelle, als deren Gewährsmann ein Franziskaner namens Meister Andreas genannt wird, der diese Vorlage aus *zwei puecheren der haydenischen maister* sowie aus weiteren Quellen zusammengeführt haben soll. Hier besiegt die weise Katharina im gelehrten Disput Platon und Vergil. Im Mirakelbereich werden nur solche Wunder wiedergegeben, die den *eynfeltigen menschen* als glaubwürdig erscheinen würden.

In zwei Handschriften aus dem Nürnberger Raum sowie in einem Druck ist eine umfangreiche Katharinen-Legende überliefert, die ebenfalls auf eine bisher noch nicht gefundene lateinische Vorlage zurückgeht; ein vermutlich italienischer Bruder Petrus habe diese aus sechs verschiedenen Legenden (*ex aliis sex legendis*) zusammengestellt. Diese völlig *newe lustperliche vnd nütze legend*, die wohl im 14. Jahrhundert verfasst wurde, ist in 24 Kapitel gegliedert; die Mirakel sind nur kurz zusammengefasst. Seine Quellen habe Petrus an vielen Orten gefunden, weshalb seine Legende eine historisch akkuratere Version des Lebens der von ihm so hochverehrten Heiligen gebe. Katharinas Biographie wird hier in die römische Reichsgeschichte eingebettet. Ihr Vater Costus stammt nun von Constantin ab, der später Rache an Maxentius nimmt, *der pyn vnd marter halber, die maxencius ir hot angeton*, um dann später im ganzen Reich das wahre Christentum endgültig zu etablieren. Durch diese originelle Deutung der Ereignisse und Zusammenhänge gewinnt das Leben Katharinas eine völlig neue historische Dimension. Dies dürfte der Grund sein, dass sich ein wahrscheinlich Nürnberger Dominikaner die Mühe machte, eine Übersetzung des Werks herzustellen und damit eine weitere umfangreiche Katharinenlegende zu schaffen. Die Legende wurde 1500 von Johann Grüninger in Straßburg gedruckt und aufwendig illustriert. Dort werden eine auf die ‚Legenda aurea' zurückgehende Lobrede auf die Märtyrerin sowie die Statuten der Straßburger Katharinenbruderschaft beigefügt.

Nicht eindeutig den Nürnberger Predigern zuzuordnen ist das sog. ‚Münchner Apostelbuch', dessen ältester (heute in München befindlicher) Textzeuge allerdings 1454 vom Nürnberger Dominikaner Konrad Forster, wohl für eine Laiin, abgeschrieben wurde. Es handelt sich um die Prosaauflösung der Legenden der Apostel sowie derer von Paulus, Barnabas, Lukas und Markus aus dem zweiten Buch des ‚Passionals', die bemerkenswerterweise nicht für ‚Der Heiligen Leben' verwertet worden waren. Bisweilen wird der Text auch durch die ‚Legenda aurea' ergänzt. Zwei weitere bairische Handschriften sind überliefert, die sich heute in Prag und

Seitenstetten befinden und einen dem ‚Passional' näherstehenden Text bieten. Es könnte durchaus sein, dass sie eine spätere Überarbeitung des Nürnberger Textes tradieren.

Traktate

In der ersten Hälfte des 15. Jahrhunderts verfasste wahrscheinlich ein anonymer Dominikaner die nürnbergische Übertragung eines allem Anschein nach aus dem Niederrheinischen importierten niederländischen Eucharistietraktats. In der Nürnberger Fassung erhielt das Werk den Titel ‚Der Mandelkern'. Die lateinische Vorlage des Texts dürfte in den Niederlanden im späten 14. Jahrhundert entstanden sein sowie eine unvollständige volkssprachliche Fassung des Texts, die in zwei niederländischen und einer ripuarischen Handschrift erhalten ist. In allen drei Textzeugen ist der Traktat in ein Corpus von Tauler-Predigten integriert.

Der Nürnberger ‚Mandelkern' geht auf eine weit umfangreichere ursprüngliche Fassung des Traktats zurück. Zu Beginn benennt ein ungenannter Meister vier Arten des Sterbens, die dem Menschen notwendig sind, z.B. das Sterben der Sünden durch den Kommunionsempfang. Dann wird z.B. dessen Bedeutung erläutert, wie man sich darauf vorbereiten müsse und wie häufig man *das heilig sacrament* empfangen solle. Der Mensch müsse wie die Mandel *geslagen und von innen vnd von außen zu stücken gemacht* werden, um die *susikeit der gotheit vnd der menscheit nüczen* zu können. Für den Nürnberger Verfasser blieb die kurze Deutung des Mandelkerns, die in Predigten öfters Verwendung findet – etwa bei Berthold von Regensburg –, offenbar so eindrücklich, dass er seine Übertragung danach benannte. Während die unvollständige niederländisch/niederrheinische Überlieferung den Traktat mit der allegorischen Deutung des Mandelkerns abbricht, werden die Unterweisungen im Nürnberger Text auf mehr als den doppelten Umfang erweitert. Dort werden die drei Arten der *lauterkeit* – die der Seele, des Gemüts und des Geistes –, welche der Mensch durch die Eucharistie empfangen kann, erläutert. Die Überlieferung des ‚Mandelkerns' blieb auf das Katharinenkloster und das von dessen Schwestern reformierte Kloster Altenhohenau beschränkt.

Die Eucharistie wird auch im Sendbrief ‚Von Jesu Bettlein' thematisiert. Er ist an *mein auszerwelte tochter* gerichtet, womit allerdings, wie bei Sendbriefen überhaupt, alle Nonnen des Konvents gemeint sind. Das Werk ist nur in einer Handschrift des Katharinenklosters überliefert, was einen Nürnberger Prediger als Verfasser annehmen lässt. Der Sendbrief bringt „eine architektonische und bildliche Allegorie des *connubium spirituale*, welches er auf verschiedene monastische Tugenden und in eucharistischen Begriffen definiert" (J. Hamburger). Es geht nicht, wie der Titel suggeriert, um das Christkind in der Wiege, sondern um Hoheliedbildlichkeit, wie sie in den vielen Darstellungen von Christus und der minnenden Seele zu finden ist. Die observanten Autoren versuchten immer wieder in ihren Schriften, ein gewisses Streben der Schwestern nach *unio* in andere spirituelle Denkformen umzulenken.

Der Text verbindet geistliche Erotik mit der Aufforderung zu einem strengen klösterlichen Leben. Christus habe die Tochter *in den vorhoff, das ist in das closter, in dem das kemerlein der lieb ist*, geführt und solle dann von ihr ein *wolbereittes kemerlein* in ihrem Herzen bekommen. Sie solle ihren Bräutigam bitten, ihr Baumeister zu sein, um ein derart großen *hern pallast* zu ermöglichen, als seiner *ern wol gezem*, denn ihr Herz sei ein *sweinstal gewest vol vnflaczs*. Dann solle sie ihm ihre Seele mit Gehorsam, ihren Körper mit Keuschheit und ihre weltlichen Güter mit Armut übergeben. Anschließend werden Teile des *kemerleins* mit Tugenden verknüpft: Der Boden sei die beharrliche Geduld gegenüber allen Widerwärtigkeiten, die vier Wände seien das Schweigen, das Innere, das von allen unnützen und eitlen Gedanken frei ist, ein unbekümmertes Herz und der beständige Fleiß. Die vier Wände seien zudem mit Gemälden zu verzieren. Die erste Wand solle zeigen, wie Christus ein Gespräch mit der Seele führt. Die zweite solle das Leben und Leiden Christi zusammen mit den *arma Christi* darbieten, als Zeichen, *das dein hercz gezirt ist mit hymmelischen gedancken*. Auf der dritten werde Christus im liebevollen Umgang mit der Seele dargestellt, er singt für sie, küsst sie und legt sein Haupt auf ihre Brust. Die vierte solle einen Wurzgarten mit wunderschönen Blumen zeigen. Durch die vierte Wand führt eine Tür, *durch dy man get in dy ewigen sellikeit, daz ist ein herczenliche begerung, dy du solt haben nach deynem mynniglichen preutigam*. Nun verstärkt sich die erotische Bildlichkeit. Wenn der Bräutigam kommt, *lauff im vor engegen vnd vmbfach in vnd für in mit dir. Das pettlein ... daz ist behüttung deiner fünff synn.* Das Betttuch ist das strenge Gewissen, worauf der Bräutigam gerne ruht, die Decke ist die Dankbarkeit für alle Wohltaten, *dy dir gott getan hatt*. Sobald dem Bräutigam ein derartiges *pettlein* geboten wird, *mag er nicht sich lenger enthalten... vnd eylet denn gar begirlichen zu dir*. Sodann erfolgt die *unio* in Form des Eucharistieempfangs, die Freuden, die damit verbunden sind, werden ausführlich dargestellt. Auch hier kommt es erneut zu erotischer Bildlichkeit: Beim Empfang der Hostie im Mund, *so pild den hern für dich, als do er enblöst ward vor dem creucz*, dann *leg dich mit im also nider an das vorgeschriben petlein ... vnd also ker denn dein antlicz gegen den seinen vnd durchschawe es mit grosser grüntloser demütikeit vnd mit vnaussprechenlichen frewden*. Das Werk schließt mit sechzehn Gründen ab, warum Christus *der aller liebst ist*, und einer Aufforderung an die *tochter*, ihn zu umarmen, ihn an sich zu drücken und ihn *auff sein süß rosolotes mündlein* zu küssen, und zwar für den Prediger, dem als Sündigem so etwas nicht zusteht. Solches Liebkosen *gehört eygentlich seinen prewten zu*. Trotz aller erotischen Anspielungen wird die *unio* auch hier keineswegs mit supranaturalen Erfahrungen in Verbindung gebracht; die Vereinigung erfolgt durch den Eucharistieempfang, so wie es in vielen Werken observanter Autoren propagiert wird. Aber schon bei Johannes Tauler fand sich die „Gleichsetzung von eucharistischer und mystischer Unio, von Kommunionvorbereitung und mystischem Weg" (A. Willing).

Berndt Hamm hat die von Jean Gerson vertretenen Unio-Vorstellungen in der Mystik, die in der Frömmigkeitstheologie des 15. Jahrhunderts und dementsprechend in den Schriften der Observanten propagiert werden, folgendermaßen zusammengefasst. Anders als in den platonisch geprägten Unio-Konzepten Eckharts, Taulers, Seuses aus dem 14. Jahrhundert betone man jetzt mit Gerson „gegenüber einer Aufhebung der Grenzen zwischen u.a. Gott und Seele ... die bleibende seinshafte Differenz zwischen Gott und Kreatur. Die innige Vereinigung der Seele mit Gott geschieht im erkennenden Lieben und liebenden Erkennen und ist daher höchste Steigerung der kognitiven und affektiven Seelenkräfte des Menschen, ein Gegenwärtigwerden Gottes im Innersten der Seele und zugleich ihr Herausgehobensein in den unvorstellbaren Bereich göttlicher Transzendenz; sie bedeutet aber nicht, dass die Seele ihr eigenes, geschaffenes Sein verliert und göttliches Wesen annimmt."

Im ‚Lob des Klosterlebens', das nur in Handschriften des Katharinenklosters sowie aus Maria Medingen und Pillenreuth überliefert ist, sind Bernhard, Augustinus und Thomas von Aquin die am häufigsten zitierten Autoritäten, worauf bereits in der Überschrift verwiesen wird, in der die *heyligen lerer*, aufgezählt werden. Eine Entstehung im Nürnberger Predigerkloster dürfte als gesichert gelten. Der Traktat richtet sich an *töchter*, also an Schwestern, die der Verfasser in ihrer Entscheidung für das klösterliche Leben bestärken will. Dabei werden diverse Aspekte behandelt, die Rolle der Eltern, die Entscheidung zum Eintritt, die unbestrittene Überlegenheit des religiosen Lebens über das weltliche usw. Auch hier greift der Verfasser zur Hoheliedbildlichkeit, wenn er den Frauen die besondere Nähe zu Christus verspricht. Die Braut Christi werde von ihm umarmt und geküsst, der Liebende werde auch ein *cleins weyllen* bei ihr bleiben. Dies alles geschehe nicht *allein in dem geyst, ja auch in dem leybe*. Sie werde *gar nycht nit ... hinfüre mer begern*, womit „eine ganzheitliche Erfüllung aller Bedürfnisse physischer wie auch seelischer Art" gemeint ist (B. Steinke). Dies sei aber nur durch Eintritt in ein Kloster erfahrbar.

Unklar bleibt die Herkunft von ‚Paulus und Thekla', das nur in der Nürnberger Handschrift Cod. Cent. VI, 43[1] (v.J. 1446) überliefert ist. Es handelt sich um ein dialogisch strukturiertes katechetisches Gespräch zwischen dem Apostel und der ihm stets folgenden Thekla. Die Darstellung des Verhältnisses basiert auf einer apokryphen Schrift des 2. Jahrhunderts, die bereits Tertullian und Hieronymus für höchst fragwürdig hielten. Anhand von Allegorese und Exempel werden im ersten Teil unter anderem die Gefährdungen der Seele behandelt, im zweiten die Heil- und Abwehrmittel, im dritten werden Thekla Möglichkeiten angeboten, wie sie sich *mynsamklich solt uben*. Als eine Quelle dieses Teils wurde Hugos von St. Viktor ‚Soliloquium de arrha animae' verwertet. Als Verfasser ist von einem observanten Dominikaner auszugehen.

Von dem 1455 kanonisierten spanischen dominikanischen Bußpredigers Vinzenz Ferrer (1350–1419) stammen einige Traktate, die von Nürnberger Dominikanern übersetzt wurden. Höchstwahrscheinlich im Nürnberger Predigerkloster entstand auch eine deutsche Fassung seiner Vita. Seit 1399 war Ferrer, oft von Flagellanten begleitet, durch weite Bereiche des westlichen Europas gezogen, hatte über großen kirchenpolitischen Einfluss verfügt sowie wichtige Ämter bekleidet. Zudem wirkte er als Beichtvater der spanischen Könige auf die weltlichen Mächte ein. 1412–14 zog er durch Kastilien und Aragon und prophezeite ein baldiges Ende der Welt mit einer furchtbaren Schlacht gegen den Antichrist, was zu vielen Bekehrungen von Juden und Mauren führte. Die Schattenseite der Konversionen war aber eine weitere Verschärfung der bereits virulenten antijüdischen Stimmung in Spanien sowie neue Gesetze gegen Juden und Muslime. Ferrers Endzeitvisionen fanatisierten seine Hörer, was mitunter antijüdische Pogrome verursachte und schließlich in der Vertreibung der Juden 1492 kulminierte. Von Bedeutung war sein Beitrag zur Beendigung des Schismas. Johannes Nider sammelte in seiner Zeit beim Basler Konzil Schriften des Vinzenz und pries ihn sehr in seinem ‚Formicarius'. Niders Bemühungen dürfen als „Ausgangspunkt der vicentinischen Literatur angesehen werden" (S. Brettle).

Die Verdeutschung der Legende des neuen Heiligen – Quelle war die für das Kanonisationsverfahren erstellte Vita des Petrus Ransanus – entstand bald nach 1455 und vor oder um 1462; allerdings gelangte sie nie über den Orden hinaus. Fünf der sechs überlieferten Handschriften stammen aus observanten Klöstern, nur eine gehörte einem Colmarer Laien, der allerdings über das Kloster Unterlinden an den Text gelangte. In allen Handschriften außer der Colmarer folgt auf die Vita die Übersetzung von Ferrers bedeutendstem Werk, des ‚Tractatus de vita spirituali', mit dem Titel ‚*Von zunemen vnd haltnuß bredigerordens*', eine Art Lehrbuch, das Novizen über die asketische Lebensform unterrichtet und ihnen die Schritte zur inneren Vollkommenheit vorgibt. Bei beiden Übersetzungen handelt es sich zweifellos um die Leistung eines einzigen Nürnberger Bruders, der zunächst den neuen Heiligen mit der Vita eingehend vorstellt und seine Kanonisierung begründet, was wiederum dessen die Observanz unterstützendes Werk im höchsten Grade legitimiert.

Der Antichristtraktat ‚Opusculum de fine mundi', der Ferrer zugeschrieben wird, ist mehrfach anonym übersetzt worden und vor allem in Drucken überliefert. Hier geht Ferrer zunächst auf die glorreiche Zeit des früheren Christentums ein, um dann auf den zeitgenössischen Verfall des geistlichen Lebens, der Kirche sowie des Klerus und des christlichen Glaubens zu kommen. Dies werde zum Erscheinen des doppelten Antichrist führen, bevor dieser zusammen mit *seiner anhanger selen* dann vom Erzengel Michael getötet und in die Hölle verbannt würde.

Im Augsburger Druck von 1486 schließt sich an den *wunderliche[n] tractat des heyligen Vincency prediger ordens von dem ende der weltt* eine bisher nicht näher untersuchte Übersetzung des ‚Tractatus quidam de Turcis' eines unbekannten Verfassers an. Hier werden die Angriffe der Türken als Erfüllung alter Prophezeiungen bewertet, wobei sich der Autor auf die Offenbarungen von Hildegard von Bingen, Birgitta von Schweden und Katharina von Siena beruft. Weil Hildegard zitiert wird, wird man einen – oder einige – deutschen Prediger als Verfasser der lateinischen Vorlage annehmen dürfen, auch wenn diese 1474/75 zuerst in Rom gedruckt erschien. Am Ende des Drucks der beiden volkssprachlichen Werke heißt es dann, dass der Inhalt *gesamlet* worden sei, *nach der gepurt Cristi M CCCCLXXIIII jare von etlichen prüdern prediger ordens von der gegenwertigen durcháchtung der cristenheyt angethan von den Türcken.*

Aus dem Nürnberger Dominikanerkloster dürfte die Übersetzung des ‚Tractatus consolatorius in tentationibus circa fidem' stammen, die ‚Etliche lerh vnd hulffe wedir geistliche bekorunge', die nur in einer Handschrift des Katharinenklosters überliefert ist (Berlin, mgo 467). Nach Sigismund Brettle handelt es sich bei der Zuschreibung an Ferrer um einen Irrtum der Forschung, weil der Verfasser sich im Traktat auf ihn beruft.

Ferrer wird auch in einigen Handschriften das Gebet ‚Vom süßen Namen Jesu' (‚O bone Jesu') zugeschrieben, obwohl in der Überlieferung überwiegend Bernhardin von Siena als Verfasser genannt wird. Eine Kurzvita Ferrers wurde allen niederdeutschen Drucken von ‚Der Heiligen Leben' ab der Ausgabe von Steffen Arndes, Lübeck 1492, von einem franziskanischen Redaktor des Legendars beigefügt. Im süddeutschen Raum wurde seine Legende bemerkenswerterweise nie in größere Legendarhandschriften oder -drucke aufgenommen. Ein kurzer Bericht über die Translatio der Gebeine Ferrers 1456 in Vannes steht in einer Handschrift im Anschluss an die ‚Chronik der Generalmeister Predigerordens' des Johannes Meyer (vgl. S. 326).

Auch niederländische Literatur wurde immer wieder in Nürnberg übersetzt und rezipiert, so etwa ‚Der Mandelkern' (vgl. S. 266) oder das Verswerk ‚Dietsche Doctrinale', das der Kartäuser Erhart Groß 1443 in Prosa übertrug (vgl. S. 188). Das Katharinenkloster besaß zwei heute verschollene Handschriften in *niderlenssch sprach*. Besonderes Interesse verdient aber die

Nürnberger Rezeption des ‚Spieghels der volcomenheit' Hendrik Herps.

Herp wurde um 1410 in Erp in Flandern geboren, war 1429 an der Universität Leuven immatrikuliert und trat danach den Brüdern des Gemeinsamen Lebens in Delft bei, 1445 war er dort Rektor. Er war zu dieser Zeit ein berühmter Prediger und gründete im selben Jahr ein Fraterhaus in Gouda und war dann 1446, nach einigen Zerwürfnissen, dort Rektor und führte das Haus mit Erfolg. Probleme wird es weiterhin gegeben haben, denn 1450 trat er während einer Reise nach Italien in den observanten Zweig des Franziskanerordens ein und wurde nach seiner Rückkehr in die Niederlande mit leitenden Ämtern der Kölner Observantenprovinz betraut. In der Forschung wird dies bisweilen mit der Vermutung begründet, dass den an mystischer Spiritualität interessierten Herp die mystikfeindlichen Positionen der Devotio moderna zum Übertritt führten. Immerhin beschloss das Windesheimer Kapitel 1455 ein Verbot, philosophische Werke oder Offenbarungen zu verfassen, zu übersetzen oder zu verbreiten. Herp starb 1477 in Mecheln.

Herp hat eine Vielzahl lateinischer Werke sowie den ‚Spieghel der Volcomenheit' verfasst, den er für eine geistliche Tochter – eine wohltätige Witwe – anfertigte, wobei die Mehrzahl seiner Schriften mystagogische Anleitungen bietet. Wie in seinem lateinischen Werk ‚Eden contemplativum' entwirft Herp im ‚Spieghel' eine mystische Stufenlehre, er zeigt einen affektiven Weg zur Vereinigung mit Gott. Der ‚Spieghel' ist zweiteilig: Im ersten Teil, der von den ‚zwölf Sterben' handelt, vermittelt Herp konkrete Anweisungen zur Gestaltung eines spirituellen Lebens, die dann Voraussetzung sind für den zweiten Teil, eine mystische Stufenlehre auf der Grundlage von Schriften Hugos von Balma und Jans van Ruusbroec. Bei den zwölf Sterben geht es um das Absterben, d.h. die Beseitigung von negativen Eigenschaften und Bedürfnissen, die eine mystische Vereinigung verhindern, etwa weltliche Güter, Eigennutz, Begierden der Sinne, wobei Herp nie auf harte Askese pocht, denn das Werk ist am Alltag einer Laiin ausgerichtet. Die mystische Vereinigung mit Gott und die laikale Lebensform sollen sich nicht ausschließen. Im zweiten Teil behandelt Herp in 52 Kapiteln eingehend die Vereinigung der Seelenkräfte mit Gott, die in den drei traditionellen Stufen eines fortschreitenden geistlichen Lebens erfolgen soll: des tätigen, des schauenden und des transzendierenden Lebens. Jede Phase erhält Beschreibungen ihrer Vorbereitungen, Zierden und Aufstiege. Grundsätzlich geht es darum, dass sich Menschen weniger um die Beseitigung ihre Fehler bemühen sollten, als sich in Tugenden zu üben, die die Vereinigung ihrer Seele mit Gott vorbereiten. Die völlige innere Abtötung um ihrer selbst willen oder um himmlischen Lohn zu erhalten sei egozentrisch. Eine Vereinigung könne nur von Gott und nicht von Menschen bewirkt werden. Dies geschieht, indem die Trinität auf die oberen Seelenkräfte – das Gedächtnis, den Verstand, den Willen – einwirkt. Herp verbindet im ‚Spieghel' eklektizistisch eine Vielfalt von mystagogischen Lehren zu einem für *simplices* nachvollziehbaren Gefüge. Ganz Frömmigkeitstheologe, kritisiert Herp auf differenzierte Weise das Streben nach supranaturalen Erfahrungen. Auch er verweist, wie die Nürnberger

Prediger, auf die Gefahr der teuflischen Verführung. Der Mensch soll auf Offenbarungen verzichten, sich an den zwölf Sterben orientieren und damit der radikalen Selbstenteignung entgegenstreben. Insofern ist sich Herp mit den führenden Theologen und Seelsorgern der Zeit weitgehend einig.

Der bedeutende Nürnberger Reformer Peter Kirchschlag (vgl. S. 277) lernte offenbar Herps Werk in seiner Zeit im Rheinland kennen und brachte es nach Nürnberg mit, wo er es für die Schwestern des Katharinenklosters übersetzen ließ. Die Schwestern, die Kirchschlags Exemplar des ‚Spieghels' ja nicht zu sehen bekamen, hielten es also für ein von ihm verfasstes lateinisches Werk, weshalb ihr zweibändiges Exemplar der deutschen Übersetzung die Angabe enthält: *vnd hat gepredigt und gemacht der erwirdig vater zu den predigern Peter Kirchslag vnd vnser peichtiger vater Haß hat sy vns teutzsch lasen machen.* Es ist zwar denkbar, dass Kirchschlag auf der Grundlage des ‚Spieghels' auch Predigten hielt. In seiner Predigt über die ‚12 Sterben' findet sich jedenfalls eine Gliederung mit dem gleichen Wortlaut wie in der Herp-Übersetzung.

Kirchschlag dürfte über adäquate Niederländischkenntnisse verfügt haben, zumal er das Kölner Kloster 1464 zusammen mit Peter Wellen, dem Provinzial der Teutonia aus Antwerpen, reformierte; offenbar konnte er Herps Werk gut lesen. Beim von den Schwestern genannten Übersetzer, dem Beichtvater Haß, dürfte es sich höchstwahrscheinlich um Heinrich Haß († 1489) handeln, denn der hatte das Amt zu dieser Zeit inne. In der Forschung wird mitunter Georg Haß (vgl. S. 281) als Übersetzer in Betracht gezogen, auch ein Augustin Haß befand sich zu dieser Zeit im Predigerkloster, aber beide kommen als Verfasser nicht in Frage. Die Übersetzung, die zwischen 1466–1474 entstand, ist in 19 erhaltenen und zwei verschollenen Handschriften bezeugt, die sowohl in Nürnberg als auch im ost- und westschwäbischen Raum, z.T. in Redaktionen, verbreitet waren. Insofern ist der ‚Spieghel' neben der ‚Imitatio Christi' des Thomas von Kempen das am stärksten verbreitete geistliche Werk niederländischer Provenienz im süddeutschen Raum.

Mit seinen unsicheren Niederländischkenntnissen ist Heinrich Haß seiner anspruchsvollen Aufgabe nicht immer gewachsen. Er klebt eng an der Vorlage und sein Werk wirkt „teilweise geradezu unbeholfen" (K. Freienhagen-Baumgardt). Ein wahrscheinlich schwäbischer Redaktor war sicherer in der Fremdsprache als Haß, er bessert dessen Übersetzung mit Hilfe einer niederländischen Quellenhandschrift sachlich und sprachlich nach, führt eine übersichtlichere Gliederung des Werks ein und gibt seiner Fassung den Titel ‚Leben der minnenden Seele'. Eine zweite Redaktion entstand im Ostschwäbischen, auch sie versucht, die anspruchsvollen Inhalte des ‚Spieghels' etwas verständlicher zu machen. In ihr wird ein zweiteiliger in den ‚Spieghel' einführender Traktat, ‚Von den Kräften der Seele und den geistlichen Lebensformen' vorangestellt, um die Lektüre des schwierigen Werkes *destermer verstentlicher vnd lustiger* (ansprechender) zu gestalten. Der Leitfaden des ersten Teils dieses Traktats, der sich mit der Lehre von den Seelenkräften befasst, ist bis hin zur wörtlichen Übernahme aus Davids von Augsburg ‚De exterioris et interioris hominis compositione', vom Verfasser mit eigenen lehrhaften Ergänzungen versehen. Noch nicht geklärt ist die Quelle des zweiten Teils, der von den beiden geistlichen Lebensformen, dem ‚wirkenden' und ‚beschaulichen' Leben handelt, also der *vita activa* und *contemplativa*. Auch hier wird Eigenständiges hinzugefügt. Ähnlich wie bei Niders ‚24 goldenen Harfen' wird Herp in nur einer einzigen Handschrift als Verfasser genannt – es heißt dort, das Werk stamme von *Hainrich herp barfüsser orden* –, die Namen von Kirchschlag und Haß werden dagegen aus der Überlieferung des ‚Spieghels' getilgt.

Eine alemannische Übersetzung des ‚Spieghels' ist nur in einer Handschrift des St. Galler Dominikanerinnenklosters aus der Zeit um 1480 überliefert. Auch hier wird eine wörtliche Angleichung an die niederländische Vorlage vermieden. Ebenso unikal überliefert ist eine Übersetzung, die Ausweitungen und Kürzungen enthält, die der schwäbische Übersetzer entweder selbst vorgenommen oder bereits in einer redigierten Fassung vorgefunden hat. 1474 kam es in Mainz zum Druck einer ripuarischen Übersetzung.

Das Thema supranaturale Erfahrungen wurde immer wieder Gegenstand von Schriften der Nürnberger Dominikaner. Um die Jahrhundertmitte entstand wohl ebenfalls bei ihnen eine weitere Schrift, die mit rigoroser Argumentation vor ‚mystischen' Bestrebungen warnt. Dieser anonyme ‚Sendbrief vom Betrug teuflischer Erscheinungen' ist an eine nicht genannte Klosterschwester gerichtet und beschränkt sich auf das Wirken des Teufels in Visionen und Auditionen, indem von Frauen erzählt wird, die in ihren ekstatischen Entrückungen vom Teufel irregeleitet werden. Der Verfasser setzt ganz auf Abschreckung, um die Frauen von eventuellen Neigungen zu spektakulärer Spiritualität abzubringen. Erneut wird vor übertriebenen Passionsmeditationen gewarnt, bei denen der Teufel gerne erscheine, z.B. in der Gestalt Mariens. Als negatives Beispiel wird von einer irregeleiteten Nürnberger Witwe erzählt – wahrscheinlich ist es die Uslingerin –, von der auch Eberhard Mardach und Erhart Groß bereits berichtet hatten (vgl. S. 184). Für den Umgang mit den vom Teufel Getäuschten werden konkrete Anleitungen geboten:

Man solle den Erlebnissen solcher Frauen grundsätzlich misstrauen, *vnd wenn sie denn also nyder vallen vnd ligen in sölchen betriglichen gesichten, so sol man sie alz pald mit gewalt auf rychten vnd wyder aufzucken vnd sprechen zu yn oder zu eyner: Ez ist dir genung zu deiner selikait, daz du stest in dem glaube. Wann wolt du hye Jhesum sehen in deinem fleysch vnd tötlichen leychnam, so wirstu seins anplicks vnd klarhait vnd gegenwärtickait mangeln ewiklich in dem ewigen leben.* Zwar werde die jeweils Zurechtgewiesene zunächst in *große trawrigkait* verfallen, aber es sei erforderlich, hart zu bleiben.

Gleich dreimal wurde von Nürnberger Dominikanern der Traktat Heinrichs von Friemar über die ‚Unterscheidung der Geister' übersetzt, allerdings in verschiedenen Bearbeitungen. Das vom Augustinereremiten aus Friemar bei Gotha (um 1245–1340) verfasste ‚De quattuor instinctibus' sollte in fast allen Ländern Westeuropas mit über 150 Handschriften und mehreren Druckausgaben zur verbreitetsten Abhandlung über das Thema werden, wie die Geister zu unterscheiden sind, die um die menschliche Seele werben. Bei Heinrich sind es vier innere ‚Eingebungen', die göttliche, englische, teuflische und die natürliche (menschliche), die auf die Menschen innerlich einwirken. Während die ersten beiden Eingebungen die Menschen stärken und zum Guten antreiben, führen die teuflischen zu Hochmut und Eigenwilligkeit und verhindern das Tugendstreben. Sie lassen den Menschen traurig und hoffnungslos zurück. Die natürliche Eingebung sieht Heinrich ebenfalls sehr skeptisch, „weil durch sie der geistliche Mensch oft viele Behinderungen und Nachteile erleidet".

Bei den 18 voneinander unabhängigen Übersetzungen ins Deutsche und Niederländische wird die gelehrte Vorlage immer wieder gekürzt, ergänzt und für ein illiterates Publikum in eine gefälligere Form umgearbeitet. Von den Nürnberger Übersetzungen sind zwei unikal in Handschriften des Katharinenklosters aus der Mitte des 15. Jahrhunderts überliefert. Die ‚Nürnberger Bearbeitung I' kürzt z.T. stark oder zieht kleinere Teile zusammen und schließt mit einer deutlichen Mahnung, die Lehren zu befolgen. Dafür werden zahlreiche Ergänzungen hinzugefügt, vor allem aus den ‚Vitaspatrum'. So wird etwa von einem Einsiedler erzählt, der vom Teufel in die sündige Welt zurückgeholt wird. Die Sprache der Übersetzung sei (so R. Warnock/A. Zumkeller) zwar „umständlich und schwerfällig", aber bekomme durch „den Gebrauch des Dialogs ... einen unmittelbaren Charakter, der den meisten Übersetzungen fehlt". Die ‚Nürnberger Bearbeitung II' ist eine Art Zusammenfassung von Heinrichs Werk, die einem nichtgelehrten Publikum verständlich sein soll, was am Anfang und Ende betont wird. Vor allem wird das Wirken der negativen Geister hervorgehoben. Am Ende werden zehn Punkte aufgeführt, womit der Mensch erkennen kann, *ob er gotes oder des guten engels einspruch volge oder dem veind oder der natur*. Die dritte Übersetzung ist in eine längere Predigt des Nürnberger Dominikaners Johannes Diemar integriert (vgl. S. 278).

Eine weitere Übernahme niederländischer geistlicher Literatur stammt von dem ursprünglich Nürnberger Bruder Gilg (Aegidius) Schwertmann. Er hatte um die Mitte des 15. Jahrhunderts, in seiner Zeit als Prior des Eichstätter Konvents, den er 1447 mit Brüdern aus Nürnberg reformiert hatte, Gerard Zerbolts van Zutphen (1367–1398) lateinisches Werk, ‚De spiritualibus ascensionibus' (vgl. S. 462), übersetzt. Zerbolt, einer der frühesten Devoten, beschreibt darin den Weg des sündigen Menschen hin zu Gott. Schwertmanns gelungene Übersetzung fand aber keine weitere Verbreitung. Das Ergebnis gab Schwertmann zur Abschrift an das Nürnberger Katharinenkloster weiter, zu dem er offenbar enge Beziehungen unterhielt. Schwertmann, seit 1454 Eichstätter Prior, war in der Observanzbewegung sehr aktiv und hatte dabei *vil grosser, swerer arbeit gehebt*, so Johannes Meyer im ‚Buch der Reformacio Predigerordens'. 1461 reformierte er das Landshuter Kloster und war auch dort erster observanter Prior. Dann wandte er sich den Frauenklöstern zu und reformierte 1465 Altenhohenau mit Hilfe von Schwestern aus Nürnberg sowie 1468 Medlingen.

Unklar ist die Ordenszugehörigkeit des Bruders J o h a n n e s V e n d, der in Nürnberg nicht nachzuweisen ist und nach Karin Schneider vielleicht mit einem Augustinerchorherrn aus Polling identisch sein könnte. Ein Johannes Vend war jedenfalls dort von 1454–1491 Propst. Von Vend gibt es aus der Mitte des 15. Jahrhunderts einen Traktat für Klosterfrauen in einem autographen Arbeitsmanuskript aus dem Katharinenkloster. Dort nennt er sich *ewr capplan in Christo*, was sich wohl auf ein anderes Frauenkloster beziehen wird. Im Traktat ‚Von der Zukunft Christi', der Ct 3,11 zum Thema hat, werden die Eigenschaften von Jungfrauen behandelt, die das Jesuskind schauen und mit ihm umgehen sollen. Bemerkenswert ist, dass in Vends trockenem scholastisch gestaltetem Werk hauptsächlich Thomas von Aquin und Albertus Magnus zitiert werden, was eher einen Dominikaner als Verfasser annehmen lässt. Zudem stammt von ihm eine Predigt über Christus als Vorbild, die in einer Handschrift des Katharinenklosters v.J. 1446 enthalten ist, wo es zum Schluss als Korrekturvermerk der Abschrift heißt: *Pitt got fur bruder Hansen Venden, dez beger ich on ende*. Dass ein Pollinger Augustiner die Abschrift einer Nürnberger Schwester korrigiert, erscheint doch als unwahrscheinlich. Eine Suche nach Vend innerhalb des Predigerordens sollte deshalb nicht aufgegeben werden.

Weitere kurze Entwürfe oder bloße Kurzexzerpte aus Predigten von neun wohl zumeist Nürnberger Dominikanern, von denen einige unten erwähnt werden (etwa Friedrich Stromer, Johannes Prausser) und einige (*Vater vicarii Innocentius, Georji Prewer, Johannes Zymerer*) nicht näher identifizierbar sind, enthält der noch nicht genauer untersuchte cod. HRC 41 der University of Texas in Austin aus dem frühen 16. Jahrhundert. Dieses von mir so benannte ‚N ü r n b e r g e r A n d a c h t s b u c h' aus der Bibliothek des Katharinenklosters ist ein umfassendes, thematisch gegliedertes Erbauungswerk dominikanischer Provenienz mit Kapiteln zu den Sünden, zum Leiden, zur Reue, Buße usw., in das auch Exzerpte oder nur knappe Zitate aus den Werken von Bonaventura, Thomas von Aquin, Meister Eckhart, Heinrich Seuse, Johannes Tauler, Katharina von Siena, Jean Gerson u.a.m. integriert werden. In dem Werk findet sich zudem ein kurzer Absatz von einem *Vater Krug*, bei dem es sich um Wilhelm Krug handeln wird, der von 1447–1473 im Predigerkloster belegt ist und 1461 und 1465 (?) als Subprior amtierte. Von Sebaldus Kupferlein (vgl. S. 264), der ebenfalls aus Nürnberg stammen dürfte, ist eine Einlassung zum Thema *Wie ein mensch sol merken ob jm sein sünd vergeben sein* überliefert. Bemerkenswert in Bezug auf die zitierten hohen Autoritäten ist ein mehrseitiger Eintrag, der folgendermaßen überschrieben ist: *Diß hat vns vnnßere Erwirdige muter priorin veronica bernhartin in capitulo gesagt.* Es folgt eine Lehre von der Liebe zu Gott in zehn Punkten mit anschließendem Gebet. Veronica Bernhartin war von 1498–1526 Priorin im Nürnberger Katharinenkloster. Ob dieser längere Passus ausreicht, das ‚Andachtsbuch' einer oder mehreren Nonnen des Katharinenklosters zuzuschreiben, ist indes zu bezweifeln, denn als Verfasser kommt jedenfalls nur eine Person mit umfassender Gelehrsamkeit und einer bestens ausgestatteten Bibliothek in Frage, weshalb von einem Nürnberger Prediger auszugehen ist. Dass eine Schwester für das ganze Werk verantwortlich sein könnte, ist bei der Vielfalt der zitierten, ursprünglich lateinischen Quellen nur schwer vorstellbar. Dennoch sind Texterweiterungen oder -bearbeitungen durch Nonnen des Katharinenklosters keineswegs auszuschließen. Denn es zeigt sich vor allem im späten 15. Jahrhundert, dass gut gebildete Schwestern wie etwa Magdalena Kremerin (vgl. S. 345) und eben Veronica Bernhartin durchaus auch den selbstbewussten Schritt wagten, selbst geistliche Lehre zu formulieren. Dem ‚Andachtsbuch' angehängt wurde die Übersetzung von Jean Gersons ‚De remediis contra pusillanimitatem' durch Thomas Finck (vgl. S. 430).

‚Hauspredigten' aus dem späten 15. und frühen 16. Jahrhundert
Um ein noch detaillierteres Bild zu erhalten, wie intensiv die *cura monialium* in Verbindung mit der literarischen Versorgung der Schwestern umgesetzt wurde, lohnt es sich, einige besondere Nürnberger Handschriften aus dem späten 15. und frühen 16. Jahrhundert genauer zu betrachten. Dort werden zumeist nicht ganze Predigten, sondern nur Predigtexzerpte, -zusammenfassungen oder -skizzen überliefert, wobei deren Urheber und ihre jeweiligen hohen Ämter sowie die genauen Termine der Ansprachen genannt werden. In der Regel sind die Predigten thematisch deutlich an ein weibliches klösterliches Publikum gerichtet. Die Schwestern bekamen Predigttexte nicht nur von ihren geistlichen Betreuern geschenkt oder zur Abschrift ausgeliehen, sie haben auch selbst Nachschriften angefertigt. Die Niederschriften von Ansprachen namentlich genannter Dominikaner wurden – in welchem Umfang auch immer – offenbar vor allem als Dokumentationen von besonderen Ereignissen im eigenen Kloster verstanden, die

selbstverständlich immer wieder nach- und vorgelesen werden sollten. Es ist indes bemerkenswert, wie viele dieser Werke, besonders Predigten, offenbar nur für das eigene Kloster gedacht waren und nicht anderen observanten Klöster angeboten wurden. Diese Form von ‚Hausbüchern‘ sind keineswegs nur im Katharinenkloster, sondern auch in anderen observanten Frauenkonventen anzutreffen. Allerdings stellen diese Predigten nur einen Teil der zahlreichen anonymen, aus dem 14. Jahrhundert stammenden und wohl zumeist von Nürnberger Dominikanern verfassten Sermones aus der Bibliothek des Katharinenklosters dar, auf die hier nicht eingegangen werden kann. Vielfach überliefert sind auch anonyme Übersetzungen von Predigten bedeutender Kirchenlehrer wie etwa Bernhard von Clairvaux.

Die zahlenmäßig umfangreichste Nürnberger Predigtsammlung dieser Art findet sich in einer heute in Privatbesitz verwahrten, gegen Ende des 15. Jahrhunderts zusammengebundenen Faszikelhandschrift (Heidelberg, Sammlung Eis, cod. 114–116) aus dem Katharinenkloster, die aber wahrscheinlich im Dominikanerkloster geschrieben wurde (so K. Ruh). Dort sind z.B. 45 solcher Texte aufgezeichnet, die zwischen 1472–1498 datiert sind. Hinzu kommt eine heute in der Züricher Zentralbibliothek aufbewahrte Handschrift, Ms. D 231, mit 23 Predigten, die elf Dominikaner zwischen 1482–1487 gehalten haben. Sie ist wahrscheinlich als Schwesterhandschrift zur Heidelberger zu sehen, denn mitunter stammen die Texte von denselben fast ausschließlich Nürnberger Predigern. Die einzelnen Aufzeichnungen in beiden Handschriften beruhen sicherlich teilweise auf Predigtskizzen, die auch nach dem Tod der Verfasser im Dominikanerkloster aufbewahrt wurden. Es gibt zudem Belege, dass die Brüder den Schwestern Predigttexte zur Abschrift ausliehen oder dass die Schwestern Nachschriften anfertigten.

Vier, evtl. fünf Predigten der Heidelberger Handschrift stammen von Peter Kirchschlag († 1483) (vgl. S. 272), der in der Forschung zu den bedeutendsten Nürnberger Reformdominikanern in der zweiten Hälfte des 15. Jahrhunderts gerechnet wird. Bevor er 1473 Prior des Nürnberger Konvents wurde, wirkte er 1464 bei der Reform des Männer- und Frauenklosters in Köln, 1468 bei der des Predigerklosters in Mainz mit. Sie alle gehörten der Ordensprovinz Teutonia an, zu deren Vikar Kirchschlag 1474 ernannt wurde. Seine Predigten sind nur in der Heidelberger Predigthandschrift enthalten und handeln von fünf Wegen zur Märtyrernachfolge, von der himmlischen Schönheit und Auserwähltheit Marias (beide 1476) sowie von den ‚Fünf Gärten, in denen die andächtige Seele den Herrn Jesus empfängt‘ (1472). Die letztere Predigt gehört zu jenen Gartenallegorien, die Dietrich Schmidtke der Notatform zuordnet, d.h., dass Gartenteile schlichtweg mit einer Bedeutung gleichgesetzt werden, so etwa: ein Baum, der ist *vber winter grun: Betewt den gelawben, der do schol allczeit grun sein*

… 1478 predigte Kirchschlag von der anzustrebenden Demut, nicht datiert ist eine ihm zugeschriebene Ansprache ‚Die 12 Sterben und das vollkommene Leben'. Besonders stark ausgeprägt in seinen Predigten sind die scholastische Systematisierung und die strenge Gliederung in Dilatationes, allerdings bezieht er selten theologische Autoritäten in seine Ausführungen ein. Kirchschlag dürfte auch derjenige Prior gewesen sein, der wegen seiner üblen Hetzpredigten gegen die Juden vom Nürnberger Rat zur Mäßigung aufgerufen werden musste, weil man Unruhen befürchtete. Von diesen Ansprachen ist allerdings nichts überliefert.

Von Johannes Kirchschlag (circa 1450–1494), der möglicherweise mit Peter Kirchschlag verwandt war und zwischen 1476 und 1478 Lektor und von 1486 bis 1489 Prior des Nürnberger Predigerklosters sowie zeitweise Beichtvater der Nonnen war, sind insgesamt elf Predigten oder Predigtteile überliefert. Auch ein in zwei Handschriften überlieferter Passionstraktat wird ihm zugeschrieben, dessen Verhältnis zu Kirchschlags lateinischen, zweimal gedruckten ‚Passio Christi ex quattuor evangelistis' noch zu klären wäre. Seine Ansprachen, die aus den Jahren 1473–1488 stammen, beginnen stets mit einem lateinischen Thema und vermitteln in trockenem Duktus zumeist dogmatische Inhalte. Sie handeln von den Gaben des Heiligen Geistes, von der Gottesliebe, vom Gebet, von der Buße, von Maria und der Trinität u.a.m. Kirchschlag beruft sich häufig auf wichtige theologische Autoritäten, vor allem auf den *heiligen vater* Thomas von Aquin, der ohnehin zumeist als wichtigste Quelle in den Predigten der Nürnberger Dominikaner zitiert wird. Er war immerhin der einzige kanonisierte Theologe der Hochscholastik. Für seine kurze Predigt über die hl. Barbara in der Heidelberger Handschrift erzählt Kirchschlag, wie bei Heiligenpredigten üblich, lediglich aus ihrer *passio*. Er gibt an, eine *lengere*, eine *kurcze* und eine *gemeine legent* konsultiert zu haben, wobei mit der letzteren wohl eine volkssprachliche Version gemeint ist, vermutlich die in ‚Der Heiligen Leben'. In einer Nürnberger Handschrift erhalten geblieben ist auch eine von Kirchschlag 1488 gehaltene Adventspredigt.

Von Johannes Diemar sind in der Heidelberger Handschrift drei Predigten übersetzt. In zwei aus dem Katharinenkloster stammenden Berliner Handschriften (mgq 406, mgo 566), die einer *schwester Annastasia* und der *Apolonia Kastnerin* gehörten, sind weitere vier Predigten überliefert. Diemar war 1459 in Bamberg zum Priester geweiht worden und predigte den Nürnberger Nonnen 1476 als Subprior des Predigerklosters und 1478 im Amt des Lesemeisters. Er gestaltete seine Sermones nach scholastischem Muster, erwartungsgemäß wird Thomas von Aquin am häufigsten zitiert, weitaus weniger Augustinus und Bonaventura. Auch Diemar geht es in seinen Ansprachen vor allem um gehobene Katechese. In einer Predigt in den Berliner Handschriften erläutert er Beichte, Buße, Reue, Todsünden und Kardinaltugenden. In einer weiteren vergleicht er in 14 Punkten die weltliche Ehe mit der geistlichen zwischen Christus und der jungfräulichen Seele. Auch wenn die *leiplich hochczeit* Genüsse zu bieten vermöge, so werde die Seele erst durch die *geistlich e* im höchsten Glück mit Gott vereint. Sein längster, ebenfalls in beiden Berliner Handschriften überlieferter Sermo hat die Bergpredigt (Mt 8,1) zum Thema und wurde, wie die Gliederung annehmen lässt, wohl in Form einer Predigtreihe vorgetragen. Diemar integriert in ihn eine qualitätvolle fast vollständige Übersetzung von Heinrichs von Friemar ‚De quattuor instinctibus' (vgl. S. 274), ohne allerdings seine Quelle zu nennen. Größere Auslassungen sind dabei selten, Eigenes – Auslegungen, Bibelstellen, Exempel – fügt er hinzu. Erneut werden hier die Schwestern von einem ihrer Seelsorger vor supranaturalen Erfahrungen gewarnt. In einer Predigt in der Heidelberger Handschrift, die als *matery* bezeichnet wird, geht Diemar auf Gott, Natur und die Sinnlichkeit als Beweger der menschlichen Seele ein. Hinzu kommt dort eine 1476 gehaltene Predigt zu Mariä Himmelfahrt, und eine über die Gründe für ein Fest für die Trinität. Knapp gefasst ist eine 1478 gehaltene Predigt über das scholastische Problem von Glauben und Wissen.

Eine Predigt in der Heidelberger Handschrift über die Qualen der Hölle stammt von Johannes Hentinger, der nach Aufenthalten in Bamberg und Regensburg ab 1477 im Nürnberger Predigerkloster als Cursor (Dozent) bezeugt ist. Die Predigt, die in der Handschrift einem *Johannes Kursser* zugeschrieben wird, hielt er wahrscheinlich in der Fastenzeit 1477 im Katharinenkloster. Mit großer Drastik beschreibt Hentinger die grauenhaften Zustände in der Hölle: unerträgliche Hitze, Kälte, Finsternis, Gottesferne u.a.m. Er will die Hörerinnen schwer erschrecken und sie so zur Buße und inneren Einkehr bewegen.

Von Johannes Weyg oder Wech sind in der Heidelberger Handschrift nur zwei kurze Angaben zu seiner Predigttätigkeit notiert: die eine, von 1480, hat Iob 2,9 zum Thema (*Benedic deo, gesegen got und stirb*) und wird in wenigen Zeilen zusammengefasst, die andere, von 1481, handelt von der Freude der Engel und der Trinität über den Büßer und greift dabei auf Bonaventuras ‚Commentarius in evangelium Lucae' 15,19 zurück. Erhalten ist nur das Predigtschema.

In der Heidelberger und der Züricher Handschrift sind zehn Predigten von Friedrich Stromer, Prior des Predigerklosters von 1483–86, enthalten, ins ‚Nürnberger Andachtsbuch' (vgl. S. 275) wurden zwei Predigtexzerpte integriert. Stromer war zunächst Diakon im Bamberger Kloster (1458), dann Student in Köln und 1477 Lektor in Nürnberg. Seine datierten, deutlich an ein klösterliches Publikum gerichteten Ansprachen stammen aus den Jahren 1476–1486. Die Predigt von den ‚12 Brunnen oder Gründen für Sünde und Übel' ist eine nicht autorisierte Nachschrift von Nonnen des Katharinenklosters. Dort werden die Sünden und Übel als erste Reihe mit der zweiten Reihe, den Gnadengaben als Abwehrmöglichkeit, konfrontiert, etwa die Erbsünde mit der Taufe. Auch hier gehört Thomas von Aquin zu den wichtigsten Quellen. Die Zahl zwölf ist in vier weiteren Predigten Dispositionsprinzip: erstens die 12 Brunnen der Welt, zweitens die 12 Pforten zum ewigen Leben (wo Stromer eine Lehre Hugos von St. Viktor vermittelt), drittens die 12 Früchte des Hl. Geistes und viertens die 12 Früchte des geistlichen Standes. In letzterer Predigt erzählt Stromer das Exempel von einem alten Juden, der sich taufen lässt und Mönch wird. Beim Sterben will der Teufel ihn für seine Sünden vor der Taufe anklagen, aber der Erzengel Michael widerspricht: *In seiner profeß sint jm alle sein sunt, schult und pein nachgelaßen und vergeben*. Gott habe ihm dazu auch seine Sünden nach dem Klostereintritt vergeben. In einer kurzen Predigtzusammenfassung geht es um die fünf und zehn Zeichen der *triplex via*.

Auf die Geschichte von einem anderen bekehrten und getauften alten Juden kommt auch ein gewisser Hermann von Metten (*Herman vs metunia*), *der leßmeister was zu coln*, in seiner zwischen 1481 und 1484 gehaltenen, in der Heidelberger Handschrift überlieferten Predigt über die Menschwerdung Gottes und das Wirken Jesu kurz zu sprechen. Auch diesem Juden werden alle Sünden verziehen, und er wird mit dem Himmel belohnt. Im niederbayerischen Metten gibt es zwar bis heute ein Benediktinerkloster, aber beim Dominikaner Hermann ist Metten eher als Herkunftsort zu werten. Dass er aus Köln, dem Ort der dominikanischen Hochschule, nach Nürnberg kam, ist keineswegs außergewöhnlich, zumal der Nürnberger Konvent enge Beziehungen zu Köln pflegte.

Ein hochaktiver Reformer war der Nürnberger Johannes Prausser (Pruser) von dem in der Heidelberger Handschrift eine 1481 gehaltene niveauvolle Predigt über die Unaussprechlichkeit Gottes enthalten ist. 1473 wurde er nach Stuttgart entsandt, um auf Wunsch von Graf Ulrich V. dem Vielgeliebten von Württemberg-Stuttgart eine observante Niederlassung zu gründen, und war dort bis 1475 Prior. Sodann wurde er Lektor und Generalprediger der Teutonia. Ulrich setzte seit 1474 die Reform sämtlicher Dominikanerinnenklöster im Lande Württemberg durch; Prausser wirkte dabei ab 1478 entschieden mit und wurde wohl zum Vikar in allen reformierten Konventen bestellt. Die dominikanische Chronistin Magdalena Kremerin (vgl. S. 345) berichtet von seinem entschlossenen Wirken bei der Reform des Klosters Kirchheim unter Teck. 1481 sollte Prausser an die Universität Heidelberg gehen, kehrte aber stattdessen nach Nürnberg zurück. Von ihm dürfte ein lateinischer Traktat über die Witwenschaft stammen, der nur in der Übersetzung des Ulmer Dominikaners Felix Fabri erhalten ist, der seiner Vorlage attestiert, sie sei *in subtijl latin* verfasst (vgl. auch S. 338).

Von Johannes Lock († 1494) sind 12 Predigten erhalten – neun in der Züricher und drei in der Heidelberger Handschrift –, die er zwischen 1481 und 1487 im Katharinenkloster gehalten hat. Er stammte aus Windsheim, studierte ab 1460 in Leipzig und wurde 1468 zum Magister Artium promoviert. Anschließend trat er in den Dominikanerorden ein, wurde Lektor im Nürnberger Konvent und 1485 Beichtvater der Nonnen. Die in der Züricher Handschrift enthaltenen Ansprachen handeln u.a. vom Reich Gottes in uns, von der Trinität und den göttlichen Appropriationen, von der Nachfolge Christi – hier verwendet er neben Thomas auch das ‚Compendium' Hugo Ripelins –, von der Versuchung Gottes, von den Eigenschaften eines guten Gebets, von der Fürbitte Marias und von der Gottesliebe und wie man sie erlangen kann. In der Heidelberger Handschrift finden sich Predigten über das beginnende Kirchenjahr, und, von Origines ausgehend, über vier Zeichen einer guten Absicht. Zudem wird eine Predigtreihe von Advent 1481 bis Ostern 1482 zum Thema Hoffart und Demut zusammengefasst. Locks Predigten sind anspruchsvoll und der Scholastik verpflichtet, allerdings fehlen Exempel.

Sowohl in der Heidelberger als auch in der Züricher Handschrift sind Einzelpredigten oder Predigtexzerpte von Friedrich Schober überliefert. Er war Cursor 1482 und 1483 im Nürnberger und 1488 im Bamberger Konvent, 1493/94 Lektor und Prediger im observanten Bozener Kloster, 1495 war er als Visitator und Vikar tätig. Seine Predigt von 1482 behandelt die komplexe *frag*, ob der Herr als Richter der Toten nach Maßstäben seines Menschseins oder seiner Gottheit urteilen wird. Hinzu kommt die Frage, ob der Mensch sofort nach seinem Tode gerichtet wird oder ob sein Schicksal eine Zeitlang im Ungewissen bleibt. Zusammen mit Heinrich von Langenstein meint Schober, das unterstünde dem freien Willen Gottes. Eine Kurzpredigt von 1483 befasst sich mit der Frage, *war umb unser her muß erscheinen einem yeden menschen, er sey heid, jud, krist oder keczer*. In beiden Predigten verwertet Schober Schriften des Thomas von Aquin.

Die Züricher Handschrift enthält drei Predigten eines gewissen Johannes Zolner aus den Jahren 1483–1485. Am 9. April 1483 (Datierung der ältesten Predigt) soll er *tzu derselben czeitt kurser* (Cursor) gewesen sein. Die älteste der drei Predigten handelt von der Eucharistie, unter Berufung auf den Sentenzenkommentar des Thomas von Aquin. Ein Jahr später predigte Zolner von unseren geistlichen Waffen, 1485 von Maria, die als Ehrenthron Salomons gedeutet wird. In der Heidelberger Handschrift findet sich eine weitere Predigt, über die Tugend der Demut, datiert auf denselben Tag wie die zweite Predigt der Züricher Handschrift (14. Juli 1484).

In der Nürnberger Handschrift Cod. Cent. VII, 27 sowie in der Heidelberger Handschrift sind Texte von Georg Haß enthalten, der 1473 urkundlich erwähnt ist. Eine ausführliche Predigt zur Conversio Pauli, mit Act 9,8 als Thema, hielt Haß 1484 im Katharinenkloster. Die Ansprache handelt von sieben Stricken der Liebe, mit denen Gott die Menschen zu sich hinzieht: *Zu wißen das sanctus Paulus leiplich gezogen wart von seinen gesellen, geistlich wart er aber gezogen von got*. Zu den Stricken gehören

Scham über die eigenen Sünden, Furcht vor Gottes Gerechtigkeit, Hoffnung auf Gnade, die göttliche Liebe, Reue und Buße, Leiden und Anfechtung sowie schließlich die Beständigkeit. Die Stricke werden dann weiter gegliedert in drei oder vier ‚Schnüre'. Wie bei der Bekehrung des Paulus zieht Gott die Menschen durch die Stricke und Schnüre aus der Gewalt Satans zu sich. Im ‚Nürnberger Andachtsbuch' (vgl. S. 275) ist eine etwas längere Zusammenfassung einer Predigt von Haß über den Umgang der Menschen mit ihren Sünden integriert. Man solle nicht hoffnungslos sein, sondern Vertrauen in die Barmherzigkeit Gottes haben. Auch die kürzeste aller Predigtzusammenfassungen in der Heidelberger Handschrift wird Haß zugewiesen, und zwar wird dort eine seiner Ansprachen auf einen Satz über die Todsünde reduziert.

Sowohl in der Heidelberger als auch in der Züricher Handschrift sind sieben knappe Predigtexzerpte vom *vater* Johannes Muleysen überliefert, von dem nichts Weiteres bekannt ist, als dass er im Katharinenkloster in den Jahren 1484 drei, 1485 eine und 1492 zwei Ansprachen gehalten hat. Beim Überlieferten handelt es sich offensichtlich um z.T. diktenartige Nachschriften von dem, was Zuhörer(inne)n aus der Predigt in Erinnerung geblieben war. 1484 predigte Muleysen ‚Vom geduldigen Leiden' und wendet sich hier gegen solche Menschen, die gerne Leid ertragen, wenn es von Gott veranlasst sei. Dies sei unaufrichtig und dumm. Im selben Jahr behandelt er die Beichte vom *ersten suntag jn der vasten ... und etlich mer tag darnach piß nach ostern*, d.h. in Form von Reihenpredigten, von denen nur kurze Auszüge aufgeschrieben wurden. 1485 gründet seine Predigt über das Eucharistiesakrament als Viaticum (Sterbekommunion) auf Thomas von Aquin. 1492 enthält seine Predigt die Geschichte von Sokrates, der den Heiden erklärt, die Sonne sei kein Gott, sondern ein *heysser warmer stern*, und deswegen von ihnen gesteinigt wird. Am Johannistag 1492 erzählte er den Nonnen die apokryphe Geschichte vom enthaupteten Täufer, dessen Kopf von der Frau des Herodes auf den Schoß genommen und verspottet wird. Gott bewirkt, dass sie vom Mund des Toten entweder angesprochen oder angeblasen wird, worauf sie stirbt und zur Hölle fährt. Die Geschichte steht zwar auch in der ‚Legenda aurea' des Jacobus de Voragine, sie wird aber dort als Volkserzählung abgelehnt. Muleysen behauptet dagegen, sie sei eine *ystori des h. ewangeliums*. In den beiden anderen Predigten geht es um die Demut sowie um die ‚Kirche und die frommen vollkommenen Menschen'.

In der Züricher Handschrift ist eine Predigt des Cursors des Predigerklosters Lorenz Aufkirchen enthalten, die sich mit der Frage befasst, ob Christus Johannes Baptista, seine hl. Mutter und seine Jünger selber getauft habe. Er hielt die Predigt am 24. Juni 1487, also am Johannistag, was die Wahl des Themas bestimmt haben dürfte. 1494 war Aufkirchen Prior des Predigerkonvents, von 1509–1515 war er Provinzial der Teutonia.

Ohne Datierung sind zwei Predigten des Johannes von Klingenberg, der höchstwahrscheinlich ebenfalls Nürnberger Dominikaner war und in der Heidelberger Handschrift als *lerer oder der wirdig vater* bezeichnet wird. *Von clingenperg* ist vermutlich eine nicht genau bestimmbare Herkunftsbezeichnung, drei Orte kommen als Heimatorte in Betracht. Eine längere zum Traktat umgestaltete Predigt mit integrierten Gebeten handelt von der Barmherzigkeit Gottes im Anschluss an die scholastische Genugtuungslehre, wobei Thomas von Aquin zitiert wird. Auch sein Gleichnis vom Goldenen Berg des Königs von Frankreich, dessen unermesslicher Schatz jedermann zur Verfügung stehe, um die eigenen Schulden zu tilgen, wird dabei eingesetzt. Dies sei ein *ebenpiltt* zu Christus, der durch sein Leiden die Schuld der ganzen Menschheit getilgt habe, so *daz yder man da von nehmen vnd bezaln oder gelten sol als vil er will oder wy er wil*. Nikolaus von Straßburg verwendete dieses Gleichnis in einer weit verbreiteten Predigt (vgl. Bd. III/1). Der zweite Traktat handelt von der Eucharistie. Hier gibt Johannes Anweisungen zur Vorbereitung auf den Empfang sowie mögliche Betrachtungen und Gebete für die Zeit danach. „Während die 1. Predigt auch in Stil und Durchführung den scholastisch gebildeten Prediger verrät, ist die 2. ganz im Gebetsstil gehalten" (K. Ruh).

Eine am Karfreitag 1485 im Katharinenkloster gehaltene Predigt wird in der Züricher Handschrift einem nicht näher zu identifizierenden Dominikaner namens Wilperg zugewiesen: *Daz sint etliche stucklein, dy ich hab gemerckt in der predig, dy da thet der vater Wilperg ... czu derselben czeit was er* (sic). Der Text lässt eine Lücke, vermutlich wollte man zusätzliche Informationen zu Wilpergs Stellung nachtragen. Er wird sich nicht lange in Nürnberg aufgehalten haben. Vermutet wird, dass es sich um *fr. Iodocus Sifridi de Wilperg* aus dem Pforzheimer Konvent handeln könnte. Die Predigt von der *passio Christi* basiert im Wesentlichen auf den Quaestionen 46 und 49 der Tertia der ‚Summa theologica' des Thomas von Aquin. Im ersten Teil wird belegt, wie Christi Leiden größer war als das aller Menschen, im zweiten Teil geht es um ein häufig behandeltes Thema in dominikanischen Predigten, die acht Früchte des Leidens Christi, wobei Wilperg hier etwas von Thomas von Aquin abweicht.

Am Karfreitag 1487 predigte laut einer Züricher Handschrift der Ulmer Dominikaner Peter Gundelfinger im Katharinenkloster vom Mitleiden Mariens, wovon ein *stucklein* aufgezeichnet wurde. Ausgehend von Ecclesiasticus 40,11, wird anhand von drei Gründen erläutert, warum sich im Mitleiden *der betrubten muter Christi, alle pitterkeit und alles herczenleidt, daz alle werlt ye leidt von dem ersten anvang der werlt piß an den letzten jungsten tag czu einem hawffen mocht samen oder machen*.

Im selben Jahr, zum 1. Mai, predigte im Katharinenkloster ein weiterer Gast bei den Nürnberger Predigern, Ludwig Windsperger. Er trat 1464 ins Basler Predigerkloster ein und wurde dort Cursor, Subprior und

Prior, dann 1483 Lektor. In der Predigt wird er 1487 als Prior und Lektor in Eichstätt bezeichnet, 1496 gehörte er dem Berner Konvent an. Er genoss als Theologe und Prediger hohes Ansehen, indes ist von ihm nur die Nürnberger Nachschrift in der Züricher Handschrift erhalten geblieben. Auch bei ihm ist thomistische Theologie Grundlage für eine Ansprache, die sich mit der *frag: was ist doch dy gnadt gocz?* befasst. Ausführlich thematisiert Windsperger zunächst die Heiligkeit der Gnade, dann etwas weniger eingehend die Praxis des Glaubenslebens und den christlichen Lebenswandel, der auf der Befolgung der Zehn Gebote beruht.

Ebenfalls vom Oberrhein kommt Heinrich Riß, dessen Vita wie etwa die von Nider von der großen Mobilität der Dominikaner zeugt. Von ihm stammt eine 1486 wohl im Rahmen des in Nürnberg abgehaltenen Provinzialkapitels im Katharinenkloster gehaltene ‚Abecedarium-Predigt' (*da predigt vns ein maister genant vater Heinrich Riß auß dem convent zu Basel vnd waz prior zu Kur.*)

Riß wurde in Rheinfelden geboren und trat 1450 in den Basler Konvent ein. Er studierte 1460 Theologie in Wien. 1465/66 war er aktiv an der Reform des Ulmer Klosters beteiligt und übernahm das Amt des Subpriors. 1468 reformierte er das Kloster in Mainz und wurde dort Prior. 1474 und 1477–81 ist er als Lektor in Basel bezeugt. 1475 war er in den Niederlanden tätig, vor 1482 war er Magister der Theologie und reiste 1482 als Pönitentiar nach Rom, war dann auch Seelsorger des Fondaco dei tedeschi – des Handelszentrums der Deutschen – in Venedig. Kurz danach war er in einer Sondermission in Bozen. Ab 1483 war er Prior in Chur und dort mit der Inquisition beauftragt. Er ging schließlich 1489 zurück nach Basel, wo er 1494 starb. Von ihm ist außer der Nürnberger Predigt nichts Literarisches erhalten.

Die Predigt ist in zwei Fassungen überliefert, die sich in ihrer Genese unterscheiden: Die ältere Version, überliefert in der Nürnberger Handschrift Cod. Cent. VII, 13, stellt vermutlich eine von einer Nonne verfertigte unautorisierte und unvollständige Nachschrift der Predigt dar, die jüngere Fassung im Züricher Codex eine von einem Gelehrten sorgfältig aufbereitete anspruchsvollere Version. Es handelt sich also um einen sehr seltenen Überlieferungsbefund. Im Vergleich zur Züricher Fassung fehlt der Nürnberger Version alles, was eine scholastische Predigt ausmacht: längere Bibelzitate, rhetorische Elemente, wie etwa die Hinwendung an die Hörerinnen und rhetorische Fragen. Riß gliederte seine Predigt als Abecedarium, was in der Nürnberger Nachschrift auch nur als leeres Schema aufscheint. Dagegen wird die jüngere Fassung eingeleitet mit einer Betrachtung von vier Formen der Furcht. Die vierte, die kindliche Furcht, führt zum Hauptthema, zur Frage, was uns würdig werden lässt, am himmlischen Gastmahl teilnehmen zu dürfen. Dann werden die verschiedenen Gerichte des Gastmahls, *davon nymant gancz oder genung gesagen kann*, in einem Abecedarium mit lateinischen Stichwörtern – *Amor, Bonitas, Cognitio, Dulcedo* usw. – ausgelegt. In der älteren Version fehlt alles Lateinische, daher steht für Amor: *Der erst buchstab a hat iij richt* (Gerichte). Die Speisen solle man kosten, kauen, in sie kräftig hineinbeißen, sie lecken usw. Nachdem Riß den Nonnen *lang und vil* die Freuden des Himmels erläutert hat, wendet er sich zum Schluss einer Schilderung der Schrecken der Hölle zu mit einer Vielzahl von lateinischen Autoritätenzitaten. Der Sermo gehört zweifellos zu den anspruchsvollsten der Hauspredigten des Katharinenklosters.

Die Heidelberger Handschrift enthält auch Texte von Johannes Henlein (Heinlein), der zwischen 1503 und 1515 mehrmals Prior des Predigerklosters war. 1498 hatte Henlein im Katharinenkloster eine Predigt über die Eucharistie gehalten, die sich in drei *stucklein* teilt, die für den Sakramentsempfang erforderlich sind: Erforschung des Gewissens, Reue und Demut, sowie die Absicht sich zu bessern. Zum Gesamttext gehören eine Betrachtung nach dem Empfang der Eucharistie sowie kurze Gebete. Von Henlein stammt auch der dreimal aufgelegte lateinische ‚Tractatuts super Salve Regina'. Ihm wird zudem der noch nicht näher untersuchte ‚Beschlossen gart des Rosenkrantz Mariae' zugeschrieben, ein vom Nürnberger Stadtarzt Ulrich Pinder 1505 gedrucktes zweibändiges Werk. In einem Exemplar des Drucks in der Pariser Bibliothèque nationale gibt es einen handschriftlichen Zusatz, der das Werk Henlein zuweist. Es handelt sich beim ‚Beschlossen gart' um eine umfangreiche Schrift, die fundamentale Wahrheiten des Glaubens sowie Übungen der Frömmigkeit thematisiert. Von zentraler Bedeutung ist dem Verfasser die Bedeutung des Rosenkranzes sowie die Rosenkranzbruderschaft (vgl. S. 356). Der Druck ist von besonderem kunsthistorischen Interesse, weil er 1008 Holzschnitte aus der Dürerwerkstatt enthält, vor allem gefertigt von Hans Schäufelein und Hans Baldung Grien.

Henlein trat als entschiedener Gegner der auch sonst umstrittenen humanistischen Poetenschule in Nürnberg in Erscheinung und attackierte sie von der Kanzel in St. Sebald und St. Lorenz (vgl. S. 173) mit großer Vehemenz. Der *poeta* der Schule, Heinrich Grieninger, schrieb daraufhin einen besonders groben Schmähbrief gegen *Gallus Luscinus*, das einäugige oder geblendete Hähnlein, indem er ihm Ignoranz und übelste Verleumdung vorwarf und ihn höchst polemisch lächerlich machte. In seiner Zeit als Prior forcierte Henlein die Reform des bis dahin als Refugium für nichtreformwillige Nürnberger Nonnen dienenden Klosters Engelthal. Zur Einführung der Observanz wurden Nonnen aus der Reichsstadt und aus Bamberg eingesetzt. Henlein verliebte sich allerdings heftig in die Bambergerin Barbara Schleiffer, hatte mit ihr ein sexuelles Verhältnis und wechselte mit ihr z.T. äußerst schlüpfrige Liebesbriefe, deren Entdeckung die Affäre dann ans Tageslicht brachte. Er selbst wurde nach Esslingen versetzt,

Schleiffer und eine weitere vermutlich Beteiligte mussten zurück ins Bamberger Kloster.

Überblickt man nun die Nürnberger Predigtsammlungen aus dem letzten Drittel des 15. Jahrhunderts, so zeigt sich, dass die Prediger bei den Nonnen durchaus ein höheres Bildungsniveau voraussetzten. In einem observanten Musterkonvent wie dem Katharinenkloster war es unter den Schwestern zweifellos üblich geworden, anspruchsvolleres Schrifttum zu rezipieren und zumindest profunde Grundkenntnisse des Lateinischen zu erwerben. Vergleicht man aber die eher trockenen, scholastisch geprägten Klosterpredigten der Nürnberger Dominikaner etwa mit den Ansprachen eines Johannes Geiler von Kaysersberg, die mit Exempeln verlebendigt und in einer bunten Sprache dargeboten werden – wobei auch er in Frauenklöstern predigte –, so kann durchaus der Eindruck entstehen, dass sich die gelehrten Prediger eher starr an der von ihnen im Studium erlernten Gestaltung scholastischer Sermones orientierten: Dies führte zu dem Ergebnis, dass die Nachschriften der Nonnen häufig nur rudimentäre und teilweise fehlerhafte Skizzen dieser ausführlichen, gehobenen Ansprachen bieten. Es zeigt sich mehrfach, dass die Aufzeichner(innen) mit dem Anspruch ihrer Aufgabe offenbar überfordert waren.

Der Südwesten

Der enorme Erfolg, den die Dominikanerobservanz in Nürnberg hatte, sollte selbstverständlich nicht lokal begrenzt bleiben. Auch im Südwesten, vor allem in Städten wie Basel, Colmar, Straßburg und Ulm gelangen Reformvorhaben, was ebenso wie in Nürnberg beachtliche Auswirkungen auf die Literaturproduktion und -rezeption haben sollte. Aufgrund der großen Anzahl dominikanischer Frauenklöster in der Teutonia stellte die *cura monialium* für die Brüder eine enorme Herausforderung dar, und zwar gerade im Südwesten, wo die Reforminitiativen nicht immer erfolgreich waren. In manchen Frauenklöstern konnte anfänglich eine strenge Regelbefolgung durchgesetzt werden, aber nach einiger Zeit gab es dann eine Rückkehr zu den alten, bequemeren Sitten. Entscheidend waren auch hier die politische Intervention von Stadtregimenten und, vor allem in Württemberg, adliger Durchsetzungswille.

Die Mobilität der Predigerbrüder war ein wichtiger Faktor für die weiträumige Verbreitung von geistlicher Literatur, obwohl die Überlieferung, wie in Nürnberg, häufig auf einen kleineren Wirkungsraum beschränkt blieb. Es sei daran erinnert, dass die ersten Reformerfolge eigentlich im Südwesten gelangen. Allerdings ist zu beklagen, dass gerade hier die Bibliotheken einer Vielzahl observanter Frauenklöster verschollen sind. Im Falle von Schönensteinbach und Engelporten bei Gebweiler etwa gingen die Bestände offensichtlich 1525 durch Plünderungen im Bauernkrieg verloren.

Dabei muss die Bibliothek Schönensteinbachs gut ausgestattet gewesen sein, zumal die nach Nürnberg entsandten Schwestern 1428 nicht nur Werke zum Abschreiben mitbrachten, sondern dem Katharinenkloster sogar mindestens acht Handschriften schenkten. Zwar war zweifellos keine einzige Bibliothek eines anderen Frauenklosters so reich bestückt wie die des Nürnberger Katharinenklosters, aber auch in den reformierten Klöstern in Colmar, Straßburg und St. Gallen lässt das Überlieferte doch ein vergleichbares Engagement für die klösterliche Buchkultur erkennen.

Das Kloster Schönensteinbach
Das dominikanische Frauenkloster Schönensteinbach, das sich 1397 als erstes der Observanz verpflichtete, wurde von Schwestern aus dem schweizerischen Katharinental bei Diessenhofen besiedelt. Dass der Reforminitiator von 1388, Konrad von Preußen, besonderen Wert auf die bildungsmäßigen Voraussetzungen der leitenden Schwestern dieses Musterklosters legte, zeigt sich an der Ernennung einer lateinkundigen ersten Priorin Claranna von Hohenburg. Deren Gelehrsamkeit preist Johannes Meyer in seiner lateinischen ‚Chronica brevis'; sie ist die einzige Schwester, die er in diesem an seine Mitbrüder adressierten Werk hervorhebt. Über sie schreibt Meyer im ‚Buch der Reformacio Predigerordens': *Sy verstůnd so mercklich die hailgen geschrifft, daz sy von sweren latynschen bychern den text zu ordenlichen tüsch bringen kond.* Welche Werke genau sie übersetzt hat, lässt sich leider nicht mehr ermitteln, da nur 13 Handschriften aus dem Kloster erhalten sind. Denkbar wäre, dass von ihr der oben erwähnte Sendbrief ‚Vom Schweigen im Kloster' stammen könnte, der aus Schönensteinbach von einer *gar seligen swester vnsers ordens* ins Nürnberger Katharinenkloster geschickt worden sei. Das kurze Werk mahnt die Schwestern, stets zu schweigen, und, falls Reden tatsächlich unerlässlich ist, sich sehr kurz zu fassen. Das Schweigen sei der Anfang des Weges zum Verzicht auf den eigenen Willen, was dazu führe, dass man sich ganz dem Willen Gottes füge: *Die aller hôchsten menschen ... hant iren willen gantz geben in den willen gottes, daz sü keinen willen me hant.*

Eine Anzahl von Schriften wurde bei der Reform des Nürnberger Katharinenklosters aus Schönensteinbach mitgebracht, so die ‚Enzyklopädie für praktische Fragen des Klosterlebens', die in einer einzigen Handschrift des Katharinenklosters überliefert ist. Diese ist von Schwestern, die zur Reform nach Nürnberg gekommen waren, abgeschrieben worden, und zwar wahrscheinlich kurz nach der dortigen Einführung der Observanz. Kern des Werks ist der sog. ‚Sendbrief *Carissima soror Agnes*', die ein Reformdominikaner aus dem Südwesten (Colmar?) um die Jahrhundertwende (vor 1410) für eine Zisterzienserin namens Agnes verfasst hatte. Früher vermutete man Johannes Nider als Verfasser, was allerdings aufgrund verschiedener Kriterien inzwischen widerlegt wurde (so M. Brand). Zu Beginn übersetzt der Verfasser die Simonie-Konstitution ‚Ne in vinea domini' Papst Urbans V. (1369), da sich ein namentlich nicht identifizierter Frauenkonvent zur Zeit der Abfassung wegen simonistischer Vergehen im Kirchenbann befand. Anschließend folgt – anlässlich der durch die Simonie versursachten Misere des Klosters – eine programmatische Einweisung in die observante Lebensform. Die einzelnen Kapitel behandeln die Themen Klostereintritt, strikte Befolgung der Klausur, Verzicht auf Privateigentum, Fleischgenuss, Ordensregel, Gottesdienst und Aufgaben im Kloster sowie Nutzen der Passionsbetrachtung. Das Streben nach supranaturalen Erlebnissen wird verteufelt, da sie ein *insprechen und betrugnust dez bösen gaistes* seien und *ainem gemainen closter leben* erheblich schadeten. Ketzer hätten viel häufiger solche Erlebnisse gehabt als *die gůten frommen gerehtan menschen*. Abschließend wird erläutert, wie Todsünden, Streit mit den Nächsten und Hoffart ein Klosterleben sinnlos machen.

Die ‚Enzyklopädie' weitet diese Schrift entschieden aus und orientiert sich dabei im Allgemeinen an Reihenfolge und Inhalt des ‚Sendbriefs'. Nun zielt das neuere Werk nicht mehr alleine auf Zisterzienserinnen ab, sondern bietet eine ausführliche programmatische Grundlage für die Observanz in allen Frauenklöstern. Vieles wird wörtlich aus dem ‚Sendbrief' übernommen, doch werden die einzelnen thematischen Abhandlungen erweitert. Zudem kommen ganz neue Abschnitte hinzu, etwa zum Verhalten bei Wahlen im Kloster, zum Schweigen, zur angemessenen Nachtruhe, zum unbequemen Lager, zu den Kleiderbestimmungen u.a.m. In der Nürnberger Handschrift wird darauf verwiesen, dass nach der ‚Enzyklopädie' *gut prief* stünden, *die ain gaistlicher vater hat geschriben seinen kindern in clöstern*. Barbara Steinke bietet überzeugende Argumente dafür, dass dem Verfasser der ‚Enzyklopädie' auch die acht Sendbriefe zuzuschreiben sind. Fünf der Briefe richten sich an zwei Schwestern, um die sich der Seelsorger große Sorgen macht, da sie sich nicht um ihr Seelenheil kümmerten. Er empfiehlt ihnen Lektüre zur Selbstpastoration. Neben der Bibel und einer Ordensregel preist er Humberts von Romans ‚Von den drei wesentlichen Räten' an, seine eigene ‚Enzyklopädie', die zweimal pro Jahr komplett zu lesen sei, sowie die ‚Geistliche Geißel' (vgl. S. 235). In einem der Briefe stellt sich heraus, dass *soror Agnes* eine leitende Position im Kloster der beiden Sorgenkinder *M* und *E* innehatte und zudem mit ihnen verwandt war. Der Verfasser der ‚Sendbriefe' und der ‚Enzyklopädie' hat vermutlich sein erstes Konzept, den ‚Sendbrief *Carissima soror Agnes*', zu einer Art umfassendem Handbuch der Ordensobservanz erweitert, zur ‚Enzyklopädie' mit den Sendbriefen, die er dann erneut an die Zisterzienserinnen weiterleitete, allerdings auch hier mit den Grundüberzeugungen eines observanten Dominikaners. In dieser neuen Form gelangte das Werk schließlich wohl aus dem Elsass nach Nürnberg, während der ursprüngliche ‚Sendbrief' an Agnes nur im Südwesten Verbreitung fand.

Ebenfalls aus Schönensteinbach mitgebracht wurde eine Übersetzung der Kapitel 1–22 der pseudobernhardinischen Schrift ‚De interiori domo' (Vom inneren Haus), überliefert in den Berliner Handschriften mgo 137 und mgq 199. Die Kapitel 23–41 sind in Nürnberg, Cod. Cent. VI, 58 und VI, 55 überliefert. In diesem Traktat wird das Gewissen als Raum metaphorisiert und vorgeführt, mit welchen Mitteln das Haus des Herzens zu einer würdigen Behausung des Herrn gestaltet werden kann. Als Fundament des Hauses sollen sieben Säulen dienen, auf denen das Haus des Gewissens errichtet wird; in ihm kann sich Gott sodann aufhalten. Die Überlieferung weist auf einen elsässischen Dominikaner als Übersetzer hin.

Eine umfangreiche Legende der Margareta von Antiochien wurde von der Schönensteinbacher Reformschwester Margareta Vornann (oder Vernan) nach Nürnberg mitgebracht (Dresden, Msc. M 283). Auch hier dürfte ein Dominikaner als Übersetzer naheliegen. Dieselbe Legende als Hauptteil eines Margareten-*libellus*, d.h. verbunden mit Gebeten, einer Predigt und Mirakeln, findet sich in dem später entstandenen alemannischen cod. 16567 des Germanischen Nationalmuseums in Nürnberg.

Im Laufe des 15. Jahrhunderts entstanden in Schönensteinbach weitere kurze Texte zum Thema Schweigen, wie etwa ‚Von der inbeslissung der zungen', ein Werk, das ebenfalls höchstwahrscheinlich von einem observanten Dominikaner verfasst wurde. Denkbar wäre aber auch, dass es von einer Schwester des Klosters verfertigt wurde, und zwar von Margareta Ursula von Masmünster, die vor allem als Verfasserin der ‚Geistlichen Meerfahrt" bekannt ist. Sie stammte aus einer elsässischen Adelsfamilie und wurde bereits als Vierjährige dem Kloster Schönensteinbach übergeben. Dort entwickelte sie sich zu einer vorbildlichen Schwester und wirkte bei der Reform Unterlindens in Colmar und des Basler Steinenklosters mit, wo sie 1426 Priorin wurde und dies einige Jahre blieb. Sie starb 1447 oder 1448 in Basel. Es ist davon auszugehen, dass sie eine gehobene Bildung erfuhr. Ihre ‚Die geistliche Meerfahrt', die sie *zůsamen gefügt* habe (so Johannes Meyer), dürfte zunächst als Einzeltext verbreitet gewesen sein, bevor Meyer sie in sein ‚Buch der Ersetzung' integrierte (vgl. S. 324). Elf Textzeugen, allesamt aus observanten Klöstern, sind überliefert.

Die allegorische Deutung einer Schifffahrt soll die Nonnen in der vorösterlichen Fastenzeit (ab Septuagesima) dazu anregen, sich in das Leiden Christi zu vertiefen und durch gemeinsame Bemühungen innerhalb der Klostergemeinde üble Neigungen und ein ungesittetes Leben hinter sich zu lassen sowie Untugenden zu widerstehen und so über das *wütind mer alter böser gewonheit* zu fahren. Das Bild vom stürmischen Meer und dessen Gefahren findet dann durchgehend bei der Erläuterung von Verstößen gegen die Ordensregeln Verwendung. Die Schwestern sollen sich zu einer Pilgerfahrt nach Jerusalem in das Schifflein des Lebens und Leidens Christi begeben, wobei das Schiff auch als *vnser hailger orden vnd sin geseczt* zu verstehen ist. Margareta appelliert an die Adressatinnen, die Ordensregeln in der Fastenzeit in besonderem Maße zu befolgen. Die geistlichen Aufgaben in den Wochen vor Ostern werden skizziert; so sollen die Schwestern ihren Verwandten von einem Gespräch am Redefenster abraten, *mit sundriger andacht vnd ernst* beichten sowie die Eucharistie empfangen. Zu den *stuck vnd ordnung* der Pilgerfahrt gehören die üblichen strengen Forderungen der observanten Lebensform, vor allem – wie im Sendbrief ‚Vom Schweigen im Kloster' – das absolute Redeverbot. Die Bauteile des Schiffes werden dabei auch auf die *passio* hin allegorisch gedeutet: der Mast sei das Kreuz, der Segel das Kleid, in dem Jesus verspottet wurde usw. Indem Meyer die ‚Die geistliche Meerfahrt' in sein Werk aufnahm, ist anzunehmen, dass er durch die Einbindung einer von einer Schwester verfassten Schrift in sein Werk wohl mit einem besonders positiven erbaulichen Effekt auf Nonnen des Ordens rechnete, zumal es sich keineswegs um eine besonders klar strukturierte Schrift handelt; z.B. wird die Schiffsallegorie nicht konsequent durchgeführt. Indes hebt sich die Schrift „von gleichzeitigen und vor allem späteren bildlich eingekleideten Andachtsübungen ... dadurch positiv ab, daß in ihr das Schwergewicht nicht auf quantitative Gebetsleistungen gelegt wird, sondern auf sittliche Besserung" (D. Schmidtke).

Heinrich Fabri war laut Johannes Meyer zunächst Prior in Colmar und Nürnberg und dann 35 Jahre lang bis zu seinem Tod 1452 Beichtvater in Schönensteinbach. Ein preisender Nachruf auf ihn, verfasst von seinem Nachfolger bei den dortigen Schwestern, Johannes von Mainz (s.u.), ist in einer Straßburger Handschrift überliefert. Im ersten Teil des aus neun ursprünglich nicht zusammengehörenden Faszikeln bestehenden Codex sind zudem etliche eigene Werke Fabris enthalten. Hier findet sich zunächst seine Auslegung des Paternosters, wobei in der Überschrift darauf hingewiesen wird, dass *dis vnd die andren noch kummende stúck* von ihm stammen. Anhand des Vaterunsers will Fabri aufzeigen, wie in den kurzen Sätzen und Bitten des Gebets die gesamte christliche Lehre und Heilsordnung zu erfassen seien. Er sieht z.B. in *Vatter vnser* Gott als Ursprung von allem, da ein Vater *ein natúrlicher erster vnd óberster vrsprung* sei. *Der du byst* weise darauf hin, *daz got ewiklichen ist* usw. Er verzichtet in seinen Ausführungen gänzlich auf Autoritätenverweise. Dem Traktat folgt ein umfangreicher Predigtzyklus, der hauptsächlich Ansprachen für die Sonntage nach Pfingsten bietet, aber auch einige Heiligenpredigten enthält. Unter den 17 Fabri zugeschriebenen Predigten befindet sich allerdings eine von Meister Eckhart (Ausgabe Quint Nr. 81) sowie eine Reihe von Eckhart irrtümlicherweise zugeschriebenen Sprüchen (B. Nemes). Fabris Predigten sind scholastisch geprägt und bieten im frömmigkeitstheologischen Duktus umfassende katechetische Lehre. Er zitiert häufig Autoritäten, hauptsächlich

Augustinus und Bernhard, einmal auch Thomas von Aquin. Nur an einigen wenigen Indizien lässt sich ablesen, dass die Predigten speziell für Nonnen konzipiert wurden. So werden in einem Sermo die klösterlichen Tugenden: Armut, Keuschheit und Gehorsam – letztere besonders hervorgehoben – als absolute Erfordernisse für das Erreichen des aus der Visionsliteratur bekannten dritten Himmels hingestellt. Um ihn zu erreichen, werden drei Voraussetzungen behandelt: das Absterben körperlicher Bedürfnisse, die Trennung von jeder bildlichen Vorstellung (*abscheidung aller verbildung*) und schließlich das Verstehen der Ewigen Wahrheit. Hier ist der Einfluss Eckharts und Seuses auf Fabris Predigten zu erkennen.

Auf die Predigten folgt in der Handschrift Fabris ‚Testament', das er *sinen geistlichen kinden* zu Schönensteinbach hinterlassen hat und das von seinem Nachfolger in Schönensteinbach, Johannes von Mainz, aufgeschrieben wurde. Im ‚Testament' bittet er die Schwestern eindringlich, *daz ir manlich vnd ritterlich behalten vnd hanthabent die heilige observancie vnd geistlich zuht vnsers ordens*. Der gute Ruf des observanten Musterkonvents müsse erhalten und eine *gantz luter einikeit* unter den Schwestern bestehen bleiben. Im darauffolgenden Nachruf auf Fabri betont Johannes, dass dieser immerhin über 50 Jahre im Orden und dabei auch zweimal Prior gewesen sei. Er bietet dann seine den Toten ehrenden Eindrücke in zwölf Punkten. So habe dieser seine äußerst schmerzhaften Leiden vor seinem Tode mit großer Würde ertragen und zudem niemals einem Anderen eine Last sein wollen. Im Jubeljahr 1450 hätten sich viele nach Rom begeben, um Ablass zu erhalten, Fabri habe aber stattdessen für sich *woren ruwen, gantze bihte vnd volle genügtůn vnd einen rehten ker [s]ines lebens* bevorzugt. Schließlich habe es nach seinem Tode wegen *siner ewigen glorie vnd selikeit* sogar einige *gesůht vnd offenborung* gegeben, und zwar *von etlichen andehtigen inwendig in dem closter vnd vswendig des closters*. Begraben sei er im Chor des Klosters Schönensteinbach vor dem Altar. In seinem Nachruf verleiht Johannes dem Verstorbenen fast die Aura eines Heiligen. Von Fabri ist aber nicht nur Volkssprachliches überliefert, auch ein einziger bisher noch nicht näher untersuchter lateinischer Traktat ist in einer Tübinger Handschrift enthalten. Ob Fabri auch einen fragmentarisch erhaltenen Komposittext, der sich aus dem ‚Tochter-Sion-Traktat' und einer Herzklosterallegorie zusammensetzt, verfasst hat, der in einer Basler Handschrift überliefert ist und sich an eine blühende Klostergemeinschaft in Unterlinden richtet, bleibt noch zu klären. Er ist jedenfalls Schreiber der Handschrift.

Es ist sehr gut denkbar, dass Heinrich Fabri mit dem von Peter Kesting so genannten „Vater Heinrich" identisch ist. In Berlin, mgo 501, einem Codex, der dem Nürnberger Katharinenkloster von den Nonnen in Schönensteinbach geschenkt wurde, ist eine umfangreiche Predigt enthalten, die *vnser uater maister Hainrich* gehalten habe. Anders als Kesting annimmt, wird der Text im Südalemannischen entstanden sein. Er wurde aber, wie die Schreibsprache verrät, vom Schreiber, *bruder Wernher*, dem Ostfränkischen leicht angepasst. Die Predigt behandelt die Frage, ob *vnwissen den menschen entschuldig von sunden*. Die Beispiele werden dem Alltag verschiedener Stände entnommen. So geht es etwa um den pflichtvergessenen Pfaffen, den frommen, aber einfältigen Bauern, den betrügerischen Adligen. In allen Fällen entschuldige Unwissenheit nicht, dass man der Predigt fernbleibe. Bemerkenswert ist die differenzierende Behandlung der Schuld der Juden am Tode Christi. Das unwissende jüdische Volk sei zwar unschuldig, indes nicht dessen geistliche Anführer, da diese über besseres Wissen über die Natur Christi verfügten und sich trotzdem seiner Verehrung verschlossen hätten. Kesting geht von einem laikalen Publikum für die Predigt aus, was aber, wie die Handschrift belegt, Nonnen keineswegs ausschließen muss. Jedenfalls bestätigt die alemannische Herkunft der Predigt, dass dieser *maister Hainrich* nicht mit Meister Heinrich zu Nürnberg identisch ist, der vermutlich im letzten Viertel des 14. Jahrhunderts eine umfangreiche Sammlung deutscher Quaestionen verfasste. Auch eine anspruchsvolle Predigt, die mit scholastischer Begrifflichkeit die Trinität behandelt und einem *pater heynrich* zugeschrieben wird, könnte von Fabri stammen. Der einzige Textzeuge, Colmar, cod. 268, v.J. 1454, stammt aus Unterlinden. Fabri hat vermutlich auch kleinere chronikalische Abschnitte im ‚Buch von Schönensteinbach' verfasst, das zudem die Ordinationen Konrads von Preußen für Schönensteinbach enthält.

J o h a n n e s   v o n   M a i n z, eigentlich *Johannes Fyntzel* oder auch *Binder* (so nennt ihn Johannes Meyer), war zunächst Säkularkleriker, bis er 1434 in Basel in den Predigerorden eintrat, da er zutiefst beeindruckt vom *tugendrich leben der brůder prediger ordens* gewesen sei. Nach Einrichtung eines Theologiestudiums im Basler Kloster 1442 wurde er zu dessen erstem Lektor ernannt. Spätestens 1444 ist er als Beichtvater im Steinenkloster bezeugt. Schließlich verbrachte er die letzten zehn Jahre seines Lebens mit der Betreuung Schönensteinbachs, wo er 1457 starb und im Kreuzgang des Kapitelhauses bestattet wurde. Über sein Leben berichtet Johannes Meyer, der in Basel von Johannes unterrichtet worden war, eingehend im ‚Buch der Reformacio Predigerordens' und nennt Johannes dort einen *gnadenriche[n] prediger und dichter vil schöner bücher*. Wie Heinrich Fabri wird er von seinem Schüler Johannes Meyer mit dem höchsten Lob bedacht – er sei ein *kunstricher lessmaister* gewesen, *daz man maint, daz man sinen glichen kom* (kaum) *in tüschen landen fund*. Von den ‚schönen' Büchern, die er verfasst habe, sind nur wenige Einzeltexte erhalten. Darunter befinden sich einige lateinische Schriften: eine Darstellung der Einführung der Observanz im Basler Kloster, zwei Abendansprachen zum 50. Jubiläum der Reform Schönensteinbachs, ein Predigttraktat und ein Schreiben an den Guardian des Minoritenklosters in Rufach, das sich mit dem Frieden unter den Bettelorden befasst.

Johannes' **Chronik der Basler Reform** umfasst drei Schwerpunkte: den Verlauf der Einführung der Observanz i.J. 1429, das Gemeinschaftsleben der ersten observanten Brüder und zuletzt die Viten von 24 vorbildlichen Brüdern des Konvents. Es geht dabei nicht um deren Biographien an sich, sondern nur um die Abschnitte ihres Lebens, die sie innerhalb des reformierten Klosters verbracht haben. Wie bei Klosterchroniken üblich, sollte das für den internen Gebrauch verfasste Werk den nachfolgenden Generationen die Vorbildlichkeit der ersten observanten Brüder in Erinnerung halten und präsentieren, und sie so zur *imitatio* anregen.

Unter den deutschen Werken des Johannes von Mainz befindet sich neben dem Nachruf auf Fabri zum einen ein zwischen 1442 und 1447 verfasstes ,**Geistliches Mahnschreiben**', eine *gutte vermannung* an die Schwestern zur klösterlichen Lebensform. Unabdingbar sei es, ihr *closter jn herkomender löblichen gütter geistlichen obseruanczlicher gewonheit* zu halten, sowie der *swesterliche[n] trew vnd liebe* verpflichtet zu bleiben. Zum anderen verfasste Johannes ein ,**Trostschreiben an die Schwestern von Schönensteinbach**', die 1444 vor den Armagnaken, einer marodierenden Söldnerbande, fliehen mussten. Zum dritten soll er eine heute verschollene ,**Chronik von Schönensteinbach**' geschrieben haben, die Johannes Meyer für sein ,Buch der Reformacio' in erheblichem Umfang verwertete (vgl. S. 326). Meyer wurde auch sein Nachfolger als Beichtvater in Schönensteinbach.

Das Kloster Unterlinden in Colmar
Nach Schönensteinbach wurde das Kloster Unterlinden in Colmar, wo sich bereits seit 1389 der allererste reformierte Brüderkonvent befand, als das nächste dominikanische Frauenkloster 1419 der Observanz zugeführt, und zwar auf eigenen Wunsch der Schwestern. Die dortigen Nonnen führten zwar ein geregeltes Leben, dennoch wollten sie sich den Observanten anschließen, um dem Vorbild der Schönensteinbacherinnen zu folgen. Von dort wurden dann 13 Schwestern nach Colmar geschickt. Das Kloster erlebte in der Folge eine beachtliche Blütezeit mit Schwestern, die sich nun sogar der gehobeneren Bildung widmeten. Der Unterricht im Konvent zielte offensichtlich darauf ab, den Schwestern zu ermöglichen, sich auch Gelehrtenliteratur aneignen zu können. So wurde z.B. die große intellektuelle Begabung von **Elisabeth Kempf** (1415–1485), die als Sechsjährige dem Kloster Unterlinden übergeben wurde, offenbar früh erkannt; in einer nach ihrem Tod entstandenen lateinischen Vita wird sie dafür gelobt, dass sie über außergewöhnliche Bildung verfügt und Übersetzungen lateinischer Werke für Schwestern des eigenen sowie anderer Klöster verfertigt habe. Von 1469 bis zu ihrem Tod 1485 war sie Priorin von Unterlinden. Elisabeths Kenntnisse seien derart tiefgreifend gewesen, dass sie öfters ihre *magistra* habe belehren müssen und sich sogar auf Latein habe unterhalten können. Ihr Lehrer und

Meister sei Augustinus gewesen, der ihr sogar einmal erschienen sei. Im Selbststudium habe sie seine Werke verschlungen, die ihr wohl von Colmarer Dominikanern zur Verfügung gestellt wurden (es wird berichtet, dass ihr ein *búchli ... gelichen wurde von eim grossem leszmeister*).

Ähnlich wie später Magdalena Kremerin (vgl. S. 345) widmete sich Elisabeth der Gattung Klosterchronik. Nach 1469 übersetzte und ergänzte sie die lateinischen ‚Vitae sororum' der Katharina von Gebersweiler (vgl. Bd. III/1) aus dem frühen 14. Jahrhundert (das sog. ‚Unterlindener Schwesternbuch'), *zů andacht denen die daz latin nit verstond*.

Die hagiographisch stilisierte ‚Vita' Elisabeth Kempfs wurde von einer über beachtliche Lateinkenntnisse verfügenden anonymen Unterlindener Schwester verfasst. In dieser Biographie wird von Elisabeths Herkunft, ihrem asketischen Leben und ihrer observanten Lebensführung, von Visionen, Wundern sowie von ihrem vorbildlichen Sterben berichtet. Vorbild für die ‚Vita' ist die Lebensbeschreibung der Katharina von Gebersweiler, auf die sich die Verfasserin auch ausdrücklich bezieht.

Ein früher Elisabeth zugeschriebenes ‚Leben Jesu' im Colmarer Codex 267 ist lediglich eine Abschrift einer alemannischen Übertragung einer um 1400 entstandenen und weit verbreiteten niederländischen Übersetzung der ‚Vita Christi' des italienischen Augustinereremiten Michael de Massa (vgl. S. 467).

Elisabeth und ihre Biographin waren nicht die einzigen Schwestern in Unterlinden mit derartiger Bildung. Zum Beispiel übersetzte dort im frühen 16. Jahrhundert Dorothea von Kippenheim Predigten von Augustinus und Bernhard von Clairvaux sowie acht Legenden, darunter die Viten der Augsburger Stadtheiligen Afra und Ulrich (nach Bern von Reichenau) sowie des Straßburger Bischofs Arbogast. Es zeigt sich immer wieder, dass die männlichen Betreuer des Klosters keine nennenswerten Einwände gegen eine Übersetzungstätigkeit der Schwestern hatten, sondern mitunter sogar hohe Anerkennung für deren Leistungen zollten.

Das Basler Steinenkloster
Die vorbildlichen Schwestern aus Unterlinden sollten wie die Schönensteinbacherinnen und Nürnbergerinnen auch bei der Reform weiterer Frauenklöster mitwirken, und zwar zunächst 1423 im Steinenkloster in Basel, von wo aus wiederum andere Klöster reformiert werden sollten. Bedingt durch die Reform des Männerklosters und die lange Dauer des Konzils (1431–1449), erlebte die Herstellung volkssprachlicher geistlicher Literatur in Basel eine ähnliche Blüte wie in Nürnberg. Die beachtliche Produktion wurde stark durch das Priorat von Johannes Nider und dessen positive Haltung gegenüber der Herstellung religiösen Schrifttums für die *simplices* begünstigt.

In Basel war bereits im ersten Jahrzehnt des 15. Jahrhunderts ein wichtiger Verfechter der Observanzbewegung stark engagiert, auch wenn ihm in der Stadt keine Reform gelang. Johannes Mulberg, geboren um 1350, war Sohn eines Basler Schumachers und ernährte nach dem Tod des Vaters bis zu seinem 20. Lebensjahr die Familie als Schuster. Er wurde dann zur Schule geschickt und gehörte nach Ausbildung in Basel und Studium in Prag bereits um 1370 zu den Ordensbrüdern, die 1389 das Colmarer Kloster Unterlinden reformierten. 1390 wurde er Cursor, ab 1399 dann Prior in Colmar. Davor hatte er 1395 an einem erfolglosen Reformversuch in Würzburg teilgenommen, wo er als eingesetzter Prior vertrieben wurde. Seine Mitwirkung bei der Reform des Nürnberger Klosters 1396 war indes erfolgreich. Ab 1400 war er wieder in Basel. Mulberg war ein entschiedener, fanatischer Gegner von Beginen und Franziskanerterziarinnen und initiierte gnadenlose Kampagnen gegen sie. Er beschimpfte sie, weil sie sich gegen das Kirchenrecht den geistlichen Stand zuerkennen würden und sogar vom Bettel und kirchlichen Einnahmen leben wollten, was ja nur den anerkannten Mendikantenorden zustehe. Mulbergs zwischen 1404 und 1405 in Straßburg gehaltenen diesbezüglichen Predigten führten dort zu einer Vertreibung der Beginen aus der Stadt. Eine ähnliche Hetze veranstaltete er mit Unterstützung anderer Geistlicher in Basel, z.B. bei einer Disputation i.J. 1405 im dortigen Münster, was auch hier zur Vertreibung der Beginen beitrug. Allerdings ließen die Basler Dominikaner wissen, dass nur Mulberg dafür verantwortlich gewesen sei. Die Franziskaner wandten sich an Papst Innozenz VII., der Mulberg daraufhin 1406 nach Rom zitierte. Dort war aber er erfolgreich und nicht die Franziskaner. Allerdings wandte sich das Basler Dominikanerkloster in seiner Abwesenheit 1409 beim Großen Schisma der pisanischen Obedienz zu, während Mulberg weiterhin zu Rom und damit zu Innozenz' VII. Nachfolger Gregor XII. stand. 1411 kehrte er als päpstlicher Ehrenkaplan nach Basel zurück, wo er in sehr gut besuchten Predigten den Wucher und die skandalöse Hurerei des Klerus sowie andere Frevel geißelte. Allerdings waren die konventualen Basler Dominikaner immer noch nicht sonderlich begeistert von ihrem streitsüchtigen Mitbruder. Der Umstand, dass er entschieden die römische Obödienz vertrat, ermöglichte es seinen Gegnern, ihn der Häresie zu beschuldigen. Er musste deswegen 1411 zusammen mit den von ihm bekämpften Terziarinnen die Stadt verlassen; 1414 erkrankte Mulberg an der Ruhr und starb auf dem Weg zum Konstanzer Konzil ausgerechnet im Minoritenkloster in Überlingen. Er wurde mit Ehren im Zisterzienserkloster Maulbronn beerdigt, wo man ebenfalls noch Gregor XII. für den wahren Papst hielt. Auch Mulberg wurden später Wunder und Visionen zugeschrieben.

Mulberg war wie etwa Konrad von Preußen ein typischer Vertreter der frühen Reformbewegung, indem er für einen rigorosen und unerbittlichen Wandel in

Kirche und Gesellschaft eintrat, was zu dieser Zeit im Orden noch nicht gut ankam. Keine seiner Predigten im Beginenstreit ist erhalten, jedoch hat er seine Argumentation in seinem Rechtsgutachten ‚Tractatus contra statum beginarum' zusammengefasst. Er tritt dort für eine klare Trennung zwischen geistlichem und weltlichem Stand ein und plädiert für die Exkommunikation der Beginen und Begarden, weil sie sich seiner Meinung nach von der Einheit der Kirche abgewandt hätten. Auch die Franziskaner wurden von ihm heftig attackiert, da sie nach seiner Auffassung keinen wirklichen Bettelorden mehr bildeten. Überliefert sind zudem Kopien von Mitschriften von 90 Lehrpredigten mit Erläuterungen von theologischen Grundfragen, die Mulberg 1404/05 vermutlich im Straßburger Dominikanerkloster zur Weiterbildung der Brüder gehalten hatte (B. Neidiger). Dominikanerinnen kommen ebenfalls als Adressatinnen in Frage (S. von Heusinger).

Laut Johannes Nider wurde Mulberg schon von seinen Zeitgenossen als charismatischer und hochgeachteter Prediger verehrt. Zu den „herausragenden Stücken deutscher Predigt im 15. Jahrhundert" (K. Ruh) gehören Mulbergs Sermones über das erste Weltzeitalter. Der Zyklus besteht aus fünf Predigten, die sich alle auf Io 1,14 („Und das Wort ist Fleisch geworden ... ") beziehen und das erste Weltzeitalter bis zu Noah behandeln, und zwar allegorisch und moralisch. Augustinus und Thomas von Aquin sind Mulbergs wichtigste Autoritäten. Er richtet seine höchst anspruchsvollen Ansprachen an ein laikales Publikum und vertritt dabei eine ähnlich strenge moralische Haltung, wie sie für frühe Reformvertreter typisch ist. Bisweilen verweist er dabei auf sich: *so sprech ich Mvlberg*. Sein Publikum sollte aufmerksam zuhören und sich nicht nach Hause *in die kisten* (Betten) zurücksehnen. Die Predigten sind „reich ... an Metaphern (auch aus dem mystischen Bereich), Vergleichen und Exempeln" (K. Ruh).

Zwei weitere deutsche Predigten Mulbergs handeln vom Auszug der Kinder Israels durch die Wüste und Christi Leiden. In der ersten spricht Mulberg von den drei Wegen des anfangenden, zunehmenden und vollkommenen Menschen als ‚geschaffene Dreifaltigkeit'. Es geht ihm, wie bei Reformdominikanern üblich, jedoch nicht um das Erleben einer supranaturalen *unio mystica*, sondern um das Erreichen der ganzen Vollkommenheit. Auch fünf biblische Wüsten werden auf den Status des Menschen hin gedeutet. In der zweiten Predigt geht es um ‚*Zehn töd vnd ermanung des inwendigen lydens ... Jhesu Cristi*', wobei die ‚Ermahnungen' vor allem auf die von Jesus erlittene innere Schmach bezogen sind. Jede Ermahnung wird mit der Bitte des Meditierenden um Vergebung eines Fehlverhaltens oder Mangels verbunden.

Mulbergs Sendbrief ‚*Ein williges gruntliches begeben aller creaturen*' ist an Dominikanerinnen gerichtet und handelt davon, wie der Mensch durch den Kreuzestod Christi zu einem neuen Menschen wird. Gerichtet ist der Brief an die lauen und anfangenden Menschen, womit wahrscheinlich die Schwestern gemeint sind. Es folgt die Aufzählung von zehn Erscheinungen Christi nach der Auferstehung sowie ein Lob Mariens. Der Kurztraktat ‚*Die sieben Farben gaistlich brůder Mulbergs*‘ handelt nicht eigentlich von sieben Farben, sondern vom Sündenstand des Menschen der mit Abstufungen von der ganz schwarzen Farbe mit weniger oder mehr weißen Flecken bis hin zur reinen weißen Farbe reichen kann.

Das Nürnberger Katharinenkloster besaß eine größere, heute verlorene volkssprachliche Sammlung von Predigten, in denen Mulberg über die Eucharistie, das Leiden Christi, die Seelenkräfte, den Dekalog u.a.m. gesprochen hatte. Ihm nicht zuzuweisen ist wohl ‚Ein prophecy‘, in dem es um eine angebliche Prophezeiung Mulbergs v.J. 1400 geht, die er *under anderem geprediget* haben soll. Hier wird angekündigt, dass die Ketzer in Basel ausgerottet würden und ein Konzil in Basel stattfinden würde.

Als Johannes Nider 1429 mit zwölf Nürnberger Brüdern zur Reform des Dominikanerklosters nach Basel kam, befand sich Konrad Schlatter als einer von nur vier verbliebenen reformwilligen Brüdern im Konvent. Schlatter nennt sich in einem Sendbrief an die Schwestern von Schönensteinbach einen unwürdigen *schůler vnd kneht* Mulbergs. In dem Schreiben erzählt Schlatter auf Wunsch von Mulbergs Schwester ausführlich von den letzten Tagen seines aus Basel vertriebenen Mentors. Er habe Mulberg auf dessen Reise *in welischen landen* begleitet. Im Gefolge eines Kardinals und eines Patriarchen sei die Reisegruppe auf dem Weg zum Konstanzer Konzil 1414 in der Bodenseeregion eingetroffen, wo Mulberg dann gestorben sei. Ob Schlatter schon zu dieser Zeit Ordensmitglied war, lässt sich nicht sicher entscheiden. Er muss damals noch recht jung gewesen sein, denn er begann sein Studium erst drei Jahre später. 1417 war er in Heidelberg immatrikuliert und schloss das Studium 1419 mit dem Baccalaureat ab; eine Fortsetzung des Studiums an der Ordenshochschule zu Köln ist gut denkbar. Jedenfalls muss Schlatter vor 1428 in Colmar in den Predigerorden eingetreten sein. Im reformierten Predigerkonvent in Basel wurde er zunächst Lektor, dann ab 1436 als Nachfolger Niders bis 1454 immer wieder Prior. Er gehörte außerdem zu den engagiertesten Vertretern der Observanzbewegung innerhalb und außerhalb der Stadt. Er reformierte 1439 mit Schwestern aus Basel das Berner Inselkloster, dessen Vikar er 18 Jahre lang war; zudem diente er vor allem im Rahmen der *cura monialium* als Vikar in Schönensteinbach und ab 1428 als Beichtvater im Basler Steinenkloster, dem er noch zu Lebzeiten zehn Bücher schenkte. Die Ämter Vikar und Beichtvater waren von den Aufgaben her verschieden: Der Vikar sorgte sich als Oberer um die Klosterangelegenheiten, während der Beichtvater für die Seelsorge zuständig war und in einem Vorgebäude des Konvents wohnen sollte. Als die Armagnaken Schönensteinbach bedrohten, sorgte der Vikar Schlatter für die Evakuierung und Unterbringung der Schwestern in sechs umliegenden observanten Klöstern. Er starb 1458 im Steinenkloster und wurde dort vor dem Hochaltar bestattet.

Sämtliche Schriften Schlatters, abgesehen von einem lateinischen Predigtexzerpt zum Thema Kreuzauffindung, dienten offensichtlich der *cura* in den von ihm betreuten Frauenkonventen, und zwar zunächst im Steinenkloster, bevor sie von dort an andere observante Häuser weitergegeben wurden. Nach Basel schickte Schlatter Predigten und Sendbriefe, auch während er sich in Köln aufhielt. Eine Übersetzung der Legende der Margareta von Ungarn, verfasst von *brůder Cůnrat S.*, lässt sich ihm nicht eindeutig zuweisen (vgl. S. 253).

Von Schlatter ist eine Sammlung mit 60 Predigten in einer 405 Blätter umfassenden Handschrift aus dem observanten Straßburger Kloster St. Nikolaus in undis überliefert (Berlin, mgq 208). Die Predigten sind in drei Blöcken aufgeteilt, die durch leere Seiten voneinander getrennt sind, was eine spätere Schriftenvereinigung durch die Straßburger Schwestern annehmen lässt. In einer weiteren Handschrift aus dem Kloster sind nämlich 24 Predigten ohne Zuweisungen an Schlatter enthalten (Berlin, mgq 30), von denen 22 denjenigen in mgq 208 entsprechen.

Der erste Block in mgq 208 besteht aus zwei Reihen von je 12 Predigten zum Advent. In Nr. 1–12 ist Ex 3,8 Thema. Dort geht es, dem Advent entsprechend, um die neun Würden und Tugenden Mariens, wobei die ersten neun Predigten zu Beginn je eine Tugend und Zier nennen und darauf hinweisen, wie Maria helfen könnte, solche Tugenden bei den Zuhörenden zu fördern. In zwei weiteren Predigten wird sündhaftes Verhalten erläutert, verbunden mit Exempeln mit Marienerscheinungen. Die zweite Reihe von zwölf Predigten hat Mt 21,5 zum Thema und ist den evangelischen Räten gewidmet. Diese den Evangelien entnommenen Lehren und Beispiele, die Christus zur Erlangung eines vollkommenen Lebens empfahl, sind für Ordensleute von zentraler Bedeutung. Allerdings weicht Schlatter vom Reihenthema häufig ab. Auch in diesen Predigten gehören Aspekte der Marienverehrung immer wieder zu den wichtigen Anliegen.

Im zweiten Block mit zwölf Predigten zu den Sonntagen nach Pfingsten wird eine Vielzahl katechetischer Fragen behandelt; dabei geht es vor allem erneut um verschiedene Manifestationen von sündhaftem Verhalten. Anschließend werden Heiligenpredigten zu Peter und Paul, Jacobus maior, Dominikus, Ursula und Andreas geboten. In der Dominikus-Predigt werden die herausragenden Tugenden des Ordensgründers eingehend erläutert. In späteren Predigten wird vom Leben des Augustinus und dem der Maria Magdalena erzählt; auch hier gehört sündhaftes Verhalten zu den Kernthemen, zumal es bei beiden Heiligengestalten um besonders reuige Sünder geht.

Der dritte Block beginnt mit einem Sendbrief, *ein gůtte nútze ler, die schickt der erwirdig getrúw vatter brůder Cůnrad Schlatter selig sinen bicht kinden von Kŏll, vnd mag man si lesen, wen man will.* Hier werden anders als in den Predigten vor allem konkrete Aspekte des Ordenslebens angesprochen. So wird die Frage nach dem Verlangen nach rechter Demut unter Berufung auf Humbert von Romans behandelt. Dazu gehören die Themen wahre Armut, Verschmähen des Zeitlichen, eigene Vorbildhaftigkeit sowie Kasteiungen (den *lip bescheydenlich vnd zymmelich kestigen*). Der *geistlich mensch ... sollte leren vnd sich flissen, daz er halte also vil es ime múgelich ist alles das, daz er von sines ordens wegen schuldig ist zú halten, es sú klein oder groß.* In Bezug auf das observante Leben geht Schlatter zum Schluss ausführlich auf die Bedeutung des Gehorsams ein, was er am Ende mit einem kurzgefassten Exempel aus den ‚Vitaspatrum' veranschaulicht.

Auf den Sendbrief folgen dann 18 Reihenpredigten zur Fastenzeit über Ier 6,26. Hier befasst er sich wie in den beiden vorigen Zyklen mit allgemeineren Aspekten frömmigkeitstheologischer Unterweisung. Zum 3. Fastensonntag nimmt er allerdings Mt 9,32 bzw. Lc 11,14 zum Thema. Es geht um wahre Reue, Beichte, Buße und Passionsfrömmigkeit, begleitet von Exempla aus den ‚Vitaspatrum' und der Hagiographie; dazu kommen allegorische und typologische Passagen. Immer wieder deutet Schlatter die im Predigtthema erwähnten Gegenstände: das härene Hemd entspricht der Reue, die Asche dem Blut oder dem Leiden Christi usw.

Eine weitere Predigt Schlatters in Form eines Sendschreibens, ebenfalls aus Köln an das Steinenkloster geschickt, ist in zwei Handschriften überliefert. Die Pfingstpredigt zum Heiligen Geist hat Ct 4,15 als Thema, wobei die Trinität als drei *stock brunnen* (Laufbrunnen mit hölzernem Brunnenstock) gedeutet wird, die *eine grobe, vnbekante, vnwissentliche, wasserlose sele wise, witzig vnd vernúnftig* mache. Der Brunnen, *den nieman erschŏpfen mag, daz ist got der heilig geist mit sinen súben gúldenen finen rŏren.* Der nie versiegende Brunnen mache *daz gerttelin vwers herczen also fruhtber*, dass es bei der Ausübung der Tugenden und bei der Vermeidung der Sünden *grúne, bolle* (knospen) *vnd blůge.* Es folgen dann Ausführungen auf der Grundlage der Bademetaphorik. Dem Anlass der Predigt entsprechend geht es immer wieder um die Zahlen drei und sieben, wobei die Makrostruktur aus *súben stúcken* besteht (das siebte fehlt), in denen gezeigt wird, wie ein Mensch *den heilgen geist erwerben mag.* Auch hier geht es Schlatter um fundamentale katechetische Themen wie Sünde, Gewissen, Reue, Beichte und Gebet.

Betrachtet man das gesamte Predigtwerk Schlatters, so ist festzustellen, dass Predigten, die einen klaren Aufbau aufweisen, zumeist dreiteilig sind (*drie houbet synne*). Indes ist der Aufbau häufig nicht klar, z.B. fehlen vielfach Dispositionen, und das Thema wird gewechselt. Schlatter spricht die Leserinnen vielfach mit *kinder* oder *kinder gottes* an, was an Peter von Breslau erinnert (vgl. S. 313). Die Autoritätenzitate werden nahezu zur Hälfte ohne Namensnennung dargeboten (etwa: *ein lerer sprichet*), unter den namentlich Genannten werden Bernhard, Augustinus, Albertus Magnus, Thomas von Aquin und Gregor der Große am häufigsten zitiert, einmal wird auch Heinrich Seuse genannt. In Schlatters Predigten wird im Wesentlichen eine breite Palette gehobener katechetischer Unterweisung geboten, wie sie beim Bildungsstand observanter Nonnen zu erwarten ist. Zwar geht er nur in wenigen Predigten direkt auf das klösterliche Leben ein, dennoch werden die Gefahren von problematischer Spiritualität – also von supranaturalen Erlebnissen – deutlich angesprochen. In einer Predigt warnt er vor Menschen, die Gott zuvorkommen wollten: Sie seien häufig Anhänger einer Begine oder eines *heilig schinende[n] mensche[n]* und würden dann glauben, *wie sú die wisesten sient vnd vernúnftigesten*. Sie befassten sich mit *den tútschen búchelin*, aber *versument bredige vnd gedenckent: ,Was bedarft du zú bredigen gon? Du hest hie gnůg'*. Bei aller von den Reformern geforderten Selbstpastoration mit geistlicher Literatur bleibt also auch bei Schlatter die Seelsorge durch einen gebildeten Kleriker das beste Mittel, um auf den richtigen Pfad zur spirituellen Vollkommenheit zu gelangen.

Während des Basler Konzils bemühten sich die anwesenden hochrangigen Dominikaner besonders um das observante Steinenkloster, zumal die Schwestern im Kleinbasler Kloster Klingental sich vehement einer Reform verweigerten. In der Berliner Handschrift mgq 166 aus dem Straßburger Kloster St. Nikolaus in undis steht in der Überschrift, dass *disse bredien hant geton die erwúrdigen vetter vnd meister prediger ordens, die do worent in dem consilio zú basel in eime fröwen closter, öch prediger ordens, genant an den steinen zú basel, do man zalte mccccxxxiiij ior. Vnd sint öch úber lesen vnd corriegieret von zweigen grossen meistern, die öch in dem selben consilio worent.* Zu diesen sog. ‚Basler Konzilspredigten' gehören zehn zwischen 1434 und 1435 im Steinenkloster gehaltene Sermones von fünf prominenten Konzilsteilnehmern. Zwei davon sind Dominikaner, Heinrich Kalteisen und Juan de Torquemada (Turrecremata); die anderen sind Säularkleriker: Thomas Ebendorfer, Nikolaus von Jauer und Johannes Himmel von Weits.

Es sei vorausgeschickt, dass die auf dem Konzil vertretenen Dominikaner nach 1434 fast geschlossen das päpstliche Primat verteidigten, nachdem es zunächst nur ein begrenztes Zusammenwirken von Papst Eugen IV. und dem auf seine eigene Autorität bestehenden Konzil gegeben hatte. Zum Einschwenken auf die päpstliche Position kam es, als die vom Papst garantierten Sonderrechte der Bettelorden bei der Seelsorge zum zentralen Thema avancierten. Die Versuche des Konzils, mit der allerdings erfolglosen Konzilsbulle ‚Inter alias' 1434 die Rechte der Bettelorden einzuschränken, trieb diese entschieden ins päpstliche Lager und führte dazu, dass sich z.B. alle führenden Vertreter des Predigerordens allmählich vom Konzil abwandten.

Der kirchenpolitisch einflussreiche dominikanische Konzilsteilnehmer Heinrich Kalteisen wurde um 1390 in der Nähe von Koblenz geboren und trat früh ins Koblenzer Predigerkloster ein. Er ging zum Studium nach London und wurde dort 1411 zum Subdiakon geweiht. 1415 wechselte er zum achtjährigen Studium an die Universität Wien. Nun begann seine steile Karriere, die ihm wichtige Ämter und akademische Titel einbrachte. 1423 studierte er in Köln, wo er dann auch später lehrte. Eine besonders enge Beziehung hatte Kalteisen ab 1424 zum Erzbischof und Domkapitel zu Mainz. 1430 verfügte Kalteisen über den Magister- und Doktorgrad sowie über den Professorentitel und war in diesem Jahr *lector ecclesiae cathedralis* in Mainz. 1432 wurde er vom Mainzer Erzbischof zum Basler Konzil entsandt, wo er mehrere wichtige Aufgaben und einflussreiche Funktionen übernahm. Seine wichtigste Aufgabe bestand darin, die hochbedeutsame Kontroverse mit den Hussiten über die freie Predigt des Gotteswortes auszutragen. Kalteisen suchte nun den Kontakt zu Nikolaus von Kues und Papst Eugen IV., der ihn mit mehreren bedeutenden Ämtern und Benefizien ausstattete. Als Verteidiger des päpstlichen Primats verließ Kalteisen Basel vor 1436.

Als Inquisitor war Kalteisen ebenfalls sehr aktiv; dies betraf nicht nur Ketzer, sondern auch Juden, die aufgrund seines Wirkens 1438 aus Mainz vertrieben wurden. Verantwortlich ist Kalteisen für die letzte Ketzerverbrennung in Mainz, die des Lollarden Hans Becker 1458. Seine Treue zum Papsttum blieb auch unter Nikolaus V. und Calixtus III. bestehen. Nikolaus V. erhob Kalteisen deshalb 1452 zum Erzbischof von Trondheim in Norwegen, was allerdings dem norwegischen König überhaupt nicht gefiel, der einen anderen für das Amt vorgesehen hatte. Es kam 1453 zu einer Auseinandersetzung mit einem Vertrauten des Königs, dem Franziskaner Marcellus von Niewern, der Kalteisen verleumdete, um selbst dessen Amt übernehmen zu können. In einem Prozess vor dem König entlarvte Kalteisen die Machenschaften seines verbrecherischen Gegners, bot seine Resignation an und verließ Norwegen. Zurück in Deutschland widmete er sich ab 1455 der Kreuzzugspredigt gegen die Türken. Als päpstlicher Legat predigte er in vielen Städten, gewährte Ablässe und heftete Kreuzfahrern das rote Kreuz an. 1458 wurde er von Calixtus zum Titularbischof von Caesarea ernannt, Pius II. bestätigte 1459 sämtliche Benefizien Kalteisens. Zuletzt zog er sich ins Dominikanerkloster Koblenz zurück, wo er 1465 starb und bestattet wurde.

Kalteisen hinterließ ein sehr reichhaltiges, bisher nur wenig erforschtes lateinisches Œuvre. Von größerer Bedeutung sind zwei lateinische Schriften, die ursprünglich Konzilsreden waren, in denen er zum einen die kirchliche Hierarchie gegen die Hussiten und zum anderen das päpstliche Primat verteidigt. Von dem charismatischen Prediger ist zudem eine bisher noch nicht eindeutig festzulegende Anzahl von zu Basel gehaltenen deutschen

Predigten überliefert. Zehn Predigten werden ihm in fünf aus Straßburg stammenden Handschriften direkt zugewiesen. Dennoch dürften weitere Predigten von ihm stammen, wie Regina Schiewer anhand von für Kalteisen typischen Gestaltungsmerkmalen zu zeigen vermochte. Zum Beispiel folgt in mehreren Predigten nach der Expositio ein Aufruf zum Beten des Ave Maria. Da das Ave Maria ebenfalls in den Sermones der anderen Prediger in den ‚Basler Konzilspredigten' vorkommt, dürfte dies bedeuten, dass einer der beiden *grossen meistern, die öch in dem selben consilio worent*, und die Sammlung *öch überlesen vnd corriegieret* hätten, Kalteisen gewesen sein wird. Die zehn Predigten, die zweifellos von ihm stammen, sind ausführliche Ansprachen an ein klösterliches Publikum, auch wenn die spezifischen, an die Ordensschwestern gerichteten Themen nicht im Mittelpunkt stehen.

Wie in so vielen anderen scholastisch gestalteten Predigten der Zeit, die in observanten Klöstern gehalten wurden, geht es auch hier um umfassende anspruchsvolle Katechese, die offensichtlich in ursprünglich längeren anstrengenden Ansprachen vermittelt wurde. In zweien seiner Predigten musste Kalteisen sogar um Aufmerksamkeit bitten: *Also hant ir nun ain tail von der predig. Rúnsplent* (räuspert) *úch vnd weck jeglicher sinen nachburen, schlaff er!* In seinen Ansprachen zitiert Kalteisen reichlich die Bibel – z.T. zunächst auf Latein. Theologische Autoritäten, hagiographische Quellen, die ‚Vitaspatrum', Exempelwerke, Beispiele aus dem Alltag u.a.m. verlebendigen seine Lehre. Seine Diktion bleibt durchgehend schlicht, immer wieder fügt er Apostrophierungen des Publikums ein, etwa *fründin min*.

Für die Biographie Kalteisens von besonderem Interesse ist eine anonym überlieferte Basler Predigt, in der er explizit persönlich Stellung zur Kontroverse bezieht, wem die Unfehlbarkeit eigentlich zustehe: dem Konzil oder dem Papst. Zwar stünde über dem Papst in *gaistlichen sachen* niemand. Wenn Päpste aber *strefflich sint, daz sol man sagen der Cristenhait, das ist das hailig Concilium*. Lehne ein Papst das Konzil ab oder ordne sich seinen Beschlüssen nicht unter, so sollte das beim Konzil eingehend verhandelt werden. Der Papst sei dann wie ein *publicanus*, das bedeute: wie ein offener Sünder zu behandeln. Erinnert man sich an die enge Beziehung Kalteisens zu Eugen IV., scheinen diese Aussagen gegen eine Autorschaft des Dominikaners zu sprechen. Allerdings hatte sich Kalteisen 1431 kritisch zum Versuch Eugens geäußert, ein eigenes Konzil in Bologna einzuberufen, er hatte vor 1434 also eine klar konziliaristische Einstellung. Seine Haltung sollte sich erst nach den Angriffen auf die Mendikanten durch das Konzil grundsätzlich ändern. Unter den zehn ‚Basler Konzilspredigten' ist die genannte Predigt die einzige, die Kontroversen des Konzils direkt anspricht. Überraschend bleibt es dennoch, dass diese papstkritischen Bemerkungen in der späteren Überlieferung der Predigt nicht getilgt wurden.

Kalteisen, *erczpischoff vnd legat von dem pabst Calixtus in teucze lant* predigte 1456 im Nürnberger Katharinenkloster; der Text ist in dem oben erwähnten Augsburger Codex III.1.8° 4 überliefert. Bisher kaum beachtet sind drei Predigtfragmente Kalteisens in einer heute in Hamburg befindlichen Handschrift aus dem 17. Jahrhundert. Seine Rede zur Kaiserwahl 1440 in Frankfurt ist leider verschollen, ansonsten sind Briefe und eine Schuldverschreibung von ihm erhalten geblieben. Zweifelhaft ist eine ihm von Hermann Degering zugeschriebene Übersetzung der Türkenbulle Calixtus' III. von 1456.

Der andere in den ‚Basler Konzilspredigten' vertretene Dominikaner ist Juan de Torquemada (um 1388–1468), dessen Name in den Handschriften zu *Johannes von Brandenturn, prior zů Yspannigen*, verdeutscht wird. Der aus kastilischem Adel stammende Juan, der nach Studium in Salamanca und Paris 1425 zum Magister der Theologie promovierte, wurde vom kastilischen König Juan II. nach Basel geschickt. Dort erwies er sich als bedeutendster Theologe unter den Dominikanern und wurde vom Konzil immer wieder mit der Klärung theologischer Streitfragen beauftragt. So verteidigte er die zum erneuten Mal in Frage gestellte Heiligsprechung Birgittas von Schweden mit Erfolg. Er war zudem der entschiedenste Vorkämpfer für das päpstliche Primat und einer der vehementesten Gegner des Konziliarismus, Positionen, die er in seinem Hauptwerk, der ‚Summa de ecclesia', rigoros vertrat. Deshalb erhob ihn Eugen 1434 zum *magister sacri palatii* und zeichnete ihn 1439 als *defensor fidei* aus. Juan vertrat den Papst immer wieder bei wichtigen Ereignissen (z.B. Reichstagen). Mehrfach wurde er zum Kardinal ernannt, zuletzt als Kardinalbischof von Sabina und Albano.

Wie Juans Predigt im Steinenkloster vorgetragen wurde, ist nicht bekannt, denn zu seinen Deutschkenntnissen wird nichts gesagt. Wahrscheinlich wurde der Sermo, der aus Anlass des Festes der Hl. Agnes gepredigt wurde, von einem Übersetzer vorgelesen, denn er findet sich größtenteils in seiner lateinischen Predigtsammlung ‚Flos theologie' wieder. Biblisches Thema ist die Erzählung von der Hochzeit von Kana (Io 2,1). Davon ausgehend wird eine allegorisch gedeutete Hochzeit zwischen Gott und der Seele beschrieben, wobei der Einfluss der Hohelied-Predigten des mehrfach zitierten Bernhard von Clairvaux deutlich feststellbar ist. Immer wieder nimmt der Prediger auch auf die Vita der Agnes Bezug.

Der Säkularkleriker Thomas Ebendorfer (1388–1464) blieb, anders als die beiden Dominikaner, stets vehementer Konziliarist. In den Handschriften der ‚Basler Konzilspredigten' wird er zwar nur als Thomas von Wien bezeichnet, aber es dürfte sich mit ziemlicher Sicherheit um den bedeutenden Wiener Gelehrten Ebendorfer handeln, von dem an anderer Stelle ein umfangreiches theologisches und historiographisches Œuvre überliefert ist. Er promovierte zum Dr. theol. in Wien, war dort Professor,

Dekan und Rektor. Von 1432 bis 1435 war er Gesandter der Universität beim Konzil. Ab 1441 war er König Friedrichs III. Gesandter auf mehreren Reichstagen und blieb bis zu seinem Tode politisch aktiv.

Bislang waren von Ebendorfer nur von Wolfgang Suppan von Steyr ins Deutsche übersetzte Predigten aus der benediktinischen Reformabtei Melk bekannt (vgl. S. 419). Im Steinenkloster sprach Ebendorfer in zwei Predigten von der richtigen Art des Beichtens. Die erste hat das Beispiel vom barmherzigen Samariter (Lc 10,30) zum Thema, das dann im Hauptteil allegorisch gedeutet wird. Anschließend geht es ausführlich um vier Dinge, die zur vollkommenen Beichte gehören. Auch werden die Zuhörerinnen gemahnt, Priester nicht mit Bagatellen zu ermüden. In der zweiten Predigt ist Lc 17,14 das Thema. Dort wird von den zehn Aussätzigen erzählt, die Jesus zu den Priestern schickte, um sich ihnen zu zeigen. Während sie hingingen, wurden sie geheilt. Hervorgehoben werden die Beichtpflicht und die Rolle der Priester; man solle ausschließlich bei diesen die Beichte ablegen. Die Bibelstelle wird allegorisch ausgelegt (so entspreche etwa der ‚Aussatz' der Todsünde, das ‚Sich-Zeigen' dem Beichten). Es geht dann u.a. um die Fragen, wann böse Gedanken zur Sünde werden, sowie um deren Ursachen und wie man damit umzugehen habe. In seiner dritten Predigt erläutert Ebendorfer, ausgehend von Mc 12,17, das Ziel des Gottesdienstes und die Verfehlungen der Trägheit, etwa bei den täglichen geistlichen Verrichtungen – im Auslassen des Stundengebets, im Versäumen der Messe u.a.m. – und schließlich werden fünf Möglichkeiten aufgeführt, um die Trägheit zu überwinden. Zum Schluss wird Elisabeth von Thüringen als nachahmenswert herausgestellt. In der vierten Predigt, einer Adventspredigt, ist Io 1,23 („Richtet den Weg des Herrn") das Thema. Es geht um die Nachfolge Christi in Werken und Armut, wobei lediglich Ordensleute ein Leben ohne jeden Besitz führen sollten, während Laien nur darauf achten müssten, dass ihr Besitz nicht im Widerspruch zum Glauben steht. Zum Schluss tadelt Ebendorfer abergläubische Praktiken zum Jahresende, etwa solche der Astrologie. Auch vor intensivem Beten in der Adventszeit in der Hoffnung, dadurch die Zukunft zu erfahren, wird gewarnt. Dies sei besonders unter Novizinnen verbreitet. Die vier Predigten Ebendorfers dürften aus einer umfangreicheren Sammlung stammen, worauf ein leerer Verweis in der dritten Predigt hindeutet.

Nikolaus von Jauer gehörte ebenfalls zu den Hochgelehrten, die im Steinenkloster predigten. Er wurde um 1355 im schlesischen Jawor geboren, studierte zunächst in Wien und war dann Schüler von Matthäus von Krakau in Prag, wo er 1395 Magister der Theologie wurde, später Professor und Rektor der Universität. 1402 ging er nach Heidelberg – weswegen er in der Handschrift der ‚Basler Konzilspredigten' Nikolaus von Heidelberg genannt wird – und lehrte dort bis zu seinem Tode 1435. Er trat auf dem Konstanzer Konzil gegen Hus auf und wurde hochbetagt 1434 im Auftrag des pfälzischen Kurfürsten nach Basel entsandt. Seine Predigt zu Lc 11,5 befasst sich eingehend mit verschiedenen Aspekten des Gebets, wobei auch das Stundengebet behandelt wird. Die zweite Predigt geht von einer Deutung von Io 3,16 („Gott hat die Welt so geliebt") zur ausführlichen Erörterung über, wie Gott die Menschen liebt und in welchen Gaben sich dies manifestiert. Dies zeige sich natürlich vor allem darin, dass er seinen Sohn zur Erde entsandte. Nikolaus fordert zur intensiven Gottesliebe auf, zum Glauben und zur Einhaltung der Gebote.

Der fünfte Gelehrte, der im Steinenkloster predigte, war Johannes Himmel (Coeli) von Weits, einer der einflussreichsten Lehrer der Wiener Universität, wenn auch eher im administrativen als im wissenschaftlichen Bereich. 1430 promovierte er zum Doktor der Theologie und bekleidete zwischen 1425 und 1450 mehrere hohe Ämter an der Universität. Herzog Albrecht V. von Österreich entsandte ihn 1432 nach Basel, wo er 1437 als Commissarius des Konzils bezeugt ist. Zusammen mit Ebendorfer vertrat er dort die Wiener Universität. Er starb 1450, sein Kollege Ebendorfer hielt die Leichenrede. Von ihm ist nur eine deutsche Predigt erhalten, und zwar zur Beschneidung Christi (Lc 2,21). Die Beschneidung wird in dreifacher Auslegung geboten: im *gaistlichen*, *sitlichen* und *zitlichen synn*, wobei sich Himmel nur ungenau an seine Disposition hält. Er beginnt mit einer scholastischen Behandlung des Themas und geht dann zu einer allegorischen Auslegung über. So wird etwa die Vorbereitung eines Kindes zur Beschneidung als Bereitung der Seele zu Reinheit und Lauterkeit gedeutet. Sodann geht Himmel auf das Klosterleben ein, betont den absoluten Gehorsam, die freiwillige Armut und die Keuschheit. Zum Schluss bietet er eine knappe Betrachtung zum Jahreswechsel.

Wenn auch nicht in der Sammlung ‚Basler Konzilspredigten' vertreten, ist der Dominikaner Erhard oder Gerhard Hel aufs engste mit dem Steinenkloster verbunden. Hel kam mit Johannes Nider 1429 aus Nürnberg zur Reform des Predigerklosters nach Basel und wurde dort wohl irgendwann Lektor. 1440 war er jedenfalls Beichtvater der Schwestern im Steinenkloster. Er starb 1443. Es ist davon auszugehen, dass eine Predigt in der Handschrift Berlin, mgf 741, in der sich auch die Konzilspredigten finden, von Hel stammt, da sie einem *brüder Erhart lesmaister* zugeschrieben ist. Thema der Predigt ist Mc 1,40–45 (Jesus heilt einen Aussätzigen). Es geht dabei um das von Gott gewollte und gewirkte Leiden und um die zehn Nutzen, die es den Menschen bringe. Unklar bleibt die Zuweisung einer Predigt über Mt 6,25 („Sorgt euch nicht um euer Leben und darum, dass ihr etwas zu essen habt") in Nürnberg, Cod. Cent. VI, 60, aus dem Nürnberger Katharinenkloster, die ebenfalls einem *Meister Erhart* zugeschrieben wird und von der Eucharistie als der *sele speyß* handelt. Hel hatte Nürnberg ja 1429 für immer verlassen, so dass sein Nachname vielleicht in der 2. Hälfte des 15. Jahrhunderts, aus der die Handschrift stammt, in Vergessenheit geraten war.

Die Straßburger Klöster

Die beiden Mendikantenkonvente in Straßburg blieben konventual, obwohl die Prediger mit den zwei Dominikanerinnenklöstern der Stadt, St. Nikolaus in undis (reformiert 1431) und St. Agnes (1465), observante Häuser betreuten. Begünstigt wurde ihre konventuale Haltung durch die Unterstützung des Rats, der die erbrachten seelsorgerlichen Leistungen der Brüder schätzte. Bei den heftigen Auseinandersetzungen zwischen Säkularklerus und Mendikanten im *ultimum vale*-Streit wurden die Bettelorden ebenfalls ausdrücklich vom Rat unterstützt (vgl. S. 315). Das dürfte damit verbunden sein, dass die Dominikaner- und Franziskanerkonventualen ihre für die jeweilige Provinz führenden Studienhäuser in der Stadt unterhielten und dadurch wichtige Theologen und deren Studenten nach Straßburg brachten. So findet sich auch in Straßburg eine beachtliche Reihe von renommierten dominikanischen Verfassern von geistlichem Schrifttum in der Volkssprache. Dass eine Reform nach strenger Observanz einfach für unnötig gehalten wurde, konnte mit einem moralisch tadellosen Zustand des Konvents zusammenhängen. Erst gegen Ende des Jahrhunderts führte der Säkularkleriker Johannes Geiler einen Kleinkrieg gegen die reformunwilligen Bettelordensklöster, denen er einen unsittlichen Lebenswandel und mangelndes Interesse an der Betreuung der Frauenklöster vorwarf.

Während aus dem Dominikanerinnenkloster St. Agnes nur elf Codices nachweisbar sind, sind aus dem St. Nikolaus-Konvent noch 86 Handschriften erhalten, bei denen ein besonderes und überdurchschnittliches Interesse an Predigten hervorsticht. Von den 623 überlieferten Predigten in 40 dieser Handschriften stammt eine Vielzahl aus dem 14. Jahrhundert – z.B. von Meister Eckhart, Johannes Tauler, Heinrich Seuse, Nikolaus von Straßburg, Marquard von Lindau – sowie eine enorme Anzahl von in Straßburg aktiven Dominikanern wie Konrad Schlatter (vgl. S. 297), Johannes Kreutzer (vgl. S. 315), Heinrich Kalteisen (vgl. S. 301), dem Franziskaner Konrad Bömlin (vgl. S. 367), dem Säkularkleriker Johannes Geiler u.a.m.

Zu den hochgeachteten Predigern der Stadt gehörte *Meyster* Hugo von Ehenheim, der aus einem angesehenen Straßburger Geschlecht stammte. 1421 wurde er vom dominikanischen Generalkapitel in Metz zum *lector sententiarum* ins Toulouser Kloster entsandt; 1422–23 erläuterte er dort im Generalstudium für den Erwerb des Magistertitels die Sentenzen. 1426 wurde er auf dem Kapitel in Bologna als *sacre theologie professor* bezeichnet und zum Prior des Konvents in seiner Heimatstadt ernannt, was 1431 auf dem Kapitel in Lyon und 1434 auf dem Kapitel in Colmar bestätigt wurde. Zwischen 1433 und 1435 predigte er in einer Vielzahl von Straßburger Kirchen und Klöstern. Trotz seiner eher trockenen scholastischen Predigtweise wurde er in der Stadt offenbar sehr geschätzt. Sollte er mit einem 1440–

1442 genannten gleichnamigen Titularbischof von Nikopolis identisch sein, dann starb er 1447.

Von Hugo sind 26 Predigten und drei predigtnahe Texte in zwei Handschriften aus dem St. Nikolaus-Kloster überliefert; die wesentlich umfangreichere der beiden, Berlin, mgq 206, basiert auf der Nachschrift der Laiin Agnes Sachs, die angibt, 45 Predigten in den Jahren 1434 bis 1437 in verschiedenen Straßburger Pfarr- und Klosterkirchen gehört und aufgeschrieben zu haben. Nur die hier enthaltenen Konzilspredigten sind nicht von ihr aufgezeichnet worden. Zwar finden sich in der Handschrift auch Predigten von Mitgliedern anderer Orden sowie von einem Säkularkleriker, aber dominikanische Sermones sind in der Mehrzahl. Für fast alle Predigten wird die jeweilige Kirche oder das Kloster sowie das Datum benannt, wo und wann sie gehalten wurden: *Diße bredien sint beschehen zu Stroßburg in der stat jn dem iore do man zalte von Christus gebarte M cccc xxxiiij ior, etteliche von bewerten meystern die andern sust von gelerten priestern geystlich vnd weltlichen. Der rede vnd predien enphenglich worent allem volcke gelerten vnd vngelerten.*

Hugos stark systematisierte scholastische Predigten richten sich hauptsächlich an eine laikale Hörerschaft, aber einige sind auch für Nonnen bestimmt. Da sie von einer Laiin aufgeschrieben wurden, fehlen möglicherweise kompliziertere Predigtpassagen. Zumeist folgen der lateinischen Perikope eine Stellenangabe und eine Übersetzung, worauf sich ein kurz gefasstes Prothema und eine dreiteilige Divisio anschließt, die wiederum häufig in mehrere Subdivisiones aufgeteilt wird. In der Conclusio werden die Kernaussagen zusammengefasst. Wie seine Mitbrüder verwendet Hugo gern Allegorien, die er zur Erläuterung von Einzelgedanken oder bei der Disposition von Gliederungsschemata einsetzt, etwa einen geistlichen Tempel, einen geistlichen Adler u.ä.m. In einer Eucharistiepredigt vor den Schwestern in St. Nikolaus deutet er die Eucharistie anhand der leiblichen Speise und deren Einnahme. Theologische Streitfragen umgeht er, denn sie seien *in der schůlen* – also in den Universitäten – zu behandeln. Eindeutig wendet er sich gegen den Einsatz von weltlichen Märlein, um eine Predigthörerschaft zu unterhalten. Er zitiert häufig Autoritäten, darunter auch Heinrich Seuse. Erhalten sind Predigten zu den Sonn- und Festtagen sowie sieben zu den Festen von Heiligen. Bei den Letzteren ist das Hagiographische zugunsten des Paränetischen zurückgedrängt, da Hugo die Kenntnis der jeweiligen Legende beim Publikum voraussetzt. Neben Predigten über solch besonders beliebte Heilige wie Nikolaus und Margareta hielt er auch eine am Tag des Hl. Adolf, an dessen Festtag das Straßburger Münster die Kirchweih feierte. Ohne die Legende des Heiligen anzusprechen, widmet er sich ausschließlich einer allegorischen Deutung von drei in der Bibel genannten geistlichen Tempeln.

Als hochengagierter Anhänger der Observanz wurde der 1420 als Prior des Straßburger Predigerklosters bezeugte Peter von Gengenbach mit der Reform der Frauenklöster der Diözese Straßburg beauftragt. Allerdings ging er dabei so forsch vor, dass ihn das Generalkapitel 1426 zu sechs Jahren Exil verurteilte. Unterstützt von Pfalzgraf Ludwig III. reformierte er dennoch zwei Frauenklöster in der Nähe von Worms: Liebenau (1425) und Himmelskron (1429). 1431 gelang ihm als Generalvikar aller Straßburger Frauenklöster die Einführung der Observanz in St. Nikolaus in undis. Die Reuerinnen der Stadt, die ja keinen männlichen Zweig hatten, baten die Dominikaner um Unterstützung bei der Durchführung einer Reform. Diese erwies sich allerdings als schwierig, weil die Frauen zwar reformiert wurden, aber nicht nach den Vorstellungen des Predigerordens leben wollten. Peter von Gengenbach lehnten sie ebenso wie der Rat der Stadt als Reformer schließlich ab, weil er sie nicht selbst die Reform durchführen lassen wollte und sogar die wichtigsten Ämter zunächst mit Dominikanerinnen besetzte, die aber bald wieder nach Hause geschickt wurden. Danach wurde es ruhig um Gengenbach, der 1452 oder 1453 starb.

Von Peter von Gengenbach ist in Berlin, mgq 206, sowie in einer 1870 verbrannten Straßburger Handschrift eine Predigt überliefert, die er am 25.9.1436 anlässlich der Einschließung der Klausnerin Else Linser in die Klause St. Gallen im Straßburger Vorort Königshofen gehalten hatte. Es handelte sich offenbar um eine sehr feierliche Veranstaltung, denn vor Gengenbach predigte auch der Prior der Straßburger Augustinereremiten, Heinrich von Offenburg, von dem drei weitere Predigten überliefert sind. Dem Anlass entsprechend geht Gengenbach auf tröstende weibliche Vorbilder für das Leben einer Inklusin ein, z.B. führt er Judith, Anna und Maria Magdalena auf, aber auch Johannes von Patmos, den Verfasser der ‚Apokalypse'. Indes sei Christus der *aller geworste* (würdigste) *klosener* gewesen, da er ja immerhin 40 Tage und Nächte geduldig in der Wüste verbracht habe. Ausgehend von der fünf Wunden Christi erklärt Peter, dass Else alles bekommen könne, was sie für ihr neues Leben brauche: von der Wunde der rechten Hand Nahrung, von der der linken Hand völligen Sündenablass, von der Wunde in der Seite Gebetserhörung, von der im rechten Fuß einen seligen Tod und der im linken Fuß die Gewissheit des Heils. Diese fünf *schrynlin* solle sie mit dem Schlüssel ihrer Begierden aufschließen.

Ein weiterer Straßburger Konventuale, Meister Ingold Wild, verfasste eine Reihe von erbaulichen Schriften, die an Laien wie an Nonnen in Straßburg gerichtet waren. Sein wichtigstes Werk heißt ‚Das guldin spil'. Darin bezeichnet er sich als *priester predigerordens mayster Ingolt*. Es hat verschiedene Versuche gegeben, ihn genauer zu identifizieren. Am wahrscheinlichsten handelt es sich um einen Frater Ingold, der 1400 vom Ulmer Provinzialkapitel zum Studium nach Mailand geschickt wurde und mit einem 1415 bezeugten Basler Dominikaner mit Nachnamen Wild identisch sein dürfte. Er ist bereits 1405 in Basel nachweisbar und wurde 1416 an der Universität Wien immatrikuliert; dort schloss er das Studium jedoch nicht ab. Er wurde 1427 dennoch in Basel als *magister Ingoldus* bezeichnet sowie als Lektor des Predigerklosters. Es ist davon auszugehen, dass er aufgrund seiner langjährigen Lehrtätigkeit vom Generalkapitel mit dem Ehrentitel *magister bullatus* ausgezeichnet worden war – Bonifaz IX. erlaubte dem Kapitel in einer Bulle v.J. 1402, den Titel einmal jährlich zu verleihen. Wild war auch einer derjenigen, der das Basler Dominikanerkloster in Richtung Straßburg verließ, als Johannes Nider und die observanten Nürnberger dort einzogen, weil er offensichtlich vor allem nicht bereit war, sein Privateigentum aufzugeben. Johannes Nider versuchte 1432 auf dem Konzil, durch einen Briefwechsel mit dem Ordensbeauftragten Ingolds Besitz nachträglich beschlagnahmen zu lassen. Zu der Zeit war Ingold aber bereits *lesemeister* in Straßburg und zugleich Verwalter einer Schlosskaplanstelle bei einer elsässischen Adelsfamilie. Er schreibt im Vorwort zum ‚Guldin spil‘, er habe die Predigten gehalten, *da ich bey meiner herschaft waz ein beichtiger vnd ein selwarter*. Häufig predigte er auch in Straßburg. Er starb zwischen 1440 und 1450.

‚Das guldin spil‘, 1432 entstanden, richtet sich als moralischdidaktisches Werk ausdrücklich an Laien, was auch durch die Überlieferung bestätigt wird, denn sie stammt vornehmlich aus Laienbesitz. Diebold Lauber (vgl. S. 16) vertrieb illustrierte Exemplare von *daz guldin spil vnd von allen spilen*, d.h. es gab noch weitere, ähnliche Texte von Ingold, die allerdings allesamt verschollen sind. Gedruckt wurde das Werk ein einziges Mal, 1472 in Augsburg, und zwar auf der Grundlage einer von Jörg Mülich (vgl. Tl. 2) angefertigten und leicht redigierten Abschrift zusammen mit den Illustrationen seines Bruders Hektor (vgl. Tl. 2), der die Muster wiederum aus einer Handschrift aus der Lauber-Werkstatt übernommen haben dürfte. Ein Teil der Druckausgabe erschien im Textverbund mit Albrechts von Eyb ‚Ehebüchlein‘ (vgl. S. 600), einem weiteren Text für ein laikales Zielpublikum.

Wild tut kund, aufgrund der *gůten siten der herschaft* und der Tatsache, dass das adlige Publikum gerne seine Predigten höre und nachschreibe, habe er beschlossen, *ein bůchlin daz ich nennen will daz guldin spil* zu verfassen. Es solle jedenfalls allen, die sein Werk lesen, als *manung zů tugenden* dienen. Er wolle *siben spil erläutern* und sie mit den *siben houbt totsund* korrelieren. Dabei geht es um Schach (= Stolz), Tric-Trac (= Unmäßigkeit), Würfelspiel (= Geiz), Kartenspiel (= Unkeuschheit), Tanzen (= Trägheit), Schießen (= Zorn) und Saitenspiel (= Neid und Hass). Nun seien die Spiele so zu gestalten, dass sie zu ‚goldenen‘ Spielen gegen die Todsünden würden. Die allegorische Ausdeutung der Schachfiguren und des Schachspiels in ständedidaktischer Absicht macht mehr als die Hälfte des Werks aus, das ganz in der Tradition der seit dem 13. Jahrhundert breit tradierten ‚Schachzabelbücher' steht. Wild gibt auch an, er habe beim Schachspiel aus dem ‚Liber de moribus hominum et officiis nobilium ac popularium super ludo scacchorum' (Das Buch von den Sitten der Menschen und den Pflichten der Adligen und der Niedrigen beim Schachspiel) des Dominikaners Jakob von Cessolis viel *genomen*. Allerdings verwertet Wild nicht den ‚Liber' als direkte Quelle, sondern dessen auch im Elsass verbreitete deutsche Versbearbeitung durch Konrad von Ammenhausen, dessen ‚Schachzabelbuch' (vgl. Bd. III/1) ebenfalls zum Angebot Diebold Laubers gehörte.

Von dem ‚Liber de moribus' des Jacobus de Cessolis gab es neben den Versbearbeitungen des 14. Jahrhunderts auch vier anonyme Prosaversionen, deren Datierungen nur schwer genauer zu klären sind. Aus dem bairischen Raum stammt die sog. ‚Erste Prosafassung', die wohl noch vor 1390 entstanden sein dürfte und in zwei Handschriften überliefert ist. Als bearbeitende und kürzende Redaktion der ‚Ersten' dürfte die ebenfalls im Bairischen (Österreich?) entstandene sog. ‚Zweite Prosafassung' sein, die im 15. Jahrhundert eine beachtliche Verbreitung erfuhr. Von ihr sind 40 vielfach illustrierte, im gesamten süddeutschen Gebiet entstandene Handschriften sowie vier Inkunabeln überliefert, wobei der Verbreitungsschwerpunkt im bairisch/schwäbischen Raum liegt und die Handschriften vielfach aus laikalem Besitz stammen. Die beiden anderen Übersetzungen sind relativ sicher ins 15. Jahrhundert zu datieren, sie sind aber nur durch wenige Handschriften bezeugt. Eine eigenständige unikal überlieferte stark kürzende Übersetzung, die ‚Münchner Prosafassung', ist in der illustrierten Münchner Handschrift cgm 243 erhalten. Eine in nur zwei Handschriften überlieferte ostmitteldeutsche Übersetzung, die sog. ‚Dessauer Prosafassung', dürfte aus dem frühen 15. Jahrhundert stammen.

Wild betont aber, dass er viel *auß der geschrift vnd vil auß meinem eigen sinn vnd ouch von sagen* hinzugefügt habe. Für das Würfelspiel benutzt Wild ‚De eruditione christifidelium' des Nürnberger Mitbruders Johannes Herolt, das auch als Teilquelle im Kapitel über das Tanzen dient. Dort greift Wild zudem auf den wohl im Elsass entstandenen Traktat ‚Vom Schaden des Tanzens' (vgl. Tl. 2) zurück. Beim Kartenspiel verwertet er den ‚Ludus cartularum moralisatus' des in Freiburg geborenen Dominikaners Johannes von Rheinfelden. Als letztes Exempel im Kartenkapitel erzählt er sogar eine Episode aus Gottfrieds von Straßburg ‚Tristan und Isolde', in der die Verliebten von dem auf einem Baum versteckten Marke belauscht werden. Marke ist aber im Wasserspiegel von den beiden zu sehen, woraufhin ihn die Liebenden preisen. Man solle auch das Antlitz des *obersten küngs im prunnen des hayligen gloubens* sehen und sich genau wie die Liebenden (die allerdings nicht beim Namen genannt werden) züchtig verhalten.

Auch wenn sich Wild der strengen Observanz nicht anschloss, ist seine Lehre keineswegs weniger rigoros als die seiner reformaffinen Mitbrüder.

Wie sie behandelt er nach scholastischer Schematik ein breites Spektrum katechetischer Unterweisung, die sich im ‚Guldin spil' direkt an die Lebensform eines gesellschaftlich gut situierten Laienpublikums richtet. Die besondere Eignung des Schachspiels als Grundlage für moralische Belehrung begründet Wild wie seine Vorlage mit der Erzählung von einem grausamen gnadenlosen Herrscher, der im Spiel gegen einen *heidnischen meister* am Hof durch so *vil schach vnd mat* gebändigt wurde. Er sei ja *vnwissend vnd vnbehůt auff dem spil* gewesen und habe deshalb verloren. Die Niederlagen *marckt der kúng gar wol vnd bessert sich gar fast*. „Damit – nicht in abstrakter Demonstration, sondern im realen Verlauf eines ‚spielerisch' simulierten Handlungsprozesses – wird er zur Erfahrung gezwungen, daß auch seine Handlungen sozialer Bindung unterliegen" (B. Weinmayer). Durch ein Spiel könne *man tugent vnd gůtt sitten vnd manig gros clůgheit* erlernen. Schach sei erfunden worden, *daz der mensch gestrafft wird vmb sein hochfart*; auch ein mächtiger König musste sich bei unklugem Verhalten geschlagen geben, und zwar nicht nur bezogen auf seine strategischen Defizite – es fehlte ihm schlichtweg an sittlichem Wissen. Es ist die „situationsethische Struktur der *clůgheit*," die sich bei Wild „am Modellfall des Spiels" wiederfindet: „Gleichsam Zug um Zug und nicht über die umstandslose Postulierung eines fertig vorgegebenen Systems von Werten ergibt sich dort, was letzten Endes ‚Tugend' und ‚Untugend' ausmacht" (B. Weinmayer).

Eingehend deutet Wild die verschiedenen Aspekte der Spiele und ergänzt die Auslegungen mit einer Vielzahl von Exempeln, was sicherlich auch seine Predigten am Hofe so beliebt machte. So werden etwa die 21 Augen des Würfels hingedeutet auf Sünden, die mit Geld in Verbindung stehen (Geiz, Wucher usw.), oder es entsprechen die 52 Karten des Kartenspiels den 52 Wochen des Jahres, in denen man unkeusch sein könne, wobei, wie zumeist, speziell die weibliche Unkeuschheit thematisiert wird. Dass das Werk nur einmal gedruckt und dann vor allem in Verbindung mit dem ‚Ehebüchlein' Albrechts von Eyb vertrieben wurde, deutet jedoch eher auf einen kommerziellen Misserfolg hin. Einige Handschriften gelangten trotz der gezielt auf die laikale Welt bezogenen Thematik auch in Klosterbibliotheken.

Von Wild sind zudem drei Predigten überliefert. Die erste zu Lc 11, 5–13 stammt aus der Karwoche (*krútze woche*) 1435 und thematisiert im Anschluss an eine Homilie Bedas drei Schäden, drei Tugenden und drei Arten der Liebe: zwischen Vater und Kind, zwischen Ehepaaren und zwischen Leib und Seele. Danach geht es um die vier Freunde Hiobs, die vier Freunde Christi und die drei Arten von Trost. Die zweite Predigt hat Mt 22,42 zum Thema und behandelt zunächst die dreifache Geburt Christi, geht dann aber bald auf das Gleichnis der zehn Jungfrauen ein. Eine Predigt über sieben Paternoster, die Wild in Speyer in *ainem capitel* gepredigt haben soll, ist in vier Handschriften in zwei unabhängigen Fassungen überliefert. Exzerpte aus Wild zugeschriebenen lateinischen Traktaten und Predigten von

1439/40 finden sich in einer Frankfurter Handschrift aus dem Besitz des bedeutenden dominikanischen Theologen Johannes Streler; es sind offenbar Konzepte für Predigten, da sie auch deutsche Glossen und Wendungen enthalten. In vier Gebetbüchern der St. Galler Stiftsbibliothek wird aus Wilds Predigten – vor allem der Paternoster-Predigt – zitiert.

Schwer einer genaueren Ordensherkunft zuzuordnen ist der aus dem 2. Viertel des 15. Jahrhunderts überlieferte Sendbrief ‚Geistliches Würfelspiel'. Einerseits stammen drei der vier Textzeugen direkt oder mittelbar aus observanten elsässischen Dominikanerinnenklöstern, was auf einen Prediger als Verfasser hinweisen könnte (so B. Nemes). Andererseits werden in dem Werk keine dominikanischen Autoritäten zitiert, dafür aber mehrfach Bonaventura. Demnach ist ein Franziskaner als Verfasser nicht gänzlich auszuschließen. Der ‚Sendbrief' geht auf zwei Weihnachtspredigten zurück, die an Klosterfrauen gerichtet waren. Es wird mehrfach eine *liebe tochter in cristo* angesprochen, die lernen sollte, sich um das geminnte *kinde* zu kümmern und geistlich zu spielen, zumal das persönliche Seelenheil davon abhängig sei.

Die allegorische Auslegung des Würfelspiels, des *lústelin*, erfolgt in drei Schritten. Im ersten *stuck* geht es um die Frage, warum die Seele zum Spielen mit Christus hingezogen wird. Hier werden die Spielgrundlagen ausgelegt: drei Würfel, der Spieltisch, das Geld. So sind z.B. die drei Würfel die drei Seelenkräfte, *vernunft, wille vnd gedächtnis*.

Im zweiten *stuck* behandelt der Prediger vier Gruppen von Menschen, die mit Jesus nicht richtig spielen. So spielt die eine Gruppe mit Würfeln ohne Augen, da sie völlig der Sünde verfallen ist. Die andere Gruppe rüttelt nur am Säckchen und verzichtet auf das Würfeln, denn diese Törichten haben versprochen sich zu bessern, tun es aber nicht. Die dritte Gruppe spielt zu zaghaft und mit wenig Einsatz, was dazu führt, dass diese Spieler zwar fromm sind, aber bei Anfechtungen leicht scheitern, so etwa Ordensleute, die das Spiel meiden, wenn es mit Unangenehmem verbunden ist. Die vierte Gruppe spielt dagegen mit vollem Einsatz und gewinnt häufig das Gut der Liebe und Gnade, verliert es aber aus Unachtsamkeit so leichtfertig, wie die Spieler *vff den trinkstuben*.

Das dritte *stuck* wird in der zweiten *predig* behandelt. Dort geht es um diejenigen, die das Würfelspiel mit dem Kind richtig spielen, wobei es beim Spiel um *ain stâttes zûnemen vnd ain merunge rechter minne in den menschen* gehe. Der versessene Spieler Jesus habe *von úberiger begirden vnd minnen ouch sine klaider ... verspilet, do er nackent vnd blôss an dem galgen des crúczes hieng*, letztlich um das Herz der Menschen zu gewinnen. Die minnenden Seelen sollten ihm folgen. Ausgelegt werden drei Stücke eines festlichen Hochzeitgewands – Mantel, Unterrock und Hemd – für diejenigen, die in den geistlichen Stand treten. Die Kleidermetaphorik dient zur Erläuterung eines dreigliedrig gestuften Minnekonzepts: *amor summus, amor singularis* und *amor unicus*. Alle Menschen sollten sich von allem Natürlichem ablösen, ihre Seele entkleiden, so dass *alles vsserliche spil* in ihnen *erlescht*, um dadurch zur *abgeschaidenhait* zu gelangen. Bei seinen Ausführungen greift der Verfasser auf Quellen des 12. Jahrhunderts zurück, die eine mystische Liebesauffassung entwerfen: Texte von Richard und Hugo von St. Viktor sowie von Bernhard von Clairvaux.

Eine umfangreiche Sammlung von Predigten des Lektors und Confessors in St. Nikolaus in undis, Peter von Breslau, ist in Berlin, mgq 22, überliefert. Von seinem Lebensweg ist nichts Weiteres bekannt, als dass er i.J. 1445 als Lektor und Beichtvater im Nikolauskloster wirkte. In der Handschrift werden 33 Predigtnachschriften einer Schwester des Konvents geboten. Diese Schwester betont in einer Präambel, man solle nicht denken, dass sie alles *worte zů worten* wiedergegeben habe, dafür seien ihre *vernunfft zů krang* und ihre *sinne zů toreht. Sunder vil wort sint vnderwegen gelossen, die do die predigen vast zierten ... vnd die meisterliche kunst vnd klůgheit bewisen, die min klein verston vnd groþ vernemen nit behalten kunde.* Daher solle man *falsches in worten oder an sinnen* nicht dem Prediger, sondern ausschließlich den *gebresten der schriberin* zurechnen. Die Aussage ist als Bescheidenheitstopos zu werten, da die korrekte Wiedergabe der straffen Gliederungen und der lateinischen Autoritätenzitate für deutliche Autornähe sprechen. Möglicherweise handelt es sich bei der Handschrift um eine autorisierte Nachschrift.

Von zwei anonymen Osterpredigten abgesehen stammen alle Predigten der Handschrift von Peter von Breslau und sind gerichtet an die *kinder gottes*, womit die Schwestern des Klosters gemeint sind. Ein Zyklus von 24 Predigten entnimmt sein jeweiliges Thema den Perikopen vom 14. Sonntag nach Trinitatis bis Sexagesima und konzentriert sich völlig auf das Leiden Christi. Die Predigten wurden unter Bezug auf die Perikopen des vorausgehenden Sonntags jeweils freitags gehalten und gliedern sich stets in zwei Teile. Zunächst bleibt Peter lose bei seiner Deutung der Perikope, im zweiten Teil verzichtet er auf den Textbezug und betrachtet Aspekte der *passio*. Dabei verwertet er lateinische Quellen: z.B. in der Predigt zum 4. Sonntag nach Epiphanias im ersten Predigtteil einen Sermo des Dominikaners Jacobus de Voragine, im zweiten – jeweils am Rande durch rotes Caputzeichen markiert – den anonym überlieferten Traktat ‚Liber vitae'. Seine Vorlage gibt Peter von Breslau indirekt preis, indem er in der ersten Predigt ankündigt, dass er vom Leiden des Herrn predigen und daraus ein *bůchelin des lebens* gestalten wolle. Bei jedem zweiten Predigtteil ist dann zu Beginn vom *bůch des lebens* die Rede.

Der ‚Liber vitae' wurde auch zweimal unter dem Titel ‚Buch des Lebens' anonym übersetzt. Eine alemannische Version ist im St. Galler Cod. 965 überliefert und eine jüngere nordbairische Übersetzung in einer Handschrift des Nürnberger Katharinenklosters, Berlin, mgo 467, enthalten.

Drei emblematische Predigten Peters von Breslau stechen hervor. Am 19. Sonntag nach Trinitatis bietet er, ausgehend von Mt 9,1 f. (*Ascendit Jesus ad naviculam etc.*), die Deutung eines Schiffs der Buße. Wer Christi Leiden richtig betrachten wolle, der müsse das Schiff der Buße besteigen, wobei das Schiff der Buße und das Schiff des Kreuzes Christi aufeinander bezogen werden. Dem „objektiv-heilsgeschichtlichen Bezug des Schiffleins auf das Kreuz Christi schließt sich die subjektiv-moralische Interpretation auf den Einzelchristen an" (D. Schmidtke). In einer späteren Predigt, die nicht zum Zyklus gehört, werden fünf Eigenschaften des Schiffes im Blick auf das Kreuz gedeutet. So sei das Schiff von der Trinität aus vier Hölzern gebaut, die viererlei Gnaden und Tugenden bedeuten, die dem Menschen in der Betrachtung des Leidens Christi im Menschen zuteilwerden usw. Auch Johannes Geiler sollte das Thema der geistlichen Schifffahrt später in Straßburg behandeln.

In einer weiteren Predigt bietet Peter von Breslau eine Deutung des ‚Geistlichen Fastnachtskrapfens'. Diese Predigt erhält mehrfach Rückverweise auf den Zyklus seiner 24 Passionspredigten. Die restlichen Predigten, sog. ‚Fest- und Gelegenheitspredigten', sind nach dem Kirchenjahr geordnet (Fronleichnam, Mariä Empfängnis, Weihnachten, Neujahr, Karfreitag und die Sieben Gaben des Hl. Geistes).

Der aus dem 1465 reformierten Ulmer Predigerkloster kommende J o h a n n e s Z i e r e r war dort bis 1478 Lesemeister und wurde dann im selben Jahr nach Straßburg berufen, um dort als Beichtvater die Schwestern in St. Nikolaus zu betreuen. Neben seiner Predigt zur Unbefleckten Empfängnis, die er im Kontext des Streits um das ungeklärte dogmatische Verständnis der *immaculata conceptio* gehalten hatte (vgl. S. 622), verfertigte er 1480 auch die einzige vollständige alemannische Übersetzung der ‚Imitatio Christi' des Thomas von Kempen (vgl. S. 471). In der Überschrift nennt er Thomas als Autor des Werks, eine der seltenen Zuweisungen an ihn in einer deutschen Übersetzung.

Beichtvater in St. Nikolaus von 1484 bis circa 1493 war J o h a n n e s v o n L i n d a u, der sich 1465 an der Universität Wien immatrikuliert hatte und dort ins observante Predigerkloster eintrat. Er war vor 1496 für einige Jahre Beichtvater und Prior zu Worms, kehrte dann aber nach Wien zurück, um ab 1496 als Beichtvater im observanten Kloster Tulln zu amtieren. Johannes war ein hochengagiertes Mitglied der Ursulabruderschaft, *die do genant ist sant Vrsule schiffleyn*. Diese hatte ihr Zentrum in Köln, wo die Reliquien der Heilige aufbewahrt wurden, genoss aber besonders im süddeutschen Raum, vor allem in Straßburg, große Popularität. Johannes, Mitglied des *ordens vrsprinklicher profeß* (also Observant), verfasste für Tulln, das ebenfalls einige Ursula-Reliquien besaß, die unikal überlieferte Schrift ‚*Von sand Vrsulen schifflein vnd der xj tausend junckfrauen pruderschafft*'.

Nach der Legende begab sich Ursula, bevor sie heiraten sollte, mit zehn Jungfrauen (die Zahl 11.000 geht auf einen frühen Lesefehler zurück) auf eine Wallfahrt nach Rom. In einem Traum wurde ihr verkündet, dass sie ein Martyrium erleiden würde. In Köln, wo die Hunnen die Stadt belagerten, wurden die Pilgerinnen dann gefangengenommen. Der Hunnenprinz verliebte sich in Ursula, sie lehnte seinen Heiratsantrag jedoch ab, woraufhin er sie mit einem Pfeil tötete. Ermordet wurden auch die Begleiterinnen. Über die Jahrhunderte wurde ihre Legende immer weiter ergänzt und ausgeschmückt.

In dem vierteiligen Werk berichtet Johannes nach einer Vorrede von geistlichen Bruderschaften im Allgemeinen, dann von der Ursulabruderschaft, Historisches über Tulln – über die Gründung, den Reliquienschatz und Wunder –, und schließlich bietet er eine Mitgliederliste der Bruderschaft sowie eine Zusammenstellung von dem, *was die söllen thůn, die sich lassen ein schreiben*: Er führt eine lange Liste von Gebetsleistungen auf.

Die Freiburger Klöster
Alle drei Dominikanerinnenklöster Freiburgs wurden reformiert. Indes ist nur wenig Eigenständiges von dort überliefert. Für eine Schrift aus dem 1465 reformierten Magdalenenkloster bleibt die Verfasserschaft ungeklärt. In der nur in Freiburg, cod. 219, überlieferten Übersetzung von Davids von Augsburg ‚Novizentraktat' (‚Formula de compositione hominis exterioris ad novitios'; vgl. Bd. II/2) wurde Davids Werk konsequent an die Lebensform von Dominikanerinnen angepasst. Dort stellt sich 1505 eine Katharina Ederin († 1544), Schwester im Magdalenenkloster, als mögliche Verfasserin heraus. In dieser Handschrift wird sie als Schwester des Konvents mit ihrem Sterbedatum 1544 genannt. Ob sie die Übersetzerin des Textes war, muss zwar noch offenbleiben, jedoch könnte die dort verwendete schwäbische Schreibsprache einen Hinweis auf die Identität der Übersetzerin liefern. Diese war also vielleicht 1505 erst neu aus dem Schwäbischen nach Freiburg gekommen, war noch nicht an Freiburger Schreibkonventionen angepasst und übertrug den Text von David von Augsburg in die Sprache ihrer Heimat. Das könnte zur Biographie von Katharina Ederin passen, die 1505 noch relativ jung gewesen sein muss.

Weitere Reformer der Nation Alsatia
Zu den bemerkenswertesten und literarisch ambitioniertesten Reformern unter den Dominikanern in der Nation Alsatia gehörte Johannes Kreutzer. Er wurde um 1424–28 im elsässischen Gebweiler geboren und begann 1442 sein Studium in Erfurt, das er als Magister artium abschloss. Als Säkularkleriker wurde er 1454 Münsterpfarrer der St. Laurentiuskirche in Straßburg und Großpönitentiar. 1451 kam es erneut zu einem – auch sonst nicht seltenen – Streit um das *ultimum vale* (letztes Lebewohl), bei

dem es um die Einnahmen des Pfarrklerus bei Todesfällen von Laien ging, was bei den Mendikanten erbitterten Widerstand hervorrief. Kreutzer bekämpfte, vor allem von der Predigtkanzel, die Bettelorden der Stadt aufs Heftigste. Das führte letztlich dazu, dass er 1456 mit dem Bann belegt und aus Straßburg verwiesen wurde. Denn er habe *zwytraht vnd vneynikeit zwúschen den pfaffen, den örden vnd der mennige* verursacht, so eine Schrift des Stadtrats. Die Mendikanten hatten sich durchgesetzt, obwohl die Straßburger Bürger und der Straßburger Bischof, der den Bann nicht anerkannte, auf Kreutzers Seite standen. Daraufhin intervenierte Kreutzer für das Anliegen des Säkularklerus in Rom, fand dort aber auch keine Zustimmung. Sodann wandte sich Kreutzer an den Bischof von Basel, der den Bann für nichtig erklärte. 1457 setzte Kreutzer sein Theologiestudium an der Universität Heidelberg fort, erwarb das Baccalaureat und wurde 1459 Domherr in Basel, verbunden mit der Verpflichtung zur regelmäßigen Lehr- und Predigttätigkeit. 1460 ist er Professor an der dortigen neugegründeten Universität, bald erster Dekan der Artistenfakultät; nach der Promotion zum Doktor der Theologie (1461 in Heidelberg) wurde er 1461–62 Rektor in Basel. 1465 wurde der vom reformierten Basler Predigerkonvent sehr beeindruckte Kreutzer zum ‚Konvertiten' und trat 1465 als Novize in den Predigerorden in seiner Heimat Gebweiler ein. Es war die Perspektive eines Lebens in strenger Observanz, die Kreutzer zum Beitritt bewegte, weshalb der Konvent vor seinem Eintritt auf seine Initiative hin observant wurde. Die Wiedererrichtung des 1442 aufgelassenen dortigen Frauenklosters Engelporten, dessen Versorgung durch das Männerkloster finanziert werden sollte, hatte Kreutzer zur Bedingung für seinen Eintritt in den Orden gemacht. Nach der Besiedlung Engelportens i.J. 1466 durch Observantinnen leistete er Profess. Der charismatische Prediger, der auch Johannes Geiler 1466 in Basel begeisterte, wurde nun zum übereifrigen Förderer der Observanz und machte schnell Karriere im Orden. Kurzfristig war er 1467 Lektor in Nürnberg, dann ein Jahr später Prior in Gebweiler. 1468 reiste er nach Rom, in erster Linie um eine Reform des Straßburger Frauenklosters St. Agnes zu erreichen. Dort starb Kreutzer, der laut Johannes Meyer ein *fürtrefflich, tugentlich leben* geführt hatte.

Kreutzers überlieferte deutsche Schriften, allesamt in seiner kurzen Zeit als Dominikaner entstanden, sind in vier Handschriften enthalten; zwei stammen aus St. Nikolaus in undis in Straßburg (Berlin, mgq 158 und 202). Am Anfang des umfangreichen Codex mgq 158 (v.J. 1469) heißt es, dass das, *waz in dissem búch stot, ist alles des Meister Johannes krúczers lere*; es handelt sich also um eine Art ‚Ausgabe letzter Hand', die Kreutzer oder Mitbrüder möglicherweise in Gebweiler zusammenstellten und zur Abschrift nach Straßburg weitergaben. Die dritte (Stuttgart, Cod. theol. et philos. 4° 190) wurde aus dem südlichen Elsass ins observante schwäbische Klarissenkloster Pfullingen gebracht, die vierte, die Moskauer Handschrift mit den Katharinen- und Barbara-Legenden (vgl. S. 359), stammt aus dem Straßburger Magdalenenkloster und enthält von Kreutzer nur den ‚Geistlichen Mai', ‚Eine geistliche Ernte' und ‚Herbstjubel' I und II. Kreutzers Gesamtwerk ist mit einer Ausnahme ausschließlich an Nonnen gerichtet, die er häufig direkt anspricht, was auch den gehobenen argumentativen Anspruch erklärt. So legt er z.B. bisweilen Stellen nach dem vierfachen Schriftsinn unter Verwendung entsprechender gelehrter Terminologie aus.

Gleich zu Beginn von mgq 158 steht Kreutzers umfangreichstes, aber zugleich letztes Werk, ein unvollendeter ‚Hohelied-Kommentar' (*ist leider vnvolbroht bliben*), in dem er nicht das ganze biblische Buch auslegt, sondern nur die Kapitel 1–2,13a. Er folgt dabei seinem Vorbild Bernhard, der sich in seinen 86 Hoheliedpredigten auch auf diese Verse beschränkte. Zum Schluss heißt es, Kreutzer sei nach Abschluss der *lesten puncten ... gezucket von dem lieht disser welt durch den natürlichen dot zů der ewigen selikeit*. Im ‚Kommentar' stimmen mehrere Stellen z.T. wörtlich mit anderen von ihm verfassten Werken überein, so etwa mit dem ‚Geistlichen Mai' und der ‚Unterweisung an eine Klosterfrau'. Es ist eher anzunehmen, dass er Einzelauslegungen von Hohelied-Stellen schon früher erarbeitet hatte und als Stofffundus in verschiedene Schriften übernahm (so D. Schmidtke), als dass er für den Kommentar einfach die beiden älteren Werke verwertete.

In einem Vorwort mit dem Psalmvers 136,3, *singen vnß von den liederen syon*, ermahnt er sein *liebes kint ... daz liedelin götlicher minne* zu singen, um dadurch das Verlangen zu stärken, die Geliebte des Herrn zu werden. Sodann deutet Kreutzer die Hoheliedverse allegorisch, um dabei den Weg zu weisen, wie dieses Ziel erreicht werden kann, wobei er nach jedem Vers eine eingehende exegetische Auslegung bietet. Zunächst wird im Gespräch der Braut mit den Gespielinnen die letztlich nichtige Liebe zu Menschen thematisiert, die Barmherzigkeit des Herrn führe zur Reue und schließlich zur Bereitschaft, Leid zu erdulden. Es kommt zu einem Zwiegespräch zwischen Braut und Bräutigam (Kap. 1,8–16a), wo es um die von der Braut gepriesene Schönheit des Bräutigams geht. Als Sohn Gottes bleibt er aber nicht fass- oder beschreibbar, daher sei er höchstens bildlos zu erfahren. Wie in den Werken anderer Observanten geht es auch Kreutzer bei der allegorischen Auslegung der Liebe zu und der Vermählung mit Gott keineswegs um eine Wesenseinung mit Gott, sondern um die schlichte Überhöhung des Gnadenlebens. Die Braut habe ihr Tun dem Willen Gottes völlig unterzuordnen. Eingehend zeichnet Kreutzer den Weg zu diesem Ziel.

Nach einigen Tugendsprüchen Bernhards folgt in mgq 158 eine ‚Unterweisung an eine Klosterfrau', in der Kreutzer drei Regeln erläutert, die den Schwestern auf ihrem Weg zur Vollkommenheit behilflich sein können. Die erste handelt davon, wie eine Schwester sich richtig gegenüber sich selber zu verhalten habe. Sie müsse alles lassen, alle Menschen, die ihr wichtig seien, Leib und Geist sowie das Bemühen um die überfließenden Gnaden Gottes, denn die gibt Gott *nit ieglichem, sunder wem er wil vnd wie vil er wil*. Die Schwestern sollten Maß halten bei den geistlichen Übungen, denn es gehe vor allem um Bescheidenheit beim Voranschreiten. Zudem sollten die Schwestern Leid nicht nur ertragen, sondern, weil es von Gott gewollt sei, freudig annehmen, zumal man ihn darin finde. Die zweite Regel fordert von der Nonne Liebe zu den Mitmenschen, vor allem den Kranken, aber auch zu den Sündern. Die dritte Regel handelt vom Verhalten gegenüber Gott, wobei Kreutzer zunächst auf den Bräutigam nach der Beschreibung in Ct 5,10ff. eingeht. Er warnt, sich nicht am Buchstaben und Bild festzuklammern. Das Verhältnis der Seele zum Herrn fasst er in drei Regeln zusammen, die Gottförmigkeit, die drei göttlichen Tugenden – Glaube, Hoffnung, Liebe – und Treue zum Thema haben.

Diese Regeln thematisiert Kreutzer zu Beginn seines ‚Sendbriefs an einen Klosterbruder', seines einzigen an männliche Rezipienten gerichteten Werks. Daran anschließend deutet er allegorisch einen reich gedeckten Tisch als Bild dafür, wie sich Gott den Menschen anbiete. Es folgt in der Handschrift ein ‚Sendbrief an Klosterfrauen', worin Kreutzer dazu aufruft, sich dem Herrn zu nähern, was sich mit den geradezu idealen Vorteilen des Klosterlebens verwirklichen lasse.

Eine Reihe von Kreutzers Schriften sind dingallegorische Traktate. Zu seinen umfangreichsten Werken gehört der mit dem ‚Hoheliedkommentar' verbundene ‚Geistliche Mai', der dementsprechend ebenfalls als direkte Bernhard-Rezeption zu werten ist. In einer ausführlichen Einleitung deutet Kreutzer den Garten des Bräutigams als Sinnbild des Paradieses, wobei *tropologisch vnd geistlich* die christliche Gemeinschaft und *anagogisch* das himmlische Vaterland zu verstehen seien. Die Verwendung derartiger exegetischer Begrifflichkeit ist in der volkssprachlichen Literatur der Zeit selten und lässt auf das besondere Niveau seines Adressatinnenkreises schließen. Anschließend werden zwölf Mai- – oder alternativ – Gartenfreuden ausgelegt, um die Rezipientinnen in ihr geistliches *gewerbe* einzuführen. Nach in Kapitel gegliederten Auslegungen von dreierlei Gärten und fünf Brunnen kommt Kreutzer zur allegorischen Deutung eines Palasts (Ct 1,17) und eines weichen Bettes, in das die Braut ihren Geliebten einlade. Die siebten und achten Maifreuden sind die Speisekammer und der Weinkeller des Palasts, die neunte ist dann das Herrenmahl, bei dem die Trinität als Gastgeber agiert. Es folgen Auslegungen vier verschiedener Bäder, eines Saitenspiels und schließlich des Gesangs diverser Vögel. Auch in diesem Werk geht es wie im ‚Hoheliedkommentar' bei der Minne zwischen Braut und Bräutigam um ein Streben nach einer absoluten Anpassung an den Willen Gottes. Das observante Leben der Adressatinnen soll anhand einer Darstellung und Deutung der bräutlichen Christusminne im Zeichen der *fruitio dei* (des Genießens Gottes) unterstützt und bestärkt werden. Nachdem der Bräutigam die Braut in den Garten mit den Maifreuden geführt hat, leitet sie ihn jetzt zur ‚Geistlichen Ernte' hin, um so zu ermöglichen, dass sie an den Früchten des übenden Lebens teilhaben kann. Anschließend an die Erzählung vom biblischen Boas und der Ährenleserin Ruth, die sich lieben und heiraten, deutet Kreutzer das biblische Buch Ruth, Kapitel 2, allegorisch, indem er eine Regel in fünf Punkten bietet, die wiederum das strenge Ordensleben thematisiert.

Zu Kreutzers dingallegorischen Traktaten gehört auch das umfangreiche ‚Goldene Wiegelein', in dem exegetisch eine Wiege für das Jesuskind erstellt wird. Detailliert legt er entsprechende Gegenstände aus und bezieht sie zugleich auf das klösterliche Leben. Die Bretter bestehen z.B. allegorisch aus Gottes- und Nächstenliebe und sind mit Tugenden reich verziert. Das Zubehör soll von den Adressatinnen mit Betrachtungs- und Tugendübungen hergestellt werden, so etwa ein Kissen, das als intensive Betrachtung von Christi Leiden gedeutet wird. Schließlich geht Kreutzer darauf ein, wie die prachtvolle Wiege für eine Schwester durch Laster, d.h. das Verlangen nach weltlichen Dingen, nach und nach wieder vernichtet werden kann.

Von Kreutzer stammen auch elf nichtliturgische Predigten in Berlin, mgq 158. Die erste handelt vom Nutzen des zeitlichen Leidens und wie man sich darin verhalten soll. Man solle Leiden mit *rehter worer gelossenheit* ertragen; alles, was Gottes Wille ist, müsse der Mensch bereitwillig annehmen. Es schließen sich zehn Serienpredigten zum Empfang der Eucharistie an, in denen Kreutzer ausführlich auf Bedeutung, Voraussetzungen und Wirkungen des Kommunionempfangs eingeht sowie auf die Gefahren des unwürdigen Empfangs, der die ewige Verdammnis zur Folge habe. In einer ausführlichen ‚Vaterunserauslegung' weist er vor der Deutung der einzelnen Verse vor allem darauf hin, dass es stärker auf die innere Einstellung beim Beten ankomme als auf das korrekte Sprechen des Gebets. In dem Kurztraktat ‚Von den sieben Ausflüssen der Andacht' differenziert Kreutzer zwischen der „wesenhaften Andacht", dem Wunsch, sich Gott oder den Dingen, die sich mit ihm verbinden, hinzuwenden, und der „wirksamen Andacht", dem Überschwang des Verlangens (*überswang der feißten begirde*), der sich wiederum in sieben Ausflüsse ergieße. Beginnend mit der Furcht, von Gott getrennt zu werden, über Leiden, Verlangen, Mitleid, Liebe und Freude kommt Kreutzer schließlich beim siebten Ausfluss an, der Verwunderung ob der großen Vielfalt der göttlichen Werke. Es gehe letztlich nicht um eine Andacht der Worte, sondern um ein Aufgehen in Gott (*vfgang des gemůtes in got*), wobei die *innewendige begirde die vßwendigen wort* spreche. In dem Traktat ‚Von dem inwendigen Leiden Christi' geht Kreutzer nicht so sehr auf die vier inwendigen als vielmehr auf sieben äußere (*vßwendige*) Kümmernisse für Christus ein, etwa die Sünde, die Undankbarkeit der Menschen sowie das Mitleiden mit sich selber und seiner Mutter. Jedenfalls sei das inwendige Leiden Christi größer gewesen als das äußere.

Kreutzer verfasste eine Reihe von Kurztraktaten, in denen seine Vorliebe für Allegorese ebenfalls zum Vorschein kommt. So werden in ‚Herbstjubel I' (oder auch ‚Herbstmost') die Weinlese und das Keltern auf die Passion Christi hin gedeutet, in ‚Herbstjubel II' werden dann die beglückenden Erfahrungen der *gottßtrunkne[n] liebhaberin* geschildert, die sie an dem *vollen richflússigen herbst* mit *dissem gúten win*, dem *geist* des Herrn, erfahren durfte. ‚Herbstjubel I' wurde als einziges Werk Kreutzers gedruckt: Es ist einem Basler Druck einer Teilübersetzung des ‚Stimulus amoris' (Offizin des Nikolaus Lamparter 1509) als letztes Stück beigefügt. In zwei Traktaten zur ‚Martinsnacht' behandelt Kreutzer im ersten den Kontrast zwischen Gott und seinen Geschöpfen und im zweiten das Verhältnis zwischen der von ihm immer wieder thematisierten Gottestrunkenheit im Diesseits und deren Vollendung im Jenseits. Im ‚Weihnachtsjubel' und in ‚Osterjubel' I bis III geht es um eine Vertiefung der heilsgeschichtlichen Ereignisse, während Kreutzer in den beiden dingallegorischen Traktaten, dem ‚Geistlichen Fastnachtsküchlein' und dem ‚Geistlichen Maimus', die Zutaten von Süßspeisen auslegt, ein Deutungsverfahren, das später dann Johannes Geiler in Predigten aufgriff. So sind beim Krapfen das Mehl der Leib Christi, die Milch seine Seele und die Eier seine menschliche und göttliche Natur. Beim ‚Maimus' stehen die Butter für die Gottheit Christi, die Milch für seine Menschheit, die Eier für die Trinität und der Zucker für die Seele Christi. In beiden Traktaten setzt die Herstellung und das genussvolle Verspeisen der Leckereien eine Abkehr von der Welt unter Hinwendung zu Gott voraus; im ‚Maimus' wird dies zu einer Verpflichtung zur *vita contemplativa* fortgeführt. Im ‚Geistlichen Maikäse' dient der Käse zu einer allegorischen Deutung der Auferstehung. Die aus dem jungfräulichen Leib Mariens gewonnene süße Maimilch Jesus gerinnt später durch Leiden, um dann von den Schäfern – den üblen Juden – in eine Form gedrückt, d.h. gekreuzigt zu werden, woraufhin alles Blut *von im flosz*, was ihn zum harten Käse werden ließ. Durch die Auferstehung sei der Käse dann allerdings weich und süß und, wie der Krapfen und das Maimus, zur richtigen Speise für die Gläubigen geworden.

Dingallegorische Schriften wie die von Kreutzer eigneten sich, um die Aufmerksamkeit der Adressatinnen anzuregen und es mithin zu ermöglichen, sich eine durchaus anspruchsvolle Lehre besser einzuprägen. Gerade im 15. Jahrhundert und vor allem im Rahmen des Observanzschrifttums erreichten derart gestaltete Predigten und Traktate ihren Höhepunkt. In Kreutzer wird erneut ein hochengagierter Reformer sichtbar, der versucht, seine Adressatinnen intellektuell ernster zu nehmen, als dies die meisten anderen observanten Seelsorger zu tun pflegten. Die spärliche Überlieferung von nur vier Handschriften und einem Druck machen es schwierig, den Erfolg seiner Bemühungen und die Resonanz auf diese Einstellung einzuschätzen.

Höchstwahrscheinlich nicht von Kreutzer stammt eine Sammlung von 16 geistlichen Liedern, die in einem Anhang zu Traktaten von ihm in der Stuttgarter Handschrift überliefert ist. Wegen der zeitweiligen Aufbewahrung der unterelsässischen Handschrift im schwäbischen observanten Klarissenkloster Pfullingen bekam der gesamte Codex den irreführenden Namen ‚Pfullinger Liederhandschrift' (um 1470/80). Die Lieder ordnen sich locker ins liturgische Jahr ein – Fastnacht, Weihnachten und Neujahr, Mai und (Frühlings-)Bad – und lassen bisweilen eine enge Verwandtschaft zu Kreutzers Schriften erkennen, sogar gelegentliche Anklänge im Wortlaut. In den Liedern wirkt bisweilen auch die mystische Tradition nach – so wird in einem Lied ein *grundeloß vernichten* propagiert –, andere handeln beispielsweise von der Geburt Christi in der Seele, von Christus und der Seele als seiner Braut oder von Maria. Die Forschung geht davon aus, dass als Verfasser Dominikaner aus Kreutzers Umkreis in Frage kommen, die wohl observante Dominikanerinnen mit Liedern bei der Festigung einer asketischen Lebensform unterstützen wollten.

Zwar sind die Lieder, die bis zu elf Strophen umfassen, nicht mit Melodien versehen, es lässt sich aber gut erkennen, dass es sich beim überwiegenden Teil um geistliche Kontrafakturen, also geistliche Umdichtungen von weltlichen Liedern, handelt. Der dreimal verwendete Begriff *Contrafact(um)* ist hier zum ersten Mal belegt und will bedeuten, dass die Lieder als Gegenstücke zu den genannten weltlichen Liedern zu verstehen sind, und zwar mit geistlicher Zielrichtung (*Contrafäct uff einen geistlichen sinn*). Man könnte mit Blick auf die allegorisch strukturierten Werke Kreutzers von einer „Kontrafaktur als Denkform" (B. Wachinger) oder auch als Metapher sprechen, denn dort werden weltliche Situationen oder Gegenstände geistlich aus- und umgedeutet.

Die richtige Wirkung der Lieder setzt Kenntnis des weltlichen Gegenstücks voraus. So wird z.B. in der Stuttgarter Handschrift aus dem weltlichen ‚Pfaffenliedlein' (*Es hat ein bawr sein fraw verlorn*), in dem sowohl über einen einfältigen Bauern, der seine Frau im Pfarrhaus sucht, als auch über den geilen Kleriker, mit dem sie zusammen ist, gespottet wird, ein erbauliches Lied mit der gleichen Melodie gestaltet. Die geistliche Kontrafaktur beginnt mit einem leicht veränderten ersten Satz, verwandelt das Spottlied zu einem elfstrophigen Dialog zwischen einem Priester und einem Sünder, der zur Buße gemahnt wird (*Es hat ein mönsch gotts huld verlorn*).

Ein enger Freund Kreutzers war der bereits häufig zitierte bedeutende Reformer und Ordenschronist Johannes Meyer, dessen Œuvre sich aber keineswegs auf Ordenschroniken beschränkt. Meyer wurde 1422/23 in Zürich geboren und kam 1432 als Neunjähriger ins dortige Predigerkloster, wechselte aber zehn Jahre später nach Basel in den observanten Konvent, wo er von Johannes von Mainz (vgl. S. 292) unterrichtet wurde und den festen Entschluss fasste, sein Leben ganz der Durchsetzung der Observanzbewegung zu widmen. Allerdings war Meyer kränklich und wurde deswegen nicht zum Studium generale nach Köln geschickt. Nachdem er zum Priester geweiht war, wurde er von Basel aus als Beichtvater in mehreren reformierten Frauenklöstern eingesetzt: zunächst 1454 in Bern, dann von 1458–1465 als Nachfolger von Johannes von Mainz in Schönensteinbach, ab 1467 im Kloster Silo in Schlettstadt, dann 1473 kurz bei den Magdalenerinnen in Freiburg. Von 1473 bis 1477 betreute er den Konvent Liebenau bei Worms, 1475 half er in Speyer aus, 1482 war er in drei Freiburger Dominikanerinnenklöstern tätig, die er 1465 selbst reformiert hatte.

Im Jahr 1465 wechselte Meyer vom Basler Kloster in den von Kreutzer reformierten Gebweiler Konvent, wo er sich 1470/71 aufhielt. 1474 beteiligte er sich an der Reform des Frankfurter Predigerklosters. Als Graf Ulrich V. 1478 nach Gründung des observanten Stuttgarter Dominikanerkonvents i.J. 1473 beim Orden um die Reform der Frauenklöster von Württemberg nachsuchte, half Meyer dem Reformer Jakob Fabri von Stubach bei der Durchsetzung der Observanz in Weiler bei Esslingen, Kirchheim unter Teck, Reuthin bei Wildberg und Steinheim/Murr. Dafür rekrutierte Meyer geeignete Schwestern aus Straßburg und Schlettstadt, wie etwa die Chronistin Magdalena Kremerin (vgl. S. 345). Während er versuchte, das widerstrebende Kloster Offenhausen zu reformieren, erkrankte er und wurde abberufen. Der Orden feierte 1482 in Basel Meyers 50jähriges Ordensjubiläum; die Schreiben von Würdenträgern zeugen von der hohen Anerkennung für seinen außerordentlichen Einsatz im Dienste der Observanz. Meyer starb 1485 und wurde in der Kirche des von ihm einst reformierten Freiburger Frauenklosters Adelhausen bestattet.

Meyers umfangreiches Œuvre richtet sich ausschließlich an Mitglieder des eigenen Ordens, die deutschen Werke sind allesamt für die Schwestern konzipiert. In seinem Schrifttum finden sich sowohl Übersetzungen, die er mitunter im Blick auf sein illiterates Publikum modifizierte und umgestaltete, als auch eigenständige Schriften. Sein Ziel blieb stets, durch Literatur die Observanz in den Konventen zu festigen. Nicht zufällig ist sein erstes Werk, das 1454 in Bern entstandene ‚Buch der Ämter‘, eine Art Regelwerk, in dem er die 23 Ämter, von der Priorin bis zur Gärtnerin, und die damit verbundenen Pflichten in den Frauenklöstern genauestens beschreibt. 1455 ergänzte er das Werk mit seinem ‚Buch der Ersetzung‘ (Ergänzung).

In der Überschrift des ‚Buchs der Ämter‘ wird mitgeteilt, das Werk sei *zůsammen gefügt* auf der Grundlage des *latijnischen ampt bůch[s] Meister vmberti von einem brůder des selben ordens zů baszel*. In der Tat basiert das Werk hauptsächlich auf dem ursprünglich für die Ordensbrüder verfassten ‚Liber de instructione officialium ordinis praedicatorum‘ des Humbert von Romans, das Meyer sehr geschickt für die Frauen des Ordens umgestaltet.

Dabei kürzt er, übersetzt teils wörtlich und dann wieder sehr frei, auch von persönlichen Erfahrungen berichtet er immer wieder. Von besonderem literarhistorischen Interesse sind Meyers fünf Kapitel zu den Ämtern der Novizinnen-, Buch- und Lesemeisterin, der Tischleserin und der *Correctrix mensae*.

Am ausführlichsten beschreibt Meyer die Aufgaben der Schwester, die Novizinnen zu betreuen hatte, was zweifellos zu den verantwortungsvollsten Ämtern gehörte. Den jungen Frauen sollte z.B. beigebracht werden, das *sü nimmer seyent müsig in iren zellen*, sie sollten *nützliches* tun, *es sey lesen oder schriben oder beten* u.a.m. Begabten Schwestern sollte durchaus Zugang zu höherer Bildung gewährt werden (etwa zur *kunst der grammaticka*), allerdings dürfe dies nicht zu *höchtvertikeit* führen. Sobald sie Latein verstünden, so sollten sie sich *nit geben darnach zů weltlicher kunst oder zů süptilen dingen, mer zu schlechten dingen* (einfachen Gegenständen). Was diese einfachen lateinischen Werke sind, listet Meyer auf: Hugos von St. Viktor Kommentar zur Augustinusregel, das Hugo irrtümlich zugeschriebene ‚De claustro animae' des Hugo de Folieto, die Werke Bernhards von Clairvaux, die Gebete des Anselm von Canterbury, die ‚Collationes patrum' und die ‚Vitaspatrum', Legenden, der Traktat ‚Stimulus amoris' und vieles andere mehr. Dabei sollten die Schwestern es nicht übertreiben: *sü sollent auch nit sein zů gijtig vnd begirig vff die bücher.*

Zu den Aufgaben der Buchmeisterin gehört laut Meyer die Einrichtung einer Bibliothek, in der die Bücher vor Naturgewalten, Feuchtigkeit, Schimmel und Würmern geschützt seien. Die lateinischen Bücher seien von den deutschen zu trennen, wobei die lateinischen z.B. auch im Haus des Priesters aufbewahrt werden könnten. Es sollte zudem ein Bibliotheksverzeichnis angelegt werden, für dessen Ordnung Meyer detaillierte Angaben macht: Jeder *pulpet* (Gestell mit schrägen Flächen) sollte mit einem Buchstaben, jedes darauf liegende Buch zudem mit einer Zahl versehen werden (*Aj, Aij, Aiii* usw.). Die Handschriften sollten textlich korrigiert und nach Bedarf gebunden werden sowie ein Inhaltsverzeichnis erhalten. Zudem sollte ein Besitzvermerk des jeweiligen Klosters angebracht sowie Schenkungen vermerkt werden: etwa *dis bůch hat geben der erwirdig herr* usw. Eine Buchmeisterin habe sich sehr zu bemühen, *das man hab oder gewinn maniger hand bücher*, denn sie seien notwendig als Trost für die *gůtwilligen beschlossnen closter frawen*. Habe man Dubletten, *so mag man die besten behalten vnd die andern mit vrloup* (Erlaubnis) *verkauffen vnd das gelt keren in ander bücher, die man nit hat. Vnd das mag man auch tůn mit den alten vnleszlichen bücher oder die sust nit tröstlichen seint.* Es sollte ein Register vorhanden sein, worin man das längere Ausleihen eines Bandes etwa an andere Klöster – was Meyer als wünschenswert betrachtet – sorgfältig zu dokumentieren habe. Wer ausleihe, habe den Empfang der Leihgabe mit einem *briefflin* zu bestätigen und ein Pfand zu hinterlegen. Dies gelte für *geistlich oder weltlich frawen oder man*. Hier wird deutlich, dass auch aus Frauenklöstern ohne nennenswerte Bedenken Bücher an Laien zur Abschrift ausgeliehen werden konnten.

Die Tischleserin sollte selbstverständlich über gute Fähigkeiten zum Vorlesen von Texten *ad mensam* verfügen. Sie soll *nit zů nider noch zů hoh, zů linsz oder zů lüt* vortragen. Bei Fehlern müsse die *correctrix mensae* eingreifen. Zum Vortrag am Mittagstisch, *in dem nacht mal oder in der collacion* werden von Meyer geeignete Texte vorgeschlagen, vor allem Predigten, Legenden und die Ordensregeln.

In Meyers detaillierten Ausführungen wird deutlich, für wie zentral die Brüder das Buchwesen in einem observanten Frauenkloster erachteten. Man ging von durchwegs lese- und schreibfähigen, mitunter auch höher gebildeten Frauen aus, denen sinnvolle Beschäftigung geboten werden musste, wenn man von ihnen erwartete, die strengen Gebote der Observanz zu befolgen. Das ‚Buch der Ämter' ist in sieben Handschriften überliefert, die allesamt aus reformierten Konventen stammen. Sechs davon kommen aus dem Südwesten, eine aus dem Nürnberger Katharinenkloster.

Eine weitere, allerdings enger an der Vorlage orientierte Übersetzung von Humberts ‚Liber' ist wohl Jahrzehnte vor Meyers Werk – vermutlich auch im Südwesten, was alemannische Anklänge nahelegen – verfasst worden. Sie ist in einer im Nürnberger Katharinenkloster entstandenen Abschrift in der Handschrift Nürnberg, Cod. Cent. VI, 43^h, überliefert.

In fast jedem Textzeugen des ‚Buchs der Ämter' folgt dessen Ergänzung, das ‚Buch der Ersetzung', das ein disparates Gemisch bietet, in dem Meyer verschiedene Aspekte des Ordenslebens anspricht. Er hebt in zehn Kapiteln die dominikanischen Frauenkonvente von denen der anderen Orden ab, behandelt die anzustrebende geistliche Haltung der Schwestern am Beispiel der strengen Klausur, erzählt von der Geschichte des weiblichen Zweigs und dessen wechselndem Verhältnis zum Männerorden, beschreibt die Teutonia und informiert über die Gewohnheiten und Andachtsübungen verschiedener Klöster. Schließlich bietet er eine Chronik der Generalmeister sowie eine Ordenschronik. In diesem Ergänzungswerk verwertet er diverse Quellen, etwa Humberts ‚Sermones ad omnem statum', die ‚Vitas fratrum' des Gerard von Fracheto und das ‚Bonum universale de apibus' des brabantischen Dominikaners Thomas von Cantimpré. Im zweiten Kapitel bietet er eine Variante der Herzklosterallegorie, im zehnten fügt er ‚Die geistliche Meerfahrt' Margaretas von Masmünster ein (vgl. S. 289).

In seiner Zeit als Beichtvater in Bern (1454–1458?) verfasste Meyer die ‚Chronik des Inselklosters St. Michael in Bern', die nur in einer aus dem Nürnberger Katharinenkloster stammenden, heute Breslauer Handschrift (Cod. IV F 194a) überliefert ist. Mit diesem Werk beginnt seine Beschäftigung mit der Gattung Klosterchronik. Bei dem Codex handelt es sich um die Abschrift eines von Meyer zusammengestellten Sammelwerks, in dem auch ein Teil seiner Redaktion des ‚Ötenbacher Schwesternbuchs' (vgl. S. 325) enthalten ist sowie das ‚Geistliche Mahnschreiben' seines Lehrers Johannes von Mainz (vgl. S. 292). Als Abschluss des ‚Ötenbacher Schwesternbuchs' fügt er eine Vita der Ötenbacher Schwester Margarethe Stülinger († 1447) hinzu. Er schreibt, dass er als Grundlage Material verwendet habe, das die Ötenbacher Schwestern in Ermangelung eigener Schriften Margarethes nach ihrem Tod zusammengestellt und ihm zur Aufbereitung nach Bern geschickt hätten. Für die Chronik des Inselkosters nutzt Meyer ausführlich das Klosterarchiv und berichtet nach einer Einführung in 55 Kapiteln von der Geschichte des Klosters, und zwar von dessen Stiftung i.J. 1286 bis zu seiner eigenen Amtszeit (1455), bei besonderer Betonung der Reform (der *wider bringung* 1439). In den Kapiteln 45–51 erzählt er die Viten von vorbildlichen Reformschwestern, in den letzten vier Kapiteln geht er dann auf Aspekte eines regelkonformen Lebens ein. Auch hier mahnt er eindringlich: *Begeret keiner sunderlichen offenwarung noch gesycht, wann leider vil menschen do von betrogen werent.*

In Bern verfertigte Meyer auch eine Redaktion des ‚Regelbuchs des Inselklosters', eine Sammlung von Ordenskonstitutionen, Briefen und Reformstatuten, sowie, zusammen mit der Priorin Anna von Sissach, den ‚Liber vitae', ein Verzeichnis der Schwestern und Beichtväter mit kurzen historischen Einschüben.

Zwischen 1466–1471 verfasste Meyer zwei lateinische und vier deutsche Werke, die zu den wichtigsten seines literarischen Schaffens gehören. Er wandte sich nun der Chronistik zu, zunächst mit einem sechsteiligen, aus vielen Quellen zusammengetragenen lateinischen ‚**Liber de illustribus viris ordinis praedicatorum**' v.J. 1466. Das Werk steht in einer langen literarischen Tradition, die bis zu dem von Sueton inspirierten ‚De viris illustribus' des Hieronymus zurückreicht und ebenfalls in anderen Orden anzutreffen ist. Zu dieser Tradition gehören die ‚Vitas fratrum' Gerards und, davon abgeleitet, auch die sog. Schwesternbücher (vgl. Bd. III/1). Solche Werke dienten der observanten Identitätsstiftung, und Meyer schreibt in seiner Widmung, dass er den späten Novizen Johannes Kreutzer, der sich damals in Gebweiler befand, über die wichtigsten herausragenden Gestalten des Ordens informieren will, d.h. auch über diejenigen, die diesen reformierten. Zunächst bietet Meyer eine katalogartige Zusammenstellung von 221 Ordensmitgliedern, später trägt er 14 weitere nach. Die Brüder und Schwestern, die sich durch besondere Frömmigkeit auszeichneten, sind in Teil I und VI aufgeführt, diejenigen, die Martyrien erlitten, in Teil II, die als Prälaten und Gelehrte herausragten, in Teil III bzw. IV, sowie die als Reformer – vor allem in der Teutonia – tätig waren, in Teil V.

1470 übergab Meyer eine ‚**Chronica brevis ordinis praedicatorum**' dem Generalvikar der Observanten in der Teutonia, Innozenz

Ringelhammer, anlässlich von dessen Visitation in Gebweiler. Hier bietet er eine Chronik der Generalmeister wie im 9. Kapitel des ‚Buchs der Ersetzung', nur ausführlicher und, dem Niveau des Beschenkten entsprechend, anspruchsvoller. Seine Hauptquelle ist die ‚Chronica brevis' des Dominikaners Jakob von Soest. In der Einleitung und in einem Nachtrag bittet er die Leser, das Werk nicht als *chronica temporum* zu lesen, womit man seine Neugierde befriedige, sondern es solle bei einem Vergleich mit den Altvorderen zur Selbsterkenntnis und zum wahren Ordensleben anregen.

Das bedeutendste, umfangreichste und erfolgreichste Werk Meyers war das 1468 abgeschlossene und oben bereits mehrfach zitierte ‚Buch der Reformacio Predigerordens'. Der erste Teil dieser umfangreichen Chronik berichtet ausführlich von der Reform Schönensteinbachs, und zwar weitgehend auf der Basis der verschollenen Chronik des Johannes von Mainz. Die Gestaltung steht ganz in der Tradition der von dominikanischen Nonnen verfassten Schwesternbücher des 14. Jahrhunderts, die Meyer nicht nur sehr gut kannte, sondern von denen er vier sogar neu herausgab (s.u.). Im ersten *bůch* schildert er die frühe Geschichte Schönensteinbachs bis zur Aufgabe des Hauses durch die Augustiner, im zweiten geht es dann um die Neugründung durch den Predigerorden i.J. 1397. Im *dritten bůch* erzählt er im Stil der Schwesternviten vom *hailgen, andechtigen* Leben der ersten 19 Schwestern *und och von etlichen miracklen, die by in geschechen sind*. Bevor er jedoch mit den Biographien beginnt, stellt er ein längeres Kapitel voran, das eine *vermanliche warnung* bieten wolle, *woby man bekenen sol, ob ains gůten menschen hailigkait gerecht sy und gesicht und visionen warhafftig*. Wie in der ‚Berner Chronik' und in der Tradition der dominikanischen *cura monialium* warnt er die Leserinnen vor vermeintlich mirakulösen göttlichen Gnadenerweisen, nur wesentlich ausführlicher. Er habe in seinem Werk aus zwei Gründen von *gesicht und offenbarung* nur wenig sagen wollen, zum einen, weil es für das Seelenheil sinnvoller sei, über Tugenden zu schreiben als über *offenbarungen, trömen vnd erschinungen*, und zum anderen, weil die Gefahr, vom Teufel betrogen zu werden, bei solchen Erlebnissen sehr groß sei. Meyer erläutert sodann sieben Kriterien, die zu beachten seien, wenn es um die Bewertung von supranaturalen Erfahrungen gehen soll. Selbstverständlich müsse die Betreffende sehr tugendhaft und demütig sein, besonders wichtig sei aber auch, dass *sy lebet under der gehorsami und zucht aines erfarnen, tugentreichen gaistlichen vatters bewert von der hailgen kirchen*. Nach dem Tode seien Wunder erforderlich, um eine wahre Begnadung zu bestätigen. So wie die überaus vorbildlichen Schwestern, von denen Wunderbares in den alten Schwesternbüchern berichtet wird, erfuhren auch die ersten Schönensteinbacherinnen gewisse besondere Begnadungen, die sich selbstverständlich in dem von Meyer beschriebenen Rahmen ereigneten. Im vierten Teil erzählt er dann von Brüdern, die sich in Schönensteinbach und anderswo für die Observanz eingesetzt hatten. Es folgt im fünften und längsten Teil eine detaillierte Chronik der Ausbreitung der Reform in Männer- und Frauenklöstern der Teutonia bis 1468. Dabei berichtet er nicht nur über die großen Erfolge, sondern auch von den heftigen Widerständen einiger zunächst Unwilliger sowie von Misserfolgen. In diesem beachtlichen Werkteil verwertet er Johannes Niders ‚Formicarius' und ‚De reformatione religiosorum' und zitiert daraus, jedoch fußt ein Großteil des Textes auf mündlichen und schriftlichen Berichten – immerhin war er ja selber häufig am Ort des Geschehens gewesen. Beim Bericht über die Reform des Berner Inselklosters verweist er auf seine eigene Chronik: *daz selb ist alles geschriben in dem bůch der stiftung und wider bringung des selben closters sant Michels Insel, daz da getailt ist in LV capitel*. Selbstverständlich werden im ‚Buch der Reformacio' die Ereignisse aus der sehr parteiischen Sicht eines hochengagierten Reformers erzählt, dennoch ist es von unschätzbarem Wert für die Sozial-, Kirchen-, Ordens- und Regionalgeschichte des 15. Jahrhunderts.

Wie bereits angedeutet, sah Meyer in der Lektüre der Schwesternbücher des 14. Jahrhunderts auch Nützliches für observante Nonnen. So redigierte er die Bücher von Töss, Ötenbach, Adelhausen und St. Katharinental für sein didaktisches Anliegen leicht um, fügte historisches Material hinzu und versah sie wie im ‚Buch der Reformacio' mit deutlichen Warnungen, den dort erwähnten mirakulösen göttlichen Gnadenerweisen keinen allzu großen Glauben zu schenken. „Die biographischen Skizzen sind für ihn weniger Berichte über Gnadenerlebnisse einzelner Schwestern als vielmehr *exempel* eines gottgefälligen, tugendsamen Ordenslebens" (R. Meyer). Dementsprechend überschreibt er z.B. jede Vita im ‚St. Katharinentaler Schwesternbuch' mit *exempel*.

In seiner Zeit als Beichtvater im Kloster Silo in Schlettstadt verfasste Meyer 1469 die allen Dominikanerinnen gewidmeten ‚Leben der Brüder Predigerordens', deren Hauptquelle die ‚Vitas fratrum' Gerards von Fracheto sind, die Meyer allerdings Humbert zuschreibt. Er fügt sie mit einer Reihe anderer Quellen zu einem eigenständigen Werk zusammen. Im Prolog nennt er das ‚Bonum universale de apibus' des Thomas von Cantimpré als eine seiner Hauptquellen. Ziel ist es, die Vorbildlichkeit der fünf auf den Ordensgründer Dominikus folgenden Generalmeister und der damals lebenden überaus beispielhaften Brüder darzustellen. Dabei ordnet er seine Hauptquelle um und wählt zur Wiedergabe das aus, was für Nonnen von besonderem erbaulichem Nutzen sein könnte. Die Schwestern sollten das *bůch* nicht bloß als Bericht von Vergangenem lesen, sondern um zu *mercken mit flis, wie sú sint mit irem leben so vnglich vnd verre ... dem seligen leben, daz do gelúchtet in vnseren vetteren* – eine Mahnung, die an seine Worte in der ‚Chronica brevis' erinnert. In der Berliner Handschrift mgq 195 folgt darauf eine Vita des Albertus Magnus, die später in Meyers

,Chronik von 1484' integriert wurde. Dabei wird ausdrücklich darauf verzichtet, von *vil schöner offenborungen*, die *von im beschehen* seien, zu berichten.

Zurück in Gebweiler, verfasste Meyer 1470 die ‚Papstchronik Predigerordens', worin er die Päpste von Innozenz III., der den Orden bestätigte, bis zu Paul II. (1464/71) würdigt und deren jeweiligen Verdienste für den Orden zusammenfasst. Selbstverständlich geht es darum, die herausragende Stellung des Predigerordens innerhalb der Kirche zu dokumentieren. Recht ausführlich geht er auf die besonderen Geschehnisse in der Teutonia ein, am Ende auch auf die Ereignisse bei der Einführung der Observanz in den beiden Klöstern in Gebweiler. Wesentlich kürzer gestaltet ist die 1471 entstandene ‚Kaiserchronik Predigerordens', in der Meyer von 15 römischen Königen und Kaisern von Friedrich I., der bei der Geburt des Dominikus an der Macht war, bis Friedrich III. berichtet. Erneut ist davon die Rede, was jeder von ihnen dem Dominikanerorden *gütes ... gedon het*. Auch dieses Werk habe er ausdrücklich für die Schwestern der Teutonia verfasst, *so dass sie dester me liebi zů got vnd zů der geistlicheit vnsers ordens haben*.

Von besonderem Interesse ist das um 1471 entstandene Werk, ‚Epistel brieffe zu den swestern brediger ordens', in dem Meyer seine Bemühungen um die Durchsetzung und Aufrechterhaltung der Observanz anhand seines Schrifttums begründet und erläutert. Zu Beginn bekennt Meyer, dass er seine Übersetzungen *vß den latinischen bůcheren ... etlichen gelerten wisen vettren* zur Überprüfung vorgelegt habe. So seien seine Werke *durch menig hand gegangen*, was die absolute Vertrauenswürdigkeit der Texte bezeuge. Das meiste sei ohnehin aus dominikanischem Schrifttum gezogen, aber auch aus offiziellen Briefen, Urkunden und anderen Schriftstücken habe er Material zusammengetragen. Er stellt dann seine wichtigsten Werke vor, überspringt allerdings dabei eine Reihe von Schriften, so etwa die ‚Berner Chronik' und das andere in Bern verfasste Schrifttum sowie die von ihm redigierten Schwesternbücher und einige kleinere, z.T. verschollene Werke. Am Ende bittet der lebenslang kränkliche Seelsorger, der sich jetzt vor dem baldigen Tode sehr fürchtete, seine Adressatinnen um geistliche Unterstützung.

Trotz seiner in der ‚*Epistel*' geäußerten Todesangst sollte Meyer noch weitere Werke verfassen, so die ‚Chronik von 1481', die er als sein *selgerät* (Stiftung) verstand. Auch diese Chronik ist nach Generalmeistern gegliedert. Mit der darauffolgenden ‚Chronik von 1484' ergänzt Meyer die ‚Leben der Brüder Predigerordens' für die Jahre 1153 bis 1323. Es bleibt aber nicht dabei, er setzt sie dann auf den letzten Seiten fort. Hier integriert er die Albertus-Vita sowie Auszüge aus der ‚Adelhauser Chronik' Annas von Munzingen (vgl. Bd. III/1), aus der Meyer aber konsequent sämtliche Erzählungen von supranaturalen Erfahrungen entfernt. Auch eine alphabetische Auflistung der Schwestern von Adelhausen, wo sich Meyer zuletzt aufhielt, fügt er hinzu.

Es zeigt sich nicht nur in Meyers Schrifttum, dass er trotz seines großen Reformeifers pragmatisch genug war, keine allzu rigorose Lebensform von den zu reformierenden Schwestern zu fordern. Er arbeitete sogar an einer nachträglichen Abschwächung des Reformerlasses von 1397 mit. In seinen Werken findet sich jedenfalls ein Observanzverständnis, das sich durch langjährige Erfahrungen in den Bemühungen um eine für die Schwestern erträgliche und mithin erfolgversprechende Reform auszeichnet. Seine Schriften sollten, besonders im Orden, bis ins 18. Jahrhundert nachwirken.

Die Bemühungen um Reform ließen zwar im späten 15. Jahrhundert nach, dennoch gab es Dominikaner wie Thomas von Lampertheim (Niederelsass), die sich nach wie vor entschieden dafür einsetzten. Thomas trat in Gebweiler ein und war dort bis 1475 Lektor, danach Prior in Chur. 1482–84 übernahm er dieses Amt in Gebweiler und engagierte sich in der Betreuung und geistlichen Versorgung der Frauenklöster. So setzte er sich etwa für die aus dem Basler Kloster Klingental nach Obersteigen vertriebenen Reformschwestern ein (vgl. S. 209). Vielfach war Thomas auch als Visitator unterwegs und übernahm zahlreiche Vikariate. Ihm wuchs dabei eine Schlüsselstelle im observanten Zweig des Ordens zu. Zudem stand er in engem Kontakt zu humanistischen und gelehrten Kreisen in Straßburg. Besonders gut befreundet war er mit Johannes Geiler und wollte einst sogar zusammen mit ihm, Jakob Wimpfeling und Christoph von Utenheim die Stadt verlassen, um *in solitudine* zu leben. Allerdings scheiterte dieses Vorhaben daran, dass Christoph von Utenheim 1502 zum Bischof von Basel gewählt wurde. In diesem Jahr übersiedelte Thomas mit den Obersteigener Schwestern nach Stetten ins dortige Kloster Gnadental, wo er als Beichtvater bezeugt ist und Schriften verfasste (vgl. S. 353).

Von Thomas sind sechs an observante Schwestern gerichtete Schriften überliefert, vier davon in engem Zusammenhang mit Werken von Johannes Geiler. In seinem ‚ABC des Geistes' kommt es zu einer Auseinandersetzung zwischen einem jüngeren „Bruder Thomas", der Beichtvater und Prediger in einem Frauenkloster ist, mit dem älteren, wirtschaftlich verantwortlichen „Schaffner Göli", der die ärmliche Mitgift der von acht vor kurzem eingetretenen Schwestern als eine Art Betrug bezeichnet und Thomas vorwirft, er habe sich vorführen lassen. Zunächst nimmt dieser den Vorwurf demütig hin, bietet aber am nächsten Tag eine schriftliche geistliche Deutung der von den Schwestern mitgebrachten Gegenstände *hußrot vnd plunder*, ausgehend von 1 Cor 2,14f.: nur das im Geiste erleuchtete Auge könne die wahren geistigen Werte des Geistes erkennen. Thomas entwickelt darin anhand der Gegenstände einen Lehrgang der christlichen Vollkommenheit. So habe die erste Schwester eine Flachshechel mitgebracht, mit der sie all ihr Tun durchkämme. Den folgenden sechs Schwestern gehörten ein mit roter Seide gefüttertes Ochsenjoch, ein Rechenschaftsbuch, ein Feuerzeug und eine Brille, zudem auch zwei höchst fantasievolle Wesen: ein dreiäugiger Hund, der nur bellt, wenn die Schwester das will, und ein ohrenloses Tier mit nur einem Auge, mit dem es zugleich sehen und hören kann. Leitthema der anspruchsvollen, aber doch kuriosen allegorischen Deutungen, die in ihrer Siebenzahl an die Sieben Gaben des Heiligen Geistes anspielen könnten, ist die Überwindung der ungeordneten Selbstliebe der Schwestern durch die Liebe zu Gott. Die stets gelassene, fröhliche und gehorsame Laienschwester Anna, die letzte der acht, habe den Kessel Ezechiels (Ez 24,3 ff.) mitgebracht, in den sie wie im biblischen Gleichnis all das hineingeworfen habe, was die irdisch Gesinnten gegen die Werte des Geistes (die geistigen Werte) denken, reden und tun. Das brodelt zwar dort, doch Anna kümmere sich nicht weiter darum und bitte Gott, den irdisch Gesinnten die Finsternis des Geistes zu nehmen, was einen Rückbezug auf die zu Beginn zitierten Worte aus Mt 6,23 darstellt. Denn Gelassenheit sei eine besondere Gabe Gottes, die jedem zuteilwerden könne, der bereit sei, sie mit gutem Willen entgegenzunehmen.

In Berlin, mgo 63, einer weiteren Handschrift, die auch eine Geiler-Predigt überliefert, ist eine L e h r e enthalten, wie man zur *vollkvmenheit aller tvgenden* gelangen kann, die Thomas anhand der fünf Sinne gestaltet und mit einer allgemeinen Tugendlehre abschließt. Sie ist höchstwahrscheinlich an die Schwestern im Straßburger St. Nikolaus-Kloster gerichtet, in der sich die Handschrift ursprünglich befand. Es folgt in der Handschrift eine weitere Tugendlehre von Thomas, hier in Form von zahlreichen Merksprüchen, auch diese gerichtet an *synen svnderen kinden*.

In der Berliner Handschrift mgq 197 aus Straßburg findet sich ein B e i c h t t r a k t a t, in dem Thomas Anleitungen vermittelt, wie das Beichtgespräch auf das Notwendige zu begrenzen ist, und den Schwestern Kriterien für das zu Beichtende bietet. Er bespricht zudem die Beziehungen zum Beichtvater, wie richtiges Beichten vor sich gehen soll und wie man sich vor Sünden schützen kann. Vor allem den Kriterien, wie man selbst das zu Beichtende einzuschätzen habe, widmet sich Thomas ausführlich.

Offenbar für die ehemaligen Klingentaler Schwestern in Obersteigen verfasste Thomas, der *pater confessarius* des Klosters, eine ‚A n w e i s u n g z u m V e r h a l t e n i m K l o s t e r'. Ausgangspunkt ist Ps 126,2 und die Vorstellung von Christus als Licht der Welt. Gegliedert nach den *vj stunden der nacht vor den sich yeder mensch hütten soll*, geht es Thomas um die Gefahren, die bei Vernachlässigung der strengen Regelbefolgung sowie beim unzureichenden Gehorsam gegenüber den Kloster- und Ordensleitungen entstehen. Auch der Lebenswandel der Beichtväter wird thematisiert: ein guter Betreuer mit schlechtem Lebenswandel sei besser als ein schlechter Betreuer, der zu den spirituell Erwählten gehöre.

Aus dem Südwesten stammt ein weiteres anonym überliefertes Werk, das in der Forschung irreführend als ‚Paulus und Thekla II' bezeichnet wurde. Die Schrift ist inzwischen nach dem eigentlichen Titel ‚Die guldin regel' umbenannt worden. Sie bindet in die fiktive Biographie eines Beichtvaters eine ausführliche katechetische Lehre ein, die zwar die Erzählung von Paulus und Thekla an einer Stelle kurz erwähnt, sich aber eher die ‚Vita' Seuses und ‚Meister Eckharts Tochter' als Vorbild nimmt, ohne dabei Mystagogisches vermitteln zu wollen. Als Vorstufe ist eine im Schwäbischen entstandene Kurzfassung in drei Handschriften überliefert. In der Langfassung werden dann sieben Gebote zur Leitlinie erklärt: die der Natur, der beiden Testamente, der Vorgesetzten, des Gelübdes, des Gewissens, des Welt- und Kirchenrechts, des Gewohnheitsrechts. Diese Gebote werden aber nicht konkret erläutert und vertieft, sondern bieten den Leitfaden für sieben Kapitel, die von sieben Themen handeln: Beichte, Dekalog, Tugend, Kommunionsempfang, Selbstbetrachtung, Geduld im Leiden bei Aufgabe des Eigenwillens und Bereitschaft für den Tod. Dies wird vermittelt anhand von sieben einleitenden Fragen der Beichttochter und Stationen des Lebenswegs eines anonymen Dominikaners.

Zu Beginn will der Beichtvater sich als Waldbruder zurückziehen, weil über sein Verhältnis zur Beichttochter geredet wurde, was aber diese nicht davon abhält, ihm in einer ähnlichen starken Anhänglichkeit wie Thekla dem Paulus nachzufolgen. Daraufhin nimmt der Beichtvater im zweiten Kapitel die Tochter in die Ritter- und Bruderschaft Christi auf, um sie als Streiterin für den Herrn herauszustellen. Danach verlässt er sie, um in einem anderen Land den theologischen Magistertitel zu erwerben, bleibt aber mit ihr durch Briefverkehr in Kontakt. Er kehrt mit dem erworbenen Titel zurück und beginnt eine intensive Predigttätigkeit; er ist nun ein *spiegel aller zucht*. Im fünften Kapitel zieht er sich aber von den Menschen ganz zurück, um sein Gewissen zu erforschen; im sechsten Kapitel wird er aus dem Kloster vertrieben – erst jetzt erfährt der Leser, dass es sich um einen Ordensmann handelt. Er wird zum Hausbeichtvater eines reichen Herrn und seiner Frau. Zweimal als Bote zum Papst geschickt, wird er aber einmal auf dem Weg nach Rom gefangengenommen und seines gesamten Eigentums beraubt, was er jedoch *gedultiglich* erträgt. Hier zeigt sich durch das von Gott verhängte Schicksal, dass man Leiden zu ertragen habe und beginnen solle, den Eigenwillen abzutöten. Im letzten Kapitel befindet sich der noch lebende, aber alte und kranke Bruder im *stüblin* eines Klosters und bereitet sich auf den Tod vor. Auch die Tochter ist noch am Leben. Sie verlangt vom Meister, sie auf den Tod vorzubereiten. In jeder Station der ‚Biographie' des Dominikaners wird also eine der sieben *guldin regel* exemplifiziert, indem nach der jeweiligen Frage ein Lehrgespräch folgt, stets auf der Grundlage lebenspraktischer Erfahrung. Er habe *die bichttochter nie nit gelert, er ervolgte es vor an im selber*. In dem Werk, das höchstwahrscheinlich von einem observanten Dominikaner verfasst wurde, wird eine Vielzahl von Autoritäten zitiert, immerhin ist der Beichtvater ja gelehrter Theologe.

Die Reformen in Ulm und in Württemberg

Die Ulmer Dominikaner

Nachdem Graf Ulrich V. bereits 1459 von Papst Pius II. die Ermächtigung erhalten hatte, sämtliche Klöster des Herrschaftsbereichs Württemberg zu reformieren, wurde 1465 das Ulmer Dominikanerkloster auf Betreiben von Ulrich V. und Eberhard im Bart sowie wegen des Drängens des städtischen Rats mit Brüdern aus Basel observant. In der Reichsstadt Ulm und näherer Umgebung gab es zwar keinen Dominikanerinnenkonvent, dennoch sollte das Ulmer Männerkloster zu einem weiteren Zentrum bei der Betreuung der observanten schwäbischen Frauenklöster – vor allem Offenhausen, Maria Medingen und Medlingen – werden und dabei auch einige Brüder als wichtige Verfasser deutscher religiöser Texte hervorbringen, wie etwa Johannes Zierer, der nach Straßburg entsandt wurde, um die Nonnen in St. Nikolaus in undis zu betreuen (vgl. S. 314).

Eine zentrale Figur bei der Reform war der aus Ulm stammende L u d w i g F u c h s, der in den 1430er Jahren eintrat und sodann verschiedene Klöster im Elsass reformierte, u.a. Silo in Schlettstadt. Im Ulmer Konvent war er lange Jahre Lesemeister und ab 1468 bis zu seinem Tode mit kleinen Unterbrechungen Prior. 1496 wurde er Generalvikar der Teutonia und leitete im selben Jahr das Provinzialkapitel in Ulm. Er starb 1499. Von ihm ist nur eine kurze volkssprachliche asketische Vollkommenheitslehre für Ordensmitglieder erhalten, die aus seiner Zeit als Beichtvater im Schlettstädter Kloster Silo stammt. Es ist eine kürzende Übersetzung von Bonaventuras ‚Epistola de XXV memorialibus' (*vß dem latin zu tůtschcz gemacht*), die nur noch 17 Regeln enthält.

Der literarisch ambitionierteste und profilierteste Ulmer Dominikaner war der aus der Züricher Patrizierfamilie Schmid stammende F e l i x F a b r i (um 1438–1502). Er wurde 1452 ins Basler Predigerkloster aufgenommen, wo eine lebenslange Freundschaft mit Jakob Sprenger (vgl. S. 355) begann. 1468 kam Fabri nach Ulm, wo er bis zu seinem Lebensende blieb. Zwar erlangte er nie einen akademischen Grad, dennoch wurde er zum Lesemeister und Generalprediger ernannt; er galt als *praedicator famosus*. Auf diplomatischen Reisen für den Orden wurde er in mehrere deutsche Städte sowie nach Venedig und Rom entsandt. Zweimal unternahm er Pilgerreisen ins Heilige Land. Fabri war im Rahmen der *cura monialium* für eine Reihe observanter oberschwäbischer Frauenklöster tätig, vor allem Maria Medingen und Medlingen, jedoch beschränkte er seine Tätigkeit als Seelsorger nicht auf den eigenen Orden. Er gehörte, wie etwa auch Johannes Meyer, zu jenen Reformern, die für eine gemäßigtere Form der Observanz plädierten.

Von Fabri ist ein beachtliches lateinisches und volkssprachliches Œuvre überliefert, zwei seiner lateinischen Schriften sind verschollen. Bemerkenswerterweise wurde nur eines seiner zahlreichen Werke gedruckt, und zwar erst ab 1556. Erhalten sind 23 volkssprachliche Predigten, wobei drei weitere ursprünglich auf Deutsch gehaltene in seinem ‚Evagatorium' auf Latein wiedergegeben werden. Nur in wenigen Fällen wird er in den Handschriften als Autor genannt; die anonym überlieferten lassen sich ihm jedoch aufgrund typischer Merkmale leicht zuweisen.

In der Berliner Handschrift mgq 1121 sind sieben Predigten und zwei Traktate von ihm enthalten. In der ersten Predigt behandelt Fabri die Gegenwart Christi im Altarsakrament und baut dabei auf dem ‚Compendium' Hugo Ripelins auf. Die zweite hat die Menschwerdung Christi zum zentralen Thema. Dort zeigt Fabri, wie Christus uns mit drei Knoten verbunden ist: in seiner Menschwerdung, in der Eucharistie und in seiner Kreuzigung. Dies verbindet Fabri wiederum mit drei Fragen zur Menschwerdung Christi: ob sie ohne die Sünde Adams geschehen wäre, welcher Knoten der wichtigste sei und wie Mariä Empfängnis mit dem Tun des Priesters während der Wandlung zu vergleichen sei. Diese beiden Predigten finden sich auch in Berlin, mgq 1241, wieder, einer Handschrift aus der 1467 reformierten zisterziensischen Reichsabtei Heggbach (Maselheim, Oberschwaben); mit deren für die Observanz engagierten Äbtissin war Fabri befreundet und wurde deshalb dort seelsorgerlich tätig. In den anderen Predigten der Berliner Handschrift spricht Fabri von Maria, dass sie Gott näher war als jemals irgendein anderer Mensch, und im Rahmen eines Osterpredigtzyklus ist die Passio Christi immer wieder Thema. Zu Mariä Himmelfahrt geht es um die vollkommene Liebe Marias und dann um die drei Dinge, die für das Erreichen der vollkommene Liebe entscheidend seien, sowie um die Faktoren, die dies verhindern können. Ebenfalls bietet die Handschrift einen wohl Fabri zuzuschreibenden Passionstraktat, in dem es ausführlich darum geht, *wie man in ettlicher mauß des lydens cristi enpfinden sol* und Christus nachfolgen müsse, und um zu verstehen, wie er *nauch siner sel gantz gelitten hab*.

In der Augsburger Handschrift Cod. III.1. 8° 42 (v.J. 1477) sind vier Predigten überliefert, die eindeutig von Fabri stammen, und drei anonyme, die ihm zweifelsfrei zugewiesen werden können, etwa durch Nennungen seines eigenen Vornamens in den Texten (*lieber Felix*), stilistische Eigenarten, Wortparallelen, Redewendungen u.ä.m. Der Ort ihrer Entstehung ist ungewiss, jedenfalls sind die Predigten allesamt an Klosterfrauen gerichtet. Typisch für Fabri ist eine Zweiteilung seiner Predigten in eine gelehrte Abhandlung und eine erbauliche, auf die Praxis ausgerichtete Unterweisung. So wurde der erste Teil des ersten Sermo *gemacht von latin zů tisch* (deutsch) *von fff* (Frater Felix Fabri) *in cena domini* (Gründonnerstag). Die Predigt besteht zu Beginn im Wesentlichen aus einer exzerpierenden Übertragung aus ‚De eucharistia' des Albertus Magnus (was Fabri auch zum Schluss erwähnt), die mit erklärenden Zusätzen und konkreten Beispielen ergänzt wird. Im zweiten Abschnitt geht Fabri zu einer Allegorie über, und erklärt wie der geistliche Tisch für ein Nachtmahl zu decken sei. Die zwölf Punkte, die er seinerzeit beim Vortrag ausführlich behandelt hatte, sind hier nur als Predigtdispositionen aufgeführt. Enttäuscht vermerkt er, dass die Allegorie bei seinen Hörerinnen besser angekommen sei als die anspruchsvolle Albertus-Übersetzung, die *sy nit geachtet* hätten. Der zweite Teil sei *ain ainfeltig schlecht* (schlichtes) *stuck gewesen, daz man doch hoch gwegen hät.* Da er aber dabei wohl ziemlich weit ausgeholt habe, schreibt er: *da set* (damals sagte) *ich fil, daz ich nit mag schriben.* Es zeigt sich hier, dass es sich bei seiner Predigtüberlieferung nicht unbedingt nur um reine Mitschriften handelt, sondern dass er selbst das Vorliegende durchsah und kommentierte. In einigen Predigten sind aber krasse Fehler der Schreiberinnen, besonders bei lateinischen Textstellen, zu konstatieren.

Vollständiger überliefert sind die nachfolgenden Predigten. Eine Osterpredigt behandelt die Auferstehung in drei Punkten, wobei nur die Ausführungen der ersten zwei aufgeschrieben wurden. Der erste Punkt ist das Gebet der *alten patres* im Purgatorium, mit dem sie Christi Auferstehung erflehten. Beim zweiten Punkt schildert Fabri, wie Christus, entsprechend der im Spätmittelalter populären apokryphen Vorstellung, nach der Auferstehung zuerst seiner Mutter erschien (so auch bei Ludolf von Sachsen, Silvester von Rebdorf u.a.). Lebhaft erzählt Fabri, wie Maria in der Osternacht die Auferstehung herbeisehnte, bis der Erzengel Gabriel am Morgen mit der Magnificat-Antiphon der Ostervesper *Regina celi letare alleluia* zu ihr kam und danach Jesus *mit allem her der usserwelten.* Er und Maria unterhalten sich dann in Versen. In dieser einfallsreichen unterhaltsamen Predigt lässt sich gut beobachten, warum Fabri als Prediger so außerordentlich geschätzt wurde.

Die dritte Predigt der Augsburger Handschrift ist auch die umfangreichste. Sie befasst sich mit mehreren Aspekten des Ordenslebens, die Fabri für problematisch hält. So geht er im ersten Teil, wie viele andere Dominikaner vor ihm, auf die Frage nach der Unterscheidung der Geister ein, wobei er hier wieder auf Hugo Ripelins ‚Compendium' als Quelle zurückgreift. Anschließend behandelt er ausführlich jene Werke, zu denen die von ihm genannten Geister hintreiben. Er teilt sie in *pinliche* Werke (Bußleistungen oder unangenehme Tätigkeiten), *lustige* (angenehme Werke) und solche Werke, die beides vereinen. Hier geht er auf viele Situationen im Ordensleben und dem Klosteralltag ein, wobei er scharfe Kritik, etwa an zu strengem Fasten oder übertriebenem mechanischen Beten, übt. Wichtig ist ihm die Bildung der Schwestern, denn er kritisiert deren mögliches Desinteresse an geistiger Beschäftigung: *daz miet mich ybel, daz du sprichst, es sy dir ze hoch.* Man habe sich anzustrengen. Allerdings sieht er die geforderte Härte der *vor achczig und nünczig jaren* eingeführten überaus strengen Observanz kritisch, er vertritt eine gemäßigte pragmatische Richtung: *Man müß als mit vernunft in die ding sechen.*

Die vierte Predigt, die vor denselben observanten Nonnen gehalten wurde wie die dritte, schließt an das Vorangegangene an. Auch hier geht es um die konkrete Ausführung der Werke im Ordensleben. So kritisiert er übermäßiges Beichten, etwa: *wen du ain ding ainmal gebichtot hast, so bist dus nimerme schuldig ze bichten*. Der zweite Teil der Predigt ist offensichtlich nur unzulänglich aufgezeichnet worden. Hier spricht Fabri, ausgehend vom Bibelwort *Illuminare* (Is 60,1), von zweierlei Licht, das er im irdischen Dasein in den Tugenden, Geboten und guten Gewohnheiten sieht. Erneut greift er auf Hugo Ripelins ‚Compendium' zurück.

In der Augsburger Handschrift ohne direkte Zuweisung an Fabri ist die erste der drei Predigten eine Ansprache zur Kirchweih. Es geht dabei um einen von ihm mehrfach angesprochenen Gedanken, dass die menschliche Natur vernünftig sei und sie daher auf vernünftige Weise ihre Werke wirken solle. Im zweiten Teil spricht er vom Bedürfnis der Menschen, möglichst viel von Gott zu wissen und zu erkennen, was aber erst im Himmel möglich sei, allerdings dort ebenfalls nur unvollständig. Diese Aufzeichnung von Fabris Ansprache erscheint stark gekürzt wie auch die der nächsten Predigt, in der er darauf eingeht, wieviel schwieriger es diejenigen im Leben hätten, die nach geistlichen Zielen strebten (die Kinder des Lichts), als diejenigen mit praktischen Zielsetzungen. In der letzten in der Handschrift Fabri zuweisbaren Predigt geht es um Vollkommenheit, und zwar vor allem im Klosterleben, wobei, wie schon öfters geschehen, die Predigt mit einem eher anspruchsvollen ersten Teil beginnt, in dem Fabri sich häufig auf Thomas von Aquin beruft. Anschließend behandelt er sieben Hindernisse, die den Menschen davon abhalten, zur Vollkommenheit zu gelangen.

Karin Schneider weist Fabri eine weitere, anonym überlieferte Predigt in der Augsburger Handschrift und eine in München, cgm 5140, zu, die er wohl zu Weihnachten in Ulm gehalten hat. Diese geht auf Richards von St. Victor Predigt ‚Benjamin minor' zurück, eine allegorische Deutung der alttestamentlichen Geschichte von Jakob, dessen zwei Frauen und deren Kinder. In der Münchner Handschrift cgm 4375 und in Berlin, mgf 1347, sind vier Predigten eines Osterpredigtzyklus überliefert, die zwar alle auf Fabri zurückgehen, aber von dem Augustiner Augustin Frick (vgl. S. 498) bearbeitet und in dieser Form im Raum Ulm zwischen 1514 und 1521 erneut gehalten wurden (so K. Graf).

Die Berliner Handschrift mgf 1056 aus Heggbach enthält zwei anonyme Marienpredigten, die Jacob Klingner Fabri zuweist. Beide befassen sich mit klösterlichem Verhalten. In der ersten geißelt Fabri den Müßiggang, geht dann darauf ein, wie sich dreierlei Menschentypen – die lauen, die kalten und die warmen – verhalten, und schließt mit Ausführungen über den Gehorsam im Kloster ab. Der klösterliche Gehorsam ist alleiniges Thema der zweiten Predigt, deren Text allerdings abbricht. Im Inhaltsverzeichnis sind 14 weitere Predigten verzeichnet, die ursprünglich in der Handschrift enthalten waren.

Wesentlich anspruchsvoller als Fabris Predigten sind zwei 1474 verfasste umfangreiche Traktate, die in der Berliner Handschrift mgq 1588 aus Medlingen überliefert sind. Beide gestaltet Fabri dialogisch, wie auch seinen Eucharistietraktat. Der erste Text der Berliner Handschrift, den er ‚Das Hirtlin' nennt, behandelt die *materij der haimlikait der menschwerdung Christi*. Fabri begründet zu Beginn sein gestalterisches Vorgehen bei der Vermittlung der komplexen Thematik:

Siten mal sy schwer vnd hoch ist vnd subtil : so kan ich divs nit bas geben ze verston denn in aim dyalogo das ist in frag vnd antwurt / Wenn hoche ding aller bast verstanden werdent mit fragen vnd antwurten. Der Fragende *sol sein ain andechtigen liebhaber der kinthait Jesus.* Der Antwortende *sol sin ainer von den hierten die von gebot des Engels an der Cristnacht gen bettlehem kamen.*

Zunächst geht es um die Verbundenheit der zwei Naturen Christi, es folgt eine ausführliche Abhandlung über seinen Lebenswandel und sein Wirken, sein Leiden und Sterben u.a.m. Zum Schluss steht Maria im Fokus. Dabei setzt Fabri hohe geistige Fähigkeiten und einen beachtlichen Bildungsgrad bei seinen Leserinnen voraus, denn der Dialog ist eine Art Disput, in dem differenziert und theologisch fundiert argumentiert wird. Der Fragende weiß sehr wohl, komplexe Themen zur Diskussion zu stellen, die der Hirte dann zum Teil mit lateinischer Begrifflichkeit erläutert (etwa: *res natura id est ding der natur*), zudem kommen Latinismen häufig vor. Neben Kirchenlehrern wird z.B. auch Aristoteles zitiert, der überhaupt häufig in Fabris Schriften Erwähnung findet.

Der komplexe Dialog kommt zunächst zu einem vorläufigen Abschluss:

Her vff ze fragen me von der verainigung menschlicher natur vnd getlicher natur / wenn ich glaub du fundest hundert vnd aberhundert tischsen (deutsche) *biecher mit so vil dar von geschriben als du von mir hast gehert, vnd ich fil me sorg hab das ich dir ze fil dar von hab gesat denn zů wenig / wenn die ding vnvßsprechlich sind. Vnd was der selben grossen hochen sachen sind, die verbient* (verbiegt) *man mit vil worten.*

Hervorgehoben durch eine größere Initiale setzt Fabri den Dialog aber fort, denn dem Fragenden sei am nächsten Tag doch Neues eingefallen. Nun geht es in der Hauptsache um kontroverse Fragen, die mit Maria verbunden sind, etwa die unbefleckte Empfängnis. Auch in diesem Traktat zeigt sich, dass Fabri seine offensichtlich geistig anspruchsvollen Rezipientinnen nicht nur, wie im observanten Schrifttum für Frauen üblich, mit Werken versorgen will, in denen der geforderte strenge Ordensalltag erläutert und mehr oder weniger gehobene katechetische Unterweisung und Erbauliches geboten wird, sondern mit Werken, die den Nonnen vor Augen führen, dass sie geistig durchaus ernst genommen werden und dass bei ihnen gehobenere Lateinkenntnisse sowie gewisse Kenntnisse im Bereich der Gelehrtenliteratur vorausgesetzt werden. In dieser Hinsicht ähnelt er Wendelin Fabri (vgl. S. 349).

Der gehobene Anspruch findet sich auch im nachfolgenden Werk, dem ‚Traktat von der ewigen Seligkeit'. Fabri beschreibt den Rahmen folgendermaßen: Eine Nonne kommt zu ihrem Betreuer und fragt ihn *nach dem himelrich vnd von sinen fröden, von dem ewigen leben vnd von sinen lústen, von der seligkait vnd von ir volkumenheit.* Sie bittet ihn, mit ihr darüber zu sprechen, denn in ihren Augen könne e r *anders vnd gruntlichen von den dingen reden denn gmainlich beschicht.* Er erklärt sich aber nur bereit, davon zu reden, *was die hailigen lerer von der seligkait mainent,* d.h. von ihm persönlich sei nichts Spekulatives zu erwarten. Die Fragen der *filia* zur Thematik sind zwar im Allgemeinen etwas weniger differenziert und kürzer gefasst als die des männlichen Fragenden im vorausgehenden ‚Hirtlin', dennoch fordert hier eine weibliche Figur den gelehrten Seelsorger immer wieder mit theologisch Anspruchsvollem heraus und zitiert dabei mitunter Augustinus. Fabri bietet hier einen klaren Beleg für den vom betreuenden Klerus zur Kenntnis genommenen beachtlich gesteigerten Bildungshorizont zumindest bei einem Teil der observanten Nonnen seiner Zeit, denn die scholastisch gestalteten Ausführungen des Betreuers sind stets umfassend.

Bisher der Forschung unbekannt ist ein von Claudia Franz in einer unveröffentlichten Abschlussarbeit eingehend untersuchter umfangreicher ‚Eucharistietraktat' Fabris, der im Cod. III.2. 8° 58 der Universitätsbibliothek Augsburg überliefert ist. Dort wird Fabri in der Überschrift als *der erwirdig vater felix schmyd lesmaister* als Verfasser genannt, einer der wenigen Fälle in der Überlieferung seiner Werke, in der er bei seinem nichtlatinisierten Namen genannt wird. Dass das Werk zweifellos von ihm stammt, lässt sich anhand zahlreicher Ähnlichkeiten mit anderen von ihm verfassten Schriften festmachen, wie etwa an der dialogischen Gestaltung. Die aus dem von ihm betreuten observanten Frauenkloster Maria Medingen stammende Handschrift wurde offenbar nach Fabris Tod 1502 hergestellt, denn sie trägt die Überschrift: *biten got fyr sin sel.* Die ganze Handschrift bietet, von wenigen Ausnahmen abgesehen, nur Werke, die sich mit der Eucharistie befassen, so etwa die Traktate Marquards von Lindau und des Mönchs von Heilsbronn.

Wie Marquards Werk ist der Eucharistietraktat Fabris als Meister-Jünger-Gespräch gestaltet. Nachdem der Jünger seine Unsicherheit, ob er zur Kommunion gehen soll, geäußert hat, bestärkt ihn der Meister darin, es unbedingt zu tun. Man müsse aber die Menschwerdung und das Leiden Christi betrachten, um zum wahren Genuss zu gelangen. Der Jünger trägt weitere Fragen und Zweifel vor und der Meister beantwortet oder entkräftet sie und regt den Fragenden immer wieder an, doch zur Kommunion zu gehen. Bei der Diskussion um die erforderlichen Voraussetzungen für den Empfang geht Fabri auch gezielt auf die Lebenssituation von Nonnen ein. Er habe nämlich Verständnis für diejenigen, die sehr beschäftigt seien und nicht so andächtig sein könnten wie diejenigen ohne feste anstrengende Aufgaben, wobei Fabri dann eine Reihe von Ämtern in einem Frauenkloster aufzählt, die von einer intensiveren Andacht abhalten können. Auch diese Schwestern sollte man fröhlich *zů got jrem gesponsen* gehen lassen. Sie müssten sich aber die Zeit nehmen, sich auf die Beichte und die Kommunion vorzubereiten. In seiner Argumentation zitiert der Meister vor allem die Dominikaner Thomas von Aquin und Albertus Magnus. Zudem wird Heinrich Seuse als *der selig Amandus* an einer Stelle als Autorität einbezogen, dessen überaus einflussreiches dialogisch angelegtes ‚Büchlein der Ewigen Weisheit' zweifellos auch für Fabri ein wichtiges Vorbild für die Vermittlung von Lehre war.

Nach der Rückkehr von seiner ersten Reise ins Heilige Land wurde Fabri 1481 von einer Witwe gebeten, ihr eine Schrift mit Lebensregeln für ihren Stand zu übersetzen. Die verschollene Vorlage stammte von Johannes Prausser (vgl. S. 280) und sei laut Fabri *in subtijl latin* verfasst worden. Die Witwe sei über das für sie von Prausser erarbeitete Werk zunächst hoch erfreut gewesen, sei dann aber aufgrund ihrer mangelnden Lateinkenntnisse enttäuscht gewesen und habe sich deshalb an Fabri gewandt. Was im ‚Witwenbuch' (*Von dem regiment der andechtigen witwen*) von Fabri stammt, lässt sich nur selten eindeutig ausmachen. Das Werk ist thematisch in fünf Teile gegliedert: 1. Von den vier Arten der Witwen, 2. von sieben Gründen, warum die Witwenschaft beibehalten werden sollte, 3. von drei Grundregeln zum Verhalten von Witwen, 4. von drei Gründen für Lob und Ruhm des Witwenstandes und schließlich 5. elf Regeln für ein Leben als Witwe. Im ersten Teil geht es um den Grad der Lebensführung: Leben sie unkeusch in der Hoffnung auf eine neue Ehe? Sind sie ‚wahre Witwen', die sich für eine lebenslange keusche Witwenschaft verpflichtet haben? Oder sind sie gar ‚heilige Witwen', die darüber hinaus in Armut leben? Nach Fabri solle eine nur einmal verheiratete, keusch lebende und eine weitere Ehe ausschließende Witwe sich zu ihrem Stand nur aus Liebe zu Gott entscheiden und nicht etwa wegen eigener negativer Erfahrungen. Im zweiten Teil erläutert Fabri hauptsächlich mit biblischen Vorbildern, aber auch am Exempel der Heiligen Birgitta von Schweden und Elisabeth von Thüringen, warum Frauen keusche Witwen bleiben sollen. Im dritten Teil wird als erste Regel gegeben, die Körperlichkeit zu überwinden, etwa bei Ernährung und Kleidung. So empfiehlt Fabri den Witwen, sich durch Fasten, Wachen und Maßhalten von ihren evtl. Begierden zu befreien, sowie auf schöne Kleider zu verzichten. Die zweite Regel betrifft die für Witwen angemessene Gesellschaft und richtiges Verhalten. Witwen sollten junge Leute meiden und auf ihren Leumund achten, das heißt, z.B. auch keine Sänger, Spielleute, Gaukler usw. in ihrer Nähe zu erlauben. Auch heimliche Treffen mit Klerikern seien zu vermeiden. Ganz im Sinne der Observanz empfiehlt Fabri den Witwen, sehr darauf zu achten, ihre Beichten nicht bei unzuverlässigen Priestern abzulegen. Falls sie finanziell ausreichend versorgt seien, könnten sie einen zuverlässigen alten Mann als Verwalter einstellen, der ihnen die weltlichen Aufgaben (etwa Rechnungen bezahlen, sie vor Gericht vertreten usw.) abnehmen könne. Sie sollten sich jedenfalls aus weltlichen Angelegenheiten möglichst heraushalten, denn das könnte zu Geschwätz führen und ihrem Ruf schaden. Nur aus wichtigen Gründen sollten sie ausreiten oder überhaupt aus dem Haus gehen, sie sollten lieber zu Hause bleiben und die Öffentlichkeit meiden. Auch der Besitz und die Pflege von Haustieren seien unnötige Zeitverschwendung. Die dritte Grundregel bezieht sich auf die Gestaltung eines geistlichen Lebens, etwa durch Bibellektüre – eine in Anbetracht der allgemeinen Ablehnung eigenständiger Bibelrezeption durch Laien beim observanten Klerus doch sehr überraschende Anregung – sowie andächtige Gebete und Werke der Barmherzigkeit. Allerdings sollten sich Witwen nie anmaßen, eigene Schriften zu verfassen, denn es gäbe ausreichend klar verständliche geistliche Lektüre. Im vierten Teil des Traktats veranschaulicht Fabri drei Gründe für Lob und Ruhm des Witwenstandes anhand biblischer Beispiele; Christus betrachte die Witwen als seine Bräute und habe deshalb verfügt, dass keine weltlichen Herrschaften ihnen etwas zuleide tun dürften. Die im fünften Teil genannten elf Regeln fassen das Vorhergesagte noch einmal zusammen. Jede genannte Tugend wird gestützt durch ein Autoritätenzitat. Fabri bittet schließlich um Verzeihung, falls er etwas nicht eingehend genug erläutert habe, er habe aber andere dringende Aufgaben gehabt und habe sich deswegen beeilen müssen.

Aus literaturgeschichtlicher Sicht ragen Fabris Schilderungen von zwei Pilgerreisen ins Heilige Land, 1480 und 1483/84, besonders heraus. Seine erste Reise nach Jerusalem begann am 14. April, wieder zurück in Ulm war er am 16. November. Fabri hatte den jungen Adligen Georg von Stein dorthin begleitet, der ihm von dessen Vater in persönliche Obhut gegeben worden war und in Jerusalem zusammen mit anderen Adligen zum Ritter des Heiligen Grabes geschlagen werden sollte. Der Vater finanzierte Fabris Reise, die über Venedig nach Jerusalem führte; die geplante Weiterreise auf den Sinai musste allerdings ausfallen. Da sein Aufenthalt in Jerusalem nur neun Tage gedauert hatte, gelobte er, eine erneute Reise dorthin zu unternehmen.

Bald nach seiner Rückkehr verfasste Fabri ein gereimtes ‚Pilgerbüchlein‘, überliefert in einer 1482 von einem Ulmer Dominikaner geschriebenen Handschrift, um die beschwerliche, Reise für die adligen Teilnehmer lebendig zu halten. Es handelt sich um ein Unikat im Bereich der Pilgerliteratur, denn Fabri bediente sich der Form der vor allem beim Adel beliebten Helden- und Ereignisdichtung. Das ‚Pilgerbüchlein‘ umfasst 266 siebenzeilige Strophen, denen das metrische Schema des Liebesliedes ‚Ich stund an einem morgen' bzw. des Ereignisliedes ‚Die Schlacht bei Sempach' (vgl. Tl. 2) zugrunde liegt. Dass das Werk auch gesungen wurde – mehrmals apostrophiert sich Fabri als Sänger –, ist zwar gut denkbar, aber Musik wird in der Handschrift nicht mitüberliefert.

Zu Beginn des Werks verweist Fabri auf die Voraussetzungen für eine Pilgerreise. Man müsse wissen, dass sie tödlich enden könne, und man müsse über Gesundheit, Geduld und ausreichend Geld verfügen, eine Erlaubnis vom päpstlichen Stuhl sei ebenfalls erforderlich. Beschrieben wird die umständliche, stets gefährliche Reise ins Heilige Land, wo dann die überaus mutige Pilgergesellschaft – nach Bethlehem, ins Gebirge Juda, an den Jordan (wo man baden ging: *Felix was vorna dran*), ans Tote Meer, nach Jericho und an andere in der Bibel erwähnte Orte gelangte. Am Heiligen Grab wurden die jungen Adligen zu Rittern geschlagen. Trotz Gefahren und Warnungen schaffte es die ‚edle deutsche Ritterschaft' stets, zu den heiligen Orten zu gelangen, während z.B. die als Angsthasen beschriebenen Franzosen verzagten. Von Jaffa aus begann die Rückreise per Schiff, die wegen einer länger anhaltenden Flaute äußerst dramatisch verlief:

> *Vil tag wir also stůndent still vff dem witten mer*
> *Groß hitz vnd wasser mangel*
> *dett vns gar vintlich we.*
> *Etliche wurdent braupt ir sinn*
> *Von hitz send vil gestorben,*
> *man sencktz ins mer hin ein.*

Die Reisenden kamen endlich nach Schwaben zurück, das sich allerdings als bedrohlicher erwies als die heidnischen Länder, weil vier seiner Reisegefährten im Kemptener Wald überfallen wurden.

> *Jm gsang můs ich das clagen*
> *vnd machen offenbar*
> *Das wir mit frid sind gfaren*
> *durch fremdi land bys har*
> *Jn hoiden, tircken, kriechen land*
> *Jsts vns baß argangen*
> *den indem schwauben land.*

Am 14. April 1483 brach Fabri erneut zu einer Reise ins Heilige Land sowie nach Ägypten auf, von der er erst Ende Januar 1484 wieder zurückkehrte. Dieses Mal begleitete er als Kaplan zunächst vier schwäbische Adlige. Dabei war auch Konrad Beck, der als Diener von Hans Truchsess von Waldburg mitreiste und später auch einen Reisebericht verfasste (vgl. Tl. 2). Nach der

Überfahrt besuchte die Gruppe ausführlich Palästina und Jerusalem und trat nach dem geplanten Ritterschlag am Heiligen Grab die Rückreise an. Fabri war aber entschlossen, weiter zum Sinai zu reisen, blieb sechs Wochen in Jerusalem, bevor er sich einer Pilgergruppe um den Mainzer Säkularkleriker Bernhard von Breidenbach und Paul Walther von Guglingen anschloss. Beide sollten ebenfalls Reiseberichte verfassen, wobei der Bernhards ein großer Druckerfolg werden sollte (vgl. Tl. 2). Mit dieser Gruppe gelangte Fabri durch die Wüste von Gaza zum Katharinenkloster auf der Sinaihalbinsel, reiste dann weiter nach Kairo und Alexandria und von dort zurück nach Italien und Deutschland.

Nach seiner Rückkehr am 29. Januar 1484 verfasste Fabri für seine Ulmer Konventsbrüder das sehr umfangreiche zweibändige lateinische ‚Evagatorium' (Buch der Abschweifungen). Die eigenhändige Handschrift ergänzte Fabri bis in die 1490er Jahre immer wieder. Es handelt sich bei diesem Werk, das allerdings keine größere Verbreitung fand, um einen der bedeutendsten und inhaltreichsten Pilgerberichte des späten Mittelalters. Laut Fabri war es nicht seine Absicht, einen Reiseführer zu verfassen, er wollte nur den Mitbrüdern – die ihn vor der Abreise darum gebeten hatten – eine Möglichkeit zum möglichst genauen Nachvollzug seiner Reise darbieten. Das Werk ist tagebuchartig strukturiert und setzt sich aus zwölf Traktaten zusammen, da die Reise ja fast ein Jahr dauerte, wobei jeder Traktat so viele Kapitel enthält, wie der jeweilige Monat Tage hat. Es beginnt mit einem kurzen Rückblick auf die erste Reise, sodann wird der Verlauf der neuen Fahrt geschildert. Detailliert beschreibt Fabri seine Erlebnisse auf den drei Kontinenten und die Städte, die er besuchte, und ergänzt die Darstellung häufig mit einer Vielzahl von z.T. humorigen Anekdoten. Er fügt in umfangreichen Exkursen theologisches, geschichtliches und naturkundliches Wissen bei, das er aus einer Vielzahl ihm in Ulm zur Verfügung stehenden Quellen bezog.

Von besonderem Reiz sind Fabris eigene Beobachtungen. Der zweimalige Aufstieg zum Katharinenberg war z.B. von besonderer persönlicher Bedeutung für ihn, da – so seine Ansprache an die Begleiter – seit seiner Jugend Katharina als Patronin des Predigerordens seine ‚Geistige Braut' gewesen sei, die ihn 1452 dazu bewogen habe, Dominikaner zu werden. In seiner Schilderung der Reise durch die Wüste von Gaza beschreibt er in geradezu enzyklopädischer Weise die Esel und Kamele sowie ihre Treiber. Auch über die Wüste und deren Bewohner informiert er seine Leser. Dort sieht die Gruppe ein Rhinozeros, das Fabri als Nashorn identifiziert – während Breidenbach ein Einhorn zu sehen glaubt –, was Fabri spöttisch notiert. Für ihn war ein Einhorn lediglich eine Allegorie Jesu und kein reales Wesen. Im Bericht über Ägypten erzählt Fabri u.a. von den Pyramiden, einem Besuch auf dem Sklavenmarkt und von den furchterregenden Krokodilen am Nil, die er zu sehen bekam.

Selbstverständlich stehen als Fabris Quellen die Bibel und Bibelkommentare an erster Stelle, aber er zieht auch die Schriften der Kirchenväter, historiographische, enzyklopädische und naturkundliche Werke heran. Ebenfalls verwertet er mehrere Reiseberichte, darunter den des Hans Tucher (vgl. S. 161), mit dessen Werk er sich ausführlich auseinandersetzt, und die Reisenotizen Breidenbachs. Daneben verwertet er humanistische Geschichtswerke. Für Länder, die nicht in der Bibel Erwähnung finden, greift Fabri in besonderem Maße auf die antike Mythologie zurück, die er vor allem aus Boccaccios ‚Genealogia deorum gentilium' (Genealogie der Göttergeschlechter) bezieht. Indes setzt er sich bewusst vom humanistischen Latein ab, das ja gerade in Ulm besonders gepflegt wurde (vgl. S. 594). Die Rhetoriker und Verehrer der Redeweise Ciceros würden sein Werk verspotten, vermutet er, zumal sie den Stil der heiligen und kanonischen Schriften – sprich der Scholastik – verachten.

Den ursprünglich das ‚Evagatorium' abzuschließenden 12. Traktat gestaltete Fabri schließlich zu einem eigenständigen lateinischen historiographischen Werk aus, zur ‚Descriptio Theutoniae, Sueviae et civitatis Ulmensis', die in zwei Fassungen von 1488–89 und 1493–97 überliefert ist. Die Schrift beginnt mit einer Darstellung der Landschaft und der Landes- und Herrschergeschichte Alemanniens und Schwabens, wobei die schwäbische Geschichte im Kontext der Reichshistorie im Mittelpunkt steht. Als Anhänger der Habsburger stellt sich Fabri gegen die Schweizer Eidgenossen, allerdings betont er, dass die Schweizer auch Schwaben seien. In den beiden Schlusskapiteln setzt er sich mit den 1485/86 in Ulm erschienen Drucken der ‚Schwäbischen Chronik' Thomas Lirers (vgl. Tl. 2) auseinander; sie biete eine zwar opportune, aber doch ziemlich frei erfundene Geschichte des deutschen und insbesondere des schwäbischen Adels, die wohl verfasst wurde, um einigen Adeligen zu schmeicheln, vor allem den Grafen von Montfort. Vieles stimme nicht mit bewährten Quellen überein, anderes treffe zwar zu, habe aber von Lirer eine andere Deutung und Datierung bekommen. Allerdings übernimmt Fabri doch einiges aus dessen Werk.

Fabri bietet dann im zweiten Teil eine umfangreiche, thematisch gegliederte Beschreibung der Stadt Ulm, von der Gründungsgeschichte und ihrer Entwicklung zur bedeutenden Stadt bis zu ihren Bewohnern sowie ihren geistlichen Institutionen und denen des Umlands. Auch die politischen, sozialen und wirtschaftlichen Strukturen werden beschrieben, wobei die bedeutenden Familien der Stadt und deren wichtigsten Mitglieder miteinbezogen werden. Er preist Ulms blühenden Wirtschaftszweig, die Barchentherstellung. Für sein Werk, das durchaus auch als Städtelob zu charakterisieren ist, greift Fabri auf Chroniken und Urkunden zurück, fügt aber vielfach seine eigenen Eindrücke hinzu. Vor allem die Schilderungen alltäglicher Geschehnisse, die er anhand scharfsinniger Beobachtungen und mündlicher Berichte zusammenstellt und kommentiert, gehören zu den für die Lokalgeschichte Ulms interessantesten Teilen der ‚Descriptio'.

Für die vier adligen Reisegefährten, die ihm damals die Fahrt finanziell ermöglicht hatten, verfasste Fabri ebenfalls 1484 einen volkssprachlichen Reisebericht in Prosa, das ‚Deutsche Pilgerbuch', in dem er zwar häufig auf das ‚Evagatorium' zurückgreift, aber keinesfalls eine deutsche Version seines anspruchsvollen lateinischen Werks beabsichtigt. Da die Adligen nach dem Besuch Jerusalems nach Hause reisten, baten sie Fabri, ihnen seinen weiteren Pilgerweg zu beschreiben. Im Blick auf sein illiterates, gesellschaftlich hochgestelltes Publikum setzt er andere Schwerpunkte, damit sie aus dem Werk *trostung, vnderrichtung* und *verwundren* gewinnen könnten. Er muss dafür in seinen Beschreibungen der heiligen Stätten weiter ausholen und verzichtet vielfach auf theologische Kommentierung zugunsten schlichter moralischer Belehrung. Die im ‚Evagatorium' zu findende Kritik an adligen Pilgern spart er weitgehend aus. Damit das Buch vor allem für seine junge Leser- oder Zuhörerschaft, die *husfrouwen* sowie das Dienstpersonal nicht zu langweilig werde, füge er *kintlich lechterlich sachen*, die er unterwegs erlebt habe, sowie *schimpflich fabel* (lustige erfundene Geschichten) hinzu. Gezielt richtet er das Werk neu aus, um offensichtlich dadurch über den primären Adressatenkreis hinaus eine größere Verbreitung zu erreichen, was dann auch nach seinem Tod gelingen sollte. Vom ‚Deutschen Pilgerbuch' sind sowohl ein Autograph als auch mehrere Handschriften überliefert. Unter dem Titel ‚*Eigentliche beschreibung der hin vnnd wider farth zu dem Heyligen Landt*' wurde das Werk dann 1556 und 1557 in Frankfurt gedruckt; zudem wurden umfassende Exzerpte in Sigmund Feyerabends ‚Reyßbuch deß Heyligen Lands' (1584) integriert, wodurch Fabris Werk eine beachtliche nachmittelalterliche Verbreitung fand.

Schließlich sollten auch die von Fabri betreuten Nonnen an seinen Reiseerlebnissen teilhaben. Für sie verfasste er die ‚Sionpilger', eine Pilgerfahrt im Geiste, die er allerdings völlig anders gestaltete als das ‚Evagatorium' und das ‚Deutsche Pilgerbuch'. In einem Vorwort heißt es, die Nonnen hätten sich keine Erzählungen über Fabris tägliche Erlebnisse und keine eingehenden Beschreibungen der besuchten Orte wie in seinem lateinischen Werk gewünscht. Den klausurierten Frauen war ja jedes Reisen grundsätzlich verwehrt. Stattdessen sollte für sie die Imagination der heiligen Stätten im Mittelpunkt stehen und mit täglichen Frömmigkeitsübungen verbunden werden. Daher zeigt Fabri eingangs in zwanzig Regeln den Unterschied zwischen wirklichem und geistlichem Pilgern auf. Er bietet dementsprechend in Verbindung mit den geschilderten Tagesetappen und den besuchten Heiltümern geistliche Übungen. Dabei beschränkt er sich nicht nur auf seine Reise nach Jerusalem, sondern erweitert das Ganze mit Betrachtungen zu den damals populären Wallfahrten nach Rom und Santiago de Compostela. Auch zu den Heiligtümern in Canterbury und in Irland, wo der heilige Patrick das Fegefeuer erlebte, führt Fabri die Nonnen. Er weist die Leserinnen an, abends bei den Tagesheiligen einzukehren, wobei den ordensgeschichtlichen Heiligen eine besondere Rolle zukommt. Die drei Reisen zu den christlichen Hauptwallfahrtsstätten sollten innerhalb eines einzigen Jahrs absolviert werden, was natürlich nur imaginiert möglich war. Daher sind die ‚Sionpilger' „weniger ein Reisebericht, als vielmehr ein Versuch der verräumlichten Darstellung des Kirchenjahres und der Heils- und Ordensgeschichte" (J. Klingner).

Von einem weiteren Ulmer Dominikaner, Johannes Kornwachs, stammt eine gründliche und niveauvolle Überarbeitung der etwas unbeholfenen Übersetzung von Bonaventuras ‚De triplici via' aus dem frühen 15. Jahrhundert (vgl. Bd. II/2 und III/1). Kornwachs wurde 1465 in Ehingen geboren, trat 1483 ins Ulmer Predigerkloster ein, eine Liste v.J. 1535/36 nennt ihn als verstorben. Die anonyme schwäbische Übersetzung des Traktats, „der zu den weitverbreitetsten des mystisch-asketischen Schrifttums des Mittelalters gehört" (K. Ruh), ist wohl aufgrund des hohen theologischen Anspruchs nur in einer einzigen Handschrift überliefert. Um 1490 redigierte Kornwachs das Werk, das Ruh für einen „Notbehelf für das schwierige lateinische Original" hielt, um einen flüssigeren, verständlicheren Text bieten zu können. Er ergänzte unter Hinzuziehung einer lateinischen Vorlage mehrfach fehlende Textstellen und besserte Verderbtes und Schwerverständliches aus, indem er stark in die Wortwahl und Syntax der vorhandenen Übersetzung eingriff. Indes fand das Werk auch in der Kornwachs'schen Redaktion keine Verbreitung.

Dass observante Dominikaner nicht nur zu den Reformverweigerern im eigenen Orden ein sehr problematisches Verhältnis hatten, sondern auch zu den populären Franziskanern, und zwar zu deren beiden Zweigen (den Observanten und den Konventualen), wird vor allem im frühen 16. Jahrhundert deutlich. In der Berliner Handschrift mgq 164 (v.J. 1492) findet sich ein z.T. lückenhaft überlieferter Sendbrief an unbekannte Schwestern von dem *vatter leßmeister genant Petrus Palmer vom convent von vlm*. Klaus Graf identifiziert diesen Peter Palmer oder Balmer als einen Dominikaner, der vermutlich zunächst im Ulmer Kloster tätig war und dann nach Nürnberg wechselte, wo er 1494 und 1501 bezeugt ist. 1501 ist Palmer Prior im observanten Konvent Wimpfen.

Seinen Sendbrief bezeichnet Palmer als ein in drei Regeln mit jeweils fünf *stücklin* gegliedertes *recept einer geistlichen krefftigen artzenige*. Leitthema ist die Bekämpfung der *trüpselligkeit*, ein häufig von observanten Dominikanern angesprochenes Problem bei streng klausurierten Schwestern. Er verlangt von ihnen eine Reinigung der Seele, häufigen Eucharistieempfang, tugendhaftes Verhalten und Geduld in den traurigen Stunden. In der zweiten Regel geht es um andächtiges Beten, verlässliche Seelsorger zu bekommen, den Geist der Bescheidenheit und der göttlichen Liebe, sodann um die Erkenntnis des inneren Menschen. Schließlich kommt Palmer in der dritten Regel auf die häufige Kommunion und das innige Beten zurück.

Das Kloster Kirchheim unter Teck
Ein letzter großer Reformschub begann 1474 im Rahmen der von Graf Ulrich V. von Württemberg-Stuttgart initiierten Reform sämtlicher Dominikanerinnenklöster Württembergs. Ulrich hatte 1473 mit Unterstützung des Nürnbergers Johannes Prausser (vgl. S. 280) das observante Predigerkloster in Stuttgart gegründet, wonach die Reform der Dominikanerinnenkonvente erfolgte. So wurden in den Jahren 1478 und 1480 fünf württembergische Frauenklöster der Observanz zugeführt. Von der höchst dramatischen Reform von Kirchheim unter Teck und der nachträglichen Gefährdung der dort eingeführten Observanz berichtet in großer Ausführlichkeit die ‚Kirchheimer Chronik' der Magdalena Kremerin.

Knapp zehn Jahre nach der Reform kam es zum großen Zerwürfnis zwischen Ulrichs Nachfolger Eberhard im Bart, der die beiden zuvor getrennten württembergischen Landesteile wiedervereinigte, und dem problematischen Sohn Ulrichs, Eberhard VI. (dem Jüngeren), der aber vom älteren Eberhard an der Nachfolge der Herrschaft über die Grafschaft gehindert wurde. Der Jüngere forderte nun knapp zehn Jahre nach der Reform Kirchheims massive finanzielle Leistungen vom Kloster und versuchte 1487/88 unter Leitung des ehemaligen Augustinereremiten Konrad Holzinger, die Schwestern von der Observanz abzubringen und die Reformerinnen zu vertreiben, um den Konvent vollständig unter seine Kontrolle zu bringen. Schließlich führte der entschiedene Widerstand der Nonnen auf Befehl Eberhards VI. zu einer militärischen Belagerung durch die Bürger Kirchheims. Dies verursachte eine Hungersnot im Konvent und ließ die Reformierten fürchten, dass die im Kloster noch vorhandenen Reformunwilligen eine interne Spaltung herbeiführen könnten. Nach erfolglosen Verhandlungen griff schließlich Eberhard im Bart militärisch in Kirchheim ein, wodurch die Observanz im Kloster erneut gefestigt wurde. Holzinger wurde 1488 auf Betreiben von Eberhards Intimus, Johann Reuchlin (vgl. S. 535), festgenommen, was auch in Magdalenas ‚Chronik' Erwähnung findet.

Das vermutlich 1488/89 vollendete Werk ist in einer Nachschrift v.J. 1490 überliefert. Es berichtet von den Ereignissen, beginnend mit der Einführung der Reform 1478, bis zur Befreiung des Klosters. Es handelt sich um eine beachtliche Chronik, verfasst von einer erzählerisch begabten und für die damalige Zeit besonders gebildeten Frau. Zwar nennt sie sich nirgends als Verfasserin, aber Magdalenas Autorschaft kann als gesichert gelten, denn durch offensichtliche höhere Bildung war sie in der Lage, in Kirchheim zugleich die anspruchsvollen Ämter der Küsterin, Texturschreiberin, Novizinnenmeisterin und Obersängerin zu übernehmen. Dass sie im Nebenamt wohl auch Buchmeisterin des Klosters war, ist anzunehmen. Vor allem aufgrund ihres Bildungshintergrunds war sie nach Kirchheim entsandt worden. Magdalena war Tochter eines Stadtschreibers aus Oberkirch im heutigen Baden, was ihre Fähigkeiten, Handschriften von hoher Sorgfalt und Dignität herzustellen und sie auch zu illustrieren, zumindest teilweise zu erklären vermag. Zusammen mit ihrer Schwester trat sie 1468 in das 1464 reformierte Kloster Silo in Schlettstadt ein, wo sie auf gebildete Schwestern traf, die ihr Latein beibrachten und sie mit anspruchsvoller lateinischer Literatur bekannt machten, sowie auf Johannes Meyer, den damaligen Beichtvater in Silo. Meyer begleitete 1478 sie und die anderen mit der Reform beauftragten Schwestern nach Kirchheim, wo er bei der Einführung der Observanz als einer der maßgeblich Beteiligten fungierte.

Magdalena verfügte über ein bemerkenswertes narratives Talent, das einen Vergleich mit dem volkssprachlichen Erzählstil von gebildeten Chronisten dieser Zeit keineswegs scheuen muss. Bei ihrer Schilderung der hart umkämpften Verteidigung der Reform in Kirchheim zeigt Magdalena ein hohes Maß an analytischer Schärfe und intellektueller Souveränität. Sie unterstützt ihre Argumente und Meinungen zum Vorgefallenen immer wieder mit gelehrtem Wissen, vor allem mit einer Vielzahl an lateinischen Zitaten aus der gesamten Vulgata, die sie, wie in volkssprachlichen Predigten und Traktaten üblich, jeweils anschließend übersetzt. In ihrem Werk zitiert sie Gregor, Augustinus, die ‚Vitaspatrum‘, die ‚Vitas fratrum‘ Gerards von Fracheto u.a.m., die sie alle mit lateinischen Werktiteln aufführt. Auch in der Hagiographie ist sie bestens bewandert. Den die Reformschwestern bedrohenden, seine Gelehrsamkeit betonenden und sich fälschlicherweise als Doktor ausgebenden Augustiner Konrad Holzinger kontert sie selbstbewusst mit gelehrter Argumentation. Es bestehen keinerlei Zweifel, dass Magdalena in Meyers ‚Buch der Reformacio Predigerordens‘ ein literarisches Vorbild sah. Auch bei ihr gibt es Berichte von außergewöhnlichen, auf Gott zurückgeführten Erfahrungen observanter Schwestern, die sehr an Meyers Werk und die Tradition der Klosterchroniken erinnern. Wie Meyer geht es Magdalena nicht nur um die Dokumentation bemerkenswerter historischer Ereignisse. Vielmehr will sie mit ihrer Chronik späteren Schwestern des Klosters Rückhalt bei der Aufrechterhaltung strenger Observanz bieten, indem sie ihnen detailliert und in drastischer Form davon erzählt, welche enormen Opfer erbracht wurden, um die spätere Beispielhaftigkeit und Vorbildlichkeit Kirchheims zu erreichen. Magdalenas Werk soll identitätsstiftend sein, die damaligen tapferen Schwestern sollen den späteren als Vorbilder dienen. Im Anschluss an die Berichte über die Ereignisse von 1488 bietet Magdalena eine Art Traktat, versehen mit einem lateinischen Thema, in dem sie eingehend die Observanz verteidigt und sich dabei mindestens viermal in der ersten Person als Lehrerin einbringt. Zwar erzählt sie auch hier von Ereignissen in Kirchheim, stellt diese aber in einen ordensgeschichtlichen Zusammenhang.

Wenngleich Magdalena keineswegs die einzige observante Nonne ist, die ein volkssprachliches Werk verfasste, so sticht ihre ‚Chronik' dennoch heraus, zumal es sich nicht vorwiegend um eine Übersetzung handelt, wie etwa bei den oben besprochenen Schwestern in Unterlinden oder bei der Zisterzienserin Regula (vgl. S. 449), sondern um ein eigenständig verfasstes Werk, das in die Tradition der im 14. Jahrhundert entstandenen, von Frauen verfassten Klosterchroniken zu stellen ist, die Johannes Meyer ja wieder zu neuem Leben erweckt hatte.

Reformen im Bistum Konstanz

Das Katharinenkloster in St. Gallen
Eine Art Haus- oder Konventsbuch, das aber nicht mit Magdalenas Chronik oder den Schwesternbüchern vergleichbar ist, wurde von Angela (sie nennt sich *Engel*) Varnbühler (1441–1509), der Priorin des St. Galler Katharinenklosters, initiiert und teilweise verfasst. Das St. Galler Kloster ist insofern bemerkenswert, als es sich auf eigene Initiative selbst reformierte, aber dabei nie in den Orden inkorporiert wurde. Dennoch verpflichteten sich die Schwestern auf Regel, Konstitutionen und Satzungen des Predigerordens und trugen das Ordensgewand. Sie schreiben im Konventsbuch häufig von *vnserm orden*. Das Kloster stand unter der Obhut des Konstanzer Bischofs, der anfangs stets Beichtväter aus dem konventualen Predigerkloster in Konstanz nach St. Gallen entsandte. Varnbühler, die 1453 ins Kloster eintrat und von 1476 bis zu ihrem Tod Priorin war, sorgte dafür, dass 1476 Johannes Scherl aus dem observanten Eichstätter Konvent zum Lektor und Beichtvater des St. Galler Klosters berufen wurde. 1482 setzte sie mit Hilfe Scherls die strenge Klausur durch. Starke Unterstützung erhielten die Schwestern vom Nürnberger Katharinenkloster, auch bei der literarischen Versorgung. Die vorbildlich gelebte Observanz führte dazu, dass die St. Gallerinnen 1496/97 die Reform des Klosters Zoffingen in Konstanz unterstützten.

Das ‚Konventsbuch' ist eigentlich ein Wirtschaftsbuch, das von 1476 bis zur Auflösung des Klosters 1528 chronologisch die jährlichen Jahresabrechnungen der Schaffnerin sowie die Inventuren der Kornmeisterin, sonstige wirtschaftliche Angelegenheiten und bisweilen einige wenige Ereignisse in der Geschichte des Klosters festhält. Es geht dabei um Rechtsfragen, Bautätigkeit mit Kunsterwerb, Personalbestand und Hinweise auf die Produktion des Skriptoriums sowie die notwendigen Gelder für dessen Betrieb. Auch die Eintritte, Professablegungen und Todesdaten von Schwestern sind verzeichnet. Nur selten findet man eine derart detaillierte Darstellung vom Leben in einem klausurierten Kloster wie in diesen Aufzeichnungen. Auch wenn die Handschrift von zahlreichen Nonnen geschrieben und keineswegs, wie früher angenommen, zum großen Teil von Angela Varnbühler verfasst wurde, so ist doch wahrscheinlich, dass einige Texte von ihr stammen – etwa Autobiographisches – und von anderen abgeschrieben wurden.

Eine zweite Handschrift aus dem Katharinenkloster in St. Gallen, die Antje Willing als ein ‚Schwesternbuch' betitelt hat, wobei sie keineswegs den Inhalt mit der literarischen Gattung ‚Schwesternbuch' in Verbindung bringen will, ist in drei Teile gegliedert: 1. die Privilegien, die das Kloster seit der Gründung erhalten hatte, 2. Abschriften von Briefen zweier Nürnberger Priorinnen an die St. Galler Priorin und 3. Exzerpte aus Briefen, in denen eingehend Anweisungen zur Gestaltung des observanten Alltags und dessen Gepflogenheiten gegeben werden. Es handelt sich bei Teil 2 und 3 um die *ordnung*, an die sich *die wirdigen mŭtren vnd schwŏstren des wirdigen conventz zŭ Nŭrenberg* hielten. Die *ordnung* betont die außerordentliche Rolle von gemeinschaftlichen Lesungen, und zwar nicht nur am Mittagstisch. Nicht für die Tischlesung vorgesehene Werke (etwa das ‚Buch der Ämter' des Johannes Meyer) dürfen aber ohne Einschränkungen privat gelesen werden.

Im ‚Konvents'- wie im ‚Schwesternbuch' werden die Anschaffung, der Austausch sowie die Weitergabe von Literatur, der Prozess der Buchherstellung und dessen Kosten genau dokumentiert. Vor allem aus dem Nürnberger Katharinenkloster kamen die meisten Leihgaben nach St. Gallen (etwa ‚Der Heiligen Leben', die ‚Imitatio Christi'), aber die Schwestern bekamen auch aus Diessenhofen und Straßburg sowie vom Klarissenkloster in Villingen Literatur geschenkt. Dazu steuerten mehrere Predigerbrüder und Laien, vor allem Verwandte der Schwestern, weitere Werke bei. Dem von St. Gallen aus reformierten Konvent Zoffingen wurden Bücher geschenkt oder ausgeliehen, um dort wiederum von St. Galler Reformschwestern abgeschrieben zu werden. Auch dem observanten Augustinerinnenkloster Inzigkofen wurden Handschriften gegeben, was durch verwandtschaftliche Beziehungen motiviert wurde. So war die Bibliothek des St. Galler Katharinenklosters zu Beginn des 16. Jahrhunderts von beachtlichem Umfang, auch zahlreiche Druckwerke gehörten dazu. Festgehalten wird, dass 57 *búchlin* der Bibliothek den Konventsmitgliedern zur Verfügung standen: sie konnten *den swŏstren gelichen* werden, zur Lektüre *in ir zellen zŭ merung jrs andachtes*.

Der für das St. Galler Kloster und die Einführung der Observanz so zentrale J o h a n n e s S c h e r l stammte ursprünglich aus Nürnberg, studierte 1464 in Leipzig Theologie und wurde 1471 Prior im observanten Eichstätter Predigerkloster. Für seine Tätigkeiten als Lektor und Beichtvater der St. Galler Schwestern bekam er laut ‚Konventsbuch' Speise und Trank, eine Wohnung, Heizung, Bettzeug und 12 Gulden pro Jahr. Zur Feier der Durchsetzung der Observanz, der ‚Beschließung' des Konvents i.J. 1482, verfasste und komponierte er ein historisches Lied über dieses für das Kloster so wichtige Jahr. Das Lied umfasst 37 Strophen zu je fünf Versen und ist in der Handschrift mit Quadratnotation versehen. Es erzählt von dem Beschluss der Nonnen, sich streng zu klausurieren, woraufhin sich drei leitende Schwestern an den Konstanzer Bischof und anschließend an den Rat von St. Gallen wandten, die beide das Vorhaben wohlwollend unterstützten. Zurück im Kloster bekamen die Schwestern traurige Klagen von Verwandten zu hören, die von nun an auf den Kontakt mit den Klausurierten verzichten sollten. Die drei Frauen unternahmen eine letzte Wallfahrt zu Unserer Lieben Frau nach Einsiedeln und zum Gnadenbild in der St. Galler Stiftskirche. Nach der Rückkehr verkündete Scherl schließlich die offizielle Einführung der Observanz, woraufhin viele Freudentränen flossen. Zu welchem Anlass das Lied zur Aufführung kam, wird leider nicht mitgeteilt.

Scherl sollte von 1477 bis 1496 in St. Gallen bleiben, wurde dann aber aufgefordert, in einem anderen Frauenkloster tätig zu werden. Ihm zuzuschreiben sind zwei Predigten, die von einem *f.[rater] Johannes S.* 1486 im St. Galler Katharinenkloster gehalten wurden und in einer Handschrift des Nürnberger Katharinenklosters enthalten sind. Die eine handelt von der Verklärung Jesu (Mt 17,2), eine Homilie, in der der Evangeliumstext systematisch Abschnitt für Abschnitt anspruchsvoll ausgelegt wird. Scherl bettet seine Auslegung von der Verklärung in ein christologisches Rahmenthema, indem er in seiner Exegese Io 1,14 als Ausgangs- und Schlusspunkt für die ‚inspirierte' Deutung des Textes durch die Kirchenväter nimmt, auf die er sich bezieht. Die andere Homilie hat Mariä Heimsuchung (Lc 1,39) zum Thema. Hier geht Scherl auf die ‚englische' Natur Mariens ein, wobei als Klammer zwischen Anfang und Ende der Auslegung die Eigenschaften dienen, die Maria mit dem Engel teilt: Liebe, Keuschheit und Demut sowie die viermalige Nennung ihres Namens im Evangelium, der dreimal für die Nächsten- und einmal für die Gottesliebe steht.

Scherl soll auch Birgittas von Schweden ‚Offenbarungen' und ein *abc der göttlichen liebi ... geschriben vnd ze tütsch gemachet haben*. Beide Schriften sind allerdings nicht überliefert.

Das Kloster Zoffingen in Konstanz

Das Konstanzer Kloster Zoffingen wurde 1496/97 unter Bannandrohung des Bischofs von Konstanz gezwungen, sich mit Hilfe von Schwestern aus St. Gallen zu reformieren. Das führte auch zu einem regen Bücheraustausch. Der sollte sich nachweislich bis ins Jahr 1522 fortsetzen, als die Schwestern des Katharinenklosters die Abschrift einer umfangreichen Traktatsammlung des Zoffinger Spirituals W e n d e l i n F a b r i (um 1465-nach 1533) abschlossen. Fabri trat 1485 in das seit 1442 observante Predigerkloster seiner Heimatstadt Pforzheim ein, wo er ab 1508 als Lektor amtierte. 1509 nahm er sein Amt in Zoffingen an, wo ihm die Nonnen versprachen, ihn *zu halten in aller wis vnd mauss* (in jeder Beziehung), *wie gewon ist in der observantz, vnd in och nit zu verlaussen, ob er in lipliche cranckhait fiell, in trulich zu versorgen*. Fabri erlangte in Rom 1511/12 die Doktorwürde, als er dorthin reiste, um einen päpstlichen Ablass zu erreichen, mit dem er die finanziellen Mittel für den Wiederaufbau des 1511 niedergebrannten Konstanzer Münsters beschaffen könnte. Sein Wirken blieb keineswegs auf Zoffingen beschränkt; er predigte nachweislich auch in Ravensburg und besuchte als Visitator 1512 das St. Galler Katharinenkloster. Er blieb im Widerstand zur Reformation bis 1527 in Konstanz, verließ aber die Stadt nach heftigen Anfeindungen und ging nach Meersburg ins Exil. 1528 erhielt er eine Pfründe auf dem Gehrenberg bei Markdorf (Bodenseekreis), wo er auch starb.

Der umfangreiche St. Galler Cod. 990 (v.J. 1521/22) enthält sechs Schriften, die Fabri zwischen 1510 und 1518 fast ausschließlich als Klosterpredigten in Zoffingen gehalten hatte und dann in Traktatform für die dortige Tischlesung aufbereitete, wobei fünf davon von beträchtlicher Länge sind. Den ersten Traktat habe er *vss bitt andechtiger herczen baider stant*, also für Laien und Klosterschwestern, verfasst, obwohl der größte Teil des Werks von seinem Anspruch her kaum für ein laikales Publikum geeignet war. Die restlichen Texte sind eindeutig für Nonnen konzipiert, denn in der überlieferten Form werden mehrfach die Zoffinger Schwestern direkt angesprochen.

Diese erste Schrift, ein ‚Eucharistietraktat', ist höchstwahrscheinlich vor seiner Promotion entstanden (also 1509–1511). Das Werk basiere auf *materi*, die er nur *zů tail* an einem Gründonnerstag in Ravensburg vor Laien gepredigt habe, *daz mertail* gehe auf Predigten zurück, die in der Zeit um Fronleichnam in Zoffingen gehalten wurden. In seiner Einleitung erinnert Fabri vor allem Laien an die Pflicht der Osterkommunion, will aber mit seinem Traktat besonders die Verehrung der Eucharistie und die Häufigkeit von deren Empfang fördern. Das Ganze ist in 16 Kapitel gegliedert, in denen Fabri die Grundsätze der Eucharistielehre auslegt, indem er z.B. anhand einer Zahlensymbolik die fünf Worte der Konsekrationsformel erläutert. Ausführlich erklärt er, wie die Eucharistie als Speise der Seele zu einer Vereinigung mit dem *corpus verum* Christi führen und als höchste Wirkung eine ‚Einleibung' in das *corpus misticum* zur Folge haben kann. Wie diese ‚Einleibungen' zu erreichen seien, wird eingehend erläutert. Dieser Teil des Traktats geht eindeutig auf Zoffinger Predigten zurück, da Fabri an einer Stelle von der Behandlung des Themas *hie im Concilium zů Costencz* spricht sowie eine Vielzahl von kirchlichen Autoritäten stets zunächst auf Latein zitiert. Ferner behandelt Fabri die fünf Daseinsweisen Christi – die historische, die verklärte im Himmel und die drei eucharistischen –, zudem geht er auf den Opfercharakter der Messe und verschiedene besondere Wirkungen der Eucharistie genauer ein. Es zeigt sich jedenfalls deutlich, dass auch er ein beachtliches Maß an Bildung bei den Nonnen voraussetzt.

Es folgt die ausdrücklich als Predigt bezeichnete verhältnismäßig kurze Abhandlung ‚Von den fünf Gerstenbroten' über die von *ingeschlossnen* – also observanten – Nonnen erwartete Askese mit Io 6,9 als Thema, wobei Fabri in der Überschrift bereits als *doctor wendelinus von phorczem* bezeichnet wird.

Fast doppelt so umfangreich wie die erste Schrift ist Fabris zwischen 1512 und 1517 entstandener ‚Messtraktat'. Es handelt sich um weit ausgreifende Ausführungen über die Früchte der Messe, womit er seine Rezipientinnen zur innigen Teilnahme an der Messe anregen will. Auch Fabri greift gerne zur Emblematik. In diesem Traktat verwendet die Allegorie eines geistlichen Frachtschiffs, das unter dem Ober-, Mittel- und Niederland reiche Gnadenschätze vermittele, die er mit den drei Bereichen Himmel, der Kirche auf Erden und den armen Seelen im Fegefeuer gleichsetzt. Er zitiert dabei eine beachtliche Zahl von z.T. zeitgenössischen Autoritäten (etwa den italienischen Humanisten Battista Mantovano [† 1516]). Zu Beginn verweist er darauf, dass keiner zu hochstehend sei, um Altardienste zu leisten. Das habe *herczog Eberhart selgen im bart* für *maister gabrielem* oft getan. Gemeint ist damit Gabriel Biel, der berühmten Mitbegründer der Universität Tübingen, den Eberhard im Bart ebenfalls zur Mitarbeit bei der Klosterreform nach Württemberg berufen hatte (vgl. S. 487). In einem Bescheidenheitstopos im Epilog gibt Fabri zu bedenken, dass das Thema hätte besser bearbeitet werden müssen.

Im unvollständigen Traktat ‚Villicatorius', der auf Reihenpredigten zurückgeht, die er zwischen Kreuzerhöhung (14. Sept.) und Ostern in Zoffingen gehalten hatte, bezieht er seine Lehre gänzlich auf den Religiosen – ausgehend vom *vilicus*, dem unehrlichen Verwalter in Lc 16,1–9. Diesem habe Gott alle Güter als Lehen gegeben, so dass er damit eine reiche Lebensernte einfahren könne. Entsprechend dem Bild des Landbaus bewirtet der Meier (Verstand und Wille) drei *juchart ackers* (*juchart* ist ein alemannisches Ackermaß), nämlich die Seele, das sinnliche Strebevermögen und den Körper. Der Wille solle zur Askese anregen, so wie der Meier sein Feld zur Saat bestellen muss. Das für eine gute Ernte notwendige gute Wetter versinnbildlicht die für die geistliche Lebensform unentbehrliche Gnade Christi. Doch sei der Mensch unbeständig, was Fabri mit dem Aprilwetter vergleicht, das den Anbau gefährdet. Sodann geht er auf die Einhaltung der Observanz ein – ein im Werk immer wieder thematisiertes Anliegen –, deren Erläuterung er mit den für den Landbau eventuell schrecklichen Auswirkungen des Winters verbindet. Der harte Winter sei mit der Todsünde gleichzusetzen, die alle Tugenden und Verdienste ersticke und wie ein harter Frost die helfende Gnade (den Samen) und die Liebe Gottes (die Wurzel) vernichte. Andererseits gibt es den milden Winter, in dem gute Taten vollbracht werden. Ausführlich verteidigt Fabri dabei den Ablass, was möglicherweise gegen Luther gerichtet ist. Durch Verzicht auf den Ablass würde u.a. *gehinderet der buw der kirchen. Das ist och die mainung aller, die vom aplas geschriben habend.* Als Autoritäten zitiert er bezeichnenderweise Theologen des 15. Jahrhunderts: Jean Gerson, Jakob von Paradies sowie die beiden renommierten Kirchenrechtler Franziskus Zabarella und Felinus Sandeus (*der gross Jurist*). Die Entfernung von Unerwünschtem vom Acker vergleicht Fabri mit der Beseitigung von irregeleiteten Gewissensurteilen, den Sünden des Alltags und Lastern, um im geistlichen Leben erfolgreich zu sein. Anhand von im Winter unbedingt zu leistenden sechs Arbeiten ermahnt Fabri die Nonnen, dass auch sie verpflichtet seien, die Gebote Gottes zu erfüllen und in der Observanz zu bleiben. Zuletzt vergleicht Fabri fünf wilde Tiere, die großen Schaden in den Klöstern anrichten, mit fünf nützlichen Tieren. Hier geht es dem leidenschaftlichen Observanten erneut um die Aufrechterhaltung der Ordensreform, wobei es sich bei den für den Landbau destruktiven Tieren um jene Ordensleute handelt, die durch die Missachtung der Observanz nicht nur den einzelnen Konventen, sondern dem gesamten Orden gravierende Schäden zufügen würden. Der am Ende versprochene zweite Teil des Werks wurde offenbar nie verwirklicht. Im gesamten Traktat Fabris sind Gersons Schriften die am häufigsten zitierten Quellen.

Ganz der observanten Lebensform gewidmet ist Fabris aus vier Traktaten bestehendes umfassendes Werk mit dem lateinischen Titel ‚Prudentia simplex religiosorum', das auf 1518 in Zoffingen gehaltene Predigten zurückgeht. Seine Hauptquelle ist das ‚Rosetum exercitiorum spiritualium' des niederländischen Augustinerchorherrn aus dem Windesheimer Reformkreis, Johannes Mauburnus († 1502), das Fabri wohl in einem Basler Druck von 1504 vorlag. Mithin integriert er auch Gedankengut der Devotio moderna in seine Schriften. Im umfangreichsten Traktat des Konvoluts, dem ‚Ordinarius vitae religiosae', einer ‚Verordnung des geistlichen Lebens', holt Fabri weit aus und erläutert die Vorteile, die aus der Ordnung eines geistlichen Lebens hervorgehen. Er schlägt dann eine klare Rangfolge dieser Ordnung vor: 1. Verhältnis zu Maria, 2. den Vorgesetzten, 3. den Nächsten und 4. zu sich selber. Im zweiten Traktat, dem zehnteiligen ‚Exercitatorius religiosorum', schildert Fabri detailliert die Übungen der Nonnen, betont den dafür notwendigen Eifer und warnt vor den vielen Gefahren, die lauern. Besonders wichtig seien die Liebe zur Zelle, das Schweigen sowie anderes tugendhaftes Verhalten. Im dritten Traktat, ‚Diurnale exercitiorum', geht Fabri auf religiöse Übungen für bestimmte Stunden des Klosteralltags ein. Hier bespricht er das Chorgebet und den Kirchengesang. Fabri geht dann auf die für Nonnen vorauszusetzende Bildung ein, auf die hohe Bedeutung der Lektüre sowie der Handarbeit. Das allgemeine Verhalten zu Tisch und der für den Klosteralltag zentrale Stellenwert der Tischlesung werden erläutert, verbunden mit Anweisungen für das Abendessen und die Komplet. Abschließend geht Fabri im vierten Traktat, ‚Nocturnale exercitiorum', auf die abendliche Gewissenserforschung ein. Er bezieht sich dabei auch auf den Schlaf und die Träume und bietet Regeln zum Umgang mit Gewissensfragen, die damit in Verbindung stehen. Abschließend gibt er Richtlinien für das Chorgebet in der Mette und der Prim.

Im letzten Werk der Handschrift deutet Fabri in sieben Predigten die sieben sog. ‚O-Antiphonen', die in den Vespern vor Weihnachten, vom 17.–23. Dezember, zum Magnificat gesungen wurden. Sie beginnen jeweils mit einer Christus-Anrufung, die nach einem „O" eine der wichtigen alttestamentlichen Prophezeiungen zum erwarteten Messias aufgreift (*O Sapientia*, *O Adonai* usw.) und enden mit „*Veni*", einem flehentlichen Bitten um das Kommen Christi. In diesen *Collationes* für die Tischlesung zitiert Fabri die jeweilige Antiphon zunächst auf Latein, bietet dann den *Textus zů tůsch*, worauf er die Antiphon ausführlich deutet und damit die Zoffinger Nonnen auf das Weihnachtsfest vorbereitet. In der ersten Predigt greift er an einer Stelle wieder auf das Werk einer zeitgenössischen Autorität zurück, und zwar auf die allegorische Genesis-Auslegung ‚Heptaplus' des italienischen Renaissance-Philosophen Giovanni Pico della Mirandola († 1494). Erneut zeigt Fabri hier seine Vertrautheit mit dem Schrifttum von Humanisten. Die in der St. Galler Handschrift überlieferten Schriften Fabris zeugen in beachtlicher Weise vom Engagement für die dominikanische Observanzbewegung in der Zeit, als Luther die Bühne betrat und es im Bereich der Ordensreform nur noch wenige Lichtblicke gab.

Das Kloster Stetten bei Hechingen
Zwischen 1480 und 1507 hatte es im Kloster Gnadental in Stetten bei Hechingen immer wieder Reformversuche gegeben. 1507 gelang schließlich die Einführung der Observanz mit Unterstützung des Konstanzer Bischofs. Bereits 1502 waren die aus dem Basler Kloster Klingental vertriebenen Schwestern von Obersteigen nach Stetten umgezogen, wo Thomas von Lampertheim ihr Beichtvater wurde (vgl. S. 329). Zu den für Stetten verfassten Schriften gehört sein bisher der Forschung unbekannt gebliebener ‚Beichttraktat' (vgl. S. 330), der im Dillinger cod. XV 197 überliefert ist (E. Wunderle). Er wird dort *Thomas Lamperter, bychtiger des reformierten closters Gnadental Stetten* zugewiesen; daher wird der Text nach der 1502 erfolgten Übersiedlung nach Stetten entstanden sein. Auch dieses Werk ist nicht als Beichtspiegel, d.h. nicht anhand der zehn Gebote strukturiert, sondern behandelt allgemeinere Fragen zur Beichte sowie über den Umgang mit Sünden. Diesbezüglich bietet Thomas ähnliche Anweisungen wie in seinem Straßburger Traktat. So solle man beispielsweise begangene Verfehlungen oder persönliche Defizite nicht *jn der gemain* offenbaren. Das Werk, das wie

alle anderen Schriften von Thomas ganz auf observante klösterliche Rezipientinnen ausgerichtet ist, schließt mit einer allgemeinen Tugendlehre. Hier preist Thomas das Klosterleben als die geeignetste Möglichkeit, das eigene Dasein tugendhaft zu gestalten, weswegen man unbedingt *verharren* solle.

In der Dillinger Handschrift befindet sich auch eine in der Forschung noch nicht behandelte ‚Ordinatio', *gemacht allen regelswestern*, des Ulrich Zehentner, der an den Universitäten Wien und Heidelberg studierte und lehrte und 1496–1501 als Provinzialprior der Teutonia amtierte.

In einem wahrscheinlich für Gnadental verfassten Kurztraktat in der Würzburger Handschrift M. ch. o. 16 wendet sich Thomas entschlossen gegen das Sondereigentum bei Schwestern – auch in Form von Taschengeld –, was von ihm geradezu als Todsünde bekämpft wird. Anders als Felix Fabri und Johannes Meyer, die um die gleiche Zeit für eine mildere Regelauslegung plädierten, beanstandet er die sich allmählich lockernden Bestimmungen in observanten Klöstern mit Nachdruck.

Im Kloster Stetten entstanden ist die sog. ‚Stettener Predigthandschrift' mit einer Sammlung von Sermones acht namentlich genannter Dominikaner, die als Gastprediger oder Beichtväter in den Jahren 1516 bis 1518 dort auftraten. Neben Einzelpredigten und Auszügen umfasst die Sammlung Advents- und Fastenzyklen. Es handelt sich ausschließlich um Predigten, die sich auf die strenge Lebensform der Schwestern konzentrieren und die großen Vorteile der Observanz für das Seelenheil sowie die möglicherweise damit verbundenen Gefahren thematisieren. Die meisten Ansprachen stammen von Michael de Werdea, Subprior des Frankfurter Predigerklosters. Die Schreiberin stellt fest, die Predigten seien *nit gancz geschriben, wie sij der vorgenant wirdig vatter gebredigt hatt, sunder nur ain gedechttnus von ijecklichen nur ain wenig*. Die Nachschriften sind von unterschiedlicher Sorgfalt, sie lassen aber zumeist die Disposition der Predigten noch erkennen. Häufig greifen die Prediger im Dienste einer besseren Vermittlung ihrer Inhalte zur Emblematik und zu Exempla und stützen ihre Argumentation mit Autoritätenzitaten, vor allem von Bernhard von Clairvaux und Thomas von Aquin. Der aus Gebweiler kommende Dr. Johannes Burckhardi, der über die geistliche Blindheit predigt, und Johannes Haim aus Frankfurt, der das Beten in seiner Ansprache thematisiert, sollten später zu vehementen Gegnern Luthers werden. Haims Predigt bricht mit dem Satz ab: *Das ander will ich lon ston. Es wirt zu lang*. Mehrere der genannten Prediger sind hochgelehrt und bekleideten im Laufe ihres Lebens hohe Ämter innerhalb des Ordens. Jakob Friedrich von Colmar, von dem die letzten beiden Predigten stammen, wird von der Schreiberin als Reformer des Predigerklosters in Rottweil bezeichnet, das 1518 der Observanz zugeführt worden war.

Die Nation Brabantia

Jakob Sprenger in Köln

In der Nation Brabantia der Ordensprovinz Teutonia gab es nur sechs Frauenklöster. Dementsprechend ist nur wenig von dort überliefert.

Der 1436/38 in Basel geborene Jakob Sprenger, der mit Felix Fabri in Basel gleichzeitig das Noviziat antrat, sollte ebenfalls zu einem bedeutenden Verfechter der Observanz werden, aber wesentlich höhere Ämter bekleiden als sein Mitbruder und Freund. Anders als Fabri studierte Sprenger und promovierte 1475 in Köln zum Doktor der Theologie; 1480 war er Dekan der dortigen theologischen Fakultät. Vor seinem Studium beteiligte er sich 1464 an der Reform des Kölner und 1474 des Frankfurter Konvents. 1472-88 war Sprenger Prior in Köln und 1474 Generalvikar für die Brabantia. Er wurde 1481-88 als Inquisitor der Erzdiözesen Mainz, Köln und Trier eingesetzt. Offenbar betätigte er sich mit geringem Engagement in diesem Amt, anders als sein konventualer Mitbruder Heinrich Kramer (Institoris). Von 1488 bis zu seinem Tode 1495 war Sprenger Provinzialprior der Provinz Teutonia.

Lange galt Sprenger als Mitverfasser des 1486 erstmals gedruckten ‚Malleus maleficarum' (Hexenhammer), weil Heinrich Kramer ihm dies in seiner ‚Apologia' zuschrieb (vgl. Tl. 2). Die heutige Forschung sieht dies aber als Täuschungsmanöver des damals vielfach umstrittenen Kramer an, der bemüht war, seinem Werk größere theologische Legitimität zu verleihen. Sprenger hat sich in keiner seiner Schriften je mit Dämonologie, Hexerei oder Zauberei beschäftigt. Bereits 1484/85 war es zum schweren Zerwürfnis zwischen ihm und Kramer gekommen, wohl wegen des Richtungsstreits zwischen Observanten und Konventualen. Sprenger ging sogar mit Verweisen, Strafandrohungen, Beherbergungs- und Predigtverboten gegen Kramer vor und erreichte, dass Kramer 1493 seine Predigerstelle in Salzburg aufgeben musste.

Von Sprenger sind zwei Predigten überliefert. Ein alemannischer Sermo von 1465 ist in der Engelberger Handschrift Cod. 302 erhalten und handelt von den besonderen Tugenden und der Auserwähltheit des Johannes Evangelista, was in fünf Abschnitten erläutert wird. Am Ende geht er auf die Frage ein, ob Johannes sowohl mit seiner Seele als auch mit seinem Leib in den Himmel gelangte, die er aber offenlässt.

Vermutlich im Rahmen seiner Tätigkeit als Provinzial der Teutonia predigte Sprenger 1492 bei einem Besuch in Nürnberg im Katharinenkloster. Die Heidelberger Handschrift der Sammlung Eis (vgl. S. 277) enthält ein Exzerpt aus einem Sermo zum Thema Vater- und Mutterliebe am Tag von Mariae Heimsuchung. Hier widerlegt Sprenger die Behauptung des Aristoteles, dass man den Vater mehr lieben müsse als die Mutter. Dies sei falsch, weil die Mutter *daz kint lang muß tragen in yrem leib, mit grossen smerczen gepern, mit großer mw und arweytt erzychen und ernern.* Er geht dann unter Berufung auf Thomas von Aquin kurz auf das Tagesevangelium (Lc 1,39–56) ein. Der ungeborene Johannes habe jedenfalls die Ankunft Jesu bereits im Mutterleib erkannt.

Besondere Bekanntheit erreichte Sprenger durch die Gründung der Kölner Rosenkranzbruderschaft 1475. Die 1468 von dem Dominikaner Alanus de Rupe im flandrischen Douai ins Werk gesetzte dominikanische Initiative griff Sprenger auf und gründete 1475 eine ähnliche Bruderschaft in Köln, und zwar in der Absicht, sie zur Vertiefung der Volksfrömmigkeit auf den gesamten deutschsprachigen Raum zu erweitern. Er wollte die Armen dafür gewinnen, indem er ihnen Kostenfreiheit zusicherte, er warb aber ebenfalls entschieden um Mitglieder aus der Oberschicht. Sowohl Friedrich III. als auch Maximilian I. traten bei. Sprenger reduzierte in seinem dreimal gedruckten ‚Büchlein der Kölner Rosenkranzbruderschaft' die hohen Anforderungen des Alanus auf drei in einer Woche zu betende Rosenkränze: *Daz ist zů dreyen malen fünffczig Aue maria vnd zů dreyen malen fünff pater noster*. Dies sei aber nicht verpflichtend, sondern das Sprechen der Gebete sei eine freiwillige Angelegenheit. Man begehe keine Sünde, wenn man die Gebete nicht spreche. Der zweite Teil des Traktats besteht vorwiegend aus Gebeten und Ermahnungen für Sterbende.

Innerhalb von drei Monaten nach der Gründung der Bruderschaft hatten sich bereits zahlreiche Mitglieder in Augsburg eingetragen. Auch in Ulm wurde eine Rosenkranzbruderschaft etabliert, die angeblich bald tausende Mitglieder umfasste, sowie in einer Reihe anderer Städte. Sieben Jahre später soll es laut einer allerdings unsicheren Quelle bereits über 100.000 eingeschriebene Mitglieder gegeben haben.

Die Propagierung des Rosenkranzes als Volksgebet sowie die Verbreitung der Rosenkranzbruderschaft entwickelten sich unter observanten Dominikanern nach 1475 zu einem gewichtigen Anliegen. In Bezug auf die Observanzbewegung sei hier jedoch auf die zentrale Rolle des Alanus de Rupe für den entscheidenden Durchbruch der Gebetsreihung hingewiesen. Der aus der Bretagne stammende Alanus (um 1428–1475) trat nach dem Studium in Paris 1462 in das observante Kloster in Lille ein. 1464 hatte er eine Marienvision, in der er den Auftrag erhielt, den ‚Marianischen Psalter' (ein dreifacher Rosenkranz) und die damit verbundene Bruderschaft so in die Wege zu leiten, wie es angeblich der Ordensgründer Dominikus propagiert habe. Daraufhin sahen sich die Dominikaner als eigentlich zuständig für die Verbreitung des Rosenkranzes und der Bruderschaft.

Vom volkssprachlichen Schrifttum anderer observanter Kölner Dominikaner ist nur wenig erhalten geblieben, zumal die Bibliothek des von ihnen reformierten Frauenklosters der Stadt, St. Gertrud, nach dessen Auflösung verloren ging. Einige Predigten von Kölner Brüdern sind in einer bislang nur wenig untersuchten umfangreichen Predigthandschrift aus dem Kölner Benediktinerinnenkloster St. Mauritius überliefert. Die Handschrift Münster, cod. N.R. 5000, überliefert hauptsächlich Ansprachen von Predigern verschiedener Orden aus dem letzten Jahrzehnt des 15. Jahrhunderts (vgl. S. 435). Von Johannes Leo, dem ab 1483 erlaubt war, überall zu predigen, sind zwei Ablasspredigten v.J. 1502 enthalten. 1503 war er Lektor und Vertreter des Hauptpredigers des Kölner Konvents. Ein Bruder Gotthard, der als Beichtvater in St. Gertrud bezeugt ist, verfasste eine Predigt über Lc 6,36. Drei weitere Predigten werden anonymen Dominikanern zugewiesen. Sie befassen sich mit dem Gehorsam im Kloster, dem Tempel Gottes – vermutlich handelt es sich um eine Kirchweihpredigt – sowie den Versuchungen.

Legenden dominikanischer Ordensheiliger aus der Teutonia
Den bisher erwähnten Werken verschiedener Provenienz sind anonyme Schriften hinzuzufügen, die höchstwahrscheinlich ebenfalls aus dem Kreis der observanten Prediger stammen dürften, wie etwa die Legenden der Ordensheiligen. Im lateinischen Standardlegendar des Mittelalters schlechthin, der ‚Legenda aurea' des Dominikaners Jacobus de Voragine, sind zwar Dominikus und der Märtyrer Petrus von Verona mit verhältnismäßig umfangreichen Legenden vertreten, im Allgemeinen aber sind Ordensheilige in nur wenigen Fällen zugleich auch populäre Volksheilige geworden. Die in den Städten aktiven Mendikantenorden waren jedoch sehr darum bemüht, ihnen zu diesem Status zu verhelfen. Dies musste selbstverständlich über die schriftliche wie mündliche Verbreitung von Legenden erfolgen. Zum Leidwesen der Dominikaner verfügten sie lange Zeit über keinen auch nur annähernd so populären Heiligen wie die Franziskaner mit ihrem weit über den Orden hinaus verehrten ‚Gründer' Franz von Assisi. Die Heiligen des Predigerordens hingegen blieben dem Volk weitgehend unbekannt, denn es handelte sich bei ihnen in der Hauptsache um Gelehrte und Ketzerjäger. Erst Katharina von Siena sollte zu einer populären Volksheiligen werden (vgl. S. 230). Ihre Legende wurde mehrfach im süd- und norddeutschen Raum übersetzt und auch gedruckt. Jenseits der Legendare gibt es sog. *libelli*, ausführliche selbständige Legenden, die z.T. eine ganze kleinformatige Handschrift einnehmen. Eine aus dem letzten Viertel des 14. Jahrhunderts stammende unikal überlieferte Dominikus-Verslegende, die in Nürnberg überarbeitet wurde, diente als Vorlage für die Version in ‚Der Heiligen Leben'. Das nicht sonderlich gelungene Werk dürfte ursprünglich von einem westalemannischen Dominikaner für eine Nonne des Ordens verfasst worden sein. Vom Leben des Ordensgründers gibt es zudem fünf umfangreiche Versionen in Prosa, von denen zwei aus dem 14. Jahrhundert stammen. Im niederdeutschen und niederländischen Raum ist keine einzige eigenständige Dominikus-Vita überliefert.

Die wirkmächtigsten Dominikus-*libelli* waren Übersetzungen der ‚Vita S. Dominici' des Erfurter Predigers Dietrich von Apolda. Die ‚Vita' stellte er zwischen circa 1286–1298 aus zerstreuten schriftlichen wie mündlichen Berichten zusammen – darunter auch aus Textstücken aus der lateinischen Überlieferung von Mechthilds von Magdeburg ‚Fließendem Licht der Gottheit' – und ordnete und redigierte das Material zu einem Werk mit einem gewissen Vollständigkeitsanspruch. Dreimal wurde Dietrichs Legende übersetzt und zwar stets im Südwesten. Die verbreitetste Übersetzung stammt aus der zweiten Hälfte des 14. Jahrhunderts und dürfte im Zuge der Reform redigiert worden sein. Eine zweite steht in einer Handschrift inmitten von Werken Johannes Meyers, was den Verdacht nahelegt, dass sie von ihm stammen könnte. Indes führt Meyer keine Dominikus-Vita in seinem peniblen Register eigener Werke auf. Eine unikal überlieferte Übersetzung stammt aus der Westschweiz. Nicht auf Dietrich, sondern im Wesentlichen auf die ‚Legenda aurea' geht eine weitere Dominikus-Legende zurück. Sie wird durch einen Mirakelanhang mit 25 Wundern, die er in der Lombardei bewirkt habe, ergänzt.

Die eigenständigste Dominikus-Legende stammt von einem anonymen mittelfränkischen, evtl. Kölner Dominikaner. Seine 1467 entstandene Schrift geht vor allem im Mirakelbereich weit über Dietrichs Version hinaus. Der Übersetzer verkündet im Prolog, er habe sowohl über einen alten Heiligen, Martin von Tours, sowie über einen neuen, Dominikus, geschrieben, weil sich beide glichen. Zum Beispiel hätten beide in sieben Tagen drei Tote erweckt. Er wolle nur ein Drittel seiner umfangreichen lateinischen Vorlage übersetzen, so dass auch Laien sein Werk gern abschreiben, lesen oder sich anhören würden. Man könne seinen Berichten trauen, denn sie würden nicht von betrügerischen Predigern stammen. Über drei Seiten hinweg verteidigt er den Wahrheitsgehalt seiner Legende, was als Reaktion auf die im 15. Jahrhundert sich verbreitende laikale Kritik am Wahrheitsgehalt von Hagiographie zu werten ist. Seine 1466 abgeschlossene Übersetzung der Martins-Legende leitet er ebenfalls mit einer Verteidigung der Glaubhaftigkeit der von Sulpicius Severus verfassten Vorlage ein. Dieser habe stets nur historisch Belegtes niedergeschrieben, was durch die Tatsache verbürgt sei, dass *alle heilige doctore vnd lerer, die bynnen dusent iaren yn der crystenheit hant gelebt*, die Legende *vor warhafftich gehalten* hätten.

Von der Legende des Ordensheiligen Petrus von Verona, der als Inquisitor durch die von ihm bekämpften Katharer bei Mailand den Märtyrertod erlitt, gibt es eine einzige von Legendaren unabhängige Übersetzung der ‚Legenda maior' des Thomas Agno de Lentino, die dieser für das Kanonisationsverfahren verfasst hatte. Sie ist, verbunden mit der 1253 ausgestellten Kanonisationsbulle, in einer hochalemannischen Einsiedler Handschrift überliefert. Für Petrus gab es eindeutig nur sehr wenig kultische Verehrung im deutschsprachigen Raum. In der aus einem Dominikanerinnenkloster stammenden Handschrift München, cgm 531, ist eine kurze Predigt auf Petrus überliefert.

Auch vom *doctor angelicus* Thomas von Aquin, der aus verständlichen Gründen nie zum Volksheiligen wurde, sind nur wenige Viten bekannt. Da er erst 1323 kanonisiert wurde, fehlt er in der gegen Ende des 13. Jahrhunderts entstandenen ‚Legenda aurea'. Immerhin gab es eine umfangreiche Thomas-Legende in ‚Der Heiligen Leben', die auf die ‚Vita' Wilhelms von Tocco zurückgeht, dort verbunden mit der ‚Translatio'. In der Zeit, bevor die Reformbewegung an Dynamik gewann, verfasste der Säkularkleriker E b e r h a r t v o n R a p p e r s w i l 1418 eine Übersetzung von Wilhelms ‚Vita' für die Nonne Elsbeth Stückler im Dominikanerinnenkloster Töss. Die umfangreichste deutsche Thomas-Legende ist in zwei elsässischen Handschriften überliefert, was einen observanten Übersetzer nahelegt. Die ‚Vita' Wilhelms wird hier durch weitere Quellen ergänzt.

Die nicht zahlreich überlieferten Viten des Vinzenz Ferrer (vgl. S. 270) und der Margareta von Ungarn (vgl. S. 253) wurden ausschließlich innerhalb der observanten Klöster weitergegeben. Eine Legende des Albertus Magnus gab es nur in der wenig verbreiteten Übersetzung von Johannes Meyer. Eine Übersetzung der von Raimund von Capua verfassten Vita der Agnes von Montepulciano († 1317), einer aus seiner Sicht vorbildlichen Dominikanerin, der himmlische Offenbarungen zuteilwurden, ist nur in einer Handschrift aus dem 16. Jahrhundert überliefert.

Höchstwahrscheinlich aus elsässischen Observantenkreisen stammt eine weitere, um die Mitte des 15. Jahrhunderts entstandene und in fünf Handschriften überlieferte Übersetzung der Legende der Ordenspatronin Katharina von Alexandrien, die mit einer vermutlich für ein Katharinenfest vorgesehenen Sequenz beginnt: *Hodie chori celestis curie*. Die Übersetzung hält sich recht eng an der Vorlage, was sich auch in den vielen enthaltenen Latinismen zeigt. Der in den Handschriften variierende Wunderanhang schöpft aus der Legende in ‚Der Heiligen Leben'. Die Berliner Handschrift mgq 192 aus dem observanten Straßburger Dominikanerinnenkloster St. Nikolaus in undis erweitert den Text und redigiert ihn zudem recht freizügig.

Im Anschluss an diese Katharinenlegende folgt in der Moskauer Handschrift cod. F. 68, N° 446 aus dem Straßburger Magdalenenkloster eine ebenfalls im Elsass verfasste Barbara-Legende, die sich als Kompilation aus mehreren deutschen Quellen erweist. Vor allem die ‚Elsässische Legenda aurea' und ‚Der Heiligen Leben' dienen als Hauptquellen. Von besonderem Interesse ist aber die Übernahme von Textpartien aus der ‚Barbara-Legende' des Nürnberger Karmeliten Erasmus, die er 1476 verfasst hatte. Dabei dürfte es sich um E r a s m u s D o l i a t o r i s handeln, der 1467 und 1469 als Student in Wien belegt ist und sodann 1473 als *magister scholarum* im Nürnberger Karmeliterkloster, das 1466 als letztes Ordenshaus in Nürnberg observant wurde. Von Doliatoris stammt auch eine Übersetzung einer Bartholomäus-*passio*, die in drei Handschriften aus dem Nürnberger Raum und zusammen mit der Barbara-Legende in einer Handschrift aus dem Chorfrauenkloster Pillenreuth überliefert ist.

Die Ordensprovinz Saxonia

Nicht so erfolgreich wie in der Teutonia verliefen die Observanzbestrebungen in den wenigen Dominikanerinnenkonventen der Ordensprovinz Saxonia. Nach erfolglosen Bemühungen der sächsischen Fürsten, die Klöster in ihren Ländern zu reformieren – die Ordensoberen hatten keinen Erfolg gehabt –, bedurfte es der Auftritte des charismatischen franziskanischen Predigers Johannes von Capestrano 1452 in der Universitätsstadt Leipzig, um einen entscheidenden Wendepunkt herbeizuführen, ähnlich wie das in Nürnberg bei den dortigen Klarissen gelungen war (vgl. S. 367). Siebzig Mitglieder der Leipziger Universität schlossen sich daraufhin den Minoriten an, sowohl die Franziskaner wie die Dominikaner wurden reformiert. Dominikaner aus Nürnberg übersiedelten nach Leipzig und stellten den Prior des Paulinerklosters, auch bedeutende Mitglieder der Universität traten in dieses Kloster ein. Von hier aus wurden weitere Klöster der Provinz observant. Allerdings ist aus den observanten Klöstern der Saxonia wegen der Wirren der frühen Reformation nur wenig Überlieferung erhalten geblieben.

Der bekannteste Leipziger Dominikaner des endenden 15. Jahrhunderts war der für die Observanz hoch engagierte Marcus von Weida (um 1450–1516). Er wurde 1472 an der Universität immatrikuliert, war nach seinem Ordenseintritt eine bedeutende Persönlichkeit in der Stadt und genoss hohes Ansehen am kursächsischen Hof in Torgau. Er war in den observanten Konventen in Jena und Eger tätig, in Leipzig Lektor, seit 1513 Regens im Leipziger Ordensstudium und später Vicarius. Vor allem auf Wunsch von fürstlichen, adligen und bürgerlichen Auftraggebern verfasste er mehrere Schriften, die auch gedruckt wurden.

Unikal überliefert ist der ‚*Spigell des ehlichen ordens*' v.J. 1487, eine eingehende Ehelehre, die aus Predigten von Marcus im Torgauer Schloss hervorging. Anlass gab eine Bitte eines ungenannten Adligen in Torgau, Marcus möge für ihn die zentralen Grundsätze für die Gestaltung einer Ehe verschriftlichen. Anschließend bat ihn der kursächsische Amtmann in Torgau, Sigismund von Maltitz, eine Kopie des Werks für den Kurfürsten Friedrich den Weisen zu verfertigen. Das in zehn Kapitel gegliederte Werk hat zum Teil seinen ursprünglich predigthaften Duktus erhalten. Durchgehend untermauert Marcus seine Lehre mit gelehrten Zitaten, vor allem Thomas von Aquin bietet vielfach Substantielles für seine moraltheologischen Erörterungen. Anders als das etwa gleichzeitig entstandene ‚Ehebüchlein' Albrechts von Eyb (vgl. S. 600) richtet sich seine Schrift nicht an ein primär städtisches, sondern eher an ein adliges Publikum. Auch auf die Lebenssituation von in der Landwirtschaft Tätigen geht er immer wieder ein. Bei der Beschreibung einer idealen adligen Ehe weicht sein Frauenbild von den üblichen Ehelehren seiner Zeit ab, indem er wiederholt für einen besonders liebevollen Umgang mit der Ehefrau eintritt, ohne jedoch gänzlich auf das männliche Züchtigungsrecht zu verzichten. Überhaupt gehört die Betonung der Liebe zum wichtigsten Aspekt von Marcus' Ausführungen, nur Gott sei mehr zu lieben als der Ehepartner. Die Ehe sei ein von Gott initiierter heiliger Orden, was Marcus zu einem allegorischen Vergleich mit dem guten Ordensleben führt. Auch beim Thema vom Umgang mit einer bösen Frau wird die hohe Bedeutung der Liebe nicht vernachlässigt. Eine solche Frau könne zwar schlimmer sein als ein böser Geist im Hause, aber ihr Zürnen und Schimpfen könne durchaus Schuld des Mannes sein. Nicht nur die natürliche *vollbringung der ehlichen wergk* gehöre zum Wunderbaren an der Ehe, sondern auch das *geselliche leben*, das zur Erleichterung und Verschönerung des Daseins führe. Ausführlich behandelt werden zudem Ehebruch und die Kindererziehung, wobei Marcus viele Beispiele aus dem täglichen Leben aufgreift. Im letzten Kapitel geht er ausführlich darauf ein, wie sich Kinder ihren Eltern gegenüber zu verhalten haben und welche fürsorglichen Pflichten für sie vor und nach deren Tod damit verbunden sind.

In der Adventszeit 1501 hielt Marcus in Leipzig eine Reihe von Predigten über das richtige Beten, besonders über das Vaterunser, und stieß damit auf so große Begeisterung, dass ihn der wohlhabende Leipziger Bürger Martin Richter bat, die Ansprachen zu veröffentlichen. Marcus brachte die Predigten *in ein formlich ordenunge* und ließ sie Anfang 1502 drucken. Das Werk gliedert er in sechs Kapitel: *Was beten sei*; *Wer zu beten schuldig sei* usw. Das vierte Kapitel – *Was man beten soll* – ist das bei weitem ausführlichste. Hier deutet Marcus das Vaterunser eingehend nach dem Vorbild der Kirchenväter in neun Klauseln: in einer Vorrede, sieben Bitten des Vaterunsers und einem Beschluss. Im letzten Kapitel betont er die hohe Bedeutung eines innigen Gebets. Der Mensch empfinde *solche ynwendige frowde vnnd wollust des hertzen, so er durch sein ynnik gebethe mit got redet, auch alßo, daz er essens vnd trinckens vnd aller frowde vnd wollust dieser werlt dorvber vorgist*. Das Werk erfuhr vier Auflagen zwischen 1502 und 1573.

Von Marcus stammen auch Übersetzungen, so etwa von Raimunds von Capua ,Legenda maior' der Katharina von Siena. Anders als von mir früher angenommen, war nicht Barbara von Sachsen Auftraggeberin, sondern eher die Herzogin Sidonia (Zdeňka) von Sachsen (1449–1510), die Tochter des böhmischen Königs Georg von Poděbrad. Die streng gläubige Sidonia bekannte sich anders als ihr exkommunizierter Vater – ein Utraquist – zum katholischen Glauben. Nach dem Tode ihres Mannes, Herzog Albrechts des

Beherzten i.J. 1500, mit dem sie schon als Zehnjährige vermählt worden war, zog sie sich für ein frommes Leben auf die Burg Tharandt zurück, wo Marcus sie öfters besuchte. Marcus erzählt das Leben der Hl. Katharina, anders als Raimund, in der dritten statt der ersten Person, und strafft wie andere Übersetzer den Inhalt der umfangreichen Legende.

Für Sidonia leitete Marcus 1503 auch eine Druckausgabe einer Übersetzung des ‚Liber specialis gratiae' Mechthilds von Hackeborn in Leipzig in die Wege. Relativ ausführlich beschreibt er im Vorwort die Umstände der Drucklegung. Er habe Sidonia auf Burg Tharandt besucht, wo sie ihn mit dem ‚Liber', übersetzt *durch treffliche prelaten, der Namen nicht not czu nennen bracht*, vertraut machte und ihn bat, das Werk in den Druck zu geben. Er wandte sich daraufhin an den Drucker Melchior Lotter in Leipzig, der gerne bereit war, das Werk *got czu lobe* und um Sidonia *czu gefallen* herauszugeben. Lotter habe Marcus gesagt, er erwarte nicht, dass er etwas damit verdienen könne, er sei sogar bereit, einen Verlust hinzunehmen. 1505 erscheint auf Veranlassung Sidonias eine weitere, stark kürzende Übersetzung des ‚Liber' in einem Leipziger Druck, die allerdings von einem – vermutlich Leipziger – observanten Franziskaner angefertigt wurde.

Zudem ließ Marcus für Sidonia die nicht von ihm stammende, stark überarbeitete Nürnberger Übersetzung des ‚Legatus divinae pietatis' Gertruds von Helfta 1505 in Leipzig drucken. Beigefügt wird hier eine Übersetzung von Buch VII des ‚Liber specialis gratiae', in dem es um den Tod Mechthilds geht. Hierbei dürfte neben der persönlichen Frömmigkeit Sidonias auch der regionale Aspekt eine gewichtige Rolle gespielt haben, denn Gertruds sächsische Herkunft wird in der Überschrift hervorgehoben: sie sei *ein sonderliche andechtige selige closteriunckfraue des closters Helffede etwan bey Eizleben ym lande czu Sachssenn* gewesen.

Ebenfalls von Marcus von Weida stammt eine von Sidonia in Auftrag gegebene Übersetzung des ‚Speculum disciplinae ad novitios' von Bernardus a Bessa, dem Sekretär Bonaventuras, mit dem Titel ‚*Der spygel der tzucht*'. Das umfangreiche Werk, das zumeist nicht Bernardus, sondern Bonaventura zugeschrieben wurde – so auch von Marcus – wurde 1510 in Leipzig gedruckt. Die Schrift wurde ursprünglich für franziskanische Novizen verfasst, sie war aber als Erbauungsschrift für breitere Kreise rezipierbar, zumal gerade von observanten Dominikanern – etwa von Nider – immer wieder propagiert wurde, dass monastische Lebensideale durchaus auf die laikale Lebensform übertragbar seien. So betont auch die Übersetzung, dass das Werk nicht nur *allen geistlichen ... tzu einem anschawen yres lebens gemacht* worden sei, sondern auch den Laien.

Auf Wunsch der Herzogin Barbara von Sachsen, der Ehefrau von Sidonias Sohn Georg, verfasste Marcus den ‚*Spiegel hochloblicher Bruderschafft des Rosenkrantz Marie*', der 1515 ebenfalls in Leipzig gedruckt wurde. Dies überrascht nicht, da die Leipziger Dominikaner die

Verbreitung des Rosenkranzgebets und der Bruderschaft mit großem Eifer förderten. Die Herzogin wollte Genaueres über die Besonderheit des Rosenkranzes erfahren, was Marcus in zwölf Kapiteln umsetzt. Er erläutert die Entstehungsgeschichte und Gebetsweise des Rosenkranzes und verweist auf die besonderen Vorzüge eines Beitritts zur Bruderschaft, die Jakob Sprenger 1474 in Köln gegründet hatte (vgl. S. 356). Das Werk sollte als klare Orientierung dienen, da zu dieser Zeit die Vorstellungen vom Beten des Rosenkranzes noch weit auseinandergingen. Auch sämtliche Ablässe, die mit dem Rosenkranz und der Bruderschaft verbunden waren, fasst Marcus in einem Kapitel zusammen. In einem Jenaer Druckexemplar finden sich höchst spöttische Randglossen von Martin Luther, einem der schärfsten Kritiker des Rosenkranzes und der Bruderschaft.

Immer noch nicht geklärt ist die Frage, ob die 108 lateinischen Predigten in dem Leipziger Codex 868, die offenbar zwischen 1488 und 1500 gehalten wurden, von Marcus von Weida stammen. Jedenfalls war der Verfasser ein Leipziger Dominikaner. A. van der Lee meint: „der Schriftduktus der [Wolfenbütteler] ‚Spiegell'-Handschrift und der Predigten ist derselbe". Unklar bleibt allerdings, ob die ‚Spiegell'-Handschrift von Marcus verfertigt wurde. 1512 veranlasste Marcus den Druck von fünf lateinischen Predigten, die der aus Meißen stammende Dominikaner und Kardinal Nikolaus von Schönberg in Rom vor Papst Julius II. gehalten hatte. Herausgeber des Bandes war der Vetter des Nikolaus, Johann von Schleinitz, der das Ganze dem von ihm hochverehrten Marcus von Weida widmete.

Die volkssprachliche Literatur der reformorientierten Franziskaner und Klarissen

Das Schrifttum der Observanten

Die Ordensprovinz Argentina

Die Konzepte zur Durchführung einer Ordensreform entwickelten sich bei den Franziskanern anders als bei den Dominikanern. Eine ab 1368 in Italien aktive franziskanische Observanzbewegung breitete sich in Frankreich und Spanien zu observanten Zusammenschlüssen aus, wobei es zu sehr grundsätzlichen Auseinandersetzungen innerhalb des Ordens zwischen den Konventualen und den Observanten kam. Dies soll aber nicht heißen, dass nur die Observanten zu Reformen bereit gewesen wären. Letztlich ging es bei der Trennung nur um einige wenige, aber dennoch grundsätzlich verschiedene Auslegungen der Ordensregeln. Während die Observanten sowohl dem einzelnen Bruder als auch der gesamten Klostergemeinschaft jeden Besitz und feste Einkünfte verbaten, vertraten die Konventualen die Auffassung, dass eine derart rigorose Regelauslegung nicht im Interesse des Ordens, seiner Ausbreitung und seelsorgerlichen Aktivitäten wäre; sie wollten deshalb an gemeinsamem Besitz, Renten und Liegenschaften festhalten. Dennoch sahen viele Konventualen einen klaren Reformbedarf im Orden und handelten dementsprechend. Auch sie erkannten, welche Folgen die verbreitete Nachlässigkeit in der Regeltreue und der damit einhergehenden Erschlaffung der Disziplin für das öffentliche Ansehen des Ordens hatten. Wegen der verhärteten Fronten zwischen den beiden Lagern kam es 1430 zu dem Versuch Papst Martins V., eine gütliche Einigung zwischen Konventualen und Observanten anhand der sog. ‚Martinianischen Konstitutionen' zu erreichen, die von Johannes von Capestrano, der führenden Gestalt der Observanten, erarbeitet worden waren. Dies sollte aber nicht gelingen, sondern führte nur zu einer weiteren internen Aufspaltung des Ordens. Es kam mitunter zu heftigen gegenseitigen Vorwürfen und üblen öffentlichen Beschimpfungen. Nun gab es neben den Reformen bei den Observanten und Konventualen auch in einigen Klöstern Erfolge bei den sog. Martinianern, vor allem in der sächsischen Provinz.

Im süddeutschen Raum reformierten die Observanten zunächst 1425/26 das Heidelberger Kloster, wohin sie aus der französischen Provinz Turonia vom pfälzischen Kurfürsten Ludwig III. auf Bitten seiner Frau Mechthild von Savoyen berufen wurden. Zu den Reformbrüdern gehörte Mechthilds Beichtvater Nikolaus Caroli, der zur führenden Figur bei der Einführung der Observanzbewegung in der oberdeutschen Provinz und 1435 ihr Provinzvikar werden sollte. Auf dem Konstanzer Konzil war bereits 1415 den französischen Observanten eine eigenständige Provinzialorganisation unter einem eigenen Generalvikar bewilligt worden, was dann 1446 auf die gesamte Bewegung ausgedehnt wurde. Diese Trennung führte 1517 schließlich zu einer endgültigen Spaltung des Ordens in Konventualen und Observanten.

Während der zweiten Phase des Basler Konzils erzielten die Observanten zunehmende Fortschritte; ab den 1440er Jahren wurden dann weitere Klöster reformiert, auch im Norden. In allen drei Ordensprovinzen konnten sich die Observanten mit Unterstützung weltlicher Obrigkeiten etablieren, in der sächsischen und der kölnischen Provinz führte dies zu Neugründungen, in der oberdeutschen Provinz (Alemannia superior) vorwiegend zu Reformen von bestehenden Häusern. Für die Entstehung und Verbreitung von volkssprachlicher Literatur im Kontext der franziskanischen Observanzbewegung im süddeutschen Raum ist von Bedeutung, dass es weniger Klarissenklöster gab als etwa Dominikanerinnenkonvente. Da sich aber die konventualen Franziskaner ebenfalls für Reformen in ihrem moderateren Sinne einsetzten, verfassten auch sie Werke für die Schwestern, ähnlich wie es etwa einige konventuale Dominikaner, z.B. in Straßburg, für observante Dominikanerinnen taten. Aus konventualer Sicht musste Reform nicht unbedingt mit einer Forderung nach höchst rigoroser Askese einhergehen.

Das Nürnberger Klarissenkloster

Die observanten Klarissenklöster hatten zwei Zentren: im elsässischen Alspach (bei Kaysersberg; ab 1447 observant) und in Nürnberg (ab 1452). In Nürnberg wurden bereits sehr früh Reformen versucht, weil sich zu Beginn des 15. Jahrhunderts im Kloster vier befeindete Fraktionen gebildet hatten, die jeweils eine besondere Heiligengestalt verehrten und diejenigen der anderen Gruppierungen vehement ablehnten. Da das Kloster aus einem Magdalenerinnenkonvent (Reuerinnen) hervorgegangen war, verehrte eine Gruppe Magdalena, die anderen Gruppen verehrten Klara, Johannes Baptista und Johannes Evangelista. Die vier Parteien stellten sich in der Kirche getrennt auf, was den Chorgesang erheblich beeinträchtigte. Die Gruppen schafften sich auch Prosa-*libelli* an, in denen sich umfangreiche Legenden der von ihnen jeweils besonders verehrten Heiligen nebst weiteren Texten befanden, die sich mit ihnen befassten. Wann und wo diese Texte genau entstanden sind, lässt sich nicht mehr genauer klären. Einige *libelli* – etwa das ‚St. Klara Buch', in dem auch eine Legende von Agnes von Assisi enthalten ist, und das ‚Magdalenen-Buch', in dem sich auch eine Martha- und eine Lazarus-Legende befinden –, stammen noch aus der zweiten Hälfte des 14. Jahrhunderts. Die Entstehung des Johannes Baptista gewidmeten *libellus* könnte ins frühe 15. Jahrhundert zu datieren sein, wobei am Ende der Legende ein Bericht über die dem Nürnberger Klarissenkloster gehörende, dem Täufer gewidmete Kapelle zu Altenberg (bei Zirndorf) und die Vielzahl der dort und im Klarissenkloster geschehenen wundersamen Heilungen hinzugefügt wurde. Dieser möglicherweise von der Schreiberin der Handschrift, der Klarissin Agnes Sampach († 1433), selbst stammende Teil sollte wahrscheinlich den höheren Rang des Täufers gegenüber dem Evangelisten herausstellen. Am Schluss wird von Agnes die 1406 erfolgte Renovierung eines Reliquienkreuzes in der Kapelle beschrieben, dessen *phlegerin* sie damals gewesen sei. Die Entstehungszeit des umfangreichen Johannes Evangelista-*libellus* bleibt ebenfalls ungewiss. All diese in Nürnberger Klöstern kursierenden Legenden sowie das dominikanische ‚Nürnberger Marienbuch' (vgl. S. 227) dienten als Hauptquellen für das aus dem Predigerkloster stammende ‚Der Heiligen Leben', was die damalige enge Verbundenheit zwischen den Dominikanern und den Klarissen der Stadt bezeugt. Bereits 1361 hatten die beiden Häuser eine Vereinbarung über die Zuwendung geistlicher Güter getroffen, die 1486 erneut bestätigt wurde.

Bereits 1405 war den Schwestern ihre für ungewöhnliche Turbulenzen sorgende Heiligenverehrung strengstens verboten worden, aber sie hielten sich nicht lange daran. 1407 beschwerte sich der Rat beim Provinzial über das Verhalten der Schwestern und bedankte sich 1410 für die erfolgreiche Intervention. Dennoch mussten die Schwestern den Rat in diesem Jahr erneut um Unterstützung bei einer Behebung von Missständen bitten, da einige widerspenstige Schwestern nach wie vor für Ärger sorgten. Gegen den

Willen der Äbtissin und der Mehrheit der Schwestern hatten z.B. die Evangelista-Anhängerinnen dessen Legende zu Tisch vorgelesen, was die Baptista-Verehrerinnen wiederum anstachelte, *nu etwas newes [zu] erdenken gegen disen, und also nimpt diß geraitz nymmer mer kein end.* Zu den Forderungen der Schwestern gehörte, die Betreuung ihres Konvents nicht den konventual ausgerichteten Minoriten der Stadt anzuvertrauen, da *si selb ein gemain redlich klosterleben nit halten.* Zudem forderten die Schwestern deutschsprachige Bücher für die Tischlesung, so wie das im Nürnberger Deutschordenshaus und bei den von den Predigern betreuten Augustinerinnen in Pillenreuth zum Usus gehörte. Offenbar wandten sich die reformwilligen Franziskanerinnen daraufhin in dieser Angelegenheit an die observanten Dominikaner der Stadt, wie der rege Literaturaustausch belegt. Letztlich lag der Grund für die Spannungen im Kloster an der ungeklärten Frage des Privateigentums. Deshalb sollten alle gezwungen werden, ihren Besitz aufzugeben. 1411 wurden strenge Statuten erlassen, die aber ebenfalls nicht lange befolgt wurden. Es kam immer wieder zu Parteiungen, immer wieder wandte sich der Rat an die Ordensoberen.

Zum Reformdiskurs gehört auch eindeutig das ‚Buch des Gehorsams', ein Traktat in Form eines umfangreichen Sendbriefs an eine Nonne, der eine ganze Handschrift umfasst und vor 1430 höchstwahrscheinlich in Nürnberg entstanden ist. Ganz im Sinne der Observanzbewegung handelt der Traktat von der „Notwendigkeit und Funktion, [den] Voraussetzungen und Erscheinungsformen des Gehorsams als der bedeutendsten, mit einer Vielfalt anderer Werte und Verhaltensweisen eng zusammenhängenden Grundhaltung christlichen Lebens, zumal in der klösterlichen Gemeinschaft" (H. Lomnitzer). Lomnitzer schreibt den Text wohl aufgrund eines Textzeugen aus dem Nürnberger Katharinenkloster einem Dominikaner zu, aber einige Spezifika deuten eher auf einen Franziskaner als Verfasser. Da ist zunächst die starke Orientierung der Beispiele an der Legende der von den Franziskanern besonders geschätzten Elisabeth von Thüringen, deren bedingungsloser Gehorsam gegenüber dem gestrengen Konrad von Marburg als absolut vorbildlich dargestellt wird. Immer wieder werden Franziskus und Klara in ähnlicher Weise hervorgehoben, Heilige oder Autoritäten aus dem Predigerorden finden indes nirgends Erwähnung. Das Werk stellt heraus, dass der absolute Gehorsam den Oberen und dem Beichtvater gegenüber zu einer Unterordnung unter Gott und mithin zur persönlichen Vollkommenheit führe. Schließlich solle *ein gehorsams kint ... keinen eigen willen haben.* Auch falsches Verhalten wird thematisiert und an biblischen Figuren und Gestalten aus der Altväterliteratur illustriert. Eine häufige Quelle für Beispiele ist die ‚Scala paradisi' des Johannes Klimakos (Climacus), in der der geistliche Aufstieg über die Stufen der Himmelsleiter, von der Jakob träumte, zu einer Abkehr von der Welt und dem eigenen Körper und letztlich hin zur Erlangung der notwendigen höheren Tugenden führt, die Voraussetzungen für eine Vereinigung mit Gott sind. Denkbar als Verfasser wäre auch ein Nürnberger Kartäuser, denn an einer Stelle wird das vorbildliche Verhalten von Brüdern dieses Ordens sehr gelobt.

Nach einigen Dekaden, in denen es wiederholt zu erheblichen Streitigkeiten im Nürnberger Klarissenkloster gekommen war, reiste der konventuale Ordensprovinzial Konrad Bömlin 1439 nach Nürnberg. An Bömlin lässt sich bestens beobachten, wie das Interesse an einer Reform und der damit verbundenen Versorgung der Schwestern mit geeignetem Schrifttum sich innerhalb der Reihen der Konventualen auswirkte. Bömlin (um 1380-1449) stammte vermutlich aus Esslingen, war 1409 Guardian in Schwäbisch-Hall und wurde 1438 zum Provinzial der oberdeutschen Provinz ernannt. Er engagierte sich nachweislich für die Reform von Ordensniederlassungen; den von ihm erlassenen Reformstatuten fügte er sogar ein Armutsgelübde bei.

Im Nürnberger Klarissenkonvent habe er *grössern neyd vnd haß* vorgefunden als in irgendeinem der anderen ihm unterstellten Klöster. Auch nach einer von ihm erzwungenen Neuwahl der dortigen Äbtissin änderte sich nichts – im Gegenteil, die Lage wurde immer dramatischer. Bömlin sollte zwar noch den Anschluss des Nürnberger Minoritenklosters 1447 an die Straßburger Observantenprovinz erleben, aber nicht mehr den des Klarissenklosters 1452, der den dortigen Turbulenzen schließlich ein Ende bereitete. Zum entscheidenden Faktor für das Gelingen der Reform wurde bei den Nürnberger Klarissen der Besuch des charismatischen Observanten Johannes von Capestrano, der 1451-1456 eine vielbeachtete Predigtreise nördlich der Alpen absolvierte und 1452 in Nürnberg vor einem großen Publikum auf dem Markt und u.a. auch im Klarissenkloster predigte, wo er die Schwestern zu strenger Regeltreue aufforderte. Der Beitritt zu den Observanten wird durch das Vorbild des Katharinenklosters stark beeinflusst worden sein.

Nur wenig ist von den Predigten des Johannes in der Volkssprache überliefert. In der Regel geht es um Einzelpredigten, in denen sein strenges Weltbild im Mittelpunkt steht, aber auch Predigten über das Paternoster, Maria und Klara sind erhalten. Von den in Nürnberg auf Latein gehaltenen Predigten, die von einem Nürnberger Franziskaner übersetzt wurden, wird berichtet, er habe die Gläubigen ermahnt, vom Luxus abzusehen. Dies führte zur Verbrennung von über 2000 Spielbrettern, mehr als 20.000 Würfel- und Kartenspielen sowie 72 bemalten Schlitten auf dem Hauptmarkt. Verbunden mit seinen Auftritten war auch antijüdische Hetze (vgl. S. 75).

Die von Bömlin überlieferten Werke sind in erheblichem Maße durch das Schrifttum des Franziskaners Marquard von Lindau beeinflusst (vgl. Bd. III/ 1), und zwar formal – er übernahm z.B. das gleiche drei- und sechsfache

Gliederungsschema – wie inhaltlich. Überhaupt greift Bömlin vielfach direkt auf lateinische und volkssprachliche Vorlagen zurück. Entstanden ist sein Œuvre zwischen 1409 – aus diesem Jahr sind 47 lateinische Adventspredigten überliefert – und 1438. In der Volkssprache sind ihm zwölf Predigten, zwei Traktate und Anweisungsschreiben an Franziskaner-Terziarinnen in Oggelsbeuren und die Klarissen in Nürnberg zuweisbar. Möglicherweise ist ihm noch Weiteres zuzuschreiben, was aber noch der Klärung bedarf. Die stärkste Verbreitung erfuhr seine Eucharistiepredigt mit dem Thema ‚Venite ad me omnes' (Mt 11,28), die in 23 Handschriften erhalten ist. Hier übernimmt Bömlin Abschnitte aus ‚De eucharistiae sacramento' des Albertus Magnus. Auf Marquards Werke gehen mehrere Predigten direkt zurück, so etwa die Passionspredigt ‚Inspice et fac' (Ex 24,40), die auf den dritten Teil von Marquards ‚De anima Christi' zurückgeht. Letzteres Werk diente Bömlin als Quelle für den zweiten Teil seines ausführlichen dreiteiligen Traktats ‚**Das gúldin búch**', den er, Marquard imitierend, als Meister-Jünger-Gespräch gestaltet. Er handelt vom Leben Nabuchodonosors als Präfiguration des Lebens und der Nachfolge Christi. Der erste Teil des Traktats baut dementsprechend auf Marquards ‚De Nebuchodonosor' auf. In Bömlins Traktat ‚**Von der Berührung Gottes**' werden Teile von Marquards ‚De reparatione hominis' verwertet. Auch wenn die deutlichen Anlehnungen Bömlins an Marquard nicht zu übersehen sind, so bleiben dennoch Unterschiede. Zielte Marquard stärker auf „Unterweisungen in den objektiven Heilswahrheiten" ab, so betont Bömlin in seiner pastoralen Intention eher „die persönliche Nachfolge des vorbildlichen Lebens Christi" (G. Steer). Auch dem im 15. Jahrhundert besonders häufig behandelten Thema von der Unterscheidung der Geister widmete Bömlin eine Predigt, für die er Heinrichs von Friemar ‚De quattuor instinctibus' als Hauptquelle verwertete.

Auch wenn Bömlins Werke wenig Selbständigkeit aufweisen, sind doch deutliche Bestrebungen seinerseits zu erkennen, seine Quellen im Sinne seiner Reforminitiativen zu adaptieren. Sie sollten, wie bei den Observanten, bei der Gestaltung eines geordneten, regelgemäßen Lebens in den Frauenklöstern Unterstützung bieten. Bemerkenswerterweise wurden die Schriften dieses konventualen Franziskaners zudem in die observanten Klöster anderer Orden vermittelt, so etwa zu den Dominikanerinnen in Straßburg und Pforzheim. Textzeugen sind auch in der Umgebung von Ulm sowie in Bayern nachzuweisen.

Von weiteren konventualen Franziskanern ist nur wenig überliefert (vgl. S. 397 ff.). Zwar ist eine Reihe von Werken den Konventualen nicht mit Sicherheit abzusprechen, dennoch dominiert – wie bei den Dominikanern – das Schrifttum der Observanten eindeutig. Dementsprechend stammt das franziskanische volkssprachliche Schrifttum fast ausschließlich aus der zweiten Hälfte des 15. Jahrhunderts.

Wie im Falle des Predigerordens sollten im Nürnberger Musterkloster die wirkmächtigsten franziskanischen Werke zur Festigung der observanten Lebensform entstehen. Von hier aus wurden Schwestern zur Reform von Klarissenklöstern in Brixen (1455) – auf Wunsch von Nikolaus von Kues –, Bamberg (1460), Eger (1465), München (1480) und Söflingen bei Ulm (1484) entsandt. Selbstverständlich versorgten sie diese Häuser mit Literatur und trugen mithin zu deren Verbreitung bei. Wie bei den Dominikanerinnen benötigten die neu reformierten Klöster Schwestern mit gehobener Bildung, wozu auch Lateinkenntnisse gehörten, um die Ordensregeln, die Liturgie sowie die Inhalte des nun zur Verfügung gestellten Lektüreangebots vermitteln zu können.

Unter den im 1452 reformierten Klarissenkloster Gebildeten ragte die in Nürnberg und in Humanistenkreisen hoch verehrte Caritas Pirckheimer heraus. Die auf den Namen Barbara Getaufte wurde 1467 in Eichstätt als ältestes von vermutlich zwölf Kindern geboren und noch als Kind ihren Großeltern in Nürnberg zur Erziehung übergeben. Sechs ihrer sieben Schwestern traten ebenfalls in Klöster ein, ihr Bruder Willibald gehörte zu den führenden Humanisten Nürnbergs. Nach Besuch der Klosterschule der Klarissen ab 1479 wurde sie 1483 als Novizin aufgenommen und nahm den Namen Caritas an. Aufgrund ihrer humanistischen Prägung führte sie im Klarissenkloster bereits als Novizinnenmeisterin anspruchsvolle Bildungsstandards ein. Das Kloster steigerte sein Ansehen enorm, denn es wurde bekannt, dass dort viele der Schwestern Latein zu schreiben und zu sprechen sowie die lateinische Bibel und Werke der Kirchenväter zu studieren vermochten, was wiederum dazu führte, dass zahlreiche Patriziertöchter der Stadt zu den Klarissen zur Schule geschickt wurden. Caritas war der festen Überzeugung, dass nur durch gute Lateinkenntnisse und breites geistliches Wissen der Zugang der Schwestern zu tiefergreifender Frömmigkeit möglich sei. In Humanistenkreisen wurde sie nach der Jahrhundertwende zu einer hochverehrten *puella erudita*. Ab 1503 war sie Äbtissin und blieb in diesem Amt bis zu ihrem Tode. Als Nürnberg sich der Reformation zuwandte, begannen harte Zeiten für Caritas und die Klarissen. Dennoch gelang es ihr nach einem versöhnlichen Gespräch mit Philipp Melanchthon, das Kloster bis zum Aussterben der Nonnen zu erhalten. Sie selbst starb 1532.

Die überlieferten Schriften von Caritas sind vor allem typisch für den Umkreis des Humanismus. So sind von ihr 75 Briefe erhalten geblieben. Zwar waren ihr als klausurierter Nonne – abgesehen vom Redefenster – Kontakte zur Außenwelt untersagt, aber die Art des Briefverkehrs deutet auf ihr Bedürfnis hin, dem Intellektuellenzirkel anzugehören. Neben offiziellen Anliegen und privaten Angelegenheiten geht es in den Briefen auch um gelehrte Themen. Darunter finden sich sechs lateinische Briefe, etwa an Conrad Celtis, Papst Julius II. und ihren Bruder Willibald; ihre Briefe an den Nürnberger Propst Sixtus Tucher sind verschollen. Tuchers Briefe an sie wurden aber 1515 als *Viertzig sendbriefe* gedruckt. Von besonderem historischem Interesse sind die in der Forschung als ‚Denkwürdigkeiten' bezeichneten Briefe, die Caritas zwischen 1524–1528 verfasste und in denen der Kampf des Klarissenklosters gegen die *lutterey* eingehend beschrieben wird. Die Kompilation besteht aus 27 Briefen und tagebuchähnlichen Einträgen mit kurzen Verbindungstexten und einer Einleitung, in der eine Sintflut für 1524 angekündigt wird, durch die *alles das auf erden ist verandert vnd verkert soll werden*.

Erhalten ist auch eine ‚Weihnachtsansprache', vermutlich v.J. 1515, in der Caritas die Visitation des Provinzials allegorisch in zehn Schritten auslegt. In der Ansprache ist der eigentliche Visitator, auf den die Schwestern in der Adventszeit gewartet haben, Christus. Caritas verbindet die zehn Programmpunkte der Visitation mit dessen Besuch in Begleitung der gesamten himmlischen Heerschar, bei dem die Verfehlungen von Klosterfrauen benannt werden und zur Umkehr aufgerufen wird. Der sanfte Richter Jesus legt die jeweils zu erbringende Bußleistung fest. Dadurch verleiht Caritas „der realen Visitationssituation eine gleichsam transzendente Bedeutung, verknüpft nach alter Predigtpraxis reale Alltagserfahrung mit einer übergeordneten, theologisch ausgedeuteten Ebene" (E. Schlotheuber).

Der Beichtvater der Klarissen, Nikolaus Glasberger, verfasste 1506–08 auf Bitte des Guardians (Klostervorstehers) eine lateinische Ordenschronik, die letztlich der Legitimation der Observanz dienen sollte, denn gerade in dieser Zeit eskalierte erneut der Streit zwischen den beiden Lagern im Orden. Glasbergers ‚Chronica Ordinis Minorum', die mit der Ordensgründung beginnt und bis zur „stürmischen Gegenwart" reicht, war konzipiert, um die Richtigkeit des observanten Weges zu dokumentieren. Dafür verwertete Glasberger zahlreiche Quellen, etwa die Franziskus-Viten von Bonaventura und Thomas von Celano, die ‚Flores temporum' – eine franziskanische Weltchronik aus dem 13. Jahrhunderts, hier mit einer Fortsetzung bis 1349 – u.a.m. Zudem fügte er Urkunden bei, in denen es etwa um Geld- und Immobilienverbot ging. Allerdings fand das Werk über Nürnberg hinaus keine Verbreitung. Etwa zur gleichen Zeit verfasste Glasberger in Zusammenarbeit mit den Schwestern eine lateinische ‚Klarissenchronik' mit besonderem Fokus auf den Nürnberger Konvent. Diese Chronik wurde in Gemeinschaftsarbeit einiger Schwestern in die Volkssprache übersetzt, wobei der Hauptanteil von Caritas erbracht wurde. So entstand *die geschicht die sich in der heiligen observancz verloffen han*, die, ähnlich wie die ‚Kirchheimer Chronik' der Magdalena Kremerin (vgl. S. 345), zukünftigen Schwestern als identitätsstiftende Inspiration zur strengen Regelbefolgung dienen sollte. Immer wieder wird auf das Archiv der Nürnberger Klarissen verwiesen und werden Urkunden zitiert.

Die Klarissen der Reichsstadt besorgten auch Abschriften von durchaus anspruchsvollen Predigtwerken einiger ihrer Betreuer. Zwischen 1481 und 1487 war Johannes Einzlinger Prediger im Nürnberger Konvent. Davor ist er als Guardian 1477 in Landshut bezeugt, 1488 ging er nach Ulm, wo das Kloster 1484 gewaltsam der Observanz zugeführt worden war, und blieb dort bis zu seinem Tode 1497. In zwei Handschriften – Berlin, mgo 385, und München, cgm 4575 – ist eine predigtartige Sammlung überliefert, der ‚*Tractatus von den sieben reisen der ewigkeit*‘, die eine in 12 Traktate gegliederte, speziell an Klarissen gerichtete freie Bearbeitung von Teilen des verbreiteten Werks ‚De septem itineribus aeternitatis‘ des Franziskaners Rudolf von Biberach darstellt (vgl. Bd. III/1). Zudem ist eine Predigt von Einzlinger zum Thema Gelassenheit überliefert, in dem es ihm um die Gestaltung des klösterlichen Lebens seiner Rezipientinnen geht. Zentrales Thema ist im Blick auf den Weg zur Gelassenheit die völlige Hingabe an den Willen Gottes, ganz im Sinne der Observanz.

Heinrich Vigilis von Weißenburg im Elsass wurde von Caritas Pirckheimer besonders geschätzt, wie umfassende Abschriften seiner Predigten durch sie bezeugen. Er gehörte zweifellos zu den bedeutendsten Franziskanerobservanten des späten 15. Jahrhunderts. Vigilis war 1474–1477 Guardian in Leonberg und als Visitator verschiedener observanter Klöster sowie als Beichtvater und Prediger bei den Klarissen in Alspach tätig. Von 1487 bis circa 1495 bekleidete er diese Ämter im Klarissenkonvent in Nürnberg und starb 1499 im dortigen Franziskanerkloster. Obwohl einige Zuschreibungen noch umstritten sind, kann man erkennen, dass Vigilis im Dienste der *cura monialium* ein außergewöhnlich umfangreiches volkssprachliches Œuvre hinterließ, bestehend aus Predigten, Traktaten und Übersetzungen. Fast alle bedürfen noch gründlicher Untersuchungen.

In der Zeit vor seiner Ankunft in Nürnberg verfasste Vigilis eine Reihe von Werken im südwestlichen Deutschland, von wo auch die entscheidenden Überlieferungsträger stammen. Die jeweiligen Entstehungsdaten der Texte sind zwar nicht genauer zu ermitteln, aber einige Handschriften sind erwiesenermaßen in Alspach entstanden und dort von ihm den Nonnen zur Lektüre bestimmt worden. In einer heute in Berlin und einer in Freiburg aufbewahrten Handschrift sind sechs Schriften enthalten, die *bruder heynrich von wissenburg zů altespach ... by dem closter also gebrediget vnd do selbes mit grossem fliß sin predigen an geschriben* hat. Drei von ihnen finden sich in einer heute in Überlingen aufbewahrten Handschrift.

Diese Kompilation von sechs Texten, die Kurt Ruh „als eine der schönsten und reichsten Zeugnisse der Bonaventura-Rezeption im 15. Jahrhundert" preist, beginnt mit dem vierfach überlieferten Traktat ‚*Von dem heilgen swygenhalten*‘, der eindeutig in der Tradition franziskanischer Spiritualität zu verorten ist. Die Ausführungen sind durchaus anspruchsvoll, vielfach werden Autoritäten zitiert, vor allem Bernhard, und neben den Kirchenvätern wird bisweilen auch auf Thomas von Aquin und Bonaventura verwiesen. Eingehend erläutert Vigilis die Gründe für das Schweigegebot, um die Schweigemotivation bei den Adressatinnen zu intensivieren. Wie bei den Dominikanerinnen gehörte diese Tugend auch bei den Klarissen zum zentralen Bestandteil der observanten Lebensform.

Umfassender wird der strenge Alltag in der ‚Ermahnung zu einem wahren klösterlichen Leben' thematisiert. Diese Übersetzung einer bisher unbekannten lateinischen Vorlage durch Vigilis richtet sich an die Schwestern in Alspach *vnd nit mynder* an alle *closter kinden, wie sy genant synt*. Eingehend wird das geforderte Verhalten der observanten Schwestern erläutert. Zum Beispiel wird befohlen: *Do sol nit sin swetzen, lachen, kopf zü samen stossen, lichtuertikeit vnd allenthalben vmb sich gaffen, sunder do sol sin zücht, ernst, andacht, grosse behütsamkeit, ere vnd reverencie gegen dem so grossen almechttigen got vnd herren ... vnd nit alleyn han fliß zü den vswendigen übungen, sunder ouch zü den woren tugenden, die dich got aller gleichformig machen.*

Bislang noch nicht näher untersucht ist der zweite Traktat, ‚Von der Vollkommenheit des geistlichen Menschen', in dem vor allem Thomas von Aquin häufig zitiert wird. Ob es sich auch hier um eine Übersetzung handelt, bleibt noch zu klären. Ähnliches gilt für ‚Von dreierlei Abgründen', einen Traktat, der neben den Berliner und Freiburger Handschriften ebenfalls in einem aus Böhmen stammenden Prager Codex erhalten ist. Ob dieses Werk auch von Vigilis stammt oder nur von ihm in Alspach aufgeschrieben wurde, ist ungewiss. Der Traktat ist in drei Teile gegliedert – der Abgrund der Bosheit, des Erbarmens und der *passio* Christi –, wobei jeder Teil auf einer Schrift einer anderen Autorität beruht: Bonaventura, Bernhard und Bernhardin von Siena werden jeweils als Verfasser benannt.

Zu den drei restlichen Texten der Kompilation, die höchstwahrscheinlich von Vigilis stammen, gehören zudem drei Bearbeitungen von Texten Bonaventuras. In ‚Von den sieben Gaben des Heiligen Geistes', einer Übersetzung und Bearbeitung von einigen Teilen des Sentenzenkommentars, Lib. 3, begründet Vigilis, warum er seinen Hörerinnen Bonaventuras gelehrte Schriften, die *vngelerten mönschen ganz vinster vnd vnverstentlich sint*, anbieten will. Es sei ihm ein Anliegen, ihnen *daz brot der lere* [zu] *brechen, daz es verstentlich werde*, denn die äußerst bedeutenden Lehren der *theologi* seien *ein lust ... zü hören, die sint jn grossen eren zü halten*. Der Traktat beschränkt sich nicht auf Bonaventura, sondern zieht weitere Quellen heran, u.a. Jean Gerson. Jedenfalls kommt dem Werk unter den volkssprachlichen Gabenlehren des Spätmittelalters eine bedeutende Stellung zu, denn Vigilis „beleuchtet seinen Gegenstand von manchen Seiten her, wo sonst nur ein Gesichtspunkt vorherrscht; er ist nicht nur Kompilator und Verdeutscher, sondern verfügt über eigenes systematisches Rüstzeug" (K. Ruh). Auch den beiden anderen Texten, die vorwiegend auf Bonaventura-Schriften beruhen, auf ‚De quinque festivitatibus pueri Iesu' und ‚De triplici via', fügt er Auszüge aus Schriften weiterer Autoritäten hinzu.

Die am breitesten überlieferte Schrift des Heinrich Vigilis ist der Traktat ‚Von geistlicher Einkehr und Auskehr', der auch über den Klarissenorden hinaus rezipiert wurde, so bei den reformierten Augustinerchorherren in Rebdorf und den observanten Dominikanerinnen in Nürnberg und Konstanz. Zunächst solle sich der Mensch um zweierlei Einkehr bemühen, die als *ein ware bekantnus sein selbß zu jm selbß Vnd ein ynniger zuker* (Hinwendung) *zu dem herrn durch bekantnus des güttigen gutz, daz der herr ist,* zu verstehen seien. Sobald der *vernunftig mensch* dann *zw jm selb ist kumen, so gepůrt sich nach ordnung der zeit vnd nach seiner leiplichen vnd geistlichen noturft sich wider auß zu kern* und sich seinen *negsten, der arbeit* und *zu der sel weid, als mit lesen vnd hören predigen,* zuzuwenden. Vigilis verzichtet in diesem asketischen Traktat weitgehend auf Autoritätenzitate und bleibt in seiner Lehre im Allgemeinen ohne direkten Bezug zur klösterlichen Lebensform.

Vermutlich aus dem Elsass stammt ein Traktat mit ähnlicher Thematik, ‚Von der wahren Einkehr', der mitunter zusammen mit Vigilis' Werk zur Einkehr überliefert wird, aber bereits um die Jahrhundertmitte entstanden ist. Alles deutet auf einen observanten Franziskaner als Verfasser hin, zumal an einer Stelle auf ein *püchlein* des Aegidius von Assisi, ein *geselle ...Vnsers heiligen vaters Sant Francißen*, verwiesen wird; auch Bonaventura wird häufig zitiert. Thema des Werks ist die geistliche Einkehr, die vor allem Ordensleute halten sollten, um das Erlebte des vergangenen Tages zu rekapitulieren. Der Abend sei besonders geeignet zur Einkehr, zumal das Problematische des Tages jetzt aufhöre, das Tagwerk vollbracht sei und weil sich der Abend besonders zum Klagen eigne. Es folgt eine eingehende Darstellung der richtigen Gestaltung der Einkehr. Der Text ist in Handschriften aus observanten Klöstern und in einem niederdeutschen Braunschweiger Druck v.J. 1508 überliefert.

Von gewaltigem Umfang sind die in der Nürnberger Zeit von Vigilis entstandenen Predigtwerke. Eine Sammlung enthält Sermones zu den Sonntagsevangelien von Ostern bis zum 24. Sonntag nach Pfingsten. Die Bamberger Handschrift, die den Sommerteil dieses ursprünglich zweibändigen Korpus bietet, geht auf eine Abschrift von Caritas Pirckheimer zurück, die sicherlich die Predigten v.J. 1493 nicht mitgeschrieben, sondern lediglich eine Vorlage von Vigilis *wort zu wort angeschrieben* hatte. Vom Winterteil sind nur noch Bruchstücke erhalten, etwa in Form der Münchner Handschrift cgm 749, die eine Auswahl aus Sommer- und Winterteil bietet. Eine

Auswahl ist in drei weiteren Münchner Handschriften überliefert. Diese 'Sieben Predigten für Nonnen' zeichnen sich vor allem durch Bonaventura-Zitate aus. Sie sind wiederum in München, cgm 1120, mit 72 Vigilis-Predigten zu den acht Seligkeiten enthalten. In dieser Handschrift wird Vigilis zwar auch nicht als Prediger benannt, aber die Ansprachen werden einem *vater parfußer ordens zu Nurmberg* zugewiesen, die dieser *zu sant Claren also gepredigt hat*. Auch als Einzeltext aus den 'Sieben Predigten für Nonnen' wurde die 'Predigt von den sieben Graden der vollkommenen Liebe' verbreitet. Sie ist in fünf Handschriften überliefert und wurde von dem Straßburger Bibliophilen Daniel Sudermann sogar noch 1612 in Druck gegeben. Vigilis' Thema ist Ct 2,16, das er zum Ausgang für Ausführungen zur Vereinigung der Seele mit Christus verwendet, wobei der *suß* Bernhard seine wichtigste Quelle ist. Eindeutig richtet sich die Predigt an Nonnen: *Lug was du thust, so du dich vermechelst mit dem kung*. Auch hier gliedert Vigilis streng scholastisch, wobei jede Stufe der Liebe nochmals in drei Subpartiones aufgeteilt wird. Dabei beginnt Vigilis stets mit der abzuhandelnden lateinischen Begrifflichkeit, die er dann verdeutscht, etwa *ars amoris et sciencia amandi – die kunst der lieb vnd das wißen lieb zu haben*. Ein weiteres Mal beruft er sich unter den jüngeren Autoritäten auf Jean Gerson und Dionysius den Kartäuser.

Zum Œuvre des Vigilis gehören wohl zudem 95 Adventspredigten über die sieben Gaben des Heiligen Geistes. In einer heute verschollenen Handschrift wird angegeben, ein 'Bruder Heinrich' habe sie 1490 im Nürnberger Klarissenkloster gehalten. In den beiden erhaltenen Textzeugen wird hingegen kein Autorname genannt. Ferner stammen auch zwölf Predigten über die Räte des Evangeliums von Vigilis.

All diese Predigtreihen verdienen noch eine genauere Analyse, ebenso müssten verschiedene Zuweisungen von weiteren Schriften an Vigilis überprüft werden, etwa eine Übersetzung des 'Alphabetum parvum boni monachi' des Thomas von Kempen, eine Lehre zur geistlichen Lebensführung und Vervollkommnung (s.u.), sowie eine Teilübersetzung von Bonaventuras 'Lignum vitae'.

Neben Vigilis bemühte sich der Franziskaner Stephan Fridolin als Prediger und Seelsorger intensiv um das Nürnberger Klarissenkloster. Er wurde um 1430 im nordwürttembergischen Winnenden geboren und war 1460 Prediger im observanten Bamberger Franziskanerkloster. 1477 ist er im acht Jahre vorher zur Observanz übergegangenen Mainzer Konvent als Lektor bezeugt. 1479 reiste er nach Rom und wurde auf der Rückreise von Piraten nach Korsika entführt, aber nach kurzer Zeit wieder freigelassen. Ab 1480 war er Lektor im Nürnberger Kloster und blieb dort, abgesehen von einem kurzen Aufenthalt 1486/87 in Basel, bis zu seinem Lebensende i.J. 1498. Es ist indes nicht eindeutig belegt, dass er dort, wie Vigilis, auch Beichtvater bei den Klarissen war. Er gehört jedenfalls mit seinem beeindruckenden und umfassenden Œuvre zu den bedeutendsten Autoren von volkssprachlichem religiösen Schrifttum im späten 15. Jahrhundert.

Fridolins im Nürnberger Klarissenkonvent gehaltene Predigten sind in drei Handschriften überliefert, von denen eine um 1500 entstanden ist; ihre Vorlage war, wie im Falle der Predigten des Vigilis, eine Abschrift durch Caritas Pirckheimer. Die Texte bestehen in der Hauptsache aus anspruchsvollen Psalmenallegoresen, wobei Fridolin vor allem zu einer intensiven Beschäftigung mit der Passion Christi anleiten will, um „jeder Schwester eine persönliche Beziehung zum verdienstvollen Leiden des Gottessohnes zu eröffnen, ihr vor Augen zu führen, daß sie selbst den dadurch angehäuften Schatz benötige und gebrauchen müsse, um selig zu werden" (P. Seegets). Überliefert wird in einer ersten Predigtreihe aus dem Jahre 1492 ein Zyklus über die Hymnen der kleinen Horen des römischen Breviers (also Prim, Terz, Sext und Non) sowie über Psalm 118, der Vers für Vers gedeutet wird. Der 1494 entstandene zweite Zyklus enthält Predigten über die Psalmen des Kompletoriums (abendlichen Schlussgebets). Es war Fridolin offensichtlich ein besonders wichtiges Anliegen, den Schwestern Teile des Breviers auszulegen, um die besondere Bedeutung des Stundengebets für das klösterliche Leben herauszustellen, und es nicht zur reinen Routine verkommen zu lassen.

Bereits 1491 war in der bedeutenden Nürnberger Offizin des Anton Koberger Fridolins ‚Schatzbehalter' erschienen (Abb. 10), der mit einem Umfang von 352 Folioblättern und 96 ganzseitigen Holzschnitten aus der Werkstatt von Michael Wolgemut und Wilhelm Pleydenwurff zu den herausragenden Druckausgaben dieser Werkstatt gehört. Zwar wird der Verfasser nicht genannt, aber die Autorschaft Fridolins ist gesichert. Das Werk sei an Laien gerichtet, denn *eyn edel fraw* habe ihn gefragt, *wye man yn den kyrieleyson die drey person in der heyligen drifeltigkeit vmb die barmhertzigkeit anruffen solt*. Vom gehobenen Anspruch des Textes her dürfte zwar ein gebildetes städtisches Publikum angesprochen sein, dennoch ist der ‚Schatzbehalter' auch zweifellos an *litterati* gerichtet.

In diesem umfassenden, mitunter weitschweifigen Werk, in dem einst gehaltene Predigten zu Traktaten umgestaltet und erweitert werden, ist das zentrale Thema – wie in den Predigten und überhaupt in Fridolins Œuvre – das Leiden Christi. Im ersten Buch des dreiteiligen Werks erläutert Fridolin den Titel und führt in sein Vorgehen und in die Sinnhaftigkeit der Passionsbetrachtung ein.

Das zweite, wohl zuerst entstandene Buch ist der Hauptteil, der *fürderlichst teyl diß Búchs*. Fridolin bietet hier eine sehr umfangreiche Auslegung der zweiten Kyrie-Bitte: *In dem andernn kyrieleyson* solle *man den vater vmb des suns willenn* anrufen. Das Ganze besteht aus 100 *gegenwůrf*, also Betrachtungsaspekten, zum Leiden Christi, die wiederum in der Regel auf zwei *artickel* aufgeteilt sind. Fridolin spricht von ‚Gegenwürfen', weil *ye zwen widerwertig artickel gegeneinander gesetzt vnd geordnet sein.* So erörtert er z.B. im ersten *artickel* die Würde Christi und dessen Tugenden, oder auch beides, um dann im zweiten dessen Leidensweg zu thematisieren. In den ersten fünfzig Gegenwürfen behandelt Fridolin die Leiden vor dem Karfreitag, in den übrigen geht es um die am Karfreitag erfahrenen. Diese antithetische Gestaltung der Artikel soll zu einem eingehenderen Verständnis des Leidens Christi hinführen und dadurch eine größere Andacht in den Menschen auslösen.

Aufs engste verbunden mit den durchaus anspruchsvollen Ausführungen ist das ausdrucksvolle Bildprogramm, das nicht nur als begleitende Illustrierung von Fridolins Lehren dient, sondern den Texten gleichberechtigt gegenübersteht. Er war selbst entscheidend an der Gestaltung der Illustrationen beteiligt, wobei fünfzehn Holzschnitte auf einer in Bamberg aufbewahrten Bildertafel, der sog. ‚Capistrantafel', fußen. Die Illustrationen seien *vmb der layen willen*, d.h. für die, *die sunst nit geschrifft oder pücher haben*, beigefügt worden. Die Holzschnitte, die durchaus mehrere Themen in einem Bild vereinen können, sollten nicht nur betrachtet werden, sondern dabei helfen, das Behandelte im Gedächtnis zu bewahren, es sich auch ‚einzubilden', zur besseren *verstentnus vnd behaltung dieser gegenwürf*. Allerdings setzt Fridolin gewisse anspruchsvollere Kenntnisse bei seinem Adressatenkreis voraus, seine Argumentationsgänge sind für einen völlig ungebildeten Hörer- und Leserkreis kaum verständlich.

Im dritten Buch behandelt Fridolin die Worte Christi während der Passion und am Kreuz sowie die neunfache Anrufung Gottes im Kyrie. Er bietet weitere 25 Gegenwürfe, die er damit begründet, dass ein Leser einen Entwurf der einhundert Punkte falsch verstanden habe (der wusste *nit die entlich mainung, war zu sy gemaynt sind*). Daher wolle er sie nun ergänzen, um die Früchte der Passion zu beschreiben. Fridolin zeigt dabei, wie die Mehrzahl der Gegenwürfe in vorbildliche Gebete umgeformt werden kann. Seine erschöpfenden Ausführungen untermauert er mit einer immensen Anzahl an Autoritätenzitaten. Dennoch ist er auch sehr darum bemüht, mit anschaulichen Bildern sowie mit Legenden, Exempeln und Erzählungen, die keineswegs alle christlichen Ursprungs sind, das Ganze zu verlebendigen. Zwar kam es nicht zu einer weiteren Auflage des zweifellos sehr teuren ‚Schatzbehalters', dennoch sind Abschriften von Teilen in zumindest vier Handschriften überliefert.

Nach dem ‚Schatzbehalter' setzt Fridolin seine Deutung des Passionsgeschehens fort, und zwar nun auf der Grundlage zweier anonym überlieferter, aber ihm zuzuschreibender Gartenallegorien, ‚Der geistliche Herbst' und ‚Der geistliche Mai', die wahrscheinlich in dieser Reihenfolge entstanden sind. Gerichtet sind die Werke an Klosterfrauen, also vermutlich an die Nürnberger Klarissen, denn Fridolin verweist im ‚Geistlichen Mai' auf die Früchte, die *geistlichen eingeschlossen personen* aus der Beschäftigung mit dem Werk erwachsen könnten. Im ‚Geistlichen Herbst' geht Fridolin auf das innere Leiden Christi ein und verteilt die Auslegungen, die stets alle gleich strukturiert sind, auf fünf Wochen zu je sieben Tagen. Die Schwestern sollten sich im September in die Leiden des Herzens Christi vertiefen, denn der kostbare Wein sei zunächst in *clein weinperlein* eingeschlossen und könne erst nach der Lese zu Wein werden. *Also ist aller hertzen laid Christi beschloßen gewest jn seinen heiligen zehern, schweiß vnd pluts tropfen, die recht wie die weinperlein an den trauben vol sind gewest jn seinem heiligen hertzen des jnern hertzen laids vnßers aller liebsten herrn.* Es folgt in jeder Woche ein Schritt auf dem Weg zum perfekten Wein, der abschließend im Rahmen einer beachtlichen Versammlung von Ständen, welche die Kirche symbolisieren – etwa Apostel, Evangelisten, Märtyrer –, genossen wird, gipfelnd in Volltrunkenheit der Gäste. Die Betrachterin soll die Gäste bitten, ihr ausreichend Most zu geben, um in solcher Volltrunkenheit ihr Verhältnis zu Gott und zu ihren Mitmenschen entschieden zu verbessern. So führt zuletzt die Trunkenheit zum Verzicht auf eigenen Besitz und dazu, ihn Bedürftigen beglückt zu schenken. Am Ende jeden Tags bietet Fridolin eine praktische Nutzanwendung des von ihm Gedeuteten, also klare Anleitungen zur praktischen Umsetzung des Geschilderten im geistlichen Leben.

‚Der geistliche Mai' deutet anhand verschiedener Naturerscheinungen des Frühlings die äußeren, körperlichen Leiden Christi und ist wesentlich umfangreicher und anspruchsvoller als der ‚Geistliche Herbst'. Bereits die Strukturierung des Werks ist komplexer, Fridolin bleibt z.B. nicht bei der Gliederung in Sieben-Tage-Gruppen. In den vier Maiwochen führt er anhand einer immensen Fülle von Bildern eine Klosterfrau durch den Maiengarten, wo sie den zunächst noch kahlen Maibaum, das Kreuz Christi, innig begehren und abbrechen soll, um ihn später mit sich als ihren ‚Maibaum' herumzutragen, und dadurch letztlich ihren Blick alleine auf dieses Symbol der Erlösung zu richten. Am vierten Tag der ersten Woche bringt Fridolin Deutungen des äußeren Leidens Christi anhand einer großen Fülle von Pflanzen- und Tierbildern. In der zweiten Woche sollen sieben jungfräuliche Tugenden und Ordensgelübde täglich durch eine Blumenart im Garten Christi betrachtet werden. Die Blumen werden dann abgeschnitten und an Christus weitergereicht. In der dritten Woche verlässt die Adressatin die Blumenwiese in Richtung eines Gartens mit sieben Bäumen, die Anlass geben, die sieben Worte am Kreuz zu bedenken. In der letzten Woche befindet sich die Betrachterin dann in sieben ‚Maibädern', die mit dem von der Beschneidung bis zur Seitenöffnung vergossenen Blut Christi gefüllt sind. Hier erkennt sie, wie sie jeweils einer der sieben Folgesünden des Hochmuts verfallen ist, und bereitet sich deshalb täglich ein reinigendes Bad, in dem sie dann die absolute Sündlosigkeit Christi wahrzunehmen vermag. Die Woche schließt mit einer Betrachtung des Herzens Christi, das Fridolin durch *ein gantz abc von dem allerheiligsten hertzen Jesu* – von ‚a' andechtigst bis ‚z' allerzirlichst – veranschaulicht.

Betrachtet man die beiden Gartenallegorien Fridolins, so ist ihnen gemeinsam, dass sie „trotz der überwältigenden Fülle der verwendeten Bilder nicht in einer reinen Betrachtungsfrömmigkeit" steckenbleiben, „sondern stets die Linie von der andächtigen Versenkung in die Passion über das Eingeständnis der eigenen Sündhaftigkeit hin zur persönlichen Aneignung der Erlösungsverdienste" ausziehen (P. Seegets). Beide Werke wurden bemerkenswerterweise bis 1581 mehrfach gedruckt – der ‚Geistliche Mai' sogar in drei Redaktionen –, und mithin gehören sie zu den wenigen Gartenallegorien, die nicht auf handschriftliche Verbreitung beschränkt blieben. Sie wurden von der Gegenreformation aufgegriffen und sogar noch 1897 als empfehlenswerte erbauliche Lektüre von dem Tiroler Jesuiten Franz Hattler in Druck gegeben.

Ebenfalls Fridolin zuzuschreiben ist der kurze, unikal überlieferte Traktat ‚Lehre für angefochtene und kleinmütige Menschen', der auch an Nonnen gerichtet ist. Das Werkchen gehört zur Tradition spätmittelalterlicher Anfechtungsliteratur, die darauf abzielt, die Sorgen der Adressatinnen, die die eigene Gnadenwürdigkeit anzweifeln, zu minimieren. Es geht Fridolin darum, die seine Rezipientinnen quälende *scrupulositas* zu bekämpfen, ihnen die Angst der Heilsungewissheit zu nehmen und Wege aus der sie plagenden negativen Selbstbetrachtung aufzuzeigen sowie Möglichkeiten anzubieten, sich von der zwanghaften Beschäftigung mit den eigenen Frömmigkeitsleistungen zu lösen. Er lehrt, wie man Teufelsversuchungen in angemessener Weise begegnet und wie der Himmel zu erreichen ist, indem man versucht, den eigenen Willen mit dem Willen Gottes zu vereinen. Hier reiht sich Fridolin unter die von Jean Gerson geprägten Frömmigkeitstheologen ein, die eine populäre Trostmethode für skrupulöse Menschen bieten, was Sven Grosse als eine „Strategie der Mindestforderung" bezeichnet hat.

Fridolin war durchaus auch dem Humanismus zugeneigt und verkehrte offensichtlich in den humanistischen Kreisen der Reichsstadt. Dennoch blieben seine „humanistischen Neigungen sehr begrenzt und [wurden] durch die kirchlichen Lehrtraditionen" sowie durch seine frömmigkeitstheologische Zielsetzung „überlagert und marginalisiert" (B. Hamm). Da er seit seiner Mainzer Zeit Interesse für die römische Antike gezeigt und sich auch diesbezügliche Sachkenntnisse angeeignet hatte, bekam er vom Prior der Mainzer Kartause eine Sammlung antiker Silber- und Kupfermünzen geschenkt, die er dann 1486 in Nürnberg dem Rat zur Ausstellung übergab. Fridolin verfasste ein Begleitbuch zu dieser Sammlung, das ‚Buch von den Kaiserangesichten', das der Patrizier Hans Tucher (vgl. S. 161) in einer prachtvollen Pergamenthandschrift abschreiben ließ. Fridolin konzipierte das Werk alleine für die städtische *liberey*, wo Tuchers Abschrift dann aufbewahrt wurde, da es aufs engste mit einer Besichtigung der

Münzsammlung verbunden sein sollte. Dabei bemühte er sich vor allem um eine kritische Verwertung der von ihm benutzten antiken und frühmittelalterlichen Quellen. Zu seinen Vorlagen gehörten aber auch humanistische Werke wie etwa Boccaccios ‚De illustribus mulieribus'.

Das Werk bietet eine Geschichte der römischen Herrscherinnen und Herrscher in chronologischer Abfolge für ein gehobenes, aber nicht unbedingt lateinkundiges Publikum. Es beginnt mit den Königen der Frühzeit und schließt mit der konstantinischen Zeit ab, wobei die einzelnen Biographien von unterschiedlicher Länge sind. Nicht selten fügt Fridolin ausführlichere theologische Exkurse ein, wie es ihm überhaupt um die religiöse Deutung der römischen Geschichte geht. Denn er will zeigen, wie der göttliche Wille die Römer als frühere Weltenlenker nach Jahrhunderten schließlich dazu brachte, zu Untertanen des Christentums zu werden. Seiner Darstellung nach war es der Machtmissbrauch der römischen Kaiser, der letztlich zur Überlegenheit des neuen Glaubens führte. Zeitgenossen Fridolins in leitenden Positionen sollten sich daran erinnern und sich in ihrer Amtsführung entsprechend tugendhaft verhalten, um den ewigen Höllenqualen zu entgehen. Immer wieder beschäftigt sich Fridolin auch mit dem Ursprung und der Frühgeschichte Nürnbergs und setzt sich dabei indirekt mit der fabulösen Etymologie des Namens der Stadt auseinander, mit der Sigismund Meisterlin (vgl. S. 168) den Namen von einer möglichen Gründung der Stadt durch Tiberius Nero ableitete. Fridolin ist aber nicht „das Aufspüren eventueller antiker ‚Väter' und ‚Mütter' der Stadt ... wichtig, sondern das klare Wissen um die ‚geistlichen' Eltern der Nürnberger Bevölkerung und der gesamten Christenheit" (P. Seegets).

Auch als Übersetzer von Predigten des Generalvikars der observanten Franziskaner, des aus der Bretagne stammenden Olivier Maillard (um 1430–1502), ist Fridolin tätig gewesen. Maillard war ein hochengagierter Reformer und bedeutender Prediger, der sich öfters im deutschsprachigen Raum aufhielt. Nicht weniger als zwölfmal hat er die Nürnberger Klarissen *mit aller vetterlichen trew, gunst vnd füduerung* (Unterstützung) besucht und im Kloster gepredigt. Von ihm sind zwei Predigten und eine Ansprache nebst weiteren Texten überliefert, die Fridolin übersetzte. So ist eine Marienpredigt erhalten, in der die Nonnen aufgefordert werden, sich Maria mit Betrachtung und Gebet zuzuwenden; Maillard allegorisiert Maria auch als Buch. Sodann folgt eine Lehre zur Vorbereitung auf den Empfang der Eucharistie sowie eine Messerklärung. In einer weiteren Ansprache, die mit einem Bonaventura-Zitat beginnt, geht es in Form eines fingierten Dialogs im Kloster um den gekreuzigten Christus. In einem Kurztraktat, der in vier Handschriften überliefert ist, geht Maillard auf die Anfechtungen des Teufels in seinen vielen Gestalten ein und wie mit ihnen umzugehen sei. Vor allem weist er auf die besondere Gefahr der *swermutigkeit* (*acedia*) hin, *die schier den grosten schaden thût jn der gaistlikait*. Nicht von Fridolin übersetzt ist ein in Eger verfasster und vermutlich von **Johannes Macheysen** verdeutschter Brief Maillards an die Nürnberger Schwestern, in dem sie aufgefordert werden, beim Betrachten von Himmel, Feuer und Wasser und bei allen Tätigkeiten im Kloster an ihren Gemahl Christus und seine Heilstaten zu denken. Laut Kurt Ruh gehören besonders die beiden Predigten „nach religiösem Gehalt und Sprachgebung zu den besten aszetisch-erbaulichen Schriften der Zeit".

Ebenfalls wahrscheinlich von einem Nürnberger Franziskaner stammt der Traktat ‚**Von der göttlichen Liebe**', der nur in einer 1508 abgeschlossenen Handschrift aus dem Klarissenkloster überliefert ist. Kurt Ruh möchte ihn ins endende 14. Jahrhundert datieren, allerdings fehlen entsprechende Indizien, so dass auch eine Entstehung im späten 15. Jahrhundert durchaus in Frage käme. Das Werk, das von Mt 22,35–40 (*Du solt lieb haben gott deinen herren auß gantzem herczen* …) ausgeht, ist in neun titulierte Kapitel untergliedert. Das umfangreichste handelt davon, wie das Leiden Christi betrachtet werden solle, was wiederum an Fridolin erinnert, ohne dass er als Verfasser in Frage kommen dürfte. Auffallend viele Autoritäten werden zitiert, vor allem franziskanische wie Bonaventura, Franziskus de Morone, Duns Scotus und Nikolaus von Lyra. Das Werk ist allerdings nicht ausdrücklich auf ein klösterliches Publikum ausgerichtet.

Im Nürnberger Klarissenkloster entstand um 1487 das umfangreichste Marienkompendium des deutschen Mittelalters, der ‚**Magnet unserer lieben Frau**'. Über die Verfasserin(nen) ist zwar nichts Genaueres zu ermitteln, allerdings steht vor einem längeren Marienmirakel: *prediget der aller erwirdigest vater Wilhelmus generalis perto vor vnserem conuent hie zu nuremberg czu sant claren … diß nach geschriben exempel.* Der Generalvikar Wilhelm Bertho predigte tatsächlich 1481 bei einer Inspektion des Klarissenklosters. Es ist denkbar, dass als Kompilatorin des Werks Caritas Pirckheimer in Frage kommt, vielleicht mit Unterstützung eines Betreuers und weiterer Schwestern. Sie galt jedenfalls als besondere Marienverehrerin; Albrecht Dürer widmete ihr 1511 die Buchausgabe seines Marienlebens. Neben einer heute in Prag aufbewahrten Handschrift, die möglicherweise die erste Abschrift des Werks oder sogar das Entwurfsexemplar ist, gibt es nur einen weiteren Textzeugen, den ein Laienbruder des benediktinischen Observantenklosters Tegernsee anfertigte.

Das Kompendium ist ein vierteiliges Mariale, bestehend aus einem Marienleben (I), Abhandlungen über Maria als Fürsprecherin des Sünders (II), ihre gebührende Verehrung, vor allem an den Marienfesten, verbunden mit 17 Mirakeln und Gebeten und Anrufungen (III). Der letzte und umfangreichste Teil (IV) bietet 295 Marienwunder. Für den ‚Magneten' stellte(n) die Verfasserin(nen) alle greifbaren mariologischen Texte zu einem umfassenden Kompendium zusammen und übertraf(en) damit erheblich den

Umfang des ‚Nürnberger Marienbuchs' (vgl. S. 227). Das Marienleben dürfte auf eine bislang unbekannte lateinische Vorlage zurückgehen, die biblische, apokryphe und hagiographische Quellen sowie Autoritätenschrifttum verwertete. Einbezogen in das Ganze wurde u.a. ein größerer Einschub über die von Jakob Sprenger 1475 gegründete Rosenkranzbruderschaft, mit Gebeten und der Bulle Sixtus' IV. von 1479 (vgl. S. 356), sowie der Marienpsalter, wie er z.B. in einem Augsburger Druck von Konrad Dinckmut v.J. 1483 überliefert ist. Auch aus der Birgitta von Schweden zitierenden ‚Bürde der Welt' des Johannes Tortsch (vgl. Tl. 2) werden Stücke entnommen. Bei der immensen Zahl von Mirakeln in Teil IV fällt auf, dass hier eine Vielzahl dominikanischer Sammlungen als Quellen ausgeschöpft wurde (etwa Vinzenz von Beauvais, Johannes Herolt); 82 der 295 Mirakeln stammen aus dem ‚Nürnberger Marienbuch', zudem wurden zwei Episoden aus dessen erstem Teil – der Vita – in den ‚Magneten' integriert (vgl. S. 227). Auch eine Übersetzung des Udo von Magdeburg-Exempels (vgl. Bd. III/1) wurde beigefügt.

Dass sich die Nürnberger Franziskaner auch direkt an Laien wandten, zeigt der Trostbrief des Konrad Fünfbrunner an eine Witwe namens Barbara, deren Mann, ein *junckher*, kurz zuvor gestorben war. Wer sie war, lässt sich nicht genauer ermitteln. Da Fünfbrunner 1501 starb und der einzige Textzeuge aus der Mitte des 15. Jahrhunderts stammt, wird er beim Verfassen des Briefs noch recht jung gewesen sein. Er gibt an, er habe ihn *geschriben nach der metten mit grossem eylen*. Er bedauert, dass er der Frau die Botschaft vom Tode ihres Mannes überbringen musste und sie damit sehr traurig gemacht habe: *Wolt got von hymel, das ich es nit gethan het!* Er rät ihr zu einer dauerhaften Witwenschaft, was er mit biblischen Bildern und Zitaten begründet. Dass der Brief nur in einer Handschrift des dominikanischen Katharinenklosters überliefert ist, könnte ein Hinweis darauf sein, dass Barbara (evtl. als Laienschwester) in ein Kloster der Stadt eintrat und dort den Brief zum Abschreiben weitergab.

Das Bamberger Klarissenkloster
Nach der Reform der Nürnberger Klöster folgten 1460 die der beiden Bamberger Konvente. Zu den Klarissen wurden fünf Nürnberger Schwestern zur Festigung der Observanz entsandt. Wie üblich kam es dabei zu einem Ausbau der Bibliothek, aber nur sehr wenig Volkssprachliches ist von Bamberger Franziskanern verfasst worden. Der Großteil der Bibliotheksbestände des Klarissenklosters geht auf Nürnberger Vorlagen zurück, was auch für andere von Nürnberger Schwestern reformierte Konvente gilt.

Nicht für einen Frauenkonvent, sondern für einen bislang nicht identifizierbaren *meister Wolffgang*, verfasste der Bamberger observante Franziskaner Konrad Bischoff 1473 eine umfangreiche Übersetzung einer Vita des 1189 kanonisierten Bamberger Bischofs Otto I. (1102–1139). Otto war als bedeutendster Bamberger Bischof im Rahmen seiner Absicht, das seinerzeit in kläglichem Zustand befindliche Bistum umfassend zu konsolidieren, auch um die *klôsterliche zucht in den klôsteren* sehr bemüht. Vor allem war Otto bei der Christianisierung Pommerns die führende Gestalt gewesen. Konrad Bischoff kam 1463 aus dem observanten Nürnberger Franziskanerkloster, um in Bamberg zum Diakon geweiht zu werden, hielt sich aber später zwischen 1480–1484 an verschiedenen Orten auf. Nach 1484 wird er in Quellen nicht mehr genannt. Wer nun der Auftraggeber Wolfgang gewesen ist, lässt sich nur vage vermuten. Karl Südekum hält einen Benediktiner aus dem Bamberger Kloster Michelsberg, wo Otto bestattet wurde, oder ein Mitglied des Bamberger Domkapitels oder einen anderen Säkularkleriker der Stadt für möglich. Als Quellen für die Legende dienten zwei aus dem 12. Jahrhundert stammende Viten der Michelsberger Mönche Ebo, der die Missionarstätigkeit Ottos in den Vordergrund stellte, und Herbord, der dessen Tätigkeit als Bischof hervorhob. Bischoff bevorzugt die Vita Ebos, von Herbord nimmt er nur einige von Ebo *ausgelassenn history vnd geschichten*, zumal ihn ohnehin nur die biographischen Elemente interessierten und nicht Wertungen, die er für *vil müssiger red* hält. Ein Wunderanhang beschließt das Werk. Bischoffs Legendenwerk ist in fünf Handschriften aus dem ostfränkischen Raum überliefert. Auch wenn die Vita nicht für ein Frauenkloster verfasst wurde, so gelangte sie doch in das Netzwerk fränkischer Observantinnen.

Eine 1514 vermutlich von einer Bamberger Klarissin mitgeschriebene Predigt des seit 1507 im dortigen Kloster als Beichtvater eingesetzten J o h a n n e s   F r e y t a g basiert auf Bonaventuras ‚De triplici via'. Einige Lücken und Unklarheiten gehen wohl auf Missverständnisse der Nonne zurück.

Das Münchener Klarissenkloster
1480 gelang es Herzog Albrecht IV. von Bayern, in München das Franziskaner- und das Klarissenkloster der Observanz zuzuführen. Von Münchener Observanten ist ebenfalls wenig Volkssprachliches erhalten. Als es 1480 zur Reform des Franziskanerklosters kam, wurde der in Breslau geborene P e t e r   C h r i s t i a n n i von Nürnberg als erster observanter Guardian nach München entsandt. In der Franziskanerkirche soll er eine Predigt zum Paternoster gehalten haben, die skizzenhaft in einem Nürnberger Einblattdruck (1479) und in zwei Handschriften überliefert ist, von denen die eine nur ein Exzerpt enthält. Die hymnisch-gebetsartige Paternoster-Deutung wird im Druck und einer Münchener Handschrift durch eine 42 Verse umfassende Vorrede eingeleitet, in der sich Christianni mit harten Worten an ein ignorantes Publikum wendet, das nicht einmal das Vaterunser richtig verstehe. Deswegen habe er *dise figur zu einer gedachtnuß gemacht*. Nach der Reimrede fährt er in Prosa schematisch fort mit dem siebenfachen Blut-

vergießen Christi, dem er die sieben Todsünden gegenüberstellt, gegen die wiederum die sieben Bitten des Paternosters hilfreich seien. Dieser Teil wird nicht in der Vorrede erwähnt, er könnte später hinzugefügt worden sein; auch im Druck ist er nicht enthalten. Es geht mit einer vierspaltigen Tafel weiter: die sieben Farben stehen dort in Beziehung zu den sieben Tugenden, verbunden mit den sieben Bitten des Vaterunsers, das in grob gereimten Ternaren gedeutet wird, etwa: *Vater vnser: allmechtig in der schoppfung / fleissig in der versorgung / kunstreich in der vnderweisung.* Karin Schneider sieht in den schematischen Darstellungen Gedächtnisstützen, die der Prediger in freier Rede dann ausgeführt haben könnte. Die einzige vollständige Handschrift stammt aus einem Männerkloster. Der Druck, der in den Ternaren textlich von der Handschrift abweicht, ist als Neujahrsgruß mit Holzschnitten sicherlich für ein laikales Publikum konzipiert worden. Von Christianni sind auch lateinische Predigten in einigen Handschriften Münchener Provenienz überliefert.

Das Kloster Söflingen bei Ulm
Nicht einfach durchzusetzen waren die Reformen in der Reichsstadt Ulm. Nach einigen erfolglosen Versuchen vermochte der Ulmer Rat mit Unterstützung von Graf Eberhard im Bart und dem observanten Dominikanerprior Ludwig Fuchs 1484 das dortige Franziskanerkloster sowie den Klarissenkonvent Söflingen zu reformieren. Die Konventualen beider Klöster kämpften aber besonders verbissen gegen die Reform, die erst mit Einsatz bewaffneter Kräfte, z.T. unter Anwendung von Gewalt, durchgesetzt werden konnte. Da beide Konvente nicht bereit waren, sich zu observanten Gemeinschaften umgestalten zu lassen, wurden die Widerwilligen aus den Klöstern vertrieben und durch bereits wartende Observanten ersetzt. Den Schwestern des Klarissenklosters Söflingen wurde für die Rückkehr eine vierzehntägige Bedenkzeit angeboten, aber nur acht Nonnen und fünf Novizinnen kehrten gleich zurück. Die Mehrzahl wechselte in das konventuale Kloster in Günzburg und prozessierte fast drei Jahre lang in Straßburg und Rom um ihr Recht auf Rückkehr. 1486 kam es zu einem Vergleich, die Reform blieb zwar bestehen, aber man kam den Vertriebenen sehr entgegen. Vorher hatte man den Söflinger Schwestern einen völlig weltlichen, ja geradezu lasterhaften Lebensstil vorgeworfen, was stark übertrieben war, auch wenn die überwiegend adligen und aus dem städtischen Patriziat stammenden Damen über Privatbesitz und Sonderrechte verfügten und die Klausurvorschriften nicht sonderlich beachteten.

Bei der Besichtigung der Räume nach der Vertreibung fanden sich die Reformer in ihrer Sicht vom unsittlichen Zustand des Konvents bestätigt. Die Schwestern waren derart schnell aus dem Konvent vertrieben worden, dass sie ihr Eigentum zurücklassen mussten. Zu ihrem Besitz gehörten weltliche Modestücke, ein streng verbotenes Himmelbett, kostbarer

Schmuck, Porträts von Franziskanerbrüdern sowie anderes Verwerfliche. Vor allem entdeckte man Privatbriefe sowie einige weltliche Lieder. Nach ihrer Rückkehr im Jahre 1486 erhielten die Schwestern ihren gesamten Besitz zurück, nur die Briefe und Lieder blieben beschlagnahmt. Erhalten sind 63 Briefe, die zumeist von befreundeten Franziskanern stammen, einige wenige kamen von ihnen wohlgesonnenen Klarissinnen oder Beginen. Von den Söflinger Nonnen sind vor allem Entwürfe und Abschriften überliefert. Einige Briefe von Laien sind dabei, die aber sehr formelhaft sind und nur wenig Aufschlussreiches über Absender und Empfänger enthalten. Auch sieben Liebeslieder wurden entdeckt und beschlagnahmt.

Jedenfalls dokumentiert das, was an Briefen und Liedern aufgefunden wurde, keinesfalls ein Austausch von erotischen Schriftstücken – *ytell buolbrieff* und *etlich liedlin*, [die] *in die welt gehören* –, wie es der Ulmer Rat, die observanten Reformer und nach ihnen auch die Forschung darstellten. Zwar findet sich in den Briefen ein süßlicher Stil, der aber keinesfalls auf für Klosterfrauen unziemliche Beziehungen schließen lässt. Vor allem bieten die Dokumente wertvolle Einblicke in die Streitigkeiten zwischen den adligen und den patrizischen Nonnen, die sich einen Dauerkampf um die Vorherrschaft im Kloster lieferten. So hatte die adlige Magdalena von Suntheim sogar Sonderprivilegien erhalten, die klar gegen die Ordensregel verstießen.

Magdalena war brieflich häufig mit dem aus Ingolstadt stammenden Konventualen J o d o c u s (Jos) W i n d in Kontakt, der 21 Briefe an sie schrieb und von dem sie auch ein Porträt besaß. Wind war ein im Orden besonders geförderter Bruder, er studierte an mehreren Ordenshochschulen und bekleidete eine Reihe von höheren Ämtern. So war er Guardian in Ulm und Kustos in Schwaben, ein Amt, das ihm aber aus unbekannten Gründen 1482 entzogen wurde. Darüber sowie über Intrigen von Söflinger Nonnen gegen ihn u.ä.m. beklagt er sich heftig bei Magdalena. Aus einigen Briefen geht hervor, dass offenbar eine sehr enge geistige Beziehung zwischen den beiden entstanden war. Sie bezeugen sich mit über 50 Varianten liebevoller Anreden ihre innige Freundschaft (etwa *myn ayniges, herczenallerliebstes lieb*), was im Sinne einer geistlichen Ehe zu verstehen ist. Auch andere Konventualen wie Johannes Ganser und Konrad von Bondorf benutzten solch innige Anreden. Magdalena wechselte nach der Vertreibung aus Söflingen zusammen mit ihrer Schwester ins noch nicht reformierte Dominikanerinnenkloster Zoffingen bei Konstanz (vgl. S. 349). Wind musste bereits 1482 nach Würzburg umziehen, 1487 war er Guardian in Schwäbisch Gmünd. Von Genoveva Vetter, der bürgerlichen Rivalin Magdalenas im Kloster, sind Abschriften von Briefen an Winds Nachfolger als Kustode, Johannes Spieß, erhalten; in einem bezeichnet sie Wind als Lügner und *bosen bayr*.

Die sieben beschlagnahmten Lieder sind wohl von weltlichen Liebesliedern inspiriert worden. Sie stammen von Freunden und Verwandten der Nonnen, die den Adressatinnen offenbar eine kleine Freude bereiten wollten. Es geht dort um Zuneigung und den Wunsch des Beisammenseins, aber auch um missgünstige Menschen, die eine Liebe verhindern möchten. Als erotische Liebesbezeugungen von außerhalb der Klostermauern dürften sie wohl nicht in Frage kommen. Die Lieder und die Briefe wurden bemerkenswerterweise in den späteren massiven Anklagen des Ulmer Stadtammanns Konrad Locher gegen die Schwestern nicht mehr aufgeführt, sie wurden offenbar als zu unbedeutend bewertet.

Vom hochgelehrten, aber nicht unumstrittenen Konventualen Konrad von Bondorf, der später Provinzial werden sollte und Johannes Geiler in exegetischen Fragen beriet, sind vier höchst private Briefe an die adlige Söflinger Nonne Klara von Rietheim erhalten. In einem Brief warnt er sie vor der bald zu erwartenden Reform, was aber Klara verschweigen sollte, *das nit aber ain geschray wird under üch* wie im Jahre 1482. Von Konrads vielen lateinischen Schriften ist alles verloren gegangen. Von ihm stammt höchstwahrscheinlich eine sehr gewandte, anonym überlieferte Übersetzung von Bonaventuras ‚Legenda maior Sancti Francisci', die in einer im Freiburger Klarissenkloster entstandenen Handschrift überliefert ist. Der Text hält sich derart eng an die lateinische Vorlage, dass es zu sprachlichen Neubildungen kommt, wie etwa *underzuckung* für *subtractio*.

Für Söflingen wurden Handschriften hergestellt, die möglicherweise Texte enthielten, die von einem oder mehreren anonymen Übersetzern speziell für das Kloster verfasst wurden. So enthalten Berlin, mgf 1259 und mgo 484, eine Reihe von Legenden vor allem weiblicher Heiliger, die nur hier überliefert sind. Die Caecilia-Legende in mgf 1259 schließt mit dem Satz: *Diese legend ist so gloublich, das sie in dem concilij* (wohl dem von Basel) *bestettiget ist worden*. Dies ist ein weiterer Beleg für die aufkommenden Zweifel am Wahrheitsgehalt hagiographischer Stoffe, die ab der Mitte des 15. Jahrhunderts immer wieder anzutreffen sind. Für Söflingen wurden auch Werke des observanten Benediktiners Thomas Finck (vgl. S. 429) abgeschrieben.

Der Verfasser einer nur in einer Söflinger Handschrift überlieferten umfassenden Übersetzung der ‚Collationes patrum' ist unbekannt (München, cgm 6940, v.J. 1493). Da eine der Schreiberinnen aus Nürnberg kommt, könnte das umfangreiche Werk von dort stammen.

Weitere Schriften franziskanischer Observanten des Südwestens
Aus observanten Franziskanerkreisen im Südwesten ist eine Reihe anonymer Werke erhalten. In drei allesamt nicht aus Klarissenkonventen stammenden Handschriften sind drei ausführliche Reihenpredigten überliefert, die mit ‚Anfechtungen der Klosterleute' überschrieben sind und eine eingehende Einführung in die observante Lebensform bieten. Höchstwahrscheinlich sind sie für das 1467 reformierte Zisterzienserinnenkloster Heggbach, wo auch Felix Fabri predigte, verfasst worden und demnach um

diese Zeit entstanden, zumal wiederholt von einer gerade durchgeführten Einschließung der Schwestern gesprochen wird. Die drei Predigten, die an zwei Tagen gehalten wurden, sind jeweils in sieben Staffeln disponiert: Berufung ins Kloster, Maßhalten bei frommen Übungen, Gehorsam, Ausführung von Gottes Willen, Gotteserkenntnis, Anfechtungen und Tugendhaftigkeit. Ein Schwerpunkt ist die Gestaltung des observanten Alltags, wobei die Möglichkeiten durch Bildung vermittelter und affektiver Gotteserkenntnis behandelt werden. Zwar seien visionäre und auditive Erfahrungen möglich, die aber weder definitiv als wahre Gottesbegegnungen zu werten noch mitteilbar seien. Auch hier wird vor supranaturalen Erlebnissen gewarnt.

Gerade geistliche Traktate, die in aufsteigender Stufung gestaltet sind, folgen häufig dem Vorbild von Schriften Bonaventuras, die in den drei Predigten am häufigsten zitiert werden. Fünfmal werden Exempel aus dem Leben des Franziskus integriert. Neben weiteren Autoritäten werden die Ordensgründer Augustinus, Benedikt und Dominikus als Vorbilder hervorgehoben; die Grundlagen der monastischen Lebensform werden durch 22 Exempel aus den ‚Vitaspatrum' in Erinnerung gerufen. Die besondere Erwähltheit der Schwestern, die der Observanz verpflichtet waren, wird immer wieder thematisiert und ihr Entschluss als wahrlich heilsversprechende Entscheidung gepriesen. Auch wenn *die gaistlichen vngereformierden menschen vnd die weltlichen menschen spottend*, die Observanten seien *narren vnd narrinna*, will der Prediger gern *gocz narr sin*. Die Aussage, *die vngereformierten menschen die werdent tieffer verdampt dan juden oder haiden*, bringt deutlich die tiefen Differenzen zwischen Konventualen und Observanten zum Ausdruck. Dass es sich beim Verfasser um einen observanten Franziskaner handelt, steht außer Frage. Er betont immer wieder die eigene Vertrautheit mit den von ihm angesprochenen Problemen der strengen Lebensform.

In vier vom Oberrhein stammenden Handschriften ist der in der 2. Hälfte des 15. Jahrhunderts verfasste ‚Sendbrief *Ain wares uffdringen der begird*' überliefert. Im St. Galler Cod. 1869 steht in der Überschrift, dass die *matery* von *ainem brůder des ordens francisci* für eine *frow Äptissin … mit allen ihren kinden* verfasst worden sei. Mit einem enormen Reichtum an Bildern und Vergleichen geht es dem Autor um das intensive Aufwärtsstreben der Begierde einer andächtigen Seele hin zu Gott *durch alle wolken der zitt* und der *Creatur*, und zwar über alle Himmel, wohin der *gefaren ist, der vnsser selen hercz nach ym geczogen hatt*. Auch hier steht die Brautmystik im Mittelpunkt, als geistliche Himmelfahrt zum *gesponczen* Jesus. Das *vffdringen der begird* wird mit einer gewaltigen Bilderflut „wie der Anbruch einer neuen Weltzeit gefeiert: Der Maienbaum ist aufgerichtet, der Himmel aufgetan" (K. Ruh) usw. Bisweilen gibt es kurze Ermahnungen an die *Swöstren*, etwa: *Ach, min allerliebsten, lernent liden vnd ainander vertragen*.

Ob der Sendbrief von einem Observanten stammt, ist nicht eindeutig zu klären.

Ebenfalls anonym in drei Handschriften überliefert ist der aus der Mitte des 15. Jahrhunderts stammende ‚Sendbrief *Auß dem hünigfliessenden herczen*‘, ein geistlicher Neujahrsbrief von einem Franziskaner an Klarissen. Der Verfasser spricht von seinen Unterweisungen, die die Schwestern *in disem aduent wol gehört* hätten sowie von späteren, die sie noch von ihm zu hören oder zu lesen bekommen würden. Der Sendbrief besteht aus einem Neujahrwunsch und zwei ungleichen Teilen. Der erste handelt von der Botschaft des Advents, der zweite, wesentlich umfangreichere Teil handelt von der Lauterkeit. Zunächst ist Ps 35,10 das Thema („In deinem Licht werden wir das Licht sehen"), was so gedeutet wird, dass wir den wahren einigen Gott, die Dreifaltigkeit, als Brunnen des Lebens sehen werden, von dem alles Leben ausfließt. Im zweiten Teil thematisiert der Autor die Lauterkeit, insbesondere in Form der Jungfräulichkeit, aber von grundsätzlicher Bedeutung sei die Reinheit des Herzens. Lauterkeit sei die essentielle Tugend zur Erlangung der Vollkommenheit, und der Verfasser grenzt sie zu ihren Gunsten von anderen Tugenden und Gnadengaben „nicht ganz ohne Ungereimtheiten" ab (K. Ruh).

Sowohl in München wie in Ulm nahm Johannes Alphart († 1492), der Provinzvikar und Visitator der oberdeutschen Observantenprovinz (1474–77, 1481–84; 1487–90), aktiv an der Durchführung der Reformen teil. Der in Basel geborene Alphart war zeitweise Guardian in Nürnberg und wird in der ‚Ordenschronik‘ des Nikolaus Glasberger als *bonus praedicator* hervorgehoben. Von ihm ist eine wohl in den 1470er Jahren entstandene Predigt in verschiedenen Fassungen überliefert. In dem in strenger scholastischer Systematisierung gestalteten Sermo zeigt Alphart, ausgehend von Lc 17,11–19 (‚Surge, vade'), mit einer Vielzahl von Bibel- und Autoritätenzitaten in neun hierarchisch gegliederten ‚Gängen' den Weg, wie die Menschen *durch liebe ains mit gott werden* können. Wo Alphart diese Predigt verfasste, ist nicht bekannt, sie ist jedenfalls nur in Handschriften aus dem Südwesten überliefert.

Im 1461 gegründeten observanten Kloster Lenzfried bei Kempten übersetzte der Vizeguardian Conrad Nater 1492 Bonaventuras ‚Regula novitiorum‘, möglicherweise für die Kemptener Terziarinnen. Nater war Guardian in Oppenheim und Vizeguardian in München, Basel, Nürnberg und Mainz sowie Teilnehmer des Provinzialkapitels 1484. Die sehr exakte Übersetzung der ‚Regula‘ ist nur in zwei Handschriften sowie in einem Ulmer Druck v.J. 1473 überliefert.

Von einem Bruder Wilhelm zum Lenzfried ist ein in Memmingen circa 1497 entstandener Einblattdruck überliefert, der eine Art Katechismustafel bietet. Er beginnt mit 30 Ermahnungen zu einem christlichen

Leben in 32 Verszeilen, die alle auf *-lich* reimen, es folgen neun Reimpaare, in denen die zehn Gebote und die sieben Todsünden aufgelistet werden. Schließlich werden das Paternoster und das Ave Maria in Prosa übersetzt.

Eine schlichte Messerklärung findet sich in Berlin, mgq 496, unter der Überschrift *Hie Lantzfrid*. Sie besteht aus knappen Anweisungen, worüber der *andáchtig mensch* bei Teilen der Messe meditieren solle. In einer Handschrift 8° Cod. ms. 278 der Universitätsbibliothek München sind *drei stücklein* aus einer Predigt eines Franziskaners *zw Lenczfrid* überliefert, in der es um das Thema geht, auch bei Todsünden Hoffnung auf Vergebung zu haben. Ob Wilhelm als Verfasser dieser Texte zu identifizieren wäre, bleibt noch zu klären.

Wenig erforscht sind die Übersetzungen und Verarbeitungen der Passionspredigt ‚De sanctissima passione et mysteriis crucis', der Predigt 56 aus den ‚Sermones de evangelio aeterno' des höchst bedeutenden Verfechters der franziskanischen Observanz, B e r n h a r d i n s v o n S i e n a, der 1450 kanonisiert wurde. Eine recht genaue Übersetzung des Sermo ist offensichtlich in der zweiten Hälfte des 15. Jahrhunderts in Nürnberg entstanden, von wo zwei Textzeugen herkommen. Freier wird die Predigt in einem aus dem ausgehenden Jahrhundert stammenden Traktat in der Karlsruher Handschrift St. Georgen 95 wiedergegeben.

Ein Bernhardin zugeschriebener Passionstraktat ist in einer Handschrift aus dem franziskanischen Terziarinnenkloster Wonnenstein überliefert. Dort wird das Leiden Christi anhand von zwölf Körben und fünf Gerstenbroten nach Io 6,13 ausgelegt („Sie sammelten und füllten zwölf Körbe mit den Brocken, die von den fünf Gerstenbroten nach dem Essen übrig waren"). Die Körbe sind die einzelnen Artikel, die Brote sind die fünf Wunden Christi, durch die die Seele gespeist wird. Zudem ist eine thüringische Übersetzung von Bernhardins Paternoster-Auslegung überliefert, die der Verfasser *vmb der andacht der leyen czú masse vorduczschet* habe, wobei er aber nur auf Weniges aus seiner theologisch anspruchsvollen Vorlage verzichtet.

Ebenfalls nur wenig erforscht ist das Œuvre des Basler Minoriten D a - n i e l M e y e r (um 1490-um 1540), mit dem latinisierten Namen A g r i - c o l a, von dessen Biographie kaum etwas bekannt ist. Er war jedenfalls Bruder sowie Lesemeister im observanten Basler Konvent, wechselte um 1523 nach Kreuznach, wo er dann zwei Schriften gegen die lutherische Lehre verfasste, die jedoch nie gedruckt wurden. Von Agricola gibt es eine Reihe z.T. umfangreicher lateinischer Werke, von denen er selbst eines ins Deutsche übersetzte. Auch einige Werke in der Volkssprache hat er unmittelbar für den Druck verfasst.

1511 erschien in Basler Drucken Agricolas lateinische Vita des im ausgehenden 16. Jahrhundert zum schweizerischen Nationalheiligen erhobenen B e a t sowie eine von ihm stammende Übersetzung: ‚*Das Leben des heiligen bychtigers vnd einsidlers sant Batten, des ersten Apostels des oberlands, Heluecia geheissen'*. Beide Ausgaben wurden von Urs Graf reichlich illustriert. Ein Beatus wurde seit dem 12. Jahrhundert als Missionar der Schweiz verehrt, die Höhlen, in denen er gelebt haben soll, wurden vor allem im 15. Jahrhundert neben Einsiedeln zum wichtigsten Wallfahrtsort der Schweiz. Es hatte allerdings bislang eine Legende des Verehrten gefehlt, die Agricola nun lieferte. Laut Agricola soll der Heilige Beat im ersten Jahrhundert in England gelebt haben und dann nach Rom zum Apostel Petrus gekommen sein. Im päpstlichen Auftrag sei er zusammen mit einem Gefährten in die Schweiz gegangen, wo er die Helvetier überzeugte, ihren heidnischen Göttern abzuschwören und sich taufen zu lassen. Bei Beatenberg am Thuner See habe er einen gefährlichen Drachen beschworen, der daraufhin in einen See stürzte und ertrank. In dessen Höhle soll Beat dann bis zu seinem Tod im Jahre 112 asketisch gelebt haben; dort sei er auch bestattet worden. Damit er überleben konnte, hätten ihn die in den Höhlen lebendenden dankbaren Zwerge mit dem Nötigsten versorgt. Agricolas völlig fiktionales Konstrukt basiert auf der karolingischen Vita des Drachentöters und Eremiten Beatus von Vendome, die er schlichtweg für den Schweizer Nationalheiligen adaptierte und auf schweizerische Verhältnisse hin umgestaltete. Er ergänzte das Erzählte durch humanistische Landschaftsbeschreibungen, Erläuterungen über den Wert der Arbeit sowie Lobpreisungen des Einsiedlerlebens. Die von Agricola erdichtete Legende führte zu einer landesweiten Bekanntheit des von ihm ‚erschaffenen' Beatus und förderte sowohl dessen Kult als auch die Wallfahrten zum Beatenberg. Indes zweifelten schon einige Zeitgenossen an seiner Legende, einer bezeichnete sie sogar als *lügende*, wobei er den von Luther geschaffenen Begriff zur Verunglimpfung von ‚papistischen' Heiligenviten aufgriff.

Im Jahre 1514 erschienen zwei Werke, die einen anonymen *Parfuesser der obseruantz* zum Autor haben. Da Agricola sich in seinen lateinischen Werken auch als *frater observantino ordinis Minorum* bezeichnet, könnte er hinter den Veröffentlichungen stehen.

Zum einen wurde 1514 in Augsburg ‚*Das abendtessen vnd der hailig Passion, auch der vrstend vnsers herrn Jesu christi*' gedruckt, ein Werk, das ebenfalls *von ainem andächtigen gaistlichen vater sant Franciscen ordens der Obseruantz* verfasst wurde. Das dreigeteilte Werk erzählt zunächst unkommentiert von den Ereignissen vor der Passion, beginnend mit dem Einzug Jesu in Jerusalem, *beschryben von den vier Ewangelisten / mit anderen vor vnd nach zůsåtzen zů meerer verståntnuß*, gefolgt von einer Passionsharmonie – *nichs außgelassen* –; drittens werden dann die Ereignisse von Ostern geschildert *mit vil zaichen vnd bewårungen seiner waren vrstend* bis zur Erscheinung des Auferstandenen vor Paulus. Schließlich wird, beginnend mit der Beschneidung, das siebenmalige Bluten des Herrn aufgezählt, was dann jeweils im Blick auf tugendhaftes Verhalten ausgelegt wird. Ein Gebet um ein seliges Sterben schließt das Werk ab. Ziel der erbaulichen Schrift ist es, anhand der Passion zu einem gottgefälligen Leben hinzuführen. Nirgends wird auf Autoritäten verwiesen.

Zum anderen erschien 1514 in einem Druck in Nürnberg die erste vollständige Übersetzung der von einem toskanischen Franziskaner verfassten ‚Meditationes vitae Christi'. Wolf Traut illustrierte den Druck, der von dem aus Nürnberg stammenden Caspar Rosenthaler, einem Großhändler und Bergwerksteilhaber in Schwaz in Tirol, in Auftrag gegeben und ebenda vertrieben wurde. Rosenthaler, der seit 1505 in Schwaz lebte, betrieb dort eine Schmelzhütte. Er war zudem der erste Buchhändler der Stadt. Schwaz war im 15. und 16. Jahrhundert eine der bedeutendsten Bergbaumetropolen Europas. Die Stadt war ein Zentrum der Silber- und Kupfergewinnung und stand in engsten Handelsbeziehungen mit der metallverarbeitenden Stadt Nürnberg.

Ein weiteres Werk, ebenfalls von Caspar Rosenthaler in Auftrag gegeben, ist eine Übersetzung von Bonaventuras ‚Legenda maior sancti Francisci', die von Hieronymus Höltzel 1512 in Nürnberg mit 55 Holzschnitten von Wolf Traut gedruckt wurde. Rosenthaler pflegte enge Verbindungen zu den Schwazer Franziskanern, deren 1507 erfolgte Klostergründung er als Stifter aktiv unterstützte und in deren Kirche er 1542 bestattet wurde. Zwar ist nirgends in der Legende von einem *Parfuesser* als Übersetzer die Rede, doch dürfte auch hier Agricola als Verfasser in Frage kommen. Jedenfalls wird das Werk von einem observanten Bruder übersetzt worden sein. In einer Einleitung verweist der Übersetzer auf die Komplexität der Vita und macht *den leser* darauf aufmerksam, dass er zum besseren Verständnis die schwierigeren Teile zwar übersetzt, aber darüber hinaus *vil vndersetz* eingefügt habe, *die man kriechisch parentheses nennt. Vnd werden also ( ) gezeichnet.* Wer *klar verstentnuß* des Textes haben möchte, der solle das, was in Klammern steht, überspringen. *Vnd wenn er die meynung vnd verstentnuß des furderlichen synns hat / darnach lese er es miteinander gantz.* Texte in Klammern kommen indes nur sehr selten vor. Kurt Ruh hält diese Übersetzung der ‚Legenda maior' für die genaueste.

Die Hagiographie franziskanischer Observanten der Provinz Argentina
Wie im Falle der Dominikaner blieben die Verfasser franziskanischer Hagiographie fast alle anonym. Daher lässt sich zumeist nicht klären, ob deren Verfasser Observanten oder Konventualen waren. Dennoch ist zumeist von Observanten auszugehen.

Die restlichen Übersetzungen von Bonaventuras ‚Legenda maior' sind, evtl. abgesehen von Konrad von Bondorf (vgl. S. 385), leider keinem Verfasser zuzuweisen. Die älteste Version ist in einer Handschrift v.J. 1404 aus dem Nürnberger Katharinenkloster überliefert, und zwar zusammen mit einer Legende der Klara von Assisi, die auf der Vita des Thomas von Celano basiert und in weiteren Handschriften mit der Franziskus-Legende enthalten ist. Ansonsten ist eine Bearbeitung der ‚Legenda' in vier Handschriften sowie eine niederdeutsche Übersetzung nur einfach überliefert.

Die ‚Legenda' ist das wirkmächtigste ins Deutsche übersetzte Werk Bonaventuras, was nicht überrascht, da seine theologischen Schriften offenbar für illiterate Rezipientenkreise zu anspruchsvoll waren. Dennoch gab es zahlreiche Übersetzungen von insgesamt 14 weiteren Werken, die allesamt kaum Verbreitung fanden. So sind elf Übersetzungen und zwei Bearbeitungen seines ‚Soliloquium' erhalten, wobei nur eine Übersetzung in sechs, eine in drei und eine weitere in zwei Handschriften erhalten sind; die restlichen sind nur unikal überliefert. Es waren nicht immer Franziskaner, die die Übersetzungsmühen auf sich nahmen. Aus dem 15. Jahrhundert sind der Dominikaner Johannes Kornwachs als Überarbeiter von Bonaventuras Werken (vgl. S. 344) sowie der Kartäuser Ludwig Moser und möglicherweise der Benediktiner Friedrich Kölner als Übersetzer Bonaventuras namentlich bekannt (vgl. Tl. 2 bzw. S. 410). Von wem die restlichen Übersetzungen seiner Werke stammen, ist kaum zu klären, obwohl selbstverständlich durchaus Franziskaner als Verfasser in Frage kommen. Dass Bonaventuras Schriften vielfach in Predigten und Traktaten Eingang fanden, ist bereits mehrfach erwähnt worden.

Die umfangreichste Quellenkompilation zum Leben von Franziskus und seiner Gefährten ist das vor allem in der Saxonia stark verbreitete lateinische ‚Franziskusbuch *Fac secundum exemplar*' aus dem 14. Jahrhundert, das in verschiedenen Varianten überliefert ist. Der Kompilator, ein aus der Saxonia stammender anonymer Franziskaner, hatte mit dem Kompilat bereits beim Studium in Avignon begonnen. Er fügte aus zahlreichen Schriften – etwa dem ‚Speculum perfectionis' und den ‚Actus beati Francisci et sociorum eius', einem Text über die ersten zwölf Gefährten des Franziskus – ein geschlossenes Werk zusammen. Es sollte aber laut Prolog nicht nur ein Werk über Personen und Geschehnisse in der Frühzeit des Ordens sein, sondern dazu dienen, vor allem Novizen die exemplarische Lebensweise eines Ordensmitglieds vor Augen zu führen. In der Saxonia wurde das Werk offenbar nie übersetzt. Allerdings kam es gegen Ende des 15. Jahrhunderts zu einer bairischen Übersetzung des Kompilats, die wahrscheinlich von observanten Franziskanern angefertigt wurde. Überliefert ist sie in einer Handschrift aus dem Münchner Pütrich-Regelhaus der observanten Terziarinnen.

Eine Übersetzung einer ähnlichen Sammlung lateinischer Texte, die „nicht zum ‚Fac secundum exemplar'-Typus" (K. Ruh) gehört, ist in einer Prager Handschrift aus dem von Nürnberger Klarissen reformierten Kloster Eger überliefert, deren Entstehung aufgrund der Schriftsprache auch in Nürnberg zu lokalisieren ist. In beiden Handschriften sind ebenfalls Übersetzungen von Bruder Leos Vita des Aegidius von Assisi überliefert; Leo und Aegidius gehörten zu den ersten Gefährten von Franziskus. Die Dicta des Aegidius sind in der Münchener Handschrift mitübersetzt. Eine bisher noch nicht näher untersuchte mittelfränkische Version der Dicta I-IX ist in Berlin, mgo 1391, überliefert.

Neben den Legenden von Franziskus gab es mehrere von Legendarfassungen unabhängige Übersetzungen der Vita Klaras von Assisi. Am häufigsten überliefert war das in der 2. Hälfte des 14. Jahrhunderts entstandene ‚St. Klara Buch' (vgl. S. 365), mit einem Verbreitungsschwerpunkt in der Reichsstadt, wo es höchstwahrscheinlich für die dortigen Klarissen verfasst wurde. Wie das ‚Franziskusbuch' gelangte das Werk durch Nürnberger Schwestern auch nach Böhmen zu den Klarissen in Eger.

Die oben erwähnte zweite Übersetzung der Klara-Vita des Thomas de Celano wurde um 1400, wie das ‚St. Klara Buch', wahrscheinlich ebenfalls in Nürnberg abgefasst und dann im ganzen süddeutschen Raum verbreitet. Allerdings hält der Übersetzer irrtümlich Bonaventura für den Verfasser der ‚Vita'.

Eine dritte Übersetzung von Celanos Werk ist wohl im Elsass entstanden und nur unikal in dem illustrierten Karlsruher cod. Thennenbach 4 aus dem Straßburger Klarissenkloster überliefert. Auch hier ist es eingebunden in eine Art Klara-Buch mit vier Briefen Klaras an Agnes von Böhmen, Klaras letztem Segen, einer Klara-Predigt, zehn Klara-Sequenzen, -Antiphonen und -Hymnen, Gebeten und zwei Wundern, die von dem Franziskaner Jörg Ringli zunächst auf Grundlage lateinischer Texte „gepredigt" und dann in die Volkssprache übersetzt wurden. Eine kürzere Klara-Vita findet sich in Handschriften aus Straßburg und dem Raum Köln (*Do die welt veraltet waz* …).

In der Straßburger Handschrift (Berlin, mgq 189) ist eine Vita von Klaras jüngerer Schwester, Agnes von Assisi, enthalten. Dort findet sich auch eine zweite, recht freie Legende von Agnes von Böhmen aus der zweiten Hälfte des 15. Jahrhunderts, die in vier Handschriften überliefert ist und wahrscheinlich von einem Franziskaner stammt.

Der St. Galler Cod. 589 überliefert eine Sammlung von Texten über franziskanische Heilige aus dem Terziarinnenkloster St. Lienhart in St. Gallen, dem einzigen observanten franziskanischen Drittordenskonvent in der Bodenseekustodie. Enthalten sind ein ausführlicher ‚Klaratraktat *Der herr aller ding hat sie lip gehabt*' sowie Viten von Bernhardin von Siena, Rosa von Viterbo, Eleazar von Sabran, Ivo Helóry, Ludwig von Toulouse und Pantaleon. Sämtliche Texte der Handschrift sind im 15. Jahrhundert im südalemannischen Raum entstanden, aber nur der Klaratraktat und die Ludwig-Vita sind in weiteren Handschriften überliefert. Der Klaratraktat nennt sich zwar *sermo* und *bredig*, ist aber vom Umfang her auch als Lesepredigt kaum vorstellbar. Er reflektiert das Leben Klaras vor allem auf der Grundlage der Celano-Vita und der Kanonisationsbulle. Klara sei die besonders Geliebte des Herrn gewesen, was in sechs *zaichen* demonstriert wird; zudem habe sie als Lehrerin der göttlichen Zucht hervorgeragt, wie auch in ihrer vollkommenen Nachfolge Christi, in dessen Tugenden, Werken und Leiden sie vorbildlich gewesen sei. Abgesehen vom frühchristlichen Pantaleon sind alle aufgenommenen Heiligen entweder Ordensmitglieder oder standen den Franziskanern sehr nahe: Rosa von Viterbo, die 1457 kanonisiert wurde, war Terziarin; Eleazar war Terziar und Ivo wird in der Handschrift als Mitglied des Dritten Ordens bezeichnet, was historisch allerdings nicht zutrifft. Die Zusammenstellung der Legenden ist also gezielt auf das Terziarinnenkloster hin gestaltet.

Die Viten von Rosa, Eleazar und Ivo sind die einzigen Legenden dieser Heiligen im deutschen Sprachbereich überhaupt; ihre Kulte waren nördlich der Alpen ohnehin so gut wie unbekannt. Vom 1317 kanonisierten Ludwig von Toulouse gibt es indes insgesamt sieben weitere deutsche Legenden, wobei vier auf die ‚Legenda maior' des Johannes de Orta zurückgehen. Von dem 1450 kanonisierten Bernhardin, dem berühmten Prediger und bedeutenden Verfechter der Observanz, ist eine umfangreiche bairische Vita aus dem observanten Münchener Angerkloster überliefert, bei der von einem observanten Franziskaner als Verfasser auszugehen ist. Auch in den niederdeutschen Drucken von ‚Der Heiligen Leben' wird in den Ausgaben ab 1492 stets eine Kurzvita des Heiligen integriert.

Ebenfalls in Handschriften aus observanten Konventen ist der im späten 15. Jahrhundert entstandenen Traktat ‚Die Knoten der Klara von Assisi' überliefert, der von der Celano-Vita ausgeht und darstellt, dass Klara einen Strick mit 13 Knoten als Erinnerungszeichen der Wunden Christi getragen habe. Die Knoten deutet der Verfasser allegorisch, indem er die Knoten der Stationen von Christi Leiden mit den Stufen der klösterlichen Hierarchie verknüpft. In der Einführung soll den Adressatinnen gezeigt werden, wie sie mit Christus *vermahelt* werden könnten: Die Braut müsse *in ploser armuot ganz ledig von allen creaturen* [sein], *allso das sy nichcz hat noch haben wyl, ja auch das sy got nit haben will.* Es handelt sich dabei um eine Anspielung auf Meister Eckharts Predigt über die Armut des Geistes. Es folgen dann die Deutungen der Leiden mit einer klösterlichen Personengruppe, beginnend mit Christus während der Schwangerschaft, die mit der Stufe der Novizinnen identifiziert sind. Sie werden mit der Menschwerdung Christi – *der neun monat gefangen in dem engen finstern karchern sas* – in Beziehung gesetzt. Die Äbtissin solle *mit dem herrn an dem creucz verharen, pis an das endt mit im sterben.* Anschließend verläuft die Reihe in umgekehrter Abfolge von der Äbtissin (Ölberg) bis hin zu den Professschwestern (Christi Tod), ohne dass sich eine genauere Entsprechung zu der ersten Reihe ergibt. Kurt Ruh spricht hinsichtlich Gestaltung des Ganzen von einem „gekünstelten und nicht zu Ende gedachten Schema".

Die Ordensprovinz Colonia

Die Kölnische Ordensprovinz Colonia erstreckte sich von der Mosel über Westfalen bis ins heutige Belgien und in die Niederlande. Auch hier entwickelte die Observanzbewegung eine starke Dynamik, die bedeutende Prediger und Verfasser volkssprachlicher Literatur hervorbrachte. Zu den bedeutendsten Franziskanern des niederdeutschen/niederländischen Bereichs gehört Dietrich Kolde (auch Coelde), der 1435 in Münster geboren wurde. Er trat zunächst in Osnabrück in den Augustinereremitenorden ein und studierte mehrere Jahre in Köln. Mit etwa 20 Jaren wechselte er zu den Franziskanern. Er erwarb sich einen bedeutenden Ruf als Prediger im Rheinland und in den Niederlanden und war zudem schriftstellerisch tätig. Berühmt wurde er auch aufgrund seines bemerkenswerten Einsatzes während der schweren Pestepidemie in Brüssel von 1489–1491. Er war Guardian in den observanten Konventen in Brüssel (circa 1495), Boetendaal (1502), Antwerpen (1508) und Leuven (1510), wo er 1515 starb. 1502 ist er als Definitor bezeugt. Geschätzt wurde er von Trithemius und Erasmus, etwa ein Jahrhundert nach seinem Tod wollte man ihm sogar Wunder und Prophezeiungen zuschreiben. In moderner Zeit bemühte man sich um eine Seligsprechung, die aber nicht zustande kam.

Kolde hinterließ ein beachtliches Œuvre. Sein wichtigstes Werk ist ‚Der Kerstenen Spiegel', der bedeutendste und verbreitetste niederdeutsche Katechismus der frühen Neuzeit. Handschriftlich ist es nur unvollständig in zwei westfälischen Codices überliefert, aber gedruckt wurde es von 1480 bis um 1564 mindestens 45mal – zuerst in Leuven –, davon 17mal im deutschsprachigen Raum (vor allem in Köln), allerdings inhaltlich teilweise mit erheblichen Unterschieden. Die Erstausgabe bietet eine Vorläuferredaktion mit 24 Kapiteln, die dann in späteren Redaktionen zu 46 bis 52 Kapiteln ausgebaut wurde. Adressaten des Werks sind Laien, für die Kolde eine Art ‚Handbüchlein' verfasste, das dem Rezipienten eine umfassende Einweisung in den christlichen Glauben bieten will, die er *vsz vil heilger schrifft der lerer* kompiliert habe. Geboten wird eine in klarer Prosa formulierte praktische Einweisung, wie sich gläubige Menschen, d.h. speziell die nun lesefähigen, im Leben zu verhalten haben; sie sollten *alle dat noet ist te weten totter zielen salicheit* enthalten. Das Werk ist ein umfänglicher Katechismus, in dem die Gebote, die Sünden, die Sakramente, das Beten – mit zahlreichen Gebetstexten – u.a.m. erläutert werden. Hinzu kommen u.a. eine Brevier-Fassung des apostolischen Glaubensbekenntnisses sowie eine ausführliche Gottes-, Christus und Ewig-Leben-Lehre; dazu kommen Anleitungen zum Gebet und zur Meditation für gewisse Teile des Tagesablaufs sowie eine eingehende Lehre zur sinnvollen christlichen Kindererziehung. Die Kapitel 41 bis 46 bieten außerdem noch Diverses, so etwa zu Marias Mantel, der uns beim Sterben bedecken soll, und zur Salvator- und Rosenkranzbruderschaft. Zum großen Erfolg des ‚Spiegels' trug auch die in den Delfter Druck von 1495 inserierte Empfehlung des Utrechter Bischofs bei, dass das Werk von Kölner und Leuvener Doktoren geprüft worden sei und deswegen bedenkenlos *met groeter reuerencijen ende eren end in eerweerdicheyt* gehalten werden könne.

Nur drei von Koldes Predigten – zwei niederländische und eine niederdeutsche – sind erhalten, jeweils nur einfach überliefert. Die beiden niederländischen Ansprachen handeln von der vollkommenen Liebe zu Gott und von Mariä Himmelfahrt. In dem an Klarissen gerichteten niederdeutschen Sermo beklagt Kolde im Anschluss an Apc 3,15f. die Lauheit der Menschen und bietet Anweisungen, wie man Gottes Gnade erlangen kann. Im Schlussteil greift Kolde in 14 Punkten die Lauheit auf und orientiert sich in lockerer Weise an Bonaventuras ‚Sermo de modo vivendi'. Auch warnt er die Schwestern vor supranaturalen Erfahrungen, die durch übertriebenes Fasten entstehen könnten, hinter denen aber, wie bei Klara geschehen, der Teufel stecken könne. Kolde illustriert seine Lehre u.a. mit Erzählungen über eigene Erfahrungen.

Die restliche Überlieferung von Koldes Werken bleibt im Wesentlichen auf den niederländischen Raum begrenzt, was für einen weiteren observanten Franziskaner-Prediger, den mit höchstem Einsatz für die Durchsetzung der Reform kämpfenden Johannes Brugman (circa 1400–1473), ebenfalls zutrifft. Für Kurt Ruh ist er „der interessanteste, vielseitigste und begabteste unter den niederländischen Franziskanern der Spätzeit". Er wurde nicht, wie früher behauptet, in Kempen geboren. Er predigte auch in mindestens zwölf Städten in Rheinland-Westfalen; von 1462 bis 1463 war er Provinzialvikar der Kölner Observantenprovinz. Zwar gelang es ihm nicht, konventuale Klöster zum friedlichen Übergang zur Observanz zu bewegen, dennoch konnte er mit extrem hartem Einsatz die Gründung eines observanten Klosters in Amsterdam sogar gegen den Willen des städtischen Rats durchsetzen. Von seinen offenbar glänzend vorgetragenen Predigten ist fast nichts erhalten; sie beeindruckten offensichtlich so sehr, dass sich die Redensart *praten als Brugman* (überzeugend reden wie Brugman) in den Niederlanden bis heute gehalten hat. Er war jedenfalls der renommierteste niederländische Prediger des Mittelalters. Die Predigten, die ihm in der Forschung zugewiesen werden, sind allerdings fast alle an Klosterschwestern gerichtet, die sie ohne anschließende Durchsicht vonseiten Brugmans mitschrieben; von seinen berühmten Ansprachen in den Städten ist nichts erhalten geblieben. Einige wenige seiner Schriften wurden ins Niederdeutsche und Ripuarische übersetzt, so etwa die für *illiterati* verfassten ‚Ontboezemingen over het H. Lijden', wo in 40 (oder 44) Meditationen Jesu Schicksal vom Palmsonntag bis Ostern (bzw. Pfingsten) erläutert wird. Auch seine ‚Devote Oefeninge' ist in zwei niederländischen Handschriften aus dem Schwesternhaus Geldern erhalten. Das umfangreiche

Werk, das vor allem auf dem ‚Arbor vitae crucifixae Jesu' des Hubertinus de Casale basiert, beschreibt das Leben Jesu in vier Teilen – Kindheit, öffentliches Leben, Auferstehung und Himmelfahrt –, und will damit weniger gebildete Rezipientenkreise ansprechen. Brugman verfasste mystische Traktate und Briefe sowie eine lateinische Vita der Lidwina von Schiedam (vgl. S. 474). Diese Lidwina-Vita blieb unübersetzt; gleich viermal übertragen wurde hingegen die ältere ‚Vita prior' des Hugo von Rugge, die irrtümlicherweise Brugman zugeschrieben wurde (vgl. S. 475). Zweifellos wurde Brugman auch von der Devotio moderna beeinflusst. Zwei Lieder sollen von ihm stammen, die dann ins Deutsche übersetzt wurden und ins ‚Werdener Liederbuch' sowie ins ‚Liederbuch der Anna von Köln' übernommen wurden.

Ein weiterer observanter Franziskaner, dessen dreimal gedruckte niederländische Predigten (*Collacien*) zusätzlich in einer einzigen, erst in den letzten Jahren wieder aufgefundenen Handschrift vom Niederrhein (Berlin, mgo 1391) überliefert werden, ist der aus dem niederrheinischen Xanten stammende Hendrik van Santen († 1493). Er ist 1487 und 1493 als Guardian in dem von Brugman 1447 zur Observanz gezwungenen Kloster im brabantischen Mechelen bezeugt, dort, wo Hendrik Herp kurz vor ihm das gleiche Amt innehatte. Kurzfristig war Hendrik van Santen auch kommissarischer Provinzial gewesen. Der bisher noch nicht genauer untersuchte Berliner Codex ist laut Renate Schipke „die einzige bisher bekannte Handschrift mit vollständigem Text, der allerdings von der Druckausgabe (10 Predigten mit Schlussgebet) im Inhalt" abweiche. In den Drucken handeln die ‚Collacien' von einem beschauenden Leben, „fortschreitend in neun Predigten, rekapitulierend in der zehnten. Ein Gebet an die Gottesmutter beschließt sie" (K. Ruh). Die wichtigste Quelle ist Jean Gersons ‚De monte contemplationis', die lateinische Übersetzung von ‚La montaigne de contemplation', eines Textes, den Gerson ursprünglich auf Französisch für seine in einer Glaubensgemeinschaft lebenden Schwestern verfasste. Die Berliner Handschrift dürfte aus einem Franziskanerkloster stammen, denn an zwei Stellen findet sich die Anrede *Broeder(s)*. Auch franziskanische Autoritäten wie Aegidius von Assisi und Bonaventura werden zitiert. Von Hendriks Schriften gibt es bislang keine weiteren volkssprachlichen Fassungen.

Die Provinz Saxonia

Nach dem großen Auftritt des Johannes von Capestrano 1452 in Leipzig (vgl. S. 360), der zu einer Eintrittswelle im Leipziger Franziskanerkloster führte, nahmen die Brüder 1464 die milderen Martinianischen Konstitutionen an. Nur sieben der rund 80 Klöster der Provinz hatten sich bis 1461 den Observanten angeschlossen. In Leipzig kam es erst 1498 zu einer entschiedenen Einführung der Observanz, die Herzog Albrecht der Beherzte gegen starken Widerstand durchsetzte. Vom Wirken seiner frommen Frau Sidonia bei der Entstehung und Verbreitung von geistlicher Literatur war bereits im Zusammenhang mit dem Œuvre des Marcus von Weida die Rede (vgl. S. 361). Dass sie sich auch wahrscheinlich an die observanten Franziskaner wandte, zeigt sich in einer kürzenden Übersetzung des ‚Liber specialis gratiae' Mechthilds von Hackeborn, die 1505 in einem Leipziger Druck erschien (vgl. S. 362). Denn im Jahre 1509 entstand eine weitere Schrift *uff anregungen und koste* der *furstin und frawen Zdene*. Dort richtet der Verfasser eine Bitte an *die patron vnsers heiligen ordens sandt Franciscum und sant Clara*, was möglicherweise auf ein weiteres Werk des ‚Liber'-Übersetzers schließen lässt. Es handelt sich bei dem Traktat um eine Auslegung der Messe am zweiten Fastensonntag (Reminiscere), wobei der Leser das Ganze in Form einer *betrachtung* vor allem in Hinblick auf den eigenen Tod reflektieren sollte. Viele Heilige werden zur Unterstützung herbeigerufen. Auch die Abfassung des Testaments wird behandelt. Der Text erschien nur wenige Monate vor Sidonias Tod. Es könnte sein, dass die bereits erkrankte, dem Tode nahe Sidonia die Entstehung des Werkes anregte. Ob es sich um eine Übersetzung handelt, ist noch nicht geklärt. Der Traktat wurde 1521 in München erneut gedruckt.

Das Schrifttum der konventualen Franziskaner

Die Ordensprovinz Argentina

Auch bei den Franziskanern, die nicht zur Observanz übergingen, entstanden etliche volkssprachliche Schriften. Der literarisch erfolgreichste Konventuale – wenn auch der große Erfolg erst im nachreformatorischen 16. Jahrhundert einsetzte – war der aus dem Elsass oder rechtsrheinischem Gebiet stammende Franziskaner J o h a n n e s P a u l i (zwischen 1450 und 1454-nach 1519), der früher irrtümlich für einen jüdischen Konvertiten gehalten wurde. Er wirkte ab 1479 in verschiedenen Orten und in mehreren Funktionen innerhalb des konventualen Klosternetzwerks. Erst 1490–1494 ist er in Villingen bezeugt, wo er als Prediger und Beichtvater die Nonnen des sog. Bickenklosters betreute. Der Konvent war 1479/80 auf Wunsch des Rats der Stadt durch Ursula Haider (vgl. S. 401) und sieben Mitschwestern aus Valduna/Vorarlberg von einer relativ lockeren Terziarinnengemeinschaft zu einem Klarissenkloster umgestaltet und im Sinne der Konventualen reformiert worden. Hier hat eine Nonne 1493/94 28 Predigten Paulis mitgeschrieben und ihn als *wirdig lesmaister* und *únser trúwer bihtvatter* bezeichnet. Sie bekennt, dass wenn *die nachgeschribnen predginen nit alle lieplich vfgeleit, maisterlich probiert und ordelich gezögt sint, ist die Schuld nit des wirdigen lesmaisters, sunder der armen schriberinen, die flisklich begert, irs wellint verzichten vnd gott für sy bitten.* Die didaktisch sehr geschickt strukturierten Predigten zeigen Pauli als theologisch gelehrt; er zitiert eine Vielzahl von Autoritäten, deren anspruchsvolle Aussagen er häufig zunächst auf Latein bietet. Er kritisiert scharf menschliche Schwächen und Verfehlungen sowie kirchliche Missstände. Allerdings zeigt Pauli in den Ansprachen wie auch später in seiner höchst erfolgreichen Exempelsammlung ‚Schimpf und Ernst' einen entspannten Sinn für Humor, mit dem er seine Lehren auflockert. Er verwendete auch gerne Exempel in seinen Predigten.

Von den 28 Predigten ist der Großteil in zwei Zyklen organisiert, die restlichen neun stehen für sich alleine. Die Zyklen gestaltet Pauli als Streitgespräche, wobei der erste, sechs Predigten umfassende Zyklus als juristischer Prozess zwischen Leib und Seele angelegt ist, in dem Abraham als Fürsprecher des Leibs die Seele anklagt, sie wolle über ihn herrschen, obwohl eigentlich er der Dominante sein müsste. Henoch vertritt die Seele. Gott benennt David als Richter, der der Seele schließlich Recht gibt, dass der Mensch ihr zu folgen habe. Zudem geht Pauli auf die Kardinaltugend Gerechtigkeit ein und beschreibt am Ende jeder Predigt mit knappen Sätzen jeweils fünf Heuchlertypen (*glichsner*), die als Ketzer galten, und benennt sie, *wie sú denn in weltschen landen genempt werden.* Paulis Leitbild für diese Auflistung ist die Predigt ‚De penitencia et hypocrisi' des italienischen Dominikaners Thomasinus de Ferrara. Dabei greift Pauli diverse Gruppierungen heftig an, speziell auch solche, die im deutschen Raum aktiv waren, wie die Begarden und Beginen, *die mit ir ler vil kätzry und falscher artickel insäyint in den aker der cristelichen kylchen.* Am schärfsten greift Pauli die observanten Ordensbrüder und -schwestern an: Die *aller bösten* der *geschlecht der glichsner* seien aber die *observancii ..., die wellint die reformierten und observantzer genempt werden. Diese tragent gaischlichen schin vor den menschen, und ist nútz darhinder ... Sú sint zornig und grimm als die hund, listig als die fúchs, hoffertig als die löwen. Won der löw will ain herr sin aller andren tyeren, also wellint diese gaischlicher und besser geschetzt sin denn alle andren menschen.*

Hier zeigt sich deutlich, wie der unerbittliche Konflikt zwischen den beiden Ordenszweigen mittlerweile eskaliert war. Es ist die Diskrepanz zwischen Schein und Sein, die Pauli allen Reformern vorwirft, was wiederum die gemäßigten Rechtgläubigen und Rechtlebenden als die wahrhaft idealen Menschen erscheinen lässt.

Im zweiten Zyklus von 13 Predigten geht es primär um den zwischen Dominikanern und Franziskanern ausgetragenen Gelehrtenstreit über die Frage, ob das höchste Gut und die Seligkeit der Menschen eher in der Schau Gottes oder in der Liebe zu Gott liege. Die Dominikaner, im Disput vertreten durch Thomas von Aquin, plädieren für den Intellekt, während die durch Duns Scotus vertretenen Franziskaner dem Willen oder der Liebe den Vorrang geben. Auch hier fällt König David das Urteil: Der Wille *soll herr und maister sin und als ain kúng im rich der sel.*

Diese Debatte, ganz dem spätscholastischen Scotismus verpflichtet, bleibt recht trocken, jedoch geht Pauli in der 16. Predigt zu einem anderen Thema über, und zwar, ob es besser sei, göttlich inspirierte Visionen zu haben oder Gott mit einfachem Herzen zu lieben. Wie bei den Dominikanern wird hier die Gefahr von supranaturalen Erlebnissen, Visionen und Offenbarungen für das spirituelle Leben der Schwestern deutlich angesprochen. Dabei handelt es sich bei Paulis Ausführungen lediglich um eine recht gelungene Übersetzung von ‚De quattuor instictibus' Heinrichs von Friemar (vgl. S. 274). Ergänzend knüpft er an Schriften Gersons und Bonaventuras an, den er des Öfteren *min truts Bönli* nennt.

Während der Pestwelle des Jahres 1493 waren fast alle Brüder des Villinger Minoritenklosters gestorben. Paulis Predigten von 1494 sind der letzte Beleg für seinen dortigen Aufenthalt. 1498 war er Vorsteher der Basler Kustodie, zwischen 1503–04 ist er im Berner Kloster bezeugt. Danach wechselte er nach Straßburg, wo er in engem Kontakt zu Johannes Geiler stand, den er sehr verehrte. Er wird wohl zumindest bis zu Geilers Tod 1510 in Straßburg geblieben sein, 1515 ist Pauli dann als Lesemeister in Schlettstadt und 1519 in Thann bezeugt.

Geiler kümmerte sich nur wenig um die Veröffentlichung seiner lateinischen Predigtentwürfe. Nach seinem Tod machten sich u.a. Pauli, Geilers *familiarius* Jakob Otther und der Arzt Johannes Adelphus Muling auf der Grundlage von Geilers Predigtkonzepten an die Herausgabe von dessen Predigtwerk. Zwischen 1515 und 1520 erschienen in der Straßburger Offizin des Johann Grüninger mehrere von Pauli in die Volkssprache übertragene Predigtzyklen Geilers; eine Übersetzung von Geilers Predigten über Sebastian Brants ‚Narrenschiff', die bereits 1511 von Otther auf Latein veröffentlich worden waren, schloss Pauli 1520 ab. Es ging ihm in seinen Ausgaben darum, nicht nur die grundsätzlichen Lehren Geilers wiederzugeben, sondern auch die *kurtzweilige[n] ding, die der doctor* (Geiler) *gesa*gt hatte. Es war gerade das Humorvolle, das Pauli in Geilers Ansprachen erfasst hatte und schätzte. Für ihn gehörten diese reizvollen Elemente unbedingt in seine Predigtausgaben, was ihm Geilers Neffe Peter Wickram sehr übel nahm. Der Minorit habe Geilers Predigten mit eigenen Zutaten und Possen ergänzt, behauptete Wickram, der das Vermächtnis seines Onkels nicht von Pauli beschmutzt sehen wollte. Betrachtet man allerdings die zu Geilers Lebzeiten veröffentlichten Predigten, so entspricht Paulis Vorgehen eher dem tatsächlichen Predigtstil Geilers.

Paulis größter Erfolg war die voluminöse Exempelsammlung ‚S c h i m p f u n d E r n s t ', die er in seiner Thanner Zeit zusammenstellte und 1519 abschloss. In ihr sind 693 *exempeln, parabolen vnd hystorien* enthalten. Die Sammlung, die er als Hilfsmittel für Prediger begonnen hatte, gestaltete

Pauli dann zu einem multifunktionalen Werk für religiose und laikale Rezipientenkreise aus. Erst 1522 wurde das Prosawerk gedruckt und erfuhr dann bis 1699 – z.T. in erweiterter Form – mindestens 60 Neuausgaben. Es erschien auch in vier niederländischen Drucken (1550 bis 1576) und wurde teilweise ins Lateinische übersetzt.

Pauli denkt beim Wort *Schimpf* (Spaß) zunächst an die Schwestern in reformierten Konventen: *die geistlichen kinder in den beschloßnen klöstern* sollen *etwas zů lesen haben, darin sie zů zeiten iren geist mögen erlůstigen vnd růwen, wan man nit alwegen in einer strenckeit bleiben mag*. Zudem sollten weltliche Rezipientenkreise von der Lektüre profitieren, so dass auch die, *die vff den schlössern vnd bergen wonen vnd geil* (übermütig, liederlich) *sein, erschrockenliche vnd ernstliche ding finden, davon sie gebessert werden*. Pauli denkt auch an die Geistlichen: *Auch das die predicanten exempel haben, die schlefferlichen menschen zů erwecken vnd lůstig zů hören machen, auch das sie osterspil haben zů ostern; vnd ist nichtz hergesetzt, das dan mit eren wol mag gepredigt werden*.

Im Schnitt umfassen die knapp gehaltenen Exempel 200–250 Wörter, die er in Abschnitte über Tugenden, Laster, Stände u.a. gliedert (etwa: *Von Almůsengeben, Von der Hoffart, Von vngelerten Lůten*). ‚Schimpf und Ernst' ist aber nicht durchgängig klar gegliedert oder geordnet, das Ganze ist ein disparates Sammelsurium, was offenbar Absicht ist. Es handelt sich schlichtweg um *allerley matery*. Als einziges durchgängiges Gliederungsprinzip ist eine Klassifizierung der Exempel in *Schimpf* oder *Ernst*, und zwar in einem Verhältnis von etwa zwei zu eins (462 scherzhafte zu 231 ernsten Erzählungen), nur in wenigen Fällen geht es sowohl um *Schimpf* als auch um *Ernst*. Fast alle der durchnummerierten Texte schließen mit einer witzigen Pointe ab, eben, weil *man nit alwegen in einer strenckeit bleiben* kann, wobei die Lehre entweder unkommentiert aus dem Erzählten erschlossen werden kann oder doch mit einer *moralisatio* von ein oder zwei Sätzen abgeschlossen wird. Pauli greift auf eine Vielzahl von Quellen zurück, fügt aber darüber hinaus eigene sowie ihm berichtete Erlebnisse bei. So entnimmt er der ‚Summa praedicantium' des englischen Dominikaners John Bromyard weit über hundert Exempla. Unter seinen vielen anderen Quellen finden sich Werke wie die ‚Gesta Romanorum', die ‚Legenda aurea' des Jacobus de Voragine, der ‚Dialogus miraculorum' des Caesarius von Heisterbach und der ‚Dil Ulenspiegel'. Entscheidend wurde Pauli aber von Geiler inspiriert, ein Siebtel der Exempel findet sich auch in dessen Predigten wieder. Zu den Facetien der Humanisten gibt es allerdings keinen Bezug.

Anders als seine Straßburger Mitbrüder Thomas Murner (vgl. S. 618) und Geiler, die die kirchlichen Zustände teilweise rigoros kritisierten, versucht Pauli hier einen Mittelweg: Kritik an kirchlichen Missständen wird durch Kommentare und Erzählungen ausgeglichen, in denen dogmatisch korrekte Positionen vertreten werden. Er will nicht den Lauf der Welt negativ beurteilen und Stimmungen aufheizen, sondern eher seine entspannte Sicht zur Lage der Kirche zur Geltung bringen. In seinem Vorwort deutet er zwar auf die Probleme der Zeit hin, ist sich aber sicher, dass Gott die Welt wiedererwecken werde. Zwar hatte es vor Pauli mehrere Exempelsammlungen gegeben, aber die seine setzte neue Maßstäbe. ‚Schimpf und Ernst' sollte bald zur Inspiration für eine Reihe von Schwanksammlungen dienen, die ab der Mitte des 16. Jahrhunderts entstanden und auf Paulis Werk zurückgriffen (Jörg Wickram u.a.). Zudem sollte die Sammlung im Laufe der Jahre auch ein protestantisches Publikum gewinnen, wie das z.B. eine Frankfurter Ausgabe von 1536 bezeugt. Dort finden sich Streichungen und Zusätze sowie ein Dank an Martin Luther.

Das von Pauli betreute Villinger Bickenkloster ist auch aufgrund der vermuteten ‚mystischen' Begnadung von Ursula Haider (1413–1498) bekannt. Die Einordnung Ursulas als ‚Mystikerin' beruht auf Material, das die Villinger Priorin und Äbtissin Juliana Ernestin 1637/38 für ihre ‚Chronik des Bickenklosters' zusammentrug. Juliana bezog ihr Wissen aus mündlichen Quellen sowie im Wesentlichen aus sieben alten Büchern des Konvents, teilweise von Ursulas Hand, von denen keines erhalten ist. Siegfried Ringler konnte nachweisen, dass Juliana nicht wusste, dass es sich bei dem, was Ursula in einem *uralten büechlin* aufgeschrieben hatte, großteils um Auszüge aus Traktaten handelt, die etwa aus dem ‚Großen Tauler' und anderen Werken mit Lehrtraktaten übernommen sind. Ursula hatte bewusst über ihre persönliche Frömmigkeit geschwiegen, was gut ins Bild einer Reformerin passt, die sich für ein intaktes gemeinschaftliches Zusammenleben im Kloster einsetzte. Jedenfalls ist kein ihr zuzuweisendes ‚mystisches' Schrifttum erhalten.

In die ‚Chronik' sind jedoch diverse eindeutig von Ursula verfasste Texte integriert: ein Schreiben an Papst Innozenz VIII. mit einer Bitte um Verleihung der Ablässe für die heiligen Stätten Roms und Jerusalems, die sie symbolisch in ihrem Kloster hatte nachbauen lassen, dazu zwei Neujahrsansprachen, in denen sie einen ‚Geistlichen Tempel' als Bild des gemarterten Körpers Christi allegorisch deutet, ebenso wie ‚Drei geistliche Zellen', die auf dem Ölberg, Kalvarienberg und Berg Tabor errichtet sind, schließlich ein kurzer Brief mit der Lehre eines richtigen geistlichen Lebenswandels. In Ursulas Schriften steht die Nachfolge Christi – besonders in seinem Leiden – im Mittelpunkt. Die Menschen sollten ihren Eigenwillen ganz in den Willen Gottes setzen, nur so werde eine Vereinigung mit Gott möglich. Zwar erhält sie, wenn sie mit einer wichtigen spirituellen Frage beschäftigt ist, Antworten von einer zumeist göttlichen Stimme, aber von Visionen hält sie wenig. Wesentlich sind ihr die Erkenntnisse, die Gott ihr gibt. Für die Wiedergabe solcher Erkenntnisse greift sie zumeist zu Allegorien. Ursula waren mehrere Schriften der großen Mystagogen des 14. Jahrhunderts bekannt, vor allem Seuses – sie war eine große Verehrerin der ‚Ewigen Weisheit' –, und eindeutig von diesen inspiriert. Einige Schriften aus Ursulas Büchlein übernahm Juliana nicht, weil sie ihr *zue hoch* gewesen seien. Jedenfalls sollten in Julianas ‚Chronik' Ursulas göttliche Gnadenerweise dazu dienen, das reformerische Jahrhundertwerk und dessen herausragende Persönlichkeit zu erhöhen.

Möglicherweise von Ursula stammt auch eine vorwiegend versifizierte Nonnenlehre, ‚*Unser frowen fischli und fögeli*', die zumindest eindeutig im Bickenkloster entstand. Hier stellen sich in der Ich-Form 67 Vögel und Fische den Klosterschwestern vor und vermitteln jeweils kurze allegorisch gestaltete Lehren zu klösterlichen Tugenden, etwa: *Jtem ain amsel ist min nam / willige armůt ist min gesang / du solt jubilieren vnd dich frŏwen des grossen lon / den du in der ewikait wirst hon* ... Mehrere Sprüche sind 27 Villinger Schwestern gewidmet, deren Namen neben oder am Ende des jeweiligen Spruchs stehen, wobei Ursulas Name nicht genannt wird, was wiederum auf ihre Verfasserschaft hindeuten könnte. Nach Kurt Ruh ist das Werk „keine große Poesie, aber auch nicht künstlerisch wertlos ... Die Grenze des Süßen und Kitschigen wird jedenfalls gewahrt". Der einzige Textzeuge stammt aus dem der dominikanischen Observanz verpflichteten St. Galler Katharinenkloster, dessen Priorin Angela Varnbühler (vgl. S. 347) gute persönliche Beziehungen zu Ursula Haider hatte und als Schreiberin der Handschrift zu identifizieren ist. Wahrscheinlich wurde der Text von Villingen nach St. Gallen ausgeliehen und dort abgeschrieben, worauf die Eintragung verweist: *Die erwirdigen andechtigen frouwen von filingen Clarissera habent vns diß fögeli vnd fischli geben*. Dies zeigt erneut, dass Konvente, die sich entschieden zu einem strengen Leben verpflichtet hatten – auch wenn sie verschiedenen Orden angehörten und formal konventual oder observant waren –, durchaus aktiv an einem literarischen Austausch teilnehmen konnten.

Ein ähnlicher Fall dürfte in einer Eucharistiepredigt vorliegen, die ein *wirdig vater Sygmund der barfůss in der pfingstwuchen* im Colmarer Dominikanerinnenkloster Unterlinden gehalten hat (Colmar, cod. 210). Dies ist sogar besonders bemerkenswert, da dieser Vater Siegmund wahrscheinlich ein Colmarer Konventuale war, der bei den observanten Dominikanerinnen der Stadt seine Ansprache hielt, die für so lehrreich erachtet wurde, dass sie von den Nonnen abgeschrieben wurde. Es zeigt sich also, dass auch reformaffine Konventualen durchaus von observanten Zweigen anderer Orden als Seelsorger anerkannt wurden und ihre Schriften in deren Reformnetzwerken Verbreitung fanden. Es handelt sich bei dieser ausführlichen, viergliedrigen Predigt, in der Siegmund die Frauen immer wieder mit *mine liebe kind* anspricht und auf das klösterliche Zusammenleben eingeht, letztlich um eine konventionelle Behandlung des Themas. Als einzige Autorität wird der Dominikaner Thomas von Aquin zitiert. Zum Schluss bietet Siegmund eine Anleitung zur Passionsmeditation, die nach dem Empfang der Eucharistie erfolgen soll.

Um auch Frauen die Benutzung des Breviers zu ermöglichen, wurde es von dem Colmarer Franziskaner Jakob Wyg *aus dem latåinischen breuier ... mit gûter gemåiner deutsch gedeutschet*. Gedruckt wurde das Werk 1518 in Venedig, Auftraggeber war ein kroatischer Adliger, dessen Frau aus Augsburg stammte. Nicht aufgenommen wurden das Marien- und das Totenoffizium. Zu Beginn bietet Wyg u.a. gereimte Monatsregeln, die mit einem Heiligenkalender verbunden sind. Zum Teil greift er auf bereits Übersetztes zurück.

Für eine *frow Elß von Mosack*, vermutlich die Frau eines Goldschmieds in Rappoltsweiler, übersetzte und bearbeitete der Thanner Konventuale Ludwig Schönmerlin erbauliche und katechetische Texte, die als Autograph in München, cgm 4700, enthalten sind. Über Schönmerlin ist nur noch bekannt, dass er 1485 für das Solothurner Kloster, das sich erfolgreich gegen die Einführung der Observanz gewehrt hatte, den zweiten Band des Jahrzeitenbuchs des Klosters auf Deutsch verfasste. Neben einem Kalender und Gebeten bietet die Münchener Handschrift eine Übersetzung einer umfangreichen lateinischen Karfreitagspredigt des italienischen Franziskaners und Bischofs von Lecce, Robertus Caracciolus (1425–1495), wobei Schönmerlin den Text nur leicht kürzt und einige *brösmlin* hinzufügt, so etwa patristische Zitate und Bibelstellen zur *passio*. Zudem arbeitete er das aus dem 14. Jahrhundert stammende ‚Bihtebuoch' (vgl. Bd. III/1) ein, indem er den Text sprachlich leicht modernisierte, durch Zitate ergänzte und die Zusammenstellung der Töchter der Hauptsünden änderte.

Ob Ulrich Horn zu den Observanten oder Konventualen gehörte, ist noch nicht geklärt. Von ihm ist nichts Genaueres bekannt, außer dass er in den 1480er Jahren im Eichstätter Raum aktiv war. Von ihm sind zwei größere Übersetzungen unikal überliefert. Zum einen beendete er 1488 eine Übertragung von ‚De fine religiosae perfectionis' des Johannes von Kastl (vgl. S. 406), die hier wie in der lateinischen Überlieferung – sowie in allen anderen Übersetzungen – Albertus Magnus zugeschrieben wird. Zum anderen übersetzte Horn 1484 eine ‚Betrachtung des Leidens Christi', deren lateinische Quelle unbekannt ist. Da Marquard von Lindau zitiert wird, dürfte es sich bei der Vorlage um ein Werk handeln, das frühestens gegen Ende des 14. Jahrhunderts entstanden ist. Horn begründet seine Übersetzung damit, *das man zu volkumenlicher anhangunge vnd eynigung gottes nicht mag wol anders kumen, denn das man sych vor vbe in der betrachtung des leydens Cristi.*

Der Traktat beginnt mit einer ausführlichen Auslegung des Textworts *Oblatus est* (Is 53,7), wobei es um die außerordentlichen von Christus erlittenen Schmerzen geht. Die Passion wird dann unter drei Leitmotive gestellt: die Ursache des Leidens, die Weise des Vollbringens und der Verdienst, der für die Menschen durch das Leiden bewirkt wurde. Das anspruchsvolle Werk ist mit einer Vielzahl von Autoritätenzitaten durchsetzt, Marquards ‚De reparatione hominis' ist die jüngste verwertete Quelle. Neben dem affektiv-erbaulichen Element kommen die „christologischen Aspekte, zumal die Satisfaktionslehre ... zur ausführlichen Behandlung" (K. Ruh). In einem Exemplar des Leipziger Drucks des ‚Praeceptorium perutile de decalogo' von 1494 aus dem observanten Koblenzer Kloster, das der Bonner Handschrift cod. S 1593 beigebunden wurde, wird per Hand Horn als Verfasser des Textes benannt. Die Zuschreibung bleibt ungeklärt, da sie ansonsten nirgends zu finden ist.

Die Ordensprovinz Colonia

Der Kölner Minoritenkonvent blieb konventual wie nahezu alle konventualen Klöster der Provinz, trotz der ambitionierten Versuche der Observanten, die Brüder umzustimmen. Dieser Zustand führte zu observanten Neugründungen. Ein Beispiel ist das 1491 unter Mitwirkung des Erzbischofs Hermann von Hessen am Erzbischofssitz in Brühl gegründete Kloster. In der Münsteraner Predigthandschrift Ms. N.R. 5000 aus dem Kölner St. Mauritiuskloster (vgl. S. 435) ist eine 1495 gehaltene Predigt des Heinrich Pot († 1497) aus dem Kölner Konvent über die Stärkung des Glaubens enthalten.

Eine Predigt, die ermutigen will, die Fastenzeit zu befürworten, stammt von einem *broder* Reinhard, der zwar als *obseruant* bezeichnet wird, aber nicht in Brühl nachgewiesen werden kann. Hier wird Bonaventura häufig zitiert, fünf breit erzählte Exempel von Klosterbrüdern und -schwestern werden integriert. In vier davon erscheinen Verstorbene und berichten belehrend oder warnend über das persönliche Heilsschicksal.

Auch ein Pastor von Groningen ist mit einer Pfingstpredigt v.J. 1491 in der Handschrift vertreten. Dietrich Schmidtke vermutet, es handele sich um den theologischen Baccalaureus der Kölner Universität, Gottfried von Groningen (*Godefridus de Groningen, pastor ibidem in una ecclesiarum*), der Beichtvater der Kölner Terziarinnen war. In seiner Predigt zum Thema Act 2,4 werden Fragen des Klosterlebens in den Moralisationen behandelt.

Das volkssprachliche Schrifttum der observanten Benediktiner

Die Zustände in den benediktinischen Abteien wurden von Visitatoren zumeist als untragbar geschildert, wofür vor allem das Laster des Privateigentums verantwortlich gemacht wurde, so etwa vom Wiener Theologen und Reformaktivisten Nikolaus von Dinkelsbühl: *Eigenschaft* (Eigenbesitz) *als aus einer giftigen Wurzen vil übels kumt als ungehorsam, widerspannigkeit*

(Aufsässigkeit), *trotzigkeit, eytel glori, frasserei vnd bei dem essen hubschaft* (Übertreibung beim Essen) u.a.m. Es ging also ziemlich weltlich zu in den Abteien, nicht zuletzt, da der Adel seit Jahrhunderten für sich in Anspruch nahm, die nachgeborenen Söhne zur Versorgung bei den Benediktinern unterzubringen. Sogar noch zur Zeit des Konstanzer Konzils war der Klosterbeitritt dem Adel vorbehalten, was sich dann durch die Reformen ändern sollte. Die benediktinische Observanzbewegung begann bereits ab etwa 1380 mit der Reform im oberpfälzischen Kastl, 1418 gefolgt von dem niederösterreichischen Melk, sodann 1446 vom niedersächsischen Bursfelde. Wie in den Bettelorden gab es bei der Einführung einer strengen Ordnung häufig große Widerstände in den Klöstern. Der Ablauf der Reforminitiativen verlief allerdings anders als bei den Mendikanten, denn die sich zu einer strengen Observanz verpflichtenden Abteien strebten lediglich eine enge Zusammenarbeit an. Unionsbestrebungen in den 1470er Jahren unter den drei benediktinischen Reformkreisen scheiterten ebenfalls, obwohl es bereits einen regen Austausch unter den Observanzbewegungen auf dem Basler Konzil gegeben hatte. Nur die Bursfelder Klöster vermochten eine eigene Kongregation zu etablieren und sollten daher zur erfolgreichsten unter den verschiedenen benediktinischen Observanzen werden.

Die Anzahl von Werken deutschsprachiger Literatur, die von observanten Benediktinern verfasst wurden, war deutlich geringer als bei den bisher behandelten beiden Bettelorden. Dies war zweifellos durch die Tatsache bedingt, dass die Anzahl von Frauenklöstern, zumal von observanten Konventen der Benediktinerinnen, nicht annähernd an die der Dominikanerinnen und Klarissen heranreichte. Dennoch wurde von Benediktinern für die Konversen sowie die observanten Nonnen eine beachtliche Anzahl von volkssprachlichen Werken verfasst, die durchaus recht anspruchsvoll sein konnten. In den Bibliotheken der benediktinischen Konvente finden sich vielfach die oben besprochenen Werke aus den Federn von Mitgliedern der observanten Bettelorden, was erneut die enge Verbindung unter observanten Bewegungen verschiedener Orden belegt. Im Süden kam vor allem in der Melker Observanz Literatur von gelehrten Mitgliedern der Wiener Universität und in deren Umkreis hinzu, die in den Bibliotheken fast aller reformierten Ordensniederlassungen des bairisch-österreichischen Raums Aufnahme fand.

Die observanten Benediktiner sollten sich allerdings auch durch andere Regelungen in ihren Klöstern von den Bettelorden unterscheiden. Einige Klöster sahen spezielle Bibliotheken für die nichtlateinkundigen Laienbrüder (Konversen) vor und statteten diese zum Teil mit ähnlichen Schriften aus, wie sie in den Konventen der observanten Bettelordensfrauen vorzufinden waren. Diese neue Ausrichtung auf die Bildung der Konversen, wenn auch nicht in gleicher Weise in allen Observanzen und Klöstern, wurde ebenfalls bei reformierten Augustinerchorherren durchgesetzt (vgl. S. 458). Der Grund dafür war, dass durch die Reformen ein Prozess eingeleitet wurde, die Laienbrüder stärker in das monastische Leben einzugliedern, was auch voraussetzte, dass sie an einer eigenen gemeinsamen Tischlesung teilzunehmen hatten. In den Melker Laienbrüderregeln heißt es z.B.: *All tag des abencz czu der leczen czeyt, dy man vor complet* (Nachtgebet) *list ... da sol in ir ayner, der das chan, etwas lesen zw ir vnderbeysung.* Es ist davon auszugehen, dass lese- und schreibfähige Laienbrüder auch sonst Zugang zu den Beständen der für sie organisierten, vom Armarium – wo die Bücher der Mönche aufbewahrt wurden – getrennten Bibliothek hatten. Überliefert sind jedenfalls mehrere Übersetzungen und Kommentierungen der Benediktinerregel, die selbstverständlich zur zentralen Lektüre für die Konversen und Nonnen gehörten.

Anders als bei der für die Schwestern der Bettelorden verfassten Literatur blieben die Werke der benediktinischen Observanzen im Wesentlichen auf die Kreise der Reformklöster begrenzt, zumal es sich vornehmlich um Texte handelte, die sich gezielt mit dem observanten Klosterleben befassten. Nur selten sind daher Laien als Besitzer von Handschriften aus diesem Bestand bezeugt oder wurden solche Schriften gedruckt.

Literatur im Rahmen der Kastler Reform

Die Kastler Reform als älteste der drei benediktinischen Observanzbewegungen wurde durch Einflüsse aus Böhmen und der Universität Prag ab 1380 sowie später durch Ruprecht III. von der Pfalz, der im Reich von 1400–1410 als römisch-deutscher König regierte, gefördert. Von Kastl aus wurde Reichenbach 1394 reformiert und St. Mang in Füssen i.J. 1397. Im Laufe des 15. Jahrhunderts schlossen sich circa zwei Dutzend Konvente an. Die Kastler Reform war jedenfalls weniger radikal als die Melker Observanz oder die Reformansätze der Dominikaner; sie zielte lediglich auf strengere Regelbefolgungen ab. Die Kastler bildeten keinen Verband, sondern wirkten als gelebtes Vorbild für andere Klöster, die ihre Form von strenger Disziplin übernahmen. Sie pflegten mit diesen Abteien einen regen Austausch und beeinflussten diese entschieden. Die Reform umfasste ein beträchtliches Verbreitungsgebiet, im Süden bis St. Gallen und im Nordwesten bis Thüringen, rege unterstützt von Landesherren, Vögten, Bischöfen und Äbten. Gegenüber den Reformbewegungen, die von Melk und Bursfelde ausgingen, konnte sie sich aber letztlich nicht durchsetzen. Ihre Bedeutsamkeit endete um circa 1520.

Von Johannes von Kastl, der in jungen Jahren in Prag studiert hatte, 1388 den Grad eines Baccalaureus erhielt, und dann ab 1399 mehrmaliger Prior des benediktinischen Reformklosters Kastl war, stammt der wohl umfangreichste Kommentar zur Benediktinerregel. Er ist in 25 Handschriften überliefert und entfaltete eine weitreichende Wirkung. Sein Traktat ‚De fine religiosae perfectionis' (früher ‚De adhaerendo Deo'), eine kompilatorische Schrift zur Vollendung der religiösen Vollkommenheit, in der zahlreiche Quellen angabenlos verschmolzen werden, wurde mehrfach verdeutscht. Als Übersetzer sind der Franziskaner Ulrich Horn (vgl. S. 403) und der Benediktiner Thomas Finck (vgl. S. 429) zu identifizieren. Am erfolgreichsten war eine in drei Handschriften überlieferte Übersetzung, die 1492 in Nürnberg gedruckt wurde. Sämtliche Versionen gehen auf lateinische Vorlagen zurück, die Albertus Magnus als Verfasser des Werks bezeichnen. Auf die Übersetzung des Traktats ‚Spiritualis philosophia' des Johannes von Kastl wurde bereits oben eingegangen (vgl. S. 235).

Von der Bibliothek der Kastler Abtei ist leider nur sehr wenig erhalten geblieben. Dort, wo der Bestand der Konversenbibliotheken halbwegs rekonstruierbar ist, sind nur vereinzelt volkssprachliche Werke von Kastler Mönchen greifbar, so etwa im 1418 reformierten Ägidiuskloster in Nürnberg, das sich wie andere Reformklöster der Stadt bald selbst zu einem Reformzentrum entwickelte. Von dem *religiosus frater magister* C a s p a r K r e ß aus Nürnberg ist eine um 1460 entstandene umfangreiche Übersetzung der Vita der Euphrasia von Konstantinopel in zwei Handschriften überliefert. Beide stammen aus Frauenklöstern – dem Nürnberger Katharinenkloster und Pillenreuth –, was zeigt, dass Kreß nicht etwa nur für Laienbrüder, sondern gerade auch für observante Nonnen übersetzte. Dass sich ihre Vita besonders für solche Frauen eignete, liegt auf der Hand. Euphrasia wollte bereits als Kind eines hochangesehenen Adligen Nonne werden und trat als Siebenjährige in ein Kloster in Ägypten ein. Sie verzichtete auf ein attraktives Heiratsangebot, verschenkte ihr reiches Erbe an die Armen und an die Kirche und führte im Kloster bis zu ihrem Tode ein äußerst strenges Leben.

Kreß wurde 1425 in Nürnberg geboren und ist dort auch 1462 gestorben. In der Klosterchronik des Ägidienklosters wird er als Legendenübersetzer erwähnt, allerdings ist nur eine seiner Arbeiten, eben die Euphrasia-Legende, erhalten.

Die Reform der Regensburger Abtei St. Emmeram wurde 1452 durchgeführt. Zwar ordneten Visitatoren an, der Konvent solle sich der Melker Reform anschließen, indes entschied sich St. Emmeram für die mildere Kastler Observanz. Obwohl in den ‚Consuetudines Castellenses' nicht vorgesehen, wurde für die Laienbrüder eine aus 26 Handschriften und 12 Drucken bestehende eigene Bibliothek eingerichtet. Die Laienbrüder waren ja ursprünglich nur für körperliche Arbeiten im Kloster zuständig und in der Regel ungebildet. In den Melker Reformklöstern wurden sie sogar im Gegensatz zu den ursprünglichen ‚Consuetudines Sublacenses' (Mönchsgewohnheiten von Subiaco), in denen ein absolutes Leseverbot für Laienbrüder festgesetzt war, stärker in das Leben in der Gemeinschaft mit Profess, Stundengebeten, Tischlesung am Abend u.a.m. eingebunden. Auch volkssprachliche Bücher im Privatbesitz von Laienbrüdern sind in Regensburg belegt.

Erhalten sind drei Legendarhandschriften aus der Konversenbibliothek, die wahrscheinlich für die *lectio ad mensam* Verwendung fanden. In zwei Handschriften ist eine fast vollständige Übersetzung des Urcorpus der ‚Legenda aurea' des Jacobus de Voragine überliefert (München, cgm 3972 und 3973) – die sog. ‚Regensburger Legenda aurea' – und eine kleinere Auswahl daraus mit einer Reihe von Legenden von Lokalheiligen (cgm 4879).

Cgm 3972 bietet den Winterteil des Legendars, also Jacobus' Texte von Advent bis Christi Himmelfahrt. Dabei wird die Legende zur ‚Erscheinung des Herrn' aus der ‚Legenda aurea' durch eine Übersetzung der populären ‚Historia trium regum' (Dreikönigslegende) des Johannes von Hildesheim ersetzt. Am Ende der Handschrift wird die Barbara-Legende aus ‚Der Heiligen Leben' eingefügt, da die ‚Legenda aurea' ja keine Vita der beliebten Heiligen enthielt. Außerdem werden eine Passio des Patrons des Klosters, St. Emmeram, *der do leytt leibphafftiglich zw Regenspurck*, sowie die Legenden der beiden anderen Hausheiligen, Dionysius und Wolfgang, angehängt, aber dann im Sommerteil (cgm 3973), kalendarisch integriert. Dort werden vier weitere Legenden aus ‚Der Heiligen Leben' sowie die gereimte ‚Visio Lazari' (vgl. Bd. III/1) und die Erzählung von den 7 Makkabäern. nach II Mcc 6–7 eingefügt. Für die beigegebene Dorothea-Legende in cgm 3972 gilt Ähnliches wie für Barbara in dieser Handschrift; auch diese Märtyrerin ist in der lateinischen ‚Legenda aurea' nicht vertreten.

Integriert in das Legendar ist ein höchst eigenartiges Werkchen, *Von dem küng Tirus vnd Pilato etc.*, das drei in der lateinischen Überlieferung häufig miteinander verbundene apokryphe Erzählungen wiedergibt. Die erste ist eine Übersetzung eines höchst skurrilen Pilatus-Lebens. Die zweite Erzählung berichtet von dem Treiben Neros, gipfelnd in seiner Schwangerschaft und Krötengeburt. Schließlich wird von der Zerstörung Jerusalems erzählt, wobei hier die in grausame Details eingehende Beschreibung der Hungersnot in der Stadt ausgespart bleibt.

Es ist leider noch ungeklärt, ob die Übersetzungen allesamt in St. Emmeram entstanden sind. Gewichtige Indizien sprechen dafür – jedenfalls für die unikal in Handschriften des Klosters überlieferten Legenden –, zumal gerade die Hausheiligen besondere Berücksichtigung finden. Dies trifft auch für die dritte Legendarhandschrift der Laienbrüderbibliothek zu. In cgm 4879 finden sich Auszüge aus den ‚Alemannischen Vitaspatrum' (vgl. Bd. III/1) sowie eine Legende des im Benediktinerorden und in Regensburg besondere Verehrung genießenden Karl des Großen, die auf das ‚Speculum historiale' des Vinzenz von Beauvais zurückgeht. Hinzugefügt wurde eine vermutlich über Melker Verbindungen nach Regensburg gekommene Legende Ruperts von Salzburg, des ersten Bischofs von Salzburg und Abt des dortigen Stifts St. Peter, das zum Melker Reformkreis gehörte. Im Anschluss an die Legende des Hausheiligen Dionysius Areopagita steht eine Erzählung von seiner Translatio, die auf die unechte Bulle Leos IX. aus dem 11. Jahrhundert zurückgeht, in der fälschlicherweise behauptet wird, die Gebeine des Heiligen seien von Paris in die Regensburger Kirche von St. Emmeram gebracht worden. Auch ein kurzer lateinischer und deutscher Abriss der Regensburger Geschichte ist der Handschrift beigefügt.

1436 wurde die Kastler Observanz im Kloster Michelsberg im Erzbistum Bamberg eingeführt. Dort verfasste Nonnosus Stettfelder 1511 ein umfangreiches hagiographisches Sammelwerk über die beiden Lokalheiligen, Kaiser Heinrich II. und seine Frau Kunigunde. Stettfelder ist seit 1470 als Schreiber im Kloster bezeugt und ab 1483 Sekretär des durch seine historischen Studien und lateinischen Schriften bekannten Abts Andreas Lang († 1502); er starb 1529. Handschriftlich ist das Ganze nicht überliefert, wohl aber in einem 1511 erschienenen, für einen breiteren Rezipientenkreis gedachten und mit 18 kunstvollen Holzschnitten versehenen Bamberger Druck. Das Werk umfasst Übersetzungen der ‚Legendae ss. Henrici et Cunegundis' Adalberts von Bamberg und der Bulle Innozenz' III. zur Kanonisation Kunigundes. Stettfelder zitiert beim Bericht über Heinrichs Erlahmung eine unbekannte *cronika*; auch Textstücke aus *etzlich tewtzsche legend*, z.B. aus ‚Der Heiligen Leben', werden integriert. Zudem verweist er auf Lokales, wie etwa auf bildliche Darstellungen der beiden Heiligen in Bamberg.

Im Bibliothekskatalog des Klosters Michelsberg v.J. 1483 ist eine kleine, weniger gut als St. Emmeram ausgestattete volkssprachliche Handschriftensammlung dokumentiert, in der eine volkssprachliche Version der ‚Legenda aurea' als erstes Werk sowie ein zweibändiges Legendar (‚Der Heiligen Leben'?) aufgelistet sind. Aufgeführt sind auch Druckwerke. Vor allem Chronikalisches ist unter der Rubrik *Libros vulgares* aufgenommen worden, was wohl nicht nur für die Laienbrüder vorgesehen war. Von einer eigenen Konversenbibliothek kann daher nicht die Rede sein. Ähnliches gilt für St. Mang in Füssen, wo sich ebenfalls nur wenige volkssprachliche Werke in der Bibliothek befanden.

Literatur im Rahmen der Reform von Fulda

Zu den Konventen, die den benediktinischen Reformklöstern von Fulda zuzuordnen sind, das 1406 eine Konfraternität mit dem Kloster Kastl abschloss, gehörte das hessische Reichskloster Hersfeld, das 1414 reformiert wurde. 1430 schickte man sieben Brüder aus Hersfeld zur Reform des Klosters St. Gallen, das sich im frühen 15. Jahrhundert im vollen Niedergang befand. Die Bemühungen von Seiten der Hersfelder Reform sollten aber nicht die letzte Initiative sein, um das Kloster auf den richtigen Weg zu bringen. Es kamen nach heftigen Kontroversen nacheinander Brüder der Kastler wie der Melker Observanz nach St. Gallen.

Zu den Hersfelder Brüdern gehörte der wohl aus Köln stammende Friedrich Kölner (Cölner, Colner), der ab 1432 das Amt des St. Galler Cellerars innehatte. Nach Streit zwischen dem Abt und den Hersfeldern, verbunden mit andauernd steigenden Spannungen zwischen den Klosterparteien, wurden er und ein weiterer Bruder 1436 der Abtei verwiesen und in einen anderen Reformkonvent geschickt. 1440 ist er in den Klöstern Hornbach (Pfalz) und dann in St. Maria ad Martyres in Trier nachweisbar. Er starb 1451 in Köln.

Kölner versorgte vor allem die Frauen der St. Georgklause bei St. Gallen, deren Beichtvater er war, mit volkssprachlicher Literatur. Zu seiner Zeit handelte es sich bei dieser Klause wohl um einen losen Zusammenschluss einer inkludierten *Closnerin* mit nichtinkludierten Schwestern, der zwar von den St. Galler Mönchen betreut wurden, aber erst 1599 die Benediktinerregel offiziell annahm. Kölner versuchte, die Schwestern enger an den Benediktinerorden anzubinden. Insgesamt schrieb er in St. Gallen mindestens fünf Handschriften vollständig und sechs teilweise, wobei sieben nachweislich für die von ihm betreuten Frauen bestimmt waren. Zumeist kopierte Kölner vorhandene und durch die Observanzbewegungen verbreitete Werke, übersetzte dazu aber Texte, die er für besonders wichtig für die Erbauung der Frauen hielt. Dazu gehörte ein *libellus*, der die Legenden der St. Galler Hausheiligen Gallus, Magnus, Otmar und Wiborada enthält, die an die benediktinische Tradition erinnern und damit für die Reformbemühungen Kölners von besonderem Nutzen sein sollten. Für Gallus und Otmar benutzte er die Viten von Walahfrid Strabo (vgl. Bd. I), verbunden mit den ‚Miracula s. Otmari' Isos von St. Gallen. Die Magnus-Legende geht auf die Vita des Pseudo-Theodor zurück. Die Passio Wiboradas fußt auf der Legende Hermanns von St. Gallen.

Von Kölner stammt zudem die wohl älteste umfangreiche Übersetzung der ‚Imitatio Christi' (Bücher I-III) des Thomas von Kempen (vgl. S. 471). Ist Kölner der Übersetzer – was als fast sicher gelten kann –, so würde es durchaus zum Programm der aus Hersfeld gekommenen Mönche passen, Schriften der aus den Niederlanden stammenden Frömmigkeitsbewegung der Devotio moderna in ihrem Umfeld zu verbreiten. Zum Beispiel sind aus St. Gallen von der ‚Imitatio Christi' neun lateinische Exemplare überliefert. Barbara Stocker plädiert überzeugend dafür, anzunehmen, dass Kölner auch Jans van Schoonhoven ‚Epistola in Eemsteyn I und II' (auch ‚Exhortatorium spirituale' genannt) übersetzte. Schoonhoven (1336/1337–1432) war maßgeblich dafür verantwortlich, dass sich das niederländische Augustinerchorherrenstift Groenendaal der Windesheimer Kongregation (vgl. S. 458) anschloss. Seine beiden geistlichen Sendbriefe sind an das Chorherrenstift Eemstein in Brabant gerichtet, das zu den frühesten Windesheimer Klöstern gehörte.

Literatur im Rahmen der Melker Reform

Das Kloster Melk

Die Melker Reform wurde im Rahmen des Konstanzer Konzils initiiert, wo vor allem der an der Universität Wien tätige bedeutende Theologe Nikolaus von Dinkelsbühl sich entschieden für sie einsetzte. 1416 wurden Mönche aus Süditalien nach Konstanz geholt, darunter der aus dem österreichischen Raum stammende Nikolaus Seyringer, der nach seinem Studium in Wien mit anderen Studenten nach Subiaco gegangen war, wo er 1412 als Abt bezeugt ist. Seyringer kam nach Abschluss des Konzils zusammen mit von ihm ausgewählten Mitbrüdern aus Subiaco zur Einführung der Observanz nach Melk, das bestimmt worden war, im österreichischen und süddeutschen Gebiet eine starke Reformbewegung zu initiieren. Er wurde von Nikolaus von Dinkelsbühl, dem Bevollmächtigten Herzog Albrechts V., zudem mit der Visitation der österreichischen Benediktinerabteien und Augustinerchorherrenstifte betraut. Bei der kompromisslosen Durchführung der Reform nach den ‚Consuetudines Sublacenses' löste Seyringer 1418 den nicht für eine Reform zu gewinnenden Melker Abt ab und behielt dieses Amt bis zu seinem Tode i.J. 1425. Nur acht alte Mitglieder des Klosters blieben. Im Laufe der Jahre bestanden weiterhin enge Verbindungen zur Wiener Universität, wo eine Vielzahl von Professen ein Studium abschloss. Melker Observanten wurden zur Reform in andere Klöster geschickt oder es kamen Mitbrüder von anderen Abteien nach Melk, um die dortige monastische Lebensform zu studieren und sie dann in ihren Heimatklöstern zu vermitteln. Auch Visitationen sowie persönliche Kontakte zwischen den Abteien trugen entschieden zum Beitritt weiterer Konvente bei. Doch gewisse Traditionen der reformierten Klöster ließen sich nicht unbedingt ändern, auch die ‚Consuetudines Sublacenses' konnten nicht immer dauerhaft durchgesetzt werden.

Die Reform verbreitete sich stark im Gebiet von Niederösterreich, Bayern und Schwaben und verdrängte z.T. die Kastler Reform in Klöstern wie in St. Gallen. Zur Einrichtung eines Generalkapitels kam es jedoch nicht. Dem Melker Reformkreis bzw. der Sublazenser Observanz lassen sich über 80 Klöster zurechnen, darunter nur wenige Frauenklöster. Wie sich die Reform in den einzelnen Konventen durchsetzte, ist bisher nur in Einzelfällen gut erforscht. Auch wenn der Austausch volkssprachlicher Literatur unter den observanten Konventen zu den wichtigen Anliegen der Observanz gehörte, war er nicht so stark ausgeprägt wie in den Bettelorden. Bei einem Großteil der volkssprachlichen Werke, die im Zug der Melker Reform entstanden sind, handelt es sich um Übersetzungen lateinischer Gelehrtenliteratur.

Für die Konversen in Melk begründete man sogar ein Konversenkapitel mit einem Konversenmeister. Um die Einbindung von Konversen in den für sie vorgesehenen Klosteralltag mit Stundengebeten, Tischlesung u.a. zu bewerkstelligen, wurde eine gut ausgestattete Laienbrüderbibliothek eingerichtet. Es wird in Handschriften notiert, dass sie für die *laypruedern* geschrieben worden seien und *jn jr librei* gehören. Für die Ausstattung der *librei*, die unmittelbar nach Einführung der Observanz begonnen wurde, waren in Melk zwei Ordensbrüder höchst aktiv, der gelehrte Mönch Johannes von Speyer und der Laienbruder Lienhart Peuger. Sie waren aber keineswegs die einzigen, denn die Bibliothek der Melker Konversen sollte im 15. Jahrhundert über 70 volkssprachliche Handschriften enthalten. Da durch die Reform die Erwartungen in Hinblick auf den Bildungserwerb der Konversen gestiegen waren, ist das Niveau der Übersetzungen und Überarbeitungen von Schriften, die von den beiden geboten werden, mitunter anspruchsvoller als etwa bei der Literatur aus den observanten Frauenklöstern. Leider gibt es immer noch keine umfassendere Darstellung dieser Sammlung.

Johannes von Speyer (Johannes Wischler) wurde 1383 in Freinsheim in der Pfalz geboren und studierte ab 1401 die Artes, Theologie und kanonisches Recht an der Universität Heidelberg. Er war zunächst Säkularkleriker, trat aber 1418 gleich nach der Reform in Melk ein. Dort wurde er, nachdem er 1419 die feierliche Profess abgelegt hatte, sofort Novizenmeister. 1433 wurde er dann Prior und beteiligte sich als Visitator an der Reform mehrerer Klöster in den Diözesen Augsburg und Konstanz. Er nahm die Observanz derart ernst, dass er schließlich an der Gültigkeit seiner Melker Profess zweifelte und deswegen 1441 nach Klein-Mariazell im Wienerwald wechselte, wo er 1453 starb.

Johannes' umfangreiches Œuvre ist völlig der Melker Reform gewidmet, und zwar sowohl seine lateinischen als auch seine deutschen Schriften. Leider ist sein Werk kaum erforscht, einige Zuweisungen an ihn sind noch ungeklärt. Seine deutschen Schriften bestehen vor allem aus Übersetzungen zumeist eigener Traktate, seine Auslegungen des Vaterunsers und Ave Marias sowie eine Deutung der Evangelienstelle Io 15,5, *Ich pin ain warer weinstockh*, gehen nicht auf bislang bekannte lateinische Vorlagen zurück.

Eine stark gekürzte Übersetzung von Davids von Augsburg ‚De exterioris hominis compositione' (vgl. Bd. II/2), die Johannes wohl bald nach seinem Klostereintritt als Novizenmeister anfertigte, versah er mit dem Titel: *Wie sich die laypruder sullen hallten vater hansens von speir*. David hatte den ganzen ersten Teil seines Werks als Novizentraktat konzipiert, Johannes gestaltete ihn für die Laienbrüder um. In derselben Handschrift (Melk, cod. 677, um 1419/23) findet sich auch eine Übersetzung von Jean Gersons ‚Opus tripartitum', das aus einer Dekalogerklärung, einem Beichtspiegel und einer Ars moriendi besteht. Gerson hatte sich ja 1419 für eine kurze Zeit in Melk aufgehalten. Die Übersetzung ist in fünf weiteren Handschriften überliefert.

Unter den Übersetzungen des Johannes von Speyer erfuhr die der ‚Dialogi' Gregors des Großen, eines der beliebtesten Werke des Mittelalters mit einer Vielzahl von Legenden italienischer Heiliger mit ihren Mirakeln, Exempeln u.a.m., die größte Verbreitung. Der zweite Teil des vierteiligen Werks handelt ganz von Benedikt. Die Übersetzung ist zwar nur in fünf Handschriften – drei davon aus Melk – überliefert, sie wurde aber auch zweimal in Augsburg gedruckt, zunächst 1473 in der Offizin des Melker Reformklosters St. Ulrich und Afra und 1474 von Johann Bämler. Die ‚Dialogi'-Übertragung ist das erste Werk im Melker cod. 570 aus der Mitte des 15. Jahrhunderts, der mehrere Übersetzungen von Johannes sowie einige ihm nicht sicher zuzuweisende Texte überliefert. Dort findet sich eine exakte Übersetzung der ‚Benediktinerregel', die erwähnten Auslegungen des Paternosters und des Ave Marias, erneut Gersons ‚Opus tripartitum' sowie eine Übertragung der biblischen ‚Proverbia Salomonis'. Separat überliefert ist eine von Johannes angefertigte Übersetzung von Gregors Benedikt-Vita (Buch II der ‚Dialogi') in Melk cod. 1752, v.J. 1435. Ob die Übersetzung des pseudoaugustinischen Sündenspiegels, des ‚Speculum peccatoris' sowie des Traktats ‚De humilitate' (*Von der demutikeit*), in dem es um eine Auslegung von Kapitel VII der Benediktinerregel geht, Johannes zuzuschreiben sind, gilt in der Forschung als nicht sicher. Fritz Peter Knapp hält es jedoch im Falle des Traktats für denkbar, dass sowohl der lateinische Text wie dessen Übersetzung von Johannes stammen könnten. Ebenfalls in fünf Handschriften überliefert ist eine Johannes zugewiesene Übersetzung der ‚Verba seniorum', die u.a. auch den Laienbrüdern in Tegernsee zur Verfügung gestellt wurde.

Im Melker cod. 575 sind fünf übersetzte Traktate des Johannes enthalten, die fundamentale Aspekte eines asketischen Lebens im Kloster thematisieren und die er als zusammengehörig bezeichnet. Beim ersten Traktat handelt es sich um eine Übersetzung seiner Schrift ‚De tribus essentialibus punctis perfectionis status monastici' („Über drei wesentliche Stücke der Vollkommenheit des Ordensstandes"). Sie ist in zwei weiteren Handschriften enthalten, von denen eine in das reformierte Augustinerchorherrenstift Vorau gelangte. Die nächsten drei Übersetzungen behandeln Aspekte eines Lebens in klösterlicher Armut. Abschließend bietet Johannes eine Verdeutschung seines ‚Tractatus de perpetua continentia et castitate', die er mit *Ein handel der kuscheide* überschreibt. Im Melker cod. 868 sind nur die ersten vier Armutstraktate enthalten.

Mehrere Handschriften, die Werke des Johannes von Speyer enthalten, wurden von dem tüchtigsten Schreiber der Melker Laienbrüderbibliothek, Lienhart Peuger, angefertigt; von ihm stammen insgesamt mindestens zwei Dutzend Handschriften in der Laienbrüderbibliothek. Peuger, der 1390 geboren wurde, entstammte einem wappenberechtigten Rittergeschlecht aus Mattsee, trat höchstwahrscheinlich zunächst in das Kloster St.

Lambrecht (Steiermark) ein und erlebte mit 22 Jahren eine *conversio*. Das führte dazu, dass er wegen des Bedürfnisses, von nun an ein strenges Ordensleben zu führen, 1419 nach Melk wechselte, wo er 1420 seine Profess als Laienbruder ablegte. Er starb um 1455. Seine beeindruckende Schreibtätigkeit hat er *durch andächtiger chinder willen, die mich vil gar dar vmb gepeten haben*, entfaltet.

Peuger erweist sich als ein ungewöhnlich gebildeter Konverse, auch wenn man bisher nichts Genaueres darüber weiß, woher er seine Bildung erworben hat. Er dürfte aber über gute Lateinkenntnisse verfügt haben, die er vermutlich in St. Lambrecht erwarb und in seinen circa 35 Jahren in Melk erweitert haben wird. Es ist davon auszugehen, dass er sich zutraute, zumindest weniger anspruchsvolle Texte zu übersetzen. Inwieweit Texte, die nur in von ihm verfertigten Handschriften überliefert sind, tatsächlich als seine eigenen Übersetzungen gelten können, bleibt aber noch zu klären. Problematisch bei der Zuweisung von Übersetzungen an Peuger ist es, dass er sich nie als Übersetzer nennt und nachweislich hauptsächlich die Texte anderer überarbeitete oder sogar umgestaltete, um sie für die Laienbrüder des Klosters verständlicher und für ihre Lebensform angemessener zu formen.

Sechs Handschriften hat er vor seinem Übertritt nach Melk verfertigt, und zwar drei davon bereits in den Jahren 1413 und 1414. Im Melker cod. 808 (vor 1419) sind vier von Peuger verfasste aufeinanderfolgende Reimpaarreden von bescheidener literarischer Qualität enthalten, die zwischen 102 und 314 Versen umfassen und deren Vorbild die Reden Heinrichs des Teichners sind (vgl. Bd. III/1). Sie stammen also noch aus seiner Zeit in St. Lambrecht. Hier identifiziert er sich als Verfasser, indem er seine Reden jeweils mit *Also ficht prueder lienhart pewger* abschließt. Die erste Rede, ‚*Von chlagen der sunten leben*‘, ist die umfangreichste und behandelt sein früheres Leben. Er schaut zurück auf seine sündige Jugend und auf seine *conversio*, nach der er sich ganz Christus und der von ihm besonders verehrten Maria zuwandte. Er musste sich *vmb chern / vnd ein andre weis lern*, womit der Eintritt bei den Benediktinern gemeint ist. Im Hinblick auf seine Herkunft wird er von Maria vom Knappen zum jungen Ritter eingekleidet, der geistlich *ficht*, was die Profess eines adeligen Laienbruders symbolisieren soll. Auch hier ist Peuger ganz auf der Seite der Reform, indem er die Zustände im Orden kritisiert: Die Brüder *würden irm glüb* (Gelübde) *wider streben / vnd fleischleichen lüssten leben*. Bemerkenswerterweise zitiert er bisweilen Autoritäten wie Bernhard und Anselm, auch dies ein Hinweis auf seine für einen Laienbruder ungewöhnliche Bildung. Die beiden nächsten Sprüche, über das Salve Regina und das Ave Maria, zeugen erneut von Peugers besonderer Marienverehrung. Im letzten Spruch, ‚*Von der natur hitz*‘, steht Maria im Mittelpunkt; von ihr erbittet er Hilfe im Kampf gegen die Sünde, besonders die Unkeuschheit, den er als ein *ritter christi* durchstehen will.

Eine eindringliche Darstellung der Benediktiner als Ritter Gottes findet sich in einem Traktat in der ältesten von Peuger geschriebenen Handschrift, dem Melker cod. 1037 v.J. 1413. Die ‚Mahnung über die verirrten und schwachen Ritter Gottes' richtet sich ausführlich an die Brüder mit der Aufforderung, sich einer strengen Lebensform zuzuwenden. Aus verschiedenen Gründen ist Peuger als Autor des Textes auszuschließen; die Abschrift aber zeugt davon, wie früh sich Peuger nach seiner *conversio* mit diesem Thema beschäftigte.

Eine umfangreiche geistliche Reimpaarrede, die mit *Also ticht prueder lienhart pewger* abschließt, ist nur noch in einer Wiener und einer Schlierbacher Handschrift überliefert – das Autograph ist verschollen – und richtet sich an ein breiteres Publikum, auch außerhalb der Klöster: *Ein jungeling, der welt chind, / der leider noch vil sind, / pat mich, im ettwaz ze machen / von guetten vnd nutzen sachenn, / dar inn er ler vnd weishait fand.* Peuger bietet dann eine Reihung von sittlichen Ratschlägen, die sich für das weltliche sowie das geistliche Leben, also auch für das der Mönche, eignen. Drei weitere Reimpaarreden Peugers sind seit 1907 verloren.

In der Forschung wird Peuger eine Übersetzung von Anselms von Canterbury ‚Liber meditationum et orationum' in dem von ihm ins Kloster mitgebrachten Melker cod. 1001 v.J. 1414 zugeschrieben. Der Text ist allerdings in zwei weiteren Handschriften überliefert; die eine ist später ebenfalls von Peuger geschrieben (Melk, cod. 235), die andere in Heidelberg, cpg 412 (1. V. 15 Jh.), stammt aus dem nordbairischen Raum. Ein noch nicht publizierter Vergleich der Heidelberger Bibliothekarin Karin Zimmermann ergab, dass sich in einigen Fällen der cpg 412 genauer an die lateinische Vorlage hält als Peuger, dem offenbar auch Abschreibfehler unterlaufen sind. Dies lässt eine gemeinsame Vorstufe beider Handschriften annehmen, zumal sie inhaltlich völlig identisch sind. Daher ist diese Übersetzung höchstwahrscheinlich kein Werk Peugers, was den Verdacht aufkommen lässt, dass es sich auch bei der Übertragung des Psalters im Melker cod. 808 und dem sog. ‚Melker Physiologus' in cod. 867 (beide vor 1419) nur um Abschriften anderer Übersetzungen handelt, wobei nicht auszuschließen ist, dass Peuger auch hier redigierend eingriff. Weiterhin bleibt ungeklärt, ob ihm die älteste datierte Übersetzung von Heinrichs von Friemar ‚De quattuor instinctibus' (vgl. S. 274) – die sog. ‚Melker Kurzfassung' – im Melker cod. 183, v.J. 1414, zuzuschreiben ist. Die Handschrift brachte Peuger nach Melk mit und schrieb den Text, ihn immer wieder überarbeitend, dort weitere drei Male ab.

1422 stellte Peuger einen umfangreichen ‚Christenspiegel' zusammen (Melk, cod. 670), in dem er eine Sammlung von Sprichwörtern und Sprüchen aus verschiedenen lateinischen und deutschen Quellen zusammenfügte, etwa aus Heinrichs von Langenstein ‚Erkenntnis der Sünde', Johannes' von Neumarkt ‚Hieronymus'-Briefe', den ‚Vitaspatrum', (Pseudo-)

Bernhards von Clairvaux ‚Epistola ad Raimundum' und dem ‚Elucidarium' des Honorius Augustodunensis (vgl. Bd. II/1). Was davon tatsächlich von Peuger selbst übersetzt wurde, ist noch ungeklärt. Allerdings geht Dagmar Gottschall von einer Übersetzung Peugers beim ‚Elucidarium'-Teil aus.

In cod. 808 sind neben dem Psalter weitere unikal überlieferte Texte enthalten, für die ebenfalls Peuger als Übersetzer vermutet wird: so etwa Gersons ‚Ars moriendi', das ‚Speculum monachorum' Arnouls de Bohéries; dies gilt auch für die aus zwei lateinischen Quellen kompilierte Legende der asketischen Maria Aegyptiaca in cod. 1389 (v.J. 1444). Dort findet sich auch eine von Peuger stammende 18 Verse umfassende Rede, in der er die Ziele der Melker Reform preist. Möglicherweise übersetzte er um 1450 die Magdalenenpredigt des Pseudo-Origines in der Bearbeitung des Jan Milič von Kremsier. Unklar bleibt auch seine Urheberschaft im Falle der Übersetzung der Legenden der jungfräulichen Märtyrerinnen Agnes, Dorothea, Juliana, Margareta, Christina, Katharina und Barbara, die mit dem Marienleben aus der bairisch-österreichischen Historienbibel IIIb (vgl. Tl. 2) eingeleitet wird und mit Anselms Gebet auf die Jungfrauen abschließt. Die Marienverehrung des Textes passt gut zu Peuger.

In zwei von Peuger stammenden Melker Handschriften (codd. 235 und 1730) findet sich eine Prosaauflösung des ‚Büchlein von der geistlichen Gemahelschaft' (vgl. Bd. III/1), eines sich „Konrad" nennenden Autors, die vor 1435 höchstwahrscheinlich in Melk entstanden ist. Fritz Peter Knapp stellt Ulrich Schülkes Identifizierung Konrads mit Konrad Spitzer, einem franziskanischen Beichtvater am Wiener Hof, grundsätzlich in Frage. Von einer Entstehung der Prosafassung in Melk ist auszugehen, weil die ältesten Textzeugen dort verfertigt wurden und bei der Bearbeitung des Werks u.a. auf die franziskanische Gnadenlehre verzichtet wird. Der Urheber der Prosafassung ist zwar auch hier nicht eindeutig zu identifizieren, aber Peuger ist jedenfalls nicht auszuschließen. Das Werk ist in neun z.T. illustrierten Handschriften überliefert und wurde dreimal in der Augsburger Offizin Johann Bämlers gedruckt (1477, 1478, 1491), und zwar in einer von Bämler bearbeiteten Version mit dem Titel ‚Buch der Kunst' (1497 von Johann Schönsperger in Augsburg nachgedruckt). Drei der Handschriften sind Abschriften von Drucken. Wie im Falle der ‚Dialogi'-Übersetzung Johanns von Speyer wird hier die Verbindung von Melk zur observanten Abtei St. Ulrich und Afra die Vorlage der Drucke in Augsburg geliefert haben.

Es sind die Bearbeitungen von Predigten Meister Eckharts, die das besondere Interesse der Forschung zu Peuger hingeführt haben. Freimut Löser hat in einer eingehenden Untersuchung dargestellt und analysiert, wie durch Peuger in Melk die Rezeption einer Vielzahl von Eckharts Schriften erfolgte. Um die komplexe Materie seinen Mitbrüdern verständlich zu machen, hat Peuger zahlreiche Eckhart-Predigten stark bearbeitet und gekürzt. Auf der Grundlage dieses umfassenden Materials, das offensichtlich Peuger stark faszinierte, kompilierte er nach 1440 den Traktat ‚Von der sêle werdikeit und eigenschaft', der, so Peuger, aus den *geschrifft* des *Ekchart von Paris* zusammengestellt ist. Sämtliche Thematisierungen des Begriffs der Seele in den ihm zur Verfügung stehenden Predigten Eckharts werden von Peuger recht mechanisch zusammengetragen. Er verzichtet auf eigene Überleitungen oder Verbindungen, fügt aber irrtümlicherweise kurze Exzerpte aus den Schriften anderer (Nikolaus von Dinkelsbühl, Hane der Karmeliter) hinzu. In späterer Zeit stand man allerdings auch in Melk einer Eckhart-Rezeption durch *illiterati* skeptisch gegenüber; eine jüngere Hand fügte der Abschrift eines von Peuger teilweise Eckhart zugeschriebenen Traktats den Satz bei: *Dye matery ... ist hôch vnd den menschen wenig nucz. Darvmb verstee es recht.*

Eine weitere Kompilation Peugers, im Melker cod. 1569 v.J. 1442, ist der Text ‚**Dass die Welt, der Körper und der Teufel ohne Zahl Menschen betrügen**'. Hier geht es ihm darum, wie der Teufel die klösterliche Welt durchdringt und den Klerus korrumpiert. Zusammengesetzt ist der Text aus Kapitel VI von Seuses ‚Büchlein der Ewigen Weisheit' in redigierter Form, aus einer Übersetzung einer Predigt des Nikolaus von Dinkelsbühl, in der dieser Kritik am Priesterstand übt, sowie aus der im 14. Jahrhundert entstandenen anonymen Schrift ‚Eine gute Klosterlehre' (die sog. *Klosterkollazie*), die zentrale Fragen des spirituellen Lebens im Kloster behandelt. Der letztere Traktat wurde vermutlich von einem Kleriker vom Oberrhein verfasst und richtet sich ursprünglich an Ordensfrauen, die mit Schriften der deutschen Mystik vertraut waren; Peuger entnimmt ihm zwei Auszüge, die er, wie die Mehrzahl der Textzeugen der ‚Klosterlehre', Meister Eckhart zuschreibt. Auch Heinrich Seuses ‚Büchlein der Ewigen Weisheit' wurde von Peuger überarbeitet.

Neben Johannes von Speyer haben auch andere Melker Mönche Schriften für die Novizen und Laienbrüder verfasst. Von **Thomas von Laa** (an der Thaya) sind drei Predigten v.J. 1448 überliefert, zur Auferstehung Christi, zu Christi Himmelfahrt und zu Pfingsten, die an seine *Lieben brüeder* gerichtet sind. Thomas trat 1433 als Baccalaureus artium in Melk ein, legte 1433 Profess ab und war von 1451–1453 Subprior.

Einem *Thomas maisterl von Laa geporn* wird auch ein Tierbispel v.J. 1430 zugeschrieben, das auf einen früher irrtümlicherweise Johannes Bassenhaimer zugeschriebenen Reisebericht (vgl. Tl. 2) in einer Dresdener Handschrift folgt. Das dem *passenhaimer* zu *dienst* verfasste, 88 Verse umfassende Gedicht erzählt von einem Kuckuck, der eine Taube eifersüchtig vor einem Falken hütet. Nach dem Tod des Kuckucks übernimmt der Falke dann dessen Aufgabe. Das Epimythion lehrt, dass es nutzlos sei, über den Tod hinaus zu sorgen, wie das viele Menschen tun. Dass das Bispel vom Melker Thomas stammt, wie bisweilen vermutet, erscheint mir wenig wahrscheinlich.

Zu den wichtigsten Melker Reformern gehörte Johannes Schlitpacher aus Weilheim (1403–1482), der in Wien studierte und 1435 in Melk in den Orden eintrat. Jahrzehntelang war er als Reformer und Visitator in zahlreichen Klöstern zugange. In Melk amtierte er zweimal als Vikar und dreimal als Prior. Sein umfangreiches lateinisches Œuvre konzentrierte sich auf die Anliegen der Melker Reform, vor allem auf die richtige Gestaltung eines strengen regelkonformen Lebens sowie auf die theologische Bildung der Brüder. Nur wenig Volkssprachliches ist von ihm erhalten. Seine kommentierte Benediktinerregel ist in fünf Handschriften überliefert: Melk, codd. 278 und 1396 und München ccgm 418, 471 und 802. Ein ihm zugeschriebener Beichttraktat erweist sich allerdings nur als eine kürzende Version von Thomas Peuntners ‚Beichtbüchlein'. Ob ihm auch eine Übersetzung der Kurzredaktion der ‚Revelationes' des Pseudo-Methodius Patarensis zuzuschreiben ist, bleibt zu klären. In dem Text, der einen Abriss der Weltgeschichte von der Schöpfung bis zum Weltgericht darstellt, werden die Christen aufgefordert, dem sich ausbreitenden Islam gegenüber standhaft zu bleiben – ein aufgrund der Bedrohung durch die Türken in der zweiten Hälfte des 15. Jahrhunderts hochaktuelles Thema. Jedenfalls stammen zwei Melker Abschriften des lateinischen Werks von Schlitpacher, was ihn als Übersetzer wahrscheinlich macht.

Von den ‚Revelationes' gibt es zwei weitere Übersetzungen. Von derselben Kurzredaktion wie der, die Schlitpacher vorlag, existiert eine unikal überlieferte Übersetzung des Schreibers und Notars von Preßburg, Liebhard Eghenvelder. Eine zweimal gedruckte (1497 und 1504) genaue Übertragung der alten Rezension (I) der ‚Revelationes' benutzte höchstwahrscheinlich eine lateinische Druckausgabe als Vorlage.

Höchst produktiv bei der Herstellung volkssprachlicher Lektüre für die Melker Brüder war auch Thomas (Piscatoris) von Baden (bei Wien), der nach einem Studium in Wien 1435 in Melk eintrat. Zweimal ist er dort als Prior bezeugt. 1459 folgte er seinem Mitbruder Melchior von Stamheim nach Augsburg, wo Melchior dann als Abt und Thomas als Prior im reformierten St. Ulrich und Afra amtierten. 1465 kehrte Thomas nach Melk zurück, wo er sich an die Abfassung seiner Werke machte, die vor allem in den von ihm geschriebenen Melker codd. 774 und 763 überliefert sind. Er starb vermutlich i.J. 1478.

In cod. 774 findet sich zunächst eine Übersetzung des umfangreichen ‚Speculum B. Mariae Virginis' des Franziskaners Konrad Holtnicker von Sachsen, ein mariologisches Standardwerk aus dem 13. Jahrhundert. Es folgen die Übersetzung von zwei Exempeln über die Freuden des Paradieses sowie die einer Auslegung der ‚Lamentationes Jeremiae' (der Klagelieder Jeremias) für die Liturgie des Triduums (der heiligen drei Tage der Karwoche) in Melk mit einer Vorrede. Die Handschrift schließt ab mit einer von Thomas 1465 gehaltenen Predigt zu Pauli Bekehrung über I Cor 4,16 und 11,1.

Inhaltlich wesentlich umfangreicher ist der cod. 763 mit Übersetzungen von 59 Jahrespredigten verschiedener Autoren, in der Hauptsache sind es Sermones Jordans von Quedlinburg (vgl. Bd. III/1) und des Kartäusers Nikolaus Kempf aus Straßburg (circa 1410/16–1497), der nach seinem Studium in Wien sein umfangreiches Œuvre in Kartausen in Österreich und Slowenien verfasste. Auch eine Karfreitagspredigt des Nikolaus von Dinkelsbühl hat Thomas in die Sammlung aufgenommen. Ob er ebenfalls als Verfasser einer Weihnachtspredigt v.J. 1468 sowie als Übersetzer eines Exempels aus dem ‚Bonum universale de apibus' des Thomas von Cantimpré zu sehen ist, bedarf noch der genaueren Analyse. Jedenfalls ist er als Schreiber der Texte in den Handschriften identifiziert worden.

Als Übersetzer von Predigten war auch Wolfgang Suppan von Steyr (1402–1491) tätig. Auch er hatte in Wien studiert, bevor er 1425 in Melk eintrat und dort 1426 die Profess ablegte. Er war bei der Verbreitung der Melker Reform hochengagiert, war 1436 Prior in St. Peter in Salzburg, 1437 Prior in Klein-Mariazell sowie 1463–1465 als Nachfolger Schlitpachers Prior in Melk. Von Suppan stammen Übersetzungen von sechs Predigten Thomas Ebendorfers, die im cod. 1794 (v.J. 1458) irrigerweise Suppan selbst als Autor zugeschrieben wurden. Es handelt sich um eine Karfreitagspredigt, Predigten zum zweiten und vierten Sonntag nach Ostern, zu Christi Himmelfahrt, Pfingsten und Fronleichnam. In den Predigten übt Ebendorfer scharfe Kritik an gesellschaftlichen Zuständen, darunter auch am Klerus. Ganz Konziliarist, greift er in seinen Ausführungen immer wieder die kirchliche Obrigkeit an, der das *zeytleich guet* wichtiger sei als die Betreuung der Gläubigen. Joachim Knape schreibt Suppan eine Teilübersetzung von Francesco Petrarcas ‚Seniles XI,11' zu, dem Brief an Lombardo da Serico aus Arquà, in dem Petrarca auf die Frage eingeht, wie er das Leben beurteile. Knape sieht in der Übersetzung einen Beitrag Suppans zur Konversenseelsorge. Auch im Bereich der Musik hat sich Suppan als Schreiber und Bearbeiter eingesetzt, so etwa bei einem volkssprachlichen zweistimmigen Marienhymnus in cod. 950.

Im Melker cod. 1397 findet sich eine vollständige anonyme Übersetzung von zwei Werken des Pierre d'Ailly (1350–1420), und zwar seiner ‚Meditatio super septem psalmos poenitentiales', eines Kommentars zu den sieben Bußpsalmen, und der ‚Devota meditatio super Ps 30,1-6', *ain andechtige gedechtnuss vber den psalm Jn te domini speravi*. Der bedeutende Theologe Pierre d'Ailly bekleidete mehrere wichtige Kirchenämter, u.a. war er Kanzler der Pariser Universität. Er war zudem politisch sehr aktiv, setzte sich für eine Beendigung des Schismas ein und unterstützte in dieser Frage den in Avignon amtierenden Benedikt XIII. als rechtmäßigen Papst. Mit seinem Schüler Jean Gerson nahm er 1414–1418 am Konstanzer Konzil teil. Der Kommentar der Bußpsalmen ist nicht nur in der oben genannten Melker Handschrift überliefert, sondern gelangte auch zu den reformierten Benediktinerinnen in St. Peter zu Salzburg.

Eine Übersetzung von Pierres ‚Epilogus de quadruplici exercitio spirituali' ist in drei ostschwäbischen Handschriften überliefert; die wohl älteste v.J. 1481 stammt aus dem von den Salzburger Petersfrauen reformierten Benediktinerinnenkloster St. Nikolaus in Augsburg. Wo die Übersetzung entstanden ist, bedarf noch der Klärung.

Eine eingehende Untersuchung der Melker Laienbrüderbibliothek mit ihren zahlreichen Schriften, die nur dort oder in anderen mit Melk verbundenen Klöstern überliefert sind, wäre sehr wünschenswert, zumal eine derart große Anzahl volkssprachlicher Werke in Männerklöstern nur sehr selten anzutreffen ist. Die Tradition, in Melker Reformabteien den Konversen und Novizen ein entsprechendes Lektüreangebot anzubieten, setzte sich an anderen Orten, wenn auch nicht in gleichem Maße wie in Melk, als ein Anliegen des Reformprozesses fort. Es fällt allerdings auf, dass nur wenige von den in Melk entstandenen Schriften weitervermittelt wurden. Werke wie etwa die zweifach gedruckte Übersetzung von Gregors ‚Dialogi' durch Johannes von Speyer gehören zu den seltenen Ausnahmen.

Das Kloster Tegernsee
Eng verbunden mit Melk war das bayerische Kloster Tegernsee. Bei einer Visitation i.J. 1426 wurde eine hohe Verschuldung des Klosters festgestellt, die Gebäude befanden sich in schlechtem Zustand und nur Novizen aus Adelsfamilien wurden aufgenommen. Die Visitatoren beschlossen daraufhin, Tegernsee zu einem Zentrum und Stützpunkt der Melker Observanz für den bayerischen Raum zu machen, was unter dem neuen Abt Kaspar Ayndorffer (1426–1461) auch gelingen sollte. Das Adelsprivileg wurde abgeschafft, durch die Zuwendungen vieler Gönner und Wohltäter konnten bauliche Erneuerungen durchgeführt sowie der Bibliotheksbestand vergrößert werden. Aus Tegernsee wurden geeignete Professe zum Studium an die Universität Wien geschickt. Der Aufschwung des Klosters führte dazu, dass hoch gebildete Geistliche um Aufnahme baten und sogar aus Klöstern anderer Orden dorthin wechselten. Wie Melk stellte Tegernsee geeignete Brüder als Äbte für andere Reformkonvente zur Verfügung. Schreiber wurden angeheuert, die eigene Schreibtätigkeit im Kloster wurde stark gefördert, zudem wurden dem Kloster zahlreiche Bücher geschenkt. Viele Handschriften – später dann auch Drucke – konnten in Tegernsee gekauft werden. Im Jahr 1484 umfasste die Bibliothek einen Bestand von über tausend Bänden. Ob es zu einer vom Armarium getrennten Laienbrüderbibliothek wie in

Melk kam, ist nicht eindeutig auszumachen, aber ein Teil der Bibliothek war eindeutig für die *libri vulgares* reserviert.

Die Herstellung von volkssprachlichen Handschriften setzte erst ab der Mitte des Jahrhunderts ein. Die Bibliothek enthielt insgesamt rund 120 Bände, darunter zahlreiche Drucke. Dies überrascht etwas, da die Anzahl von Konversen bis 1543 nie größer als acht sein sollte. Das meiste, was den Laienbrüdern zur Verfügung gestellt wurde, gehörte zu den üblichen populären geistlichen Schriften, einiges kam aus Melk. Auch hier gibt es eine im Kloster entstandene Abschrift von ‚Der Heiligen Leben', mit einer in Tegernsee verfassten Legende des Klosterpatrons Quirinus von Tegernsee im Anhang, die zudem seine Translatio sowie Mirakel enthält. Es handelt sich dabei um eine Übersetzung der ‚Gesta s. Quirini', höchstwahrscheinlich auf der Grundlage der Tegernseer Handschrift München, clm 1036. Eine weitere Quirinus-Legende aus Tegernsee ist in einer Wiener Handschrift (cod. Ser. nova 12801) überliefert. Dort ist sie wie in anderen Tegernseer Handschriften mit einer Übersetzung der Gründungsgeschichte des Klosters, der ‚Historia fundationis monasterii Tegernseensis' verbunden. Sowohl Melk als auch Tegernsee dürften ‚Der Heiligen Leben' aus St. Ulrich und Afra in Augsburg zur Abschrift bekommen haben.

Zu den wichtigsten Vertretern der Melker Reform überhaupt gehört Bernhard von Waging (um 1400–1472). Er stammte aus Waging am See, studierte in Wien und schloss um 1420 sein Studium dort mit dem Grad Baccalaureus Artium ab. Zwischen 1430 und 1435 trat er ins reformierte Augustinerchorherrenstift Indersdorf ein, wo er sich zehn Jahre aufhielt, bevor er 1446 nach Tegernsee übertrat. Der Übertritt verlief nicht problemlos, da zwei weitere Indersdorfer es Bernhard gleichtaten, was zu kurzen Auseinandersetzungen zwischen den beiden Klöstern führte. Begründet wurde der Übertritt Bernhards mit seinem Wunsch nach einer in Tegernsee möglichen strengeren und kontemplativeren Lebensform. Bereits wenige Jahre nachdem er seine Profess i.J. 1447 abgelegt hatte, wurde Bernhard 1452 zum Prior in Tegernsee gewählt. Nun begann er eifrig Schriften zu verfassen; es sollte zu einem beachtlichen Œuvre kommen. Ab 1453 war Bernhard zudem als Reformer und Visitator in Klöstern und Bischofstädten in den Kirchenprovinzen Salzburg und Mainz-Bamberg tätig, und zwar auch in Frauenklöstern – was von Bedeutung ist, wenn man fragt, inwieweit er Verfasser von volkssprachlichen Schriften sein könnte. Er war zudem am letztlich erfolglosen Versuch, die verschiedenen benediktinischen Observanzen zusammenzuführen, beteiligt. Er starb als Beichtvater der von ihm reformierten Nonnen des Klosters Bergen bei Eichstätt. Sein Bemühen um diese Reforminitiativen spiegelt sich in seinen Schriften wider. Während dabei die Autorschaft für sein umfangreiches lateinisches Œuvre recht sicher zu bestimmen ist, bleibt die wichtige Frage, welche volkssprachlichen Schriften ihm zuzuschreiben wären, immer noch nicht endgültig geklärt.

Auch die jüngste Forschung mag sich bei der Frage, ob der sog. Tegernseer Anonymus, von dem eine beachtliche Anzahl von volkssprachlichen Werken stammt, mit Bernhard identisch sei, nicht festlegen. Überzeugend erscheinen mir jedoch die Argumente von Christian Bauer, der nachweisen konnte, dass der eindeutig Bernhard zuzuweisende Schriftduktus in Professurkunden mit dem des Anonymus übereinstimmt; dies scheint mir ein hinreichender Beweis für eine Identifizierung Bernhards als Verfasser von mindestens 24 deutschen Werken zu sein, die zwischen 1447 und circa 1455 entstanden. Zwar wird nirgends in der Überlieferung angedeutet, dass Bernhard Autor dieses Schrifttums sei, aber sein Eifer bei der Reform von Frauenklöstern sowie die Notwendigkeit, die Laienbrüder in Tegernsee und in anderen Konventen mit geistlicher Literatur zu versorgen, sind vergleichbar mit dem Engagement bei der Herstellung volkssprachlicher Werke durch Johannes von Speyer und andere Melker Übersetzer.

Bei den deutschen Werken, die wahrscheinlich Waging zuzuschreiben sind, handelt es sich vor allem um Übersetzungen. Ihre Überlieferung beschränkt sich keineswegs auf Tegernsee. Seine Schriften wurden vor allem an die Benediktiner und Benediktinerinnen in Salzburg vermittelt, und sie sind sogar über Ordensgrenzen hinweg bis in den alemannischen Raum gelangt. Das mit Abstand umfangreichste volkssprachliche Werk darunter ist die um die Jahrhundertmitte verfasste Übersetzung der Hoheliedpredigten Bernhards von Clairvaux 1–81, deren Inhalt in konzentrierter Form wiedergegeben wird. Das in neun Handschriften überlieferte Werk ist offensichtlich für eine Frauengemeinschaft gedacht, da die in der lateinischen Vorlage häufig verwendete Anrede *fratres* nicht übernommen wird sowie ganze Absätze übergangen werden, die sich auf Bernhards zisterziensische Brüder beziehen. Auch wird Bernhards gelegentliche Deutung der *sponsa* des Hohenliedes auf die Kirche getilgt, so dass in Wagings Text nur noch ein Dialog zwischen der andächtigen Seele und dem göttlichen Bräutigam geboten wird. Erweiterungen gegenüber der Vorlage, die unter anderem Mahnungen zu einer strengen Lebensform enthalten, sind an ein weibliches Publikum gerichtet. Werner Höver geht davon aus, dass die Übersetzung speziell für Beginen verfasst wurde; betrachtet man aber die Überlieferung, ist m.E. doch eher anzunehmen, dass dieses bedeutende Werk für breitere weibliche Religiosenkreise verfasst wurde. So gelangte die Übersetzung, die in drei Tegernseer Handschriften enthalten ist, in reformierte Klöster verschiedener Orden, etwa in die Salzburger Benediktinerinnenkonvente St. Peter und Nonnberg, ins Münchener franziskanische Terziarinnenkloster, das Pütrich-Regelhaus, sowie ins Dominikanerinnenkloster St. Nikolaus in undis in Straßburg.

Als separater Traktat ist Wagings mit weiteren Quellen verbundene Bearbeitung von Bernhards Predigt 33, ‚Von viererlei Anfechtungen', überliefert, in dem vier zentrale monastische Versuchungen behandelt werden: die Furcht vor klösterlicher Askese, die eitle Selbstzufriedenheit, die Heuchelei und der im mittäglichen Glanz erscheinende verführerische Teufel, der als ein ‚Engel des Lichts' verkleideter Satan auftreten kann. Auch in diesem Text geht es um die so häufig behandelte *discretio spirituum* („Unterscheidung der Geister").

Zu den vermutlich frühesten Werken Wagings gehört der um 1451 verfasste ‚Traktat von der Bewegung der Seele', eine Übersetzung der Propositiones 32–54 aus dem ‚Decaperotision' (Zehnfragentraktat) des Tegernseer Theologen Johannes Keck. Dessen lateinisches Werk entstand 1447 als Antwort auf die Anfragen des Propstes Johannes Rothuet von Indersdorf in Bezug auf den Übertritt Bernhards. Auch hier behandelt der übersetzte Ausschnitt die im observanten Schrifttum so häufig erörterte Frage nach der Unterscheidung der Geister, wobei Keck auf Heinrich von Friemar (vgl. S. 274) und vor allem auf Jean Gersons ‚De consolatione theologiae' und ‚De probatione spirituum' zurückgreift. Johannes Keck hat ein voluminöses lateinisches Œuvre hinterlassen, in der Volkssprache gibt es von ihm lediglich eine Übersetzung von Paternoster, Ave Maria und Credo.

Werner Höver teilt die Schriften des ‚Tegernseer Anonymus' in Werke der spekulativen Mystik und in Ascetica. Die zwölf vorwiegend mystagogischen Texte finden sich allesamt in der Salzburger Handschrift St. Peter, cod. b VI 15, aus der dortigen Benediktinerabtei St. Peter, wo sie wohl für die dortigen Konversen gedacht waren. Dennoch gelangten einige dieser Schriften auch in Frauenklöster, die Bernhard von Waging ebenfalls mit Literatur versorgen wollte, immerhin war St. Peter ein Doppelkloster. Das in der Salzburger Handschrift gebotene Textkorpus kann als sorgsam konstruierter Leitfaden für das spirituelle christgemäße Leben von streng klausurierten Nonnen und Laienbrüder gesehen werden. Eingeleitet wird das Ensemble durch die Übersetzung von Bernhards von Clairvaux Hoheliedpredigten. Im Anschluss daran folgt der kurze Traktat ‚Von der wahren Braut Christi', die sich bei einer Ausführung über den Magnetstein auf den gelehrten Römer Macrobius beruft. Wenn einer untreuen Frau der Magnetstein unter den Kopf gelegt wird, fällt sie aus ihrem Bett. Dies wird dann auf die andächtige Seele, die Braut Christi, hin gedeutet. Eine Quelle für den Text ist nicht bekannt, also könnte es sich auch um ein ursprünglich deutsches Werk und keine Übersetzung handeln. Danach wird eine Weihnachtspredigt geboten, die einen knappen Abschnitt aus einem Sermo Bernhards von Clairvaux enthält, aber in der Hauptsache aus einer kürzenden Übersetzung des Traktats ‚De quinque festivitatibus pueri Iesu' von Bonaventura besteht. Es folgen als nächste Texte ein kurzer Beichttrakt, ebenfalls ohne bekannte lateinische Vorlage, sowie ein Traktat über Lc 2,14, der sich mit der Gottesgeburt in der Seele des Menschen befasst und sich als Kompilation mit Auszügen aus Werken Richards von St. Viktor, Bernhards von Waging und Textstücken aus den Predigten 60 und 45 Meister Eckharts

(DW III und II) erweist. Auch im nächsten Text, einem mystagogischen Sendbrief, werden im Schlussteil Textstücke aus einer Predigt Eckharts verwertet (32, DW II). Von wesentlich größerem Umfang ist der darauffolgende ‚Traktat über die drei Wege zu Gott‘, der sich aus stark gekürzten und zusammengefassten Auszügen aus der sog. ‚Theologia mystica‘ des Kartäusers Hugo von Balma sowie aus Bonaventuras ‚Lignum vitae‘ und dem anonymen ‚Stimulus amoris‘ (vgl. Bd. III/1) zusammensetzt. Hugos Werk wurde auch ‚De triplici via ad sapientiam‘ genannt und aufgrund des Titels häufig für ein Werk Bonaventuras gehalten. Anschließend bietet Waging eine Teilübersetzung von Hugos ‚Theologia mystica‘, die sich auch in zwei weiteren Handschriften findet. In seinem einflussreichen Traktat beschreibt Hugo den traditionellen dreifachen Weg zur *unio mystica* über die *via purgativa, illuminativa* und *unitiva*. Es folgen sodann Schriften, die sich erneut mit dem Thema Unterscheidung der Geister befassen. Zunächst kommt die oben erwähnte Teilübersetzung von Johannes Kecks ‚Decaperotision‘, ‚Von Unterscheidung der Geister‘, gefolgt von Jean Gersons ‚De probatione spirituum‘, ‚Erprobt die Geister, ob sie aus Gott sind‘ (Io 4,1). Anschließend wird eine Kompilation von Auszügen aus drei mystagogischen Traktaten Gersons geboten, ‚Von Unterscheidung oder Teilung des Geistes und der Seele‘. Es folgt ein Traktat zum Weihnachtsfest über Lc 2,14, in dem Richards von St. Viktor ‚Adnotatio mystica‘ verwertet wird sowie eine Teilübersetzung von Wagings ‚De spiritualibus sentimentis et perfectione spirituali‘. Es geht auch hier um den Aufstieg der Seele zu Gott. Mit Bonaventura geht es dann weiter, und zwar mit einer Teilübersetzung seines ‚Itinerarium mentis in deum‘ (Kap. 4–7), worauf ein Mosaiktraktat folgt, der aus Exzerpten aus verschiedenen Predigten Meister Eckharts sowie aus der Predigt des Johannes von Sterngassen über die Reinheit (vgl. Bd. III/1) besteht. Zum Abschluss des mystagogischen Teils der Handschrift geht es um den kürzesten Weg zu Gott. Der Text bietet vor allem Exzerpte aus einigen Schriften Gersons. Betrachtet man das Ganze, so weist die gezielte thematische Zusammenstellung der Texte sowie die kompilatorische Leistung des Verfassers auf einen gelehrten, im theologischen Schrifttum bewanderten Verfasser hin, was durchaus als weiteres Argument für die Beteiligung Wagings als Kompilator und Übersetzer zu werten ist. Ansonsten bietet die Salzburger Handschrift wegen Lagenverlusts nur noch einen Teil eines mehrfach überlieferten Eucharistietraktats, dessen Quelle ebenfalls unbekannt ist. Es könnte sich um ein ursprünglich deutsches Werk Wagings handeln, zumal hier wie in einer seiner lateinischen Schriften auf einen Traktat des Matthäus von Krakau (vgl. S. 238) Bezug genommen wird. Der Anlass, eine Sammlung von mystagogischen Schriften zu übersetzen und so die Nonnen und Novizen des Ordens in den mystischen Diskurs einzubinden, steht höchstwahrscheinlich im Zusammenhang mit der zwischen 1453 und 1460 geführten Auseinandersetzung um die mystischen Schriften Gersons und die Schrift ‚De docta ignorantia' des Nikolaus von Kues v.J. 1440. Diese wurden vom Kartäuser Vinzenz von Aggsbach, der sich für eine rein affektive Mystik einsetzte, in Streitschriften heftig attackiert. Er griff auch Waging direkt an, der bereits 1451 eine Lobschrift auf Nikolaus von Kues, das ‚Laudatorium docte ignorancie', verfasst hatte. Waging wies die Argumente des Kartäusers entschieden zurück. Der Streit, der sich auch auf andere bayerische Klöster auswirkte, kam 1460 zu einem versöhnlichen Ende.

Eine Sammlung von acht Traktaten rechnet Höver einer Gruppe von „Ascetica" zu. Sie finden sich in München, cgm 778, aus Tegernsee und in Salzburg, St. Peter cod. b II 10, aus dem dortigen Frauenkloster sowie in cgm 263 (unbekannte Provenienz) in Auswahl. Sie sind weniger anspruchsvoll als die mystagogischen Schriften und richten sich gezielt an Religiosen, vor allem an observante benediktinische Nonnen, wahrscheinlich an die im Konvent St. Peter. Der erste Text, der Sendbrief ‚*Ein predig geschehen zü geystleichen personen*', ist eindeutig für Klosterfrauen gedacht und behandelt die Wirkungen der Gnade und des wahrhaften Friedens. Es folgt der Traktat ‚*Wider klainmütikhait vnd jrrend gewissen*', der letztlich auf Gersons ‚De remediis contra pusillanimitatem' zurückgeht, der wiederum von Waging fast wörtlich in sein Traktat ‚Remediarius contra pusillanimes et scrupulosos' übernommen wurde; also lag im Wesentlichen Wagings Text dem deutschen Text zugrunde. Dort werden die Gründe für Kleinmütigkeit und ein irrendes Gewissen thematisiert sowie Wege zu ihrer Überwindung. Eine wesentlich kürzere Schrift ohne bekannte lateinische Vorlage befasst sich unter Berufung auf mehrere Autoritäten mit dem Laster des Eigenwillens und dessen verschiedenen Folgen. Der vierte Text, eine Abhandlung über die Unterscheidung zwischen Natur und Gnade, besteht aus einer Kompilation aus Buch 3, Kap. 54 der ‚Imitatio Christi' des Thomas von Kempen und Kapitel IV,1 von Heinrichs von Friemar ‚De quattuor instinctibus'. Im nächsten Traktat, ‚*Von virlay eingeystung*', dient Heinrichs Werk weiterhin als Quelle, mit stark gekürzten Übersetzungen von Kapitel IV, 2 und III und I. Sodann folgen Ausschnitte aus der Übersetzung einer Hohelied-Predigt Bernhards von Clairvaux und aus der Gerson-Kompilation, in denen es wie im Vorangehenden um das *Probate spiritus*-Thema geht („Prüfe den Geist, ob er von Gott kommt"), das für Waging eindeutig ein zentrales Anliegen bei der *cura monialium* war.

Ein weiteres Waging zugeschriebenes Werk ist die in zwei Handschriften überlieferte Teilübersetzung von Richards von St. Viktor ‚Benjamin major'. Diese Schrift bietet eine Anleitung zur Kontemplation, die von sechs Stufen der Beschauung handelt. Auch wenn keine Tegernseer Handschrift des Textes überliefert ist, gilt die Autorschaft Wagings als gesichert. Der ‚Sendbrief *Trostung den betrůbten vnd laydsamen*', auf Neujahr 1454 datiert, ist ebenfalls eine Übersetzung aus Bernhards eigenem Werk ‚Consolatorium tribulatorum', Kap. 1–3, das an zwei Empfänger ging: an die Nonnen in St. Peter und an einen *frewndt gots* und *nach dieser werlt wolgeporen edle[n] ritter*. Bernhard hatte den lateinischen Traktat zwar 1461 als Trostbuch dem Eichstätter Bischof Johann III. von Eych gewidmet, greift aber im deutschen Text auf eine ältere Version zurück. Ein kurzer Sendbrief von ihm an Klosterfrauen ist in München, cgm 778, enthalten. Dort geht er auf einige Fragen zu der *regleichen profess* ein, die ihm von einem Nonnenkloster zugesandt worden seien. Hier betont er, welche grundsätzlichen Vorteile die Pflege einer observanten Lebensform bietet, um geistliche Vollkommenheit zu erreichen. Die Nonnen hätten ihm von ihren Schwierigkeiten bei der strengen Befolgung der Regel geschrieben, worauf er *durch wenig geschrifft genügsamleych anttwurten* wolle, zumal *daz weibleich geschlächt khranck* (schwach) *vnd klainmutig ist*.

Christian Bauer weist Bernhard von Waging drei weitere Werke zu. Seine Autorschaft für eine in cgm 778 enthaltene Übersetzung von Bonaventuras ,Itinerarium mentis in Deum', Kap. I,8-II,3 und eine weitere in zwei Fassungen und vier Handschriften überlieferte Teilübersetzung von Albertus Magnus' Eucharistietraktat ist für Werner Höver allerdings schwer nachweisbar; nur die Übersetzung von Wagings eigenem Traktat ,De cognoscendo Deum' in cgm 743 ist für ihn erwägenswert.

Ein weiterer hochaktiver Tegernseer Übersetzer war der aus Salzburg stammende Wolfgang Kydrer (um 1420–1487), der auch in Wien studierte und lehrte. Er war bis 1462 als Säkularkleriker an einigen Orten tätig, legte aber in jenem Jahr in Tegernsee die Profess ab. Neben einer Vielzahl lateinischer Werke verfasste er mehrere Übersetzungen, die ihm, anders als dies bei Bernhard von Waging der Fall war, vom Tegernseer Bibliothekar zugeschrieben werden. Er verfertigte eine Teilübersetzung von ,De planctu ecclesiae' (II,53–91) des Franziskaners Alvarus Pelagius, einem Werk, das im ersten Teil von der Stellung des Papstes und dem Zustand der Kirche um 1330 handelt und im zweiten Teil eine ausführliche kritische Ständelehre bietet. Im Tegernseer Textstück geht es um klösterliche Tugenden und Laster, speziell die von Klosterbrüdern. Vor 1477 hat Kydrer ,De nuptiis spiritualibus' des Dominikaners Juan de Torquemada (vgl. S. 303), ,Ayn tractat von der geystlichen hochzeit', übersetzt. Kydrer verfasste auch eine umfangreiche Übersetzung der ,Meditationes de passione domini' des Rebdorfer Augustinerchorherrn Silvester von Rebdorf (vgl. S. 484), die in drei Tegernseer Handschriften überliefert ist. Wahrscheinlich stammt von ihm auch der ,Tractat von der Liebe Gottes und des Nächsten', eine Übersetzung des mystagogischen ,Dialogus de modo perveniendi' des Basler Kartäuserpriors Heinrich Arnoldi von Alfeld, die allerdings anonym überliefert ist. In diesem Werk, das sich ursprünglich an monastische Rezipienten richtete, will Arnoldi anhand der Schriften der Väter, Heiligen und Doktoren den trägen Geist dazu anregen, sich um den Aufstieg zu Gott zu bemühen. „Nicht vernunftmäßiges Verstehen, sondern vom Affekt her gesteuerte Hingabe ist das erstrebte Ziel des Dialogs" (D. D. Martin). Ob auch 30 deutsche Gebete, die sich mit anderen Werken Kydrers in cgm 780 befinden, sowie andere anonyme Übersetzungen, die in Tegernseer Handschriften enthalten sind, von ihm stammen, bleibt noch zu klären.

Das Doppelkloster St. Peter in Salzburg
Auf die engen Verbindungen Tegernsees sowie Melks zum 1431 reformierten Doppelkloster St. Peter in Salzburg ist bereits mehrfach hingewiesen worden. Beide Klöster wurden im Dienste der strengen Observanz tätig. Zwei Petersfrauen wurden z.B. 1455 nach Augsburg entsandt, um bei der Reform des dortigen Klosters St. Nikolaus zu helfen. Der Erfolg hielt aber nicht lange, man bat die Nonnen zwei Jahre später, nach Salzburg zurückzukehren. Im Frauenkonvent St. Peter entstand eine gut bestückte Bibliothek; nicht nur von den Nonnen selbst geschriebene Handschriften, sondern auch Geschenke von außen trugen zum Bestand bei. So schickte der Augsburger Domherr Hans Wildsgefert den Petersfrauen als Dank für ihren Einsatz ein zweibändiges Exemplar von ‚Der Heiligen Leben', das von der Augsburger Berufsschreiberin Clara Hätzlerin hergestellt worden war.

Ursula Satzenhofer wechselte mit Erlaubnis ihrer Äbtissin *vm geistlicher zucht willen* vom Kloster Niedermünster in Regensburg nach St. Peter. Sie legte dort 1469 ihre Profess ab. Die offenbar Gebildete, die ihre beachtlichen Lateinkenntnisse vermutlich in Regensburg erworben hatte, übersetzte um 1488 die ‚Meditationes de passione domini' Silvesters von Rebdorf (vgl. S. 485), die in einer nicht von ihr selbst geschriebenen Handschrift von 1488 überliefert sind (Salzburg, St. Peter, cod. b VIII 27).

In den letzten Jahren des Jahrhunderts verfasste Wolfgang Walcher *auff begeren der wirdigen geystlichen klosterfrawen von Sant Peter zw Salczpurg* eine Vielzahl von Übersetzungen. Der aus Kösching bei Ingolstadt stammende Walcher legte 1482 seine Profess in St. Peter ab und war dann 1495/96 kurzzeitig im Wiener Raum tätig. Nach 1496 war er Beichtvater der Petersfrauen, sodann wurde er 1502 zum Abt des Männerklosters gewählt; er starb 1518.

In zwei autographen Handschriften aus den Jahren 1497/98 und 1500 aus St. Peter, die nach der Aufhebung des Konvents i.J. 1583 ins Kloster Nonnberg gelangten, ist fast sein Gesamtwerk enthalten. In München, cgm 4393, sind Walchers Übersetzungen fast aller Schriften Jean Gersons überliefert, die sich im dritten Band von dessen in Basel gedruckter Werkausgabe befanden. Nur Walchers Übersetzung von Gersons ‚Opus tripartitum' I,16 geht nicht auf diesen Druck zurück. Mithin ist Walcher der wohl bedeutendste Gerson-Übersetzer neben Johannes Geiler. Zu den übersetzten Traktaten zählten auch diejenigen, die Gerson ursprünglich auf Französisch für seine in einer Glaubensgemeinschaft lebenden Schwestern verfasste, so etwa die lateinische Übersetzung von ‚La montaigne de contemplation'. In cgm 4394 übersetzt Walcher dann Texte der Kirchenväter, beginnend mit dem umfangreichen ‚Hoheliedkommentar' Gregors des Großen, ergänzt durch den Kommentar Roberts von Tumbelene. Enthalten sind ferner Übersetzungen von Lc 7,36–50, Gregors Homilie 33 über Maria Magdalena und ‚De lapsu virginis' eines Pseudo-Hieronymus. In mehreren Handschriften überliefert ist Walchers Übersetzung von Pseudo-Augustinus ‚Manuale de verbo dei' v.J. 1499. Im selben Jahr entstand auch ein *todten prieff*, eine Übersetzung einer von einem unbekannten Kartäuser verfassten Sterbelehre, die bereits in lateinischen Handschriften für Mitglieder des Benediktinerordens umgestaltet wurde. Nur ein einziges Werk von Walcher ist offenbar keine Übersetzung: In cgm 4394 ist ein von ihm stammender, elf Strophen umfassender Hymnus auf Maria Magdalena überliefert, der ein frühes Beispiel für sapphische Strophen bietet.

Insgesamt handelt es sich um Werke, die für die Unterstützung des spirituellen Lebens observanter Nonnen und als Anleitungen zu einer kontemplativen Lebensform verfertigt wurden. Die hohe Autorität der Verfasser der übersetzen Texte wird von Walcher immer wieder betont. Dass er auf die Übersetzung von katechetischer Literatur verzichtete, lag wohl daran, dass die Bibliothek der Petersfrauen gegen Ende des Jahrhunderts damit bereits ausreichend bestückt war.

Beim sog. ‚Salzburger Apostelbuch' aus der ersten Hälfte des 15. Jahrhunderts, das Magdalena Reinswidlin aus dem 1462 aufgelösten Salzburger Domfrauenkloster bei ihrem Eintritt in St. Peter mitbrachte, ist eine Entstehung im bairisch-österreichischen Raum (Salzburg?) anzunehmen. Indizien auf die Verfasserschaft fehlen. Enthalten sind Prosalegenden von insgesamt 13 Aposteln, wobei die Legenden von Matthias und Paulus sowie Simon und Judas als eine Legende zusammengefasst werden.

Es waren aber nicht nur die Mönche aus St. Peter, die die Nonnen betreuten, sondern auch bisweilen Säkularkleriker wie der in der Stadt hochangesehene Nikolaus Vitztum, der fast drei Jahrzehnte in verschiedenen Salzburger Kirchen und in St. Peter als Prediger tätig war. Ab 1485 ist Vitztum als *stiftprediger* urkundlich bezeugt. Wolfgang Walcher stellte ihm sogar zwölf Gulden für eine Wallfahrt nach Aachen zur Verfügung. Leider ist nur eine einzige Predigt von ihm erhalten, die vermutlich am letzten Sonntag vor dem ersten Advent gehalten wurde. Darin geht es nach scholastischer Manier eingehend um die *menschberdung Jesu Christi des sun gotz*, beginnend mit der Frage, warum Gott die Menschen und nicht die gefallenen Engel erlösen wollte, bis hin zur menschlich-natürlichen Entwicklung Jesu im Leib Mariens und seiner Geburt. Dabei zitiert Nikolaus mehrere Autoritäten und beruft sich besonders häufig auf Alexander von Hales.

Nicht zu verwechseln mit Nikolaus Vitztum ist ein *maister* Niklas von Salzburg, der zwei Predigten vermutlich vor 1435 gehalten hat. Die beiden Texte sind in vier Melker Handschriften und einer Tegernseer

Handschrift überliefert; der älteste Textzeuge stammt von dem mehrfach belegten Wiener Berufsschreiber Paulus von Nikolsburg. Die erste Predigt geht auf die Frage ein, warum Paulus in den dritten Himmel entrückt wurde (2 Cor 12,2 ff.). Er werde dafür gepriesen, dass er 14 Jahre lang nicht davon gesprochen habe, was Niklas dann veranlasst, eingehend über angemessenes Reden zu sprechen. Am Ende mahnt er die Prediger, nicht darüber zu sprechen, was ihnen selbst gefalle, sondern was für die Zuhörer geeignet sei. In der zweiten Predigt, der ein biblisches Thema fehlt, geht es um fünf Wege Gottes zur Seele.

Das Schrifttum des Thomas Finck
Zu den produktivsten Übersetzern des Melker Reformkreises im Dienste observanter Frauenklöster gehört der Blaubeurer Mönch Thomas Finck, dessen wechselhafte Biographie Klaus Graf akribisch zu rekonstruieren vermochte. Finck, um die Mitte des Jahrhunderts geboren, studierte 1471 in Basel und wurde 1473 *Baccalaureus artium* der *via moderna* (des Ockhamschen Nominalismus). Er heiratete 1473 eine Barbara, die aber bereits 1481 starb. Im selben Jahr heiratete er Ursula Mangold, Tochter eines Ratsmitglieds in Schwäbisch Gmünd. Er setzte sein Studium an der 1477 gegründeten Universität Tübingen fort, wo er promoviert wurde. Finck ist 1483 als Arzt in Kirchheim unter Teck belegt. Bereits 1484 starb Ursula während einer Pestwelle. Die Schicksalsschläge in seinem Leben bewegten ihn vermutlich, 1485 in das 1451 reformierte Melker Kloster Blaubeuren einzutreten. Er hielt sich 1489 in den Klöstern Elchingen (bei Ulm) und 1493 in Lorch auf, beide ebenfalls Melker Reformklöster. Zwischen 1506 und 1515 trat Finck schließlich in die noch strengere Kartause Güterstein ein, wo er 1523 starb. Auch während seiner Zeit als Religiose blieb er als Arzt und als Verfasser medizinischer Fachschriften tätig. Ebenso hielt er an seinen engen Verbindungen nach Tübingen fest, etwa zu Gabriel Biel (vgl. S. 487), was sich auch in der Wahl seiner übersetzten Schriften bemerkbar macht.

Betrachtet man die Überlieferung von Fincks Schriften, so stammen alle genauer lokalisierbaren Handschriften aus reformierten Frauenklöstern verschiedener Orden. Sein Übersetzungswerk ist vor allem für die Erbauung von Ordensfrauen gedacht, er sieht sich als *ain besonder gůter günner aller gaistlichen frowen*. Charakteristisch für seinen Übersetzungsstil ist ein eher lockerer, auf die kontemplative Lebensform seiner observanten Adressatinnen hin ausgerichteter Umgang mit seinen Vorlagen.

In welcher Reihenfolge Finck seine Werke in einem Zeitraum von über 20 Jahren verfasste – seine letzte datierte Schrift entstand 1507 –, lässt sich kaum genauer klären. Auch Zuweisungen an ihn sind mitunter problematisch. Zu seinen ersten datierten Werken gehört die Übersetzung der ‚Scala paradisi' (auch ‚Scala claustralium') des Kartäusers Guigo II., Prior der

Grande Chartreuse bei Grenoble von 1174–1180; sie ist in der Münchener Handschrift cgm 6940 auf 1485 datiert. Der relativ kurze Text wird in seiner breiten Überlieferung auch Bernhard und Augustinus – wie in Fincks Vorlage – zugeschrieben. Ausgehend von Mt 7,7, werden die vier geistlichen Grade, die den Übungen der Mönche zugrunde liegen, als Leiter zu Gott gedeutet: die *lectio* ist die intensive Lesung der Bibel, die *meditatio* ist „die eifrige Tätigkeit des Gemüts in der Erforschung einer verborgenen Wahrheit mit Hilfe der eigenen Vernunft" (K. Ruh), die *oratio* das Drängen des Herzens nach Gott und die *contemplatio* das Verweilen in der Gegenwart Gottes und die Vereinigung mit ihm.

In München, cgm 6940, der 1491/92 geschrieben wurde, finden sich weitere frühe Texte Fincks. So ist dort die von ihm 1489 in Elchingen verfasste Übersetzung der pseudothomasischen Schrift ‚De beatitudine' enthalten, eine Seligkeitslehre, in der der „Nachvollzug göttlicher Vollkommenheit auf einer via perfectionis ... nicht im vergleichsweise unzulänglichen Zustand der *unio mystica* [endet], sondern ... darüber hinaus zur unmittelbaren Vereinigung der Seele mit Gott in der ewigen Seligkeit [führt]" (J. Brecht). Auch die erste von mehreren Übersetzungen und Bearbeitungen von Traktaten Jean Gersons durch Finck ist in dieser Handschrift enthalten: ‚De mendicitate spirituali', eine weitere kontemplative Schrift, die Gerson ursprünglich in französischer Sprache an seine Schwestern gerichtet hatte. Später übersetzte Finck Gersons ‚De remediis contra pusillanimitatem', einen Gewissenstrost, in dem Gerson den geplagten Skrupulösen rät, „gegen ihre Skrupel zu handeln". Im cgm 6940 findet sich auch eine Übersetzung von ‚De fine religiosae perfectionis' des Johannes' von Kastl (vgl. S. 407), die Finck 1491 verfertigte. Weiterhin enthalten sind ‚Sprüche der heiligen Lehrer' – *vß gezogen vß måncherlay bůcher mit flíß für ettlich gaistlich personen, die mir jn sonder jn gaistlicher liebe enpfolchen sind* – sowie die spätantike ‚Epistola ad Demetriadem' des Pelagius (vor 415), ein Brief, der einer edlen römischen Jungfrau beim Gestalten eines asketischen Lebens behilflich sein soll, der Hieronymus zugeschrieben wurde.

Drei Traktate Gersons integrierte Finck in den Jahren 1491/92 in einem sehr umfangreichen ‚Passionswerk', ‚**Der Passion unseres Herrn Jesu Christi**', dessen Hauptquelle die ‚Vita Christi' des Kartäusers Ludolf von Sachsen war. Finck verfasste den Text für Ordensfrauen, die *villicht diese materi ze tütsch nit habent*. Er hält sich aber keineswegs streng an Ludolf, sondern verwertet auch Werke von jüngeren Autoritäten wie Heinrich von Langenstein, Nikolaus von Dinkelsbühl, Bernhardin von Siena, Juan de Torquemada, Thomas von Kempen, dem noch lebenden Gabriel Biel. Dazu fügte er Übersetzungen von Schriften Gersons bei, die erneut von der Skrupulosität in der Selbstbetrachtung handeln, etwa ‚De exercitiis discretis devotorum simplicium', ‚De diversis temptationibus diaboli' sowie ein Exzerpt aus dessen ‚De differentia peccatorum mortalium et venalium'. Gerade in den zur asketischen Lebensform verpflichteten Klöstern war – wie bereits schon öfter gesehen – der Umgang mit der *scrupulositas* ein Dauerthema. Das ‚Passionswerk' ist mit neun Handschriften die verbreitetste Schrift Fincks.

Bemerkenswert ist eine Anekdote, die Finck bei der Behandlung der Gefahren, die vom Glauben an falsche Träume und Erscheinungen ausgehen können, einflicht. Dafür bietet er aber auch ein positives Beispiel für den richtigen Umgang mit solchen Ereignissen. 1491 sei er in ein Frauenkloster geschickt worden, *wo ain geyst sey vmbgangen*. Er fragte die *oberin* danach, die aber nichts erzählen wollte. Erst als er versprach, weder den Orden noch den Ort des Klosters zu nennen und das Ereignis in seinem Werk zu einzubringen, *do uberwand ich sy*. Sie berichtet, dass ein verstorbener gottesfürchtiger Mann aus der Nachbarschaft im Kloster als Geist erschienen sei und sehr gelitten habe, weil er im Leben nicht immer fromm genug gewesen sei. Er bittet die Nonnen um Rosenkranzgebete und um Messen. Nach 33 Messen erschien er nicht mehr. Dieses Exemplum soll dazu dienen, dass man weiß, *wie man gefangen seln erlösen vnd in helfen sol*.

Zu den aus heutiger Sicht bemerkenswertesten Werken, die Finck übersetzte, gehört die 1454 entstandene und approbierte Abhandlung ‚De apparitionibus animarum separatarum' des Erfurter Kartäusers Jakob von Paradies (von Jüterbog; 1381–1465), die sich der Problematik von Visionen und supranaturalen Erscheinungen widmet, mit der sich – wie schon öfters gesehen – viele der renommierten Theologen der Zeit beschäftigten. Die ‚Gespensterschrift' behandelt das Problem der möglichen Kontaktaufnahme von Hinterbliebenen mit aus dem Jenseits zurückkehrenden, um Erlösung bittenden Seelen in Klöstern, Kirchen, Friedhöfen und Häusern.

Jakob von Paradies, von dem über hundert Abhandlungen, Traktate und Briefe überliefert sind, war zunächst Zisterzienser in Paradies bei Meseritz (Bistum Posen), studierte und lehrte an der Krakauer Universität, war an der Reform von Klöstern seines Ordens beteiligt, trat dann aber 1442 in die Erfurter Kartause ein. Die vollständige Reform der Kirche stand im Mittelpunkt seines Schaffens. Die Schrift ‚De apparitionibus animarum separatarum' erfuhr eine beachtliche Verbreitung: Über 90 Handschriften und dreizehn Druckausgaben sind erhalten.

Fincks Übersetzung richtet sich auch hier an ein weibliches Klosterpublikum, das vor jeder Lauheit im klösterlichen Leben gewarnt wird. Den Frauen bietet er einen Präventivmaßnahmenkatalog, der zur Unterstützung bei der Belästigung durch herumgeisternde Seelen dienen soll. Finck begnügt sich wie üblich nicht mit einer Übersetzung des Traktats, sondern fügt Material aus mehreren Quellen hinzu. Die Aussage, er habe *ouch allerlay bewerter geschrifft dar vnder vermischet*, bezieht sich auch auf Eingriffe, bei denen er an einigen signifikanten Stellen von Jakobs Ansichten abweicht. Während Jakob z.B. darauf beharrt, dass ungetaufte Kinder ebenfalls verdammt sind, macht Finck dies gewissermaßen vom Glauben der Eltern abhängig: für *die kinder aller juden, ketzer vnd haiden, die on touff verschaiden vnd noch nit komen sint ze bruch* (zum Gebrauch) *irer vernunfft* träfe dies nicht zu. Als Autorität zitiert er Gerson, der sich im Falle ungetaufter Kinder auf die Gnade Gottes beruft. Bemerkenswert ist ein von Finck offenbar selbst erfahrenes Spukerlebnis in seiner Küche zur Zeit der Pestwelle 1482. Er betont: *Solhs bekenn ich, der diß büchlin getütschet hatt.* Er sei im Bett mit seiner inzwischen verstorbenen Ehefrau gewesen, als es gespukt habe. Die Ehefrau habe daraufhin heimlich Messen und Almosen gelobt, woraufhin der Poltergeist in der Küche Ruhe gegeben habe.

‚De apparitionibus animarum separatarum' ist nicht nur von Finck übersetzt worden. Der lateinische Text Jakobs vom Paradies wurde von Konrad Fyner in Esslingen gedruckt; die vermutlich von einem Uracher Fraterherren verfasste, die Vorlage recht genau, nur leicht inhaltlich bearbeitende Übersetzung wurde ebenfalls um 1478 in dessen Offizin herausgegeben. Die Modifizierungen zielten auf einen laikalen Adressatenkreis.

Eine inhaltliche und z.T. wörtliche Aufnahme von Jakobs Traktat stammt von dem Franziskaner und Würzburger Weihbischof G e o r g A n t w o r t e r (um 1430–1499). Seine kurze ‚B e l e h r u n g ü b e r d a s B e s c h w ö r e n v o n G e i s t e r n' in Form eines Briefs ist nur einmal überliefert und entspricht etwa einem Kapitel seiner Vorlage. Adressat ist ein Junker, der über Erscheinungen geklagt hatte. Laut Antworter gibt es gute und böse Geister, und er gibt dann Anweisungen zur Vorbereitung und Durchführung von Geisterbeschwörungen. Dafür liefert er einen umfangreichen lateinischen sowie einen kurzen deutschen Beschwörungstext. Seine Hauptquelle nennt Antworter nicht, bei der *formm* der Beschwörung habe er das Vorgefundene *gepeßert nach dem vnd mich bedůnckt mit got zu stan vnd der geschrifft*. Zu Beginn entschuldigt sich Antworter wegen beruflicher Überlastung für den langen Abstand zwischen Anfrage und Abfassung des Texts. Er kündigt zum Schluss einen Traktat über gute und böse Geister an, der allerdings nicht überliefert ist.

Finck hat wahrscheinlich auch ein zweites Werk von Jakob übersetzt, ‚De praeparatione ad sacramentum eucharistiae, einen Abendmahlstraktat, der ursprünglich an männliche Klostergeistliche gerichtet war. Auch hier weicht die Übersetzung von der Vorlage ab, indem sie für die Bedürfnisse eines weiblichen Adressatenkreises umgestaltet ist.

Während eines Aufenthalts in Lorch 1493 verfasste Finck ein umfangreiches ‚B ü c h l e i n v o n d e n s i e b e n T a g z e i t e n'. Es handelt sich um einen auf vielen Quellen basierenden Traktat über Fragen, die sich auf die Verpflichtung zum Stundengebet beziehen. Gewidmet ist das in vier Handschriften überlieferte Werk der Meisterin Helena von Hürnheim im Benediktinerinnenkloster Urspring *loblicher obseruantz*. Finck will damit Klosterfrauen motivieren, die Tagzeiten gewissenhaft einzuhalten und die dafür vorgesehenen Texte mit großer Andacht zu hören, zu sprechen oder zu singen. Er geht dabei deutlich auf klösterliche Missstände ein, z.B. Ausflüchte vor dem Stundengebet, das Spielen von Fastnachtsliedern auf der Orgel u.a.m.

Etwa um 1498 verfertigte Finck eine stark kürzende Übersetzung und Bearbeitung der ‚Fraterherren-Viten' des Thomas von Kempen (‚Dialogus noviciorum II-IV), dessen Œuvre Finck offenbar gut kannte. Übersetzt hat Finck insgesamt elf Viten, so etwa die von Geert Groote, Florens Radewijns und Gerard Zerbolt van Zutphen; zwischen den Viten und im Anschluss an sie integriert Finck Belehrungen und Mahnungen, die zu einer strengen klösterlichen Lebensführung auffordern. Auch einen kurzen Bericht über einen erfreulichen persönlichen Besuch in einem observanten Frauenkloster fügt er bei.

Fincks enge Verbindungen zur Universität Tübingen zeigen sich in seiner Übersetzung von Konrad Summenharts Traktat ‚Tractatulus pro monialibus ad vitandam simoniam in receptione noviciarum', worin simonistische Praktiken in Frauenklöstern gegeißelt werden. Der aus Calw stammende Summenhart (um 1458–1502) studierte in Paris und ab 1478 in Tübingen, wo er vier Mal zum Rektor ernannt wurde. Er hatte seine Schrift 1496 auf Bitten einer reformaffinen Äbtissin und ihres Konvents (vielleicht der Zisterzienserinnen in Heggbach?) verfasst. Hier klärt er juristische Fragen, berät die Nonnen in Bezug auf Gewissenskonflikte und darüber, mit welchen rechtlichen Mitteln man sich aus simonistischen Verstrickungen zu befreien vermag. Finck verfasste die Übersetzung für *Closterfrowen* und *schwestern zů vermyden die schwåren sůnd der Simony Jn dem vffnemen der nouitzen*.

Von Summenhart, der sich in Reformbestrebungen aktiv engagierte und klösterliche Missstände hart attackierte, sind zwei umfangreiche volkssprachliche Werke überliefert. In den Heidelberger Handschriften cpg 205 und cpg 436 befindet sich eine Übersetzung der pseudo-augustinischen ‚Meditationes' als ‚Betrachtungen des göttlichen Augustini', die Summenhart für Eberhard im Bart anfertigte. Dies geht aus Summenharts 1496 gehaltenen Trauerrede auf den verstorbenen Eberhard hervor, in der er berichtet, die Übersetzung auf Geheiß Eberhards verfertigt zu haben. Der cpg 205 stammt aus dem Besitz Eberhards. Das Werk wurde auch 1492-95 in Reutlingen gedruckt. Zudem übersetzte Summenhart die Bücher Ecclesiastes und Sapientia aus dem Alten Testament, die zusammen in cpg 37 überliefert sind.

Die einzige Handschrift mit Fincks Übersetzung von Summenharts ‚Tractatulus pro monialibus', die Straßburger Handschrift ms. 2797, stammt aus dem Chorfrauenstift Inzigkofen (v.J. 1500). Dort und vollständiger im St. Galler Cod. 971 findet sich sein ‚Traktat von den monastischen Gelübden' v.J. 1498, der an eine Zisterzienserin gerichtet ist. Allerdings bespricht Finck hier nur zwei Gelübde, Armut und Keuschheit, weil er wegen Erschöpfung habe abbrechen müssen. Er hatte versprochen, auch den Gehorsam zu behandeln, aber *Jch bin gantz erlegenn.* Immerhin habe er in seinem Passionstraktat *vast vil daruon geschriben.*

An Frauen gerichtet (*du dienerin*) sind Fincks ‚Sprüche der heiligen Lehrer', die in München, cgm 6940, und Wien, Cod. 2943, überliefert sind. Es handelt sich um *ettliche hailsame lere vnd sprúch der hailgen lerer, vß gezogen vß måncherlay búcher mit fliß fúr ettlich gaistlich personen, die mir jn sonder jn gaistlicher liebe enpfolhen sind.* Offenbar ist das Werk für Benediktinerinnen gedacht, da Benedikt als *vnser hailiger vatter* bezeichnet wird.

Nur in einer ursprünglich Söflinger Handschrift mit vorwiegend hagiographischen Texten (Wien, cod. 13671) findet sich eine Übersetzung der Legende des Märtyrers Adrianus von Nikomedien, eines römischen Offiziers, der unter dem Kaiser Galerius Valerius Maximianus zusammen mit anderen Christen auf höchst brutale Weise hingerichtet wurde. Finck habe den Text 1507 *getútschet vß einem alten buch, daz by III^c jor alt ist.*

Es gibt schließlich einige Schriften, bei denen man Finck als Verfasser vermutet hat. Als wahrscheinlich gilt eine Übersetzung von Bonaventuras ‚Epistola continens XXV memorialia', ein Schreiben an einen franziskanischen Bruder über den Weg zur Vollkommenheit. Der Text steht jedenfalls unmittelbar vor Fincks ‚Scala paradisi'-Übersetzung in cgm 6940. Kurt Ruh verzeichnet drei weitere einfach überlieferte anonyme Übersetzungen dieses Sendbriefs, eine alemannische und eine bairische, sowie eine Druckausgabe aus Speyer (um 1498).

Noch nicht genauer überprüft ist eine Übersetzung von Pseudo-Augustinus ‚De vita Christiana' in Berlin, mgo 574, die Christoph Fasbender als mögliches Werk Fincks zur Diskussion stellt. Immerhin folgen auf diese Übersetzung in der Handschrift drei weitere Schriften Fincks. Klaus Graf stellt auch eine Reihe von medizinischen Schriften Fincks zusammen. Jedenfalls ist ihm beizustimmen, dass Finck „in die erste Reihe der um 1500 in Südwestdeutschland wirkenden deutschsprachigen Autoren zu stellen" sei. Nur wenige haben derart umfangreiche Schriftcorpora im Dienste der Observanz verfasst.

Literatur im Rahmen der Bursfelder Reform

Die erfolgreichste benediktinische Reformbewegung ging von der niedersächsischen Abtei Bursfelde aus, die 1436 von ihrem Abt Johannes Dederoth im Zusammenwirken mit dem Abt von St. Matthias in Trier, Johannes

Rode, initiiert wurde. Rode war ursprünglich Kartäuser. Die von ihm entworfene neue Klosterdisziplin, die sog. ‚Trierer Konstitutionen', setzte sich zusammen aus verschiedenen benediktinischen Consuetudines, aber vor allem aus der eremitischen Spiritualität der Kartäuser, die das monastische Leben der Klöster innerhalb der Bursfelder Reform im Wesentlichen prägen sollte. Rode fügte in die Trierer Konstitutionen ganze Kapitel aus den Kartäuserstatuten ein. Enge Beziehungen zur Windesheimer Reformbewegung führten auch zu zahlreichen Einflüssen auf die Gestaltung der neugefassten *consuetudines*, *constitutiones* und *statuta*. Die sich zu einem straffen Verband entwickelnde Bursfelder Reformbewegung wurde 1446 vom Basler Konzil als Kongregation anerkannt. Etwa 90 Männerklöster gehörten ihr schließlich an, und zwar Abteien von Trier im Westen bis Erfurt im Osten, im Nordwesten bis in den niederländischen Raum, südlich bis Hirsau und Alpirsbach im Schwarzwald. Das Erfurter Peterskloster entwickelte sich zu einem weiteren Reformzentrum. Zu den berühmtesten Bursfeldern gehörte der in Sponheim und Würzburg literarisch aktive ‚Klosterhumanist' Johannes Trithemius, von dem jedoch nur Lateinisches überliefert ist (vgl. S. 554).

Auch zahlreiche Frauenklöster wurden von den Mönchen der Bursfelder Kongregation reformiert und betreut, aber nicht inkorporiert. Leider ist nur noch wenig für sie verfertigte Literatur von dort erhalten geblieben; nachweisbar sind zudem nur wenige Autoren aus der Kongregation, die volkssprachliche Literatur verfassten. In Köln betreuten die zwei Bursfelder Benediktinerabteien, St. Pantaleon und Groß St. Martin, die Ordensschwestern der Stadt. Aus deren Benediktinerinnenpriorat St. Mauritius stammt die umfangreiche Münsteraner Handschrift Ms. N.R. 5000, in der Lesepredigten von Seelsorgern verschiedener Orden vom Ende des 15. Jahrhunderts enthalten sind. Fast alle datierten Predigten der Münsteraner Handschrift sind 1489–1492 in der Klosterkirche gehalten worden. Einige Datierungen sind jedoch unsicher, da die 55 Predigten des Codex, die auch als *collacien* (Unterrichtungen) bezeichnet werden, erst 1537 wohl von mehreren wesentlich älteren Vorlagen abgeschrieben wurden. Besonders stark vertreten sind hierbei zwei Mönche aus St. Pantaleon, Andreas Küchler mit 19 und Nikolaus von Gießen mit sieben Predigten. So gut wie alle diese Schriften bedürfen noch der gründlichen Untersuchung.

Die frühesten Texte der Handschrift stammen vom Abt der Kölner Benediktinerabtei Groß St. Martin, Adam Meyer (um 1410–1499). Er ist eine für die Kölner Benediktiner besonders bedeutsame Gestalt. Wie Johannes Rode kam er aus St. Matthias in Trier, trat um 1430 dort in den Orden ein und wurde 1454 zum Abt der Kölner Abtei gewählt, an deren Reform er bereits 1448 mitgewirkt hatte. 1455 führte er das Kloster der Bursfelder Kongregation zu und gestaltete es zu einem vorbildlichen Reformkonvent aus. Er war auch als Visitator und Reformer in der Erzdiözese

Köln bis nach Friesland und Holland aktiv. Sein Werk umfasst eine lateinische Novizenlehre und Predigten, ein Großteil davon ist verschollen. Seine vier deutschen Predigten in der Münsteraner Handschrift sind sehr stark auf Fragen der Klosterreform ausgerichtet.

Ebenfalls in der Handschrift vertreten ist der aus einer Eßlinger Patrizierfamilie stammende Ulrich Kridwis. Er studierte in Köln und promovierte dort 1470 zum Doktor der Theologie. An der Universität bekleidete er zweimal das Amt des Rektors, einmal amtierte er als Vizekanzler. Zudem hatte er bedeutende Stellungen am erzbischöflichen Hof inne. Als (Mit-)Kommissar und (Mit-)Reformator in St. Mauritius hielt er 1483 und 1493 zwei Visitationspredigten, die „eine Neigung zur bildlichen Einkleidung" zeigen, „aber sonst kaum bedeutend" sind (D. Schmidtke).

Von einem Kaplan Heinrich von St. Mauritius, *cappelain deser kirchen*, der wahrscheinlich als Heinrich von Soest zu identifizieren ist, stammen in der Münsteraner Handschrift zwei Predigten. Heinrich immatrikulierte sich 1473 an der Kölner Universität und ist 1498 als Kaplan bei den Benediktinerinnen bezeugt. Die erste Predigt ist letztlich eine teilweise kürzende Version von Heinrich Seuses ‚Lectulus-floridus-Predigt', die zweite ist eine Ansprache zu Mariae Opferung mit dem Thema Apc 12,1.

Andreas Küchler stammte aus Breslau, war von 1475–1483 Komtur der Johanniterpriesterkommende Zittau und trat 1483 ins Benediktinerkloster Weißenburg im Elsass ein. 1487 wurde er als Abt nach St. Pantaleon zu Köln berufen, wo er bei der Durchsetzung der Bursfelder Reform entscheidend mitwirkte. Er starb 1502. Das St. Pantaleon gegenüber nicht ganz selbständige St. Mauritiuspriorat war bereits 1483 reformiert worden und der Bursfelder Kongregation zugeordnet. Eine Predigt Küchlers zum Karfreitag dauerte circa vier Stunden (*umbtrynt* [ungefähr um] *tzwa uren bys an VI uren*), in der er die Passion in 10 Stationen oder Wegen auslegt und sich vor allem an den Verstand und nicht an das Gefühl der Nonnen wendet. Er befasst sich gerne mit „mehr oder weniger spitzfindige[n] Probleme[n] ... die er häufig unter Beiziehung von Autoritäten (nicht selten Thomas von Aquin) beantwortet" und die zudem „durch das scholastische quaestiones-Wesen" beeinflusst sind (D. Schmidtke). Auch die Reformbewegung spricht er in mehreren Predigten an, so etwa in einer allegorischen Gartenpredigt, in der er den Zustand eines reformierten Klosters als Ideal anführt.

Der ebenfalls sehr angesehene Nikolaus von Gießen kam aus St. Matthias in Trier, in Köln amtierte er ab 1488 als Beichtvater in St. Mauritius und war um 1501 Abt der Pantaleonsabtei. Er kehrte nach Trier zurück und starb dort 1505 oder 1506. Vier seiner Predigten sind auf 1492 datiert und beinhalten vor allem Tugendlehren, in denen er sich rhetorisch geschickt auf die Lebenswelt der Nonnen ausrichtet. Ein wichtiges Thema ist dabei die Buße. Durch Gleichnisse als Mittel zur Verdeutlichung seiner Bot-

schaft sind seine Predigten lebendig und einprägsam. Von ihm stammt
auch eine allegorisch gestaltete Weihnachtspredigt über die ‚Vierzehn
geistlichen Jungfrauen', in der es um die geistliche Geburt Jesu in
der Seele des Menschen geht (vgl. Tl. 2). Die lateinische Vorlage der Predigt
stammt aus dem ‚Arbor vitae crucifixae Jesu' des Hubertinus von Casale
(vgl. S. 396), auf den auch einige andere deutsche und niederländische
Sermones zurückgehen.

In den norddeutschen lüneburgischen Klöstern gab es mehrere Erfolge bei
der Durchsetzung der Bursfelder Observanz, und zwar auch bei den Zisterzienserinnen der Region. Wie im Süden wurden observante Schwestern zur
Durchführung der Reformen in andere Klöster entsandt, sie blieben aber
mit ihren Heimatkonventen eng verbunden, was dem Literaturaustausch
durchaus zugutekam. Wie im Süden wurden die Nichtreformwilligen in der
Regel in andere Klöster verdrängt.

Die Klöster Ebstorf und Lüne
Die Reform des Benediktinerinnenklosters Ebstorf in der Nähe von Uelzen
wurde vom Abt des Bursfelder Klosters Huysburg 1470 initiiert, der die de-
signierte Äbtissin und zwei Nonnen aus dem observanten Benedikterin-
nenkloster Hadmersleben (Diözese Halberstadt) zur Reform nach Ebstorf
entsandte. Anfängliche Schwierigkeiten ergaben sich vor allem durch eine
gründliche Liturgiereform, die den gesamten Gottesdienst des Klosters umfasste – die alten liturgischen Gesangsbücher wurden sogar zerschnitten –;
dann setzte sich schließlich ein observantes Leben mit gemeinsamen Tischlesungen durch. Voraussetzung dafür waren Lateinkenntnisse, die für alle
Nonnen in intensivem Unterricht zu erwerben waren. Anders als bei Klosterfrauen im Süden forderte und förderte die Bursfelder Observanzbewegung im Norden eine aktive und passive Beherrschung des Lateins durch
die Nonnen und stellte mithin den Lateinunterricht in reformierten Frauenklöstern auf eine neue Grundlage. Unter den 51 im heutigen evangelischen Kloster Ebstorf erhaltenen mittelalterlichen Handschriften, die fast
alle in der Zeit nach der Reform entstanden sind, finden sich neben den
geistlichen Texten fast ausschließlich Schulmaterialien wie etwa der ‚Vocabularius Ex quo'. Über die Hälfte der Ebstorfer Handschriften enthält lateinische Werke, etwa die ‚Imitatio Christi' des Thomas von Kempen, Teile der
‚Vita Christi' Ludolfs von Sachsen und Heinrich Seuses ‚Horologium sapientiae'. Zahlreich vertreten in der Bibliothek sind auch lateinische und
niederdeutsche Gebet- und Gesangbücher.
    1487 verfasste eine Schwester die flüssig geschriebene kurze lateinische
‚Ebstorfer Chronik' des Klosters, von der Gründung um 1165 bis zur
Reform, in der sie diverse Quellen verwertet. Für die Gründungsgeschichte
benutzte sie offenbar heute verschollene Urkunden, die Legende der Ebstor-

fer Märtyrer und die Mauritiuslegende des Bischofs Eucherius von Lyon. Für die jüngere Geschichte des Klosters dienten die Erinnerungen älterer Nonnen als Grundlage. Die lange Zeit zwischen der Klostergründung und der Reform wird allerdings nicht näher berücksichtigt. Vor dieser Chronik findet sich in derselben Handschrift v.J. 1494 ein ebenfalls lateinischer Reformbericht, in dem auf die Erziehungsziele und den Lateinunterricht grundsätzlicher eingegangen wird. Dort schwärmt die Verfasserin davon, welch ein Genuss es sei, im Gottesdienst die Lektionen und alles aus den Evangelien auf Latein verstehen zu können, statt sich ohne Lateinkenntnisse im Chor zu langweilen, weil man letztlich nichts davon begreife, was gesagt oder gesungen werde. Beide Texte waren höchstwahrscheinlich für die Tischlesung im Refektorium gedacht.

Unter den bisher nur wenig untersuchten niederdeutschen geistlichen Texten aus Ebstorf findet sich eine Reihe anonymer Übersetzungen, deren genauere Entstehungsumstände kaum zu klären sind. Erhalten sind zwei Handschriften mit der Benediktinerregel, die eine ist verbunden mit Anweisungen zu den geistlichen Pflichten der Nonnen. In drei Handschriften sind umfangreiche Predigtsammlungen vom ausgehenden 15. und beginnenden 16. Jahrhundert überliefert. Dort werden u.a. die Jahrespredigten von Jacobus de Voragine mehrfach verwertet. Die eine Handschrift, Ebstorf, Klosterbibliothek, Cod. VI 5, enthält eine große Sammlung von Lesepredigten für Herrenfeste, Marienfeste und die Kirchweihe. Darunter findet sich auch die 1515 gehaltene allegorische ‚Ebstorfer Drei-Gärten-Predigt', in denen die Gärten Ewige Weisheit und heilige Schrift, Maria, Kloster und religiöses Leben gedeutet werden. Die zweite Handschrift, Cod. VI 6, bietet eine bunte Sammlung von 23 Predigten für Herrenfeste, Marienfeste, Kirchweihe, zur Einweisung der Novizinnen, zu den Änderungen nach der Einführung der Reform und zur Messe am Heiligen Abend sowie zur Benediktinerregel. Der dritte Band mit 17 Predigten, Cod. VI 19, beschränkt sich auf Advents- und Weihnachtspredigten.

Der Cod. IV 12 enthält eine Sammlung niederdeutscher Übertragungen oberdeutscher mystagogischer Literatur des 13. und 14. Jahrhunderts, u.a. Texte Meister Eckharts, das ‚Frauchen von 22 Jahren', Exzerpte aus Schriften Bernhards von Clairvaux und Heinrich Seuses – dessen Schriften in Ebstorf mehrfach überliefert sind –, kurze Predigttexte des Johannes von Sterngassen und ‚Sprüche der fünf Lesemeister' (Fassung II; vgl. Bd. III/1). Enthalten ist auch das ‚Harfenspiel vom Leiden Christi', eine Passionsallegorie, die die letzten Worte des Gekreuzigten im Bild der Harfe und des Harfenspiels fasst. Christi Leiden werden im ersten Teil mit einer Harfe verglichen, die einzelnen Teile des Instruments werden mit seinen Gliedmaßen bzw. Wunden versinnbildlicht. Im Hauptteil wird der Leser in einer Allegorese des Harfenspiels aufgefordert, stets mit Lust auf der Harfe zu spielen, d.h. sich in Christi Leiden zu versenken und dadurch auch eigenes

Leid freudig zu ertragen. Seine sieben letzten Worte sollen dabei als Vorbild dienen. Der Text schließt den deutschen Teil der Handschrift ab; er ist ebenfalls in Cod. IV 20 aus Ebstorf und weiteren niederdeutschen Handschriften anderer Provenienz überliefert.

Eine niederdeutsche Übertragung von Seuses ‚Büchlein der Ewigen Weisheit' mit Einschüben aus dessen ‚Horologium sapientiae' findet sich in Cod. VI 9, zusammen mit Übersetzungen von Heinrichs von Friemar ‚De quattuor instinctibus' (vgl. S. 274) – beide sind im niederdeutschen Raum mehrfach überliefert –, von Johannes Herolts ‚Tractatus de decem praeceptis' in veränderter Form, dazu von einer verkürzten Version des ‚Evangelium Nicodemi' sowie von der aus dem 14. Jahrhundert stammenden Vaterunserauslegung ‚Adonay, gewaltiger herre'.

Der Cod. VI 28 bietet eine Übersetzung des ‚Speculum artis bene moriendi' des Wiener Theologen Nikolaus von Dinkelsbühl, die hier in der wahrscheinlich von Dietrich Engelhus (vgl. Tl. 2) bearbeiteten Version ‚Kunst to stervende' aus dem ersten Drittel des 15. Jahrhundert vorliegt. Der hochgebildete aus Einbeck stammende Geistliche und Schulmeister Engelhus war mit dem Bursfelder Abt Johannes Dederoth befreundet und zeigte besonderes Interesse für kirchliche Reformen.

Im Cod. VI 17 aus dem 2. Viertel des 16. Jahrhunderts ist das ‚Ebstorfer Liederbuch' enthalten, das 13 geistliche und vier weltliche Lieder ohne Melodien überliefert – zwei davon nur fragmentarisch –, von denen sechs auch im ‚Wienhäuser Liederbuch' (vgl. S. 441) und zwei in der ‚Deventer Liederhandschrift' enthalten sind. Offenbar wurde es als nicht notwendig erachtet, Angaben zu den Tönen beizusteuern. Die weltlichen Lieder fallen dabei nicht unbedingt aus dem Rahmen, „da die ausgeprägte Liebes- und Blumenmetaphorik der geistlichen Lieder und die Kontrafazierung eines Tons erkennen lassen, daß sie im engeren und weiteren Sinne als ‚Formulierungshilfe' dienten" (A. Holtorf). Es ist mitunter an den Reimen zu erkennen, dass einige Texte aus dem oberdeutschen Raum stammen, so etwa das im 14. Jahrhundert entstandene populäre Lied ‚Es kommt ein Schiff geladen', über dessen genaue Herkunft immer noch Unklarheit herrscht (A. Suerbaum). In den geistlichen Liedern geht es mehrfach um Marienverehrung sowie um „‚objektives', Erlösung im Jenseits gewährendes Heilsgeschehen (*wir*-Lieder) ... oder ‚subjektive' Herzensbindung an Jesus und dessen Erlösungstat auf Erden (ich-Lieder)" (A. Holtorf). Neben den Liedern sind in Cod. VI 17 zudem diverse Kleintexte aufgenommen worden (u.a. Bibelzitate, Gebete).

Von dem anderen durch die Bursfelder Kongregation reformierten Lüneburger Benediktinerinnenkloster, etwa dem 1481 von Ebstorf aus reformierten Lüne bei Lüneburg, ist kaum noch etwas von einer Bibliothek vorhanden. Von besonderem Interesse ist indes eine Sammlung von knapp 1800 Briefen (von ca. 1460–1555), die von den Lüner Nonnen in Latein an den Klerus, in Niederdeutsch an den Lüneburger Rat, Familienmitglieder und Freunden, oder in einer kunstvollen niederdeutsch-lateinischen Mischsprache bei der Kommunikation der Klöster untereinander verfasst wurden. Aufgrund der strengen Klausur waren die Nonnen „existentiell auf eine schriftliche Kommunikation in praktisch allen ‚Lebensfragen', auch für die Verwaltung ihrer oftmals großen Grundherrschaften, Pfarr- und anderen Rechte angewiesen" (E. Schlotheuber). Lüne war ein wichtiges Zentrum in der Region und kommunizierte daher mit den dort bedeutenden religiösen und politischen Instanzen. Die Briefe, die sich an geistliche Empfänger richten, gehen etwa zur Hälfte nach Ebstorf, der Rest an weitere reformierte Frauenkonvente und Mitglieder des Klerus. Sie bieten außerordentlich reichhaltige Quellen zu den Netzwerken der reformierten Nonnen und thematisieren vielfach Reformangelegenheiten und Bücheraustausch.

Von einer Nonne in Lüne ist um 1530 auch eine lateinische Klosterchronik aus älteren Aufzeichnungen zusammengestellt worden. Sie ist in drei Kategorien eingeteilt: zuerst die Zu- und Abgänge, die Einkleidung, Profess und Krönung der Nonnen sowie ihr Ableben, zweitens die liturgischen Aufzeichnungen zu den Festlichkeiten des Kirchenjahrs, und drittens Vermischtes – etwa Berichte über Baumaßnahmen und das Leben im Kloster.

Volkssprachliches Schrifttum in Klöstern der reformierten Zisterzienserinnen

Die norddeutschen Klöster

Bei der Reform der lüneburgischen Zisterzienserinnen spielte der Windesheimer Chorherr Johannes Busch (vgl. S. 480) eine wesentliche Rolle. Er wurde 1451 vom Kardinallegaten Nikolaus von Kues zum päpstlichen Visitator ernannt und erhielt damit die Vollmacht, sämtliche Klöster der Diözesen von Meißen bis Verden zu reformieren, und zwar unabhängig von ihrer Ordenszugehörigkeit. Zwei nicht dem Orden inkorporierte Zisterzienserinnenklöster, Wienhausen und Medingen, wurden von Busch nach den Richtlinien der Windesheimer Kongregation reformiert.

Das Kloster Wienhausen

Johannes Busch kam 1469 nach Wienhausen bei Celle mit einer Delegation, zu der Herzog Otto II. von Braunschweig-Lüneburg und zwei Hildesheimer Äbte der Bursfelder Kongregation gehörten sowie Nonnen aus dem Zisterzienserinnenkloster Derneburg, dessen Reform Busch ebenfalls veranlasst hatte. Die Inhaberinnen von Klosterämtern wurden zur ‚Umerziehung' in andere Konvente geschickt. Nach heftigen Auseinandersetzungen wurde die Derneburgerin Susanne Potstock 1470 in Wienhausen als Äbtissin eingesetzt und die Reform abgeschlossen. In Wienhausen ließ die Reformäbtissin zahlreiche liturgische Bücher neu schreiben, einige Handschriften brachte sie aus Derneburg mit.

In zwei Handschriften, von denen eine eindeutig in Wienhausen entstanden ist, während die zweite entweder aus Ebstorf oder Medingen stammen dürfte, ist ein zum Vorlesen bestimmtes ‚Vorbereitungsbuch für Novizinnen' überliefert, das aus vier Lektionen besteht: die ersten drei beziehen sich auf die als Abschluss des Noviziats verstandene Jungfrauenweihe, die vierte auf die Ablegung der Profess. Hier wird Brautschaftsterminologie verwendet, wobei der Blick auf die Belohnung im Jenseits gerichtet ist. Eine Gartenallegorie wird im zweiten Teil entfaltet. Das Werk wird für die Lüneburger Reformklöster verfasst worden sein, eine Nonne als Autorin schließt Dietrich Schmidtke nicht aus.

Das bedeutende ‚Wienhäuser Liederbuch' ist das älteste und umfangreichste unter den spätmittelalterlichen-frühneuzeitlichen geistlichen Liederbüchern des niederdeutschen Raums. Die nur 40 Blätter umfassende Handschrift besteht aus einem „vielfältigen Sammelsurium von Pergament, unterschiedlichem Papier, einzelnen Blättern und kleineren eingebundenen oder angenähten Zetteln" (F. Roolfs). Bei vielen Blättern handelt es sich sogar um Papierreste und Makulatur. Eine der beiden Besitzeinträge könnte darauf hindeuten, dass ein Teil der Handschrift in Derneburg oder sogar in einem Männerkloster geschrieben wurde. Jedenfalls wurden die in der Handschrift enthaltenen Lieder und Texte nach und nach zusammengetragen. Nahe verwandt ist das Sammelwerk mit dem ‚Liederbuch der Anna von Köln' (elf Parallelen) (vgl. Tl. 2), dem ‚Ebstorfer Liederbuch' (acht Parallelen; vgl. S. 439), der niederländischen ‚Deventer Liederhandschrift' (fünf Parallelen) und dem verschollenen ‚Werdener Liederbuch' (vier Parallelen). Auch sie sind alle nach 1500 entstanden.

Neun der fünfzehn überlieferten Melodien stimmen mit bekannten lateinischen Hymnentexten der Weihnachts- und Osterzeit überein. Andere Melodien sind in anderen niedersächsischen, westfälischen und niederländischen-flämischen Handschriften notiert. Sie sind im ‚Wienhäuser Liederbuch' mit gotischen Hufnagelnotationen auf vier Linien versehen. Weitere Melodien von hier enthaltenen Liedern finden sich in späteren katholischen und evangelischen Gesangbüchern. Es handelt sich durchgehend um einstimmige Melodien.

Je nach Zählung (einige Strophen sind auseinandergerissen notiert, mehrere Texteinheiten der Handschrift müssten eigentlich zu einem Lied zusammengefasst werden), enthält das Liederbuch 52 bis 59 Lieder. Hinzu kommen Gebete, Sprüche und einzelne Sätze sowie ein Brieffragment der Äbtissin Katharina Remstede. Enthalten sind 17 lateinische und sechs mischsprachige Lieder, die restlichen Lieder und Texte sind niederdeutsch; zwei enthalten einen lateinischen Refrain.

Johannes Janota teilt die Handschrift in drei Teile. Der erste Teil bietet fast ausschließlich lateinische Lieder – sechs zu Weihnachten und drei zu Ostern, eines mit deutschem Refrain –, die ersten acht sind mit Melodien versehen. Am Ende des ersten Teils steht ein niederdeutsches Dialoglied zwischen Gott und der Seele sowie ein lateinisches Lied zur Kirchweih.

Der zweite Teil des ‚Wienhäuser Liederbuchs' bietet fast nur niederdeutsche Lieder oder Mischlieder mit einer Vielfalt an Themen. Die ersten drei sind Mischlieder, beginnend mit dem bekannten Weihnachtslied ‚In dulci iubilo' (vgl. Bd. III/1). Einen besonderen Schwerpunkt des Liederbuchs stellen die Marienlieder dar, in denen es vor allem um die jungfräuliche Mutter geht. Mariologisches ist auch in Liedern mit anderer Hauptthematik anzutreffen. Drei Lieder sind für die Spiritualität observanter Nonnenklöster besonders typisch, denn sie thematisieren die Kreuzesmeditation einer weiblichen Seele: das 18 Strophen umfassende Dialoglied *Heff up dyn cruce, myn alderleveste brut*, das mit Noten ebenfalls im ‚Werdener Liederbuch' als ‚Kreuztragende Minne' enthalten ist und von Christi Leiden und dessen Nachfolge handelt, das Dialoglied *Boge dyne strenge telgen* (starken Äste), in dem ein Gespräch zwischen *anima*, *crux* und Christus (vor)geführt wird, sowie das 26 Strophen umfassende Kreuzlied *O du eddele sedderenbom*, bei dem es sich wahrscheinlich um die Kontrafaktur des weltlichen Volkslieds *Bei meines bulen haupte* handelt, das allerdings erst in wesentlich späterer Überlieferung belegt ist. In einer Kreuzesmeditation bittet eine gottliebende Seele den „süßen Jesus" schließlich um die *unio*.

Ebenfalls der Kreuzesverehrung gewidmet ist das im deutsch-niederländischen Raum stark verbreitete allegorische ‚Geistliche Mühlenlied', in dem der Verfasser aus den vier Hölzern des Hl. Kreuzes eine Mühle bauen will. Der Schwerpunkt liegt indes weniger auf der Gestaltung der Mühle als auf ihrem Betrieb im Mahlvorgang, der als ein gegenwärtiges Heilsgeschehen für die gesamte Menschheit gedeutet wird. Die vier Paradiesströme sind der Mühlbach, die Kirchenväter und Apostel sind die Mahlknechte. Maria liefert das Korn, das die vier Evangelisten ausschütten und mahlen sollen. Die für alle Menschen arbeitende Mühle soll von Papst, Kaiser und Predigern gewartet werden. Das Lied ist vermutlich im Ostniedersächsischen entstanden.

Einige Lieder im zweiten Teil des ‚Wienhäuser Liederbuchs' handeln vom himmlischen Jerusalem, der Kreuzverehrung und der Weltabsage; enthalten ist u.a. auch ein Neujahrslied eines nicht näher zu identifizierenden ‚Bruders Konrad'. Zwei Lieder berichten von angeblichen Hostienschändungen: Das erste erzählt von den Breslauer Juden und deren Hinrichtung i.J. 1453, verfasst von einem ansonsten nicht bekannten ‚Jakob von Ratingen', das zweite berichtet vom Blomberger Hostienfrevel, der von einer jungen Frau aus Blomberg bei Detmold verübt worden sei. Als

Verfasser des Liedes wird ein ebenfalls unbekannter Tirich (Dietrich) Tabernes genannt. Auch diese beiden Lieder weisen marianische Motive auf.

Das mischsprachige ‚Klostergelübde' befasst sich ausdrücklich mit Klosterregeln und erwähnt dabei zweimal *Wynhusen*. Wo der Text entstanden ist, lässt sich nicht eindeutig klären, zumal er sich ebenfalls im Wolfenbüttler Cod. 498 Helmst. aus Wöltingerode befindet, und zwar mit Nennung dieses Klosters statt Wienhausen. Nicht nur hier ist im Liederbuch der Einfluss der Devotio moderna zu greifen.

Der dritte Teil des ‚Wienhäuser Liederbuchs' enthält nur niederdeutsche Texte. Dort findet sich u.a. eine 21-strophige Ballade über Elisabeth von Thüringen, beginnend mit ihrer Trauer beim Abschied ihres Mannes Ludwig, der zum Kreuzzug aufbricht, und endend mit der Abkehr Elisabeths vom weltlichen Leben.

Maßgebend für die Datierung der Handschrift ist das elfstrophige aus dem süddeutschen Raum stammende Marienlied ‚Maria zart', das wahrscheinlich in Verbindung mit dem Jubeljahr 1500 entstanden ist – jedenfalls ist keine Handschrift des verbreiteten Liedes vor 1500 datierbar. In mehreren Textzeugen steht, dass der Bischof von Zeitz einen vierzigtägigen Ablass für andächtiges Lesen, Singen oder Hören des Liedes gewährt habe. Vor allem die Melodie hat zur Popularität des Liedes beigetragen.

Weltliche Lieder finden sich im zweiten und dritten Teil der Handschrift: ein lateinisch-niederdeutsches Lied vom Esel, der studieren wollte, ein lateinisches ‚Hasenlied' und ein niederdeutsches als Gebet gestaltetes Lied von einem vor Gericht angeklagten *Cord Krumelyn*. Letzteres ist in der Handschrift in drei Texte aufgeteilt, die aber, wie ein Rostocker Einblattdruck von 1512 belegt, einst als achtstrophiges Lied zusammengehörten. Ein viertes weltliches Lied, ‚De kuckuck und de reygere' (Reiher), berichtet von einer Vogelhochzeit und steht auf einem der Handschrift vorgehefteten Vorsatzblatt. Am Ende der Handschrift ist eine in Reimprosa verfasste fragmentarische ‚Strafpredigt an die Nonnen' eingetragen.

Das Kloster Wöltingerode
Zu den umfangreichsten Buchbeständen eines norddeutschen Frauenklosters zählt die Bibliothek des bereits in den 1430er Jahren reformierten Zisterzienserinnenklosters Wöltingerode in Goslar. Erhalten sind mindestens 98 Handschriften und 35 Drucke vom 13. bis zum frühen 16. Jahrhundert, wobei auch hier der Hauptbestand aus der Zeit nach Einführung der Reform stammt. Hier dominieren ebenfalls lateinische Handschriften, zwölf Codices enthalten mischsprachliche Schriften, und in 14 lateinischen Handschriften finden sich einige niederdeutsche Texte, vorwiegend Gebete. Lediglich eine Handschrift – ein Gebetbuch – ist völlig niederdeutsch. 1572 wurden von Herzog Julius von Braunschweig-Lüneburg nur ‚reformations-

konforme Bücher' konfisziert und die *papistischen Bucher* im Kloster belassen; dieser Restbestand verbrannte 1676.

Im Wolfenbüttler Cod. 1144 Helmst. sind drei bisher noch nicht untersuchte Sendbriefe eines ‚Priesters Berthold' enthalten, die an eine Wöltingeroder Nonne adressiert sind. Der erste v.J. 1430 ist niederdeutsch und behandelt die Zeit des Noviziats mit einer Einweisung ins klösterliche Leben. Der nächste Brief, v.J. 1440, in dem es um *de tempore infirmitatis sue* geht, ist gänzlich auf Latein, der später verfasste dritte, *de tempore sanitatis sue*, ist undatiert und auf Latein mit einigen niederdeutschen Einsprengseln.

Cod. 1251 Helmst. bietet den Traktat ‚Kunst to stervende' des Dietrich Engelhus (s.o.) sowie eine gereimte ‚Herzklosterallegorie', die konkret an Klosterfrauen gerichtet ist. Die Tugenden werden als Nonnen, die Ämter bekleiden, bezeichnet – die Liebe ist die Äbtissin, die Weisheit die Priorin usw. – und Gebäudeteile allegorisch gedeutet. 267 von insgesamt 311 Versen behandeln die Auseinandersetzung der Tugenden im Kapitelsaal. Der Text geht auf eine unbekannte lateinische Quelle zurück, die mit dem Traktat ‚Introduxit me rex' eines Augustinerchorherren Johannes, Magister und Prior in St. Johannes in Vineis bei Soissons, verwandt sein muss. Auf dieser Quelle beruht auch eine zweite, mit 232 Versen aber wesentlich kürzere Version in Cod. 367 Helmst.

In Cod. 1251 Helmst. folgt auf die gereimte Herzklosterallegorie ‚Des hilghen gheystes closter' in Prosa. Das Werk ist in zwei weiteren Handschriften überliefert, von denen eine aus Brabant stammt.

Hier richtet der Hl. Geist nach Rücksprache mit Gottvater ein Frauenkloster ein und überträgt die Ämter: Die Bescheidenheit wird Äbtissin, die Liebe Priorin usw. Satan, *eyn vorste in deme lande to Sassen*, erreicht während der Abwesenheit der Oberen – sie visitieren ein Kloster – die Aufnahme seiner Töchter Gier, Unkeuschheit usw. im Kloster, wo sie gleich die Hauptämter übernehmen. Die legitimen Oberen fliehen bei ihrer Rückkehr zu Gottvater, bis der Hl. Geist die Bösen vertreibt und sich im Kloster eine Wohnung macht. Das Kloster wird als Herz eines jeden Menschen gedeutet.

Cod. 1255 Helmst. enthält eine Vielzahl von niederdeutschen Gebeten, darunter auch ein längeres Reimgedicht über die Zehn Gebote, sowie Katechetisches in Prosa.

In Cod. 1426 Helmst. ist ‚Der geistliche Freudenmai' überliefert. Dieses in zwei weiteren ostfälischen Handschriften überlieferte Lied, bestehend aus 19 vierzeiligen Strophen, handelt von der Vision einer Nonne, in der sich ein mit Blumen umkränzter Christus am Kreuz offenbart.

In Cod. 804 Helmst., die der Goslarer *plebanus* Henning Papetran dem Kloster schenkte, ist ein Tagzeitengedicht von Christi Leiden überliefert. Es besteht aus sieben Reimpaarstrophen zu 6 bis 10 Versen, die jeweils mit Bitten an Christus und *Amen pater noster* schließen. Erwähnt werden zudem andere Geschehnisse der Heilsgeschichte, das Abendmahl und Pfingsten. Die Handschrift enthält ebenfalls einen längeren bis jetzt noch nicht untersuchten Traktat über die Keuschheit. Ansonsten sind auch aus Wöltingerode keine umfangreicheren katechetischen oder erbaulichen Schriften mehr überliefert.

Das Kloster Medingen
Die Reform des Lüneburger Patriziern nahestehenden Klosters Medingen bei Bad Bevensen veranlasste 1479 der Propst Tileman von Bavenstedt nach Bursfelder Vorbild, durchgesetzt wurde sie durch die beiden Äbtissinnen aus Wienhausen und Derneburg zusammen mit Mitschwestern und Laienschwestern. Aus Medingen ist eine für norddeutsche Frauenklöster beachtliche Anzahl von 55 Handschriften überliefert, die sich in drei Gruppen aufteilen: liturgische Bücher aus der Kirche, Handschriften aus der Klosterbibliothek sowie Bücher für die persönliche Andacht der Nonnen. Auch ein heute verschollener Bestand an Büchern für die Laienschwestern ist offenbar vorhanden gewesen. Einige Handschriften wurden für die Ehefrauen von Lüneburger Patriziern, die an den klösterlichen Festgottesdiensten teilnahmen, angefertigt. In einigen Handschriften nennen sich Nonnen als Schreiberinnen.

Unter den erhaltenen Codices, die nach der Reform, also am Ende des 15. und Anfang des 16. Jahrhunderts entstanden sind, findet sich ein neuer Texttyp. Es handelt sich um anspruchsvoll gestaltete illuminierte O r a t i o - n a l i e n – illuminierte lateinisch-deutsche Gebetbücher –, die für die Meditation während der Messe, den Tagzeiten und den Zwischenzeiten bestimmt waren. Immer wieder wird z.B. darauf hingewiesen, dass gewisse Texte *dum exis de choro* – vom Chor zu den täglichen Aufgaben – gelesen werden sollten. Die Orationalien sind vorwiegend in Pergamenthandschriften im Oktavformat überliefert und machen mit circa 40 Handschriften die Mehrzahl des Medinger Überlieferungsbestands aus. Eine Vielzahl der Codices umfasst den Zeitraum um Ostern; die Feier von Weihnachten und der Karwoche bilden weitere Schwerpunkte. Auch Heiligen-Orationalien, etwa zu den Aposteln sowie zu Mauritius, dem Klosterpatron von Medingen und Ebstorf, sind mehrfach vertreten.

Über die Herkunft der zahlreichen niederdeutschen Lieder und sonstigen Texte in den Orationalien lässt sich so gut wie nichts Genaueres sagen. Walther Lipphardt ging davon aus, dass Medingen „das eigentliche Zentrum dieser Dichtung in niederdeutscher Sprache war", obwohl er auch vermerkte, dass einige Texte z.B. auch in Wienhäuser Handschriften enthalten sind. Dabei datierte er eine Reihe von ihm untersuchter Handschriften auf die erste Hälfte des 14. Jahrhunderts, wohl aufgrund des Befundes, dass es sich zumeist um altertümlich aussehende, repräsentative, mit Buchschmuck ausgestattete Pergamentcodices handelt, in denen z.B. die Textualis Gothica verwendet wird. Auch in Artikeln des Verfasserlexikons zu einzelnen Liedern der Medinger Handschriften wurden diese frühen Datierungen übernommen. Erst in Bd. 11 wurden diese Fehleinschätzungen korrigiert. Die schiere Anzahl niederdeutscher Lieder und Gedichte aus Medingen übertrifft aber das, was aus anderen Lüneburger Frauenklöstern überliefert ist. Nur weil ein Text unikal in einer Medinger Handschrift enthalten ist, muss er nicht dort entstanden sein. Dafür waren die Verbindungen und der Austausch der reformierten Konvente untereinander sowie zu anderen Bursfelder und Windesheimer Klöstern und zu Häusern der Brüder und Schwestern des Gemeinsamen Lebens zu eng. Die Verfasserfragen müssen daher offenbleiben, obwohl dies keineswegs gegen die Möglichkeit spricht, dass einige der Dichtungen in Medingen entstanden sind.

Die in den Orationalien enthaltenen zahlreichen Lieder und sonstigen Texte sind überwiegend lateinisch, aber auch volkssprachliche oder gemischtsprachliche Texte finden sich mit unterschiedlichem Anteil in den Handschriften, von denen keine mit einer anderen inhaltlich völlig übereinstimmt. Obwohl Handschriften mit lateinischen Texten dominieren, finden sich dort auch größere und kleinere niederdeutsche Einschübe, in Prosa oder gereimt. Es werden z.B. liturgische Gesänge des Propsteichores und der Nonnen zitiert, wobei letztere zumeist in niederdeutscher Sprache verfasst sind. In die primär niederdeutschen Handschriften wurden umgekehrt häufig lateinische Liturgietexte mit oder ohne Übersetzung als Zitate eingefügt oder längere Abschnitte lateinischer Andachtstexte übersetzt. Bei den Gedichten geht es in der Hauptsache um Gebete und Lobpreisungen.

Aus der hier nicht darstellbaren großen Zahl noch nicht systematisch erschlossenen Überlieferung des Klosters ragen zwei aus der Liturgie heraus entwickelte Gedichte zu Ostern hervor; unter der Überschrift *De dulcissima die pasche* sind in ihnen Elemente der lateinischen Liturgie integriert, und die beiden Texte werden durch eine kurze lateinische Erläuterung verbunden. Das erste Gedicht, das aus 80 Versen besteht, preist König David als wichtigen Zeugen der Auferstehung. Hier werden mehrere lateinische Psalterstellen und zwei weitere Bibelzitate eingefügt. Im zweiten, 123 Verse umfassenden, offensichtlich deutlich älteren Gedicht, das im lateinischen Zwischentext als neuer Psalm Davids angekündigt wird, geht es um die Liturgie des Ostertags, beginnend mit dem *Descensus ad inferos*, gefolgt von der eigentlichen Auferstehungsfeier sowie der *Visitatio sepulchri*, die mit dem Osterleis (Leis sind Lieder die mit ‚Kyrieeleison' abschließen) *Crist ist upstanden* und dem Osterlied *Nu gnade uns dat heylighe graf* (Helfe uns das Heilige Grab) verbunden wird. Beide Lieder sind übrigens mehrfach in Medinger Handschriften überliefert. Texte wie diese zeigen die neuen Wege bei der Gestaltung niederdeutscher geistlicher Literatur. Erneut wird der

Unterschied zur Literatur in süddeutschen Klöstern belegt, wo im Gegensatz zu norddeutschen Frauenklöstern Lateinunterricht nicht zu den generellen Voraussetzungen bei der Durchsetzung der Reformvorhaben gehörte.

Einige Lieder finden sich in mehreren Handschriften wieder, so etwa die niederdeutsche Version des 110 Distichen umfassenden lateinischen Osterhymnus ‚Salve festa dies', *Also helich is dese dach*, der in 13 Medinger Handschriften enthalten ist. Ebenfalls mehrfach überliefert sind der Weihnachtsleis ‚*Gelobet sistu Jesu Christ*', das Osterlied ‚*We scollen alle vrolik sin*', das vor der Reformation nur hier belegt ist, der Himmelfahrtsleis ‚*Nu bidden we den heyligen geyst*', der Fronleichnamsleis ‚*God si ghelouet unde benedyget*' sowie die beiden vorher genannten Osterlieder.

Bei den niederdeutschen Bestandteilen werden auch Elemente aus der Patristik, den Bibelkommentaren und anderen theologischen Werken, wie etwa den weitverbreiteten franziskanischen ‚Meditationes vitae Christi', mit niederdeutscher Hymnik und Lyrik verbunden. Vielfach werden die lateinischen Texte übersetzt und lehnen sich dabei syntaktisch eng an ihre Vorlagen an. Zu den Texten in Reimprosa gehört die Baumallegorie, die Dietrich Schmidtke aufgrund der Medinger Handschrift Ms. Theol 4° 74, die heute in der Lüneburger Stadtbibliothek liegt, ‚Lüneburger Maibaumtext' bezeichnet hat. Hier erscheint zunächst Christus als geistlicher Maibaum, Maria ist der Garten, in dem er gepflanzt wurde, und schließlich steht der Garten metaphorisch für den Himmel.

Ausführlichere niederdeutsche und lateinische Erbauungsliteratur wie etwa in Ebstorf fehlt unter der in der Welt verstreuten Medinger Überlieferung fast ganz. Es kann gut sein, dass über die Jahre nur die repräsentativen Handschriften für würdig befunden wurden, aufbewahrt zu werden, und der Rest entsorgt wurde. Der aus Medingen stammende Sammelband Göttingen, cod. Theol. 8° 204, bietet einige Werke volkssprachlicher Erbauungsliteratur. Auf den 1484 erschienenen Lübecker Druck einer Übersetzung der ‚Hieronymus-Briefe' des Johannes von Neumarkt folgt dort der ‚Klosterspiegel' aus dem ‚Kleinen Seelentrost' (zu beiden Werken vgl. Bd. III/1), ‚De veer uitersten' (die Übersetzung von Gerards van Vliederhoven lateinischem Traktat ‚Cordiale de quattuor novissimis'; vgl. S. 464) sowie der Kurztraktat ‚Von zwölf Zeichen der Gottesfreunde'. Dort werden zwölf Merkmale aufgeführt, die den Leserinnen ermöglichen sollen, die Gottgefälligkeit ihres Lebens in leicht memorierbarer Form zu überprüfen.

Gänzlich niederdeutsch ist auch das kleinformatige Gebets- und Andachtsbüchlein msc. 0066 der Bremer Staats- und Universitätsbibliothek, in dem sich u.a. eine Passionsharmonie, eine allegorische Deutung des Saitenspiels in Bezug auf den gekreuzigten Christus sowie der Kurztext ‚Zwölf Hindernisse eines devoten Lebens' enthalten sind.

Die Oxforder Handschrift Ms. Lat. Liturg. E 18, ein ‚Liber ordinarius' für den Medinger Propst, enthält Statuten für die *brodere vnd sustere werlik eder geystlik*, also für die Konversen beiderlei Geschlechts, denen das Betreten des Nonnenchors ohne Genehmigung verboten war. Besonders gefordert werden der Gehorsam, die Eintracht und das friedfertige Verhalten im Kloster sowie die Keuschheit, was besonders für die abgeschieden wohnenden Konversen gilt. Weitere Bestimmungen, etwa keine besondere Kleidung zu tragen, ein Testament zu verfassen bis hin zur richtigen Hühnerhaltung sind in dem auf Medinger Bedürfnisse abgestimmten Text enthalten.

Weitere Werke aus Lüneburger Klöstern
Höchstwahrscheinlich aus einem niederdeutschen Zisterzienserinnenkloster stammt das neben der ‚Niederdeutschen Legenda aurea' (14. Jh.) einzige größere niederdeutsche Prosalegendar, das sog. ‚Wolfenbütteler Legendar' (Cod. 316 Novi). Neben einer Passionsharmonie zu Beginn enthält die Handschrift 70 Prosatexte zu den Heiligen- und Hauptfesten und einzelne Mirakel in einem Anhang, die erst später hinzugefügt wurden. Die Legenden beschränken sich auf die Haupttheiligen, allerdings weist die Aufnahme von zwei zisterziensischen Heiligen, des Iren Malachias und des Edmund Rich von Abdingdon, auf ein für Zisterzienserinnen geschaffenes Werk, zumal diese Heiligen außerhalb des Ordens kaum bekannt waren und ihre Legenden im deutschen Raum einzig an dieser Stelle überliefert sind. Im Text zur Allerheiligenlegende wird von der Rettung eines in Goslar verschütteten Bergmanns erzählt, der durch Messen vom Hungertod gerettet wurde, was Wöltingerode als Herkunft der Handschrift nahelegt. Als Quelle des Legendars ist vermutlich ein lateinischer Heiligenpredigtzyklus anzunehmen, denn die z.T. umfangreichen Texte bestehen vorwiegend aus einer Bibelwortauslegung, die sich auf die Tugenden der jeweiligen Heiligengestalt bezieht, sowie aus deren Legenden. Zumeist wird auf posthume Mirakel verzichtet.

Aus anderen reformierten lüneburgischen Frauenklöstern ist wenig Volkssprachliches überliefert. Es fragt sich – auch im Blick auf die reformierten Benediktinerinnen –, warum dies so ist. Immerhin zeigt sich in der Ebstorfer Überlieferung ein gewisses Interesse an volkssprachlicher Mystagogik und Erbauungswerken, was vielleicht ein Indiz für die Bestände der anderen Klöster in vorreformatorischer Zeit sein könnte. Kam es vielleicht generell nach der Einführung der Reformation in den Konventen dazu, dass dort die volkssprachlichen Werke ‚katholischer' bzw. *papistischer* Autoren aussortiert und beseitigt wurden? In Medingen sorgte der rigorose Herzog Ernst von Braunschweig-Lüneburg i.J. 1539 dafür, dass die Äbtissin einen großen Teil des Bücherbestands vernichtete. Bereits am Ende der 1520er Jahre war es auf seine Veranlassung in Wienhausen zu einem ähnlichen Aussortieren gekommen, und 1572 geschah Ähnliches in Wöltingerode.

Nähme man derartiges nicht auch in den anderen Klöstern an, so müsste man aufgrund der überlieferten Bestände schließen, dass sich die norddeutschen Nonnen überhaupt nur in geringem Umfang mit katechetischer und erbaulicher Literatur beschäftigen konnten, zumal ihnen nur wenig von derartigem Schrifttum auf Latein zur Verfügung stand. Selbstverständlich müssten die Druckbestände bei dieser Frage berücksichtigt werden, zu denen es aber bislang noch keine eingehenderen Untersuchungen gibt.

Reformen in süddeutschen Zisterzienserinnenklöstern

Im Zisterzienserorden entwickelte sich im gesamten deutschen Raum keine so entschiedene Reformbewegung wie bei den Bettelorden, den Benediktinern und den Augustinerchorherren. Die Reformen beschränkten sich auf einzelne Klöster und Klostergruppen, die sich aus verschiedenen Gründen zu einer strengeren Lebensform entschieden oder dahin geleitet wurden; zu Kongregationen kam es aber nicht. Einzelne Klöster, die auf Veranlassung weltlicher Machtkreise oder durch Initiativen einzelner Religiosen zu einer strengeren Lebensform geführt wurden, standen zumeist kaum miteinander in Verbindung. Mitunter wurden sie wie im Norden von Geistlichen anderer Orden betreut. So sind für die Zisterzienserinnen in Heggbach Texte von observanten Seelsorgern dreier Orden verfasst worden.

Wie in den Klöstern anderer observanter Orden gehörte bei den reformierten Zisterzienserinnen des Südens die Herstellung einer Bibliothek zu den selbstverständlichen Aufgaben. Recht gut erhalten sind die Bestände aus dem schwäbischen Konvent Kirchheim am Ries, in dem ausschließlich Nonnen adliger Herkunft lebten. Hier setzten um 1473 intensive Reformbemühungen der Äbtissin Magdalena von Oettingen ein. Es entstand eine enge Beziehung zu dem Doppelkloster der Birgitten in Maihingen, das Kirchheim auch mit Schriften versorgte, sowie zum observanten Benediktinerkloster St. Ulrich und Afra in Augsburg.

Das Kloster Lichtenthal

Zu den bemerkenswertesten und souveränsten Verfasserinnen geistlicher Literatur des späten Mittelalters gehört zweifellos die Zisterzienserin R e - g u l a aus Kloster Lichtenthal bei Baden-Baden. Der Beschluss, das Kloster Lichtenthal „an Haupt und Gliedern" zu reformieren, wurde vom Generalkapitel in Citeaux 1426 gefasst. Drei Zisterzienseräbte wurden als Visitatoren ernannt, die sich dort für ein reguläres Chorgebet, die Abschaffung des Eigenbesitzes und die Einhaltung der Klausur entschlossen einsetzten. Aus dem bereits 1422 reformierten elsässischen Kloster Königsbrück bei Hagenau wurde 1444 die erste Reformäbtissin, Elisabeth Wiest, nach Lichtenthal entsandt, wahrscheinlich begleitet von weiteren Schwestern. Unter ihnen befand sich höchstwahrscheinlich die Schreib- und Lesemeisterin Regula, mit der um die Jahrhundertmitte die umfangreiche Produktion von Handschriften begann und eine geregelte *lectio divina* ermöglicht wurde. Über ihre Biographie ist sehr wenig bekannt, im Nekrolog des Klosters findet sich lediglich der Vermerk, dass *Margaretha dicta Regula monialis* 1478 gestorben sei. Der Name *Regula*, der nur in einer ihrer Handschriften vermerkt ist, scheint demnach mit ihrer Amtsautorität im Skriptorium und der Bibliothek verbunden zu sein.

Zwischen 1450 und 1461 verschaffte Regula der Klosterbibliothek durch eigene Schreibtätigkeit einen beachtlichen Bestand an Handschriften, darunter auch einige mit lateinischen Texten. Sie formulierte ihr Programm auf dem Vorsatzblatt eines von ihr hergestellten Manuskripts (Karlsruhe, Cod. Licht. 70): *hie sint nit kluge geczierte wort, die die oren füllent, Sunder slecht* (schlicht) *vnd einfaltig, also sie zu luterer andacht vnd Jnnigkeit des hertzen wisent*. Regula befasste sich so intensiv mit ihren Aufgaben, dass sie am Blattrand einer Handschrift (Straßburg, ms. 2542) schrieb: *Ach leidiger slaff dieser tagen, wie irrestu mich ierlich so fil an schriben*.

Der von Regula angelegte beachtliche Bibliotheksbestand sollte denjenigen Mitschwestern dienen, *die das latin nit verstont vnd darumb manigmol vertrosz hant vil czu lesende*. Mit bemerkenswerter Gelehrsamkeit und unerschütterlichem Selbstvertrauen bearbeitet sie ihre Vorlagen, mischt dabei deutsche und lateinische Quellen, kommentiert immer wieder Einzelheiten der Handlung, stellt mitunter Fragen zur Glaubwürdigkeit von Textstellen und überprüft deren Gehalt durch Vergleiche mit lateinischen Vorlagen. Wo sie ihre breiten Kenntnisse erworben hat, lässt sich nicht klären, aber vermutlich war im observanten Kloster Königsbrück Zugang zur höheren Bildung möglich. Regulas Produktion blieb allerdings auf Lichtenthal beschränkt, nichts von ihr wurde an andere Klöster weitergegeben.

Regula sah ihre Hauptaufgabe darin, Literatur für die *lectio ad mensam*, die im Kloster fehlte, zu verfertigen. Was genau zu lesen war, hielt sie in einer Tischleseordnung fest. Dafür war es für sie – wie in reformierten Konventen üblich – ein zentrales Anliegen, Hagiographie zur Verfügung zu stellen. Bereits in der ältesten von ihr hergestellten Handschrift (cod. Licht. 82; 1445–1450) schrieb sie die umfangreiche, in Nürnberg entstandene Vita Katharinas von Siena („Ein Geistlicher Rosengarten'; vgl. S. 230) ab, die ausdrücklich für die Tischlesung vorgesehen war, sowie eine Legende von den ‚10000 Märtyrern'. Bald danach nahm sie sich die Herstellung eines von den ‚Consuetudines' vorgeschriebenen *redelichen passionals* vor, wozu neben Abschriften der ‚Elsässischen Legenda aurea' und den ‚Alemannischen Vitaspatrum' (zu beiden vgl. Bd. III/1) auch ein von ihr selbst geschaffenes Legendar gehört.

Zunächst stellte sie eine großzügige Auswahl von Legenden aus dem Winter- und Sommerteil der ‚Elsässischen Legenda aurea' zusammen (cod. Licht. 70; 1450–1452). Diese Abschrift ergänzte sie erst nach 1460 mit einer weiteren umfassenden Übernahme von Legenden aus diesem Legendar (Straßburg, ms. 2542) und fügte der Sammlung eigene Übersetzungen von zehn Viten hinzu. Zu diesem von ihr übersetzten ‚Sondergut' gehörten Erweiterungen der Legenden von Felix in pincis, Marcellus I., Valentin sowie des Gegenpapstes Felix, deren ‚Legenda aurea'-Fassungen sie als zu knapp bewertete. Sie tauschte die Matthias-Legende aus, da in der ‚Legenda aurea' weniger vom Evangelisten als von seinem Vorgänger Judas die Rede ist. Die anderen Umbauten resultierten weniger aus der Unzufriedenheit mit der Normalcorpus-Version als aus spezifischem Interesse an zisterziensischen Ordensheiligen. So übersetzte sie die umfangreiche ‚Vita prima' des Bernhard von Clairvaux sowie eine Legende von Robert, dem Abt von Molesme und Begründer von Citeaux. In der Vita des Hl. König Ludwig IX. verwechselte sie diesen mit seinem Vorgänger Ludwig VII., dem laut der Bernhard-Legende nach jahrelanger kinderloser Ehe auf die Fürbitte des Heiligen eine Tochter geboren wurde. So wird Ludwig IX. von Regula eine Tochter attestiert, die ihren Vater auf dem Kreuzzug von 1270 begleitet haben soll. Regula ersetzt den Text, den die ‚Legenda aurea' zu ‚Mariä Himmelfahrt' bietet, mit einer Predigt, *die der herlüchte lerer* Nikolaus von Dinkelsbühl zu diesem Fest gehalten hatte. Im Text zu ‚Mariä Geburt' klammert sie den Part über Anna und Joachim aus, um über diese Heiligen ausführlicher in einer eigenen Anna-Legende zu erzählen. Unklar bleibt der Grund für die Aufnahme einer Wenzeslaus-Legende. Für das von ihr beigesteuerte Sondergut hat Regula mindestens 15 Quellen verwertet. Bei den aus der ‚Elsässischen Legenda aurea' übernommenen Texten setzte sich Regula mit jedem einzelnen grundsätzlich auseinander. Sie änderte Stil und Sprache, beseitigte Fehler, besserte unklare oder ungeschickte Wendungen und verglich die Legenden immer wieder mit den ihr zur Verfügung stehenden lateinischen Quellen oder erweiterte sie. Prinzipiell entscheidend für sie war eine Übereinstimmung aller von ihr zur Verfügung gestellten Texte mit der *veritas latina*; was an ihren Schriften nicht stimme, *soll mit gottes hilffe nach latinischer warheit corrigieret werden*. Für sie Anstößiges tilgt sie, etwa die Erzählung von der ungläubigen Hebamme in der Weihnachtslegende oder den Bericht von Neros Schwangerschaft in der Petruslegende. Immer wieder fügt sie an den Blatträndern Ergänzungen, Glossen oder Korrekturen hinzu.

Was in der ersten Auswahl (Cod. Licht. 70) noch nicht durchgängig umgesetzt war, hat in der Straßburger Handschrift System: sämtliche Legenden von weiblichen Heiligen werden übergangen. Der Grund, auf den Regula an einigen Stellen hinweist, ist, dass sie in einem vorher entstandenen *eigen buch* zu finden seien. Dieses von ihr selbst um 1460 verfasste Werk, das ‚Buch von den hl. Mägden und Frauen' (cod. Licht. 69; um 1460), ist sowohl ihre wichtigste als auch umfassendste eigenständige literarische Leistung. Ihr Ziel ist es, den Jungfrauenstand zu preisen, dessen herausragende Bedeutung sie durch Legenden von 57 heiligen Frauen dokumentiert. Nur Kaiser Heinrich II. nahm sie als einzigen männlichen Heiligen mit einer eigenen Legende auf, weil seine Frau, die hl. Kunigunde – auf deren Legende seine folgt –, schließlich als *kusche maget* (also jungfräulich) starb.

Eingeleitet wird das Werk durch einen umfangreichen Prolog, der auf einem bislang unbekannten lateinischen Traktat eines gelehrten Verfassers fußt. Es bleibt deshalb unklar, wie stark Regula bei der Übersetzung auch umgestaltend eingriff, aber zweifellos hat sie Eigenes hinzugefügt. Der Prolog bietet einen anspruchsvollen Diskurs, in dem die weiblichen Heiligen von den anderen abgesetzt werden und die Jungfräulichkeit argumentativ herausgestellt wird. Zunächst werden die vier Paradiesflüsse (Gn 2,10–14) allegorisch gedeutet und Physon, Gyon und Tigris den Aposteln, den Märtyrern und den Bekennern zugeordnet, der Euphrat bezeichnet hierbei die Jungfrauen, die *auch jn krancker natur der menscheit den glauben erfochten haben*. Anschließend wird mit Hilfe eines ausführlichen Stellenkommentars der Jungfrauenstand durch *sprůche vß der mynnen bůch* (Ct 2,12 f.) verklärt. Die *vunff worte* der Bibelstelle (also ihre fünf Sätze) werden dann gedeutet, um die hervorragende *wirdekeit* und die *sunderlichen gnaden* der *virginitas* herauszustellen. Der erste Satz, *die blůmen sint erschienen jn vnserm lande*, bezeichne die Jungfrauen, weil sie sämtliche Grundfarben in sich vereinen, die für alle anderen Heiligengruppen stehen. Der zweite, *die zit des snydens ist komen*, wird als Verzicht auf vor allem typisch weibliche weltliche Freuden und Laster gedeutet; eine *geistige besnydung* bestünde daraus, Christus nachzufolgen und asketisch zu leben. So könnten Frauen die Last der Erbsünde hinter sich lassen, wozu ein Verhaltenskatalog erläutert wird. Der dritte Satz, *Der durteltůben stymme ist gehöret by vns oder jn vnßerm lande*, bezieht sich auf den Bräutigam Christus, der die Jungfrauen vor den anderen Heiligen durch besondere Liebes- und Gnadengaben geadelt habe, darunter die Gabe der inneren Stärke und der Weisheit. Der vierte Satz, *der fygebaům hat sine grossen bracht*, wird mit der traditionellen Hierarchie von Ehe-, Witwen- und Jungfrauenstand verbunden. Die unreifen Feigen bezeichnen den Ehestand, die halbreifen den Witwenstand, die reifen den über alle irdischen Wesen erhabenen Jungfrauenstand. Schließlich wird der fünfte Satz, *die blüenden wingarten hant jren gesmack gegeben*, mit *aller megde wirdikeit, die sie von gotte hant*, gedeutet. Aufgrund von drei Besonderheiten, die Gott den *virgines* verleiht, hat er sie zum Vorbild aller Menschen erhoben, sie sind der *kirche bestes teyle*. Allerdings müssen die Forderungen der *geistigen besnydung* eingehalten werden, erst dann gehört man zur auserwählten Gemeinschaft der Jungfrauen. All das lässt sich am ehesten im Kloster erfüllen. Im Epilog des ‚Buchs' finden sich Hinweise, wie das Leben konkret zu gestalten sei, um den im Prolog formulierten Anspruch erfüllen zu können. Pro- und Epilog beziehen sich also aufeinander und

„stehen mit der Abfolge von Beschreibung des Ideals und Anleitung zur praktischen Umsetzung in der Tradition des *Speculum virginum*". Regula konzipiert das ganze Legendar' „als Jungfrauenspiegel, in dem die Legenden als integraler Bestandteil das eigene Selbstverständnis stützen sollten" (E. Feistner).

Bei der Herstellung des Legendars gab sich Regula enorme Mühe mit der Ausgestaltung einer Vielzahl der Texte. Obwohl sie auch hier die ‚Elsässische Legenda aurea' häufig in redigierter Form verwertete, befand sie deren verhältnismäßig knappe Versionen zumeist als nicht ausreichend und erweiterte sie durch Rückgriff auf noch genauer zu bestimmende lateinische Quellen. Eine Reihe von Legenden sind Übersetzungen von Versionen, die in der hagiographischen Sammlung ‚Sanctuarium', enthalten sind, die von dem Mailänder Humanisten Boninus Mombritius wohl aus einem Legendar des 12. Jahrhunderts zusammengestellt worden war. Die Sammlung in der Fassung von Mombritius ist aber erst nach Regulas Tod im Druck erschienen. Daher ist unwahrscheinlich, dass sie als direkte Quelle in Frage kommt. Auch die lateinische ‚Legenda aurea' hat Regula als Quelle herangezogen sowie weitere einzelne Legenden übersetzt. Sie kommentiert ihre Texte immer wieder und zwar teilweise recht ausführlich mit einem gruppenspezifischen Bezug. Ziel ihrer Erläuterungen und Kommentierungen ist das richtige Verstehen der von ihr ausdrücklich als historisch wahr verstandenen Texte. Die Legenden sollen zu einem tugendhaften Leben anregen, wobei Regula immer wieder die Keuschheit als zentrales Anliegen aufgreift; der Wille zur jungfräulichen Unberührtheit gehört für sie zu den wesentlichen Kriterien von Heiligkeit, wie dies vor allem in den Märtyrerinnen-Legenden exemplifiziert wird. So findet sich in der Lucia-Legende eine längere Passage über den unerschütterlichen Willen der Heiligen zur Keuschheit. Im Allgemeinen ist festzuhalten, dass „das Geschehen ... aus der Innenperspektive der Heiligen heraus miterlebt [wird]. Die Versenkung in die Heilige vollzieht sich identifikatorisch auf der Grundlage des in der Kardinaltugend der demütigen Liebe zu Gott wurzelnden *virginitas*-Ideals der Verfasserin und ihrer Mitschwestern" (E. Feistner). Die Gebete der Heiligen, etwa bei deren Martyrium, bewahrt Regula in der Form ihrer lateinischen Vorlagen in aller Ausführlichkeit, im Gegensatz zu den ihr vorliegenden Legendenabbreviaturen. Immer wieder wird von ihr die Brautschaft der Nonnen mit Christus als höchste Auszeichnung herausgestellt, womit sie das zentrale Thema des Prologs – die *gemahelschaft* und den dreistufigen Aufstieg der Frauen zur Einheit mit Gott – in den Legenden exemplifiziert.

Das Legendar beginnt mit einer ausführlichen Magdalenen-Vita, der mehrere Quellen zugrunde liegen – darunter die ‚Homilia de Maria Magdalena' des Pseudo-Origines –, gefolgt von einer kürzeren Martha-Legende, also von den Leben der beiden heiligen Frauen, die Jesus auf Erden – nach Maria – am nächsten standen. Es folgen die Legenden derjenigen heiligen

Frauen, die im allgemeinen liturgischen Kalender vertreten und auch in der
‚Legenda aurea' zu finden sind; hinzu kommen aber einige vor allem im
deutschen Raum verehrte Heilige: Elisabeth von Thüringen, Afra, Walburga, Kunigunde und Heinrich. In ihrem großen Eifer, möglichst viel aus den
Leben der Frauen zu erzählen, wurde Regula allerdings an einer Stelle –
wahrscheinlich von der Äbtissin – gebremst. Regula hatte nämlich vor, die
sog. Nativitas-Episode aus der Katharinenlegende aufzuschreiben und ließ
deshalb eineinhalb Spalten frei. Sie blieben jedoch leer, was in einer Marginalie erklärt wird: *Hie wolt eine geschriben han ein gesicht von sant kathrinen
gebürt, daz wart ir vnderstanden. Also bleib es.* Bei dem *gesicht* dürfte es um
die Vision des Sterndeuters Alphoncius gehen, der Katharinas Geburt voraussah. Die Nativitas-Episode kommt z.B. in der ‚Legenda aurea' nicht vor
und wird schon damals als fragwürdig gewertet worden sein.

Da Regula auf höchstmögliche Vollständigkeit abzielte, fügte sie nach der
Fausta-Legende längere Auszüge aus dem Martyrologium des Usuard bei,
und zwar mit der Begründung:

*Diß Cappitel sol haben vil Jungfrowen nach ein ander der gantczen legende ich nit
funden hab . oder durch kürtzi dis bůchs han vnderwegen gelan . etlichen vmb daz
sie ein gemeyn ding . sagent von leben vnd von dugenden vnd auch von zeichen . des
gliche man in den andern vindet . vnd daz hie geseczet ist . daz ist von dem martilogio genůmem.*

Regula bietet hier eine beträchtliche Anzahl von Kurzviten von weiblichen
Heiligen in kalendarischer Reihenfolge. Manche sind Mitmärtyrerinnen
von Heiligen, für die sie bereits ausführliche Legenden verfasst hat, worauf
sie auch entsprechend verweist. Abgeschlossen wird das Legendar mit einem Epilog, der als Kommentar zur Verena-Legende einsetzt, aber dann
vor allem sechs Verhaltensregeln für Frauen, die sich der Keuschheit verpflichtet haben, kommentiert. Die restlichen Texte der Handschrift dürften
nicht von Regula stammen. So bietet die bisher noch nicht näher untersuchte ‚S c h u l e d e r T u g e n d e n' ein Gespräch zwischen einem Meister
und einer Novizin. Das Werk ist ebenfalls in vier weiteren Handschriften
anderer Klöster überliefert.

Aufgrund ihrer eben dargestellten eifrigen redaktionellen Tätigkeit bei
der Abschrift von diversen Werken wurden Regula in Einzelfällen irrtümlicherweise eigenständige Übersetzungsleistungen zugeschrieben, so etwa
die Übersetzung von Michaels de Massa ‚Vita Christi' (vgl. S. 467), die in
Cod. Licht. 70 der ‚Elsässischen Legenda aurea' vorausgeht. Karl-Ernst
Geith konnte jedoch nachweisen, dass Regula hier lediglich als Redakteurin
einer ursprünglich um 1440–1445 im Moselfränkischen entstandenen
Übertragung zu sehen ist, welche schon vor 1449 im Süden Verbreitung
fand. Insgesamt sind zwölf Handschriften dieser Übersetzung bekannt, die

meisten davon reichlich illustriert. Anders als in der alemannischen Version, die auf eine niederländische Übersetzung zurückgeht (vgl. S. 294), die sich streng an die lateinische Vorlage hielt, wird in der moselfränkischen Version recht frei mit Michaels Werk umgegangen, z.B. bei der Ausweitung des Inhalts durch anschauliche und erklärende Details. Regula greift vor allem sprachlich und stilistisch in ihre Vorlage ein und legitimiert ihre Abschrift damit, dass die beiden Seelsorger Lichtenthals aus dem Zisterzienserkloster Maulbronn das Werk als *gut vnd gerechte* bewertet hätten. Regulas Handschrift ist mit 40 bemerkenswerten kolorierten Miniaturen versehen, die nicht in Lichtenthal, sondern in einer Werkstatt im Elsass entstanden sein dürften.

Im selben Cod. Licht. 70 finden sich auch weitere Texte, die Regula als zentral für das observante Leben ansah – ein Lektionar für die Fastenzeit, ein Perikopenverzeichnis (Temporale und Sanctorale) sowie ein Evangeliar. Die Bibel war ihr besonders wichtig, wie sie zur Praxis der Tischlesung vermerkt: *Es ist gewonheit, daz alle jar in vnserm orden gelesen wirt daz alt vnd daz nuwe testament.* Dafür habe die *sengerin* zu sorgen.

Diverse erbauliche Texte bedeutender Lehrer des spirituellen Lebens fügte Regula in der Sammelhandschrift Cod. Licht. 79 (1450–1455) zusammen. Zu Beginn bietet sie eine umfangreiche, von ihr stark bearbeitete Fassung des Albertus Magnus zugeschriebenen Tugendtraktats ‚Paradisus animae' (vgl. Bd. III/1). Sie folgt der sog. *sünde*-Version. Zwar bleibt sie dem Text weitgehend treu, aber kürzt – sie übernimmt nur 35 von 42 Kapiteln –, stellt um und fügt beträchtliche Zusätze hinzu, darunter einen längeren Prolog. Es folgen Übersetzungen Regulas von Auszügen aus Buch V und VI von Hugo Ripelins ‚Compendium theologicae veritatis' sowie der irrtümlich Meister Eckhart zugeschriebene Traktat ‚Von den 24 Zeichen eines wahrhaften Grundes'. Den ersten von zwei Auszügen aus Davids von Augsburg ‚De exterioris et interioris hominis compositione' erweitert Regula wahrscheinlich in der Einführung, ferner bietet sie Auszüge über die Sakramente aus Buch IV der ‚Imitatio Christi' des Thomas von Kempen. Darauf folgen zwei umfangreiche Viten: das Franziskus-Leben Bonaventuras und die Klara-Legende des Thomas von Celano, die beide im ganzen süddeutschen Bereich verbreitet waren (vgl. S. 390). Die Handschrift schließt mit einem Exzerpt aus Seuses ‚Briefbüchlein' ab.

Der 1460 abgeschlossene Cod. Licht. 65 enthält die Abschrift von Übersetzungen von Bonaventuras ‚Soliloquium' sowie des Traktats ‚Compendium de vicio proprietatis' des reformerisch hochaktiven Säkularklerikers und Juristen Job Vener über den Privatbesitz im Ordensleben, der früher Heinrich von Langenstein zugeschrieben wurde. Die Quelle für den Kurztraktat ‚Von Gehorsam, Demut und Armut' ist unbekannt, es könnte sich auch um eine Übersetzung aus dem Lateinischen handeln. Offensichtlich gab es bereits 1460 Lateinunterricht im Kloster, denn die restliche Handschrift besteht aus Abschriften lateinischer Werke, darunter Conrads von Soltau ‚Glossa super psalterium' und Auszüge aus der ‚Postilla in cantica canticorum' des Nikolaus von Lyra. Unter Conrads Werk fügt Regula hinzu:

Wer diese glose iecz verstet vnd die sie ietz oder hernach lernent, die sollent mit gantzem fleiß sorgsam sin, soliches fürbas irer nehsten zu lerende, wan in eim Closter kumm nützers vnd heilsamers vnder allen büchern mag sin oder gelernt werden, Sider diß in teglicher steter ůbung ist etc. vnd wan der Text gar vast gekürtzt ist, So merck flißklich wo etc. stet, was dar gehört. anders wird die glose nit verstanden.

Regula übersetzte und bearbeitete auch wichtige zisterziensische Verfassungstexte, die ‚Libelli definitionum', die in der heute noch im Kloster Lichtenthal befindlichen Handschrift 3 erhalten sind. Zunächst bietet sie eine Übertragung der Bestimmungen aus dem ‚Libellus antiquarum definitionum' von 1289, danach eine aus dem ‚Libellus novellarum definitionum' von 1350, der Zusätze zur Observanz enthält, die nur die Nonnen des Ordens betreffen. Regula versieht ihr Werk mit der Erklärung, dass aus diesen Konstitutionen – *der Nonnen ordenung* – *die fürgeschriben ding alle genůmen sind vnd zu tütsch gemacht.* Wie üblich übersetzt Regula nicht nur, sondern wiederholt auch Stellen, die sie für besonders wichtig erachtet, bietet bei schwierigen Begriffen Wort- oder Sacherklärungen, bisweilen greift sie zu freien Wiedergaben oder Umschreibungen. Sie erklärt etwa das ‚Interdikt' so: *daz ist, daz man in dem closter sol vngesungen sin und on gotes recht.* In aller Klarheit werden die einzuhaltenden Regeln für die *closterfrawen* eines observanten Konvents aufgeführt, um möglichen Missverständnissen vorzubeugen.

Nach Regulas Tod entstand um 1480–84 der erste Teil der Handschrift Cod. Licht. 75. Darin ist die nur dort überlieferte, einzige bisher bekannte deutsche Übersetzung des ‚Bonum universale de apibus' des Thomas von Cantimpré enthalten, eines moraldidaktischen Werkes, in dem die Bienen allegorisch als Handlungsvorbild für das menschliche Zusammenleben gedeutet werden. Über die Herkunft dieser alemannischen Übersetzung ist nichts Näheres bekannt. Von einer Übersetzung einzelner Exempla aus dem ‚Bienenbuch' war bereits oben die Rede (S. 334, 419), ansonsten ist neben dem lateinischen Text nur eine Übertragung einer niederländischen Übersetzung ins Niederdeutsche überliefert. In dem um 1520–24 geschriebenen zweiten Teil von Cod. Licht. 75 finden sich Exzerpte aus dem Leben Bernhards von Clairvaux und ihm zugeschriebe Wunder, die offensichtlich von einem Zisterzienser übersetzt wurden, zumal in der Überschrift *die exempel vnd wunderwerk vnßers h. hunigflissigen vatters Bernhardi* angekündigt werden.

Wie Kirchheim am Ries hatte Lichtenthal am Ende des Mittelalters mit circa 200 Handschriften eine beachtliche Bibliothek. Leider gab es solche Bestände in anderen Zisterzienserinnenklöstern des Südens nach heutigem Wissensstand nicht.

Die Erneuerungsbewegung der Devotio moderna

Die Brüder und Schwestern des Gemeinsamen Lebens und die Windesheimer Reform

Die größten Erfolge der Reform im Orden der Augustinerchorherren und -frauen nahmen ihren Anfang in den Niederlanden im späten 14. Jahrhundert. Sie begannen mit einem Patriziersohn aus der Hansestadt Deventer, Geert Groote (1340–1384), der in Paris, Köln und vielleicht auch in Prag studiert hatte und danach in Aachen und Utrecht Kanonikate erlangte. Groote wandte sich 1372/73 von seinem privilegierten Leben ab, verzichtete auf seine Ämter und Pfründen und verschenkte sein Eigentum an eine Kartause bei Arnheim. Nach einem dreijährigen Aufenthalt in dieser Kartause kehrte Groote 1377 nach Deventer zurück und ließ sich zum Diakon weihen, um predigen zu können. Er blieb jedoch Laie und begann als Bußprediger zu wirken. In Wort und Tat, mit lateinischen und volkssprachlichen Schriften forderte Groote sowohl Religiosen wie Laien jeden Standes zur Umkehr und zur Nachfolge Christi auf und ermutigte sie, auf Privilegien, Besitz und Ehren zu verzichten und ein Leben in Demut, Bescheidenheit und Zurückgezogenheit zu verbringen. Verbunden waren seine Appelle mit scharfer Kritik am allzu weltlichen Leben des Klerus und mit der Forderung an die Laien, Selbstverantwortung für ihr Seelenheil zu übernehmen. Ab 1379 stellte er sein Elternhaus unentgeltlich frommen Frauen zur Verfügung. Die Kritik des Klerus an Grootes Auftritten führte 1383 zu einem Erlass des Utrechter Bischofs, mit dem ihm Schweigen auferlegt wurde. Groote wirkte fortan durch seine Schriften. Sein erfolgreichstes Werk war sein ‚Getijdenboek' (Stundenbuch), eine niederländische Übersetzung der ‚Horae' (Stundengebete), die im gesamten norddeutschen Raum verbreitet wurde. Enthalten sind dort auch circa 60 Psalmen, die die erste nordniederländische Übersetzung von Teilen der Bibel darstellen. Henricus Pomerius, der Biograph des Jan van Ruusbroec, nannte Groote 1420 *fons et origo modernae devotionis* (Quelle und Herkunft der neuen Frömmigkeit); es ist die erste Bezeichnung der religiösen Erneuerungsbewegung D e v o t i o m o d e r n a.

Nach dem frühen Tode Grootes erhielt die Frömmigkeitsbewegung unter dessen Schüler Florens Radewijns (circa 1350–1400) eine organisatorische Festigung. Radewijns gründete in Deventer das erste Haus der ‚Brüder vom gemeinsamen Leben', der sogenannten ‚Fraterherren', denn das strenge Anforderungsprofil der von Groote initiierten Devotio war nur für wenige Menschen im Alltag realisierbar, ein konsequentes von der Welt abgewandtes asketisches Leben schien nur durch Rückzug in ein gemeinsames Haus möglich. In einem solchen Haus wurde allerdings keine Befolgung von Regeln und Gelübden gefordert, wie das in einem Kloster der Fall gewesen wäre. Das gemeinschaftliche Leben bestimmten Statuten, Hausordnungen und Rechtsverbindlichkeiten. Sehr bald folgten zahlreiche Nachgründungen im niederländischen und deutschsprachigen Raum. Als weibliches Gegenstück zu den Fraterherren verbreiteten sich die auf Groote zurückgehende Institution der ‚Schwestern vom gemeinsamen Leben' in weitaus größerem Ausmaß. Die Zahl der Schwesterngemeinschaften sollte im Laufe der Zeit etwa dreimal so hoch wie die der Fraterkonvente werden. Die Semireligiosen verdienten ihren Lebensunterhalt durch eigene Handarbeit, die Fraterherren vor allem durch die Herstellung von Handschriften und kunstvollen Einbänden, die zum Verkauf bestimmt waren. Das Schreiben war für die Devoten aber keineswegs nur von wirtschaftlichem Interesse, sondern wurde vor allem auch als asketische Übung gesehen, als Bestandteil der religiösen Disziplinierung. Ohnehin gehörte die Vertiefung in geistliche Lektüre zu den Hauptanliegen des spirituellen Lebens in den Häusern.

Da diese Semireligiosen den Institutionen der Kirche suspekt waren und unter Häresieverdacht gerieten, gründete Radewijns 1387 als Rückhalt für die neuen Lebensgemeinschaften das reguläre Chorherrenstift Windesheim bei Zwolle. Groote habe, laut der Chronik von Johannes Busch (vgl. S. 480), auf seinem Sterbebett seinen Anhängern geraten, ein Kloster zu gründen, so dass die Brüder durch Berufung auf kirchenrechtliche Anerkennung Zuflucht vor Anfeindungen finden könnten. Wie bei den Bursfeldern ist der kartäusische Einfluss in den ‚Windesheimer Consuetudines' deutlich feststellbar.

Es schlossen sich bald weitere Klöster an, 1395 kam es dann zur Gründung der Windesheimer Kongregation, der bereits 1464 68 Männer- und 13 Frauenklöster angehörten. Die Windesheimer Kongregation sollte sich bis zum frühen 16. Jahrhundert von der Nordseeküste in den Niederlanden bis in die Schweiz im Süden, Marienberg im Osten und Bordesholm im Norden erstrecken. Es gab Tochtergründungen, Umgestaltungen von Brüder- und Schwesternhäusern zu Windesheimer Konventen, Übernahmen bestehender Klöster oder Einrichtungen und die Einverleibung anderer Kapitel. Wegen ihrer Vorbildlichkeit wurden die Windesheimer 1435 vom Basler Konzil mit der Reform von Klöstern beauftragt, so etwa auch in den norddeutschen lüneburgischen Konventen (vgl. S. 440). Tausende von Laien schlossen sich den Klöstern durch Gehorsamsversprechen oder Gelübde an, ohne die volle Teilhabe an der Lebensform der Chorherren zu erreichen. Sie vermachten zudem den Klöstern ihren Besitz. Dass in den Windesheimer Männerklöstern der Laienbrüderanteil wesentlich höher war als in den anderen Reformbewegungen, führte zu umfangreicheren Ausstattungen mit volkssprachlicher Literatur in den Bibliotheken.

Für Groote war der Klerus durch seinen bedenklichen Lebenswandel nicht mehr geeignet, das alleinige Recht auf Seelsorge der Laien für sich in Anspruch zu nehmen. Deshalb sollte in der Devotio moderna vor allem die gemeinsame und die private Lektüre die notwendige Heilslehre vermitteln. Der Aspekt des Laien- und Schriftapostolats sollte aber nicht überbetont werden. Es ging den Devoten primär um eine gute Ausstattung der Bibliotheken in den eigenen Gemeinschaften und weniger um die generelle Distribution von Literatur unter den Laien. Dies ist maßgebend bei einer Bewertung des langwährenden Streits über die Frage, ob die Devotio moderna als direkte Vorläuferin der Reformation gelten könne. Hierbei ist die jüngste Forschung zu dem überzeugenden Ergebnis gekommen, dass die von den Devoten gepflegte institutionelle wie spirituelle Exklusivität und Isolierung von der Gesellschaft dazu führte, dass sie kaum breitere Wirkung entfalten konnten und daher eher nicht als präreformatorisch angesehen werden sollten. Die Anhänger der Devotio moderna zogen sich in semireligiose oder klösterlich geprägte abgesonderte Gemeinschaften zurück und orientierten sich an der kommunitären Lebensform der urchristlichen Gemeinden. Sie blieben auf sich selber bezogen und boten Außenstehenden kaum Zugang zu ihrer abgeschlossenen Welt. Bei der Literaturversorgung der Bewegung gab es allerdings regen Austausch zwischen den in den Handelsstädten angesiedelten Häusern der Brüder und Schwestern des gemeinsamen Lebens, verwandten Terziaren- und Terziarinnenkonventen und den in ländlichen Gegenden gelegenen Windesheimer Klöstern.

Es ist im Rahmen dieser Literaturgeschichte nicht möglich, die Vielzahl von niederländischen geistlichen Schriften zu behandeln, die in den deutschen Raum gelangten (siehe dazu die ‚Bibliographie' von Rita Schlusemann). Auch wenn das mittelalterliche *niderlant* keineswegs durch die heutigen nationalen Grenzen festzulegen ist (siehe Einleitung), möchte ich die auf den jetzigen niederländischen Raum begrenzte Überlieferung der Niederlandistik überlassen. Daher werde ich hier nur die bedeutendsten Werke der niederländischen Devoten berücksichtigen, die ins Deutsche übertragen wurden.

Die Literatur der Devoten im Norden

Frühes Schrifttum

Ein früher Begleiter Grootes war Johannes Brinckerinck (1359–1419), der zu den prägenden Gestalten der frühen Devotio moderna gehörte. Nach seiner Ausbildung in der Domschule zu Deventer lernte er um 1380 Groote kennen, den er dann auf dessen Predigtreisen begleitete. Als überzeugter Anhänger der Devotio moderna trat Brinckerinck 1384 in das Fraterhaus in Deventer ein und empfing später die Priesterweihe. 1387 war er zusammen mit Florens Radewijns an der Errichtung des Stifts Windesheim beteiligt. 1392 wurde er Rektor des Meester-Geertshuis in Deventer und war zudem für die Leitung der Schwesternhäuser innerhalb und außerhalb Deventers zuständig. Er gründete 1400 für die sog. Regularkanonissen das Kloster Diepenveen, weil einige Frauen vornehmer Herkunft nicht in Deventer zugelassen wurden, da sie nicht auf ihr Eigentum verzichten wollten. Er betreute die Frauen dieses Klosters, das 1412 der Windesheimer Kongregation angeschlossen wurde.

In seiner Tätigkeit als Rektor trug Brinckerinck den Schwestern regelmäßig lehrhafte Ansprachen – *Collatien* – vor, in denen er die Grundsätze des devoten Lebens erläuterte. Von diesen *Collatien* wurden mehrere von der Subpriorin Lisbeth van Delft in Diepenveen in Nachschriften festgehalten. Sie zeichnete die Ansprachen zunächst auf Wachstafeln auf und schrieb sie dann auf Papier ab. Die Texte wurden um 1450 gesammelt und danach redigiert, was eine zuverlässige Zuweisung von Brinckerincks Anteilen kompliziert. Acht Texte werden ihm von der Forschung zugeschrieben, die auch in den niederrheinischen und niederdeutschen Raum gelangten. Die Texte befassen sich mit dem angemessenen Verhalten im Kloster. Sie preisen die Armut und ermahnen die Hörerinnen, eigene Fehler auszumerzen und anderen, die in ihrem Umfeld leben, beizustehen. Thematisiert werden zudem Aspekte des Gehorsams, der Demut, des Schweigens und des Gebets, auch auf den Kampf gegen sündhafte Versuchungen geht Brinckerinck ein. In der achten *Collatie* führt er Jesus als Vorbild für das klösterliche Leben der Hörerinnen an, da dieser sein ganzes Leben in Armut und in traurigen Tagen verbracht habe. Es geht Brinckerinck dabei vor allem um die gemeinschaftliche Lebensform und weniger um das kontemplative Leben der Frauen. Immer wieder zitiert er die Bibel und die Kirchenväter sowie seinen verehrten Lehrer Groote.

Was die Laienlektüre betrifft, bietet Gerard Zerbolt van Zutphen (1367–1398) in seinem Traktat ‚De libris teutonicalibus' eine für die Devotio moderna differenzierte Programmatik. Zerbolt stammte aus einer angesehenen Familie in Zutphen und absolvierte sein theologisches und kanonistisches Studium im Ausland (in Prag oder Paris). Er besuchte auch die hochangesehene Schule in Deventer, wo er sich mit Radewijns befreundete und mit ihm in das dortige Fraterhaus einzog. Er blieb dort als Bibliothekar, Schreiber und Beichtvater bis auf das Pestjahr 1398, in dem er sich in das Windesheimer Kloster Agnietenberg bei Zwolle zurückzog, wo er dann auch starb.

In seinem Traktat geht es Zerbolt um eine doppelte Zielrichtung. Er will zum einen diejenigen Kritiker widerlegen, die originär volkssprachliche oder übersetzte Werke geistlicher Literatur in den Händen von Laien unterbinden möchten, zum anderen will er Laien Literatur empfehlen, die ihnen nützlich und ratsam sei. Er verteidigt dabei entschieden, dass Laien berechtigt seien, die heiligen Schriften sowie die Bibel in der Volkssprache zu lesen. Laien sollten sich sogar vor dem sonntäglichen Gottesdienst mit der Bibel befassen, denn Lesen sei wirksamer als Zuhören. Allerdings sei Laien nicht die ganze Bibel zu empfehlen, Zerbolt hält z.B. die Rezeption der Apokalypse, der Propheten oder der historischen Bücher des Alten Testaments für problematisch. Die beschränkte Fassungskraft von Laien könne bei der Lektüre dieser Bücher zu sehr bedenklichen Verwirrungen führen, die sich auf ihre Glaubenshaltung und moralisches Handeln auswirken könnten. Unbedenklich seien jedenfalls die Evangelien und die Apostelgeschichte. Ähnliches thematisiert Zerbolt in Kapitel 7 seines Traktats ‚Super modo vivendi devotorum hominum simul commorantium'.

Nach seiner Apologie der Laienbibel differenziert Zerbolt in ‚De libris teutonicalibus' das für Laien vorhandene Angebot an neuerer geistlicher Literatur und erläutert Restriktionen. Gewarnt wird z.B. ausdrücklich vor den Meister Eckhart zugeordneten Schriften, die von hohen Dingen anders als die heiligen Lehrer sprechen und die eine seltsame unverständliche Begrifflichkeit aufweisen, die nicht einmal hohe Gelehrte verstünden. Eine Rezeption solcher Schriften durch Laien könne schlimmstenfalls sogar zur Bildung von häretischen Zirkeln führen.

Die Ablehnung von Werken, die sublime Fragen und Lehren behandeln und zu Ambitionen nach supranaturalen Erlebnissen führen, sollte für die Institutionen der Devotio moderna – wie es auch bei den Reformbewegungen des Südens zu sehen war – zur festen Richtlinie werden. Schon Groote hatte vor der Beschäftigung mit subtilen mystischen Abhandlungen gewarnt, da sie in verschiedenen Beginenhöfen schon zu Häresieverdächtigungen geführt hatten. Noch lange nach diesen Anfangstagen untersagte das Windesheimer Generalkapitel von 1455 anlässlich der Tätigkeit der Genter ‚Mystikerin' Alijt Bake den Klosterschwestern „bei Kerkerstrafe", Schriften philosophischen Inhalts und ‚Offenbarungen' zu verfassen und abzuschreiben. Bake, Schwester im Windesheimer Kloster Galilea in Gent, wagte es, lehrhafte Literatur zu verfassen und wurde deswegen in ein anderes Kloster verbannt. Auch Hendrik Herp wechselte aufgrund der mystikfeindlichen Haltung der Devoten zu den Franziskanern (vgl. S. 271). Die Fraterherren des Colloquiums von Münster verboten im Hinblick auf die Brautmystik sogar die Verwendung der Begriffe *sponsus* und *sponsa*.

Von den Schriften Zerbolts sind einige im deutschen Raum bezeugt und auch übersetzt, darunter ‚De libris teutonicalibus' und ‚De reformatione virium animae'. In letzterem, nur wenig überlieferten, 59 Kapitel umfassenden Werk geht es vor allem um Selbsterkenntnis und Gewissenserforschung, also ganz im Sinne der Devotio moderna um die Verwirklichung eines asketischen Lebens. Auch findet sich hier eine umfassende Betrachtung des Lebens und Leidens Christi (Cap. 26–34). Im ausführlichen 28. Kapitel geht Zerbolt auf die Frage ein, wie man sich die *passio* vergegenwärtigen solle. Als eine wichtige Quelle für Cap. 29–33 diente ihm Bonaventuras ‚De triplici via' mit dessen dreistufigem Aufstiegsschema (vgl. Bd. II/2 und III/1). In seinem populärsten Werk, dem Traktat ‚De spiritualibus ascensionibus', bietet Zerbolt genau solch eine Stufenlehre religiöser Selbstvervollkommnung. Der Traktat behandelt in 70 Kapiteln den geistlichen Aufstieg, wobei, wie in ‚De reformatione virium animae', die Vermeidung und Vernichtung der Sünden und Laster im Mittelpunkt stehen. Die Struktur der Schrift beruht auf ‚De scala paradisi' des Johannes Klimakos und auf Bonaventuras Traktat, wobei von Zerbolt auch die Vereinigung mit Gott thematisiert wird. Unter Berufung auf Augustinus argumentiert er, dass die Nachfolge Christi zu einer Gottesvereinigung führen könne. Das Werk avancierte zum maßgeblichen Meditationshandbuch der Devotio moderna und erfuhr dementsprechend eine beachtliche Verbreitung, auch in einer niederländischen Übersetzung, die wiederum Übertragungen ins Niederdeutsche und Mittelfränkische erfuhr. Auch der Eichstätter Dominikaner Gilg Schwertmann übersetzte seine lateinische Vorlage, wie oben gesehen, für das Nürnberger Katharinenkloster (vgl. S. 274). Und der Südtiroler Kartäuser Heinrich Haller (vgl. Tl. 2) sorgte für eine Übersetzung des Werks im Süden. Eine anonyme südalemannische Übersetzung erschien sogar in zwei Drucken.

Obwohl die Werke Meister Eckharts innerhalb der Devotio moderna entschieden abgelehnt wurden, verfasste Godeverd van Wevele (um 1320–1396) den Traktat ‚Van den XII doghenden', in dem er vor allem Meister Eckharts ‚Rede der unterscheidunge' vermittelt. Godeverd trat um die Jahrhundertmitte in Groenendaal ein. 1381 wurde er zum ersten Vorsteher und Novizenmeister des neu gegründeten Augustinerchorherrenstifts Eemstejn, das später zu den frühesten Windesheimer Klöstern gehören sollte. Die Handschriften dieser einzigen erhaltenen Schrift Godeverds – rund 50 sind überliefert – wurden auch in die Rheinlande und nach Niederdeutschland weitergegeben; ein Exzerpt ist sogar in eine Salzburger Eckhart-Handschrift aufgenommen worden. Die ‚XII doghenden', die Godeverd wohl für die Novizen verfasste, sind zwar in zwölf Kapitel gegliedert, behandeln aber nicht die traditionellen zwölf Tugenden. In den ersten vier Kapiteln wird hauptsächlich die ‚Gheestelijke Brulocht' (die geistliche Hochzeit) des Jan van Ruusbroec verwertet, ab dem fünften Kapitel nur noch teils gekürzte, teils erweiterte zentrale Abschnitte aus Eckharts ‚Rede der unterscheidung'. Der Schwerpunkt verlagert sich dann von den Tugenden auf das Thema Abgeschiedenheit. Das Werk ist insofern bemerkenswert, als in Godeverds Heimatkloster Groendendaal Eckhart besonders verpönt war, was darauf schließen lässt, dass das Werk erst nach seinem Umzug ins entfernte Eemstejn entstanden ist.

Ganz im Sinne der Lektüreempfehlungen Zerbolts war es, dass biblische Stoffe übersetzt wurden. Zu den frühen Anhängern Grootes gehörte Johannes Scutken († 1423), der zunächst bei den Fraterherren in Deventer war und dann in Windesheim eintrat, wo er als Bibliothekar für die *dietsen*, also volkssprachlichen, Bücher zuständig war. Zweimal pro Tag habe er, laut dem ‚Chronicon Windeshemense' des Johannes Busch, den Laienbrüdern Texte vorgetragen und dabei Schwieriges erläutert, außerdem habe er sich als Schreiber betätigt, Texte übersetzt und Hymnen verfasst. Scutken dürfte in Windesheim die sog. ‚Nordmittelniederländische Übersetzung des Neuen Testaments' für liturgische Lesungen vor den Laienbrüdern des Konvents – *pro laycis nostris* – verfasst haben. Diese um 1390 entstandene erste nordniederländische Bibelübersetzung überhaupt, die nur die vier Evangelien umfasst, diente mehreren Werken als Materialsammlung, z.B. für nach dem liturgischen Jahr gestaltete Lektionare, die auch gedruckt wurden. Die Bibelübersetzung Scutkens erreichte eine enorme Verbreitung; circa 160 Handschriften und zahlreiche Drucke überliefern sie vor allem innerhalb der Institutionen der Devotio moderna, und zwar in verschiedenen Textgestaltungen. Eine weitere anonyme Übersetzung ergänzte Scutkens Werk vor 1391 mit den restlichen Büchern des Neuen Testaments und den Episteln des Alten Testaments. In manchen Handschriften sind die beiden Übersetzungswerke gemeinsam, in anderen separat überliefert. Scutkens Übersetzung war auch Quelle für zwei Evangelienharmonien, die die ‚Nordmittelniederländische Übersetzung' mit Material aus Jean Gersons ‚Monotessaron' anreicherten. Die Bibelübersetzungen und all die Textformen, die Teile von ihnen übernahmen, waren im mittelfränkischen und niederdeutschen Raum handschriftlich und im Druck stark verbreitet.

Vor Scutkens Übersetzung gab es aber bereits die populäre Bibelübersetzung des hoch produktiven, aber nicht mit der Devotio moderna in Verbindung zu bringenden sog. ‚Bijbelvertalers van 1360', bei dem es sich höchstwahrscheinlich um den Herner Kartäuser Petrus Naghel († 1395) handelt. Von ihm stammt die in verschiedenen Phasen zwischen 1360 und 1361 und 1384 abgeschlossene ‚Hernse bijbel'. Es ist eine Historienbibel, die der ‚Vulgata' folgt und mit einer Kommentierung nach der ‚Historia scholastica' des Petrus Comestor verbunden ist. Auch niederländische Quellen wurden dabei verwertet. Mehr als 50 Handschriften mit Teilen der ‚Hernse bijbel' sind überliefert, vor allem in den Kreisen der Devotio moderna. Die ‚Hernse bijbel' zählt zu den Quellen der sog. ‚Kölner Bibeln', die 1478/79 in zwei reich bebilderten Drucken erschienen. Es handelt sich um den ersten deutschen Bibeldruck, der mit Glossen versehen wurde. Um in zwei Regionen Absätze erzielen zu können, wurde die eine Ausgabe in niederrheinischer, die andere in niederdeutscher Schriftsprache gehalten. Die gemeinsame Vorlage der beiden Ausgaben besteht aus einer

Kompilation von Texten aus dem rheinischen, niederländischen sowie oberdeutschen Raum. Man vermutet die Herkunft der Bearbeitung im Kreise der Fraterherren. Die Kölner Druckausgaben dienten als Vorlagen für mehrere weitere Bibeldrucke.

Von Naghel stammen noch weitere Übersetzungen: In einer ripuarischen Handschrift ist seine Übersetzung des vierten Dialogs von Gregors des Großen ‚Dialogi' überliefert – ein Text, der im Kreise der Devoten um 1400 noch eine weitere nordniederländische Übertragung erfuhr, die in einigen niederdeutschen Handschriften enthalten ist. Naghels Übersetzung von Gregors ‚Homiliae XL in Evangelia' ist in einigen mittelfränkischen und niederdeutschen Handschriften überliefert.

In die Frühzeit der Devotio moderna gehörte auch eine deutsche Fassung von ‚De veer uitersten', einer niederländischen Übersetzung des ‚Cordiale de quatuor novissimis' Gerards van Vliederhoven. Gerard wurde 1360 Mitglied des Deutschordens und ist zwischen 1375 und 1396 in Ordenshäusern zu Tiel, Utrecht und Schoonhoven bezeugt. Er starb um 1402. Das ‚Cordiale' entstand in seiner Utrechter Zeit.

Dem ‚Cordiale' war ein außerordentlicher Erfolg beschieden. Über 200 lateinische Handschriften sind überliefert und das Werk wurde zwischen 1471 und 1500 46mal gedruckt. Es wurde mindestens achtmal übersetzt, wobei ‚De veer uitersten' als wirkmächtigste Übertragung bereits vor 1400 im Niederländischen entstanden ist, und zwar vermutlich im Kreise der Devotio moderna, was auch die identifizierbaren Provenienzen unter den circa 30 Handschriften nahelegen. Diese Übersetzung bleibt die einzige im niederländischen und niederdeutschen Raum rezipierte Version und wurde dort mehrfach gedruckt.

Sie erfuhr zudem eine Verbreitung im mittelfränkischen und oberdeutschen Raum. Acht Handschriften überliefern eine vermutlich im alemannischen Raum verfasste oberdeutsche Bearbeitung. Der älteste Textzeuge ist 1433 in Freiburg entstanden. Integriert wurde dieser Text auch im ‚Büchlein des sterbenden Menschen', einer Übersetzung der ‚Memoria improvisae mortis' des Stephanus Lang (vgl. Tl. 2), die Anton Sorg um 1482 in Augsburg druckte.

Die früheste Druckausgabe einer volkssprachlichen ‚Cordiale'-Übersetzung entstand ebenfalls in Augsburg. Dort griff Johann Bämler für seine Drucke von 1473 und 1476 auf eine vermutlich in der Reichsstadt entstandene Vorlage zurück, die allerdings nur einen Auszug bietet. Diese Übersetzung ist in sieben Handschriften überliefert, wobei es sich bei fünf um Druckabschriften handelt. Eine dritte recht vorlagengetreue Übersetzung des ‚Cordiale' ist 1476 und 1487 von Johannes Koelhoff in Köln gedruckt worden. Ansonsten sind noch fünf weitere oberdeutsche Übersetzungen erhalten, die zumeist einfach überliefert sind. Zwei davon stammen von den Kartäusern Erhart Groß (vgl. S. 187) und Heinrich Haller (vgl. Tl. 2). Das ‚Cordiale' wurde darüber hinaus ins Spanische, Katalanische, Französische und daraus ins Englische übersetzt.

Das ‚Cordiale' wird mit dem Sirachspruch 7,40, „Was du tust, so bedenke das Ende (*novissima*), so wirst du nie mehr Übles tun", eingeleitet. Wie seit Bonaventuras ‚Soliloquium' werden die *novissima* mit den vier letzten Dingen – Tod, jüngstes Gericht, Hölle und Himmel – verbunden. Das ‚Cordiale' ist dementsprechend in vier Teile mit je drei Kapiteln gegliedert, wobei der zweite Teil, über die Schrecken des Jüngsten Gerichts, der umfassendste ist, und der letzte, über die Freuden des Himmels, der kürzeste. Ein Prolog leitet das Werk ein, jeder Teil beginnt mit einer Präambel, am Ende steht eine das Werk zusammenfassende Schlussbetrachtung. Dabei spricht Gerard seine Leser immer wieder direkt an. Das Werk soll die Rezipienten in eindringlicher Weise vor den schrecklichen Folgen eines sündhaften Lebens warnen und zum tugendhaften Verhalten anregen. Unterstützt wird die Argumentation des Verfassers mit über 700 Zitaten und Exempeln vor allem aus der Bibel, den Schriften der Kirchenväter sowie den Werken Bernhards von Clairvaux. Deswegen erinnert auch dieses Werk an ein **Rapiarium**.

Bei dieser Textform handelt es sich um Kompilationen, die in kleinen Heftchen zusammengestellt wurden. Sie sammelten Exzerpte aus religiösem Werken verschiedenster Art und wurden als systematisch oder sukzessiv gestaltete spirituelle Tagebücher angelegt, als Gedächtnisstützen für die geistlichen Übungen zum persönlichen und nicht gemeinschaftlichen Gebrauch.

In ‚De veer uitersten' ist der niederländische Übersetzer sehr bemüht, das Ganze einer illiteraten Leserschaft gut verständlich darzubieten. Er kürzt, vereinfacht durchgehend, vor allem beim gelehrten Beiwerk. Zitate werden nicht mit genauer Belegangabe versehen, sondern es wird nur auf deren Verfasser verwiesen. Auf Übersetzungen von Gerards lateinischen Versen wird größtenteils verzichtet.

Ebenfalls um die Jahrhundertwende entstand eine niederländische Übersetzung des umfangreichen ‚**Speculum virginum**', das vermutlich von Konrad von Hirsau (vgl. S. 191) in der ersten Hälfte des 12. Jahrhunderts verfasst worden war. Zwar wird nirgends ein Übersetzer genannt, aber die breite Überlieferung des ‚**Spieghel der maechden**' in devoten Schwesternhäusern, und zwar auch im mittelfränkischen und niederdeutschen Raum, lassen einen Devoten als Verfasser vermuten. Das zwölf Kapitel umfassende Werk ist für weibliche Religiosen in Form eines Lehrgesprächs zwischen einem Presbyter Peregrinus und einer Religiosen Theodora gestaltet. Detailliert und ausführlich werden Fragen zur weiblichen *vita monastica* behandelt mit dem Ziel, die Entschlossenheit Theodoras zur wahren Christusnachfolge zu stärken und sie über richtiges Verhalten sowie Gefahren für die Seele zu unterrichten. Konrads Werk ist von einem so beachtlichen Umfang, dass es nur in sehr wenigen Handschriften vollständig enthalten ist. Mitunter ist es in zwei Bände aufgeteilt oder nur in Exzerpten überliefert. Nur sehr wenige Handschriften stammen aus dem frühen 15. Jahrhundert; das Werk scheint um die Jahrhundertmitte wiederentdeckt worden zu sein und erfuhr erst ab dann seine beachtliche Verbreitung.

Die Lebensform der Devotio moderna geriet in den frühen Jahren immer wieder unter erheblichen Druck. Gegen die Angriffe verfasste der zweite Rektor des Zwoller Fraterhauses, Dirc van Herxen (1381–1457), unter dessen Leitung von 1410–1457 das Haus sehr an Bedeutung gewann, zunächst auf Latein die ‚Epistola contra detractores monachorum', die er später ins Niederländische übersetzte. Die volkssprachliche Version gelangte auch in den deutschsprachigen Raum. Eine niederdeutsche Handschrift aus dem Schwesternhaus im westfälischen Schüttorf sowie eine aus dem ripuarischen Raum überliefern diesen Traktat, in dem die Lebensweise der Devoten entschieden verteidigt wird. Das Werk ist als Dialog gestaltet, in dem der Verteidiger die Einwände seines Gegners entkräftet und das Positive am Leben der Devoten heraushebt. Deren anspruchslose Lebensgestaltung, schlichte Kleidung, Ehelosigkeit sowie ihre Weltabgewandtheit seien nicht sinnlos und gesellschaftsschädigend, sondern stützten die Gesellschaft und bewahrten sie sogar vor dem Untergang. Dass die Devoten weiterhin Hab und Gut besitzen und vererben dürften, sei nicht, weil sie im Luxus leben möchten, sondern Grundlage dafür, dass sie ohne Bettelei ihr einfaches zurückgezogenes Leben in einer Gemeinschaft führen könnten.

Zu den zentralen frühen Gestaltern der Windesheimer Kongregation gehört Johannes Vos van Heusden (1363–1424). Als zweiter Prior des Klosters Windesheim – ein Amt, das er 33 Jahre innehatte – und als Prior superior der gesamten Kongregation trug er maßgeblich zu deren Erfolg bei. Ihm wurde im 17. Jahrhundert irrtümlich eine in Devotenkreisen entstandene und stark verbreitete ‚Epistola de vita et passione domini nostri' zugewiesen. Der Text wurde ursprünglich in niederländischer Sprache verfasst und zwischen 1459 und 1464 von Johannes Busch in Lateinische übersetzt. Busch weist darauf hin, dass Vos den Text seinen eigenen Exerzitien zugrunde gelegt hatte, was eine Entstehung der Schrift im frühen 15. Jahrhundert nahelegt. Ein Verfasser wird, wie bei Devoten üblich, nicht genannt. Von Vos selbst ist nichts Schriftliches überliefert.

In der niederländischen und niederdeutschen Überlieferung der ‚Epistola' richtet sich der Sendbrief sowohl an männliche als auch an weibliche Rezipienten, für letztere wird der Text in einigen Handschriften erweitert. Anlass für dieses Handbuch zur täglichen Meditation sei die Bitte um Anweisungen zu hilfreichen geistlichen Übungen. Zwar hätten viele ihr spirituelles Leben mit den besten Intentionen begonnen, sie blieben aber nicht beständig und endeten deswegen im *geistlick doet*. Deshalb bietet der ungenannte Verfasser in dem dreiteiligen Werk Anweisungen zur devoten Lebensorientierung und geistigen Alltagsgestaltung, also auch Übungen nach einem Wochenschema. Täglich sollten drei Meditationspunkte geübt werden: das Leben Jesu, sein Leiden und die Hinwendung zu den Heiligen, die man um Beistand bitten sollte. Die Betrachtungen sind verbunden mit begleitenden Übungen am Morgen und am Abend. Es schließt sich ein umfangreicherer Teil an, in dem die Vorgaben für die einzelnen Wochentage behandelt werden. So sollen etwa am Montag Mariä Empfängnis, das letzte Abendmahl und die Engel betrachtet werden. Im letzten Teil folgen Empfehlungen und Verhaltensmaßregeln, die auf Werken Bonaventuras, Davids von Augsburg, Grootes und Radewijns fußen und die Exerzitienanleitungen begleiten und unterstützen. Für diejenigen, denen das angebotene Übungsprogramm nicht zusagt, wird auf die ‚Hundert Betrachtungen' Heinrich Seuses als weitere Meditationsmöglichkeit verwiesen.

Dass das Leben Jesu zu den wiederkehrenden Themen in der Devotenliteratur gehört, zeigt sich an einer Reihe weiterer Werke, in denen der Stoff zur Meditation aufbereitet wird. Ebenfalls um die Jahrhundertwende verfasste vermutlich ein Kartäuser aus einem Kloster bei Arnheim die stark verbreitete, sich eng an die lateinische Vorlage haltende Übersetzung der ‚Vita Christi' des Michael de Massa. Achtundfünfzig Handschriften aus dem niederländischen, niederdeutschen, mittelfränkischen (vgl. S. 454) und mitteldeutschen Raum bezeugen die enorme Beliebtheit dieses Werks. Zwei Handschriften bieten Übertragungen ins Alemannische (vgl. S. 294). 1479 wurde es in Delft gedruckt.

Hauptquelle von Michaels ‚Vita' waren die ‚Meditationes vitae Christi'. Dieses Werk wurde um 1300 von einem anonymen Franziskaner in der Toskana verfasst und immer wieder Bonaventura zugeschrieben. Es ist an eine als *dilecta filia* (liebe Tochter) angesprochene Klarissin gerichtet. Das Werk umfasst 100 Kapitel, in denen das Leben und Leiden Christi beschrieben werden. Die Stationen der Passion Jesu sollen nach den Zeiten des Stundengebets betrachtet und meditiert werden. Obwohl das Werk breit überliefert ist und in Italien, Frankreich und England übersetzt wurde, stieß es sowohl im deutschen als auch im niederländischen Raum, wohl gerade wegen der Übersetzungen von Michaels ‚Vita', nur auf geringes Interesse. Dessen ‚Vita' basiert wiederum zu 67% auf den ‚Meditationes', wobei Michael seine Vorlage kürzt und erweitert.

In Michaels ‚Vita' wird das Leben und Leiden Jesu in 59 Kapiteln erzählt und als Weg zur Erfahrung des Heils und der Heilsgewissheit dargeboten. Es zielt unter dem Einfluss der ‚Meditationes' auf die meditative Vergegenwärtigung des Lebens Christi, es ist „kein ‚Leben Jesu' im üblichen Sinne, sondern eher eine Abfolge christologischer Betrachtungen zum gesamten christlichen Heilsmysterium" (W. Baier). Michaels Werk diente später als Vorlage für die populäre, mehrfach gedruckte ‚Vita Christi' des Straßburger Kartäusers Ludolf von Sachsen (†1377/78). Die Forschung ging aber bei Michaels ‚Vita', in deren Überlieferung er nur einmal als Verfasser genannt wird, bis in die jüngste Zeit irrtümlicherweise von einer umgekehrten Abhängigkeit aus und bezeichnete sein Werk als ‚Bonaventura-Ludolfianische Vita Christi'.

Für Ludolfs von Sachsen ‚Vita Christi' ist Michaels ‚Vita' wiederum nur Teilquelle, Ludolf hat sein Werk durch eigene Zusätze auf den vierfachen Umfang erweitert. Während Ludolfs Werk ins Niederländische übersetzt und gedruckt wurde, sind nur einzelne Kapitel ins Deutsche übertragen worden, vor allem die Passionsabschnitte. Zu den frühesten Übersetzungen dieser Teile gehört die des Luzerner Stadtschreibers Nikolaus Schulmeister v.J. 1396.

Die erste Devotengeneration hat weiteres, hochgeschätztes älteres Schrifttum in Umlauf gebracht. Vor allem einige bedeutende niederländische Werke des 14. Jahrhunderts fanden sowohl im *oberlant* als auch im *niderlant* beachtliche Verbreitung, so etwa die Schriften Jans van Leeuwen und Jans van Ruusbroec. Eine Übersetzung von Heinrich Seuses ‚Horologium sapientiae', betitelt ‚Oerloy der ewighen wijsheit', stieß ebenfalls auf großes Interesse, auch wenn es sich in der Überlieferung hauptsächlich um Auszüge handelt. Von den circa 90 überlieferten Handschriften stammen etliche aus dem norddeutschen Raum. Auch die Verbreitung der Werke Johannes Taulers war unter den Devoten beachtlich. Ansonsten blieb der Austausch von Literatur zwischen dem Süden und dem Norden sehr begrenzt. Erst im Druckzeitalter sollte sich dies etwas ändern.

Besonders die ‚Gulden Legende' (früher ‚Südmittelniederländische Legenda aurea') des Petrus Naghel sowie die sog. ‚Nordmittelniederländische Legenda aurea', die weit weniger stark überliefert ist, wurden vor allem über das Netzwerk der Devoten verbreitet. Über 50 auch im norddeutschen Raum lokalisierbare Handschriften stammen aus Klöstern und semireligiosen Häusern, die von der Devotio moderna geprägt waren. Dass Legendare eine solche Bedeutung in deren Bibliotheken erreichten, verwundert keineswegs, zumal Groote als zur Lektüre und zum Studium bestens geeignete Werke die *legenda et flores sanctorum* empfahl. Wie in den observanten Klöstern im Süden wurden Legendare bei der Tischlesung der Laienbrüder eingesetzt, und zu diesem Zweck wurden in den Konventen der regulierten Kanoniker auch Handschriften angefertigt. Von der ‚Gulden Legende' gab es 1485 einen Kölner Druck. Allerdings dürften die niederdeutschen Ausgaben von ‚Der Heiligen Leben' weitere Drucklegungen des weniger umfangreichen niederländischen Werks verhindert haben. Im Gegensatz zu jenem Legendar ist den Handschriften der ‚Gulden Legende' aber eine immense Zahl von Sondergutlegenden beigefügt worden. In vielen Fällen wurden Legenden von lokal besonders verehrten Heiligen aufgenommen, wie etwa die von Lebuin von Deventer in acht und Servatius in fünf verschiedenen Versionen. Auch die Vita des Werenfried von Elst ist in drei Handschriften überliefert. Wo die Texte entstanden sind, lässt sich in der Regel nicht klären. Eindeutig in dem für die Windesheimer Kongregation so bedeutenden Kloster Böddeken entstanden Übersetzungen der Viten der beiden Heiligen, Meinolf, der 836 Böddeken (im Kreis Paderborn) gründete, und Liborius, dessen Reliquien 836 nach Paderborn gebracht worden waren. Beide Texte stammen von dem Chorherrn und Reformer Gobelinus Person, der mit seiner lateinischen Universalchronik ‚Cosmidromius' als Historiker hervorgetreten ist und zum Beitritt Böddekens zur Windesheimer Kongregation entscheidend beitrug.

Eine ähnliche Bedeutung für die Devoten bei ihrem Bestreben, ein asketisches und weltabgewandtes Leben zu führen, hatte die aus zwei Teilen bestehende südmittelniederländische Übersetzung der ‚Vitaspatrum', die ebenfalls wahrscheinlich von Naghel stammt. Gegliedert ist sie in einen Viten-Teil mit den Leben von zehn Altvätern und sechs heiligen Frauen sowie in einen ‚Verba seniorum'-Teil, der auf einer redigierten Version der von den Päpsten Pelagius I. und Johannes III. im 6. Jahrhundert verfassten ‚Adhortationes sanctorum patrum' basiert. Auch sie gelangte in den deutschen Raum wie die vor 1417 entstandenen ‚Nordmittelniederländischen Vitaspatrum'. Dieses Werk ist in fünf Bücher aufgeteilt, allerdings fehlen hier die großen Mönchsviten. Möglicherweise war Wermhold Buscop, Gründer des Utrechter Terziarenkapitels, an der Übersetzung beteiligt. Verbreitet wurde das Werk im gesamten Norden der Niederlande sowie am Niederrhein und in Westfalen, und zwar auch hier vor allem in von der Devotio moderna geprägten Gemeinschaften und Klöstern.

Eine in 13 Handschriften überlieferte ‚Kölner Vitaspatrum-Sammlung', die vor der Mitte des 15. Jahrhunderts im Kölner Raum entstanden ist, bietet eine Übersetzung der ‚Verba seniorum' und der ‚Historia monachorum' des Rufinus von Aquileia sowie Exempel aus Johannes Cassians Schriften. Beigefügt sind zudem Viten, Exempel und Sprüche aus den ‚Alemannischen Vitaspatrum' (vgl. Bd. III/1) sowie Viten aus den ‚Südmittelniederländischen Vitaspatrum'. Diese Sammlung wurde im ripuarischen, (ost-)limburgischen und niederdeutschen Sprachraum ausschließlich in Häusern verbreitet, die der Devotio moderna verpflichtet waren. Eine ins Niederdeutsche übertragene nordniederländische Übersetzung von Cassians ‚Collationes patrum' (vgl. S. 246), die wahrscheinlich am Anfang des 15. Jahrhunderts in Devotenkreisen entstanden ist, fand in Norddeutschland eine beachtliche Verbreitung.

Neben Gerlach Peters, Regularkanoniker in Windesheim (1378–1411), dessen ‚Soliloquium' früh ins Niederländische, aber nicht ins Deutsche übersetzt wurde, ist Hendrik Mande aus Dordrecht († 1431) einer der wenigen Devoten, von denen berichtet wird, dass sie mystische Erlebnisse erfahren haben. Er war zunächst Hofschreiber im Dienste der Grafen von Holland, wurde aber dann durch Predigten von Gert Groote zur Devotio moderna hingezogen. Er begab sich vor 1382 nach Deventer und Zwolle und wurde 1395 *redditus* (Chorherr ohne Priesterweihe) in Windesheim. In der Forschung ist er vorwiegend als Übersetzer und Bearbeiter gewürdigt worden, inzwischen ist man aber bemüht, ein detaillierteres Bild zu entwickeln. Der Windesheimer Chorherr, Klosterreformer und Chronist Johannes Busch (s.u.), mit dem Mande 1431 auf einer Reise war, attestierte ihm häufige Entrückungen (*raptus in spiritu: exstaticae contemplationes*) und Visionen, an die seine Zeitgenossen allerdings nicht glaubten. Busch zeichnet 29 Visionen auf, von denen etliche allerdings aus Textmaterial anderer Autoren zusammengestellt sind. Busch nennt vierzehn von Mande verfasste kurze Schriften – davon können elf als gesichert gelten –, die zu einem großen Teil als Rapiarien, als Zusammenfassungen seiner Lektüre von Werken geistlicher Autoritäten wie Augustinus, Hugo von St. Viktor, Bernhard, Bonaventura, Hugo von Balma und Jan van Ruusbroec gelten können und später nur in geringem Umfang für weitere Rezipienten überarbeitet worden sind. Mande nannte sich im niederländischen Text nicht selbst. Sein bescheidenes Œuvre gelangte in nur sehr wenigen Handschriften in den deutschen Raum.

In zwei niederdeutschen Handschriften erhalten ist eine der Visionen Mandes aus seiner verbreitetsten Schrift, der ‚Apocalypsis', die Johannes Busch ins Lateinische übersetzte und in sein ‚Chronicon Windeshemense' integrierte. Hier berichtet Mande, wie er bei einer Meditation in seiner Zelle in den Himmel entrückt worden sei, um dort der Krönung Marias als *regina coeli* beizuwohnen. Dort habe es eine lange hierarchisch geordnete Prozession gegeben mit Engeln, Aposteln, Heiligen und Augustinus, der Geert Groote und Johannes Vos an seinen Händen führte. Hinzu seien eine Vielzahl von bedeutenden verstorbenen Brüdern und Rektoren der niederländischen Bruder- und Schwesternhäuser gekommen, die Groote folgten, sowie verstorbene Konventualen, die Vos begleiteten. Vos sowie die ebenfalls verstorbenen Radewijns und Brinckerinck hätten Mande beauftragt, das Geschaute an diejenigen Brüder und Schwestern weiterzugeben, die es bislang an Eifer und Frömmigkeit hätten fehlen lassen. Damit solle bestätigt werden, dass es bei den Windesheimern zu einer ausnahmslosen Erlösung kommen werde und dass die Konvente „als prädestinierte Orte der Heilsgewissheit" gelten könnten (B. Lesser). Zwei Handschriften aus Lübeck bieten eine niederdeutsche Übertragung des Texts.

Umfangreiche niederdeutsche Exzerpte aus ‚*Een devoet boexken hoe dat wij wt selen doen den ouden mensche mit sinen werken ende ons mit Cristo overmids warachtighe doechden sellen verenighen'* – also aus einem ‚Büchlein' darüber, wie wir den alten Menschen mit seinen Werken hinter uns lassen und uns mit Christus mittels dessen wahrhaften Tugenden vereinigen sollen – ist in Berlin mgq 525 überliefert. Eine weitere Kompilation von Paraphrasen aus drei Schriften Mandes findet sich in einer Kölner Handschrift aus dem dortigen Kreuzbruderkloster. Mandes Schrift ‚*Van der bereydinghe ende vercieringhe onser inwendigher woeninghe*' ist wohl auch im ‚Geistlichen Blumenbett' des Pseudo-Veghe (vgl. S. 482) verarbeitet worden.

Thomas von Kempen
Der bekannteste Vertreter der Devotio moderna und zugleich deren bei weitem erfolgreichster Autor ist Thomas Hemerken von Kempen. Thomas wurde 1379/80 als Handwerkersohn in Kempen geboren. Mit 13 kam er, wohl auf Anraten seines wesentlich älteren Bruders, zur Schule nach Deventer, wo ihn Radewijns, der ihn bei den Fraterherren aufnahm, stark beeinflusste. Er trat 1399 ins Windesheimer Augustinerchorherrenstift St. Agnietenberg bei Zwolle ein, wurde aber erst 1414 zum Priester geweiht. Nach 57 Jahren in diesem Kloster starb er 1471 in sehr hohem Alter. Wie für Devoten üblich, arbeitete Thomas als Kopist sowohl für sein Kloster als auch für laikale Auftraggeber. Er begann um 1420 mit dem Verfassen geistlicher Schriften in Latein, von denen viele übersetzt wurden und z.T. beachtliche Verbreitung fanden. Seine Schrift ‚De imitatione Christi' sollte zum erfolgreichsten geistlichen Werk des Mittelalters werden, mit einer beispiellosen weltweiten Rezeption bis in die moderne Zeit. Über drei Jahrhunderte hinweg stritt man um die Zuweisung des Werks an Thomas, heute wird es ihm ohne nennenswerte Bedenken zugeschrieben.

Das Werk besteht aus vier Traktaten, die spätestens 1427 vollendet waren und zunächst separat tradiert wurden. In einem Autograph von 1441 wurden sie unter dem Sammelnamen ‚De imitatione Christi libri quatuor' als vierteiliges Werk zusammengefasst. Auch wenn die Traktate bisweilen weiter in verschiedener Anzahl und Ordnung tradiert wurden, setzte sich, begünstigt durch den Druck durch Günther Zainer vor 1473 in Augsburg, die feste Reihenfolge in vier Büchern durch, in welcher es ein Standardwerk der spätmittelalterlichen Literatur wurde.

Die ‚Imitatio' steht in ihrer Gestaltung den innerhalb der Devotengemeinden populären Florilegien oder Rapiarien (s.o.) nahe. Bei der Zusammenstellung seiner Textteile in der ‚Imitatio Christi' folgte Thomas der Rapiarium-Methode und integrierte dort systematisch circa 1200 biblische Zitate und Anspielungen sowie Textstellen verschiedener Autoren, etwa von Kirchenvätern wie Augustinus und Hieronymus, aber auch von jüngeren Theologen wie etwa Bernhard von Clairvaux, Bonaventura, David von Augsburg, Ludolf von Sachsen und Heinrich Seuse. Auch Werke aus dem Kreise der Devotio moderna dienten als Quelle. Gesamtthema ist die Nachfolge Christi, d.h. das Bestreben, sich in Christi Leben zu versenken und das eigene Leben ihm nachzubilden. Buch I mit dem Titel ‚Nützliche Anweisungen' ist das thematisch vielfältigste aller Bücher. Es bietet eine Vielzahl von Anweisungen für Anfänger im geistlichen Leben, wie man dieses innerhalb einer Klostergemeinschaft, in Zurückgezogenheit in der Zelle, in Studium und Gebet gestalten kann. Im wesentlich kürzeren Buch II geht es um das innere Leben; Christus sei im Innern eine würdige Wohnung zu bereiten, wofür besondere Tugenden wie Demut, Friedfertigkeit, Reinheit, Einfalt und Leidensbereitschaft erforderlich seien. Das Gebet führe zur persönlichen Begegnung mit Gott. Höhepunkt ist das 12. und letzte Kapitel, das eingehend vom ‚Königsweg des Kreuzes' handelt, mit dem Leitwort „Verleugne dich selbst, nimm dein Kreuz auf dich und folge mir nach" (Mt 16,24). Buch III und IV sind als Dialoge zwischen Christus (*dominus*) und Mensch (*servus, discipulus*) gestaltet. Im umfangreichen Buch III mit 59 Kapiteln geht es um den persönlichen Umgang mit Christus im klösterlichen Alltag; dabei werden die Schwierigkeiten angesprochen, die auf dem Weg zu Gott auftreten können. Vor allem mit Demut, Gehorsam, Gottvertrauen und Kreuzesnachfolge gelangt man zum inneren Trost. Buch IV schließlich bietet eucharistische Betrachtungen – die Eucharistie als wahre Vereinigung mit Christus – sowie Gebete. Immer wieder werden die Eitelkeiten der äußeren Welt und deren Versuchungen sowie Egozentrik und geistige Überheblichkeit angeprangert; sie seien mit tugendhaftem Verhalten zu überwinden, um durch die völlige Aufgabe des eigenen Ichs an Gottes Gnade zu gelangen. Insgesamt ist das Werk nicht als geschlossene Einheit gestaltet, die Bücher hängen nur lose zusammen. Es findet sich auch keine systematische Lehre, ebenso fehlen Anweisungen für die Kontemplation.

Zwar war das Werk ursprünglich für Religiosen verfasst, aber es fand sehr bald auch unter Laien große Beliebtheit. Über 770 lateinische und volkssprachliche Handschriften sind überliefert; die meisten entstanden im Brabanter und Lütticher Raum sowie im Rhein-Mosel-Gebiet. Das Werk wurde im Laufe der Jahrhunderte über 3000mal gedruckt und in zahlreiche Sprachen übersetzt. Die Überlieferung der niederländischen Übersetzungen ist dabei besonders reichhaltig; sie hat zudem auf die deutsche Tradition ausgestrahlt. Häufig wurden nur einzelne Bücher der ‚Imitatio' übersetzt, so etwa Buch I, das in zwei mittelfränkischen Übertragungen vorliegt. Bereits 1432 diente es dem Nürnberger Kartäuser Erhart Groß als Quelle für sein ‚Nonnenwerk' (vgl. S. 186). Es folgte 1434 eine Übersetzung des ersten Buchs aus dem Kölner Fraterhaus Weidenbach durch einen ansonsten unbekannten ‚Johannes de Bellorivo'. Eine mittel- und eine moselfränkische Übersetzung aus dem frühen 16. Jahrhundert bieten den vollständigen Text und sind einfach überliefert, ebenso wie eine thüringische Übersetzung aus dem endenden 15. Jahrhundert. Im niederdeutschen Bereich findet sich eine Bearbeitung von Buch II (vollständig) und III (mit Umstellungen und Auslassungen) aus einer niederländischen Vorlage, die in Lübeck auch gedruckt wurde. Mehrfach gedruckt wurde eine niederdeutsche Gesamtübersetzung: zunächst erschienen ab 1489 nur Buch I-III in Lübeck, 1492 kam Buch IV in einem Lübecker Druck hinzu, 1501 erschien die Gesamtausgabe in Magdeburg, 1505 in Köln und 1507 in Rostock.

Aus dem gesamten oberdeutschen Bereich sind mindestens 19 Übersetzungen überliefert, zumeist von einzelnen Büchern oder Exzerpten. Ihre Verwandtschaft untereinander wäre noch genauer zu klären. Zu den bekannten süddeutschen (Teil-)Übersetzern gehören neben Erhart Groß (vgl. S. 186) die Dominikaner Georg Falder (vgl. S. 253) und Johannes Zierer (vgl. S. 314), die Benediktiner Bernhard von Waging (vgl. S. 426) und Friedrich Kölner (vgl. S. 410) sowie die Zisterzienserin Regula (vgl. S. 455). Auch der Schnalser Kartäuser Heinrich Haller, der mehrere Schriften der Devoten übersetzte, verfertigte eine Übertragung aller Bücher (vgl. Tl. 2). Am stärksten verbreitet war eine in 14 Handschriften überlieferte Gesamtübersetzung, von der in einigen Textzeugen nur einzelne Bücher oder Exzerpte enthalten sind. Der Text von Buch I-III ist bereits in einer alemannischen Handschrift v.J. 1448 bezeugt, der von Buch I-IV seit 1455. Gedruckt wurde diese Übersetzung zwischen 1486 und 1539 zwölfmal, und zwar mit einem Zusatzkapitel über den Gehorsam. So gut wie alle lokalisierbaren Handschriften stammen aus observanten Konventen, doch für den Druck sind auch Laien als Zielpublikum anzunehmen. In den 1530er Jahren kam es mit sechs Druckausgaben zu einer wahren Entdeckung der ‚Imitatio‘. Obwohl es ursprünglich an Religiosen und Semireligiosen gerichtet war, bot das Werk auch für Laien eine klar gestaltete Vertiefung einer ganz auf Christus zielenden Frömmigkeitspraxis, denn das ‚Moderne‘ der neuen Frömmigkeit bestand gerade auch in der Relativierung der Aufteilung der Welt in Kleriker und Laien.

Auch weitere Werke von Thomas wurden im nord- und süddeutschen Raum übersetzt. Die ‚Orationes et meditationes de vita Christi‘ erfuhren nach der ‚Imitatio‘ die stärkste volkssprachliche Verbreitung. Dieser umfangreiche Leben-Jesu-Gebetszyklus, der aus zwei vielfach separat überlieferten Traktaten besteht, ist in mindestens sechs niederländischen und deutschen (Teil-)Übersetzungen erhalten, von denen die meisten nur den ersten Traktat bis hin zur Grablegung Christi umfassen. Eine Übersetzung beider Traktate ist in Devotenhäusern im ostniederländischen-nordrheinischen-westfälischen Raum bezeugt. Im oberdeutschen Raum wird das komplette Werk über den Druck verbreitet, so etwa in Basel, wo 1489 zunächst die lateinische Fassung erscheint, auf welche die im Druck erscheinenden Übersetzungen letztlich zurückgehen. Im selben Jahr wird in Basel innerhalb einer dreiteiligen ‚Bereitung zu dem heiligen Sacrament‘ auch die Thomas-Übersetzung des Basler Kartäusers Ludwig Moser gedruckt. Um

1496/97 erscheint in Nürnberg die Übersetzung eines Nürnberger Kartäusers unter dem Titel ‚Der Herzmahner' (vgl. S. 193). 1521 wurde eine dritte Übersetzung in Augsburg gedruckt, und zwar mit Holzschnitten des Petrarca-Meisters versehen.

Von Ludwig Moser stammt ebenfalls die in Basel und Augsburg gedruckte Übersetzung von Thomas' ‚Hortulus rosarum' als Teil des ‚Guldin spiegel des sünders' (vgl. Tl. 2). Es gab aber auch handschriftlich wenig verbreitete weitere niederländische und deutsche Übersetzungen von Werken des Thomas von Kempen. In einer ripuarischen Handschrift aus Köln v.J. 1500 (Hist. Archiv, cod. W 138), sind mehrere übersetzte Schriften von Thomas enthalten, wohl als Autograph des Übersetzers: zwei Predigten, Buch I des ‚Dialogus noviciorum'(die ‚Fraterherren-Viten'), Briefe, eine Vielzahl asketischer Schriften sowie zwei Cantica. Vorlage war ein Utrechter Druck von circa 1474. Zwei Schriften wurden 1499 zusammen mit einigen hauptsächlich pseudo-augustinischen Schriften von dem Buxheimer Kartäuser Bruder Johann Fabri († 1505) übersetzt. Fabri ist mit keinem der bisher genannten Verfasser mit gleichem Nachnamen identisch. Er war 1495–1497 in Buxheim Prior, wurde aber nach einer Apostasie am Ende seiner Amtszeit zu langer strenger Kerkerhaft verurteilt. In dieser Zeit hat er wohl folgende Texte übertragen: Thomas' von Kempen ‚Soliloquium animae' und ‚Libellus de disciplina claustralium' sowie pseudoaugustinische, bernhardinische und kleinere Traktate (alle als Autograph in Berlin, mgq 1926, v.J. 1499). Eine vielleicht in Nürnberg entstandene Übersetzung des ‚Soliloquium' ist in einer Handschrift vom Anfang des 16. Jahrhunderts überliefert. Aus den ‚Sermones ad novicios regulares' wurden nur kurze Textstellen, vor allem Gebete, ins Deutsche übersetzt.

Thomas' ‚Alphabetum parvum boni monachi' ist eine kurze Lehre zur geistlichen Lebensführung und Vervollkommnung, die das im 15. Jahrhundert gern verwendete mnemotechnische Ordnungsschema des Alphabets zur Grundlage hat. Die 23 von A bis Z reichenden *lectiones* gehen von Sentenzen aus. Die erste *lectio*, *Ama nesciri* („Ziehe es vor, unbekannt zu bleiben") sollte nicht nur für Thomas zu einem Leitspruch werden, sondern für die Devoten überhaupt, die es vermieden, Abschriften zu unterzeichnen, um sich so jedem Geltungsbedürfnis zu entziehen. Drei deutsche Übersetzungen sind überliefert: die eine im oben erwähnten Kölner cod. W 138, die zweite von Heinrich Vigilis (vgl. S. 374); die dritte, in Berlin mgo 25, stammt von einer elsässischen Übersetzerin.

Thomas ist auch der Verfasser einer lateinischen Vita der Lidwina von Schiedam, die allerdings nie übersetzt wurde.

Lidwina (1380–1433) brach sich als 15jährige bei einem Sturz auf dem Eis Rippen. Moderne, allerdings nicht gesicherte Analysen deuten darauf hin, dass sie unter multipler Sklerose litt. Sie führte geduldig ihr restliches Leben mit den stets zunehmenden furchtbaren Gebrechen, denn sie war überzeugt, dass Gott ihr die Krankheit auferlegt hatte, damit sie als Stellvertreterin für die Sünden ihrer Mitmenschen leiden sollte. Sie war äußerst fromm, fastete, hatte Visionen und vermochte bei Kranken wundersame Heilungen herbeizuführen. Sie galt schon zu Lebzeiten als Heilige und wurde sehr verehrt.

Bald nach ihrem Tode verfasste der Subprior des Windesheimer Konvents St. Elisabeth in Rugge, Hugo von Rugge, 1434–36 eine Vita der Lidwina, deren Prolog mit *Venite et videte* beginnt. Davon gibt es eine moselfränkische Version, die in den alemannischen Raum gelangte, sowie eine niederdeutsche – allerdings ohne den Prolog – und eine nürnbergische Kurzfassung. Durch ihr Leben in der Nachfolge des leidenden Christi wurde Lidwina innerhalb der Devotio moderna besonders geschätzt. Daher überarbeitete Thomas von Kempen 1448 Hugos lateinische Vita, indem er den Schwerpunkt von den Wundern eher weglenkte und sich auf Lidwinas Frömmigkeit und eine „sittliche Belehrung" durch die Legende konzentrierte. Auch der Minorit Johannes Brugman verfasste 1456 eine Lidwina-Vita (vgl. S. 396).

Weitere hagiographische Werke
Im Bereich der Hagiographie gab es neben den Legendaren mehrere volkssprachliche *libelli* zu Heiligen, die als besonders vorbildlich für die devote Lebensform galten. So verfasste vermutlich ein Windesheimer Chorherr ein umfangreiches volkssprachliches Werk zum Leben und Wirken des Augustinus, das sog. ‚Niederrheinische Augustinusbuch'. Um die Mitte des 15. Jahrhunderts entstand eine niederländische Übersetzung einer lateinischen Vita, die zunächst aus den ‚Confessiones' Augustins und der von Possidius von Calama verfassten Augustinus-Vita kompiliert worden war und dann mit Übertragungen aus den Augustinus betreffenden ‚Sermones de sanctis' Jordans von Quedlinburg angereichert wurde. Diese Fassung, deren Textzeugen vor allem aus devoten Frauengemeinschaften stammen, wurde dann zum ‚Niederrheinischen Augustinusbuch' umgestaltet, das im niederdeutschen und mittelfränkischen Raum in neun Handschriften überliefert ist. Auch hier liegt ein Überlieferungsschwerpunkt in den Konventen der Schwestern vom gemeinsamen Leben. Hinzu kommt eine stark straffende Kurzfassung der niederländischen Vita, die für die Aufnahme in Legendensammlungen hergestellt wurde und ebenfalls in den mittelfränkischen Raum gelangte.

Auch die um 1300 entstandenen sog. ‚Hieronymus-Briefe', die sich als authentische Berichte dreier Zeitgenossen – Eusebius von Cremona, Augustinus und Cyrillus von Jerusalem – ausgeben, werden vor 1428 im Umfeld der Devotio moderna ins Niederländische übersetzt. Diese Pseudoepigraphien loben die großen Tugenden des strengen asketischen Büßers

Hieronymus, der, wie es Augustinus in einer Traumvision erfährt, durch seine Lebensführung und Leidensbereitschaft in die höchsten Ränge des Himmels gelangt sei, wo er zusammen mit Johannes Baptista und den Aposteln weile. Auch hier steht vorbildliches monastisches Leben im Mittelpunkt. Das Werk ist in 29 Handschriften überliefert, es wurde 1490 in Hasselt gedruckt und gelangte sowohl in niederdeutsche als auch in mittelfränkische Klöster, und zwar vorwiegend in die der Windesheimer Kongregation.

Große Verbreitung fand eine Übersetzung von Bonaventuras beiden Viten des Franziskus, der ‚Legenda maior' und der ‚Legenda minor', ins Niederländische um 1400. Unter den circa 50 überlieferten Handschriften gibt es auch mehrere Ausläufer nach Osten und Südosten, ins niedersächsische Grenzgebiet sowie in den Kölner und moselfränkischen Raum. Wer die Texte verfasst hat, bleibt ungewiss, aber die Provenienzen der Codices deuten klar auf einen Verbreitungsschwerpunkt unter franziskanischen Terziarinnen sowie in Windesheimer Konventen, was eine Entstehung in devoten Kreisen nahelegt. Die Viten wurden aber nicht unbegleitet übersetzt, sondern waren Hauptteil einer Sammlung, die in der Forschung unter der Bezeichnung ‚Franziskanische Traktate' zusammengefasst wird. Nach der Übersetzung der beiden Legenden folgen fünf franziskanische Schriften vom selben Übersetzer: das ‚Testamentum S. Patris Francisci', die ‚Verba admonitionis S. Francisci', die ‚Dicta beati Aegidii Assisiensis' und das ‚Speculum perfectionis seu S. Francisci Assisiensis legenda antiquissima' Leos von Assisi. Als letztes Stück wird in die Sammlung eine Übersetzung der ‚Actus beati Francisci et sociorum eius' eingebunden, die in zwei im Bestand verschiedene Teile aufgegliedert ist, die auch von zwei verschiedenen Übersetzern stammen.

Wie im Süden werden auch im *niderlant* Birgitta von Schweden und Katharina von Siena als Heilige verehrt, allerdings in weitaus geringerem Umfang als im *oberlant*. Birgittas ‚Revelationes' wurde mehrere Male übersetzt und offensichtlich in Devotenkreisen verbreitet. Zwei Handschriften aus dem Kölner Raum und eine niederdeutsche Überarbeitung sind überliefert.

Ähnliches gilt für die Viten Katharinas. Nur dürftig sind Übersetzungen von Raimunds von Capua ‚Legenda maior' (vgl. S. 229) sowie ihrer ‚Legenda minor' des Tommaso Caffarini überliefert.

Nur durch die Handschrift Berlin, mgq 1240, ist eine niederdeutsche Übertragung der niederländischen Übersetzung der ‚Legenda maior' bezeugt. Dafür gibt es vier jeweils unikal überlieferte niederdeutsche Vitenversionen aus dem 15. Jahrhundert: In Wolfenbüttel, Cod. 1279, ist eine Versfassung enthalten, die eher als Reimgebet zu werten ist; dazu kommen eine Vita in der Handschrift Lübeck, cod. theol. germ. 4° 20, eine Übersetzung der ‚Legenda minor' in der Handschrift

Lübeck, cod. theol. germ. 8° 66, und ab 1492 eine Kurzvita als Sondergut in niederdeutschen Drucken von ‚Der Heiligen Leben'.

Zu den weiblichen Heiligen, denen auch im *niderlant* große Verehrung zuteilwurde, gehörte die streng asketisch lebende Elisabeth von Thüringen, die als ideales Vorbild für devote Frauen galt. Ihre von Dietrich von Apolda verfasste ‚Vita' (vgl. Bd. III/1) wurde im frühen 15. Jahrhundert ins Niederländische übersetzt und im niederdeutschen und mittelfränkischen Raum verbreitet. Heute sind insgesamt 22 Handschriften überliefert. Zwar ist auch hier die Entstehung im Umfeld der Devotio moderna nicht gesichert, dennoch ist dies aufgrund der Überlieferung wahrscheinlich. Der Übersetzer hält sich streng an die Vorlage.

Eine literarisch anspruchsvollere, im Westfalen entstandene Reimprosa-Version von Dietrichs ‚Vita' mit den sog. ‚Reinhardsbrunner Erweiterungen' ist in mehreren Handschriften aus dem niederdeutschen Raum überliefert. Ob das Werk aus devoten Kreisen stammt, ist allerdings nicht zu klären.

Schriften zur asketischen Lebensform
Mehrere Werke aus Devotenkreisen befassen sich speziell mit der asketischen Lebensform. Vermutlich stammt das in 's-Hertogenbosch verfasste Werk ‚Die besessene Nonne Agnes' aus dem Umfeld der dortigen Schwestern des gemeinsamen Lebens. Ob der Text von einer Schwester des Hauses verfasst wurde, wie dies Ekkehard Borries annimmt, ist im Hinblick auf das dem Werk zugrundeliegende fundierte theologische Wissen wohl nicht anzunehmen. Eher käme ein *bichtvatter* des Hauses in Frage, *ein doctor der heiligen geschrifft*, wie es in der Einleitung einer Colmarer Handschrift heißt. Das bemerkenswerte Werk ist in z.T. erheblich voneinander abweichenden Fassungen in observante Klöster bis in den alemannischen, fränkischen und bairischen Raum verbreitet worden; auch eine Übersetzung ins Lateinische ist überliefert. Berichtet wird von einer besessenen Schwester, aus deren Mund der Teufel, durch Beschwörung gezwungen, in einer Art Wechselgespräch Fragen der anderen Schwestern beantworten muss, welchen Sünden und Verfehlungen sie in ihrer Lebensform anheimfallen können und wie diese durch Andacht, Beichte und Demut zu vermeiden sind. Es handelt sich um ein umfassendes lehrhaftes Werk, in dem eine innovative und geschickte literarische Strategie zur Vermittlung von fundamentalen religiösen Grundsätzen und Richtlinien zur religiosen Lebensform entwickelt wird. Der Teufel, der sich ja ansonsten über sündhaftes Verhalten freut und vor dem man sich eigentlich sehr zu fürchten hat, wird hier gezwungenermaßen zum verlässlichen Lehrer religiosen Grundwissens. Der Text sollte laut einer Handschrift aus der Kartause Eppenberg *alle jair czu mynstin eyn mail* vorgelesen werden.

Eine ähnliche didaktische Strategie liegt dem Lehrgespräch ‚Preventa und Adoptata' zugrunde. Auch hier sollen die Schrecken der Hölle zu einem tugendhaften Leben in einer Klostergemeinschaft anspornen. Im spätantiken Rom erscheint die Seele der vor kurzem verstorbenen Preventa ihrer Freundin Adoptata in einem Traum. Preventa sei der Hölle entkommen, da sie ein Gelübde der Jungfräulichkeit geleistet habe. Sie bemüht sich, ihre Freundin zu Ähnlichem und zum Eintritt in ein Kloster zu bewegen. Besprochen werden die Tugend der Jungfräulichkeit, die Todeserfahrungen Preventas, das Fegefeuer, in dem Preventa wegen ihres früheren weltlichen Lebens drei Tage verbringen musste, und die immensen Qualen der Hölle. Schließlich ist Adoptata nach anfänglichem Zögern überzeugt und tritt in ein Kloster ein. Das Geträumte lässt sie vom Notar des Papstes Leo aufschreiben. Zwar ist eine Entstehung des Texts in den Niederlanden nur wahrscheinlich – der größte Teil der Überlieferung stammt aus dem niederdeutschen und mittelfränkischen Raum –, aber die Provenienzen der Handschriften deuten doch eher auf einen Verfasser aus dem Umfeld der niederländischen Devotio moderna. Eine lateinische Vorlage ist nicht bekannt.

An franziskanische Terziarinnen gerichtet sind die wohl im südniederländischen Raum entstandenen ‚Jhesus collacien' – mitunter auch mit ‚Lelienstoc' betitelt –, bestehend aus insgesamt 72 Ansprachen über Christus und den Hl. Geist in Form von Visionsberichten, in denen einer Schwester Anweisungen zur Meditation über Christi Leben und Leiden sowie zum Verhalten im klösterlichen Alltag gegeben werden. Die sehr bilder- und metaphernreich gestalteten Visionen finden in der Fastenzeit statt. Jesus selbst gibt der Schwester den Auftrag, die *collacien* aufzuschreiben und ihren Mitschwestern zur Verfügung zu stellen. Aus dem Werk ist die Predigt Nr. 5 – die ‚Vierzig Zellen' – in 15 Handschriften separat überliefert, darunter auch in mehreren mittelfränkischen und niederdeutschen Übertragungen. Es geht hier um Meditationen über das Leiden Christi in der Wüste. Dort habe er durch seine in der Wüste ertragenen Entbehrungen und Leiden sowie durch das Reflektieren der einzelnen Stationen seiner baldigen Passion und seines Sterbens 40 Zellen errichtet, in denen die Schwestern während der einzelnen Tage der Fastenzeit mit ihren Gedanken leben sollen. Das Ganze ist liturgisch inspiriert: die *collacie* findet am ersten Fastensonntag statt, an dem die Perikope, in der es um die Versuchung Christi geht (Mt 4,1–11), gelesen wird. Auch andere Ansprachen aus ‚Jhesus collacien' werden separat in mittelfränkischen und niederdeutschen Versionen überliefert (so etwa Nr. 2, 14 und 7–18). Die *collacie* von den ‚Vierzig Zellen' ist nach Ausweis der Überlieferung mit Abstand die beliebteste unter ihnen.

Wahrscheinlich im Umfeld des Augustinerinnenkonvents St. Agnes in Maaseik entstand eine weitere devote Passionsmeditation, ‚Der Rosengarten von dem Leiden Jesu Christi'. Die aus dem späten 15. Jahrhundert stammende Schrift, die, aus dem Südmittelniederländischen kommend, auch im niederdeutschen und mittelfränkischen Raum Verbreitung fand, hat das Leben Christi vom Abendmahl bis zur Grablegung zum Thema. In dem 22 Meditationen umfassenden Werk wendet sich das Subjekt, das gelegentlich als *minnende sele* bezeichnet wird, in direkter Rede an die jeweils auftretenden heiligen Personen, um die zu meditierenden Ereignisse zu vergegenwärtigen. Mit einer derart gestalteten Betrachtung soll die *compassio* des Lesers mit besonderer Intensivität geweckt werden. Betont werden nicht die körperlichen Leiden Christi, was für Texte aus dieser Zeit eher zu erwarten wäre, sondern Christi Schmach. Jede Meditation schließt mit einem Gebet ab. Die besonders betonten sieben Worte am Kreuz geben Anlass zu eingehenden theologischen Betrachtungen. Auf Autoritätenzitate wird gänzlich verzichtet.

Ein Werk, das sehr wahrscheinlich in Devotenkreisen zweimal ins Niederländische übersetzt wurde, ist das von dem Zisterzienser K o n r a d v o n E b e r b a c h verfasste ‚Exordium magnum Cisterciense‘. Die Schrift, die in sechs als *distinctiones* bezeichnete Bücher gegliedert ist, berichtet von den Anfängen des Ordens. Konrad verfasste die ersten vier Bücher zwischen 1186 und 1193 als Mönch in Clairvaux und die beiden letzten zwischen 1206 und 1221 im Kloster Eberbach im Rheingau. Wie in solchen Chroniken üblich wird nicht nur von der Entstehung des Ordens und den dabei auftretenden vorbildlichsten Personen berichtet, sondern es werden auch Beispielerzählungen eines exemplarischen Ordenslebens gegeben. Das ‚Exordium‘ will auf diese Weise Mitbrüdern in anderen Klöstern „Kunde vom vorbildlichen Leben der Zisterzienser-Väter, ihrem asketischen und spirituellen Eifer, ihren Wundern und Visionen" geben (F. J. Worstbrock). Die beiden in Eberbach entstandenen Bücher sind anders geartet als die früheren, denn hier geht es konkret um klösterliches Verhalten, um die Gefahr des Eigenbesitzes und die des Ungehorsams, um nachlässiges Beten der Psalmen und ähnliches mehr. Im letzten Buch thematisiert Konrad vor allem das Sterben und den Tod der Mönche. Im Hinblick auf die hier propagierte asketische Lebensweise ist verständlich, dass gleich zwei Übersetzer aus dem Kreise der Devotio moderna sich dieses Werk vornahmen. Eine südmittelniederländische Version aus der Mitte des 15. Jahrhunderts fand zwar keine größere Verbreitung, die vor 1466 im Nordmittelniederländischen entstandene Übersetzung dagegen ist reicher überliefert, auch im mittelfränkischen Raum – im Fraterhaus in Köln und im Windesheimer Kloster Eberhardsklausen. Bisher unbekannt ist die Überlieferung in Straßburg, ms. 2930.

In mindestens vier Handschriften ist nach dem ‚Exordium‘ eine Übersetzung der Vita des zisterziensischen Laienbruders Gezelin von Schlebusch eingeschoben. Gezelin kam aus Burgund in die Abtei Altenberg, diente dann auf dem Gut Alkenrath in Schlebusch als Schafhirte und lebte dort in härtester Askese. Er wurde wegen seiner Güte von der Landbevölkerung verehrt und ließ während einer Dürre, die sogar den Rhein austrocknete, eine Quelle mit heilender Wirkung entspringen. Die Übersetzung seiner Vita dürfte im mittelfränkischen Raum entstanden sein. Auf sie folgt eine Übersetzung der ‚Historia Guidonis' des französischen Dominikaners J o h a n n e s   G o b i u s , eines Dialogs zwischen dem verstorbenen Guido von Alet und dem Prior des dortigen Dominikanerklosters über die Schicksale der Seelen im Fegefeuer und über die Gnadenmittel für ihre Erlösung. Dieser Text geht auf eine niederländische Übersetzung von circa 1400 zurück und ist in mehreren mittelfränkischen und niederdeutschen Handschriften überliefert (er fehlt aber in Straßburg, ms. 2930).

Konrads ‚Exordium magnum Cisterciense' erfährt nur zwei niederdeutsche Exzerptübersetzungen, ihre mögliche Verwandtschaft mit einer der niederländischen Übersetzungen ist noch ungeklärt (V. Honemann). Da eine der Handschriften nur ein Textfragment bietet, muss noch offenbleiben, ob es sich sogar um zwei verschiedene Übertragungen handeln könnte.

Weiteres Schrifttum
Von den Reformbemühungen des Windesheimer Chorherren J o h a n n e s   B u s c h ist bereits öfters die Rede gewesen. Obwohl nichts Volkssprachliches von ihm erhalten ist, soll er dennoch als wichtigster Chronist der Devotio moderna hier berücksichtigt werden. Sein Lebenslauf wird in seinem autobiographischen ‚Liber de reformatione monasteriorum diversorum ordinum' detailliert geschildert. Busch wurde 1399 in Zwolle geboren und besuchte dort die Stadtschule, die von Johannes Cele, einem engen Freund Grootes, geleitet wurde. Er wurde hier in die Lebensform der Devotio moderna eingeführt und trat 1419 in Windesheim ein. Von dort aus führte er über die Jahre, vor allem im deutschsprachigen Raum, mehrere Reformaufträge aus, die aber nicht alle erfolgreich waren, und bekleidete auch mehrere Ämter. Seine Karriere als Reformer gipfelte 1451 in der Ernennung zum päpstlichen Visitator durch den Kardinallegaten Nikolaus von Kues. Busch kehrte 1456 nach Windesheim zurück und schrieb dann 1459 im Auftrag des Priors die erste und 1464 als Prior im Sültekloster bei Hildesheim die zweite Fassung seines bedeutenden ‚C h r o n i c o n   W i n d e s h e m e n s e '. Dieses Werk besteht aus drei Teilen: dem ‚Liber de viris illustribus', in dem er alle bedeutende Personen der Devotio moderna darstellt, der ‚Epistola de vita et de passione domini nostri', die ursprünglich auf einen niederländischen Text zurückgeht (vgl. S. 466), und dem ‚Liber de origine modernae devotionis', einer umfassenden Geschichte der ganzen Bewegung der Devotio moderna. Nach 1464 wurde Busch als Reformer erneut aktiv und verfasste in dieser Zeit den ‚Liber de reformatione monasteriorum', in dem er

stolz sein reformerisches Wirken darstellt und zugleich eine Art ‚Reformhandbuch' bietet. Er schildert dort seine Berufung zum Klostereintritt und seinen Weg zum Autor, Übersetzer und Reformer. 1479 legte Busch sein Priorat in Sülte nieder. Ein Todesdatum ist nicht bekannt. Mit seinen Werken hat Busch das geschichtliche Selbstverständnis der Devotio moderna entscheidend geprägt, indem er ein Idealbild devoten Lebens zeichnete.

In devoten Häusern wurden wie in den observanten Klöstern des süddeutschen Raums Predigtsammlungen verfasst, die als ‚Hausüberlieferung' bezeichnet werden können. Das heißt, ihre Verbreitung blieb in der Regel auf die Bibliotheken jener religiosen und semireligiosen Gemeinden beschränkt, in der die Predigten gehalten wurden. Bisweilen wurden sie aber auch an naheliegende Klöster weitervermittelt. Eine Vielzahl von niederdeutschen Predigthandschriften unbekannter Provenienz hat Regina Schiewer zusammengestellt, darunter auch Übersetzungen von Predigten Bernhards von Clairvaux, Jordans von Quedlinburg und Augustins. Der Großteil der Überlieferung niederdeutscher und mittelfränkischer Predigten ist allerdings noch nicht näher untersucht. Eine beachtliche Zahl der Handschriften stammt jedenfalls aus Konventen, die mit der Devotio moderna verbunden waren. Einige sind bereits in den oben besprochenen lüneburgischen Klöstern der Benediktinerinnen und Zisterzienserinnen kurz behandelt worden.

Von dem Münsteraner Johannes Veghe (um 1430/35–1504) ist eine umfassende Sammlung von Predigten überliefert, die er um 1492 im Schwesternhaus Marienthal genannt Niesing, in Münster gehalten hat. Veghe trat 1451/52 in das Fraterhaus Springborn in Münster ein und war ab 1475 auch Rektor. 1481 zog er sich aus gesundheitlichen Gründen auf das Amt des Rektors des Niesingklosters zurück. Unter seiner Leitung erreichte das Haus seine Blütezeit. In der einzigen von dort überlieferten Handschrift, Münster, Staatsarchiv, Msc. 4, finden sich 23 hausinterne Predigten und ein Predigtrapiar Veghes, zwei Lieder, die Predigt eines Windesheimer Chorherren und zwei Predigtauszüge unbekannter Provenienz. Veghes *collacien*, eine umfangreiche Sammlung von Sonntags-, Fest- und Heiligenpredigten in der Zeit von Ostern bis Septuagesima, thematisieren im Sinne der Devotio moderna das vorbildliche tugendhafte Leben in engem Kontakt zu Gott sowie die Vermeidung von sündhaftem Tun. Dabei wird die Würde des Menschen betont, die auf der Gottesebenbildlichkeit beruht. Einige Predigten sind emblematisch; so erläutert Veghe etwa die Liebe Jesu und die christlichen Tugenden anhand der Herstellung eines Brautkleides. In den Predigten zitiert er neben der Bibel auch Kirchenväter, Gerson, Ruusbroec, Groote und antike Autoren wie Seneca, Cicero und Aristoteles und ist dabei sehr um Verständlichkeit und Eindringlichkeit bemüht. Für die anonymen Lieder, die direkt auf die Predigten folgen, wird ein niederländischer Autor vermutet. Das erste Lied handelt von der Todesnähe des Menschen, das zweite von tugendhaftem Verhalten und dem dafür zu erhaltenden Lohn. Dieses Lied ist in einer anspruchsvollen Kanzonenform gedichtet, die sich auch in einem lateinischen Lied des Thomas von Kempen findet.

Die frühe Forschung zu Veghe hat ihm irrtümlich vier umfangreichere Traktate zugeschrieben, die man als Pseudo-Veghe-Schriften zusammenfasst. Von ihnen sind ‚Marientroest' und ‚Geistliche Jagd' nur in älteren inhaltlichen Zusammenfassungen bekannt, da die beiden Traktate nie ediert wurden und der einzige Textzeuge verschollen ist. Genauere Informationen über den Verfasser bietet Berlin, mgf 549. Dort heißt es, dass die beiden weiteren Traktate, der ‚Wyngaerden der sele' und das ‚Geistliche Blumenbett', von einem *monyck ... van der reguleren orden* stammen, also von einem Windesheimer Chorherren, und zwar höchstwahrscheinlich aus dem Kloster Frenswegen bei Nordhorn, das enge Beziehungen nach Münster pflegte.

Der 224 Folioblätter umfassende ‚Wyngaerden' ist das umfangreichste und bedeutendste der vier Traktate. Das Werk, das höchstwahrscheinlich für Novizinnen verfasst wurde, ist in drei unterschiedlich umfangreiche Abschnitte gegliedert, in denen sich zwei Schemata überschneiden. Das eine beruht auf der *divisio* des zu Beginn zitierten Themas Ct 7,12: *mane – surgamus – ad vineas* („lasst uns früh aufstehen hin zu den Weinbergen"). Dabei will sich der Verfasser in den Abschnitten bei der Behandlung des dreistufigen Aufstiegs zu Gott wohl an die Gliederung von Ruusbroecs ‚Zierde der geistlichen Hochzeit' anlehnen (*incipiens, proficiens, perfectus*), was er aber nur für die ersten beiden Abschnitte, die als *Wyngaerden der selen* zusammengefasst werden, erreicht. Der zweite Abschnitt endet mit einer Beschreibung der Vereinigung des Menschen mit Christus in der Eucharistie. Der letzte Abschnitt greift dann in der Gartenallegorie *Marien wyngaerden* und *De wyngaerden christi jhesu* den dritten Teil der Divisionsgliederung auf. Letzterer besteht aus einem Weingarten des Lebens und Leidens Christi, einem stark zeitkritischen Weingarten der Kirche sowie einem Weingarten des geistlich vollkommenen Lebens. Im kirchenkritischen Teil werden beispielsweise Prälaten mit dem Maulwurf, der schöne Wiesen verunstaltet, verglichen. Diese Geistlichen wollten nur auf der Erde wohnen und dort in zeitlicher Wollust leben. Beim Wühlen in der Erde bereichern sie sich durch geistliche Güter wie Pfründe und Altäre.

Der nur halb so umfangreiche Traktat ‚Das ‚Geistliche Blumenbett' (*een bloemich beddiken*), der sich an Ct 1,15, *Lectulus noster floridus* („Unser Bett ist frisches Grün"), anlehnt, unterscheidet der Verfasser drei Bettchen: *Marien beddiken*, also Maria als Bett sowie Jesu Krippe; *Dat beddikken der steefmoeder*, also das Kreuzesbett, das die Synagoge Jesus bereitete; *Dat beddiken der bruet*, also das Herz eines religiosen Menschen, das auf die Ankunft des Herrn vorbereitet werden soll. Ähnlich wie im Nürnberger Sendbrief ‚Von Jesu Bettlein' (vgl. S. 266) wird die gesamte Schlafkammer als Memorierort gedeutet, der in allen vier Himmelsrichtungen mit sinnbildlichen Gemälden, auf denen zumeist Vögel dargestellt sind, geschmückt ist. Gemälde und Kammerausstattung werden auf die Seelenaffekte Angst, Hoffnung, Trübsein und Fröhlichkeit hin ausgelegt, wie auch vor allem auf die vier letzten Dinge: den Tod, das Leiden Christi, die Hölle und die ewige Seligkeit. Am Ende soll der Zaunkönig der Demut die Kammer durchfliegen. Der Traktat benutzt ein Werk Hendrik Mandes als Quelle.

Der heute verschollene ‚Marientroest' mit dem Thema Ps 118,50 – *Hec me consolata est in humilitate mea* („Diese hat mich getröstet in meiner Demut") – ist in drei Teile gegliedert: 1. Maria im Stall und an der Krippe, 2. Maria unter dem Kreuz und 3. Maria am Hof des Königs. Es geht darum, warum wir uns an Maria, unsere Fürsprecherin vor Christus, wenden sollten.

Der Traktat ‚Geistliche Jagd' ist zwar einem ungenannten weltlichen Fürsten gewidmet, der laut Einleitung die Jagd liebt, der Text wurde aber für ein religioses Publikum umgearbeitet. Auch hier wird eine Dreigliederung vorgenommen. Der Text befasst sich mit dem jagenden Löwen, der nacheinander als Gott, als Teufel und als Mensch, der Gott ‚jagt', gedeutet wird. Der dritte Teil greift am umfangreichsten und ausführlich auf Jagdbildlichkeit zurück, vom frühen Aufstehen bis hin zum Verzehr des gebratenen Wildes. Auch eine Fürstenlehre ist hier integriert. Betont wird die Verantwortung des Fürsten für seine Untertanen und für die Rechtmäßigkeit des Erwerbs seines Besitzes. Zudem werden Fabeln und geistliche Tierinterpretationen, die z.T. dem ‚Physiologus' entnommen sind (vgl. Bd. II/1), in den Traktat eingeflochten. Da es damals in Westfalen keinen weltlichen Fürsten gab, ist der Entstehungsort des Werks nicht zu klären.

Im späten 15. Jahrhundert entstanden im norddeutschen Raum noch vier Schwesternbücher, die nicht in denen aus süddeutschen Dominikanerinnenklöstern des 14. Jahrhunderts ihr Vorbild haben. Es sind schlichtweg historiographische Werke, in denen das Tugendleben der Schwestern dokumentiert wird; Hinweise auf mystische Spiritualität und Erlebnisse wie in den süddeutschen Entsprechungen fehlen gänzlich. Erhalten sind die niederländischen Schwesternbücher von Diepenveen und Deventer, das vom Lamme-van-Diesenhuis aus Deventer gilt als verloren. Das niederdeutsche ‚Emmericher Schwesternbuch' ist nur in einer Abschrift v.J. 1921/22 erhalten, die 1503 abgeschlossene Originalhandschrift ist während des Zweiten Weltkriegs verloren gegangen. Das Agnetenkloster in Emmerich war ursprünglich ein Meester-Geertshuis, aber auf Drängen des Herzogs von Cleve traten die Schwestern 1463 dem Augustinerorden bei. Zwar ist das Werk aus diesem Kloster anonym überliefert, aber als Verfasserin konnte die belesene Schwester Mechteld Smeeds identifiziert werden, die den Konvent von 1491 bis 1504 leitete.

Das Schwesternbuch beginnt mit einem Prolog, erzählt dann vom Leben der ersten drei Rektoren und der ersten vier Mütter von Emmerich, sodann kommen die Lebensläufe von 62 Schwestern bis 1484. Die letzte Vita des Buchs ist die von Mechtelds Schwester Geertruijt, die in diesem Jahr starb. Es geht in dem Werk um „biographisch-exemplarische Tugenddidaxe und monastische Gedächtniskultur und Institutionsgeschichte", die in der „Tradition hoch- und spätmittelalterlicher Klosterhistoriographie" zu verorten ist (A. Bollmann/N. Staubach). Mechteld Smeeds dürfte mit dem Gattungstyp des devoten Schwesternbuchs, so wie er aus Deventer und Diepenveen bekannt war, vertraut gewesen sein. Aufgezeigt werden in all diesen Werken die Anspruchslosigkeit, das spirituelle Leben und die exemplarische Frömmigkeit im Kloster. Auch Mechteld preist die lobenswerten Eigenschaften und Verhaltensweisen der Frauen, die das devote Tugendideal exemplifizieren: ihre Demut, Bedürfnislosigkeit, Bereitschaft zur Armut und zu stetiger Arbeit. Zudem spielt für sie die Hierarchie im Konvent keine Rolle, es besteht in den Biographien kein Rangunterschied zwischen den einfachen Schwestern und den regulierten Chorfrauen. Das Werk will für alle zukünftigen Schwestern die Vorbildlichkeit der Vorgängerinnen dokumentieren, um damit mustergültige Beispiele für die Normen des devoten Lebens weiterzugeben.

Die Literatur der Devoten im Süden

Die Windesheimer Kongregation vermochte im Süden nur wenige Klöster für sich zu gewinnen. In der Schweiz schlossen sich St. Leonhard in Basel, Beerenberg in Winterthur und St. Martin in Zürich an. Im bairischen Raum gehörten nur zwei Klöster zu den Windesheimern, da sich hier bereits die Raudnitz-Indersdorfer Observanz verbreitet hatte (s.u.). Im ostdeutschen Raum wehrte sich der Leipziger St. Thomas-Stift gegen die Windesheimer durch die Annahme von Reformstatuten aus dem observanten Sandstift in Breslau und konnte mithin unabhängig bleiben.

Das Kloster Rebdorf
Für das deutsche Schrifttum von einiger Bedeutung ist jedoch die höchst erfolgreiche Reform des Chorherrenstifts R e b d o r f bei Eichstätt, vor allem im Hinblick auf die Vermittlung von niederländischer Literatur im *oberlant*. Rebdorf schloss sich nach vielen Widerständen 1458 der Windesheimer Kongregation an. Bereits 1422 hatte das Kloster wie einige andere Chorherren- und -frauenkonvente von Kardinal Branda di Castiglione Reformstatuten erhalten, die weitgehend auf den Raudnitzer Statuten beruhten. Branda war von Martin V. als Reformator generalis nach Deutschland entsandt worden, und zwar auch, um dort Widerstand gegen die Hussiten zu organisieren. Er blieb drei Jahre lang nördlich der Alpen tätig. 1428 wurde S i l v e s t e r v o n R e b d o r f aus dem Raudnitzer Kloster Neunkirchen

am Brand zum ständigen Dekan in Rebdorf gewählt. 1434 setzte er sich beim Basler Konzil für die Augustinerreform ein und engagierte sich im Auftrag des Konzils und Herzog Albrechts III. von München als bedeutender Reformer und Visitator. 1451 wurde er in Rebdorf zum Propst gewählt, gab das Amt 1454 aber auf, da es nicht mit seinen Idealen eines streng asketischen Lebens vereinbar war. Bereits 1455 wurde er als *antiquus et debilis* bezeichnet und erlebte in dieser Verfassung den von ihm geförderten Anschluss an die Windesheimer. Er starb 1465.

In Silvesters in 13 Handschriften überliefertem ‚Brief an die Schwestern von Pulgarn', Hospitalerinnen vom Hl. Geist in Oberösterreich, geht es um den 1435 vom Basler Konzil ausgeschriebenen sog. ‚Griechenablass', den die Schwestern erhalten wollten. Die Schwestern baten Silvester 1438 um eine Stellungnahme, ob sich der Ablass mit Privatbesitz im Kloster vereinbaren ließe, nachdem er im nahegelegenen Stift St. Florian über den Ablass gepredigt hatte. Jede Art von Privatbesitz im Kloster lehnte Silvester in seinem Sendbrief entschieden ab. In einer um das Dreifache erweiterten späteren Langfassung des Briefs stammen zusätzliche Textpartien größtenteils aus Humberts von Romans ‚Expositio regulae b. Augustini'. Weitaus umfangreicher sind Silvesters ‚Meditationes de passione domini', die vor 1437 entstanden sind und bereits vor 1438 übersetzt wurden. Dieser lateinische Passionstraktat, in dem Silvester auf mehrere Quellen zurückgreift, bietet Meditationen zu den Tagzeiten vom Abendmahl bis zur Auferstehung Christi, wobei die Komplet zweimal, am Anfang und Ende des Traktats, behandelt wird. Eine anonyme deutsche Übersetzung ist in München, cgm 791, enthalten, zudem wurde der Traktat in der zweiten Hälfte des 15. Jahrhunderts von Wolfgang Kydrer und Ursula Satzenhofer (zu beiden vgl. S. 426f.) aus den Melker Reformklöstern Tegernsee bzw. Salzburg St. Peter in die Volkssprache übertragen. Die geringe Überlieferung der Übersetzung blieb auf die beiden Konvente beschränkt.

Der Eichstätter Fürstbischof Johann III. von Eych, der ein entschiedener Förderer von Klosterreformen war, forderte zur Einführung der Windesheimer Reform in Rebdorf Unterstützung aus dem Kloster Kirschgarten bei Worms an, das auch später zwei weitere Klöster im *oberlant* der Kongregation zuführte. Es kamen zusammen mit dem neuen Prior Johannes Herden einige Chorherren und Laienbrüder – darunter eine kleine Zahl reformerprobter Niederländer – in das Rebdorfer Stift, um bei der Einführung und Durchsetzung der Reformstatuten zu unterstützen. Sie brachten sowohl niederländische als auch lateinische Devotenliteratur mit, um diese zu übersetzen und den Laienbrüdern zur Verfügung zu stellen, was die Bestände an üblicher katechetischer und erbaulicher Literatur des Südens ergänzte, die sich Rebdorf über andere Netzwerke – z.B. über Pillenreuth – erworben hatte. Auch mit einer Vielzahl lateinischer Devotenwerke wurde die Rebdorfer Bibliothek ausgestattet.

Der *convers vnd kelner* Petrus van Zutphen, der über Böddeken nach Kirschgarten gekommen war, übersetzte 1459 fünf niederländische Traktate Jans van Leeuwen (1310–1378), der, wie er angibt, ebenfalls *ein geistlich leye* gewesen sei. Jans Schriften beinhalten eigene mystische Lehren, verbunden mit polemischen Auseinandersetzungen mit Schriften Meister Eckharts. Das Ergebnis von Petrus' Bemühungen, überliefert im Pommersfeldener Cod. 280, ist ein eigenartiges Gemisch von Westmitteldeutsch und Niederländisch, das aber in späteren Handschriften ins Bairische geglättet wurde. Auch eine Teilübersetzung von Ludolfs von Sachsen ‚Vita Christi' ist Petrus zuzuschreiben, weist sie doch sein typisches Sprachgemisch auf, jetzt allerdings schon etwas näher am Bairischen. Es ist anzunehmen, dass er über Lateinkenntnisse verfügte. Ein weiterer Windesheimer, Bartholomeus Petri aus Eindhoven, schrieb für die Laienbrüder eine bairische oder fränkische Übersetzung der ‚Imitatio Christi' des Thomas von Kempen und Auszüge aus Gerards van Vliederhoven ‚Cordiale' ab. Von einem dritten Schreiber, Nicolaus von Lüttich, stammt die Abschrift von fünf anonymen Heiligenpredigten mit vielen niederländischen Anklängen.

Die Rebdorfer betreuten auch das Windesheimer Chorfrauenstift Marienstein in Eichstätt. Es fragt sich, ob der vermutlich in niederländischen Windesheimer Kreisen entstandene Text ‚Apotheke der Schwestern', der in der Handschrift Eichstätt, St. Walburg, cod. germ. 11, überliefert ist, von Rebdorf aus für Marienstein ins Bairische übertragen wurde. Die Handschrift könnte bei der Übersiedelung der Mariensteiner Frauen in das Benediktinerinnenkloster St. Walburg während des Dreißigjährigen Kriegs dorthin gelangt sein. Der Text ist in fünf weiteren Handschriften überliefert; zwei sind niederländischer, drei mittelfränkischer Provenienz, eine Münsteraner Handschrift ist verschollen.

Im Dialog zwischen einem geistlichen Vater und einer Ordensschwester bittet diese ihn in dreißig Kapiteln um Rat, wobei die sieben Todsünden und weitere mit ihnen verwandte Verfehlungen im Mittelpunkt stehen. Auch monastische Zentralthemen wie Armut, Keuschheit und Gehorsam werden ausgiebig behandelt. Immer wieder unterstützt der geistliche Vater seine Arznei mit Berufungen auf Autoritäten. Die Gliederung des Werks mit Kapitelüberschriften macht es zu einer Art Nachschlagewerk und gut verwendbar.

In der um 1500 entstandenen Handschrift Eichstätt-Ingolstadt, cod. ub 5, sind bisher noch nicht näher untersuchte Sendbriefe von Rebdorfer Chorherren an die Schwestern in Marienstein enthalten, darunter von Kilian Leib, Prior von 1503–1553, der sich später in mehreren Schriften eingehend und heftig mit Martin Luther auseinandersetzte.

Von einem Hieronymus von Rebdorf († 1539), der nicht mit dem Rebdorfer Reformgegner Hieronymus Rotenpeck identisch ist und evtl. mit Nachnamen Bickenhauser hieß, stammt ‚Panis quotidianus de tempore ac de sanctis', eine kalendarisch lückenlose Zusammenstellung von Gebeten und Andachten sowohl für die Herren- wie die Heiligenfeste. Das Werk wurde 1509 gedruckt und ist 1522 in einer deutschen Übersetzung durch den Rebdorfer Florian Lang († 1571) in einer Hagenauer Ausgabe erschienen. Im *de tempore*-Teil des Werks, der mit dem ersten Advent beginnt, dienen Bibelstellen als Ausgangspunkte für die Gebete, die sich mit der spirituellen Gestaltung des christlichen Alltags befassen; im *de sanctis*-Teil beziehen sich die Gebete auf markante Episoden im Leben der jeweiligen Heiligengestalt sowie auf deren Attribute und Patronate. Gedacht ist das Werk für die *simplices*, denen man das ‚tägliche Brot' für ihr Seelenheil zur Verfügung stellen müsse. Im Vorwort zur Übersetzung, ‚*Das teglich brot von den Hailigen*', berichtet der Übersetzer Lang, dass Hieronymus mehrfach von *gaistlichen personen* gebeten worden sei, sein Werk ins Deutsche zu übersetzen, sich aber *entschuldigt seynes alters halben vnd durch vil andere vrsach*. So sei er, Lang, mit der Übersetzung beauftragt worden. Ihm sei dabei die Erlaubnis erteilt worden, erforderliche Eingriffe in die Vorlage vorzunehmen, da *das teutsch sich nit alwegen fügen thut nach dem latin, als allen wissen ist, die mit vmb geen*.

Weitere süddeutsche Klöster
Im heutigen Hessen entstanden einige Häuser der Brüder des Gemeinsamen Lebens, die vor allem auf die Initiativen des bereits erwähnten, aus Speyer stammenden Gabriel Biel (um 1410/15–1495) zurückgehen. Der bedeutende Theologe, der in Heidelberg, Erfurt und Köln studierte und in Heidelberg lehrte, war von 1457 bis 1465/66 Domprediger in Mainz. Während der Mainzer Stiftsfehde, in der er den Bischof Adolf von Nassau unterstützte, wurde er 1461 bis 1462 aus der Stadt verbannt. Von ihm ist ein deutscher Sendbrief zur Stiftsfehde v.J. 1462 überliefert. Danach zog es Biel zu den Brüdern des Gemeinsamen Lebens, und er förderte die Gründung von Häusern in Marienthal (1463) – das erste oberdeutsche Fraterhaus –, Königstein (1464) und Butzbach (1468), wo er dann 1469 eintrat. Er wurde zum Propst gewählt und gestaltete das dortige Schulwesen um. Auf Wunsch von Graf Eberhard im Bart half er 1477 bei der Neugründung des Fraterhauses im württembergischen Urach, wo er 1479 zum Propst gewählt wurde. An der 1477 gegründeten Universität Tübingen, an deren Aufbau er mitwirkte, erhielt er 1484 eine theologische Professur in *via moderna* (d.h. als Anhänger des Ockhamschen Nominalismus) und war 1485/86 und 1489 Rektor. 1492 wurde er Propst des von Eberhard errichteten und stark geförderten Fraterhauses St. Peter auf dem Einsiedel bei Tübingen, wo er drei Jahre später verstarb. Er verfasste die Statuten für St. Peter, das *Büchlin inhaltend die Stifftung des Stiffts Peters zum Ainsiedel im Schainbuch*, das 1493 in Ulm gedruckt wurde. Dort wird detailliert die Lebensform der Brüder beschrieben. Seine zahlreichen durchaus bedeutenden theologischen

Schriften, die sowohl mit der skotistischen als auch der nominalistischen Tradition verbunden sind, sollten das Denken Luthers und Melanchthons beeinflussen.

Biel übersetzte als *spiritus rector* der Fraterherrenbewegung einige theologische Schriften aus dem Lateinischen. Die größte Verbreitung erfuhr seine um 1465 verfasste Übersetzung von Jean Gersons ‚Opus tripartitum'. Zusammengesetzt ist Gersons katechetisches Werk aus einer Dekalogerklärung, einer Beichtanleitung und einer Sterbelehre; es wurde vor allem auch innerhalb der Melker Reform rezipiert (vgl. S. 413, 427). Als Fortsetzung der bereits traditionellen Schreibertätigkeit in devoter Tradition richtete das Fraterhaus Marienthal eine Offizin ein und druckte ab circa 1474 drei Auflagen von Biels Übersetzung. In seinen letzten Jahren übersetzte Biel Hugos von St. Viktor ‚De laude caritatis', das unter dem Titel ‚*Der übertrefflichst weg zu der sáligkait*' 1518 in Augsburg gedruckt wurde. In seiner Einleitung geht Biel, neben einer Darlegung zu vier verschiedenen Arten der Liebe, eingehend auf das ‚Büchlein' eines ungenannten Verfassers ein, das mit dem Hinweis auf die innertrinitarische Liebe und deren Ausstrahlung in die Welt einen *hohen anfang* nehme, aber danach abfalle: *Darnach facht* [der Autor] *an sein gedicht zů volfůren von der geburt der lieb / vnd fellt ab von der hohen nitgebornen vngeschöpfften götlichen lieb / biß in den mist der flaischlichen falschen lieb.* Offenbar ist hier die allegorische Versdichtung ‚Die Minneburg' aus dem 14. Jahrhundert gemeint (vgl. Bd. III/1). Aus diesem Grund habe er, Biel, beschlossen, Hugos *büchlin von dem lob der warhaftigen lieb* zu übersetzen. Biel übersetzte auch die Gespensterschrift ‚De apparitionibus animarum separatarum' des Erfurter Kartäusers Jakob von Paradies (vgl. S. 431) sowie evtl. auch das pseudo-augustinische ‚Manuale' in Gießen, cod. 799.

Aus dem Schweizer Windesheimer Kloster St. Martin auf dem Zürichberg stammt eine Legende von den Märtyrern Felix, Regula und Exuperantius, den Stadtpatronen Zürichs, die von dem Franken Martin von Bartenstein für eine noch nicht identifizierte *frowe von Arms* verfasst wurde. Der rund 100 Seiten umfassende *libellus* des Chorherrn entstand zwischen 1480 und 1520. Die ersten drei Viertel des Texts folgen der ‚Chronik von den Anfängen der Stadt Zürich', und zwar unter besonderer Berücksichtigung der Heiligen. Im letzten Viertel schreibt Bartenstein den Heiligen die Gründung der Propstei, der Abtei und der Wasserkirche in Zürich zu.

Die Raudnitz-Indersdorfer Observanz

Johannes Rothuet und Stephan von Landskron
Das nordböhmische Augustinerchorherrenstift Raudnitz an der Elbe wurde 1333 gegründet und war dann Ausgangspunkt für zehn weitere Neugrün-

dungen in Böhmen und Mähren sowie für eine Reformbewegung, die 1390 Neunkirchen am Brand (nördlich von Nürnberg) und 1417 Indersdorf erfasste. Die Statuten der Bewegung, die ‚Consuetudines Rudnicenses', die eine strenge Einhaltung der Regeln forderten und ein Armutsgelöbnis enthielten, waren für alle Stifte der böhmischen Krone verpflichtend. Während der Hussitenkriege (1419-1436) wurden Raudnitz und die meisten anderen böhmischen Stifte zerstört oder schwer beschädigt, was dazu führte, dass Indersdorf durch das hochengagierte Wirken des Johannes Rothuet (zumeist Johannes von Indersdorf genannt) zum Mittelpunkt der Raudnitzer Bewegung wurde. Von hier aus wurden Reformen in mindestens 24 Männer- und Frauenklöstern und Stiften des Augustiner- und Benediktinerordens auch außerhalb Böhmens durchgeführt. Unterstützt wurde die Indersdorfer Reform von dem bereits erwähnten päpstlichen Legaten Kardinal Branda di Castiglione und den Herzögen von Bayern sowie später von Nikolaus von Kues. Allerdings kam es nie zur Bildung einer vom Orden approbierten Kongregation; die Klöster waren lediglich durch die Statuten sowie Verbrüderungen verbunden. Rebdorf wechselte 1458 zu den Windesheimern. Dennoch gab es einen regen Literaturaustausch unter den observanten Klöstern.

Johannes Rothuet (1382-1470) gehört zu den bedeutendsten Reformern im südöstlichen Raum. Er studierte in Wien und war danach weltlicher Schulmeister in Indersdorf, wo sein Halbbruder zum Propst des Augustinerchorherrenstifts gewählt worden war. Von ihm wurde Johannes nach Neunkirchen geschickt, wo er die Raudnitzer Reform kennenlernte. Danach ließ er sich zum Priester weihen und kehrte 1415 mit drei Neunkirchenern nach Indersdorf zurück, um 1415 gemeinsam mit seinem Halbbruder dort die Reform durchzusetzen. Als Dechant des Klosters führte er um 1417 in Indersdorf die Raudnitzer Statuten in leicht veränderter Form als verpflichtende Regeln ein. Danach begann seine Karriere als bedeutender Reformer und Visitator, der auch enge Beziehungen zu den bayerischen Herzögen pflegte. Bernhard von Waging war über zehn Jahre lang sein persönlicher Sekretär, bevor er nach Tegernsee wechselte (vgl. S. 421).

Rothuet verfasste 1426 ein Gebetbuch für sein Beichtkind Elisabeth Ebran, vermutlich zu deren Hochzeit in jenem Jahr. Es ist in mehreren Handschriften überliefert. Im Textkomplex des Gebetbuchs findet sich auch ein ‚Tochter Sion'-Traktat (vgl. Bd. II/2), der als Fürstinnenlehre gestaltet ist. Rothuets enge Verbindung zum bayerischen Hof der Wittelsbacher führte zur Entstehung einiger weiterer Werke. Zwei Schriften richten sich an Herzog Albrecht III., dessen Vater, Herzog Ernst, 1435 Albrechts erste große Liebe und vielleicht auch erste Ehefrau, die bürgerliche Agnes Bernauer, wegen der nicht standesgemäßen Verbindung zu seinem Sohn ertränken ließ. Herzog Ernst übertrug Rothuet 1435 die Aufgabe, seinen Sohn zu besänftigen. So verfasste Rothuet 1437 eine ‚Fürstenlehre mit Tobiaslehre', in der er den inzwischen mit Anna von Braunschweig verheirateten und zum Mitregenten gewordenen Albrecht nicht zu trösten versucht, sondern zunächst auf christliche Tugenden verweist und dann auf einzelne Könige des Alten Testaments eingeht, die härter als er bestraft worden seien. Als Albrecht und Anna 1438 über Ostern nach Indersdorf kamen, wurden die ‚Tischlesungen' vorgetragen und aufgezeichnet. Sie sind in 19 Handschriften überliefert. Für den Bruder von Herzog Ernst, Herzog Wilhelm III., verfasste Rothuet vermutlich 1431/32 einige Gebete. Auch eine von ihm stammende kurze lateinische Passionsbetrachtung wurde übersetzt.

Rothuets großes Erfolgswerk ist aber der 1440 für Herzogin Anna entstandene Traktat ‚Von dreierlei Wesen der Menschen', der in 36 Handschriften überliefert ist, die sowohl aus observanten Klöstern als auch aus dem Besitz von Laien stammen. Dreimal wurde die Schrift im frühen 16. Jahrhundert gedruckt. In diesem umfangreichen Werk beschreibt Johannes – ganz im Sinne der Wiener Frömmigkeitstheologie – den dreistufigen Aufstieg der Seele zu Gott. Dabei stehen die drei biblischen Personen Lazarus, Martha und Maria Magdalena für die drei bekannten Wege des Aufstiegs, die *via purgativa, illuminativa* und *unitiva*. Magdalena steht für die finale Stufe, für die Vereinigung und die Beschauung Gottes in der *contemplatio*. Dabei werden Kontemplation und kontemplative Lebensform, die nur in einem Kloster verwirklicht werden könnten, gleichgesetzt. Daher bleibe die *unio* überhaupt nur wenigen Begnadeten vorbehalten: *Und in disem wesen der volkomenhait sind zu vordrist all closterperson, dy sich also mit ir profession verbunden haben*. Rothuet greift neben lateinischen Quellen (Bibel, Augustinus, Bernhard, Richard von St. Viktor) auch auf einige deutsche Werke zurück, so etwa auf den ‚Novizentraktat' Davids von Augsburg, den ‚Eucharistietraktat' Marquards von Lindau sowie Meister Eckharts Traktat ‚Von abegescheidenheit'.

Unsicher ist die Verfasserschaft Rothuets für eine Spruchsammlung über den Gehorsam der Ordensleute und den Kurztraktat ‚Über die Sünde des Privatbesitzes im Ordensleben'. Die beiden Texte werden häufig im Anschluss an seine Werke überliefert, was nahelegt, dass die Schriften von ihm stammen. Ähnlich ungewiss ist seine Verfasserschaft bei dem Kurztraktat ‚Absage an die falsche Welt', der zur katechetischen Kleinprosa zu rechnen ist.

Zu den bedeutendsten Raudnitzer Reformern im bairisch-österreichischen Raum gehörte der aus dem Grenzgebiet von Böhmen und Mähren stammende Stephan von Landskron (Landškroun, Tschechien), der im ersten Jahrzehnt des 15. Jahrhunderts geboren wurde. Im Hussitenkrieg wurde das Augustinerstift Landskron zerstört, woraufhin Stephan nach Wien floh und dort in das 1414 als Raudnitzer Musterkloster und Reformzentrum gegründete Stift St. Dorothea eintrat. Zwar ist Stephan nicht als Student der Universität Wien nachweisbar, dennoch verfügte er über solide theologische Kenntnisse. Nikolaus von Kues ernannte ihn 1451 zum stellvertretenden Visitator der Chorherren der Salzburger Kirchenprovinz, 1452 war er Prior (Dechant) des Domstifts Chiemsee. Er kehrte 1458 nach Wien zurück, wurde in St. Dorothea zum Propst gewählt und blieb fast zwei Jahrzehnte in diesem Amt. Er profilierte sich als Reformer und Visitator in zahlreichen Klöstern in Österreich und Bayern, darunter auch in mehreren Frauenkonventen. Er starb 1477 in Wien.

Stephans Schriften orientieren sich wie Rothuets an der Frömmigkeitstheologie Wiener Prägung. Ihm geht es in seinen z.T. umfangreichen Werken vor allem um Katechese und christliche Lebensgestaltung. Sein verbreitetstes Werk, die 1465 vollendete ‚Himelstraß‘, wurde dreimal gedruckt. Sie richtet sich an die Laien, die *armen vnd plöden* (gebrechlichen), *tregen, verdrossen, vergessigen vnd einueltigen leuten.* Für sie, so schreibt er in der Einleitung, habe er *aus vil andern büchern vnd predigen auff das kürczist [zůsamen geklaubt] ... mit gar schlechten* (einfachen) *vnd einueltigen wortten, was der mensch ton soll vnd můß, will er anderst haylwertig oder selig werden vnd die Hymelstraß geen.* Das aus 52 Kapiteln bestehende Werk handelt über die Beichte und Buße, die Zehn Gebote, die Arten der Sünde, die fünf Sinne, die Sakramente, die Gebete, die sieben Werke der Barmherzigkeit, die sieben Gaben des Hl. Geistes, die acht Seligkeiten. Hinzu kommen eine Sterbelehre und Gebete. Zu seinen Hauptquellen zählen die deutschen Schriften Thomas Peuntners (vgl. Tl. 2). Stephan beklagt zu Beginn, dass nur wenige Menschen die Himmelstraße suchen. Auch die faulen Priester werden attackiert: *So der prister anhebte zů predigen, so hebt er an zů schlaffen, oder etwas annders gedenken ... Sol er dann selbs lesen so tůt ym das haubt wee* usw. Um Abhilfe für diese Zustände zu schaffen, hat Stephan mit der ‚Himelstraß‘ „ein echtes religiöses Volksbuch geschaffen, das Belehrung und Erbauung in gleicher Weise in sich vereinigt" (E. Weidenhiller).

Stephans weitere Werke sind an Religiosen gerichtet. Zumeist direkt anschließend an die ‚Himelstraß‘ steht seine Schrift ‚**Von etlichen dingen die allain dy gaistlichen perüren**‘. In einigen Klosterhandschriften heißt es, man solle das Werk direkt nach der ‚Himelstraß‘ abschreiben, *aber ... als ein pesunders puch, wenn es perürt allain die geistlichen.* In der 14 Kapitel umfassenden Schrift geht Stephan vor allen auf die *drey tugenden der klosterleut*, Armut, Keuschheit und Gehorsam, ein. Zudem bietet er Kapitel über die Aufnahme in den Orden, zu den Regeln und Statuten sowie zur Kleidung der Professen. Den ebenfalls umfangreichen ‚**Spiegel der Klosterleut**‘ verfasste er für *klosterfrawen vnd ... klosterlewt, die latein nicht versteen.* Die 45 Kapitel umfassende Schrift beginnt mit einer ‚Ars moriendi‘ und befasst sich dann ausführlich mit einem observanten Ordensleben. In der nur unikal überlieferten ‚*Ain Unnderweisung ainer Öbristen*' geht es Stephan um ein Dauerthema der Observanzbewegung, das Privateigentum im Kloster. Ebenfalls nur in einer Handschrift erhalten sind seine ‚Reformsatzungen für die Chorfrauen in Kirchberg am Wechsel', die er für das von ihm 1467 mitreformierte niederösterreichische Kloster verfasste und in denen das observante Leben im Kloster genauestens festgelegt wird. Stephans lateinische Schriften haben bisher nur wenig wissenschaftliche Beachtung gefunden.

Das Kloster Pillenreuth
Auch Frauenklöster erhielten die Statuten Brandas (vgl. S. 484), so etwa das engstens mit Nürnberg verbundene Stift Pillenreuth i.J. 1422, von dem schon mehrfach die Rede war. Schrifttum gelangte vor allem durch die observanten Nürnberger Dominikaner, die das Kloster betreuten, dorthin und danach von dort nach Inzigkofen und Rebdorf. Johannes Nider berichtet in seinem ‚Formicarius' (vgl. S. 244), dass die Predigerbrüder um circa 1428–31 in Pillenreuth in der Seelsorge tätig waren. Die enge Beziehung dürfte aber schon wesentlich früher bestanden haben, zumal der Nürnberger Dominikanerkonvent und Pillenreuth auch davor die einzigen reformierten Klöster im Umkreis Nürnbergs waren. Eine Reihe von Hinweisen in Pillenreuther Handschriften deutet sicher auf eine Herkunft aus Nürnberger Predigerkreisen.

Eine durch ihr reformerisches Engagement und eine beachtliche Schreibtätigkeit an Regula aus Lichtenthal erinnernde Nonne war A n n a E b i n (Anna von Eyb, Eybin). Sie war Tochter des markgräflich-brandenburgischen Rats Ludwig IV. von Eyb und damit eine Schwester des Humanisten Albrecht von Eyb (vgl. S. 598). 1461 wurde Anna Pröpstin in Pillenreuth, trat 1476 altersbedingt vom Amt zurück und starb 1485. Sie war als Schreiberin, Kompilatorin und Übersetzerin hochaktiv, wie es in einer der wenigen erhaltenen Pillenreuther Handschriften bezeugt ist: *Gedenkt der lieben vnser geistlich muter Anna Ebyn, die daz puch vnd vil půcher dem convent hat geschrieben, die vngezelt sind*. Vor allem sind von Anna abgeschriebene und bearbeitete hagiographische Texte, vorrangig solche mit einem lokalen Bezug, erhalten.

Annas Tätigkeit ist in verschiedenen von ihr verfertigten Handschriften belegt. Eindeutig von ihr ins Deutsche übersetzt wurde eine lateinische Version des pseudo-Eckhartschen Traktats ‚Schwester Katrei' (vgl. Bd. III/1), und zwar gleich zweimal. Im Wolfenbütteler Codex 17.9 Aug. 4° (1455/56), der als das *rote puch* bezeichnet wird, findet sich eine bunte Mischung von Texten, die z.T. von Anna verfasst wurden. Leider ist der Inhalt der Handschrift bis heute nur teilweise erschlossen. Jedenfalls finden sich dort ‚Meister Eckharts Tochter' (vgl. Bd. III/1), Sprüche Eckharts, Predigten und Episteln des Augustinus u.a.m. Enthalten sind auch die um die Wende des 14.

zum 15. Jahrhundert entstandenen Schriften des Nikolaus Humilis von Nürnberg zu Dorothea von Montau sowie eine deutsche Zusammenfassung seines ‚Speculum noviciorum' (vgl. S. 181). Von Anna dürfte auch eine Sammlung von Legenden von Heiligen stammen, die im Eichstätter Bistum, zu dem Pillenreuth gehörte, besonders verehrt wurden: Sola, Wunibald, Richard, Walpurga, Willibald und Bonifatius. Grundlage bilden die in Nürnberg, Cod. Cent. VI, 60, enthaltenen *lectiones* zu diesen Heiligen, die von Anna mit verschiedenen deutschen und lateinischen Quellen im Wolfenbütteler Codex vermengt wurden. Bei Wunibald, Richard und Willibald zieht Anna ‚Der Heiligen Leben' als Hauptquelle heran, die Walpurga-Vita basiert gänzlich auf diesem Legendar. Am Ende der Handschrift steht die ‚Hoheliedauslegung *Got ist die minne (liebe)*', in der eine Übersetzung des Hohen Lieds mit Betrachtungen für gute und vollkommene Menschen verbunden wird. Interessant ist die Angabe, dass ein vermutlich Nürnberger Kartäuser die Abschrift *oberlass vnd corrigirt*. Wahrscheinlich handelt es sich um Nikolaus Ort (vgl. S. 192), von dem Anna auch Predigten abschrieb.

Welche weiteren Werke Anna Ebin selbst übersetzte oder neugestaltete, ist noch nicht geklärt. In mehreren Fällen nennt sie aber den Verfasser ihrer Vorlagen. In den von ihr geschriebenen Codices ist nicht nur der starke Einfluss der Nürnberger Prediger, sondern auch der anderer Geistlicher der Stadt deutlich zu beobachten. Im Band München, cgm 750, sind mehrere Texte von Nürnberger Dominikanern überliefert, so etwa Eberhard Mardachs ‚Sendbrief von wahrer Andacht', der ‚Sendbrief vom Betrug teuflischer Erscheinungen', die Vita der Margareta von Ungarn des Georg Falder und der anonyme Traktat ‚Lob des Klosterlebens' (zu allen s. o.). Enthalten ist auch die ‚Predigt vom Namen Jesu', die vermutlich von einem Nürnberger Dominikaner, Hans der Bekehrer genannt, verfasst wurde (vgl. S. 263). In der Handschrift enthalten sind zudem die oben erwähnten zwei Predigten des Kartäusers Nikolaus Ort und die Euphrasia-Legende des Nürnberger Benediktiners Caspar Kreß (vgl. S. 407). Auch eine unikal überlieferte A d e l h e i d -Legende ist hier überliefert, die evtl. von Anna stammen könnte. Diese Legende der Gattin Lothars II. von Italien und Kaiser Ottos des Großen ist sonst nur noch in einer schwäbischen Übersetzung in einer Söflinger Handschrift überliefert. Zwei weitere Predigten, die aus Nürnberg stammen dürften – zu Mariä Verkündigung und Christi Geburt aus den Jahren 1456 und 1457 –, nennen keinen Verfasser. Ebenfalls in Nürnberg verfasst wurde eine in zwei Handschriften überlieferte Übersetzung von Bonaventuras ‚De quinque festivitatibus pueri Iesu'.

Im kurzen Traktat v.J. 1450 ‚V o m g e i s t l i c h e n M e n s c h e n' des U l r i c h H o r a n t, Custos am Heilig-Geist-Spital in Nürnberg (vgl. S. 194), werden die Religiosen getadelt, die äußerliche geistliche Werke und Übungen für ausreichend halten. Für Horant ist die innere Gesinnung das

Wesentliche. Auch hier wird vor *süße begird* gewarnt, von denen man *betrogen* werde.

Von Interesse ist zudem eine von Anna zusammengestellte Sammlung hagiographischer Texte in der Handschrift des Nürnberger Germanischen Nationalmuseums, cod. 2261. Hier finden sich Legenden von weniger bekannten Heiligen, die das umfangreiche Corpus von ‚Der Heiligen Leben' ergänzen. Noch nicht geklärt ist die Herkunft des ersten Textes, einer ausführlichen Übersetzung einer Predigt auf die hl. Ursula von Köln von einem nicht näher identifizierbaren Benediktiner namens W i l h e l m   v o n   E n g l a n d . Quellenmäßige Grundlage ist zwar die Ursula-Legende der ‚Legenda aurea' des Jacobus de Voragine, aber Wilhelm vergleicht abweichend von dieser Vorlage die Passio dieser Märtyrerin mit der der Jungfrau Maria. Enthalten sind auch zwei Übersetzungen von Legenden, die der observante Nürnberger Karmeliter Erasmus Doliatoris verfasste (vgl. S. 359). Die Legende von der Bekehrung des Apostels Bartholomäus endet mit dem Hinweis, dass dessen Leben und Martyrium im *passional dez sumerteyls* stehe, was das Vorhandensein eines zweibändigen Exemplars von ‚Der Heiligen Leben' in Pillenreuth bezeugt. Auch die Barbara-Legende des Erasmus berichtet nur von ihrer Conversio, von der Passio wird nichts erzählt. Teile dieser Legende sind ebenfalls in eine ältere Legendenkompilation integriert, die aus dem Straßburger Magdalenenkloster stammt und heute in Moskau als cod. F. 68, N° 446 der Russischen Staatsbibliothek aufbewahrt wird. Erhalten ist dort ein sonst nicht nachweisbares Mirakel, das von der Belagerung Pillenreuths i.J. 1450 während des ersten Markgrafenkriegs (1449–1450) berichtet (vgl. S. 136). Es handelt von einem Adligen namens Eustachius, der bei der Verteidigung Pillenreuths schwer verwundet wurde und dank der Fürbitte Barbaras so lange am Leben blieb, bis er in Nürnberg das letzte Sakrament erhielt. Vielleicht wurde dieser Text von Anna verfasst. Die großzügige Verwendung von ‚Der Heiligen Leben' in ihrer Kompilation sowie dieses Wunder legen allerdings einen dominikanischen Verfasser der Straßburger Legende nahe, der seine Materialien aus Nürnberg ins Elsass mitbrachte.

Unikal überliefert im cod. 2261 ist eine Vita des Bischofs A d e l p h u s   v o n   M e t z , des Nachfolgers des hl. Rufus, von dem es eine Fingerreliquie in Schönensteinbach gegeben habe. Von ihm gibt es auch eine alemannische Legende, die in allen Straßburger Drucken von ‚Der Heiligen Leben' enthalten ist, sowie eine noch nicht näher untersuchte ausführliche Legende in Wien, Cod. 12876. Weiterhin bringt cod. 2261 ein Leben der H i l d e g u n d   v o n   S c h ö n a u , die im Zisterzienserkloster Schönau im Odenwald bis zu ihrem Tod als Bruder verkleidet gelebt und sich dort der harten Disziplin des Männerklosters unterworfen habe; weiterhin die bereits erwähnte Kurzvita der Lidwina von Schiedam (vgl. S. 476), die 1457 *in dem lateyn zu deutsch gemacht* wurde, sowie eine Übersetzung des ‚Instrumentum S. Achahildis' durch einen ungenannten Nürnberger Kartäuser. Es wird in diesem Text von einer über den Nürnberger Raum hinaus kaum bekannten Achahildis von Wendelstein erzählt – sie soll angeblich Schwester der hl. Kunigunde gewesen sein –, wie ihre Kultstätte von den Gläubigen angenommen und ihr Sarg in Wendelstein geöffnet wurde. Berichtet wird auch von einem Zeugenverhör zur Wallfahrt, von den Wundern an der Grabstätte sowie von einem Verhör einiger Nürnberger Wallfahrer in der St. Lorenzkirche zu Nürnberg. Anna Ebin hat hier eine wohl ebenfalls im alemannischen Raum entstandene Vita der spanischen Königin Anastasia abgeschrieben. Darin bat Anastasia einen Einsiedler um Rat, weil sie um das Schicksal ihrer Seele besorgt war. Der Einsiedler schloss sie zum Übernachten in einer Höhle in einem Wald ein und vergaß sie dort. Dreißig Jahre lang wurde sie von Engeln am Leben gehalten. Nach einer himmlischen Botschaft befreite sie der Einsiedler. Anastasia lebte in der Folge acht Jahre lang unerkannt am königlichen Hof ihres Mannes. Nach ihrem Tod erfuhr ihr Mann von ihrem Schicksal und lebte fortan in Armut. Die Ursula-Predigt des Wilhelm von England und die Anastasia-Legende sind auch in der alemannischen Handschrift des Germanischen Nationalmuseums in Nürnberg, cod. 16567, überliefert.

Wesentlich ausführlicher als die Legende in ‚Der Heiligen Leben' ist im cod. 2261 eine Passio der sieben Makkabäischen Brüder. Weiterhin übernahm Anna Ebin aus dem sog. ‚Solothurner Legendar' (vgl. Bd. III/1) die Doppellegende von Julianus und Basilissa, was ebenso wie die Parallelüberlieferung in dem Freiburger cod. 490 bezeugt (vgl. S. 496), dass einige Legenden in cod. 2261 aus dem alemannischen Raum stammen. Zudem enthalten ist die von Georg Falder nach Nürnberg geschickte und dort übersetzte Legende des Florian von Lorch (vgl. S. 255). Der einzige nichthagiographische Text der Handschrift ist der Traktat ‚Schwester Katrei', der hier in einer zweiten Übersetzung Annas vorliegt. Einen Teil dieser bunten hagiographischen Sammlung dürfte sie in Verbindung mit Nürnberger Geistlichen sowie durch Kontakte in den Südwesten zusammengetragen und dann aus mehreren Vorlagen *zu samen geflohten* haben.

Das Kloster Inzigkofen
Zwei Schwestern des Chorfrauenstifts Inzigkofen (Landkreis Sigmaringen) reisten 1430 nach Langenzenn, um Reformstatuten zu erhalten. Sie wurden von dort nach Pillenreuth weitergeschickt, wo sie eine Abschrift bekamen. Die von Inzigkofen beschlossene Fassung wurde 1431 vom päpstlichen Legaten in Nürnberg genehmigt, Pillenreuth galt für Inzigkofen daraufhin als *vnser maisterin, lererin vnd anwyserin in dem h. orden ... s. Augustini*. Die Ordenskleidung Pillenreuths wurde übernommen und die Vorsteherin hieß nun Pröpstin. Die Beziehungen waren sehr eng, Anna Ebin wurde zunächst als Einzelperson in eine Gebetsbruderschaft in Inzigkofen aufgenommen; es

wurden aber auch mit Klöstern anderer Orden Verbrüderungen beschlossen. Indersdorf schickte 1466 einen *beichtvatter vnd visitator* für drei Jahre nach Inzigkofen, da man sich um die Stabilität der Reform Sorgen machte. Die Länge seines Aufenthalts zeugt von der Notwendigkeit der Änderungen, die dann erfolgreich durchgesetzt wurden. 1486 folgte die Gebetsverbrüderung der beiden Stifte. Inzigkofen knüpfte mit mehreren Klöstern Verbindungen zur Ausleihe von Handschriften für den Aufbau seiner Bibliothek, vor allem mit Pillenreuth, das die Laienbrüder in Rebdorf mit Vorlagen versorgte, aber auch mit den reformierten Zisterzienserinnen in Heggbach und den Dominikanerinnen in St. Gallen. Ein interessantes Beispiel für die literarischen Verflechtungen von reformierten Klöstern verschiedener Orden ist der oben erwähnte Freiburger cod. 490, der aus acht Faszikeln unterschiedlicher Herkunft besteht. Der letztlich in Inzigkofen zusammengebundene Codex vereint einen von einer Dominikanerin verfertigten Faszikel aus Schönensteinbach – der wiederum über das Nürnberger Katharinenkloster nach Pillenreuth gelangte – mit der Übersetzung von ,Schwester Katrei' durch Anna Ebin und weiteren Faszikeln, die in St. Katharina in St. Gallen sowie in Inzigkofen selbst abgeschrieben wurden.

Beatrix von Pfullendorf, auch Beatrix Schreiberin ,die Ältere', lebte wohl seit 1413 in Inzigkofen, 1480 ist sie als verstorbene Schwester verzeichnet. Ihr Vater war Jos von Pfullendorf, der 1390 als *Judocus Fabri de Phullendorf* an der Universität Heidelberg immatrikuliert wurde und drei Jahre später den Grad des *magister artium* erwarb. Er war 1411 bis 1413 Öffentlicher Notar in (Schwäbisch) Gmünd, 1417 war er in Rottweil, wo er zwischen 1425 und 1428 als Protonotar am Rottweiler Hofgericht tätig war. Damit gehörte er zur Führungsschicht der Stadt. Er ist vor 1433 gestorben. Jos ist der wahrscheinliche Verfasser der ,Rottweiler Hofgerichtsordnung' von 1429 sowie der vermutliche Übersetzer einer Sammlung lateinischer Hymnen. Von besonderem Interesse sind zwei Schriften, die er für das Kloster Inzigkofen verfasste: ,Die Fuchsfalle' und ,Das Buch mit den farbigen Tuchblättern'. Didaktisches Gliederungselement ist in beiden ein fiktiver lehrhafter geistlicher Dialog zwischen einem literaturkundigen Vater und seiner Tochter Beatrix, wobei die fragende und durchaus anspruchsvolle Tochter „zugleich Sprachrohr und Identifikationsfigur der zu belehrenden Leserinnen [ist]" (St. Abel). Die beiden Schriften sind als Autographe überliefert, was nahelegt, dass Jos nur die Nonnen in Inzigkofen als Adressatinnen vorsah.

Die ,Fuchsfalle' von 1427 ist ein anspruchsvolles extensives kirchenrechtliches und moraltheologisches Lehrgespräch über die Fragen des Klostereintritts, die damit beginnen, *ob ainem mentschen ze rauten sige gaistlich ze werden*. Der erste Teil der Schrift umfasst 73 kurze Kapitel und behandelt auch die Bedingungen des Lebens in einem Kloster mit strenger Klausur und legt gegen Ende einen besonderen Schwerpunkt auf die Gefahren der

Simonie, vor denen Jos eindringlich warnt. Der 58 wesentlich umfangreichere Kapitel umfassende zweite Teil behandelt die rechte Erfüllung der drei monastischen Gelübde: Armut, Keuschheit und Gehorsam. In seiner Einleitung lobt Jos das Aufkommen der Reformbewegungen, denn *ein ordenlich gaistlich leben was von dieser wellt hingeuallen vnd verloren, sunderlich in disen vnsern landen*. Er habe lange nach einem geeigneten observanten Kloster für seine Tochter gesucht und ließ sie nicht dort eintreten, wo es *symonya* gab oder *da man die regul nit hett gehalten*. Der Titel des Werks geht von Hl 2,15 aus: „Fangt uns die kleinen Füchse, die die Weinberge verwüsten; denn unsere Reben haben geblüht", wobei mit den Weinbergen das geistliche Leben gemeint ist. Die immer wieder erwähnten *füchslin* seien die Versuchungen der Ordensleute. Er folgt dann die Auslegung dieser Bibelstelle durch Bernhards von Clairvaux 66. und 67. Homilie über das Hohe Lied. Bernhard ist ohnehin für Jos eine zentrale Quelle und wird von ihm häufig zitiert und bisweilen exzerpiert. Auch die Bibel, Kirchenväter, Theologen wie etwa Thomas von Aquin, Rechtsbücher und Dekretalisten zitiert Jos recht genau. Ebenso fügt er zeitkritische Bemerkungen bei.

Im ‚Buch mit den farbigen Tuchblättern' erzählt Jos von einem vorweihnachtlichen Besuch im Kloster, bei dem er den Schwestern ein eigenartiges *bůchlin* versprach, das aus sechs unterschiedlichen farbigen Blättern aus wollenem Tuch bestehe, die alle aber unbeschrieben seien. Das Ganze geht wahrscheinlich auf ein von Jos gehörtes Predigtmärlein zurück, in dem ein völlig Ungelehrter einem Priester in der Wiener Stephanskirche das besagte Tuchblätterbuch gezeigt und dessen Farbsymbolik ausgelegt habe. Jos nimmt in seiner Schrift Lc 10,23 als biblisches Leitmotiv: *Sålig sint die ougen, die da sehend die ding, die jr sehend*. Mit den Deutungen der Farben gliedert er seine Lehre und verleiht ihr Anschaulichkeit. So wird jede Farbe genutzt, um eingehend komplexe dogmatische Fragen zu erläutern: weiß steht für die Seele im Zustand der Taufgnade, schwarz für die Seele im Zustand der Sünde und der *tôtlichen schuld*, grün für die Reinigung der Seele sowie den Nutzen der wahren Reue, rot für die Erlösung der Menschen durch die *passio Christi* sowie für die Gnade und die Liebe Gottes, blau für die Betrachtung himmlischer Dinge als Anreiz zu tugendhaftem Verhalten und zur Beharrlichkeit und goldgelb für die Kostbarkeit des ewigen Lohns. Auch hier greift Jos auf Autoritäten zurück, vor allem auf Augustinus und Bernhard sowie auf Petrus Lombardus, den *maister von den hohen sinnen*. Zur Deutung der Farben und ihrer Symbolik verwertet er zudem ‚De proprietatibus rerum' des Bartholomäus Anglicus. Jos ist allerdings offenbar während des Verfassens seines Werks erkrankt oder gar gestorben, da es mitten in der eigentlich angekündigten Auslegung der schwarzen Farbe abbricht. Seine beachtliche Gelehrsamkeit wird die Schwestern von Inzigkofen sehr beeindruckt und die Einhaltung der strengen Regeln gefördert haben. Jedenfalls gehört Jos zu den wenigen Laien, die für ein klösterliches Publikum anspruchsvolle geistliche Literatur verfassten.

Ein anonym in zwei Bänden überlieferter Zyklus von 82 Passionspredigten, die die Stationen des Leidens und Sterbens Christi dingallegorisch anhand der Austeilung eines Lebkuchens oder Lebzelten behandeln, entstanden 1511 und 1512 in Inzigkofen. Dort betreuten zu dieser Zeit auch Indersdorfer Chorherren die Schwestern. Es ist Klaus Graf gelungen, die Autorschaft des gesamten Zyklus dem Indersdorfer Beichtvater Augustin Frick zuzuweisen, der von 1507 bis 1521 nachweisbar ist. Jede Predigt beginnt mit Mt 26,26, *Accipite et commedite* („Nehmt und esst; das ist mein Leib") und wird im Hauptteil – der Austeilung von Lebkuchenpartikeln – dreifach aufgegliedert in Schrifttext, die darauf bezogene Betrachtung und die Nutzanwendung. Fricks Quelle und Inspiration waren eindeutig Johann Geilers Lebkuchenpredigten, die bereits 1508 und 1511 in der lateinischen Fassung gedruckt worden waren. Indes bietet Frick wesentlich mehr Predigten als Geiler, da sie für den Vortrag über das ganze Jahr hinweg bestimmt waren, und zudem sind sie ausführlicher gestaltet. Frick verzichtet auf Geilers ausführliche Darstellung der Herstellung und des Verzehrs des Lebkuchens und bringt von der Lebkuchen-Allegorie nur noch einen Vergleich der einzelnen Leidensstationen Christi mit den *partickelin*. Der Zyklus ist in mehreren Handschriften aus dem Südwesten überliefert. Auch vier weitere Predigten in der Freiburger Handschrift, cod. 200, darunter eine über den Konstanzer Bistumsheiligen Konrad, sind Frick zuzuweisen.

Das Kloster Waldsee bei Ravensburg
Zu den frühen observanten Stiften gehörte auch Waldsee bei Ravensburg, das 1422 von Branda reformiert wurde. Dort traf er auf den reformfreudigen Propst Konrad Kügelin (1364–1428), der das Stift seit 1418 leitete und 20 Jahre lang Beichtvater der als Mystikerin geltenden Elsbeth Achler von Reute (1386–1420) – genannt ‚Gute Beth' – gewesen war, deren Vita er nach ihrem Tode verfasste. Kügelin förderte die Terziarinnen in Reute und veranlasste den Bau einer Klause, worin die ‚Gute Beth', die Kügelin ab ihrem 14. Lebensjahr betreut hatte, 1403 mit vier anderen Terziarinnen einzog.

Kügelins Elsbeth-Leben erinnert stark an Raimunds von Capua Legende der Katharina von Siena. Dabei stilisiert er Elsbeth zu einer ‚Mystikerin der Reform', d.h. zu einer deutschen Katharina, und zwar zum höheren Zweck, um damit die Kräfte der Observanz zu mobilisieren. Da er von der Heiligkeit Elsbeths überzeugt war, betrachtete er offenbar großzügige hagiographische Anleihen bei Raimund als völlig legitim. In der Einleitung verwendete Kügelin auch die gleichen Topoi wie Raimund. Beide Frauen wenden sich im frühen Alter gegen den Willen der bürgerlichen Eltern dem geistlichen Stand zu, und zwar als Terziarinnen. Vor allem das mehrjährige strenge Fasten, von dem der Teufel beide abbringen will, führt dazu, dass sie nichts mehr verdauen und ausscheiden können. Ihre extreme Lebensführung führt schließlich zur Stigmatisierung. In der Entrückung wirken sie wie Tote, dort erleben sie Jesus, Maria und die Heiligen. Beide Frauen sterben 34-jährig im Gedanken an die *passio Christi*. Auch bei weiteren Details finden sich Parallelen: Beide Frauen versehen gern den Küchendienst, beide empfinden bei der Passionsandacht Schmerzen in der Brust, beide vermögen über der Erde zu schweben. Auch wenn es sich mehrfach um mystische und hagiographische Gemeinplätze handelt, so dürfte die Häufung der inhaltlichen Ähnlichkeiten doch kein Zufall sein. Kügelin zielte vermutlich mit seiner Vita auf eine Kanonisierung Elsbeths. Immerhin erfolgte 1766 ihre Seligsprechung.

Das Kloster St. Thomas in Leipzig
Aus dem observanten Leipziger Chorherrenstift St. Thomas, das sich gegen eine Aufnahme in die Windesheimer Kongregation wehrte und stattdessen die Reformstatuten vom Sandstift in Breslau übernahm, ist eine bemerkenswerte umfangreiche Sammelhandschrift überliefert. Ms. 1279 der Leipziger Universitätsbibliothek wurde von J o h a n n e s   G r u n d e m a n n geschrieben, von dem mehrere Codices der Stiftsbibliothek erhalten sind. Der Sohn wohlhabender Leipziger Bürger begann 1439 sein Studium an der Leipziger Universität, wo er mehrere Studienabschlüsse erreichte. 1454 wurde er Propst des Stifts und blieb in diesem Amt bis zu seinem Tod i.J. 1470.

Die um 1465 entstandene Leipziger Handschrift enthält zehn unikal überlieferte volkssprachliche Vers- und Prosatexte – *eczlich historien vnd och eczlich fabeln adde merechyn* –, die offenbar über Jahre hin von Grundemann verfasst, im Ms. 1279 zusammengestellt und bei der Abschrift teilweise von ihm überarbeitet wurden. Christoph Mackert sieht in der Sammlung ein „Verfasser-Autograph" Grundemanns, wofür mehrere Anhaltspunkte in der Handschrift sprechen. Für wen die Texte intendiert waren, muss allerdings offenbleiben. Mackert plädiert dafür, die Texte als Materialbasis für Predigtauftritte Grundemanns zu werten. Da das Œuvre aber auch umfangreiche Verstexte und Legenden von weiblichen Heiligen umfasst, kämen Klosterfrauen, Laien in der Stadt wie auch Laienbrüder des Stifts als ursprüngliche Adressaten in Frage.

Der erste Teil der Handschrift besteht aus Versübersetzungen, beginnend mit dem ‚L e i p z i g e r   A e s o p' als umfangreichstem Text mit seinen 90 Reimpaarfabeln. Wie bei Heinrich Steinhöwels ‚Esopus' (vgl. S. 591) dient im ersten Teil der erweiterte ‚Romulus' als Hauptvorlage, im zweiten der ‚Avian' zusammen mit weiteren Texten aus dem ‚Romulus'. Dabei ist Grundemann bemüht, dem Text durch erzählerische Ausweitungen größere Anschaulichkeit zu verleihen.

Es folgt die Reimpaarübersetzung der Contemptus mundi-Schrift ‚Ecce mundus moritur', ‚*Von der werlde ythelkeit*', in der ein Sprecher die Schlechtigkeit der Welt und das Verhalten der Edlen und Wohlhabenden beklagt. Auch richtet sich die Klage gegen diejenigen, die mit ihrer Sterblichkeit nicht richtig umzugehen vermögen, denn am Ende spricht *eyns wysen mannes munt* unter Berufung auf *Ydumeus* (Hieronymus) und Homer von der richtigen Einstellung zum Tode.

Danach bietet Grundemann eine versifizierte ‚Visio Philiberti' (vgl. Bd. III/1), die vom Streit zwischen Körper und Seele eines zur Hölle verdammten Menschen erzählt. Die ‚Visio' ist sowohl in der lateinischen Überlieferung als auch hier und in anderen volkssprachlichen Fassungen vielfach eng mit ‚Ecce mundus moritur' verbunden (vgl. Tl. 2). Die lateinischen Vorlagen dieser beiden Texte finden sich in der von ihm selbst geschriebenen Leipziger Handschrift Ms. 803.

Grundemann wechselt dann zur Prosa mit zwei Kurzerzählungen, ‚Die Ermordung eines Juden und die Rebhühner' aus dem Fabelcorpus des ‚Anonymus Neveleti' und ‚Ritter, Bürger, Bauer' (Der Bauer im Zweikampf).

In der ersten Erzählung ermordet ein Schenke des Königs einen Juden und stiehlt dessen Geld, obwohl dieser ihn vor dem Mord warnt, dass ihn die Vögel verraten könnten. Der Schenke lacht über das beim Mord vorbeifliegende Rebhuhn. Als bei einer königlichen Mahlzeit Rebhühner serviert werden, lacht der Schenke, sagt dem König aber nicht warum. Als der König später *eyn kleyne wertschaft synen ambachlüten macht*, verrät der betrunkene Schenke dem König seine Tat, wofür er an den Galgen kommt. Also haben ihn die Rebhühner doch verraten.

Im zweiten Text geht es um eine falsche Anklage, mit der ein junger Ritter einen reichen Bürger fälschlicherweise der Bereicherung auf Kosten des Königs beschuldigt. Der König fordert einen Zweikampf zwischen den beiden, um die Wahrheit zu erfahren. Der alte Bürger bittet einen Bauern, ihn zu vertreten, der dann den Kampf gewinnt. Daraufhin macht ihn der Bürger zum Erben seines gesamten Besitzes.

Es folgen die ‚Leipziger Griseldis' und der ‚Leipziger Apollonius'. Dabei geht es um Texte, die wie der ‚Äsop' bemerkenswerterweise zeitgleich auch von dem Ulmer Humanisten Heinrich Steinhöwel übersetzt wurden (vgl. S. 585f.). Dass Grundemann auch mit dem Humanismus in Verbindung zu bringen ist, dürfte durch die Auswahl seiner Vorlagen als wahrscheinlich gelten. Er kündigt seine Deutung des grausamen Griseldis-Stoffs bereits in der Überschrift an: *Von der truwe unde ganczen gehorsam, di eine eliche frowe phlichtig iß czu haldene irem elichen manne*. Die *moralisatio* am Textende erinnert daran, dass die Geschichte verfasst wurde *czu einer lere den liben elichen frowen, das si sollen lernen ganczen glouben vnde bestendekeit czu haldene iren liben mannen.* Es geht ihm also wie bei Steinhöwel um Ehedidaxe – was Petrarca eigentlich fernlag –, „offenbar ohne des Monströsen einer solchen Ehelehre gewahr zu werden" (F. P. Knapp). Die Erzählung findet in einer *höveschen* Welt statt, die der Übersetzer über seine Quelle hinaus bunt ausschmückt.

Anders als bei Steinhöwel liegt Grundemanns ‚Apollonius' die ‚Historia Apollonii regis Tyri' zugrunde (vgl. Bd. III/1), die er sehr genau übersetzt. Bei verderbten Stellen seiner Vorlage bietet er einen sinngemäßen Ersatz.

Aus dem ‚Dolopathos' (auch ‚De rege et septem sapientibus') des Zisterziensers Johannes de Alta Silva, der ältesten lateinischen Version der ‚Sieben weisen Meister' (Ende 12. Jahrhundert; vgl. Tl. 2), übersetzt Grundemann sechs Binnenerzählungen: ‚Der Räuber und der Menschenfresser', ‚Märchen von den Schwanenjünglingen', ‚Der König und die Schatzräuber', ‚Der Jude und das Pfund Fleisch', ‚Der König zu Rom', ‚Von einem bösen Weibe'. Dabei erwähnt er nicht den Rahmenzyklus seiner Vorlage und fügt stets einleitende, moralisierend zusammenfassende Reimpaarstrophen hinzu.

Durch gereimte Vor- und Nachreden in die Dolopathos-Erzählungen eingebunden ist die Erzählung ‚Die Vögte von Weida', von der bisher noch keine Quelle bekannt ist.

Ein Ritter stellt sich in den Dienst Gottes, übergibt die Wahrnehmung der Herrschaftsgeschäfte in der Vogtei Weida an seine Tochter und reist nach Aquitanien, um dort gemeinsam mit dem König auf Kreuzfahrt zu ziehen. Nach der Rückkehr wird er am Königshof von Neidern verleumdet und daraufhin vom König inhaftiert. Sein Bruder erfährt nach einem misslungenen Befreiungsversuch, dass es eine verlassene Kirche gibt, aus der grausames Geschrei herausdringt. Niemand ist beim Versuch, die Ursache dieses Phänomens zu ermitteln, je lebend zurückgekehrt. Der König stellt eine Belohnung für diejenige Person in Aussicht, die die Hintergründe in Erfahrung bringen kann. Die Tochter des Ritters bereitet sich seelisch sechs Wochen lang vor und lässt sich dann in der Kirche einschließen. Dort trifft sie auf einen Toten, der sie aufgrund ihres Gottvertrauens nicht verletzen kann. Es ist der ehemalige König von Aquitanien, der vor langer Zeit alle Mönche der Abtei vergiften ließ, um sich deren Besitz anzueignen. Deswegen seien alle seine Nachkommen – auch der jetzige König – verdammt. Nur die Wiederherstellung des Klosters samt seines Besitzes könne diesen fatalen Fluch beenden. Die Tochter berichtet dies dem König, der die Abtei mit dreifachem Vorbesitz ausstattet und den Vater wieder freigibt. Der Text endet mit der Warnung: *Wer sich geystlicher gůter wyl vnderwynden, / der will sich met dem thůůele vorbynden.* Allerdings ist im Text von einem Teufelspakt nirgends die Rede, doch Grundemann setzt diese Deutung hinzu.

Der Text hat mit den historisch belegten Vögten von Weida wohl nichts zu tun, ihre Namen wurden erst später in den Text eingefügt, obwohl sie bereits bei Caesarius von Heisterbach' in einem Exempel Erwähnung finden. Es ist aufgrund der mehrfachen Erwähnung von Aquitanien als Ort der Handlung gut denkbar, dass die ursprüngliche Erzählung französischen Ursprungs ist.

Das Thema Verleumdung ist auch ein zentrales Motiv in den beiden an ‚Die Vögte von Weida' anschließende Texten, die sich mit vorbildlichem weiblichen Verhalten befassen. Es folgt zunächst eine Kurzfassung der Crescentia-Erzählung, von der es insgesamt drei Versfassungen des 12. und 13. Jahrhunderts (vgl. Bd. I/2 und Bd. II/2) sowie eine Prosaversion im 3. Band der ‚Heiligen Leben Redaktion' gibt.

Die Geschichte handelt von der Gattin eines römischen Kaisers, die von ihrem Schwager begehrt und verfolgt, der Untreue bezichtigt und deswegen von ihrem Mann zum Tod durch Ertrinken verurteilt wird. Sie wird aber mit Hilfe Gottes gerettet, die Brüder werden mit Lepra bestraft, sind also *vßseczyg*. Crescentia wird dann unerkannt Dienerin an einem Herzogshof, wo sie von einem sie begehrenden Hofmeister verfolgt wird. Sie weist ihn ab, woraufhin sie auf Anweisung des Herzogs ein zweites Mal ertränkt werden soll. Auch der Herzog und der Hofmeister erkranken daraufhin an Lepra. Crescentia wird dieses Mal an eine Insel geschwemmt, wo der Erzengel Gabriel ihr die Fähigkeit überträgt, reuige Sünder heilen zu können. Sie heilt daraufhin die vier ihre schweren Sünden bekennenden Männer und geht mit ihrem versöhnten Ehemann gemeinsam ins Kloster.

Drei der Erzählungen in der Leipziger Handschrift stellen also vorbildliches Verhalten von Ehefrauen in den Mittelpunkt: so im ‚Apollonius', in der ‚Griseldis' und in der Crescentia-Erzählung. Dies lässt laikale Adressatenkreise dieser Texte annehmen.

Nach der Crescentia-Erzählung übersetzte Grundemann die Vita der Hildegund von Schönau aus dem ‚Dialogus miraculorum' des Caesarius von Heisterbach. Die Vita dieser nur wenig bekannten Heiligen ist lediglich in drei weiteren Übersetzungen zu finden, die alle innerhalb von Legendaren enthalten sind: die Version im Legendar der Anna Ebin (vgl. S. 494); eine westfälische Fassung in Berlin mgq 524 aus einem Frauenkloster, das dem Münsteraner Fraterhaus nahestand; eine alemannische Übersetzung in Nürnberg, cod. 16567. Hildegund, ein Waisenkind, wird zweimal durch Betrügereien in schwere Not gebracht und führt anschließend unter dem Namen ‚Joseph' ein strenges Leben als Novize in einem Zisterzienserkloster. Ihr hartes Schicksal dient als hervorragendes Vorbild für observante Klosterfrauen, was annehmen lässt, dass diese die primären Rezipientinnen von Grundemanns Text waren.

Grundemann schließt seine Werksammlung mit einer lateinisch-deutschen Version der ‚Rota pugnae moralis' ab. Die lateinische Vorlage ist ein

Gedicht in leoninischen Hexametern mit zweisilbigem Binnenreim, das zeilenweise positive und negative menschliche Lebensformen einander gegenüberstellt, die als personifizierte Tugenden und Laster oder Menschentypen dargestellt werden. Dabei folgt die deutsche Übertragung stets dem zuerst wiedergegebenen lateinischen Text; z.B.:

*Diues	Der riche spricht*	*Pauper	Der arme spricht*
Glorior in mundo quia nummis plenus habundo.	*Glorior in Christo mundo dum degens in isto*
Wen ich habe gelde vnde gutes vyl,	*Armut wyl ich hy lyden,*
So habe ich lob vnde ere ane czel.	*Das ich by Christo mag ewyg blyben*

Es dürfte als wahrscheinlich gelten, dass Grundemanns Werke auch außerhalb seines Stifts – zumindest innerhalb von Leipzig – Verbreitung fanden. Hinweise darauf gibt es allerdings nicht.

Die Augustinereremiten

Schließlich soll noch ein Blick auf die geringe volkssprachliche Produktion der observanten Augustinereremiten geworfen werden, also auf den reformierten Teil des Ordens, dem Martin Luther 1505 in Erfurt beitrat. Die Observanzbewegung im Orden wurde von ihrem Schutzherrn, Herzog Wilhelm von Thüringen, und dem durchsetzungsstarken Observantenvikar Andreas Proles (1429–1503) über Jahrzehnte hinweg vorangetrieben. Proles gelang es in mehr als 40 Jahren Tätigkeit, 22 Konvente der Observanz zuzuführen, was nur deswegen möglich war, weil er stets mit den weltlichen Obrigkeiten in Kontakt stand. Einige Klöster wehrten sich gegen die Reforminitiativen des bisweilen scharf kritisierten hochengagierten Proles. Frauenklöster gehörten indes nicht zum Ziel seines reformerischen Interesses, weshalb wohl kaum Volkssprachliches von ihm überliefert ist. Sein Nachfolger war Johann von Staupitz, Martin Luthers bedeutender Förderer und Beichtvater. Nur wenige seiner Texte in der Volkssprache sind überliefert, darunter eine 1495 in Leipzig gedruckte und ins Niederdeutsche übersetzte Tauflehre, die er als Predigt verfasst hatte. Sie wurde auch noch nach Beginn der Reformation gedruckt, so etwa 1585 in Straubing. Seine ‚Sermones dominicales' wurden erst von 1530 bis 1533 in vier sich ergänzenden Lieferungen durch den entschiedenen Luther-Gegner Petrus Sylvius zusammengestellt und in Leipzig gedruckt.

Wesentlich verbreiteter waren die Schriften des Johannes von Paltz (auch Johannes Jeuser), der sich unter dem Generalvikar Proles hochengagiert für die Observanzbewegung einsetzte. Er wurde 1445 wahrscheinlich in Pfalzel bei Trier als Sohn eines Geschützmeisters (*Jeuser* =

Gießer) geboren. 1462 kam er an die Universität Erfurt, wo er bereits 1467 den Magistertitel erwarb. Kurz danach trat er ins Erfurter Augustinereremitenkloster ein, wo Johannes von Dorsten sein theologischer Lehrer wurde. Nach Dorstens Tod setzte Johannes sein Theologiestudium an der Universität fort und promovierte 1483. Neben seiner Lehrtätigkeit an der Universität setzte er sich mit großem Einsatz für die Reform seines Ordens ein. 1490 wurde er vom päpstlichen Legaten Raimund Peraudi angefordert, um in Thüringen, Meißen, Sachsen und Brandenburg den Ablass zu fördern, womit der Krieg gegen die Türken finanziell unterstützt werden sollte. 1493 gab Johannes dafür seine Lehrtätigkeit auf, visitierte und half bei der Gründung neuer Klöster. Ende 1500 kehrte er nach Erfurt zurück. Kurz nach Luthers Klostereintritt ging Paltz 1505 nach Mühlheim (heute Mühlheim Kärlich bei Koblenz), wo er den Aufbau eines neuen Konvents veranlasste und das Amt des Priors übernahm. Er starb 1511.

Zahlreiche Schriften sind von ihm überliefert, davon mindestens zwei in der Volkssprache. Zu den verbreitetsten geistlichen Schriften des späten 15. und frühen 16. Jahrhunderts zählt sein Werk ‚Die himmlische Fundgrube', das zwischen 1490 und 1521 in insgesamt 21 hoch- und niederdeutschen Druckausgaben erschien. Im Auftrag Peraudis predigte Paltz im sächsischen Erzgebirge, wo 1470 in Schneeberg reiche Silbervorkommen entdeckt worden waren, die zur wichtigsten finanziellen Quelle für den Kurfürsten Friedrich den Weisen wurden. An dessen Hof in der Residenzstadt Torgau predigte Paltz vor Friedrich und seinem Bruder, und die beiden baten ihn, seine Predigten in den Druck zu geben. Das Werk ist Friedrich gewidmet. Mit ‚Fundgrube' (Bergwerk) spielt Paltz auf die Zechen ‚Rechte Fundgrube' und ‚Alte Fundgrube' in Schneeberg an. Wie der Bergbau hohe Gewinne erwarten ließe, so böte die himmlische Fundgrube Ähnliches in geistlicher Hinsicht, *darumb das man himlisch ercze darinn mag finden oder graben, das ist die gnad gottes.*

Das Werk enthält vier Predigten. Die erste umfasst zwei Drittel des Werks und handelt von der täglichen Betrachtung des Leidens Christi auf sechs verschiedene Weisen; die Möglichkeiten des Zugangs zu Gottes Gnade teilt Paltz in sechs *stollen* auf. Das Leiden Christi sei mehr als eine Goldgrube, es sei eine Gnadengrube mit vielen Stollen, durch die man eintreten könne. Nichts sei nützlicher, um Gottes Huld zu erlangen, als Christi Wunden zu betrachten; die Passionsmeditation nütze auch vor *allem zu gesuntheit des leibes, zu bewarunge der sele und der ere, zu uberwindung der welt und des fleisch und des bosen geistes und vor aller ferlichkeit leibs und sele.* Die zweite Predigt zeigt, wie man Gedanken, die vom Teufel ins Herz gegeben seien, widerstehen könne. In der dritten Predigt bietet Paltz eine Sterbelehre, wie der Mensch *mag erwerben vergebung* [von] *pein und schuld.* Das Werk schließt mit einem Sermo über die heilige Ölung, die der Gesundung der Seele diene.

Von Johannes von Paltz stammt auch noch ein Teil aus *eyner Collacien her Johan paltz* in einer umfangreichen Sammlung von Sermones aus dem observanten Augustinerchorfrauenstift St. Agnes in Trier, die in Hamburg, Cod. theol. 2065 (nach 1527), überliefert ist. Er spricht dort, ausgehend von Ps 99,4, von drei Pforten, wo der Herr hineingehen soll: ... *vnser eygen hertz ... de moter gotz ... de lyeff hilgen gotz*. Zwar werden in der bisher noch nicht näher untersuchten Handschrift weitere Prediger mit Namen erwähnt, sie sind aber nur vereinzelt zu identifizieren. Sie dürften Augustinerchorherren gewesen sein.

Es kann keinerlei Zweifel daran bestehen, dass die Entstehung und Verbreitung der bis heute immer noch unüberschaubaren geistlichen Literatur in der Volkssprache im 15. Jahrhundert im Wesentlichen den Reformbewegungen in den Orden zuzuschreiben sind. Das von dort hervorgegangene lateinische und volkssprachliche Schrifttum ist als Beitrag zur Frömmigkeitsgeschichte des 15. und frühen 16. Jahrhunderts von fundamentaler Bedeutung. Dennoch sollten gegen Ende des 15. und zu Beginn des 16. Jahrhunderts die Reformen innerhalb der Kirche und den Orden immer weniger wichtig werden. Johann Geiler bot in seiner ,Emeis' eine entsprechende pessimistische Einschätzung der Lage im Jahre 1508: *Es ist auch kein hoffnung, daz es besser wird vmb die cristenheit ... Es ist vor etlichen iaren zů vnsern zeiten gesein, das man etlich ständ vnd frawen clöster hat gereformiert vnd beschlossen. Vnd ist lang wol gestanden, aber es fahet an wider abnemen.* Es dürfte daher kein Zufall sein, dass in den übriggebliebenen Reformkreisen im frühen 16. Jahrhundert nur noch wenige Werke entstanden.

In der Forschung war es bis in jüngste Zeit üblich, die im 15. Jahrhundert entstandene geistliche Literatur mit dem anspruchsvollen Schrifttum der deutschen Mystik aus dem späten 13. und der ersten Hälfte des 14. Jahrhunderts zu vergleichen, um anschließend einen immensen Niveauverlust im Jahrhundert vor der Reformation zu konstatieren. Zweifellos hat dieses Urteil eine gewisse Berechtigung, wenn man – wie Bernd Moeller einmal feststellte – die Werke vom sozialen und geschichtlichen Umfeld losgelöst vergleicht und dabei ihre Funktion innerhalb kirchlicher und gesellschaftlicher Prozesse sowie ihre Rückbindung an die maßgeblichen theologischen Richtungen der Zeit nicht ins Blickfeld nimmt: Die ,Frömmigkeitstheologie' war für dieses Jahrhundert prägend. Jean Gersons Drängen auf die Überbrückung des Grabens zwischen der scholastischen Universitätstheologie und der frommen Lebensgestaltung aller Gläubigen prägte auch die Programmatik der erfolgreichsten Reformer bei der Herstellung von geistlichem Schrifttum. Volkssprachliche geistliche Werke des 15. Jahrhunderts gerieten durch die seelsorgerischen Ziele der Ordens- und Kirchenreformer, die wesentlich breitere Leserkreise ansprechen wollten als die Mystagogen der beiden vorangehenden Jahrhunderte, zum weitgehend standesübergreifenden Schrifttum. Zwar gab es eine Vielfalt an Literatur, die speziell für monastische Kreise im Rahmen der Ordensreform verfasst und verbreitet wurde, aber zahlreiche Werke waren sowohl von religiosen als auch laikalen Kreisen durchaus rezipierbar. Das geht freilich auch zu einem gewissen Grad mit dem Versuch des Reformklerus einher, eine Art Monastizierung der Laienwelt zu propagieren. Analog zum strengen klösterlichen Alltag, der durch klare Handlungsmaxime geregelt war, sollten Laien ihr Leben in der Welt organisieren. Zudem verfassten Reformer zahlreiche Werke, die sich speziell mit der laikalen Lebensform befassten. Über die volkssprachliche geistliche Literatur dürfte die Zusammenführung der illiteraten bzw. semiliteraten Klosterkultur mit der Welt der nun lesefähigen frommen Laien wahrscheinlich am deutlichsten gelungen sein: ein wichtiger Teil des ehrgeizigen Reformanliegens wäre damit jedenfalls erreicht worden, allerdings mit weitreichenden und für die Reformer unvorstellbaren Folgen im 16. Jahrhundert.

Der Renaissance-Humanismus im deutschsprachigen Raum

Einführung

Um die Mitte des 15. Jahrhunderts fasste der Renaissance-Humanismus, die von Francesco Petrarca um 1330 inaugurierte Bildungsbewegung, auch im deutschsprachigen Raum endgültig Fuß. Zwar waren schon früher vor allem deutsche Rechts- und Medizinstudenten in Italien mit der Renaissance in Berührung gekommen, aber erst in den circa 70 Jahren vor der Reformation erblühte die Bewegung nördlich der Alpen, bevor sie in den 1520er Jahren einen tiefen Einschnitt und eine Zersplitterung, aber keineswegs ein Ende erfuhr. Es waren die politischen Krisenerscheinungen Italiens – vor allem der 1309 erfolgte Umzug des päpstlichen Hofes nach Avignon –, die Petrarca dazu brachten, eine Rückbesinnung auf die Größe des antiken Roms zu propagieren und 1351 zusammen mit dem höchst umstrittenen Politiker und Schriftsteller Cola de Rienzo sogar einen, allerdings erfolglosen, Versuch zu unternehmen, Karl IV. zu einem Neuaufbau des Reichs im Sinne eines neurömischen Imperiums zu bewegen. Der Appell zur nationalen Erneuerung war aufs engste mit der Sehnsucht nach einer neuen Kulturblüte verbunden, die sich aus einer intensiven Beschäftigung mit den Schriften antiker Autoren ergeben sollte. Es war dann die kulturelle und pädagogische, nicht die politische Seite der Erneuerungsbewegung, die sich nachhaltig durchsetzte, auch wenn eine Vielzahl antiker Mustertexte, auf die sich die Humanisten beriefen, politische Themen behandelte.

Die *studia humanitatis*, die produktive Aneignung antiker Sprache und Literatur, verbunden mit einer umfassenden Bildung, breiteten sich von Italien im 14. und 15. Jahrhundert in ganz Europa aus, und zwar vor allem über kleine elitäre Intellektuellenzirkel, deren Einfluss auf weite Bereiche der Bildung und Kunst jedoch beträchtlich sein konnte. Die Humanisten vertraten die Überzeugung, „dass die antiken Autoren so viel an wesentlichem Wissen, Weisheit und Schönheit aufbewahrt haben und auf eine so den Menschen prägende Weise vermitteln, dass die Begegnung mit ihnen *studia humanitatis* sind, die den Menschen erst richtig zum Menschen formen" (E. Schäfer). Die gut vernetzten deutschen *humanistae*, die größtenteils in Italien studiert hatten, waren vereint in einem Lebensgefühl, am Anfang einer neuen Epoche zu stehen. Den von ihnen ‚überwundenen' Traditionsbruch, der durch die Verdrängung der Antike nach dem Untergang Roms entstanden war, konkretisierten sie mit der Bezeichnung ‚Mittelalter' (*media aetas, medium aevum*) für die dunkle Zeit zwischen Antike und Gegenwart (*millennium tenebrarum*, Jahrtausend der Finsternis). In dieser Zeit sei die elegante Sprache Latein der Barbarei anheimgefallen.

Zwar waren im Mittelalter viele antike Philosophen und Literaten nie aus dem Blickfeld von Wissenschaft und Dichtung geraten – etwa Aristoteles, Platon, Vergil und Seneca –, aber ihre Werke hatten in der Regel dazu gedient, christliche Vorstellungen zu untermauern. Da das antike Schrifttum eine dezidiert heidnische Weltsicht vertrat, hatte man sich beim Umgang mit ihm im ‚Mittelalter' nicht auf die grundsätzliche Andersartigkeit der Antike eingelassen, eine Praxis, mit der die Humanisten nun gründlich aufräumten, indem sie es zum Programm erhoben, die Antike als Leitbild in die Moderne zu überführen. Das implizierte z.B. eine grundsätzliche Ablehnung des angeblich ‚verkommenen' Lateins der Scholastik (*culinarium latinum*: Küchenlatein), das nun durch ein reineres, an Cicero, Livius und Terenz geschultes, rhetorisch fundiertes Latein ersetzt wurde. Die hohen Ansprüche, die Cicero an einen Redner gestellt hatte, wurden richtungweisend: Nur wer universell gebildet sei und über moralisches Verantwortungsbewusstsein verfüge, habe eigentlich das Recht, öffentlich zu reden. Die intellektuelle, vor allem sprachliche Bildung stehe im engen Zusammenhang mit der Entwicklung des menschlichen Charakters: Wer sich um sprachliche Eleganz bemühe, werde auch moralisch veredelt. Ciceros Lehre, dass das wahre Menschsein erst durch die Kultivierung der sprachlichen Ausdrucksfähigkeit entstehe, ließ die Rhetorik im Humanismus zur Leitwissenschaft werden. Da das neue Latein – eine künstliche Sprache wie etwa das moderne Hebräisch – weniger kompliziert war als das ‚Mittellatein' des kirchlichen Wissenschaftsbetriebs, unterstützte es die Vermehrung von Lateinschulen und Universitäten und mithin die Durchsetzung des nunmehr für die intellektuelle Elite Europas maßgeblichen Bildungsprogramms. Das Bewusstsein der Humanisten, einer geistigen, vom *vulgus* abgehobenen Elite anzugehören, manifestierte sich in der Latinisierung, bisweilen auch Gräzisierung, ihrer Eigennamen. So wurde aus Joachim von Watt latinisiert ‚Vadianus', aus dem aus Königsberg in Franken stammenden Johannes Müller ‚Regiomontanus' oder aus Philipp Schwarzerd ‚Melanchthon' (griech. für ‚schwarze Erde').

Die humanistische Bildungsbewegung stellte von Anfang an eine Verbindung zwischen Antikenrezeption – sowie zur Antike des Christentums – und Lebenspraxis dar, sie wurde zur obersten Bildungsnorm überhaupt. Eine produktive Vergegenwärtigung antiker Autoren sollte zu einer umfassenden ethischen Regeneration aller Menschen sowie der Gesellschaft führen. Der Welt der Antike, die ein klares Gegenbild zu einem von Scholastik und kirchlichen Gesetzen geregelten und erstarrten Leben bot, öffnete den Humanisten neue Perspektiven der menschlichen Entfaltung. Im Vordergrund stand „die ‚Freiheit' des sich selbst und seine Welt reflektierenden Ichs, die Souveränität einer bewussten Lebensgestaltung und Lebensführung, die ‚Glück' und ‚Freude' verbürgen sollte" (W. Kühlmann/ H. Wiegand).

Petrarcas Leitkonzepte waren die *imitatio veterum*, die aus der Antike stammende Lehre von der Nachahmung der Alten im Sinne ihrer grundsätzlichen Vorbildhaftigkeit, und die *aemulatio veterum*, ein Wettstreit mit ihnen. Während die ‚Nachahmung' letztlich auf eine Intensivierung von Wissen über die Antike durch Texte, Personen und Realien abzielte, lief der Wettstreit auf eine Aktualisierung, Fortentwicklung und praktische Anwendung der Antike hinaus. Dabei wurde die entschiedene Hinwendung zur Rhetorik, zur Eloquenz und zum schönen Stil im Reden und Schreiben in der Nachfolge der musterbildenden Alten zum humanistischen Leitbild erhoben, denn das christlich Wahre und Gute wurde als aufs engste mit der schönen Sprache verbunden gesehen. Elegante, geistreiche lateinische Briefe entwickelten sich zur herausragenden Kommunikationsform und wurden dadurch zum zentralen gemeinschaftsbildenden Faktor. Da sie z.T. als literarische Kunstwerke verstanden werden sollten, wurden sie auch vielfach veröffentlicht. Beispielsweise gestaltete Erasmus von Rotterdam die Biographie seines Freundes Thomas More (Morus) in Form eines Briefes an Ulrich von Hutten. Die normierte sprachliche Gestalt des ‚Humanistenbriefes' weist seinen Verfasser als Beherrscher eines ‚Codes' aus, mit dem man sich als Zugehöriger zu erkennen gibt bzw. geben will. In den Briefen lässt sich trotz ihrer literarischen Stilisierung der Grad der Einbindung des Verfassers in die gelehrte Gesellschaft feststellen.

In curricularer und methodischer Hinsicht wurden die an den mittelalterlichen Artistenfakultäten hauptsächlich betriebenen Fächer Logik, Naturphilosophie und Metaphysik durch die fünf ‚wissenschaftlichen' Disziplinen, Grammatik, Rhetorik, Poesie, Geschichte und Moralphilosophie ersetzt, worin sich die starke ethische Komponente im humanistischen Bildungsprogramm offenbarte. Der Rückgriff auf die Antike strahlte zudem auf die bildende Kunst, Jurisprudenz, Naturphilosophie, Mathematik und Medizin aus. Weitere zentrale Anliegen der Humanisten waren die Wiederentdeckung verschollener klassischer Texte, das Sammeln und Kopieren von für den Humanismus bedeutsamer Überlieferung, die Drucklegung ‚kanonischer' antiker und moderner humanistischer Schriften sowie die Anlage umfangreicher Privatbibliotheken. Die Textkritik – die Herstellung ‚authentischer' Texte – sowie die Übersetzung griechischer Klassiker ins Latein gehörten zu den neuerweckten philologischen Anliegen. Auch eine eigene humanistische Schrift, die Antiqua, entstand um 1400 in Florenz, die die römischen Großbuchstaben ergänzte mit Formen der karolingischen Minuskelschrift des 11.-12. Jahrhunderts. In ihr war eine Vielzahl römischer Dichter überliefert, weshalb sie von italienischen Humanisten irrtümlich für die Schrift der Römer gehalten wurde. Sie wurde früh bis hin zur Drucktype weiterentwickelt und ist in verschiedenen Varianten heute noch die am häufigsten in allen westlichen Sprachen verwendete Druck- und Schreibschrift.

Der Humanismus war aber keineswegs nur eine säkulare Bewegung. Mitglieder des Klerus gehörten sogar zu seinen bedeutendsten Vertretern – etwa Erasmus von Rotterdam und Jakob Wimpfeling –, die große Anstrengungen unternahmen, christliches Heilswissen mit dem antiken Kulturerbe zu verbinden, was zu einer – nicht immer unproblematischen – Einbürgerung des Humanismus innerhalb der Kirche führte. Es kam zu einer Wiederentdeckung der antiken Kirchenväter, vor allem des eloquenten Bibelübersetzers Hieronymus, der gewissermaßen zum Patron der Humanisten erhoben wurde. Auch wenn dem Humanismus für die Reformbestrebungen in den Orden nicht solche Bedeutung zukam, wie in der Forschung früher vertreten, gelang es doch einigen Mönchen und Brüdern, sich in Humanistenzirkeln zu etablieren. Die in der früheren Forschung so stark betonte Position, es habe angeblich tiefe Gräben zwischen Humanismus und der an den Universitäten vorherrschenden Scholastik gegeben, ist inzwischen relativiert worden.

Trotz des bisher Skizzierten sollte vom ‚Humanismus'– ein im frühen 19. Jahrhundert geprägter Begriff – nicht gesprochen werden, als vertrete er eine einigermaßen einheitliche Weltsicht. Denn er trat in einer Vielzahl von Strömungen und Partikularinteressen auf, abhängig von Art und Intention der jeweiligen Rezeption antiker Autoren, der Humanistenliteratur sowie des italienischen Geisteslebens und deren Einbettungen in diverse gesellschaftliche Milieus: Hof, Universität, Stadt, Kloster, semireligiose Institutionen. Diese Relativierung betrifft folglich auch den *humanista*, den *poeta et orator* oder *poeta et historicus*, denn das facettenreiche Spektrum von Teilhabe am Humanismus reichte von professionellen, vagierenden Humanisten über Universitätslehrer, Hofjuristen und -diplomaten, Kleriker und vermögende Autodidakten bis hin zu wohlwollenden, aber ungelehrten Dilettanten und Förderern. Nur wenige davon durften sich als Teilhaber der Kommunikationsgemeinschaft zu den erlauchten, vor allem durch elegante Briefe miteinander in Verbindung stehenden Personennetzen zählen, die sich immer wieder neuformierten.

Von Philipp Melanchthon abgesehen, waren z.B. zentrale Akteure der Reformation – allen voran Martin Luther – zwar keine Humanisten im bisher beschriebenen Sinne, sie standen aber den humanistischen Bildungszielen und Errungenschaften durchaus positiv gegenüber. Die Heterogenität der Humanisten sollte in der Reformation besonders deutlich zu Tage treten, als die Bewegung zunächst an Bedeutung verlor, sich verwandelte und auseinanderbrach. Bei fast allen Humanisten war vor der Reformation eine kritische Haltung zur Kirche und ihren Institutionen festzustellen, es waren aber dann vor allem die Jungen, die sich Luther zuwandten, während die Alten vor dessen Radikalität zurückschreckten. Obwohl Auseinandersetzungen um den Glauben zu heftigen Spannungen unter den Gelehrten führten, sollten die *studia humanitatis* im Bildungswesen beider Konfessionen bis in die Neuzeit unentbehrlich werden, zumal die humanistischen Fächer weitgehend in den Dienst der religiösen Indoktrination gestellt wurden. Jedenfalls erwies sich der Einsatz von Humanisten als äußerst bedeutsam für das Gelingen der Reformation, vor allem für ihre organisatorische Durchsetzung.

Die gewollte Isolierung vieler Humanisten vom *vulgus* (Pöbel) – womit nicht soziale Schichten, sondern die gesamte restliche Menschheit mit ihrem inferioren Bildungshorizont gemeint war – sowie ihre vielfach arrogante Haltung sogar den gebildeten Nichthumanisten gegenüber förderten einerseits eine anspruchsvolle und wirkmächtige elitäre Bildungskultur, andererseits blieb der Humanismus deshalb als Phänomen auf kleine, wenn auch bestens vernetzte Zirkel beschränkt. Zu Beginn des 16. Jahrhunderts dürften nur circa 250 Personen in Deutschland dazu gehört haben. Dennoch gelang es dieser heterogenen Gruppe, beachtlichen Einfluss auf das Bildungswesen, die Literatur und das kulturelle Leben zu erlangen. Sie bekleideten wichtige Ämter in der Kirche – bis hin zum Papst –, der Verwaltung und den Universitäten, deren Aufschwung sie vielfach bewirkten.

Da ein Kulturzentrum wie etwa Florenz oder Paris im deutschsprachigen Raum fehlte, trat der deutsche Humanismus als disparate und – vor allem geographisch – zersplitterte Bewegung in Erscheinung, zumal die durch das gemeinsame Bildungsideal Verbundenen, aber auf Broterwerb Angewiesenen auch verschiedenen Berufen an diversen Institutionen nachgingen. Deshalb bestand Bedarf an Formen konkreter Gemeinschaftsbildung, die geburtsständische Grenzen transzendieren sollte. Der deutsche ‚Erzhumanist' Conrad Celtis bemühte sich gegen Ende des Jahrhunderts um die Gründung von sog. Sodalitäten, die um ihn herum angeordnet waren, als lockere Organisationsrahmen für humanistische Kreise dienen sollten und ihr Vorbild in den römischen und florentinischen Akademien hatten. Über den Organisationsgrad der einzelnen Sodalitäten ist indes nur sehr wenig bekannt, da unklar bleibt, was in deren Darstellung durch Celtis und sein Umfeld Widerspiegelung von realen Verhältnissen oder nur die poetische Stilisierung seiner in vier Regionen aufgeteilten Freundeskreise ist. Von Celtis und seinem Umkreis wird *sodalitas litteraria* in fünf semantischen Varianten verwendet (H. Entner). Zum Beispiel konnten damit programmatisch die Gesamtheit aller Humanisten oder reine Freundeskreise auf lokaler Ebene gemeint sein. Diese Kreise können auch ohne die Bezeichnung Sodalitas als unfeste gesellige Tisch- und Reisegemeinschaften in Erscheinung treten, die Texte und Briefe untereinander austauschten. Bisweilen traten Sodalitäten ebenfalls als Projektgemeinschaften in Erscheinung, etwa bei der gemeinsamen Herausgabe von Werken. Dennoch wiesen sie – soweit erkennbar – keine umfassende Programmatik oder feste Strukturen auf, die Mitgliedschaft bestand nicht nur aus Ortsansässigen und konnte stark fluktuieren. Die ‚Sodalitas litteraria Danubiana' wurde z.B. sehr weit gefasst: von Wien über Olmütz, Ofen und Krakau bis nach Augsburg und Nürnberg, wo sich wiederum kleinere Zirkel bildeten.

Auch wenn es immer wieder vor der Mitte des 15. Jahrhunderts literarisch greifbare Berührungen mit der humanistischen Bewegung Italiens gegeben hatte, etwa durch Johannes von Neumarkt (vgl. Bd. III/1), bildeten sich im deutschsprachigen Raum erst in der Zeit Maximilians I. mehr oder weniger geschlossene elitäre Gruppen von Gelehrten, die sich, locker organisiert, dem Studium der Dichtung, Geschichte und naturwissenschaftlichen Forschung verpflichteten. Über die Jahre davor, etwa zwischen 1450 und 1480, spricht die Forschung vom ‚Frühhumanismus'. Die zwei Jahrzehnte zwischen 1500 und 1520 gelten als Höhepunkt des deutschen Humanismus.

Als Periodisierungskriterium für eine Geschichte der vorreformatorischen deutschsprachigen Literatur ist das Aufkommen humanistischer Einflüsse auf das literarische Leben im deutschsprachigen Raum um die Jahrhundertmitte, wie dies bisweilen in der Forschung konstruiert wurde und teilweise noch wird, jedenfalls nicht geeignet. Im Kontext des immer noch nicht überschaubaren immensen deutschsprachigen Schrifttums der Zeit sind die zahlreichen humanistisch geprägten Werke in der Volkssprache schlichtweg Randerscheinungen, weil sie nur selten den vorherrschenden literarischen Geschmack bedienten oder die meisten illiteraten Leser schlichtweg überforderten. Nur gelegentlich erfuhren sie eine nennenswerte Verbreitung.

Es wurde im Vorwort bereits darauf hingewiesen, dass eine Einbeziehung der noch völlig unüberschaubaren Masse von im 15. und frühen 16. Jahrhundert verfasster lateinischer Literatur den Rahmen dieser Literaturgeschichte sprengen würde. Dies betrifft in besonderem Maße die umfangreiche neulateinische Literatur des Humanismus, auf die in diesem Kontext nur skizzenhaft eingegangen werden kann. Hier können lediglich einige der wichtigsten Aspekte der Bewegung und eine Reihe ihrer zentralen Akteure kurz vorgestellt werden. Der Fokus ist vor allem auf die Auswirkungen des Humanismus auf den volkssprachlichen Literaturbetrieb gerichtet, die in einem eigenen Teil dieses Kapitels ausführlicher behandelt werden. Auch dort kann es nur um die wichtigsten Verfasser gehen. Eine umfassende Geschichte des deutschen Humanismus bleibt trotz vielfältiger Forschungsaktivitäten in den letzten Jahrzehnten nach wie vor ein dringendes Desiderat.

Der bedeutendste Vermittler der humanistischen Lebensform in den deutschsprachigen Raum war der Italiener Enea Silvio Piccolomini (1405–1464), der, aus einer verarmten Adelsfamilie stammend, nach abgebrochenen Studium ab 1432 auf dem Basler Konzil (1431–1449) eine steile Karriere als Sekretär von Bischöfen, eines Kardinals und des Gegenpapstes Felix V. begann. Den eloquenten Redner und hochbegabten Dichter krönte

Kaiser Friedrich III. beim Frankfurter Reichstag 1442 zum *poeta laureatus* und berief ihn 1443 als kaiserlichen Sekretär an die Reichskanzlei nach Wien und Graz, wo Friedrich zumeist residierte. An der Universität Wien hielt Piccolomini Vorlesungen zu den antiken Dichtern. Der *poeta et secretarius* wandte sich jedoch von seinem früheren schillernden Leben ab, erhielt 1445 die niederen Weihen, wurde 1447 zum Priester geweiht und setzte seine glänzende Karriere nun innerhalb der Kirche rasch fort: Bischof von Triest (1447), Bischof von Siena (1449), Kardinal (1456) und schließlich Papst (1458). Er nannte sich Pius II. aus Verehrung für den *pius Aeneas* des Vergil. Als Papst agierte der bereits von Krankheit Gezeichnete nicht immer glücklich, der frühere Konziliarist setzte sogar dem konziliaren Zeitalter ein Ende. Er starb bei der Vorbereitung eines Kreuzzugs gegen die Türken, für den er länger erfolglos geworben hatte.

In der Zeit vor seiner Priesterweihe war Piccolomini durchaus dem leichten Leben zugeneigt. Er verfasste z.B. 1444 die äußerst populäre erotische Novelle ‚De duobus amantibus' (‚Eurialus und Lucretia'), von der er sich später als Papst distanzierte („Ich habe mir an Venus den Überdruss geholt"), und eine satirische Dirnenkomödie ‚Chrysis'. Von Wien aus wurde er zum „Apostel des Humanismus in Deutschland" und engagierte sich mit einem Œuvre von beispielloser Vielfalt für eine Verbreitung der *studia humanitatis* im deutschsprachigen Raum. Während seines zwölfjährigen Österreichaufenthalts spannte er ein weites Netz von glühenden Verehrern und Nacheiferern. Weit über seinen Tod hinaus blieb er Leitgestalt des deutschen Frühhumanismus.

Conrad Celtis

Wie differenziert das Phänomen Humanismus gesehen werden muss, zeigte sich bereits im Kapitel zu dessen Erscheinungsformen in Nürnberg (vgl. S. 163ff.), wo er sich als reines Interessengebiet einiger Ehrbaren erwies, während sich im Rest des deutschsprachigen Raums Mitglieder der humanistischen Elite auch aus den weniger einflussreichen Ständen rekrutierten und aufgrund ihrer beeindruckenden Bildung und Beredsamkeit trotzdem an Höfen und in Patrizierkreisen hohe Anerkennung, ja Bewunderung erfuhren. Der Winzersohn Conrad Celtis (1459–1508) kann als Musterbeispiel für einen solchen Aufstieg gelten. Eine humanistische Bildung sowie eine hohe dichterische und organisatorische Begabung eröffneten ihm vorher ungeahnte Aufstiegsmöglichkeiten, was in Anbetracht der rigiden Gesellschaftsordnung des späten Mittelalters als geradezu revolutionär zu würdigen ist. Die intellektuellen und wissenschaftlichen Qualifikationen der neuen Gelehrten konnten Abkunft und Besitz zumindest in den Städten als Statusmerkmale in Frage stellen, was beim Patriziat – wie etwa in Nürnberg – durchaus zu deutlichen Irritationen und Kritik führen konnte.

Der aus der Nähe von Schweinfurt stammende Celtis (eigentl. Bickel oder Pickel), mit Beinamen ‚Protucius', studierte in Köln und Heidelberg, wo ihn sein Lehrer Rudolf Agricola für den Humanismus gewann. Danach setzte er sein Leben als ‚Wanderhumanist' fort und lehrte Poetik an den Universitäten Erfurt, Rostock und Leipzig. Nach der Nürnberger Dichterkrönung 1487 folgten zwei Jahre in Italien, wo er mit Humanisten an den freien Akademien verkehrte. Es folgte 1489–91 ein Studium der Mathematik und Astronomie in Krakau, wo er die ‚Sodalitas Vistulana' als erste der losen Interessengemeinschaften initiiert haben will, die sich der Verbindung von *eloquentia* und *philosophia* verschrieben und in denen weder die soziale Herkunft noch der ausgeübte Beruf der Mitglieder eine Rolle spielte. Es gelang ihm nach eigener Darstellung über die Jahre, drei weitere Sodalitäten zu organisieren. Er spricht auch vom Traum einer um die eigene Person zentrierten gesamtdeutschen Sodalitas, der indes nicht in Erfüllung ging. Es sollte ein die feudalen Territorien überspannendes humanistisches Netzwerk entstehen, eine *sodalitas litteraria Germaniae*. Mehrfach hielt er sich in Nürnberg als Gast bei den Patriziern Sebald Schreyer und Willibald Pirckheimer auf. 1494 wurde er auf einen Lehrstuhl an der Universität Ingolstadt berufen. In Heidelberg, wohin er wegen der Pest geflüchtet war, betätigte er sich 1495/96 als Prinzenerzieher und gehörte dort zu dem von Johann von Dalberg versammelten humanistischen Freundeskreis (vgl. S. 531). Kaiser Maximilian I. berief Celtis 1497 auf einen Lehrstuhl für Rhetorik und Poetik nach Wien und richtete für ihn 1501 das ‚Collegium poetarum et mathematicorum' außerhalb der Universität ein. Celtis blieb indes rastlos, hielt sich auch länger bei Konrad Peutinger in Augsburg auf. Er starb 1508 in Wien.

Zweifellos war Celtis nicht nur der bedeutendste humanistische Dichter des deutschen Hochhumanismus, sondern auch sein begnadetster und unermüdlichster Organisator. Der ‚Erzhumanist' Celtis knüpfte wie kein anderer deutscher Humanist seiner Zeit ein breites Netz von Kontakten und Freundschaften, das er vor allem durch Briefe pflegte. Er stand mit so gut wie allen namhaften Humanisten, vor allem des süddeutschen Raums, in Verbindung. In einigen Oden beschreibt Celtis das gesellige Beisammensein der Humanistenkreise, wozu neben Gesprächen, Gesang und Literaturvorträgen bisweilen „die Freuden der Venus in Schlupfwinkeln und Schlafkammern" gehörten.

Celtis verfasste, von wenigen Schriftstücken abgesehen, alle seine Werke auf Latein. Über seine tiefe Verachtung für die Volkssprache äußert er sich in seiner 1486 entstandenen ‚Apollo-Ode', einem Gedicht, in dem er von den barbarischen Lauten und dem ererbten Gemurmel einer groben Sprache spricht. Gemeint ist hier zwar das Deutsche, aber auch das Mittellatein der Scholastik bedachte er mit ähnlicher Geringschätzung. In seiner bemerkenswerten Ingolstädter Inauguralrede (1492) geißelt er die kulturelle

Ignoranz der Deutschen mit der Feststellung, die Barbarei ihrer Sprache gehe auf Unkenntnis Ciceros zurück. In der ‚Ode' sehnt sich Celtis nach der bereits erfolgten *translatio imperii* eine die griechische, antik-römische/italienische und deutsche Kultur und Dichtung überspannende *translatio artium* herbei und bekennt sich zu einem nationalen Humanismus in lateinischer Sprache. Er stilisiert sich zur Gestalt, die diese Epochenwende herbeiführen wird, indem er stellvertretend für ganz Deutschland mit dem Musenvater spricht. Apollo soll den Helikon verlassen und mit seiner Musenschar nach Deutschland kommen. Dichtung soll nun auch hierzulande ihr erzieherisches Potential entfalten und eine kulturelle Neuerung mit herbeiführen.

Die ‚Apollo-Ode' ist auch als polemische Antwort auf das italienische Verdikt, die Deutschen seien kulturelle Barbaren, verstanden worden, also gegen ein stereotypes Bild, das seit Petrarca im italienischen Humanismus gepflegt wurde. Diese Einstellung hat sich bei Celtis aber erst nach 1491 im Anschluss an einen offenbar unerfreulichen Italienaufenthalt in Italien ergeben und in seinem Denken zu einer ‚Ablösung des italienischen Primats' auf der Grundlage der *translatio*-Vorstellung geführt, wie er sie nach 1492 vehement – vor allem in seiner Ingolstädter Vorlesung – vertrat. Die Schmähung durch die Italiener führte Celtis und andere deutsche Humanisten dazu, mit z.T. platter Argumentation ein Zeitalter germanischer Größe zu entwerfen und neben Heroen wie Arminius oder die Dichterin Hrotsvit von Gandersheim, deren Werke Celtis herausgab, als Leitfiguren einer frühen germanischen Kulturblüte herauszustellen. Es sollte verdeutlicht werden, dass die angebliche zivilisatorische Rückständigkeit der Deutschen bereits in der Antike ohne den Einfluss Roms überwunden wurde. Gegenüber Maximilian forderte Celtis eine humanistische Geschichtsschreibung auch in Deutschland. Bislang seien die Deutschen nur zu träge gewesen, um solche Projekte zu realisieren. So sei das Fehlen einer historischen Darstellung von Maximilians Taten ebenfalls unentschuldbar, zumal es solche von barbarischen Herrschern und reichen Kaufleute bereits gebe. Eine deutsche Historiographie sollte geschaffen werden, deren Hauptziel es sein müsste, deutsche Herrscher zu verherrlichen.

Der Gedanke an einer kulturellen Aufwertung seiner Heimat ließ Celtis nie ruhen. In ihrem Bemühen, eine Art ruhmvolle ‚deutsche' Antike zu erschließen, die der römischen Antike ebenbürtig wäre, waren er und andere Humanisten mangels germanischer Quellen auf die Schriften römischer Autoren – allen voran auf die ‚Germania' des Tacitus – angewiesen, um sie im Sinne eines deutschen Nationalismus neu auszuwerten und gegen die ursprüngliche Intention des Verfassers umzudeuten. Piccolomini hatte sich 1457 mit der ‚Germania' beschäftigt. Das Werk sollte im deutschen Raum zu einer identitätsstiftenden Schrift werden, die bis ins 20. Jahrhundert die deutsche Nationalideologie beeinflusste.

In den 1490er Jahren entwarf Celtis das ehrgeizige Projekt einer ‚Germania illustrata', das eine geographische, historiographische und ethnologische Gesamtdarstellung Deutschlands werden sollte, aber nur zum Teil realisiert wurde. Die Vorbilder waren Tacitus und die ‚Italia illustrata' des Flavio Biondo, eine detaillierte Beschreibung Italiens mit allen wichtigen Städten und Gemeinden und eine Geschichte von achtzehn italischen Provinzen, wobei Süditalien und Sizilien ausgeklammert wurden. Celtis betrachtete sein geplantes Unternehmen unter nationalistischer Perspektive als Konkurrenzunternehmen zu Biondos Werk und als Gegenentwurf zum kulturellen Hegemonieanspruch der italienischen Humanisten, die aber zugleich seine Vorbilder waren. Der geschichtliche Teil von Biondos Werk beginnt mit der Zeit der Römischen Republik, geht bis zur Zeit der Kaiser des Heiligen Römischen Reichs (deutscher Nation) und beschreibt schließlich das Wiederaufblühen der humanistischen Bewegung in Italien in der ersten Hälfte des 15. Jahrhunderts. Nicht nur Celtis, sondern auch andere deutsche Humanisten sahen in Biondos Werk geradezu eine Art Verpflichtung, im Sinne der *aemulatio italorum* für Deutschland Vergleichbares zu schaffen.

Als ersten Baustein der ‚Germania illustrata' hatte Celtis 1491 die ‚Norimberga' verfasst und darin Tacitus bereits namentlich zitiert. Celtis publizierte Tacitus' ‚Germania' 1498/1500 in Wien zusammen mit einem eigenen kleinen Lehrgedicht, das er später ‚Germania generalis' nannte, worin er z.B. die von Tacitus nur kurz angedeutete Vermutung, die *Germani* seien autochthon und nicht mit zugewanderten Völkern vermischt, in mythologische Dimensionen führte. Celtis ließ die Germanen – freilich nicht historisch, sondern poetisch als *fabula* – aus dem Bauch des Demogorgon, des in der Unterwelt wohnenden Allgotts, entstehen, den er aus Boccaccios ‚Genealogia deorum gentilium' kannte. Celtis betont dabei die Indigenität der Deutschen sowie deren Tüchtigkeit. Das Volk sei nie vertrieben oder überfremdet worden. Mit diesem Projekt einer nationalen Historiographie bescherte Celtis dem deutschen Humanismus ein neues Aufgabengebiet, das zu einem geradezu unüberschaubaren Schrifttum anregen sollte.

In der ‚Germania generalis', die er ebenfalls als Vorarbeit zum Großprojekt bezeichnete, beschreibt er in sieben insgesamt 283 Verse umfassenden Kapiteln die neue Germania als Kulturnation, wobei er auf die Topographie, Völker, Stämme, leitenden Gestirne und die Ausdehnung des von Caesar und Tacitus erwähnten Hercynischen Waldes eingeht, der sich bei Celtis vom östlichen Rheinufer bis ins heutige Polen erstreckt. Mit diesem Werk gelang es Celtis, den humanistischen Diskurs um die deutsche Nation maßgeblich anzuregen, indem er sie historisch und geographisch definierte.

Celtis' lyrisches Hauptwerk, die Elegiendichtung ‚Amores', die er 1502 zusammen mit anderen Schriften in einem Nürnberger Druck mit Holzschnitten von Dürer und anderen Künstlern Maximilian widmete, besteht aus vier Büchern mit insgesamt 57 Gedichten, die von vier verschiedenen erotischen Liebesgeschichten mit vier Frauen erzählen, die wiederum aus vier verschiedenen Teilen des Reiches stammen und jeweils ein altersabhängiges Stadium der Liebe darstellen. Das Werk ist eine originelle Bejahung der sexuellen Liebe, ein erotischer Reisebericht, in dem die Liebe mit der Landeskunde, der Astrologie und dem fortschreitenden Alter der Menschen verknüpft wird. Mit dieser Perspektive erweitert Celtis das traditionelle Themenspektrum der Liebeselegie. Auf der fiktiven zehnjährigen Reise entwirft ein neuer Odysseus „ein Bild der zeitgenössischen *Germania* aus der Perspektive und Autopsie des fahrenden und erfahrenden Ich" (J. Robert). Der Lebensweg des Dichters wird dabei zur exemplarischen Biographie stilisiert. Im Vordergrund steht die Selbstdarstellung des Dichters, welche die anderen Anliegen der ‚Amores' – etwa die Maximilianpanegyrik – überdeckt, denn das Werk wurde nicht als Beitrag zur *Gedechtnus* Maximilians konzipiert („Wer sich im Leben kein Gedächtnis macht, der hat auch nach dem Tode kein Gedächtnis"), sondern um Celtis' Hoffnung auf literarische Unsterblichkeit zu verwirklichen.

Zu Celtis' ‚Maximiliansphase', die um 1500 begann, gehören ebenfalls seine Spiele. 1501 zur Faschingszeit wurde der panegyrische ‚Ludus Dianae' zu Ehren Maximilians und seiner italienischen Frau Bianca Maria Sforza in Linz vor der königlichen Hofgesellschaft aufgeführt. Die Gattungszugehörigkeit des fünfaktigen mythologischen Festspiels, das ursprünglich als Lesedrama konzipiert wurde, lässt sich nicht genauer bestimmen. Mit den Komödien von Terenz oder Plautus hat es jedenfalls nichts gemeinsam. Das Spiel umfasst nur 213 Verse ohne dramatische Handlung, die fünf Akte bieten jeweils die Huldigungsrede einer mythologischen Figur an Maximilian, die durch Chorgesang abgeschlossen wird. Im Mittelpunkt steht die Dichterkrönung des Humanisten Vinzenz Lang, der als Kulturstifter Bacchus mitspielte. Im letzten Akt versammeln sich die Darsteller unter Führung Dianas zu einem Huldigungschor für das Königspaar, dann wird Maximilian aufgefordert, sich gegen die Türkengefahr einzusetzen. Das Stück wurde mit musikalischer Begleitung durch die Hofkapelle aufgeführt, denn Celtis hatte reges Interesse an der musikalischen Umsetzung seiner Texte.

Ein weiteres Festspiel, die ‚Rhapsodia', verfasste Celtis zu Ehren von Maximilians Sieg in der entscheidenden Schlacht des Bayerischen Erbfolgekriegs gegen die böhmischen Söldner des Pfalzgrafen 1504 am Wenzenbach bei Regensburg. Es handelt sich um eine zügellose Maximilianpanegyrik, die im selben Jahr in Wien von den Schülern des Wiener Poetenkollegiums aufgeführt wurde. Zu Beginn wird der Kaiser unter den sieben Kurfürsten wie „die Sonne unter den Planeten" gefeiert, die Musen tragen die Panegyrik auf den militärischen Sieg vor, ein neues Friedensreich wird verkündet, das mit Maximilians Krönung in Rom und der Türkenvertreibung seinen

Anfang nehmen wird. Im Stück soll der Kaiser wie im ‚Ludus Dianae' eine Dichterkrönung vornehmen, in der überlieferten Version allerdings ohne Namensnennung. Chor- und Tanzeinlagen schließen das Stück ab und Maximilian verspricht den Anwesenden Gaben und Geschenke, die seine Freigiebigkeit unterstreichen.

Zweifellos war die Wirkungsgeschichte einiger Werke von Celtis beachtlich, vor allem die des Projekts der ‚Germania illustrata', das Fortsetzer fand, etwa in Johannes Cochläus' ‚Brevis Germaniae descriptio'. Der von ihm angeregte nationalistische Diskurs lebte ebenfalls bis ins 18. Jahrhundert fort. Seine Briefe sind aufschlussreiche Quellen für die Geschichte des Humanismus und das von ihm organisierte Gelehrtennetzwerk. Auch als Lehrer war er bei der Verbreitung des Humanismus durchaus erfolgreich, zu seinen Schülern gehörten z.B. Jakob Locher, Johannes Aventinus und Joachim Vadian (s.u.). Was seine Dichtkunst betrifft, so war die Skepsis der späteren Sodalen „gegen Celtis' Latinität und Versifikation" wohl berechtigt. „Hier erreichte schon die Schülergeneration ein Niveau, das Celtis' Werk in den Schatten stellte" (J. Robert). Seinem Ruhm als *poeta laureatus* und seiner hervorragenden, geradezu zentralen Stellung im humanistischen Netzwerk konnte dies dennoch nichts anhaben.

Am Beispiel von Celtis und einer Vielzahl anderer zeigt sich, dass Mobilität zu den charakteristischen Aspekten einer humanistischen Lebensform gehörte. Von den zentralen Gestalten des deutschen Humanismus waren nur die wenigsten für längere Zeit sesshaft. Im Laufe ihres Lebens findet man sie nach ihrem Studium, das in aller Regel mit einem Aufenthalt in Italien oder Frankreich verbunden war, an Universitäten unterrichtend, an Höfen in wichtigen Aufgabenbereichen oder in Städten in diversen Funktionen tätig, etwa in Bildungseinrichtungen oder Offizinen. Auch wenn gerade aus diesem Grund der folgende Versuch einer gewissen Systematisierung der Wirkungsbereiche des deutschen Humanismus nicht unproblematisch ist, sollen anhand einiger weniger herausragenden Gestalten die institutionellen Wirkmöglichkeiten deutscher Humanisten beleuchtet und zugleich die Gründe für die Zersplitterung der Bewegung im Zeitalter der Reformation im Blickfeld behalten werden.

Der Humanismus an deutschen Universitäten

Der Humanismus fand im deutschsprachigen Raum sein eigentliches Wirkungsgebiet an den Universitäten. Sie konnten zum Entfaltungsraum für die neue Bildungsbewegung werden, weil sie fast ausschließlich Fürstenuniversitäten waren und sich in Städten mit Residenzen des Hochadels befanden, wo Schulen, Offizinen, günstige wirtschaftliche Voraussetzungen und ein wohlhabendes Publikum den Humanisten ein ideales Biotop für erfolgreiches Wirken boten.

Außer in Basel wurden alle Universitätsgründungen zwischen 1450 und 1510 von Fürsten veranlasst: Freiburg i. Br., Tübingen, Ingolstadt, Rostock, Greifswald, Wittenberg und Frankfurt an der Oder. Sie waren Quellen fürstlichen Glanzes und sollten, von Universität zu Universität verschieden, Zentren humanistischer Bildung sein. In der Praxis wurden die Professoren der Landesuniversitäten bei Bedarf, zumeist unentgeltlich, von den Territorialherren zusätzlich als Räte herangezogen, eine Praxis, die als wichtiger Anlass für manche Universitätsgründung gesehen werden muss. Gerade die humanistisch gebildeten Professoren waren den Fürsten von besonderem Nutzen, indem sie diplomatische Dienste leisteten, Gutachten verfassten oder juristische Stellungnahmen abgaben. Bereits ab der Mitte des Jahrhunderts hatte eine Vielzahl bedeutender Humanisten ihr Wirkungsfeld an den Universitäten gefunden, auch wenn das vielfach mit finanziellen Härten und institutionellen Widerständen verbunden war. Lekturen an Universitäten, die sich auf die *studia humanitatis* beriefen, sind frühestens seit den 1470er/80er Jahren anzutreffen. Das Wirken der von den Fürsten geschätzten Wanderhumanisten bereitete die Grundlage für spätere feste Lekturen vor, die jedoch häufig nicht problemlos in die traditionell organisierten Universitätsstrukturen zu integrieren waren. Sie wurden in der Regel keiner Fakultät zugeordnet.

Die frühen Humanisten in Deutschland waren meistens an fürstlichen Höfen tätig, sie unterrichteten an Universitäten oder verbanden beide Funktionen. In Heidelberg, dessen Residenz zu den frühesten Zentren des Humanismus gehörte, waren Hof, Universität und Stadt besonders eng miteinander verknüpft, enge Kontakte wurden auch zu Zentren und Personen in anderen Orten organisiert. So soll zum Beispiel der in Heidelberg residierende Kurfürst Friedrich I. Peter Luder (circa 1415/16–1472) eingeladen haben, die erste humanistische Vorlesung an der Universität zu halten, wo er dann vier Jahre lang die *studia* unterrichtete. In seiner Antrittsvorlesung 1456 in Heidelberg, die er später an anderen Wirkungsstätten in leicht abgewandelter Form wiederholte, stellte Luder das Programm der *studia humanitatis* mit ihren Kernfächern erstmals an einer deutschen Universität vor.

Es waren die sog. Wanderhumanisten wie Luder, die von Universität zu Universität zogen, um antike Literatur zu unterrichten und die neue Bildungsbewegung an den *hohen schulen* zu integrieren. Ohne ein Studium abgeschlossen zu haben, hatte sich Luder vorher mehrere Jahre in Italien aufgehalten, wo er eingehend in das humanistische Bildungsprogramm eingeführt wurde. Er kehrte mit dem festen Ziel zurück, die *studia* in seiner Heimat zu verbreiten, und erklärte später vollmundig, dass er als „erster vom italienischen Berge die Musen ins Vaterland geführt" habe. Da er in Heidelberg kaum finanzielle Unterstützung erhielt, wechselte er an die Universitäten Erfurt (1460/61) und Leipzig (1462). Für Luder und andere

Wanderhumanisten wie etwa Celtis, die aus bescheidenen Verhältnissen stammten, war es die prekäre wirtschaftliche Situation, die sie zum vagierenden Leben zwang. Luder wurde an keiner Universität bezahlt, außer in Basel, wo er nach inzwischen abgeschlossenem Medizinstudium sich als Stadtarzt betätigte. Er lebte mehr schlecht als recht von Privatunterricht und Hörergeldern, bisweilen erhielt er auch etwas Geld von den zumeist geizigen Fürsten. Zudem hatten Humanisten an den Universitäten gegen die alteingesessenen Scholastiker, die die Einführung der neuen *studia* meistens ablehnten, einen schweren Stand. Freilich ging es dabei zumeist um professorale Eitelkeiten und nicht um unversöhnliche wissenschaftliche Gegensätze zwischen den beiden Lagern. Dennoch wurden die Wanderhumanisten im 15. Jahrhundert im universitären Betrieb noch weitgehend marginalisiert.

Ein weiterer sozialer Aufsteiger wie Celtis ist der schwäbische Bauernsohn Heinrich Bebel (1472–1518), der nach einem Studium in Krakau und Basel an den Innsbrucker Königshof Maximilians gelangte und dort 1501 zum *poeta laureatus* gekrönt wurde. Ab 1496 hatte er an der Universität Tübingen eine Lektur für Redekunst, Morallehre und Dichtkunst bis zu seinem Lebensende inne. Er sorgte für die Kontinuität der *studia humanitatis* an der Universität, nachdem sein Vorgänger Jakob Locher, ein Celtis-Schüler, nach einem Vierteljahr wegen universitätsinterner Streitigkeiten aus Verärgerung davongezogen war. Für Bebel war eine grundlegende Bildungsreform ein erstrangiges Anliegen, und zwar vor allem eine radikale Sprachreform mit dem Hauptziel, das barbarische scholastische Latein durch das der Antike zu ersetzen. Von ihm ist nichts Volkssprachliches überliefert. In seinen mehrfach aufgelegten ‚Commentaria' kritisiert er gängige Standardwerke über richtigen lateinischen Stil und bietet umfassenden praktischen Unterricht, der zu korrektem Latein hinführen will. So wird in der 1501 in Tübingen aufgeführten handlungsarmen ‚Comedia de optimo studio iuvenum' die beste Art des Studiums für junge Männer thematisiert, indem in einem Dialog ein Mitglied der Artistenfakultät mit schlechten Lateinkenntnissen belehrt wird.

Aus Bebels vielseitigem Œuvre erreichten die in elegantem Latein verfassten ‚Facetiae', deren Vorbild der ‚Liber facetiarum' des Gianfrancesco Poggio Bracciolini (1380–1459; i.F. Poggio) war, die breiteste Wirkung. Bei der Fazetie, um 1438–1452 von Poggio, einem der bedeutendsten Humanisten der Renaissance, als Gattung eingeführt, handelt es sich um pointierte Kurzerzählungen voller Spott und Ironie mit einer Vorliebe für erotischen Witz. Bebel stellte aus dem schier unerschöpflichen Reservoir der volkssprachlichen, vor allem schwankhaften Erzählkultur insgesamt 441 Fazetien zusammen, verteilt auf drei Bände (gedruckt 1508: 1. und 2. Buch; 1514: Gesamtausgabe). Das Erzählte situierte er größtenteils regional im Schwäbischen. Ganz in der Tradition der Versnovellistik handeln seine zum

Teil derben Anekdoten von geilen Mönchen und Nonnen, ignoranten Priestern, betrügerischen Handwerkern und einfältigen Bauern. Auch das antijüdische Märe ‚Die Wahrsagebeeren' von Hans Folz (vgl. S. 71) wird von Bebel verwertet, wobei er zum Teil sogar noch erbarmungsloser gegen die Juden polemisiert als Folz. Häufig schließen kurze Epimythien die Erzählungen ab, bisweilen werden dort zudem die Pointe oder die Zeit- oder Kirchenkritik verdeutlicht. Die ‚Fazetiae' erschienen in zahlreichen Druckausgaben. Sie wurden 1558 übersetzt – die ‚*Geschwenck Henrici Bebelij*' – und bis ins 18. Jahrhundert viermal aufgelegt.

Als Unterrichtslektüre sehr geschätzt war Bebels Versepos ‚Triumphus Veneris', eine moralisch-satirische Ständerevue, die mit 2000 Hexametern, verteilt auf sechs Bücher, von einer allegorischen Schlacht erzählt. Die Menschen fasten und üben Enthaltsamkeit ausgerechnet im Frühling, was Venus beunruhigt, weil sie ihre Herrschaft in Gefahr sieht. Alle Stände stehen auf der Seite der Venus, während die Tugend (*Virtus*) fast alleine dasteht. Sie und ihre Mitstreiter fliehen in Anbetracht der Übermacht, *Virtus* rettet sich zu Gott, der nun die Menschheit mit Hunger, Pest und Krieg bestrafen will. Maria fleht allerdings um Barmherzigkeit, was Gott zu einem milderen Urteil veranlasst: Vorzeichen sollen als Warnung dienen. Frau Venus ist zwar siegreich, muss aber stets vorsichtig sein. Das Ende bleibt offen. Der Schwerpunkt der Satire liegt im Mittelteil, in einer Klage über den Sittenverfall, wo die gierigen und lüsternen Anführer der einzelnen Stände miteinander streiten. Vor allem die Moral der Geistlichen wird stark attackiert, so die der bettelnden Mönche oder der übrigen Geistlichkeit, für die ein einfacher Pfarrer spricht, der das Kirchenvermögen mit seiner Konkubine durchgebracht hat. Fürsten, Bauern und Frauen werden ebenfalls hart angegangen. Auch hier offenbart sich Bebels Engagement für eine Reform der Kirche, die moralisch verdorbenen Geistlichen sind ein besonderes Ziel seiner Angriffe. Dazu gehören z.B. die vom Klerus verbreiteten volksverdummenden und unglaubwürdigen Legenden und *exempla* als Objekte seiner Kritik, weil sie weder wahr noch wahrscheinlich seien. Hier schließt sich Bebel der im 15. Jahrhundert aufkommenden rationalen Kritik an der inzwischen wildwuchernden Hagiographie an. Eine grundsätzliche Auseinandersetzung mit der Institution Kirche ist dies freilich nicht.

Leitfaden für Bebels historisch-politische Schriften ist der chauvinistische Erweis des glanzvollen ‚Herkommens' der Deutschen, der dazu führt, dass er die Deutschen als geradezu makellos darstellt. In der Tat geht Bebel in seiner Umdeutung von Tacitus noch über Celtis hinaus. In einer höchst selektiven Rezeption zitiert und kommentiert er nur jene ‚Germania'-Stellen, die positiv über die Germanen berichten. In seiner programmatischen Schrift ‚Germani sunt indigenae', deren Titel Tacitus entnommen ist, vertritt Bebel die Ansicht, die ‚Deutschen' seien als einziges

Volk unbesiegt und unvermischt geblieben. Nicht einmal Caesar oder Augustus hätten sie bezwingen können, selbst die Römer, vormals Herren der Herren, seien heute Knechte des „Knechts der Knechte". In Rahmen seiner Heroisierung der Deutschen tritt ein stark ausgeprägter schwäbischer Regionalpatriotismus hinzu, was ihm auch das Wohlwollen des Stuttgarter Fürstenhofs sicherte.

Prägend für den Humanismus an der Universität Ingolstadt, die 1800 nach Landshut und 1826 schließlich nach München verlegt wurde, war Celtis, der 1491 eine Lektur erhielt und 1492 seine berühmte programmatische Antrittsvorlesung hielt. Er verließ Ingolstadt zwar im selben Jahr, wurde aber 1494 wieder dorthin auf einen Lehrstuhl berufen. Er unterrichtete dort mit kurzen Unterbrechungen bis zu seiner Berufung nach Wien 1497. In Ingolstadt hatte er kurzen Kontakt mit dem in Ehingen an der Donau geborenen Jakob Locher (1471–1528), der über 20 Jahre als Lehrender in Ingolstadt verbringen sollte. Locher studierte zunächst in Basel bei Sebastian Brant (1487–1488), dann in Freiburg i. Br. (1488–1489) und in Ingolstadt (1489–1492), wo er von Celtis mit dem Humanismus intensiver vertraut gemacht wurde. Nach einer vierteljährigen Humanistenlektur in Tübingen (1492), die der streitbare Locher nach einem Zwist unter Kollegen abrupt aufgab, begab er sich auf eine mehrjährige Studienreise nach Italien, wo er seine Kenntnisse der antiken Literatur vertiefte und sich den programmatischen Beinamen Philomusus (griech./lat. für ‚Freund der Musen') gab. 1495 erhielt er eine Lektur für Poesie an der Universität Freiburg, wo er 1495–1497 und 1503–1506 unterrichtete, bis er zum Nachfolger von Celtis in Ingolstadt (1498–1503, 1506–1528) berufen wurde. 1497 krönte ihn Maximilian zum *poeta laureatus* – eine für seine Karriere höchst bedeutende Ehrung –, 1502 ernannte er ihn zum *comes palatinus* (Hofpfalzgraf).

Locher griff in seinem 61 Schriften umfassenden vielgestaltigen Œuvre auf mehrere Vorbilder aus dem antiken Gattungsspektrum zurück. In Italien entdeckte er den Reiz der erotischen Elegie und dichtete sechs ‚Elegiae ad Panthiam', die Geschichte einer leidenschaftlichen Liebe in Form eines Briefwechsels, die bevorzugte Form der antiken Elegien. Die Humanisten verstanden die Elegie aber als die poetische Darstellung des Auf und Ab in der Liebe, ein Missverständnis, das auf die falsche Übersetzung zweier Verse in der ‚Ars poetica' des Horaz zurückging. Panthia ist eine verheiratete Italienerin, die ihren Gatten betrügt. Sie wird als selbständiges Individuum dargestellt und gibt in drei Elegien, anders als in der Antike üblich, ihren eigenen Gefühlen Ausdruck. Sie äußert aber auch moralische Bedenken, worauf der Liebende antwortet, dass die unbedingte und absolute Liebe über kirchlichen Verboten stehe. Dennoch trennen sich die Liebenden in der sechsten Elegie. Von den deutschen humanistischen Dichtern zeigten bemerkenswerterweise neben Locher nur noch Celtis und Samuel Karoch eine Neigung zu erotischer Dichtung.

In seiner zweiten Freiburger Zeit, die seine produktivste war, verfasste Locher die ersten deutschen Humanistentragödien, die als aufzuführende Spiele vor einem höfischen Publikum konzipiert wurden. Mit der ‚Historia de rege Frantie' (1495) dürfte Locher das erste deutsche Humanistendrama überhaupt verfasst haben. Aufgeführt wurde das Stück mit Studenten an der Freiburger Universität vor den badischen Markgrafen und anderen Notabilitäten. Dargestellt wird der gescheiterte Italienfeldzug des französischen Königs Karl VIII., der nur vier Wochen zurücklag und bei dem Maximilian einen glorreichen Sieg verzeichnen konnte. Nach einer Eröffnung in Prosa folgen wie im antiken Vorbild fünf Akte mit Prosadialogen. Die Akte werden jeweils durch Chorlieder abgeschlossen, für drei Lieder sind Notensysteme für drei Stimmen erhalten. Die alles abschließende *conclusio Iacobi Philomusi* ist in Distichen verfasst.

Zwei Jahre nach der ‚Historia' entstand die ‚Tragoedia de Thurcis et Suldano' (1497), die in einem prunkvoll hergerichteten Universitätssaal in Freiburg vor Maximilian, für den ein balkonartiger Ehrenplatz errichtet worden war, unter schauspielerischer Beteiligung Lochers aufgeführt wurde. Festlicher Anlass war die Dichterkrönung Lochers. Erneut gestaltete Locher sein Stück in fünf Akten mit Chören und griff wieder auf Zeitgeschichtliches zurück. Der Begriff *tragoedia* wird hier erstmals für ein in Deutschland entstandenes Stück verwendet. Dabei schränkt er ein, dass er sich vor allem im Bereich von Stil und Metrum nicht an die formalen Vorschriften des antiken Vorbilds halte. Zudem gehe es nicht um einen tragischen Ausgang der Handlung, sondern um die große Bedrohung der christlichen Welt. Locher bezieht sich nicht etwa auf ein schreckliches Geschehnis der Vergangenheit, sondern auf die Türkengefahr, deren Abwendung ein Dauerthema nicht nur in der humanistischen Literatur war. In beiden Stücken geht es letztlich um Kaiserlob, wobei Locher verdeutlicht, dass humanistischen Dichtern dabei eine bedeutende Rolle als Interpreten von Geschichte und dem Handeln ihrer Akteure zukommt.

Zu internationalem Ruhm gelangte Locher durch die ‚Stultifera navis', eine Übersetzung des ‚Narrenschiffs' (1497) seines ehemaligen Basler Lehrers Sebastian Brant (s.u.) ins Lateinische. Sie führte zu einer europaweiten Rezeption mit 21 Druckausgaben bis 1572 und zu Übersetzungen ins Englische und Französische sowie zu weiteren lateinischen Adaptationen. Locher übersetzte nicht getreu, sondern straffte, fügte Eigenes hinzu und gestaltete das Werk im Sinne der römischen Satire um.

In seiner Zeit als Professor in Ingolstadt begann für Locher eine Zeit des Dauerstreits mit seinen scholastischen Kollegen, vor allem mit dem Theologen Georg Zingel (1428–1508), den er in einem die Plautus-Komödie ‚Asinaria' fortführenden Supplement der Lächerlichkeit preisgab. In mehreren Pamphleten von beiden Seiten wurde der Streit fortgeführt, bis Locher in einer gnadenlosen Verhöhnung seines Gegners, der ‚Comparatio sterilis mulae ad musam' (1506), in der Tradition der Menippeischen Satire mit ihrer Mischung von Vers und Prosa den unfruchtbaren Maulesel *mulotheologus* einführte – Zingel hatte ihn vorher selbst *mulopoeta* genannt. Das Werk löste in gelehrten Kreise Empörung aus, Neuausgaben wurden in mehreren Städten verboten, und Zingel stellte sogar 24 häresieverdächtige Sätze Lochers zusammen, um eine päpstliche Verurteilung zu erreichen, ein Vorhaben, das allerdings nach Zingels Tod 1508 versandete. Freilich steigerte der durch die ‚Comparatio' ausgelöste Skandal Lochers bereits vorhandene Berühmtheit noch weiter. In seiner dritten Freiburger Zeit (1503–1506) setzten sich Lochers Streitereien fort, was Sebastian Brant zur Aussage bewegte: „Ich schäme mich, dass ich einen solchen Schüler gehabt habe." Auch Jakob Wimpfeling (vgl. S. 543), mit dem sich Locher ebenfalls vielfach heftig stritt und dem er sogar einmal Prügel androhte, setzte sich 1510 in grobem Ton mit Lochers Werk auseinander.

Nach Zingels Tod verlor der Streit gegen die Ingolstädter Theologie an Aktualität. Es folgten einige Jahre ohne nennenswerte Dichtungen. Ab 1514 konzentrierte sich Locher vor allem auf die Pädagogik mit einer eigenen programmatischen Schrift und Ausgaben antiker Klassiker. Nun entstanden politische Schriften zu Themen der Zeit, allerdings hielt er sich aus den jetzt auftretenden konfessionellen Streitigkeiten weitgehend heraus. In seinen letzten Lebensjahren trat er als Literat nicht mehr in Erscheinung, und wird zudem als akademischer Lehrer nicht mehr aktiv gewesen sein: die Studenten beantragten beim Senat, Locher durch einen neuen Lehrer für Poesie zu ersetzen. Er blieb bis zu seinem Tode der katholischen Kirche treu.

Die *studia humanitatis* waren an der Universität Wien auch nach den ersten erfolglosen Auftritten des Piccolomini nie ausgestorben, zumal er nach seinem Weggang im bedeutenden Astronomen und Mathematiker Georg Peuerbach (1423–61) einen engen Gefolgsmann finden konnte, der mit anderen ab der Jahrhundertmitte Vorlesungen über antike Autoren hielt. Zu dessen Schülern gehörte Johannes Regiomontanus (1436–76), der bedeutendste Mathematiker der Zeit. Bereits um die Jahrhundertmitte lassen sich Spezialkollegs über antike Autoren in Wien nachweisen. Maximilians Förderung von Conrad Celtis durch dessen Berufung auf einen Wiener Lehrstuhl und, weil sich die Widerstände gegen das neue Bildungsprogramm an der Universität als immer noch zu stark erwiesen, die Gründung des ‚Collegium poetarum et mathematicorum' unter Celtis' Leitung, ließen den Humanismus in Wien erblühen.

So machte der aus St. Gallen stammende Celtis-Schüler Joachim von Watt, genannt Vadian (1484–1551), in Wien Karriere als dritter Nachfolger auf den Lehrstuhl seines Lehrers. Später wurde er, der ebenfalls von Maximilian I. zum *poeta laureatus* gekrönt wurde, Vizekanzler und Rektor der Universität. Von ihm stammt die erste umfassende Poetik und Geschichte der Literatur Deutschlands, ‚De poetica et carminis ratione' (1518). Es handelt sich dabei um die Nachschrift einer 1512/13 in Wien gehaltenen Vorlesung, in der Vadian versuchte, die deutsche Literatur erstmals in einen internationalen Rahmen zu positionieren. Neben einer gründlichen Einführung in die Poesie legt er auch eine Wesensbestimmung der Dichtung vor, beginnend mit den Hebräern über die Griechen und Römer, zu den frühmittelalterlichen Poeten Hrabanus, Notker I. von St. Gallen und Hrotsvit und zu den italienischen und deutschen Humanisten. Auch deutsche Heldendichtung findet hier Erwähnung (Dietrichepik, ‚Sigenot', ‚Kudrun'). Zwar hält er die antiken Dichter für vorbildlich, im Sinne der *aemulatio veterum* aber für übertreffbar.

Nach abgeschlossenem Medizinstudium kehrte Vadian 1519 der Universität den Rücken und ging nach St. Gallen zurück. Ab etwa 1522 schlug er sich entschieden auf die Seite seines Freundes Ulrich Zwingli, der Zürich der Reformation zuführte. Nachdem Vadian 1526 Bürgermeister von St. Gallen geworden war, setzte er dort die Reformation durch und spielte darüber hinaus bis zu seinem Lebensende eine wichtige Rolle in der eidgenössischen Politik. Zudem widmete er sich der Historiographie und verfasste ebenfalls deutschsprachige Werke, so etwa ‚Die Große Chronik der Äbte des Klosters St. Gallen' (1529). Wie bei Zwingli verdrängte die politische Tätigkeit die Pflege des Humanismus weitgehend aus seinem Leben, seine Dichterkrönung bezeichnete er 1530 nur noch als *juvenilis insania* (jugendliche Verrücktheit).

Die 1459 gegründete Universität Basel versuchte von Anfang an, sich an italienischen Vorbildern zu orientieren und berief deshalb einen Literaten, der qualifiziert war, um in *poetrye ze lesen*. Fündig wurde man 1464 zunächst in Italien, um 1465 wurde dann der Deutsche Peter Luder mit einer Lektur für Poesie und einer Dozentur an der medizinischen Fakultät betraut. Auch nach dessen Weggang 1470 blieb das Fach Poesie fest im Lehrangebot der Universität, denn in Basel ging das Rechtsstudium eng mit einer Rhetorikschulung einher. In den Rechtsfakultäten setzte sich ohnehin die Auffassung durch, „dass niemand für das Rechtsstudium geeigneter [sei] als der Schüler der Poeten, wobei Poetik stellvertretend für die klassischen Studien steht" (D. Wuttke). Sebastian Brant war zwischen 1486–1495/96 immer wieder in Basel Poetik-Dozent und lehrte von 1489–1501 kanonisches und römisches Recht. Johann Reuchlin erwarb hier den Magistergrad und unterrichtete für kurze Zeit. Erasmus von Rotterdam weilte zwar länger in Basel, an der Universität war er indes nicht tätig.

Die 1502 gegründete Universität Wittenberg sollte nicht nur eine Vorreiterrolle bei einer humanistischen Reform der universitären Lehre spielen, sondern auch drei Jahrhunderte lang als Trägerin und Bewahrerin der Reformation im Geistesleben Deutschlands von großer Bedeutung bleiben. Die Universität war nicht von Anfang an als humanistische Bildungsanstalt konzipiert, erst durch die Berufung des aus Bretten bei Pforzheim stammenden Philipp Melanchthon sollte die Universität in kurzer Zeit ein völlig neues Profil erhalten. Den gräzisierten Namen Melanchthon erhielt Philipp Schwarzerd (1497–1560) von seinem Großonkel und größten Förderer Johannes Reuchlin (vgl. S. 534), der damit die Begeisterung des jungen Philipp fürs Griechische honorieren wollte. Mit zwölf kam der Junge 1509 an die Universität Heidelberg, wo er Wimpfeling und dessen Schriften zur humanistischen Reformpädagogik kennenlernte. Nach abgeschlossenem Bakkalaureat wechselte Melanchthon 1512 nach Tübingen. Beeindruckt von Luthers Forderungen, von denen er in der Heidelberger Disputation zu dessen 95 Thesen erfuhr, ging Melanchthon 1518 nach Wittenberg, wo er sehr bald aufgrund einer Empfehlung Reuchlins auf einen Lehrstuhl für Gräzistik berufen wurde. Der äußerlich unscheinbare Melanchthon – Luther nannte ihn liebevoll *Graeculus* (Griechlein) – überzeugte die Wittenberger mit einer brillanten Antrittsrede, in der er forderte, eine Bildungsreform im humanistischen Sinne durchzuführen. Als einer der bedeutendsten Akteure der Reformation führte Melanchthon als Rektor der Universität 1523/24 eine radikal humanistisch geprägte Studienordnung ein, ausgehend von der Auffassung, die Reformation benötige dringend hervorragend gebildete Theologen, Prediger und Lehrer sowie Personal in herausgehobenen Ämtern. Im Laufe von vier Dekaden bemühte sich Melanchthon um die Neuorganisation der Universitäten und Schulen, er erstellte Lehrpläne und verfasste zugleich die wichtigsten Lehrbücher. In seinem ‚Unterricht der Visitatoren' (1528) entwarf er neben einer Zusammenfassung der lutherischen Theologie eine Schulordnung, die als Grundlage für eine Umgestaltung des gesamten deutschen Bildungswesens diente. Erst 1536 fand die Reform der Wittenberger Universität ein Ende, Tübingen, Frankfurt an der Oder, Leipzig, Rostock, Heidelberg und sogar einige katholische Universitäten schlossen sich Melanchthons humanistischer Reformpolitik an. Auch an Schulgründungen und -ordnungen (etwa in Nürnberg) wirkte er mit.

Seine äußerst enge Beziehung zu Luther – er regte z.B. dessen Übersetzung des Neuen Testaments an –, seine intellektuelle Brillanz und sein beachtliches organisatorisches und politisches Talent führten dazu, dass Melanchthon nach Luthers Tod die Führungsrolle im Protestantismus zufiel. Der reformatorische Diskurs wurde durch das umfangreiche und äußerst vielseitige Œuvre Melanchthons maßgeblich geprägt. Indes geriet er im hohen Alter mit seinen eigenen rigorosen Schülern in Konflikt, die ihm Verrat an Luther vorwarfen. Der *Praeceptor Germaniae* (Lehrmeister Deutschlands) starb als enttäuschter und verbitterter Greis. Seine Bildungsreformen sollten jedoch für Universitäten und Schulen in Deutschland – auch im katholischen Lager – noch sehr lange, bis hin zu den heutigen humanistischen Gymnasien, von nachhaltiger Bedeutung bleiben.

Wie es Wanderhumanisten an Universitäten aber auch ergehen konnte, zeigt der Lebenslauf des erfolglosen S a m u e l K a r o c h v o n L i c h t e n b e r g (1448-nach 1499), der, da ohne Anstellung an einer Universität oder feste Gönner, stets gegen den Absturz in die absolute Armut zu kämpfen hatte. Bereits als Student in Leipzig (1462–1470) wurde er als *pauper* geführt. Nach einer kurzen Italienreise (1470) war er Lehrer an der Universität Erfurt (1471), wo die Gegner der *ars humanitatis* sogar seine Vorlesungsanschläge entfernten. Danach ging Karoch mit dem Titel Magister an die Universität Ingolstadt (1472), die er bald verließ, um in Basel erneut mit dem Vermerk *nichil, quia pauper* (nichts bezahlt, weil mittellos) immatrikuliert zu werden. Auch hier blieb er nicht länger. Nach einem nicht sicher belegten Italienaufenthalt ging er offenbar nach Wien. Auf seiner Rückreise wurde er überfallen und seines gesamten Besitzes beraubt. Er ließ sich 1480 als *poeta* in Tübingen einschreiben, allerdings wurde erneut vermerkt: *Nil dedit, quia pauper* („er hat nichts gegeben, weil er arm ist"). Nach einer kurzen Zeit als Lehrer in Biberach kehrte er 1484/84 nach Erfurt zurück, blieb aber erneut ohne Erfolg. In Heidelberg war er auch einmal anzutreffen. Ende 1485 schrieb sich Karoch an der juristischen Fakultät in Köln ein, wohl um endlich einen Brotberuf zu erlernen. Hier wurden ihm die Studiengebühren erlassen, und die Kartäuser gaben dem wohl Mittellosen eine Unterkunft. Allerdings blieb dieser Studiengang ebenfalls ohne Erfolg. Karoch ging wohl wieder eine Zeitlang nach Italien, Anfang der 1490er Jahre ist er wieder in Wien. Wie es mit ihm weiterging, bleibt im Dunkeln. Karoch hinterließ trotz seines unglücklichen Lebenswegs ein breites Œuvre. Allerdings spottete Heinrich Bebel, dass Karoch immer noch in Deutschland herumziehe, um seine ungebildeten Dichtungen zu verbreiten.

Karoch verfasste Schriften zur Grammatik und Rhetorik, zum Beispiel ein zweisprachiges ‚S c h ü l e r g e s p r ä c h s b u c h', in dem zwei Schülern Mustersätze in den Mund gelegt werden und der Unterschied zwischen der alten und neuen Gestaltung der Schule erörtert wird. In der neuen gibt es u.a. keine Prügelstrafe mehr. Briefe und Reden sind von Karoch überliefert, etwa fiktive Liebesbriefe und Briefe an Eltern und Verwandte, die als epistolographische Muster verfasst wurden; zudem sind Bittbriefe von ihm erhalten. Auch eine Reihe von Verserzählungen hat Karoch verfasst. Seine älteste, ‚D e b e a n o e t s t u d e n t e', ist noch in Leipzig entstanden und handelt von einem gut gebildeten und bestens erzogenen Studenten, der es durch sein Benehmen bis zum Grafen schafft, während sein Weggefährte Beanus aus Ulm, dumm und ohne Benehmen, als Absolvent einer Ulmer

Winkelschule sein ganzes Leben als Vogelscheuche verbringen muss. Es liegt nahe, dass hier die berühmte Ulmer Lateinschule verspottet werden soll. Karoch verfasste sowohl Gedichte mit hagiographischen Themen, etwa vom angeblichen 1475 verübten Ritualmord der Juden an den Knaben Simon von Trient und von der hl. Barbara, sowie eine laszive lateinisch-deutsche Liebeslehre, die mehrfach gedruckte ‚Barbaralexis', in der zeilenweise die Sprache wechselt.

Der Humanismus an den Höfen

Bis sich aber die Universitäten zu Brutstätten des Humanismus entwickeln konnten, waren es die in der Regel in Städten befindlichen Fürstenhöfe, die ihm maßgeblich zum Erfolg verhalfen. Es ergaben sich fruchtbare Wechselbeziehungen zwischen den nach gesellschaftlicher Anerkennung, wirtschaftlicher Absicherung und politischer Einflussnahme strebenden Humanisten und den ihnen wohl gesonnenen Mächtigen. Der Bedarf an humanistisch gebildetem Personal erwuchs aus der Notwendigkeit, einen zeitgemäßen Stil der Herrschaftsrepräsentation und -legitimation zu pflegen. Neben den praktischen Aspekten ihrer Tätigkeit im Dienst des Adels, etwa dem Abfassen von gewandten Schriftstücken und der für das Gesandtschaftswesen benötigten eloquenten Redekunst, verliehen die kunstsinnigen Humanisten den Höfen eine Aura von Modernität und Fortschrittlichkeit, die es ihren Förderern ermöglichte, sich zumindest in gewisser Hinsicht mit dem Glanz italienischer Höfe messen zu können. Die humanistischen Dichter waren aber lediglich Beschäftigte, die ihren Gönnern durch ihre panegyrischen Werke Unsterblichkeit versprachen, indem sie sie etwa mit großen Gestalten der Antike gleichsetzten. Keiner der adligen Förderer des Humanismus hätte sich jemals selbst als *humanista* bezeichnet, denn dieser Begriff bezeichnete im Sprachgebrauch des 15. und späterer Jahrhunderte stets Lehrer oder Studenten der *studia humanitatis*.

Alle adligen Förderer der Zeit überragte der selbst vielseitig gebildete Habsburger Maximilian I. (1459–1519), seit 1486 römischer König, ab 1508 römischer Kaiser, der eine auch an den italienischen Höfen sich orientierende prunkvolle und über seine finanziellen Ressourcen hinausgehende Hofhaltung pflegte. Bereits sein Vater, Friedrich III., hatte sich für die Etablierung des Humanismus am Hof eingesetzt, Piccolomini zu sich geholt und Celtis zum Dichter gekrönt. Nach dem Vorbild des längst untergegangenen burgundischen Rittertums stilisierte sich Maximilian zudem gerne zum Idealbild des mittelalterlichen Ritters (vgl. Tl. 2). Seine Regierungszeit wurde von den Humanisten als Beginn eines neuen augusteischen Zeitalters gefeiert, in dem die Künste und die Wissenschaften erblühten, seine Person in Festspielen, Oden und Epen panegyrisch verherrlicht. Seine Rolle im Dienst der humanistischen Bewegung erfuhr überbordende Bewunderung.

Der Nürnberger Humanist Willibald Pirckheimer (vgl. S. 172) pries ihn als den gelehrtesten unter den kriegerischen Kaisern und unter den Gelehrten den kriegerischsten. Maximilian war ein durchaus unbeherrschter und grausamer Feldherr, der rund dreißig Kriege führte, sowie ein geschickter und durchsetzungsfähiger Politiker und Reformer. Obwohl er sich bald beim Augsburger Kaufmann und Bankier Jakob Fugger, dem damals reichsten Mann Europas, stark verschulden musste, förderte er Literaten, Künstler, Musiker, Architekten und Wissenschaftler mit beispielloser Großzügigkeit. Dies tat er aber keineswegs aus Altruismus, sondern zielbewusst, um sein öffentliches Ansehen in Gegenwart und Zukunft, seine *gedechtnus* (memoria) zu *lob und er* seiner Person zu sichern. Dies ließ er geradezu programmatisch vor allem über Kunst und Literatur umsetzen, wo sein Leben idealisiert wurde. Dieses umfassende Programm rechtfertigte er im ‚Weißkunig': *Wer im in seinem Leben kain gedechtnus macht, der hat nach seinem tod kain gedechtnus und denselben menschen wird mit dem glockendon* (Totenglocke) *vergessen, und darumb wird das gelt, so ich auf die gedechtnus ausgib, nit verloren.* Wie kaum ein Herrscher vor ihm setzte Maximilian bedeutende Künstler – etwa Albrecht Dürer und Hans Burgkmair – für seine Memorialkultur ein und stellte die bildende Kunst in den Dienst der Stilisierung seiner selbst und seines Hofes.

Maximilian zog mit seinem Hof in der Tradition des mittelalterlichen Reisekönigtums von Stadt zu Stadt und verweilte selten länger an einem Ort. Wien war für ihn ebenso ein politisch-administratives Zentrum wie Innsbruck, auch in Augsburg hielt er Hof. Dies bedeutete zwar eine starke Fluktuation seines Personals, aber stets beschäftigte er eine Vielzahl von vielseitig ausgebildeten Beamten, die ihm bei der Herstellung von Texten im Dienst der Steigerung seines Ansehens behilflich waren. Er institutionalisierte die humanistische Hofpoesie und -historiographie und sorgte dafür, dass die Verbindung zwischen seinem Reisehof und den von ihm protegierten Dichtern – zu denen durchaus auch italienische Humanisten gehörten – und Künstlern aufrechterhalten wurde. Inflationär handhabte Maximilian die Dichterkrönungen, die für die Geehrten mit einer Verpflichtung zur Panegyrik verbunden waren. Circa vierzig kaiserlich gekrönte *poetae laureati* sind nachweisbar; von einigen sind jedoch weder Schriften überliefert noch Verbindungen zum Hof nachzuweisen. Zu den profiliertesten unter den Ausgezeichneten gehörten etwa Heinrich Bebel, Jakob Locher, Ulrich von Hutten und Joachim Vadian. Zahlreiche volkssprachliche Werke humanistischer Provenienz, vor allem Übersetzungen, wurden Maximilian gewidmet.

Als erster ‚Medienkaiser' bediente er sich vor allem des Buchdrucks und des Holzschnitts für seine tagespolitischen Zwecke. Mit Flugschriften wandte er sich mit den verschiedensten Anliegen und Selbstdarstellungsoffensiven an die Öffentlichkeit. Wie bedeutsam ihm das neue Medium war, zeigt sich in der Berufung des Augsburgers Johann Schönsperger zum kaiserlichen Hofdrucker. Schönsperger musste für Maximilian kunstvolle, exklusive Drucktypen entwerfen, deren Entwicklung er geheim halten musste. Die Spiele, Panegyriken und Prunkreden der Humanisten bei Hof blieben nicht mehr nur in einzelnen Handschriften archiviert, sondern wurden umgehend publiziert und gezielt zur *gedechtnus*-Propagierung der Öffentlichkeit zur Verfügung gestellt. Für Maximilian verfassten neben Conrad Celtis auch Jakob Locher und Joseph Grünpeck, beide vom Kaiser gekrönte Dichter, und Benedikt Chelidonius panegyrische Huldigungsspiele.

Joseph Grünpeck (um 1473-um1532), Maximilians Historiograph, befasste sich mit dessen Projekt einer offiziellen ‚Autobiographie', wofür Maximilian circa 1497-1501 immer wieder kürzere Abschnitte im ‚Reutterlatein', dem groben Gebrauchslatein, das er als Heerführer von Truppen verschiedener sprachlicher Herkunft verwendete, diktiert hatte. Überliefert sind sowohl eine ungeordnete Rohfassung als auch Grünpecks rhetorisch ausgefeilte Redaktionen, die allerdings von sachlichen Fehlern wimmeln. Grünpecks Version wurde Maximilian übergeben, der sie durchkorrigierte, aber offensichtlich mit dem Ergebnis unzufrieden war, denn er scheint dieses Projekt irgendwann aufgegeben zu haben. Stattdessen konzentrierte sich Maximilian auf andere Ruhmeswerke in der Volkssprache (vgl. Tl. 2).

Der Tod ihres großen Gönners Maximilian 1519 war für die humanistische Bewegung ein einschneidendes Ereignis. Für jene Humanistengeneration, die mit ihm aufs engste verbunden war, gingen die Verbindungen zum Hof sowie die Kontakte untereinander stark zurück. Das von der Forschung festgestellte Auseinanderdriften der Humanisten ist daher keineswegs nur mit der Reformation in Verbindung zu bringen. Die Tatsache, dass nach 1520 fast keine Werke antiker Autoren mehr gedruckt wurden, liegt darin begründet, dass so gut wie alle bereits in Ausgaben vorlagen.

Der Hof der Kurfürsten von Heidelberg und dessen Umfeld wurde zu einem besonders bedeutenden Zentrum des deutschen Humanismus. Die literarischen Interessen der Kurfürsten beschränkten sich aber keineswegs auf humanistisches Schrifttum, auch populäre deutsche Werke, die viele Humanisten verachteten, wie etwa ‚Ritterromane', fanden sich in ihrer Bibliothek. Zudem sind Versübersetzungen von niederländischen Epen hier entstanden (vgl. Tl. 2). Pfalzgraf Friedrich I. (1449-1476) holte Peter Luder an die Universität, und einen der wichtigsten Initiatoren des Heidelberger Humanismus, Matthias von Kemnat (vgl. S. 572), belohnte er mit der Stelle des Hofkaplans an der Heidelberger Schlosskapelle und einer Pfründe. 1476 trat Philipp der Aufrichtige (1448-1508) die Nachfolge seines Onkels Friedrich als Pfalzgraf und Kurfürst an. Wie sein Vorgänger holte Philipp humanistisch Gelehrte – vor allem Juristen – an die Universität und an seinen Hof, wobei es ihm hauptsächlich um das politische, gutachterliche, juristische und diplomatische Können der Eingeladenen ging. Für humanistische Lehrstühle an der Universität Heidelberg ließen es die Pfalzgrafen allerdings stets an finanzieller Unterstützung fehlen. Von der Vorstellung, Philipp selbst habe einen ‚Musenhof' unterhalten, wie dies in panegyrischen Schriften der Zeit konstruiert wurde, ist die Forschung schon seit einiger Zeit abgerückt. Dennoch ist bemerkenswert, dass er zwei Humanisten, Adam Wernher von Themar (vgl. S. 574)) und später Conrad Celtis, mit der Erziehung seiner Söhne betraute. Auch Jakob Wimpfeling (vgl. S. 543) wurde von Friedrich I. und später von Philip nach Heidelberg geholt.

Es war aber nicht so sehr der Heidelberger Hof, sondern der von Philipp zum Kanzler der Universität (1480) und der Kurpfalz (1481/82) ernannte Johann von Dalberg (1455–1503), dem es zu verdanken ist, dass es zu einem so bedeutenden Heidelberger Humanistenkreis kam. 1482 setzte sich Philipp erfolgreich für Johanns Wahl zum Bischof von Worms ein. Johann war einer der entschiedensten Förderer des Humanismus im deutschsprachigen Raum überhaupt. In dem sich um ihn bildenden Kreis gedieh „der deutsche Humanismus zuerst zu Selbständigkeit und eigener Blüte", und es entfalteten sich „Kult und Kennerschaft der Antike in einem diesseits der Alpen bislang nicht gekanntem Maße" (F. J. Worstbrock).

Johann hatte Rechtswissenschaften in Erfurt, Pavia, Padua und Ingolstadt studiert und entwickelte in dieser Zeit ein großes Interesse an humanistischem Gedankengut. Zu seinen engen Freunden zählten Dietrich und Johann von Plieningen sowie Rudolf Agricola (1444–1485), der anlässlich von Johanns Ernennung zum Rektor der juristischen Fakultät in Pavia die Laudatio hielt. Agricola, ursprünglich Roelof Huusman, Sohn eines Geistlichen, stammte aus der Nähe von Groningen. Er kam als Dichter, Musiker, Komponist und bildender Künstler mit großartigen Fremdsprachenkenntnissen unter allen Humanisten aus dem Norden dem italienischen Renaissanceideal des *uomo universale* am nächsten. Johann von Dalberg lud Dietrich von Plieningen (vgl. S. 577) und Agricola 1484 nach Heidelberg ein, wo dieser dann ein knappes Jahr an der Hochschule unterrichtete. Als charismatischer Lehrer hatte Agricola entscheidenden Einfluss auf das Denken seiner Schüler Conrad Celtis und Alexander Hegius, des Lehrers des Erasmus von Rotterdam. Auch Johannes Reuchlin und Philip Melanchthon wurden von ihm maßgeblich beeinflusst. Agricola unterrichtete Johann von Dalberg im Griechischen und studierte selbst Hebräisch, um die Bibel in der Originalsprache lesen und studieren zu können. 1485 nahm ihn Johann auf einer diplomatischen Reise mit nach Rom, bei der Agricola auf der Rückreise schwer erkrankte und kurz darauf in Heidelberg verstarb.

Johann von Dalberg stand im regen Gedankenaustausch mit namhaften europäischen Humanisten, förderte eine Vielzahl von ihnen finanziell und stellte ihnen Arbeits- und Begegnungsmöglichkeiten zur Verfügung, so etwa eine hervorragende Bibliothek mit lateinischen, griechischen, hebräischen wie auch Werken deutscher Autoren (etwa Konrad von Würzburg, Dietrichepik, Heinrich Seuse). Nach Agricolas Tod übernahm Conrad Celtis, der 1495 nach Heidelberg zurückkehrte, die Organisation des dortigen Netzwerks. Er gründete die ‚Sodalitas litteraria Rhenana' oder ‚Academia Platonica', war ihr Planer bei Arbeitsvorhaben sowie ihr Geschäftsführer und brachte einen beachtlichen Kreis zu Treffen in Heidelberg zusammen. Zum Dank, dass Johann dies maßgeblich unterstützte, wurde er in einer Hrotsvit-Ausgabe als *princeps* der „gesamtgermanischen" Sodalität bezeichnet. Johannes Reuchlin wurde ebenfalls von Johann von Dalberg unterstützt, indem er ihm hebräische Schriften zur Verfügung stellte oder schenkte. Reuchlin kam 1496 nach Heidelberg und verfasste dort zwei Dramen, von denen der ‚Henno' im Hause Johanns aufgeführt wurde (s.u.). Auch Sebastian Brant stand in enger Verbindung zu Johann. Er widmete ihm mehrere Drucke und verfasste einen lobenden Nachruf auf ihn.

Trotz des hohen Bildungsgrads Johanns von Dalberg – für Johannes Trithemius (vgl. S. 554) war er „unter den Bischöfen unserer Zeit unstreitig der gebildetste" – stießen volkssprachliche Übersetzungen humanistischer Literatur in seinem Kreis keineswegs auf Ablehnung. Dies ist bemerkenswert, weil Sprachrigoristen wie Celtis zu seinen maßgeblichen Mitgliedern gehörten. Bereits Rudolf Agricola schätzte das Übersetzen als pädagogisches Mittel zur Unterstützung bei der wechselseitigen Vervollkommnung von lateinischen und deutschen Sprachkenntnissen. Agricolas programmatische Einstellung zur Volkssprache sollte Wirkung zeigen. Auch Johannes Reuchlin verfasste für Johann eine heute verschollene deutsche Versbearbeitung aus dem 3. Buch der ‚Ilias'. Der Sekretär des Würzburger Fürstbischofs Lorenz von Bibra, Johann Sieder (vgl. S. 606), widmete seine Apuleius- und Lukian-Übersetzungen Johann von Dalberg (vgl. S. 531). Inwieweit er mit dessen Kreis in enger Verbindung stand, lässt sich indes nicht klären.

Um aber dem nichtlateinkundigen Adel geeignetes humanistisches Schrifttum und somit die programmatischen Anliegen der neuen Bewegung zu vermitteln, wurden die Übersetzungen gegen Ende des Jahrhunderts zahlreicher. Eine Vielzahl von Werken übersetzte Adam Wernher, der ebenfalls zum Dalberg-Kreis gehörte (vgl. S. 574). Er verfasste über 200 lateinische Gedichte, die er vor allem Schülern, Mitgliedern der Hofgesellschaft sowie Humanisten um Johann von Dalberg widmete. Von den sieben von ihm übersetzten Schriften wurden dann aber fünf ausdrücklich Philipp gewidmet, was zeigt, dass hier der Adel angesprochen werden sollte.

Mehrere Übersetzungen wurden Johanns jüngerem Bruder Friedrich von Dalberg (1459–1506), gewidmet, der als Bürgermeister von Oppenheim, der Heimatstadt dieser Dalbergs, amtierte. Für ihn übersetzte Johannes

Gottfried, Pfarrer und Kanonikus in der dortigen Stiftskirche mit Verbindungen zum Heidelberger Humanistenkreis, siebzehn vorwiegend antike Werke. Auch Jakob Wimpfeling widmete ihm eine Übersetzung (vgl. S. 577).

Der dritte große Gönner des deutschen Humanismus nach Maximilian und Philipp war Graf Eberhard V. von Württemberg (1445–1496), mit dem Beinamen ‚im Bart' (seit 1495 Herzog Eberhard I.), der zweifellos bedeutendste württembergische Landesherr des späten Mittelalters. Von ihm war im Kapitel zur Literatur der Reformbewegungen bereits öfters die Rede. Sein Wahlspruch *Attempto* („Ich wag's") kennzeichnet sein mutiges und fortschrittliches Denken und Handeln in politischen wie kulturellen Anliegen. Für ihn ist mehr übersetzt worden als für alle anderen Fürsten seiner Zeit. Johannes Trithemius schwärmte von ihm: „Unter allen deutschen Fürsten unserer Zeit, die ich kenne, war keiner, der sich einen Hof hielt, der mit so vielen Gebildeten jeder Art und so vielen in jeder Fakultät promovierten Doktoren geziert war, dass er mit dem Grafen von Württemberg in gewisser Weise zu vergleichen gewesen wäre." Das ist eine Aussage, bei der es sich keineswegs um die übliche verklärende Panegyrik handelt. Eberhard umgab sich tatsächlich mit einem ungewöhnlich großen Stab von gelehrten Beratern, was Johannes Geiler rühmend bestätigte: Eberhard habe die Gelehrten stets sehr geschätzt und die Gelehrtesten unter ihnen an seinen Hof geholt. Zielstrebig versammelte Eberhard Hochgebildete um sich, die ihre wissenschaftliche mit einer praktischen Befähigung zu verbinden vermochten. Sie mussten nicht immer Humanisten sein, auch wenn er diese favorisierte. Für sein Ziel, sein Land auf einen vorderen Rang der deutschen Territorien zu bringen, benötigte er *humanistae*, um bei gewissen politischen Vorhaben möglichst effektiv handeln zu können. Sein Ansehen wurde durch deren Präsenz und Wirken deutlich gesteigert, so auf Reichstagen, wo er, von seinen Gelehrten begleitet, immer wieder auftrat. Für Humanisten verfügte er über diejenigen Tugenden, die in den Werken, die sie für ihn übersetzten, einen idealen Herrscher – einen *optimus princeps* – kennzeichneten.

Eberhard konnte kein Latein, weil sein Vater auf dem Sterbebett (1450) seine Räte unter Eid verpflichtet hatte, den Sohn sich nicht die *literae latinae* aneignen zu lassen, vermutlich, weil er befürchtete, er könne Kleriker werden. Indes war Eberhard der Sohn Mechthilds von der Pfalz (der späteren Erzherzogin von Österreich), die Niklas von Wyle als *ain grosse liebhaberin aller künsten* bezeichnete. Mehrere volkssprachliche Werke wurden ihr gewidmet, darunter auch Übersetzungen humanistischer Schriften. Für die jahrhundertelang tradierte Behauptung, sie habe ihren zweiten Ehemann Erzherzog Albrecht VI. von Österreich zur Gründung der Freiburger Universität überredet, fehlen zwar Quellenbelege, zur Gründung der Tübinger Universität aber dürfte sie ihren Sohn Eberhard ermutigt haben. Das Ansehen der neuen Hochschule mehrte er stetig durch die zielstrebige Berufung bedeutender Gelehrter – vor allem solcher, die in Italien oder Frankreich studiert hatten. Diese wiederum schickten ihre Studenten zur Ausbildung nach Florenz. Mit solch zielstrebiger Politik gelang es Eberhard, den Humanismus in Württemberg zu etablieren.

Eberhards lebenslanges Streben nach umfassender Bildung führte zum Ausbau einer privaten Bibliothek – man weiß derzeit von rund 36 Bänden, die ihm gehörten. Für ihn wurde mehr übersetzt als für irgendeinen anderen Adligen des deutschen 15. Jahrhunderts. Der Tübinger Theologe Konrad Summenhart hat in seiner Leichenpredigt auf Eberhard auch dessen Büchersammlung gewürdigt und 24 Werke genannt, deren Verdeutschung Eberhard in Auftrag gegeben hatte. Humanistische Gelehrte verdeutschten für ihn nicht nur biblische Bücher sowie mittelalterliche Literatur und Schriften aus den verschiedensten Wissensbereichen, sondern verfertigten zudem Übersetzungen von Werken antiker Autoren wie Ovid, Euklid, Sallust, Livius, Flavius Josephus u.a.m. Seine Vorliebe für Fachschrifttum und Historiographie zeugt von einem pragmatischen Interesse bei der Literaturauswahl, antike Philosophen und Lehrer der *humanitas* sind dort nur wenig vertreten. Indes war die Bibliothek so stark auf Eberhards Bedürfnisse ausgerichtet, dass die von ihm initiierten Übersetzungen nur geringe weitere Wirkung entfalteten. Auch hat die von ihm angestoßene Übersetzungstätigkeit in Schwaben keine Tradition begründet.

Aufs engste verbunden mit dem Hofe Eberhards war der aus Pforzheim stammende J o h a n n   R e u c h l i n (1455–1522), der zu den vielseitigsten und zweifellos bedeutendsten deutschen Humanisten gehörte und von Eberhard nicht nur wegen seiner über Deutschland hinaus hochgeachteten Gelehrsamkeit, sondern auch aufgrund seiner politischen Begabung besonders geschätzt wurde. Er begann das Studium als 15-jähriger in Freiburg und setzte es in Basel fort, wo er zum Baccalaureus und Magister promoviert wurde (1477). Dort veröffentlichte er anonym das von ihm verfasste, vielfach gedruckte lateinische Wörterbuch ‚V o c a b u l a r i u s   b r e v i l o q u u s‘. Er ging dann nach Paris, um Philosophie, Grammatik und Rhetorik zu studieren und lernte dort auch Griechisch. 1479 schloss er sein juristisches Studium an der Universität in Orléans ab und wurde 1484/85 an der Universität Tübingen zum Doktor der ‚kaiserlichen‘ Rechte‘ promoviert. Bereits 1482 hatte ihn Eberhard an seinen Hof geholt, wo Reuchlin als enger Ratgeber bis zum Tode des Herzogs 1496 blieb.

Reuchlin arbeitete als Anwalt und war Beisitzer am württembergischen Hofgericht, einer Ordnungsmacht im Reich. 1482 reiste er mit Eberhard nach Rom, um vor Papst Sixtus IV. über die Universität Tübingen, die Eberhard gegründet hatte, zu verhandeln. In Rom und Florenz erhielt er entscheidende Impulse von humanistischen Gelehrten. Auf einer weiteren Reise 1490 befreundete er sich mit dem Grafen Giovanni Pico della Mirandola, dem Verfasser der als häretisch verurteilten Schrift ‚Über die Würde des Menschen', eines der bedeutendsten philosophischen Werke des italienischen Humanismus. Pico della Mirandola wies Reuchlin auf die jüdische Geheimlehre, die Kabbala, hin. Das Thema sollte fortan Reuchlins wissenschaftliches und politisches Leben prägen. Er widmete sich fortan mit großem Engagement dem Erlernen des Hebräischen, obwohl er in einer sehr judenfeindlichen Welt lebte. Beispielsweise vertrieb sein Gönner Eberhard die Juden 1492 aus Württemberg. Bei einer politischen Mission am Kaiserhof, mit der ihn Eberhard beauftragt hatte, erhielt er Unterricht vom jüdischen Leibarzt des Kaisers. Friedrich III. erhob Reuchlin bei diesem Aufenthalt in den erblichen Adelsstand, ein Akt, der als Musterbeispiel für die Aufstiegschancen zu sehen ist, die sich hoher Gelehrsamkeit und besonderen Verdiensten eröffneten, was sich der humanistischen Bewegung im 15. Jahrhundert verdankt. Nach dem Tode Eberhards musste Reuchlin 1496 wegen Konrad Holzingers Racheabsichten aus Stuttgart fliehen (vgl. S. 539) und fand bei Johann von Dalberg am Kurpfälzer Hof in Heidelberg Asyl. Er kehrte später dennoch nach Stuttgart zurück und betätigte sich dort als Rechtsanwalt und schwäbischer Bundesrichter.

Die von dem konvertierten Juden Johannes Pfefferkorn (1469–1522/23), der in Köln als Verwalter für die Dominikaner arbeitete, geforderte Verbrennung aller jüdischen Bücher lehnte Reuchlin in einem vom Kaiser beauftragten Gutachten entschieden ab, was ihm die Gegnerschaft der Kölner Dominikaner einbrachte und zu einer Reihe von Polemiken führte, mit denen sich Reuchlin und seine Kontrahenten bekriegten (s.u.). Einer von ihnen, der Kölner Dominikanerprior Jakob von Hoogstraeten, strengte gegen Reuchlin als vermeintlichen Ketzer 1513 in Mainz einen kirchlichen Prozess an, der 1514 indes zugunsten Reuchlins ausging. Dennoch verurteilte Papst Leo X. 1520 Reuchlins Werk, den ‚Augenspiegel', als häretisch, da er Reuchlin ungerechterweise als Unruhestifter mit Luther in einen Topf warf. Danach floh Reuchlin vor Krieg und Pest nach Ingolstadt, wo er als erster Professor für Griechisch und Hebräisch eine Anstellung fand. Er kehrte 1521 an die Universität Tübingen zurück, starb aber bereits 1522 in Stuttgart. Reuchlin hinterließ ein umfangreiches und vielgestaltiges Œuvre, sowohl auf Latein als auch in der Volkssprache. Zudem wurden griechische Texte von ihm veröffentlicht; einige volkssprachliche Übersetzungen für Eberhard sind überliefert, zwei sind verschollen.

Reuchlin war nicht wie Bebel längerfristig an einer Universität tätig, sondern diente vor allem in verschiedenen Funktionen an den wichtigsten südwestdeutschen Fürstenhöfen: dem badischen, dem württembergischen und dem kurpfälzischen. Dennoch ist es angebracht, ihn zu den akademischen Neuerern zu stellen, die das Fächerspektrum der Universitäten um wichtige Disziplinen erweiterten. Denn als Nestor einer christlichen

Hebraistik nördlich der Alpen machte er auf die Schätze der jüdischen Schrifttradition mit bedeutenden Studien aufmerksam und stellte sich der in seiner Zeit vorherrschenden antijüdischen Hetze entgegen. Sein hebraistisches Erstlingswerk, ‚De rudimentis Hebraicis' (Pforzheim 1506) bietet eine systematische grammatisch-lexikalische Einführung in das Studium der Sprache, die von Luther, Johann Eck, Andreas Osiander und Melanchthon verwendet wurde.

Reuchlins kabbalistische Studien versuchen, den Nachweis zu erbringen, dass die Kabbala nicht im Widerspruch zur Lehre des Christentums steht, sondern diese geradezu bestätigt. Diese Haltung darf jedoch nicht mit projüdischen Sympathien verwechselt werden, wie sie ihm von seinen Gegnern vorgeworfen wurden, denn für ihn belegte das jüdische Schrifttum letztlich nur die Überlegenheit und Universalität des Christentums. Anders als in der älteren Forschung, die in Reuchlin den toleranten Freund der Juden sah, wird sein Bild inzwischen etwas differenzierter gezeichnet. In einer seiner wenigen deutschen Schriften, der ‚Tütsch missive, warumb die Juden solang im ellend sind' (1505 gedruckt), eine Art offener Brief, bezeichnete er das Exil der Juden als eine ihnen nicht von Menschen, sondern von Gott auferlegte Strafe für den Tod Jesu, von der sie nur durch die Bekehrung zum christlichen Glauben befreit werden könnten. Er bete für ihre Erlösung aus der Teufelsgefangenschaft, denn nach eingehendem Studium sei festzuhalten, dass der Talmud zwischen den Juden und ihrer Bekehrung stehe – eine Äußerung, die Folgen haben sollte. Pfefferkorn und andere Gegner erinnerten gerne süffisant an die in Reuchlins Schrift vertretenen Meinungen. In einem später verfassten Gutachten für den Kaiser und in anderen Schriften rückte Reuchlin jedoch von diesen harten Positionen ab.

Reuchlin veröffentlichte 1494 das erste in Europa publizierte Werk zur Kabbala, ‚De verbo mirifico'. Hier konstruierte er einen kontroversen Trialog über das ‚wundertätige Wort' zwischen Sidonius, einem epikureischen Philosophen, Baruchias, einem Juden und dem Christen Capnio (Reuchlins gräzisierter Name) in Reuchlins Heimatstadt Pforzheim. Drei Tage lang wird eine Fülle von Themen aus den verschiedensten Wissensbereichen erörtert. Das Gespräch führt zum Ergebnis, dass der jüdischen Kultur absolute Priorität sowohl in der Philosophie als auch in der Wissenschaft zukomme. Man hat darauf hingewiesen, dass Reuchlin vor allem durch seine Entdeckung der „Offenbarungsqualität der hebräischen Sprache", wie sie in diesem Werk diskutiert wird, den „klassischen Referenzrahmen des Humanisten verändert" und „eine ‚barbarische' Archaik jenseits des griechisch-römischen Modells" aufsucht (St. Rein). In dem 1517 erschienenen Werk ‚De arte cabalistica' bietet Reuchlin ein stilisiertes Gespräch zwischen einem Juden, einem Pythagoräer und einem Muslim, in dem fast ausschließlich die Kabbala und ihr Verhältnis zur Pythagoreischen Philosophie verhandelt wird. Nach vielen Jahren Beschäftigung mit der hebräischen Sprache unternahm es Reuchlin, die weder über die Logik noch die Rhetorik zu greifende jüdische Geheimlehre ausführlich zu erläutern und sie zugleich dem christlichen Glauben dienstbar zu machen.

Reuchlins Feststellung, dass der Talmud die Bekehrung der Juden verhindere, ist letztlich Ausgangspunkt für Pfefferkorns Argumentation im ‚Judenspiegel' (1507) und einer Reihe weiterer Flugschriften, in denen u.a. die radikale Verbrennung aller talmudischen Bücher außer dem Alten Testament gefordert wird. Pfefferkorn wirbt für das Ziel einer Massenkonvertierung, indem er den Juden den Zugang zu den verderblichen schriftlichen Grundlagen ihres Glaubens, dem *loegenhafftighen, bedriegelichen und valschen* Talmud, durch dessen Vernichtung versperren will. Das diene nur ihrem Heil, denn noch vor dem Jüngsten Tage, den Pfefferkorn bald kommen sieht, würden die Juden zum christlichen Glauben übertreten, wobei er sich selbst gewissermaßen als Speerspitze dieser Bewegung betrachtet. Andererseits räumt Pfefferkorn mit den Gerüchten über jüdische Ritualmorde auf. Christen machten sich lächerlich und schadeten sich nur selbst, wenn sie Derartiges glaubten und verbreiteten. Die Verfolgung der Juden gründet für Pfefferkorn in der Habgier der Christen.

Reuchlin tritt mit seinem 1510 erstellten vertraulichen Gutachten für den Kaiser Pfefferkorns Forderungen entgegen, und zwar auf juristischer Grundlage, die er mit theologisch-philosophischer Argumentation verknüpft. Er argumentiert, dass die Juden schließlich keine Sklaven, sondern *concives* (Mitbürger) und daher nach geltendem Recht keine Ketzer sind. Deswegen sei eine Konfiszierung ihres Eigentums rechtswidrig. Die Juden sollten zudem nicht durch Zwang, sondern *durch vernünftig disputationen, sennftmütigklich und güttlich* bekehrt werden, auch wenn sie *unsers glauben fiendt* seien. Darüber hinaus fordert er sogar die institutionelle Ausweitung hebräischer Studien.

Die Stellungnahme Reuchlins, die von einem Großteil der Humanisten unterstützt wurde, führte zu Pfefferkorns Vorwurf, Reuchlin sei Ketzer und werde von Juden finanziell unterstützt. In seinem ‚Augenspiegel' (1511), einer Antwort auf Pfefferkorns ‚Handspiegel' (1511), verteidigt sich Reuchlin gegen „den gemeinen, giftigen Landschaden" Pfefferkorn, legitimiert aber zugleich das Konfiszieren der „häretischen und gotteslästerlichen" Teile des Talmuds. Diese sollten jedoch nicht verbrannt, sondern in christlichen Bibliotheken aufbewahrt und weggeschlossen werden. Durch das günstige Urteil im Inquisitionsprozess wurde die von den Dominikanern angestrebte Verbrennung des Buches verhindert. Dennoch kamen noch 1599 der ‚Augenspiegel' und Reuchlins kabbalistische Schriften auf den Index der katholischen Kirche.

Die Solidarisierung maßgeblicher Humanisten mit Reuchlin führte zur Entstehung der sog. ‚Dunkelmännerbriefe' (‚Epistolae obscurorum virorum'), die zwar anonym und ohne Angabe des Erscheinungsorts publiziert wurden, aber mit ziemlicher Sicherheit hauptsächlich vom Erfurter

Humanisten Crotus Rubeanus und Ulrich von Hutten verfasst wurden. Rubeanus gilt als geistiger Vater und Hauptautor des ersten Teils (gedr. 1515), Hutten werden in der Forschung heute sieben Ergänzungsbriefe zum ersten Teil sowie fast der gesamte zweite Teil zugeschrieben (gedr. 1517). Es handelt sich um fingierte, angeblich von Kölner Theologen stammende Briefe, die eine gnadenlose Abrechnung in satirischer Form mit den nichthumanistischen Gelehrten und dem Klerus, deren verkommenem Latein sowie deren „armseliger, finsterer und nichtsnutziger" Theologie bieten. Insofern gehen die Briefe über eine reine Verteidigung Reuchlins hinaus und lassen den kommenden Erneuerungsprozess durch die lutherische Reformation vorausahnen.

Die Briefe sind an den Kölner Theologen und Pfefferkorns Unterstützer Ortwinus Gratius gerichtet und haben fiktive Freunde und Schüler mit sprechenden Namen wie *Conradus Dollenkopfius* oder *Herbordus Mistladerius* als Autoren. Bisweilen bieten die Briefe auch grobe Unflätigkeiten. So soll Pfefferkorns Frau, die *Pepericornia* der Briefe, es zum Beispiel mit Gratius unsittlich treiben. Die Briefe der sexbesessenen Dummköpfe sind gespickt mit Germanismen (*landsknechtus, landsmannus*), falschen Verwendungen von lateinischen Konjunktionen und Präpositionen sowie grotesken Neubildungen. Rubeanus und Hutten hatten einst in Köln studiert und rechneten nun mit einer Reihe von dort Lehrenden ab, indem sie sie als arrogante und ignorante Schwätzer darstellten. Deren Dunkelheit bzw. Bedeutungslosigkeit soll im Gegensatz zu jenen herausragenden Humanisten stehen, deren neulateinische Unterstützerbriefe Reuchlin 1514 in seinen ‚Clarorum virorum epistolae' herausgegeben hatte. Selbstverständlich wurden die ‚Dunkelmännerbriefe' vor allem in der Gelehrtenwelt rezipiert, dafür aber – ganz anders als Pfefferkorns volkssprachliche Invektiven – über den deutschsprachigen Raum hinaus. Sie verfehlten ihre Wirkung nicht, das glänzende humoristische Werk stärkte das humanistische Gemeinschaftsgefühl ungemein.

Reuchlin hat als hervorragender Gräzist eine Reihe von Übersetzungen griechischer Klassiker hergestellt (Demosthenes, Hippokrates, Homer, Lukian). Auch auf dem Gebiet der nach antiken Vorbildern gestalteten Komödie leistete er Pionierarbeit. Freilich ist er nicht der erste Deutsche, der ein Stück für die Humanistenbühne verfasste – das dürfte Jakob Locher mit seiner ‚Historia de rege Frantie' (1495) gewesen sein –, jedoch werden seine in der Heidelberger Zeit entstandenen Komödien ‚Sergius' (1496) und ‚Henno' (Januar 1497 erstmals im Hause des Johann von Dalberg aufgeführt) als eigentlicher Beginn der deutschen Komödie gesehen. ‚Henno' wurde von Sebastian Brant und Conrad Celtis sogar als epochales Kunstwerk gefeiert. In Heidelberg hatte Jakob Wimpfeling schon mit dem ‚Stylpho', einem mit nur wenigen Verspartien gestalteten prosaischen Rezitationsstück, einen Anfang gemacht, eine Vorform der humanistischen

Komödie in der Nachfolge von Terenz und Plautus zu verfassen. Allerdings ging es dort wie auch bei einigen anderen Stücken lediglich um schulisch-akademische Themen. Ganz anders im dreiaktigen ‚Sergius'. Dort wollen einige Gauner den stinkenden Schrumpfkopf eines Häretikers namens Sergius, der angeblich Lehrer Mohammeds gewesen sein soll, säubern und präparieren, um mit ihm als heilige Reliquie Geld zu verdienen.

‚Sergius' dürfte zumindest teilweise eine Abrechnung mit dem Augustiner Konrad Holzinger sein, der nach dem Tode Eberhards im Bart zum besonderen Günstling des jungen Eberhard VI. d.J. geworden war (vgl. S. 535). Reuchlin hatte 1488 die Gefangennahme Holzingers veranlasst. Er wurde verurteilt und eingekerkert, was letztlich unter den neuen politischen Konstellationen Reuchlins Flucht nach Heidelberg veranlasste. Bereits der Titel ‚Sergius vel capitis caput' (Sergius oder das Haupt des Hauptes) scheint auf den ‚Hauptberater' Eberhards VI. abzuzielen. Es ist zudem von einem Intriganten die Rede, und von altehrwürdigen Konsulen, die von ihm abgesetzt werden. Der populäre Reliquienkult sowie das Wallfahrtswesen werden von Reuchlin ebenfalls aufgespießt. Das Stück empfand Johann von Dalberg als zu provokativ, um aufgeführt zu werden. Gedruckt wurde es erst 1504.

Auch der literarisch ambitioniertere fünfaktige ‚Henno', die erste metrisch genaue deutsche Komödie, ist wie der ‚Sergius' ein Schuldrama, das in erster Linie der humanistischen Bildung der Auftretenden dienen will. Beide Komödien werden mit sprachlichen Erläuterungen zudem als Schulbücher veröffentlicht. Vor allem der ‚Henno' (ursprüngl. Titel ‚Scaenica progymnasmata': theatralische Vorübung) erfuhr eine beachtliche Wirkung durch zahlreiche Ausgaben, mehrere Übersetzungen und Adaptationen, u.a. das ‚Luzerner Spiel vom klugen Knecht' (um 1500) und das Fastnachtspiel ‚Henno' des Hans Sachs (1531). Uraufgeführt wurde das Stück, größtenteils von an der Universität immatrikulierten Studenten dargeboten, im Heidelberger Stadthof Johanns von Dalberg vor zahlreichen gelehrten Freunden.

Ganz nach antikem Muster ist die Handlung auf den jeweiligen Aktabschluss hin gestaltet, wobei die Akte – in der antiken Komödie ohne Vorbild – durch Zwischenchöre getrennt werden. Die Handlung ist schlicht: Der Bauer Henno stiehlt Geld von seiner Frau und schickt den listige Knecht Dromo zum Tuchhändler, um ihm damit den Stoff für einen neuen Anzug zu besorgen. Doch Dromo macht beim Tuchhändler auf Kreditbasis Schulden und verkauft das Tuch gewinnbringend. Es kommt zu einer Gerichtsverhandlung gegen Dromo. Dessen Advokat rät ihm, vor Gericht auf alle Fragen nur mit *ble* (Bläh!) zu antworten, woraufhin der Knecht wegen Unzurechnungsfähigkeit freigesprochen wird. Als der Advokat bezahlt werden will, antwortet Dromo auch ihm nur mit *ble*. Schließlich heiratet der clevere und wohlhabende Knecht die Tochter des Bauern.

Reuchlin antikisiert im ‚Henno' einen internationalen Schwankstoff – die Betrüger sind schließlich die Betrogenen. Die Tatsache, dass die handelnden Figuren aus dem bäuerlichen Milieu im Sinne von Reuchlins pädagogischen Absichten auch gutes Latein sprechen, sorgt nur bedingt für Komik, denn der sich aus der Diskrepanz zwischen Sprache und Stand entwickelnde Humor nutzt sich bald ab.

Reuchlins bleibende Leistung für die Kulturgeschichte Europas ist sein über die Grenzen Deutschlands hinaus wahrgenommener Kampf für den Erhalt der hebräischen Sprache und Literatur. Auch wenn er im Blick auf die Legitimation der jüdischen Religion und die Weigerung der Juden, das Christentum anzunehmen, ein Kind seiner Zeit war, blieb er seiner intellektuellen Überzeugung trotz der Schmähungen und Verfolgungen treu. Vielfach wurde er aufgrund seiner Hebräisch- und Griechischstudien als vorreformatorischer Kritiker der Kirche gesehen – etwa durch Herder –, als Forscher, der den gewissenhaften Biblizismus Luthers vorprägte. Das waren allerdings Missverständnisse, denn Reuchlin distanzierte sich deutlich von Luther und versuchte, seinen Großneffen Melanchthon aus Wittenberg nach Tübingen zurückzuholen. Als dies nicht gelang, enterbte er ihn.

Die wohl schillerndste Gestalt des deutschen Humanismus und am schwersten einem festeren Wirkungsbereich zuzuordnen war Ulrich von Hutten (1488–1523), einer der vermutlichen Autoren der ‚Dunkelmännerbriefe'. Er fand zwar längere Zeit an einem Hof sein Auskommen, sein Verhältnis zum Dienstherrn war jedoch völlig anders geprägt als etwa das von Reuchlin zu Eberhard im Bart. Denn im Gegensatz zu der zumeist aus bürgerlichen Verhältnissen stammenden Mehrheit der Humanisten war Hutten Erstgeborener einer reichsritterschaftlichen Familie auf Burg Steckelberg bei Schlüchtern (Hessen). Der sehr schmächtige Jüngling wurde nicht zum Haupterben erklärt, sondern aus Sorge um seine fürs Ritterleben ungeeignete Physis für eine geistliche Laufbahn vorgesehen. Er verließ die Lateinschule des Fuldaer Stiftes, die ihn für diese Karriere vorbereiten sollte, und begann ab 1505 sein rastloses Leben mit dem Studium der Artes in Mainz, Köln, wo er die späteren Zielscheiben der ‚Dunkelmännerbriefe' kennenlernte, und Erfurt, wo er mit einem bedeutenden Humanistenkreis in Berührung kam. Bereits als 19-jähriger verfasste Hutten Gelegenheitsgedichte, wie etwa sein erstes publiziertes Werk, den ‚Vir bonus' (1507), worin er in 73 Distichen am Beispiel von Odysseus, Cato und Cicero demonstriert, wie ein rechtschaffener Mann sein Leben zu gestalten habe. Es folgten Studienaufenthalte in Frankfurt/Oder, wo er das Bakkalaureat ablegte, Leipzig und Greifswald. Dem leichten Leben nicht abgeneigt, erkrankte er wie Celtis und Locher an der seit der Mitte der 1490er Jahre zur Epidemie gewordenen Syphilis, die ihm sein ganzes Leben zur Qual machen sollte.

In Wittenberg verfasste Hutten sein erfolgreichstes Werk, die ‚Ars versificandi', das zwischen 1511 und 1560 mindestens 28mal aufgelegt wurde. In 422 Hexametern bietet es eine Metriklehre und eine Vorstellung von Stilfiguren und Redeschmuck. Das Werk war wesentlich erfolgreicher als ähnlich gelagerte Texte von Celtis, Wimpfeling und Bebel. 1511 reiste Hutten zu Vadian nach Wien, wo er Gedichte an Maximilian richtete, in denen er z.B. den Kaiser aufrief, den Kampf gegen die heimtückischen Venezianer fortzusetzen. Wie Wimpfeling vor ihm pries auch Hutten die Deutschen als Volk, das den Buchdruck und das Schießpulver erfunden habe, und griff dabei die ‚Welschen' scharf an. Im folgenden Jahr brach Hutten nach Italien auf, wo er sein humanistisches Studium und seine Schriftstellerei fortsetzte.

Die immer wieder auftretende Geldnot konnte seinem Standesbewusstsein nichts anhaben. Dies brachte er in einem bemerkenswerten lateinischen Brief an Willibald Pirckheimer (‚Brief, die Ratio meines Lebens erläuternd') deutlich zum Ausdruck, in dem er in einer freimütigen Reflexion über sein Herkommen und seinen Lebensweg betonte, dass seine Abstammung ihn zur Tugend verpflichte. Seine ungebildeten Standesgenossen verachtete er. Freilich halfen ihm seine familiären Beziehungen, sich eine Zeitlang ein komfortables Einkommen zu sichern. Verwandte besorgten ihm eine Anstellung am Hofe des Erzbischofs von Brandenburg, der 1514 zum Erzbischof von Mainz gewählt wurde, was Hutten mit dem 1300 Hexameter umfassenden, auch nationalistische Töne anschlagenden ‚Panegyricus' feierte. Mehrere Jahre blieb er im Dienst des Hofes, ohne wirklich nennenswert in Anspruch genommen zu werden. 1515 entstanden dann die ‚Dunkelmännerbriefe', zwei Jahre später wurde er von Maximilian zum *poeta laureatus* gekrönt.

Von diesem Zeitpunkt an begann Hutten zunehmend kirchenkritische Werke zu verfassen, wie etwa die ‚Febris' (1519), eine für große Furore sorgende schrille Satire auf das verderbte Leben der Geistlichkeit, die mehrfach in deutscher Übersetzung erschien und von ihm eine Fortsetzung erfuhr (‚Febris II'). Es folgten Jahre, in denen er Politik zu seinem Hauptanliegen machte und ohne Rücksicht auf Ansehen und persönliche Sicherheit einen publizistischen Krieg gegen die Papstkirche und ihre Vertreter betrieb. In seinem von ihm sog. ‚Pfaffenkrieg' sagte er den ‚ungeistlichen Geistlichen' die Fehde an. Es war aber ein ‚Krieg', den er nicht gewinnen konnte.

Um 1520 verfasste Hutten den Dialog ‚Arminius' (posthum ersch. 1529), in dem sich der Cheruskerfürst im Elysium zum bedeutendsten Feldherrn aller Zeiten erklärt, der erfolgreicher war als Alexander, Scipio und Hannibal. Eine Parallelisierung zwischen dem alten und neuen Kampf gegen Rom war natürlich beabsichtigt, was Luther verständlicherweise sehr gefiel: *Wenn ich ein poet wer, so wolt ich den celebriren. Ich hab ihn von hert-*

zen lib. Hat Hertzog Herman geheißen. Damit verfestigte sich der Nationalmythos von Arminius, den Celtis und Wimpfeling bereits vor Hutten geschaffen hatten.

Ab 1520 begann Hutten vor allem auf Deutsch zu dichten und zu übersetzen, weil sich der reformatorische Diskurs weitgehend auf die Verwendung der Volkssprache verlagert hatte. Bis zu dieser Zeit hatte er sich mit seinen lateinischen Werken bereits als einer der bedeutendsten humanistischen deutschen Dichter etabliert. Auf der Burg Diemerstein bei Kaiserslautern entstand Huttens berühmtes siebenstrophiges Lied *Ich habs gewagt mit sinnen / Und trag des noch kain rew* (1521), in dem er mit leicht resignativem Ton seine Lage besingt. Es schließt mit der Aufforderung: *last Hutten nit verderben!* Nach einer gescheiterten Militäraktion, die er im ‚Pfaffenkrieg' mit dem Reichsritter Franz von Sickingen unternahm, flüchtete er todkrank in die Schweiz, wo sich der kirchentreue Erasmus von Rotterdam (s.u.), der ihn früher unterstützt hatte, weigerte, ihn aufzunehmen, weil Hutten von ihm eine Parteinahme für Luther erreichen wollte. Zwingli war indes gnädiger. Der 35-jährige Hutten starb schließlich auf der Insel Ufenau im Zürichsee.

Der Humanismus in den Städten

Auch in mehreren Städten ohne Fürstenresidenz und Universität konnte der Humanismus gedeihen. In Nürnberg entwickelte er sich zum reinen Oberschichtenphänomen, auch wenn er immer wieder durch ‚Gasthumanisten' wie etwa Celtis oder Regiomontanus befruchtet wurde (vgl. S. 171 ff.). Zumeist gab es dort Söhne wohlhabender Familien, die ein Studium in Italien oder an einer deutschen Universität, an der humanistisch geprägte Lehre angeboten wurde, absolviert hatten, sowie bedeutende Offizinen, die humanistisch Gebildeten reizvolle Betätigungsfelder eröffneten. Auch wenn sich in Städten kein Fürstenhof befand, so bildeten sich dennoch vielfach enge Beziehungen zwischen städtischen Humanisten und Adelshöfen heraus. Eine Reihe von bedeutenden ‚Stadthumanisten', wie etwa Sebastian Brant in Basel und Straßburg, Konrad Peutinger in Augsburg, Ulrich Zasius in Freiburg oder Willibald Pirckheimer in Nürnberg bekleideten einflussreiche Ämter in ihren Städten, die sie vor allem ihren guten Beziehungen zum habsburgischen Hof oder sogar zu Maximilian selbst zu verdanken hatten.

Die grundlegende Umgestaltung oder Neugründung von Bildungseinrichtungen im Sinne der *studia humanitatis*, auch und vor allem in den Städten, war stets eines der zentralen Ziele der humanistischen Bewegung. Die Poetenschule in Nürnberg, die Lateinschulen in Ulm und Schlettstadt gehörten zu den ehrgeizigsten Versuchen einer solchen neuen Elitebildung. Es darf aber dabei nicht vergessen werden, dass derartige Vorhaben vielfach mit der von Humanisten erheblich unterstützten und vorangetriebenen kirchlichen Reformbewegung begründet wurden. Gerade die mangelhafte Bildung des Klerus wurde als eine der Hauptursachen für den beklagenswerten Zustand von Kirche und Gesellschaft in vorreformatorischer Zeit angeprangert. Um diesem Missstand entgegenzutreten, untermauerte eine Vielzahl von Humanisten ihre bildungspolitischen Forderungen mit Dichtungen und theoretischen Schriften mit pädagogischer Programmatik.

Als einer der einflussreichsten Vertreter des „pädagogischen Humanismus" gilt der vor allem in Straßburg agierende Elsässer Jakob Wimpfeling (1450–1528; vgl. auch S. 577), der als gelehriger Anhänger von Jean Gerson als Voraussetzung für eine grundlegende Reform von Kirche und Gesellschaft (*res publica christiana*) eine völlige Erneuerung des Bildungswesens einklagte. Wimpfeling vertrat ein klares dreistufiges Programm: Zuerst muss die höhere Bildung nach humanistischen Vorstellungen reformiert werden, die Absolventen sollen dann in hohe geistliche und weltliche Ämter gelangen, um schließlich die Reform von Kirche und der säkularen Welt zu bewerkstelligen. Sein Engagement beschränkte sich aber keineswegs auf bildungspolitische Forderungen, die er in verschiedenen literarischen Gattungen vorbrachte, sondern er betätigte sich durchaus auch praktisch als Erzieher begabter junger Männer. Auch wenn er für eine gewisse Zeit als Universitätslehrer tätig war, so verbrachte er doch den größten Teil seines Lebens in verschiedenen Funktionen in Städten des Südwestens.

Der Sattlersohn Wimpfeling aus der elsässischen Reichsstadt Schlettstadt besuchte zunächst die heimatliche Lateinschule, wurde aber schon als 13-jähriger an die Universität Freiburg geschickt, wo er zwei Jahre lang u.a. bei Johann Geiler studierte. Geiler blieb für Wimpfeling Vorbild und Freund, vor allem in ihrer gemeinsamen Straßburger Zeit. Zum Humanisten wurde Wimpfeling aber nicht in Freiburg, sondern in Heidelberg (s.o.), wohin er 1469 nach einer kurzen Zeit an der Erfurter Universität zum Studium kam. Schon bald lehrte er an der Artistenfakultät, wurde im Laufe der Jahre mit immer neuen Ämtern betraut und 1481/82 schließlich Rektor. Er war inzwischen zum Priester geweiht worden und verließ zunächst Heidelberg, um in Speyer 1484–1498 Domprediger und Domvikar zu werden. Er kehrte danach für wenige Jahre zur Heidelberger Universität zurück, ging aber 1501 nach Straßburg, um mit Geiler und anderen eine Priestergemeinschaft zu gründen, die aber nicht zustande kam. In den Straßburger Jahren, die durch Aufenthalte in Basel und Freiburg unterbrochen wurden, betätigte er sich ohne feste Position als Berater sowie als Lehrer und Mentor etwa des Adligen Jakob Sturm, eine der Hauptfiguren bei der Etablierung der Reformation in Straßburg. In dieser Zeit verfasste er zahlreiche Werke und betätigte sich zusammen mit Geiler, Sebastian Brant und dem Basler Drucker Johannes Amerbach als Herausgeber. 1515 kehrte er nach Schlettstadt zurück, wo er bis zu seinem Lebensende blieb. Er verfolgte Luthers Wirken zunächst mit Wohlwollen, distanzierte sich aber bald vehement von der Reformation. Dass sich viele seiner Schüler Luther anschlossen, führte bei Wimpfeling zu einer tiefen Verbitterung. Sein lebenslanges Eintreten für eine grundlegende Reform der Kirche habe sich als Holzweg erwiesen, da sich diese in eine völlig falsche Richtung entwickele.

Zur Vermittlung seiner pädagogischen Konzepte beschritt Wimpfeling neue literarische Wege. Bei einer Promotionsfeier der Heidelberger Artistenfakultät trug er innerhalb der Festrede als Rezitation den von Terenz inspirierten Prosadialog ‚Stylpho‘ vor, den er zu diesem Anlass verfasst hatte.

Der Faulpelz Stylpho schert sich nicht um lateinische Bildung, sein Gegenpart Vincentius studiert eifrig in Heidelberg. Als Stylpho in Rom an unverdiente Pfründen herankommen will, muss er eine Lateinprüfung bestehen, bei der er natürlich kläglich versagt. Er endet als Schweinehirt, während Vincentius verschiedene hohe Ämter angetragen werden; schließlich wird er zum Bischof ernannt.

Diese erste humanistische Komödie in Deutschland – Wimpfeling verstand offenbar die Komödien des Terenz als Rezitationen – war zweifellos kein großer Wurf. Hier wollte Wimpfeling lediglich verdeutlichen, dass höhere, sprich humanistische Bildung von essentieller Bedeutung nicht nur für die erfolgreichen Karrieren der Studenten an den Höfen, sondern auch für eine Reform von Kirche und Gesellschaft sein müsste.

Wimpfeling verfasste zudem eine Reihe wirkmächtiger pädagogischer Schriften, die vor allem an Lehrer, aber auch an Schüler gerichtet waren und zweifellos zu seinen wichtigsten Werken gehören. Während seiner Speyrer Zeit verfasste er den ‚Isidoneus germanicus‘ (Wegweiser für die deutsche Jugend; eine Didaktik des Lateinunterrichts, 1497), in dem er seine Vorstellung vom idealen Unterricht entwirft. Er beschreibt im Detail den sinnvollen Lateinunterricht und gibt dabei konkrete Lektüreempfehlungen, wobei er die Italiener kritisiert, die statt christlicher Dichter lieber moralisch zweifelhafte Werke der Antike als Unterrichtsstoff verwenden würden.

In seiner Heidelberger Zeit verfasste Wimpfeling zunächst lateinische Gedichte (Preislieder u.a.m.) und bei seinem späteren Aufenthalt eine Reihe pädagogischer und moralisierend-belehrender Werke, wie etwa die ‚Philippica‘ (1498), in denen er die große Bedeutung einer umfassenden Bildung für eine vorbildliche Herrschaftsausübung betont, wozu die Beherrschung des Lateins gehört. Die lateinischen Dialoge in der ‚Philippica‘ wurden von Heidelberger Studenten im Schloss aufgeführt. Wimpfelings 1500 erschienene und achtmal gedruckte ‚Adolescentia‘ (Über die

Jugend) bietet ein umfangreiches und sehr detailliertes Erziehungsprogramm für Knaben. Bei dem 100 Kapitel umfassenden Werk handelt es sich um „ein Mosaikwerk aus Entlehnungen" (O. Herding), das Wimpfeling aus antiken, mittelalterlichen und humanistischen Quellen zusammentrug. Von Empfehlungen etwa zur persönlichen Hygiene und Haartracht der Schüler bis hin zu Gedanken über den Tod bietet Wimpfeling eine breite Vielfalt von Maßregeln und Verhaltensvorschriften. Das Werk wurde mindestens achtmal gedruckt und zu einem der bedeutendsten Erziehungswerke des Humanismus, das auch in Schulen Verwendung fand. Wimpfeling widmete dem Kurfürsten weitere ausnahmslos lateinische Werke, bevor er 1501 nach Straßburg umzog.

In der in Straßburg verfassten Schrift ‚Diatriba de proba puerorum institutione' (1514) erläutert er erneut den sinnvollen Lateinunterricht, preist die deutsche Geschichte als Unterrichtsstoff, thematisiert die Berufswahl und macht sich zudem für eine angemessene Besoldung der Lehrer stark. Schließlich liefert er Vorschriften für das priesterliche Leben. Grundsätzlich geht es Wimpfeling in all seinen pädagogischen Schriften nicht nur um die Gestaltung eines besseren Unterrichts, sondern „um eine Neubestimmung von Bildung überhaupt, um die Grundlegung einer sprachlichen Kultur". Die von ihm als geeignet gesehenen Autoren der Antike sollten „im Medium der *nobilissima lingua* Vorbilder und Grundregeln menschlichen Verhaltens für den ganzen – den denkenden und den fühlenden – Menschen moralisch, intellektuell und ästhetisch anziehend machen" (D. Mertens). Wimpfeling trat wie die meisten humanistischen Pädagogen für eine von Repressionen freie Behandlung der Schüler ein. Auf Zwang und Strafe solle verzichtet und stattdessen die natürliche Wissbegier gefördert werden. Die Naturanlagen müssten Grundlage für die Wahl des Studiums sein.

Wimpfelings in seiner Zeit umstrittenstes Werk war die 1501 entstandene und gedruckte zweiteilige, auch in einer deutschsprachigen Version verfasste ‚Germania', eine chauvinistische Denkschrift für den Straßburger Rat. Im ersten Teil weist Wimpfeling alle Machtansprüche Frankreichs auf das zum Reich gehörende Elsass zurück, indem er hemmungslose Geschichtsklitterung betreibt, etwa in der Aussage, dass Karl der Große zweifelsfrei Deutscher gewesen sei. Im zweiten und wichtigeren Teil tritt Wimpfeling neben anderen Forderungen für die Errichtung einer Art Gymnasium ein, einer Einrichtung, die einen Status zwischen Universität und Stifts- und Klosterschulen einnehmen und von Kindern der Wohlhabenden zwischen fünfzehn und zwanzig besucht werden sollte. Der Straßburger Franziskaner und begnadete Satiriker Thomas Murner (vgl. S. 620) zerpflückte Wimpfelings Geschichtskonstruktion in seiner ‚Germania nova' (1502) und legte auch gegen Wimpfelings Forderung nach einem Gymnasium heftigen Widerspruch ein, denn er fürchtete um die Existenz der Klosterschulen. Erst Wimpfelings Schüler Jakob Sturm sollte ein derartiges Projekt realisieren, als er zusammen mit dem (nicht mit ihm verwandten) Johannes Sturm 1538 das bedeutende protestantische Gymnasium in Straßburg gründete.

Auf die Fehde mit Murner ließ Wimpfeling eine schwärmerische Geschichte der Deutschen ('Epitome rerum germanicarum', 1502, gedr. 1505) folgen, in der er erneut das Deutschtum verklärte. Besonders das Elsass mit seiner großartigen Natur und seinen wunderbaren Menschen wurde überschwänglich gerühmt. Wimpfeling zählte dabei Deutschlands Wissenschaftler und Künstler auf und hob, wie Hutten, die „beinahe göttliche" Kunst des Buchdrucks sowie die Erfindung des Schießens aus ‚Donnerbüchsen' als herausragende deutsche Erfindungen hervor. Wimpfeling reihte sich damit in die Riege der patriotischen Humanisten wie etwa Celtis, Trithemius, Bebel, Ulrich von Hutten und Melanchthon ein, die sich leidenschaftlich am nationalistischen Diskurs mit seiner Verherrlichung des deutschen Kaisertums beteiligten, wobei – kaum überraschend – Maximilian I. besonders herausgehoben wurde. Freilich ging Wimpfelings Patriotismus mit einer schroffen Ablehnung anderer Völker einher. Zudem war ihm der Antijudaismus ein besonderes Anliegen. Nur wenig Volkssprachliches ist von ihm überliefert. So übersetzte er lediglich eine Predigt des Johannes Chrysostomus *uß hübsch geziertem und wol geblümten latein inn schlecht* (schlichtes) *gemein tütsch* (1509) sowie einen Sendbrief des Reuchlin-Freundes Giovanni Pico della Mirandola (s.o.).

Wegen der polemischen Schriften des überaus streitbaren Jakob Locher, worin dieser die Scholastik in guter humanistischer Tradition gnadenlos verspottete, geriet Wimpfeling in eine weitere literarische Fehde. In seinen wütenden Entgegnungen präsentiert er sich nun als leidenschaftlicher Apologet der Scholastik, der sogar die antiken Autoren weitestgehend verdammt. Derartiges mag zwar in dieser Vehemenz überraschen, aber Wimpfeling war wie sein früherer Kontrahent Murner nie von der traditionellen ‚mittelalterlichen' Einstellung abgerückt, Lektüre und Studium der antiken Autoren seien nur als Mittel zur theologischen Erkenntnis geeignet. Insofern wich Wimpfelings Zugang zum Humanismus stark von dem seiner Zeitgenossen Celtis, Locher und Hutten ab, bei denen das Lebensgefühl der Antike keineswegs als Teil des traditionellen, von der Scholastik geprägten Frömmigkeitsdiskurses verstanden wurde. Freilich finden sich in Wimpfelings Schriften vielfach argumentative Inkonsequenzen und sich wandelnde Überzeugungen, die meist vielfach überspitzt nur einem polemischen Zweck und der Verteidigung gegen Invektiven dienen. Es ist letztlich nicht zu übersehen, dass Wimpfeling der Renaissance-Humanismus italienischer Prägung letztlich fremd blieb. Das ehrgeizige Ziel des moralischen Rigoristen, mit Hilfe des Humanismus eine breite Reform der Kirche herbeizuführen, konnte nicht gelingen.

Die Stadt Basel wurde zum Alterssitz des bedeutendsten Humanisten nördlich der Alpen, Desiderius Erasmus von Rotterdam (1464/69–1536), der eine ganze Generation deutscher Humanisten inspirierte. Erasmus war eine für das intellektuelle Milieu Basels überaus prägende Gestalt, allerdings ohne dort an der Universität zu unterrichten oder zunächst mit der städtischen Obrigkeit in engerem Kontakt zu stehen. Der uneheliche Sohn eines Priesters und einer Arzttochter wurde in Gouda geboren, trat widerwillig in das Chorherrenstift Steyn bei Gouda ein – er war verwaist und mittellos – und wurde 1492 zum Priester geweiht. Bald löste er sich aus der monastischen Lebensform, ohne die Kutte abzulegen, diente zunächst dem Bischof von Cambrai als Sekretär und studierte dann in Paris Theologie (1495–1501). Es folgten Aufenthalte in England (1499–1500, 1505–06, 1509–14), wo eine enge lebenslange Freundschaft mit Thomas More, dem Lordkanzler und Autor der ‚Utopia', entstand, der 1535 wegen eines gravierenden Religionsdisputs mit König Henry VIII. hingerichtet wurde. Nach einem kurzen Aufenthalt in den Niederlanden (1501–04) reiste Erasmus nach Italien (1506–09), wo er in Turin den theologischen Doktorgrad (1506) erwarb. Von 1514–1521 lebte er vornehmlich in Flandern und Brabant, besuchte aber mehrfach in dieser Zeit Basel. 1521 machte er die Stadt schließlich zu seinem Alterssitz. 1529 zog er wegen der Einführung der Reformation in Basel nach Freiburg i. Br. um, kehrte aber 1535 nach Basel zurück und starb dort im folgenden Jahr. Erasmus gehörte zu den wenigen Humanisten, die es sich leisten konnten, von ihrem Gelehrtendasein zu leben. Dass Erasmus ausgerechnet Basel als Wohnsitz wählte, basierte auf der engen Zusammenarbeit mit der bedeutenden Offizin des Johann Froben, in dessen Haus er sogar eineinhalb Jahre wohnte. Bei Froben ließ Erasmus bis an sein Lebensende die Erstausgaben fast aller seiner Schriften drucken. Die Stadtobrigkeit von Basel zeigte zunächst wenig Interesse an Erasmus, aber als sie merkte, dass Erasmus zu einem bedeutenden ökonomischen Faktor für die Stadt geworden war, bemühte sie sich, ihn in Basel zu halten.

Das Lebensziel des Erasmus war wie bei fast allen Humanisten der Zeit eine Erneuerung von Kirche und Gesellschaft, zu der er mit einer Synthese von Humanismus und Theologie beitragen wollte. Begleitet wurde dies mit ungemein harter Kritik an Gesellschaft, Kirche und der von ihr vertretenen Theologie. Nach seinen Vorstellungen sollte die theologische Erneuerung von der Bibel ausgehen und sich dabei auf die Kirchenväter – vor allem Hieronymus und Origenes – stützen. In seiner von ihm proklamierten *philosophia christiana* betont er die Freiheit und Verantwortung des Christen, der nicht sklavisch an kirchliche Vorschriften gebunden ist. Das Christentum war für Erasmus eine Religion des Geistes, die vom Materiellen weg zum Unsichtbaren, Geistlichen, Himmlischen hinführen soll. Daher bezieht er das von ihm für abergläubisch gehaltene Heiligen- und Reliquienwesen, aber auch die Sakramente, die Zeremonien und sogar das Dogma in seine

Kritik mit ein, da Dogmen den Menschen einengen und zu einer Erkaltung der Liebe führen. Erasmus hatte großes Vertrauen in die Möglichkeiten des Menschen, was schließlich zu einer Friedensidee führte, in der es eine wohlgeordnete Welt gibt, in der jeder Stand und jeder Einzelne den ihnen zugedachten Platz einnimmt. Im Mittelpunkt dieser idealen Welt steht Christus, der von einem Kreis von Geistlichen umgeben ist. In einem zweiten Kreis sind die weltlichen Herrscher, in einem dritten das gemeine Volk: Alle streben auf den Mittelpunkt zu. In seinem durchwegs ambivalenten Verhältnis zur Institution Kirche sieht Erasmus die Aufgabe des Priesters nicht darin, Mittler zwischen Gott und den Menschen zu sein: Er will die Menschen über seine Lehre zu Gott führen. Immer wieder weist Erasmus auf die antiken Philosophen und Schriftsteller hin, die weitgehend wie Christen gelebt und gedacht haben. Bei ihnen findet man nach Erasmus auch den Geist Christi, obwohl ihnen die christliche Verkündigung unbekannt war.

Zunächst fanden die Ideale des Erasmus bedeutende Fürsprecher, bis das Auftreten Luthers die Lage dramatisch änderte. Zwar nahm Erasmus Luther zunächst vorsichtig in Schutz, aber je mehr Theologen, die mit ihm verfeindet waren, behaupteten, Erasmus und Luther seien enge Verbündete, desto stärker hielt Erasmus den Reformator auf Abstand, ohne sich zunächst gegen ihn zu wenden. Das änderte sich ab 1520, als Erasmus eine Spaltung der Kirche und mithin das Ende seiner idealen Vorstellungen voraussah. Daher sah er sich immer stärker dazu veranlasst, sich von Luther sowie seinen eigenen Schülern Zwingli und Ökolampad zu distanzieren. Er stellte sich auf die Seite der Kirche, freilich ohne dass deren Theologen ihn deswegen mit harscher Kritik verschont hätten. Die geradezu ausweglose Lage des Erasmus – scharf angegriffen sowohl von altkirchlichen Theologen als auch von Reformatoren wie etwa Luther und seinem ehemaligen Bewunderer Ulrich von Hutten – führte schließlich zu Verbitterung und Vereinsamung. Die Reformation hatte in seinen Augen nicht die erwünschte Freiheit, sondern nur Unfrieden gebracht. Er schrieb 1522: „Ich ertrage also diese Kirche, bis ich eine bessere sehe …" Beide Kirchen hatten sich genauso weit von seinem Ideal entfernt, also blieb er bei der alten.

Eine Darstellung des immensen und vielgestaltigen Œuvres des Erasmus kann in diesem Rahmen nicht geleistet werden, doch seien einige weitere Schwerpunkte im Schaffen des *civis mundi* (Weltbürgers) kurz vorgestellt.

Es waren vor allem seine philologischen Leistungen, die von seinen Zeitgenossen besonders geschätzt wurden. Erasmus gab zahlreiche antike Werke und Schriften der Kirchenväter nach sorgfältiger Quellenkritik heraus. Seine kritische Ausgabe des ‚Neuen Testaments' in griechischer Sprache (1516) mit einer Übersetzung ins Lateinische samt Kommentar war bahnbrechend, zumal die lateinische Übersetzung des Hieronymus, die ‚Vulgata', bis dahin als die alleingültige Version der neutestamentlichen Bücher gegolten hatte. Erasmus bot nun eine akribisch erarbeitete wissenschaftliche Vorlage für weitere Forschung und wies auf Tradierungsfehler der ‚Vulgata' hin, die sich im Laufe der Jahrhunderte eingeschlichen hatten. Luther, mit dem Erasmus gebrochen hatte, benutzte dieses Werk für seine deutsche Übersetzung; auch die Standardbibel Englands, die ‚King James Bible' (1611), fußt z.T. auf der Ausgabe des Erasmus.

Das berühmteste Werk des Erasmus ist die erstmals 1511 in Paris erschienene ‚Moriae encomium sive stultitiae laus' (Lob der Torheit), die er Thomas More widmete, in dessen Haus er das Werk 1509 verfasste. Im Titel steckt eine scherzhafte Anspielung auf die latinisierte Form des Namens von More (Morus) –, mit dem Griechischen *mōrós* (töricht, närrisch). Zu Lebzeiten des Erasmus erschien das Werk in 36 Ausgaben bei 21 verschiedenen Druckern und in zahlreichen Übersetzungen in verschiedene Volkssprachen; eine Übersetzung ins Deutsche fertigte Sebastian Franck 1534.

Die antike Göttin *Stultitia* (Torheit, Einfalt) preist sich vor einem Publikum von Narren als Herrscherin der Welt: „Keine Gemeinschaft, keine Geselligkeit kann ohne Torheit angenehm oder dauerhaft sein", ohne sie ist das Leben „trübselig, langweilig, reizlos, sinnlos, unerträglich". Die philosophische Tiefe des Werks besteht darin, dass die Torheit keineswegs verdammt wird, sondern nun alles umfasst, was die Menschen zu Taten anspornt, bis hin zur Zeugung von Nachwuchs. Auch die Weisesten müssen sich dumm verhalten, um den Fortbestand der Menschheit zu ermöglichen. Die heilsame Torheit ist die wahre Weisheit, die eingebildete Weisheit dagegen die absolute Torheit. Weise ist derjenige, der die „Begrenztheit und Einseitigkeit menschlichen Urteilens und Erkennens" akzeptiert. Daher ist jeder „Ausschließlichkeitsanspruch fragwürdig, ja im Grunde als falsch" zu werten, „da ein beliebiger Ausschnitt für das Ganze, ein Teilaspekt der Wahrheit für die Wahrheit selbst erklärt wird" (B. Könneker). Das Leben ist ein Spiel, eine Art Theaterstück, wo jeder eine eigene Maske trägt und seine Rolle spielt, bis der Spielleiter ihn von der Bühne holt. Den Menschen gefällt die Illusion besser als die Wirklichkeit. Der zweite Teil des ‚Lobs' bietet eine breite Stände- und Kirchenkritik, die ebenfalls die höchsten Würdenträger der Welt mit einbezieht. Die beliebten Angriffsziele des Erasmus werden von der Torheit frontal angegangen: die scholastischen Theologen, das aus dem Ruder laufende Heiligen- und Reliquienwesen, der Wunderglaube und jene dummen Mönche, die glauben, dass ein strenges Befolgen von Regeln den Himmel garantiert. Auch die päpstlichen Repressionsmaßnahmen (Erpressungen, Amtsenthebungen, Bannandrohungen u.a.) werden dabei entlarvt. Die Apostel und die Urchristen dienen als Gegenbild zur gegenwärtigen Kirche und zum Gebaren der Kardinäle und des Papstes Julius II.

Dies alles trägt jedoch nicht eine ihr Publikum belehrende mahnende Instanz vor wie in der streng moralistischen Narrenschelte des Sebastian

Brant, dessen ‚Narrenschiff' Erasmus vermutlich kannte, sondern die Figur der Torheit mit ihrer spielerischen Selbstbezichtigung. Die Raffinesse des ‚Lobs' besteht in der bewusst irritierenden Zweideutigkeit: Wird hier die Meinung des Autors vertreten oder nur die der *Stultitia*? „Das schwebende Gleichgewicht zwischen Spiel und Ernst wird niemals zugunsten des einen oder des anderen aufgegeben, die Wahrheit liegt ebenso wenig in der Umkehrung einer Behauptung, wie sie in der Behauptung selbst zu finden ist" (B. Könneker). Durch diese verwirrende, gewitzte Paradoxie wird jeder Kritik am Werk die Spitze genommen, auch wenn heftige Attacken folgten, etwa wegen der harschen Kritik an Theologen und Ordensgeistlichen. Immer wieder überarbeitete und erweiterte Erasmus das Werk und veränderte dabei die inhaltlichen Gewichtungen. In der Ausgabe von 1514 griff er etwa die scholastische Theologie und den Zustand des zeitgenössischen Mönchtums hart an.

Im Blick auf die Theologie des Erasmus schwankt das Bild in der Forschung zwischen dem Vorwurf mangelnder Originalität und der Überschätzung seiner Bedeutung. Diese konträren Wertungen spiegeln sich in der Einschätzung seines Ranges durch Zeitgenossen. Die einen bewunderten ihn als einen Erneuerer von Kirche und Theologie, der eine Reform auf der Grundlage eines idealisierten Christentums der Spätantike vorantrieb und 1514 sogar den Papst in einer eigenen Schrift scharf attackierte (‚Julius exclusus e coelis'; Julius II. vom Himmel ausgeschlossen), während andere, wie etwa Hutten, in ihm den schwachen, feigen und letztendlich restaurativen Büttel der alten Kirche sahen, der sich nicht traute, zu Luther zu stehen. Der Reformator sah dies 1534 ähnlich. In Luthers Augen vertrat Erasmus keine festen Standpunkte und war deshalb eine größere Gefahr für das Christentum als die Papisten und seine eigenen Gegner im protestantischen Lager. Auch wenn Erasmus keine systematische theologische Position vertrat, trug die Radikalität seiner Kritik dennoch in erheblichem Maße zur Verbreitung eines reformerischen Klimas bei, von dem Luther letztlich in erheblicher Weise profitierte.

Anders als in Nürnberg, wo sich der Humanismus auf eine kleine Gruppe Ehrbarer und einige wenige Patrizier beschränkte und der Großteil des Patriziats ihm eher gleichgültig gegenüberstand, gelang in der Reichsstadt A u g s b u r g die Integration humanistischen Denkens nicht nur in der laikalen Oberschicht, sondern vor allem auch bei Mitgliedern des Klerus, und zwar bis hin zum Domkapitel und Bischof. Bereits um die Mitte des 15. Jahrhunderts entstand in Augsburg ein Kreis wohlhabender Humanisten, der sich als *congregatio* bezeichnete. Deren Zentralgestalt war der Patrizier S i g i s m u n d G o s s e m b r o t (1417–1493), der 1433–1436 in Wien studiert hatte und anschließend bis 1461 in verschiedenen gehobenen Ämtern in Augsburg tätig war. Danach zog er sich ins Straßburger Johanniterkloster zurück, wo er weiterhin seine humanistischen Grundüberzeugungen propagierte. In einem dort verfassten Brieftraktat verteidigt er die Poesie als mit der Theologie eng verwandte Wissenschaft und belegt seine These damit, dass er hervorragende Theologen der Geschichte, von Hieronymus bis Pius II. und Jean Gerson, als Dichter würdigt. In seiner Apologie argumentiert der spät berufene Mönch gegen die dominierende Einstellung im Ordensklerus, die Pflege der Poesie sei eine geradezu gotteslästerliche Angelegenheit.

Zur Augsburger *congregatio* gehörten neben einer Reihe eher unbekannter Personen auch der aus Nürnberg stammende Stadtarzt Hermann Schedel – Vetter des Chronisten Hartmann Schedel –, der Stadtschreiber Valentin Eber sowie Sigismund Meisterlin, Mönch aus der städtischen Benediktinerabtei St. Ulrich und Afra, der viel umherreiste und sich als Prediger eine kurze Zeit in Nürnberg aufhielt (vgl. S. 167 und 553). Im Mittelpunkt des Augsburger Humanismus stand aber der Stadtschreiber (d.h. der Leiter der Stadtverwaltung) und kaiserliche Rat K o n r a d P e u t i n g e r (1465–1547), der aus einer angesehenen Augsburger Kaufmannsfamilie stammte und längere Zeit in Italien studiert und dort europaweite Beziehungen geknüpft hatte. In der Vorrede eines von ihm herausgegebenen Werks ist von einer *sodalitas litteraria Augustana* die Rede mit Benennung einiger illustrer Namen als Mitglieder. In Peutingers Haus fanden Gastmähler statt, bei denen sich humanistisch Gesinnte, die auch von auswärts kamen, zum intellektuellen Gedankenaustausch trafen. Der Kreis war variabel, verfügte offenbar über keinen festen Organisationsrahmen und ist vor allem durch die Herausgabe von Geschichtsquellen fassbar. Peutingers immense Bibliothek umfasste circa 10.000 Titel in 2200 Bänden und war zur damaligen Zeit die größte Privatbibliothek nördlich der Alpen. Von ihm stammt eine 1507 gedruckte Sammlung von 23 römischen Inschriften, die er in Augsburg und der weiteren Umgebung gefunden hatte. In diesem Maximilian gewidmeten Büchlein verfolgte Peutinger das Ziel, die antike Topographie Augsburgs zu erschließen und die Stadt damit als Teil des antiken römischen Reichs mit eindeutigen Beweisen zu belegen. Außer einigen durch Meisterlin verfassten Chroniken entstand in den Augsburger Zirkeln aber nur wenig nennenswerte neue humanistische Literatur.

Allenfalls noch dem Augsburger Humanismus zuzurechnen ist ‚D a s B u c h v o m L e b e n d e r M e i s t e r‘, eine Übersetzung des dem englischen Philosophen Walter Burley irrtümlich zugeschriebenen Werks ‚Liber de vita et moribus philosophorum‘, durch den produktiven Drucker A n t o n S o r g (vgl. S. 25). Das lateinische, als pädagogisches Handbuch für Studierende konzipierte Werk, an dem sich Sorg engstens orientiert, ist wohl im 14. Jahrhundert entstanden. Es bietet eine Geschichte der Philosophie, bestehend aus Biographien, Zusammenstellungen der Werke und Zitieren von Sentenzen. Neben Philosophen werden zudem Staatsmänner und Feldherren behandelt.

Sorgs Übersetzung ist die zweite des ‚Liber'. Vor 1452 hatte der vermutlich aus Riedlingen an der Donau stammende *maister* Hans Lobenzweig ebenfalls eine sich eng an die Vorlage haltende Übertragung verfertigt. Er ist 1445 als Student in Wien belegt. Während Sorgs Werk zweimal gedruckt wurde (1490 und 1519), ist Lobenzweigs Fassung, die Sorg nicht kannte, nur einfach überliefert. Von Lobenzweig stammt ebenfalls das ‚Traumbuch', eine Übersetzung des ‚Liber thesauri occulti' des Paschalis von Rom. In diesem als Meister-Jünger-Gespräch gestalteten Werk wird die Entstehung der Träume nach theologischen und naturwissenschaftlichen Kriterien analysiert, und zwar auf der Grundlage des Sozialstatus (*ob ain trawm fürkümbt ainem kunig vnd trawmet also pawrn*) und des Geschlechts der Träumenden sowie des Zeitpunkts der Geburt und des Traumes. Das Werk sollte der medizinischen Diagnostik dienen, wobei bei jeder Analyse zunächst zu klären sei, ob gute oder schlechte Geister den jeweiligen Traum beeinflusst haben. Auch dieses Werk, dessen Auftraggeber unbekannt ist, stieß auf geringes Interesse, nur zwei Abschriften sind erhalten. Ob Lobenzweig dem Kreis der schwäbischen Frühhumanisten zugehörte, lässt sich nicht klären.

Humanismus in den Klöstern

Zu den Kernanliegen der Observanzbewegungen, die im 15. Jahrhundert mit unterschiedlicher Intensität fast alle Orden erfassten, gehörte eine Anhebung des allgemeinen Bildungsniveaus in den Klöstern. Es dürfte indes nicht überraschen, dass die *studia humanitatis* dabei eine nur sehr geringe Rolle spielten, denn humanistische Gelehrsamkeit war schließlich für die eigentlichen Ziele einer strengen klösterlichen Lebensform nicht von Nutzen. Deshalb blieben die *studia* letztlich Privatangelegenheit einiger weniger Mönche, für die die Teilhabe am humanistischen Diskurs und die Zugehörigkeit zur Gemeinschaft der *humanistae* von derart persönlicher Signifikanz war, dass einige in Kauf nahmen, Ablehnung oder sogar Sanktionen in ihren Konventen zu erfahren. Dabei war es ihnen ein großes Anliegen, dass ihre geistigen Bemühungen eine Resonanz erfuhren. Sie suchten den Anschluss, um als Humanisten von Humanisten anerkannt zu werden. Es zeigt sich in von Ordensbrüdern verfassten Briefen und in den Erwähnungen von Mönchen im Schrifttum säkularer Humanisten, dass sich die den *studia* verpflichteten Brüder aktiv die Zugehörigkeit zur illustren ‚intellektuellen Konsensgemeinschaft' jenseits der Klostermauern anstrebten. Wie die säkularen Humanisten in den Städten blieben die humanistisch gesinnten Mönche eine kleine elitäre Minderheit in ihren Konventen.

Insofern bedarf der von Franz Machilek eingeführte Begriff ‚Klosterhumanismus', mit dem sich in der Forschungsdiskussion der letzten Jahre die Vorstellung einer vitalen humanistischen Gelehrsamkeit im Rahmen von

Reforminitiativen als feste Größe eingebürgert hat, der Relativierung. Man muss sich nach den grundlegenden Untersuchungen von Harald Müller von der Vorstellung eines „homogenen Klosterhumanismus" lösen, die sich stattdessen „zusehends in Einzelbilder" auflöst und „jeden Anschein einer linearen Entwicklung" einbüßt. Die am Renaissance-Humanismus beteiligten Ordensbrüder waren „Humanisten im Mönchstand, nicht ... Vertreter einer verengten oder gar kupierten Sonderform ‚Klosterhumanismus'".

Die Beschäftigung mit antik-heidnischer Literatur wurde von den maßgeblichen Reformern, die eine verbesserte Bildung des Ordensklerus forderten, in der Regel mit Skepsis betrachtet, zumal nach ihrer Einschätzung die Beschäftigung mit nichtchristlicher Literatur durchaus ein Gefährdungspotential für die spirituellen Ziele der Observanz besaß. Vor allem Jugendliche könnten durch die Lektüre solch liederlicher Texte z.B. auf unkeusche Gedanken kommen. Daher sollten sich nur die wirklich charakterlich Gefestigten mit heidnischen Werken befassen dürfen, da sie im Glauben nicht mehr zu erschüttern seien. Zwar könne man die elegante Sprache Ciceros durchaus als vorbildlich bewundern und sich daran schulen, aber man müsse sich stets vor der verführerischen Gefahr der unchristlichen Inhalte in Acht nehmen. Schon Hrotsvit von Gandersheim hatte sich aus diesem Grund literarisch produktiv gegen eine Beschäftigung mit den Komödien des Terenz gewandt.

Vor allem im Benediktinerorden fanden sich immer wieder einzelne Mönche, die sich engagiert um Anschluss an humanistische Kreise bemühten. Ein frühes Beispiel war der Augsburger **Sigismund Meisterlin** (um 1435-nach1497), der als 15-jähriger in das dem Melker Reformkreis angehörende Augsburger Benediktinerstift St. Ulrich und Afra eintrat, aber bald zur frühhumanistischen *congregatio* des Sigismund Gossembrot stieß, die dann für seinen Bildungsweg und seine literarische Produktion offensichtlich prägender war als seine klösterliche Schulung. Gossembrot beauftragte Meisterlin, eine Geschichte der Stadt Augsburg zu verfassen, die ‚**Cronographia Augustensium**' (1456; 1457 ins Deutsche übersetzt), in der der junge Benediktiner vor allem das Geschichtsbild der zwei Jahrzehnte vorher entstandenen, 396 Verse umfassenden fabulösen deutschsprachigen Chronik der Stadt Augsburg durch einen Geistlichen namens **Küchlin** revidierte. Küchlin hatte die Entstehung Augsburgs auf die Trojaner zurückgeführt, von denen seiner Darstellung nach die Germanen abstammten, sowie auf die Schwaben, und behauptet, die Stadt sei älter als Rom. Das Werk endete mit der Christenverfolgung Diokletians, zu deren Opfern die Stadtpatronin Afra gehörte. Die kurze Chronik war innerhalb Augsburgs populär und lag Meisterlin in lateinischer Übersetzung vor. Meisterlins Werk beruht auf eigenen Quellenstudien und setzt sich vor allem mit der Gründungs- und Frühgeschichte der Stadt auseinander, wobei er inhaltliche und chronologische Inkonsequenzen Küchlins aufdeckt.

Nicht die Trojaner gründeten demnach Augsburg, sondern die einheimischen Vindeliker.

Meisterlin führte ein eigentlich für einen der *stabilitas loci* verpflichteten Benediktiner ziemlich rastloses Leben. In seiner produktiven Nürnberger Zeit (vgl. S. 167) verfasste er eine Stadtchronik (1488), die er auch ins Deutsche übersetzte, sowie ein Leben des Stadtheiligen Sebald. Abgesehen von der Augsburger *congregatio* und vor allem Gossembrot scheint Meisterlin aber keine engeren Beziehungen zu anderen humanistischen Kreisen gepflegt zu haben.

Derjenige, der in der Forschung am stärksten mit der Vorstellung eines „Klosterhumanisten" verbunden wurde, ist der Benediktiner Johannes Trithemius (1462–1516) aus Trittenheim an der Mosel, wovon er seinen latinisierten Namen ableitete. Wie Celtis entstammte er einer Winzerfamilie. Nach Studien in Trier und Heidelberg trat er in das Hunsrücker Kloster Sponheim bei (Bad) Kreuznach ein und wurde bereits eineinhalb Jahre später Abt. Er war ein glühender Verfechter der Bursfelder Reformbewegung, der, an die große Zeit des Hrabanus Maurus (circa 780–856) erinnernd, auf eine Vereinigung von klassischer Bildung und christlicher Tugend innerhalb des Ordens pochte. Er beherrschte die drei ‚klassischen' Sprachen der Humanisten – Latein, Griechisch und Hebräisch – und stellte in dem kleinen Landkloster eine riesige Bibliothek zusammen, die als Studienbibliothek von Humanisten sehr geschätzt wurde. Er gehörte zur Heidelberger ‚Sodalitas litteraria Rhenana' und war Freund und Briefpartner von bedeutenden deutschen Humanisten wie etwa Johann von Dalberg, Conrad Celtis und Johannes Reuchlin, was 269 erhaltene Briefe belegen. Seine Strenge sowie seine von den Mönchen als übertrieben empfundene bibliophile Sammeltätigkeit, seine häufige Abwesenheit von Sponheim sowie der Vorwurf, dem Okkultismus zu frönen, führten dazu, dass Trithemius 1506 in die unbedeutende Abtei St. Jakob in Würzburg wechselte, wo er bis zu seinem Lebensende blieb.

Trithemius verfasste ein vielfältiges und reichhaltiges Œuvre. 1494 erschien sein Schriftstellerkatalog ‚De scriptoribus ecclesiasticis', in dem er 962 christliche Autoren von den Kirchenvätern bis zur Gegenwart, mit Werktiteln und -incipits versehen, verzeichnete, u.a. auch die Autorinnen Hrotsvit von Gandersheim, Hildegard von Bingen und Elisabeth von Schönau. Zunehmend verstieg er sich allerdings zu kühnen Thesen und schließlich sogar zu plumpen Fälschungen. Schon Trithemius' theologische Schrift ‚De laudibus sanctissimae matris Annae' (1494), in der er behauptete, Anna habe ihre Tochter Maria unbefleckt empfangen, stieß auf Widerstände, auch wenn Freunde wie Wimpfeling sie noch verteidigten.

Jedoch führte die literarische Produktion in seiner Würzburger Zeit zu einer Art Demontage des bislang geschätzten Humanisten. In einer Geschichte der Franken (1514), die zuerst in einer deutschen Übersetzung gedruckt wurde, und in seinem im selben Jahr vollendeten zweibändigen Geschichtswerk ‚Annales Hirsaugienses' (erst 1690 gedruckt) wurde Trithemius zum dreisten Geschichtsfälscher. Was anfänglich als Chronik des Bursfelder Reformklosters Hirsau, das Trithemius visitierte, gedacht war, entwickelte er zu einer Geschichte des Reichs weiter. Er gab in beiden Werken vor, eine alte fränkische Chronik gefunden und benutzt zu haben, die von einem Hunibald verfasst sein sollte, der wiederum auf die noch ältere Chronik eines Wastald zurückgegriffen habe. Dort stammen die Franken angeblich von den Trojanern ab. Für den genealogisch sehr interessierten Maximilian führte er die Habsburger auf Hector von Troja zurück. Maximilian wollte daraufhin die Hunibald-Chronik einsehen, was Trithemius in arge Verlegenheit brachte. Die Handschrift sei vom jetzigen Sponheimer Abt verkauft worden und daher nur schwer auffindbar, erklärte er dem enttäuschten Kaiser.

Diese Erfindungen führten dazu, dass Trithemius kurz vor seinem Tod in humanistischen Kreisen in Misskredit geriet und sogar zum Objekt des Spottes wurde. Er galt nun als Fälscher, der das strenge *ad fontes*-Prinzip der Humanisten verraten hatte. Konrad Peutinger, der ihm früher eng verbunden gewesen war, distanzierte sich von ihm, und Johannes Stabius veröffentlichte sogar ein Spottbild mit vernichtender Unterschrift. Trithemius stürzte in den Augen der damaligen und späteren Leserschaft „als Fabulator vom mustergültigen Humanisten in die Sickergrube der unkritischen Historiographie" (H. Müller).

Der Benediktiner Albrecht von Bonstetten (um 1445-circa 1504) avancierte nach dem Studium der *artes* in Freiburg und Basel und des kanonischen Rechts in Pavia bereits in jungen Jahren 1470 zum Dekan der Abtei Einsiedeln. Er gehörte zu jenen wenigen Mönchen, denen es gelang, respektiertes Mitglied einer internationalen humanistischen Korrespondenzgemeinschaft zu werden. In den an ihn gerichteten Briefen bekannter Humanisten wird sein eleganter Stil in höchsten Tönen gepriesen. Auch er pflegte enge Kontakte zu Adelshöfen. Durch Friedrich III. wurde er 1482 zum Holzpfalzgrafen und Hofkaplan ernannt.

Albrecht verfasste vorwiegend lateinische Historiographie, z.B. Darstellungen der Burgunderkriege und der Habsburgischen Dynastie sowie mehrere hagiographische Werke. Seine Schriften wurden mitunter vom hohen Adel in Auftrag gegeben, etwa von den Kaisern Friedrich III. und Maximilian I., dem Herzog Sigmund von Tirol sowie dem König von Frankreich.

Albrecht war mit Niklas von Wyle (s.u.) gut befreundet und folgte in seinen lateinischen Werken dem von Wyle geprägten Übersetzungsstil. Indes orientierte er sich noch stärker als sein Mentor an lateinischen Konstruktionen. Für ihn wie für Wyle gründete die Legitimierung für die Verwendung der Volkssprache durch einen Humanisten auf deren programmatischer Deformierung. Wyle versorgte ihn ebenfalls mit humanistischem Schrifttum, so etwa mit Werken Piccolominis, die Albrecht immer wieder für seine Arbeiten heranzog.

Von Albrecht stammt eine zeitgeschichtliche Schrift über die Burgunderkriege (1477), für die er offenbar kritisiert wurde, denn er schreibt später, dass er nach diesem Werk *kein weltlich composicion* mehr verfassen wolle (woran er sich allerdings nicht hielt). Seine Darstellung der militärischen Auseinandersetzungen zwischen Karl dem Kühnen und der Koalition aus Eidgenossen, Österreichern und anderen (1474–1477), die für den Burgunder desaströs endeten, widmete Albrecht den Herzögen Sigmund von Tirol und Reinhard von Lothringen sowie der Niederen Vereinigung. Vom Duktus erinnert das Werk eher an eine öffentliche Rede. Bonstetten zielt vor allem auf eine negative Charakterisierung Karls ab, den er mit Nero, Hannibal und Judas gleichsetzt und als Schlächter brandmarkt, der Leid und Elend über die von ihm angegriffenen Gebiete gebracht hat. Ganz Humanist, fragt er zum Schluss, ob man Karls Tod bedauern müsse. Die in Italien heftig diskutierte Frage nach der Legitimität des Tyrannenmords wird hier aufgegriffen, eine Frage, die Ulrich von Hutten in Bezug auf Ulrich von Württemberg (s.o.) im frühen 16. Jahrhundert bejahte.

Die ‚Superioris Germanie confederationis descriptio' aus dem Jahr 1479 war „die erste auf zeitgenössische Chronistik und eigene Anschauung gestützte landeskundliche Darstellung der Schweiz" (H. Fueglister). In typisch humanistischer Tradition bietet Albrecht hier zunächst eine topographische Beschreibung der Eidgenossenschaft, gefolgt von einer *descriptio* der historischen Ursprünge, der militärischen Leistungen der tapferen Bewohner sowie der bedeutenden Städte und der führenden Familien. Das Werk übersetzte Albrecht bald ins Deutsche, weil offenbar die nichtlateinkundigen Würdenträger darüber misstrauisch waren, *ob ich üch allen üwern stetten, land und lüten nit mer ze lob, dann zu scheltung üwer sig, triumph und titeln ... geneigt sye.*

In Albrechts Hauptwerk, der ‚Historia domus Austrie' (1491) – die 1492 verfasste deutsche Übersetzung widmete er ebenfalls Sigmund von Tirol (dem Münzreichen; 1427–1496) –, skizziert er eine Geschichte der Markgrafen und Herzöge von Österreich. Auch hier bietet er zunächst eine topographische Beschreibung, gefolgt von einer nach Personen geordneten historischen Darstellung der Babenberger und Habsburger, wobei Friedrich III. und Maximilian I. ganze, aus dem Gesamtrahmen herausfallende Kapitel gewidmet werden. Es handelt sich freilich um eine Kompilation, Albrechts Hauptquelle war *der viel suesse Eneas Silvio*, der ihm *für annder alle mit seiner verzuckerierten suessigkeit, indistilliert, gespeiset, vnnd ettwas seiner kunst honigwaben geboten hat.* Gemeint war Piccolominis ‚Historia Bohemica', die Albrecht sowohl strukturell imitierte als auch passagenweise wörtlich abschrieb.

In Albrechts breitem Œuvre befinden sich ebenfalls rein deutschsprachige Werke, so etwa eine kurze Geschichte des Klosters Einsiedeln (1494 gedruckt). Von ihm stammen z.B. Legenden von in der Schweiz verehrten eremitischen Heiligen. Dem Kurfürsten Ernst und dem Herzog Albrecht von Sachsen widmete er eine lateinische und eine deutsche Vita des sächsischen Adligen Gerold, der sich im 10. Jahrhundert in der Nähe von Einsiedeln von der Welt zurückzog. Er verfasste auch eine Legende der Fischinger Patronin Ida von Toggenburg, die, nachdem sie von ihrem Ehegatten der Untreue bezichtigt und durch ein Wunder Gottes von einem Todessturz gerettet wurde, ihr Leben als Eremitin verbrachte. Albrecht übersetzte den Text im Auftrag des Abtes von Fischingen zweimal aus dem Deutschen ins Lateinische (1481/1485) und 1486 zurück in die Volkssprache. Sebastian Brant druckte diesen Text in einer von ihm herausgegebenen Straßburger Ausgabe von ‚Der Heiligen Leben' ab.

Eine *Hystoria* des Nikolaus von Flüe (*de Rupe*) (1417–1487) entstand 1479. Der populärste Heilige der Eidgenossenschaft war Bauer gewesen, der seine zehn Kinder zurückließ, um Einsiedler zu werden. Jahrelang soll er ohne Nahrung und Getränke gelebt haben und wurde deshalb bereits zu Lebzeiten als Heiliger verehrt (vgl. Tl. 2). Seine Einsiedelei wurde zum Pilgerziel, das von bedeutenden Kirchenmännern wie Johannes Geiler, Felix Fabri und Johannes Trithemius aufgesucht wurde. In politischen Fragen wurde er ebenfalls konsultiert, und durch seine Intervention verhinderte er 1481 ein Auseinanderbrechen der Eidgenossenschaft (sog. Stanser Verkommnis). Albrechts Text, den er auch übersetzte, ist aber keine Legende, sondern ein Bericht über seinen Besuch beim Bruder Klaus im Jahre 1478. Die *Hystoria* verschickte Albrecht an verschiedene Adressaten, vom venezianischen Dogen bis hin zum Nürnberger Rat.

Zu den wenigen mustergültigen Humanisten in Ordenstracht zählt der Nürnberger, später Heidelberger Dominikaner Johannes Cuno (1463–1513), der zunächst bei Reuchlin und danach zusammen mit Willibald Pirckheimer in Padua Griechisch studierte. Von dem glänzenden Gräzisten stammen zahlreiche Übersetzungen ins Lateinische und eine Reihe von ihm lektorierte Ausgaben. Von Erasmus wurde er für seine Vorarbeiten für die später von ihm betreute Hieronymus-Ausgabe gepriesen. Auch als Lehrer von Humanisten wie Beatus Rhenanus war er tätig.

Der Straßburger Franziskaner Thomas Murner (vgl. S. 618), von Maximilian 1505 zum *poeta laureatus* erhoben, verteidigte entschieden den propädeutischen Nutzen der Poesie, indem er auf die Kirchenväter verwies. Besonders für die in der Welt agierenden Bettelorden seien höhere Bildungsvoraussetzungen vonnöten als für Mitglieder der kontemplativen Orden. Es komme stets auf den verantwortlichen Umgang mit poetischen Texten an. Indes gehörten sowohl Cuno als auch Murner in ihren Orden zu den wenigen, für die der Humanismus identitätsstiftend war.

Humanistisches Schrifttum in deutscher Sprache

Der Stellenwert der Volkssprache im humanistischen Bildungskonzept blieb trotz der starken nationalen Prägung des deutschen Humanismus kontrovers. Die deutliche Überlegenheit des Lateins galt als absolute Selbstverständlichkeit, dessen souveräne Beherrschung war erstes Qualifikationsmerkmal für die Zugehörigkeit zum Kreis der Auserwählten. War das Deutsche für Celtis und andere, die bestrebt waren, die humanistische neulateinische Dichtung in Deutschland heimisch zu machen, eine barbarische Sprache, ihrer erhabenen Dichtkunst unwürdig, so wurden doch – wie oben gesehen – die vor allem gesellschaftlich einflussreichen, politisch bedeutenden und zumeist für das finanzielle Überleben schlichtweg notwendigen Ungelehrten durch eine beachtliche Anzahl von Übersetzungen mit humanistischem Bildungsgut bedient.

Insgesamt gesehen besteht der Beitrag des Humanismus zur deutschsprachigen Literatur vor dem 17. Jahrhundert vor allem aus Übersetzungen; verhältnismäßig wenig originär Deutsches ist überliefert. Immer wieder reflektiert wird der Stellenwert der Volkssprache innerhalb des humanistischen Bildungsprogramms – z.B. werden zahlreiche Schultexte übersetzt – sowie die Frage, ob das Deutsche ebenso wie das Lateinische zur Vermittlung höchst elitären Wissens geeignet ist. Als ein zentrales Ziel galt dabei, die sprachliche Qualität und das intellektuelle Niveau zeitgenössischer volkssprachlicher Literatur durch die humanistische Perspektive deutlich anzuheben. Das heißt, dass die deutschsprachige Rezeption antiker Literatur ein Vorgang war, „welcher die Literaturen, die teilnahmen, auf eine neue universale Norm der Bildung und Ästhetik orientierte, sie in der Breite und Dauer veränderte wie keine andere ihrer Rezeptionen. Zu seinen tragenden Elementen gehörte die Übersetzung der Auctores, ihre erste Einbürgerung in die Volkssprachen ... Dem ungelehrten Leser schuf sie nichts weniger als eine neue Literatur seiner Sprache" (F. J. Worstbrock). Insgesamt gesehen erreichten die Werke allerdings kein größeres Publikum, vielfach sind nur Widmungsexemplare an einen adligen Adressaten erhalten. Nur wenige Übersetzungen humanistischer Literatur wurden mehr als ein- oder allenfalls zweimal gedruckt. Es sind aber nicht zunächst die antiken Dichter, welche die Übersetzer unter den Frühhumanisten bewunderten, sondern eher die Italiener. Dies dürfte vor allem durch die kulturelle Andersartigkeit der antiken Literatur für ein illiterates Publikum bedingt sein, für die mitunter eine ausführliche Kommentierung des Übersetzten vonnöten war. In den ersten Jahren deutscher Humanismus-Begeisterung diente vor allem Piccolomini als Vorbild.

Bei einer Vorstellung der vielfältigen volkssprachlichen Literaturproduktion der Humanisten erscheint es sinnvoll, wie im Falle Nürnberg sowie der lateinischen

Literatur bereits ausgeführt, anhand einer Gliederung nach Landschaften, Höfen und Städten vorzugehen, auch wenn dies im Falle von Wanderhumanisten selbstverständlich nicht immer unproblematisch ist.

Der Stuttgarter und der Rottenburger Hof

Zu den fruchtbarsten Landschaften für die Produktion volkssprachlicher Humanistenliteratur – vor allem in der Frühzeit – gehörte jedenfalls der deutsche Südwesten mit dem Stuttgarter Hof Eberhards im Bart und dem Rottenburger Hof seiner Mutter Mechthild von der Pfalz als Zentren. Für die beiden wurden Übersetzungen am Hof und in schwäbischen Städten wie Ulm, Esslingen und Konstanz verfasst. Dabei standen die örtlich getrennt lebenden Übersetzer vielfach miteinander brieflich in Verbindung, zu ihren informellen humanistischen Zirkeln gehörten auch Drucker.

Eine der bedeutendsten und einflussreichsten Gestalten des Frühhumanismus und zugleich eine zentrale Gestalt der deutschen produktiven Piccolomini-Rezeption war Niklas von Wyle, der von dem späteren Pius II. stark geprägt wurde. Ab 1452 korrespondierten sie miteinander, in den Briefen ist von einer *amicitia* (Freundschaft) die Rede. Der Schweizer Wyle wurde um 1415 in Bremgarten (Aargau) geboren, studierte in Wien, wo er 1433 das Bakkalaureat erwarb. Er war zunächst Lehrer und öffentlicher Notar in Zürich, bevor er 1444 das Schreiberamt in Radolfzell antrat. Drei Jahre später wurde er Ratsschreiber in Nürnberg, wo er auf seinen Mentor, den Humanisten Gregor Heimburg traf, dessen Gelehrsamkeit ihn tief beeindruckte. Heimburg vermittelte ihm eine deutsche Stilistik, die sich an grammatischen und syntaktischen Strukturen des Lateins orientierte.

Noch im selben Jahr 1447 verließ Wyle samt Familie die Reichsstadt, die ihm nicht behagte, und trat eine wesentlich schlechter dotierte Stelle als Stadtschreiber (*protonotarius*) in Esslingen an (1447/48–1469). Hier kam Wyle zu Ansehen und Einfluss, knüpfte viele Kontakte zu humanistisch gesinnten Gönnern und Persönlichkeiten bei Hof und in der Stadt. Er war dort auch als Lehrer tätig, der mit Stolz von seinen begabten Schülern berichtete, die er für die Berufe als Schreiber und Kanzleibeamten ausbildete. Als Leiter der städtischen Kanzlei vertrat er Esslingen bei allen Geschäften der Stadt und reiste dafür vielfach an die wichtigsten Adelshöfe des Südwestens sowie an den kaiserlichen Hof in Wien, wo er mindestens achtmal zu längeren Aufenthalten weilte. Allerdings war seine Verbindung zum Hof der Markgrafen von Baden, von wo er seit 1459 Aufträge erhielt, noch intensiver. In Vertretung von Karl von Baden durfte er sogar in Mantua eine Begrüßungsrede für Pius II. halten, den er wohl bereits aus Wien kannte. Nach einer harten Auseinandersetzung mit der Stadt aufgrund eigenmächtigen Handels floh Wyle 1469 aus Esslingen und erhielt eine Anstellung als

Vizekanzler am Hofe der Grafen von Württemberg in Stuttgart, wo er 1479 starb.

Obwohl Wyle in seiner Bewunderung für Piccolomini in lateinischen Briefen immer wieder versuchte, die Stilebene seines Vorbildes zu erreichen, bescheinigte ihm Piccolomini nur mittelmäßiges Talent. Wohl deshalb wurde Wyle nie zum lateinischen Schriftsteller und publizierte zeit seines Lebens nie Lateinisches, abgesehen von den Briefen Piccolominis, die er in seinem letzten Lebensjahr veröffentlichte. Eine Reihe von Wyles Werken erfuhr eine gewisse Verbreitung, sein Hauptwerk, die ‚Translationen' (*translatzen oder tütschungen*), eine umfangreiche Sammlung von achtzehn Texten, ist 1478 in Esslingen erschienen, und wurde 1510 und 1536 nachgedruckt. Seine unvollendete briefrhetorische Lehrschrift ‚Colores rethoricales', didaktisch umgestaltete Auszüge aus den Lehrschriften des Nikolaus von Dybin, erschien lange nach seinem Tod – zwischen 1528 und 1578 – als Teilstück in zwei vielfach gedruckten rhetorischen Handbüchern. Verschollen ist eine wohl unvollendet gebliebene Übertragung von ‚De consolatione philosophiae' des Boethius.

Von den achtzehn ‚Translationen' sind sechzehn adligen Adressaten gewidmet, darunter drei Eberhard im Bart und vier dessen Mutter Mechthild, zu der Wyle besondere Verbindungen hatte. Eine weitere Übersetzung, die sich Mechthild gewünscht hatte, schickte Wyle mit der Bitte um Weitergabe an ihren Kämmerer, Jörg Rott (identisch mit Georg Seidensticker). Der heiratete offenbar Dorothea, die Tochter Wyles, die am Rottenburger Hof erzogen wurde, was Wyles enge Beziehungen zum Hof bezeugt.

Die ‚Translationen' enthalten Übersetzungen, die zwischen 1461 und 1478 entstanden und im Großen und Ganzen chronologisch geordnet sind. Sie bieten, von zwei Texten abgesehen, ausschließlich Schriften von Autoren des italienischen Renaissance-Humanismus, d.h. eine Auswahl von Werken, die von den *gelertesten mannen vnser zyten* stammen. Wyle beabsichtigte damit, das Spektrum der deutschsprachigen Literatur um neuartige, mitunter recht gewagte Werke zu erweitern und bot dabei ein breites Angebot von im Humanismus besonders gepflegten Gattungen: Erzählungen, Briefe, Dialoge, Ereignisberichte, Reden. Die für den kulturellen Transfer geeignete Übersetzungsmethode konnte in seinen Augen nur mit der Einführung einer neuen, sich am Neulatein orientierenden deutschen *eloquentia* einhergehen, der *kunst wolredens vnd dichtens, die wir nennent oratoriam*. Dieser Sprachstil, der das Latein bis hin zu wörtlicher Imitation nachbildet, tut der deutschen Sprache freilich Gewalt an, er wirkt überanstrengt und schwer verständlich, er setzt gewissermaßen Lateinkenntnisse voraus. So überträgt er *von wort ze wort* z.B. Partizipial- und A.c.I.-Konstruktionen ohne weiteres auf das Deutsche.

Durch die Bereitstellung von Literatur des italienischen Humanismus für ein Publikum, dem ansonsten der Zugang zu diesem Eliteschrifttum versperrt geblieben wäre, und dies mit einer die Sprache bewusst verfremdenden Übersetzungsmethode, vermittelte Wyle den Adressaten, *etlichen fürsten fürstin herren vnd fröwen*, ein Gefühl von Zugehörigkeit zu einer Elite, ohne dass sie bestimmte Aufnahmevoraussetzungen erfüllen mussten. Damit setzte er die Ausgrenzungsfunktion des Lateinischen außer Kraft. Dies unterstrich er, indem er in der Vorrede verdeutlichte, dass ihn eine Rücksichtnahme auf den *schlechten* (schlichten) *gemainen und vnernieten* (ungeübten) *man* nicht interessierte, womit er selbstverständlich seinen Adressatenkreis geschickt aufwertete. Wyles Übersetzungen waren keine Auftragsarbeiten, sondern wurden von ihm persönlich ausgewählt, weil er glaubte, sie träfen den Geschmack seiner Adressat(inn)en, was er auch regelmäßig in den vorangestellten Widmungsschreiben erläuterte.

Dennoch scheint Wyle mit Kritik an seinem lateinisch assimilierten Übersetzungsstil gerechnet zu haben. In der Einleitung zu den ‚Translationen' geht er davon aus, dass es *dero vil sin, die dise min translaciones schelten vnd mich schumpfieren* (verspotten) *werden vnd sagen, daz die an vil enden wol verstentlicher möchten worden gesetzet sin, dann von mir beschechen syg*. Wyle beharrt indes darauf, dass das überlegene Latein nicht nur ohne syntaktische Abänderungen ins Deutsche umgesetzt werden könne, sondern sogar genau so umgesetzt werden müsse, auch wenn dadurch der deutsche Sprachgebrauch völlig verfremdet werde. Er sah darin einen pädagogischen Auftrag, der bei der sprachpädagogischen Ausbildung seiner Schüler einen Anfang genommen hatte. Ihnen hatte er erfolgreich beigebracht, Schriften in einem gehobenen lateinischen und deutschen Stil zu verfassen. Es ging ihm dabei um einen über die Literatur in Gang gebrachten Bildungsprozess, der dem Publikum ungewöhnliche Anstrengungen abverlangte. Wäre das nicht so, dann hätte sich diese Literatur als niveaulos disqualifiziert. Nach *emsig lesung gûter vnd zierlicher gedichten*, wachse im *lesenden menschen* nach und nach *ain naigung geschicklichkait vnd arte, daz der selb mensch ouch vf sölich form werd vnd müsz arten zereden zeschriben vnd zedichten*. Letztlich sieht Wyle für die Latinität die Aufgabe vor, die Volkssprache grammatisch-rhetorisch zu disziplinieren. Zwischen Literatur- und Kanzleisprache scheint Wyle keinen Unterschied gemacht zu haben. Es war aber nicht nur die Ausformung einer spezifisch humanistischen Stilistik der deutschen Sprache, sondern auch die Vielfalt der in den neuartigen Texten behandelten außergewöhnlichen Themen und die damit verbundenen geistigen Herausforderungen, die das Besondere an den ‚Translationen' ausmachten, was Wyle in der Einleitung hervorhebt. Einige spätere Übersetzer sollten sich seiner Einstellung anschließen.

Der erste der achtzehn Texte bringt das bekannteste Werk des Piccolomini, die tragische Liebeserzählung ‚Eurialus und Lucretia' (vgl. S. 513), deren Übersetzung Wyle 1462 der Pfalzgräfin Mechthild und (in einem anderen Überlieferungsträger desselben Jahres) der Markgräfin Katharina von Baden gewidmet hatte. Er wurde als Einzeltext von 1477 bis um 1600 mehrmals gedruckt, wozu ebenfalls eine niederdeutsche Ausgabe gehört.

Novellentypisch wird die Handlung historisch situiert, und zwar ins Siena des Jahres 1432. Damals besuchte Kaiser Sigmund die Stadt mit dem Kanzler Kaspar Schlick, der Vorbild für die Figur des Eurialus gewesen sein könnte, wie Piccolomini spielerisch suggeriert. In einem der Erzählung vorangestellten Brief an Schlick schreibt Piccolomini, dass Schlick, der in Wien sein Vorgesetzter gewesen sei, die Geschichte gut verstehen werde, da ihm ja Ähnliches in Siena zugestoßen sei. Die Handlung ist zugleich schlicht und höchst raffiniert. Bei seinem Aufenthalt mit Sigmund in Siena verliebt sich der fränkische Adlige Eurialus in die verheiratete Lucretia. Es entwickelt sich eine unbändige Leidenschaft zwischen den beiden, was zu mehreren geheimen Liebestreffen führt. Allerdings muss Eurialus nach kurzer Zeit mit dem Kaiser nach Deutschland zurück. Dort heiratet er – wie übrigens auch Schlick – eine Herzogin. Lucretia stirbt am gebrochenen Herzen.

Es handelt sich nicht um eine neue Abwandlung des Tristan-Stoffes, denn es kommt zu keinem offenen Konflikt mit der Gesellschaft. Stattdessen wird die Unmöglichkeit der Liebesbeziehung an der Ungleichheit der beiden Liebenden in höchst differenzierter Weise vorgeführt. Lucretia ist bereit, alles aufzugeben und mit dem Liebhaber zu fliehen, so grenzenlos ist ihre Entschiedenheit. Eurialus dagegen liebt zwar leidenschaftlich, weist aber mutlos taktierend auf die Gefahren einer Flucht hin und pocht auf vernünftiges Handeln. Nur sie, die Bedingungslose, geht an der Liebe zugrunde. Piccolomini interessiert sich nicht für die Ehebruchthematik, sondern warnt am Ende vor der Bitterkeit der Liebe.

Wyle hat die Erzählung nicht als poetische Fiktion, sondern als verschlüsselten Tatsachenbericht begriffen. Das könnte so verstanden werden, als habe er für seine Übersetzung eine höchst unmoralische wahre Begebenheit ohne moralischen Sinn ausgewählt. Aus diesem Grund erwartete Wyle dahingehende Kritik, dass sein Werk *mer arges dann gůtes* lehre und ein Mann seines Alters und seiner Stellung eigentlich Derartiges nicht veröffentlichen sollte. Zu seiner Verteidigung betont er, dass er die Erzählung als abschreckendes Beispiel verstanden haben will. Zudem sei der Verfasser ja nun Papst. Auch im Alten Testament werde *arges vnd böses ... vermischet*, aber niemand käme auf die Idee, dass wir *ouch die hailigen geschrift vngelesen růmen* lassen müssten. Im Umgang mit der Erzählung solle man, wie es die Bienen tun, das Nützliche aus der Blüte saugen und das Schädliche übergehen.

Die zweite *Translatze* stellt ein Stück Boccaccio-Rezeption dar – es ist die Novelle von ‚Guiscardo und Ghismonda‘, die hier über die lateinische Übersetzung des Florentiner Humanisten Leonardo Bruni (1369–

1444) vermittelt ist. Die *Translatze* ist in fünf Handschriften und zehn hoch- und zwei niederdeutschen Druckausgaben überliefert. Wie in der ‚Eurialus'-Novelle geht es um Liebe, die zum Tode führt. Auch dieses Werk erschien als Einzeltext in zahlreichen Druckausgaben und dann als Teil von Kompilationen bis um 1578/1580. Das Hauptmotiv ist aus Konrads von Würzburg ‚Herzmäre' bekannt (vgl. Bd. II/2). Sigismunda, die Tochter eines Fürsten, verliebt sich in einen Jüngling aus niederem Stand. Der Vater belauscht ein heimliches Treffen der beiden, lässt den jungen Liebhaber gefangen nehmen, töten und dessen Herz der Tochter schicken. Von Schmerzen überwältigt, vergiftet sie sich. In dieser Karl von Baden gewidmeten Novellenübersetzung verzichtet Wyle gänzlich auf eine Rechtfertigung oder Deutung der Handlung, obwohl der Text, ähnlich wie die ‚Eurialus und Lucretia'-Novelle, die soziale und ethische Ordnung in Frage stellt. Denn Sigismunda fordert nicht nur ihr Recht auf sexuelle Erfüllung ein, sondern verbindet das mit dem Anspruch, dies mit einem Geliebten unabhängig von Stand und Herkunft ausleben zu können. Alle Menschen seien letztlich gleich, nur die ‚Virtus' (Tugend) unterscheide sie. Die Novelle vertritt eines der Hauptanliegen des Humanismus, die freie Selbstbestimmung des Individuums, was auch eine Aufwertung des weiblichen Geschlechts impliziert.

Von noch größerer Brisanz ist die dreizehnte *Translatze*, die Übersetzung des ‚Asinus' (Eselsromans) des (Pseudo-?)Lukian von Samosata nach der lateinischen Version Poggios, eine Metamorphosengeschichte, worin *vnküscher wercken mancherley gestalten* enthalten seien. Als Einzeltext wurde das Werk mindestens viermal gedruckt. Die Erzählung von Lukios, der in einen Esel verwandelt wird, und dabei allerlei, auch erotische, Abenteuer erlebt, wird von Wyle *mit vermidung der schamperkeit* (unter Auslassung von Obszönitäten) wiedergegeben: die heikelsten Stellen werden entweder geschickt entschärft oder übergangen. Wyle schreibt, dass er mehrfach gebeten worden sei, den Text zu übersetzen, bevor er sich um 1469 für Eberhard im Bart der Aufgabe annahm. Er habe sich so lange zurückgehalten, weil er *nit wolt ... yemant ain vrsach sin zuo lernung fremder süntlicher künsten*. Die Szene, in der Lukios mit der Magd Palaestra eine Liebesnacht verbringt, wird bei Poggio mit Ringkampfmetaphorik beschrieben. Zwar lässt Wyle erkennen, dass die beiden Geschlechtsverkehr haben, aber die Beschreibungen der diversen Stellungswechsel werden ausgespart. Radikaler geht er mit einer anderen Stelle um, in der Lukios als Esel eine Nymphomanin sexuell so überzeugend befriedigt, dass ihn ihr Mann als Sensation in der Arena auftreten lassen will, zusammen mit einer verurteilten Verbrecherin. Der erotische Teil wird von Wyle übergangen, der Auftritt in der Arena zu einem Turnier umfunktioniert. Dementsprechend verzichtet er auf die Schlussepisode bei Poggio, in der der zurückverwandelte Lukios wieder zu der Dame zurückwill, die er als Esel befriedigt hatte, die ihn aber aufgrund seiner inakzeptablen menschlichen Genitalien nun zurückweist.

Wyle begründet sein Vorgehen mit der Gefahr, die eine zu genaue Darstellung von *vnküsch werck* mit sich brächte, denn der Leser könnte ja dann mit Details über ihm unbekannte sündhafte sexuelle Praktiken überfordert sein. Diese Stellen würden auch Anstoß erregen oder das Schamgefühl verletzen. Durch den expliziten Hinweis auf seine Änderungen gegenüber der Vorlage dürfte Wyle freilich gerade die sündhafte Phantasie angeregt haben.

In den ‚Translationen' finden sich aber keineswegs nur Erzählungen, im Gegenteil, diese machen den kleinsten Teil aus. Drei *Translatzen* widmen sich der humanistischen Programmatik oder greifen sie teilweise auf. Sie zielen darauf ab, den Humanismus zur Sache der adligen Lebensform zu machen. Dieses Anliegen steht besonders in der zehnten *Translatze* im Mittelpunkt, in der Wyle einen Brief übersetzt, den Piccolomini 1443 aus Graz an den damals sechzehnjährigen Herzog Sigmund von Tirol geschrieben hatte. In diesem Brief erläutert Piccolomini dem Herzog die *studia humanitatis* und bietet gegen Briefende eine Fürstenlehre; Dabei duzt Piccolomini Sigmund unter dem Hinweis, dass dies unter Humanisten üblich sei. Auch diese Übersetzung widmete Wyle Karl von Baden, damit dieser sie bei der Erziehung seiner drei Söhne einsetzen konnte.

Der Klerus gehörte ebenfalls zu den Adressaten von Wyles humanistischer Bildungsoffensive. Die 17. *Translatze* ist eine Übersetzung einer Rede Poggios vor dem Kardinalskollegium und dem neugewählten Papst Nikolaus V., dem ersten humanistischen Papst, in dem Poggio das Bild eines idealen geistlichen Fürsten entwirft. Wyle schickte seine Übersetzung dem lateinkundigen Abt des Klosters Salem, Johannes I., mit der Bemerkung, er hätte ihm zwar die lateinische Version schicken können, das wäre aber dann Poggios Geschenk gewesen und nicht sein eigenes.

Zu den von Humanisten häufig behandelten Themen gehörte die brisante Frage, ob der Geburts- oder der in der Antike favorisierte Tugendadel als Leistungsadel höher einzuschätzen sei. Nicht nur Humanisten aus bescheidenen Verhältnissen vertraten eindeutig den Primat des Tugendadels. In der 14. *Translatze* übersetzt Wyle Buonaccorsos de Montemagno ‚Controversia de vera nobilitate' (1428/29), ein Streitgespräch, in dem ein römischer Patrizier Scipio und ein Plebejer Flamineus um die schöne Lucretia werben und dabei in zwei längeren Monologen vor dem römischen Senat über die Frage debattieren, wer den wahren Adel besitze. Der Patrizier vermag nur seine ruhmreiche Familie und sein ererbtes Vermögen ins Feld zu führen, während der Plebejer diese Argumente für irrelevant und den Tugendadel, die durch Bildung erworbenen besonderen Fähigkeiten sowie den selbstlosen Einsatz für das Gemeinwohl für ausschlaggebend hält. Zwar geht das Gespräch ergebnislos aus, aber es bestehen keine Zweifel, dass der Plebejer, der den deutlich eleganteren Auftritt bietet, die besseren Argumente vorträgt. Gewidmet ist die Übersetzung Eberhard im Bart, Wyle will ihn damit aber explizit nicht treffen, da Eberhard ja beide Aspekte – Geburts- und Tugendadel – in sich vereine. Eberhard solle deswegen das Urteil in der vorgetragenen Streitfrage fällen.

In der 16. *Translatze*, ‚Lob der Frauen', stellt er einen bereits angesprochenen, zentralen Aspekt der humanistischen Bewegung in den Mittelpunkt eines vorwiegend eigenen Textes: die Ranggleichheit der Frauen. Wyle greift darin auf mehrere Vorlagen zurück, etwa auf eine Rede, die Nicolasia Sanuda, die Gattin eines bolognesischen Senators, 1453 vor einem päpstlichen Legaten in Bologna hielt, der Frauen den Schmuck verboten hatte. Anlass für Wyles Werk waren die frauenfeindlichen Äußerungen in einer Schrift, die Wyle dem Ehemann der Adressatin, Ursula von Absberg, dem Landhofmeister am Stuttgarter Hof Ulrichs V. von Württemberg, Georg von Absberg, geliehen hatte. Ursula war darüber sehr verärgert, was Wyle zu einer inhaltlichen Distanzierung von der Leihgabe und zur Herstellung der *Translatze* veranlasste. Er rühmt nun Frauen der Vergangenheit und Gegenwart für ihre Keuschheit, Treue, Tapferkeit, Weisheit und Gelehrsamkeit. Über allen stehe schließlich die Pfalzgräfin Mechthild.

Mit einer Entschuldigung an die Pfalzgräfin Mechthild für die misogynen Elemente in seiner Quelle, dem in Briefform gestalteten Traktat ‚De remedio amoris' des Piccolomini, beginnt Wyle auch seine dritte *Translatze*. Der Text wurde zweimal als Einzeltext gedruckt. In dem Werk wird die *vnordentliche liebe* verworfen, die Ausschließlichkeit der Liebe zu Gott und Maria als der schönsten aller Frauen hervorgehoben, an die Vergänglichkeit der Schönheit erinnert und eine Frauenschelte aufgeboten, um den Adressaten des Briefs von der Liebe zu einer Dirne abzubringen. Wyle widmet Mechthild in seiner zwölften *Translatze* ein weiteres Werk Piccolominis. Es handelt sich um dessen populäre Vision des Reichs der Fortuna in Briefform (1444), die den Adressaten wegen eines beruflichen Rückschlags trösten soll. Im Traum trifft Piccolomini auf die Frau Fortuna, die unberechenbar und launisch ist. Er fragt sie: *Mit welchen künsten mag man dinen gunst überkomen*, woraufsie antwortet: *mit kainen*.

Mehrfach vertreten sind Texte, die Fragen der Lebensführung behandeln. Die sechste *Translatze* ist eine Übersetzung eines von Poggio verfassten Dialogs ‚An seni sit uxor ducenda' mit der Frage, ob es *geburlich syg*, dass ein älterer Mann eine viel jüngere Frau heirate, ein im Mittelalter durchaus brisantes Thema, das in schwankhaften Erzählungen beliebt war, zumal die Lebenserwartung von Frauen aufgrund von bei Entbindungen auftretenden Krankheiten, wie etwa Kindbettfieber, und sonstigen Komplikationen verhältnismäßig niedrig war. Der Text bejaht natürlich die Frage. Wyle stellte den Text für seinen Züricher Vetter her, dessen Frau vor kurzem gestorben war. Dieses Gespräch soll als eine vorsichtige Ermunterung für den Vetter dienen, trotz Trauer auch optimistisch in die Zukunft zu blicken.

Für Mechthild übersetzte er in der 15. *Translatze* zwei der insgesamt 254 moralphilosophischen Dialoge aus Petrarcas verbreitetem Werk ‚De remediis utriusque fortunae', das Wyle mit überschwänglichem Lob anpreist. Der erste Dialog steht zweifellos in Verbindung mit seiner Flucht aus Esslingen, denn er handelt von einem Mann, der von übler Nachrede verfolgt wird, *mit vnschulde siner eeren von dem püfel* (Pöbel) *geschuldigt vnd angelogen wirt*. Der zweite Abschnitt ist eine Trostschrift beim Verlust einer Gattin und soll Mechthild über den Tod ihres Gatten 1463 hinweghelfen. Interessanterweise hält es Wyle für angebracht, sich auch hier bei der Herzogin für einige im Text vorkommende ehe- und frauenfeindliche Stellen entschuldigen zu müssen.

Ein weniger gewichtiges Thema behandelt die dem württembergischen Kanzler Johannes Fünfer gewidmete *Translatze* fünf, und zwar die Gastfreundschaft. Sie basiert auf einem von drei Tischgesprächen des Poggio, ,Disceptatio convivalis I': *ob ain wirt gest ladende danck sagen sölt*. Der Adressat von *Translatze* sieben ist Mechthilds Kämmerer Jörg Rott, der in einem Auszug aus der Leonardo Bruni oder Pietro Marcello zugeschriebenen Erzählung ,Orationes ad Athenienses' (,Die athenischen Räte') Ermunterung finden soll. Der Text berichtet von einer leidenschaftlichen Debatte bedeutender Athener über die Unterwerfungsforderung Alexanders des Großen. Auch die weisesten Männer fänden häufig keinen Konsens, schreibt Wyle. Man solle gegenüber den gegenteiligen Positionen tolerant sein. Von Mechthild gewünscht und zusammen mit der siebten *Translatze* an Rott geschickt ist eine textnahe Übersetzung der irrtümlich Bernhard von Clairvaux zugeschriebenen ,Lehre vom Haushaben' (,Epistola de cura domestica ad Raimundum militem'; *Translatze* acht). Die ebenfalls von anderen Übersetzern bearbeitete und bis ins 17. Jahrhunderts weit verbreitete Schrift bietet in kurzen Merksätzen Handlungsanweisungen, *wie ain husvater hus haben sölle etc.*

Ohne direkte Beziehung zu den Lebensumständen der Adressaten sind die *Translatzen* vier und elf. Die vierte ist die Übersetzung einer Trostschrift des Poggio an Cosimo de Medici, der 1433 aus seiner Heimatstadt Florenz verbannt worden war. Poggio wendet das Ereignis ins Positive, Cosimo solle den Schicksalsschlag der Fortuna als Möglichkeit zur wahren Freiheit ohne Bürden und Lasten verstehen. Wyles Text ist Karl von Baden gewidmet, dem Derartiges nie widerfuhr, dennoch dürfte es Wyles Absicht gewesen sein, die Möglichkeit eines erfüllten Lebens ohne Macht am Beispiel des souveränen Cosimo vorzuführen.

Auch die elfte *Translatze* geht auf einen verbreiteten Brief Poggios zurück und behandelt ein durchaus gewagtes Thema: den während des Konstanzer Konzils 1416 geführten Ketzerprozess gegen Hieronymus von Prag. Dieser war einer der wichtigsten Anhänger von Jan Hus, übertraf ihn zum Teil in seiner Radikalität und wurde wie Hus auf dem Scheiterhaufen hingerichtet. Poggio enthält sich einer Stellungnahme zu den religiösen Ansichten des Hieronymus, bewundert ihn aber für seine Eloquenz – ein zweiter Cato –

und preist ihn für seinen bewundernswerten stoischen Mut. Für Poggio war Hieronymus eine Figur von antiker Größe, der zu den ungerecht Verfolgten wie etwa Sokrates und Boethius zu stellen sei. Wyle widmete den Text Eberhard im Bart, weil dieser gerne *nüwe und fremde ding* hören wollte. Der kontroverse Brief forderte von Publikum „das freie Interesse am eigenwertig außerordentlichen Menschen, der sich ... auch gegen härteste Prüfung behauptet, die bewundernde Schau autonomer Virtus, die des Rückhalts in einer vorgegebenen Werteordnung entbehrt und dieser nicht verpflichtet, vielmehr maßgeblich an sich selbst ist" (F. J. Worstbrock). Das Werk wurde 1521 gleich viermal gedruckt.

Gewissermaßen aus dem Rahmen der Sammlung fällt die neunte *Translatze*, eine Übersetzung von Felix Hemmerlis ‚C o n t r a v a l i d o s m e n d i c a n t e s‘ (1438), eine Invektive des Zürcher Domherrn und Kantors gegen den freiwilligen Bettel der religiösen Laiengemeinschaften der Dritten Orden, Begarden, Beginen und Lollarden. Hemmerlis Schrift ist an den Konstanzer Bischof gerichtet, den er darum bittet, diese lästigen Elemente, die er für arbeitsscheu und häresieverdächtig hält, aus seinem Sprengel zu vertreiben. Wyle übersetzte dieses verbreitetste Werk seines inzwischen verstorbenen und von ihm hochverehrten Züricher Förderers – einer schillernden Gestalt – für Margarethe von Savoyen, Gräfin zu Württemberg, um Hemmerlis Anliegen nun auch den *layen vnd tütschen* zur Verfügung zu stellen.

Wyle schließt die ‚Translationen‘ mit einer humanistischen Brieflehre ab. Es handelt sich um eine Teilübersetzung von Gasparino Barizzas ‚D e c o m p o s i t i o n e‘, einem humanistischen Standardwerk: ein Teil einer Brieflehre verbunden mit einer Paraphrase der Lehre vom ‚Ordo verborum‘ (Regeln der Wortfolge). Anlass war die Bitte seines ehemaligen Esslinger Schülers und jetzigen Ulmer Ratsherrn Hans Harscher, ihm Unterweisungen zu geben, *wie man aim yeden in sinem stande ain gebürlich überschrift setzen solt*. Er habe eben in seiner Zeit als Schüler nicht gut genug aufgepasst. Die Schrift wurde um 1519 und 1528 in Landsberg als Einzeltext gedruckt.

Durch die Vermittlung neuartiger literarischer Stoffe und Inhalte zielte Wyle auf eine Popularisierung des Humanismus vor allem an den führenden Höfen des Südwestens ab, was mit der vagen Hoffnung auf ein Aufbrechen der überkommenen Standesmentalität verbunden war. Die von ihm bedienten adligen Kreise irritierte das neue Standesdenken soweit erkennbar nicht, denn die Pflege des italienischen Humanismus verlieh den Höfen eine Aura von besonderer Fortschrittlichkeit und Modernität. Vor allem die im neuen humanistischen Paradigma stark aufgewerteten Frauen bediente Wyle mit Texten, die das neue Rollenverständnis thematisierten. Die Schriften mit sexueller Thematik erwiesen sich – kaum überraschend – als seine populärsten Werke, sie wurden mehrfach abgeschrieben, gedruckt sowie produktiv rezipiert.

Die sprachlichen Mittel, derer sich Wyle in seinen Übersetzungen bediente, sollten nur bedingt Schule machen. So dürfte der Erfolg der erotischen Werke kaum mit seinem höchst eigenwilligen Übersetzungsstil in Verbindung stehen. Dennoch scheint Wyles Einfluss auf die Kanzleischriftlichkeit bedeutend gewesen zu sein. Seine Esslinger Schüler verfassten Schriftgut mit einer Methode, wie sie sie in Wyles Unterricht erlernt hatten. Sie und auch andere griffen zudem auf seine Schriften zurück, um Muster für ihre Praxis als Schreiber und Kanzleibeamte zu finden.

Etwa zur gleichen Zeit wie Wyle arbeitete der vermutlich aus Konstanz stammende Kleriker Michael Christan an der Versorgung Eberhards mit Übersetzungen von Werken Piccolominis. Er ist zunächst 1466 als Capellanus im Thurgau, dann 1475 im gleichen Amt und als Inhaber einer Pfründe am Konstanzer Dom bezeugt. In seinen Schriften bezeichnet er sich als Capellanus im thurgauischen Bernrain. Wyle, den er offenbar gut kannte und mit dem er in Briefkontakt stand, dürfte ihn wohl auf Piccolominis Œuvre hingewiesen haben, allerdings war Christan kein Anhänger von Wyles Übersetzungsstil. Christans Textwahl war sicherlich durch seinen geistlichen Stand bedingt. So verdeutschte er für Eberhard die 1461 verfasste ‚Epistola ad Mahumetem' des nun zum Pius II. gewordenen Piccolomini. Darin versucht Pius geradezu dreist, den osmanischen Sultan Mehmet II. zum Christentum zu bekehren, um eine kriegerische Auseinandersetzung zu vermeiden. Eine Antwort erhielt Pius nicht, weil der Brief Mehmet vermutlich überhaupt nicht erreichte. Es kam dann 1464 zu einem völlig gescheiterten Kreuzzugsunternehmen, bei dem Pius II. starb.

Christans 1474 verfasste erste Übersetzung des Textes, die Eberhard gewidmet war, kam vor einer Augsburger Drucklegung abhanden. Um einem Plagiator zuvorzukommen, übersetzte Christan 1482 die ‚Epistola' erneut, und zwar nun für den Freiherrn Johann Werner von Zimmern (d.Ä.). Johann hatte in Freiburg, Wien und Bologna studiert, was in Adelskreisen der Zeit außergewöhnlich war. Ihm wurde eine Liebe zu *latinisch vnd tutschen buchern* attestiert. Die Freiherren von Zimmern waren überhaupt sehr bildungsorientiert, bereits Johanns Vater hatte eine Bibliothek begründet, die der Sohn und ein Enkel weiter ausbauten. Beigefügt ist eine Eberhard gewidmete Verdeutschung eines Briefes Piccolominis an den päpstlichen Notar des Basler Konzils, Giovanni Peregallo. Diese beiden Werke Christans sind allerdings nur in einer einzigen Handschrift überliefert. Anders als Pius, der die ‚Epistola' als Versuch päpstlicher Diplomatie konzipierte, sah Christan das Werk als besonders gelungene Unterweisung in die christliche Lehre. Wenn sie unter den Türken Verbreitung gefunden hätte, so glaubt er, wären sie vom Christentum überzeugt worden.

Ludwig von Helmstorf, Hofmeister des Konstanzer Bischofs und Literaten Otto von Sonnenberg, bat Christan 1484, Ottos ‚De contemptu mundi' für ihn zu übersetzen. In dem vier Kapitel umfassenden Traktat behandelt Otto, ausgehend von der von Genesis, die trübselige Existenz der aus dem Paradies vertriebenen Menschheit, um dann im Schlusskapitel auf deren Zukunft – im ewigen Glück des Himmels oder im grausamen Schrecken der Hölle – einzugehen. Immer wieder streut Christan Gesellschaftskritik ein, wie im Falle der bemerkenswerten Lehre bezüglich der Rolle der Frau in der Ehe, ausgehend von der Schöpfung Evas. Frauen seien von Gott geschaffen worden zur Freude und *nit als ain dienerin / sunder als ain mitgesellin*. Zwar habe Gott die Frauen den Männern untergeordnet, *doch nit also das sy vnder des manns füss gantz genydert vnd verachtet werde*. Es sei eine Schande, dass sogar *vil erbere wyber* von ihren Männern misshandelt werden. Christans Übersetzung erschien nur einmal in einem Basler Druck (nicht nach 1488). Für Otto hatte er zudem die erste Einzelausgabe von Piccolominis lateinische Schrift ‚In Europam' besorgt, die zwischen 1480 und 1491 gedruckt wurde.

Ebenfalls aus dem informellen Zirkel von Humanisten um Eberhard kam der aus einem Esslinger Patriziergeschlecht stammende B e r n h a r d S c h ö f f e r l i n (um 1436/38–1501), der einer der erfolgreichsten Vermittler antiker Literatur in die Volkssprache war. Er war vermutlich Schüler, aber jedenfalls Freund von Niklas von Wyle, wie eine Korrespondenz zwischen den beiden und ein Empfehlungsschreiben Wyles nahelegt. Schöfferlin studierte in Heidelberg, wo er mit dem Baccalaureat in artibus viae modernae (1456) und Magister artium (1461) abschloss. Er studierte dann Jura in Pavia und Ferrara und promovierte 1468 dort zum Doctor iuris civilis. Vier Jahre davor war er zusammen mit dem jungen Grafen Heinrich von Württemberg in Pavia und wurde 1466 sein Kanzler. Nach der Promotion begleitete er Heinrich auf Reisen nach Italien und Frankreich. Ab 1472 begann seine steile Karriere am Hofe Eberhards im Bart, zunächst als Rat und dann 1476 als Prokurator. Von 1478–82 war er Kanzler am Rottenburger Hof von Eberhards Mutter, Mechthild. Nach deren Tod kehrte er an Eberhards Hof zurück. Als Assessor war er neben Johannes Reuchlin mehrfach am Württembergischen Hofgericht tätig. Eberhard bestellte ihn – mit einem beachtlichen Gehalt versehen – 1488 zum Rat auf Lebenszeit. Auf Vorschlag Eberhards wurde Schöfferlin 1495 württembergischer Beisitzer am neu eingesetzten Reichskammergericht und traf dort auf Ivo Wittich, der sich später um Schöfferlins literarischen Nachlass kümmern sollte. Nach dem Tode Eberhards 1496 wurde Schöfferlin 1499 Rat des Nachfolgers Ulrich von Württemberg. Ein Jahr vor seinem Tode wurde er bei der Gründung des Bundesgerichts des Schwäbischen Bundes als einer der drei rechtsgelehrten Richter als Vertreter der Städte eingesetzt. Er war zweifellos einer der politisch bedeutendsten württembergischen Räte der Zeit.

Vielleicht auf Bitten Eberhards, jedenfalls mit seiner Förderung, verfasste Schöfferlin eine umfangreiche volkssprachliche Darstellung der frühen römischen Geschichte, die von der Stadtgründung bis zum Ende des 2. Punischen Krieges reicht. Er habe festgestellt, *das in tütscher zungen sollicher waren vnd rechtbeschribner historien grosser mangel ist*, daher verfasse er das Werk, die *rechten waren römischen hystorien, ... dem gemeinen nutz zů gůt, zu lob vnd eer / tütscher nation*. Er wolle jedenfalls nicht *von wort ze wort die alten bůcher der hystorien zů tütsch* bringen. Mit dieser Aussage will sich Schöfferlin weniger vom Übersetzungsstil Wyles absetzen, als seinen eigenen Umgang mit den Quellen charakterisieren. Denn hier handelt es sich nicht um die getreue Übersetzung eines einzigen antiken Werks, sondern um eine Kompilation. Seine Quellen sind vor allem ‚Ab urbe condita' des Titus Livius und die ‚Antiquitates Romanae' des Dionysios von Halikarnassos, aber auch eine Reihe weiterer antiker Schriften. Die antiken Geschichtswerke seien *zů uil lang* und enthielten *menig heidisch gefert* (Betrug) *vnnd abgöttery*. Daher wolle er *vß allen bewerten bůchern durch die latinischen vnnd kriechischen beschriben / samlen / das mir fůglich ist*. Er betont wiederholt die historische Faktizität seines Werks: Er hoffe, dass sein Werk *zů dem mynsten mer nucz pringen dan das man die fabel (die man nennet / die Ritter bůcher) die erdachte vngeschehne / ouch vnglöplich ding in sich halten / lese/ die ouch den menschen zů sollicher vernunfft / vnd geschiclicheit Als diese warhafftige hystorien nit stüren noch pringen mügen*.

Schöfferlin starb, bevor er das Werk, das bis zur Herrschaft des Augustus reichen sollte, vollenden konnte. Sein Bekannter aus dem Reichskammergericht, Ivo Wittich († 1507), schloss es mit einer getreuen Übersetzung der 4. Dekade von ‚Ab urbe condita' des Livius ab und brachte das Gesamtwerk 1505, mit 236 Holzschnitten versehen, in Mainz als ‚Romische Historie vß Tito liuio gezogen' zum Druck, jetzt allerdings Maximilian gewidmet. Wittichs Anteil übertraf sogar Schöfferlins um knapp 30 Folioblätter.

Wittich, aus Hammelburg (Ufr.) stammend, begann sein Studium 1473 in Leipzig, wurde 1476 Baccalaureus, begann dann ein Studium des kanonischen Rechts und promovierte zum Doctor decretorum, möglicherweise in Italien, wo er sich 1490 aufhielt. 1485–1487 unterrichtete er zusammen mit dem italienischen Humanisten Frediano Pighinucci den jungen Erzbischof Ernst II. von Sachsen. Nach der Rückkehr aus Italien 1491 wurde er vom Mainzer Erzbischof und Kurfürsten Berthold von Henneberg zum erzbischöflichen Rat und Diener ernannt und war zudem dessen Vertreter beim Reichskammergericht. Berthold übertrug ihm 1499 den kanonistischen Lehrstuhl an der Mainzer Universität, deren Kanzler und Rektor er später auch wurde.

Aus der Ausgabe Wittichs entwickelte sich die erfolgreichste volkssprachliche Darstellung antiker Historiographie der frühen Neuzeit. Die ‚*Romische Historie*' erfuhr bis 1563 vierzehn vor allem Mainzer Ausgaben, die jeweils 1523 und 1533 durch weitere Übersetzungen ergänzt wurden (von Nikolaus Karbach bzw. Jakob Micyllus). Als Modell und Vorlage wurde das Werk für spanische (1520), niederländische (1541) und schwedische (1626) Livius-Übersetzungen verwertet.

Auch Augustin Tünger (1455-vor 1510) gehörte zum Umkreis der Humanisten um Eberhard. Nach dem Artes-Studium ab 1467 an der Universität Erfurt, setzte er ab 1474 sein Studium in Paris fort. Tünger wurde dann Prokurator (*Fürsprech*) am bischöflichen Gericht in Konstanz, ab 1496 Syndikus des Konstanzer Domkapitels und 1501 württembergischer Reichs- und Hofgerichtsprokurator. Sein einziges Werk waren seine 54 ‚Fazetien', die er Eberhard widmete und in einer 1486 abgeschlossenen aufwendig ausgestatteten Pergamenthandschrift schenkte. Es handele sich um *cluoge geschichten, ze latin genant facecien, so ich von miner kintheit erlernet und in gedechtnüß behalten hab*, wobei die Erzählungen vor allem aus mündlichen Quellen stammen. Die meisten Geschichten handeln dementsprechend von Ereignissen in der Bodenseeregion, der Schweiz, im Elsass und im Breisgau. Poggios ‚Liber facetiarum' war zwar Tüngers literarisches Vorbild, aber eine direkte Abhängigkeit besteht nicht. Zunächst bietet Tünger die lateinische Version des Werks, an die er seine den Text leicht vereinfachende deutsche Übersetzung anschließt, weil *Eberhard latinischer zungen untailhafftig* sei. Der Erzählstil ist zwar nicht flüssig, aber keineswegs mit dem von Niklas von Wyle zu vergleichen. Er wolle die Übersetzung nicht *von wort zu wort ze tütsch* bringen, *sonder uß baider zungen latinisch und tütsch sytten*. Jede der Fazetien, die unterhaltend sein sollen, wird durch eine *ler* (ein Epimythion) abgeschlossen, die häufig sehr ausführlich gestaltet wird. Mitglieder fast aller Stände mit Ausnahme weltlicher und geistlicher Fürsten, des Kaisers und des Papstes werden vorgeführt, vor allem Geistliche und Gelehrte von geringerem gesellschaftlichem Status werden besonders häufig verhöhnt. In der Darstellung erotischer Verwicklungen ist Tünger im deutschen Text zurückhaltender als in der lateinischen Fassung. Immer wieder flickt er Autobiographisches ein und macht historische Persönlichkeiten der Zeit – auch einige aus Konstanz – zu Protagonisten seiner Erzählungen. Eine Verbreitung jenseits der Bibliothek Eberhards scheinen die ‚Fazetien' nicht gefunden zu haben. Allerdings führte Tünger mit seinem Werk die von Poggio begründete Gattung in die deutsche Literatur ein.

Johann Reuchlin (vgl. S. 534) verfasste in seiner Zeit an Eberhards Hof auch einige Übersetzungen. Anlässlich der Erhebung Eberhards (1495) zum Herzog übertrug Reuchlin drei Reden des Demosthenes und Lukians 12. Totengespräch direkt *aus krichischer sprach in das swebisch-teutschs*, die ersten erhaltenen Übersetzungen vom Griechischen ins Deutsche überhaupt. Dabei aktualisierte Reuchlin den Inhalt von Demosthenes' 1. Olynthischen Rede, in der die Athener zum Kampf gegen Makedonien aufgerufen werden, indem er im deutschen Text die Reichsstände auf dem Wormser Reichstag von 1495 aufforderte, geschlossen dem Hegemonieanspruch des französischen Königs entgegenzutreten. So erwiesen sich

Reuchlins Übersetzungen für Eberhard als „tätige Literatur in konkreter zeitpolitischer Situation ... als Beispiel für die überdauernde Gegenwärtigkeit der antiken Autoren" (F. J. Worstbrock). Bereits 1491 hatte Reuchlin schon für Johann von Dalberg eine (heute verlorene) Übersetzung aus dem Griechischen angefertigt, vermutlich eine Passage aus der ‚Ilias'. Diese deutschen Schriften Reuchlins sind indes nur unikal handschriftlich überliefert, während die beiden Schriften, die sich mit der Auseinandersetzung um die Juden befassen, die ‚Tütsche missive' und der ‚Augenspiegel', 1511 jeweils einmal gedruckt wurden.

Trotz Wyles eigentümlichem Übersetzungsstil, dessen breitere Durchsetzbarkeit außerhalb des diskursiven Rahmens, in dem sich seine Werke befanden, von Anfang an aussichtslos war, gab es doch einige, die sich Wyle als Vorbild nahmen. Dazu gehörte auch der der Prämonstratenser Heinrich Österreicher († 1505). Als Ordensmitglied studierte er in Heidelberg kanonisches Recht bis zur Promotion zum Doktor der Jurisprudenz. Er wurde 1480 zum Abt seines Klosters Schussenried (Lkr. Biberach) gewählt, wo er bis zu seinem Lebensende blieb. Von dort aus stand er mit einer Reihe von Humanisten in Kontakt und versuchte sogar im Kloster eine Druckerei zu etablieren, die ein Werk Leonardo Brunis sowie eine Terenz-Komödie druckte. Er bekleidete aber auch weitere Ämter und war begehrter Ansprechpartner für den weltlichen Adel, so etwa für Eberhard im Bart, der ihn in seine Dienste nahm. Friedrich III. ernannte ihn zum kaiserlichen Rat.

Österreicher schloss 1491 *vß beger* von Eberhard die Verdeutschung des sehr umfangreichen, in zwölf Bücher gegliederten Lehrwerks ‚De re rustica' des Lucius Iunius Moderatus Columella ab, das neben Catos ‚De agri cultura' bedeutendste römische Werk über die Landwirtschaft. Das reich geschmückte Widmungsexemplar umfasst 385 Folioblätter. Österreicher orientiert sich stark an Wyles Übersetzungsstil, er bildet das Latein der Vorlage bis hinein in die Syntax und Wortbildung nach. Wohl wissend, dass dies den Text für seinen Auftraggeber fast unverständlich machen werde, fügt er immer wieder kurze erklärende Zusätze hinzu, vor allem zur Erläuterung fremdartiger antiker Gegenstände. Das gesamte elfte Buch seiner Vorlage übergeht Österreicher, weil es in Hexametern verfasst wurde und seiner eigenen *verstentnúst ze hoch gesetzt* sei: Er fühle sich der Aufgabe nicht gewachsen. Gedruckt wurde das Werk nicht.

Der Heidelberger Hof

Das erste humanistisch geprägte volkssprachliche Werk am kurfürstlichen Hof zu Heidelberg war die ‚Chronik' des Matthias Widmann aus Kemnat (Oberpfalz; viell. 1429–1476), der sich später nur noch Matthias Kemnaten oder Kemnatensis nennt. Als er bereits Kleriker war, studierte er als *pauper* in Heidelberg und schloss 1449 mit dem Bakkalaureat ab. Erst 1457 erschien er wieder als Schüler des italienischen Humanisten Arriginus auf der berühmten Schule auf der Plassenburg bei Kulmbach. Dieser empfahl ihn Kurfürst Friedrich I. dem Siegreichen und Peter Luder. Widmann kehrte daraufhin nach Heidelberg zurück, studierte dort weiter und wurde 1465 Baccalaureus im kanonischen Recht. Friedrich habe ihn *aus dem koth erhaben vnd ertzogen* (aus dem Dreck aufgehoben), schrieb er später, da er ihm die materielle Existenz sicherte, indem er ihn zunächst zum Hofkaplan ernannte (1460), dann zum Kaplan der Heidelberger Schlosskapelle (1463); auch eine Pfarrpfründe wurde ihm zugeteilt. Widmann war eng befreundet mit Peter Luder, mit dem er ein ausschweifendes Leben führte. Mit anderen Humanisten stand er ebenfalls in Kontakt, etwa mit Jakob Wimpfeling.

Wohl im Auftrag Friedrichs verfasste Widmann die ‚Chronik', die die *geschicht der bepst, der kaiser, ettlicher heiligen, ettlicher geschicht der pfaltzgraffen, der herren von Baiern, von Beham, von Franckenrich, vnd viel ander fursten vnd herren mehre* erfassen will. Sie ist als eine Art Weltchronik konzipiert, und berichtet von Ereignissen von Christi Geburt bis 1475/76, also bis etwa zu Widmanns und Friedrichs Todesjahr. Gegliedert ist das Werk zunächst in der Tradition der lateinischen Chronistik des Dominikaners Martin von Troppau in synchronen Papst- und Kaiserreihen, aber diese Konstruktion wird später aufgeweicht. Gewürdigt werden auch die Heiligen, Gelehrten und Philosophen, wobei Autoren der Antike und des italienischen Humanismus ausgiebig verwertet werden. Um seiner Chronik etwas Würze zu verleihen, berichtet Widmann gerne von unterhaltsamen skandalösen Ereignissen an Höfen und der Kurie. Im zweiten Teil widmet sich Widmann dann vor allem der Verherrlichung Friedrichs und seiner kriegerischen Unternehmungen, bei denen er ihn mehrmals begleitet hatte, dem Glanz seines Hofes und seines Gefolges sowie der Begründung der historischen Rechtmäßigkeit der regierenden Dynastie. Dabei wird den 25 Jahren Herrschaft Friedrichs mehr Raum eingeräumt, als den über 1400 Jahren Universalgeschichte davor.

Für den zweiten Teil verwertet Widmann das chronistische Werk des Andreas von Regensburg mit seiner bayerischen Stammessage und den Erzählungen von sagenhaften bayerischen Herzögen, zu deren Nachfolger ja Friedrich als Herzog von Bayern gehörte. In der lateinischen Vorrede zur ‚Chronik', der eine Übersetzung folgt, zählt Widmann zwar einige seiner Quellen auf, benennt aber keinen der Autoren der von ihm inserierten lateinischen panegyrischen Gedichte auf Friedrich. Ganz in der Rolle des humanistischen Literaten stellt er sich immer wieder mit Briefen und Gedichten selber dar, wobei er sogar Klagen über sein äußerst schmerzhaftes Gichtleiden einstreut: Wenn er wieder gesund werde, so versichert er, erschaffe er Größeres. Widmann stellte 1469 Michel Beheim, der seit 1468 ebenfalls eine feste Anstellung am Hofe Friedrichs innehatte, das von ihm bis zu diesem Zeitpunkt zusammengetragene Material für dessen ‚Pfälzische Reimchronik' zur Verfügung (vgl. Tl. 2). Widmanns ‚Chronik' wurde bis ins 18. Jahrhundert handschriftlich verbreitet, allerdings nie gedruckt.

Am Hofe von Friedrichs Nachfolger, Philipp dem Aufrichtigen, und im Kreis um Johann von Dalberg entstand eine Vielzahl von Übersetzungen antiker Texte, zum größten Teil als Werke, die sich speziell der Lebensführung des Adels widmeten. Adam Wernher (1462–1537) aus dem thüringischen Themar begann sein Studium in Leipzig, wechselte dann nach Heidelberg, wo ihn Rudolf Agricola prägte, und schloss 1489 dort mit dem Magistergrad ab. Aufgrund seines hervorragenden Rufes berief ihn Philipp im selben Jahr zum Erzieher seiner Söhne. Wernher unterrichtete an der Universität, begann dann mit Unterstützung Philipps ein juristisches Studium, das er 1503 mit dem Doktorgrad abschloss. Eine Heidelberger Handschrift, cpg 298, enthält sechs kleinere deutsche Übersetzungen, die Wernher 1502/03 für Philipp verfasste. Zu dieser bunten Textauswahl gehörten antike Werke wie der ‚Hieron' des Griechen Xenophon nach der lateinischen Übersetzung des Leonardo Bruni, in dem das Programm einer sinnvollen Monarchie entworfen wird, eine der ‚Satirae' des Horaz (I,9), die von der Belästigung eines nicht loszuwerdenden, aufdringlichen Schwätzers erzählt; die achte und zehnte Ekloge aus Vergils ‚Bucolica', die von traurigem und glücklichem Liebesschicksal (8. Ekl.) sowie von Liebesschmerz und -tod (10. Ekl.) handeln. Ebenfalls um tragische Liebe geht es in der zeitgenössischen Ballade ‚Alda' aus der zweiten Hälfte des 15. Jahrhunderts, das Guarino Veronese zugeschrieben wird, aber wohl von einem anderen Autor stammt. Erzählt wird die Geschichte von dem Mädchen Alda, das von einem Betrüger verführt wird und wegen seinem Heiratsversprechen ihr Elternhaus verlässt. Als sie merkt, dass er sie entehrt und nur ausgenutzt hat, bittet sie ihn, sie zu töten. Bemerkenswert ist Wernhers Übersetzung des von Celtis neu entdeckten und unter Humanisten als Sensation gefeierten hagiographischen Dramas ‚Abraham' der Hrotsvit von Gandersheim, in der, wie bei Celtis, die deutsche, speziell sächsische Herkunft der Verfasserin herausgehoben wird. Der Eremit Abraham erzieht Maria in strenger Askese, sie verlässt ihn und wird zur Prostituierten, kann aber von ihm aus dem Sündenpfuhl gerettet werden.

Nach 1503 war Wernher als akademischer Lehrer, Rektor und Dekan der juristischen Fakultät tätig. Dort wurde er mit verschiedenen Aufgaben für den Hof betraut und schließlich zum Mitglied des Hofgerichts ernannt. Er hinterließ ein umfassendes lateinisches Œuvre, darunter an die 230 Gedichte. Das einzige Werk Wernhers, das gedruckt wurde, war eine Übersetzung von Petrarcas Schrift ‚De remediis utriusque fortunae' (1516), die bereits Jahrzehnte zuvor Niklas von Wyle verdeutscht hatte.

In seiner Heidelberger Zeit übersetzte Johann Reuchlin für Philipp Ciceros ‚Tusculanae disputationes' (Buch I), und zwar nach dem

Tod der Pfalzgräfin i.J. 1501, um ihn bei der Überwindung der Trauer zu unterstützen. Cicero argumentiert dort, dass Tod und Schmerz nicht imstande sind, das Lebensglück zu vernichten, welches durch ethisches Handeln erworben wurde.

Vermutlich ebenfalls Philipp zugedacht war die anonyme Übersetzung der beiden ersten Bücher von Marsilio Ficinos populärem ‚De vita libri tres' (auch ‚De triplici vita'), die in zwei Heidelberger Handschriften (ccpg 730 und 452) erhalten ist. Es handelt sich um einen Gesundheitsratgeber, der sich speziell an Gelehrte richtet. Der Florentiner Arzt und Philosoph geht davon aus, dass das für Gelehrte charakteristische saturnische melancholische Temperament mit seinem Übermaß an schwarzer Galle unabdingbare Voraussetzung für geistig-schöpferische Leistungen ist, aber auch bis zum Wahnsinn führen kann. Die durch die schwarze Galle verursachten Leiden will Ficino helfen zu lindern, denn nur durch die Hingabe an die Melancholie kann sich der Gelehrte seelisch vollenden. Das erste Buch liefert eine Gelehrtendiätetik, das zweite behandelt die Lebensführung, die das Erreichen eines hohen Alters ermöglicht. Eine weitere Übersetzung der beiden ersten Bücher durch Johann Adelphus Muling (vgl. S. 632) war wesentlich erfolgreicher. Auch er übersetzte nur die ersten zwei Bücher, denn das höchst kontroverse dritte befasst sich vor allem mit der Beeinflussung des menschlichen Wohlergehens durch Astrologie und Magie, was Ficino eine allerdings letztlich folgenlose Anschuldigung der Häresie einbrachte.

Für Friedrich von Dalberg, den jüngeren Bruder Johanns und Bürgermeister von Oppenheim, wurden mehrere Übersetzungen verfasst. Johannes Gottfried (um 1430-um 1507), Pfarrer und Kanonikus in der Oppenheimer Stiftskirche mit Verbindungen zum Heidelberger Humanistenkreis, stellte das vermutlich umfangreichste Übersetzungswerk des deutschen Frühhumanismus überhaupt her. Vom Ende der 1480er Jahre bis Ende 1494 arbeitete er an der Verdeutschung antiker und humanistischer Werke, allesamt Friedrich gewidmet, von denen noch siebzehn in zwei Handschriften überliefert sind. Nur eine seiner Übersetzungen, die von Cosma Raimondis ‚Defensio Epicuri', wurde gedruckt.

Gottfrieds Übersetzertätigkeit begann mit philosophischen Werken Ciceros, die er zwischen 1489 und 1491 übertrug: ‚De fato', ‚Paradoxa Stoicorum', ‚Cato maior de senectute' und ‚Somnium Scipionis' sowie wahrscheinlich auch ‚De natura deorum'. In den Widmungsbriefen an Friedrich setzt er sich mit den Unterschieden zwischen antikem Denken und den Grundlagen des christlichen Glaubens auseinander. Für ihn hatte Augustinus, dessen ‚De civitate dei' Gottfried ebenfalls teilweise verdeutscht hatte (heute verschollen), diese Frage zugunsten des Christentums überlegen entschieden, weshalb man sich der antiken Philosophie nur in Verbindung mit der Kritik des Kirchenvaters widmen solle.

Bei seinen späteren Übersetzungen rückt für Gottfried das humanistische Konzept der *moralis philosophia*, deren Quellen er in den *studia humanitatis* sieht, immer stärker in den Mittelpunkt des Interesses, es wird dann zum wichtigsten Orientierungspunkt seines umfassenden Programms. Im Widmungsbrief zu seiner Übersetzung von Leonardo Brunis ‚Isagogicon moralis disciplinae', in dem die Moralphilosophie des Aristoteles wiederbelebt wird, formuliert Gottfried seine eigene Vorstellung. Die Gottesgabe des natürlichen Erkenntnisvermögens (*naturliche vernunfft*) habe das menschliche Handeln zu bestimmen. Damit könne man durch *flißige lere vnd lesunge fruchtbarer schrifft* antiker Autoren zur persönlichen Erhabenheit gelangen. Zur Lebensform des Staatsmannes bieten drei Schriften Lukians wichtige Lehren: ‚Calumniae non temere credendum', in der Probleme des Hoflebens thematisiert werden, der Dialog ‚Charon', in dem es um Individualethik und Lebenslehren für Staatsmänner geht, sowie das ‚12. Totengespräch', in dem anhand eines Rangstreits zwischen Alexander und Hannibal das richtige Verhalten eines Herrschers behandelt wird. In der ‚Invektive gegen Cicero und dessen Replik' des Pseudo-Sallust könne der Staatsmann lernen, wie er sich gegen verbale und literarische Attacken zu wehren vermag. Thematisch verwandt ist der Fürstenspiegel ‚De regni administratione ad Nicoclem' des Isokrates, in dem Grundlagen der politischen Erziehung dargelegt werden. Gottfried übertrug auch die moralphilosophischen ‚Praecepta ad Demonicum' des Pseudo-Isokrates, und zwar nach einer lateinischen Übersetzung Rudolf Agricolas, und stellte sich dabei selbstbewusst in dessen persönliche Nachfolge: Was Agricola von *krichsen zu latyn* gebracht habe, werde von Gottfried nun *von latyn zu dutsch* weitergegeben. Für die Bereiche Hauswirtschaft und Finanzwesen übertrug er die ‚Oeconomica I' des (Pseudo-)Aristoteles. In der Übersetzung von Cosma Raimondis ‚Defensio Epicuri' wird die Bedeutung der Lust thematisiert, die laut Epikur das *summum bonum* darstellt und nur durch die Einheit von Körper und Geist zu erreichen ist. Gottfried hielt das Werk, dessen Autor er nicht kannte, wegen der Darstellung der verschiedenen Philosophenschulen für besonders interessant für Friedrich, zumal ihm damit das Verständnis von Ciceros ‚De natura deorum' erleichtert werden könnte, das er vorher für ihn übersetzt habe.

In kleineren Übersetzungen behandelte Gottfried weitere Aspekte der *studia humanitatis*: so etwa mit Senecas neuntem Brief, über die Freundschaft, mit den Büchern sieben und neun aus den ‚Historiae Alexandri magni' des Curtius Rufus, wo es erneut um das richtige und falsche Verhalten des Herrschers geht. Im Anschluss an Rufus übersetzte Gottfried zwei Exzerpte aus ‚Ab urbe condita' des Livius sowie den Brief Piccolominis an Wilhelm von Stein, in dem die Poesie verteidigt wird. Für die ursprünglich griechischen Werke verwendet er – abgesehen von der

Pseudo-Isokrates-Übersetzung durch Agricola – meist Vorlagen italienischer Humanisten. Beim Übersetzen orientiert er sich an Niklas von Wyles strenger Wörtlichkeit, vor allem in Bereich der Syntax. In seinen Widmungsbriefen, die er stilistisch anders gestaltet als die streng am Latein ausgerichteten Übersetzungen, erinnern Wendungen bisweilen sogar an Formulierungen Wyles.

Nichts Antikes übersetzte Jakob Wimpfeling (vgl. S. 543 ff.) für Friedrich, sondern Filippo Beroaldos ‚De tribus fratribus'. Auf dem Totenbett bestimmt der Vater, dass der verkommenste seiner drei Söhne – es sind ein Trunkenbold, ein Lüstling und ein Spieler – keinen Erbanteil bekommen soll. Vor einem Gericht streiten sich die Söhne heftig, unter Hinzuziehung antiker und christlicher Autoritäten, wer der moralisch Schlimmste sei. Ein Urteil bleibt aber aus. Bei einem Werk wie diesem, in dem es mit entsprechendem Vokabular um menschliche Niederungen geht, sieht sich Wimpfeling verpflichtet, einige Worte zu seinem Übersetzungsverfahren voranzustellen. Er habe auf *grobe, vnzüchtige, vngeschickte vßlegung etlicher wort Als ‚huren' und ‚huerrerig' vnd des glichen* nicht verzichtet, denn er wolle *von dem latin* nicht *wychen, vmb merer krefftiger nachtrück zu jnbildung und herzigung der verachtung und verwerffung diser großen laster*. Das Werk wurde 1513 in Straßburg gedruckt. Sebastian Franck veröffentlichte 1539 eine eigene Übersetzung, kannte aber Wimpfelings Version.

Der Münchener Hof

Am Wittelsbacher Hof zu München begann ab 1510 der engste Freund des Rudolf Agricola, Dietrich von Plieningen (latinisiert Plinius), mit dem neben Johann Gottfried „reichhaltigste[n] und umfänglichste[n] Werk deutscher Antikenübersetzung" (F. J. Worstbrock). Dietrich (1453–1520) stammte aus niederem Adel in der Nähe von Dillingen, wo sein Vater die werdenbergische Vogtei innehatte. Mit seinen beiden Brüdern war er ab 1471 an der Universität Freiburg immatrikuliert, zwei Jahre später wechselte er mit dem Bruder Johannes nach Pavia, wo er römisches Zivilrecht studierte. Dort lernte er Johann von Dalberg und Rudolf Agricola kennen (s.o.), was ihn nachhaltig im Sinne der *studia humanista* prägte. 1476 wechselten die Brüder nach Ferrara, wo Dietrich 1479 den Doktorgrad erlangte. 1479–1482 hielt er sich am Dillinger Hofe des Augsburger Bischofs Johann von Werdenberg auf und holte Agricola dorthin, wo dieser sein Hauptwerk, ‚De inventione dialectica', abschloss. Anschließend wechselte Dietrich auf Empfehlung Johanns von Dalberg an den Hof des Kurfürsten Philipp von der Pfalz in Heidelberg. Dort gehörte er zum Humanistenkreis um Johann, half dabei, Agricola dorthin zu holen, und befreundete sich auch mit Johann Reuchlin, den er aus Freiburger Zeiten bereits kannte. Maximilian ernannte den hervorragenden Juristen Dietrich 1494 zum Assessor am

Reichskammergericht. 1499 holte ihn Herzog Albrecht IV. von Ober- und Niederbayern als Gelehrten Rat an den Münchner Hof, wo er für diplomatische Angelegenheiten eingesetzt wurde. Maximilian schlug ihn 1510 zum Ritter, der Reichstag zu Köln ernannte ihn 1512 zum ‚kaiserlichen Rat von Haus aus'. Als der junge problematische Herzog Wilhelm IV. 1511 nach Erreichen der Volljährigkeit in einen Erbstreit mit seinem Bruder Ludwig X. geriet und es zugleich die bayerischen Landstände unternahmen, Wilhelms Macht zu brechen, setzte sich Dietrich als Wortführer der Stände ein. Die verfeindeten Brüder erreichten allerdings bald ein Übereinkommen, das es Ludwig erlaubte, sich an der Regierung im Herzogtum Bayern zu beteiligen, und zwar mit eigener Hofhaltung in Landshut. Die Landstände verloren daraufhin ihre kurzzeitige Machtstellung, und mit ihnen verlor auch Dietrich seinen politischen Einfluss. 1514 verließ er München und wechselte in den Dienst Ludwigs an den Landshuter Hof. Dort betätigte er sich zwar nicht mehr politisch, setzte aber sein juristisches Wirken fort. Als Instrument für die Durchsetzung der Rechte der Stände ließ er die in Bayern verstreuten kaiserlichen und fürstlichen Privilegien für die bayerischen Stände und Orte zusammenstellen und 1514 drucken. Dietrich arbeitete zudem an der Reform der bayerischen Landrechte (1518) und an der 1516 beschlossenen neuen Gerichtsordnung von Ober- und Niederbayern (1520 neu bearb.) mit. Er starb 1520 vermutlich in Augsburg.

Dietrich begann seine rege Übersetzungstätigkeit 1510 und setzte sie bis 1519 fort. In der Landshuter Offizin des Johann Weyßenburger sollten dann 1515/16 fast alle seine Übersetzungen im Druck erscheinen. Die Auswahl der von ihm übersetzten antiken Literatur war stark von den literarischen Interessen seines 1485 verstorbenen Freundes Rudolf Agricola beeinflusst, den er *meinen preceptor* nennt und dessen lateinische Lukian-Übersetzungen er ins Deutsche übertrug. Zu Dietrichs besonders bevorzugten Autoren gehörte Plinius der Jüngere, dessen ‚Panegyricus' er 1510/11 übersetzte und dem noch nicht volljährigen Herzog Wilhelm widmete. Er sorgte sich um Wilhelm, dessen ausschweifender Lebensstil und besorgniserregend aufwendige Hofhaltung nichts Gutes für seine Regierung erwarten ließen. Überhaupt ist seine Übersetzungstätigkeit zunächst motiviert durch Sorge um das problematische politische Handeln der bayerischen Herzöge.

Die Plinius-Übersetzung gestaltete er als eine Art Fürstenspiegel, den sich Wilhelm zu Herzen nehmen sollte. Dabei preist er in seiner Widmung Wilhelms Vater Albrecht ausgiebig und weist Wilhelm darauf hin, in welch ehrwürdige *fußstapffen* er nun treten wird. Plinius hebt im ‚Panegyricus' Trajan als *optimus princeps* hervor, und stellt ihn als Neubegründer von politischer Freiheit dar, der nach der Beseitigung von Domitian i.J. 96 dem Senat seine alte Machtfülle zurückgab. Nach den Widmungsvorreden bietet er eine ausführliche Erläuterung der sechs Zeichen der von ihm verwendeten Interpunktion, die noch ausführlicher ist als die Interpunktionshinweise von Hans Neithart und Heinrich Steinhöwel.

Dietrichs Übersetzung von Sallusts ‚De coniuratione Catilinae', Ciceros 1. Catilinarischen Rede, verbunden mit den apokryphen Repliken Catilinas und Sallusts ‚Bellum Iugurthinum', wurden 1513 auf dem Wormser Reichstag fertiggestellt und Maximilian gewidmet, später auch im einzigen Druck von 1515 Herzog Ludwig von Bayern. Das Werk soll zeigen, was im Gegensatz *zu poshaitn vnd aigen nutz* des *poßhaftigen* Catilina, dessen Verschwörung Rom in höchste Gefahr brachte, und Jugurtha, gegen den Rom Krieg führte, schließlich ... *tugent, Erberkait vnd vernünft im Romischen regiment* vermocht hätten. Auch hier sollen Werke der antiken Geschichte für das politische Handeln in der Gegenwart vorbildhaft sein, Maximilian möge von den *exempel[n] der alten Romer* profitieren.

Zwei Jahre später (1515) widmete Dietrich nun Ludwig zwei hofkritische Werke, die 1516 im Druck erschienen: Lukians ‚Calumniae non temere credendum' (‚Von Klaffern'), die vor ihm schon Johann Gottfried für Friedrich von Dalberg übersetzt hatte, sowie Poggios ‚Invectio in delatores'. Hier geht es um die an den Höfen vielfach anzutreffenden Verleumdungen (*verclaffung*) ehrenwerter Personen. Möglicherweise wurden beide Übersetzungen veranlasst durch die Denunziationen, unter denen Dietrich nach seiner Parteinahme für die Landstände zu leiden hatte. In seiner Widmung bittet er Ludwig, zu dessen Hof er gewechselt war, er möge *sollihe buchli offt lesen* und *die verclaffung auß jrem furstlichen hofe jagen*.

Lorenz von Bibra, Fürstbischof von Würzburg, war dem Humanismus sehr zugeneigt. Ihm dienten Johann Sieder und Johannes Pfeiffelmann als Sekretäre (vgl. S. 606 und 607). Dem Bischof widmete Dietrich Übersetzungen der Satire I,1 des Horaz, in der es um die Unzufriedenheit und Gier der Menschen geht, und der Satire X des Juvenal, die die trügerischen, weil letztlich unerfüllten Wünsche der Menschen thematisiert, sowie des ‚Gallus' des Lukian, erneut auf Basis einer lateinischen Übersetzung Agricolas. Die beiden Satiren verband Dietrich zu einem Text und fügte einen eigenständigen Schluss hinzu. Im ‚Gallus' spricht Pythagorus als Hahn in einem Traum mit einem Schuster, der schon immer reich werden wollte. Thema von Dietrichs Zusammenstellung ist die Unzufriedenheit von Menschen mit ihrer Lebenssituation und ihre Unfähigkeit zwischen dem zu unterscheiden, was ihnen zur Erreichung ihrer Wünsche vorteilhaft ist, und dem, was ihnen letztlich schadet.

Zwischen 1515-1519 übertrug Dietrich dreizehn moralphilosophische Schriften Senecas, darunter drei Seneca zugeschriebene pseudonyme Werke, von denen nur kleine Auszüge aus Senecas ‚De ira' zum Druck kamen. Die meisten sind ohne Widmung überliefert. Die Übersetzung von (Pseudo-)Seneca ‚De remediis fortuitorum', in der die Angst vor dem Tode thematisiert wird, fertigte er wohl für Maximilian an. Für den dem Humanismus gegenüber sehr aufgeschlossenen Herzog Friedrich den Weisen von Sachsen übersetzte er ‚De constantia sapientis', über die Standhaftigkeit des Weisen, sowie die ‚Proverbia' des (Pseudo-) Seneca. Ein Jahr vor seinem Tode 1519 verfasste Dietrich noch eine Übersetzung der ‚Consolatio ad Marciam' des Seneca, eine Trostschrift für Kunigunde von Österreich, anlässlich des Tods ihres Bruders Kaiser Maximilian.

Mehrere Werke wurden im Mittelalter Seneca zugeschrieben. Vor allem die moralphilosophische Schrift ‚De quattuor virtutibus cardinalibus' (‚quat. virt.'), wird zusammen mit Dietrichs Version fünfmal in Prosa übersetzt. Das kleine Werk, das anhand der vier Tugenden Klugheit, Großmut, Maß und Gerechtigkeit eine gut handhabbare Alltagsethik bietet, stammt eigentlich von dem Portugiesen Martin, Erzbischof von Braga (2. H. 6. Jh.), und orientiert sich stark, z.T. wörtlich, an Senecas Schriften. Eine vor 1457 entstandene Übersetzung von Senecas ‚De clementia' sowie drei Pseudo-Seneca-Schriften sind in zwei Handschriften überliefert, wovon die ‚quat. virt.'-Version als Anhang zur anonymen, wohl in Straßburg entstandenen dialogischen Haushalts- und Lebenslehre, ‚Die Hausordnung', auch gedruckt wird. Eine vielleicht an der Leipziger Universität entstandene lateinische Ausgabe von ‚quat. virt.' mit einem Kommentar und einer Seneca-Vita enthält ebenfalls eine Übersetzung in deutschen Reimpaaren und ist in zwei Handschriften und fünfzehn Leipziger Drucken sowie in je einer Nürnberger und einer Wiener Ausgabe überliefert. Eine Nürnberger Übersetzung von ‚quat. virt.', die den drei Brüdern Berthold, Hans und Endres II. Tucher gewidmet wurde, könnte von Bertholds Sohn, Endres III. Tucher, stammen (1480). Sämtliche bisher bekannten Übersetzungen wurden in der zweiten Hälfte des 15. Jahrhunderts verfasst.

Zu den bedeutendsten Schülern des Conrad Celtis gehörte Johannes Aventinus (1477–1534). Der Sohn eines Gast- und Weinwirts kam mit dem Nachnamen Turmair auf die Welt, änderte seinen Namen später aber mit Anklang an seinen Geburtsort, Abensberg in Niederbayern. 1495 begann er sein Studium an der Universität Ingolstadt, wo er als eifriger Student bei dem von ihm hochgeschätzten Celtis das Baccalaureat erlangte. Danach studierte er in Wien, Krakau und an der Sorbonne, wo er die Magisterwürde erhielt; er verfügte über Latein-, Griechisch- und Hebräischkenntnisse. 1509 holte Wilhelm IV. (s.o.) Aventinus als Privatlehrer seiner beiden jüngeren Brüder, Ludwig und Ernst, nach München. Als Lehrmittel für seinen vom Humanismus geprägten Unterricht verfasste Aventinus eine ab 1512 mehrfach gedruckte lateinische Grammatik mit vielen deutschen Erklärungen von Wörtern und Redewendungen, die er in seiner 1517 erschienenen ‚Grammaticae nova fundamentalis' um eine ‚Encyclopedia' eines Studium generale erweiterte. Der Senat der Ingolstädter Artistenfakultät führte das Werk als Lehrbuch ein. Zudem entstand um diese Zeit eine 1516 erschienene musiktheoretische Schrift (‚Musicae rudimenta'). In diesem Jahr rief Aventinus eine *Sodalitas litteraria* ins Leben.

1517 ernannten ihn die vorher verfeindeten, aber inzwischen versöhnten Herzöge Wilhelm und Ludwig zum gutdotierten bayerischen Hofhistoriographen. Er erhielt den Auftrag, eine Geschichte der bayerischen Fürsten zu verfassen und in diesem Zuge die herzogliche Familie als ebenbürtig mit dem Hause Habsburg darzustellen. Die Jahre 1517 und 1518 verbrachte er auf Reisen zu bayerischen Städten und Klöstern, um deren Bibliotheken und Archive zu erforschen. Die rund 90 besuchten Stationen notierte er penibel in seinem ‚Hauskalender' und erarbeitete etliche kleinere Orts- und Klostergeschichten. In Abensberg verfasste er zwischen 1519 und 1521 sein lateinisches Lebenswerk, die ‚Annales ducum Boiariae', die er zunächst in einer knappen deutschen Zusammenfassung 1522 in Nürnberg drucken ließ. In diesem Jahr zog Aventinus nach Regensburg, wo er Freunde hatte, die mit der Reformation sympathisierten. Dort schrieb er 1528 die Chronik ‚Von dem herkommen der statt Regensburg', in der er die Geschichte der Stadt bis zu Karl dem Großen behandelte

Da er mit vielen lutherischen und antipapistischen Gedanken sympathisierte, wurde er wegen einer angeblichen Übertretung der kirchlichen Fastengebote 1528 für elf Tage in Regensburg inhaftiert. Aventinus blieb jedoch schließlich der Kirche treu. Von seinen zahlreichen zumeist lateinischen Schriften sind viele nur unikal handschriftlich überliefert.

Die 1521 fertiggestellten ‚Annales ducum Boiariae' umfassen sieben Bücher, die die Geschichte der Bayern von ihrer Entstehung unter *Alemanus Hercules*, dem 11. König Germaniens, bis zur Gegenwart behandeln, allerdings ohne Einbeziehung von Herzog Albrecht IV. Im siebten Buch finden sich umfangreiche Darstellungen von Orts- und Klostergeschichten, die zugleich die große kulturelle Bedeutung der Wittelsbacher aufzuzeigen bestrebt sind. Im fünften Buch attackiert Aventinus vehement den Klerus und das Mönchtum. Überhaupt kommt es im Werk immer wieder zu antipapistischer und antiklerikaler Kritik, was wahrscheinlich ein Grund dafür ist, dass es zu Aventinus' Lebzeiten nicht im Druck erscheinen konnte und sein Gesamtwerk durch das Tridentiner Konzil indiziert wurde. Erst 1554 wurden die ‚Annales' in überarbeiteter Form, verbunden mit einer Vita des Aventinus, in Ingolstadt gedruckt. Jedem Kapitel (*buch*) stellt Aventinus eine ausführliche Dokumentation seiner jeweiligen Quellen voran. Er beschreibt die Herkunft der Bayern, des mächtigsten Volks der Germanen, indem er – wie andere seiner Zeitgenossen auch – die 1498 durch Annius von Viterbo gefälschte angebliche Sammlung antiker Quellen des Babyloniers Berosus benutzt. Bei der Darstellung der römischen Geschichte folgt er Sueton und Tacitus und zitiert immer wieder bedeutende römische Autoren, wie etwa Ovid und Horaz. Karl den Großen zählt er zu den Bayern. Es geht ihm in seinem Geschichtswerk nicht um eine chronologische Aneinanderreihung von Ereignissen, sondern um eine Darstellung und kritische Bewertung historischer Entwicklungen und der handelnden Personen. Das Wissen um die Geschichte solle die Leser vor Fehlern in der Gegenwart schützen. Historiographischer Pionier ist Aventinus bei der Verwertung von epigraphischen und numismatischen Quellen. Von besonderem Interesse sind für ihn Sitten- und Religionsgeschichte. Sowohl der Entwicklung der mittelalterlichen Rechts- und Verfassungsgeschichte als auch der Künste und Wissenschaften widmet er sich ausführlich.

Zwischen 1526 und 1533 arbeitete Aventinus an einer deutschen Version der ‚Annales', der ‚Bayerischen Chronik', die allerdings erst 1566 im Druck erschien. Er erweitert dort seine lateinische Version erheblich und behandelt nun auch Albrecht IV. Er bietet in acht Kapiteln (Büchern) nicht nur eine regional begrenzte bayerische Geschichte, sondern bindet diese in eine Art kritische Betrachtung der Weltgeschichte ein: *ich schreib historien, muess die warheit an das liecht und tag herfürpringen*. Er versteht das Werk nicht als eine Übersetzung der ‚Annales', vielmehr beabsichtigt er, ein eigenständiges deutschsprachiges Geschichtswerk zu bieten: *wan ein ietliche sprach hat ir aigne breuch und besunder aigenschaft*. Auf Deutsch zu schreiben erfordere, *mit vil merern worten zu schreiben ... dan im latein ... damit es verstendlich sei*. In dieser Chronik beginnt er die Geschichte nicht mit *Alemanus Hercules*, sondern mit der Genesis, mit Noah und dessen nach der Sintflut geborenen, in der Bibel nicht erwähntem Sohn *Teutschen* (Tuisco) – *der Teutschen erster vatter und künig* –, der, Annius folgend, nach Europa geschickt wurde, um dort das Land zu besiedeln. Aventinus behauptet hier also einen biblischen Ursprung der Deutschen, der sie älter als die Trojaner erscheinen lässt, auf deren genealogische Abstammung sich die Franzosen und Italiener sowie die Habsburger beriefen. Er setzt wie andere Humanisten Germanen und Deutsche gleich.

Ausführlicher als in den ‚Annales' schildert er die Verhältnisse zwischen den Juden und Rom, die Geschichte von der Ausbreitung des Christentums behandelt er nur hier. Ihn interessiert auch die Verwandtschaft der Sprachen sehr, und seine analytischen Bemerkungen dazu sind bisweilen von beachtlicher Substanz. Er scheut sich nicht vor Kritik an der Vergangenheit und der Gegenwart. Immer wieder bietet er eine pessimistische Sicht der Zeit, z.B. in seinen Äußerungen zur mangelhaften Bildung des Klerus. Bei der Schilderung des Untergangs des römischen Reichs lässt sich seine Sicht auf die gegenwärtige Lage der Bürger gut erkennen: *sie kunten dem gemain man nit genueg aufsetzen mit übergült, steuer, raisgelt, hilfgelt, lehengelt, um-*

gelt, scharwerk, gesellendienst, liebung, maut, zoll und ander dergleichen neu findung.

Zwei weitere Schriften des Aventinus enthalten Zeitkritik. Als die Türken 1529 vor Wien standen, beauftragte ihn der Regensburger Rat mit dem vierteiligen Traktat ‚Ursachen des Türkenkrieges'. Im ersten Teil geht es um die Ursachen der Türkenbedrohung, für die Aventinus die Uneinigkeit der christlichen Welt, ihre Verweichlichung und beklagenswerte Moral namhaft macht; die Hauptursache für diesen desolaten Zustand erkennt er beim gesamten nichtsnutzigen parasitischen Klerus; Luther hingegen bedenkt er mehrfach mit positiven Worten. Im zweiten Teil warnt Aventinus vor *noch grössers verderben / thůt man obgenannte vrsach nit ab*, im dritten geht er auf die bisherigen Erfahrungen mit dem Islam ein, im vierten auf die notwendigen Maßnahmen gegen die Türkengefahr. Abzuwenden sei sie nämlich einzig durch die Rückkehr zu alten Grundsätzen des Christentums, wobei er diesbezüglich die von Luther beeinflussten Gebiete zu Vorbildern erhebt. Im Traktat ‚Römisches Kriegsregiment' schließt Aventinus an die Türkenschrift an und vergleicht dort, wie die Römer damals ein mustergültiges Kriegsregiment gestellt hätten, und wie man Vergleichbares heute tun könne. Man müsse mehr Geld ins Militär investieren – so wie die Türken das vorbildlich getan hätten –, wofür man auf den gewaltigen Reichtum der kirchlichen Stiftungen zugreifen solle.

1531 begann Aventinus mit der Arbeit an einer ‚Germania illustrata', die in der Nachfolge von Celtis zehn Bücher umfassen und eine grundlegende Geschichte Deutschlands von den germanischen Anfängen bis in die Gegenwart bieten sollte. Allerdings starb Aventinus 1534 vor Vollendung des Werkes. Aufgrund seiner beachtlichen Leistungen gilt der auch von Goethe geschätzte Aventinus heute als ‚Vater der bayerischen Historiographie'.

Der Innsbrucker Hof

Wenn auch nicht im vergleichbaren Umfang wie an den Höfen in Württemberg, Heidelberg und München wurden für andere Adlige ebenfalls Verdeutschungen von humanistischer Literatur hergestellt, so für den Herzog Sigmund von Tirol, dessen Herrschaft desaströs enden sollte. Sigmunds Interesse an humanistischer Literatur geht vielleicht auf Kontakte zurück, die er in seiner Jugend u.a. mit Enea Silvio Piccolomini in Graz und Wien hatte. Später suchte er vielfach Verbindungen zu humanistischen Literaten, so etwa zu Gregor Heimburg, der ihm als Jurist und Syndikus diente, und zu Albrecht von Bonstetten, der ihm sein Hauptwerk widmete (vgl. S. 555). Für ihn und seine Frau verfasste Heinrich Steinhöwel in Ulm einige bedeutende Werke.

Deutschsprachige humanistische Literatur in den Städten

Der Ulmer Raum

Auch wenn er nicht am Innsbrucker Hof Sigmunds tätig war, übersetzte Heinrich Steinhöwel (1412–1479) für den Tiroler Herzog drei Werke, die dem humanistischen ‚Kanon' zugeordnet werden. Die Forschung hat Steinhöwel traditionell zu den Frühhumanisten gestellt, obwohl dies nicht ganz unumstritten ist. An seinem Beispiel wird die problematische, modern-normative Klassifizierung von Literaten aus der Zeit des Frühhumanismus – vor allem im Vergleich zu Figuren wie Celtis – besonders evident. Steinhöwel regte zwar die Drucklegung einer Reihe lateinischer humanistischer Werke an – etwa von Petrarca –, aber mehrere Faktoren in seiner Biographie wie im literarischen Schaffen weisen doch eher auf ein nur beiläufiges Interesse an den *studia humanitatis*. Er stand z.B. mit keinem Humanisten oder gar irgendwelchen Humanistenzirkeln nachweislich in Kontakt, für Humanisten typische Briefe sind von ihm nicht erhalten und eigene lateinische Schriften nicht nachzuweisen (was allerdings ebenfalls für Wyle zutrifft). Auch wenn man in Steinhöwel allenfalls eine Randfigur des deutschen Frühhumanismus sehen will, ist sein Œuvre dennoch ohne Berücksichtigung der es mitprägenden Anregungen durch den italienischen Renaissance-Humanismus nicht adäquat zu würdigen. Zudem führte Steinhöwel knapp 30 Jahre lang ein aktives Leben in Ulm, in einem der wichtigsten Zentren des Humanismus im südwestdeutschen Raum. Dort verkehrte er jedenfalls nachweislich u.a. mit dem Terenz-Übersetzer Hans Neithart (vgl. S. 594).

Steinhöwel entstammte einer Patrizierfamilie, die seit dem 13. Jahrhundert in Esslingen und seit dem 15. Jahrhundert in Weil der Stadt, wo Steinhöwel 1410/11 geboren wurde, gut bezeugt ist. Er erwarb 1436 den Magister artium in Wien, setzte sein Studium des kanonischen Rechts und der Medizin in Padua fort (1438–1443), wurde 1442 zum Rektor der Artistenfakultät ernannt und promovierte 1443 an der medizinischen Fakultät. Nach der Rückkehr nach Deutschland unterrichtete er als *lerer der ertzny* an der Medizinischen Fakultät in Heidelberg (1444/45). Anschließend kehrte er als Arzt in seine Heimatstadt Weil zurück. Bald darauf ging er nach Esslingen (1449), wo er mit seinem ehemaligen Wiener Kommilitonen Niklas von Wyle zusammenkam, und wirkte ab 1450 schließlich bis zu seinem Tode als Stadtarzt in Ulm. Dort gehörte er zur wohlhabenden Schicht, er heiratete eine Augsburger Patriziertochter, war zudem geschäftlich sehr erfolgreich und pflegte als Arzt gute Kontakte zu hohen Adelskreisen des Südwestens und Tirols. Auf Steinhöwels Betreiben hin gründete der Drucker Johann Zainer 1472 die erste Offizin in Ulm, in der er in Steinhöwels Auftrag dessen Werke sowie weitere lateinische Schriften veröffentlichte. Es ist davon auszugehen, dass die Offizin zusätzliche großzügige finanzielle Unterstützung durch den vermögenden Mediziner erhielt, dessen Werke, die zum Teil zehn Jahre früher entstanden waren, die ersten Jahre von Zainers Produktion dominierten.

Für Steinhöwel war Literatur, wie für die ebenfalls arrivierten Ärzte Johannes Hartlieb (vgl. Tl. 2), Hans Folz und Hartmann Schedel, eine prestigeträchtige Nebenbeschäftigung. Sein erstes Werk ist ein 1446 während einer Pestepidemie in Weil entstandenes ‚Pestbüchlein', das von Zainer 1473 während einer Ulmer Pestwelle als erstes Werk in seiner Offizin gedruckt wurde und bis 1506 sechs weitere Auflagen erfuhr, darunter zwei niederdeutsche. Das der Stadt Ulm zugeeignete Werk – die erste gedruckte Pestschrift überhaupt – will Laien sowie unerfahrenen Wundärzten und Badern Anweisungen zum richtigen Umgang mit der Seuche an die Hand geben und zwar in kompakter Form, *wann lange materi brechte dem leser verdriessen.*

Bevor Steinhöwel sich humanistischen Texten widmete, verfasste er 1460 als erstes Übersetzungswerk die Prosahistorie ‚Apollonius'. Das Werk wurde zunächst handschriftlich verbreitet, erst 1471 erschien es bei Günther Zainer, Johanns Bruder, in Augsburg. Es folgten vier Augsburger und zwei Ulmer Ausgaben zwischen 1476–1498, stets mit Holzschnitten ausgestattet; im 16. und 17. Jahrhundert wurde das Werk noch zehnmal gedruckt. Anders als Heinrich von Neustadt, der im 14. Jahrhundert als Vorlage für seinen ‚Apollonius von Tyrland' die aus dem 3. Jahrhundert stammende ‚Historia Apollonii regis Tyri' verwendet hatte (vgl. Bd. III/1), griff Steinhöwel auf deren Adaptationen im ‚Pantheon' Gottfrieds von Viterbo (1187–90), einer über weite Strecken fabulösen Weltchronik zurück, und auf die Exempelsammlung ‚Gesta Romanorum' (spätes 14. Jh.), über die die breite europäische Rezeption der ‚Historia' erfolgte. Steinhöwel versieht sein Werk mit einer Vorrede und einem Epilog in Reimpaaren. Im Vorwort, in dem er sich unter Einsatz von Exordialtopik als kunstfertigen und selbstbewussten Literaten einführt, identifiziert er sich in einem Akrostichon als Verfasser und verrät, dass es sich um sein Erstlingswerk handelt. Zugleich formuliert er einen Anspruch auf literarische Selbstbescheidung: *eigen gedicht wer mir ze schwer / Latin ze tútschen ist min ger.* Er will in seiner Übersetzung auf alle Prätentionen *hoher zierd* verzichten, er sieht sich vornehmlich als Pädagoge bzw. als *tolmetsch.* Denn vor allem die *Jugent* soll sich mit der *wißhait* der Texte befassen. In der *alt geschicht* finde man *der wißhait dicht / Och annder ler exempel gût.* „In dieser Abwehr einer möglicherweise zugemuteten Meisterschaft schlägt das Eingeständnis poetischer Kunstlosigkeit um in den Anspruch auf moralische Kompetenz" (B. Weinmayer).

Erzählt wird in 36 Kapiteln von König Antiochus von Antiochia, der mit seiner Tochter heimlich Inzest begeht und zugleich sämtliche Werber um ihre Hand köpfen lässt, wenn sie ein Rätsel nicht lösen können. Apollonius löst den Spruch, er wird aber von Antiochus bedroht und flieht. Auf der Weiterreise erleidet er Schiffbruch, landet in Pentapolis, zeichnet sich dort vor dem König aus und heiratet dessen Tochter. Als er hört, dass Antiochus und seine Tochter vom Blitz erschlagen wurden und er die Herrschaft übernehmen soll, bricht er mit seiner Ehefrau auf. Unterwegs wird ihm eine Tochter, Tarsia, geboren, die scheintote Mutter und Ehefrau in einem schwimmenden Sarg dem Meer übergeben. In Tarsus gibt der sich grämende Apollonius Tarsia in Pflege und fährt zur See. Seine Frau wird gerettet und tritt ein in den *tempel der göttin Dÿane / in dem so vil geÿstlicher frauen sind*. Tarsias Ziehmutter will sie töten lassen, weil sie so viel schöner als ihre eigene Tochter ist. Tarsia wird aber von Seeräubern vorher entführt und verkauft. Apollonius hört von ihrem vermeintlichen Tod, findet Tarsia bei seiner Reise aber wieder. Ein Traum führt ihn zu seiner Frau zurück. Er wird König von Antiochia.

Steinhöwel beginnt die Erzählung mit einem Abriss der Alexander-, Ptolemäer- und Seleukiden-Geschichte aus dem ‚Pantheon', um die Handlung des ‚Apollonius' welthistorisch zu verorten. Dabei wird der blutschänderische Antiochus mit dem gleichnamigen Sohn Antiochos' des Großen, des Königs des Seleukidenreichs (223–187 v. Chr.), gleichgesetzt und die Brautwerbung des Apollonius exakt auf 268 v. Chr. datiert. Es soll sich demnach um eine Herrscherbiographie mit geschichtlicher Fundierung handeln. In der Regel folgt Steinhöwel der Fassung der ‚Gesta', für historische Details greift er zum ‚Pantheon', das ihm darin offenbar größere Autorität zu besitzen scheint. Dementsprechend erwähnt er im Epilog explizit *Doctor Gotfrids von vitterben* Chronik. Quellenunabhängig sind die eingeflochtenen moraldidaktischen Kommentare zur Handlung. Wie in seinen Quellen geht es Steinhöwel um Fragen der Herrschaftsethik und der Ehe- und Sexualmoral, wobei die Rollen in Gut und Böse klar verteilt sind. Es bleibt aber nicht bei einer reinen Übersetzung, Steinhöwel setzt mehrfach die lateinische Prosa in deutsche Verse um: Pro- und Epilog sowie die Rätsel der Tarsia sind in seinem Roman gereimt. Auch in der Übertragung jener Stellen, an denen er bereits in seinen lateinischen Vorlagen Verse vorfand, zeichnen sich die deutschen Entsprechungen von Steinhöwel durch eine komplexere Formkunst aus: Das Lied Tarsias beispielsweise wird sogar in den formal anspruchsvollen ‚Langen Ton' des Mönchs von Salzburg (vgl. Bd. III/1) übertragen.

Steinhöwels erste Hinwendung zum humanistischen Schrifttum markiert die 1461 oder 1462 entstandene Übersetzung von Petrarcas lateinischer Bearbeitung der italienischen Boccaccio-Novelle von Griselda, die das ‚Decamerone' abschließt: die ‚Griseldis'.

Bei Boccaccio wird Gualtieri, der leichtlebige Markgraf von Saluzzo, von seinen Untertanen zur Ehe gedrängt. Er heiratet nach langem Widerstreben das arme

Bauernmädchen Griselda (Griseldis), von der er vollständige Unterwerfung verlangt. Sie gebiert ihm einen Sohn und eine Tochter, die er ihr aber wegnimmt und angeblich umbringen lässt. Nach 15-jähriger Ehe verstößt er Griselda und gibt vor, sich eine andere Frau nehmen zu wollen. Er lässt Griselda daraufhin die inzwischen erwachsenen Kinder wieder zurückholen und macht sie glauben, seine Tochter sei seine zukünftige Ehefrau. Griselda soll sie bei der Hochzeit bedienen. Als sie auch diese Demütigung willig akzeptiert, eröffnet ihr Gualtieri, das alles nur zum Schein und zur Erprobung ihres Gehorsams inszeniert zu haben. Nun nimmt er sie in noch größerer Liebe wieder auf.

Boccaccio wertet das Verhalten des Gualtieri als unerträgliche und verwerfliche *bestialità* (Rohheit) und lässt den Erzähler am Schluss der Novelle eine unerbittliche Adelskritik vortragen. Zwanzig Jahre später, Anfang 1373, übertrug und überarbeitete Petrarca die Novelle seines Freundes in eine lateinische Version („De oboedientia ac fide uxoria') und versah den Text mit einer eigenen allegorischen Deutung. Formal kleidet Petrarca sein Exemplum in die elegante humanistische Briefform ein, wobei er seine Stiltheorie zu Beginn auch erläutert. Die Novelle wird im Nachwort moralphilosophisch erklärt, in dem Valterius das für Menschen völlig unbegreifliche Verhalten Gottes und Griseldas Handeln nun die Tugenden des Gehorsams und der Treue versinnbildlichen, mit denen sich die Menschen – wie Hiob – dem unergründbaren Willen Gottes unterwerfen sollen. War Gualtieri bei Boccaccio ein Beispiel für feudaladlige Willkür, an dessen Verhalten der Gegensatz von Geburts- und Tugendadel demonstriert werden konnte, so vertritt er bei Petrarca konsequenterweise das Idealbild eines vorbildlichen feudalen Herrschers, seine *bestialità* wird stark abgemildert. Die Umgestaltung zum Exemplum ließ den Text in den Kontext religiöser, z.T. hagiographischer Literatur geraten. Es war letztlich Petrarca, „der den Prozeß der Spiritualisierung, Entrealisierung der Griseldis-Gestalt einleitete und ihr Züge jener unwirklichen, märtyrerhaften Konsequenz gab, die sie geeignet machten, in geistliche Exempelliteratur einzugehen" (U. Hess).

Petrarcas Version sollte schon aufgrund der lateinischen Sprache Grundlage für die europäische Verbreitung des Stoffes werden, deren gelungenste Adaptation in Geoffrey Chaucers ‚Canterbury Tales' zu finden ist. Viermal wurde die ‚Griselda' ins Deutsche übersetzt. Die früheste, recht freie Version (1432) stammt von dem Nürnberger Kartäuser Erhart Groß (vgl. S. 185). In einer anonymen mittelfränkischen Version ist die ‚Grisilla' Predigtexempel *von eyner togentlichen greffyn, die jre togenden edel machten*. Adressaten sind Ordensmitglieder, die von Gott zum monastischen Leben berufen, aber erst dessen Gnade teilhaftig werden, wenn sie das schwere irdische Leben vollendet haben. Petrarcas Deutungsangebot ist hier zum heilsgeschichtlichen Exemplum mutiert. Aus der Zeit um 1465 stammt die von Johannes Grundemann verfasste ostmitteldeutsche ‚Leipziger Griseldis' (vgl.

S. 501). Auch der Lübecker Chronist Herrmann Korner arbeitete den Stoff in seine lateinische ‚Cronica novella' ein, die er später übersetzte (vgl. Tl. 2).

Wie die anderen ‚Griselda'-Übersetzer verzichtet Steinhöwel auf die Briefform Petrarcas, obwohl in mehreren Überlieferungszeugen *eyn epistel Francisci Petrarche* angekündigt wird. Seine Deutung der Erzählung widerspricht der Petrarcas entschieden, denn Steinhöwel sieht in der Novelle ähnlich wie Johannes Grundemann in der ‚Leipziger Griseldis' ein reines Eheexempel, in dem die Dulderin laikalen Frauen als mustergültige Identifikationsfigur für beständige und gehorsame Weiblichkeit vorgeführt wird, *vmb ander frowen manung zů gedult geseczet*. Dadurch wird der Parabelcharakter der Vorlage eliminiert, in der Valterius als die „prüfende Instanz Gottes" gedeutet und dementsprechend die Unmenschlichkeit der Figur weitgehend zurückgenommen wird. War der Widerspruch zwischen einer Idealfigur und dessen Handeln auch bei Petrarca nicht gänzlich aufgelöst, so trägt Steinhöwel durch den Verzicht auf den Parabelcharakter „eine gewisse Schizophrenie in die Darstellung dieser Figur" (U. Hess). Umso merkwürdiger ist dafür Steinhöwels Entscheidung, die von Petrarca gestaltete Griseldis, der als Inbegriff einer *virtus insignis* (ausgezeichneten Tugend) alle menschlichen Züge genommen wurden, in ein Exempel für idealen weiblichen ehelichen Gehorsam weitgehend unverändert zu übernehmen, wodurch der Figur geradezu groteske Züge verliehen werden. Steinhöwels Eingriffe zeigen, dass es sich hier noch nicht um eine Übersetzung im Geiste des Humanismus handelt (so F. J. Worstbrock). Steinhöwels Übersetzung ist in 13 Handschriften sowie 13 Druckausgaben des 15. und elf des 16. Jahrhunderts überliefert, allerdings in den Drucken nicht immer selbständig, sondern als Teil von Sammelwerken und auch als Anhang in Steinhöwels ‚Von den erlauchten Frauen'.

Dieses Werk ist eine Übersetzung von Boccaccios lateinischer Schrift ‚De claris mulieribus' (1361/62), ein Lieblingsbuch adliger Damen (Abb. 11). Steinhöwel gab Boccaccios Werk 1473 bei Zainer in Ulm mit 76 künstlerisch anspruchsvollen Holzschnitten heraus. Ein Jahr später folgte seine Übersetzung, die er 1472 fertig gestellt hatte, mit gleicher buchkünstlerischer Ausstattung. Steinhöwel widmet das Werk der aus Schottland stammenden Ehefrau Sigmunds, Erzherzogin Eleonore von Tirol, die auch mit der Übersetzung des Prosaromans ‚Pontus und Sidonia' (Fassg. A; vgl. Tl. 2) in Verbindung gebracht wird. Boccaccios Werk steht in der Tradition der antiken Exempelsammlungen und Portraitkataloge, in denen bedeutende Figuren aus Mythen, Sagen und Geschichte in verschiedenen Ausprägungen in didaktisch-unterhaltsamer Intention aneinandergereiht werden. Boccaccio erzählt 104 Frauenviten, von Eva über Gestalten der griechischen Mythologie und der Antike bis hin zu herausragenden zeitgenössischen Frauen (etwa Joanna, Königin von Jerusalem und Sizilien). Er stellt dabei positive (z.B. Penelope und Lavinia) wie negative (etwa Eva und die ‚Päpstin Johanna') Beispiele vor, letztere mit z.T. deutlich misogynen Zügen. Durch seine Übersetzung reiht sich Steinhöwel in gewisser Hinsicht in den humanistischen Diskurs um die moderne Aufwertung der gesellschaftlichen und moralischen Rolle der Frau ein, was ja z.B. in den Werken von Niklas von Wyle und Albrecht von Eyb ebenfalls eine signifikante Rolle spielt.

In einer an Boccaccio angelehnten Widmungsvorrede, in der er Eleonore preist – sie sei die *kron wyplicher eren unßer zit* –, betont Steinhöwel den didaktischen Nutzen seiner Schrift. Er zitiert das berühmte Bienengleichnis Basileios' des Großen über das Lesen heidnischer Bücher, das die Leser(innen) *das cluben* (auswählen) sollen, was ihnen *zu tugentrychen werken dienet*, so wie die Bienen Honig aus den Blumen gewinnen. Er übernimmt nur 98 Viten aus seiner Vorlage, Livius' Leben der ‚wilden Tullia' fügt er eigens hinzu, das hundertste Porträt sollte angeblich für Eleonore als Dank für Patronage reserviert werden, allerdings bietet er an Stelle einer weiteren Biographie eine *ordnung* der Interpunktion.

Erstmals geht Steinhöwel *in dieser ordenunge* auch explizit auf seine Übersetzungsmethode ein. Er habe das Werk *nit von wort zů wort, sunder von sin zu sin getütscht*, womit er sich vom skurrilen Übersetzungsstil seines Freundes Niklas von Wyle absetzt. Die Aufgabe, den Sinn des Erzählten zu vermitteln, führte dazu, dass er sich durchaus legitimiert sah, Stellen in seiner Quelle zu übergehen oder Eigenes hinzuzufügen. Von zentraler Bedeutung war für Steinhöwel die möglichst klare Verständlichkeit seiner über den Buchdruck verbreiteten Werke beim laikalen Publikum. So fallen gelehrte Anspielungen weg. Stellen, die er für anstößig, unsittlich oder für allzu misogyn hält, werden abgemildert oder übergangen (so etwa das Verhältnis Agrippinas zu Nero). Steinhöwel kommentiert, spielt auf Zeitereignisse an, erklärt mythologische Sachverhalte u.ä.m. Entscheidend ist für ihn, wie auch in seinen anderen Werken, der moraldidaktische Wert des Erzählten. Den Leserinnen sollten an exemplarischen Einzelbiographien vorgeführte Handlungsmuster vorgestellt werden, vor allem, den *gůten* [Werken] *nach ze volgen, die argen ze myden*.

Anschließend wandte sich Steinhöwel mit seiner ‚*Tütschen Cronica*' der Historiographie zu und übersetzte die von einem Minoriten bis ins Jahr 1349 fortgeführte Fassung II der größtenteils kompilatorischen Weltchronik ‚Flores temporum' (13. Jh.). Er gibt an, dass er seine Quelle *gekürczt vnd getůtschet* habe, zugleich erweiterte er sie mit einer unbekannten Quelle bis in die Zeit Friedrichs III. und schloss sie mit Isidors von Sevilla Weltzeitalter-Tafel ab. Nur etwa ein Zwanzigstel der ‚Flores' wird übernommen und das auch nur weitgehend paraphrasierend. Erneut konzentriert sich Steinhöwel auf moraldidaktisch Verwertbares und reduziert die knappen Viten weitgehend auf holzschnittartige Beispiele für tugend- oder lasterhaftes Handeln. Das Werk sollte zu Steinhöwels erfolgloseren gehören; es erfuhr nur eine von Zainer veranstaltete Ulmer Ausgabe und zwei Frankfurter Drucke (1531/1535), die die ‚Cronica' bis Kaiser Karl IV. erweiterten.

Ob die Steinhöwel zugeschriebene ‚Chronik Herzog Gottfrieds' mit der vierten deutschen Fassung der ‚Historia Hierosolymitana' des Robertus Monachus (vgl. Tl. 2) identisch ist, ist immer noch nicht endgültig geklärt. In der *Tütschen Cronica*' verweist er jedenfalls auf seine Übersetzung der *cronick von herzog götfrid*.

Wie Bearbeitungsspuren in einem Autograph Steinhöwels v.J. 1473/74 zeigen, stellte er sein nächstes Werk, eine Sigmund gewidmete Übersetzung des ‚Speculum vitae humanae' (circa 1465–68) des Bischofs von Zamora, Rodrigo Sánchez de Arévalo (1404–1470), offensichtlich direkt für den Druck in der Augsburger Offizin Günther Zainers (1475) her. Vorlage des ‚**Spiegels des menschlichen Lebens**' dürfte eine 1471 ebenfalls bei Zainer erschiene Ausgabe des ‚Speculum' gewesen sein, die Steinhöwel möglicherweise sogar selbst veranlasst hatte. Erneut griff Steinhöwel zu einem Werk, das sich bestens für sein literarisches Programm von Lebenslehren für Laien eignete. In diesem Fall handelt es sich um eine umfangreiche zweiteilige Ständelehre: zum einen um die weltlichen Stände vom Kaiser bis zum Hirten, zum anderen um die geistlichen, vom Papst bis zum Mesner. Es soll vermittelt werden, *wie vnd in wöllicher maß der mensch sein leben volfüren sol*, d.h. die „systematischen Ordnungsgründe menschlicher Existenz" werden thematisiert und „zugleich ein unverrückbarer, standesethisch fundierter Sittenkodex gesetzt" (B. Weinmayer). Dies fordert nicht nur zur Beobachtung und Bewertung des eigenen Handelns auf, sondern gestattet zudem den wertenden Blick auf das ständespezifische Handeln anderer. So wird die Begründung von Herrschaft oder die Konzeption des Tugendadels angesprochen, aber auch die Gleichheit der Menschen in Bezug auf irdisches Leiden und Anfechtungen. Steinhöwel fügt Eigenes kommentierend hinzu und beruft sich dabei sowohl auf mündliche Quellen (etwa auf Gespräche in Ulm) als auch auf Zitate aus deutschen (Hugo von Trimberg, Freidank) und lateinisch-humanistischen Werken (Poggio). Als es um den Ruf der Ärzteschaft geht, verteidigt er seinen Beruf gegen die Kritik Rodrigos. Im Hinblick auf seinen intendierten Adressatenkreis bearbeitet Steinhöwel vor allem den ersten Teil des ‚Speculums', den zweiten mit seinen vielen philosophischen Exkursen wertet er als *vnnotturfftig vnd wenig fruchtbar*. Dabei formt er den „schwülstigen lateinischen Stil des ‚Speculum' ... in einen ungekünstelten, luziden deutschen um, dessen Anschaulichkeit vor allem der Umsetzung von Versen, Bibelsprüchen und Autoritätenzitaten zugutekam" (G. Dicke). Allerdings sollte dem Werk kein großer Erfolg beschieden sein, die letzte der insgesamt drei Ausgaben erschien bereits 1488.

Das Werk widmet Steinhöwel Sigmund von Tirol, dem er von nun an all seine Werke dediziert und den er, ihn duzend (!), in einer Dedikationsrede über sein übersetzerisches Vorgehen eingehend aufklärt. Dabei beruft er sich, hier ganz Humanist, auf die ‚Ars poetica' des Horaz, indem er sich gegen die Methode *wort gegen wort transferieren* wendet. Es gehe ihm um ein besseres *verståntnuzz* für die *lesenden menschen disz bůches*. Er ordnet sich als *tolmetsch* in eine Tradition von Autoritäten ein, die von den *heydischen vnd kriechischen meyster* (Platon, Aristoteles, Homer, Vergil und Horaz) bis zu den Humanisten (Leonardo Bruni, Poggio, Enea Silvio Piccolomini und Lorenzo Valla) und den Kirchenvätern (Hieronymus, Augustinus und Ambrosius) reicht und verleiht damit der „Position des Übersetzers kanonisches Gewicht" (B. Weinmayer). So hätten seine Vorgänger zunächst den *lateynischen menschen* die großen Leistungen des griechischen Kulturerbes vermittelt, und zwar – unverwechselbar Steinhöwel – in der Absicht, dass die Menschen *dar auß mǒchtent lernen vnd sich besseren*. Er wolle dieses Erbe selbstbewusst mit seinen Verdeutschungen fortsetzen, auf Exordialtopik, wie er sie noch in der ‚Apollonius'-Vorrede benutzt hatte, verzichtet Steinhöwel nun ganz.

Das ‚Speculum' wurde etwa gleichzeitig vom späteren kaiserlichen Rat am Hofe Maximilians und Gesandten in Ungarn, Johann Krachenberger (um 1460–1518), übersetzt, als dieser ca. 14 Jahre alt war und wohl noch vor seiner Studienzeit in Wien. Krachenberger war später Mitglied der ‚Sodalitas litteraria Danubia' und stand in den 1490er Jahren in enger Verbindung zu Celtis, für dessen Berufung auf den Lehrstuhl für Poetik und Rhetorik an der Wiener Universität er sich zusammen mit Reuchlin einsetzte. Gewidmet ist die unikal überlieferte Übersetzung dem herzoglichen Kanzler und Rat Ludwigs des Reichen von Bayern-Landshut, Christoph Dorner († 1474).

Ebenfalls Sigmund gewidmet ist Steinhöwels umfangreichstes und zugleich mit Abstand erfolgreichstes Werk, der ‚Esopus', der um 1476/77 bei Johann Zainer in Ulm in einer mit über 200 künstlerisch herausragenden Holzschnitten versehenen Ausgabe erschien und zu einem beachtlichen Bestseller des späten Mittelalters und der frühen Neuzeit werden sollte. Dieser sog. ‚Ulmer Esop' ist eigentlich nicht nur eine Fabelsammlung, sondern eine weit ausgreifende Kompilation verschiedener Quellen, ohne dass eine thematische Gliederung erkennbar wäre. Abgesehen von der Dedikationsvorrede und einem deutschen Register über 152 Fabelmoralitäten bietet Steinhöwel jeweils seine lateinischen Vorlagentexte mit unmittelbar nachfolgender deutscher Übersetzung, ein Verfahren, das er allerdings nach der *editio princeps* aufgab. In Separatdrucken erfuhr seine Kompilation eine beispiellose Verbreitung. Die lateinische Textsammlung erschien in sechs Ausgaben des 15. und 16. Jahrhunderts; eine wurde von Sebastian Brant 1501 herausgegeben und mit 140 weiteren Stücken ergänzt. Von Steinhöwels Übersetzung erschienen dreißig weitere hochdeutsche Drucke bis 1600 und

25 weitere bis 1834. Im ‚Kölner Prosa-Äsop' (gedr. Köln 1489) wird Steinhöwels Werk ins Ripuarische übersetzt, allerdings verbunden mit einer niederländischen Übersetzung des französischen ‚Esope' Julien Machos. 1492 erschien in zwei Magdeburger Offizinen der ‚Magdeburger Prosa-Äsop', eine niederdeutsche Übersetzung, die auf zwei verschiedenen Steinhöwel-Drucken und weiteren Quellen als Vorlagen gründete. Bis auf zwei Ausnahmen wurde den Fabeln hier neben einem weltlichen Epimythion auch eine allegorische Auslegung, ein *ghestlike syn* beigefügt.

Nach der Vorrede und Widmung beginnt das Erzählwerk mit einer Verdeutschung der romanhaften ‚Vita Esopi', die Rinuccio d'Arezzo (um 1395 – um 1456), Griechischlehrer von Lorenzo Valla und Poggio, 1448 aus dem Griechischen ins Latein übersetzt hatte. Dort ist Äsop ein hässlicher, körperlich ungestalter aber ungemein gewitzter Sklave (Abb. 12), der schlagfertig in Wort und Tat durch das Erzählen von Fabeln Philosophen und Könige belehrt. Es folgen 80 Fabeln aus dem unter Äsops Namen laufenden sog. ‚Romulus-Corpus', hier in vier Büchern zu je 20 Fabeln gegliedert, unter Beigabe der 58 lateinischen Romulus-Versifizierung durch den sog. ‚Anonymus Neveleti'. Als vierten Abschnitt bietet Steinhöwel 17 Prosafabeln aus der sog. Romulus-Extravaganten-Gruppe.

Zusätzlich übernimmt Steinhöwel siebzehn der hundert Fabeln, die Rinuccio zusammen mit der Äsop-Vita aus dem Griechischen übersetzt hatte. Steinhöwels Vorlage für beide Rinuccio-Übersetzungsteile war der Mailänder Erstdruck 1474. Es folgen 27 Prosaübersetzungen von Versfabeln des Römers Avianus (um 400 n. Chr.). Zum Schluss verlässt Steinhöwel die Gattung Tierfabel und wendet sich der Exempeldichtung mit menschlichem Personal zu. Zunächst werden 15 Exempel der ‚Disciplina clericalis' des Spaniers und konvertierten Juden Petrus Alphonsi (circa 1062–1140) geboten; eingeschoben ist ein Exempel aus dem ‚Doligamus' (1315) des Adolf von Wien, in dem es um weibliche Schläue geht. Nach diesen beiden ‚mittelalterlichen' Quellen greift Steinhöwel sodann zu den humanistischen Fazetien Poggios (*schympffreden*), von denen er acht übersetzt. Zwischendurch entschuldigt er sich für die Aufnahme von Texten von *Pogii und anderer*, die die *wypliche zucht und eer* verunglimpfen, obwohl er dann doch sieben weitere nicht aufgenommene Fazetien paraliptisch zusammenfasst. Nicht um Frauen zu beleidigen, sondern wegen der Berühmtheit Poggios habe er die Stücke aufgenommen. Als Anhang fügte Zainer Wyles ‚Guiscard und Sigismunda' bei.

Der enorme Erfolg des ‚Esopus' ist Steinhöwels geschickter Zusammenstellung der wichtigsten lateinischen Corpora spätantiker und mittelalterlicher Fabelwerke „zu einer Leben, Werk und Wirkung Äsops dokumentierenden ‚Gesamtausgabe'" zu verdanken. „Er thesauriert die motivliche Summe der Einfälle des Gattungsstifters in der Vielfalt ihrer literarischen Formgebungen (auch der Adepten) und fügt eine Auswahl gattungsverwandter Texte im Sinne der in der Vorrede erörterten Distinktionen Isidors an" (G. Dicke). Durch die Berufung auf Isidors poetologische Bestimmungen – ohne ihn selbst namentlich zu nennen – begründet Steinhöwel die sich in seinem Werk sukzessive vom ‚Äsopischen' entfernenden Textblöcke. In seinen ‚Etymologiae' geht Isidor im ersten Buch zunächst auf die Struktur und diversen Funktionen des Fabelerzählens ein, dann auf die im Laufe der Gattungsentwicklung herausgebildeten verschiedenen Typen. Es gehe, so Steinhöwel, bei der Fabel nicht um *geschechene ding, sondern allain mit Worten erdichte ding ... Fabel sint die, die nicht beschehenn synt noch müglich sind ze beschechen, wann sy synt wider die natur.* Der jeweils geschilderte Umgang der sprechenden Tiere miteinander oder mit Menschen u.ä.m. sollten als *ynbildung des wesens und sitten der menschlichen würde* verstanden werden, „sie sollen typische soziale Verhaltensweisen und allgemein gültige Verhaltensnormen sinnfällig machen" (B. Weinmayer). Auch in der Vorrede zu diesem Werk beruft sich Steinhöwel auf das Bienengleichnis des Basileios, um zu verdeutlichen, dass *diß büchlin* nicht *allain von der märlin wegen zu lesen* sei. In einem Anhang, in dem alphabetisch geordnet (*Armuot, Aigensinnig, Ayd* usw.) auf einzelne Texte verwiesen wird, gliedert er sein Werk nach Nutzanwendungen.

In der Vorrede setzt sich Steinhöwel zudem von früheren Äsop-Versionen ab, die in *tütschen rymen geseczet sint* – er meint wohl den 1461 in Bamberg gedruckten ‚Edelstein' Ulrich Boners –, er will *nach schlechtem* (schlichtem) *tütsch ungerymt* übersetzen, *umb vil zuogelegte wort zemyden und uf das nächst by dem text ... zu belyben.* Diese Argumentation erinnert an die vorwiegend im 14. Jahrhundert ausgetragene Auseinandersetzung um die angemessene Form für die Übersetzung geistlicher Literatur, die im Wesentlichen das Zeitalter der Prosa einläutete. In diesen Kontext gehört Steinhöwels erneute Berufung auf die *ad sensum*-Übersetzung (*nit wort uß wort, sondern sin uß sin*), die im 15. Jahrhundert zu einem „übersetzungstheoretischen Topos" geworden war (W. Koller). Diese Äußerung bedeutet für Steinhöwel auch keine strenge Verpflichtung, er kommentiert, erweitert und kürzt dort, wo es für die Beförderung von *synn* und *wißhait* geeignet erscheint. Seine Prosa nimmt – völlig anders als die Wyles – kaum Rücksicht auf die rhetorisch-stilistischen Vorgaben seiner Quellen.

Abgesehen vom enorm erfolgreichen ‚Esopus', blieb Steinhöwels Œuvre weitgehend auf eine Verbreitung im Südwesten beschränkt. Der ‚Esopus' erfuhr eine beachtliche produktive Rezeption, etwa durch Hans Sachs, Johannes Geiler, Johannes Pauli sowie Martin Luther. Dass Steinhöwel der „bis auf die Zeit Luthers meistgelesene Autor in deutscher Sprache" gewesen sein soll (G. Dicke), wird man in Anbetracht des enormen Erfolgs von Sebastian Brants ‚Narrenschiff' und etlichen Werken der geistlichen Literatur (etwa ‚Der Heiligen Leben') etwas relativieren müssen.

Eine völlig andere Strategie war bei Übersetzungen von antiken Werken erforderlich, deren z.T. heikle Thematik einem illiteraten christlichen Publikum nicht leicht zu vermitteln war. Daher sind Überlieferungen solcher Werke weniger häufig anzutreffen. Die Komödien des Terenz stießen zwar schon seit den 1450er Jahren auf großes Interesse unter Humanisten und gehörten an einigen Universitäten zum beliebten Unterrichtsstoff, sie aber in der Volksprache für einen semigebildeten Adressatenkreis annehmbar zu gestalten, war keine geringe Aufgabe. Es ist nicht gesichert, ob der erste, der dies im Ulm der 1480er Jahre unternahm, tatsächlich der Ulmer Patrizier Hans Neithart (Nithart, circa 1430-nach 1502) war, wie es in der Forschung bislang angenommen wird. Denn – anders als etwa sein Ulmer Zeitgenosse Steinhöwel – verfügte Neithart über keine höhere Bildung. Er entstammte allerdings einer wohlhabenden Familie, aus der von 1379 bis 1477 die Ulmer Stadtschreiber kontinuierlich hervorgingen. Es ist deshalb durchaus denkbar, dass Neithart die für die Übersetzung notwendigen beachtlichen Lateinkenntnisse zunächst an der renommierten Ulmer Lateinschule erwarb, wo z.B. um die Mitte des 15. Jahrhunderts die ‚Übersetzungsfassung A' der ‚Disticha Catonis' (‚Ulmer Cato') entstand, und sich dann etwa mithilfe von Privatlehrern weiterbildete. Der Ulmer Dominikaner Felix Fabri beschreibt ihn als *magnificum virum* (großartigen Mann), der zwar keine akademischen Meriten vorweisen könne, aber ein literarisch gebildeter *historiographus* sei, der die Redner und Dichter intensiv studiere, etwa deren bukolische Dichtungen und Komödien, sowie Vergil, Seneca, Ovid und andere *acuta legentem* („scharfsinnige Lektüre").

Neithart bekleidete mehrere städtische und kirchliche Ämter, ab 1474 ist er als Richter, ab 1478 als Bürgermeister bezeugt. Zusammen mit einer Reihe Ulmer Patrizier und Bürger wurde er in die römische Heiliggeistbruderschaft aufgenommen, zu der etwa auch Steinhöwel und der Buchdrucker Johann Zainer gehörten. Es ist davon auszugehen, dass eine Verbindung zu humanistisch Interessierten in der Stadt bestand.

Das von der Forschung Neithart zugeschriebene Werk ist eine Übersetzung des ‚Eunuchus' des Terenz (‚Ulmer Terenz'). Im Kolophon des Ulmer Erstdrucks von Konrad Dinckmut (1486), der mit 28 ganzseitigen Holzschnitten versehen wurde, die jeweils eine Szene illustrieren, ist allerdings nur davon die Rede, dass Neithart das Werk *hat ... lassen trucken*. Erst der Straßburger Druck von 1499 schreibt ihm die Verfasserschaft zu, was freilich auf einem Missverständnis beruhen kann. Ob er auch als Redaktor bei der von Dinckmut gedruckten Ausgabe der ‚Schwäbischen' und der ‚Gmünder Chronik' beteiligt war, lässt sich ebenfalls nicht eindeutig klären (vgl. Tl. 2).

Die von der Handlung her einem ungebildeten Publikum doch wohl ziemlich fremdartig erscheinende *Comedia* wird nicht nur übersetzt, sondern der Text wird mit einem Kommentar (*gloß*) begleitet, in dem die spätantiken Terenz-Scholien des Aelius Donatus (4. Jh.) gekürzt und mit Eigenem ergänzt werden. Im Vorwort wird dieses Vorgehen und seine typographische Umsetzung erläutert: *Auff der glingken sytten den text in der grössern geschrifft. auff der gerechten sytten die gloß in der klainern geschrifft.* Auch die Interpunktion mit *virgel und punckten* wird erklärt. Die Übersetzung des Stücks wird unter Verwertung von Donats ‚De Comoedia' mit dem moralischen Nutzen für den Leser begründet: *Darinn man lernet die gemüet, aigenschafft und sitten der menschen des gemainen volcks erkennen Darumb ain yeder so durchlesen oder hören deß wissen empfachet . sich desterbas vor aller betrügnuß der bösen menschen mag hütten und wissen ze bewaren.* Von Donat wird zudem das von Humanisten viel zitierte topische Lob Ciceros bei der Charakterisierung der Gattung *Comedia* übernommen: *Comedia ist ain gedicht aus mengerlai das gemüt und anfechtung mitler person inhaltende. Dar aus man lernet was güt ist zü gebrauchen und das böß zemeiden. Und spricht Cicero das Comedia menschlichs wesens ain spiegel seie.* Jedenfalls bietet das Werk einen innovativen Schritt für die deutsche Literatur, denn der „Modus gelehrten Textumgangs wird ... in eine deutsche Textsphäre übertragen, die einen solchen gar nicht kennt", mit der kommentierten Übertragung wird ein neuer „Textumgang und Textbegriff in der Volkssprache institutionalisiert" (E. Kleinschmidt). Größerer Erfolg wurde dem Werk, das für Mitglieder des besser gebildeten Stadtbürgertums als Rezipienten gedacht war, allerdings nicht zuteil.

Ebenfalls aus dem Kreis der Ulmer bzw. schwäbischer Humanisten dürfte die 1486 entstandene anonyme Minnerede ‚Der neuen Liebe Buch' stammen (Klingner/Lieb B441). Jacob Klingner erwägt als Verfasser den Freiherrn Johann Werner von Zimmern (vgl. S. 568) oder Hans Neithart. Das um 1486/87 erschienene Werk ist wie die Übersetzung Neitharts für exklusivere Kreise gedacht, es wurde ebenfalls von Dinckmut gedruckt und wahrscheinlich wie der ‚Terenz' vom Verfasser selbst finanziert. Es besteht aus 1791 Reimpaarversen, die der Verfasser in sechssilbigen Verszeilen gestaltet – was er zu Beginn auch ankündigt –, also dreihebig mit Auftakt und männlich voller Kadenz. Dieses Metrum beherrscht er allerdings nicht ganz so erfolgreich wie sein Vorbild Hermann von Sachsenheim (vgl. Tl. 2), was sich bei Verstößen beim Reim und dem Wortakzent bemerkbar macht.

Zu Beginn des zweiteiligen Werks bittet der Dichter *Mercurius, Phebus* und die neun Musen um Unterstützung. Danach brechen zwei Freunde zur Jagd auf und beobachten auf einem Baum sitzend das Wild. Das Brunftgeschrei eines Hirsches führt zu *mengerlai gedanck*, also zu einer Reihe von Minnereflexionen, so etwa über die *bůlschaft*, die *die altten ... Genemet hand ‚amor'*, was er akronymisch als *ain mer on rů* deutet und umgekehrt als *Roma* liest, was er dann ebenfalls akronymisch als *Rycher och milter applas* auslegt. Es folgt ein ausführlicher Exkurs über die Bedeutung der Liebe in der Geschichte der Welt, besonders von Troja und Rom. Als Beispiel von *den wunderber geschicht ... Die da geschehen sin*, wird der letztlich auf Flavius Josephus zurückgehende Bericht von Mundus und Paulina erzählt, um zu zeigen, was die *lieby* alles verursachen kann.

Der angesehene Decius Mundus verführt mit betrügerischer Hilfe der Kupplerin Ida und der römischen Isispriester die aus bester Familie stammende Paulina. Nach einigen Tagen verhöhnt Mundus Paulina und erzählt ihr von dem Betrug. Sie erzählt alles ihrem Gatten, der sofort Anzeige erstattet. Nach sorgfältiger Aufklärung lässt der Kaiser Tiberius Ida und die Isispriester kreuzigen, deren Tempel abreißen und das Kultbild in die Tiber werfen. Mundus, der Hauptschuldige, wird indes nur verbannt, weil er schließlich von Liebe überwältigt gehandelt habe.

Anschließend folgen Betrachtungen über Wesen, Wirken und Entstehen der Liebe, wofür ohne Verweis die Kapitel I-IV der ‚Minneburg' als Quelle dienen (vgl. Bd. III/1). Nachdem er ‚seine' Überlegungen dargeboten hat (*Besan ich alles gar*) wendet er sich dem *tractat* eines *Gwaltherus* zu – d.h. Andreas' Capellanus ‚De amore', das einem Walter gewidmet ist, – für eine Definition von *amor est passio*. Damit beendet der Dichter seine Betrachtungen von *bůlschaft* und reflektiert über *bůl* und *bůler*. Ovid wird dann fälschlicherweise die aus ‚De amore' stammende Geschichte von der Gräfin von Champagne angedichtet, die sich mit *bůlschaft* bestens auskannte und deshalb gefragt wurde, wie die beiden Begriffe zu definieren seien. Erst nachdem sie sich mit vielen schönen Frauen beraten hat, verkündet sie komplexe Erläuterungen der Wörter, wofür die Unkundigen eigentlich eine *glose* bräuchten. Der erste Teil schließt ab mit einer Betrachtung des Wortes *bůlen* in den drei Stadien Suchen, Ansprechen und Gewinnen und Bewahren, wobei er sich auf *Ovidius* beruft, aber erneut Andreas Capellanus als Quelle diente. Die Zuschreibung von ‚De amore' an Ovid ist keine Seltenheit, so präsentiert Johannes Hartlieb seine Übersetzung als *das puech Ouidy von der lieb* (vgl. Tl. 2).

Im zweiten Teil wird vom Erscheinen eines den Erzähler zutiefst erschreckenden fliegenden schwarzen Reiters berichtet, der ihm von einer Stadt der neuen Liebe erzählt, die von einer *frödenburg* überragt wird. Der Gefährte macht sich auf den Weg dorthin und erst nach sieben Jahren schickt er dem Dichter einen Brief und eine kostbare Handschrift, ‚*Der nüwen liebe bůch*'. Der Freund schreibt, er könne aufgrund der dort vorhandenen wunderbaren Liebe die Stadt nicht verlassen, wolle ihm aber von dort erzählen. Über den Inhalt der Handschrift wolle der Dichter nicht berichten, sondern aus dem Begleitbrief wird allegorisch das Wesen der von Amor beherrschten *alten stat*, die im *jamertal* in der Gegend *wasserlant* liegt, gedeutet. Es ist eine rätselhafte Stadt, die nur durch Zauberkünste fliegend zu erreichen sei und in der sich die Minne freier verwirklichen könne als in der realen Welt, es sei die Stadt der *bůlschafft*. Die *frödenburg*, wo ein weiser und allgegenwärtiger Herr residiert, sei unerreichbar. Wen er in die Stadt beruft, der verlässt sie nie wieder. Es folgt die Beschreibung einer utopischen neuen Minnedoktrin, in der die Liebe keinerlei Leid mehr kennt und deren höchstes Ziel die körperliche *unio* ist. In diese Stadt gelangt der Dichter allerdings selber nicht.

Dem Autor sind sowohl die antiken Liebeslehren bestens bekannt, was eine humanistische Bildung voraussetzt, als auch die deutschsprachige Minnereden-Tradition, von der er, von der Verwendung der Ich-Form abgesehen, allerdings vor allem beim Aufbauschema deutlich abweicht. Zudem versucht er eine eigene Sicht der Liebe zu entwickeln, die in ein festes, unproblematisches, eheähnliches Verhältnis mündet. Damit „gibt diese neue Konzeption die produktive Spannung der alten höfischen auf, aus der vor allem die Gattung Minnereden über zweieinhalb Jahrhunderte lebte". Die vom Dichter propagierte „utopisch einseitige Harmonisierung ... trifft damit wohl auch [deren] Lebensnerv" (I. Glier).

Zu den Frühhumanisten ist zudem ein gewisser Heinrich zu rechnen, der sich mit italienisiertem Vornamen A r i g o nennt und eine vollständige Übersetzung des ‚D e c a m e r o n e‘, Boccaccios berühmter Sammlung von 100 Novellen, aus dem Italienischen verfasste. Zur Identifizierung Heinrichs sind in der Forschung verschiedene Personen vorgeschlagen worden, aufgrund seines Vornamens auch Heinrich Steinhöwel. Am nachhaltigsten wurde für einen Nürnberger Ehrbaren namens Heinrich Schlüsselfelder plädiert, dem irrtümlicherweise auch eine Übersetzung des italienischen ‚Il Fiore di virtù‘ (‚Blume der Tugend‘) zugeschrieben wurde. Da sich deren Übersetzer in einer Handschrift „Arigo" nennt und in einer anderen „Heinrich Schlüsselfelder", wurde er mit dem ‚Decamerone‘-Übersetzer gleichgesetzt. Um wen es sich bei dem Vermittler italienischer Literatur tatsächlich handelt, lässt sich trotz neuerer Versuche durch Lorenz Böninger und Luigina Rubini Messerli immer noch nicht überzeugend klären.

Arigo muss sich zweifellos länger in Italien aufgehalten haben, zumal er Italienisch beherrschte, wenn auch nicht fehlerfrei. Einige sprachliche Hinweise deuten auf eine Südtiroler Herkunft (Ch. Bertelsmeier-Kierst). Seine Übersetzung steht der *verbum pro verbo*-Praxis nahe, was bei einem Vorhaben, die Vorlage möglichst getreu wiederzugeben, zu einer leicht ungelenken Sprache führt. Eine Vielzahl von Fehlern ist zu konstatieren. Satzbau und Vokabular orientieren sich immer wieder am Italienischen, so etwa Lehnübersetzungen wie *ansprung* für *assolto* oder Italianismen wie *rägätz* für *ragazetto* (kleiner Bub) usw. Italienische Münzen, Maßen und Sitten werden der deutschen Vorstellungswelt angepasst sowie deutsche Sprichwörter und Redensarten eingefügt, etwa *zittert als ein espenlaub* für *tremando forte* (stark zitternd). Boccaccios ironischer Plauderstil wird von Arigo immer wieder mit einem moralisierenden Grundton versehen: Dort wo Boccaccio mit Ironie zur Kritik anhebt, bietet die Übersetzung Belehrung. Überhaupt ist das Moralisieren, das sich in den Leser steuernden Zusätzen und Änderungen bemerkbar macht, weitaus stärker ausgeprägt als bei Steinhöwel. Zudem greift Arigo in die Rahmenhandlung ein. Er kürzt die *ragionamenti* (Tagesausleitungen), er verzichtet wegen deren komplizierter lyrischer Struktur auf die *canzoni*, immer wieder betont er Standesunterschiede, wo sie in seiner Vorlage nivelliert werden. Insgesamt ist aber der Wille vorhanden, das ‚Decamerone' möglichst getreu wiederzugeben. Besonders bei Boccaccios frivolen Erzählungen kommt es zu deutlichen moralischen Wertungen. Im Falle der Griseldis-Novelle behält er die ursprüngliche Kritik an Gualtieri bei, die sich allerdings nicht im Sinne Boccaccios an dessen ‚bestialischer' feudaladliger Willkür entzündet, sondern an der *grossen torheyt* Gualtieris gegenüber seiner vorbildlichen Frau, deren tugendhaftes Verhalten er wie auch die anderen deutschen Versionen der Novelle – die allerdings Petrarcas Bearbeitung verwenden – in den Vordergrund rückt.

Wahrscheinlich stand Arigo in guten Beziehungen zu den humanistischen Kreisen in Ulm, denn sein Werk wurde dort erstmals bei Steinhöwels ‚Hausdrucker' Johann Zainer um 1476/77 in Ulm gedruckt, aber erst ab 1535 begann die entscheidende Rezeptionsphase, die mit über zwanzig Ausgaben bis in die Mitte des 17. Jahrhundert reichte.

Bamberg

Neben Nürnberg entstand im fränkischen Raum vor allem in den Bischofsstädten Bamberg und Würzburg deutschsprachige Humanistenliteratur. Unter den Franken gehört Albrecht von Eyb (1420–1475) zweifellos zu den bedeutendsten der Autoren im späten Mittelalter, die sowohl lateinische wie deutsche humanistische Werke verfassten. Albrecht ist zu jenen Frühhumanisten zu rechnen, die ihre Werke direkt für eine Verbreitung durch den Buchdruck verfassten und auf eine Widmung an Adlige oder sonstige Mitglieder höherer Stände zumeist verzichteten. Behandelten die an den Adel gerichteten Übersetzungen vor allem Fragen von gerechter und weiser Herrschaft und stießen auch deshalb auf eher geringes allgemeines Leserinteresse, wie ihre zumeist unikalen Druckausgaben nahelegen, weiteten Verfasser und Übersetzer wie Eyb das thematische Spektrum ihrer Schriften im Hinblick auf breitere Leserkreise aus.

Eyb entstammte einem fränkischen Adelsgeschlecht aus der Nähe von Ansbach und wurde schon in seiner Jugend für den geistlichen Stand bestimmt. Er begann als 16-jähriger mit einem Jura-Studium in Erfurt, besuchte anschließend die Lateinschule in Rothenburg ob der Tauber und studierte 1444–1459 als Schüler bedeutender Humanisten in Bologna, Padua und Pavia. Er war Domherr in Eichstätt (1444) und Kanoniker in Bamberg, wo er sich 1452 zur Pfründensicherung ein Jahr aufhalten musste. In dieser Zeit bemühte er sich, den Humanismus dort heimisch zu machen, blieb aber erfolglos. Erst nach erfolgter Promotion zum Doktor beider Rechte in Pavia kehrte er 1459 nach fünfzehn Jahren in Italien endgültig nach Deutschland zurück und ließ sich in Eichstätt nieder. Bis zu seinem Tod 1475 blieb er in ganz Franken als erfolgreicher juristischer Gutachter tätig. Ab 1462 ist er als Würzburger Domherr bezeugt. Seine letzten Lebensjahre verbrachte er in Eichstätt und Bamberg.

Albrechts Œuvre umfasst lateinische und deutsche Schriften vornehmlich moraldidaktischen Inhalts, die deutlich vom italienischen Humanismus beeinflusst sind. Als Humanist in der Frühzeit der Bewegung in Deutschland war sein Verhältnis zur Volkssprache noch nicht von der bis zur rigoristischen Verachtung reichenden Haltung späterer Autoren wie etwa Celtis geprägt. Er entwickelte einen eleganten meisterhaften Prosastil für seine deutschen Werke, der dem für Humanisten unerreichbaren Anspruch der vorbildlichen lateinischen Antike zumindest annähernd entsprechen sollte. Er übersetzte aus dem Latein allerdings *nit als gar von worten zu worten / wann das gar vnverstentlich wäre / sunder nach dem synn vnd mainung der materien als sy am verstendlichsten vnd besten lauten mügen.* „Nicht seine Leser über die Antike zu informieren und ihnen die Andersartigkeit der klassischen Kultur nahezubringen war sein Ziel, sondern gerade die Fremdheit des Originals zu beseitigen" (E. Bernstein).

Bevor er sich der Volkssprache zuwandte, verfasste Albrecht einige lateinische Werke, die zu den frühesten Beispielen humanistischer Schriftstellerei eines Deutschen gehören. In seinem 1452 in Bamberg entstandenen ‚Tractatus de speciositate Barbare puellule' schildert der Erzähler seine angebliche Liebe für eine junge Bambergerin namens Barbara, deren wunderschönen nackten Körper der Kanoniker lustvoll beschreibt. Der Erzähler stellt sich als ihr Liebhaber vor, was allerdings zum Schluss wieder zurückgenommen wird. Wichtigstes Vorbild ist die populäre erotische Novelle ‚Eurialus und Lucretia' des Enea Silvio Piccolomini, von der oben bereits die Rede war. Wie bei anderen Frühhumanisten zeigt sich auch bei Albrecht die eindeutige Favorisierung zeitgenössischer italienischer Autoren vor den Dichtern der Antike.

Noch frivoler als der ‚Tractatus' ist Albrechts ‚Appellacio mulierum Bambergensium', die auf der ‚Oratio Heliogabali' des Leonardo Bruni fußt. Dort preist der Kaiser Heliogabal die Buhlkunst der um ihn versammelten nackten Dirnen. Nachdem sein Versuch, alle römischen Matronen zu diesem ehrenwerten Gewerbe zu überreden, scheitert, beschließt er ein Gesetz, das alle Frauen Roms zu Gemeingut erklärt, weil die Ehe ohnehin für alle ein Elend sei. Eyb lässt hier nun die Bambergerinnen sich über ihre Männer beschweren, sie fordern im Stil einer Gerichtsverhandlung, dass die Gesetze Heliogabals für Bamberg gelten sollen. Sie wollen von nun an alle Männer überall – sogar in den Kirchen – verführen dürfen. Für wen diese beiden Werke gedacht waren, lässt sich nicht ermitteln. Es wird sich aber kaum um eine „bittere Satire auf die angebliche Sittenlosigkeit der Bambergerinnen" (E. Bernstein) handeln, sondern eher um eine entspannte literarische Provokation, mit der Eyb den provinziellen Bamberger Gelehrtenkreisen seine humanistische Weltläufigkeit vorführen wollte. Er reiste nach seinem Bamberger Pflichtjahr sofort nach Italien zurück.

Im selben Jahr verfasste Albrecht ein Lob auf Bamberg, ‚Ad Laudem et commendationem civitatis Bambergae oratio'. Albrechts Vorbild ist das Lob auf Pavia seines Lehrers Baldassare Rasino, dem er Aufbau, kurze Wortfolgen und Satzmuster entnimmt. Er beschreibt zunächst die günstige Lage der Stadt, sodann die Bauwerke, das beispielhafte Gemeinwesen und die vorbildlichen Einwohner. Es handelt sich um das früheste Enkomion (Lobrede) eines Humanisten auf eine deutsche Stadt.

Eybs lateinisches Hauptwerk ist die 1459 in Italien zusammengestellte ‚Margarita poetica' (1472 gedruckt). Es handelt sich um ein Florilegium, das aus rhetorischen, poetischen und historischen Texten besteht und laut Eyb sowohl zu einer eleganten, gefälligen und wohlklingenden Rede als auch zu einer guten und glücklichen Lebensweise verhelfen soll. Die Anthologie beinhaltet neben Schriften Eybs hauptsächlich Auszüge aus musterhaften antiken und modernen italienischen humanistischen Werken. Da die ‚Margarita poetica' eine Vielzahl von ansonsten in Deutschland kaum greifbaren antiken Texten enthielt, wurde sie zu einem vielgedruckten Werk. Im Epilog, in dem sich Eyb beinahe wörtlich an eine Schrift Leonardo Brunis anlehnt, bekennt er sich zur rhetorischen und literarischen Bildung, verbunden mit einer moralphilosophischen Komponente: „Daraus ergibt sich, daß wir von Natur aus mehr zur Dichtung als zu einer anderen literarischen Gattung [*ad aliam litterarum artem*] gezogen werden. Wer diese nicht kennt, besitzt nicht die eines freien Mannes würdige Bildung" (Übers. E. Bernstein). Nach diesem wohl frühesten entschiedenen Bekenntnis zu den *studia humanitatis* auf deutschem Boden und einigen weiteren lateinischen Schriften wandte sich Eyb in seinen letzten Jahren der volkssprachlichen Literatur zu.

Der Stadt Nürnberg, ihrem Rat *vnd der ganczen gemeyne, zu lob vnd ere vnd sterckung irer pollicey vnd regimentz* widmet Eyb 1472 das vielfach gedruckte Prosawerk in Form einer Quaestio ‚*Ob einem manne sey zunemen ein eelichs weyb oder nicht*', das sog. ‚Ehebüchlein' (Abb. 13). In diesem befürwortet er die Ehe aus theologischer, moralphilosophischer und juristischer Sicht. Eyb war während seiner Eichstätter Zeit als Jurist auf Eheangelegenheiten spezialisiert. Zudem gehörte die *res uxoria* zu den beliebten Themen der Humanisten, wobei sie einen befreiten, eher auf lebenspraktische Fragen gerichteten Blick auf eine Institution warfen, deren Zweck die kirchliche Moraltheologie im Wesentlichen in der Zeugung und der Zügelung des Geschlechtstriebs sah.

Auch in einigen früheren kleineren lateinischen Schriften hatte sich Eyb der Ehe und dem Wert oder Unwert der Frauen gewidmet, so etwa in einer Laudatio (‚Clarissimarum feminarum laudacio'), in der er die weiblichen Tugenden preist und mehrere vorbildliche Frauen aufführt, in einer Invektive, in der er sich gegen weibliche Untugenden wendet (‚Invectiva in lenam'), und schließlich in einer ausführlicheren Abhandlung über die Ehe (‚An viro sapienti uxor sit ducenda'), einer Vorläuferin des ‚Ehebüchleins' mit moraldidaktischem Einschlag. Es handelt sich um eine dreiteilige Blütenlese, in dem mit Zitaten aus vorwiegend antiken Autoren Argumente zunächst gegen, dann für die Ehe präsentiert werden, schließlich trägt im dritten Teil eine Behandlung des Hochzeitsfests zur Bejahung der Ehe bei.

Eybs dreiteiliges, 1472 in Nürnberg gedrucktes ‚Ehebüchlein' bietet konkrete Lebenshilfe in Fragen von Ehe- und Familienrecht sowie praktische Ratschläge für das eheliche Zusammenleben und die Kindererziehung, auch eine Reihe von theologischen und moralischen Fragen wird aufgegriffen. Es handelt sich zwar um ein Konglomerat aus antiken, patristischen und humanistischen Quellen, doch fügt Eyb deren Zusammensetzung und Adaptation geschickt zu einer klaren Programmatik zusammen. Eine wichtige Quelle ist der erste Teil der ‚Grisardis' des Nürnberger Kartäusers Erhart Groß (vgl. S. 185). Das Werk richtet sich nicht primär an humanistisch gesinnte Kreise, sondern ist als Handbuch für eine ratsuchende laikale Öffentlichkeit gedacht. Wohl aus diesem Grund weicht Eyb von der Konzeption von ‚An viro sapienti uxor sit ducenda' sowie von ehetheoretischen Schriften aus dem humanistischen Italien deutlich ab.

Das ‚Ehebüchlein' ist letztlich androzentrisch, was sich bereits im ersten Teil deutlich zeigt, wo ein Abwägen vorgespielt wird, *ob ein weýb zu nemen seý oder nit*. Das Für und Wider der Ehe läuft hier noch auf ein Unentschieden hinaus, die Vor- und Nachteile bleiben gleichgewichtig. Allerdings kommen die Frauen dabei zumeist schlecht weg. Albrecht findet es zwar ungerecht, dass Frauen für Ehebruch streng bestraft würden, aber nicht die Männer. Er warnt aber z.B. vor klugen Frauen, die einerseits dem Mann überlegen seien, aber andererseits ihm gute Gründe lieferten, sich herumzutreiben. Fruchtbare Frauen könnten problematisch sein, weil sie sich nach der Geburt von Erben als Herrinnen aufspielten, dagegen seien unfruchtbare Frauen besonders vorteilhaft, weil sie sich als Versagerinnen sähen und deswegen dem Ehemann vollkommen unterwürfen. Als Ausgleich für seine misogynen Spötteleien preist Eyb die kulturellen Leistungen des weiblichen Geschlechts in einem eigenen Kapitel und zählt beispielhafte Frauen aus der antiken Geschichte und Mythologie auf, die sich auf dem

Gebiet der Literatur, der Medizin und dem Recht ausgezeichnet hätten. Als einzige zeitgenössische Frau wird die gelehrte Barbara von Mantua, Tochter des Markgrafen von Brandenburg, an deren italienischem Hof bedeutende Humanisten verkehrten, dieser Elite zugerechnet.

Ganz innerweltlich, zumeist den ironischen Petrarca zitierend, für den die Ehe nur etwas war, was von den Studien abhielt, bleibt im ersten Teil die religiöse Dimension außen vor. Dies ändert sich in den beiden nächsten Teilen deutlich, hier wird die Ehe deutlich bejaht. Von einem langen Schöpfungsbericht will Eyb im Anschluss an Lactancius *dar auß einfûren vnd beschliessen vnd anttworten auff die frag, das ein weýb zunemen seý*. Hier strukturiert Eyb die Argumentation ganz nach der traditionellen kirchlichen Lehre der drei *bona matrimonii* – der Ehegüter Nachkommenschaft, Treue, Sakrament. Dabei wird der zweite Aspekt, die Treue, vor allem auf die Vermeidung von Unkeuschheit ausgerichtet. Unter der Überschrift *Das man frawen vnd iunckfrawen zu rechter zeit menner geben soll* gestaltet er die auch von Niklas von Wyle übersetzte Novelle Boccaccios ‚Guiscardo und Ghismonda' (nach Brunis Übersetzung; s.o.) über die tragischen Folgen allzu großer Leidenschaft in eine exemplarische Erzählung um, die das Neuartige der Vorlage – das Recht der Gleichheit von Geburt und des Anspruchs auf Liebe – beseitigt. Es wird lediglich dem Vater die Schuld dafür gegeben, *das er seiner tochter Sigismunde ... nit ... zu rechter zeit ein man geben het*. Auch in der wohl nach 1444 in Italien entstandenen italienischen Novelle ‚Marina' (‚Marina II'), die – anders als in Humanistennovellen üblich – erotische Freizügigkeit negativ wertet, geht es Eyb um das Thema Keuschheit und eheliche Treue. Die eigentlich tugendsame, aber dennoch erotisch interessierte Marina verspricht ihrem Mann, bei längerer Abwesenheit nur einen ‚weisen' Liebhaber zu nehmen. Sie wird aber durch die List eines ‚Weisen' davon abgebracht und geläutert. Beim dritten *bonum* greift Eyb neben der Kernaussage, dass die Ehe unauflöslich sei, die theologische Deutung auf, nach der die Ehe die Vereinigung Christi mit der Kirche symbolisiere. Eyb hatte bereits in seiner Zeit in Padua 1435/39 eine Abschrift dieses in humanistischer Tradition stehenden lateinischen Exempels angefertigt. Eine weitere, anonym überlieferte, vollständige deutsche Übersetzung der Novelle findet sich unikal in der Heidelberger Handschrift cpg 119.

Der zweite Teil schließt mit einem *lob der Ee*. Im dritten Teil kommt Eyb dann nach Vorschlägen zur Gestaltung des Hochzeitsfests schließlich zu einem Preis der jungfräulichen Lebensform, weil sie sogar noch direkter als ein positives Eheleben die Seele in den Himmel führe. Das Werk wird durch eine Albanus-Legende (vgl. Bd. I/2) abgeschlossen. Der Heilige entstammt einer inzestuösen Beziehung zwischen Vater und Tochter, er wird ausgesetzt, gefunden und als Erbe des kinderlosen Königs von Ungarn mit seiner Mutter vermählt. Nach Entdeckung des Inzests tun beide Buße. Indes kommt es erneut zum Vater-Tochter-Inzest, woraufhin der zornige Albanus beide Eltern erschlägt. Er führt daraufhin ein hartes Büßerleben in der Einöde, wird dort ermordet, sein Leichnam bewirkt Heilungen. Der Text, der unter die Überschrift *Das kein sunder verzweyfelen solle* gestellt wird, passt insofern gut zum Vorangegangenen, als er „auf krasse Weise nichts anderes als die große Gnadenbedürftigkeit und, unter der Prämisse der Besinnung auf Gott, auch die Gnadenfähigkeit von Ehe und Sexualität" demonstriert. Dass der zölibatär lebende Albanus schließlich mit Heiligkeit belohnt wird, illustriert, wie Eyb „den Zölibat als Komparativ über den Positiv der Ehe erhebt" (E. Feistner).

Edith Feistner betont mit Recht, dass Eyb mit dem ‚Ehebüchlein' kein bahnbrechendes humanistisches Werk vorlegt, wie in der früheren Forschung behauptet, sondern dort nur „einen eher ‚progressiven' Standpunkt der Theologie vertritt, der durch die Begegnung mit dem Humanismus befördert wurde". Während sich die traditionelle kirchliche Ehelehre vor allem mit den sündhaften Möglichkeiten des Geschlechtlichen und der Aufgabe der Fortpflanzung befasste, greift Eyb zusätzlich in humanistischer Tradition auch die Alltagspraxis auf, was im Kontext der ehetheoretischen Schriften des Mittelalters eine Neuerung darstellt. Das ‚Ehebüchlein' war ein Erfolg. Es wurde insgesamt achtmal gedruckt und mehrfach abgeschrieben.

Ein Jahr vor seinem Tode verfasste Albrecht von Eyb den ‚Spiegel der Sitten', dessen *editio princeps* erst 1511 auf Veranlassung seines Neffen Gabriel von Eyb, Fürstbischof von Eichstätt, in Augsburg erschien. Das umfangreiche Werk besteht aus zwei Hauptteilen, die jeweils in zwei Bücher gegliedert sind. Für dieses primär katechetische Werk, das den Bischöfen von Bamberg, Eichstätt und Würzburg gewidmet ist, griff Albrecht vorwiegend auf theologische Quellen zurück. Dies ist aber nicht als „Rückschritt ins Mittelalter" oder „Abwendung vom Humanismus" zu sehen, sondern schlichtweg durch die im ‚Spiegel' behandelten Themen und den geistlichen Stand der primären Adressaten des Werks bedingt. Zudem würde damit eine Opposition zwischen christlicher Lehrtradition und humanistischen Vorstellungen konstruiert, die dem Kleriker und Frühhumanisten Eyb gewiss seltsam erschienen wäre.

Das erste Buch des ersten Teils behandelt die sieben Todsünden und Tugenden sowie den Tod, der nach üblicher mittelalterlicher Ars moriendi-Tradition sowohl in geistlicher als auch praktischer Hinsicht (Herstellung eines Testaments u.a.) thematisiert wird. Das zweite Buch ist eine fürs Mittelalter typische Ständelehre. Hier ist Eyb ganz Spätscholastiker, indem er die Stände hierarchisch mit ihren Aufgaben darstellt, allerdings plädiert er ganz humanistisch für den Primat des Tugendadels vor dem Geburtsadel. Der zweite Teil des Werks enthält die Prosaübersetzungen dreier Komödien, der ‚Menaechmi' und der ‚Bacchides' des Plautus sowie der ‚Philogenia' des Humanisten Ugolino Pisani (1405/10–1445/50). Der erste Teil des

,Spiegels' wurde nach der *editio princeps* nicht mehr gedruckt, im Zeitalter der Reformation galt er als überholte Scholastik. Dagegen wurden die vielgepriesenen Komödien-Übersetzungen des zweiten Teils bis 1550 noch dreimal aufgelegt.

Um zu begründen, *ob zimlich sey die Poeten zu lesen vnd zů gebrauchen*, holt Eyb argumentativ weit aus. Zwar handele es sich bei den antiken Dichtern und Philosophen um Heiden (wofür sie freilich nichts konnten), und die drei sinnenfrohen Komödien behandeln schließlich unsittliche Themen. Eyb führt aber an, dass ja auch im Alten Testament Ehebruch, Inzest und Prostitution vorkämen, ohne dass deswegen die Bibellektüre verboten sei: *sage mere* [lügenhafte Erzählungen] *findestu nit in den bůchern der hailigen geschrifft: Von der lieb David zuo Bersabee/ vnd Samsonis zů Dalida/ von den kinderen Loth vnd von andern grossen sünden vnd missethaten/ solten darumb die selben bůcher nitt gelesen werden?* Eybs Argumente stammen aus Leonardo Brunis humanistischer Programmschrift ,De studiis et litteris', auf die sich ebenfalls Niklas von Wyle berief. Die Aufnahme schlüpfriger Komödien begründet Eyb aber damit, dass deren Handlung zwar unterhaltsam (*kurtzweilig vnd schimpflich zů lesen*) sei, aber sie dennoch als negative Beispiele für menschliches Handeln verstanden werden sollten: *Darauß man nemen mag leere vnd vnderschid gůter sitten vnd pöser dargegen. Die gůten zů begreiffen vnd die bösen zů vermeiden.* Sie *geben zů versteen die pösen verkerten sitten der menschen*. Bei den von Eyb angestrebten Betrachtungen konträrer ethischer Prinzipien in den drei Stücken sollte der Leser *die hübschait vnd sůssigkait der wörter vnd die swärlichait der synnen vnd red* bewundern *vnd nit die frölichait vnd wollust der Comedien*, also zwischen Form und Inhalt unterscheiden. Das wirkt doch ein wenig abstrus, zumal es in Pisanis ,Philogenia' um das Schicksal eines naiven Mädchens geht, das verführt, verraten und von Freunden des Verführers missbraucht wird, um schließlich unter Mithilfe zweier Kupplerinnen und einem Priester mit einem Bauerntölpel verheiratet zu werden. Dennoch gelang es Eyb, die humanistische Perspektive seiner Vorlagen mit den Sichtweisen der Spätscholastik geschickt zu verknüpfen.

Um die kulturelle Fremdheit der Komödien für seine illiterate Leserschaft abzubauen, verlegt Eyb deren Handlung in ein deutsches urbanes Milieu des deutschen 15. Jahrhunderts. Die Namen in den *Comedien sein kriechisch vnd vngewonlich*, daher ändert er sie *in deütsch vnd gewonlich namen*: So wird aus Epifebus *Petz*, aus Parasitus *Fritz*, aus Philogenia *Metz* usw. Statt von antiken Göttern ist vom christlichen Gott und den Heiligen die Rede, römische Sprichwörter werden nach Möglichkeit durch deutsche ersetzt. Wie in der Spielüberlieferung häufig anzutreffen, gestaltet Eyb seine Vorlagen durch Verwendung des erzählenden Präteritums in jenen Passagen, welche die Dialoge gliedern und zusammenfassen, in reine Lesetexte um. Eine Aufführbarkeit war ihm kein Anliegen, ansonsten hätte er seine

Übersetzung wie für mittelalterliche Spiele üblich in Verse gesetzt. Viermal wurde das Werk gedruckt.

War es Albrecht von Eyb in seiner Bamberger Zeit nicht gelungen, den Humanismus in der Stadt zu etablieren, so sollte es um 1500 dort zu einer Blütezeit der Bewegung kommen. Um den Fürstbischof Georg III. Schenk von Limpurg, der von 1505 bis 1522 regierte, bildete sich ein Humanistenkreis, zu dem auch renommierte auswärtige Humanisten wie Ulrich von Hutten und Albrecht Dürer zeitweilig hinzustießen. Die zentrale Gestalt des Kreises war Johann von Schwarzenberg (1463/65–1528), der einem fränkischen Adelsgeschlecht entstammte. Er kam 1501 nach Bamberg, um dort für mehreren Bischöfe als Hofmeister tätig zu sein, und war in dieser Zeit als Jurist, Politiker und Diplomat hoch engagiert. Von 1505 bis 1522 war er zudem Vorsitzender des weltlichen Hofgerichts. Nachdem er mit der Reformation sympathisierte und mit Luther sogar in brieflichem Kontakt stand, verließ er Bamberg 1522 und trat in den Dienst des Markgrafen von Brandenburg-Ansbach. Er starb in Nürnberg.

Auf seine Initiative hin und unter seiner Mitwirkung entstanden zwischen 1517 und 1520 Übersetzungen von mehreren philosophischen Werken Ciceros – ‚Cato maior de senectute', ‚Laelius de amicitia', ‚De officiis', ‚Tusculanae disputationes', Buch 1 – durch den Bamberger Kleriker Johann Neuber sowie Leonardo Brunis ‚Vita Ciceronis' durch den bischöflichen Kaplan Georg Wassermann. Anschließend widmete sich Schwarzenberg selbst einer *Uebersehung und Verbesserung* von Neubers Übersetzungen durch eine stilistische Umgestaltung der Texte in ein *Hoff fränkisch Teütsch*. Schwarzenberg verfügte weder über Lateinkenntnisse noch eine akademische Ausbildung und beschreibt sich als *teutschen vngelerten phantasten*, der *alleyn meiner mutter sprach gelernt* habe. Die von ihm überarbeiteten Übersetzungen wurden Ulrich von Hutten übergeben, um sie auf ihre genaue Übereinstimmung mit den lateinischen Vorlagen durchzusehen. Hutten weilte 1517 und 1520 am Bamberger Hof. Bei dieser anspruchsvollen Initiative Schwarzenbergs handelt es sich um das umfassendste deutschsprachige Ciceroprojekt des 16. Jahrhunderts.

1522 wurde Neubers Übersetzung von Ciceros ‚Cato maior' in Augsburg gedruckt. 1531 erschien dann seine Übersetzung von ‚De officiis' mit 103 Holzschnitten. Das Werk sollte bis 1565 in 14 Ausgaben erscheinen. 1534 wurde der mit 139 Holzschnitten reich illustrierte Sammelband, ‚Der Teütsch Cicero', aufgelegt, der Wassermanns und Neubers Übersetzungen enthält. Auch dieser Band wurde mehrfach nachgedruckt. Zudem finden sich dort auch eigene Dichtungen Schwarzenbergs. Seine moraldidaktischen Schriften, die alle in der Volkssprache verfasst wurden, „ähneln in ihrer belehrendmoralisierenden Tendenz den Ciceroübersetzungen". Der Hauptgrund für die Initiierung des Übersetzungsprojekts dürfte darin liegen, dass Schwarzenberg „ebenso wie zahlreiche humanistischreformatorisch gesinnte Juristen seiner Zeit, seine ethischen Maßstäbe insbesondere aus den moral- und staatsphilosophischen Schriften Ciceros gewonnen" hatte (J. Hamm).

Würzburg

Auch in Würzburg befand sich ein kleiner Kreis von Humanisten, der sich vor allem im Umfeld des Bischofs Lorenz von Bibra etablierte. So übersiedelte Johann Trithemius 1506 ins Würzburger Schottenkloster St. Jakob und vollendete dort seine höchst umstrittenen ‚Annales Hirsaugienses' (s.o.). Sehr produktiv war Johann Sieder, der zwischen 1478 und 1501 urkundlich belegte Kanoniker des Würzburger Stifts Neumünster und später Sekretär unter Bibra war. Für Johann von Dalberg verdeutschte er im Jahre 1500 den phantastischen Roman ‚Metamorphosen' – auch bekannt als ‚Asinus aureus' (Goldener Esel) – des Lucius Apuleius (2. Jh.). Der Text des Apuleius geht wie der ‚Asinus' des (Pseudo?)Lukian (vgl. S. 563) auf eine verlorene griechische Vorlage zurück. In Anbetracht des beachtlichen Umfangs der Vorlage gehört Sieders Werk zu den bemerkenswertesten Antikenübersetzungen der Zeit. Unklar bleiben allerdings die Gründe für Sieders Widmung an Johann von Dalberg, zumal er in Köln und nicht in Heidelberg studiert hatte. Eine nähere Verbindung zu ihm scheint nicht zustande gekommen zu sein. Wahrscheinlich suchte Sieder in Johann einen Gönner, was aber offenbar nicht gelang. Vielleicht war das Werk eher für die Augen des jüngeren Dalberg, Friedrich, gedacht, dem viele Übersetzungen gewidmet wurden (s.u.), denn der hochgelehrte Johann benötigte eigentlich keine Übersetzungen.

Der satirischen Geschichte von dem durch Zauber zum Esel verwandelten Lucius, der nach seiner Entführung durch Räuber allerlei Abenteuer – auch erotische – erlebt, bevor er wieder menschliche Gestalt annehmen kann, stellt Sieder eine Verdeutschung von Lukians ausdrücklich ebenfalls fiktiven satirischen ‚Verae historiae', einem höchst phantastischen Werk, voran. Lukian bietet hier einen Reisebericht, der vom Besuch fremder Länder, des Mondes, der Sonne und der Venus erzählt. In seiner Widmungsrede begründet Sieder die Wahl von Apuleius' Abenteuerroman ausführlich, dessen Gehalt ja schließlich als unsittlich zensiert werden könne. Mit geläufiger humanistischer Argumentation behauptet Sieder, die Lektüre helfe letztlich das Gute vom Bösen zu unterscheiden. In der Bibel fände man ja *allerhand Vntugenden beschrieben, vnnd zwar derselbigen fast mehr als deß guten*. Er verspricht, anzügliche Stellen zu übergehen. An den *großgůnstigen Leser* gerichtet hofft Sieder, dass seine Übersetzung auch der *Kurczweil* dienen werde: *Damit du bißweilen von deinen nothwendigen Geschåfft ablassen / vnd dich hierinnen belustigen mógest.*

Sieders Übersetzung des ‚Metamorphosen'-Kommentars des Bologneser Professors Filippo Beroaldo ist leider verschollen. Ebenfalls nicht erhalten sind von ihm wohl vorgenommene Übersetzungen von Werken des Plinius, des Eusebius, des Flavius Josephus und des Laktanz. Auch Sieder schließt sich Wyles Auffassung von der Überlegenheit des Lateins über die Volkssprache und mithin auch dessen Übersetzungsverfahren an. Auf dessen handlungsverwandte Übersetzung des pseudo-lukianischen ‚Asinus' geht er im Prolog ein.

Besser kam Sieder am Wiener Hof an. Für Maximilian übertrug er 1501 vier Biographien antiker *Fursten und kriegsherren*. Er gibt an, er sei durch ein Traumgeschehen dazu veranlasst worden, in dem Hannibal, Alexander und Scipio ihn aufforderten, ihren in der Unterwelt stattfindenden Rangstreit zu entscheiden. Daraufhin habe er beschlossen, ihre Biographien Maximilian als dem größten Meister der Kriegskunst zur Beurteilung vorzulegen. Die Biographien Hannibals und Scipios gehen auf Plutarchs ‚Vitae parallelae' zurück, das Leben Alexanders auf die Version des Guarino Veronese, als Zugabe fügt er die Vita des römischen Feldherrn Quintus Sertorius von Leonardo Bruni hinzu. Im Mittelpunkt von Sieders Interesse standen weniger die geschichtlichen Taten und Geschehnisse als vielmehr die Vorbildhaftigkeit der von ihm dargestellten historisch bedeutenden Gestalten, was er zu Beginn jeder Biographie mit einer ganzseitigen kolorierten Darstellung unterstreicht.

Sieder übersetzte mindestens acht Werke, von denen nur die drei erwähnten erhalten sind. Zum Druck gelangte aber nur die Apuleius-Übersetzung' und zwar erst nach seinem Tod. Sein Bruder, der königliche Rat Johann Lucas, hatte ein königliches Druckprivileg erhalten und veranlasste eine Augsburger Offizin 1538 mit der eigenfinanzierten und mit einer Vielzahl von Holzschnitten versehenen Herausgabe des Werks, ohne den Vorspann der ‚Verae historiae'. 1605 sollte es in Frankfurt erneut aufgelegt werden. Hans Sachs benutzte den Erstdruck als Quelle für zwei Spruchdichtungen und zwei Meisterlieder.

Johannes Pfeiffelmann, Sekretär unter den Würzburger Fürstbischöfen Rudolf II. von Scherenberg (1492–1496) und später, wie Sieder, unter Lorenz von Bibra, stammte aus einer Würzburger Ratsfamilie und studierte ab 1472 an der Universität Erfurt. Genauere Lebensdaten sind nicht zu ermitteln. Sowohl mit dem Humanisten und prominenten Mediziner Burkhard von Horneck, der zeitweise Stadtarzt in Würzburg war (1505–1515), als auch mit Sieder stand Pfeiffelmann in enger literarischer Verbindung. Burkhards lateinisches Gesundheitsgedicht ‚Carmen de ingenio sanitatis', dem Mainzer Erzbischof Berthold von Henneberg gewidmet, übersetzte er vorlagengetreu in 184 Reimpaarversen; es erschien 1507 in einem Würzburger Druck. Das Werk Burkhards bietet in drei Abschnitten, bestehend aus 43 Distichen, Ratschläge zur Diätetik und Hygiene: es geht um Bewegung, Speis und Trank, Schlafen und Wachen.

Zwei weitere Übersetzungen Pfeiffelmanns reihen sich ein in die von Humanisten besonders gepflegten Kindererziehungs- und Frauendiskurse. Die sich eng an die Vorlage haltende 1507 gedruckte Übersetzung der spätantiken, irrtümlich Plutarch zugeschriebenen Erziehungsschrift ‚De liberis educandis' wurde wahrscheinlich von Burkhard von Horneck, dem das Werk gewidmet ist, angeregt. Vorlage von Pfeiffelmanns ‚Von zucht der kinnder' war die lateinische Übersetzung des Humanisten Guarino Veronese. Pfeiffelmanns Übersetzung von Plutarchs ‚De mulierum virtutibus' erzählt in 24 Abschnitten von elf einzelnen Frauen und dreizehn Frauengruppen, deren außergewöhnliche Stärken als *manns thaten* charakterisiert werden. Das Werk, ‚Von den übertrefflichisten vnd berůmptisten frawen', erschien postum 1533 und wurde vom Verleger Johann Haselberg von Reichenau, Lorenz Frieß, dem Sekretär und Rat des Würzburger Bischofs Konrad von Thüngen, in einem Mainzer Druck gewidmet. Das Werk erzählt sowohl von den klassischen Tugenden von Frauen als auch von deren Fähigkeit zur Gewaltausübung und Herrschaft. Zudem wird die sexuelle Gewalt gegen Frauen dort eingehend thematisiert. Es blieb bei allen Werken Pfeiffelmanns bei einer Druckausgabe. Beide Übersetzungen könnten sich auch der Bekanntschaft mit Sieder verdanken, der ebenfalls Plutarch übersetzte.

Nach Albrecht von Eyb und vor Pfeiffelmann verfasste ein weiterer fränkischer Humanist eine Ehe- und Kindererziehungslehre. Von dem seit 1501 in Würzburg lebenden Hieronymus Schenck von Siemau sind fünf zwischen 1502–1504 entstandene selbständige Schriften überliefert, die alle unikal in einer Würzburger Offizin gedruckt wurden. Über seinen Lebenslauf ist wenig bekannt, außer dass er aus einem verarmten ritterlichen Geschlecht aus der Nähe von Schweinfurt stammte und 1525 bei der Verteidigung der Würzburger Festung im Bauernkrieg aktiv war. Es ist aber davon auszugehen, dass er vor seiner Würzburger Zeit eine Lateinschule besucht und an einer vom Humanismus geprägten Universität studiert hatte, wahrscheinlich in Italien. Die Auszeichnung *miles auratus* (Ritter vom goldenen Sporn) wurde ihm und anderen Humanisten vom Kaiser verliehen, die ritterbürtiger Abkunft und zugleich humanistisch gelehrt waren, so etwa auch Dietrich von Plieningen und Ulrich von Hutten. Er genoss jedenfalls hohes Ansehen in der Stadt. Schenks Hauptwerk, ‚Ein newes vnd hubsches buchlein Kinderzuchte genant', entstand 1502 und ist dem fränkischen Adel gewidmet. Ritterliche Ideale stehen im Mittelpunkt. Schenck beruft sich auf Platon, Plutarch und Quintilian als Hauptquelle, zudem auf die Nebenquellen Cicero, Hieronymus und Plautus. Ebenfalls verwertet er Albrechts von Eyb ‚Ehebüchlein' immer wieder wörtlich. Von der Partnerwahl, der Eheschließung, der Schwangerschaft bis hin zur schulischen Bildung auf der Basis der *septem artes liberales* werden alle Aspekte der kindlichen Entwicklung und deren Voraussetzungen behandelt. Auch hier wird, wie für den Humanismus typisch, für eine humane Pädagogik plädiert: So dürfe man Kinder nicht schlagen, Geduld und Sanftmut werden betont. Die religiöse Erziehung der Kinder wird allerdings nicht angesprochen.

Neben seiner ‚Kinderzucht' verfasste Schenck noch zwei Marienlieder, eine Trostschrift für seine Mutter und einen lateinischen Traktat über den wahren Adel, vor allem mit einer Mahnung zum Tugendadel. Die Schrift widmete er Kurfürst Friedrich dem Weisen von Sachsen.

Straßburg

Zu den für die Entstehung und Verbreitung volkssprachlicher humanistischer Literatur zentralen Städten gehörte Straßburg. Hier entstanden nicht nur eine Vielzahl von Übersetzungen, sondern auch ab etwa den 1490er Jahren die erfolgreichsten von Humanisten verfassten eigenständigen deutschen Werke. Bedeutende Unterstützung erfuhr das Gelehrtenmilieu von den hochproduktiven Offizinen der Stadt, die eine Vielzahl von Humanisten initiierte lateinische und deutsche Drucke auf den Markt brachten. Einige der Verfasser lateinischer und deutscher Humanistenliteratur verdienten bei den Druckhäusern zumindest zeitweise ihren Lebensunterhalt als Korrektoren.

In der Frage, welche Autoren und Werke als eindeutig ‚humanistisch' gelten dürfen, hat sich die Forschung ausgerechnet beim Dichter des wirkmächtigsten Werks der deutschen Literatur des Mittelalters, des ‚Narrenschiffs', bis heute nicht ganz einigen können. Sebastian Brant (1457–1521) wird immer noch wegen seines strenggläubigen Katholizismus, seines entschiedenen Eintretens für Kaiser und Reich, seiner Ablehnung Luthers und wegen diverser ‚mittelalterlicher' Einstellungen gerne aus dem Kreis der ‚wahren' Humanisten – wie etwa Celtis, Reuchlin oder Ulrich von Hutten – ausgegrenzt. Allenfalls unter der Bezeichnung ‚konservativer Humanist' wird ihm eine Zugehörigkeit zur Bewegung zugestanden. Dabei wird ausgeblendet, dass reformorientierte Frömmigkeit und Humanismus sich keineswegs ausschlossen, wie dies etwa bei Jakob Wimpfeling, Willibald Pirckheimer, Lazarus Spengler und Johannes Cochläus zu beobachten ist. Die Vorstellung, es habe im 15. und frühen 16. Jahrhundert einen nichtchristlichen, geradezu ‚heidnischen' Humanismus gegeben „und nicht nur pagane Elemente in einer selbstverständlichen Christlichkeit" (B. Hamm), ist ohnehin völlig abwegig. Brants weitgespannter Briefwechsel belegt ohne Zweifel, dass er in den Augen seiner Zeitgenossen der humanistischen Bewegung zugehörte.

Brant (lat. Titio: das brennende Scheit) wurde in Straßburg als Sohn eines begüterten Gastwirts und Ratsherrn geboren. Er studierte ab 1475/76 in

Basel die Artes und die Rechte und gehörte dort mit seinem Lehrer Johann Matthias von Gengenbach dem humanistischen Kreis um Johann Heynlin von Stein (de Lapide) an, der einen christlich orientierten Humanismus und eine praktisch-ethische Neuorientierung der Gesellschaft vertrat. Zu dessen Schülern gehörten Johannes Geiler, Reuchlin und Wimpfeling. Brant erwarb 1477/78 das juristische Baccalaureat, 1484 das Lizenziat. 1485 heiratete er eine Baslerin, mit der er sieben Kinder haben sollte. Er promovierte 1489 an der juristischen Fakultät, deren Professorenkolleg er dann angehörte und deren Dekan er 1492 für ein Jahr war. Nebenher vertrat er 1486–1495 die Stelle eines Universitätspoeten. Erst 1496 bekam er einen besoldeten Lehrstuhl, arbeitete aber bisweilen auch als Anwalt. Circa 1490 begann seine eigene schriftstellerische Tätigkeit. Er war aber schon ab 1488 als Herausgeber, Korrektor, und Bearbeiter von Druckwerken tätig, denen er bisweilen eigene Texte beigab. An insgesamt 95 Drucken war er von 1488 bis 1501 beteiligt, vor allem in der Offizin des humanistisch gebildeten Johann Bergmann von Olpe, der auf Anregung seiner Studienfreunde Brant, Reuchlin und Wimpfeling anspruchsvolle Werke herausgab. Mit dem Basler Drucker Johann Amerbach, der ebenfalls zum Freundeskreis gehörte, veröffentlichte Brant eine Reihe von Werken, wie etwa eine mehrbändige Ausgabe von Schriften der Kirchenväter Augustinus und Ambrosius sowie die ‚Opera latina' Petrarcas.

Mit dem 1494 erschienenen ‚Narrenschiff' avancierte Brant zum bekanntesten deutschen Dichter seiner Zeit. Durch die von seinem Schüler Jakob Locher verfertigte lateinische Übersetzung des Werks, die 1497 unter dem Titel ‚Stultifera navis' erschien (vgl. S. 523), erreichte er – als erster deutscher Literat überhaupt – europäische Prominenz. Als sich ein Beitritt Basels zur Eidgenossenschaft abzeichnete, verließ der Kaisertreue 1500 die aus dem deutschen Reich ausscheidende Stadt, um in Straßburg als Jurist, Syndikus und Diplomat tätig zu sein und ab 1502 dort oberster Verwaltungsbeamter der Stadt (Stadtschreiber, Kanzler) zu werden. In Straßburg traf er auf einen Kreis, zu dem u.a. Johannes Geiler, Jakob Wimpfeling, Thomas Murner und Beatus Rhenanus gehörten und in dem sich um 1500 eine „spezifisch straßburgische Geistigkeit" präsentierte, „in der ... traditionell-spätmittelalterliche und modern-(christlich-)humanistische Elemente im alltäglichen In- und Miteinander" zusammenflossen (V. Honemann). Eine besondere Beziehung bestand zu Maximilian I., dem Brant als kaiserlicher Rat diente und der ihn zum Pfalzgrafen ernannte. In Straßburg ließen seine literarischen Aktivitäten jedoch nach, stattdessen betätigte sich Brant nun verstärkt als namentlich genannter, auch auf Holzschnittdarstellungen aufgeführter Herausgeber für Pforzheimer und Straßburger Offizinen, die mit seiner beachtlichen Prominenz den Verkauf ihrer Druckwerke erheblich beförderten. Ein Jahr vor seinem Tod reiste Brant im Auftrag der Stadt nach Gent, um dem neuen Kaiser Karl V. zu huldigen.

Brant verfasste ein umfangreiches und vielseitiges Œuvre, das vorwiegend aus eigenen Dichtungen bestand und in dem er Deutsch und Latein als gleichwertige Literatursprachen verwendete. Dazu gehören zum Beispiel Lieder, Fachliteratur, vor allem juristische Schriften, sowie Aktualitäten- und Gelegenheitspublizistik, etwa über bemerkenswerte Naturereignisse, die er in Einblattdrucken und Flugschriften veröffentlichte. 1498 veröffentlichte er z.B. seine deutsche Übersetzung der im Mittelalter äußerst populären Schullektüre, der ‚Disticha Catonis' (vgl. Bd. II/2 und S. 594). Traditionsgemäß setzt Brant die Vorlage in paargereimten Vierzeiler um und fügt sie im Druck dem lateinischen Text bei.

In seinen deutschen Gedichten dominiert der streng paargereimte Knittelvers, während er sich für seine lateinischen Gedichte an klassischen Formen hält. Bemerkenswert ist auch die häufige Verwendung von Holzschnitt-Illustrationen in den von ihm verfassten und herausgegebenen Werken, an deren Gestaltung er vielfach mitwirkte. Er publizierte viele seiner Schriften als Einblattdrucke – als deren erster Meister er zu gelten hat –, Einzelwerkausgaben sowie als Anthologien, in denen er vor allem seine verstreuten lateinischen Gedichte und deutschen Übersetzungen – etwa sangbare Mariensequenzen – zusammenstellte. Seine frühe Berühmtheit erlaubte es ihm, als einer der ersten deutschen Autoren eigene Sammelausgaben zu veröffentlichen, so sehr galt sein Name als literarischer Qualitätserweis.

Die Einschätzung des Literaten Brant als „konservativ" beruht vor allem auf der Vielzahl geistlicher Werke, die er vorwiegend in seiner Basler Zeit verfasste. Durch die schwärmerische Marienverehrung des Heynlin-Kreises und dessen Eintreten für die theologisch umstrittene unbefleckte Empfängnis (im sog. Makulistenstreit) angeregt, verfasste Brant mehrere mariologische Werke. Eine mit Holzschnitten ausgestattete anthologische Zusammenstellung von 37 lateinischen Texten mit mariologischer, christologischer und hagiographischer Thematik sowie kleineren Prosastücken erschien unter dem Titel ‚Carmina in laudem Mariae' im selben Jahr wie die Erstausgabe des ‚Narrenschiffs' (1494) bei Bergmann von Olpe. Ebenfalls Maria gewidmet war die 1498 ebendort erschienene Anthologie ‚Varia carmina', in der 124 Texte – darunter auch drei lateinisch-deutsche – zusammengestellt sind – sie erschien zusammen mit Reuchlins ‚Henno' noch bei Johann Grüninger in Straßburg. Während sich Brant 1494 auf dem Titelblatt noch stolz als *utriusque doctor iuris famosissimus* (hochberühmter Doktor beider Rechte) vermarktete, reichte 1498 der Werktitel *Varia Sebastiani Brant Carmina* bereits aus, um sein Werk werbewirksam anzukündigen – so gefestigt war inzwischen sein Ruf als Erfolgsautor. Neben der kompletten Übernahme des Inhalts der ‚Carmina in laudem Mariae' von 1494 finden sich dort in der Sammlung von 1498 mehrere Gedichte auf Heilige sowie eine kleine Passionsdichtung. Neu sind zudem weltliche Gedichte auf den neuen König Maximilian I., den spanischen König Ferdinand II., zur Türkenbedrohung – ein ihm besonders wichtiges Anliegen – und Gelegenheitsgedichte auf Freunde und Bekannte u.a.m. Zu den erhaltenen drei lateinischen Dichtungen mit anschließender deutscher Versübersetzung gehört eine kurze Moralität, das ‚Schachmattspiel', das von der Vergänglichkeit aller irdischen Existenz handelt.

Der gewaltige Erfolg des ‚Narrenschiffs' wurde durch die Lobpreisungen von Humanisten wie Locher, Wimpfeling und Trithemius (*divina Satira*) entscheidend gefördert. Der Straßburger Domprediger Johannes Geiler nannte es einen „Spiegel des Heils" und benutzte es als Grundlage eines Zyklus von 146 Predigten. Brant wurde mit Dante und Petrarca verglichen, er habe den Stil Ovids und Ciceros in der deutschen Sprache verwirklicht. Johannes Trithemius schreibt, dass es derzeit kein Werk gebe, das besser Nutzen und Vergnügen verbinde. Solch hymnisches Lob mag den heutigen Leser verblüffen. Im Allgemeinen attestiert die heutige Literaturgeschichtsschreibung dem Werk zwar eine „epochemachende Wirkung", hält es aber doch für „ein schwerfälliges Gebilde von ermüdender Eintönigkeit, dem man kaum den Rang eines Kunstwerks zubilligen möchte" (B. Könneker). Es ist bei der schlichten Gestaltung der Verse in der Tat nicht leicht erklärbar, warum das ‚Narrenschiff' bis zu Goethes ‚Werther' zum größten Bucherfolg deutscher Sprache werden sollte. Der durchaus unterhaltsame Text war aber für den sensationellen Erfolg bei einer vorwiegend urbanen Leserschaft, welche für die von ihr so sehr begehrte religiöse/moralische Unterweisung sonst vor allem trockene katechetische und erbauliche Literatur geboten bekam, nicht hinderlich. Letztlich entscheidend für die beispiellose Wirkung des Werks ist zweifellos die innovative opulente Gestaltung des Drucks. Denn sämtliche Kapitel wurden mit qualitativ hochstehenden Holzschnitten veranschaulicht, die zu zwei Dritteln vom jungen Albrecht Dürer stammten. Die von Brant auf eine enge Verschränkung von Wort und Bild hin entworfene Buchgestaltung, die ein ästhetisch anspruchsvolles Ganzes ergibt, war für den Druck deutscher Werke zu dieser Zeit – zumal für didaktisches Schrifttum – ein Novum und wurde zum Vorbild für spätere Ausgaben von Werken Thomas Murners oder dem ‚Dil Ulenspiegel'.

Aufbauend auf spätmittelalterliche Laster- und Ständelehren reichert Brant seine moralische Satire mit Argumentationsbeispielen aus der Bibel, der Kirchenrechtsliteratur und der klassisch-antiken Tradition (etwa Homer, Horaz, Juvenal, Ovid, Plutarch, Seneca, Vergil, dessen Werke er 1502 herausgab) an. Im letzten Kapitel des ‚Narrenschiffs' paraphrasiert Brant das pseudovergilische Gedicht ‚Vir bonus' und setzt dabei die Weisheitslehren des *fründ[s] Virigilium* als Gegenmodell zu den in den vorangegangenen Kapiteln vorgestellten Narren. Der sorgfältige Aufbau mit seinem gut dosierten Wechsel von abschreckenden und belehrenden Partien lässt die Nachahmung der römischen Satire und Vorbilder wie Horaz erkennen

(U. Gaier). Ein Novum für humanistische Literatur in der Volkssprache war seine Verwendung von jambischen Vierheber-Reimpaaren. Die ersten 74 Kapitel sind auf 34 oder 94 Verse festgelegt, wobei die Zahl von 34 Versen auch in späteren Kapiteln dominiert.

Brant malt ein düsteres Bild von einer Welt, in der alle moralischen Maßstäbe verloren gegangen sind: *Die gantz welt lebt in vinstrer nacht / Und důt in sünden blint verharren*. Er schickt 109 verschiedene Narren, die die Vielfalt des törichten bis sündhaften menschlichen Handelns personifizieren, auf eine Schifffahrt nach Narragonien, die als Bildvorstellung allerdings nur auf dem Titelblatt, in der *vorred* und erst gegen Ende wiederkehrt (Abb. 14). Die Allegorie des Schiffs und der Schifffahrt, die Brant als Sinnbild der menschlichen Existenz verwendet, fand bereits in der Antike, im Alten Testament (Ps 106,23 ff.) sowie in der christlichen Erbauungsliteratur – so auch im deutschen Erbauungsschrifttum (vgl. etwa S. 234, 289, 314) – Verwendung. Schiffe waren dem Publikum aber auch von den Fastnachtsumzügen her bekannt. „Kein Mensch bleibt auf dem schwankenden Schiff des Lebens von närrischer Torheit, von Dummheit, Leichtsinn, Übermut und offenen oder versteckten Lastern verschont" (J. Knape). Sogar auf die Entdeckung der Neuen Welt durch Kolumbus, über die er durch seine Beteiligung am lateinischen Druck des ‚Kolumbus-Briefs' (vgl. Tl. 2) informiert war (Basel 1494), geht Brant in Kapitel 66 ein. Ohne Kolumbus zu benennen spricht Brant von der Entdeckung von Inseln, wo es Gold und paradiesische Nacktheit gebe, und prägt damit zwei Leitmotive des zukünftigen Amerika-Bildes. Dabei kritisiert er solche Entdecker: *Er sůcht alleyn rům weltlich ere / Vnd gdenckt nit an das ewig rich*.

Bereits im anonymen Bilderbogen ‚Achtnarrenblatt' (um 1468) personifizieren die acht Narren Laster wie etwa Meineid, Hoffart oder Prahlerei. Indes dürften neben den Hofnarren vor allem die oberrheinischen Fastnachtsnarren Brant zu seiner Narrenfigur inspiriert haben. Das ‚Narrenschiff' ist immerhin *vff die Vasenaht* erschienen und in der zweiten Ausgabe ist das hinzugefügte Kapitel 110b den Exzessen der Fastnacht gewidmet. Die Narrheit ist im Werk indes nicht jahreszeitlich begrenzt, sondern Dauerzustand fast aller Menschen. Insofern handelt es sich im ‚Narrenschiff' auch nicht um komische Narren oder gesellschaftliche Außenseiter, sondern um moralisch defiziente Wesen, d.h. um den Menschen schlechthin. Der selbstbezogene Narr, der ja nicht sein will, was er ist, wird zur Symbolfigur einer satirisch konzipierten allgemeinen Darstellung menschlicher Gebrechen, dem die nötige Vernunft und vor allem Gottes *wißheyt* fehlt, um das Schellenkostüm abschütteln zu können. Das Werk setzt sich zum Ziel, den Irrenden einen Spiegel vorzuhalten und sie damit zu unterstützen, den Zustand der Narretei zu überwinden und mithin zur Selbsterkenntnis und schließlich zum Heil zu gelangen: *Gedenck narr / das es gylt din sel*.

In den 112 Kapiteln, die sich stets aus dreizeiligem Motto, Bild, Titel und Spruchgedicht zusammensetzen, stellt er in willkürlicher Anordnung eine kunterbunt dargebotene Ansammlung von Beispielen für Verstöße gegen die göttliche Ordo, alltagsethisches Handeln und die Vernunft, deren Folgen vorgeführt werden. Dabei bewegt sich Brant innerhalb der traditionellen kirchlichen Morallehre mit ihren möglichen göttlichen und menschlichen Strafen. Nach einer *vorred* beginnt das Narrenpanorama mit dem am Schreibpult sitzenden Büchernarren (*Von vnnutzen buchern*). Er gesteht, dass er zahlreiche Bücher besitzt, von denen er *gar wenig wort* verstünde, da sein Latein sehr mangelhaft sei (*Dann jch gar wenig kann latin / Jch weyß das vinum heysset win*). Es folgen in lockerer Reihenfolge ‚Narreteien' wie Habsucht, mangelhafte Kindererziehung, Modetorheiten, Zwietracht stiften, Buhlschaft oder schlechte Neigungen wie die Prozesssucht oder Betrügereien wie das Quacksalbertum oder der Reliquienhandel, also Torheiten, die zumeist im stadtbürgerlichen Milieu anzutreffen sind. Nur selten stellt sich der Narr in ironischer Absicht selber vor, wie etwa der Büchernarr, ansonsten wird er in der dritten Person eingeführt (etwa *Ein Narr ist...*).

Der *nuwe heylige* Grobian (lat. *rusticus*), der sich unflätig benehmende rohe Mensch, der nicht über Tischsitten verfügt (Kap. 72), ist zwar keine Erfindung Brants, wird aber durch das ‚Narrenschiff' popularisiert. Er entwickelte sich zu einer Lieblingsfigur der Zeit, die sowohl zu didaktischer Literatur, die an die Tisch- und Hofzuchten anknüpfte, als auch die Entstehung der sog. grobianischen Literatur in der zweiten Hälfte des 16. Jahrhunderts anregte mit ihren gegenbildlichen scherzhaften Lobpreisungen von Lastern. Musterbeispiel ist Friedrich Dedekinds ‚Grobianus: De morum simplicitate' (1549; dt. 1551), in dem der Meister Grobianus verkehrte Lehren vermittelt, die man nicht befolgen soll.

Auch wenn Brant kein realistisches Abbild der Zeitverhältnisse vermittelt, so dürfte seine grundsätzliche Kritik an gesellschaftlichen Zuständen sowie an der Kirche und ihren Institutionen nicht übertrieben sein. Nichtsnutze, schreibt Brant, *die als vil künnen als die affen*, würden Priester, weil sie erwarteten, dadurch ein bequemes Leben zu haben, einem besseren Stand anzugehören oder arme Geschwister unterstützen zu können (Abb. 15). Die Schuld dafür trügen die Bischöfe, die Derartiges duldeten. Angeprangert wird zudem, dass man junge Menschen zum Klostereintritt zwinge, ehe sie überhaupt wüssten, ob es für sie *gut oder schad* sei (Kap. 73).

In drei resümierenden Kapiteln werden nach Weisheit strebende Menschen als Gegenbilder vorgestellt. Die Rückkehr zur *wißheyt* ist Brants Leitthema und Erziehungsziel. Kapitel 22 ist ganz diesem Thema gewidmet:

> *Die wißheyt schrygt mit heller stym*
> *O menschlich gschlecht myn wort vernym*
> *Vff bschydikeyt hant acht jr kyndt*
> *Mercken all / die jn dorheyt synt /*
> *Sůchen die ler vnd nit das gelt*
> *Wißheyt ist besser dann all welt*
> *Vnd alles das man wünschen mag*

In einem Drittel aller Narrenkapitel wird an den allen Menschen bevorstehenden, nicht vorhersehbaren Tod erinnert, im Kapitel 85 wird er dann ausführlich thematisiert. In Brants Strategie, die Menschen durch sein Werk zur radikalen Reform des christlichen Lebens zu bewegen, durfte der Schrecken des Jenseits selbstverständlich nicht fehlen.

Der sensationelle Erfolg des ‚Narrenschiffs' führte umgehend zu Raubdrucken. Brant beschwerte sich in der dritten Ausgabe des ‚Narrenschiffs' vehement wegen unautorisierter, sein Werk verunstaltender Verse:

> *Aber myn arbeyt ist verkert*
> *Vnd ander rymen dryn gemischt*
> *Denen / kunst /art vnd moß gebryst*
> *Myn rymen sint vil abgeschnitten*
> *Den synn verlürt man jn der mitten*

Bis zu seinem Tod erschienen insgesamt siebzehn autorisierte und nichtautorisierte Ausgaben, 1497 kam in der Lübecker Mohnkopf-Offizin eine niederdeutsche Version in einer auch inhaltlich bearbeiteten Version auf den Markt (‚Dat Narrenschyp'). Auf der Grundlage von Lochers lateinischer Version, die selbst achtzehn Ausgaben erfuhr, entstanden Übersetzungen ins Französische (1497), Niederländische (1500) und Englische (1509; die erste Übersetzung eines deutschen Werks ins Englische überhaupt). Locher behält die Grundstruktur des ‚Narrenschiffs' zwar bei, kürzt indes die Kapitel und tauscht einige aus. Das Werk des reichstreuen Katholiken Brant wurde sogar im protestantischen Sinne umgearbeitet und dadurch von den Lutheranern für zitierwürdig empfunden. Sein Ruhm führte dazu, dass Brant zudem als Autor von Werken in Anspruch genommen wurde, die er nicht geschrieben hatte. 1500 veröffentlichte der französische Drucker Antoine Vérard ein Werk des jungen Poeten Jean Bouchet (1476–1557), das er ohne dessen Wissen in der Hoffnung auf gute Kauferlöse als *composé par Sébastian brand* ausgab. Brant wurde ebenfalls als Verfasser einer 1546 u.ö. publizierten Schrift, ‚Von den losen Füchsen dieser Welt' in Anspruch genommen.

Das ‚Narrenschiff' entfaltete eine breitgefächerte Wirkung und inspirierte die über Jahrhunderte hinweg populäre Narrenliteratur, welche einen ersten Höhepunkt in der Zeit zwischen 1510 und 1525 mit Autoren wie Erasmus, Thomas Murner und Pamphilus Gengenbach erreichte und sich etwa in Werken von Johann Fischart, Hans Sachs, Friedrich Dedekind und Jörg Wickram als literarische Mode fortsetzte. Noch der 1597 erschienene Schwankroman ‚Das Lalebuch' (Schildbürgerbuch) ist von der Narrenliteratur geprägt.

In Brants wenigen in Straßburg entstandenen Werken fließen die Aufgaben seiner Tätigkeit als Stadtschreiber vielfach in die literarische Produktion ein. Die Aufführung eines von Brant vermutlich 1512 oder 1513 verfassten (heute verlorenen) ‚Herkulesspiels' ist von Wimpfeling bezeugt. Erhalten geblieben ist eine textlich erweiterte Version des Stücks in einem postumen Druck von 1554, die als ‚Tugent spyl' bezeichnet wird und als „bedeutendste weltliche Moralität der Zeit" (E. Simon) zu werten ist. Textinterne Indizien und ein Ratsprotokoll deuten auf eine Aufführung im Jahre 1518 hin (D. Wuttke). Das Stück sollte an zwei Tagen in der Woche nach Ostern vermutlich auf dem Straßburger Roßmarkt auf einem großen Gerüst mit mehreren *hauß* – Kulissen einer Badestube oder des Hauses von Susanna und Joachim – aufgeführt werden. Die ausführlichen Regieanweisungen informieren recht genau über Kostüme und die Verwendung von Requisiten.

Das Stück ist vom Umfang (2566 Verse) und von der Gestaltung her unikal. Einen „humanistischen Anstrich" verleiht ihm Brant durch die Verwendung griechischer Personennamen. Wegen des pädagogischen Programms – antike und biblische Exempel wider die Wollust – ist es in der Forschung sogar als ‚humanistisches Schuldrama' bezeichnet worden. Grundlage des Stücks ist die antike Erzählung von Herkules am Scheideweg. Mit dem Bild der Wegscheide werden alternative moralische Entscheidungen anhand einzelner Fälle beleuchtet. Wie im ‚Narrenschiff' wird der üble moralische Zustand der Welt vor Augen geführt, dem nicht einmal mit *gschrifften / predigen / leren* beizukommen ist. Das Stück besteht aus kurzen aneinandergereihten Szenen mit antiken, biblischen und allegorischen Gestalten. Am Ende triumphiert *Fraw Tugent* über *Fraw Wollust*, die im Rahmenspiel ihren Gerichtsstreit vor dem Richter Herkules austragen. Um ihre Argumente zu untermauern, führen sie revueartige Binnenspiele vor. Beispielsweise nimmt am ersten Tag das von Frau Tugent inszenierte biblische Exempel von Susanna und Daniel breiten Raum ein. Am Ende des Stücks treten neun Helden als Zeugen für Frau Tugent auf – *Drei von den Juden* (Josua, David, Judas Makkabäus) / *drei von den Heiden* (Hector, Alexander, Julius Caesar) / *Drei loblich Christen unterscheiden* (Karl der Große, König Artus und Gottfried von Bouillon) –, die schließlich *Fraw Wollust* auffordern, den Thron zugunsten von *Fraw Tugent* zu verlassen. Dies soll verdeutlichen, dass der Erfolg der Tugend in der Welt letztlich von großen Herrschern und ihrem Handeln bestimmt wird. Aktualisiert wird diese

Sicht durch Gottfried von Bouillon, der seine Rede mit einer kurzen *laudatio* auf den von Brant verehrten Kaiser Maximilian abschließt und ihn mithin zu den vorbildlichen Helden erhebt. Am Ende kehren die Einzeltugenden, die sich von der Wollust korrumpieren ließen, reuevoll zur Tugend zurück, die ihnen vergibt. Insgesamt erforderte das Stück etwa 100 Darsteller, die ihre Kostüme unter der Bühne wechselten, circa 87 Sprecherrollen sind belegt. Inwieweit Brant an der Inszenierung beteiligt war, ist nicht zu ermitteln.

Nach dem Tod Maximilians I. 1519 verfasste Brant in seiner Funktion als Stadtschreiber und im Auftrag des Stadtregiments die ‚Straßburger Freiheiten‘, eine Darstellung aller freistädtischen Rechte seit den historischen Anfängen Straßburgs. Das Werk sollte zur Grundlage für die Bestätigung der Stadtprivilegien durch den neuen König Karl V. werden. Das Thema Freiheit und die Souveränität Straßburgs regte Brant als Dichter an. Zwischen 1517 und 1519 verfasste er die ‚Freiheitstafel‘, die als Textbegleitung für Wand- und Deckengemälde der Rathausstube der Dreizehner, des wichtigsten Straßburger Ratsgremiums, gedacht war. Sie war neben dem ‚Narrenschiff‘ Brants „zweiter großer deutscher Text-Bild-Zyklus, der ein Einheit stiftendes Thema in Variationen verhandelt" (J. Knape). Das Ensemble bestand aus 52 Epigrammen, verbunden mit einem durchgängigen Bildmotiv: ein *klein nackendt Kindlin* (ein Putto), das zumeist mit verschiedenen symbolischen Gegenständen in den Händen dargestellt wird. Für die Fresken und die Anbringung von Brants Texten könnte der ab 1517 in Straßburg ansässige Hans Baldung Grien, ein Schüler Dürers, verantwortlich gewesen sein. Da das Rathaus 1780 abgebrochen wurde, sind die Texte mit knappen Bildbeschreibungen nur in einer zeitgenössischen Handschrift erhalten geblieben. Dabei bilden „die Kindallegorien eine emblematisch verdichtete Verrätselung, die oft nur mit Hilfe der Epigramme gelöst werden kann" (J. Knape). Das Bemerkenswerte an der ‚Freiheitstafel‘ ist, dass erstmals ein deutscher Dichter sich der komplexen philosophischen und rechtlichen Problematik der Freiheitsidee widmete und sich dabei nicht nur auf die vor allem im religiösen Diskurs verortete innere Freiheit des Menschen – also die Willensfreiheit – beschränkte, sondern auch die äußere Freiheit im gesellschaftlichen Zusammenhang thematisierte. So wird die Leibeigenschaft abgelehnt, das Recht auf Widerstand gegen Tyrannen legitimiert. Die Autonomie und republikanische Verfassung der freien Reichsstädte sind für Brant zentrale Anliegen. Freiheit gehörte zu den Grundwerten von Städten wie Straßburg, was ihr zudem Sonderrechte im Reich ermöglichte.

In einer späten Anthologie, ‚Carmina in laudem Maximiliani I.‘ (1519/20), erschienen zwölf Gedichte zum Wirken des verstorbenen Kaisers sowie Brants wichtigste Flugblattgedichte, die er noch in Basel veröffentlicht hatte, z.B. über bemerkenswerte Naturereignisse wie etwa einen

Meteoritenfall im Elsass, die Missgeburt einer sechsbeinigen Sau oder ‚siamesische Zwillinge' in Worms. Diese sonderbaren Erscheinungen werden von Brant, dem „Erzaugur des heiligen römischen Reiches" (D. Wuttke), als göttliche Warnungen und Botschaften für die Christenheit und das Reich präsentiert.

Kaum untersucht ist Brants Tätigkeit als Herausgeber zahlreicher Drucke von ihm nicht verfasster Werke, denen er mitunter kurze Texte beifügte. Inwieweit er jeweils tatsächlich als Redaktor oder Korrektor beteiligt war, muss für jeden Einzelfall noch untersucht werden. Im Falle des Straßburger Drucks von ‚Der Heiligen Leben' durch Johann Grüninger (1502), in dem mit großformatigen Holzschnitten Brants Beteiligung bzw. seine Autorschaft sogar suggeriert wird, kann von textlichen Eingriffen durch Brant keine Rede sein. Hier dient sein Name lediglich als Werbung für die aus 1000 Exemplaren bestehende Auflage, womit es offenbar gelang, die Ausgabe von Grüningers Augsburger Konkurrenten Johann Schönsperger vom Markt zu verdrängen. Dies führte dazu, dass Schönsperger Grüningers Auflage aufkaufte.

Das rege literarische Leben in Straßburg brachte nur wenige Jahre nach Brants ‚Narrenschiff' den bedeutendsten Satiriker des 16. Jahrhunderts hervor, den Franziskaner Thomas Murner (1475–1537), der zwar Brant als Vorbild betrachtete, ihm aber doch dichterisch überlegen war. Murner wurde geboren und starb im elsässischen Obernai (Oberehnheim), dazwischen lag ein überaus bewegtes Leben. 1481 siedelte die Familie nach Straßburg um, wo der Junge ein Opfer der spinalen Kinderlähmung wurde und deswegen zeitlebens hinkte. Da Poliomyelitis damals als Behexung verstanden wurde, war er als Kind ein Außenseiter. In einer 1499 verfassten Schrift behauptete Murner, seine Gesundheit nur durch Gegenzauber wieder erlangt zu haben. Nicht zuletzt aufgrund seiner schwachen Konstitution wurde Murner vom Vater für den geistlichen Stand bestimmt. Er trat 1490 den Minoriten bei, deren Lateinschule er besucht hatte, und wurde vier Jahre später zum Priester geweiht. Aufgrund seiner Begabung ließ der Orden Murner zwischen 1494–1501 an sieben Universitäten studieren (Freiburg, Köln, Paris, Rostock, Krakau, Prag, Wien), wo er sich auch mit den *studia humanitatis* befasste. Jakob Locher war z.B. sein Lehrer in Freiburg. Murner rühmte sich mit Kenntnissen des Griechischen und Hebräischen. In dieser Zeit verfasste er lateinische Traktate, die sich u.a. mit dem Zeitgeschehen befassten. 1501 kehrte Murner nach Straßburg zurück, wo er neben seiner Predigttätigkeit Philosophie an der Ordensschule unterrichtete. Von Kaiser Maximilian I. wurde er 1505 zum *poeta laureatus* gekrönt, eine Auszeichnung, von der er indes keinen Gebrauch machte. Immer wieder übertrugen die Ordensoberen dem begabten jungen Bruder wichtige Aufgaben, etwa als Lesemeister oder Guardian in verschiedenen Niederlassungen oder als

Kommissar der österreichischen Ordensprovinz. Allerdings schaffte es Murner aufgrund seines streitbaren Wesens, überall, wo er sich aufhielt, Feinde zu sammeln sowie mit heftigen Kontroversen um seine Person konfrontiert zu werden, was ihn aber keineswegs einschüchterte. Murner promovierte 1506 in Freiburg zum Doktor der Theologie und lehrte dort 1508/09. Hier verfasste er eine auf eine seiner Vorlesungen zurückgehende Schrift, in der er für eine durch den Humanismus modernisierte Predigt plädiert ('De augustiniana hieronymianaque reformatione poetarum'). 1509 wurde er wegen Zwistigkeiten nach Bern versetzt. 1509/10 war er für kurze Zeit Guardian des Speyrer Klosters, 1511–13 wirkte Murner als Prediger und Lesemeister in Frankfurt, wo er aufgrund seiner Predigten, die er gegen mächtige Personen der Stadt richtete, großen Ärger bekam. Unerfreulich endete ebenfalls seine Berufung zum Guardian des Straßburger Hauptklosters im Juli 1513, wo er nach nur zehn Monaten abgesetzt wurde, weil man ihm vorwarf, 500 Pfund aus der Kasse des Konvents verschwendet zu haben. 1515 hielt Murner in Trier als erster Universitätslehrer juristische Vorlesungen in deutscher Sprache. Vermutlich lebte er 1517 wieder in Straßburg. 1518 immatrikulierte er sich an der juristischen Fakultät der Universität Basel und promovierte dort 1519 zum Doktor beider Rechte, trotz heftigen Einspruchs seitens des bekannten Freiburger Rechtsgelehrten Ulrich Zasius, den er in einer Predigt beleidigt hatte. 1520 war Murner wieder in Straßburg. Obwohl als vehementer Kritiker kirchlicher Zustände bekannt, wandte er sich nun entschieden gegen die aufkommende Reformation und vor allem die Person Martin Luthers, zunächst einigermaßen sachlich, später mit beißendem Hohn und Spott. Seine Gegner zahlten es ihm mit gleicher Münze heim und gingen in zahlreichen Pamphleten hart mit ihm ins Gericht. Sie hatten sogar ihren Spaß mit ihm und täuschten 1523 eine Einladung des englischen Königs Henry VIII. vor, woraufhin Murner nach England reiste. Dort nahm ihn Henry trotzdem freundlich auf und beschenkte ihn. Ende 1523 war Murner wieder in Straßburg, wo sich die Einführung der Reformation abzeichnete und Murner wegen Volksverhetzung verwarnt wurde. Er erhielt vom Rat ein Veröffentlichungsverbot. Im nächsten Jahr wurde das Minoritenkloster aufgelöst, Murners Wohnung vom Mob geplündert und seine kleine Druckerei zerstört. Er kehrte nach Oberehnheim zurück, das er aber 1525 im Zuge der Bauernkriege eiligst verlassen musste, weil aufständische Bauern seine Auslieferung forderten. Er flüchtete *in leyischer Kleidung* nach Luzern und nahm dort mit einer eigenen Offizin publizistisch an den Glaubenskämpfen – nun gegen Zwingli – teil. Als ihm die Ausweisung drohte, flüchtete er kurzfristig an den Heidelberger Hof des Kurfürsten Ludwig V. 1533 kehrte er schließlich nach Oberehnheim zurück, wo er als Pfarrer bis zu seinem Tod tätig war.

Murners aus circa 60 lateinischen und deutschen Werken bestehendes Œuvre zeugt von einer beachtlichen Interessenbreite. Frühe Bekanntheit und Anfeindungen erreichte er durch eine literarische Fehde mit dem in Straßburg bestens etablierten Jakob Wimpfeling um dessen ‚Germania' (1501; vgl. S. 545). Mit der Veröffentlichung von Murners ‚Germania nova' (1502) begann eine heftige Auseinandersetzung, die auch in gegenseitige persönliche Diffamierungen ausartete. Zwar ging es dabei vordergründig um die ältere elsässische Geschichte und die Frage, ob das Elsass schon immer rein germanisch war (Wimpfeling) oder zumindest zeitweise unter „gallischer" (französischer) Herrschaft gestanden hatte (Murner). Der wahre Anlass waren aber Wimpfelings Bemühungen um eine laikal ausgerichtete Ratsschule, die gegen das Erziehungsmonopol der Mönchsschule ausgerichtet war und die die Schüler nicht auf den geistlichen, sondern vornehmlich auf den bürgerlichen Stand vorbereiten sollte. Der Streit entwickelte sich zur berüchtigten Auseinandersetzung, der Straßburger Rat unterdrückte, möglicherweise nach Wimpfelings Intervention, umgehend Murners Werk. Auch Anhänger Wimpfelings beteiligten sich mit maßlosen Schmähschriften gegen Murner. Sie bewirkten, dass der Rat die Schrift Murners verbot, nur sechs Exemplare konnten verkauft werden. In Wimpfelings Antwort, ‚Defensio Germaniae' (1502), wurde Murners Name in *Murnar* (Murr[= Kater]-Narr) verdreht. Diese Verspottung übernahm der gewitzte Murner später selbst und ließ sich in Holzschnitten als Franziskaner mit Katzenkopf darstellen. Ein vorläufiges Ende dieser Humanistenfehde brachte die Veröffentlichung von Murners ‚Honestorum poematum condigna laudatio' (1503), worin er erneut seine Gegner heftig verspottete und damit in oberrheinischen Humanistenkreisen zum Außenseiter wurde.

Murner gefiel sich in der Rolle des Vermittlers von akademischem Wissen in der Volkssprache. 1515 schloss er eine Übertragung von Vergils ‚Aeneis' in Versen ab. Dabei verzichtet Murner auf die im Mittelalter übliche allegorische Auslegung der ‚Aeneis' und deutet stattdessen den Text dezidiert als historisch mit moralisierenden Einlagen. Die Widmung an Maximilian dürfte eine beabsichtigte Parallele zu Vergil sein, der sein Werk für Augustus verfasste. In der Widmungsvorrede an Maximilian betont er, dass das Vorliegende *von latynischem todt in tütsches leben ist erquicket worden*. 1519 übersetzte er erstmals in deutscher Sprache die ‚Institutiones' des Justinian (die den ersten Teil des ‚Corpus Iuris Civilis' bildeten).

Mit dieser Einstellung zur Volkssprache scheint Murner freilich im krassen Widerspruch zu den rigorosen Humanisten der Zeit zu stehen. In späteren Werken ist aber von einem Formzwang die Rede, die ihn dazu bringe, die Volkssprache zu verwenden. Der *gelerte* Prediger müsse sich sprachlich auf sein Publikum einstellen. Für das Ernste (*gravis oratio*) bleibe die Latinität verbindlich, aber die Gelehrten seiner Zeit müssten *Schimpfflich* (lustig) *reden von den dingen,* obwohl *sy lieber ernstlich sachen / Wollten reden oder* leren. Murners ernste Lehre müsse deshalb als *blunder* und *schimffrede* (*ridiculum dictum*) aus dem *kropff* geschüttet werden. „*Dütsch* und *latinisch* werden geradezu Synonyme für *schimpfflich* und *ernstlich*" (G. Hess).

Zum Vorwurf, dass er als hochgelehrter Humanist sich erniedrige, deutsche Werke zu verfassen, nimmt Murner Stellung:

> *Nun kumment sy vnd brockent yn,*
> *Ich solt das schreiben zů latin*
> *Vnd nit in dütsche rymen machen.*
> *Es syendt nit eyns doctors sachen.*

Da das ‚Narrenschiff' gerade auch in der Gelehrtenwelt so enthusiastische Aufnahme gefunden hatte, war eine Begründung für volkssprachliches Schreiben eigentlich kein so brisantes Thema mehr in jenen Humanistenkreisen, in denen sich Murner bewegte. Dennoch verweist er stolz darauf, dass er *latinisch ouch do neben* dichtete. Wer das nicht glauben wolle, der solle zu ihm kommen, er würde ihm seine lateinischen Werke *all tragen für*. Es zeigt sich immer wieder, dass trotz seiner vielen, überaus erfolgreichen deutschen Satiren das Ansehen in der Gelehrtenwelt für ihn hohe Priorität besaß: *Zů latin far ich mit wysen / Zů tütsch můß ich mit narren reysen*. In den volkssprachlichen Schriften weist er auch nachdrücklich auf seinen Status hin und stellt sich auf Titelblättern gern – wie Sebastian Brant – als *der heiligen geschrifft vnd beider rechten doctor* vor. Als reiner Dichter von *schimpffreden* will er jedenfalls nicht gesehen werden. Warum er solche Werke überhaupt verfasst, rechtfertigt er damit, dass die Drucker alles ablehnten, *was do ernstlich wurdt geseyt*. Es sei also der Publikumsgeschmack, der die Drucker zwinge, auf Ernstes zu verzichten und ihn angeblich dazu veranlasst, statt seriöser Erbauungsliteratur volkssprachliche Satiren zu verfassen. Er schreibt am Ende seiner ‚Geuchmat':

> *Die drucken als die geucheryen* (Narrheiten)
> *Vnd lond myn ernstlich bůcher lygen*
> *Vnd vß geistlicheit den kern*
> *Vnd sprechen, das mans hôr nit gern,*
> *Vnd lesendt als vß mynem schriben*
> *Daruß sy pfennig môgen triben.*

Trotz all solcher Rechtfertigungen und vermeintlicher Distanzierungen von seinem volkssprachlichen Œuvre ist unverkennbar, dass er sich als Dichter gerade in seinen deutschen Moralsatiren am wohlsten fühlte. Sie waren seine wichtigsten Dichtungen, sie gehören zu den besten in deutscher Sprache überhaupt und begründeten seinen Ruhm.

Murners Schaffen war sehr vielseitig. Zum Beispiel entwickelte er auch eine Reihe von Karten-, Brett- und Würfelspielen, um seinen Studenten spielerisch die ‚In stitutiones' beizubringen. Das juristische ‚Chartiludium', das 1518 in einer Buchausgabe erschien, bestand aus zwölf Spielfarben oder Serien zu je zehn Karten und einer Heroldskarte, wobei die zwölf As-Karten den Kaiser und elf Reichsfürsten zeigten. Die Farbzeichen der Karten verwiesen auf eine entsprechend ausgezeichnete Zusammenfassung der 606 Paragraphen der ‚Institutiones'. Allerdings sollten die Bilder nicht selbst als Gedächtnisstützen dienen, sondern die Studenten dazu anregen, beim Ziehen einer Karte den passenden Paragraphen zu repetieren.

Seine erste deutsche Versdichtung überhaupt, ‚*Von den fier ketzeren Prediger ordens*' (4557 Verse), die auf seiner knapperen lateinischen Schrift ‚De quattuor heresiarchis' aus demselben Jahr beruht, entstand in Bern, wo er als Lesemeister im Minoritenkloster 1509 Zeuge des berüchtigten Jetzerhandels wurde. Es ging dabei um den sog. Makulistenstreit, eine vor allem zwischen Dominikanern und Minoriten ausgetragene unerbittliche Auseinandersetzung um die unbefleckte Empfängnis Mariae, auf die Murner einleitend einging: die Predigerbrüder wollten *Mariam in erbsünd stossen*, da die Dominikaner, der Lehre des Thomas von Aquin folgend, die *immaculata conceptio* verneinten. Dagegen vertraten die Franziskaner als Immakulisten die Lehre des Duns Scotus, die 1439 vom allerdings bereits schismatischen Konzil zu Basel bestätigt wurde. Vehementer Vertreter der unbefleckten Empfängnis war Sebastian Brant, der sich der Frage in seiner Basler Zeit literarisch angenommen hatte, worauf Murner auch hinweist.

Johann Jetzer, ein Schneidergeselle, war zwischen 1506–08 Laienbruder im Berner Dominikanerkloster. Er behauptete, Visionen und Auditionen gehabt zu haben, in denen ihm Heilige und sogar Maria selbst mitteilten, die Prediger hätten Recht. Er bekam die Stigmata, was eine Untersuchung nach sich zog. Unter Folter behauptete er, seine Ordensbrüder hätten den Schwindel inszeniert. Die vier Klostervorsteher wurden daraufhin gefoltert, gaben schließlich den Betrug zu und kamen 1509 wegen der meineidigen Bezichtigung Jetzers schuldlos auf dem Scheiterhaufen zu Tode. Jetzer entkam mit Hilfe seiner Mutter aus der Gefangenschaft. Der Skandal erschütterte das Vertrauen der Berner in die Kirche und beeinflusste noch Jahre später die Entscheidung zur Einführung der Reformation in der Stadt.

Der Franziskaner Murner berichtet genüsslich und polemisch von der *falsch erdichtung* der Dominikaner und deren von langer Hand geplantem Betrug, der mit einem Bündnis mit dem Teufel einherging. Ein als Geist verkleideter Bruder verstieg sich, so Murner, Jetzer sogar den Untergang der Stadt voraus zu sagen, weil *man die Barfüß* [Franziskaner] *nit vertribt*. Während er den Dominikanerorden immer wieder mit Invektiven attackiert, betont Murner am Schluss scheinheilig:

> *Was ich hie vor geschriben han,*
> *Jch habs vß keinem neyd gethan,*
> *Dem Predger orden nit zů leidt*
> *[...]*
> *Allein schrib ich zů strof vnd schand*
> *Denen, die dises übel hand*
> *Byebisch vnd ketzrisch fürhår bracht,*
> *So grosse bůberey erdacht.*

Nach seiner Freiburger Promotion verfasste Murner eine Schrift, die auf einer Freiburger Vorlesung beruht, in der er die Vereinbarkeit von Antike und Gegenwart, von Christentum und dem Studium der heidnischen Klassiker sowie das Verhältnis von Dichtung und Theologie thematisierte. Die Schrift, ‚D e augustiniana hieronymianaque reformatione poetarum‘ (1509), die er seinem Lehrer Jakob Locher widmete, war allerdings beeinflusst durch die Erwartungen seines Ordens und ihm nahestehender laikaler Kreise. Murner kommt zum Ergebnis, dass die Werke heidnischer Schriftsteller durchaus von propädeutischem Nutzen seien, etwa zum Erlernen stilistischer Eleganz oder als Quellen von Exempeln, und begründet dies mit Hinweis auf die Kirchenväter. Selbstverständlich dürften antike Werke lediglich von entsprechend Geschulten mit großer Vorsicht und nur im Dienst moralischer Belehrung verwendet werden. Sie gehören seiner Meinung nach in den Unterricht.

Mit der 1512 erschienenen ‚Narrenbeschwörung‘ – Kaiser Maximilian schrieb anerkennend vom *ander narrenschiff* – setzen die Satiren Murners ein. Dort greift er nicht nur die inzwischen ubiquitäre Narrenvorstellung auf, sondern knüpft auch deutlich an Brants Erfolgswerk an. Er übernimmt sogar fast alle Holzschnitte aus den früheren Ausgaben des ‚Narrenschiffs‘, deutet sie aber humoristisch um. In der Einleitung stellt er ironisch fest, Brant habe nun die Narren ins Land geholt, jetzt sei es an ihm, sie in die *welschen lender* zu bannen. Er, der *narren bschwerer*, will Exorzismen an den Narren durchführen, was zudem in späteren Werken bildlicher Ausdruck für das Anprangern menschlicher Torheiten und Sitten wird. Dabei hält Murner die gesamte Menschheit unabhängig vom Stand für verdorben, deshalb dürfe niemand geschont werden: *Fürsten, herren narren sindt / In clóstren ich auch narren findt. / Wo ich hyn greiff, do findt ich narren*; auch *keiser, künig* und *pabst* gehören selbstverständlich dazu. Während Brant als strenger Moralist argumentiert, und dabei „den Ton des distanzierten und objektiv um den Wahrheitsgehalt bemühten, wenngleich ehrlich besorgten Lehrers [anschlägt], der seinen Schülern einen übersichtlich geordneten Sachverhalt vorträgt, das Für und Wider mit ihnen zusammen abwägt, Regeln aufstellt und Mahnungen und Anweisungen erteilt", verzichtet Murner ganz auf „streng sachlich gebundenen Vortrag und lehrhafte

Erörterungen" (B. Könneker). Anders als der pedantisch trockene Brant macht Murner reichlich Gebrauch vom Humor, der durchaus beißend und sehr derb sein kann, denn seine Sprachgebung orientiert sich weitgehend an der Alltagssprache.

Murner tritt den Rezipienten nicht wie Brant als überlegener Weisheitslehrer entgegen, sondern begibt sich in die Rolle des Narren *in aller narren orden*. Er will mit den Narren – seiner Leserschaft – auf Narrenweise reden, denn, wenn man den Narren mit *wyßheit* konfrontiert, meint dieser, dass *er ouch kann / Wyslich reden und gberden*. Die Alternative des erfahrenen Predigers lautet:

> *Sol ich ietz ein sunder nennen,*
> *Er wurd mit füsten nach mir rennen.*
> *Aber wenn ichs narren heiß,*
> *Schelmen / geuch / und gickenschweiß,*
> *So lachendt sy und hören zů*
> *Was ich für ein schimpffreden thů.*

Murner betont seinen neuen Zugang zur Narrenthematik: *Das wir die narren ledig würden / Hab ich ein nüwe kunst und leren / Erdicht: dieselben zů beschweren*. Man solle erkennen, *das ich mit schympff red hab / Narrheiten wöllen dilcken ab, / Die offt mit grossem ernst nit mag / Vertriben werden / noch mit clag*. Hier setzt er sich deutlich von Brants Vorgehen ab, denn Narren als Narren zu enttarnen ist für Murner keine große Kunst. Das zeigt sich dann deutlich in seiner Darbietungsform. Zumeist beginnt er seine 97 Kapitel mit einem geläufigen Sprichwort – etwa das Kind mit dem Bade ausschütten, den Hühnern die Schwänze aufbinden, den Esel überladen – gefolgt von einem häufig der Vitalsphäre entnommenen Bild, das er genüsslich und phantasievoll ausbreitet, um schließlich zu einem überraschenden Bezug zum Narrenthema zu gelangen.

So leitet Murner Kapitel 39 mit dem Sprichwort den *arß in die schantz schlachen* (etwas aufs Spiel setzen) ein, dessen Bedeutung für die Ausführungen nicht unmittelbar verständlich ist. Es folgt der ,Narrenschiff'-Holzschnitt zu Kapitel 33 (Vom Ehebruch), der einen am Tisch sitzenden betrogenen Ehemann in Narrenkluft darstellt, dessen Ehefrau ihm einen Halm durch den Mund zieht. Das soll heißen: Sie bezirzt ihn, während sie ihn gleichzeitig hintergeht. Denn der Ehemann schaut mit beiden Augen durch die Finger, womit signalisiert wird, dass er den Ehebruch seiner Frau duldet. Bei Murner geht es dagegen um Klosterfrauen, die es ablehnen, zu den Narren gestellt zu werden, worauf eine harte Anklage über die Sittenlosigkeit in den Frauenklöstern folgt, die Murner wiederum auf die Abschiebung adliger Töchter in die Klöster zurückführt: *Jst yetzundt ein edelman, / Der syn kindt nit vermähelen kann, / Vnd hat kein gelt ir nit zů geben, / So můß sy clösterlichen leben*. Nach einer Zeit *schlecht [sy den arß] in die schantz*, als der *narr sie zů iucken beginnt..., Vnd hett vil lieber ein armen man, / Dann das sy wôl zů metten gan.* Abschließend erfolgt die Mahnung: *Darumb ich warn ein edelman, / Will er im todt kein flůchen han / Syn kindt sol er mit gwalt nit zwingen, / Vnwillig in ein closter bringen.* Er solle ihr lieber einen Ehemann besorgen, denn: *Die frowen clôster sindt yetz all / Gemeiner edel lůt spittal.*

Überhaupt findet der beklagenswerte Zustand der Kirche bei Murner besondere Beachtung. Attackiert werden geldgierige Prälaten, ungebildete Priester, der beklagenswerte Studienbetrieb und die Überheblichkeit der Gelehrten, die die Bibel nicht verstehen und deshalb unfähig sind, sie ihren Zuhörern zu erläutern. Kritisch behandelt der Konventuale Murner auch die Observanzbewegungen in den Orden, die sich zu stark auf die strenge Einhaltung von Regeln fixierten statt sich auf Werke der Barmherzigkeit zu konzentrieren. Eher traditionell ist seine Klage über die spätmittelalterlichen Geldgeschäfte des Klerus, Pfründen, die Entlohnung für geistliche Leistungen usw. Letztlich greift Murner Forderungen auf, wie sie in den Gravamina, den Konzilsbeschlüssen und zahlreichen zeitgenössischen Stellungnahmen formuliert werden. Seine in allen seinen Satiren geäußerte Kritik am Klerus wird im frühen 16. Jahrhundert nur noch von Luther übertroffen. Als Anhänger frömmigkeitstheologischer Programmatik insistiert Murner mittels Satire immer wieder auf eine entschiedene Hinwendung der Gelehrtenwelt zur allgemeinen Seelsorge.

Seine Ausführungen können auch in Form eines Dialogs oder Monologs erfolgen. So leitet er das 31. Kapitel mit dem Proverbium ein ‚Wer einen Hund töten will, gibt vor, dass dieser Lederwaren angefressen hat', woraufhin ein Hund vom Dialogpartner aufgefordert wird, seine traurige Geschichte zu erzählen. Er berichtet, dass er seinem Herrn zehn Jahre als Wachhund treu gedient habe. Allerdings habe sein Herr jetzt eine Frau geheiratet, die nachts gerne *zům münch ins closter* gehen möchte. Mit seinem Bellen verhindere er aber, dass die *kotz* (Hure) das Haus verlassen könne. Deshalb werfe sie ihm verleumderisch vor, Leder angefressen zu haben, und wolle ihn deshalb erschlagen lassen. Darauf folgt eine längere Klage des Dialogpartners über die Undankbarkeit für geleistete Dienste. Er tröstet den Hund: *Du kombst in der hundt hymelrich.* Zum Schluss folgt die überraschende Wende: Wie es dem armen Hund geschieht, so *lont man vns armen predigern.* Wenn sie Laster mit den besten Absichten öffentlich geißelten, würden sie von den Zuhörern beschimpft, ja wie der Hund sogar bedroht. Der den Text begleitende Holzschnitt stellt ein fein gekleidetes Paar dar, wobei der eitle Geck einen Habicht auf der linken Hand hält. Zu den Füßen der beiden spielen zwei Hunde mit einem Lumpen. Im ‚Narrenschiff' soll dieses Bild auf den störenden Lärm in der Kirche verweisen – bellende Hunde, Habichte mit Schellen –, bei Murner bekommt das Bild in witziger Umkehrung eine andere, derbere Bedeutung.

Auch den Adel und den Möchtegern-Adel verspottet Murner. Kapitel 37 beginnt mit dem Sprichwort vom Rossdreck, der unter Äpfeln herbei geschwommen ist, und zwar hier auf dem Rhein aus Straßburg. Mit dem Rossdreck sind die Bauern gemeint, die sich gern zum Adel – den Äpfeln –, rechnen möchten: *So meint der pur* (Bauer), *der grosse narr, / Er schwym mit andern öpffeln har, / So er ein roßdreck blybt als var.* Da der Adel heute *verdorben* sei, seien reiche Bürgertöchter begehrt, was die Bauern glauben lasse, auch sie könnten ganz gegen den *rechten standt* adlig werden. Allerdings könne der Bauer nur zum *Junckherr roßdreck* werden, er soll lieber bleiben, *was er do ist*. Murner entwaffnet den Narren mit solchen Bildern, die dessen Denken und Handeln dem Spott preisgeben, ihn im Gelächter überraschen und bloßstellen. Dafür sind Argumente und Beweise nicht erforderlich.

In ähnlicher Weise nimmt Murner z.B. unfähige Geistliche, brutale Plackerer, üble Landsknechte, bestechliche Juristen, geldgierige Kaufleute und Ärzte, liebestolle Frauen und Männer sowie listige Buhlerinnen aufs Korn. Ein zentrales Anliegen ist ihm das beklagenswerte Schicksal der Armen und Machtlosen sowie der Bauern, auch wenn er die Bundschuh-Bewegung scharf attackiert (Kap. 79).

Zudem kommentiert er fragwürdige Lektüre für Laien. In Kap. 86 droht eine Ehefrau ihrem armen Mann, dass sie, wenn er ihr nicht schöne Kleider kaufe, *Zů dem adel, zů den pfaffen* gehen werde, die ihr die Kleider schon beschaffen würden: *Mit arß bezahl ichs, mit der hůt*. Um zu verhindern, dass seine Frau *kein hůren würd*, wird der Arme zum ehrlosen Dieb und landet schließlich am Pranger. Man solle eben nicht mehr beschaffen wollen, als man sich leisten kann. Am Ende bringt Murner Piccolomini, *darnach pius genant* (Pius II.) ins Spiel, der als Papst die Leser vor seiner erotischen ‚Jugendsünde' ‚Eurialus und Lucretia', das von *bůlery* handele, gewarnt habe. Leider werde das Werk trotzdem noch gelesen. Niklas von Wyles Übersetzung war 1510 in Straßburg erschienen.

Im selben Jahr wie die ‚Narrenbeschwörung' (1512) erscheint Murners ‚Schelmenzunft' – dieses Mal mit neuen Holzschnitten – in der Offizin seines Bruders Batt (Beatus) Murner, die er vermutlich im Frankfurter Franziskanerkloster eingerichtet hatte und dort fast nur Werke seines Bruders veröffentlichte. Da die ‚Schelmenzunft' aufgrund ihres geringeren Umfangs und kleineren Formats leichter absetzbar war, wurde sie zu Murners erfolgreichstem und wirkmächtigstem Werk, das alleine zwischen 1512 und 1516 fünfmal gedruckt wurde. Hier bietet Murner erneut ein drastisches Sittengemälde, in dem er in alle Richtungen mit noch derberer Sprache austeilt. Wie in der ‚Narrenbeschwörung' werden die Kapitel, die aus jewels 40 Verszeilen bestehen, durch Sprichwörter eingeleitet und fast durchgehend mit einem Holzschnitt illustriert. Anders als die Narren in der ‚Narrenbeschwörung' führen sich die Schelme stets selbst ein.

Den Titel ‚Schelmenzunft' hat Murner von einer in Straßburg gedruckten übersetzten akademischen Rede des Straßburger Klerikers Bartholomäus Gribus, ‚Monopolium philosophorum vulgo die Schelmenzunft' (1506), übernommen, in der es um das Lotterleben der Studenten geht. Der Begriff Schelmenzunft war nach der Veröffentlichung in Straßburg populär und die Redewendung ‚jemand gehöre in eine Schelmenzunft' – also zu den völlig Verdorbenen – erhielt sprichwörtlichen Charakter. Daher wird das Zunftmotiv (ähnlich bei wie Brants Schiffsmetapher), abgesehen von der einführenden Selbstdarstellung als Zunftschreiber, der die Schelme ordnen will, nur punktuell verwertet.

Der Begriff Schelm übertrifft Narr als Schimpfwort, er bezeichnet den völlig verkommenen Menschen, der unrettbar ist und eigentlich an den Galgen gehört. Angeprangert werden nicht mehr nur Torheiten, sondern noch schlimmere Sünden, bis hin zu kriminellen Vergehen, wie etwa Diebstahl, Münzfälschung, Bestechungen, juristische Tricksereien oder das verbrecherische Treiben des fahrenden Gesindels. Auch die Arbeitsscheuen, die finanzielle Unterstützung von anderen erwarten, werden hart angegangen. Es sind aber vor allem die *boesen zungen*, die Murner ein besonderes Anliegen sind und über die er sich in der Vorrede breit auslässt: Christus wurde verraten, Adam wurde durch *Eyn zung ... in den fal* gebracht, Jerusalem durch *eyn zung zerstoert*. Es geht Murner um die Heuchler, Lügner, Betrüger, Verleumder, deren gewissenloses Tun zu einer völligen Zersetzung der Werteordnung führe. Erneut kritisiert er den Zustand der Kirche mit heftigen Attacken. Häretische Vorstellungen in der Kirche verursachten Unordnung, die Prediger vermittelten Unsinn, die hohe Geistlichkeit lebe gern weltlich, es werde leichtfertig exkommuniziert wegen geringen Fehlverhaltens u.a.m. In der gedrängteren Form will Murner die Übeltäter der Welt nicht mehr nur entlarven, sondern sie genauer beschreiben, damit man sich vor ihnen zu schützen vermag (*das man sich wißt vor in zuo hietten*). Er bleibt hier strenger beim Thema als in den so häufig auf abschweifende Überraschungen angelegten Kapiteln der ‚Narrenbeschwörung'. In der zweiten Ausgabe (Straßburg 1512/13) wird eine Abhandlung über den verlorenen Sohn hinzugefügt, dessen Reuebekenntnis das Werk abschließt. Die Schelme sollten sich wie Söhne an Gottvater wenden und Buße tun, um von ihrer Schuld erlöst zu werden.

1514 veröffentlichte Murner in Straßburg ein ernsteres Verswerk, ‚**Ein andechtig geistliche Badenfart**', in dem er das Bußsakrament durch eine allegorische Auslegung des Heilbades erläutert, das die Menschen leiblich und seelisch zu heilen vermag. In einem Schlussgebet berichtet er, dass er auf einer Rheinreise nach Frankfurt Erfrierungserscheinungen erlitten habe, was ihn veranlasst habe, *zů sitzen in ein meyen badt*. In der ‚Badenfart' werden die Prozeduren, wie sie in den Heilbädern üblich waren, in 25 Kapiteln – auch hier verbunden mit Illustrationen – Schritt für

Schritt geistlich gedeutet, wobei Gott, der Bader, den Patienten durch den Vorgang führt. Zuerst wird zum Baden eingeladen, es folgt das Schöpfen und Wärmen des Wassers, das Ablegen der Kleidung, die Herstellung der Seife, *Sich selb unrein erkennen* usw. Schließlich verlässt der nun an Körper und Seele Gesundete das Bad und kehrt glücklich nach Hause zurück. In acht angefügten Kapiteln stellt Murner eine Reihe von Heilbädern vor, die er ebenfalls allegorisch deutet. Begleitet wird der Text durch lateinische Randglossen, vor allem Bibelstellen, Kirchenväterzitate, sowohl die ältere Scholastik als auch Gerson werden benutzt, was der ‚Badenfart' einen gelehrsameren Anstrich als Murners Satiren verleiht. Hier werden wichtige Aspekte von seinen theologischen Grundsätzen besonders deutlich sichtbar. „Bei dem schwierigen Problem, das Verhältnis zwischen Buße und Vergebung, frei geschenkter Gnade und eigenem Werk zu bestimmen, sucht Murner eine Mittelstellung einzunehmen, indem er die Bußleistung nicht ablehnt, aber zugleich das Vertrauen auf Gottes Barmherzigkeit betont. Man könnte die Frage stellen, ob sich Murner nicht teilweise in die Nähe der Sola-gratia-Lehre Luthers begeben hat" (H. Smolinsky). Trotz aller Kritik am Klerus und kirchlicher Institution bietet Murner keine Vorschläge zur Reform. Er will letztlich keine strukturelle Veränderung der Kirche, sondern setzt auf eine moralische Besserung des Individuums. Er will zwar Reform, aber, wie es sich später zeigen soll, keinesfalls eine Reformation.

Vor der Auseinandersetzung mit Luther und der Reformation verfasste Murner noch zwei Satiren, die beide von starken misogynen Zügen geprägt sind: ‚Die Mühle von Schwindelsheim und Gredt Müllerin Jahrzeit', 1515 anonym erschienen, und ‚Die Geuchmat' (1519). Das Erstgedruckte umfasst nur 1606 Verse und ist in zwölf illustrierte Kapitel gegliedert. Obwohl Murner erneut das Fehlverhalten des Klerus und anderer Gruppen hier geißelt, spielt vor allem sexuelles Fehlverhalten eine besondere Rolle. Ort des Geschehens ist eine Mühle in dem nahe bei Straßburg gelegenen Dorf Schwindratzheim bzw. mundartlich Schwingelsheim. Die Ortswahl geht auf ein altes Sprichwort zurück, das sich auf jemanden bezog, der sich ungebührlich verhalten hatte: „Gehe nach Schwingelsheim und lass dich vom Müller taufen" – also verspotten. Murner ändert den Namen in witziger Absicht zu Schwindelsheim: *wer dissen nammen kennen will / der selbig lern, was schwindel sy … Schwindel ist ein wanckel muot, / den menschlich dorheit selber duot.* Die menschliche *dorheit* ist ein Umfallen wegen eines Schwindels – womit letztlich der Sündenfall gemeint ist –, insofern versammeln sich in der Mühle gefallene Menschen, die auch nicht mehr zu Gott zurückwollen. Die Mühle wird zwar fast durchgehend allegorisiert, aber keinem einheitlichen Thema zugeordnet. Mühlen lagen im Mittelalter außerhalb der Gemeinden und galten deswegen als Orte, wo unbeobachtete sexuelle Unzucht möglich war, worauf Murner immer wieder anspielt. Dementsprechend ist des Müllers Frau, *Gredt Müllerin*, im Text eine hemmungslose Verführerin, deren Todestag (*Jarzit*) von ihren ehemaligen Liebhabern begangen wird, die jährlich zu ihrem Grab in der Mühle anreisen. Dem Müller, der in Schwindelheim das Sagen hat, kommt die Rolle des Züchtigers zu, der immer wieder die Frauen symbolisch mit einem *schlepp sack* – die Bezeichnung für eine liederliche Frau – und die Männer mit einem *düppel sack* – hiermit sind verkommene Männer gemeint – verprügelt und damit zu Narren degradiert. Auch in diesem Werk attackiert Murner immer wieder die Skrupel- und Verantwortungslosigkeit, die er in allen Ständen und Berufen vorfindet. So werden der Adel und die Geistlichkeit für die krisenhafte Lage der Gegenwart verantwortlich gemacht. Abgeschlossen wird das Werk mit der Geschichte vom Esel des Müllers, der als Sinnbild des Narrentums auftritt und an den Höfen, in der Kirche und den Klöstern hoch verehrt wird.

Sieben Jahre nach der ‚Schelmenzunft' erschien ‚Die Geuchmat' *zů straff allen wybschen mannen* (5419 Verse mit Prosateilen). Das Werk wurde wahrscheinlich um 1514 fertiggestellt und dem Straßburger Drucker Matthias Hupfuff übergeben. Aber sein Druck wurde durch die Straßburger Zensurbehörde auf Betreiben der Franziskaner verboten und das Manuskript beschlagnahmt, weil sie behaupteten, dass Murner sie in oder mit dem Werk verunglimpfe. Daraufhin verlangte Hupfuff entweder das Manuskript oder das bereits gezahlte Honorar zurück. Murner wandte sich an Sebastian Brant, der als Stadtschreiber für Fragen der Zensur zuständig war, und bat um Rückgabe des Manuskripts, was dieser auch veranlasste. Hupfuff verkaufte es schließlich an Adam Petri in Basel, der das nun mit kaiserlichem Privileg versehene Werk 1519 druckte. Möglicherweise veröffentlichte Hupfuff die anonym erschienene ‚Mühle von Schwindelsheim' als Ersatz für das verbotene Werk, wie einige identische Passagen in beiden Werken nahelegen.

In der ‚Geuchmat' (eine Wiese, auf der verliebte Narren zu einem Fest zusammenkommen) erhebt sich Murner zum Kanzler aller Venusnarren, weil er auf diesem Gebiet mehr Erfahrung als andere habe. Erneut baut er auf die vorgespielte Bloßstellung als Mittel satirischer Entlarvung, eben jene literarische Technik, die er schon in seinen anderen Satiren erprobt hatte. Die Rahmenhandlung besteht darin, dass sich die Gäuche – die Weibernarren – auf einer Wiese in der Nähe von Straßburg bei Frau Venus, *die ietz die welt regiert*, treffen. Zunächst beklagt Frau Scham die absolute Verlotterung der Sitten und nimmt Abschied von der Welt. Nachdem einige positive Beispiele aus der Vergangenheit benannt werden (Penelope, Lucretia), geht es nur noch um die verkommenen Beispiele des weiblichen Geschlechts. Frau Venus lässt die Gäuche auf eine ausführliche Verfassung schwören, die aus 22 Artikeln in Prosa besteht und sich an die Hartliebsche Übersetzung von Andreas Capellanus' ‚De amore' anlehnt. Ihr Ziel ist die völlige Versklavung der Venusnarren durch die Frauen. Nun werden die Männer wie auf einer

Vogeljagd gelockt, gefangen, gerupft und schließlich zubereitet, wobei Murner mit der Doppelbedeutung von *gouch* (Kuckuck, Venusnarr) spielt. Den Frauen geht es nur darum, Männer anzulocken, an ihren Besitz zu gelangen und dann nach deren Ruin nach Nachfolgern Ausschau zu halten. Ihre körperlichen Reize sind dabei von großer Bedeutung, aber auch Listen und Tricks, die sie beherrschen, um Männer ins Verderben zu treiben, wie zwölf Frauen aus Bibel und Geschichte dies illustrieren. Es folgt die *Summa summarum aller geuch*, in der berühmte Männer aufgeführt werden, die zu tragischen Opfern weiblicher List wurden. Neben Adam zählt Murner Frauenschänder wie Tarquinius, Caligula und Nero auf, die alle nicht so missraten wären, hätten sie Frauen nicht verführt. Sogar der schlimmste Übeltäter würde ohne das fatale Wirken der *wyber* nicht auf den Gedanken kommen, Kriege zu führen, zum Verbrecher zu werden oder sonstigen furchtbaren Lastern zu frönen. In diesem Tenor geht es weiter. Die Gemeinheit der Frauen, von denen die sieben allerschlimmsten sodann vorgeführt werden (etwa Tullia die Ältere, Jesabel, Herodias), kennt keine Grenzen. Seine Fakten stammen, so Murner, aus Büchern, die noch *hundert mal ... gröber* über die Frauen geurteilt hätten als er.

Murner bewegt sich in der ubiquitären misogynen Tradition des christlichen Mittelalters, wenn auch mit einer in der deutschen Literatur bisher noch nicht gekannten Schärfe. Hier greift er einen Themenkomplex auf, der bereits in seinen anderen Satiren nie fehlen durfte und stets für den Untergang von Sitte und Anstand in hohem Maße verantwortlich war – die Tücke und Gier der Frauen und die komplementäre bodenlose Dummheit der liebestollen Männer. Barbara Könneker sieht in dem Werk auch eine Entlarvung der literarischen Tradition des Minnedienstes. In den 22 Artikeln, auf die die Gäuche schwören, sind jene Tugenden der Frauen aufgeführt, die sonst in der höfischen Dichtung gepriesen werden und hier nur als Mittel zur üblen Ausbeutung ahnungsloser Männer beschrieben sind. Auch das höfische Verhalten der Männer – gute Manieren, persönliche Hygiene, attraktive Kleidung – weise nur daraufhin, dass Männer *wybesch* werden. Frauen interessierten sich nur für Macht und Geld, deren verwerfliche Auswirkungen ohnehin Murners Leitthema bei der Beschreibung des gesellschaftlichen Untergangs ist. Dabei kommt das eigentlich typischste weibliche Laster, die Unersättlichkeit der sexuellen Begierde, nur in jenen wenigen Fällen vor, in denen es um die Unterjochung eines Mannes geht. Frauen gingen sogar soweit, dass sie etwa bei Vergewaltigungen nur so täten, als würden sie den Geschlechtsverkehr nicht genießen, weil sie dies dann als Waffe gegen die Männer verwenden könnten. In der ‚Geuchmat' kennen Frauen Männern gegenüber weder echte Gefühle noch sexuelles Verlangen; tugendhafte Frauen kommen als Gegenbild nicht vor, auch die positiven Seiten der Ehe werden nicht thematisiert. Die Parabel vom verlorenen Sohn, mit der in der ‚Schelmenzunft' noch die Buße thematisiert wird, gerät in ‚Der Mühle von Schwindelsheim' und in der ‚Geuchmat' zum warnenden Exempel für leichtsinnige junge Männer, sich nicht von Frauen ausnehmen zu lassen und deswegen tragisch zu enden.

Obwohl von Murner zu erwarten gewesen wäre, dass er nach seiner unerbittlichen Kritik an Klerus und Kirche Luther begrüßen würde, entwickelte er sich bald zu einem der entschlossensten Bekämpfer der Reformation. Dies begann 1520 mit seiner anonym publizierten Übersetzung von Luthers ‚De captivitate Babylonica Ecclesiae Praeludium' (‚*Von der babylonischen gefengknuss der Kirchen*') in der Hoffnung, man würde die Gefahr, die von Luthers Reformansatz ausgehe, dadurch erkennen – was allerdings nicht gelang. Es folgte im selben Jahr ‚*Ein christliche und briederliche ermanung zuo dem hochgelehrten doctor Martino luter*', eine noch im gemäßigten Ton geführte argumentative Auseinandersetzung. Nun begannen seine Gegner mit heftigen Attacken gegen Murner, die auch vor verleumderischen Unterstellungen nicht Halt machten: Im ‚Karsthans' (1520/21) wird Murner als bissiger, fauchender Kater dargestellt, der vor einer Disputation mit Luther flüchtet. 1521 erscheint unter dem Pseudonym Raphael Musaeus ‚*Murnarus Leviathan vulgo dictus Geltnarr*', worin in einer grotesken Handlung Murner Geldgier, Geiz und sein bemerkenswertes Interesse am weiblichen Geschlecht unterstellt wird. Hier wird er in den Holzschnitten als das alttestamentliche Ungeheuer Leviathan dargestellt. Der beachtliche Erfolg der Angriffe des ehemaligen Minoriten Johann Eberlin von Günzburg (um 1470–1533) auf die Bettelorden führen schließlich dazu, dass Murner 1522 erneut zu seiner schärfsten Waffe greift, der illustrierten Satire, um seine Widersacher und Luther unerbittlich zu attackieren.

‚Von dem großen Lutherischen Narren' sollte zur bedeutendsten satirischen Schrift werden, die von katholischer Seite verfasst wurde. Man habe zu viel Spott mit ihm getrieben, schreibt Murner, jetzt müsse er reagieren, was die Heftigkeit seiner Angriffe entschuldigen solle: *Ich hab sie des geniessen lon, / Wie sie mir haben vor gethon.* Hier präsentiert sich Murner bereits im ersten Holzschnitt als der im ‚Karsthans' auftretende Kater, der als Narrenbeschwörer Luther die Teufel austreibt (Abb. 16). Luther wird durchgehend im Narrenkleid als grotesk aufgedunsenes Monstrum dargestellt, als Sinnbild für die durch die Reformation entstandenen zerstörerischen Kräfte, die die Einheit der Kirche zu vernichten drohen. Murner persifliert die Schriften seiner Gegner, so etwa Eberlins ‚15 Bundesgenossen', indem er sie als kleinere Narren selbstparodierende Reden halten lässt. Luther wird die Mobilisierung der Bauern vorgeworfen, was ja einige Jahre später tatsächlich eintreten sollte. Die Bauern und der lutherische Bund (*lumpen troß*) versuchen dreimal die von Murner verteidigten Stellungen einzunehmen, woraufhin Luther dem verliebten Murner seine Tochter anbietet. Murner will sich daraufhin Luther anschließen und die Tochter heiraten, prügelt sie jedoch aus dem Hochzeitsbett, weil sie unter dickem Schorf leidet. Schließlich stirbt Luther ohne Sterbesakrament und sein *keib* (faulendes Aas) wird anschließend ins *scheißhus* geworfen. Es wird dann um das Erbe gestritten, wobei Murner die Narrenkappe erhält, und alle Narren werden begraben. Mit solcher Selbstironie, mit z.T. brutaler Komik, die jedoch durchaus geistreich sein kann, aber auch mit der erbarmungslosen Verspottung Luthers schafft Murner eine beißende Antwort auf die Attacken seiner Gegner. Indes wurde das Werk vom inzwischen der Reformation zuneigenden Straßburger Rat sofort verboten und blieb daher erfolglos.

Murner verfasste insgesamt 32 Schriften gegen die von ihm als furchtbarer Irrweg betrachtete Reformation. Sein ohne satirische Elemente verfasstes ‚*Ain new lied von dem vndergang des Christlichen glaubens jnn Bruder Veiten thon*‘ (1522) lässt bereits Trauer und Resignation über den Glaubenskampf erkennen. Obwohl er mit schärfster Kritik an der Kirche und einer vehementen Einforderung der im 15. Jahrhundert begonnenen, aber ins Stocken geratenen Reform der Kirche *in capite et in membris* mitgeholfen hatte, den Boden für die Reformation zu bereiten, musste Murner schließlich zusehen, wie Kritik nun erheblich radikaler formuliert wurde und tatsächlich weitreichende Konsequenzen nach sich zog. Seine Bemühungen, den alten Glauben zu verteidigen, setzte er in seinem Luzerner Exil fort. Über seine Standhaftigkeit machte sich Pamphilus Gengenbach lustig (vgl. Tl. 2). Murner wolle zwar die Reformation beschwören, werde aber nun von ihr nun verschlungen.

Murner hatte zwei Brüder, die auch schriftstellerisch in Erscheinung traten. Der streitbare Jurist Johannes, der sich mit Thomas nicht gut verstand, führte ebenfalls ein bewegtes Leben. Nach einer Anwaltstätigkeit stand er im Dienst des Herzogs Anton von Lothringen und des Herzogs Ruprecht von Veldenz. Sein Verswerk ‚*Von eelichs standts nutz vnd beschwerden*‘ (1512) ist ein Streitgespräch zwischen fünf Personen über das Thema, in welchem Alter man heiraten soll. Es handelt sich um eine pragmatische Abhandlung über die frühe Eheschließung und die damit verbundene Gefahr der Verarmung, die durch *Des iungen Eemans klag* initiiert wird. Schließlich wird die Heirat im mittleren Alter (nicht unter 30) gepriesen. Vom anderen Bruder, Beatus (Batt) Murner, war bereits oben die Rede. Ein von ihm gedrucktes, dichterisch schlichtes Werk, ‚*Schiffart von dissem ellenden iamertal*‘ (1512; 452 Verse), wurde ihm wohl irrtümlicherweise zugeschrieben. Unter Nutzung der Brantschen Schiffsmetaphorik richtet sich das Werkchen an den *gemeynen man* und will die Menschen mit Lehren, die in sieben Abschnitten gegliedert sind, zum Heil führen.

Anders als Brant und Murner verstand sich der in Straßburg geborene Mediziner Johann Adelphus Muling (circa 1482/85-circa 1523) mit seinem umfangreichen volkssprachlichen Œuvre vor allem als Vermittler lateinischen Wissens an die Nichtlateinkundigen und weniger als Autor eigenständiger Werke. Der sich zumeist nur Johann Adelphus nennende Muling wurde in Straßburg geboren und besuchte zusammen mit anderen bekannten Humanisten die berühmte Lateinschule in Schlettstadt. Es folgte ein Studium der Artes, möglicherweise in Heidelberg. Wo er sein Studium der Medizin absolvierte, ist unbekannt. Mainz und vor allem Trier kämen in Frage, denn er hielt sich nachweislich 1507, 1508 und 1512 in Trier auf und lobte die dortige *hohe schul*. Ab 1512 nannte er sich *physicus*, aber nicht *doctor* der Medizin – das taten andere wie Sebastian Brant –, und versuchte in Straßburg tätig zu werden. 1513 kam er als Stadtarzt nach Überlingen, aber bereits ab 1514 war er bis zu seinen letzten Lebenszeichen i.J. 1523 in gleicher Position in Schaffhausen. Sein Sterbedatum ist unbekannt.

Ähnlich wie z.B. Sebastian Brant war Muling in Straßburg für verschiedene Offizinen als Korrektor und Herausgeber einer Vielzahl von Drucken tätig (1505–1513). Dabei initiierte er selbst einige Ausgaben und versah sie mit Widmungsbriefen und eigenen Zutaten, bisweilen fügte er eigene Carmina hinzu. Unter den von ihm betreuten 32 bekannten Drucken, in denen er sich im Kolophon als Bearbeiter oder Korrektor nennt, finden sich z.B. lateinische Werke von Wimpfeling, Bebel und Murner sowie die ‚Mörin' Hermanns von Sachsenheim (vgl. Tl. 2). In Straßburg gehörte Muling zu den Anhängern Wimpfelings und verehrte auch Brant und Johann Geiler. 1509 brach Wimpfeling allerdings mit ihm, nachdem Muling ein Werk des mit Wimpfeling verfeindeten Thomas Murner bei der Drucklegung betreut hatte. Dies scheint ihm aber doch nicht allzu sehr geschadet zu haben, denn Brant charakterisiert den wissenschaftlich Hochgebildeten in einem Empfehlungsschreiben an den Schaffhauser Rat, als *in drei Schulen approbiert und in allen anderen Künsten erfahren und geschickt und gelehrt in allen Fakultäten, als wäre er zu jeder besonderlich geboren*. Muling gehörte zu jenen Humanisten, die heftige Kritik am Zustand der Kirche übten, sowohl in seinen lateinischen als auch in seinen volkssprachlichen Werken. 1520 ist dann bei ihm ein starkes Interesse für die reformatorische Bewegung zu erkennen, in Briefen an Vadian (1521/22) bekundet er seine große Begeisterung für die Schriften Luthers und Melanchthons.

Zu Mulings umfassendem und vielseitigem Œuvre gehören neben Übersetzungen von festen Vorlagen auch eigene Quellenkompilationen, wobei er sich nicht immer als Verfasser nennt. Weil er aber eine genaue handschriftliche Werkliste führte, worin sich zudem eine Vielzahl verlorener Schriften findet, lassen sich die anonym erschienenen Werke ihm zuschreiben. Anders als die meisten humanistischen Übersetzer bleibt er nicht bei einem festen Übersetzungsstil, sondern variiert ihn im Blick auf verschiedene Publikumskreise.

Muling verfasste drei Übersetzungen und Bearbeitungen medizinischer Schriften. Seine erste Übersetzung überhaupt (1505) ist die der ‚De vita libri tres' des Marsilio Ficino (vgl. S. 575), von Muling ‚Das Buch des Lebens' genannt. Wie der Autor einer anderen, anonymen Heidelberger Übersetzung übernahm Muling nur die ersten zwei Bücher und widmete das mehrfach gedruckte Werk dem Straßburger Domherrn Heinrich, Graf von Werdenberg. Allerdings strich er dabei wichtige Elemente aus Ficinos Theorie über die unabdingbare Voraussetzung von Melancholie für das Geistig-Schöpferische, was der Konsistenz von dessen Argumentationsführung empfindlich schadete. Anonym veröffentlichte Muling 1508 eine Übersetzung des ‚Liber aggregationis' (Pseudo-Albertus Magnus), ‚*Das buch der versamlung oder das buch der heymligkeiten Magni Alberti*', das von den Kräften der Kräuter, Steine und Tiere handelt. Hinzu kommen ein astrologischer Abriss und eine umfangreiche Sammlung von Rezepten.

1509 erschien bei Johann Prüß in Straßburg der ‚Gart der Gesundheit', eine anonyme Bearbeitung einer Übersetzung des ‚Hortus sanitatis', des bedeutendsten Kräuterbuches des Mittelalters. Damit verbunden ist eine Teilübersetzung des ‚Hortus', die sich Muling 1514 mit ‚*Ortus sanitatis*' in seiner Werkliste zuschreibt.

Muling widmete sich 1508 der volksprachigen Vermittlung antiker Autoren. Seine um 1508/09 erschienene Übersetzung von Vergils ‚Bucolica' – die erste vollständige überhaupt –, ‚Das Hirten vnnd buren werck', ist mit einem hermeneutischen Programm versehen, das besonders *den jungen anfahenden schülern* beim Verständnis des komplexen lateinischen Werks helfen soll. Die sich engstens an die Vorlage haltende Übersetzung ergänzt Muling mit einer interlinear gestalteten Paraphrase (*gloß*) und einem marginal beigefügten Kommentar (*vßlegung*).

Mulings Anteil an einer Neuausgabe von Matthias Ringmanns Caesar-Übersetzung und deren Überarbeitung, ‚*Julius der erst Römisch Keiser ...*' (s.u.), ist nicht eindeutig zu klären. Jedenfalls ersetzt er die von Ringmann stammende Übersetzung der Caesar-Vita Plutarchs mit seiner Übersetzung von Suetons ‚Divus Iulius'. Die 140 ‚Additiones' aus diversen Quellen (u.a. Fazetien Poggios), die Sebastian Brant 1501 der von ihm herausgegebenen Redaktion des lateinischen ‚Esopus' Steinhöwels hinzugefügt hatte, übersetzte Muling ohne die den *fabeln und exempeln* vorangestellten deutenden Verseinleitungen Brants und veröffentlichte sie in der Straßburger Ausgabe des ‚Esopus' von 1508, deren Neuausgaben bis ins frühe 17. Jahrhundert reichten. Im Vergleich zu Steinhöwel verwendet Muling bei seiner Übersetzung ein „vorlagengetreuer gehandhabtes ‚*sin uß sin*'-Verfahren" (G. Dicke).

Muling übersetzte auch Werke, die sich mit wichtigen zeitgeschichtlichen Ereignissen befassten. Hochaktuell, besonders für Maximilian, war die Expansionspolitik der Republik Venedig. Am 27. April 1509 verhängte Papst Julius II. über Venedig ein Interdikt, d.h. eine Einstellung aller gottesdienstlichen Handlungen, und begründete dies in seinem gedruckten ‚Monitorium contra Venetos'. Es ging ihm darum, Venedig dazu zu bewegen, die kirchlichen Besitztümer in der Romagna zurückzugeben. Kurz danach, am 14. Mai, besiegte die Liga von Cambrai, zu der sich Maximilian zusammen mit dem französischen König Ludwig XII., Ferdinand von Aragón und Julius II. zusammengeschlossen hatte, die Venezianer entscheidend in der Schlacht von Agnadello und teilte deren Besitztümer unter ihren Mitgliedern auf. Aufgrund von Maximilians Beteiligung wurde das ‚Monitorium' dreimal ins Deutsche übersetzt, auch 1509 von Muling (‚*Von der Venedier Krieg*').

In Anbetracht der osmanischen Gefahr, die die Liga von Cambrai zumindest vordergründig zusammengeführt hatte, um zu verhindern, dass die Türken auf eine zerstrittene christliche Gegenmacht treffen würden, wurden im frühen 16. Jahrhundert mehrere propagandistische Schriften zur Türkengefahr veröffentlicht, so auch von Muling. Er übersetzte in seiner ‚*Historia von Rhodis*' (1513) die Darstellung von der Verteidigung und Befreiung der 1480 von den Türken belagerten und erfolglos gestürmten Johanniterfeste auf Rhodos durch den Vizekanzler von Rhodos, Wilhelm Caoursin. Muling widmete das Werk dem elsässischen Ritter Maximin Schmaßmann von Rappoltstein, den er seinen *gnedigen günstigen herren* und sich seinen *unwürdigen diener* nennt. Direkt anknüpfend an die ‚Historia' ist eine aus verschiedenen Quellen kompilierte ‚*Türkische Chronica*' (1513), die aber keineswegs eine geschlossene Darstellung der türkischen Geschichte sein will, sondern als Aufruf gegen die zunehmende osmanische Expansion intendiert ist. Gewidmet ist das Werk dem Luzerner Gerichtsschreiber Petermann Etterlin (vgl. Tl. 2), dem Verfasser der ersten gedruckten Chronik der Eidgenossenschaft.

In einem 1516 erschienen Flugblatt mit der ironischen Überschrift ‚Ludus novus', verspottet Muling die Auseinandersetzungen um Oberitalien und die in diesen politischen Zerwürfnissen Involvierten. Auf die Reden der Handelnden folgt stets eine satirische *Antwurt*. Im Bildteil werden die handelnden Mächte in Tiergestalt dargestellt, Papst Leo X. als Löwe, Maximilian als Doppeladler usw., die das Würfelbrettspiel Trick-Track spielen und dabei die damalige Kriegslage kommentieren. In der *Conclusio autoris Adelfi* fasst Muling die Lage schlüssig zusammen: Das *spil* zeige, *Wie die mechtigen herrn all / Verirret seind in iamers thal… das keiner weiß wo vß wo yn / Damit so kompt man in die pyn*.

In seinem wohl letzten gedruckten Werk wendet sich Muling der Geschichtsschreibung zu. In seiner Zeit als Schaffhauser Stadtarzt verfasste er 1520 eine 100 Kapitel umfassende Biographie Friedrich Barbarossas, „das erste historiographische Werk zur mittelalterlichen Kaiser- und Reichsgeschichte in deutscher Sprache" (F. J. Worstbrock). ‚*Barbarossa*' geht auf die Barbarossa-Vita des Johann Eck zurück, die Muling aber mit mehreren mittelalterlichen und zeitgenössischen Quellen ergänzt. Dennoch bezeichnet er das Werk als Übersetzung. Er verweist auf gelegentliche Widersprüchlichkeiten in den Quellen, bezieht dabei aber keine feste Stellung. Gedacht war das Werk, das er dem Basler Stadtschreiber Hans Gerster widmete, keineswegs als reines Geschichtswerk, sondern auch als eine Art Fürstenspiegel.

Das einzige nicht in Straßburg gedruckte Werk Mulings ist seine Übersetzung des ‚Enchiridion militis Christiani' von Erasmus von Rotterdam, das ursprünglich 1520 in Basel erschienen war, wo sich Erasmus seit 1514 aufhielt. In seiner Widmung an den Junker Hans von Schönau weist Muling darauf hin, dass das Werk die geistliche Ergänzung zur weltlichen Lehre des ‚Barbarossa' sei, der ja im selben Jahr erschienen war. Erasmus betrachtet in diesem Frühwerk das Leben als Kampf, der nur mit Gebet und der Heiligen Schrift gewonnen werden könne. Dabei bietet er mit 22 Regeln und weiteren Ratschlägen eine umfassende Anleitung zur rechten Frömmigkeit und zur Überwindung der Vorherrschaft des Äußerlichen. Dies wird begleitet durch starke Kritik an Ordensleuten, deren Frömmigkeit er massiv in Frage stellt. In Mulings Widmung zu seinem ‚*Enchiridion oder handbüchlin eines Christenlichen vnd Ritterlichen lebens*' lässt auch er seine wachsende Kritik an kirchlichen Institutionen erkennen. Er attackiert den Klerus scharf als selbstzufrieden und ohne Interesse an der Seelsorge, was die Versorgung der Laien mit volkssprachlichem religiösen Schrifttum dringend erforderlich mache. Er plädiert mit Erasmus für einen freien Zugang der *illiterati* zur Bibel, ohne dabei auf klerikale Betreuung angewiesen zu sein. Christus habe doch keine *so verwickelte / verborgene / dieffe vnd vnuerstentliche ding gelert ... das sy allein ein wenig gelerter lüt verstan sollent*. Die Bibel sollte so frei zur Verfügung stehen, *dz alle wyber lesent das ewangelium* und auch die *türcken vnd vnglaubigen / das lesen möchten vnd verstan*. Es ist diese grundsätzliche Einstellung, die dazu führte, eine Lebensaufgabe darin zu sehen, anspruchsvolle lateinische Werke Nichtlateinkundigen zur Verfügung zu stellen.

In seiner Straßburger Zeit hatte sich Muling zudem dem Werk des von ihm so verehrten Johannes Geiler gewidmet. Bereits 1508 hatte er ohne dessen Wissen als zweiten Teil seiner fünfteiligen lateinischen Fazetiensammlung ‚Margarita facetiarum', die ‚Scommata Ioannis Keisersbergii' hinzugefügt, worin angeblich alle von Geiler in seinen Predigten verwendeten Fazetien, Sprichwörter und andere Kurztexte zusammengestellt seien, mit denen er menschliche Schwächen und Laster geißelte und Hinweise für den frommen Alltag bot. Allerdings hatte Muling vieles hinzugefügt, was zweifellos nicht von Geiler stammte. Eine keineswegs ihm zuzuschreibende Invektive gegen die Minoriten sorgte sogar für Aufregung, woraufhin sich Geiler bei ihnen schriftlich entschuldigen musste. Dies führte zu einer Entfremdung Geilers von Muling, und der Rat zwang Muling, in der zweiten Ausgabe den Text zu entfernen. Nach dem Tode Geilers 1510 begann die systematische Veröffentlichung seiner Werke, die er grundsätzlich nur in lateinischen Entwürfen zurückgelassen hatte. Zu den ersten Geiler-Übersetzern gehörte sein Bewunderer Muling, der in seiner Schaffhauser Zeit zwei Predigtwerke Geilers verdeutschte: 1514 die ‚Fragmenta passionis' (‚*Doctor Keisespergs Passion*'), eine Auslegung des Leidens Christi, die Geiler *seinen kinden hat geprediget ... Jn formm ains Gerichthanndels*, und 1515 dessen ‚Sermones de oratione dominica' (‚*Doctor keiserspergs pater noster*'). Hier bietet Muling 64 Vaterunser-Predigten Geilers zusammen mit einigen weiteren Texten zum Thema.

Mulings Verbindung zu Trier zeigt sich in drei deutschen Schriften, in denen er die Echtheit des Heiligen Rocks und seiner Translation nach Trier zu beweisen versucht. Die umstrittene Reliquie, angebliche Fragmente der Tunika Christi, die unter dem Hochaltar im Trierer Dom eingemauert waren, hatte Maximilian 1512 feierlich erheben lassen. Muling bietet in seiner ersten Schrift einen Bericht über die Erhebung (‚*Warhafftig abschrifft von erfindung des hailthums ... zu Trier geschehen*') und in der zweiten einen Abriss der Trierer Geschichte sowie eine Rekonstruktion des Weges der Reliquie bis zu deren Schenkung an die Stadt durch Konstantins Mutter Helena (‚*Warhafftig sag oder red von dem Rock ...*'). Beide Schriften erschienen 1512. Muling verfasste dann 1513 als drittes Werk zum Thema eine neue, stark veränderte Rekonstruktion der Translation, dieses Mal allerdings ohne eine Beteiligung Helenas (‚*Declaration vnnd erclerung der warheit des Rocks Jesu christi ...*').

Muling wurde früher auch das anonym erschienene ‚*Narrenschiff vom Buntschuch*' zugeschrieben (1514), aber diese Zuweisung ist höchst unsicher. Die Bundschuh-Bewegung, benannt nach dem von Bauern getragenen und zum Feldzeichen erhobenen Schnürschuh aus Leder, war eigentlich keine Bewegung, sondern eine Reihe von Verschwörungen und Aufständen notleidender Bauern zwischen 1493 und 1517 im Südwesten. Zwar wurden die Aktionen immer wieder niedergeschlagen, aber sie gelten als Vorläufer des Bauernkriegs (1524–1526). Wie Brant und Murner stellt der anonyme Verfasser des gereimten Werks die Bauern als Narren dar. Zwei Anführer der Bewegung, Joß Fritz (*hauptman*) und der in Schaffhausen hingerichtete Jakob Hauser, erscheinen deshalb in einem Holzschnitt auf dem Titelblatt auf einem Narrenschiff. Hier geht es aber nicht um Satire, sondern um eine sehr tendenziöse Darstellung der Ereignisse im Breisgau und in der Schweiz. Für den Autor verstießen ihre Forderungen und Aktivitäten gegen die von Gott gewollte Ordnung der Gesellschaft. Adressaten des Werks, das 1514 in Straßburg, Basel und Augsburg gedruckt wurde, sind durch die Ereignisse beunruhigte städtische Leser.

Ebenfalls eng mit dem Straßburger Humanistenkreis verbunden war der aus dem elsässischen Eichhoffen (nördlich von Schlettstadt) stammende Matthias Ringmann (1482–1511; Philesius Vogesigena). Auch er besuchte die Lateinschule in Schlettstadt und studierte dann unter Jakob Wimpfeling in Heidelberg. Zeitweilig war er höchstwahrscheinlich Student in Freiburg, wo er bei dem Kartäuser Gregor Reisch, dem Verfasser der ersten philosophischen Enzyklopädie der Wissenschaften im deutschsprachigen Raum, der ‚Margarita philosophica', seine Kenntnisse der Mathematik und Geographie vertiefte. Danach ging er einige Jahre nach Paris, 1503 wechselte er nach Straßburg und gehörte dort zum Umkreis seines ehemaligen Lehrers Wimpfeling, den er auch gegen Lochers Angriffe verteidigte. Zunächst arbeitete er wie Muling als Korrektor in der Offizin des Johann Prüß, übernahm aber sehr bald die Leitung einer Schule in Colmar. Mit den dortigen Lehrmethoden unzufrieden, eröffnete Ringmann 1504 eine eigene Schule in Straßburg, die er vermutlich nicht lange betrieb. Denn 1506/07 arbeitete er zusammen mit Muling in zwei Straßburger Offizinen als Korrektor und Übersetzer. Er starb im jungen Alter von 29 Jahren.

Ringmann gab 1506 Johannes Geilers lateinische Schrift, ‚Passionis Christi Vnum ex quattuor euangelistis textum', in einem Straßburger Druck heraus, den er Wimpfeling widmete. Dieses mehrfach gedruckte Werk setzt sich aus den vier Evangelien und Jean Gersons Evangelienharmonie ‚Monotessaron' zusammen. Im selben Jahr erschien Ringmanns die Vorlage nur sehr leicht kürzende Übersetzung ‚*Der text des passions oder leydens christi*' als *schön bildecht buch* mit zahlreichen blattgroßen Holzschnitten von Urs Graf. Gegliedert ist das Werk in Evangelienlesungen, beginnend mit dem Mittwoch nach dem fünften Sonntag der Fastenzeit (Judica). Am Anfang des Werks steht die versuchte Steinigung Christi durch die Juden, es endet mit der Lesung zum Ostertag, mit dem Besuch der Marien am Grab. Dass Ringmann der Übersetzer war, geht aus den fünf Reimpaaren mit dem Akrostichon RINGMANNVUS auf dem Titelblatt hervor. Die Übersetzung wurde insgesamt sechsmal gedruckt.

Ringmanns umfangreicher deutscher ‚Caesar' wurde 1507 gedruckt und geradezu selbstverständlich Maximilian gewidmet. Hier versammelte Ringmann Selbstzeugnisse Caesars und Darstellungen aus anderen Quellen, um ein umfassendes Geschichtswerk zu verfassen: von *Julius de*[m] *erst Römisch Keiser von seinen kriegen. erstmals vß dem Latin in Tütsch bracht vnd nüw getruckt*. Übersetzt werden Werke wie Caesars ‚Bellum Gallicum' und ‚Bellum civile' und andere Berichte von *bella*, die, wie Ringmann weiß, nicht von Caesar stammen. Hinzugefügt wurden Plutarchs Caesar-Vita, die Muling in der nächsten Ausgabe allerdings durch Suetons ‚Divus Iulius' ersetzte, sowie das 12. Totengespräch Lukians in der erweiterten Version Aurispas. In dem 126 enggedruckte Folioblätter umfassenden Opus führt Ringmann zunächst eingehend in die Problematik des Übersetzens ein, verbunden mit Einführungen in die in den Erzählungen anzutreffende Geographie, die römische Geschichte und das römische Militärwesen, so dass *die history von den lesern dester lutrer verstanden mŏg werden*. Abschließend bietet Ringmann einen Abschnitt über die *frucht vnd ergŏtzlicheit*, die mit einer Beschäftigung mit Geschichte verbunden sind, wobei unter den *historien Teutscher nation* der Ursprung des Kaisertums und damit die *historie* von Caesar am ergiebigsten und von größtem Nutzen sei. Ringmann verfasste auch einige lateinische Schulschriften sowie Carmina, darunter ein Lobgedicht auf die heimatlichen Vogesen.

1507 lud ihn der Stiftsherr Walter Lud nach Saint-Dié in Lothringen ein, um an einer lateinischen Neuausgabe der ‚Geographia' des Claudius Ptolemäus zu arbeiten. Dies erschien ihm nach den Entdeckungsfahrten in der Neuen Welt dringend erforderlich, zumal eine 1490 in Nürnberg gedruckte anonyme ‚C o s m o g r a p h i a P h t o l o m e i D e w t s c h' mit Weltkarte, die nicht nur auf Ptolemäus zurückging, nach den geographischen Neuerkenntnissen selbstverständlich überholt war. In Saint-Dié entstanden nun eine drei Quadratmeter große neue Weltkarte und ein Globus, verfertigt von dem Kartographen Martin Waldseemüller und eine von Ringmann verfasste Erläuterungsschrift, die ‚C o s m o g r a p h i a e i n t r o d u c t i o', in der eine lateinische Übersetzung von Amerigo Vespuccis Reisen nach Südamerika mit abgedruckt wurde. In der *introductio* nennt Ringmann den neuen Erdteil nach dem Florentiner Entdecker *America*, als lateinisches Femininum in Analogie zu *Europa* und *Asia*. Dies war insofern gerechtfertigt, als Kolumbus seine Entdeckung noch als Westindische Inseln bezeichnete, Vespucci hingegen als erster von einem neuen Kontinent sprach.

In Straßburger Offizinen wurde der lateinische Terenz seit 1470 immer wieder gedruckt. 1499 erschien dort die erste Übersetzung aller sechs Komödien, *durch rat vnd angeben hoch gelerter lüt / doctor vnd meister / die das nützlich sin allen tütschen erkant haben*. Dem moralischen Nutzen des anonymen ‚S t r a ß b u r g e r T e r e n z' für den *gemeinen man* mögen zwar einige widersprechen, weil es um *weltlŏffig ding* in den Stücken gehe, aber die Inhalte würden dabei helfen, das *bŏß* zu erkennen und zu vermeiden. Um dies zu unterstützen, wird ein umfangreiches alphabetisches moralisches Stichwortregister vorangestellt. Angeregt habe das Unternehmen die ‚Eunuchus'-Übersetzung Hans Neitharts (vgl. S. 594), worin man schließlich erkannte, dass Terenz *vil gûts vnd nutzbare ler* biete. Die Gestaltung der Ausgabe orientiert sich dann auch an Hans Neitharts ‚Ulmer Terenz' (s.o.), der vollständig übernommen wird: die Übersetzung steht in einer Spalte, die kleiner gedruckten *gloß* daneben, die Illustrationen werden wie in den Straßburger lateinischen Terenz-Ausgaben von 1496 und 1499 eingesetzt. Um den fremdartigen Text richtig verstehen zu können, werden fünf *Regel* vorangestellt: Der Leser solle zunächst mit einer kurzen Zusammenfassung des Inhalts beginnen, dann den Titelholzschnitt betrachten, *in welcher dann alle personen der gantzen Comedien stond,* und schließlich jeweils abschnittsweise die *gloß* vor dem Komödientext lesen. Zudem werden *fremde vnd vnbekant* Namen teilweise durch zeitgenössische ersetzt. Auch die differenzierte Interpunktion wird eingehend erläutert. Stärker als im ‚Ulmer Terenz' orientieren sich die Übersetzungen am lateinischen Wortlaut.

Weitere Übersetzungen

Nicht zu ermitteln ist die Herkunft einer anonymen Übersetzung eines weiteren ursprünglich volkssprachlichen Werks Boccaccios, ‚Il Filocolo'. Wie im Falle von Arigos ‚Decamerone'-Übertragung wurde der umfangreiche Roman aus dem Italienischen ins Deutsche übersetzt. Gedruckt wurde ‚Florio und Bianceffora' 1499 und 1500 in Metz von Kaspar Hochfeder, der um 1498/99 nach Lothringen gezogen und seit 1490 in Nürnberg tätig gewesen war. Da auch die 100 Holzschnitte des Erstdrucks ebenfalls auf Nürnberger Provenienz hinweisen, ist es gut denkbar, dass er über Verbindungen in der Reichstadt an das Werk gelangte.

Bei seiner Version von der Erzählung von Flore und Blanscheflur, einem in Europa seit dem 12. Jahrhundert weit verbreiteten Stoff (vgl. auch Bd. II/1, Konrad Fleck), griff Boccaccio auf eine französische Bearbeitung zurück.

Der Text erzählt von dem heidnischen spanischen Königssohn Florio und Biancefora, der Tochter einer christlich-römischen Gefangenen von Florios Vater. Während sie miteinander aufwachsen, verlieben sie sich, von Cupido beeinflusst, ineinander, werden aber von den Eltern Florios getrennt, weil ihnen Bianceforas hohe Geburt nicht bewusst ist. Das Mädchen wird an fahrende Händler verkauft. Florio (bei Boccaccio unter dem Namen Filocolo, d.h. ‚der von Liebe Beschwerte') sucht seine Geliebte, findet sie nach mehreren Stationen in Alexandria, konvertiert zum Christentum, heiratet sie und kehrt schließlich nach Spanien zurück, um als christlicher Herrscher auf den Königsthron zu gelangen. Gegenüber der französischen Vorlage tritt der Erzähler in ‚Il Filocolo' wesentlich stärker in Erscheinung, weitere Episoden werden hinzugefügt sowie eine Vorgeschichte von den Eltern Florios. Die heidnischen Götter lenken die Handlung, sie retten die Liebenden aus größter Not und sorgen schließlich für die glückliche Wiedervereinigung. Das zentrale Thema, die Liebe, wird von Boccaccio unter verschiedenen Sichtweisen behandelt, indem er sie durch Nebenepisoden, Erzählerreflexionen und Gespräche vielseitig erörtert. Das Werk setzt gute Kenntnisse der griechischen und römischen Mythologie voraus und richtet sich daher vor allem an gebildete Laien.

Der anonyme deutsche Übersetzer streicht sämtliche direkten und indirekten Hinweise auf den Autor seiner Vorlage, übergeht 41 der 459 Kapiteln des ‚Filocolo' und kürzt ebenso viele. Auch die Erzählerexkurse werden stark beschnitten. Wohl im Blick auf ein nicht höher gebildetes laikales

Publikum wird die für Boccaccio so zentrale heidnische Götterwelt stark verdrängt und dort, wo sie doch in Erscheinung tritt, werden die Götter stärker negativ bewertet (S. Schünemann). Wegen der Unterdrückung von Boccaccios Namen und der Bearbeitungstendenzen des Übersetzers wollen einige in der neueren Forschung die ‚*Schone newe histori der hochen lieb des kuniglichen fursten Florio vnd von seyner lieben Bianceffora* aus der deutschsprachigen humanistischen Literatur ausgrenzen. Allerdings ist das Weglassen des Namens eines in Laienkreisen wenig bekannten italienischen Autors – möglicherweise sogar erst durch den Drucker –, sowie die inhaltliche Anpassung des höchst anspruchsvollen Werks an das vermutete Bildungsniveau der anvisierten illiteraten Leserschaft noch kein entscheidender Grund, das Werk aus dem volkssprachlichen humanistischen Diskurs um 1500 zu entfernen. Der Anonymus wollte mit seinem Werk ein weiteres wertvolles Stück humanistischer Literatur in den deutschsprachigen Raum vermitteln, auch wenn seine Strategie dabei eine etwas andere war als die von anderen Zeitgenossen. Jedenfalls war sie erfolgreich: nach den beiden Metzer Drucken erschienen zwischen 1530–1587 sechs weitere Ausgaben.

Von den Übersetzungen antiker Werke sind die Verdeutschungen der Trostschrift ‚De Consolatione philosophiae' des Boethius nur bedingt dem Humanismus zuzuordnen, obwohl auch Niklas von Wyle eine heute verschollene Übersetzung verfasste. Von den fünf weiteren Übertragungen des 15. Jahrhunderts ist die 1401 durch den Benediktiner Peter von Kastl fertiggestellte ebenfalls nicht mehr erhalten. In einer niederdeutschen Version wurden nur die ersten vier Bücher übersetzt. Das fünfte Buch blieb unberücksichtigt, weil dessen Thema, die *wetenheit* (Wissen, *praescientia dei*) *godes*, bei *den dummen luden* zu religiösen Zweifeln führen könnte. In der Erfurter Kartause dürfte eine 1465 verfasste mitteldeutsche Teilübertragung entstanden sein – der ‚Oxforder Boethius' –, der im einzigen Textzeugen von einem lateinischen Kommentar begleitet wird.

Eine in drei Handschriften überlieferte Version stammt von dem Mainzer Konrad Humery (circa 1402-zwischen 1471–1478), der in Erfurt, Köln und Bologna studierte, wo er 1432 Decretorum doctor wurde. Zurück in Mainz engagierte er sich im Kampf gegen die alten Geschlechter und die Geistlichkeit der Stadt. Als Führer der Zünfte 1444 stieg er nach dem Sturz des Alten Rats in hohe Ämter auf. Im Dienst des Bischofs Dietrich von Erbach geriet er 1462 nach dessen Niederlage gegen Adolf II. von Nassau für ein Jahr in Gefangenschaft. Mit seiner vor 1467 entstandenen leicht verständlichen Übersetzung will er *allen gefangenen vnd auch allen den, die in anderm trocke* (Unterdrückung), *anfechten vnd lyden das ellende dieses jamertalis der werlde buwen vnd doldent* (erleben und erleiden), Trost spenden. Seine eigenen Erfahrungen scheinen demnach die Übersetzung veranlasst zu haben. Kennzeichnend für Humerys Übersetzung ist eine fast vollständige Verchristlichung seiner spätantiken Vorlage, in der vom Christentum nirgends die Rede ist.

Eine weitere Übersetzung erschien erstmals 1473 in einer zweisprachigen anonymen kommentierten Ausgabe in der Nürnberger Offizin Anton Kobergers, von der auch eine handschriftliche Überlieferung erhalten ist. 1500 erschien das Werk erneut in einem Straßburger Druck. Obwohl Boethius im späten Mittelalter häufig zitiert wird, blieb die Verbreitung der Übersetzungen seines ganzen Werks doch recht begrenzt.

Neben der in Nürnberg entstandenen Übersetzung von Piccolominis antihöfischer Satire ‚De miseriis curialium' durch Wilhelm von Hirnkofen (vgl. S. 171) findet sich eine zweite Übersetzung ohne Verfassernennung in einer in Innsbruck aufbewahrten Handschrift aus dem Besitz des Tiroler Adligen und großen Büchersammlers Anton von Annenberg. Die aus drei Faszikeln bestehende Innsbrucker Handschrift Cod. FB 1050 enthält neben der Johannes Hartlieb zugeschriebenen ‚Gedächtniskunst' auch zwei weitere Übersetzungen antiker Werke, die aufgrund der Thematik zweifellos für einen adligen Rezipientenkreis hergestellt wurden. Ciceros ‚De officiis', die wirkmächtige Abhandlung über das pflichtgemäße Handeln, insbesondere das eines Staatsmannes, wird hier als eine Art Fürstenspiegel gestaltet. Die Übersetzung stammt indes bereits aus der ersten Hälfte des 15. Jahrhunderts und ist in neun weiteren Handschriften und einem Augsburger Druck von 1488 überliefert. Zudem enthält die Handschrift eine Übersetzung der ‚Epitoma rei militaris' des Publius Flavius Vegetius Renatus (4. Jh.), eines weitverbreiteten kriegs- und militärhistorischen Werks, das jedoch nicht nur von Humanisten verdeutscht wurde. In der Innsbrucker Version wird eine um 1320 entstandene Bearbeitung des Werks übersetzt, die weniger kriegstechnische Themen als politische Fragen behandelt, die mit Krieg – vor allem dessen Vermeidung – verbunden sind. Das Werk war bereits vor der Zeit des Frühhumanismus 1437/38 für den Wiener Hof übersetzt worden.

Eine unmittelbar für den Druck vorgesehene Vegetius-Übersetzung verfertigte um 1475 der aus Elchingen bei Ulm stammende L u d w i g H o h e n w a n g, der das Werk Graf Johann von Lupfen-Stühlingen widmete. Als er den Text übersetzte, wurde er in den Augsburger Steuerlisten als Betreiber einer kleinen Druckerei geführt. Dort wurde sein Werk 1476 aufgelegt und sollte bis 1536 in bearbeiteter Form in einem Erfurter und zwei weiteren Augsburger Druckausgaben erscheinen. Hohenwang verließ Augsburg und kehrte zu seinem früheren Studienort Basel zurück, um dort zunächst eine eigene Offizin zu betreiben und später in einer anderen mitzuarbeiten. Um das Werk der modernen Kriegstechnologie anzupassen, fügte er im Anhang 64 von ihm selbst verfertigte Holzschnitte mit einer Darstellung des aktuellen Kriegsgeräts nach einer italienischen Vorlage hinzu.

In den 1520er Jahren kam es zu einem entscheidenden Bruch in humanistischen Kreisen. Sie zerfielen in eine Gruppe, die einen Zusammenbruch der gesellschaftlichen Ordnung durch Luthers Erfolge befürchtete, und in eine andere, die sich stark für die Reformation engagierte. Von Philipp Melanchthon, der bereits 1518 in seiner Wittenberger Antrittsvorlesung ‚De corrigendis adolescentium studiis' eine Neugestaltung des Universitätsstudiums gefordert hatte, ging eine grundlegende Reform des Bildungswesens aus. Die ‚studia humanitatis' gehörten nun zu den Lehrplänen der Universitäten und der neu gegründeten Gymnasien, die nach dem Modell des 1526 errichteten Nürnberger Gymnasiums gestaltet wurden. Die Reformation war nach diesen Initiativen keineswegs nur eine religiöse Erneuerungsbewegung, sondern umfasste auch eine grundsätzlich neue Bildungskonzeption und -organisation. Bei der Umstrukturierung der Universitäten verband Melanchthon die neue theologische Grundthematik der Lehre mit der heidnisch-antiken Komponente, da er eine Kenntnis der antiken Herrschaftssysteme als Grundvoraussetzung für eine effektive Regierungstätigkeit der weltlichen Elite voraussetzte. Für geistliche Verantwortungsträger galten ebenfalls neue Studienpläne. Um ein besseres Verständnis der Bibel zu ermöglichen, wurden nun gründliche Latein-, Griechisch- und Hebräischkenntnisse zu einem zentralen Teil des Studiums erhoben. Es wurden unter Beratung von Melanchthon in Marburg (1527), Königsberg (1544) und Jena (1558) protestantische Universitäten gegründet. Der ‚Praeceptor Germaniae' (Lehrmeister Deutschlands) verfasste eine Vielzahl von grundlegenden Schul- und Textbüchern. In den katholischen Bereichen wurden bald ähnliche Bildungsreformen durchgeführt, vor allem durch den 1540 päpstlich anerkannten Jesuitenorden. War die humanistische Kultur zu Beginn des 16. Jahrhunderts noch auf eine kleine Bildungselite begrenzt, wurde sie, „wenn auch in religiös modifizierter Form, durch die institutionelle Verankerung in beiden Konfessionen zur selbstverständlichen Bildungsgrundlage einer breiten Schicht deutscher Intellektueller bis zum Beginn des 19. Jahrhunderts" (E. Bernstein).

Abbildungen

Abb. 1: Hans Sachs, ‚Ständebeschreibung' (Sigmund Feyerabend, Frankfurt, 1568): Die Herstellung des Papiers.

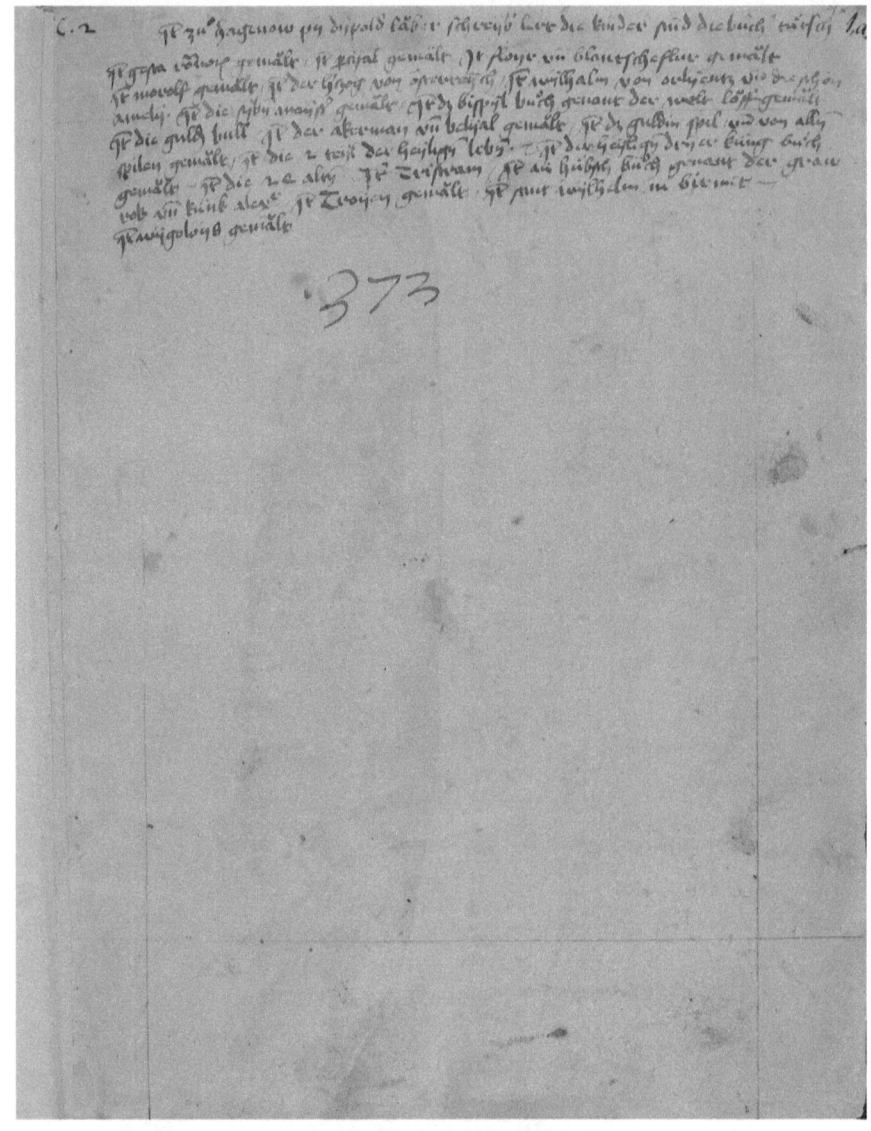

Abb. 2: Abschrift einer Anzeige aus der Werkstatt Diebold Laubers (Heidelberg, Bad. LB, cpg 314).

Abb. 3: Darstellung moderner Kriegsführung in einer Illustration für Rudolfs von Ems ‚Alexander' aus der Lauber-Werkstatt (München, Bayer. LB, cgm 203, 1ᵛ).

Abb. 4: Hans Sachs, ‚Ständebeschreibung' (Sigmund Feyerabend, Frankfurt, 1568): Der Buchdruck.

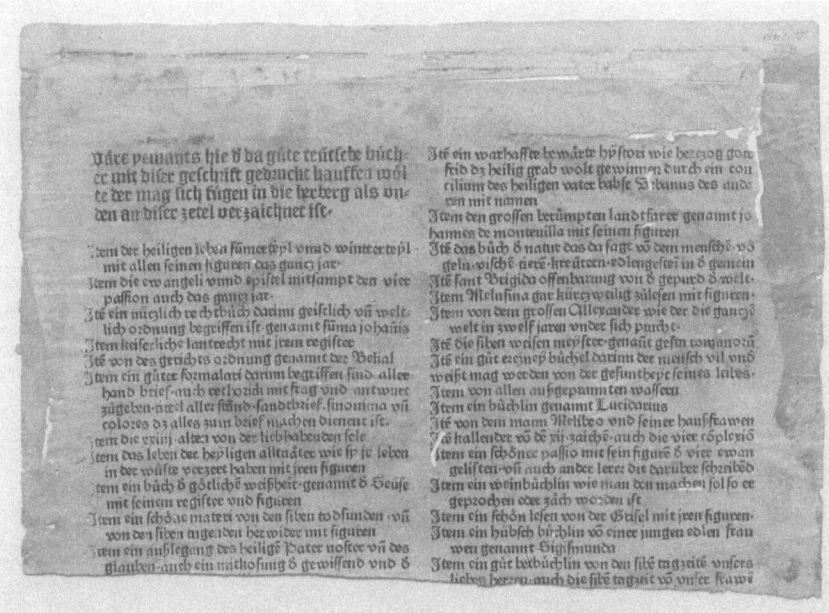

Abb. 5: Buchführeranzeige des Augsburger Druckers Anton Sorg 1483.

Abb. 6: Hans Folz: ‚Der Arme und der Reiche' (Kargenspiegel), aus seiner Offizin, Nürnberg, 1480.

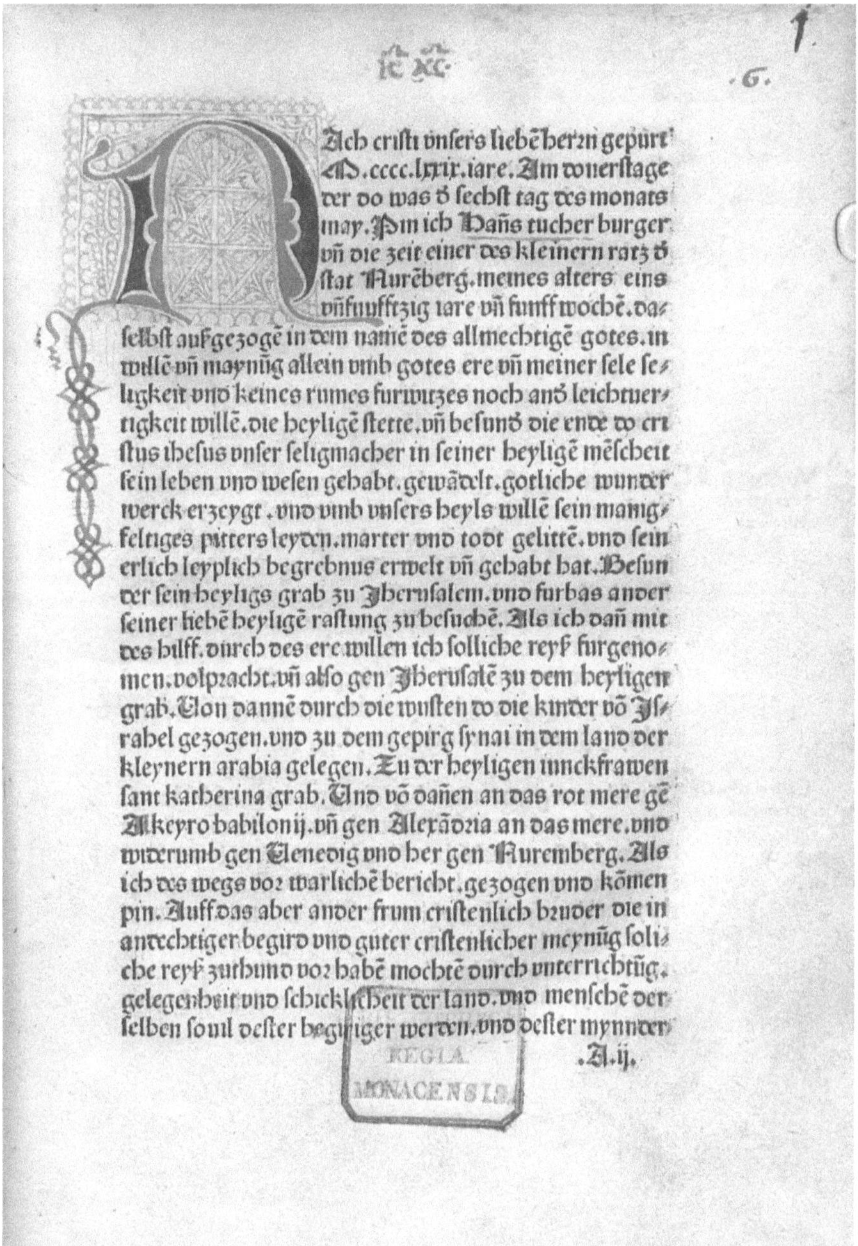

Nach cristi unsers liebē herrn gepurt M.cccc.lxxix.iare. Am donerstage der do was d' sechst tag des monats may. Pin ich Hanns tucher burger vñ die zeit einer des kleinern ratz d' stat Nurēberg. meines alters eins vñfunfftzig iare vñ funff wochē. da selbst aufgezogē in dem namē des allmechtigē gotes. in willē vñ maynūg allein umb gotes ere vñ meiner sele selikeit und keines rumes furwitzes noch and' leichtuertigkeit willē. die heyligē stette. vñ besund' die ende do cristus ihesus unser seligmacher in seiner heyligē mēscheit sein leben und wesen gehabt. gewādelt. gotliche wunder werck erzeygt. und umb unsers heyls willē sein manigfeltiges pitters leyden. marter und todt gelittē. und sein erlich leyplich begrebnus erwelt vñ gehabt hat. Besunder sein heyligs grab zu Jherusalem. und furbas ander seiner liebē heyligē rastung zu besuchē. Als ich dañ mit des hilff. durch des ere willen ich solliche reyß furgenomen. volpracht. vñ also gen Jherusalē zu dem heyligen grab. Von dannē durch die wusten do die kinder võ Jsrahel gezogen. und zu dem gepirg synai in dem land der kleynern arabia gelegen. Zu der heyligen iunckfrawen sant katherina grab. Und võ dañen an das rot mere gē Alkeyro babiloniȷ. vñ gen Alexādria an das mere. und widerumb gen Venedig und her gen Nuremberg. Als ich des wegs vor warlichē bericht. gezogen und kōmen pin. Auff das aber ander frum cristenlich bruder die in andechtiger begird und guter cristenlicher meynūg solliche reyß zuthund vor habē mochtē durch unterrichtūg. gelegenheit und schicklicheit der land. und menschē derselben souil dester begiriger werden. und dester mynnder

.A.ij.

Abb. 7: Hans Tucher, ‚Reisebuch' (Nürnberg, 1482).

Abb. 8: ‚Schedelsche Weltchronik: Von dem Antichrist (Anton Koberger, Nürnberg, 1493).

Abb. 9: Nürnberger Vita der Katharina von Siena: ‚Der Geistliche Rosengarten' (Paris, Bibl. Nationale, Ms. allem. 34, 1ʳ, niederalem.); Katharinas Stigmatisierung.

Abb. 10: Stefan Fridolin: ‚Schatzbehalter' (Anton Koberger, Nürnberg, 1491): Gott der Vater erhebt *seinen Sohn in menschlicher natur vber alle creatur.*

Das erst capitel.

Darnach als sie von gerechtikeit wegē ires vrsprungs vnd ynwonūg deß paradyß Burgerin worden ist vñ vmbgeben mit einem schin vns vnbekant vñ mit irem man Begirlich nieffend was die wolust der feligen stat, So goß der nydig fynd irer felickeit, ein schalckhafften rat in ir gemüt ob sie überträtte das einig gebot, inen von got vff gesetzet, so möchten sye grösser glory überkomen Vnd als sye vß wyplicher liecht fertikeit, im geloubt me weiß ir oder vns nützlich were vnd vermeinet tödlich höher vffzestigen, machet sie vor andren dingen iren mā durch schmaichen dē libkosen vff ire meinung Beweglich Vnd So sie in verachtung deß Gottes versuchten der öpfel deß Baumes der wissenheit guots vnd vbels verfürten sie sich selber vnd alles ir geschlecht, vß künfftiger ru vnd ewigkeit in engstlich arbeit vnd ellenden tod, vnd vß einem lustberlichen vatterland, zwischen premen schollen vnd scrofen Wan da das schyn bar liecht dar mit sie vmbgeben warē, hinweg gieng da wurdē sie von ierem schöpffer gestrafft vnd mit kosten bedekt vß der stat der wolust getriben vnd kament ellend in die äker erdrō Da selbist ward die fraw durch ire werk namhafft, wan sie fand die erst das spinnen, als von etlichen gesagt würt vnd ir mā Buwet Sy ertrich Do ward sie offt die schmertzen der geburd empfinden vñ manigmal durch den tod ires kind vnd kinds kind engstlich gekestiget, vnd vil iar in ellend gesetzet Vnnd so ich der hitze vnnd deß frostes ouch anders vngemachs geswyge so kam sie doch müde von arbeite zü grossem tötlichem alter,

Abb. 11: Heinrich Steinhöwel, ‚Von den erlauchten Frauen' (Giovanni Boccaccio: De claris mulieribus) (Johann Prüß, Straßburg, 1488).

Abb. 12: Heinrich Steinhöwel, ‚Esopus' (Johann Zainer, Ulm, ca. 1476), Titelblatt.

Abb. 13: Albrecht von Eyb, ‚Ehebüchlein' (Nürnberg, 1472), 1. Textseite.

Abb. 14: Sebastian Brant, ‚Das Narrenschiff, Titelblatt (Basel, 1494).

Abb. 15: Sebastian Brant: ‚Das Narrenschiff' (Basel, 1494): Alle wollen Pfaffen werden.

Abb. 16: Thomas Murner, ‚Von dem großen Lutherischen Narren' (Straßburg, 1522).

Literaturhinweise

Die Literaturhinweise erheben nicht den Anspruch einer repräsentativen Bibliographie. Sie verfolgen lediglich das Ziel, dem Benutzer einen ersten Zugang zur Forschung zu eröffnen. Deshalb wurden bevorzugt neuere Titel aufgenommen, die das jeweilige Gebiet bibliographisch aufschließen. Wegen der Fülle der berücksichtigten Autoren und Werke mussten sich dabei die Angaben – wie in Bd. III/1 – auf die Nennung neuerer Handbuchartikel mit weiterführender Literatur beschränken. Eine erste Abteilung nennt einige Arbeiten zur allgemeinen Geschichte und zur Literaturgeschichte, die von grundlegender Bedeutung für die gesamte Darstellung sind. Eine zweite Abteilung stellt Arbeiten zu einzelnen Abschnitten der Darstellung zusammen. In einer dritten Abteilung wird die Spezialliteratur zu den dort behandelten Autoren und Werken erfasst. Die Angaben in dieser Abteilung orientieren sich, soweit möglich und angebracht, jeweils an dem Schema: Artikel der 2. Auflage des Verfasserlexikons – weitere Artikel aus anderen Lexika, sofern sie inhaltlich Neues oder neue Literaturangaben beinhalten – Literaturangaben, die entweder neueren Datums sind oder in den Lexika nicht erwähnt werden. Auf die Angaben von Editionen wird weitgehend verzichtet, sofern die in den Lexikonartikeln erwähnt werden.

Folgende Abkürzungen werden gebraucht:

Daphnis	Daphnis. Zeitschrift für mittlere deutsche Literatur, 1972 ff.
DLL	W. Achnitz (Hg.) Deutsches Literatur-Lexikon – Autoren und Werke nach Themenkreisen und Gattungen, 8 Bde., 2011–2016
Fs.	Festschrift
Fischer	H. Fischer, Hans Folz: Die Reimpaarsprüche, 1961
GRM	Germanisch-Romanische Monatsschrift, 1909 ff.
IASL	Internationales Archiv für Sozialgeschichte der deutschen Literatur, 1976 ff.
JOWG	Jahrbuch der Oswald von Wolkenstein-Gesellschaft, 1981 ff.
K	A. von Keller, Fastnachtspiele aus dem fünfzehnten Jh., 4 Bde., 1853–1858
Killy[1]	W. Killy (Hg.), Literaturlexikon. Autoren und Werke deutscher Sprache, 15 Bde., 1988–1993
Killy[2]	W. Kühlmann (Hg.), Killy-Literaturlexikon. Autoren und Werke des deutschsprachigen Kulturraumes, 13 Bde., ^{2}2008–2012

Klingner/Lieb	J. Klingner/L. Lieb, Handbuch Minnereden. Mit Beitr. v. I.-E. Dorobanţu u.a., 2 Bde., 2013
MVGN	Mitteilungen des Vereins für Geschichte der Stadt Nürnberg, 1879 ff.
PBB	Beiträge zur Geschichte der deutschen Sprache und Literatur, 1874 ff.
Reichel	J. Reichel (Hg.), Hans Rosenplüt, Reimpaarsprüche und Lieder, 1990
Marienlexikon	Marienlexikon, hg. v. R. Bäumer/L. Scheffczyk, 6 Bde., 1988–1994
PG	M. Przybilski/S. H. Greil (Hg.), Nürnberger Fastnachtspiele des 15. Jh.s von Hans Folz und seinem Umkreis: Edition und Kommentar, 2020
VL	K. Ruh u.a. (Hg.), Die deutsche Literatur des Mittelalters. Verfasserlexikon. 14 Bde., ²1978–2008
VL (Hum)	Deutscher Humanismus 1480–1520. Verfasserlexikon, hg. v. F. J. Worstbrock, 3. Bde., 2006–2015
ZfdA	Zeitschrift für deutsches Altertum und deutsche Literatur, 1841 ff.
ZfdPh	Zeitschrift für deutsche Philologie. Halle a.S. u.a. 1869 ff.

Die Abkürzungen der biblischen Bücher entspricht denen in VL 1, S. XXIIIf.

Allgemeines

Datenüberblick: J. Heinzle, Das Mittelalter in Daten. Literatur, Kunst, Geschichte. 750–1520, 2002

Darstellungen zur allgemeinen Geschichte: E. Meuthen, Das 15. Jh., ⁴2006 – E. Isenmann, Die deutsche Stadt im Spätmittelalter, ²2014 – H. Boockmann, Die Stadt im späten Mittelalter, 1986 – Ders., Stauferzeit und spätes Mittelalter. Deutschland 1125–1517, 1987 – B. Hamm, Was ist Frömmigkeitstheologie? Überlegungen zum 14. bis 16. Jh., in: Praxis Pietatis. Beiträge zu Theologie und Frömmigkeit in der Frühen Neuzeit. Fs. W. Sommer, hg. von H.-J. Nieden/M. Nieden, 1999, S. 9–45 – Ders., Religiosität im späten Mittelalter. Spannungspole, Neuaufbrüche, Normierungen, hg. v. R. Friedrich/W. Simon, 2011 – F. Šmahel, Die Hussitische Revolution, 2002 – K. Graf, Adel als Leitbild – Zur Geschichte eines Grundwerts in Spätmittelalter und früher Neuzeit, in: Gelungene Anpassung? Adelige Antworten auf gesellschaftliche Wandlungsvorgänge vom 14. bis zum 16. Jahrhundert, hrsg. von H. Carl/S. Lorenz, 2005, S. 67–81 – H. Müller, Die kirchliche Krise des Spätmittelalters: Schisma, Konziliarismus und Konzilien, 2012 – K. Schreiner (Hg.), Laienfrömmigkeit im späten Mittelalter. Formen, Funktionen, politisch-soziale Zusammenhänge, 1992 – M. Kintzinger, Wissen wird Macht. Bildung im Mittelalter, ²2007 – R. Välimäki, Heresy in Late Medieval Germany: The Inquisitor Petrus Zwicker and the Waldensians, York 2019

Zu einzelnen Abschnitten

Medienwandel: Hans Kälin, Papier in Basel bis 1500, 1974 – S. Schultz, Papierherstellung im deutschen Südwesten: Ein neues Gewerbe im späten Mittelalter, 2018 – L. Saurma-Jeltsch, Spätformen mittelalterlicher Buchherstellung. Bilderhandschriften aus der Werkstatt Diebold Laubers in Hagenau, 2 Bde., 2001 – Aus der Werkstatt Diebold Laubers, hg. v. Ch. Fasbender, 2012 – W. Williams-Krapp, Bild und Text. Zu den illustrierten Handschriften der ‚Legenda aurea' des französischen und des deutschsprachigen Raums, in: Archiv für Kulturgeschichte 97 (2015), S. 89–107 – H. Lähnemann, From Print to Manuscript. The Case of a Manuscript Workshop in Stuttgart around 1475, in: M. C. Fischer/W. A. Kelly (Hg.), The Book in Germany, Edinburgh 2010, S. 17–34 – Ch. Ziegler, Martinus Opifex, ein Hofminiator Friedrichs III., 1988 – S. Rischpler, Der Illuminator Michael, 2009

Der Buchdruck: St. Füssel, Johannes Gutenberg, ^{5}2013 – F. Geldner, Die deutschen Inkunabeldrucker. Ein Handbuch der deutschen Buchdrucker des XV. Jh.s nach Druckorten. Teil 1. Das deutsche Sprachgebiet, 1968 – H. Widmann, Vom Nutzen und Nachteil der Erfindung des Buchdrucks – aus der Sicht der Zeitgenossen des Erfinders, 1973 – Ch. Reske, Die Buchdrucker des 16. und 17. Jh.s im deutschen Sprachgebiet, 2007 – S. Corsten, Die Erfindung der Buchkunst im 15. Jh., 1995 – F. Schanze, Der Buchdruck eine Medienrevolution? in: W. Haug (Hg.), Mittelalter und Frühe Neuzeit. Übergänge, Umbrüche und Neuansätze,1999, S. 286–311 – Ralf Kötter, Hans van Ghetelen als Drucker der Mohnkopfoffizin, in: Zeitschrift des Vereins für Lübeckische Geschichte und Altertumskunde 71 (1991), S. 353–367 – H.-J. Künast, Getruckt zu Augspurg. Buchdruck und Buchhandel in Augsburg zwischen 1468 und 1555, 1997 – O. Duntze, Ein Verleger sucht sein Publikum. Die Straßburger Offizin des Matthias Hupfuff (1497/98–1520), 2007 – L. Hoffmann, Gutenberg und die Folgen, Bibliothek und Wissenschaft 29 (1996), S. 5–23 – F. Eisermann, Verzeichnis der typographischen Einblattdrucke des 15. Jh.s im Heiligen Römischen Reich Deutscher Nation. VE 15, Wiesbaden 2004 – U. Rautenberg, Die Entstehung und Entwicklung des Buchtitelblatts in der Inkunabelzeit in Deutschland, den Niederlanden und Venedig. Quantitative und qualitative Studien, in: Archiv für Geschichte des Buchwesens. 62 (2008), S. 1–105 – A. Merk, Blockbücher des 15. Jh.s, 2018 – S. Griese, Text-Bilder und ihre Kontexte. Medialität und Materialität von Einblatt-Holz- und -Metallschnitten des 15. Jh.s, 2011 – Ch. Reske, Mikroskopische Typenvergleiche an der Gutenberg-Bibel (B42), dem Mainzer Psalter von 1457 und der Kölnischen Chronik (1499), in: Ch. Reske/W. Schmitz (Hg.), Materielle Aspekte in der Inkunabelforschung, 2017, S. 133–146 – P. Schmidt, Gedruckte Bilder in handgeschriebenen Büchern: zum Gebrauch von Druckgraphik im 15. Jh., 2003 – G. Hägele, Melker Reform und Buchdruck. Zur Druckerei im Augsburger Benediktinerkloster St. Ulrich und Afra, in: Von Tegernsee nach Augsburg, hg. v. G. Drossbach/K. Wolf, 2018, S. 187–204 – J. Bangert, Buchhandelssystem und Wissensraum in der Frühen Neuzeit, 2019 – https://www.gesamtkatalogderwiegendrucke.de/

Nürnberg im 15. Jh.: G. Pfeiffer (Hg.), Nürnberg – Geschichte einer europäischen Stadt, Bd. 1, 1971 – R. Endres (Hg.) Nürnberg und Bern. Zwei Reichsstädte und ihre

Landgebiete, 1990 – A. Müller, Zensurpolitik der Reichsstadt Nürnberg, MVGN 49 (1959), S. 66–169 – M. Diefenbacher, Stadt und Adel – Das Beispiel Nürnberg, Zeitschrift für die Geschichte des Oberrheins 141 (1993), S. 51–69 – B. Hamm, Humanistische Ethik und Reichsstädtische Ehrbarkeit in Nürnberg, MVGN 76 (1989), S. 65–147 – Hendrik Baumbach, Der erste Markgrafenkrieg (1449/50) als regionale Krise der höchsten Gerichtsbarkeit im spätmittelalterlichen Reich. Die Entwicklung der Landfriedenswahrung und Fehdebeilegung in der Landschaft Franken, MVGN 99 (2012), S. 17–80 – P. Fleischmann, Rat und Patriziat in Nürnberg. Die Herrschaft der Ratsgeschlechter vom 13. bis zum 18. Jh., 2008 – Ders., Nürnberg im 15. Jh., München 2012

Allgemeines zur Literatur in Nürnberg: H. Brunner, Die Reichsstadt als Raum der Literatur. Skizze einer Literaturgeschichte Nürnbergs im Mittelalter, in: Projektion – Reflexion – Ferne. Räumliche Vorstellungen und Denkfiguren im Mittelalter. Fs. H. Kugler, hg. v. S. Glauch u.a., 2011, S. 225–238 – W. Williams-Krapp, Literatur in der Stadt: Nürnberg und Augsburg im 15. Jh., in: Medieval to Early Modern Culture, Bd. 2: Normative Zentrierung, hg. v. R. Suntrup/Jan R. Veenstra, 2003, S. 161–173 – Ders., Literatur und Standesgefüge in der Stadt: Nürnberg im 15. und frühen 16. Jh., in: Nürnberg. Zur Diversifikation städtischen Lebens in Texten und Bildern des 15. und 16. Jh.s, hg. v. H. Sahm/M. Schausten, 2015, S. 9–24

Kleinepische Dichtungen in Nürnberg: H. Fischer, Studien zur deutschen Märendichtung, ²1983 – J. Heinzle, Märenbegriff und Novellentheorie. Überlegungen zur Gattungsbestimmung der mhd. Kleinepik, ZfdA 107 (1978), S. 121–138 – Ders., Altes und Neues zum Märenbegriff, ZfdA 117 (1988), S. 277–296 – H.-J. Ziegeler, Erzählen im Spätmittelalter. Mären im Kontext von Minnereden, Bîspeln und Romanen, 1985 – Maere, in: Killy[1] 14 (K. Grubmüller) – Novellistik des Mittelalters. Märendichtung, hg., übers. u. kommentiert v. K. Grubmüller, 1996 – Ders., Die Ordnung, der Witz und das Chaos. Eine Geschichte der europäischen Novellistik im Mittel-alter (Fabliau – Märe – Novelle), 2006 – J. Klingner, Minnereden im Druck. Studien zur Gattungsgeschichte im Zeitalter des Medienwechsels, 2010 – H. Kiepe, Die Nürnberger Priameldichtung. Untersuchungen zu Hans Rosenplüt und zum Schreib- und Druckwesen im 15. Jh., 1984 – G. Dicke: *Mich wundert, das ich so frölich pin*. Ein Spruch im Gebrauch, in: W. Haug/ B. Wachinger (Hg.), Kleinstformen der Literatur, 1994, S. 56–90

Fastnachtspiel: E. Simon, Die Anfänge des weltlichen deutschen Schauspiels 1370–1530. Untersuchung und Dokumentation, 2003 – E. Wenzel, „Do worden die Judden alle geschant". Rolle und Funktion der Juden in spätmittelalterlichen Spielen, 1992 – Ch. Gerhardt, Grobianische Diätetik. Zu den sieben größten Freuden in Rede, Lied und Priamel sowie zu dem Fastnachtspiel ‚Das Ungetüm', 2007 – Fastnachtspiele. Weltliches Schauspiel in literarischen und kulturellen Kontexten, hg. v. K. Ridder, 2009 – K. Ridder/ R. Nöcker/M. Schuler, Spiel und Schrift. Nürnberger Fastnachtspiele zwischen Aufführung und Überlieferung, in: Literatur als Spiel. Evolutionsbiologische, ästhetische und pädagogische Aspekte. Beiträge zum Deutschen Germanistentag 2007, hg. v. Th. Anz/ H. Kaulen, 2009, S. 195–208 – N. Zobenica, Fastnachtspiele als Medien des kollektiven Gedächtnisses, in: Neophilologus 98 (2014), S. 287–301 – E. Mollet Russius, Die dynamische Anwendung der Technik der Umkehrung in den Nürnberger Fastnachtspielen ‚Dy syben kuenst vasnacht' und ‚Ein spil von narren', in: M. Stolz/R. Schöller (Hg.), Germanistik in der Schweiz, Zs. der Schweizerischen Akademischen Gesellschaft für Germanistik 13 (2016), S. 71–91 (im Netz) – B. von Lüpke, Nürnberger Fastnachtspiele und städtische Ordnung, 2017

Meistergesang: H. Brunner, ‚Meistergesang', in: Die Musik in Geschichte und Gegenwart. Sachteil Bd. 6, ²1997, Sp. 5–16 – Ders., Meistergesang, in: Killy¹ 14 – Ders., Die alten Meister. Studien zu Überlieferung und Rezeption der mittelhochdeutschen Sangspruchdichter im Spätmittelalter und in der frühen Neuzeit, 1975 – F. Schanze, Meisterliche Liedkunst zwischen Heinrich von Mügeln und Hans Sachs, 2 Bde., 1983/84 – Repertorium der Sangsprüche und Meisterlieder des 12. bis 18. Jh.s, hg. v. H. Brunner/ B. Wachinger, 1986–2009 – H. Brunner/K. G. Hartmann (Hg.), Spruchsang. Die Melodien der Sangspruchdichter des 12. bis 15. Jh.s, 2010 – F.-J. Holznagel, Spätmittelalterliche Liedkunst des 15. Jh.s in Nürnberg. Das „Lochamer Liederbuch", die „Berliner Neidhart-Handschrift c", und die „Meisterliederhandschrift m", in: Nürnberg. Zur Diversifikation städtischen Lebens in Texten und Bildern des 15. und 16. Jh.s, hg. v. H. Sahm/M. Schausten, 2015, S. 293–318

Historisch-politische Ereignisdichtung und Chronistik: F. Graus, Funktionen der spätmittelalterlichen Geschichtsschreibung, in: H. Patze (Hg.), Geschichtsschreibung und Geschichtsbewußtsein im späten Mittelalter, 1987, S. 11–55 – K. Schreiner, Sozialer Wandel im Geschichtsdenken und in der Geschichtsschreibung des späten Mittelalters, in: ebd., S. 237–286 – P. Johanek, Das Gedächtnis der Stadt – Stadtchronistik im Mittelalter in: Handbuch Chroniken des Mittelalters, hg. v. G. Wolf/N. H. Ott, 2016, S. 337–398 – J. Schneider, Heinrich Deichsler und die Nürnberger Chronistik des 15. Jh.s, 1991 – Ders., Typologie der Nürnberger Stadtchronistik um 1500. Gegenwart und Geschichte in einer spätmittelalterlichen Stadt, in: P. Johanek (Hg.), Städtische Geschichtsschreibung im Spätmittelalter und in der frühen Neuzeit, 2000, S. 181–203 – Ders., Anfänge der Stadtgeschichte. Über Legenden in der mittelalterlichen Nürnberger Stadtchronistik und ihren historischen Auskunftswert, MVGN 87 (2000), S. 5–46 – K. Kellermann, Abschied vom „historischen Volkslied". Studien zu Funktion, Ästhetik und Publizität der Gattung historisch-politische Ereignisdichtung, 2000 – C. Meyer, Die Stadt als Thema. Nürnbergs Entdeckung in Texten um 1500, 2009 – Dies., Zur Edition der Nürnberger Chroniken in den ‚Chroniken der deutschen Städte', MVGN 97 (2010), S. 1–29 – M. Kirchhoff, Gedächtnis in Nürnberger Texten des 15. Jh.s. Gedenkbücher, Brüderbücher, Städtelob, Chroniken, 2009 – C. Kanz, Also Hans Schneider gesprochen hat. Untersuchungen zur Ereignisdichtung des Spätmittelalters, 2016

Humanismus in Nürnberg: B. Hamm, Humanistische Ethik und Reichsstädtische Ehrbarkeit in Nürnberg, MVGN 76 (1989), S. 65–147 – J. Schneider, Humanistischer Anspruch und städtische Realität: Die zweisprachige Nürnberger Chronik des Sigismund Meisterlin, in: R. Sprandel (Hg.), Zweisprachige Geschichtsschreibung im spätmittelalterlichen Deutschland,1993, S. 271–316 – E. Feistner, Vom Kloster zur Stadt: Sigmund Meisterlin und die Gründungsnarrationen von Augsburg, Nürnberg und Regensburg, in: G. Drossbach/K. Wolf (Hg.), Reformen vor der Reformation. Sankt Ulrich und Afra und der monastisch-urbane Umkreis im 15. Jh., 2018, S. 169–186 – D. Wuttke, Die Histori Herculis des Nürnberger Humanisten und Freundes der Gebrüder Vischer, Pangratz Bernhaubt gen. Schwenter. Materialien zur Erforschung des deutschen Humanismus um 1500, 1964. – Ders., Humanismus in Nürnberg um 1500, in: Zeitschrift für bayerische Landesgeschichte 48 (1985), S. 677–688 (im Netz) – Ders., Deutscher Renaissance-Humanismus. Vorschlag für eine wesensgerechte Definition mit Nürnberg- und Wien-Fokus, in: Pirckheimer-Jahrbuch 28, 2014, S. 109–120 – B. Hamm, Lazarus Spengler (1479–1534). Der Nürnberger Ratsschreiber im Spannungsfeld von Humanismus und Reformation, Politik und Glaube, 2004

Literatur des Säkularklerus und der Kartäuser: Siehe die Autoren

Kirchen- und Ordensreform: K. Elm, Verfall und Erneuerung des Ordenswesens im Spätmittelalter. Forschung und Forschungsaufgaben, in: Untersuchungen zu Kloster und Stift, 1980, S. 188–238 – Ders. (Hg.), Reformbemühungen und Observanzbestrebungen im spätmittelalterlichen Ordenswesen, 1989 – P. Becker, Benediktinische Reformbewegung im Spätmittelalter, in: ebd., S. 167–187 – E. Hillenbrand, Die Observantenbewegung in der deutschen Ordensprovinz der Dominikaner, in: ebd., S. 219–271 – B. Neidiger, Die Observanzbewegungen der Bettelorden in Südwestdeutschland, in: Rottenburger Jahrbuch für Kirchengeschichte 11 (1992), S. 175–196 – D. Stievermann, Landesherrschaft und Klosterwesen im spätmittelalterlichen Württemberg, 1989 – C. Proksch, Klosterreform und Geschichtsschreibung im Spätmittelalter, 1994 – D. Mertens, Monastische Reformbewegungen des 15. Jh.s: Ideen-Ziele-Resultate, in: Reform von Kirche und Reich zur Zeit der Konzilien von Konstanz (1414–1418) und Basel (1431–1449), hg. v. I. Hlavacek/A. Patschovsky, 1996, S. 157–181 – Ders., Klosterreform als Kommunikationsereignis, in: G. Althoff (Hg.), Formen und Funktionen öffentlicher Kommunikation im Mittelalter, 2001, S. 397–420 – W. Williams-Krapp, Die deutschen und niederländischen Legendare des Mittelalters. Studien zu ihrer Überlieferungs-, Text- und Wirkungsgeschichte, 1986 – Ders., Ordensreform und Literatur im 15. Jh., in: JOWG 4 (1986/87), S. 41–51 – Ders., *Dise ding sint dennoch nit ware zeichen der heiligkeit*. Zur Bewertung mystischer Erfahrungen im 15. Jh., in: Zeitschrift für Literaturwissenschaft und Linguistik 80 (1990), S. 61–71 – Ders., Frauenmystik und Ordensreform im 15. Jh., in: J. Heinzle u.a. (Hg.), Literarische Interessenbildung im Mittelalter,1993, S. 301–313 – Ders., Observanzbewegungen, monastische Spiritualität und geistliche Literatur im 15. Jh., in: IASL 20 (1995), S. 1–15 – Ders., Mystikdiskurse und mystische Literatur im 15. Jh., in: Neuere Aspekte germanistischer Spätmittelalterforschung, hg. v. F. Löser u.a., 2012, S. 261–285 – K. Graf, Ordensreform und Literatur in Augsburg während des 15. Jh.s, in: J. Janota/W. Williams-Krapp (Hg.), Literarisches Leben in Augsburg während des 15., 1995, S. 100–159 – E. Klueting, Monasteria semper reformanda. Kloster- und Ordensreformen im Mittelalter, 2005 – Ch. Bertelsmeier-Kierst, *Audi filia et vide*. Frauenkonvente nach der monastischen Reform, in: Zwischen Vernunft und Gefühl. Weibliche Religiosität von der Antike bis heute, hg. v. Ders., 2010, S. 61–90 – M. Doerr, Klarissen und Dominikanerinnen in Freiburg im 15. Jh.: Sozialstruktur und Reform, Diss. Freiburg i.Br. 2011/12 (im Netz) – Rosenkränze und Seelengärten. Bildung und Frömmigkeit in niedersächsischen Frauenklöstern, hg. v. B.-J. Kruse, 2013 – B. Lesser, Kaufen, Kopieren, Schenken. Wege der Bücherverbreitung in den monastischen Reformbewegungen des Spätmittelalters, in: Schriftkultur und religiöse Zentren im norddt. Raum, hg. v. P. Carmassi u.a., 2014, S. 327–354 – N. Eichenberger, Geistliches Erzählen. Zur deutschsprachigen religiösen Kleinepik des Mittelalters, 2015 – Von mir eingesehen und benutzt: V. Mertens/H.-J. Schiewer (Hgg.), Repertorium der ungedruckten deutschsprachigen Predigten des Mittelalters. Der Berliner Bestand, Bd. 1: Die Handschriften aus dem Straßburger Dominikanerinnenkloster St. Nikolaus in undis und benachbarte Provenienzen, T. 1–2, erarbeitet v. S. Behne, J. Conzelmann, M. Costard, B.-J. Kruse, M. Mecklenburg, H.-J. Schiewer (unveröffentlichtes Typoskript)

Der Dominikanerorden: G. Löhr, Die Teutonia im 15. Jh., 1924 (im Netz: http://ds.ub.uni-bielefeld.de/viewer/image/1473898/2/LOG_0000/) – W. Williams-Krapp, Die Bedeutung der reformierten Klöster des Predigerordens für das literarische Leben in Nürnberg im 15. Jh., in: Die literarische und materielle Kultur der Frauenklöster im späten Mittelalter, hg. v. F. Eisermann u.a., Leiden 2004, S. 311–329 – K. Schneider, Beziehungen zwischen den Dominikanerinnenklöstern Nürnberg und Altenhohenau im ausgehenden Mittelalter, in: Würzburger Prosastudien II. Untersuchungen zur Literatur und Sprache des Mittelalters. Fs. K. Ruh, hg. v. P. Kesting, 1975, S. 211–218 – A. Rüther/H.-J. Schiewer, Die Predigthandschriften des Straßburger Dominikanerinnenklosters St. Nikolaus in undis. Historischer Bestand, Geschichte, Vergleich, in: Die deutsche Predigt im Mittelalter, hg. v. V. Mertens/H.-J. Schiewer, 1992, S. 169–193 – A. Willing, Literatur und Ordensreform im 15. Jh. Deutsche Abendmahlsschriften im Nürnberger Katharinenkloster, 2004 – Dies. (Hg.), Die Bibliothek des Klosters St. Katharina zu Nürnberg. Synoptische Darstellung der Bücherverzeichnisse, 2 Bde., 2012 – B. Steinke, Paradiesgarten oder Gefängnis? Das Nürnberger Katharinenkloster zwischen Klosterreform und Reformation, 2006 – S. von Heusinger u.a., Die deutschen Dominikaner und Dominikanerinnen im Mittelalter, 2016 – St. M. Neidhardt, Autonomie im Gehorsam – Die dominikanische Observanz in Selbstzeugnissen geistlicher Frauen des Spätmittelalters, 2017 – T. Jones, Ruling the Spirit: Women, Liturgy and Dominican Reform in Late Medieval Germany, Philadelphia 2017

Der Franziskanerorden: B. Degler-Spengler, Oberdeutsche (Straßburger) Observantenvikarie, dann Observantenprovinz 1427–ca. 1530, in: Helvetia Sacra, Abt. V, Bd. 1: Der Franziskusorden. Die Franziskaner, die Klarissen und die regulierten Franziskanertertiarinnen in der Schweiz, hg. v. K. Arnold u.a., 1978, S. 102–120 – Dies., Observanten außerhalb der Observanz. Die franziskanischen Reformen „sub ministris", in: Zeitschrift für Kirchengeschichte 89 (1978), S. 354–371 – P. Seegets, Passionstheologie und Passionsfrömmigkeit im ausgehenden Mittelalter. Der Nürnberger Franziskaner Stephan Fridolin (gest. 1498) zwischen Kloster und Stadt, 1998 – P. Weigel, Ordensreform und Konziliarismus: der Franziskanerprovinzial Matthias Döring (1427–1461), 2005 – E. Klueting, Monasteria semper reformanda. Kloster- und Ordensreformen im Mittelalter, 2005

Der Benediktiner- und der Zisterzienserorden: Die Reformverbände und Kongregationen der Benediktiner im deutschen Sprachraum, bearb. v. U. Faust/F. Quarthal,

1999 – Die benediktinische Klosterreform im 15. Jh., hg. v. F. X. Bischof/M. Thurner, 2013 – Ch. Bauer, Deutschsprachige Literatur im Kloster Tegernsee. Untersuchungen zu Gebrauch und Überlieferung deutschsprachiger Literatur im 15. Jh., 1996 – F. P. Knapp, Die Literatur des Spätmittelalters in den Ländern Österreich, Steiermark, Kärnten, Salzburg und Tirol von 1273 bis 1439, Bd. II: Die Literatur zur Zeit der habsburgischen Herzöge von Rudolf IV. bis Albrecht V. (1358–1439), 2004 – G. Drossbach/K. Wolf (Hg.), Reformen vor der Reformation: Sankt Ulrich und Afra und der monastisch-urbane Umkreis im 15. Jh., 2018 – N. Heutger, Bursfelde und seine Reformklöster, ²1975 – A. Freckmann: Die Bibliothek des Klosters Bursfelde im Spätmittelalter, 2006 – E. Schlotheuber, Ebstorf und seine Schülerinnen in der zweiten Hälfte des 15. Jh.s, in: Dies. u.a. (Hg.), Studien und Texte zur literarischen und materiellen Kultur der Frauenklöster im späten Mittelalter, Leiden/Boston 2004, S. 169–221 – Dies., Klostereintritt und Bildung. Die Lebenswelt der Nonnen im späten Mittelalter, in: Spätmittelalter und Reformation, N.R. 24, 2004, S. 284–287 – H. Uffmann, Die Ebstorfer Klosterreform im Spiegel von Chronistik und Tischlesung, in: „In Treue und Hingabe". 800 Jahre Kloster Ebstorf, in: Schriften zur Uelzener Heimatkunde 13 (1997), S. 213–224 – Dies., Wie in einem Rosengarten. Monastische Reformen des späten Mittelalters in den Vorstellungen von Klosterfrauen, 2008 – J. Kreutz, Die Buchbestände von Wöltingerode. Ein Zisterzienserinnenkloster im Kontext der spätmittelalterlichen Reformbewegungen, 2014 – E. Andersen u.a. (Hg.), Companion to Mysticism and Devotion in Northern Germany in the Late Middle Ages, Leiden 2013 – A. Schromm, Die Bibliothek des ehemaligen Zisterzienserinnenklosters Kirchheim am Ries: Buchpflege und geistiges Leben in einem schwäbischen Frauenstift, 1998 – U. Hascher-Burger/ H. Lähnemann unter Mitarbeit von B. Braun-Niehr, Liturgie und Reform im Kloster Medingen. Edition und Untersuchung des Propst-Handbuchs Oxford, Bodleian Library, MS. Lat. liturg. e. 18, 2013 – H.-W. Stork, Ein zisterziensisches ABC-Buch aus Medingen (Göttingen, Staats- und Universitätsbibliothek, 8° Cod. theol. 243), in: Grundlagen. Forschungen, Editionen und Materialien zur deutschen Literatur und Sprache des Mittelalters und der Frühen Neuzeit, hg. von R. Bentzinger u.a., 2013, S. 213–226 – E. Schlotheuber, „Gelehrte Bräute Christi": Geistliche Frauen in der mittelalterlichen Gesellschaft, 2018 – Ph. Stenzig, Die Chronik des Klosters Lüne über die Jahre 1481–1530. Hs. Lüne 13, 2019

Die Devotio moderna: Th. Mertens, The Modern Devotion and Innovation in Middle Dutch Literature, in: E. Kooper (Hg.), Medieval Dutch Literature in its European Context, Cambridge 1994, S. 226–241 – Ders., Mystieke cultuur en literatuur in de late middeleeuwen, in: F. van Oostrom u.a. (Hg.), Grote lijnen. Syntheses over Middelnederlandse letterkunde, Amsterdam 1995, S. 117–135, 205–217 – Ders. u.a., Boeken voor de eeuwigheid. Middelnederlands geestelijk proza, Amsterdam 1993 – N. Staubach, Diversa raptim undique collecta: Das Rapiarium im geistlichen Reformprogramm der Devotio moderna, in: K. Elm (Hg.), Literarische Formen des Mittelalters: Florilegien – Kollektionen – Kompilationen, 2000, S. 115–147 – Ders., Von Deventer nach Windesheim. Buch und Bibliothek in der Frühzeit der Devotio moderna, in: Kloster und Bibliothek. Zur Geschichte des Bibliothekswesens der Augustiner-Chorherren in der Frühen Neuzeit, hg. von R. A. Müller, 2000, S. 1–22 – Ders., Zwischen Bursfelde und Windesheim. Nordhessische Klöster in den Reformbewegungen des Spätmittelalters, in: Archiv für mittelrheinische Kirchengeschichte 52 (2000), S. 99–119 – Th. Kock, Die Buchkultur der Devotio moderna. Handschriftenproduktion, Literaturversorgung und Bibliotheksaufbau im Zeitalter des Medienwechsels, ²2002 – M. Derwich/M. Staub (Hg.), Die ‚Neue Frömmigkeit' in Europa im Spätmittelalter, 2004 – W. Scheepsma, Medieval Religious Women in the Low Countries. The ‚Modern Devotion': The Canonesses of Windesheim and their Writings, Woodbridge 2004 – M. Costard, Spätmittelalterliche Frauenfrömmigkeit am Niederrhein. Geschichte, Spiritualität und Handschriften der Schwesternhäuser in Geldern und Sonsbeck, 2011 – R. Schlusemann, Bibliographie der niederländischen Literatur in deutscher Übersetzung. Bd. 1: Niederländische Literatur bis 1550, 2011 – D. E. H. Boer/I. Kwiatkowski (Hg.), Die Devotio Moderna. Sozialer und kultureller Transfer (1350–1580), Bd. 1: Frömmigkeit, Unterricht und Moral. Einheit und Vielfalt der Devotio Moderna an den Schnittstellen von Kirche und Gesellschaft, vor allem in der deutsch-niederländischen Grenzregion, 2013 – A. Bollmann, Lesekult und Leseskepsis in den Frauengemeinschaften der Devotio moderna, in: G. Signori (Hg.), Die lesende Frau. Wiesbaden 2009, S. 155–176 – Dies., The Influence of the Devotio Moderna in Northern Germany, in: A Companion to Mysticism and Devotion in Northern Germany in the Late Middle Ages, hg. v. E Andersen u.a., Leiden 2014, S. 231–259 – U. Hascher-Burger, Religious Songs and Devotional Culture in Northern Germany, in: ebd., S. 261–283 – H. Lähnemann, Bilingual Devotion in Northern Germany: Prayer Books from the Lüneburg Convents, in: ebd., S. 317–341 – E. Schlotheuber, Intellectual Horizons: Letters from a Northern German Convent, in: ebd., S. 343–372 – R. Schlusemann, Volkssprachlicher Kulturtransfer bei der Devotio moderna, in: Schriftkultur und religiöse Zentren im norddt. Raum, hg. von P. Carmassi u.a., 2014, S. 465–493 – A. Bollmann, ‚Phantasien und Krankheit des Kopfes'. Zum Umgang mit der Mystik in den Frauengemeinschaften der Devotio Moderna, in: Geistliche Literatur des Mittelalters und der Frühen Neuzeit. Fs. R. Suntrup, hg. v. V. Honemann/N. Miedema, 2013, S. 107–119 – Die Devotio Moderna. Sozialer und kultureller Transfer (1350–1580), 2 Bde., 2013; Bd. 1: Frömmigkeit, Unterricht und Moral. Einheit und Vielfalt der Devotio Moderna an den Schnittstellen von Kirche und Gesellschaft, vor allem in der deutsch-niederländischen Grenzregion, hg. v. D. E. H. de Boer/I. Kwiatkowski; Bd. 2: Die räumliche und geistige Ausstrahlung der Devotio Moderna – Zur Dynamik ihres Gedankengutes, hg. v. I. Kwiatkowski/J. Engelbrecht – U. Hascher-Burger, Verborgene Klänge. Inventar der handschriftlich überlieferten Musik aus den Lüneburger Frauenklöstern bis ca. 1550. Mit einer Darstellung der Musik-Ikonographie von U. Volkhardt, 2008

Raudnitz-Indersdorfer Observanz: F. Machilek, Die Raudnitzer Reform der Augustiner-Chorherren im 14./15. Jh. Unter besonderer Berücksichtigung des böhmisch-mährischen Stamms und des Neunkirchen-Indersdorfer Zweigs der Reformbewegung, in: K. Wolf/G. Drossbach (Hg.), Reformen vor der Reformation: Sankt Ulrich und Afra und der monastisch-urbane Umkreis im 15. Jh., 2018, S. 33–74 – W. Fechter, Deutsche Handschriften des 15. und 16. Jh.s aus der Bibliothek des ehemaligen Augustinerchorfrauenstifts Inzigkofen, 1997

Der Humanismus: B. Könneker, Wesen und Wandlung der Narrenidee im Zeitalter des Humanismus. Brant – Murner – Erasmus, 1966 – G. Hess, Deutsch-lateinische Narrenzunft. Studien zum Verhältnis von Volkssprache und Latinität in der satirischen Literatur des 16. Jahrhunderts. 1971 – F. J. Worstbrock, Deutsche Antikenrezeption 1450– 1550. Teil 1: Verzeichnis der deutschen Übersetzungen antiker Autoren, 1976 – F. Machilek, Klosterhumanismus in Nürnberg um 1500, MVGN 64 (1977), S. 10–45 – D. Mertens, Deutscher Renaissance-Humanismus, in: Humanismus in Europa, hg. v. der Stiftung „Humanismus heute" des Landes Baden-Württemberg. 1998, S. 187–210 – Humanismus, in: Killy[1] 13 (W. Kühlmann/H. Wiegand) – M. Backes, Das literarische Leben am kurpfälzischen Hof zu Heidelberg im 15. Jh. Ein Beitrag zur Gönnerforschung des Spätmittelalters, 1992 – M. Backes, Das literarische Leben am kurpfälzischen Hof zu Heidelberg im 15. Jahrhundert. Ein Beitrag zur Gönnerforschung des Spätmittelalters, 1992 – J.-D. Müller (Hg.), Wissen für den Hof. Der spätmittelalterliche Verschriftlichungsprozeß am Beispiel Heidelberg im 15. Jh., 1994 – D. Mertens, Eberhard im Bart und der Humanismus, in: H.-M. Maurer (Hg.), Eberhard und Mechthild. Untersuchungen zu Politik und Kultur im ausgehenden Mittelalter (1994), S. 35–81 – H. Entner, Was steckt hinter dem Wort ‚Sodalitas litteraria'? Ein Diskussionsbeitrag zu Conrad Celtis und seinen Freundeskreisen, in: K. Garber/H. Wismann (Hg.), Europäische Sozietätsbewegung und demokratische Tradition. Die europäischen Akademien der Frühen Neuzeit zwischen Frührenaissance und Spätaufklärung, 1996, S. 1069–1101 – R. Peters/ J.M.M. Hermans (Hg.), Humanistische Buchkultur: deutsch-niederländische Kontakte im Spätmittelalter (1450–1520), 1997 – J. Robert, Konrad Celtis und das Projekt der deutschen Dichtung. Studien zur humanistischen Konstitution von Poetik, Philosophie, Nation und Ich, 2003 – E. Bernstein, Vom lateinischen Frühhumanismus bis Conrad Celtis, in: W. Röcke/M. Münkler (Hg.), Die Literatur im Übergang vom Mittelalter zur Neuzeit, 2004, S. 54–76 – Ders., Humanistische Standeskultur, in: ebd., S. 97–129 – Ders., Humanistische Intelligenz und kirchliche Reformen, in: ebd., S. 166–197 – M. Münkler, Volkssprachlicher Früh- und Hochhumanismus, in: ebd., S. 77–96 – C. Dietl, Die Dramen Jacob Lochers und die frühe Humanistenbühne im süddeutschen Raum, 2005 – Th. Maissen/G. Walther (Hg.), Funktionen des Humanismus. Studien zum Nutzen des Neuen in der humanistischen Kultur, 2006 – V. Mertens, Was Humanisten sangen, in: Humanismus in der deutschen Literatur des Mittelalters und der Frühen Neuzeit, hg. von N. McLelland u.a., 2008, S. 215–229 – Humanismus und Renaissance in Augsburg. Kulturgeschichte einer Stadt zwischen Spätmittelalter und Dreißigjährigem Krieg, hg. von G. M. Müller, 2010 – H. Müller, Habit und Habitus. Mönche und Humanisten im Dialog, 2006 – B. Hamm, Der Oberrhein als geistige und geistliche Region zwischen 1450 und 1525. Die Verschmelzung von Humanismus, Frömmigkeitstheologie und Reformation, in: F. Fuchs/G. Litz (Hg.), Humanismus im deutschen Südwesten, in: Pirckheimer-Jahrbuch 29, 2015, S. 9–35

Zu einzelnen Autoren und Werken

‚Achahildis von Wendelstein' (Legenden): VL 11 (W. Williams-Krapp) – DLL 2 (B. Jahn)

‚Achtnarrenblatt': VL 1 (H. Rosenfeld) – DLL 5 (B. Jahn)

Adelheid (Legenden): VL 11 (W. Williams-Krapp) – DLL 2 (B. Jahn)

Adelphus von Metz (Legenden): W. Williams-Krapp, Die deutschen. und niederländischen Legendare des Mittelalters. Studien zu ihrer Überlieferungs-, Text- und Wirkungsgeschichte, 1986, S. 385 (hinzuzufügen: Wien, ÖNB, cod. 12876)

Aegidius von Assisi: VL 1 (K. Ruh) – DLL 2 (S. Foidl)

Agricola, Daniel (Meyer): A. Vizkelety, Agricola, Daniel, in: H.-G. Roloff (Hg.), Die dt. Literatur: Biographisches und bibliographisches Lexikon. Reihe II: Die deutsche Literatur zwischen 1450 und 1620. Abt. A: Autorenlexikon, 1985, Sp. 391–402 – G. Signori, Beat, der Schweizerapostel. Eine hagiographische „invention of tradition", in: Konstruktion der Gegenwart und Zukunft, hg. v. R. Suntrup/J.R. Veenstra, 2008, S. 3–23 – S. Plötke, Emblematik vor der Emblematik? Der frühe Buchdruck als Experimentierfeld der Text-Bild-Beziehung, ZfdPh 129 (2010), S. 127–142

Albrecht von Bonstetten: VL 1 (H. Fueglister) und 11 – DLL 3 (V. Zapf) – P. Weinig, Aeneas Silvius Piccolominis ‚De curialium miseriis' dt. Eine unbekannte Übersetzung aus dem 15. Jh., ZfdA 120 (1991), S. 73–82 – D.J. Collins, Reforming Saints. Saints' Lives and Their Authors in Germany, 1470–1530, Oxford u.a., 2008 – siehe auch: ‚Ida von Toggenburg'

Albrecht von Eyb: VL 1 (G. Klecha) und 11 – Killy² 1 (E. Bernstein/U. Kocher) – DLL 7 (K. Philipowski) – P. Weinig, Aeneas Silvius Piccolominis ‚De curialium miseriis' dt. Eine unbekannte Übersetzung aus dem 15. Jh., ZfdA 120 (1991), S. 73–82 – E. Feistner, Form und Funktion der Quaestio bei Albrecht von Eyb: ein Beitrag des Ehediskurses in der Frühen Neuzeit, GRM 45 (1995), S. 268–278 – S. Limbeck, Theorie und Praxis des Übersetzens im deutschen Humanismus: Albrecht von Eybs Übersetzung der ‚Philogenia' des Ugolino Pisani, Diss. Freiburg i. Br., 2000 (im Netz: http://www.freidok.uni-freiburg.de/volltexte/2147/pdf/limbeck.pdf) – H. Kümper, Forschungsbibliographie zu Albrecht von Eyb, in: Daphnis. 35 (2006), S. 713–724 – Ders., Albrecht von Eyb, Das Ehebüchlein, nach dem Inkunabeldruck der Offizin Anton Koberger, Nürnberg 1472, ins Neuhochdeutsche übertragen und eingeleitet, 2008

Alphart, Johannes: VL 1 (K. Ruh) – DLL 2 (S. Foidl)

‚Anastasia', Königin von Spanien' (Legende): VL 1 (W. Williams-Krapp) und 11 (füge hinzu: Gotha, Forschungsbibl., cod. Chart B 86, 1ʳ-16ᵛ)

Anna von Sissach: VL 11 (Cl. Engler) – Dies., Regelbuch und Observanz. Der Codex A 53 der Bürgerbibliothek Bern als Reformprogramm des Johannes Meyer für die Berner Dominikanerinnen, 2016

‚Anrufung der Minne': VL 1 (T. Brandis) – DLL 5 (J. Klingner)

Antworter, Georg: VL 1 (P. Assion)

‚Apotheke der Schwestern': VL 1 (W. Stammler/K. Illing) und 11 – DLL 2 (S. Foidl)

Alt, Georg: VL 11 (H. Kugler) – Killy² 1 (H. Kugler/Red.) – DLL 7 (B. Jahn) – F. Fuchs, Zur Biographie des Losungschreibers Georg Alt († 1510), in: Ders. (Hg.), Hartmann Schedel (1440–1514). Leben und Werk, Pirckheimer-Jahrbuch 30, 2016, S. 289–298 – C. Wiener, Arbeit am Text: Georg Alts und Hartmann Schedels lat.-dt. Literaturprojekte, in: Fuchs, ebd., S. 125–144

‚Anfechtungen der Klosterleute': VL 11 (H.-J. Schiewer) – DLL 2 (B. Jahn)

Arigo: VL 11 (J.-D. Müller) – DLL 8 (V. Zapf) – Ch. Bertelsmeier-Kierst, Zur Rezeption des lateinischen und volksprachlichen Boccaccio im deutschen Frühhumanismus, in: Giovanni Boccaccio in Europa. Studien zu seiner Rezeption in Spätmittelalter und Früher Neuzeit, hg. v. A. Aurnhammer/R. Stillers, 2014, S. 131–153 – A. Aurnhammer, Boccaccios Ringparabel im frühneuzeitlichen Deutschland (1476 bis 1608), in: Die drei Ringe. Entstehung, Wandel und Wirkung der Ringparabel in der europäischen Literatur und Kultur, hg. v. Dems. u.a., 2016, S. 113–137 – F. Masiero, Präsentativsätze in Arigos Übersetzung vom Decameron, in: Sprachwissenschaft 43 (2018), S. 71–96

Äsop: VL 11 (G. Dicke) – DLL 5 (M. Malm)

Aufkirchen, Lorenz: VL 1 (P. Assion) – DLL 2 (S. Foidl)

Augustinus und Pseudo-Augustinus: VL 1 (K. Ruh) und 11 – DLL 2 (V. Zapf) – G. Roth, Sündenspiegel im 15. Jh. Untersuchungen zum pseudo-augustinischen ‚Speculum peccatoris' in deutscher Überlieferung, 1991

Aventinus, Johannes: VL (Hum) 1 (Ch. März) – Killy² 1 (G. M. Müller) – A. Helmchen, Die Entstehung der Nationen im Europa der Frühen Neuzeit. Ein integraler Ansatz aus humanistischer Sicht, 2005 – R. Corradini, Das Bild der Ungarn in den Annales Fuldenses und bei Johannes Aventinus, in: Im Schnittpunkt frühmittelalterlicher Kulturen. Niederösterreich an der Wende, 2008, S. 103–149 – A. Schmid, Johannes Aventinus (1477–1534): Werdegang – Werke – Wirkung. Eine Biographie, 2019

Avian: VL 11 (M. Baldzuhn) – DLL 5 (V. Zapf)

‚Bamberger Legendar': VL 11 (W. Williams-Krapp)

‚Barbara' (Legenden): VL 1 (E. Reuter) und 11 – DLL 2 (B. Jahn) – N. Ganina, ‚Bräute Christi'. Legenden und Traktate aus dem Straßburger Magdalenenkloster. Edition und Untersuchungen, 2016

‚Basler Konzilspredigten': R. D. Schiewer, Konzilsteilnehmer als Seelsorger Basler Dominikanerinnen, ersch. in: Meister Eckhart-Jahrbuch 15 (2021)

Bauernfeind: VL 1 (H. Weinacht)

Bebel, Heinrich: VL (Hum) 1 (D. Mertens) – St. Altrock, Gewitztes Erzählen in der Frühen Neuzeit. Heinrich Bebels Fazetien und ihre deutsche Übersetzung, 2009 – K. Kipf, *Cluoge geschichten*. Humanistische Fazetienliteratur im deutschen Sprachraum, 2010

Beckmesser, Sixt: VL1 (H. Rosenfeld)

‚Beichttraktat *Es sind vil menschen, den ir peicht wenig oder gar nicht hilft*': VL 1 (E. Weidenhiller)

Bernhard von Clairvaux und Pseudo-Bernhard: VL 1 (W. Höver) und 11 – DLL 1 (V. Zapf)

Bernhard von Waging (Tegernseer Anonymus): VL 1 (W. Höver) und 11 – ‚Tegernseer Anonymus', VL 9 (W. Höver) und 11 – U. Treusch, Bernhard von Waging († 1472), ein Theologe der Melker Reformbewegung. Monastische Theologie im 15. Jh.?, 2011 – S. Kaup, Bernhard von Waging – sein literarisches Werk als Spiegel zentraler Themen der benediktinischen Klosterreform, in: Die benediktinische Klosterreform im 15. Jh., hg. v. F. X. Bischof/M. Thurner, 2013, S. 11–53 – L. Wegener, Anthologie zur ‚Unterscheidung der Geister'. ‚Probate spiritus'-Kompilation und sechs weitere Traktate aus dem 15. Jh. (in Vorber.)

Bernhardin von Siena: VL 1 (K. Ruh) und 11 – DLL 2 (S. Foidl)

Bernhaubt, Pangratz, gen. Schwenter: VL (Hum) 1 (F. J. Worstbrock) – Killy[2] 1 (D. Wuttke)

Berthold. Priester: VL 1 (W. Stammler)

‚Die besessene Nonne Agnes': VL 1 (D. Ladisch-Grube) und 11 – DLL 2 (B. Jahn) – E. Borries, Schwesternspiegel im 15. Jahrhundert. Gattungskonstitution, Editionen, Untersuchungen, 2008

Biel, Gabriel: VL 1 (U. Bubenheimer) – DLL 2 (V. Zapf) – U. Seelbach, Ein mannigfaltiger Schatz. Die mittelalterlichen Handschriften, in: Aus mageren und aus ertragreichen Jahren. Streifzug durch die Universitätsbibliothek Gießen und ihre Bestände, hg. v. I. Hort/P. Reuter, 2007, S. 38–81 (im Netz)

Bijbelvertaler van 1360 (Petrus Naghel): VL 11 (M. M. Kors) – DLL 2 (S. Foidl) – Gulden legende. De Middelnederlandse vertaling van de *Legenda aurea* door Petrus Naghel uitgegeven naar handschrift Brussel, Koninklijke Bibliotheek, 15140, door A. Berteloot u.a., 2 Bde., Turnhout 2011/2017 – K. de Bundel/G. H. M. Claassens, Petrus Naghel, Übersetzer in Herne, ZfdPh Sonderheft: Dialog mit den Nachbarn. Mittelniederländische Literatur zwischen dem 12. und 16. Jh., hg. v. B. Bastert u.a., 2012, S. 267–281 – G. H. M. Claassens, De Hernse Bijbel (ca. 1350-ca. 1400), in: P. Gillaerts u.a. (Hg.), De Bijbel in de Lage Landen. Elf eeuwen van vertalen, Heerenveen 2015, S. 125–150

‚Der Bildschnitzer von Würzburg': VL 11 (N. Zotz) – DLL 5 (F. Altenhöfer)

Birgitta von Schweden: VL1 (U. Montag) und 11 – Killy[2] 1 (W. Williams-Krapp/ P. Dinzelbacher) – DLL 2 (S. Foidl) – E. Andersen, Birgitta of Sweden in Northern Germany: Translation, Transmission and Reception, in: A Companion to Mysticism and Devotion in Northern Germany in the Late Middle Ages, hg. v. Ders. u.a., Leiden 2014, S. 205–230, 378 f.

Bischoff, Konrad: VL 1 (J. Petersohn) – W. Beck, Ein neues Fragment der ‚Legende des hl. Otto' von Konrad Bischoff, in: Grundlagen. Forschungen, Editionen und Materialien zur deutschen Literatur und Sprache des Mittelalters und der Frühen Neuzeit, hg. v. R. Bentzinger u.a., 2013, S. 281–284

‚Blume der Seele': VL 1 (K. Illing) – siehe auch: Falder, Georg

Boethius, Anicius Manlius Severinus: VL 1 (F. Rädle/F. J. Worstbrock) und 11 – DLL 1 (S. Foidl) – Y. Dellsperger, Die Erfurter Übersetzung der *Consolatio Philosophiae* (1465) im Spannungsfeld von Jenseitsfurcht und Sündenvergebung, in: Boethius Christianus? Transformationen der *Consolatio Philosophiae* in Mittelalter und Früher Neuzeit, hg. v. R. F. Glei u.a., 2010, S. 95–127 – D. Mairhofer/A. Mazurek (Hg.), Der ‚Oxforder Boethius'. Studie und lateinisch-deutsche Edition, 2019 – siehe auch: Humery, Konrad

Bogner, Hans: VL 1 (H. Brunner)

Bömlin, Konrad: VL1 (G. Steer) – DLL 2 (M. Malm)

Bonaventura, ‚Legenda maior S. Francisci', dt.: VL 1 (K. Ruh) und 11 – DLL 1 (S. Foidl)

Brant (Titio), Sebastian: VL 1 (M. Lemmer) und 11 – VL (Hum) 1 (J. Knape) – DLL 7 (B. Jahn) – Sebastian Brant (1457–1521), hg. v. H.-G. Roloff u.a., 2008 – C. Redzich, *Hos rhythmos edidimusque novos*. Sebastian Brants Ausgabe der ‚Disticha Catonis' von 1498 und die gedruckte oberdeutsche ‚Gesamtübersetzung' am Beispiel einer Baseler Ausgabe Michael Furters (um 1495), in: Mehrsprachigkeit im Mittelalter. Kulturelle, literarische, sprachliche und didaktische Konstellationen in europäischer Perspektive, hg. v. M. Baldzuhn/Ch. Putzo, 2011, S. 315–348 – F. Hartweg, Sebastian Brants Anlehnung an die Antike in humanistischer Perspektive in *Narrenschiff* und *Tugent Spyl*, in: P. H. Andersen-Vinilandicus/B. Lafond-Kettlitz (Hg.), Die Bedeutung der Rezeptionsliteratur für Bildung und Kultur der Frühen Neuzeit (1400–1750), 2015, S. 137–149 – J. Knape/Th. Wilhelmi (Hg.), Sebastian Brant Bibliographie. Werke und Überlieferungen, 2015 – J. Hamm, Intermediale Varianz. Sebastian Brants ‚Narrenschiff' in deutschen Ausgaben des 15. Jh.s, in: Überlieferungsgeschichte transdisziplinär. Neue Perspektiven auf ein germanistisches Forschungsparadigma, hg. v. D. Klein, 2016, S. 223–240 – S. Seelbach, Von den Studia humanitatis zur Glaubensunterweisung. Zur niederdeutschen Bearbeitung von Sebastian Brants Narrenschiff (Lübeck 1497), in: S. Jefferis (Hg.), Medieval German Tristan and Trojan War Stories: Interpretations, Interpolations, and Adaptations, 2016, S. 215–231

Brinckerinck, Johannes: VL 1 (C. C. de Bruin) – DLL 2 (M. Malm)

Bruder Konrad: VL 1 (B. Wachinger)

Brugman, Johannes: VL1 (F. A. H. van den Hombergh) – DLL 2 (S. Foidl)

‚Buch des Gehorsams': VL 1 (H. Lomnitzer) – DLL 2 (S. Foidl)

Busch, Johannes: VL 1 (C. Minis) – B. Lesser, Johannes Busch: Chronist der Devotio moderna. Werkstruktur, Überlieferung und Rezeption, 2005

‚Cato' (‚Disticha Catonis): VL 1 (P. Kesting) und 11 – DLL 5 (M. Malm)

Celtis, Konrad: VL (Hum) 1 (J. Robert) – Killy² 2 (D. Wuttke) – E. Schäfer, Conrad Celtis' Ode an Apoll. Ein Manifest neulateinischen Dichtens in Deutschland, in: Gedichte und Interpretationen, Bd.1: Renaissance und Barock, hg. v. V. Meid, 1998, S. 83–93 – D. Mertens, Die Instrumentalisierung der ‚Germania' des Tacitus durch die dt. Humanisten, in: Zur Geschichte der Gleichung „germanisch-deutsch". Sprache und Namen, Geschichte und Institutionen, hg. v. H. Beck u.a., 2004, S. 37–102 – Ch. B. Krebs, Negotatio Germaniae. Tacitus' *Germania* und Enea Silvio Piccolomini, Giannantonio Campanao, Conrad Celtis und Heinrich Bebel, 2005 – J.-D. Müller, Maximilian und die Hybridisierung frühneuzeitlicher Hofkultur. Zum ‚Ludus Dianae' und der ‚Rhapsodia' des Konrad Celtis, in: Kaiser Maximilian I. (1459–1519) und die Hofkultur seiner Zeit, JOWG 17 (2009), S. 3–21

Christan, Michael: VL 1 und 11 (F. J. Worstbrock) – DLL 7 (V. Zapf) – siehe auch: Otto von Sonnenberg, VL 11 (F. J. Worstbrock) – K. Wolf/J. Göhler (Hg.), Papst Pius II. an Sultan Mehmet II. Die Übersetzung der ‚Epistola ad Mahumetem' durch Michael Christan, 2016

‚Christ ist erstanden': VL 1 (W. Lipphardt) – DLL 1 (S. Foidl)

Christianni, Peter: VL 1 (D. Ladisch-Grube) und 11 – DLL 2 (M. Malm) – ‚Münchner Reimpredigt über das Vaterunser': VL 6 (K. Schneider)

‚Von einem christlichen Leben': VL 1 (E. Weidenhiller) und 11

‚Chronik aus Kaiser Sigmunds Zeit': VL 1 (H. Ulmschneider) – DLL 3 (M. Malm)

Cicero: VL 1 (P. Kesting) und 11 – DLL 6 (M. Malm) – J. Hamm, ‚Der Teütsch Cicero'. Medialität und Autorschaft bei Johann von Schwarzenberg, in: Die Bedeutung der Rezeptionsliteratur für Bildung und Kultur der Frühen Neuzeit. (1400–1750), hg. v. P. H. Andersen-Vinilandicus/B. Lafond-Kettlitz, 2015, S. 251–273 – Ders., Antikenübersetzung, frühneuzeitliche Poetik und deutscher Prosastil. Zur Bamberger Übertragung von Ciceros ‚Cato maior de senectute' (1522), in: Humanistische Antikenübersetzung und frühneuzeitliche Poetik in Deutschland (1450–1620), hg. v. R. Toepfer u.a., 2017, S. 323–351.

‚Collationes patrum' – siehe: Johannes Cassian

Comitis, Gerhard: VL 2 (G. Keil) und 11 – DLL 2 (S. Foidl)

Crescentia-Erzählung: VL 2 (E. Nellmann) – DLL 1 (B. Jahn)

Cuno, Johannes: VL (Hum) 1 (M. Dall'Asta) – H. Müller, Habit und Habitus. Mönche und Humanisten im Dialog, 2006

Deichsler, Heinrich: VL 2 (H. Ulmschneider) – DLL 3 (B. Jahn)

Diemar, Johannes: VL 2 (P. Renner) und 11

Dirc van Herxen: F. H. Roolfs, Die *Epistola contra detractores monachorum* des Dirc van Herxen in volkssprachiger Übersetzung, in: Geistliche Literatur des Mittelalters und der Frühen Neuzeit. Fs. R. Suntrup, hg. v. V. Honemann/N. Miedema, 2013, S. 121–134 – Dies., Der Traktat „Über die Ungebührlichkeit, geistliche, gute Menschen in Verruf zu bringen" von Dirc van Herxen. Die mittelndt. Fassung der „Epistola contra detractores monachorum", in: U. K. Boonen (Hg.), Zwischen Sprachen *en culturen*. Wechselbeziehungen im niederländischen, deutschen und afrikaansen Sprachgebiet, 2018, S. 117–215

Dietrich von Apolda: VL 1 (H. Lomnitzer) und 11 – DLL 1 (M. Malm) – I. Arnstein, Das Leben der heiligen Elisabeth. Die volkssprachliche Elisabeth-Vita „*Der lieben fröwen Sant Elysabeten der lantgrefin leben*" – Text, Übersetzung und Untersuchung, 2013 – W. Heiland-Justi (Hg.), Die Legende der heiligen Elisabeth von Dietrich von Apolda. Nach der Freiburger Klarissen-Handschrift von 1481, 2015

Dietrich von Plieningen: VL 11 (F. J. Worstbrock) – DLL 7 (V. Zapf)

Doliatoris, Erasmus der Karmeliter: VL 2 (M.-L. Seyler) – N. Ganina, ,Bräute Christi'. Legenden und Traktate aus dem Straßburger Magdalenenkloster. Edition und Untersuchungen, 2016

,Domherr und Kupplerin': VL 2 (G. Marwedel) – DLL 4 (B. Jahn)

Dominikus-Legenden: VL 2 (W. Williams-Krapp) – DLL 2 (S. Foidl)

Dorothea von Kippenheim: VL 2 (W. Williams-Krapp) und 11 (korr.)

,Die drei Wäscherinnen': VL 2 (H.-J. Ziegeler) – DLL 5 (M. Malm)

,Von dreierlei Abgründen': VL 2 (K. Ruh)

,Dresdner Gärtlein': VL 2 (D. Schmidtke) und 11

,Dunkelmännerbriefe' – siehe: ,Epistolae obscurorum virorum'

Dürer, Albrecht (Schriften): H. Sahm, Dürers kleinere Texte. Konventionen als Spielraum für Individualität, 2002

Ebendorfer, Thomas (von Wien): VL 2 (P. Uiblein) und 11 – siehe auch: Thomas von Wien, VL 9 (H.-J. Schiewer)

Eberhart von Rapperswil: VL 2 (W. Williams-Krapp)

Ebin, Anna: VL 2 (S. Ringler) – DLL 2 (M. Malm) – siehe auch: ,Salomonische Schriften' (dt.), VL 11 (G. Kornrumpf) – M. Schieber, Die Geschichte des Klosters Pillenreuth, MVGN 80 (1993), S. 1–115 – S. S. Poor, Stimmen schreibender Frauen in der Mystik des 15. Jahrhunderts: Der Fall Anna Eybins, in: Zs. für Literaturwissenschaft und Linguistik 43 (2013), S. 104–121.

,Ebstorfer Chronik': H. Uffmann, Die Ebstorfer Klosterreform im Spiegel von Chronistik und Tischlesung, in: „In Treue und Hingabe". 800 Jahre Kloster Ebstorf, S. 213–224 – Dies., Wie in einem Rosengarten. Monastische Reformen des späten Mittelalters in den Vorstellungen von Klosterfrauen, 2008 – E. Schlotheuber, Klostereintritt und Bildung. Die Lebenswelt der Nonnen im späten Mittelalter, 2004

,Ebstorfer Liederbuch': VL 2 (A. Holtorf) – DLL 2 (S. Foidl)

,Ebstorfer Predigten': VL 2 (D. Schmidtke) – DLL 2 (S. Foidl)

Ederin, Katharina: VL 2 (K. Ruh) – DLL 2 (S. Foidl)

Einzlinger, Johannes: VL 2 (D. Ladisch-Grube) – siehe auch: VL 8, Sp. 320 (M. Schmidt) – DLL 2 (S. Foidl) – J. Uphoff, Instruction and Construction: Sermons and the Formation of a Clarissan Identity in Nuremberg, in: Religious Orders and Religious Identity Formation, ca. 1420–1620, ed. by B. Roest/J. Uphoff, Leiden 2016, S. 48–68

‚Eleazar von Sabran' (Legende): VL 2 (W. Williams-Krapp) – DLL 2 (S. Foidl)

Elisabeth von Thüringen (Legenden): siehe Bd. III/1 – Verweise in VL 11 – DLL 1 (S. Foidl)

‚Emmeram' (Prosalegenden): VL 2 (W. Williams-Krapp)

‚Emmericher Schwesternbuch': VL 11 (K. Ruh) – DLL 2 (B. Jahn) – A. M. Bollmann, Frauenleben und Frauenliteratur in der Devotio Moderna. Volkssprachige Schwesternbücher in literarhistorischer Perspektive, Groningen 2004

Engelhus, Dietrich: VL 2 (D. Berg/F. J. Worstbrock) und 11 – DLL 3 (M. Malm)

‚Des Entkrist Vasnacht': VL 2 (F. Christ-Kutter) und 11 – DLL 4 (B. Jahn)

‚Enzyklopädie für praktische Fragen des Klosterlebens': B. Steinke, Paradiesgarten oder Gefängnis? Das Nürnberger Katharinenkloster zwischen Klosterreform und Reformation, 2006

‚Epistolae obscurorum virorum': VL (Hum) 1 (G. Huber-Rebenich)

Erasmus von Rotterdam: VL (Hum) 1 (F. J. Worstbrock u.a.) – B. Könneker, Wesen und Wandlung der Narrenidee im Zeitalter des Humanismus. Brant – Murner – Erasmus, 1966

Erhard von Dürningen: VL 2 (D. Ladisch-Grube) – DLL 2 (S. Foidl) – V. Mertens/H.-J. Schiewer, Erschließung einer Gattung. Edition, Katalogisierung und Abbildung der deutschsprachigen Predigt des Mittelalters, Editio 4 (1990), S. 93–111

Eschenbach, Johannes: VL 2 (D. Ladisch-Grube) und 11 – DLL 2 (S. Foidl)

‚Es kommt ein Schiff geladen': VL 2 (B. Wachinger) und 11 – DLL 2 (S. Foidl) – siehe auch: ‚St. Katharinentaler Liedersammlung', VL 11 (G. Kornrumpf) – A. Suerbaum, *Es kommt ein Schiff, geladen*. Mouvance in mystischen Liedern aus Straßburg, in: Schreiben und Lesen in der Stadt. Literaturbetrieb im spätmittelalterlichen Straßburg, hg. v. St. Mossman u.a., 2012, S. 99–116

Fabri, Felix: VL 2 (K. Hannemann) und 11 – DLL 3 (J. Klingner) – Claudia Franz, Ein bislang unbekannter Eucharistietraktat des Ulmer Dominikaners Felix Fabri in der Augsburger Handschrift Cod. III.2. 8° 58, Zulassungsarbeit Univ. Augsburg 1997 (Universitätsarchiv Nr. 9537) – A. Klußmann, In Gottes Namen fahren wir. Die spätmittelalterlichen Pilgerberichte von Felix Fabri, Bernhard von Breydenbach und Konrad Grünemberg im Vergleich, 2012 (im Netz) – K. Beebe, Pilgrim and Preacher. The Audiences and Observant Spirituality of Friar Felix Fabri (1437/8–1502), Oxford 2014 – F. Reichert/A. Rosenstock (Hg.), Die Welt des Frater Felix Fabri, 2018

Fabri, Heinrich: VL 2 (D. Ladisch-Grube) und 11 – DLL 2 (V. Zapf) – B. J. Nemes, Der ‚entstellte' Eckhart. Eckhart-Handschriften im Straßburger Dominikanerinnenkloster St. Nikolaus in undis, in: Schreiben und Lesen in der Stadt. Literaturbetrieb im spätmittelalterlichen Straßburg, hg. v. St. Mossman u.a., 2012, S. 39–98

Fabri, Wendelin: VL 2 (K. Hannemann) – DLL 2, 1635–1637 (V. Zapf)

Falder-Pistoris, Georg: VL 2 (I. W. Frank) – siehe auch: ‚Sprüche der Meister zu Paris und Prag', VL 9 (K. Illing) – DLL 2 (S. Foidl) – B. Steinke: Paradiesgarten oder Gefängnis? Das Nürnberger Katharinenkloster zwischen Klosterreform und Reformation, 2006 – P. Hörner (Hg.), Georg Falder-Pistoris: Geistliche Belehrung in Dialogform und Passionstraktat für Ordensleute. Edition und Untersuchung, 2015

Ferrer, Vinzenz: VL 2 (V. Honemann) – S. Brettle, San Vicente Ferrer und sein literarischer Nachlass, 1924 – W. Williams-Krapp, Kultpflege und literarische Überlieferung. Zur dt. Hagiographie der Dominikaner im 14. und 15. Jh., in: *Ist mir getroumet mîn leben? Vom Träumen und vom Anderssein.* Fs. K.-E. Geith, hg. v. A. Schnyder u.a., 1998, S. 147–173

Ficino, Marsilio: VL 11 (S. Limbeck) – DLL 7 (B. Jahn) – A. Wittstock, Melancholia translata. Marsilio Ficinos Melancholie-Begriff im deutschsprachigen Raum des 16. Jahrhunderts, 2011

Filinger, Bechtold: VL 2 (D. Ladisch-Grube)

Finck, Thomas: VL 2 (J. Brecht) und 11 – DLL 2 (M. Malm) – K. Graf, Thomas Finck. Arzt, Benediktiner in Blaubeuren und Kartäuser in Güterstein, in: Tübingen in Lehre und Forschung um 1500, hg. v. S. Lorenz u.a., 2008, S. 159–175 – siehe auch: ‚De beatitudine', VL 1 (J. Brecht), und ‚Tagzeiten-Traktat', VL 9 (K. Kunze) – beide Texte werden dort Finck noch nicht zugewiesen

Fleischmann, Albrecht: VL 2 (K. Schneider) – DLL 2 (V. Zapf) – A. Wrigge/F. Eisermann, Der Nürnberger Pfarrer und Prediger Albrecht Fleischmann († 1444), in: Predigt im Kontext, hg. v. V. Mertens u.a., 2013, S. 193–232

‚Florian von Lorch' (Prosalegenden): VL 11 (W. Williams-Krapp) – DLL 2 (S. Foidl)

‚Florio und Biancefora': VL 4 (H. Beckers/W. Röll) und 11 – DLL 5 (F. Altenhöfer) – S. Schünemann, ‚Florio und Bianceffora' (1499) – Studien zu einer literarischen Übersetzung, 2011

Folz, Hans: VL 2 (J. Janota) und 11 – Killy² 3 (Ders.) – DLL 4 (V. Zapf) – zu ‚Kaiser und Abt' siehe VL 4 (J. Janota) – DLL 4 (B. Jahn)– zu ‚Liebesnarren vor Venus': VL 5 (D. Huschenbett) – DLL 4 (B. Jahn) – A. L. Mayer (Hg.), Die Meisterlieder des Hans Folz aus der Münchener Originalhandschrift und der Weimarer Handschrift Q. 566, 1908 (im Netz) – M. Schausten, ‚Kuhhandel': Literatur, Obszönität und Ökonomie im frühen Nürnberger Fastnachtspiel, in: Nürnberg. Zur Diversifikation städtischen Lebens in Texten und Bildern des 15. und 16. Jh.s, hg. v. H. Sahm/M. Schausten, 2015, S. 169–189 – F. Schmid, Pragmatische Profile. Zur dialogischen Faktur des Fastnachtspiels ‚Salomon und Markolf' des Hans Folz, in: Literaturlinguistik – Philologische Brückenschläge, hg. v. J. Bär u.a., 2015, S. 275–301 – N. Nowakowski, Gattungsvagabund. Hans Folz' ‚Witziger Landstreicher' im Kontext der intergenerischen und intermedialen Dynamiken kleiner Reimpaardichtungen des späten Mittelalters, PBB 139 (2017), S. 579–593 – S. H. Greil/M. Przybilski (Hg.), Nürnberger Fastnachtspiele des 15. Jh.s von Hans Folz und seinem Umkreis: Edition und Kommentar, 2020

Frauenpreis, Niklas: VL 2 (H. Brunner) – DLL 4 (V. Zapf)

Franziskanische Heilige in St. Gallen, cod. 589: P. Giangrosso, Four Franciscan Saints' Lives. German Texts from Codex Sangallensis 589, 1987

‚Franziskanische Traktate': VL 2 (K. Ruh) – DLL 2 (M. Malm)

‚Franziskusbuch *Fac secundum exemplar*': VL 2 (K. Ruh) – DLL 2 (V. Zapf) – V. Honemann (Hg.), Von den Anfängen bis zur Reformation. Geschichte der Sächsischen Franziskaner-Provinz, 2015, S. 621–624

Freytag, Johannes: VL 2 (D. Ladisch-Grube) – DLL 2 (M. Malm)

Frick, Augustin: siehe: ‚Passionspredigten „Geistlicher Lebkuchen"', VL 7 (W. Hagenmaier) – Frick als Autor identifiziert von W. Fechter, Dt. Handschriften des 15. und 16. Jh.s aus der Bibliothek des ehemaligen Augustinerchorfrauenstifts Inzigkofen, 1997, S. 47–149 (Hagenmaier unbekannt) – K. Graf, im Netz: https://ordensgeschichte.hypotheses.org/5027 und https://archivalia.hypotheses.org/3093

Fridolin, Stephan: VL 2 (D. Schmidtke) und 11 – DLL 2 (S. Foidl) – S. Grosse, Heilsungewissheit und Scrupulositas im späten Mittelalter. Studien zu Johannes Gerson und Gattungen der Frömmigkeitstheologie seiner Zeit, 1994 – D. Bartl, Der Schatzbehalter. Optionen der Bildrezeption, Diss. Heidelberg 2010 (im Netz)

Fuchs, Ludwig: VL 2 (K. Ruh) – DLL 2 (V. Zapf) – I. W. Frank, Reform und Reformation bei den Ulmer Dominikanern, Rottenburger Jahrbuch für Kirchengeschichte 21 (2002), S. 261–275

Fünfbrunner, Konrad: VL 2 (K. Ruh) – DLL 2 (S. Foidl)

‚Gart der Gesundheit' (‚Hortus sanitatis'): VL 2 und 4 (G. Keil) und 11 – DLL 7 (V. Zapf)

‚Der geistliche Freudenmai': VL 2 (L. Wolff)

‚Eine geistliche Geißel': VL 2 (K. Ruh) – DLL 2 (M. Malm)

‚Geistlicher Fastnachtskrapfen': VL 2 (K. Ruh) – DLL 2 (M. Malm)

‚Geistliche Mühlenlied': VL 2 (E. Kiepe-Willms) und 11

‚Geistliches Würfelspiel': VL 11 (Ch. Stöllinger-Löser) – DLL 2 (CS)

Gerard van Vliederhoven: VL 2 (R. Byrn) und 11 – DLL 2 (S. Foidl) – C. Kuné, Geistliche Texte aus einer spätmittelalterlichen Handschrift. ‚Frauenfelder Passionsgedicht' – ‚Die fünf Herzeleid Mariä' – ‚Cordiale' – Die Gründungsgeschichte des Kartäuserordens und weitere Texte aus der Kantonsbibliothek Thurgau, Frauenfeld, Ms. Y 80. Edition und Kommentar, 2011 – St. Abel, *Memorare novissima tua*. Vom Umgang mit der Zeit in Gerards van Vliederhoven ‚Cordiale de quatuor novissimis' aus dem Umkreis der Devotio moderna, in: Die Zeit der letzten Dinge Deutungsmuster und Erzählformen des Umgangs mit Vergänglichkeit in Mittelalter und Früher Neuzeit, hg. v. A. Bihrer/T. Felber, 2020

Gerson, Jean: VL 2 (H. Kraume) und 11 – DLL 2 (S. Foidl)

Gertrud von Helfta (Übers.), ‚Ein botte der götlichen miltekeit': O. Wieland, Gertrud von Helfta, ein botte der götlichen miltekeit, 1973 – W. Williams-Krapp, Mystikdiskurse und mystische Literatur im 15. Jh., in: Neuere Aspekte germanistischer Spätmittelalterforschung, hg. v. F. Löser u.a., 2012, S. 261–285

‚Gespräch dreier Frauen': VL 11 (N. Zotz) – DLL 5 (F. Altenhöfer)

‚Der geträumte Wechsler': VL 11 (B. Wachinger)

Glasberger, Nikolaus: VL 3 (P. Säger) und 11 – DLL 3 (V. Zapf)

Glockendon, Georg: VL 3 (F. Schanze) – DLL 8 (M. Malm) – S. Griese, Texte auf gedruckten Bildern. Kurzformen kultureller Kontexte, in: Wolfram-Studien 24, 2017, S. 351–372

Godeverd van Wevele: VL 3 (H. Beckers) und 11 – DLL 2 (S. Foidl)

‚Goldwaage der Stadt Jerusalem': VL 3 (B. Schnell) – DLL 2 (S. Foidl)

Goltschlacher, Rudolf: VL 3 (D. Schmidtke) – DLL 2 (M. Malm)

Gossembrot, Sigismund: VL 3 (F. J. Worstbrock) – DLL 7 (C. Kanz)

Gottfried, Johann: VL 3 (F. J. Worstbrock) – DLL 7 (M. Malm) – S. Drücke, Humanistische Laienbildung um 1500. Das Übersetzungswerk des rheinischen Humanisten Johann Gottfried, 2001

‚Von der göttlichen Liebe': VL 11 (K. Ruh)

Grieninger, Heinrich: VL (Hum) 1 (F. J. Worstbrock)

Groote, Geert: VL 3 (C. C. de Bruin) und 11 – DLL 2 (M. Malm)

Groß, Erhart: VL 3 (H.-H. Steinhoff) – DLL 2 (M. Malm) – D. Fischer, Spätmittelalterliche Unterweisungsschriften für eine Frau im Witwenstand – Predigt, Lehrgedicht und Lehrgespräch, in: Prozesse der Normbildung und Normveränderung im mittelalterlichen Europa, hg. v. D. Ruhe/K.-H. Spiess, 2000, S. 353–374 – H. Lähnemann, Belehrung zwischen Kloster und Stadt. Das ‚Witwenbuch' des Erhart Groß, in: Geistliches in weltlicher und Weltliches in geistlicher Literatur des Mittelalters, hg. v. Ch. Huber u.a., 2000, S. 305–328 – B.-J. Kruse, Witwen – Kulturgeschichte eines Standes in Spätmittelalter und Früher Neuzeit, 2007 – A. Laubinger, Die Kartause Marienzelle und das Nürnberger Patriziat. Zugleich ein Beitrag zu dem ‚Nürnberger Kartäuser' Erhart Groß, in: C. Dobrinski u.a. (Hg.), Kloster und Wirtschaftswelt, 2007, S. 125–169 – N. Allweier, Griseldis-Korrektur: Liebe und Ehe in der „Grisardis" des Erhart Groß von 1432, Diss. Freiburg/Br. 2011 (im Netz: https://d-nb.info/1119805279/34) – H. Lähnemann, Eine imaginäre Reise nach Jerusalem. Der Geographische Traktat des Erhart Groß, in: Sehen und Sichtbarkeit in der deutschen Literatur des Mittelalters, hg. v. R. Bauschke u.a., 2011, S. 408–424 – W. Williams-Krapp, ‚Frauenmystik' in Nürnberg. Zu einem bisher unbekannten Werk des Kartäusers Erhart Groß, in: Grundlagen. Forschungen, Editionen und Materialien zur deutschen Literatur und Sprache des Mittelalters und der Frühen Neuzeit, hg. v. R. Bentzinger u.a., 2013, S. 181–195 – St. Abel, Mystagogisierung und Implementierung des ‚Nonnenwerks' im *exemplar* des Nürnberger Kartäusers Erhart Groß, in: Mystik unterwegs. *Theologia mystica* und *revelationes* in kartäusischen Händen, hg. von M. Abram u.a., Leuven 2020 – Ders., Das ‚Nonnenwerk' des Nürnberger Kartäusers Erhart Groß – Zwischen Übersetzung und Bearbeitung der ‚Imitatio Christi' (Buch I) des Thomas von Kempen. Edition und Untersuchung (in Vorber.)

Grundemann, Johannes: DLL 8 (Ch. Fasbender) – siehe auch ‚Die Ermordung eines Juden und die Rebhühner' in VL 11 (H.-J. Ziegeler) – Ch. Mackert, Die Leipziger Textsammlung Ms 1279 und die Schriftproduktion eines Leipziger Augustinerchorherren im mittleren 15. Jh., in: Wolfram-Studien 22 (2012), S. 219–263 (mit Lit.), weist ihm dort mehrere Texte zu – Ders./A. Märker, Johannes Grundemann (?) ‚Von der werlde ythelkeyt'/‚Eyn gesichte wy dy sele czu deme lichenam sprach' – ‚Ecce mundus moritur'/‚Visio Philiberti'. Deutsch-lateinischer Paralleldruck nach den Handschriften

Leipzig, Universitätsbibliothek, Ms 1279, fol. 110ᵛ-129ᵛ, und Ms 803, fol. 1ʳᵃ-3ᵛᵇ, in: ebd., S. 563–615 – G. Mierke, Die Crescentia-Erzählung aus der Leipziger Kleinepikhandschrift Ms 1279, 2013 – Ch. Mackert, *Dyß yß der kamp vnde der stryt dyses krangken vorgenglichen lebens yn dyßer werlde*. Johannes Grundemanns lateinisch-deutsche Version der ‚Rota pugnae moralis' in der Leipziger Handschrift Ms 1279, in: Grundlagen. Forschungen, Editionen und Materialien zur dt. Literatur und Sprache des Mittelalters und der Frühen Neuzeit, hg. v. R. Bentzinger u.a., 2013, S. 227–245 – N. Eichenberger, Geistliches Erzählen. Zur deutschsprachigen religiösen Kleinepik des Mittelalters, 2015 – F. Buschmann, ‚Die Vögte von Weida' des Johannes Grundemann in Leipzig, Universitätsbibl., Ms 1279: Edition und Überlegungen zu Handschrift und Text, ZfdA 146 (2017), S. 328–350

Grünpeck, Joseph: VL (Hum) 1 (S. Slattery/J.K. Kipf)

Guido von Alet: VL 3 (H. Beckers) und 11 – DLL 2 (V. Zapf)

‚Die guldin regel' – siehe: ‚Paulus und Thekla'

Gundelfingen, Heinrich: VL 3 (D. Mertens) – DLL 3 (M. Malm) – siehe auch: ‚Herkommen der Schwyzer und Oberhasler', VL 3 (G.P. Marchal)

Gundelfinger, Peter: VL 3 (G. Keil)

‚Eine gute Klosterlehre': VL 3 (G. Steer) und 11

Haider, Ursula: VL 3 (S. Ringler) und 11 – DLL 2 (S. Foidl)

Hans der Bekehrer: VL 3 (D. Ladisch-Grube)

‚Harfenspiel vom Leiden Christi': VL 3 (H. Beckers) und 11 – DLL 2 (Ch. Stridde)

Has, Kunz: VL 3 (H. Weinacht) – DLL 4 (C. Meyer)

Hasenstaud, Peter (siehe auch: ‚Kirchweih zu Affalterbach'): VL 11 (F. Schanze)

Haß, Georg: VL 3 (D. Ladisch-Grube) – DLL 2 (S. Foidl)

Haß, Heinrich – siehe: Herp, Hendrik

‚Von dem heilgen swygenhaltten': VL 3 (U. Ruberg)

‚Der Heiligen Leben': VL 3 (K. Kunze) und 11 – Killy² 5 (W. Williams-Krapp/ E. Feistner) – DLL 2 (S. Foidl) – W. Williams-Krapp, Die Heiligen und der Bücherabsatz – Zu den Lübecker Drucken von ‚Der Heiligen Leben', Lübeckische Blätter 157/3 (1992), S. 31–34 – H.-J. Ziegeler, Wahrheiten, Lügen, Fiktionen. Zu Martin Luthers ‚Lügend von

S. Johanne Chrysostomo' und zum Status literarischer Gattungen im 15. und 16. Jh., in: W. Haug (Hg.), Mittelalter und Frühe Neuzeit, 1999, S. 237–262

‚Der Heiligen Leben‘, Redaktion: VL 3 (K. Kunze) und 11 – Killy² 5 (W. Williams-Krapp/E. Feistner) – DLL 2 (S. Foidl)

Hel, Erhard: VL 3 (Ch. Michler) – DLL 2 (S. Foidl)

‚Helf uns das heilige Grab‘: VL 3 (J. Janota)

Heimburg, Gregor: VL 3 (P. Johanek) und 11 – DLL 7 (M. Müller)

Heinrich von Friemar: VL 3 (R. Warnock) und 11– Killy² 5 (U. Williams/Red.) – DLL 1 (S. Foidl) – L. Wegener, Anthologie zur ‚Unterscheidung der Geister‘. ‚Probate spiritus‘-Kompilation und sechs weitere Traktate aus dem 15. Jh. (in Vorber.)

Heinrich von Offenburg: VL 3 (D. Ladisch-Grube) – DLL 2 (M. Malm)

Heinrich, Pater: VL 3 (P. Kesting)

Heinrich, Vater: VL 3 (P. Kesting)

Heinrich von Soest – siehe: Kaplan Heinrich

Hendrik van Santen: VL 3 (K. Ruh) – DLL 2 (S. Foidl)

Henlein, Johannes: VL 3 (D. Ladisch-Grube) und 11 (Sp. 1244) – St. Abel, Der „verbotene" Briefwechsel zwischen der Nonne Barbara Schleiffer und dem Dominikanerprior Johannes Henlein, erscheint in MVGN

Hentinger, Johannes: VL 3 (P. Renner)

Hermann von Metten: VL 3 (J. Werlin)

Herolt, Johannes: VL 3 (F. J. Worstbrock) – DLL 2 (S. Foidl) – I. D. K. Siggins, A Harvest of Medieval Preaching. The Sermon Books of Johann Herolt, OP (Discipulus), Bloomington (Ind.) 2009

Herp, Hendrik: VL 3 (B. de Troeyer) und 11 – DLL 2 (M. Malm)

Herzklosterallegorie ‚Des hilghen gheystes closter‘: VL 3 (G. Bauer) und 11 – DLL 2 (M. Malm)

‚Der Herzmahner‘: VL 3 (V. Honemann) – korrigiert in: Thomas Hemerken von Kempen, VL 11 (W. J. Hoffmann) – S. Griese, Der ‚Herzmahner‘- ein gedrucktes Andachts- und Gebetbüchlein, in: Medialität, Unmittelbarkeit, Präsenz. Die Nähe des Heils im Verständnis der Reformation, hg. v. J. Haberer/B. Hamm, 2012, S. 167–185 – H. Suwelack, Performativität und Präsenz in spätmittelalterlichen Gebetstexten am Beispiel des „Herzmahners" (1497). In: Sprechen, Schreiben, Handeln. Interdisziplinäre Beiträge zur Performativität mittelalterlicher Texte, hg. v. A. Bostelmann u.a., 2017, S. 163–182

Hieronymus von Rebdorf: A. Strauss, Viri insignes, quos Eichstadium vel genuit vel aluit, Eichstätt 1799, S. 187–189 – J. Schlecht, Hieronymus Rotenpeck u. d. Reform d. Stiftes Rebdorf, Sammelbl. d. hist. Ver. Eichstätt 7 (1892), S. 65–101, hier 65f. – J. Höcherl, Kloster Rebdorf, 1996, S. 61.

Hieronymus, Sophronius Eusebius: VL 3 (K. Ruh) und 11 – DLL 1 (V. Zapf)

‚Hildegund von Schönau': VL 4 (F. J. Worstbrock) und 11 – siehe auch: Grundemann, Johannes

Himmel, Johannes, von Weits: VL 4 (F. J. Worstbrock/D. Ladisch-Grube) und 11 – R. D. Schiewer, Konzilsteilnehmer als Seelsorger Basler Dominikanerinnen, ersch. in: Meister-Eckhart Jahrbuch 15 (2021)

Hohenwang, Ludwig: VL 4 (V. Schmidtchen) und 11 – DLL 7 (B. Jahn)

Honorius Augustodunensis, Übers. des ‚Elucidarium': VL 4 (H. Freytag) und 11 – DLL 1 (S. Foidl)

Horant, Ulrich: VL 4 (K. Schneider) – DLL 2 (M. Malm)

Horn, Ulrich: VL 4 (K. Ruh)

Hubertinus von Casale: VL 4 (K. Ruh) und 11– DLL 2 (M. Malm)

Hugo von Ehenheim: VL 4 (R. Meisch)

Hugo von St. Viktor und Pseudo-Hugo: VL 4 (K. Ruh) – DLL 1 (V. Zapf) – I. M. Kramp (Hg.), Mittelalterliche und frühneuzeitliche deutsche Übersetzungen des pseudo-hugonischen Kommentars zur Augustinusregel, 2008

Humbert von Romans: VL 4 (K. Grubmüller) – DLL 1 (S. Foidl)

Humery, Konrad: VL 4 (F. J. Worstbrock) – M. Eikelmann, Boethius für Laien. Konrad Humerys dt. Übersetzung (vor 1467) der *Consolatio Philosophiae*, in: Boethius Christianus? Transformationen der ‚Consolatio Philosophiae' in Mittelalter und Früher Neuzeit, hg. v. R. F. Glei u.a., 2010, S. 129–156 – A. Schumacher, Konrad Humerys ‚Tröstung der Weisheit'. Antikenrezeption zwischen christlichem Trostanspruch und volkssprachigem Wissenstransfer, 2019 – siehe auch: Boethius

Ida Von Toggenburg: VL 4 (W. Williams-Krapp) – DLL 2 (S. Foidl)

‚Von der inbeslissung der zungen': VL 4 (U. Ruberg)

Meister Ingold (Wild): VL 4 (H. Rosenfeld) und 11 – B. Weinmayer, Studien zur Gebrauchssituation früher deutscher Druckprosa, 1982 – Killy² 6 (N.H. Ott/Red.) – DLL 2 (M. Malm) – B. Reich, Tanzen gegen die Sünde? Zum Tanzkapitel in Meister Ingolds ›Guldin Spil‹, in: Das Mittelalter 23 (2018), S. 409–426 – J. Schäfer, Meister Ingolds ‚Guldîn spil'. Zur Rezeption und der gemeinsamen Überlieferung mit dem ‚Ehebüchlein' Albrechts von Eyb, ZfdA 143 (2014), S. 183–201 – B. Reich, Tanzen gegen die Sünde? Zum Tanzkapitel in Meister Ingolds ‚Guldin Spil', Das Mittelalter 23 (2018), S. 409–426 – siehe auch ‚Schachzabelbücher'

Innsbrucker Humanismus Handschrift: P. Weinig, Aeneas Silvus Piccolominis ‚De curialum miseriis' deutsch. Eine unbekannte Übersetzung aus dem 15. Jh., ZfdA 120 (1991), S. 73–82 – F. Fürbeth, Eine unbekannte deutsche Übersetzung des Vegetius aus der Bibliothek des Anton von Annenberg, ZfdA 124 (1995), S. 278–297

Ivo Hélory: VL 4 (K. Ruh) – DLL 2 (S. Foidl)

Jacobus de Voragine: VL 4 (K. Kunze) – Killy² 6 (W. Williams-Krapp/K. Vollmann) – DLL 1 (S. Foidl)

Jakob von Cessolis – siehe: Meister Ingold und ‚Schachzabelbücher'

Jakob von Ratingen: VL 4 (Th. Cramer) und 11 – DLL 3 (M. Malm)

‚Von Jesu Bettlein': VL 11 (J. F. Hamburger) – Ders., The Visual and the Visionary. Art and Female Spirituality in Late Medieval Germany, New York 1998, S. 383–426

‚Jhesus collacien': Th. Mertens, Discourse and Spirituality in the *Jhesus collacien*, in: H. Blommestijn u.a. (Hg.), Seeing the Seeker: Explorations in the Discipline of Spirituality, Fs. K. Waaijman, Leuven 2008, S. 415–425 – Ders., Private Revelation and Public Relevance in the Middle Dutch Sermon Cycle *Jhesus collacien*, in: Medieval Sermon Studies 53 (2009), S. 31–40 – siehe auch ‚Vierzig Zellen', VL 10 (W. J. Hoffmann) – DLL 2 (V. Zapf)

Johannes von Brandenturn (Juan de Turrecremata): VL 4 (D. Ladisch-Grube) – DLL 2 (M. Malm) – R. D. Schiewer, Konzilsteilnehmer als Seelsorger Basler Dominikanerinnen, ersch. in: Meister Eckhart-Jahrbuch 15 (2021)

Johannes von Capestrano: VL 4 (K. Ruh) – DLL 2 (M. Malm)

Johannes Cassianus: VL 4 (K. Klein) und 11

Johann von Dalberg: P. Walter, „Inter nostrae tempestatis Pontifices facile doctissimus". Der Wormser Bischof Johannes von Dalberg und der Humanismus, in: Der Wormser Bischof Johann von Dalberg (1482-1503) und seine Zeit, hg. v. G. Bönnen/ B. Keilman, 2005, S. 89-152 - D. Mertens, Bischof Johann von Dalberg (1455-1503) und der deutsche Humanismus, in: K. Andermann (Hg.), Ritteradel im Alten Reich. Die Kämmerer von Worms genannt von Dalberg, 2009, S. 35-50 - C. Hirschi, Wettkampf der Nationen: Konstruktionen einer deutschen Ehrgemeinschaft an der Wende vom Mittelalter zur Neuzeit, 2005

Johannes (Rothuet) von Indersdorf: VL 4 (B.D. Haage) - DLL (S. Foidl) - siehe auch ‚Tochter Sion-Traktat', VL 9 (D. Schmidtke), ‚Privatbesitz im Ordensleben', VL 7 (B. D. Haage/Ch. Stöllinger-Löser) und ‚Absage an die falsche Welt', VL 1 (B. D. Haage) - B. D. Haage, Ein bislang unveröffentlichter Brief des Johannes von Indersdorf, in: Leuvense Bijdragen 101(2017), S. 51-60

Johannes von Kastl: VL 4 (J. Sudbrack) und 11 - DLL 2 (M. Malm) - D. Picker, Der Traktat „De fine religiosae perfectionis" („De adhaerendo Deo"). Verfasser, Überlieferung, Text. (Masch.) Würzburg 1965, im Netz: https://archive.org/details/PickerTraktat - K. Graf im Netz: https://archivalia.hypotheses.org/9256

Johannes von Klingenberg: VL 4 (K. Ruh) - DLL 2 (M. Malm)

Johannes von Lindau: VL 4 (A. Schnyder) und 11 - DLL 7 (M. Malm)

Johannes von Mainz: VL 4 (H. Neumann) - DLL 2 (M. Malm)

Johannes von Paltz: VL 4 (B. Hamm) und 11 - DLL 2 (M. Malm) - Ch. Burger, Die Vermittlung von Ergebnissen scholastischer und monastischer Theologie und mystischer Gotteserkenntnis an Laien in einem Sermo des Johannes von Paltz OESA (etwa 1445-1511), in: Predigt im Kontext, hg. v. V. Mertens u.a., 2013, S. 233-256

Johannes von Speyer: VL 4 (H. Kraume) - DLL 2 (M. Malm)

Johannes von Waidhofen - siehe Hieronymus

Johannes von Zazenhausen: VL 4 (K. Ruh) und 11 - DLL 2 (M. Malm)

Jos von Pfullendorf: VL 4 (K. Kunze) - siehe auch ‚Das Buch mit den farbigen Tuchblättern der Beatrix von Inzigkofen', VL 1 (S. Ringler) - DLL 7 (M. Malm)

Juan (Johannes) de Turrecremata - siehe Johannes von Brandenturn

Kalteisen, Heinrich: VL 4 (B. D. Haage) und 11 - DLL 2 (M. Malm) - R. D. Schiewer, Konzilsteilnehmer als Seelsorger Basler Dominikanerinnen, ersch. in: Meister Eckhart-Jahrbuch 15 (2021)

Kaplan Heinrich: VL 3 (D. Schmidtke)

Karoch, Samuel von Lichtenberg: VL 4 (F. J. Worstbrock) - DLL 7 (V. Zapf)

‚Katharina von Alexandrien' (Legenden): VL 4 (P. Assion) und 11 - DLL 1 (S. Foidl) - N. Ganina, ‚Bräute Christi'. Legenden und Traktate aus dem Straßburger Magdalenenkloster. Edition und Untersuchungen, 2016

‚Katharina von Schweden' (Legenden): VL 4 (U. Montag) - DLL 2 (S. Foidl)

‚Katharina von Siena' (Legenden) - siehe: Raimund von Capua; Marcus von Weida

Kempf, Elisabeth: VL 4 (K.-E. Geith) und 11 - DLL 2 (M. Malm)

Kettner, Fritz: VL 4 (D. Merzbacher) und 11 - DLL 2 (S. Foidl)

Kirchschlag, Johannes: VL 4 (P. Renner) - DLL 2 (M. Malm)

Kirchschlag, Peter: VL 4 (P. Renner) - DLL 2 (M. Malm)

‚Kirchweih zu Affalterbach' (siehe auch: Hasenstaud, Peter): VL 11 (F. Schanze) - Killy² (M. Müller) - DLL 3 (M. Malm)

‚Klara von Assisi' (Legenden, Briefe, Predigten und Traktate): VL 4 (K. Ruh) und 11 - DLL 2 (M. Malm) - K. Ruh, Das ‚St.-Klara-Buch', in Wissenschaft und Weisheit 46 (1983), S. 192-206

‚Die Knoten der Klara von Assisi': VL 4 (K. Ruh)

Kolde, Dietrich: VL 5 (B. de Troeyer) und 11 - DLL 2 (M. Malm)

Kölner, Friedrich: VL 5 (E. Irblich) und 11 - DLL 2 (S. Foidl) - B. Ch. Stocker, Friedrich Colner, Schreiber und Übersetzer in St. Gallen 1430-1436 (mit Beigabe der deutschen Wiborada-Vita in dynamischer Edition), 1996 - A. Näf/R. Wetzel, Friedrich Kölner in St. Gallen (1430-1436). Übersetzung und Schreibertätigkeit im Dienst von Reform und Seelsorge, in: Mittelalterliche Literatur im Lebenszusammenhang. Ergebnisse des Troisième Cycle Romand 1994, hg. v. E. C. Lutz, 1997, S. 317-342

Konrad von Bondorf: VL 5 (K. Ruh) und 11 - DLL 2 (M. Malm) - E. Feistner: Historische Typologie der deutschen Heiligenlegende des Mittelalters von der Mitte des 12. Jh.s bis zur Reformation, 1995

Konrad von Eberbach: VL 5 (F. J. Worstbrock) und 11 - V. Honemann, Das ‚Exordium Magnum' des Konrad von Eberbach in mittelniederdeutscher Übersetzung, Niederdeutsches Wort 57 (2017), S. 35-43

Konrad von Hirsau, ‚Speculum virginum': VL 9 (U. Küsters/J. Seyfarth) und 11 – I. Berkenbusch (Hg.), Speculum virginum: mittelniederländischer Text. Edition, Untersuchungen zum Prolog und einleitende Interpretation, 1995 – S. Corbellini, Het gebruik van het *Speculum virginum* in gemeenschappen van tertiarissen, Ons Geestelijk Erf 80 (2009), S. 171–198 – K. Graf im Netz: https://archivalia.hypotheses.org/888

‚Konvents- und Schwesternbuch' aus St. Katharina in St. Gallen': Das ‚Konventsbuch' und das ‚Schwesternbuch' aus St. Katharina in St. Gallen. Kritische Edition und Kommentar, hg. v. A. Willing, 2016 – siehe auch: Varnbühler, Angela

Kornwachs, Johannes: VL 5 (K. Ruh)

Krachenberger, Johann: DLL 7 (B. Jahn)

‚Von den Kräften der Seele und den geistlichen Lebensformen': VL 5 (K. Ruh) – DLL 2 (B. Jahn)

Krauter, Heinrich: VL 5 (K. Schneider) – DLL 2 (S. Foidl)

Kremerin, Magdalena: VL 11 (S. Lorenz) – Die Chronik der Magdalena Kremerin im interdisziplinären Dialog, hg. v. S. Hirbodian/P. Kurz, 2016

Kreß, Caspar: VL 5 (M.-L. Seyler-Rinderspacher) und 11

Kreutzer, Johannes: VL 5 (V. Honemann) – DLL 2 (M. Malm) – E. Vogelpohl, Lassen, Tun und Leiden als Grundmuster zur Einübung geistlichen Lebens – Studien zu Johannes Kreutzer, 1997 – N. Ganina, ‚Bräute Christi'. Legenden und Traktate aus dem Straßburger Magdalenenkloster. Edition und Untersuchungen, 2016

‚Kreuztragende Minne': VL 5 (V. Mertens) und 11 – DLL 2 (M. Malm)

Kridwis, Ulrich: VL 5 (D. Schmidtke)

Küchler, Andreas: VL 5 (D. Schmidtke)

Küchlin: VL 5 (C. Altschäffel)

Kügelin, Konrad: VL 5 (S. Ringler) – DLL 2 (M. Malm) – W. Williams-Krapp, Frauenmystik und Ordensreform im 15. Jh., in: J. Heinzle u.a. (Hg.), Literarische Interessenbildung im Mittelalter, 1993, S. 301–313 – Ders., Mystikdiskurse und mystische Literatur im 15. Jh., in: Neuere Aspekte germanistischer Spätmittelalterforschung, hg. v. F. Löser u.a., 2012, S. 261–285

Kugler, Hans: VL 5 (H. Weinacht) – DLL 5 (M. Malm)

Kydrer, Wolfgang: VL 5 (D. D. Martin) und 11

Lang, Stephanus: VL 11 (Ch. Glassner) – siehe auch: ‚Spruch der Engel', VL 9 (G. Kornrumpf)

Lebenter, Hensel: VL 5 (A. Holtorf) – St. Abel, „Lyrik aus dem Loch" – Gebet und Reimrede des Hensel Lebenter sowie die ihm zugeschriebene ‚Lochordnung' als Beiträge zur Gefängnisliteratur des späten Mittelalters (in Vorb.)

‚Lehre für anfangende, zunehmende und vollkommene Menschen: http://www.handschriftencensus.de/werke/6319

‚Lehre vom Haushaben': VL 5 (V. Zimmermann) und 11 – DLL 7 (M. Malm) – U. Gaebel, Die ‚Hausordnung'. Überlieferungsgeschichtliche Anmerkungen zu einer Haushaltslehre des 15./16. Jh.s, ZfdA 124 (1995), S. 184–200

Leib, Kilian: VL (Hum) 2 (Ch. Fasbender) – K. Graf im Netz: https://archivalia.hypotheses.org/67929

‚Der Leyen Doctrinal': VL 5 (G. Ljunggren) – DLL 7 (M. Malm)

‚Lidwina von Schiedam' (Legenden): VL 5 (W. Williams-Krapp) – DLL 2 (S. Foidl) – K. Goudriaan, ‚Het *Leven van Liduina* en de Moderne Devotie', in: Jaarboek voor Middeleeuwse Geschiedenis 6 (2003), S. 161–236.

‚Lob des Klosterlebens': ohne Eintrag im VL

Lobenzweig, Hans: VL 5 (R. Wedler) und 11 – DLL 7 (B. Jahn) – K. Graf im Netz: https://archivalia.hypotheses.org/2172

Locher, Jakob: VL (Hum) 2 (W. Kühlmann/R. Niehl) – DLL 5 (V. Zapf)

Lochner, Hans: VL 5 (M. Wlodarczyk/V. Zimmermann) und 11 – DLL 7 (M. Malm)

Lock, Johannes: VL 5 (P. Renner)

Lübecker Mohnkopf-Offizin: VL 5 (O. Schwencke)

Luder, Peter: VL 5 (F. Baron) – Killy² 7 (B. Coppel/W. Kühlmann) – DLL 7 (V. Zapf)

Ludwig von Toulouse (Legenden): VL 5 (W. Williams-Krapp) – DLL 2 (B. Jahn)

‚Lüneburger Maibaumtext': VL 5 (D. Schmidtke)

‚Magdeburger Prosa-Äsop': VL 5 (B. Derendorf/G. Dicke) – DLL 5 (M. Malm) – B. Derendorf, Der Magdeburger Prosa-Äsop. Eine mnd. Bearbeitung von Heinrich Steinhöwels ‚Esopus' und Niklas von Wyles ‚Guiscard und Sigismunde'. Text und Untersuchungen, 1996

Maillard, Olivier: VL 5 (K. Ruh) und 11 – DLL 2 (M. Malm)

‚Magnet unserer lieben Frau': VL 6 (Nr. 17) (H. Hilg) – B. Jung, Das Nürnberger Marienbuch. Untersuchungen und Edition, 2004

‚Malogranatum': siehe Gallus von Königssaal, VL 2 (B. D. Haage) und 11 – DLL 2 (V. Zapf)

Mande, Hendrik: VL 11 (G. Roth) – DLL 7 (M. Malm)

‚Der Mandelkern': VL 5 (K. Schneider) – DLL 2 (S. Foidl)

Bruder Marcus (siehe auch ‚Tundalus'): VL 5 (N. F. Palmer)

Marcus von Weida: VL 5 (A. van der Lee) (ohne die Übers. von Bernardus a Bessa) – Killy² 7 (H.-J. Bachorski/Red.) – V. Honemann, Sächsische Fürstinnen, Patrizier, Kleriker, Kaufleute und der Dominikaner Marcus von Weida als Förderer geistlicher Literatur um 1500, in: Ch. Fasbender u.a. (Hg.), Bürgers Bücher. Laien als Anreger und Adressaten in Sachsens Literatur um 1500, 2017, S. 130–159 – Ders., Predigt und geistliches Schrifttum im Leipziger Dominikanerkloster, in: H. Kühne u.a. (Hg.), Johann Tetzel und der Ablass, 2017, S. 161–177

Mardach, Eberhard: VL 5 (W. Williams-Krapp) und 11 – DLL 2 (M. Malm) – W. Williams-Krapp, Mystikdiskurse und mystische Literatur im 15. Jh., in: Neuere Aspekte germanistischer Spätmittelalterforschung, hg. v. F. Löser u.a., 2012, S. 261–285

Margareta von Antiochien (Legenden): VL 5 (W. Williams-Krapp) und 11

Margareta Ursula von Masmünster: VL 5 (D. Schmidtke) – DLL 2 (S. Foidl)

Margareta von Ungarn (Legenden): VL 5 (W. Williams-Krapp) und 11

‚Maria zart': VL 5 (B. Wachinger) und 11

‚Marienleben E das himelreich vnd ertreich geschaffen ward' – siehe: ‚Nürnberger Marienbuch'

‚Marina II': VL 6 (F. J. Worstbrock) – DLL 5 (M. Malm)

‚Markgrafenkrieg': VL 6 (E. Strassner) und 11 – DLL 7 (M. Malm)

Martin von Bartenstein: VL 6 (W. Williams-Krapp) – DLL 3 (V. Zapf)

Martin von Tours: VL 6 (W. Williams-Krapp) – DLL 2 (B. Jahn)

Matthäus von Krakau: VL 6 (F. J. Worstbrock) – DLL 2 (B. Jahn) – H. Beifuss, Matthäus von Krakau – ein Vorreformator und die deutschsprachigen Bearbeitungen seines Eucharistietraktates. Edition und geistesgeschichtliche Einordnung, 2012

Matthias von Kemnat: VL 6 (B. Studt/F. J. Worstbrock) und 11 – DLL 3 (V. Zapf)

Maximilan I.: VL 6 (J.-D. Müller) und 11 – Killy[2] 8 (St. Füssel) – DLL 3 (V. Zapf)

‚Meditationes vitae Christi': VL 6 (K. Ruh) – K.-E. Geith, Lateinische und deutschsprachige Leben Jesu-Texte. Bilanz und Perspektiven der Forschung, in: JOWG 12 (2000), S. 273–289

‚Medinger Gebetbücher' (Orationalien): VL 6 (W. Lipphardt) und 11 – DLL 2 (M. Malm)

Meißner, Hans: VL 6 (H.-J. Ziegeler) – DLL 5 (V. Zapf)

Meisterlin, Sigismund: VL 6 (K. Colberg) und 11 – Killy[2] 8 (F. Fürbeth/Red.) – DLL 3 (V. Zapf) – H. Müller, Der Beitrag der Mönche zum Humanismus im spätmittelalterlichen Augsburg. Sigismund Meisterlin und Veit Bild im Vergleich, in: Humanismus und Renaissance in Augsburg. Kulturgeschichte einer Stadt zwischen Spätmittelalter und Dreißigjährigem Krieg, hg. v. G. M. Müller, 2010, S. 389–406

Melanchthon, Philipp: H. Scheible, Melanchthon: Eine Biographie, 1997 – Killy[2] 8 (H. Scheible)

‚Von menschlicher Hinfälligkeit': VL 6 (K. Schneider) – DLL 2 (M. Malm)

Pseudo-Methodius ‚Revelationes' dt.: VL 11 (Ch. Stöllinger-Löser) – DLL 3 (M. Malm)

Meyer, Adam: VL 6 (D. Schmidtke) und 11 – DLL 2 (S. Foidl) – E.-U. Hammer, Monastische Reform zwischen Person und Institution. Zum Wirken des Abtes Adam Meyer von Groß St. Martin in Köln (1454–1499), 2001

Meyer, Johannes: VL 6 (W. Fechter) und 11 (W. Schneider-Lastin) – W. Schneider-Lastin, Die Fortsetzung des Ötenbacher Schwesternbuchs und andere vermißte Texte in Breslau, in: ZfdA 124 (1995), S. 201–210 – R. Meyer, Das ‚St. Katharinentaler Schwesternbuch'. Untersuchung, Edition, Kommentar, 1995 – S. Glenn DeMaris (Hg.), Johannes Meyer, Das Amptbuch, Rom 2015 – zu Margarethe Stülinger: ‚Ötenbacher Schwesternbuch', Fortsetzung, VL 11 (W. Schneider-Lastin) – Ch. Seebald, Ein Basler Codex mit

Schriften des Johannes Meyer. Zugleich ein Beitrag zur Überlieferungs- und Textgeschichte der ‚Vitas fratrum', der ‚Papst- und der ‚Kaiserchronik', ZfdA 143 (2014), S. 202–219 – Ders., Zu den Handschriftenverhältnissen von Johannes Meyers ‚Buch der Ämter' und ‚Buch der Ersetzung', ZfdPh 134 (2015), S. 394–430 – Cl. Engler, Regelbuch und Observanz. Der Codex A 53 der Bürgerbibliothek Bern als Reformprogramm des Johannes Meyer für die Berner Dominikanerinnen, 2016 – S. Marquardt, Literatur im Dienst der Reform. Die Autographe des Johannes Meyer – Freiburg, Stadtarchiv, B 1 Nr. 107, in: Literatur im Frauenkloster. Die Dominikanerinnen von Adelhausen und ihre verschüttete Bibliothek, bearb. v. B. J. Nemes, 2018, S. 59–70 – Ch. Seebald, Reform als Textstrategie. Untersuchungen zum literarischen Œuvre des Johannes Meyer O.P., 2020

Michael de Massa: VL 6 (H. Fromm) und 11 – DLL 2 (S. Foidl)

Muffel, Nikolaus: VL 6 (H. Ulmschneider) – DLL 3 (B. Jahn)

Mulberg, Johannes: VL 6 (B. Neidiger/K. Ruh) und 11 – DLL 2 (S. Foidl)

Muleysen, Johannes: VL 6 (K. Ruh)

Muling, Johann Adelphus: VL 11 und VL (Hum) 2 (F. J. Worstbrock) – DLL 8 (V. Zapf) – C. Redzich, Vergil zü tütsch. Zur Programmatik der ‚Klassiker'-Übersetzung in Adelphus Mulings *Hirten buch* (1508/12) und Thomas Murners *Aeneadischen Buchern* (1515), in: Humanistische Antikenübersetzung und frühneuzeitliche Poetik in Deutschland (1450–1620), hg. v. R. Töpfer u.a., 2017, S. 151–176

‚Münchner Apostelbuch': VL 6 (K. Kunze) – DLL 2 (B. Jahn)

‚Münchner Reimpredigt über das Vaterunser': VL 6 (K. Schneider) – DLL 2 (M. Malm)

Münnerstadt, J.: VL 6 (K. Schneider)

Münzer, Hieronymus: VL 6 (G. Keil/M. Wlodarczyk) und 11 – DLL 3 (M. Malm)

Murner, Batt (Beatus): VL 6 (D. Schmidtke) – DLL 2 (B. Jahn)

Murner, Johannes: VL 6 (H. Weinacht) – DLL 7 (M. Müller)

Murner, Thomas: VL (Hum) 2 (F. J. Worstbrock) – Killy[2] 8 (M. Kalwellis) – C. Redzich, ... *in zeiten des fridens ein gelerte gab.* Zu Thomas Murners Übertragung der *Aeneis* (1515) und ihrer Widmungsvorrede an Kaiser Maximilian I., in: JOWG 17 (2009), S. 107–121 – Thomas Murner: Von dem großen Lutherischen Narren (1522), hg. v. Th. Neukirchen, 2014 – J. Frick, Renaissance eines antiken Klassikers. Thomas Murners Übersetzung von Vergils ‚Aeneis' (Strasburg 1515), ZfdA 146 (2017), S. 351–368 – Dies.,

Vergils *Aeneis* in deutschen Versen an der Wende zum 17. Jh., Daphnis 46 (2018), S. 112–142 – Dies., Pluralisierung von Sinn. *Obscuritas* als textinterpretative Kategorie in Kommentar und Übersetzung der Frühen Neuzeit, in: Wolfram-Studien 25, 2018, S. 413–435

Nachtigall, Konrad: VL 6 (H. Brunner) – Killy² 8 (F. Schanze/Red.) – DLL 4 (F. Altenhöfer)

Nachtigall, Michel: VL 6 (H. Brunner) – DLL 4 (F. Altenhöfer)

Naghel, Petrus – siehe ‚Bijbelvertaler van 1360'

Nater, Conrad: VL 6 (K. Ruh) – DLL 2 (S. Foidl)

Neithart, Hans: VL 6 (P. Amelung) – DLL 7 (B. Jahn) – E. Kleinschmidt, Die Aneignung des Fremden. Hans Neidhards Terenz-Übertragung von 1486, in: Kontinuität und Transformation der Antike im Mittelalter, hg. v. W. Erzgräber, 1989, S. 345–353

‚Der neuen Liebe Buch': VL 6 (W. Blank) – DLL 5 (V. Lembke)

Nider, Johannes: VL 6 (E. Hillenbrand) und 11 – DLL 3 (V. Zapf) – St. Abel, Johannes Nider, ‚Die vierundzwanzig goldenen Harfen'. Edition und Kommentar, 2011 – Ders., Johannes Nider in Inzigkofen? – Lehrgespräch für eine Novizin (Mit Edition), ZfdPh 133 (2014), S. 99–113

Niederdeutsche Predigten: R. D. Schiewer, Die Entdeckung der mittelniederdeutschen Predigt: Überlieferung, Form, Inhalte, Oxford German Studies 26 (1997), S. 24–72

‚Niederrheinisches Augustinusbuch': VL 11 (U. Obhof)

Nigri, Petrus: VL 6 (B. K. Vollmann) – DLL 2 (S. Foidl)

Niklas von Salzburg: VL 6 (K. Ruh)

Niklas von Wyle: VL 6 (F. J. Worstbrock) und 11 – Killy² 8 (F. Fürbeth/A. Aurnhammer) – DLL 7 (V. Zapf) – U. Kocher, Boccaccio und die deutsche Novellistik. Formen der Transposition italienischer ‚novelle' im 15. und 16. Jh., 2005 – L. Rubini Messerli, Boccaccio deutsch. Die Dekameron-Rezeption in der deutschen Literatur (15.-17. Jh.), 2 Bde., 2012 – M. Dallapiazza, Ehe- und Frauendiskurse in der frühneuzeitlichen Übersetzungsliteratur. Der Fall Niklas von Wyle, in: autori vari, Die Bedeutung der Rezeptionsliteratur für Bildung und Kultur der Frühen Neuzeit (1400–1750), 2014, S. 147–172 – K. Grubmüller, *Widererwaxsung*. Anmerkungen zur sprachgeschichtlichen Bedeutung des deutschen Humanismus, in: Humanistische Antikenübersetzung und Frühneuzeitliche Poetik (1450–1620), hg. v. R. Toepfer u.a., 2017, S. 57–72

Nikolaus Humilis (Nikolaus von Nürnberg I): VL 6 (W. Williams-Krapp) und 11 – DLL 2 (M. Malm) – Ch. Roth, Literatur und Klosterreform. Die Bibliothek der Benediktiner von St. Mang zu Füssen im 15. Jh., 1999 – W. Williams-Krapp, ‚Frauenmystik' in Nürnberg. Zu einem bisher unbekannten Werk des Kartäusers Erhart Groß, in: Grundlagen. Forschungen, Editionen und Materialien zur deutschen Literatur und Sprache des Mittelalters und der Frühen Neuzeit, hg. v. R. Bentzinger u.a., 2013, S. 181–195

Nikolaus Ort *de Prussia* (Nikolaus von Nürnberg II): VL 6 (W. Williams-Krapp) und 11 – DLL 2 (M. Malm)

Nikolaus von Gießen: VL 6 (D. Schmidtke)

Nikolaus von Jauer: VL 6 (J. Kadlec) und 11 – DLL 2 (B. Jahn)

Nunnenbeck, Lienhard: VL 6 (E. Klesatschke) und 11 – Killy^2 8 (H. Brunner) – DLL 4 (F. Altenhöfer)

‚Nürnberger emblematische Schifffahrtspredigt': VL 6 (D. Schmidtke)

‚Nürnberger Historienbibel' (Ia): VL 4 (Ch. Gerhardt) und 11

‚Nürnberger Jahrbücher des 15. Jh.s': VL 6 (H. Ulmschneider) – DLL 3 (C. Meyer)

‚Nürnberger Klarissenchronik': L. Vosding, Lena (Hg.), *Schreib die Reformation von Muncken gancz daher*. Teiledition und historische Einordnung der Nürnberger Klarissenchronik (um 1500), 2012

‚Nürnberger Marienbuch': VL 6 (H. Hilg) – B. Jung, Das Nürnberger Marienbuch. Untersuchungen und Edition, 2004

‚Nürnberger Spiegel des Sünders' – siehe: Augustinus und Pseudo-Augustinus

Pseudo-Origines: VL 11 (F. Löser) – DLL 1 (S. Foidl)

Örtel, Hermann: VL 7 (H. Brunner) – DLL 4 (F. Altenhöfer)

Österreicher, Heinrich: VL 7 (J. Glocker) und 11 – DLL 7 (V. Zapf) – K. Graf (im Netz): https://archivalia.hypotheses.org/1216

Leutpriester Oswald: VL 11 (J. Conzelmann)

Ovidius Naso, P.: VL 7 (H. Kugler) – DLL 5 (M. Malm)

Palmer, Peter: VL 7 (V. Honemann) – K. Graf im Netz: https://archivalia.hypotheses.org/1071

Pantaleon (Legenden): VL 7 (W. Williams-Krapp) – DLL 2 (Ch. Stridde)

Pauli, Johannes: VL 7 (R. G. Warnock) und 11 – Killy² 9 (H. R. Velten) – DLL 5 (E. Wagner)

‚Paulus und Thekla': VL 7 (K. Ruh) – DLL 2 (S. Foidl) – St. Abel, „Paulus und Thekla II" oder „Die guldin regel" – (Pseudo-)Biographie eines Beichtigers, PBB 136 (2014), S. 624–653

Peck, Hans: VL 7 (F. Schanze) – DLL 8 (V. Zapf)

Person, Gobelinus: VL 7 (K. Colberg) und 11 – DLL 3 (M. Malm)

Peter von Breslau: VL 7 (H.-J. Schiewer/V. Mertens)

Peter von Gengenbach: VL 7 (V. Honemann)

Petrarca, Francesco: VL 7 (F. J. Worstbrock) – DLL 7 (B. Jahn)

Petrus van Zutphen: W. Williams-Krapp, *Ein puch verschriben ze deutsch in brabantzer zunge. Zur Rezeption von mystischem Schrifttum aus dem niderlant im oberlant*, in: Schnittpunkte. Deutsch-Niederländische Literaturbeziehungen im späten Mittelalter, hg. v. A. Lehmann-Benz u.a., 2003, S. 41–53 – Y. Desplenter, Die verbotene Zukunftsvision eines mystischen Kochs. Fünf ‚verdeutschte' Schriften Jans van Leeuwen († 1378), in: Dialog mit den Nachbarn. Mittelniederländische Literatur zwischen dem 12. und 16. Jh., hg. v. B. Bastert u.a., 2011, S. 285–299 – Ders./E. Vandemeulebroucke, Herschikt en herschreven, van Groenendaal tot Rebdorf. De laatmiddeleeuwse edities van Jan van Leeuwens geschriften geanalyseerd met inbegrip van handschrift Pommersfelden, GSS, 280/2881, Queeste 24 (2017), S. 52–76

Petrus von Verona (Legenden): W. Williams-Krapp, Kultpflege und literarische Überlieferung. Zur deutschen Hagiographie der Dominikaner im 14. und 15. Jh., in: *Ist mir getroumet mîn leben? Vom Träumen und vom Anderssein*. Fs. K.-E. Geith, hg. von A. Schnyder u.a., 1998, S. 147–173 – R. D. Schiewer, Worte über einen ungeliebten Heiligen? Die einzige deutschsprachige Petrus Martyr-Predigt, in: Grundlagen. Forschungen, Editionen und Materialien zur deutschen Literatur und Sprache des Mittelalters und der Frühen Neuzeit, hg. v. R. Bentzinger u.a., 2013, S. 285–299

Peuger, Lienhart: VL 7 (F. Löser) und 11 – DLL 2 (S. Foidl) – siehe auch: ‚Von der sêle werdikeit und eigenschaft', VL 8 (F. Löser) – D. Gottschall, Das ‚Elucidarium' des Honorius Augustodunensis. Untersuchungen zu seiner Überlieferungs- und Rezeptionsgeschichte im deutschsprachigen Raum mit Ausgabe der niederdt. Übersetzung, 1992, S. 104-106 - A. Willing, Heinrich Seuse in Melk, PPB 139 (2017), S. 243-267

Pfefferkorn, Johannes: VL (Hum) 2 (H.-M. Kirn)

Pfeiffelmann, J.: VL (Hum) 2 (E. Vollmer-Eicken) - DLL 7 (V. Zapf)

Pfinzing, Georg: VL 7 (A. Schnyder) - DLL 3 (B. Jahn)

‚Pfullinger Liederhandschrift': VL 7 (M. Curschmann/G. Kornrumpf) - DLL 2 (S. Foidl) - B. Wachinger, Gattungsprobleme beim geistlichen Lied des 14. und 15. Jh.s, in: Forschungen zur deutschen Literatur des Spätmittelalters. Fs. Janota, hg. v. H. Brunner/W. Williams-Krapp, 2003, S. 93-107 [wieder in: Ders., Lieder und Liederbücher. Gesammelte Aufsätze zur mittelhochdeutschen Lyrik, 2011, S. 311-327 (mit Nachtrag)]

Piccolomini, Aeneas Silvius: VL 7 (F. J. Worstbrock) und 11 - Killy² 9 (J. Helmrath) - DLL 3 (K. Philipowski)

Pierre d'Ailly (Petrus de Alliaco): VL 7 (K. Schneider) - DLL 2 (S. Foidl)

Pinder, Ulrich: VL 11 (Ch. Stöllinger-Löser) - DLL 7 (V. Zapf)

Pirckheimer, Caritas: VL 7 (L. Kurras) - Killy² 9 (D. Wuttke) - DLL 3 (M. Malm)

Pirckheimer, Willibald: VL (Hum) 2 (N. Holzberg) - Killy² 9 (D. Wuttke)

Platterberger, Johannes: VL 7 (L. Kurras) und 11 - siehe auch: Truchseß, Dietrich, VL 9 (L. Kurras) - DLL 3 (M. Malm)

Pot, Heinrich: VL 7 (D. Schmidtke)

Prausser, Johannes: VL 7 (P. Renner) - DLL 2 (M. Malm)

‚Preventa und Adoptata': VL 7 (N. F. Palmer) - DLL 2 (B. Jahn) - M. Gliesmann, Der ‚Blick zurück' in Texten vom Alten Testament bis ins Spätmittelalter, in: ‚Texte zum Sprechen bringen'. Philologie und Interpretation, Fs. P. Sappler, hg. v. Ch. Ackermann/U. Barton, 2009, S. 209-218

‚Privatbesitz im Ordensleben': VL 7 (B. D. Haage/Ch. Stöllinger-Löser) und 11

Ptolomäus: VL 7 (F. B. Brévart) - DLL 8 (M. Malm)

Quirinus von Tegernsee (Legende): W. Williams-Krapp, Die deutschen und niederländischen Legendare des Mittelalters. Studien zu ihrer Überlieferungs-, Text- und Wirkungsgeschichte, 1986, S. 454

Raimund von Capua: VL 7 (W. Williams-Krapp) und 11 – DLL 2 (B. Jahn) – A. Poppenborg, Das Leben der Heiligen Katharina von Siena. Untersuchung und Edition einer mittelniederdeutschen Legendenhandschrift, 1999 – Th. Brakmann, ‚Ein Geistlicher Rosengarten'. Die Vita der heiligen Katharina von Siena zwischen Ordensreform und Laienfrömmigkeit im 15. Jh. Untersuchungen und Edition, 2011

‚Reformatio Sigismundi': VL 7 (H. Koller) – Killy² 9 (S. Schmolinsky) – DLL 3 (V. Zapf)

‚Regensburger Legenda aurea' – siehe: Jacobus de Voragine

Regiomontanus, Johannes: VL 7 (H. Grössing) und 11 – DLL 7 (M. Malm)

Regula (Lichtenthaler Schreibmeisterin): VL 7 (G. Stamm) und 11 – DLL 2 (S. Foidl) – S. Griese, „Regularien". Wahrnehmungslenkung im sogenannten *Leben Jesu der Schwester Regula*, in: Medialität des Heils im späten Mittelalter, hg. v. C. Dauven-van Knippenberg u.a., 2009, S. 297–315 – T. Mattern, Literatur der Zisterzienserinnen. Edition und Untersuchung einer Wienhäuser Legendenhandschrift, 2011 – A. Lembke, Eine Heilige in Gesellschaft: Formen der Kooperation in der ‚Legende von Prothus und Hyacinthus' bei Jacobus de Voragine, der Lichtenthaler Schreiberin Regula und Gottfried Keller, PBB 141 (2019), S. 53–79

Bruder Reinhard: VL 7 (D. Schmidtke) – DLL 2 (S. Foidl)

Rieter, Sebald, d.Ä., d.J.: VL 8 (H. Ulmschneider) – DLL 3 (V. Zapf)

Reuchlin, Johannes: VL (Hum) 2 (G. Dörner) – Killy² 9 (M. Dall'Asta) – Reuchlins Freunde und Gegner. Kommunikative Konstellationen eines frühneuzeitlichen Medienereignisses, hg. v. W. Kühlmann, 2010 – J.-H. de Boer, Unerwartete Absichten – Genealogie des Reuchlin-Konflikts, 2016 – K. Graf, *Aus krichsscher sprach in das swebischs teutschs gebracht.*Bemerkungen zu Reuchlins Patriotismus (im Netz): https://freidok.uni-freiburg.de/data/5497 – Ders., 500 Jahre Reuchlins Augenspiegel. Mitteilungen über Erhard von Pappenheim OP, 2011 (im Netz): https://frueheneuzeit.hypotheses.org/590

Riedrer, Friedrich: VL 8 (E. Kleinschmidt) – Killy² 9 (Ders./Red) – DLL 7 (V. Zapf)

Rieter, Sebald d.J.: VL 8 (H. Ulmschneider) – DLL 3 (V. Zapf)

Ringmann, Matthias: VL 11 und VL (Hum) 2 (F. J. Worstbrock) – DLL 3 (M. Malm)

Riß, Heinrich: VL 5 (K. Ruh)

‚Ritter Alexander': VL 8 (F. Schanze) – DLL 5 (B. Jahn)

Rode, Johannes, von Trier: VL 8 (P. Becker)

‚Rosengarten von dem Leiden Jesu Christi': VL 8 (K. Ruh) – DLL 2 (S. Foidl)

Rosenplüt, Hans: VL 8 (I. Glier) und 11 – Killy² 10 (M. Müller) – DLL 5 (M. Müller) – J. Reichel (Hg.), Hans Rosenplüt, Reimpaarsprüche und Lieder, 1990 – K. Euling, Das Priamel bis Hans Rosenplüt: Studien zur Volkspoesie, 1905 – C. Esch/M. Kirchhoff, Hat so gedicht Hans Rosenblüt? Der ‚Lobspruch auf Bamberg' als Vehikel von Gedächtnis, politischer Affirmation und Geschäftsinteressen, ZfdA 143 (2014), S. 444–466 – H. Sahm, *Auwe mir armen Judenkint*. Die Diskussion um die Rolle der Juden in der Reichsstadt Nürnberg in der zweiten Hälfte des 15. Jh.s., in: Nürnberg. Zur Diversifikation städtischen Lebens in Texten und Bildern des 15. und 16. Jh.s, hg. v. H. Sahm/M. Schausten, 2015, S. 191–211 – E. Christensen, *Den pfaffen und das weib wolt effen*. Klerus und Komik in Hans Rosenplüts Mären, in: K. Amann/W. Hackl (Hg.), Satire – Ironie – Parodie. Aspekte des Komischen in der deutschen Sprache und Literatur, 2016, S. 137–152 – N. Ketschik/M. Kirchhoff, Hans Rosenplüts „Lobspruch auf Nürnberg" (1447) in nhd. Übersetzung, MVGN 104 (2017), S. 1–14

‚Rosenplütsche Fastnachtspiele': VL 8 (I. Glier) – DLL 4 (M. Malm) – B. von Lüpke, Nürnberger Fastnachtspiele und städtische Ordnung, 2017

Rosner, (Hans?): VL 8 (F. Schanze) – DLL 4 (M. Malm)

Rothuet, Johannes – siehe: Johannes von Indersdorf

Sachs, Hans: Killy² 10 (B. Konneker/D. Wuttke)

‚Die Sag von Nürnberg': VL 8 (I. Glier) – DLL 5 (C. Meyer) – A. u. M. Kirchhoff, Neuedition und Kommentierung der *Sag von Nürnberg* (1426), MVGN 99 (2012), S. 1–16

‚Das salomonische Urteil': VL 8 (D. Klein)

‚Salve festa dies': VL 8 (J. Janota) – DLL 1 (S. Foidl)

‚Salzburger Apostelbuch': VL 8 (K. Kunze) – DLL 2 (S. Foidl)

Sampach, Agnes: VL 8 (L. Kurras) – DLL 2 (S. Foidl)

Satzenhofer, Ursula: VL 8 (W. Höver)

‚Schachzabelbücher': VL 8 (A. Schwob) und 11 – DLL 6 (I. Merten) – O. Plessow unter Mitw. v. V. Honemann u. M. Temmen, Mittelalterliche Schachzabelbücher zwischen Spielsymbolik und Wertevermittlung. Der Schachtraktat des Jacobus de Cessolis im Kontext spätmittelalterlicher Rezeption, 2007

Schedel, Hartmann: VL (Hum) 2 (F. J. Worstbrock/B. Hernad) – DLL 3 (J. Klingner) – Welten des Wissens. Die Bibliothek und die Weltchronik des Nürnberger Arztes

Hartmann Schedel (1440–1514), hg. v. der Bayer. Staatsbibliothek [Ausstellung und Katalog: B. Wagner], 2014 – B. Posselt, Konzeption und Kompilation der Schedelschen Weltchronik, 2015 – F. Fuchs (Hg.), Hartmann Schedel (1440–1514). Leben und Werk, Pirckheimer-Jahrbuch 30, 2016

Schenck, Hieronymus, von Siemau: VL 8 (K. Arnold) – DLL 7 (V. Zapf)

Scherl, Johannes: VL 8 (P. Ochsenbein) – M.-L. Ehrenschwendtner, Die Bildung der Dominikanerinnen in Süddeutschland vom 13. bis 15. Jh., 2004

Schlatter, Konrad: VL 8 (H.-J. Schiewer) – DLL 2 (S. Foidl) – Marienlexikon 6 (M. Costard) – B. Neidiger, Basel, in: Helvetia Sacra, Abt. IV, Bd. 5: Die Dominikaner und Dominikanerinnen in der Schweiz, 1999, S. 188–284

Schlitpacher, Johannes: VL 8 (F. J. Worstbrock) und 11 – DLL 2 (S. Foidl)

‚**Schmählied auf den Raubritter Cunz Schott**': D. Schmidtke, Die Lieder der Berliner Handschrift germ. quart. 495, Archiv für das Studium der neueren Sprachen und Literaturen 218 (1981), S. 16–36, 271–285

Schneider, Hans: VL 8 (F. Schanze) und 11 – siehe auch: ‚Vom Eigennutz', VL 2 (I. Glier) – Killy² (K. Kellermann) – DLL 3 und 8 (beide C. Kanz) – Dies., Also Hans Schneider gesprochen hat. Untersuchungen zur Ereignisdichtung des Spätmittelalters, 2016

Schober, Friedrich OP: VL 8 (K. Ruh)

Schöfferlin, Bernhard: VL 8 (W. Röll) – DLL 3 (V. Zapf)

Schönmerlin, Ludwig: VL 8 (K. Schneider) und 11

Schreyer, Sebald: Neue Deutsche Biographie 23 (J. Schneider); im Netz: https://www.deutsche-biographie.de/

Schulmeister, Nikolaus: VL 8 (K. Ruh) – DLL 2 (B. Jahn)

Schürstab, Erhard, d.J.: VL 8 (H. Ulmschneider) – DLL 7 (M. Malm)

Schwarz, Hans: VL 8 (H. Brunner) – DLL 4 (V. Zapf)

‚**Vom Schweigen im Kloster**': VL 8 (U. Ruberg)

Schwertmann, Aegidius: VL 8 (V. Honemann – irrtüml. Angabe zum Priorat Schwertmanns)

Scutken, Johannes: Th. Mertens, ‚Middelnederlandse bijbelvertaling', in: R. Jansen-Sieben u.a. (Hg.), Medioneerlandistiek. Een inleiding tot de Middelnederlandse letterkunde, Hilversum 2000, S. 275–284 – S. Folkerts, De Noord-Nederlandse vertaling van het Nieuwe Testament (eind veertiende eeuw), in: P. Gillaerts u.a. (Hg.) Bijbelvertalingen in de Lage Landen. Elf eeuwen van vertalen, Heerenveen 2015, S. 165–176. (dort weitere Beiträge zu niederländischen Bibelübersetzungen) – Dies., The Cloister or the City? The Appropriation of the New Testament by Lay Readers in an Urban Setting, in: S. Corbellini (Hg.), Cultures of Religious Reading in the Late Middle Ages. Instructing the Soul, Feeding the Spirit and Awakening the Passion, Turnhout 2013, S. 175–199

‚Sendbrief *Ain wares uffdringen der begird*': VL 8 (K. Ruh)

‚Sendbrief *Auß dem hünigfliessenden herczen*': VL 8 (K. Ruh)

‚Sendbrief Carissima *soror Agnes*': VL 11 (F. Eisermann) – DLL 2 (B. Jahn)

‚Sendbrief vom Betrug teuflischer Erscheinungen': VL 8 (W. Williams-Krapp) und 11 – DLL 2 (B. Jahn) – W. Williams-Krapp, Mystikdiskurse und mystische Literatur im 15. Jh., in: Neuere Aspekte germanistischer Spätmittelalterforschung, hg. v. F. Löser u.a., 2012, S. 261–285

‚Sendbrief zur wahren Heiligkeit Birgittas von Schweden': U. Williams/W. Williams-Krapp, *Expertis crede!* Birgitta von Schweden als Maßstab für wahre Heiligkeit, in: Studien zur deutschen Sprache und Literatur. Fs. K. Kunze, hg. von V. Bok u.a., 2004, S. 211–232

Seneca und Pseudo-Seneca: VL 8 (N. Henkel) und 11 – DLL 7 (M. Malm)

Sieder, Johann: VL 8 (F. J. Worstbrock) – DLL 5 (F. Altenhöfer)

Vater Siegmund: VL 9 (H. Beckers) – DLL 2 (S. Foidl)

Silvester von Rebdorf: VL 8 (K. Schneider) – H. Miekisch, Das Augustinerchorherrenstift Neunkirchen am Brand. Seine Geschichte und seine Bedeutung für die Verbreitung der Raudnitzer Reform, Diss. Bamberg 2005 (im Netz: http://www.opus-bayern.de/uni-bamberg/volltexte/2006/92/)

‚Söflinger Briefe und Lieder': VL 9 (H. Schüppert) und 11 – DLL 2 (V. Zapf)

Sorg, Anton: VL 9 (R. Wedler) – DLL 7 (B. Jahn)

‚Speculum peccatoris' – siehe: Augustinus und Pseudo-Augustinus

Spengler, Georg: VL 9 (V Honemann) – DLL 7 (V. Zapf)

Spengler, Lazarus: VL 3 (E. Bauer) – Killy² 11 (G. Litz) – siehe auch: ‚Hieronymus-Briefe'

‚Spiegel der wahren und rechten Einkehr zu Gott' – siehe: ‚Von der wahren Einkehr'

Sprenger, Jakob: VL 9 (A. Schnyder) – DLL 7 (M. Malm)

‚Sprüche der Meister zu Paris und Prag'– siehe: Falder, Georg

Steinhöwel, Heinrich: VL 9 (G. Dicke) und 11 – Killy² 11 (Ch. Bertelsmeier-Kierst) – DLL 5 (V. Zapf) – U. Hess, Heinrich Steinhöwels ‚Griseldis'. Studien zur Text- und Überlieferungsgeschichte einer frühhumanistischen Prosanovelle,1975 – B. Weinmayer, Studien zur Gebrauchssituation früher deutscher Druckprosa, 1982 – A. Sieber, *De claris mulieribus* oder das *misstzuon* der Männer? Zur Transformation misogynen Lobes bei Heinrich Steinhöwel, in: Wider die Frau. Zu Geschichte und Funktion misogyner Rede, hg. v. A. Geier/U. Kocher, 2008, S. 281–301 – M. Schilling, Macht und Ohnmacht der Sprache. Die *Vita Esopi* als Anleitung zum Gebrauch der Fabel bei Steinhöwel, in: Europäische Fabeln des 18. Jahrhunderts zwischen Pragmatik und Autonomisierung. Traditionen, Formen, Perspektiven, hg. v. D. Rose, 2010, S. 39–54 – T. Terrahe, Neue Befunde zu Heinrich Steinhöwel und zur Datierung seines ‚Apollonius', ZfdA 142 (2013), S. 217–227 – Dies., Heinrich Steinhöwels ‚Apollonius'. Edition und Studien, 2013 – G. Dicke/ A. Schneider (Hg.), Heinrich Steinhöwel, ‚Von den erlauchten Frauen'. Giovanni Boccaccios ‚De claris mulieribus' in frühneuhochdeutscher Übertragung. In Abbildung des Erstdrucks (Ulm 1473), 2014 – T. Terrahe, ‚Veritas fabulosa et fictio historica' bei Heinrich Steinhowels *Apollonius* und Johannes Hartliebs *Alexander*. Zur politisch-ideologischen Funktionalisierung zweier ‚Romane' im Kontext der Kreuzzugsideologie des 15. Jahrhunderts, in: P. H. Andersen-Vinilandicus/B. Lafond-Kettlitz (Hg.), Die Bedeutung der Rezeptionsliteratur für Bildung und Kultur der Frühen Neuzeit (1400–1750), 2015, S. 275–310 – Dies., Poetologische Transformationen bei Heinrich Steinhowel, in: Humanistische Antikenübersetzung und frühneuzeitliche Poetik (1450–1620), hg. v. R. Toepfer u.a., 2017, S. 439–460 – W. Woesler, Die deutsche Fabel bei Steinhöwel und in der Folgezeit, in: ebd, S. 183–209 – S. Seeber, Der Konig geht spazieren. Bewegungsmuster und Raumstrukturen im ‚Apollonius' des Heinrich Steinhowel, ZfdA 146 (2017), S. 173–197

Stephan von Landskron: VL 9 (B. Schnell/E. Weidenhiller) – DLL 2 (B. Jahn)

‚Stettener Predigthandschrift': VL 9 (Ch. Stöllinger-Löser)

Stettfelder, Nonnosus: VL 9 (K. Kunze) – DLL 2 (M. Malm)

‚Streitgespräch zwischen Christ und Jude': VL 9 (R. G. Warnock) – DLL 2 (V. Zapf) – D. Gerhardt, ‚Von dem Juden und von dem Christen'. Ein Reimspruch des 15. Jh.s, In: Metamorphosen der Bibel. Beiträge zur Tagung ‚Wirkungsgeschichte der Bibel im deutschsprachigen Mittelalter' vom 4. bis 6. September 2000 in der Bibl. des

Bischöfl. Priesterseminars Trier, zusammen mit M. Embach/M. Trauth hg. v. R. Plate/A. Rapp, 2004, S. 265-288

Stromer, Friedrich: VL 9 (K. Ruh)

Stromer, Ulman: VL 9 (L. Kurras) - Killy² 11 (S. Schmolinsky) - DLL 3 (J. Klingner)

Summenhart, Konrad: VL 9 (H. Feld) und 11 - siehe auch: Augustinus, VL 1 (K. Ruh) und 11 - W. Fechter, Deutsche Handschriften des 15. und 16. Jh.s aus der Bibliothek des ehemaligen Augustinerchorfrauenstifts Inzigkofen, 1997 - R. Cermann, Eine unerkannte Handschrift aus der Bibliothek Graf Eberhards im Bart (1445-1496), ZfdA 138 (2009), S. 60-62 (zu den pseudo-augustinischen ‚Meditationes' Summenharts) - H. Feld, Konrad Summenhart (um 1458-1502). Der Phönix unter Deutschlands Gelehrten, in: Tubingensia. Impulse zur Stadt- und Universitätsgeschichte. Fs. W. Setzler, hg. v. S. Lorenz/V. Schäfer, 2008, S. 151-164

Tabernes, Tirich: VL 9 (J. Janota) - DLL 2 (S. Foidl)

‚Tagzeitengedichte': VL 11 (Kornrumpf) - DLL 1 (S. Foidl)

Terenz (Publius Terentius Afer): VL 9 (N. Henkel/F. J. Worstbrock) und 11 - DLL 4 (M. Malm)

Tetzel, Gabriel: VL 9 (M. Stolz) - DLL 3 (B. Jahn)

Texery, Bartholomäus OP: VL 9 (V. Honemann)

Thomas (Piscatoris) von Baden: VL 11 (Ch. Glaßner)

Thomas von Cantimpré: VL 9 (K. Ruh) und 11 - DLL 8 (V. Zapf) - zu Karlsruhe, cod. Licht 75: F. Heinzer/G. Stamm, Die Handschriften von Lichtenthal, 1987, S. 184-186

Thomas von Celano - siehe: Klara von Assisi

Thomas von Laa: VL 9 (D. Huschenbett)

Thomas Hemerken von Kempen: VL 9 (P. van Geest/E. Bauer/B. Wachinger) und 11 (W. J. Hoffmann) - DLL 2 (B. Jahn) - W. Williams-Krapp, Die süddeutschen Übersetzungen der ‚Imitatio Christi'. Zur Rezeption der Devotio moderna im *oberlant*, in: U. Bodemann/N. Staubach (Hg.), Aus dem Winkel in die Welt. Die Bücher des Thomas von Kempen und ihre Schicksale, 2006, S. 65-79 - S. Griese, Der ‚Herzmahner' - ein gedrucktes Andachts- und Gebetbüchlein, in: Medialität, Unmittelbarkeit, Präsenz. Die Nähe des Heils im Verständnis der Reformation, hg. v. J. Haberer/B. Hamm, 2012, S. 167-185 - U. Bodemann, Ein *oberzil*. Thomas von Kempen, ‚Alphabetum parvum boni monachi', dt., in: Grundlagen. Forschungen, Editionen und Materialien zur deutschen Literatur und Sprache des Mittelalters und der Frühen Neuzeit, hg. v. R. Bentzinger u.a., 2013, S. 203–212

Thomas von Lampertheim: VL 9 (H.-J. Schiewer) – DLL 2 (V. Zapf) – zur Dillinger Handschrift: E. Wunderle, Die mittelalterlichen Handschriften der Studienbibliothek Dillingen, Wiesbaden 2006, S. 376

‚Tochter Sion-Traktat': VL 9 (D. Schmidtke) und 11 – B. Nemes, Der ‚entstellte' Eckhart. Eckhart-Handschriften im Straßburger Dominikanerinnenkloster St. Nikolaus in undis, in: Schreiben und Lesen in der Stadt. Literaturbetrieb im spätmittelalterlichen Straßburg, hg. v. St. Mossmann u.a., 2012, S. 39–98

‚Traktat gegen Eigenbesitz im Kloster' – siehe: Humbert von Romans

‚Der Traum': VL 9 (W. Blank) und 11 – DLL 5 (J. Klingner)

Trithemius, Johannes OSB: VL 11 (K. Arnold) – DLL 3 (N. Ruge)

Truchseß, Dietrich: VL 9 (L. Kurras) – DLL 3 (M. Malm) – siehe auch: Platterberger, Johannes

Tucher, Berthold III. und Endres II.: VL 9 (H. Ulmschneider) – DLL 7 (M. Malm) – M. Kirchhoff, Macht – Anspruch – Memoria. Zur Gattung Gedenkbuch am Beispiel des „Memorials" Berthold III. Tuchers, in: H. Brandt u.a. (Hg.), Erfahren, Erzählen, Erinnern. Narrative Konstruktionen von Gedächtnis und Generation in Antike und Mittelalter, 2012, S. 59–81 – H. Becker/M. Kirchhoff, Das Memorial Endres I. Tuchers – Neuedition, Kommentierung und Übersetzung des ältesten Tucherschen Gedenkbuchs (1421–1440), MVGN 101 (2014), S. 1–37

Tucher, Hans VI. (d.Ä.): VL 9 (H. Ulmschneider) – Killy² 11 (R. Herz) – DLL 3 (J. Klingner)

‚Tundalus': VL 9 (N. F. Palmer) – DLL 2 (Ch. Stridde)

Tünger, Augustin: VL 9 (V. Honemann) – Killy² 11 (J. K. Kipf) – DLL 5 (V. Zapf) – J. K. Kipf, in: Enzyklöpädie des Märchens, Bd. 13, 2010, Sp. 1011–1013 – Ders., in: Killy² 11 – K. Graf im Netz: https://archivalia.hypotheses.org/54672

Übertwerch, Heinz: VL 9 (I. Neugart) – DLL 4 (F. Altenhöfer)

Ulrich von Hutten: V. Honemann, Ulrich von Hutten, in: St. Füssel (Hg.), Deutsche Dichter der frühen Neuzeit (1450–1600). Ihr Leben und Werk, 1993, S. 359–376 – A. Becker, Ulrichs von Hutten polemische Dialoge im Spannungsfeld von Humanismus und Politik, 2013

,Unser frowen fischli und fögeli': VL 10 (K. Ruh) – DLL 2 (B. Jahn)

Urban IV., Papst: VL 10 (D. Gottschall)

Vadian, Joachim: VL (Hum) 2 (A. Schirrmeister)

Varnbühler, Angela: VL 10 (P. Ochsenbein) – DLL 2 (B. Jahn) – Das ‚Konventsbuch' und das ‚Schwesternbuch' aus St. Katharina in St. Gallen. Kritische Edition und Kommentar, hg. v. A. Willing, 2016

Vaterunserauslegung in der Volkssprache: VL 10 (B. Adam; ohne Ebstorfer Handschrift) und 11

Vegetius, Publius Flavius: VL 11 (F. Fürbeth) – DLL 7 (Ders.)

Veghe, J. und Pseudo-Veghe: VL 10 (D. Schmidtke) – DLL 2 (S. Foidl) – R. Peters/F. H. Roolfs (Hg.), Plattdeutsch macht Geschichte. Niederdeutsche Schriftlichkeit in Münster und im Münsterland im Wandel der Jahrhunderte, 2008, (Nr. 19) (H. Grießmann) und (Nr. 20) (R. Peters)

Vend, Johannes: VL 10 (K. Schneider)

Vener, Job: VL 10 (P. Johanek) und 11 – DLL 7 (M. Malm)

‚Verba seniorum' – siehe: ‚Vitas patrum'

Viechtlein: VL 10 (F. Schanze)

‚Vierzehn geistliche Jungfrauen': VL 11 (W. J. Hoffmann)

Vigilis, Heinrich: VL 10 (H.-J. Schiewer) und 11 – siehe auch: Bruder Heinrich, VL 11

‚Visio Fursei': VL 10 (N. F. Palmer) – DLL 2 (V. Zapf)

‚Visio monachi Eyneshamensis', dt.: VL 10 (N. F. Palmer) – DLL 2 (V. Zapf)

‚Visio Philiberti': VL 10 (N. F. Palmer) – DLL 2 (S. Foidl)

‚Vitas patrum': VL 10 (U. Williams/W. J. Hoffmann) – Killy^2 11 (U. Williams) – DLL 2 (S. Foidl)

Vitztum, Nikolaus: VL 10 (G. Hayer)

Vogelsang, Konrad: VL 10 (F. Schanze) – DLL 4 (F. Altenhöfer)

‚Vorbereitungsbuch für Novizinnen': VL 10 (D. Schmidtke) – DLL 2 (V. Zapf)

Vos, Johannes: VL 10 (V. Honemann) – DLL 2 (V. Zapf)

Wagner, Konrad: VL 10 (K. Schneider)

‚Von der wahren Einkehr': VL 10 (V. Honemann) – Ders., Der ‚Spiegel der wahren und rechten Einkehr zu Gott'. Ein aus dem Oberdeutschen umgesetzter niederdeutscher mystischer Traktat franziskanischer Provenienz vom Ende des Mittelalters, Niederdeutsches Wort 55 (2015), S. 73–93

Walcher, Wolfgang: VL 10 (G. Hayer) – DLL 2 (V. Zapf)

‚Von der werlde ythelkeit': VL 11 (N. F. Palmer)

Wernher, Adam von Themar: VL 10 (F. J. Worstbrock) – Killy[2] 12 (M. Backes) – DLL 4 (M. Malm)

Weyg, Johannes OP: VL 10 (K. Schneider)

Widmann, Matthias: VL 6 (B. Studt/F. J. Worstbrock) – DLL 3 (V. Zapf)

‚Wienhäuser Liederbuch': VL 10 (J. Janota) – Killy[2] 12 (G. Kornrumpf) – DLL 2 (V. Zapf)

Wiest, Ulrich: VL 10 (F. Schanze)

Wilhelm von England OSB: VL 10 (U. Rautenberg) – DLL 2 (B. Jahn)

Wilhelm von Hirnkofen: VL 10 (F. J. Worstbrock) – DLL 7 (K. Reinhold) – K. Graf (im Netz): https://archivalia.hypotheses.org/2218

Wilhelm zum Lenzfried: VL 10 (K. Kunze)

Wilperg OP: VL 10 (K. Ruh)

Wimpfeling, Jakob: VL (Hum) 2 (D. Mertens) – Killy[2] 12 (D. Mertens/Red.)

Wind, Jodocus: VL 10 (Ch. Stöllinger-Löser) – DLL 2 (M. Malm)

Windsperger, Ludwig: VL 10 (K. Ruh)

Wittich, Ivo: VL 10 (F. J. Worstbrock) – DLL 7 (V. Zapf)

Wolfang von Steyr (Suppan): VL 10 (F. Löser) – DLL 3 (M. Malm)

‚Wolfenbüttler Legendar': VL 10 (W. Williams-Krapp)

‚Der wucherische Wechsler': VL 11 (B. Wachinger)

‚Das Wunderzeichen in Sizilien': VL 10 (N. F. Palmer)

‚Wurzgarten des Herzens': VL 10 (D. Schmidtke)

Wyg, Jakob: VL 10 (Ch. Stöllinger-Löser) – DLL 2 (S. Foidl)

‚Zederbaum-Lied': V. Honemann, Kreuzesmeditation in der klösterlichen Literatur am Beispiel des Liedes *O du eddele sedderenbom*, in: Passion und Ostern in den Lüneburger Klöstern. Bericht des VIII. Ebstorfer Kolloquiums, hg. v. L. M. Koldau, 2010, S. 223–244

Zehntausend Märtyrer (Legenden): VL 10 (W. Williams-Krapp)

Zerbolt, Gerard van Zutphen: VL 10 (K. Ruh) und 11 – DLL 2 (V. Zapf)

Zierer, Johannes: VL 10 (H.-J. Schiewer) – DLL 2 (V. Zapf)

‚Zisterzienser-Konstitutionen' (dt.) [Nachtr.]: VL 11 (V. Honemann)

Zolner, Johannes: VL 10 (K. Ruh)

Zorn, Fritz: VL 10 (F. Schanze) – Killy² 12 (J. Rettelbach) – DLL 4 (V. Zapf)

‚Die zwölf Räte Jesu Christi': VL 10 (G. Hayer) – DLL 2 (S. Foidl)

‚Von zwölf Zeichen der Gottesfreunde': VL 10 (F. Eisermann)

Handschriftenregister

Augsburg, Universitätsbibliothek
    Cod. III.1.2° 29 181
    Cod. III.1.4° 36 234
    Cod. III.1.8° 4 264, 303
    Cod. III.1.8° 16 256
    Cod. III.1.8° 42 333, 334, 335
    Cod. III.2.8° 58 337
Austin, University of Texas Library
    Cod. HRC 41 275
Berlin, Staatsbibliothek
    mgf 549 482
    mgf 741 305
    mgf 779 128
    mgf 1056 335
    mgf 1259 385
    mgf 1347 335
    mgq 22 313
    mgq 30 298
    mgq 158 316, 317, 319
    mgq 164 344
    mgq 166 300
    mgq 189 392
    mgq 192 359
    mgq 195 327
    mgq 197 330
    mgq 199 289
    mgq 202 316
    mgq 206 307, 308
    mgq 208 298
    mgq 406 278
    mgq 414 121
    mgq 495 138, 144
    mgq 496 388
    mgq 524 502
    mgq 525 471
    mgq 1121 333
    mgq 1240 476
    mgq 1241 333
    mgq 1588 336
    mgq 1926 474
    mgo 25 474
    mgo 63 330
    mgo 137 289
    mgo 385 371
    mgo 449 261
    mgo 467 270, 313
    mgo 484 385
    mgo 501 291
    mgo 566 278
    mgo 574 434
    mgo 1391 392, 396
Bonn, Universitätbibliothek
    Cod. S. 1593 404
Bremen, Staats- und Universitäts-
    bibliothek
    msc. 0066 447
Breslau, Universitätsbibliothek
    Cod. IV F 194a 324
Colmar, Bibliothèque municipale
    cod. 267 294
    cod. 268 292
Dillingen, Studienbibliothek
    cod. XV 197 353
Dresden, Sächsische Landesbibliothek
    Msc. M 50 62
    Msc. M 244 234, 242
    Msc. M 283 289
Ebstorf, Klosterbibliothek
    Cod. IV 12 438
    Cod. IV 20 439
    Cod. VI 5 438
    Cod. VI 6 438
    Cod. VI 9 439
    Cod. VI 17 439
    Cod. VI 19 438
    Cod. VI 28 439
Eichstätt, Stiftsbibliothek St. Walburg
    cod. germ 11 486

Eichstätt-Ingolstadt, Universitäts-
    bibliothek
    cod. ub 5 486
Engelberg, Stiftsbibliothek
    Cod. 302 355
Freiburg i. Br., Universitäts-
    bibliothek
    cod. 200 504
    cod. 219 315
    cod. 490 495, 496
Gießen, Universitätsbibliothek
    cod. 799 488
Gotha, Forschungsbibliothek
    Cod. Chart. B 86 671
    Cod. Chart. B 269 241, 242
Göttingen, Staats- und Universitäts-
    bibliothek
    cod. 8° Theol. 204 447
Hamburg, Staats- und Universitäts-
    bibliothek
    Cod. theol. 2065 505
Heidelberg, Sammlung Eis
    cod. 114–116 277–283, 285,
    355
Heidelberg, Universitätsbibliothek
    cpg 37 433
    cpg 119 602
    cpg 205 433
    cpg 298 574
    cpg 412 415
    cpg 436 433
    cpg 452 575
    cpg 730 575
Innsbruck, Bibliothek des Tiroler
    Landesmuseums Ferdinandeum
    Cod. FB 1050 642
Karlsruhe, Badische Landesbibliothek
    Cod. St. Georgen 95 388
    Cod. Lichtenthal 65 455
    Cod. Lichtenthal 69 451
    Cod. Lichtenthal 70 450, 451, 454,
    455
    Cod. Lichtenthal 75 456
    Cod. Lichtenthal 79 455

Cod. Lichtenthal 82 450
Cod. Thennenbach 4 392
Köln, Historisches Archiv
    cod. W 138 474
Leipzig, Universitätsbibliothek
    Ms. 803 500, 502
    Ms. 1279 499
Lübeck, Stadtbibliothek
    cod. theol. germ. 4° 20 476
    cod. theol. germ. 8° 66 477
Lüneburg, Stadtbibliothek
    Ms. Theol 4° 74 447
Mainz, Martinus-Bibliothek
    Hs. 43 191
Melk, Stiftsbibliothek
    cod. 183 415
    cod. 235 415, 416
    cod. 278 418
    cod. 570 413
    cod. 575 413
    cod. 670 415
    cod. 677 412
    cod. 763 418, 419
    cod. 774 418
    cod. 808 414, 415, 416
    cod. 867 415
    cod. 868 413
    cod. 950 419
    cod. 1001 415
    cod. 1037 415
    cod. 1389 416
    cod. 1396 418
    cod. 1397 419
    cod. 1569 417
    cod. 1730 416
    cod. 1752 413
    cod. 1794 419
Moskau, Russische Staats-
    bibliothek
    cod. F. 68, N° 446 316, 359, 494
München, Bayerische Staats-
    bibliothek
    cgm 263 425
    cgm 351 121

cgm 418 418
cgm 439 96
cgm 471 418
cgm 531 359
cgm 714 95, 105
cgm 743 426
cgm 749 373
cgm 750 493
cgm 778 425, 426
cgm 780 427
cgm 791 485
cgm 802 418
cgm 1120 374
cgm 3972 408
cgm 3973 408
cgm 4375 335
cgm 4393 427
cgm 4394 428
cgm 4575 371
cgm 4700 403
cgm 4879 408
cgm 5140 335
cgm 6353 122, 124
cgm 6940 385, 430, 434
clm 1036 421
München, Universitätsbibliothek
  8° Cod. ms. 278 388
Münster, Staatsarchiv
  Msc. 4 481
Münster, Universitäts- und Landesbibliothek
  Ms. N.R. 5000 357, 404, 435, 436
Nürnberg, Germanisches Nationalmuseum
  cod. 2261 494, 495
  cod. 16567 289, 495, 502
  cod. Merkel 2° 966 92, 143, 149
Nürnberg, Stadtbibliothek
  Cod. Cent. IV, 77 235
  Cod. Cent. VI, 43^b 242
  Cod. Cent. VI, 43^h 235, 324
  Cod. Cent. VI, 43^l 268

Cod. Cent. VI, 58 289
Cod. Cent. VI, 60 305, 493
Cod. Cent. VI, 82 237
Cod. Cent. VII, 13 284
Cod. Cent. VII, 20 264
Cod. Cent. VII, 27 281
Cod. Cent. VII, 34 258
Cod. Cent. VII, 39 264
Cod. Cent. VII, 81 187
Oxford, Bodleian Library
  Ms. Lat. Liturg. E 18 448
Pommersfelden, Gräflich Schönbornsche Schlossbibliothek
  Cod. 280 486
Salzburg, Stiftsbibliothek St. Peter
  St. Peter, cod. b VI 15 423, 424
  St. Peter, cod. b VIII 27 425, 427
St. Gallen, Stiftsbibliothek
  Cod. 589 392
  Cod. 965 313
  Cod. 971 434
  Cod. 990 350, 353
  Cod. 1869 386
Straßburg, Bibliothèque nationale et universitaire
  ms. 2542 450, 451
  ms. 2797 433
  ms. 2930 479, 480
Stuttgart, Landesbibliothek
  Cod. theol. et philos. 4° 190 316, 321
Weiden, Stadtarchiv
  Abgelöste Einbände Nr. 30 220
Weimarer Herzogin Anna Amalia Bibliothek
  Cod. Q. 565 63
  Cod. Q. 566 84, 85, 121
Wien, Österreichische Nationalbibliothek
  Cod. 2943 434
  Cod. 12876 494
  Cod. 13671 434
  Cod. 12876 494, 671
  Cod. Ser. nova 12801 421

Wolfenbüttel, Herzog August
  Bibliothek
  Cod. 2.4 Aug. 2° 64, 87
  Cod. 17.9 Aug. 4° 492
  Cod. 367 Helmst. 444
  Cod. 498 Helmst. 443
  Cod. 804 Helmst. 444
  Cod. 1144 Helmst. 444
  Cod. 1251 Helmst. 444
  Cod. 1255 Helmst. 444
  Cod. 1279 Helmst. 476
  Cod. 1426 Helmst. 444
  Cod. 316 Novi 448
Würzburg, Universitätsbibliothek
  M. ch. o. 16 354
Zürich, Zentralbibliothek
  Ms. D 231 277, 279–284

Register: Autoren, sonstige historische Personen, Werke

Abstractum-Glossar 263
Achahildis von Wendelstein, Hl. 495
Achler, Elsbeth von Reute 498, 499
‚Achtnarrenblatt' 613
‚Actus beati Francisci et sociorum eius' 391
  ‚Actus', Übers. 476
Adalbert von Bamberg
  ‚Legendae ss. Henrici et Cunegundis' 409
Adam von St. Victor 126
‚Adelhausener Schwesternbuch' 327
Adelphus von Metz-Legende 494
‚Adhortationes sanctorum patrum' 239, s. Palagius II. und Johannes III.
Adolf, Hl. 307
Adolf II. von Nassau, Erzbischof von Mainz 23, 487, 641
Adolf von Wien
  ‚Doligamus' 592
Aegidius von Assisi 373, 392, 396
  ‚Dicta', Übers. 392
Aelius Donatus
  ‚Ars minor' 21
  ‚De Comedia' 595
  Terenz-Scholien 594
Agnes von Assisi-Legende 222, 365, 392
Agnes von Böhmen-Legende 392
Agnes von Rom, Hl. 248
Agno, Thomas de Lentino
  Petrus von Verona ‚Legenda maior', Übers. 358
Agricola, Daniel (Meyer) 388, 390
  ‚Das abendtessen vnd der hailig Passion, auch der vrstend vnsers herrn Jesu christi' 393
  ‚Beatus-Legende', lat. und dt. 388, 389
  Übers. der ‚Meditationes vitae Christi' 390

  Übers. v. Bonaventura ‚Legenda maior sancti Francisci' 390
Agricola, Rudolf 514, 531, 532, 574, 576, 577, 578
  ‚De inventione dialectica' 577
  Lukian-Übersetzungen 579
Alanus ab Insulis 126
Alanus de Rupe 356
Albanus-Legende 602
Albertanus von Brescia
  ‚Liber de amore' 189
Albertus Magnus 126, 187, 254, 257, 275, 300, 338, 403, 407
  ‚De corpore domini' 239
  ‚De eucharistiae sacramento' 333, 368, 426
  ‚Paradisus animae' 455
Pseudo-Albertus Magnus
  ‚Liber aggregationis' 634
Albrecht
  ‚Jüngerer Titurel' 11, 24
Albrecht III. von München, Herzog 485, 489, 490
Albrecht III. von Österreich, Herzog 206
Albrecht IV. von Ober- und Niederbayern, Herzog 382, 578, 581, 582
Albrecht V. von Österreich, Herzog 305, 411
Albrecht VI. von Österreich, Erzherzog 533
Albrecht der Beherzte, Herzog 362, 397
Albrecht Achilles von Brandenburg-Ansbach, Markgraf, Kurfürst 11, 39, 50, 53, 54, 56, 136–139, 154, 605
Albrecht von Bonstetten 555, 556, 557, 583
  Geschichte des Klosters Einsiedeln 557
  ‚Historia domus Austrie' 556

‚Hystoria' des Nikolaus von Flüe (de Rupe) 557
Ida von Toggenburg-Vita 557
Schrift über die Burgundenkriege 556
‚Superioris Germanie confederationis descriptio' 556
Vita des sächs. Adligen Gerold, lat. und dt. 557
Albrecht von Eyb 174, 492, 589, 598–605, 608
  ‚Ad Laudem et commendationem civitatis Bambergae oratio' 600
  ‚An viro sapienti uxor sit ducenda' 601
  ‚Appellacio mulierum Bambergensium' 599
  ‚Clarissimarum feminarum laudacio' 601
  ‚Ehebüchlein' 186, 309, 311, 360, 600, 601, 603, 608
  ‚Invectiva in lenam' 601
  ‚Margarita poetica' 600
  ‚Marina' (‚Marina II') 602
  ‚Spiegel der Sitten' 603
  ‚Tractatus de speciositate Barbare puellule' 599
  Übers. v. Ugolino Pisani ‚Philogenia' 603
  Übers. v. Plautus ‚Bacchides' 603
  Übers. v. Plautus ‚Menaechmi' 603
Albrecht von Sachsen, Herzog 160, 557
‚Alemannische Vitaspatrum' 239, 250, 408, 450, 469
  ‚Nürnberger Bearbeitung' 250
Alexander VI., Papst 34
Alexander von Hales 428
Alighieri, Dante 612
Alphart, Johannes 387
  Predigt ‚durch liebe ains mit gott werden' 387
Alt, Georg 26, 169, 170, 171, 176
  ‚Descriptio Nuremberge' 171
  Übers. v. Bartoldus de Saxoferrato ‚Processus Sathanae contra genus humanum' 171

Übers. v. Conrad Celtis ‚Norimberga' 171
Übers. v. Hartmann Schedels ‚Schedelscher Weltchronik' 171
‚Ambraser Heldenbuch' 10, 11
Ambrosius, Hl. 130, 591, 610
Amerbach, Johann 543, 610
Anastasia-Legende 495
Andreas Capellanus
  ‚De amore' 596, 629
Andreas von Regensburg 573
‚Anfechtungen der Klosterleute' 385
Anna von Braunschweig 490
Anna von Munzingen
  ‚Adelhauser Chronik' 328
Annius von Viterbo 581
Anon. Lieder zur Schlacht am Pillenreuther Weiher 137
Anonymus Neveleti 592
Anselm von Canterbury 414
  Gebete 323
  ‚Liber meditationum et orationum', Übers. 415
Anton von Annenberg 642
Anton von Lothringen, Herzog 632
Antworter, Georg
  ‚Belehrung über das Beschwören von Geistern' 432
‚Apokalypse' 29
  ‚Apokalypse', Übers. 211
‚Apophthegmata patrum' 246
‚Apotheke der Schwestern' 486
Apuleius, Lucius
  ‚Asinus aureus' (‚Metamorphosen') 606, 607
Arigo 597, 598, 640
  Übers. v. Giovanni Boccaccio ‚Decamerone' 597
Aristophanes-Komödien 173
Aristoteles 126, 173, 355, 481, 508, 576, 591
Pseudo-Aristoteles
  ‚Oeconomica I' 576

Der arme Konrad
  ‚Frau Metze' 103
Arminius 515
Arnald von Villanova
  ‚Liber de vinis' 172
Arndes, Steffen 28, 270
Arnoldi, Heinrich von Alfeld 426
  ‚Dialogus de modo perveniendi',
  Übers. 426
Arnoul de Bohéries
  ‚Speculum monachorum' 416
Arriginus 573
‚Ars moriendi' 29
Arvianotorfes, Gregorius 178
‚Athanasianisches Glaubensbekenntnis'
  (‚Symbolum Athanasianum') 125, 130
Aufkirchen, Lorenz 282
  Predigt 285
Augustinus 130, 179, 234, 236, 238,
  254, 268, 291, 296, 300, 337, 346, 386,
  430, 462, 470, 471, 475, 476, 490, 492,
  497, 575, 591, 610
  Augustinusregel 216
  ‚Confessiones' 475
  ‚De civitate dei' 575
  Predigten 481
Pseudo-Augustinus
  ‚Manuale de verbo dei' 428, 488
  ‚Meditationes' 433
  ‚Speculum peccatoris' 236, 260
  ‚Speculum peccatoris', Übers. (‚Der
  Menschen Spiegel') 236
  ‚Speculum peccatoris', Übers. 417
  ‚De vita Christiana' 434
‚Ave Maria', anonyme Auslegung 227
Aventinus, Johannes 518, 580–583
  ‚Annales ducum Boiariae' 581,
  582
  ‚Bayerische Chronik' 582
  ‚Encyclopedia' 580
  ‚Germania illustrata' 583
  ‚Grammaticae nova fundamentalis'
  580
  ‚Hauskalender' 581

‚Musicae rudimenta' 581
‚Römisches Kriegsregiment' 583
‚Ursachen des Türkenkrieges' 583
‚Von dem herkommen der statt
  Regensburg' 581
Avianus,
  Fabeln 499, 592
Ayndorffer, Kaspar 420

Babenberger (Adelsgeschlecht) 556
‚Bairische Chronik' 156
‚Bairische Verba seniorum' 239, 250
Bake, Alijt 461
Baldung Grien, Hans 285, 617
‚Bamberger Legendar' 222, 223
Bämler, Johann 32, 413, 416, 464
  ‚Buch der Kunst' 416
Barbara von Mantua 602
Barbara von Sachsen, Herzogin 361, 362
Barbara, Hl. 528
  Legende 359, 408
Barizza, Gasparino
  ‚De compositione' 567
Barlaam und Josaphat-Legende 250
Bartoldus de Saxoferrato
  ‚Processus Sathanae contra genus
  humanum' 171
Bartholomäus Anglicus
  ‚De proprietatibus rerum' 497
Pseudo-Basilius
  ‚Dialogus divitis et pauperis' 81
Basler Konzilsbulle ‚Inter alias' 300
‚Basler Konzilspredigten' 300, 302–305,
  307
Bassenhaimer, Johannes
  Reisebericht 417
Baumgartner, Hieronymus 174
Beatrix von Pfullendorf 496
Beatus, Hl. 389
Beatus von Vendome 389
Bebel, Heinrich 72, 80, 520, 521, 527, 529,
  535, 541, 546, 633
  ‚Comedia de optimo studio iuvenum'
  520

‚Commentaria' 520
‚Fazetiae' 72, 521
‚Germani sunt indigenae' 521
‚Triumphus Veneris' 521
Bechtermünze, Heinrich 23
Bechtermünze, Nicolaus 23
Beck, Konrad 162, 340
Becker, Hans 301
Beckmesser, Sixt 121
Beda Venerabilis 311
Pseudo-Beda (Ambrosius Autpertus)
  ‚Allerheiligenpredigt' 192
Behaim, Lorenz 95
Behaim, Martin 170
Beheim, Michel 53, 115, 125, 573
  ‚Pfälzische Reimchronik' 574
‚Bei meines bulen haupte', Lied 442
‚Beichtspiegel *Ich gib mich schuldig*' 219
Beichttraktat ‚Es sind vil menschen,
  den ir peicht wenig oder gar nicht
  hilft' 218
Bela IV., König 253
Benedikt XIII., Papst 419
Benedikt von Nursia, Hl. 386
Benediktinerregel 406, 413, 418
‚Bereitung zu dem heiligen Sacrament'
  473
Bergmann, Johann von Olpe 610, 611
Bernardus a Bessa
  ‚Speculum disciplinae ad novitios' 362
Bernauer, Agnes 489
Bernhard von Breidenbach
  Reisebericht 162, 341
Bernhard von Clairvaux 183, 234, 236,
  253, 254, 260, 263, 268, 277, 291, 300,
  303, 313, 317, 318, 323, 354, 371, 372,
  374, 414, 423, 430, 438, 465, 470,
  471, 490, 497
  Hohelied-Predigten 303, 317, 422,
    423
  Legende und Mirakel 451, 456
  Marienpredigt 227
  Predigten 481
  ‚Vita prima' 451

Pseudo-Bernhard von Clairvaux
  ‚Epistola de cura domestica ad
    Raimundum militem' 416, 566
  ‚De interiori domo' 289
  ‚Meditationes de cognitione humanae
    conditionis' 237
Bernhard von Waging 238, 421–424, 426,
  489
  Beichttraktat 423
  ‚De cognoscendo Deum' 426
  ‚Laudatorium docte ignorancie' 425
  Sendbrief ‚Ein predig geschehen zü ge-
    ystleichen personen' 425
  Traktat ‚Remediarius contra
    pusillanimes et scrupulosos' 425
  ‚Traktat über die drei Wege zu Gott'
    424
  Traktat über die Unterscheidung
    zwischen Natur und Gnade 425
  Traktat ‚Von virlay eingeystung' 425
  Traktat ‚Wider klainmütikhait vnd
    jrrend gewissen' 425
  Traktat zum Weihnachtsfest über Lc
    2,14 423
  ‚Von der Unterscheidung oder Teilung
    des Geistes und der Seele' 424
  ‚Von der wahren Braut Christi' 423
  Teilübers. v. ‚De spiritualibus senti-
    mentis et perfectione spirituali' 424
  Teilübers. v. Hugo von Balma
    ‚Theologia mystica' 424
  Teilübers. v. Richard von St. Viktor
    ‚Benjamin major' 425
  Übers. seines ‚Consolatorium
    tribulatorum' (Sendbrief
    ‚Trostung den betrůbten vnd
    laydsamen') 425
  Übers. v. Bernhard von Clairvaux
    Hoheliedpredigten 1–81 422, 423
  Übers. v. Bernhard von Clairvaux,
    Predigt 33, ‚Von viererlei An-
    fechtungen' 422
  Übers. v. Bonaventura ‚De quinque
    festivitatibus pueri Iesu' 423

Übers. v. Bonaventura ‚Itinerarium mentis in Deum' 426
Übers. v. Bonaventura ‚Itinerarium mentis in Deum'. Kap. I,8-II,3 424
Übers. v. Jean Gerson ‚De probatione spirituum' 424
Übers. v. Johannes Keck ‚Decaperotision' (‚Von der Bewegung der Seele) 423, 424
Übers. v. Thomas von Kempen ‚De imitatione Christi' 473
Bernhardin von Siena, Hl. 270, 372, 430
‚De sanctissima passione et mysteriis crucis', Übersetzungen 388
Legende 392
Passionstraktat 388
Paternoster-Auslegung, thür. Übers. 388
‚Sermones de evangelio aeterno' 388
Bernhartin, Veronica 276
Bernhaubt, Jacob (gen. Schwenter) 122, 124
Bernhaubt, Pankratz (gen. Schwenter) 82, 122, 129, 177, 178
‚Apologia poetarum' 177
‚Histori Herculis' 178
‚Nürnberger Chronik' 158, 178
Übers. v. Johannes Romming ‚Epistola de Virtutis laude' 178
Beroaldo, Filippo
‚De tribus fratribus' 577
‚Metamorphosen'-Kommentar 607
Bertho, Wilhelm 380
Berthold von Henneberg, Kurfürst und Erzbischof von Mainz 4, 34, 570, 607
Berthold von Regensburg 6, 266
‚Die besessene Nonne Agnes' 477
Beutlerin, Magdalena 245
‚Bewährung, daß die Juden irren' 44, 109
Bi Scheng 19
‚Biblia pauperum' 29
Biel, Gabriel 351, 429, 430, 487, 488

‚Büchlin inhaltend die Stifftung des Stiffts Peters zum Ainsiedel im Schainbuch' 487
Übers. v. Pseudo-Augustinus ‚Manuale' (?) 488
Übers. v. Jean Gerson ‚Opus tripartitum' 488
Übers. v. Hugo von St. Viktor ‚De laude charitatis' (‚Der übertrefflichst weg zu der såligkait') 488
Übers. v. Jakob von Paradies ‚De apparitionibus animarum separatarum' 488
Bijbelvertaler van 1360, s. Naghel, Petrus
Biondo, Flavio 168
‚Decades' 170
‚Italia illustrata' 516
Birgitta (Birgersdotter) von Schweden, Hl. 227, 228, 229, 231, 233, 270, 303, 338, 476
Legende 229
‚Revelationes caelestes' (Offenbarungen) 227, 228, 229, 241, 476
Birgittenordensregel 229
Bischoff, Johannes 8
Bischoff, Konrad
Vita Ottos I. von Bamberg, Übers. 381
Boccaccio, Giovanni 134, 597, 641
‚De claris mulieribus' 134, 588
‚Decamerone' 586, 597, 598, 640
‚Genealogia deorum gentilium' 342, 516
‚Griselda' 185, 586, 587, 588
‚Guiscardo und Ghismonda' 562, 592, 602
‚Il Filocolo' (‚Florio und Biancefora') 640
‚De illustribus mulieribus' 379
Boethius 126
‚De Consolatione philosophiae' 642
‚Boge dyne strenge telgen', Lied 442
Bogner, Hans 123

Bömlin, Konrad 306, 367
  ‚Das gúldin bůch' 368
  ‚Inspice et fac', Passionspredigt 368
  Predigt zur Unterscheidung der
    Geister 368
  ‚Venite ad me omnes', Eucharistie-
    predigt 368
  ‚Von der Berührung Gottes' 368
Bonaventura 276, 278, 312, 362, 371, 372,
  373, 379, 380, 392, 396, 399, 404, 467,
  470, 471
  ‚Commentarius in evangelium Lucae'
    279
  ‚Epistola continens XXV memorialia'
    434
  Franziskus, ‚Legenda maior' 390, 391,
    455, 476
  Franziskus, ‚Legenda minor' 476
  Franziskus-Legenden 370
  ‚Itinerarium mentis in Deum' 424, 426
  ‚Lignum vitae' 374, 424
  ‚De quinque festivitatibus pueri Iesu'
    373, 423, 493
  ‚Regula novitiorum' 387
  ‚Sermo de modo vivendi' 395
  ‚Soliloquium' 465
  ‚Soliloquium', Übers. u. Bearb. 391,
    455
  ‚De triplici via' 344, 373, 382, 462
Boner, Ulrich
  ‚Der Edelstein' 25, 593
Bonifaz IX., Papst 202, 229, 309
Boppe 115
Bouchet, Jean 615
Branda di Castiglione
  Reformstatuten 484, 492
Branda di Castiglione 489, 498
  Reformstatuten 484, 492
Brandis, Lucas 28, 31
Brant, Sebastian 9, 27, 522, 524, 525, 532,
  538, 542, 543, 557, 591, 609–614, 616,
  617, 618, 621, 622, 623, 629, 632, 633,
  634, 637
  ‚Carmina in laudem Mariae' 611
  ‚Carmina in laudem Maximiliani I.'
    617
  ‚Freiheitstafel' 617
  ‚Herkulesspiel' 616
  ‚Das Narrenschiff' 28, 33, 399, 523,
    550, 593, 609, 610, 611, 612, 613,
    615, 618, 621, 623, 624, 625
  ‚Dat Narrenschyp' 28, 615
  ‚Schachmattspiel' 612
  ‚Straßburger Freiheiten' 617
  ‚Tugent spyl' 616
  ‚Varia carmina' 178, 611
Brinckerinck, Johannes 459, 460, 470
  ‚Collatien' 460
Bromyard, John
  ‚Summa praedicantium' 400
Bruder Gotthard 357
Bruder Konrad
  Neujahrslied, ndt. 442
Bruder Marcus
  ‚Visio Tnugdali' 240
Bruder Petrus
  Katharina von Alexandrien-Legende
    265
Bruder Philipp
  ‚Marienleben' 227
Bruder Reinhard
  Predigt zur Fastenzeit 404
Bruder Wernher 115
Brugman, Johannes 395
  ‚Devote Oefeninge' 395
  Lidwina von Schiedam-Vita 396, 475
  ‚Ontboezemingen over het H. Lijden'
    395
Bruni, Leonardo 566, 572, 574, 591, 600
  ‚Isagogicon moralis disciplinae' 576
  ‚Oratio Heliogabali' 599
  ‚Orationes ad Athenienses' 566
  Quintus Sertorius-Vita 607
  ‚De studiis et litteris' 604
  ‚Vita Ciceronis' 605
‚Buch der Märtyrer' 221, 222
‚Buch des Gehorsams' 366
‚Buch von Schönensteinbach' 292

Burckhardi, Johannes 354
Burgkmair, Hans 529
Burkhard von Horneck 607
‚Carmen de ingenio sanitatis' 607
Buonaccorso de Montemagno
‚Controversia de vera nobilitate' 564
Busch, Johannes 440, 466, 470, 480, 481
‚Chronicon Windeshemense' 458, 463, 470, 480
‚Liber de reformatione monasteriorum diversorum ordinum' 480
Übers. v. ‚Epistola de vita et passione domini nostri' 466
Buscop, Wermhold 469
Bussi, Giovanni Andreae de, Bischof 33
Butzbach, Johannes
‚De illustribus seu studiosis deoctisque mulieribus' 175

Caecilia-Legende 385
Caesar, Julius 516, 522, 617, 639
‚Bellum civile' 638
‚Bellum Gallicum' 638
Caesarius von Heisterbach 72
‚Dialogus miraculorum' 72, 183, 400, 502
Caffarini, Tommaso
Katharina von Siena, ‚Legenda minor' 476
Calixtus III., Papst 301
‚Türkenbulle'-Übers. 301
Caoursin, Wilhelm 635
Caroli, Nikolaus 364
Caracciolus, Robertus
Karfreitagspredigt 403
Cassian, Johannes 246
‚Collationes patrum' 246, 250, 251, 323
‚Collationes patrum', nordnld. Übers. 469
‚Collationes patrum', Übers. 385
Cato 540
‚De agri cultura' 572
Cele, Johannes 480

Celtis, Conrad 19, 145, 163, 164, 166, 170, 173, 174, 175, 176, 177, 369, 511, 513, 514, 515, 516, 518, 520, 522, 523, 524, 528, 530, 531, 532, 538, 540, 541, 542, 546, 554, 558, 574, 580, 583, 584, 591, 599, 609
‚Amores' 516, 517
‚Apollo-Ode' 514, 515
‚Germania generalis' 516
‚Germania illustrata' 176, 516, 518
Hrotsvit von Gandersheim, Werke 175, 515
‚Ludus Dianae' 517, 518
‚Norimberga' 145, 165, 171, 516
‚De origine, situ, moribus et institutis Norimbergae libellus' 176
‚Rhapsodia' 517
Ode auf den hl. Sebald 176
Charles VII., franz. König 24
Chelidonius, Benedikt 530
Christan, Michael 568, 569
Übers. v. Otto von Sonnenberg ‚De contemptu mundi' 568
Übers. des Briefes Enea Silvio Piccolominis an Giovanni Peregallo 568
Übers. v. Pius II. ‚Epistola ad Mahumetem' 568
‚Christherre-Chronik' 220
Christianni, Peter 382, 383
Predigt zum Paternoster 382
Christoph von Bayern, Herzog 146, 147
Christoph von Utenheim 329
‚Chronik aus Kaiser Sigmunds Zeit' 154, 155
Chronik des Nürnberger Ägidienklosters 407
‚Chronik von den Anfängen der Stadt Zürich' 488
Chrysostomus, Johannes 236
Legende 21, 228, 253
Predigt, Übers., s. Wimpeling, Jakob
Cicero 166, 342, 481, 508, 540, 575, 608, 612
‚Erste Catilinarische Rede' 579

‚De natura deorum' 576
‚De officiis', Übers. 642
‚Der Teütsch Cicero' 605
‚Tusculanae disputationes' 574
Claranna von Hohenburg 287
Cochläus, Johannes 163, 165, 174, 609
  ‚Brevis Germaniae descriptio' 518
Cola de Rienzo 507
Columella, Lucius
  ‚De re rustica' 572
Comitis, Gerhard 255, 256, 257, 259
  ‚100 Artikel des Leidens Christi' 256, 259
  Fastenpredigten 256
  Predigten zur Eucharistie 256, 257
‚Commonitiones sanctorum patrum' 250
Conrad von Soltau
  ‚Glossa super psalterium' 456
‚Consuetudines Castellenses' 407
‚Consuetudines Rudnicenses' 489
‚Consuetudines Sublacenses' 407, 411
‚Cosmographia Phtolomei Dewtsch' 639
Creußner, Friedrich 40, 109
‚Crist ist upstanden', Osterleis 446
Cuno, Johannes 557
  Hieronymus-Ausgabe 557
Cyrillus von Jerusalem 475

David von Augsburg 467, 471
  ‚De exterioris et interioris hominis compositione' 273, 455
  ‚Formula de compositione hominis exterioris ad novitios' (‚Novizentraktat') 315, 490
‚De dulcissima die pasche', Gedichte zu Ostern 446
‚De kuckuck und de reygere', ndt. Lied 443
‚De veer uitersten', s. Gerard van Vliederhoven ‚Cordiale'
Dedekind, Friedrich 614, 616
  ‚Grobianus: De morum simplicitate' 614
Dederoth, Johannes 434, 439

Deichsler, Heinrich 138, 154, 156, 157,158, 178
  ‚Nürnberger Chronik' 152, 155, 156, 157
Demosthenes
  Erste Olynthische Rede 571
  Reden 538, 571
Deocar-Translatio 226
‚Deventer Liederhandschrift' 439, 441
‚Dicta beati Aegidii Assisiensis' 476
‚Dieb von Brügge' 68
Diemar, Johannes 274, 278
  Katechetische Predigt 278
  Sermo zur Bergpredigt 279
Dietrich von Apolda
  Dominikus-Legende 358
  Elisabeth von Thüringen-Legenden, Übers. 226, 482
  Elisabeth von Thüringen-Legende, ndl. Übers. 477
  ‚Reinhardsbrunner Erweiterungen' (zur Elisabeth-Legende) 477
Dietrich von Erbach, Bischof 641
Dietrich von Plieningen 531, 577, 578, 579, 608
  Übers. v. Ciceros 1. Catilinarischen Rede und apokryphe Repliken Catilinas 579
  Übers. v. Horaz Satire I,1 579
  Übers. v. Juvenal Satire X 579
  Übers. v. Lukian ‚Calumniae nun temere credendum' (‚Von Klaffern') 579
  Übers. v. Lukian ‚Gallus' 579
  Übers. v. Plinius d. J. ‚Panegyricus' 578
  Übers. v. Gianfrancesco Poggio Bracciolini ‚Invectio in delatores' 579
  Übers. v. Sallust ‚Bellum Iugurthinum' 579
  Übers. v. Sallust ‚De coniuratione Catilinae' 579
  Übers. v. Seneca ‚Consolatio ad Marciam' 580

Übers. v. Seneca ‚De constantia
  sapientis' 580
Übers. v. Seneca ‚De remediis
  fortuitorum' 579
Übers. v. Pseudo-Seneca ‚Proverbia'
  580
Dietrichepik 10, 11, 16, 20, 24, 525, 532
‚Dietsche Doctrinale' 188, 189, 270
Dinckmut, Konrad 381, 594, 595
Dionysios von Halikarnassos
  ‚Antiquitates Romanae' 570
Dionysius Areopagita 238
  Legende mit Translatio-Erzählung
    408, 409
Dionysius der Kartäuser 374
Dirc van Herxen 466
  ‚Epistola contra detractores monacho-
    rum' 466
Doliatoris, Erasmus 359
  Barbara-Legende, Übers. 494
  Bartholomäus-Legende, Übers. 360,
    494
‚Domherr und Kupplerin' 103
Dominikus, Hl. 229, 327, 328, 356, 357,
  386
  Legende, mittelfrk. 358
  Legenden 223
  Verslegende, alem. 222, 357
Donatus, Aelius
  ‚Ars Minor' 21
  ‚De Comedia' 595
  Terenz-Scholien 594
Dorner, Christoph 591
Dorothea von Caesarea, Hl.
  Legende 408
Dorothea von Kippenheim 294
  Übers. von acht Legenden 294
  Übers. von Predigten des Augustinus
    und Bernhards von Clairvaux 294
Dorothea von Montau 181, 182, 184
‚Die drei Wäscherinnen' 91
‚Dresdner Gärtlein' 262
‚Dunkelmännerbriefe' (‚Epistolae obscu-
  rorum virorum') 537, 538, 540, 541

Duns Scotus 130, 380, 398, 622
Dürer, Albrecht 29, 38, 169, 174, 175,178,
  179, 380, 516, 529, 605, 612, 617
  ‚Marienleben' 175

Eadmundus (Edmund) 242
Ebendorfer, Thomas 300, 303, 304, 305,
  419
  Adventspredigt 304
  Predigt über die Trägheit 304
  Predigten über die Beichte 304
Eber, Valentin 551
Eberhard V. von Württemberg (im Bart),
  Graf, Herzog 208, 332, 345, 351, 383,
  433, 487, 533, 534, 535, 539, 540, 559,
  560, 563, 564, 567, 568, 569, 571, 572
Eberhard VI. (der Jüngere) von Württem-
  berg, Graf, Herzog 345, 539
Eberhart von Rapperswil
  Übers. v. Wilhelm von Tocco Thomas
    von Aquin-Legende 359
Eberlin, Johann von Günzburg 637
  ‚15 Bundesgenossen' 631
Ebernand von Erfurt
  ‚Heinrich und Kunigunde' 221, 222
Ebin, Anna 492–495
  Adelheid-Legende (?) 493
  Legendensammlung 493, 502
  Übers. einer lat. Fassung von Pseudo-
    Eckhart ‚Schwester Katrei' 492, 495
Ebner, Hieronymus 178
  Übers. v. Pseudo-Eusebius von
    Cremona ‚De morte Hieronymi'
    178
Ebo
  Vita Ottos I. von Bamberg 382
‚Ebstorfer Chronik' 437
‚Ebstorfer Drei-Gärten-Predigt' 438
‚Ebstorfer Liederbuch' 439, 441
‚Ebstorfer Predigtsammlungen' 438
Eck, Johannes 536
  Barbarossa-Vita 635
Eckhart von Hochheim, Meister Eckhart
  8, 232, 268, 276, 290, 291, 306, 393,

416, 417, 424, 438, 455, 461, 462, 486
Predigten 32, 45, 60, 423
‚Rede der unterscheidunge‘ 462
Sprüche 492
‚Von abegescheidenheit‘ 490
Pseudo-Eckhart
‚Schwester Katrei‘ 492, 495
Ederin, Katharina 315
Eghenvelder, Liebhard
Übers. von Pseudo-Methodius Patarensis ‚Revelationes‘ 418
‚Eheliche Verdächtigungen‘ 103
Ehrenbote 115
Eilhart von Oberg
‚Tristrant‘ 12
‚Ein prophecy‘ 297
Einzlinger, Johannes 371
Predigt zur Gelassenheit 371
‚Tractatus von den sieben reisen der ewigkeit‘ 371
Eleazar von Sabran-Legende 392
Eleonore von Tirol, Erzherzogin 588, 589
‚Pontus und Sidonia‘ (Fassung A)
Elisabeth von Nassau-Saarbrücken
‚Hug Schapler‘ 10
Elisabeth von Schönau 554
Elisabeth von Thüringen, Hl. 253, 304, 338, 366, 477
Ballade, ndt. 443
Legende 454
‚Elsässische Legenda aurea‘ 17, 221, 223, 359, 450, 451, 453, 454
Emmeram-Legende 221, 408
‚Engelhus, Dietrich
‚Kunst to stervende‘ 439, 444
Enikel, Jans
Weltchronik 220
‚Des Entkrist Vasnacht‘ 105
‚Enzyklopädie für praktische Fragen des Klosterlebens‘ 287, 288
Epikur 576
‚Epistola de vita et passione domini nostri‘ 466, 480

Erasmus von Rotterdam 174, 175, 394, 509, 510, 525, 531, 542, 547, 548, 550, 616
‚Enchiridion militis Christiani‘ 636
‚Julius exclusus e coelis‘ 550
Lat. Übers. des Neuen Testaments 548
‚Moriae encomium sive stultitiae laus‘ (‚Lob der Torheit‘) 549
Ernestin, Juliana
‚Chronik des Bickenklosters‘ 401, 402
Ernst II. von Sachsen, Erzbischof 570
Ernst von Bayern-München, Herzog 489, 490, 580
Ernst von Braunschweig-Lüneburg, Herzog 448
Ernst von Sachsen, Herzog, Kurfürst 160, 557
‚Es kommt ein Schiff geladen‘ 439
Eschenbach, Johannes 258
‚Geistlicher Fastnachtkrapfen‘ 258, 262
‚Neun Regeln vom Frieden‘ 258
Etterlin, Petermann 635
Eucherius von Lyon, Hl.
‚Mauritius-Legende‘ 438
Eugen IV., Papst 300–303
Euklid 534
Eusebius von Caesarea
‚Chronicon‘ 21
‚Historia ecclesiastica‘ 192
Eusebius von Cremona 475
Pseudo-Eusebius von Cremona
‚De morte Hieronymi‘ 178
‚Evangelium Nicodemi‘ 256
ndt. Übersetzung 439

Fabri, Felix 19, 162, 332, 333, 336, 337, 338, 339, 340, 342, 354, 355, 385, 557, 594
‚Descriptio Theutoniae, Sueviae et civitatis Ulmensis‘ 342
‚Deutsches Pilgerbuch‘ 343
‚Eigentliche beschreibung der hin vnnd wider farth zu dem Heyligen Landt‘ 343

‚Eucharistietraktat' 337
‚Evagatorium' (Buch der Abschweifungen) 333, 341, 342, 343
‚Das Hirtlin' 336, 337
Marienpredigten 335
Osterpredigtzyklus 333, 335
Passionstraktat 333
‚Pilgerbüchlein' 339
Predigt zu Aspekten des Ordenslebens 334
Predigt zur Kirchweih 335
Predigt mit Exzerpten aus Albertus Magnus ‚De eucharistiae sacramento' 333
Predigt über die Kinder des Lichts 335
Predigt auf der Grundlage von Richards von St. Victor Predigt ‚Benjamin minor' 335
Predigt über die Vollkommenheit des Klosterlebens 335
Predigten 333
‚Sionpilger' 343, 344
‚Traktat von der ewigen Seligkeit' 337
‚Witwenbuch' 338
Übers. v. Johannes Prausser ‚Traktat über die Witwenschaft' 280
Fabri, Heinrich 290, 291, 292
‚Auslegung des Paternosters' 290
Predigten 290, 291
‚Testament' 291
Fabri, Jakob von Stubach 209, 322
Fabri, Johann 474
Übers. v. Thomas von Kempen ‚Libellus de disciplina claustralium' 474
Übers. v. Thomas von Kempen ‚Soliloquium animae' 474
Fabri, Wendelin 337, 349, 350, 351, 353
‚Diurnale exercitiorum' 352
‚Eucharistietraktat' 350
‚Exercitatorius religiosorum' 352
‚Messtraktat' 351
‚Nocturnale exercitiorum' 353
‚Ordinarius vitae religiosae' 352

Predigten zu den sieben O-Antiphonen 353
‚Prudentia simplex religiosorum' 352
‚Villicatorius' 351, 352
‚Von den fünf Gerstenbroten' 351
Fabriano 14
‚Fabula de confessione' 68
Falder, Georg 244, 251, 252, 253, 254, 255, 258, 260
‚Blume der Seele' 254
Florian von Lorch-Legende 254
‚Geistliche Belehrung in Dialogform' 252
‚Passionstraktat für Ordensleute' 252
‚Sprüche der Meister zu Paris und Prag' 254
Übers. der Florian von Lorch-Legende 495
Übers. v. Johannes de Vercellis Margareta von Ungarn-Legende 253, 493
Übers. v. Thomas von Kempen ‚De imitatione Christi' 473
Fausta-Legende 454
Federle, Cassandra 175
Felix V., Gegenpapst 512
Ferdinand II. von Aragón 635
Ferrer, Vinzenz, Hl. 269, 270, 359
Kurzvita 270
‚Opusculum de fine mundi' 269
‚Opusculum de fine mundi', Übers. 269
‚Tractatus de vita spirituali', Übers. 269
‚Tractatus quidam de Turcis', Übers. 270
Übers. d. Vita 269
Pseudo-Ferrer, Vinzenz
‚Tractatus consolatorius in tentationibus circa fidem', Übers. 270
Feyerabend, Sigmund
‚Reyßbuch deß Heyligen Lands' 343
Fichet, Guillaume 24
Ficino, Marsilio
‚De vita libri tres' (‚De triplica vita'), Übers. 575, 634

Finck, Thomas 385, 429, 431, 432, 433, 434
,Büchlein von den sieben Tagzeiten' 432
,Die Passion unseres Herrn Jesu Christi' 430
,Sprüche der heiligen Lehrer' 434
,Traktat von den monastischen Gelübden' 434
Teilübers. v. Jean Gerson ,De differentia peccatorum mortalium et venalium' 430
Übers. der Adrianus von Nikomedien-Legende 434
Übers. v. Pseudo-Augustinus ,De vita Christiana' 434
Übers. v. Bonaventura ,Epistola continens XXV memorialia' 434
Übers. v. Jean Gerson ,De diversis temptationibus diaboli' 430
Übers. v. Jean Gerson ,De exercitiis discretis devotorum simplicium' 430
Übers. v. Jean Gerson ,De mendicitate spirituali' 430
Übers. v. Jean Gerson ,De remediis contra pusillanimitatem' 276, 430
Übers. v. Guigo II. ,Scala paradisi' 429
Übers. v. Jakob von Paradies ,De apparitionibus animarum separatarum' (,Gespensterschrift') 431
Übers. v. Jakob von Paradies ,De praeparatione ad sacramentum eucharistiae' 432
Übers. v. Johannes von Kastl ,De fine religiosae perfectionis' 407, 430
Übers v. Pelagius ,Epistola ad Demetriadem' 430
Übers. v. Konrad Summenhart ,Tractatulus pro monialibus ad vitandam simoniam in receptione noviciarum' 433
Übers. v. Pseudo-Thomas von Aquin ,De beatudine' 430
Übers. u. Bearb. v. Thomas von Kempen ,Dialogus noviciorum' (,Fraterherren-Viten') 433
Fischart, Johann 616
Flavius Josephus 187, 534, 596
Fleck, Konrad
,Flore und Blanscheflur' 640
Fleischmann, Albrecht 193
Sonntagspredigten 194
,Flores temporum' 158, 370, 589
Folz, Hans 10, 34, 39, 41, 42, 44, 49, 50, 51, 52, 56, 57, 59, 62, 64, 66–74, 76–90, 96, 98, 99, 102, 103, 104, 107–113, 118, 121–131, 135, 136, 138, 141, 177, 585
,Adam und Eva' 78
,Der Arme und der Reiche' (,Kargenspiegel') 81, 177
,Der ausgesperrte Ehemann' 70
,Bäderbüchlein' 89
,Beichtspiegel' 80, 88
,Der Berner und der Wunderer' 103
,Branntweinbüchlein' 89
,Der Buhler' 82
,Christ und Jude' 73, 111
,Ecclesia und Synagoga' 98, 107, 110, 112
,Drei listige Frauen' 70
,Drei törichte Fragen' 69
,Der falsche Messias' 72
Fürwurf- und Straflied-Reihe 128
,Die halbe Birne' 70
Hausratbüchlein' 77
,Die Herkunft der Affen' 83
,Der Herzog von Burgund' 99, 111
,Judas der Ketzerapostel' 79
,Die Juden und der Antichrist' 112
,Jüdischer Wucher' 73
,Kaiser Constantinus und Silvester' 73, 110, 112
,Kaiser und Abt' 113
,Klopfansprüche' 86
,Konfektbüchlein' 68, 89
,König Maximilian in Nürnberg' 86
,Liebesnarren vor Venus' 113

Lied zur Trinitat 124
Lieder zur Passion Jesu 117, 125
‚Lob der Buchdruckerkunst' 117
Marienlieder 126
‚Die missverständliche Beichte' 68
‚Der neů Gůllden Traum' 85
‚Parodistischer Almanach' 90
‚Pestregimen in Prosa' 89
‚Pestregimen in Versen' 88
‚Der Pfarrer im Ätna' 78
‚Praktik' 82
‚Das römische Reich' 76, 84
‚Der Schinkendieb als Teufel' 73
‚Das Spiel vom Dreck' 101
‚Der Spieler' 82
‚Spottrezepte eines griechischen Arztes' 71
‚Der Stein der Weisen' 89
‚Der Traum' 85, 92
‚Trinitätslieder' 125
‚Der Trinker' 82
‚Von König Salomon und Markolf' 112
‚Die Wahrsagebeeren' 71, 73
‚Weibernarren' 113
‚Weibernarren vor Venus' 113
Weihnachtslieder 125
‚Die Werbung im Stall' 84
‚Der witzige Landstreicher' 69, 81
‚Zweierlei Minne' 84
Forster, Konrad 265
‚Fortunatus' 162
‚Frag und antwort künig Salomonis und Marcolfi' 113
Franck, Sebastian 549
  Übers. v. Filippo Beroaldo ‚De tribus fratribus' 577
Der Frankfurter
  ‚Theologia deutsch' 36
‚Fränkisch-bairischen Annalen' 155
Franz von Retz 126, 130, 251
Franz von Sickingen 542
‚Franziskanische Traktate' 476
Franziskus de Morone 380

Franziskus von Assisi, Hl. 230, 357
  Legenden, s. Bonaventura, Thomas von Celano
Franziskusbuch ‚Fac secundum exemplar' 391
‚Frauchen von 22 Jahren' 438
Frauenlob, s. Heinrich von Meißen
Frauenpreis, Niklas 94, 123
  Scheltrede gegen übermäßiges Trinken 94
Freidank 63, 590
Freytag, Johannes
  Predigt 382
Frick, Augustin 335, 498
  Passionspredigten 498
  Predigt auf den hl. Konrad 498
Fridolin, Stephan 45, 374, 375, 376, 377, 378, 379, 380
  ‚Buch von den Kaiserangesichten' 378
  ‚Der geistliche Herbst' 376, 377
  ‚Der geistliche Mai' 376
  ‚Lehre für angefochtene und kleinmütige Menschen' 378
  Predigten 375
  ‚Schatzbehalter' 375
  Übers. v. Predigten Olivier Maillards 379
Friedrich I. (Barbarossa), König, Kaiser 328
Friedrich I. der Siegreiche, Pfalzgraf, Kurfürst 530, 573
Friedrich I. von Brandenburg 159
Friedrich I. von Heidelberg, Kurfürst 519
Friedrich II. von Sachsen, Kurfürst 159
Friedrich III. der Weise von Sachsen, Herzog, Kurfürst 360, 504, 580, 609
Friedrich III., König, Kaiser 18, 23, 24, 44, 146, 147, 148, 163, 170, 304, 328, 356, 513, 528, 535, 555, 556, 572, 589
Friedrich V. von Brandenburg, Markgraf 138, 243
Friedrich der Ältere, Markgraf von Ansbach 74

Friedrich von Dalberg 532, 575, 576, 577, 579, 606
Friedrich von Sonnenburg 115
Friedrich, Jakob von Colmar 354
Frieß, Lorenz 608
Fritz, Joß 637
Froben, Johann 547
Fuchs, Ludwig 332, 383
   Übers. v. Bonaventura ‚Epistola de XXV memorialibus' 332
Fuetrer, Ulrich
   ‚Buch der Abenteur' 10
Fugger, Jakob 1, 529
Fünfbrunner, Konrad
   Trostbrief an eine Witwe 381
Fünfer, Johannes 566
Fust, Johannes 21–24
Fyner, Konrad 172

Gabriel von Eyb, Fürstbischof von Eichstätt 603
Galen 59
Gallus von Königssaal 219
Ganser, Johannes 384
Garinus von Guy l'Evèque
   Margareta von Ungarn-Legende 253
‚Gart der Gesundheit', Übers. des 'Hortus sanitatis' 634
Geiler, Johannes von Kaysersberg 8, 36, 198, 200, 245, 257, 258, 286, 306, 314, 316, 329, 385, 399, 400, 427, 498, 533, 543, 557, 593, 610, 612, 633, 636
   ‚Emeis' 245, 505
   ‚Fragmenta passionis' (‚Doctor Keiserspergs Passion') 637
   Lebkuchenpredigten 320
   ‚Narrenschiff-Predigten' 399
   ‚Passionis Christi Vnum ex quattuor euangelistis textum' 638
   ‚Sermones de oratione dominica' (‚Doctor keiserspergs pater noster') 637
‚Der geistliche Freudenmai' 444

‚Eine geistliche Geißel' 235
‚Geistliches Muhlenlied', Lied 442
‚Geistliches Würfelspiel', Sendbrief 312
‚Gelobet sistu Jesu Christ', Weihnachtsleis 447
‚Gemahelschaft Christi mit der glaubigen Seele' 218
Gengenbach, Johann Matthias 610
Gengenbach, Pamphilus 616, 632
Gensfleisch zur Laden, Johann, s. Gutenberg, Johann
Georg III., Schenk von Limpurg, Furstbischof von Bamberg 605
Georg von Absberg 565
Georg von Bayern-Landshut, Herzog 148
Georg von Poděbrad, Konig von Bohmen 127, 162, 166, 361
St. Georgener Prediger
   Sermo zu Allerheiligen 222
Gerard van Vliederhoven 464
   ‚Cordiale de quattuor novissimis' 465, 486
   ‚Cordiale de quattuor novissimis', Übers. („De veer uitersten') 187, 447, 464, 465
Gerard von Fracheto 252
   ‚Vitas fratrum' 227, 250, 324, 325, 327, 346
Gerson, Jean 8, 205, 206, 268, 276, 352, 372, 374, 378, 399, 420, 424, 481, 505, 543, 551
   ‚Ars moriendi' 412, 416
   ‚De differentia peccatorum mortalium et venalium' 430
   ‚De diversis temptationibus diaboli' 435
   ‚De exercitiis discretis devotorum simplicium' 430
   ‚De mendicitate spirituali' 430
   ‚De monte contemplationis' 396, 427
   ‚Monotessaron' 463, 638
   ‚Opus tripartitum' 260, 412, 413, 427, 488

‚De probatione spirituum' 228, 423, 424
‚De pusillanimitatem' 276, 425, 430
Gerster, Hans 636
Gertrud von Helfta, Hl. 233
　‚Legatus divinae pietatis', ‚Ein botte der götlichen miltekeit' 231, 241, 362
‚Gesprach dreier Frauen' 91
‚Gesta Romanorum' 400, 585, 586
‚Gesta s. Quirini', Tegernseer Übersetzungen 421
Gezelin von Schlebusch-Vita 479
Ghotan, Bartholomaus 28
Glasberger, Nikolaus 370
　‚Chronica Ordinis Minorum' 370, 387
　‚Klarissenchronik' 370
Glockendon, Georg der Ältere 93
　‚Die Kindsbettkellnerin und Dienstmagd' 94
‚Gmünder Chronik' 594
Gobius, Johannes 242
　‚Historia Guidonis' 480
　‚Scala coeli' 242
‚God si ghelouet unde benedyget', Fronleichnamsleis 447
Godeverd van Wevele
　‚Van den XII doghenden' 462
Goethe, Johann Wolfgang von 583
　‚Hans Sachsens poetische Sendung' 115
　‚Die Leiden des jungen Werther' 612
‚Goldene Bulle' 37
‚Goldwaage der Stadt Jerusalem' 219
Goltschlacher, Rudolf 262
　‚Zum Geistlichen Mai', Predigten 262
Gossembrot, Sigismund 550, 553, 554
　Brieftraktat 551
Gottfried von Franken
　Weintraktat 172
Gottfried von Groningen
　Pfingstpredigt 404
Gottfried von Straßburg
　‚Tristan und Isolde' 11, 17, 310

Gottfried von Viterbo
　‚Pantheon' 585, 586
Gottfried, Johannes 533, 575, 576, 577, 579
　Übers. v. Pseudo-Aristoteles ‚Oeconomica I' 576
　Übers. v. Augustinus ‚De civitate dei' 575
　Übers. v. Leonardo Bruni ‚Isagogicon moralis disciplinae' 576
　Übers. v. ‚Charon' 576
　Übers. v. Werken Ciceros 575
　Übers. v. Isokrates ‚De regni administratione ad Nicoclem' 576
　Übers. v. Pseudo-Isokrates ‚Praecepta ad Demonicum' 576
　Übers. v. Titus Livius ‚Ab urbe condita' 576
　Übers. v. Lukian ‚Calumniae nun temere credendum' 576
　Übers. v. Lukians 12. Totengespräch 576
　Übers. des Briefs Enea Silvio Piccolominis an Wilhelm von Stein 576
　Übers. v. Cosma Raimondi ‚Defensio Epicuri' 575, 576
　Übers. v. Curtius Rufus ‚Historiae Alexandri magni' 576
　Übers. v. Pseudo-Sallust ‚Invektive gegen Cicero und dessen Replik' 576
　Übers. v. Senecas 9. Brief über die Freundschaft 576
Graf, Urs 638
Gratian 192
Gratius, Ortwinus 538
Gregor I. (der Große), Papst 236, 300, 346
　Benedikt von Nursia-Vita 413
　‚Dialogi', 413, 416, 420, 464
　‚Hoheliedkommentar' 428
　‚Homilie 33' über Maria Magdalena 428
　‚Homiliae XL in Evangelia' 464
Gregor XI., Papst 230
Gregor XII., Papst 295

Gribus, Bartholomäus
  ‚Monopolium philosophorum vulgo die Schelmenzunft' 627
Grieninger, Heinrich 172
  Schmähbrief gegen Johannes Henlein 285
Grimmelshausen, Hans Jakob Christoffel von
  ‚Simplicissimus' 73
  ‚Das Wunderbarliche Vogel-Nest' 73
‚Grisilla', anon. Predigtexempel 587
Groote, Geert 6, 433, 457, 458, 459, 460, 461, 463, 468, 470, 480, 481
  ‚Getijdenboek' (Stundenbuch) 457
Groß, Erhart 182, 183, 184, 185, 187, 188, 189, 190, 191, 273, 587
  ‚Abcdarius' 182–185, 232
  ‚Decretum Gratiani', Index 192
  ‚Decretum metricum' 192
  ‚43 Gespräche' 188, 190, 192
  ‚Geistliche Lehre' 192
  ‚Geographischer Traktat' 187
  ‚Grisardis' 185, 186, 191, 226, 601
  ‚Laiendoctrinal' 188, 189, 192
  ‚Das Nonnenwerk' 185, 186, 472
  ‚De sacramento eucharistiae' 192
  ‚Septem psalmi de sacramento eucharistiae' 183, 192
  ‚Vaterunserauslegung' 191
  ‚Witwenbuch' 186, 190, 191, 192
  Übers. v. Eusebius von Caesarea ‚Historia ecclesiastica' 192
  Übers. v. Gerard van Vliederhoven ‚Cordiale de quattuor novissimis' 187, 465
  Übers. v. Thomas von Kempen ‚De imitatione Christi' (‚Admonitiones ad spiritualem vitam utiles') 186, 473
‚Der Große Seelentrost' 11, 28
Grundemann, Johannes 499, 500, 503
  Crescentia-Legende 502
  ‚Ecce mundus moritur' (‚Von der werlde ythelkeit') 500
  ‚Die Ermordung eines Juden und die Rebhühner' (aus ‚Anonymus Neveleti') 500
  Erzählungen aus Johannes de Alta Silva ‚Dolopathos' 501
  ‚Leipziger Aesop' 499
  ‚Leipziger Apollonius' 500, 501, 502
  ‚Leipziger Griseldis' 500, 502, 587, 588
  ‚Ritter, Bürger, Bauer' 500
  ‚Rota pugnae moralis' 502
  ‚Visio Philiberti' 500
  ‚Die Vögte von Weida' 501
  Übers. der Hildegund von Schönau-Vita 502
Grundherr, Ulrich 142
Grüninger, Johann 27, 224, 265, 399, 611, 618
Grünpeck, Joseph 530
  ‚Autobiographie' Maximilians I. 530
Grünsleder, Ulrich 197
Guarino Veronese
  ‚Alda' (?) 574
  Alexander-Vita 607
  Lat. Übers. v. Pseudo-Plutarch ‚De liberis educandis' 608
Guido de Columna
  ‚Historia destructionis Troiae' 158
Guido von Alet 480
‚Die guldin regel' 331
Gundelfinger, Peter 283
  Predigt vom Mitleiden Mariens 283
Günther von Mosbach 79
  ‚Eine gute Klosterlehre' 417
Gutenberg, Johann (Gensfleisch zur Laden) 1, 14, 19, 20, 21, 22, 23, 24, 26, 28, 32, 35
  42-zeiliger Bibeldruck 21, 22, 32
  ‚Sibyllenweissagungen' 23
  ‚Türkenkalender' 21, 146
Gwichtmacherin, Gertrud 255, 261

Habsburger (Adelsgeschlecht) 9, 342, 556, 581, 582

Haider, Ursula 397, 401, 402
  Brief an Papst Innozenz VIII. 401
  ‚Drei geistliche Zellen' 401
  Neujahrsansprachen 401
  ‚Unser frowen fischli und fögeli' 402
Haim, Johannes
  Predigt über das Beten 354
Haller, Anton 67, 89, 96, 107, 174
Haller, Heinrich
  Übers. v. Gerard van Vliederhoven ‚Cordiale de quattuor novissimis' 465
  Übers. v. Thomas von Kempen ‚De imitatione Christi' 473
  Übers. v. Gerard Zerbolt ‚De spiritualibus ascensionibus' 462
Hane der Karmeliter 417
Hans der Bekehrer 263, 493
  ‚Predigt vom Namen Jesu' 493
Hans Truchsess von Waldburg 340
Hans van Ghetelen 28
Hans von Schonau 636
‚Harburger Legenda aurea I' 226
‚Harfenspiel vom Leiden Christi' 438
Hartlieb, Johannes 585, 596
  ‚Gedächtniskunst' 642
  Übers. v. Andreas Capellanus ‚De amore' 596, 629
Hartmann von Aue
  ‚Erec' 11
  ‚Gregorius' 221, 222
Has, Kunz 66, 141, 143
  ‚Der Bauernkalender' 143
  ‚Der falschen Bettler Täuscherei' 142
  ‚Lied von der Stadt Rothenburg' 143
  ‚Lobspruch auf die Erbauung des Kornhauses' 142
  ‚Lobspruch auf Nürnberg' 141
  ‚Die Sondersiechen' 142
  ‚Spruch von einem Bäckerknecht' 142
  ‚Vom Ehestand' 143
  ‚Vom Schießen zu Landshut' 142
  ‚Von allerlei Räuberei' 143
  ‚Von der Welt Lauf' 141

Haselberg, Johann 608
‚Hasenlied', lat. Lied 443
Hasenstaud, Peter 139, 140
  ‚Kirchweih zu Affalterbach' 139
Haß, Augustin 272
Haß, Georg 272, 281, 282
  Predigt zur Conversio Pauli 281
Haß, Heinrich 272, 273
  Übers. v. Hendrik Herp ‚Spieghel der volcomenheit' 272
Hätzlerin, Clara 427
Hauser, Jakob 637
‚Die Hausordnung' 580
‚Heff up dyn cruce, myn alderleveste brut', Lied 442
Hegius, Alexander 531
‚Der Heiligen Leben' 13, 25, 27, 28, 31, 35, 45, 220, 221, 222, 223, 224, 225, 226, 227, 229, 231, 250, 251, 264, 265, 270, 278, 348, 357, 359, 365, 393, 408, 409, 421, 427, 468, 477, 493, 494, 495, 557, 593, 618
‚Der Heiligen Leben', Redaktionen 186, 225, 226, 227, 502
Heimburg, Gregor 127, 166, 559, 583
Heinrich und Kunigunde-Legende 226, 454
Heinrich II.-Legende 452
Heinrich V., Kaiser 168
Heinrich, Graf von Werdenberg 634
Heinrich der Seefahrer 163, 170
Heinrich der Teichner 59
  Reden 414
Heinrich von Friemar 274
  ‚De quattuor instinctibus' 274, 279, 368, 399, 415, 425, 439
  ‚De quattuor instinctibus', ‚Nürnberger Bearbeitung I' 274
  ‚De quattuor instinctibus', ‚Nürnberger Bearbeitung II' 274
Heinrich von St. Gallen
  Auslegung des ‚Magnificats' 227
Heinrich von Guttenstein 149

Heinrich (Heinbuche) von Langenstein 8,
    206, 228, 281, 430, 455
  ‚Erkenntnis der Sünde' 80, 415
Heinrich von Meißen (Frauenlob) 115,
    117
Heinrich von Neustadt
  ‚Apollonius von Tyrland' 585
Heinrich von Offenburg 308
Heinrich von Soest 436
  Predigt zu Mariae Opferung 436
  Kürz. Version v. Heinrich Seuse
    ‚Lectulus-floridus-Predigt' 436
Heinrich von Veldeke
  ‚Eneasroman' 17
Heinrich von Winchester 52
Heinrich von Württemberg, Graf 569
Heinrich zu Nürnberg 292
Hel, Gerhard/Erhard 305
  Predigt über die Eucharistie 305
  Predigt über das von Gott gewollte und
    gewirkte Leiden 305
Helena von Hürnheim 432
Helmasperger, Ulrich 22
Hemmerli, Felix
  ‚De balneis naturalibus hic et alibi
    constitutis' 89
  ‚Contra validos mendicantes' 567
Hendrik van Santen 396
Henlein, Johannes 285
  ‚Beschlossen gart des Rosenkrantz
    Mariae' 285
  Liebesbriefe an Barbara Schleiffer 285
  Predigt über die Eucharistie 285
  ‚Tractatus super Salve Regina' 285
Henry VIII., König von England 547,
    619
Hentinger, Johannes 279
  Predigt über die Qualen der Hölle 279
Herbord
  Vita Ottos I. von Bamberg 382
‚Der Herrgottschnitzer' 61
Hermann von St. Gallen
  Wiborada-Passio 410
Hermann IV. von Hessen, Bischof 404

Hermann von Metten 280
  Predigt über die Menschwerdung
    Gottes und das Wirken Jesu 280
Hermann von Sachsenheim
  ‚Grasmetze' 84
  ‚Mörin' 633
Herolt, Johannes 261, 381
  ‚De eruditione christifidelium' 310
  ‚Rosengart' 261
  ‚Tractatus de decem praeceptis', ndt.
    Übers. 439
Herp, Hendrik 271, 272, 273, 396, 461
  ‚Eden contemplativum' 271
  ‚Spieghel der volcomenheit' 271, 272
  ‚Spieghel der volcomenheit', schwäb.
    Übers. 272
  ‚Spieghel der volcomenheit'-
    Übersetzungen 273
‚Herzklosterallegorie' 264, 291, 324,
    444
‚Der Herzmahner', Übers. v. Thomas von
    Kempen ‚Orationes et meditationes de
    vita Christi' 196, 478
Heynlin, Johann von Stein 610
Hieronymus 178, 179, 234, 254, 268, 471,
    476, 500, 547, 551, 591, 608
  ‚Adversus Iovinianum' 186, 191
  Legende 222
  ‚De viris illustribus' 325
  ‚Vulgata' 220, 346, 463, 548, 549
Pseudo-Hieronymus
  ‚De lapsu virginis' 428
  ‚Regula monachorum ad Eustochium'
    Übers. 255
‚Hieronymus-Briefe' 178, 222, 415, 447,
    475
Hieronymus von Prag 243, 566
Hieronymus von Rebdorf 486
  ‚Panis quotidianus de tempore ac de
    sanctis' 487
Hildegard von Bingen 270, 554
Hildegund von Schönau-Legende 494,
    502
‚Des hilghen gheystes closter' 444

Himmel, Johannes von Weits 300, 305
  Predigt zur Beschneidung Christi 305
Hippokrates 59, 538
‚Historia Apollonii regis Tyri' 501, 585
‚Historia fundationis monasterii Tegernseensis' 421
‚Historia scholastica' 220
Historienbibel, s. auch ‚Nürnberger Historienbibel'
Historienbibel IIIb 416
Hochfeder, Kasper 640
Hohenwang, Ludwig
  Übers. v. Publius Flavius Vegetius Renatus ‚Epitoma rei militaris' 642
Höltzel, Hieronymus 43, 390
Holzinger, Konrad 345, 346, 535, 539
Homer 500, 538, 591, 612
  ‚Ilias' 173, 572
Honorius Augustodunensis
  ‚Elucidarium' 416
Horant, Ulrich 194
  ‚Vom geistlichen Menschen' 194, 493
Horaz 582, 591, 612
  ‚Ars poetica' 522, 591
  Satiren 579, 586
Horn, Ulrich 403, 404
  ‚Betrachtung des Leidens Christi' 403
  Übers. v. Johannes von Kastl ‚De fine religiosae perfectionis' 403, 407
Hornburg, Lupold 115
‚Hortus sanitatis' 634
Hrabanus Maurus 525, 554
Hrotsvit von Gandersheim 175, 515, 525, 532, 553, 554
  ‚Abraham' 574
Huber, Wolfgang 150
Hubertinus de Casale
  ‚Arbor vitae crucifixae Jesu' 396, 437
Hugo de Folieto
  ‚De claustro animae' 264, 323
Hugo von Balma 271, 470
  ‚Theologia mystica' 424
Hugo von Ehenheim 306, 307
  Eucharistie-Predigt 307

Heiligenpredigten 307
Predigten 307
Predigten zu Sonn- und Festtagen 307
Hugo von Rugge
  Lidwina von Schiedam, ‚Vita prior' 396, 475
Hugo von St. Viktor 280, 313, 470
  Kommentar zur Augustinusregel 323
  ‚De laude caritatis' 488
  ‚Soliloquium de arrha animae' 269
Pseudo-Hugo von St. Viktor
  ‚Expositio in regulam beati Augustini' 210, 216, 253, 254, 485
Hugo von Trimberg 590
Humbert von Romans 216, 263, 299
  ‚Epistola de tribus votis substantialibus religionis' (‚Von den drei wesentlichen Räten') 217
  ‚Expositio in regulam beati Augustini' 210, 216, 253, 485
  ‚Liber de instructione officialium ordinis praedicatorum' 322
  ‚Sermones ad omnem statum' 324
Humery, Konrad 641
  Übers. v. Boethius ‚De Consolatione Philosophiae' 641
Hupfuff, Matthias 629
Hus, Jan 7, 127, 169, 193, 197, 243, 304, 566
Hütlin, Matthias
  ‚Liber Vagatorum' 142

‚Ich stund an einem morgen', Lied 340
Ida von Toggenburg, Hl. 557
‚Iglauer Kompaktaten' 243
‚In dulci iubilo', Weihnachtslied 442
Innozenz III., Papst 328
  Bulle zur Kanonisation Kunigundes 409
  ‚De miseria humanae conditionis' 237
Innozenz VII., Papst 295
Innozenz VIII., Papst 34
  Bulle ‚Inter multiplices nostrae sollicitudinis curas' 34

,Instrumentum S. Achahildis', Übers. 495
Isidor von Sevilla 126, 592
   Weltzeitalter-Tafel 589
Iso von St. Gallen
   ,Miracula s. Otmari' 410
Isokrates
   ,De regni administratione ad Nicoclem' 173, 576
Pseudo-Isokrates
   ,An Demonikos' 173
   ,Praecepta ad Demonicum' 576
,Istoria di San Giovanni Boccadoro' 225
Ivo Helóry-Legende 392

Jacobus de Cessolis
   ,Liber de moribus' 310
   ,Liber de moribus' (anon. Übersetzungen) 310
   ,Liber de moribus'-Übers. (,Dessauer Prosafassung') 310
   ,Liber de moribus'-Übers. (,Münchner Prosafassung') 310
Jacobus de Voragine 252
   ,Legenda aurea' 110, 221, 222, 223, 239, 241, 265, 282, 357, 358, 359, 400, 408, 448, 451, 453, 454, 494
   Jahrespredigten 438
   Sermo 313
,Jahrbücher von 1469' 155
,Jahrbücher von 1487' 155, 156
Jakob von Bergamo 168
   Weltchronik 170
Jakob von Hoogstraeten 535
Jakob von Paradies (Jüterbog) 352
   ,De apparitionibus animarum separatarum' 431, 488
   ,De praeparatione ad sacramentum eucharistiae' 432
Jakob von Ratingen
   Lied über die Hinrichtung der Beslauer Juden 442
Jakob von Soest
   ,Chronica brevis' 326

Jan van Leeuwen
   Traktate 468, 486
Jan van Ruusbroec 6, 271, 457, 468, 470, 481
   ,Gheestelijke Brulocht' 462
   ,Zierde der geistlichen Hochzeit' 482
Jan von Rokycana 127
Jan van Schoonhoven 411
   ,Epistola in Eemsteyn I und II' 411
Jenson, Nicolas 24
Jetzer, Johann 622
,Jhesus collacien' (,Lelienstoc') 478
Joachim von Watt, s. Vadianus, Joachim
Johannes (Augustinerchorherr)
   ,Introduxit me rex' 444
Johannes I., Abt von Salem 564
Johann II. von Portugal, König 163
Johannes III., Papst 469
Johannes III. von Brabant, Herzog 189
Johann III. von Eych, Fürstbischof Eichstätt 426, 485
Johann IV., zu Dhaun und Kyrburg, Rheingraf 17
Johannes XXII., Papst 5
Johannes XXIII., Papst 228
Johannes Baptista 282, 365
Johann von Brandenburg, Markgraf 159
Johannes de Bellorivo
   Übers. v. Thomas von Kempen
      ,De imitiatione Christi' 472
Johannes von Capestrano 45, 201, 360, 364, 367, 396
Johann von Dalberg 174, 514, 531, 532, 535, 538, 539, 554, 572, 574, 575, 577, 606
Johannes von Damaskus
   ,De sacris jejuniis', Übers. 173
Johannes von Dorsten 504
Johannes Evangelista, Hl. 365
   Legende 366
Johannes von Hildesheim
   ,Historia trium regum', Übers. 408

Johannes von Kastl 403, 406
 ‚De fine religiosae perfectionis' 403,
  407, 430
 Kommentar zur Benediktineregel 406
 ‚Spiritualis philosophia', Übers. ‚Ein
  nücz und schone ler von der aygen
  erkantnuß' 235, 236, 407
Johannes von Klingenberg 283
 Traktat über die Barmherzigkeit Gottes
  283
 Traktat über die Eucharistie 283
Johannes von Lindau 314, 315
 ‚Von sand Vrsulen schifflein vnd der xj
  tausend junckfrauen pruderschafft'
  314
Johann von Lupfen-Stühlingen, Graf 642
Johannes von Mainz 290, 291, 292, 293,
  321, 322
 ‚Chronik der Basler Reform' 293
 ‚Chronik von Schönensteinbach' 293,
  326
 ‚Geistliches Mahnschreiben' 293, 325
 ‚Trostschreiben an die Schwestern von
  Schönensteinbach' 293
Johannes von Neumarkt 512
 ‚Buch der Liebkosung' 234
 Übers. der ‚Hieronymus-Briefe' 222,
  415, 447
Johannes de Orta
 Ludwig von Toulouse-Legende
  (‚Legenda maior'), Übersetzungen
  393
Johannes von Paltz 503, 504,
  505
 ‚Die himmlische Fundgrube' 504
Johannes von Patmos
 ‚Apokalypse' 308
Johann von Plieningen 531
Johannes von Rheinfelden
 ‚Ludus cartularum moralisatus' 310
Johann von Schleinitz 363
Johann von Schwarzenberg, Freiherr 174,
  605
 Moraldidaktische Schriften 605

Johannes von Speyer 412, 413, 417, 422
 Auslegung der Evangelienstelle
  Johannes 15,5 412
 Auslegungen des Vaterunsers und Ave
  Marias 412
 Übers. v. Pseudo-Augustinus
  ‚Speculum peccatoris' 413
 Übers. der Benediktinerregel 413
 Übers. v. David von Augsburg ‚De ex-
  terioris hominis compositione' 412
 Übers. v. Jean Gerson ‚Opus tripartium'
  412
 Übers. v. Gregor der Große, Benedikt
  von Nursia-Vita 413
 Übers. v. Gregor der Große ‚Dialogi'
  413, 416, 420
 Übers. v. ‚De humilitate' (‚Von der
  demutikeit') 413
 Übers. seines Traktats ‚De tribus essen-
  tialibus punctis perfectionis status
  monastici' 413
 Übers. seines ‚Tractatus de perpetua
  continentia et castitate' 413
 Übers. der ‚Proverbia Salomonis' 413
 Übers. der ‚Verba seniorum' 413
Johann von Staupitz 4, 45, 46, 179, 503
Johannes von Sterngassen 438
 Predigt über die Reinheit 424
Johannes von Tepl
 ‚Der Ackermann aus Böhmen' 25
Johannes de Vercellis
 Margareta von Ungarn-Vita 253,
  493
Johannes von Waidhofen 255
Johann von Werdenberg, Bischof 577
Johann Werner von Zimmern (d. Ä.),
  Freiherr 568, 595
Jordan von Quedlinburg
 Predigten 481
 Sermones 419
 ‚Sermones de sanctis' 475
Jos von Pfullendorf 496, 497
 ‚Das Buch mit den farbigen Tuch-
  blättern' 496, 497

,Die Fuchsfalle' 496
,Rottweiler Hofgerichtsordnung' 496
Joseph-Legende 227
Juan de Torquemada (von Brandenturn) 300, 303, 430
   St. Agnes-Predigt 303
   ,Flos theologie' 303
   ,De nuptiis spiritualibus' 426
   ,Summa de ecclesia' 303
Juan II., König von Kastilien 303
Julius II., Papst 363, 369, 549, 635
   ,Monitorium contra Venetos' 635
Julius von Braunschweig-Lüneburg, Herzog 443
,Das Jüngere Hildebrandslied' 58
Justinian 612
   ,Institutiones' 620
Juvenal 612
   Satire X 579

Kabbala 535, 536
Kalteisen, Heinrich 300–303, 306
   Kreuzzugspredigt gegen die Türken 301
   Predigt zur Unfehlbarkeit 302
   Rede zur Kaiserwahl 303
Kammermeister, Sebastian 169
Karbach, Nikolaus 570
Karl der Große, Kaiser 168, 192, 408, 545, 581, 582
Karl I. der Kühne, Herzog von Burgund 556
Karl IV., König, Kaiser 41, 170, 228, 507, 590
Karl V., König, Kaiser 172, 610, 617
Karl VIII., König von Frankreich 523
Karl von Baden, Markgraf 559, 563, 564
Karoch, Samuel von Lichtenberg 523, 527
   Barbara-Legende 528
   ,Barbaralexis' 528
   ,De beano et studente' 527
   ,Schülergesprächsbuch' 527
   Simon von Trient-Legende 528
,Karsthans' 631

Kasimir, Sohn Friedrichs V., Markgraf 139
Katharina von Alexandrien, Hl. 264
   Legenden 223
   Legende, elsäss. 359
Katharina von Baden, Markgräfin 561
Katharina von Burgund 207
Katharina von Gebersweiler
   ,Unterlindener Schwesternbuch' 252, 294
Katharina von Siena, Hl. 201, 227, 228, 229, 231, 233, 253, 270, 276, 341, 357, 476
,St. Katharinentaler Schwesternbuch' 327
Keck, Johannes
   ,Decaperotision' 423, 424
   Übers. vom Paternoster, Ave Maria und Credo 423
Kempf, Elisabeth 293
   Übers. v. Katharina von Gebersweiler ,Vitae sororum' 294
   ,Vita' 294
Kempf, Nikolaus von Straßburg 283, 306, 419
Kettner, Fritz 49, 121, 122, 123, 128
   ,Goldene Schüssel' 122
   ,Prophetentanz' 122
Ketzel, Martin 162
,King James Bible' 549
Kirchschlag, Johannes 278
   Adventspredigt 278
   ,Passio Christi ex quattuor evangelistis' 278
   Passionstraktat 278
   ,Predigt über die hl. Barbara' 278
Kirchschlag, Peter 75, 272, 273, 277, 278
   ,Fünf Gärten, in denen die andächtige Seele den Herrn Jesus empfängt' 277
   ,Die 12 Sterben und das vollkommene Leben', Predigt 272, 278
Klara von Assisi, Hl. 365, 366, 392, 393, 395
   Kanonisationsbulle 393

‚St. Klara Buch' 365, 392
Klaratraktat ‚Der herr aller ding hat sie lip gehabt' 392
Legenden 222, s. auch Thomas von Celano
Klara von Rietheim 385
‚Der Kleine Seelentrost' 447
Klimakos, Johannes
  ‚De scala paradisi' 366, 462
‚Die Knoten der Klara von Assisi' 393
Koberger, Anton 26, 40, 109, 164, 169, 174, 375, 642
Koelhoff, Johannes 464
‚Koelhoffsche Chronik der Stadt Köln' 21
Kolde, Dietrich 394, 395
  ‚Der Kerstenen Spiegel' 394, 395
  Predigten 395
‚Kölner Bibeln' 463
Kölner, Friedrich 391, 410
  Übers. v. Jans van Schoonhoven ‚Epistola in Eemsteyn I und II' 410
  Übers. der Legenden der St. Galler Hausheiligen 410
  Übers. v. Thomas von Kempen ‚De imitatione Christi', Bücher I-III 410, 473
Kolperger, Ruprecht 73
Kolumbus, Christoph 639
  ‚Kolumbus-Brief' 613
‚Königshofen-Register' 156
Konrad (Spitzer?)
  ‚Büchlein von der geistlichen Gemahelschaft', Melker Prosaauflösung 416
Konrad von Ammenhausen
  ‚Schachzabelbuch' 310
Konrad von Bondorf 384, 385
  Briefe an Klara von Rietheim 385
  Übers. v. Bonaventura ‚Legenda maior Sancti Francisci' 385, 390
Konrad von Brundelsheim
  Marienpredigt 227
Konrad von Dettingen 264

Konrad von Eberbach 479
  ‚Exordium magnum Cisterciense' 479
  ‚Exordium magnum Cisterciense', Übersetzungen 480
Konrad von Hirsau
  ‚Speculum virginum' 191, 465
  ‚Speculum virginum', Übers. (‚Spieghel der maechden') 465
Konrad von Marburg 366
Konrad von Preußen 206, 287, 292, 295
Konrad von Thüngen 608
Konrad von Würzburg 70, 115, 532
  ‚Herzmäre' 563
Konstanzer Konzil, Dekret ‚Haec sancta' 197
‚Konstanzer Weltchronik' 156
Korner, Hermann
  ‚Cronica novella' 588
Kornwachs, Johannes 391
  Überarb. der Übers. v. Bonaventura ‚De triplici via' 344
Krachenberger, Johann 591
Kramer, Heinrich (Institoris) 355
  ‚Apologia' 355
  ‚Malleus maleficarum' (Hexenhammer) 245, 355
Kramer, Michael 171
Krauter, Heinrich 258, 259
  ‚Beichtspiegel' 259
  ‚Betrachtung über die fünf Herzeleiden Mariae' 260
  ‚Die 133 Artikel vom Leben und Leiden Christi' 259
  ‚Traktat von den zehn Geboten' 259
‚Krautgartengedicht' 261
Kremerin, Magdalena 276, 280, 294, 322, 346
  ‚Kirchheimer Chronik' 345, 347, 370
Kreß, Caspar 407
  Euphrasia von Konstantinopel-Legende 407, 493

Kreutzer, Johannes 258, 306, 315, 316, 317, 319, 320, 321, 322, 325
,Eine geistliche Ernte' 317
,Geistliche Fastnachtküchlein' 320
,Geistlicher Mai' 317, 318
,Geistlicher Maikäse' 320
,Geistliches Maimus' 320
,Goldenes Wiegelein' 319
,Herbstjubel I' (,Herbstmost') 320
,Herbstjubel II' 320
,Hoheliedkommentar' 317, 318
,Osterjubel' I bis III 320
,Sendbrief an einen Klosterbruder' 318
,Sendbrief an Klosterfrauen' 318
Traktate zur ,Martinsnacht' 320
,Unterweisung an eine Klosterfrau' 317
,Vaterunserauslegung' 319
,Von dem inwendigem Leiden Christi' 319
,Von den sieben Ausflüssen der Andacht' 319
,Weihnachtsjubel' 320
,Kreuztragende Minne', Lied 442
Kridwis, Ulrich 436
Krug, Wilhelm 276
Küchler, Andreas 436
    Gartenpredigt 436
    Predigt zum Karfreitag 436
    Predigten 435
Küchlin
    ,Reimchronik von Herkomen der Stadt Augsburg' 553
,Kudrun' 11, 525
Kügelin, Konrad 498
    Elsbeth von Reute-Vita 498
Kugler, Hans 138
    ,Schüttensam' 138
    ,Der Windbeutel' 138
Kunigunde, Hl. 495
    Legende 452
Kunigunde von Österreich 580
Kupferlein, Sebaldus 264, 276

Kydrer, Wolfgang 426, 427
    Übers. v. Heinrich Arnoldi von Alfeld ,Dialogus de modo perveniendi' 426
    Übers. v. Juan de Torquemada ,De nuptiis spiritualibus' 426
    Übers. v. Alvarus Pelagius ,De planctu ecclesiae' (Kap. II,53–91) 426
    Übers. v. Silvester von Rebdorf ,Meditationes de passione domini' 426, 485

,Das Lalebuch' 616
Lamparter, Nikolaus 320
Lang, Andreas 409
Lang, Florian
    Übers. v. Hieronymus von Rebdorf ,Panis quotidianus de tempore ac de sanctis' (,Das teglich brot von den Hailigen') 487
Lang, Stephanus
    Übers. v. ,Memoria improvisae mortis' (,Büchlein des sterbenden Menschen') 464
Lang, Vinzenz 517
Langmann, Adelheid 184
Lauber, Diebold 16, 17, 19, 309
,Laurin' 10
Lazarus-Legende 365
Lebenter, Hans 144, 145
    ,Bittgedicht aus dem Gefängnis' 144
    ,Die Lochordnung' 144
    ,Im Schuldenturm' 144
Lebuin von Deventer-Legende 469
,Lehre für anfangende, zunehmende und vollkommene Menschen – Es spricht der heilig geist' 219
,Lehrgespräch für eine Novizin' 250
Leib, Kilian 486
Leo IX., Papst
    Unechte Bulle 409
Leo X., Papst 535
    Bulle ,Inter sollicitudines' 34

Leo von Assisi
　Aegidius von Assisi-Vita, Übers. 392
　‚Speculum perfectionis seu S. Francisci Assisiensis legenda antiquissima' 476
Leo von Neapel
　‚Historia de preliis Alexandri Magni' 158
Leo von Rožmital 162
Leo, Johannes 357
　Ablasspredigten 357
Leopold IV., Herzog 207
Lesch, Albrecht
　‚Goldenes Schloss' 122
‚Der Leyen Doctrinal' 189
‚Liber vitae' 313
　Übersetzungen, ‚Buch des Lebens' 313
Lidwina von Schiedam, Hl. 474
　Legende 494
Lied über Cord Krumelyn, ndt. 443
‚Lied vom Esel, der studieren wollte', lat./ndt. Lied 443
‚Liederbuch der Anna von Köln' 396, 441
Lieder vom ‚Lindenschmidt'-Typ, zwei anon. 136, 137
Linser, Else 308
Lirer, Thomas
　‚Schwäbische Chronik' 342, 594
Lisbeth van Delft 460
Livius, Titus 508, 534
　‚Ab urbe condita', Übers., s. Johannes Gottfried, Ivo Wittich
　Leben der ‚wilden Tullia' 589
‚Lob auf Nürnberg' 223
‚Lob des Klosterlebens' 268, 493
Lobenzweig, Hans 552
　Übers. des ‚Liber de vita et moribus philosophorum' 552
　Übers. v. Paschalis von Rom ‚Liber thesauri occulti' (‚Traumbuch') 552
‚Lochamer-Liederbuch' 152

Locher, Jakob 518, 520, 522, 523, 524, 529, 530, 540, 546, 612, 618, 623, 638
　‚Comparatio sterilis mulae ad musam' 524
　‚Elegiae ad Panthiam' 522
　‚Historia de rege Frantie' 523, 538
　‚Stultifera navis' 523, 610
　‚Tragoedia de Thurcis et Suldano' 523
Lochner, Hans 159
　‚Beschreibung des zugß der fart zu dem heiligen grab' 159, 160
　‚Reisekonsilium' 159
Lock, Johannes 280
Lorenz von Bibra, Würzburger Furstbischof 532, 579, 606, 607
Lothar II., König 493
Lotter, Melchior 362
Lucas, Johann 607
Lucia-Legende 453
Lud, Walter 639
Luder, Peter 167, 519, 525, 530, 573
Ludolf von Sachsen 334, 471
　‚Vita Christi' 430, 437, 468, 486
Ludolf von Sudheim
　‚De itinere ad terram sanctam' 161
Ludwig III., Pfalzgraf, Kurfürst 207, 308, 364
Ludwig IV. von Eyb 492
Ludwig IV., Kaiser, König 5
Ludwig V., Kurfürst 619
Ludwig VII., König 451
Ludwig IX. der Reiche von Bayern-Landshut, Herzog 591
Ludwig IX. (König von Frankreich), Legende 451
Ludwig X. von Bayern, Herzog 578, 579, 580
Ludwig XII., König von Frankreich 635
Ludwig von Helmstorf 568
Ludwig von Toulouse-Legende 392
Lukian von Samosata 173, 579
　‚Calumniae non temere credendum' 576, 579
　‚Gallus' 579

‚De ratione conscribenda historiae'
   173
‚Verae historiae' 606
12. Totengespräch 538, 571, 576, 638
(Pseudo-?)Lukian von Samosata
   ‚Asinus' 563
‚Lüneburger Maibaumtext' 447
Lüner Briefüberlieferung 439
Lüner Klosterchronik (lat.) 440
Luther, Martin 4, 13, 30, 33, 35, 36, 45, 46, 47, 48, 95, 132, 133, 135, 165, 179, 224, 225,50, 352, 353, 354, 363, 389, 401, 486, 488, 503, 504, 510, 526, 535, 536, 540, 541, 542, 544, 548, 549, 550, 583, 593, 605, 609, 619, 625, 628, 631, 633, 643
   ‚An den christlichen Adel deutscher Nation' 35
   ‚An die Ratsherren aller Städte deutsches Lands' 35
   ‚De captvitate Babylonica Ecclesiae Praeludium' 631
   ‚Die Lügend von S. Johanne Chrysostomo' 13
   Übers. des Neuen Testaments 32
‚Luzerner Spiel vom klugen Knecht' 539

Macheysen, Johannes
   Übers. eines Briefs von Olivier Maillard an die Nürnberger Klarissen 380
Machos, Julien
   ‚Esope', ndl. Übers. 592
Macrobius 423
Magdalena von Oettingen 449
Magdalena von Suntheim 384
‚Magdalenen-Buch' 365
‚Magnet unserer lieben Frau' 380, 381
‚Die Mahnung über die verirrten und schwachen Ritter Gottes' 415
Maier, Martin 92
Maillard, Olivier 379
   Brief an die Nürnberger Klarissen 380
   Marienpredigt 379

   Predigten 379
   Traktat über die Anfechtungen des Teufels 379
Makkabäische Brüder-Legende 408, 495
Malachias-Legende 448
‚Malogranatum' 219
Mande, Hendrik 470, 483
   ‚Apocalypsis' 470
   ‚Van der bereydinghe ende vercieringhe onser inwendigher woeninghe' 471
‚Der Mandelkern' 266, 270
Mantovano, Battista 351
Marcellus I.-Legende 451
Marcellus von Niewern 301
Marcus von Weida 231, 360, 361, 363, 397
   Predigten über das richtige Beten 361
   ‚Spigell des ehlichen ordens' 360
   ‚Spiegel hochloblicher Bruderschafft des Rosenkrantz Marie' 362
   Übers. v. Bernardus a Bessa ‚Speculum disciplinae ad novitios' (‚Der spygel der tzucht') 362
   Übers. von Raimund von Capua ‚Legenda maior (Vita Catharinae Senensis)' 361
Mardach, Eberhard 232, 243, 273
   ‚Sendbrief von wahrer Andacht' 232, 233, 242, 493
   Übers. von Heinrich Seuses ‚Horologium sapientiae', lib. II,7 (‚Bruderschaft der ewigen Weisheit') 233
Margareta von Antiochien-Legende 211, 289, 307
Margarethe von Savoyen, Gräfin zu Württemberg 567
Margareta Ursula von Masmünster 289, 290
   ‚Die geistliche Meerfahrt' 289, 290, 324
Margareta von Ungarn-Legende 253, 298, 359, 493, 494
Maria Magdalena, Hl. 365

,Maria zart', Lied 443
,Marienleben – E das himelreich vnd ertreich geschaffen ward' 227
Marienwerder, Johannes 181, 184
 ,Epistula prima' und ,Epistula secunda' 182
 ,Septililium venerabilis dominae Dorotheae' 182
 ,Vita Dorotheae' 182
Der Marner 115, 117
Marquard von Lindau 204, 306, 367, 403
 ,De anima Christi' 368
 ,Der Auszug der Kinder Israels' 211
 ,Dekalogtraktat' 126, 211
 ,Eucharistietraktat' 211, 238, 337, 490
 ,Maitagspredigt' 211
 ,De Nabuchodonosor' 368
 ,De reparatione hominis' 368, 404
Martha-Legende 365, 453
Martin V., Papst 228, 255, 364, 484
Martin von Bartenstein
 Felix-, Regula-, und Exuperantius-Legende 488
Martin von Braga
 ,De quattuor virtutibus cardinalibus' 153, 580
Martin von Tours-Legende, mittelfränk. Übers. 358
Martin von Troppau
 ,Chronicon pontificum et imperatorum' 158, 573
,Die Martinianischen Konstitutionen' 364
,Pseudo-Matthäus-Evangelium' 2227
Matthäus von Krakau 254, 304, 424
 ,Dialogus rationis et conscientiae de crebra communione', Übers. (,Zwiegespräch von Vernunft und Gewissen über das Abendmahl') 238
Matthias von Janov 238
Matthias von Kemnat, s. Widmann, Matthias
Mauburnus, Johannes
 ,Rosetum exercitiorum spiritualium' 352

Maximilian I., König, Kaiser 10, 11, 44, 76, 99, 102, 146, 147, 148, 157, 163, 172, 173, 356, 512, 514, 515, 516, 520, 522, 523, 525, 528, 529, 530, 533, 541, 542, 546, 551, 555, 556, 557, 570, 577, 579, 580, 607, 610, 617, 618, 620, 623, 634, 638
 ,Theuerdank' 33
Mechthild von Hackeborn
 ,Liber specialis gratiae', Übers. 362, 397
Mechthild von Magdeburg
 ,Das Fließende Licht der Gottheit' 358
Mechthild von der Pfalz, Gräfin 533, 559, 560, 561, 565, 566
Mechthild von Savoyen 364
,Meditationes vitae Christi' 390, 447, 467
,Meinrad-Legende' 29
Meißner, Hans
 ,Die Bestrafte Kaufmannsfrau' 90
Meister Andreas
 Katharina von Alexandrien-Legende 265
,Meister Eckharts Tochter' 331, 492
Meister Irregang
 ,Rede des Meister Irregang' 93
Meister Michael 18
Meister Wichwolt
 Alexanderchronik 158
Meisterlin, Sigismund 45, 157, 166, 167, 168, 169, 171, 551, 553, 554
 ,Cronographia Augustensium' 553
 ,Nieronbergensis cronica' 45, 157, 158, 167, 178, 379
 Sebald-Legende 554
Melanchthon, Philipp 180, 369, 488, 508, 510, 526, 531, 536, 540, 546, 633, 643
 ,De corrigendis adolescentium studiis' 643
 ,Unterricht der Visitatoren' 526
Melchior von Stamheim 418
,Melker Kurzfassung', Übers. v. Heinrich von Friemar ,De quattuor instinctibus' 415

‚Melker Laienbrüderregeln' 406
‚Melker Physiologus' 415
Mendel, Margret 190
Mendel, Marquard 190
Mennel, Jakob
　‚Das habsburgische Heiligenbuch' 224
Mentelin, Johannes 24, 25
　Bibeldruck 32
Pseudo-Methodius Patarensis
　‚Revelationes', Übersetzungen 418
Meyer, Adam 435
　Predigten zur Klosterreform 436
Meyer, Johannes 208, 211, 212, 228, 270, 290, 292, 293, 316, 321, 322, 323, 325, 326, 332, 346, 347, 354, 358
　‚Albertus Magnus-Vita', Übers. 327, 328, 359
　‚Berner Chronik' 326, 328
　‚Buch der Ämter' 210, 214, 322, 324, 348
　‚Buch der Ersetzung' 289, 322, 324, 326
　‚Buch der Reformacio Predigerordens' 275, 287, 292, 293, 326, 327, 346
　‚Chronica brevis ordinis praedicatorum' 287, 324, 325, 327
　‚Chronik der Generalmeister Predigerordens' 270, 324, 326
　‚Chronik des Inselklosters St. Michael in Bern' 324
　‚Chronik von 1481' 328
　‚Chronik von 1484' 328
　‚Epistel brieffe zu den swestern brediger ordens' 328
　‚Kaiserchronik Predigerordens' 328
　‚Leben der Brüder Predigerordens' 327, 328
　‚Liber de illustribus viris ordinis praedicatorum' 325
　‚Liber vitae' (zusammen mit Anna von Sissach) 325
　‚Papstchronik Predigerordens' 328
　‚Regelbuch des Inselklosters', Red. 325
　Vita der Margarethe Stülinger 325

Michael de Massa
　‚Vita Christi' 294, 454, 467
Michael de Werdea
　Predigten 354
Micyllus, Jakob 570
Milič, Jan von Kremsier 416
‚Die Minneburg' 488, 596
Mirakel von der Belagerung Pillenreuths während des Markgrafenkriegs 494
Mombritius, Boninus
　‚Sanctuarium' 453
Monachus, Robertus
　‚Historia Hierosolymitana' 590
Mönch von Heilsbronn 337
　‚Buch von den sechs Namen des Fronleichnams' 239
Mönch von Salzburg 586
Montfort, Graf von 342
More, Thomas (Morus) 509, 547, 549
　‚Utopia' 547
‚Der Moriskentanz' 102
‚Moriz von Craûn' 11
Mosenus, Thilmann aus Westerburg 233
Moser, Ludwig 391, 473
　‚Guldin spiegel des sünders' 474
　Übers. v. Thomas von Kempen ‚Orationes et meditationes de vita Christi' 473
Muffel, Nikolaus 147, 153, 154, 155, 156, 162
　‚Gedechtnusse und Schriefft' 153
　‚Gedenkbuch' 154
　‚Von dem Ablass und den heiligen Stätten zu Rom' 153
Mulberg, Johannes 295, 296, 297
　Predigten über den Auszug der Kinder Israels 296
　Predigten über das erste Weltzeitalter 296
　Sendbrief ‚Ein williges gruntliches begeben aller creaturen' 296
　‚Die sieben Farben gaistlich brůder Mulbergs' 297

‚Tractatus contra statum beginarum'
    296
Muleysen, Johannes 282
    Predigt über das Eucharistiesakrament als Viaticum (Sterbekommunion) 282
    Predigten über die Beichte 282
    ‚Vom geduldigen Leiden' 282
Mülich, Hektor 309
Mülich, Jörg 309
Muling, Johann Adelphus 399, 632, 633, 634, 635, 636, 637, 638
    ‚Barbarossa' 635
    ‚Declaration vnnd erclerung der warheit des Rocks Jesu christi …' 637
    ‚Esopus' 634
    ‚Historia von Rhodis' 635
    ‚Ludus novus' 635
    ‚Margarita facetiarum' 636
    ‚Ortus sanitatis', Teilübers. des 'Hortus sanitatis' 634
    ‚Scommata Ioannis Keisersbergii' 636
    ‚Türkische Chronica' 635
    ‚Warhafftig abschrifft von erfindung des hailthums … zu Trier geschehen' 637
    ‚Warhafftig sag oder red von dem Rock …' 637
    Übers. v. Pseudo-Albertus Magnus ‚Liber aggregationis' (‚Das buch der versamlung oder das buch der heymligkeiten Magni Alberti') 634
    Übers. v. Erasmus von Rotterdam ‚Enchiridion militis Christiani' (‚Enchiridion oder handbüchlin eines Christenlichen vnd Ritterlichen lebens') 636
    Übers. v. Marsilio Ficino ‚De vita libri tres' (‚Das Buch des Lebens') 575, 634
    Übers. v. Johannes Geiler ‚Fragmenta passionis' (‚Doctor Keiserspergs Passion') 637
    Übers. v. Johannes Geiler ‚Sermones de oratione dominica' (‚Doctor keiserspergs pater noster') 637
    Übers. v. Julius II. ‚Monitorium contra Venetos' (‚Von der Venedier Krieg') 635
    Übers. v. Sueton ‚Divus Iulius' 634
    Übers. v. Vergil ‚Bucolica' (‚Das Hirten vnnd buren werck') 634
‚Münchner Apostelbuch' 265
‚Münchner Oswald' 221
Münnerstadt, Johannes 263
    Kirchweihpredigten 263
    Lateinisch-deutsches Glossar 263
Münzer, Hieronymus 162, 163, 170
    ‚Itinerarium' 163
Murner, Batt 626
Murner, Johannes 632
    ‚Von eelichs standts nutz vnd beschwerden' 632
Murner, Thomas 199, 400, 545, 557, 610, 612, 616, 618, 619, 621, 622, 623, 625, 626, 627, 628, 630, 631, 632, 633, 637
    ‚Ain new lied von dem vndergang des Christlichen glaubens jnn Bruder Veiten thon' 632
    ‚De augustiniana hieronymianaque reformatione poetarum' 619, 623
    ‚Chartiludium' 622
    ‚Ein andechtig geistliche Badenfart' 627
    ‚Ein christliche und briederliche ermanung zuo dem hochgelehrten doctor Martino luter' 631
    ‚Germania nova' 545, 620
    ‚Die Geuchmat' 150, 628, 629, 631
    ‚Honestorum poematum condigna laudatio' 620
    ‚Die Mühle von Schwindelsheim und Gredt Müllerin Jahrzeit' 628, 629, 631
    ‚Narrenbeschwörung' 623, 626, 627
    ‚De quattuor heresiarchis' 622
    ‚Schelmenzunft' 626, 629, 630

‚Von dem großen Lutherischen Narren' 631
‚Von den fier ketzeren Prediger ordens' 622
Übers v. Martin Luther ‚De captivitate Babylonica Ecclesiae Praeludium' (‚Von der babylonischen gefengknuss der Kirchen') 631
Übers. v. Justinian ‚Institutiones' 620
Versübers. v. Vergil, ‚Aeneis' 620
Musaeus, Raphael
‚Murnarus Leviathan vulgo dictus Geltnarr' 631
Muskatblüt 115

Nachtigall, Konrad (Kunz) 121, 123
‚Leidton' 123
‚Marienlieder' 123
Nachtigall, Michel 121, 122
Naghel, Petrus 463, 464, 468
‚Gulden Legende' 221, 468
‚Hernse bijbel' 463
‚Südmittelniederländische Vitaspatrum' 469
Übers. v. Gregor der Große ‚Dialogi' 464
Übers. v. Gregor der Große ‚Homiliae XL in Evangelia' 464
‚Narrenschiff vom Buntschuch' 637
Nater, Conrad 387
Übers. v. Bonaventura ‚Regula novitiorum' 387
Neidhart 63, 115, 128
Neilos
‚Sentenzen' 173
Neithart, Hans 584, 594, 595
Übers. v. Terenz ‚Eunuchus' (‚Ulmer Terenz') 594, 595, 639
Neuber, Johann
Übersetzungen von Werken Ciceros 605
‚Der neuen Liebe Buch' 595
‚Nibelungenlied' 10
Nicolaus von Lüttich 486

Nider, Johannes 45, 200, 201, 208, 211, 242, 243, 244, 245, 246, 247, 248, 249, 250, 251, 261, 263, 269, 284, 294, 296, 297, 305, 309, 362
‚Colmarer Predigtsammlung' 247
‚Formicarius' 200, 244, 245, 248, 250, 269, 327, 492
‚Geistliche Gemahelschaft' 249
‚Große Predigtsammlung' 247
Lat. Katharinenpredigt 250
‚Manuale confessorum' 244
‚De morali lepra' 244
‚De saecularium religionibus' 244
‚De paupertate perfecta saecularium' 244
‚Praeceptorium divinae legis' 244, 245
‚De reformatione religiosorum' 327
‚De reformatione status coenobitici' 244
‚Reformbrief nach Schönensteinbach' 249
‚Sendbrief an eine Witwe' 248
‚Sendbrief über Ct 1,1' 249
‚Sendbrief vom Klosterleben' 249
‚Tractatus contra heresim Hussitarum' 243
‚Tractatus de contractibus mercatorum' 244
‚Die 24 goldenen Harfen' 45, 245, 246, 247, 248, 251, 273
‚Niederdeutsche Legenda aurea' 448
‚Niederrheinisches Augustinusbuch' 475
Nigri, Petrus 75
‚Der Stern Meschiah' 75
‚Tractatus contra perfidos Iudeos de conditionibus veri Messie' 75
Niklas von Salzburg
Predigt über die Entrückung des Paulus in den dritten Himmel 429
Predigt über die fünf Wege Gottes zur Seele 429
Niklas von Wyle 165, 166, 172, 174, 533, 555, 559, 560, 561, 562, 563, 564, 565,

567, 568, 569, 570, 571, 572, 577, 584, 589, 593, 604, 607, 641
‚Colores rethoricales' 560
‚Lob der Frauen' 565
‚Translationen' 560, 561, 564, 567, 626
Teilübers. v. Gasparino Barizza ‚De compositione' 567
Übers. v. Pseudo-Bernhard von Clairvaux ‚Epistola de cura domestica ad Raimundum militem' (‚Lehre vom Haushaben') 566
Übers. v. Giovanni Boccaccio ‚Guiscardo und Ghismonda' 562, 592, 602
Übers. v. Leonardo Bruni ‚Orationes ad Athenienses' (‚Die athenischen Räte') 566
Übers. v. Buonaccorsos de Montemagno ‚Controversia de vera nobilitate' 564
Übers. v. Felix Hemmerli ‚Contra validos mendicantes' 567
Übers. v. (Pseudo-?)Lukian von Samosata ‚Asinus' 563
Übers. v. Francesco Petrarca ‚De remediis utriusque fortune' 566, 574
Übers. des Briefs Eneas Silvio Piccolomini an Sigmund von Tirol 564
Übers. v. Enea Silvio Piccolomini ‚De remedio amoris' 565
Übers. v. Enea Silvio Piccolomini ‚Vision des Reichs der Fortuna in Briefform' 565
Übers. v. Gianfrancesco Poggio Bracciolini ‚An seni sit uxor ducenda' 565
Übers. des Briefs von Gianfrancesco Poggio Bracciolini über die Verbrennung des Hieronymus von Prag 566
Übers. v. Gainfrancesco Poggio Bracciolini ‚Disceptatio convivalis I' 566

Übers. einer Trostschrift des Gianfrancesco Poggio Bracciolini an Cosimo de Medici 566
Übers. einer Rede von Nicolasia Sanuda 565
Nikolaus Humilis 181, 182, 184, 185
Schriften über Dorothea von Montau 493
‚Sendbrief' 181, 182
‚Bearbeitung von Traktat I des ‚Septiliums' Johannes Marienwerders 182
‚Speculum noviciorum' (‚Novizenspiegel') 181, 493
Nikolaus V., Papst 301, 564
Nikolaus von Dinkelsbühl 404, 411, 417, 430
Karfreitagspredigt 419
Predigt zu Mariä Himmelfahrt 451
‚Speculum artis bene moriendi', ndt. Übers. 439
Nikolaus von Dybin 560
Nikolaus von Flüe (de Rupe) 557
Nikolaus von Gießen
Predigten 435
Weihnachtspredigt über die ‚Vierzehen geistlichen Jungfrauen' 437
Nikolaus von Heidelberg, s. Nikolaus von Jauer
Nikolaus von Jauer 300, 304, 305
Nikolaus von Kues 8, 19, 203, 301, 369, 440, 480, 489, 491
‚De doctrina ignorantia' 425
Nikolaus von Lyra 259, 380
'Postilla in cantica canticorum' 456
Nikolaus von Myra, Hl. 307
Nikolaus von Schönberg 363
‚Nordmittelniederländische Legenda aurea' 468
‚Nordmittelniederländische Vitaspatrum' 469
Notker I. von St. Gallen 525
‚Nu bidden we den heyligen geyst', Himmelfahrtsleis 447

‚Nu gnade uns dat heylighe graf', Osterlied 446
Nunnenbeck, Lienhard 49, 120, 121, 129, 130, 131
  Lied zum Apostolicum 130
  Lied zur Eucharistie 130
  Lied zum Prolog des Johannesevangeliums 130
  Lied zur Jungfräulichkeit 130
  Lieder zur Passio Christi 130
  Lieder zur Trinität 130
  ‚Schulkunst' 120, 127, 130
  ‚Trojalied' 129, 130
‚Nürnberger Andachtsbuch' 264, 275, 276, 279, 282
‚Nürnberger emblematische Schifffahrtspredigt' 234
‚Nürnberger Historienbibel' (Historienbibel Ia) 219, 220
‚Nürnberger Jahrbücher des 15. Jahrhunderts' 155
Nürnberger Kartäuser
  Übers. v. Thomas von Kempen ‚Orationes et meditationes de vita Christi' (‚Der Herzmahner') 193, 474
‚Nürnberger Marienbuch' 222, 227, 365, 381
‚Nürnberger (Kleines) Neidhartspiel' 100
Nürnberger ‚Ordnung der gemeinen Weiber in den Frauenhäusern' 96
‚Nürnberger Simon von Trient-Gedicht' 109
‚Nürnberger Spiegel des Sünders' 237, 238
Nürnberger ‚Tanzstatut' 38

‚O du eddele sedderenbom', Lied 442
Odysseus 540
Ökolampad, Johannes 548
Oliver von Paderborn
  ‚Historia Regum Terrae Sanctae' 160
‚Olmützer Verba seniorum' 250
Olofsson, Peter von Alvastra 228

Olofsson, Peter von Skänninge 228
Opifex, Martinus 18
Origenes 547
Pseudo-Origines
  ‚Homilia de Maria Magdalena' 416, 453
Ort, Nikolaus 192, 193, 493
  Predigt vom Aderlass 192
  Predigt von der Einsegnung einer Klosterschwester 192, 194
  Übers. v. Pseudo-Beda (Ambrosius Autpertus) ‚Allerheiligenpredigt' 192
  Übers. v. Richard von St. Viktor, Beda u. Anonymus ‚Kirchweihpredigten' 192
Örtel, Hermann 121
Osiander, Andreas 47, 95, 165, 536
Österreicher, Heinrich 572
  Übers. v. Lucius Iunius Moderatus Columella ‚De re rustica' 572
Oswald von Wolkenstein 10
‚Ötenbacher Schwesternbuch' 324, 327
Otther, Jakob 399
Otto I. der Große, König, Kaiser 116, 493
Otto I. von Bamberg-Legende 226
Otto II. von Braunschweig-Lüneburg, Herzog 440
Otto von Passau
  ‚Die 24 Alten' 17, 226
Otto von Sonnenberg 568
  ‚De contemptu mundi' 568
Ovid 126, 534, 582, 594, 596, 612
‚Oxforder Boethius' 641

Palmer, Peter 344
  Sendbrief an unbekannte Schwestern 344
Palmieri, Mattia 20
Pantaleon-Legende 392
Papetran, Henning 444
Paschalis von Rom
  ‚Liber thesauri occulti' 552
‚Passional' 221, 222, 265

Passionsharmonie, ndt. 447
Pater Paulus 264
    Goldene Jubeljahr 1450-Predigt 264
Patrick von Irland, Hl. 344
Paul II., Papst 33, 328
Pauli, Johannes 245, 397, 399, 400, 593
    Predigten 397
    Predigten von 1494 399
    ‚Schimpf und Ernst' 398–401
    Übers. v. Johannes Geilers ‚Narren-
        schiff-Predigten' 399
    Übers. v. Heinrich von Friemar ‚De
        quattuor instinctibus' 399
‚Paulus und Thekla' 268
Paulus von Nikolsburg 429
Paumann, Conrad 56
Peck, Hans 139, 140
    Lied von der Eroberung Bösenbrunns
        139
Pelagius (Pseudo-Hieronymus)
    ‚Epistola ad Demetriadem' 430
Pelagius I., Papst 469
Pelagius, Alvarus
    ‚De planctu ecclesiae' 426
Peraudi, Raimund 504
Peregrinus von Oppeln
    Marienpredigt 227
Person, Gobelinus 469
    ‚Cosmidromius' 469
    Liborius-Legende 469
    Meinolf-Legende 469
Peter von Breslau 299, 313
    Fastnachtpredigt 258
    ‚Geistlicher Fastnachtkrapfen' 314
    Predigtnachschriften 313
    Predigt über die fünf Eigenschaften
        des Schiffes im Blick auf das Kreuz
        314
    Predigt über ein Schiff der Buße 314
    Predigten zum 14. Sonntag nach
        Trinitatis bis Sexagesima 313
Peter von Gengenbach 308
Peter von Kastl 641
Peter von Zittau 219

Peters, Gerlach
    ‚Soliloquium' 470
Petrarca, Francesco 501, 507, 509, 515,
    584, 588, 602, 612
    ‚De remediis utriusque fortunae' 566,
        574
    Bearb. v. Giovanni Boccaccio ‚Griselda'
        (‚De oboedientia ac fide uxoria')
        185, 586, 587
    ‚Opera latina' 610
    ‚Seniles XI,11' 419
Petri, Adam 27, 28, 629
Petrus Alphonsi
    ‚Disciplina clericalis' 592
Petrus Comestor 130
    ‚Historia scholastica' 463
Petrus Lombardus 497
Petrus van Zutphen 491
    Teilübers. v. Ludolf von Sachsen ‚Vita
        Christi' 486
Petrus von Verona, Hl. 357, 358
    Legende 223
Peuerbach, Georg 524
Peuger, Lienhart 412–417
    ‚Christenspiegel' 415
    ‚Dass die Welt, der Körper und der
        Teufel ohne Zahl Menschen betrü-
        gen' 417
    Maria Aegyptiaca-Legende 416
    Versrede, Preisung der Ziele der
        Melker Reform 416
    ‚Von chlagen der sunten leben' 414
    ‚Von der natur hitz' 414
    Sprüche über das Salve Regina und das
        Ave Maria 414
    Bearbeitungen von Predigten Meister
        Eckharts 416
    Überarb. v. Heinrich Seuse ‚Büchlein
        der Ewigen Weisheit' 417
    Übers. v. Arnoul de Bohéries
        ‚Speculum monachorum'
        416
    Übers. v. Jean Gerson ‚Ars moriendi'
        416

Übers. von Legenden jungfräulicher
  Märtyrerinnen 416
Übers. der Magdalenenpredigt des
  Pseudo-Origines, in der Bearbei-
  tung des Jan Milič von Kremsier
  416
Peuntner, Thomas 491
  ‚Beichtbüchlein' 259, 418
  ‚Büchlein der Liebhabung Gottes' 252
Peutinger, Konrad 32, 514, 542, 551, 555
‚Pfaffenliedlein' 321
Pfefferkorn, Johannes 535, 536, 538
  ‚Handspiegel' 537
  ‚Judenspiegel' 537
Pfeiffelmann, Johannes 579, 607, 608
  Versübers. v. Burkhard von Horneck
    ‚Carmen de ingenio sanitatis' 607
  Übers. v. Plutarch ‚De mulieribus vir-
    tutibus' (‚Von den übertrefflichisten
    vnd berůmptisten frawen') 608
  Übers. v. Pseudo-Plutarch ‚De liberis
    educandis' (‚Von zucht der kinn-
    der') 608
Pfinzing, Jörg 160, 162
Pfinzing, Seitz 142
Pfister, Albrecht 25, 220
‚Pfullinger Liederhandschrift' 321
Philipp der Aufrichtige, Pfalzgraf, Kur-
  fürst 530, 532, 533, 574, 577
Philipp von Henneberg, Furstbischof von
  Bamberg 74
‚Physiologus' 85, 483
Piccolomini, Enea Silvio 21, 168, 170, 171,
  512, 513, 515, 524, 528, 556, 560, 561,
  562, 568, 569, 583, 591, 599, 626,
  s. auch Pius II., Papst
  Brief an Giovanni Peregallo 568
  Brief an Sigmund von Tirol 564
  Brief an Wilhelm von Stein 576
  ‚Chrysis' 513
  ‚De duobus amantibus' (‚Eurialus und
    Lucretia') 513, 562, 563, 600, 626
  ‚Historia Bohemica' 556
  ‚In Europam' 170, 569

  ‚De miseriis curalium' 171, 642
  ‚De remedio amoris' 565
  ‚Vision des Reichs der Fortuna in Brief-
    form' 565
Pico, Giovanni della Mirandola, Graf 353,
  535, 546
  ‚Heptaplus' 353
  Sendbrief 546
  ‚Über die Würde des Menschen' 535
Pierre d'Ailly 419
  ‚Devota meditatio super Ps 30,1–6',
    Übers. 419
  ‚Epilogus de quadruplici exercitio
    spirituali' 420
  ‚Meditatio super septem Psalmos
    poenitentiales', Übers. 419
Pighinucci, Frediano 570
Pinder, Ulrich 285
Pirckheimer, Caritas 45, 175, 180, 369,
  370, 371, 373, 375, 380
  Briefe 369
  ‚Denkwürdigkeiten' 370
  ‚Weihnachtsansprache' 370
Pirckheimer, Hans 172
Pirckheimer, Johannes 172
Pirckheimer, Klara 159
Pirckheimer, Willibald 95, 172, 173, 174,
  175, 179, 369, 514, 529, 541, 542, 557,
  609
  ‚Lob der Gicht' 173
  ‚Tugendbüchlein' 173
  Übers. v. Cicero 174
  Übers. v. Isokrates ‚An Nikokles' 173
  Übers. v. Pseudo-Isokrates ‚An Demo-
    nikos' 173
  Übers. v. Johannes von Damaskus ‚De
    sacris jejuniis' 173
  Übers. v. Lukians ‚De ratione conscri-
    benda historiae' 173
  Übers. v. Neilos ‚Sentenzen' 173
  Übers. v. Plutarch 173, 174
  Übers. v. Plutarch ‚Wie man von seinen
    Feinden Nutzen erlangen kann' 174
  Übers. v. Sallust 174

Pisani, Ugolino
  ‚Philogenia' 603, 604
Pius II., Papst 23, 24, 127, 301, 332, 551, 559, s. auch Piccolomini, Enea Silvio
  ‚Epistola ad Mahumetem' 568
Platina, Bartholomäus
  ‚Vitae pontificium' 170
Platon 191, 508, 591, 608
Platterberger, Johannes 158
  Platterberger-Truchseßsche Weltchronik, ‚Excerpta chronicarum' 158
Plautus 539, 608
  ‚Asinaria' 523
  ‚Bacchides' 603
  ‚Menaechmi' 603
Pleydenwurff, Wilhelm 26, 169, 375
Plinius d. J.
  ‚Panegyricus' 578
Plutarch 173, 174, 608, 612
  Caesar-Vita 638
  ‚De mulierum virtutibus' 608
  ‚Wie man von seinen Feinden Nutzen erlangen kann' 174
  ‚Vitae parallelae' 607
Pseudo-Plutarch
  ‚De liberis educandis' 608
Poggio Bracciolini, Gianfrancesco 590, 591, 592
  ‚An seni sit uxor ducenda' 565
  Brief über die Verbrennung des Hieronymus von Prag 566
  ‚Disceptatio convivalis I' 566
  ‚Invectio in delatores' 579
  ‚Liber facetiarum' 571, 592, 634
  Trostschrift an Cosimo de Medici 566
Pomerius, Henricus 457
Possidius von Calama
  Augustinus-Vita 475
Pot, Heinrich
  Predigt über die Stärkung des Glaubens 404
Potstock, Susanne 440
‚Prager Kompaktaten' 197, 243

Prausser, Johannes 275, 280, 338, 345
  Predigt über die Unaussprechlichkeit Gottes 280
  Traktat über die Witwenschaft, Übers., s. Felix Fabri
  Predigt auf Petrus 359
‚Le preste crucificié' (Fabliau) 61
‚Preventa und Adoptata' 478
‚Priester Berthold'
  Sendbriefe an eine Wöltingeroder Nonne 444
Proles, Andreas 503
  ‚Sermones dominicales' 503
  Tauflehre 503
‚Proverbia Salomonis' 413
Prüß, Johann 634, 638
Ptolemäus, Claudius
  ‚Geographia' 639
Püterich von Reichertshausen, Jakob
  ‚Ehrenbrief' 11

Quintilian 608
Quirinus von Tegernsee-Legenden 421

Radewijns, Florens 433, 457, 458, 460, 470, 471
Raimondi, Cosma, s. Johannes Gottfried
Raimund von Capua 201, 207, 229, 238, 244
  Agnes von Montepulciano-Legende, Übers. 359
  ‚Legenda maior (Vita Catharinae Senensis)', lat. und Übers. 229, 230, 476, 498
  ‚Legenda maior (Vita Catharinae Senensis)', Übers. ‚Ein geistlicher Rosengarten' 230, 450
Ransanus, Petrus
  Vinzenz Ferrer-Vita 269
Rasino, Baldassare
  ‚Lob auf Pavia' 600
Ratdolt, Erhard 20
‚Raudnitzer Statuten' 203

Rauscher, Hieronymus 225
‚Reformatio Sigismundi' 198
Regenbogen 115
‚Regensburger Legenda aurea' 408
‚Regensburger Missale' 34
Regiomontanus, Johannes (Müller) 38, 41, 163, 166, 508, 524, 542
Regula (von Lichtenthal) 347, 449, 450, 451, 452, 454, 455, 456, 492
    ‚Buch von den hl. Mägden und Frauen' 451, 453
    Legendenübersetzungen und -bearbeitungen 450
    Teilübers. v. David von Augsburg ‚De exterioris et interioris hominis compositione' 455
    Teilübers. v. Hugo Ripelin ‚Compendium theologicae veritatis' 455
    Übers. v. Albertus Magnus ‚Paradisus animae' 455
    Übers. v. Bernhard von Clairvaux ‚Vita prima' 451
    Übers. v. Bonaventura ‚Legenda maior' 455
    Übers. v. Bonaventura ‚Soliloquium' 455
    Übers. v. ‚Libelli definitionum' 456
    Übers. der Robert von Molesme-Legende 451
    Übers. v. Thomas von Celano ‚Klara von Assisi-Vita' 455
    Übers. v. Thomas von Kempen ‚De imitatione Christi', Buch IV 455, 473
Reinbot von Durne
    ‚Georg' 221
Reinhard von Lothringen, Herzog 556
Reinmar von Zweter 115, 117
Reinswidlin, Magdalena 428
Reisch, Gregor
    ‚Margarita philosophica' 638
Remstede, Katharina
    Brieffragment 441

Reuchlin, Johannes 174, 345, 525, 526, 531, 534–538, 540, 554, 557, 569, 571, 574, 577, 591, 609, 610
    ‚De arte cabalistica' 536
    ‚Augenspiegel' 535, 537, 572
    ‚Clarorum virorum epistolae' 538
    ‚Henno' 532, 538, 539, 540, 611
    ‚Ilias' 532
    ‚De rudimentis Hebraicis' 536
    ‚Sergius vel capitis caput' 538, 539
    ‚Tütsch missive, warumb die Juden solang im ellend sind' 536, 572
    ‚De verbo mirifico' 536
    Übers. v. Cicero ‚Tusculanae disputationes' (Buch I) 574
    Übers. v. Reden des Demosthenes 538, 571
    Übers. v. Schriften des Hippokrates 538
    Übers. v. Homer 538
    Übers. v. Lukians 12. Totengespräch 538, 571
    ‚Vocabularius breviloquus' 534
‚Reynecke de vos' 28
Rhenanus, Beatus 557, 610
Rich, Edmund von Abdingdon-Legende 448
Richard von St. Viktor 313, 423, 490
    ‚Adnotatio mystica' 424
    ‚Benjamin major' 425, 426
Richel, Bernhard 32
Richter, Martin 361
Rieter, Hans
    ‚Reisebuch' 160
Rieter, Peter 160
Rieter, Sebald d. Ä. 160
Rieter, Sebald d. J. 160
Ringelhammer, Innozenz 326
Ringli, Jörg
    Übers. v. Klara-Mirakeln 392
Ringmann, Matthias 634, 638, 639
    Carmina 639
    ‚Cosmographiae introductio' 639
    Lobgedicht auf die Vogesen 639

Übers. v. Julius Caesar ‚Bellum civile'
    638
Übers. v. Julius Caesar ‚Bellum Gallicum' 638
Übers. v. Jean Gerson ‚Monotessaron'
    638
Übers. v. Plutarchs Caesar-Vita 638
Übers. v. Plutarchs 12. Totengespräch
    638
Übers. v. Sueton ‚Divus Iulius' 638
Rinuccio d'Arezz
    ‚Vita Esopi' 592
Ripelin, Hugo von Straßburg 219
    ‚Compendium theologicae veritatis'
    218, 281, 333, 334, 335
Riß, Heinrich 284, 285
    ‚Abecedarium-Predigt' 284
‚Ritter Alexander' 91
Robert von Molesme-Legende 451
Robert von Tumbelene
    ‚Hoheliedkommentar' 428
Rochus, Hl. 88, 150
Rode, Johannes 435
Roland 192
‚Romulus' 499
Rosa von Viterbo-Legende 392
‚Rosengarten' 10
‚Der Rosengarten von dem Leiden Jesu
    Christi' 479
Rosenplüt, Hans 39, 42, 49–66, 68, 71, 76,
    80, 87, 90, 93, 96, 98,104, 105, 107, 135,
    136, 141, 143, 169
    ‚Auf Herzog Ludwig von Bayern' 56
    ‚Der Barbier' 60
    ‚Der Bauernkalender' 58
    ‚Die Beichte' 59
    ‚Bildschnitzer von Würzburg' 61
    ‚Die Disputation' 62
    ‚Die drei Ehefrauen' 58
    ‚Der fahrende Schüler' 61
    ‚Das Fest des Königs von England' 105
    ‚Die Flucht vor den Hussiten' 52
    ‚Der fünfmal getötete Pfarrer' 62
    ‚Die fünfzehn Klagen' 51, 57, 58
    ‚Krone' und ‚Luneten Mantel' 107
    ‚Lerche und Nachtigall' 57
    ‚Lied von den Türken' 54
    ‚Das Lob der fruchtbaren Frau' 59
    ‚Der Lobspruch auf Bamberg' 50
    ‚Der Lobspruch auf Nürnberg' 55
    ‚Der Markgrafenkrieg' 53
    ‚Die meisterliche Predigt' 58
    ‚Mönch Berchtoldt' 105
    ‚Der Priester und die Frau' 59
    ‚Die sechs Ärzte' 59
    ‚Spruch auf Böhmen' 52
    ‚Des Türken Fastnachtspiel' 55, 106
    ‚Die Turteltaube' 59
    ‚Unser Frauen Schöne' 59
    ‚Der Wettstreit der drei Liebhaber' 60
    ‚Die Woche' 59, 66
    ‚Die Wolfsgrube' 61
‚Rosenplütsche Fastnachtspiele' 105
Rosenthaler, Caspar 390
Rosner, Hans (?) 93
    ‚Der Einsiedel' 93
    ‚Der Frauenkrieg' 93
    ‚Die Handwerke' 93
Rotenpeck, Hieronymus 486
Rothuet, Johannes (Johannes von Indersdorf) 238, 423, 488, 489, 490, 491
    ‚Absage an die falsche Welt' (?) 490
    ‚Fürstenlehre mit Tobiaslehre' 490
    Gebetbuch für Elisabeth Ebran 489
    Spruchsammlung über den Gehorsam
        der Ordensleute 490
    ‚Tischlesungen' 490
    ‚Tochter Sion'-Traktat 489
    ‚Über die Sünde des Privatbesitzes im
        Ordensleben' 490
    ‚Von dreierlei Wesen der Menschen'
        490
Rott, Jörg 560, 566
Rubeanus, Crotus 538
Rudolf II. von Scherenberg, Würzburger
    Fürstbischof 607
Rudolf von Biberach
    ‚De septem itineribus aeternitatis' 371

Rudolf von Ems
  ‚Weltchronik' 220
Rudolf von Habsburg 168
Rufinus von Aquileia
  ‚Historia monachorum' 469
Rufus, Hl. 494
Rufus, Curtius, s. Johannes Gottfried
Rupert von Salzburg-Legende 408
Ruprecht III. von der Pfalz, König 158, 193, 406
Ruprecht von Simmern-Zweibrücken, Pfalzgraf, Bischof 16, 17
Ruprecht von Veldenz, Herzog 632
Rynman, Johann 30, 31

Sachs, Agnes
  Predigtnachschriften 307
Sachs, Hans 39, 42, 46, 47, 48, 49, 50, 51, 57, 64, 83, 88, 96, 100, 103, 104, 107, 113, 114, 115, 118, 119, 120, 121, 123, 124, 125, 129, 131, 132, 133, 135, 165, 593, 607, 616
  ‚Henno' 539
  ‚Das hoffgsindt Veneris' 114, 134
  ‚Lied über die Schulkunst' 66, 134
  Lied zu Katharina von Alexandrien 134
  Lied zur Compassio Mariae 134
  Lied zur Eucharistie 133
  Lied zur Trinität 133
  Lied zur weiblichen Treue 134
  ‚Lobspruch auf Nürnberg' 39, 51
  Marienlieder 134
  ‚Prosadialoge' 133
  ‚Summa all meiner gedicht' 131, 133
  ‚Von der eygenschafft der lieb' 114
  Weihnachtslieder 134
  ‚Die Wittenbergische Nachtigall' 132, 133
Sachs, Jörg 131
‚Sächsische Weltchronik' 158
‚Sag von Nürnberg' 56
‚Sage von Kaiser Heinrich' 226

Sallust 534
  ‚Bellum Iugurthinum' 579
  ‚De coniuratione Catilinae' 579
Pseudo-Sallust, s. Johannes Gottfried
‚Das salomonische Urteil' 100
‚Salve festa dies' (Also helich is dese dach), Osterhymnus 447
‚Salzburger Apostelbuch' 428
Sampach, Agnes 365
Sánchez de Arévalo, Rodrigo
  ‚Speculum vitae humanae' 590
Sandeus, Felinus 352
Sanuda, Nicolasia
  Rede 565
Satzenhofer, Ursula 431
  Übers. v. Silvester von Rebdorf ‚Meditationes de passione domini' 427, 485
Schäufelein, Hans 285
Schedel, Hartmann 67, 89, 96, 151, 162, 163, 166, 167, 170, 173, 551, 585
  ‚Schedelsche Weltchronik' 26, 34, 67, 109, 158, 163, 167, 169, 170, 176
  ‚Schedelsche Liederbuch' 152
Schedel, Hermann 551
Schenck von Siemau, Hieronymus 608
  ‚Ein newes vnd hubsches buchlein Kinderzuchte genant' 608
  Marienlieder 609
  Trostschrift für seine Mutter 609
  Lat. Traktat über den wahren Adel 609
Scherl, Johannes 347, 348, 349
  ‚Lied zur Beschließung des Konvents' 348
  Predigten 349
Scheurl, Christoph 38, 41, 154, 175, 179
‚Schiffart von dissem ellenden iamertal' 632
‚Die Schlacht bei Sempach' 340
Schlatter, Konrad 297–300, 306
  Heiligenpredigten 298
  Margareta von Ungarn-Legende 253, 298
  Pfingstpredigt 299

Predigten zum Advent 298
Predigtsammlung 298
Reihenpredigten zur Fastenzeit 299
Sendbrief an die Schwestern von
  Schönensteinbach 297
Schlitpacher, Johannes 418, 419
  Benediktinerregel mit Kommentar
    418
  Übers. v. Pseudo-Methodius Patarensis
    ‚Revelationes' 418
Schlüsselfelder, Heinrich 597
‚Schmählied auf den Raubritter Cunz
  Schott' 138
Schmaßmann, Maximin von Rappoltstein
  635
Schneider, Hans 92, 141, 145, 146, 147,
  149, 150
  ‚Böhmenschlachtlied' 148
  ‚Drei Männer, die über ihre Frauen
    klagen' 92, 93
  ‚Ermahnung wider die Türken' 146
  ‚Pest-Gebet' 150
  ‚Spruch für Braut und Bräutigam'
    92
  ‚Spruch über das Erdbeben von 1511'
    149
  ‚Spruch über den Augsburger Reichs-
    tag' (1500) 147
  ‚Spruch über die Niederlage der Fran-
    zosen bei St. Hubert' 149
  ‚Spruch über den Ungehorsam der
    Venediger' 149
  ‚Spruch über den verstorbenen Chris-
    toph von Bayern' 147
  ‚Spruch über den Zunftaufruhr in
    Köln' 150
  ‚Spruch über die Aufrüstung gegen die
    Räuberei' 149
  ‚Spruch über die Einnahme der Raub-
    ritterburg Hohenkrähen im Hegau'
    150
  ‚Spruch vom Landshuter Erbfolgekrieg'
    148
  ‚Spruch von der Böhmenschlacht' 148

‚Spruch von der Eroberung der Raub-
  schlösser vor dem Wald' 150
‚Spruch von der Stadt Annaberg' 149
‚Spruch zum Lob des Hauses Öster-
  reich' 148
‚Der Traum' 92
‚Treue und Untreue' 92
‚Vom Eigennutz' 146
‚Der wucherische Wechsler' 151
Schnepperer, Hans, s. Rosenplüt, Hans
Schober, Friedrich 281
  Kurzpredigt 281
  Predigt 281
Schöffer, Peter 23, 24, 27
  ‚Mainzer Psalter' 23
Schöfferlin, Bernhard 569, 570
  Römische Geschichte 569
Schönmerlin, Ludwig 403
  Bearb. des ‚Bihtebuochs' 403
  Übers. v. Robertus Caracciolus Kar-
    freitagspredigt 403
  Zweiter Band des Jahrzeitenbuchs des
    Klosters Solothurn, dt. 403
Schönsperger, Johann 25, 26, 32, 33, 162,
  170, 416, 530, 618
Schott, Cunz (Konrad) 138
Schreiberin, Kunigund 208, 235
Schreyer, Sebald 152, 166, 167, 169, 170,
  174, 175, 176, 514
‚Schuelzettel zv Nurnberg' 119
‚Schule der Tugenden' 454
Schulmeister, Nikolaus 468
Schürer, Christoph d. A. 180
Schürstab, Anna 236, 237
Schürstab, Erhard d. J. 156
‚Schürstabscher Kriegsbericht' 156
Schüttensam, Hans 137, 138
Schwarz, Hans, Briefmaler 121
Schwarz, Ulrich 147
‚Schwarzwälder Predigten' 226
Schwertmann, Gilg (Aegidius) 275
  Übers. v. Gerard Zerbolt ‚De spirituali-
    bus ascensionibus' 275, 462
‚Schwesternbuch von Deventer' 483

‚Schwesternbuch von Diepenveen' 483
‚Schwesternbuch von Lamme-van-
    Diesenhuis' 483
Scutken, Johannes 463
    ‚Nordmittelndl. Übersetzung des
        Neuen Testaments' 463
Sebald, Hl. 227, 264
    Legende 221, 223
Sebastian, Hl. 150
‚Der Seelen Wurzgarten' 109, 261
‚Sendbrief Ain wares uffdringen der
    begird' 386
‚Sendbrief Aus dem hunigfliessenden
    herczen' 387
‚Sendbrief Carissima soror Agnes' 287,
    288
‚Sendbrief über die Passionsbetrachtung
    an den einzelnen Wochentagen' 234
‚Sendbrief vom Betrug teuflischer Er-
    scheinungen' 184, 273, 493
‚Sendbrief zur wahren Heiligkeit Birgittas
    von Schweden' 231, 232
Seneca 191, 481, 508, 594, 612
    ‚De clementia', anon. Übers. 580
    ‚Consolatio ad Marciam' 580
    ‚De ira' 579
    ‚De constantia sapientis' 580
    Neunte Brief über die Freundschaft
        576
Pseudo-Seneca
    ‚De remediis fortuitorum' 579
    ‚Proverbia' 580
Seneca-Vita, anon. Übers 580
Senefelder, Alois 22
Sensenschmidt, Johann 40
Servatius-Legende 469
Seuse, Heinrich 6, 204, 210, 239, 246, 249,
    252, 259, 268, 276, 291, 300, 306, 307,
    438, 471, 532
    ‚Briefbüchlein' 455
    ‚Büchlein der Ewigen Weisheit' 211,
        233, 256, 338, 402, 417, 439
    ‚Großes Briefbuch' 248
    ‚Horologium sapientiae' 233, 437, 439

‚Horologium sapientiae', Übers.
    (‚Oerloy der ewighen wijsheit') 468
‚Hundert Betrachtungen zur Passion'
    259, 467
‚Lectulus-floridus-Predigt' 436
‚Vita' 331
Seyringer, Nikolaus 411
Sforza, Bianca Maria 517
Sidonia (Zdeňka) von Sachsen, Herzogin
    361, 362, 397
Sieder, Johann 532, 579, 606, 607, 608
    Übers. v. Lucius Apuleius ‚Asinus
        aureus' (‚Metamorphosen') 606,
        607
    Übers. v. Filippo Beroaldo ‚Metamor-
        phosen'-Kommentar 607
    Übers. v. Lukian von Samosata ‚Verae
        historiae' 606
‚Sigenot' 525
Sigismund von Luxemburg, König, Kaiser
    52, 56, 193, 197, 198, 243
Sigmund von Tirol, Herzog 166, 555, 556,
    564, 583, 584, 588, 590
Silvester von Rebdorf 334, 484
    ‚Brief an die Schestern von Pulgarn'
        485
    ‚Meditationes de passione domini'
        431, 485
    ‚Meditationes de passione domini',
        Übers. 426, 427, 485
Simon von Trient, Hl. 109, 111, 170, 528
    Legende 44
Sixtus IV., Papst 34, 209, 534
    Bulle zur Rosenkranzbruderschaft 381
Smeeds, Mechteld 483
    ‚Emmericher Schwesternbuch' 483
Söflinger Briefe 384
Söflinger Lieder 384
Sokrates 282
‚Solothurner Legendar'
    Julianus und Basilissa-Legende 495
Sorg, Anton 25, 28, 31, 32, 464, 551
    ‚Das Buch vom Leben der Meister'
        551

Spaun, Claus 102
‚Speculum artis bene moriendi' 233
‚Speculum perfectionis' 391
‚Speculum virginum' 191
Spengler, Georg 156, 162
   ‚Etliche Geschicht' 156, 157
Spengler, Lazarus 47, 156, 178, 179, 609
   Teilübers. v. Flavius Josephus ‚De Bello Judaico' 173
Spervogel 65
Spiegel, Otto 160
‚Spieghel der maechden', s. Konrad von Hirsau
Spieß, Johannes 384
Spitzer, Konrad 416
Sprenger, Jakob 332, 355, 356, 363, 381
   ‚Büchlein der Kölner Rosenkranzbruderschaft' 356
   Predigt über Johannes Evangelista 355
   Predigt zum Thema Vater- und Mutterliebe 355
‚Sprüche der fünf Lesemeister' 438
Stabius, Johannes 555
Stanhope, Charles 22
Staphylus, Friedrich 2
‚Statuten für Konversen beiderlei Geschlechts' 448
Steinhöwel, Heinrich 9, 174, 501, 583, 584, 585, 588, 589, 590, 592, 594, 597
   ‚Apollonius' 501, 585, 586, 591
   ‚Chronik Herzog Gottfrieds' 590
   ‚Esopus' (‚Ulmer Esop') 499, 500, 591, 592, 593, 634
   ‚Griseldis' 586
   ‚Kölner Prosa-Äsop' 592
   ‚Magdeburger Prosa-Äsop' 592
   ‚Pestbüchlein' 585
   ‚Regimen sanitatis' 88, 89
   ‚Tütsche Cronica' 589, 590
   Übers. v. Giovanni Boccaccio ‚De claris mulieribus' (‚Von den erlauchten Frauen') 588
   Übers. v. Rodrigo Sánchez de Arévalo ‚Speculum vitae humanae' 590

Stephan von Landskron 488, 490, 491
   ‚Ain Unnderweisung ainer Öbristen' 492
   ‚Himelstraß' 491
   ‚Reformsatzungen für die Chorfrauen in Kirchberg am Wechsel' 492
   ‚Spiegel der Klosterleut' 491
   ‚Von etlichen dingen die allain dy gaistlichen perüren' 491
‚Stettener Predigthandschrift' 354
Stettfelder, Nonnosus
   Heinrich und Kunigunde-Legende 409
   Übers. v. Adalbert von Bamberg ‚Legendae ss. Henrici et Cunigundis' 409
   Übers. v. Innozenz III. Bulle zur Kanonisation Kunigundes 409
‚Stimulus amoris' 320, 323, 424
‚Strafpredigt an die Nonnen' 443
‚Straßburger Heldenbuch' 10
‚Straßburger Terenz' 639
‚Streit der vier Tochter Gottes' 234
‚Streitgespräch zwischen Christ und Jude' 110
Streler, Johannes 312
Der Stricker 50
   ‚Der kluge Knecht' 61
   ‚Pfaffe Amis' 113
Stromer, Friedrich 275, 279
   ‚12 Brunnen der Welt' 280
   ‚12 Brunnen oder Gründe für Sünde und Übel' 279
   ‚12 Früchte des geistlichen Standes' 280
   ‚12 Früchte des Hl. Geistes' 280
   ‚12 Pforten zum ewigen Leben' 280
   Predigt über die fünf und zehn Zeichen der triplex via 280
Stromer, Ortolf 188
Stromer, Sigmund 160

Stromer, Ulman 14, 37, 139, 140, 152, 154, 155
  ‚Püchel von mein geslechet und von abentewr' 152, 155
Stuchs, Georg 41
Stuchs, Hans 79
Stückler, Elsbeth 359
Sturm, Jakob 543, 546
Sturm, Johannes 546
Suchenwirt, Peter 56
Sudermann, Daniel 374
Sueton 168, 325, 582
  ‚Divus Iulius' 6348, 638
Sulpicius Severus
  Martin von Tours-Legende 358
Summenhart, Konrad 433, 534
  ‚Tractatulus pro monialibus ad vitandam simoniam in receptione noviciarum' 433
  Übers. der Bücher ‚Ecclesiastes' und ‚Sapientia' des alten Testaments 433
  Übers. v. Pseudo-Augustinus ‚Meditationes' 433
Suppan, Wolfgang von Steyr 419
  Übers. v. Predigten Thomas Ebendorfers 304, 419
  Übers. v. Francesco Petrarca ‚Seniles XI,11' 419
Sylvius, Petrus 503

Tabernes, Tirich (Dietrich)
  Lied über den Blomberger Hostienfrevel 442
Tacitus 582
  ‚Germania' 176, 515, 516, 521
Tagzeitengedicht von Christi Leiden 444
Talmud 108, 109, 536, 537
Tannhäuser 114
Taube, Heinrich von Selbach
  ‚Chronik' 158
Tauler, Johannes 36, 266, 268, 276, 306, 468
  ‚Großer Tauler' 401

Tegernseer Anonymus, s. Bernhard von Waging
Terenz 508, 539, 544, 572, 594, 639
  ‚Eunuchus' 594, 595, 639
Tertullian 268
‚Testamentum S. Patris Francisci' 476
Tetzel, Gabriel 162
Tetzel, Jobst 154
Texery, Bartholomäus 207, 208, 210, 215, 244
  ‚Ordinatio' für das Nürnberger Katharinenkloster 210
Theobaldus de Saxannia
  ‚Pharetra contra iudeos' 107
Pseudo-Theodor
  Magnus-Legende 410
Thomas von Aquin 130, 191, 219, 238, 252, 254, 257, 263, 268, 275, 276, 278, 280, 281, 282, 283, 291, 296, 300, 335, 338, 354, 356, 359, 360, 372, 398, 402, 436, 497, 622
  Legende 223, 359
  Sentenzenkommentar 281
  ‚Summa theologica' 194, 257, 283
Pseudo-Thomas von Aquin
  ‚De beatudine' 430
Thomas (Piscatoris) von Baden 418, 419
  Auslegung der ‚Lamentationes Jeremiae' 418
  Predigt zu Pauli Bekehrung 419
  Übers. v. Konrad Holtnicker ‚Speculum B. Mariae Virginis' 418
  Übers. v. Jahrespredigten 419
  Übers. v. zwei Exempeln über die Freuden des Paradieses 418
Thomas von Cantimpré
  ‚Bonum universale de apibus' 324, 327, 419, 456
Thomas von Celano
  Franziskus-Vita 370
  Klara von Assisi-Vita, Übersetzungen 390, 392, 393, 455

Thomas von Laa
  Predigten 417
Thomas von Lampertheim 329, 330, 353
  ‚ABC des Geistes' 329
  ‚Anweisung zum Verhalten im Kloster 330
  ‚Beichttraktat' 330, 353
  Tugendlehre 330, 353
Thomas (Hemerken) von Kempen 193, 430, 471, 482
  ‚Alphabetum parvum boni monachi', Übersetzungen 374, 474
  ‚Dialogus noviciorum' 433
  ‚Dialogus noviciorum', Übers. (‚Fraterherren-Viten') 474
  ‚Hortulus rosarum' 474
  ‚De imitatione Christi' 13, 186, 253, 272, 314, 348, 410, 425, 455, 437, 471, 472, 473, 486
  ‚Libellus de disciplina claustralium' 474
  Lidwina von Schiedam-Vita 474
  ‚Orationes et meditationes de vita Christi' 193, 473, 474
  ‚Sermones ad novicios regulares', Teilübersetz. 474
  ‚Soliloquium animae' 474
Thomasinus de Ferrara
  ‚De penitencia et hypocrisi' 398
Thüring von Ringoltingen
  ‚Melusine' 10
Tiberinus, Johannes 109
Tiberius Nero 168
Tileman von Bavenstedt 445
Tischlesungsverzeichnis des Nürnberger Katharinenklosters 222, 242, 256
Tortsch, Johannes
  ‚Onus mundi' (‚Bürde der Welt') 381
‚Tösser Schwesternbuch' 253, 327
Totting, Heinrich von Oyta 206
‚Traktat gegen den Eigenbesitz im Kloster' 216

Traktat uber die Auslegung der Messe am zweiten Fastensonntag (Reminiscere) 397
Traktat uber die Keuschheit 445
Traut, Wolf 390
‚Trierer Konstitutionen der Bursfelder Reform' 435
‚Tristan als Monch' 17
Tristanroman (Prosaauflosung) 12
Trithemius, Johannes 174, 394, 435, 532, 533, 546, 554, 555, 557, 606, 612
  ‚Annales Hirsaugienses' 505, 606
  Hunibald-Chronik 555
  ‚De laudibus sanctissimae matris Annae' 554
  ‚De scriptoribus ecclesiasticis' 554
Troja-Historie 18
Truchseß, Dietrich 158
Tucher, Berthold d. Ä. 153, 580
  ‚Tuchersche Memorialbuch' 152
Tucher, Endres II. 153, 580
Tucher, Endres III. 153, 580
Tucher, Hans VI. 153, 160, 161, 162, 174, 378, 580
  ‚Pilgerreisebuch' 161, 162, 342
Tucher, Katharina 235
Tucher, Sixtus 370
  ‚Viertzig sendbriefe' 370
Tuchscherer, Johann 171
‚Tundalus', Übers. C 240, 241
Tünger, Augustin 571
  ‚Fazetien' 571
Twinger, Jakob von Königshofen
  ‚Croniken' 158, 178

Übertwerch, Heinz
  ‚Muffellied' 154
Udo von Magdeburg 381
‚Dil Ulenspiegel' 71, 113, 400, 612
Ulhart, Philipp 13
‚Ulmer Cato', Übers. der ‚Disticha Catonis' 594

Ulrich V. der Vielgeliebte von Württemberg-Stuttgart, Graf 322, 332, 345, 565, 569
Ulrich von Hutten 509, 529, 538, 540, 541, 542, 546, 548, 550, 556, 605, 608, 609
,Arminius' 541
,Ars versificandi' 541
,Brief, die Ratio meines Lebens erläuternd' (an Willibald Pirckheimer) 541
,Febris' 541
,Febris II' 541
,Ich habs gewagt mit sinnen' 542
,Panegyricus' 541
,Pfaffenkrieg' 541
,Vir bonus' 540
Ulrich von Pottenstein 11
,Katechetische Enzyklopädie' 8
Ulrich von Württemberg 556
Ulrich-Legende 221
Urban IV., Papst
Bulle ,Transiturus de mundo', Übers. 236, 239
Urban V., Papst 228
,Ne in vinea domini', Übers. 288
Ursula von Absberg 565
Ursula, Hl. 55, 315, 494
Uslingerin 184, 185, 232, 273
Usuard
Martyrologium 226, 454

Vadianus, Joachim (von Watt) 508, 518, 525, 529, 541
,Die Große Chronik der Äbte des Klosters St. Gallen' 525
,De poetica et carminis ratione' 525
Valla, Lorenzo 591, 592
Varnbühler, Angela 347, 348, 402
Haus- oder Konventsbuch 347, 348
Vater Heinrich, s. Fabri, Heinrich
Vater Siegmund 402, 403
Eucharistiepredigt 402

,Vaterunserauslegung ,Adonay, gewaltiger herre' 439
Vegetius Renatus, Publius Flavius, s. Ludwig Hohenwang
Veghe, Johannes 481, 482
Predigten 481
Pseudo-Veghe 482
,Geistliche Jagd' 482, 483
,Geistliches Blumenbett' 471, 482
,Marientroest' 482, 483
,Wyngaerden der sele' 482
Vend, Johannes 275
,Von der Zukunft Christi' 275
Vener, Job
,Compendium de vicio proprietatis', Übers. 455
Verard, Antoine 615
,Verba admonitionis S. Francisci' 476
,Verba seniorum' 184, 246, 469
Verena-Legende 454
Vergil 508, 591, 594, 612
,Aeneis' 620
,Bucolica' 574, 634
Pseudo-Vergil
,Vir bonus' 612
Vespucci, Amerigo 639
Vetter, Genoveva
Briefe 384
Viechtlin
Schmähgedicht 136
,Vierzig Zellen', Predigt 478
Vigilis, Heinrich von Weißenburg 371, 374
Adventspredigten über die sieben Gaben des Heiligen Geistes 374
,Ermahnung zu einem wahren klösterlichen Leben' 372
,Predigt von den sieben Graden der vollkommenen Liebe' 374
Predigten über die Räte des Evangeliums 374
Sermones zu den Sonntagsevangelien von Ostern bis zum 24. Sonntag nach Pfingsten 373

‚Sieben Predigten für Nonnen' 374
‚Von dreierlei Abgründen' 372
‚Von geistlicher Einkehr und Auskehr' 373
‚Von dem heiligen swygenhalten' 371
‚Von den sieben Gaben des heiligen Geistes' 372
‚Von der Vollkommenheit des geistlichen Menschen' 372
Teilübers. v. Bonaventura ‚Lignum vitae' 374
Übers. v. Thomas von Kempen ‚Alphabetum parvum boni monachi' 374, 474
Vinzenz von Aggsbach 425
Vinzenz von Beauvais
  ‚Speculum historiale' 158, 222, 381, 408
Vischer, Peter d. J. 178
‚Visio Fursei' 241
‚Visio Lazari' 408
‚Visio monachi Eyneshamensis' 241, 242
‚Vita Adae et Evae' 78
‚Vitaspatrum' 126, 184, 222, 246, 261, 302, 323, 346, 386, 415
‚Vitaspatrum', Kölner Sammlung 469
Vitztum, Nikolaus 428
  Predigt 428
‚Vocabularius Ex quo' 437
Vogelsang, Konrad (Kunz) 121, 123, 124
‚Vom Schaden des Tanzens' 310
‚Vom Schweigen im Kloster' 210, 287, 290
‚Vom süßen Namen Jesu' (‚O bone Jesu') 270
‚Von dem kung Tirus vnd Pilato etc.' 408
‚Von den 24 Zeichen eines wahrhaften Grundes' 455
‚Von den Kräften der Seele und den geistlichen Lebensformen' 273
‚Von den losen Füchsen dieser Welt' 615
‚Von der göttlichen Liebe' 380
‚Von der inbeslissung der zungen' 289

‚Von der wahren Einkehr' 373
‚Von einem christlichen Leben' 217, 218, 219
‚Von Gehorsam, Demut und Armut' 455
‚Von Jesu Bettlein' 266, 483
‚Von menschlicher Hinfälligkeit' 237, 260 263
‚Von zwölf Zeichen der Gottesfreunde' 447
‚Vorbereitungsbuch fur Novizinnen' 441
Vorchtel, Paul 188
Vornann (Vernan), Margareta 289
Vorster, Johannes 183
Vos, Johannes van Heusden 466, 470

Wagner, Konrad (Mulner) 260
  ‚Traktat vom schauenden Menschen' 260
Wagner, Richard 121
  ‚Die Meistersinger von Nürnberg' 115
Wahraus, Erhard
  ‚Augsburger Chronik' 155
‚Wahre und falsche Liebe' 85
Walahfrid Strabo
  Gallus-Legende 410
  Otmar-Legende 410
  Walburga-Legende 454
Walcher, Wolfgang 427, 428
  Hymnus auf Maria Magdalena 428
  Sterbelehre 428
  Übers. v. Pseudo-Augustinus ‚Manuale de verbo dei' 428
  Übersetzungen von Schriften Jean Gersons 427
  Übers. v. Jean Gerson ‚Opus tripartium' I,16 427
  Übers. v. Gregor der Große ‚Hoheliedkommentar' 428
  Übers. v. Gregor der Große ‚Homilie 33' über Maria Magdalena 428
  Übers. v. Pseudo-Hieronymus ‚De lapsu virginis' 428

Übers. v. Lc 7,36–50 428
Übers. v. Robert von Tumbelene
,Hoheliedkommentar' 428
Waldseemüller, Martin 639
Walther von der Vogelweide 115
Walther, Paul von Guglingen 341
Wassermann, Georg
Übers. v. Leonardo Bruni ,Vita Ciceronis' 605
Wastald 555
,We scollen alle vrolik sin', Osterlied 447
Wellen, Peter 272
Wenzel IV., Kurfürst, König 154
Wenzeslaus-Legende 221, 451
,Werdener Liederbuch' 396, 441, 442
Werenfried von Elst-Legende 469
Wernher, Adam von Themar 531, 532, 574
Gedichte 574
Übers. v. Guarino Veronese (?) ,Alda' 574
Übers. einer Satire des Horaz 574
Übers. v. Hrotsvit von Gandersheim ,Abraham' 574
Übers. v. Francesco Petrarca ,De remediis utriusque fortunae' 574
Übers. der achten und zehnten Ekloge aus Vergils ,Bucolica' 574
Übers. v. Xenophon ,Hieron' 574
Weyg (Wech), Johannes 279
Weyßenburger, Johann 578
Wickram, Jörg 401, 616
Wickram, Peter 399
Widmann, Matthias
,Chronik' 572, 573
,Wienhäuser Liederbuch' 439, 441, 442, 443
Wiest, Elisabeth 449
Wild, Meister Ingold 308, 309, 310
,Das guldin spil' 308, 309, 311
Predigt über die drei Schäden, drei Tugenden und drei Arten der Liebe 311

Predigt über die dreifache Geburt Christi 311
Predigt über sieben Paternoster 311
Wildsgefert, Hans 427
Wilhelm III. von Bayern, Herzog 490
Wilhelm IV. von Bayern, Herzog 578, 580
Wilhelm von Auvergne 187
Wilhelm von England
Predigt auf die hl. Ursula 494, 495
Wilhelm von Hirnkofen (gen. Rennewart) 171, 172, 178
Übers. v. Arnald von Villanova ,Liber de vinis' 172
Übers. v. Enea Silvio Piccolomini ,De miseriis curalium' 171, 642
Wilhelm von Thüringen, Herzog 503
Wilhelm von Tocco
Thomas von Aquin-Legende 359
Wilhelm zum Lenzfried 387, 388
Katechismustafel 387
Messeerklärung 388
Willibald-Legende 221
Wilperg
Predigt von der Passio Christi 283
Wimpfeling, Jakob 19, 174, 329, 510, 524, 526, 531, 533, 541, 542, 543, 544, 545, 546, 554, 573, 577, 609, 610, 612, 616, 620, 633, 638
,Adolescentia' 544
,Defensio Germaniae' 620
,Diatriba de proba puerorum institutione' 545
,Epitome rerum germanicarum' 546
,Germania' 545, 620
,Isidoneus germanicus' 544
,Philippica' 544
,Stylpho' 538, 544
Übers. v. Filippo Beroaldo ,De tribus fratribus' 577
Übers. einer Predigt des Johannes Chrysostomus 546
Übers. eines Sendbriefs des Giovanni Pico della Mirandola 546

Wind, Jodocus 384
  Briefe an Magdalena Suntheim 384
‚Windesheimer Consuetudines' 458
Windsperger, Ludwig 283, 284
  Predigt über die Gnade Gottes 284
Winkler, Johannes 182
Winterin, Anna 194
Wirnt von Grafenberg
  ‚Wigalois' 12, 17
Wittelsbacher (Adelsgeschlecht) 581
Wittenwiler, Heinrich
  ‚Der Ring' 9
Wittich, Ivo 569, 570
  ‚Romische Historie vß Tito liuio
    gezogen' 570
‚Wolfenbütteler Legendar' 448
Wolfgang von Bayern, Herzog 147
Wolfgang von Regensburg
  Legende 408
Wolfram von Eschenbach 115
  ‚Parzival' 10, 11, 17, 24
Wolfspach, Johannes 264
  ‚Die zwölf Räte Jesu Christ' 264
Wolgemut, Michael 26, 169, 174, 375
‚Der wucherische Wechsler', s. Schneider,
  Hans
‚Der Wunderer' 103
‚Das Wunderzeichen in Sizilien' 79
‚Wurzgarten des Herzens' 234
Wyclif, John 6, 7, 127, 183, 197
Wyg, Jakob 406
  Deutsches Brevier 403

Zabarella, Franziskus 352
Zainer, Günther 25, 31, 471, 585, 590
Zainer, Johann 584, 585, 588, 590, 591,
  592, 594, 598

Zasius, Ulrich 542, 619
Zehentner, Ulrich
  ‚Ordinatio' 354
Die Zehn Gebote, ndt. Reimgedicht 444
Zehn Gebote-Auslegung für Schwestern
  211
‚Zeitklage der Christenheit' 237
Zerbolt, Gerard van Zutphen 6, 8, 433,
  460, 461, 463
  ‚De libris teutonicalibus' 460, 461
  ‚De reformatione virium animae' 461,
    462
  ‚De spiritualibus ascensionibus' 275,
    462
  'De spiritualibus ascensionibus', anon.
    alem. Übers. 462
  ‚Super modo vivendi devotorum
    hominum simul commorantium'
    461
Zierer, Johannes 257, 314, 332
  Predigt zur unbefleckten Empfängnis
    314
  Übers. v. Thomas von Kempen ‚De
    imitatione Christi' 314, 473
Zingel, Georg 523, 524
‚Zisterziensisches Klostergelübde' 443
Zolner, Johannes 281
  Marienpredigt 281
  Predigt über die Eucharistie 281
  Predigt über die Tugend der Demut
    281
  Predigt von unseren geistlichen Waffen
    281
Zorn, Fritz 121, 124, 125, 126
Zwingli, Ulrich 525, 542, 548, 619
‚Zwölf Hindernisse eines devoten Lebens'
  447

Register: Orte und Institutionen

Aachen 20, 42, 56, 131, 428, 457
Abensberg in Niederbayern 580
Affalterbach (bei Feucht) 139
Agnadello, Schlacht bei 635
Alsatia, dominikanische Nation 202, 315
Alspach
   Klarissen 365, 371, 372
Altenhohenau (bei Wasserburg)
   Dominikanerinnen 214, 236, 259, 260, 266, 275
Altomünster
   Birgitten 204
Amberg 167
Amsterdam
   Franziskaner 395
Ansbach 11, 162, 598
Antwerpen
   Franziskaner 394
Arnheim
   Kartause 457, 467
Augsburg 1, 3, 25, 26, 28, 30–33, 38, 42, 43, 68, 79, 83, 115, 129, 143, 145, 147, 155, 162, 167, 168, 189, 208, 241, 309, 389, 413, 416, 464, 471, 474, 488, 512, 514, 529, 542, 550, 551, 578, 585, 603, 605, 637, 642
   Benediktiner 9, 25, 26, 413, 416, 418, 421, 449, 551, 553
   Benediktinerinnen 420, 427
Avignon 228, 230, 391, 419, 507

Bamberg 25, 40, 50, 56, 68, 75, 278, 279, 382, 409, 421, 593, 598, 600, 605
   Benediktiner, Michelsberg 382, 409
   Capistrantafel 376
   Dominikaner 262, 281
   Dominikanerinnen 285, 286
   Franziskaner 374, 381
   Klarissen 369, 381, 382

Basel 3, 15, 26, 27, 28, 31, 32, 176, 198, 243, 251, 286, 294, 295, 301, 305, 316, 329, 355, 387, 427, 473, 474, 542, 543, 547, 610, 613, 617, 629, 636, 637, 642
   Augustinerchorherren 484
   Beginen 295
   Dominikaner 243, 251, 283, 284, 292, 295, 297, 303, 305, 308, 309, 316, 321, 322, 332
   Dominikanerinnen 209
   Dominikanerinnen, Klingental 300, 329, 330, 353
   Dominikanerinnen, Steinenkloster 207, 248, 289, 292, 294, 297–299, 300, 304, 305
   Franziskaner 387, 388, 399
   Franziskanerterziarinnen 295
   Kartause St. Margarethental 9, 193, 473
   Konzil 7, 193, 196–198, 203, 208, 243, 247, 255, 257, 263, 269, 297, 300–305, 364, 385, 405, 435, 458, 485, 512, 568, 622
   Universität 316, 429, 519, 520, 522, 525, 527, 534, 555, 610, 619
Bavaria, dominikanische Nation 202
Bergen bei Eichstätt
   Benediktinerinnen 421
Bern 3, 619, 622
   Dominikaner 207, 262, 284, 622
   Dominikanerinnen 297, 322, 324, 327
   Franziskaner 399, 622
Bethlehem 56, 159, 246, 340
Biberach 527
Blaubeuren
   Benediktiner 429

Böddeken
    Augustinerchorherren 469, 486
Boetendaal
    Franziskaner 394
Böhmen 7, 75, 80, 127, 197, 203, 489, 490
Bologna 302, 306, 565
    Universität 568, 598, 641
Bonn
    Birgitten 203
Bösenbrunn bei Emskirchen 139
Bozen
    Dominikaner 281, 284
Brabant 188, 201, 444, 547
Brabantia, dominikanische Nation 202, 355
Braunschweig 42
Bremgarten (Aargau) 559
Breslau 26, 436
    Augustinerchorherren 484, 499
Brixen
    Klarissen 369
Brno (Brünn)
    Dominikanerinnen 250, 254
Brügge 147
Brüssel 162
    Augustinerchorherren, Groenendaal 410, 462
    Franziskaner 394
Buda/Ofen 26, 512
    Universität 75
Bursfelde
    Benediktiner 202, 405, 434, 435
Butzbach
    Fraterhaus 487
Buxheim
    Kartause 474

Canterbury 346
China 14, 19
Chur
    Dominikaner 284, 329
Clairvaux
    Zisterzienser 479

Colmar 286, 287, 638
    Dominikaner 206, 207, 290, 294, 297
    Dominikanerinnen, Katharinenkloster 244
    Dominikanerinnen, Unterlinden 207, 255, 256, 258, 269, 289, 291–295, 347, 402
Colonia, franziskanische Ordensprovinz 394

Danzig 3
    Birgitten 203
Delft 467
    Fraterhaus 271
Derneburg
    Zisterzienserinnen 440, 441, 445
Deventer 457, 471
    Fraterhaus 457, 460, 463, 471
    Meester-Geertshuis 460
Diepenveen
    Augustinerchorfrauen 460
Diessenhofen
    Dominikanerinnen 207, 287, 348
Dillingen 577
Domažlice (Taus) 52, 183, 243
Donauwörth 56, 116
Dordrecht 470
Dürnstein (Niederösterr.)
    Augustinerchorherren 255

Eberbach im Rheingau
    Zisterzienser 479
Eberhardsklausen
    Augustinerchorherren 479
Ebstorf
    Benediktinerinnen 437, 438, 440, 441, 445, 447
Eemstejn
    Augustinerchorherren 462
Eger
    Dominikaner 360
    Franziskaner 380
    Klarissen 369, 391, 392
Eggolsheim 193

Ehingen a. d. Donau 344, 522
Eichstätt 193, 598, 599
   Augustinerchorfrauen 486
   Benediktinerinnen 486
   Dominikaner 263, 275, 284, 347, 348
   Einsiedeln
   Benediktiner 555
   Marienstatue Unsere Liebe Frau 349
Elchingen bei Ulm 642
   Benediktiner 429, 430
Elsass 54, 288, 310, 316, 332, 359, 373, 392, 397, 455, 494, 545, 546, 618, 620
‚Elsässische Werkstatt von 1418' 15
Eltville 23
Emmerich
   Augustinerchorfrauen 483
Engelthal
   Dominikanerinnen 45, 184, 208, 214, 285
England 6, 467, 547
Eppenberg
   Kartause 477
Erfurt 139, 159, 527
   Augustinereremiten 503, 504
   Benediktiner 435
   Kartause 182, 431, 641
   Universität 5, 20, 164, 315, 487, 504, 514, 519, 527, 531, 540, 543, 571, 598, 607, 641
Esslingen 75, 559, 584
Ettal
   Benediktiner 256

Ferrara
   Universität 569, 577
Flandern 188, 271, 547
Florenz 37, 509, 511, 534
   Universität 534
Franken 163
Frankfurt a. d. Oder
   Universität 519, 526, 540
Frankfurt a. M. 21, 29, 75, 76, 116, 131, 134, 151, 303, 343, 607, 619
   Dominikaner 322, 354, 355

   Franziskaner 626
   Buchmesse 31
Frankreich 47, 162, 163, 363, 467, 518, 534
Frauenaurach
   Dominikanerinnen 208
Freiburg i. Br. 116, 208, 542, 543, 547
   Dominikanerinnen, Adelhausen 322, 329
   Dominikanerinnen, Magdalenenkloster 315, 322
   Kartause Johannesberg 182
   Klarissen 385
   Universität 519, 522, 533, 534, 543, 555, 568, 577, 618, 619, 638
Frenswegen bei Nordhorn
   Augustinerchorherren 482
Fulda
   Benediktiner 540
Füssen
   Benediktiner 181, 406, 409

Gebweiler 207
   Dominikaner 316, 322, 325, 326, 328, 329
   Dominikanerinnen 286, 316, 328
Geldern
   Franziskanerinnen 395
Gent 610
   Augustinerchorfrauen 461
Goslar
   Zisterzienserinnen 443, 445, 448
Gouda 547
   Augustinerchorherren 547
   Fraterhaus 271
Graz 513, 583
Greifswald
   Universität 519, 540
Grenoble
   Kartause 182, 430
Groningen 531
Günzburg
   Klarissen 383

Güterstein
  Kartause 429

Hadmersleben
  Benediktinerinnen 437
Hagenau 16, 31
  Zisterzienserinnen 449
Hammelburg (Ufr.) 570
Hasselt 476
Heggbach
  Zisterzienserinnen 333, 335, 385, 433, 449, 496
Heidelberg 10, 514, 519, 527, 532, 543
  Dominikaner 557
  Franziskaner 364
  Kurfürstenhof 530, 535, 572, 583, 619
  Universität 164, 177, 238, 280, 297, 304, 316, 354, 412, 487, 496, 514, 519, 526, 530, 531, 539, 543, 554, 569, 572–574, 584, 606, 633, 638
Herne
  Kartause 463
Hersfeld
  Benediktiner 409, 410
's-Hertogenbosch 477
Himmelthron (Gründlach)
  Zisterzienserinnen 45
Hirsau
  Benediktiner 555
Hornbach (Pfalz)
  Benediktiner 410
Huysburg
  Benediktiner 437

Illyrien 168
Indersdorf
  Augustinerchorherren 421, 489, 490, 496
Ingolstadt 193, 581
  Universität 75, 164, 514, 519, 522, 523, 527, 531, 535, 580
Innsbruck 520, 529, 584
Inzigkofen

Augustinerchorfrauen 250, 348, 434, 492, 495–498
Irland 343
Italien 14, 19, 22, 46, 160, 164, 166, 173, 201, 230, 271, 341, 363, 467, 507, 514, 515, 518, 519, 522, 527, 534, 541, 547, 551, 570, 597, 599, 600, 602, 608

Jaffa 159, 161, 340
Jena
  Dominikaner 360
  Universität 643
Jericho 159, 340
Jerusalem 55, 56, 147, 159–161, 187, 188, 290, 339, 341, 343, 401, 442

Kairo 161, 341
Kaiserslautern
  Burg Diemerstein 542
Kastl
  Benediktiner 202, 405–407, 409, 410
Kemnat 572
Kempten
  Franziskanische Terziarinnen 387
Kirchheim am Ries
  Zisterzienserinnen 203, 449, 457
Kirchheim unter Teck
  Dominikanerinnen 280, 322, 345
Kirschgarten bei Worms
  Augustinerchorherren 485, 486
Klein-Mariazell im Wienerwald
  Benediktiner 412, 419
Klosterneuburg
  Augustinerchorherren 18
Koblenz 131, 504
  Dominikaner 301
  Franziskaner 404
Köln 3, 26, 38, 55, 56, 131, 147, 168, 277, 314, 315, 355, 394, 410, 464, 473, 474, 578, 592
  Benediktiner, Groß St. Martin 435
  Benediktiner, St. Pantaleon 435, 436
  Benediktinerinnenpriorat,
    St. Mauritius 357, 404, 435, 436

Dominikaner 272, 298, 355, 356, 535
Dominikanerinnen, St. Gertrud 356, 357
Dominikanische Ordenshochschule 243, 263, 280, 297
Franziskaner 404
Franziskanische Terziarinnen 404
Fraterhaus Weidenbach 464, 472, 479
Kartause 527
Kreuzbruderkloster 471
Universität 279, 301, 355, 394, 404, 436, 457, 487, 514, 527, 538, 540, 606, 618, 641
Königsberg 508
Universität 643
Königstein
Fraterhaus 487
Konstantinopel 54, 106
Konstanz 193, 208, 559, 571
Benediktiner 411
Dominikaner 347
Dominikanerinnen 347–352, 373, 384
Konzil 7, 183, 193, 196–199, 207, 228, 295, 297, 304, 364, 405, 411, 420, 566
Münster 350
Krakau 31, 512
Universität 431, 514, 520, 580, 618
Kreta 161
Kreuznach
Franziskaner 388
Kuttenberg
Landtag 80

Landsberg 567
Landshut 522, 578
Dominikaner 275
Landskron
Augustinerchorherren 490
Langenzenn
Augustinerchorherren 495
Leipzig 31, 148, 149, 163, 360, 362, 503, 527

Augustinerchorherren, St. Thomas 484, 499, 503
Buchmesse 31
Dominikaner 360, 362, 363
Franziskaner 396
Minoriten 360
Universität 164, 167, 258, 281, 348, 360, 499, 514, 519, 526, 527, 540, 570, 574, 580
Lenzfried bei Kempten
Klarissen 387
Leonperg
Franziskanerinnen 371
Leuven
Franziskaner 394
Universität 271
Lichtenau 50
Lichtenthal bei Baden-Baden
Zisterzienserinnen 203, 449, 450, 455–457
Lille
Dominikaner 356
Linz 517
London 6, 162
Universität 301
Lorch
Benediktiner 429, 432
Lothringen 640
Lübeck 3, 26–28, 38, 100, 156, 270, 470, 473
Birgitten 203
Franziskaner 28
Mohnkopf-Offizin 28, 615
Lüne
Benediktinerinnen 439
Luzern 619
Lyon 26, 306

Maaseik
Augustinerchorfrauen 478
Madeira 170
Magdeburg 3, 473
Mähren 203, 489, 490

Maihingen
  Birgitten 204, 449
Mailand 26, 160
  Universität 308
Mainz 3, 18, 20, 21, 23, 24, 32, 42, 115,
    273, 301, 355, 421, 487, 535, 570, 641
  Dominikaner 277, 284
  Franziskaner 374, 387
  Franziskanerkirche 24
  Kartause 378
  Universität 5, 540, 570, 633
Mantua 559
Marburg
  Universität 643
Maria Medingen
  Dominikanerinnen 251, 268, 332, 337
Marienburg 182
Marienthal
  Fraterhaus 487, 488
Marienwerder
  Domschule 181
Maulbronn
  Zisterzienser 295, 455
Mechelen
  Franziskaner 396
Medingen
  Zisterzienserinnen 440, 441, 445, 446, 448
Medlingen
  Dominikanerinnen 275, 332, 336
Melk
  Benediktiner 202, 304, 405, 406, 411–414, 416, 418, 419–421, 427
Meseritz
  Zisterzienser 431
Metz 640
  Dominikaner 306
München 10, 116, 122, 131, 133, 522, 578
  Franziskaner 382, 387, 393
  Franziskanische Terziarinnen, Pütrich-Regelhaus 391, 422
  Klarissen 369, 382
  Wittelsbacher Hof 10, 11, 56, 489, 577, 578, 583

Münster
  Fraterhaus Springborn 461, 481, 502
  Schwesternhaus Mariental (Niesing) 481

Neumarkt i. d. Oberpfalz
  Birgitten, Gnadenberg 203
Neunkirchen am Brand
  Augustinerchorherren 159, 485, 489
Nikopolis 307
Nördlingen 116, 156, 167
Nürnberg 2, 3, 9, 10, 24–26, 29, 31,
    37–48, 52–57, 63–68, 71, 73–76, 79,
    81–83, 88, 90–93, 95, 97, 98, 102, 103,
    106, 107, 109, 113, 114, 116, 119–122,
    127–131, 133–137, 139, 141, 142,
    145–148, 152, 154, 155–160, 162–168,
    172–174, 177–181, 184, 185, 187, 189,
    193, 194, 201, 207, 208, 210, 211, 216,
    218, 225, 226, 231, 232, 234, 247, 250,
    255, 259, 272, 279, 280, 286, 294, 305,
    348, 357, 366, 367, 369, 371, 378, 379,
    390, 407, 474, 493, 495, 512–514, 526,
    542, 550, 558, 559, 581, 598, 601, 605,
    639, 640, 642
  Augustinerchorfrauen 232
  Augustinerchorherren 219, 232
  Augustinereremiten 45
  Benediktiner 45, 235, 407
  Deutschordenshaus 366
  Dominikaner 45, 74, 172, 184, 201,
    212, 215, 219, 221, 223, 227, 230,
    231, 233, 234, 236, 238, 244, 250,
    251, 255, 260, 262, 263, 264, 265,
    266, 269, 270, 273–275, 277, 278,
    280, 281, 285, 286, 288, 290, 316,
    344, 365, 369, 492–494, 557
  Dominikanerinnen, Katharinenkloster
    44, 45, 181, 182, 191, 194, 200,
    201, 207, 208, 210, 211, 213–217,
    219–222, 227, 229, 232, 233, 235,
    236, 238, 239, 241–243, 245, 249,
    251–253, 255, 256, 258, 259, 261–
    266, 268, 270, 272, 275–287, 289,

291, 294, 295, 297, 303, 305, 313,
324, 347-349, 355, 366, 367, 373,
390, 407, 462, 496
Franziskaner 45, 75, 175, 366, 367,
371, 374, 380-382, 387
Gymnasium 643
Heilig-Geist-Spital 97, 181, 194, 493
Karmeliter 359
Kartause 45, 180, 182-184, 188, 192,
232, 367, 493, 495
Klarissen 44, 45, 175, 180, 227, 232,
360, 365, 367-371, 374-376, 379,
380, 391, 392 Lateinschulen 39, 48,
131, 164, 165, 172
Poetenschule 163, 164, 172, 285,
542
Ratsbibliothek 40
Sebalduskirche 56, 83, 167, 176, 179,
193, 285
St. Lorenzkirche 88, 193, 226, 285,
495

Oberehnheim 618, 619
Obersteigen
Dominikanerinnen 209, 329, 330,
353
Offenhausen
Dominikanerinnen 322, 332
Oggelsbeuren
Franziskanerterziarinnen 368
Olmütz 512
Oppenheim 532, 575
Franziskaner 387
Orléans
Universität 534
Osnabrück
Augustinereremiten 394
Oxford
Universität 6

Paderborn 469
Padua
Universität 166, 167, 172, 531, 557,
584, 598

Paris 26, 409, 511, 549
Universität (Sorbonne) 8, 23, 206, 254,
303, 356, 419, 433, 457, 460, 534,
547, 571, 580, 618, 638
Passau 26
Pavia 163, 569
Universität 172, 531, 555, 569, 577,
598, 599
Pettendorf (bei Regensburg)
Dominikanerinnen 214
Pforzheim 146, 526, 534
Dominikaner 283, 349
Dominikanerinnen 368
Pfullingen
Klarissen 316, 321
Pillenreuth 39, 50, 53, 156, 492
Augustinerchorfrauen 45, 181, 182,
233, 255, 262, 263, 268, 360, 366,
407, 485, 492, 493- 496
Plassenburg bei Kulmbach
Schule 573
Polen 181, 516
Polling
Augustinerchorherren 275
Portugal 170
Prag 3, 162, 243
Universität 6, 181, 182, 193, 197, 206,
238, 254, 258, 295, 304, 406, 457,
460, 618

Radolfzell 559
Raudnitz
Augustinerchorherren 203, 488, 489
Ravensburg
Augustinerchorherren 350
Rebdorf
Augustinerchorherren 182, 203, 225,
373, 484-486, 489, 492, 496
Regensburg 3, 42, 75, 168, 243, 279, 581
Benediktiner 407-409
Benediktinerinnen 427
Dominikaner 263
Reichenbach
Benediktiner 181, 406

Reute
  Franziskanische Terziarinnen 498
Reuthin bei Wildberg
  Dominikanerinnen 322
Reutlingen 25, 31, 433
Reval
  Birgitten 203
Rom 44, 55, 56, 153, 159, 160, 166, 228, 284, 291, 295, 315, 316, 332, 343, 374, 383, 401, 531, 534
  Universität 350
Rostock 473
  Universität 514, 519, 526, 618
Roth 56
Rothenburg ob der Tauber 143
  Lateinschule 598
Rottenburg 559
Rottweil 496
  Dominikaner 354
Rufach
  Franziskaner 292
Rugge
  Augustinerchorherren 475

Saint-Dié (Lothringen) 639
Salamanca 75
  Universität 303
Salem
  Zisterzienser 564
Salzburg 421
  Benediktinerinnen, Nonnberg 422, 427
  Benediktinisches Doppelkloster, St. Peter 409, 419, 420, 422, 423, 425, 427, 428, 485
  Dominikaner 355
Santiago de Compostela 159, 160, 162, 163, 343
Saxonia, dominikanische Ordensprovinz 360
Saxonia, franziskanische Ordensprovinz 391
Schaffhausen 633, 637

Schlettstadt 543
  Dominikanerinnen 207, 322, 327, 332, 346
  Franziskaner 399
  Lateinschule 542, 543, 633, 638
Schlicht (Diöz. Regensburg) 193
Schlüchtern
  Burg Steckelberg 540
Schnals
  Kartause 473
Schönau im Odenwald
  Zisterzienser 494
Schönensteinbach
  Dominikanerinnen 207, 208, 210, 229, 248–250, 258, 286, 287, 289–291, 293, 294, 297, 322, 326, 494, 496
Schoonhoven
  Deutschordenshaus 464
Schussenried
  Prämonstratenser 572
Schüttorf
  Schwesternhaus 466
Schwäbisch-Hall
  Franziskaner 367
Schwarzenburg 149
Schwaz
  Franziskaner 390
Schweinfurt 166, 608
Schwindratzheim bei Straßburg (Schwingelsheim) 628
Siena 24, 562
Sinai 160, 339, 341
  Katharinenkloster 160, 161, 341
Sizilien 14
Söflingen bei Ulm
  Klarissen 369, 383–385
Solothurn
  Franziskaner 403
Spanien 14, 66, 269, 363
Speyer 178, 487
  Dominikanerinnen 322
  Franziskaner 619

Sponheim 435
  Benediktiner 554
St. Agnietenberg bei Zwolle
  Augustinerchorherren 471
St. Florian
  Augustinerchorherren 485
St. Gallen 287, 525
  Benediktiner 409–411
  Dominikanerinnen 262, 273, 347–350, 402, 496
  Franziskanische Terziarinnen 392
  St. Georgsklause 410
  Stiftskirche, Gnadenbild 349
Steiermark
  Benediktiner, St. Lambrecht 414
Steinheim/Murr
  Dominikanerinnen 322
Stetten bei Hechingen
  Dominikanerinnen 209, 329, 353, 354
Stralsund
  Birgitten 203
Straßburg 3, 20, 24–27, 31, 140, 142, 189, 208, 224, 265, 286, 287, 306, 309, 314, 329, 383, 542, 543, 545, 577, 580, 609–611, 616–619, 626, 627, 632, 634, 636, 637
  Augustinereremiten 308
  Beginen 295
  Dominikaner 296, 306, 308, 348
  Dominikanerinnen 322, 364, 368
  Dominikanerinnen, St. Agnes 306, 316
  Dominikanerinnen, St. Nikolaus in undis 255, 298, 300, 306–308, 313, 314, 316, 330, 332, 359, 422
  Franziskaner 306, 399, 557, 618, 619, 629
  Johanniter 550
  Kartause 182
  Klarissen 392
  Magdalenenkloster 317, 359, 494

Münster 307
  Protestantisches Gymnasium 546
  St. Laurentiuskirche 315
  Universität 638
Straubing 503
Stuttgart 535
  Dominikaner 280, 322, 345
  Dominikanerinnen 345
  Hof der Grafen von Württemberg 522, 559, 560
Suevia, dominikanische Nation 202
Sülte bei Hildesheim
  Augustinerchorherren 480, 481

Tachau (Tachov) 52
Tegernsee
  Benediktiner 380, 413, 420–422, 426, 427, 485, 489
Teutonia, dominikanische Ordensprovinz 201, 202, 207, 209, 229, 272, 277, 280, 282, 286, 324, 325, 328, 332, 354, 355, 360
Thann
  Franziskaner 399
Tiel
  Deutschordenshaus 464
Torgau 360, 504
Töss
  Dominikanerinnen 359
Toulouse
  Dominikaner 306
Trier 55, 208, 355, 503, 637
  Augustinerchorfrauen 505
  Benediktiner, St. Maria ad Martyres 410
  Benediktiner, St. Matthias 434, 435
  Universität 554, 619, 633
Trittenheim an der Mosel 554
Trondheim (Norwegen) 301
Tübingen 527, 540
  Fraterhaus 487
  Universität 164, 351, 429, 433, 487, 519, 520, 522, 526, 534, 535

Tulln (bei Wien)
  Dominikanisches Doppelkloster 223, 244, 251, 252, 254, 255, 260, 314, 315
Turin
  Universität 547

Überlingen 633
  Minoriten 295
Ufenau im Zürichsee 542
Ulm 116, 129, 171, 286, 332, 335, 339, 342, 368, 383, 487, 559, 583, 584, 591, 598
  Dominikaner 19, 284, 314, 332, 339, 344, 594
  Franziskaner 383
  Lateinschule 528, 542, 594
Urach
  Fraterhaus 432, 487
Urspring (Schelklingen)
  Benediktinerinnen 433
Utrecht 457
  Augustinische Terziaren 469
  Deutschordenshaus 464

Venedig 20, 24, 26, 31, 151, 159, 161, 332, 339, 634
  Fondaco dei tedeschi 284
Villingen
  Franziskaner 399
  Klarissen 348, 397, 401, 402
  Vorau
  Augustinerchorherren 413

Waldsee bei Ravensburg
  Augustinerchorherren 498
Weil 584
Weiler bei Esslingen
  Dominikanerinnen 285, 322
Weißenburg
  Benediktiner 436
Wenzenbach
  Schlacht 148, 517

Wien 3, 9, 10, 18, 26, 166, 255, 490, 491, 512–514, 516, 517, 527, 529, 541, 583
  Augustinerchorherren 491
  Benediktiner 427
  Collegium poetarum et mathematicorum 514, 517, 524
  Dominikaner 206, 251, 262, 314
  Habsburger Hof 416, 542, 559, 607
  Universität 8, 9, 202, 206, 243, 248, 251, 260, 284, 301, 303–305, 309, 314, 354, 359, 405, 411, 418, 419, 420, 421, 426, 489, 491, 513, 514, 522, 524, 550, 552, 559, 568, 580, 584, 591, 618
Wienhausen
  Zisterzienserinnen 440, 441, 443, 445, 448
Wimpfen
  Dominikaner 344
Windesheim bei Zwolle
  Augustinerchorherren 202, 440, 458, 460, 463, 466, 470, 475, 480
Windesheimer Kongregation 6, 202, 203, 410, 440, 458, 460, 466, 469, 476, 484, 499
Winterthur
  Augustinerchorherren 484
Wittenberg 175, 540, 541
  Universität 164, 179, 519, 526
Wonnenstein
  Franziskanische Terziarinnen 388
Worms 66, 75, 125, 531, 618
  Dominikaner 314
  Dominikanerinnen, Himmelskron 308
  Dominikanerinnen, Liebenau 207, 308, 322
  Reichstag und Edikt 47
Württemberg, Grafschaft und Herzogtum 286, 583
  Dominikanerinnen 345

Würzburg 75, 134, 332, 435, 598, 606
  Benediktiner 554, 606
  Festung Marienberg 608
  Franziskaner 432
  Stift Neumünster 606

Xanten
  Birgitten 203

Zürich 321, 559
  Augustinerchorherren 484, 488
  Dominikaner 210, 321
  Wasserkirche 488
Zwickau 131
Zwolle
  Fraterhaus 466

Abbildungsverzeichnis

Abb. 1: Dresden, Sächsische Landesbibliothek – Staats- und Universitätsbibliothek, Digitale Sammlungen, Lit.Germ.rec.B.2039. Amman, Jost / Sachs, Hans: Eygentliche Beschreibung aller Stände auff Erden, hoher und nidriger, geistlicher und weltlicher, aller Künsten, Handwercken und Händeln ... / [Amman]. Durch d. weitberümpten Hans Sachsen gantz fleissig beschrieben u. in teutsche Reimen gefasset. Frankfurt am Mayn: Feyerabend 1568.

Abb. 2: Heidelberg, Universitätsbibliothek, Cod. Pal. germ. 314. Ulrich Boner: Edelstein; Freidank; Cato: Disticha, dt.; ‚Dietrichs Flucht'; ‚Die Rabenschlacht' u.a. Augsburg 1443–1449, fol. 4^r.

Abb. 3: München, Bayerische Staatsbibliothek, Cgm 203. Rudolf von Ems: Alexander. Hagenau: Werkstatt Diebolt Lauber, 1. Hälfte 15. Jh, fol. 1^v.

Abb. 4: Dresden, Sächsische Landesbibliothek – Staats- und Universitätsbibliothek, Digitale Sammlungen, Lit.Germ.rec.B.2039. Amman, Jost / Sachs, Hans: Eygentliche Beschreibung aller Stände auff Erden, hoher und nidriger, geistlicher und weltlicher, aller Künsten, Handwercken und Händeln ... / [Amman]. Durch d. weitberümpten Hans Sachsen gantz fleissig beschrieben u. in teutsche Reimen gefasset. Frankfurt am Mayn: Feyerabend 1568.

Abb. 5: Darmstadt, Universitäts- und Landesbibliothek, Inc IV 490. Sorg, Anton: Deutsche Bücheranzeige, ca.1483/84.

Abb. 6: München, Bayerische Staatsbibliothek, Rar. 183#Beibd.2. Folz, Hans: Item von einem reichen kargen oder vngenugigen man. Nürnberg 1480.

Abb. 7: München, Bayerische Staatsbibliothek, Rar. 801. Tucher, Hans: Reisebuch. Nürnberg 1482.

Abb. 8: Heidelberg, Universitätsbibliothek, B 1554 B Folio INC. Schedel, Hartmann: Register des Buchs der Croniken und Geschichten mit Figuren und Pildnussen von Anbeginn der Welt bis auf dise unnsere Zeit. Nürnberg 1493.

Abb. 9: Bibliothèque nationale de France. Département des manuscrits. Allemand 34. Vie de sainte Catherine de Sienne, traduite d'après Raimond de Capoue, fol. 1^r.

Abb. 10: Darmstadt, Universitäts- und Landesbibliothek, Inc IV 440. Stefan Fridolin: Der Schatzbehalter oder Schrein der wahren Reichtümer des Heils und wahren Seligkeit. Nürnberg 1491.

Abb. 11: Darmstadt, Universitäts- und Landesbibliothek, Inc III 61. Boccaccio, Giovanni: Von den erlychten frouen, getütschet durch Doctor Heinricus Steinhöwel. Straßburg 1488.

Abb. 12: München, Bayerische Staatsbibliothek, Rar. 762. Aesopus: Fabulae, Sammlung des Heinrich Steinhöwel. Ulm ca. 1476, Titelblatt.

Abb. 13: München, Bayerische Staatsbibliothek, 2 Inc.s.a. 430. von Eyb, Albrecht: Ub einem manne sey zunemen ein eelichs weyb oder nicht. Nürnberg 1472.

Abb. 14: München, Bayerische Staatsbibliothek, Rar. 121. Brant, Sebastian / Dürer, Albrecht: Das Narrenschiff, Holzschnitte von Albrecht Dürer, vom Meister des Haintz Narr u.a. Basel 1494, Titelblatt.

Abb. 15: München, Bayerische Staatsbibliothek, Rar. 121. Brant, Sebastian / Dürer, Albrecht: Das Narrenschiff, Holzschnitte von Albrecht Dürer, vom Meister des Haintz Narr u.a., Basel 1494 »vff die Vasenaht«.

Abb. 16: München, Bayerische Staatsbibliothek, Rar. 870. Thomas Murner, Uon dem grossen Lutherischen Narren wie in doctor Murner beschworen hat. Straßburg: Grieninger 1522, Titelblatt.

www.ingramcontent.com/pod-product-compliance
Lightning Source LLC
Chambersburg PA
CBHW031407230426
43668CB00007B/230